Friedrich Schleiermacher
Kritische Gesamtausgabe
V. Abt. Band 8

Friedrich Daniel Ernst

Schleiermacher

Kritische Gesamtausgabe

Im Auftrag
der Berlin-Brandenburgischen Akademie der Wissenschaften
und der Akademie der Wissenschaften zu Göttingen

herausgegeben von
Hermann Fischer
und
Ulrich Barth, Konrad Cramer,
Günter Meckenstock, Kurt-Victor Selge

Fünfte Abteilung
Briefwechsel und biographische Dokumente
Band 8

Walter de Gruyter · Berlin · New York
2008

Friedrich Daniel Ernst

Schleiermacher

Briefwechsel 1804–1806
(Briefe 1831–2172)

Herausgegeben von
Andreas Arndt und Simon Gerber

Walter de Gruyter · Berlin · New York
2008

Bearbeitet in der Schleiermacherforschungsstelle Berlin.

∞ Gedruckt auf säurefreiem Papier,
das die US-ANSI-Norm über Haltbarkeit erfüllt.

ISBN 978-3-11-020602-9

Bibliografische Information der Deutschen Nationalbibliothek

Die Deutsche Nationalbibliothek verzeichnet diese Publikation in der Deutschen Nationalbibliografie; detaillierte bibliografische Daten sind im Internet über http://dnb.d-nb.de abrufbar.

Printed in Germany
Umschlaggestaltung: Rudolf Hübler, Berlin
Satz: Pagina GmbH, Tübingen
Druck und buchbinderische Verarbeitung: Strauss GmbH, Mörlenbach

Inhaltsverzeichnis

Verzeichnis der Briefe VII

Einleitung der Bandherausgeber XIX

I. *Historische Einführung* XIX

Übersicht zu Leben und Werk Schleiermachers von Oktober 1804 bis März 1806 XIX

Zu den einzelnen Briefwechseln XXXV
1. *Christoph Friedrich von Ammon (1766–1850)* XXXV
2. *Ludwig Gottfried Blanc (1781–1861)* XXXV
3. *Carl Gustav von Brinckmann (1764–1847)* XXXVI
4. *Carl Wilhelm von Bünting (1779–1860)* XXXVI
5. *Philipp Karl Buttmann (1764–1829)* XXXVII
6. *Charlotte Cummerow* XXXVIII
7. *Friedrich Carl Gottlieb Duisburg (1768–1825)* .. XXXVIII
8. *Lucie Eichmann, geb. Bamberger* XXXVIII
9. *Heinrich Karl Abraham Eichstädt (1772–1848)* ... XXXIX
10. *Johann Erichson (1777–1856)* XXXIX
11. *Joachim Christian Gaß (1766–1831)* XL
12. *Wilhelmine Gaß, geb. Stavenhagen* XLI
13. *Gottlieb Benjamin Gerlach (1770–1844)* XLI
14. *Karl Heinrich Ludwig Giesebrecht (1782–1832)* XLII
15. *Eleonore Christiane Grunow (1769 oder 1770 bis 1837)* XLII
16. *Ludwig Friedrich Heindorf (1774–1816)* XLIII
17. *Christlieb Benjamin Hering (gest. 1827)* XLIII
18. *Henriette Herz (1764–1847)* XLIII
19. *Jösting* XLIV
20. *Charlotte von Kathen(1778–1850)* XLIV
21. *Lehmann* XLV
22. *Philipp Konrad Marheineke (1780–1846)* XLV
23. *Wilhelm Christian Müller (1752–1831)* XLVI
24. *Adolph Müller (1784–1811)* XLVI
25. *Friedrich Immanuel Niethammer (1766–1848)* XLVII

26. *Adam Gottlob Oehlenschläger (1779–1850)* XLVII
27. *Charlotte Pistorius (1777–1850)* XLVIII
28. *Frau von Proeck* XLIX
29. *Karl Georg von Raumer (1783–1865)* XLIX
30. *Johann Friedrich Reichardt (1752–1814)* L
31. *Georg Andreas Reimer (1776–1842)* LI
32. *Johann August Rienäcker (1779–1859)* LII
33. *Friedrich Karl Bernhard Graf von Sauerma (1778–1853)* LII
34. *Anne Maria Louise (Nanny) Schleiermacher (1786–1869)* LII
35. *Friederike Charlotte Schleiermacher (1765–1831)* ... LIII
36. *Johann Carl Schleiermacher (1772–1843)* LIII
37. *Georg Ludwig Spalding (1762–1811)* LIV
38. *Samuel Ernst Timotheus Stubenrauch (1738–1807)* ... LIV
39. *Henriette Stützke* LIV
40. *Johann Wilhelm Süvern (1775–1829)* LV
41. *Taubenheim* LV
42. *Karl Thiel* LVI
43. *Johann Christoph Wedeke (1755–1815)* LVI
44. *Fritz Weichart* LVII
45. *Heinrich Christoph von Willich (1759–1827)* LVII
46. *Johann Ehrenfried Theodor von Willich (1777 bis 1807)* LVII
47. *Henriette Charlotte Sophie von Willich, geb. von Mühlenfels (1788–1840)* LVIII
48. *Luise von Willich (1767–1849)* LIX
49. *Amtlicher Schriftwechsel* LIX

II. Editorischer Bericht LXI

Verzeichnis der einzelnen Briefwechsel LXIII

Briefwechsel Oktober 1804 bis Ende März 1806

Briefe 1831–2172 3

Verzeichnis der Abbildungen 511

Abkürzungen und editorische Zeichen 513
Literaturverzeichnis 515
Register der Namen und Werke 529

Verzeichnis der Briefe

*Das * vor der Briefnummer bezeichnet erschlossene Briefe.*

1831 **An** Georg Andreas Reimer.
Halle, Sonnabend, 13.10.1804 3
1832 Von Joachim Christian Gaß.
Potsdam, Dienstag, 16.10.1804 3
*1833 Von Luise von Willich. Vor dem 18.10.1804 5
1834 **An** L. von Willich.
Halle, Donnerstag, 18.10. bis Sonntag, 21.10.1804 7
1835 Von G.A. Reimer. Berlin, Sonnabend, 20.10.1804 9
*1836 **An** Charlotte Schleiermacher. Wohl vor dem 21.10.1804 .. 10
1837 **An** Henriette Herz. Halle, Montag, 22.10.1804 11
*1838 Von L. von Willich. Vor dem 26.10.1804 11
1839 **An** L. von Willich. Halle, Freitag, 26.10.1804 11
1840 Von G.A. Reimer. Berlin, Dienstag, 30.10.1804 12
1841 **An** Henriette und Johann Ehrenfried Theodor von Willich.
Halle, Dienstag, 30.10.1804 14
*1842 **An** Heinrich Christoph von Willich.
Halle, Ende Oktober/Anfang November 1804 16
*1843 **An** Samuel Ernst Timotheus Stubenrauch.
Halle, vor dem 4.11.1804 16
1844 **An** G.A. Reimer. Halle, Sonntag, 4.11.1804 16
1845 Von S.E.T. Stubenrauch.
Landsberg, Sonntag, 4.11. bis Montag, 5.11.1804 18
*1846 **An** Christlieb Benjamin Hering.
Halle, Mittwoch, 7.11.1804 20
*1847 **An** Heinrich Karl Abraham Eichstädt.
Halle, Freitag, 9.11.1804 20
1848 **An** G.A. Reimer. Halle, Sonntag, 11.11.1804 20
*1849 Von Carl Schleiermacher. Vor dem 13.11.1804 22
*1850 **An** Wilhelmine Gaß. Vor dem 13.11.1804 22
1851 **An** J.C. Gaß. Halle, Dienstag, 13.11.1804 23
1852 Von G.A. Reimer. Berlin, Dienstag, 13.11.1804 26

1853 Von C.B. Hering. Stolp, Mittwoch, 14.11.1804 28
1854 **An** H. Herz. Halle, Donnerstag, 15.11.1804 32
1855 **An** Friedrich Wilhelm III, mit der Theologischen Fakultät. Halle, Freitag, 16.11.1804 34
1856 **An** L. von Willich. Halle, Sonnabend, 17.11.1804 34
1857 Von G.A. Reimer. Berlin, Sonnabend, 17.11.1804 36
*1858 Von W. Gaß. Wohl Dienstag, 20.11.1804 37
1859 Von J.C. Gaß. Stettin, Dienstag, 20.11.1804 37
*1860 Von H. Herz. Vor dem 21.11.1804 40
*1861 Von J.E.Th. und H. von Willich. Vor dem 21.11.1804 ... 40
1862 **An** L. von Willich. Halle, Mittwoch, 21.11.1804 40
1863 **An** J.E.Th. und H. von Willich. Halle, Mittwoch, 21.11. bis Donnerstag, 6.12.1804 41
1864 **An** H. Herz. Halle, Mittwoch, 21.11.1804 44
*1865 **An** Georg Ludwig Spalding, Halle, vor dem 24.11.1804 .. 46
1866 Von G.L. Spalding. Berlin, Sonnabend, 24.11.1804 46
1867 Von H. von Willich. Stralsund, Sonntag, 25.11. bis Mittwoch, 28.11.1804 49
*1868 **An** Carl Wilhelm von Bünting. Vor dem 26.11.1804 51
1869 Von C.W. von Bünting. Stolp, Montag, 26.11. bis Mittwoch, 28.11.1804 52
1870 Von G.A. Reimer. Berlin, Mittwoch, 28.11.1804 55
*1871 Von L. von Willich. Vor dem 3.12.1804 56
1872 **An** L. von Willich. Halle, Montag, 3.12.1804 56
*1873 Von J.E.Th. und H. von Willich. Anfang Dezember 1804 57
*1874 Von H. Herz. Vor dem 6.12.1804 58
*1875 Von Eleonore Grunow. Vor dem 6.12.1804 58
1876 **An** G.A. Reimer. Halle, Donnerstag, 6.12.1804 58
1877 **An** Charlotte Pistorius. Halle, Donnerstag, 6.12.1804 60
1878 **An** G.A. Reimer. Halle, vor Mitte Dezember bis Sonnabend, 15.12.1804 ... 62
*1879 Von H.K.A. Eichstädt. Jena, vor dem 15.12.1804 63
1880 **An** Carl Gustav von Brinckmann. Halle, Sonnabend, 15.12.1804 64
1881 **An** J.C. Gaß. Halle, Montag, 17.12.1804 66
*1882 **An** E. Grunow. 18.12.1804 oder früher 70
1883 Von G.A. Reimer. Berlin, Dienstag, 18.12.1804 70

1884 **An** H. von Willich. Berlin, Dezember 1804 71
1885 **An** H.K.A. Eichstädt. Berlin, Sonntag, 23.12.1804 73
1886 Von H. von Willich. Stralsund, Mittwoch, 26.12.1804 74
1887 Von J.C.Gaß. Stettin, Donnerstag, 27.12.1804 77
1888 Von H.K.A. Eichstädt. Jena, Freitag, 28.12.1804 78
*1889 Von L. von Willich. Ende Dezember 1804 79
*1890 **An** Friedrich Carl Gottlieb Duisburg. Wohl 1804/05 79
1891 Von Ch. Schleiermacher. Gnadenfrei, Ende 1804 81
1892 Von L. von Willich. Sagard, Dienstag, 1.1.1805 82
1893 Von Ch. Schleiermacher.
Gnadenfrei, Dienstag, 1.1. bis Mittwoch, 6.2.1805 83
1894 **An** J.E.Th. und H. von Willich.
Berlin, Sonntag, 6.1.1805 89
*1895 **An** E. Grunow. Berlin, vor dem 7.1.1805 91
*1896 Von Carl Schleiermacher. Vor dem 14.1.1805 91
*1897 **An** Carl Schleiermacher. Montag, 14.1.1805 oder früher .. 92
1898 **An** G.A. Reimer. Halle, Montag, 14.1.1805 92
1899 **An** L. von Willich. Halle, wohl vor Mitte Januar 1805 94
*1900 **An** C.B. Hering. Halle, Dienstag, 15.1.1805 95
1901 Von S.E.T. Stubenrauch.
Landsberg, Donnerstag, 17.1. bis Montag, 21.1.1805 95
1902 **An** L. von Willich, Halle, Freitag, 18.1.1805 99
*1903 **An** S.E.T. Stubenrauch. Halle, vor dem 20.1.1805 100
1904 Von Friedrich Immanuel Niethammer.
Würzburg, Sonntag, 20.1.1805 100
*1905 **An** Henriette Stützke. Halle, vor dem 22.1.1805 103
*1906 Von Frau von Pröck. Stolp, Dienstag, 22.1.1805 103
1907 Von H. Stützke. Stolp, Dienstag, 22.1.1805 103
1908 Von J.C.Gaß. Stettin, Freitag, 25.1.1805 107
*1909 **An** J.E.Th. und H. von Willich. Vor dem 27.1.1805 112
1910 Von H. von Willich, mit einem Zusatz von E. von Willich.
Sagard und Stralsund, Sonntag, 27.1. bis
Sonnabend, 2.2.1805 112
1911 Von L. von Willich.
Sagard, Sonntag, 27.1. bis Dienstag, 19.2.1805 115
1912 Von G.A. Reimer. Berlin, Dienstag, 29.1.1805 118
1913 Von H.Ch. von Willich. Plön, Donnerstag, 31.1.1805 120
1914 **An** J.C.Gaß. Halle, Sonntag, 3.2.1805 124
*1915 **An** G.L. Spalding. Vor dem 5.2.1805 127

1916 Von G.L. Spalding. Berlin, Dienstag, 5.2.1805 128
*1917 Von H. Herz. Vor dem 7.2.1805 131
*1918 **An** C.W. von Bünting. Vor dem 7.2.1805 131
*1919 **An** den Regimentsquartiermeister Lehmann in Stolp. Vor dem 7.2.1805 132
*1920 **An** Charlotte von Kathen. Donnerstag, 7.2.1805 oder früher 132
1921 **An** J.E.Th. und H. von Willich. Halle, Donnerstag, 7.2. bis Freitag, 8.2.1805 132
1922 Von C.W. von Bünting. Stolp, Donnerstag, 7.2. bis Donnerstag, 14.2.1805 134
*1923 **An** E. Grunow. 19.2.1805 oder früher 141
1924 **An** Taubenheim. Halle, Dienstag, 19.2.1805 141
1925 Von Ch. Schleiermacher. Gnadenfrei, wohl Dienstag, 26.2. bis Dienstag, 5.3.1805 142
1926 Von H. von Willich. Stralsund, Donnerstag, 28.2.1805 ... 145
1927 **An** G.A. Reimer. Halle, Februar 1805 147
*1928 **An** Ch. Schleiermacher. Ende Februar 1805 148
*1929 **An** E. Grunow. Vor März 1805 149
*1930 **An** E. Grunow. Vor März 1805 149
1931 **An** H. und J.E.Th. von Willich. Halle, Freitag, 1.3. bis Dienstag, 12.3.1805 149
*1932 **An** W.Gaß. Vor dem 2.3.1805 154
1933 Von J.C.Gaß. Stettin, Sonnabend, 2.3.1805 154
*1934 Von W.Gaß. Sonnabend, 2.3.1805 oder später 160
1935 Von J.E.Th. und H. von Willich. Donnerstag, 7.3.1805 .. 160
*1936 **An** Adolph Müller. Halle, um den 7.3.1805 160
*1937 Von J.E.Th. von Willich. Vor dem 12.3.1805 162
1938 **An** G.A. Reimer. Halle, Donnerstag, 21.3.1805 162
1939 Von Ludwig Friedrich Heindorf. Berlin, Sonnabend, 23.3.1805 163
1940 Von Ch. Schleiermacher. Gnadenfrei, Dienstag, 26.3. bis Donnerstag, 2.5.1805 168
1941 **An** H. Herz. Halle, Mittwoch, 27.3.1805 171
*1942 Von Charlotte Cummerow. Donnerstag, 28.3.1805 oder früher 173
1943 Von H. von Willich. Stralsund, Donnerstag, 28.3.1805 ... 173
*1944 **An** H.K.A. Eichstädt. Halle, vor dem 29.3.1805 174

1945 *Von H.K.A. Eichstädt. Jena, Freitag, 29.3.1805* 174
1946 **An** *G.A. Reimer. Halle, wohl März 1805* 175
1947 *Von Ch. von Kathen. Wohl März 1805* 176
*1948 *Von G.A. Reimer. März/April 1805* 178
1949 **An** *G.A. Reimer. Halle, März/April 1805* 178
1950 **An** *G.A. Reimer. Halle, Sonnabend, 6.4.1805* 180
1951 **An** *H. von Willich. Halle, Sonnabend, 6.4.1805* 181
*1952 **An** *Ch. Schleiermacher.*
Dienstag, 9.4. bis vor dem 23.4.1805 184
*1953 *Von H. Herz. Vor dem 10.4.1805* 185
1954 **An** *H. Herz. Halle, Mittwoch, 10.4.1805* 185
*1955 **An** *S.E.T. Stubenrauch. Halle, vor dem 11.4.1805* 186
1956 *Von G.A. Reimer. Berlin, Mittwoch, 17.4.1805* 186
1957 *Von C.B. Hering. Stolp, Mittwoch, 17.4.1805* 187
1958 *Von S.E.T. Stubenrauch.*
Landsberg, vor Donnerstag, 18.4. bis
Freitag, 19.4.1805 190
*1959 **An** *Ch. Schleiermacher. Vor dem 1.5.1805* 194
*1960 **An** *L.F. Heindorf. Ende April/Anfang Mai 1805* 194
1961 *Von Ch. Schleiermacher.*
Gnadenfrei, Freitag, 3.5. bis Mittwoch, 19.6.1805 194
1962 **An** *Ch. von Kathen. Halle, Sonntag, 5.5.1805* 197
1963 *Von L.F. Heindorf. Berlin, wohl erste Maihälfte 1805* 199
*1964 **An** *Philipp Karl Buttmann. Vor dem 14.5.1805* 202
1965 *Von Ph.K. Buttmann, mit Zusätzen von L.F. Heindorf.*
Berlin, Dienstag, 14.5.1805 202
1966 *Von H. und J.E.Th. von Willich.*
Stralsund, Donnerstag, 16.5.1805 210
1967 *Von Ph.K. Buttmann. Berlin, Dienstag, 28.5.1805* 212
1968 **An** *C.G. von Brinckmann.*
Halle, Donnerstag, 30.5.1805 213
1969 **An** *J.C. Gaß. Halle, Ende Mai 1805* 215
1970 *Von Ch. von Kathen. Wohl Mai 1805* 218
1971 *Von Karl Thiel. Halle, um Mai 1805* 222
*1972 *Von Ch. Pistorius. Anfang Juni 1805 oder früher* 222
*1973 *Von W. Gaß. Vor dem 4.6.1805* 222
1974 **An** *W. Gaß. Halle, Dienstag, 4.6.1805* 225
1975 **An** *Ch. Pistorius.*
Halle, vor Montag, 10.6. bis Donnerstag, 13.6.1805 227

1976 *Von Johann August Rienäcker. Berlin, Montag, 10.6.1805* ... 230
*1977 **An** *J.A. Rienäcker. Halle, nach dem 10.6.1805* ... 231
*1978 *Von Ch. Cummerow. Vor dem 13.6.1805* ... 233
1979 **An** *J.E.Th. und H. von Willich. Halle, Donnerstag, 13.6.1805* ... 233
1980 *Von G.A. Reimer. Berlin, Sonnabend, 15.6.1805* ... 236
1981 **An** *G.A. Reimer. Leipzig, um den 18.6.1805* ... 236
1982 **An** *Ch. von Kathen. Halle, Freitag, 21.6.1805* ... 237
1983 *Von J.A. Rienäcker. Berlin, Sommer 1805* ... 239
*1984 **An** *L. von Willich. Juni 1805* ... 240
*1985 *Von Unbekannt. Wohl Juni 1805* ... 240
*1986 *Von Unbekannt. Wohl Juni 1805* ... 241
*1987 **An** *Johann Friedrich Reichardt und Familie. Gnadenfrei, vor dem 2.7.1805* ... 241
*1988 **An** *Friedrich Karl Bernhard Graf von Sauerma. Gnadenfrei, vor dem 2.7.1805* ... 241
1989 *Von Ch. Schleiermacher. Gnadenfrei, Dienstag, 2.7.1805* ... 241
1990 *Von Ch. Schleiermacher. Gnadenfrei, wohl Anfang Juli 1805* ... 242
1991 *Von Ch. Schleiermacher. Gnadenfrei, wohl Dienstag, 9. Juli bis Sonntag, 21.7.1805* ... 244
1992 *Von Johann Wilhelm Süvern. Elbing, Donnerstag, 11.7.1805* ... 246
1993 *Von Fritz Weichart. Pless, Montag, 15.7.1805* ... 250
*1993a *Von Unbekannt. Mitte Juli 1805* ... 252
1994 *Von J.C.Gaß. Stettin, Sonnabend, 20.7.1805* ... 252
*1995 *Von J.E.Th. von Willich. Wohl Dienstag, 23.7.1805* ... 258
1996 *Von H. von Willich. Stralsund, Dienstag, 23.7. bis Donnerstag, 25.7.1805* ... 258
*1997 **An** *S.E.T. Stubenrauch. Vor dem 25.7.1805* ... 259
*1998 *Von Gottlieb Benjamin Gerlach. Landsberg, vor dem 25.7.1805* ... 259
1999 *Von S.E.T. Stubenrauch. Landsberg, vor Donnerstag, 25.7.1805 bis Freitag, 2.8.1805* ... 260
*2000 *Von H. Herz. Vor dem 27.7.1805* ... 262

2001 **An** H. Herz. Halle, Sonnabend, 27.7.1805 263
*2002 **An** L.F. Heindorf. Vor dem 29.7.1805 264
*2003 Von G.A. Reimer. Vor dem 29.7.1805 264
2004 **An** G.A. Reimer. Halle, Montag, 29.7.1805 265
2005 Von Ch. Schleiermacher.
Gnadenfrei, vor Mittwoch, 31.7. bis
Montag, 12.8.1805 266
*2006 **An** Ch. Schleiermacher. Vor dem 3.8.1805 269
2007 **An** H. und J.E.Th. von Willich.
Halle, Sonntag, 4.8. bis Dienstag, 6.8.1805 269
2008 Von H. von Willich.
Poseritz und Stralsund, Sonntag, 4.8. bis
September 1805 273
2009 Von G.A. Reimer. Berlin, Anfang August 1805 278
2010 Von L.F. Heindorf. Berlin, August 1805 279
2011 **An** G.A. Reimer. Halle, August 1805 283
2012 Von Philipp Konrad Marheineke.
Erlangen, Freitag, 9.8.1805 285
*2013 **An** F. Weichart. Vor dem 15.8.1805 286
2014 **An** H. Herz. Halle, Donnerstag, 15.8.1805 286
2015 Von F. Weichart. Pless, Donnerstag, 15.8.1805 288
2016 Von Lucie Eichmann.
Heiligenstadt/Eichsfeld, Freitag, 16.8. bis Sonnabend,
31.8.1805 290
2017 **An** L. von Willich. Halle, Sonntag, 18.8.1805 293
2018 **An** H. Herz. Halle, Freitag, 23.8.1805 294
2019 Von Ch. Pistorius. Garz, Sonntag, 25.8.1805 295
2020 Von C.G. von Brinckmann.
Giewitz, Sonntag, 25.8.1805 296
2021 **An** H. Herz. Halle, Montag, 26.8.1805 298
*2022 **An** Ch. von Kathen. Wohl August 1805 299
*2023 Von G.A. Reimer. Vor September 1805 299
2024 Von J.C. Gaß. Sonntag, Sonntag, 1.9.1805 299
2025 Von Ch. Schleiermacher.
Gnadenfrei, wohl Ende August/Anfang September 1805 ... 301
2026 **An** J.C. Gaß.
Halle, Freitag, 6.9.1805 bis Freitag, 13.9.1805 303
2027 Von G.A. Reimer. Berlin, Sonnabend, 7.9.1805 309
*2028 **An** Jösting. Vor dem 9.9.1805 311

*2029 Von H. Herz. Dresden, vor dem 9.9.1805 311
*2030 **An** E. Grunow. Montag, 9.9.1805 311
2031 **An** G.A. Reimer.Halle, Montag, 9.9.1805 311
*2032 **An** Jösting. Wohl Sonnabend, 14.9.1805 314
2033 **An** G.A. Reimer. Halle, Sonnabend, 14.9.1805 314
*2034 Von J.E.Th. von Willich.
Mitte September 1805 oder früher 316
2035 Von Johann Erichson. Bobbin, Montag, 16.9.1805 316
2036 Von G.A. Reimer. Berlin, Mittwoch, 18.9.1805 319
2037 Von Ch. von Kathen.
Mittwoch, 18.9.bis nach dem 6.10.1805 321
*2038 Von Jösting. Berlin, vor dem 23.9.1805 323
2039 **An** G.A. Reimer. Halle, wohl Montag, 23.9.1805 323
2040 **An** G.A. Reimer,
mit Jösting. Berlin, wohl Freitag, 27.9.1805 325
2041 **An** Anne Maria Louise Schleiermacher.
Berlin, Sonnabend, 28.9.1805 327
2042 Von J.C.Gaß. Stettin, Sonnabend, 28.9.1805 328
2043 Von G.A. Reimer.
Berlin, Anfang Oktober 1805 oder früher 330
*2044 **An** C.B. Hering. Montag, 7.10.1805 330
2045 **An** G.A. Reimer. Halle, Dienstag, 8.10.1805 331
2046 **An** H. von Willich.
Halle, Mittwoch, 9.10. bis Freitag, 18.10.1805 333
2047 Von G.A. Reimer.
Kloster Berge bei Magdeburg, Donnerstag, 10.10.1805 ... 336
2048 Von Christoph Friedrich von Ammon.
Erlangen, Freitag, 11.10.1805 338
2049 Von L. von Willich. Montag, 14.10.1805 340
*2050 Von J.E.Th. von Willich. Wohl Mitte Oktober 1805 340
*2051 **An** L.F. Heindorf. Wohl Mitte Oktober 1805 340
2052 Von C.B. Hering. Stolp, Mittwoch, 16.10.1805 340
*2053 Von Jösting. Berlin, vor dem 18.10.1805 342
*2054 Von H. Herz. Vor dem 18.10.1805 342
2055 Von H. von Willich. Nach Mitte Oktober 1805 342
2056 Von Karl Georg von Raumer.
Freiberg, Sonnabend, 19.10.1805 343
*2057 **An** G.L. Spalding. Vor dem 22.10.1805 344
2058 Von G.L. Spalding. Berlin, Dienstag, 22.10.1805 346

*2059 *Von J.E.Th. von Willich. Vor dem 25.10.1805* *347*
*2060 ***An** *J.E.Th. von Willich. Halle, 25.10.1805* *347*
2061 ***An** *G.A. Reimer. Halle, Freitag, 25.10.1805* *347*
2062 ***An** *J.E.Th. von Willich. Halle, Montag, 28.10.1805* *349*
2063 *Von L. von Willich. Ende Oktober 1805* *351*
2064 *Von G.A. Reimer. Berlin, Mittwoch, 30.10.1805* *352*
2065 *Von H. von Willich; mit einem Zusatz von E. von Willich. Stralsund, Ende Oktober/Anfang November 1805* *356*
2066 *Von L. von Willich. Stralsund, Sonnabend, 2.11.1805* *358*
2067 *Von Ch. Schleiermacher. Gnadenfrei, vor dem 3.11. bis Sonntag, 3.11.1805* *360*
*2068 ***An** *C.B. Hering. Freitag, 8.11.1805* *361*
*2069 *Von Johann Cristoph Wedeke. Vor dem 9.11.1805* *361*
*2070 ***An** *Jösting. Vor dem 9.11.1805* *361*
2071 ***An** *G.A. Reimer. Halle, Sonnabend, 9.11.1805* *361*
2072 ***An** *J.C.Gaß. Halle, Sonnabend, 16.11.1805* *363*
*2073 *Von J.E.Th. von Willich. Mittwoch, 20.11.1805* *368*
2074 *Von S.E.T. Stubenrauch. Landsberg, Mittwoch, 20.11. bis Donnerstag, 5.12.1805* *369*
*2075 *Von H. von Willich. Wohl Mittwoch, 20.11.1805* *371*
*2076 ***An** *L. von Willich. Vor dem 21.11.1805* *371*
2077 *Von L. von Willich. Donnerstag, 21.11.1805* *371*
*2078 *Von Jösting. Sonnabend, 23.11.1805* *373*
2079 *Von G.A. Reimer. Berlin, Sonnabend, 23.11.1805* *373*
*2080 ***An** *Ch. Schleiermacher. Vor dem 25.11.1805* *375*
2081 ***An** *J.E.Th. und H. von Willich. Halle, Dienstag, 26.11. bis Montag, 2.12.1805* *375*
2082 *Von G.A. Reimer. Berlin, Dienstag, 26.11.1805* *378*
*2083 *Von Ch. von Kathen. Vor Dezember 1805* *379*
2084 ***An** *Ch. von Kathen. Halle, Montag, 2.12.1805* *379*
2085 *Von Ch. Schleiermacher. Gnadenfrei, Montag, 2.12.1805* *381*
*2086 ***An** *L. von Willich. Anfang Dezember 1805* *382*
2087 *Von H. Stützke. Stolp, Freitag, 6.12.1805* *382*
*2088 ***An** *K.G. von Raumer. Vor dem 7.12.1805* *383*
2089 *Von K.G. von Raumer. Freiberg, Sonnabend, 7.12.1805* .. *383*
2090 *Von F. Weichart. Pless, Montag, 9.12.1805* *386*
2091 *Von J.C.Gaß. Stettin, Donnerstag, 12.12.1805* *389*

*2092 *Von Karl Heinrich Ludwig Giesebrecht. Bremen, Donnerstag, 12.12.1805* 390
2093 *Von L. von Willich. Vor dem 13.12. bis Freitag, 13.12.1805* 391
*2094 **An** *C.B. Hering. Halle, Mittwoch, 13.12.1805* 393
2095 **An** *K.H.L. Giesebrecht. Halle, Dienstag, 17.12.1805* 393
*2096 *Von J.E.Th. von Willich. Dezember 1805* 396
2097 *Von H. von Willich. Dezember 1805* 396
*2098 *Von Jösting. Vor dem 21.12.1805* 397
2099 **An** *G.A. Reimer. Halle, Sonnabend, 21.12.1805* 397
2100 *Von C.B. Hering. Stolp, Sonnabend, 21.12.1805* 399
*2101 **An** *S.E.T. Stubenrauch. Vor dem 23.12.1805* 402
2102 *Von K.G. von Raumer. Freiberg, Dienstag, 24.12.1805* 402
*2103 **An** *L.F. Heindorf. Vor dem 28.12.1805* 406
2104 *Von L.F. Heindorf. Berlin, Sonnabend, 28.12.1805* 407
2105 *Von Ludwig Gottfried Blanc. Berlin, Dienstag, 31.12.1805* 413
2106 *Von L. von Willich. Dienstag, 31.12.1805* 414
*2107 *Von J.E.Th. von Willich. Ende Dezember 1805* 417
2108 *Von Ch. Schleiermacher. Gnadenfrei, Ende Dezember 1805/Anfang Januar 1806* 417
2109 *Von Adam Gottlob Oehlenschläger. Halle, Ende 1805/Anfang Januar 1806* 418
2110 *Von G.A. Reimer. Berlin, Sonnabend, 4.1.1806* 419
2111 **An** *J.C. Gaß. Halle, Sonntag, 5.1.1806* 420
2112 *Von S.E.T. Stubenrauch. Landsberg, Montag, 6.1. bis Montag, 3.2.1806* 424
2113 *Von C.G. von Brinckmann. Berlin, Dienstag, 7.1.1806* 426
2114 *Von Wilhelm Christian Müller. Bremen, Donnerstag, 9.1.1806* 429
2115 *Vom Bürgermeister und Rat der Stadt Bremen. Bremen, Sonntag, 12.1.1806* 431
*2116 *Von Ch. von Kathen. Vor Mitte Januar 1806* 432
*2117 *Von Ch. von Kathen. Vor Mitte Januar 1806* 432
*2118 *Von H. Herz. Berlin, Mitte Januar 1806* 432
*2119 **An** *Friedrich Karl von Beyme. Halle, Mitte Januar 1806* 432
*2120 **An** *Julius Eberhard Wilhelm Ernst von Massow. Halle, Mitte Januar 1806* 433
*2121 *Von H. von Willich. Mitte Januar 1806* 433

2122 *Von Ch. Schleiermacher. Gnadenfrei, vor dem 17.1.1806* 433
*2123 *Von K.F. von Beyme. Berlin, vor dem 17.1.1806* 435
2124 **An** *Ch.von Kathen. Halle, Freitag, 17.1.1806* 436
2125 *Von G.A. Reimer. Berlin, Sonnabend, 18.1.1806* 439
2126 *Von Ch. Schleiermacher. Gnadenfrei, Sonntag, 19.1. bis Mittwoch, 29.1.1806* 440
2127 **An** *G.A. Reimer. Halle, Freitag, 24.1.1806* 442
2128 **An** *H. von Willich. Halle, wohl 2. Januarhälfte 1806* 445
2129 *Von H. von Willich. Stralsund, Dienstag, 21.1.1806* 447
*2130 **An** *F. Weichart. Vor dem 29.1.1806* 450
2131 *Von F. Weichart. Pless, Mittwoch, 29.1.1806* 450
*2132 **An** *Ch. Schleiermacher. Vor dem 30.1.1806* 452
2133 **An** *L. von Willich. Halle, wohl Januar 1806* 452
2134 *Von Ch. Schleiermacher. Gnadenfrei, Sonnabend, 1.2.1806* 452
*2135 *Von J.E. W.E. von Massow. Vor dem 4.2.1806* 456
2136 **An** *J.C.Gaß. Halle, Dienstag, 4.2.1806* 456
2137 *Von G.A. Reimer. Berlin, Dienstag, 4.2.1806* 458
*2138 **An** *H. Herz. Vor dem 8.2.1806* 460
2139 *Von C.G. von Brinckmann. Berlin, Sonnabend, 8.2.1806* 460
2140 **An** *W.C. Müller. Halle, Sonntag, 9.2.1806* 462
*2141 *Von Jösting. Vor dem 10.2.1806* 464
2142 **An** *G.A. Reimer. Halle, Dienstag, 10.2.1806* 465
2143 *Von W.C. Müller. Bremen, Donnerstag, 13.2.1806* 467
*2144 *Von H. Herz. Vor dem 17.2.1806* 468
2145 **An** *H. Herz. Halle, Montag, 17.2.1806* 468
2146 **An** *C.G. von Brinckmann. Halle, Dienstag, 18.2.1806* 470
*2147 **An** *Jösting. Vor dem 21.2.1806* 472
2148 **An** *G.A. Reimer. Halle, Freitag, 21.2.1806* 472
2149 *Von F. Weichart. Pless, Freitag, 21.2.1806* 474
2150 **An** *J.E.Th. von Willich. Halle, wohl vor dem 28.2.1806* 476
2151 **An** *H. von Willich. Halle, vor dem 28.2. bis Freitag, 28.2.1806* 478
2152 **An** *Ch. Pistorius. Halle, wohl Februar 1806* 481
*2153 **An** *Ch. von Kathen. Halle, wohl Februar 1806* 483
*2154 *Von J.E.Th. von Willich. Wohl Anfang März 1806* 483
2155 **An** *Bürgermeister und Rat der Stadt Bremen. Halle, Sonntag, 2.3.1806* 483

*2156 Von H.K.A. Eichstädt. Jena, Februar/März 1806 484
2157 Von Ch. von Kathen. Wohl Februar/März 1806 484
*2158 **An** G.L. Spalding. Halle, vor dem 8.3.1806 486
2159 Von G.L. Spalding.
Berlin, Sonnabend, 8.3. bis Sonnabend, 15.3.1806 487
2160 Von H. von Willich. Donnerstag, 13.3.1806 492
2161 **An** G.A. Reimer. Halle, wohl vor Mitte März 1806 493
2162 **An** J.E.Th. von Willich. Halle, vor Mitte März 1806 494
*2163 Von H. Herz. Vor dem 14.3.1806 496
2164 **An** H. Herz. Halle, 14.3.1806 496
2165 Von G.A. Reimer. Berlin, Sonnabend, 15.3.1806 496
*2166 **An** Ch. von Kathen. Vor dem 18.3.1806 498
2167 **An** G.A. Reimer. Halle, Dienstag, 18.3.1806 498
2168 **An** Ch. von Kathen. Halle, Freitag, 21.3.1806 500
*2169 Von J.E.Th. von Willich. Vor dem 24.3.1806 502
2170 **An** J.E.Th. und H. von Willich.
Halle, Montag, 24.3.1806 502
2171 **An** H.K.A. Eichstädt. Halle, Donnerstag, 28.3.1806 505
2172 **An** Ch. von Kathen. Halle, Ende März 1806 506

Einleitung der Bandherausgeber

Der vorliegende Band umfaßt den Briefwechsel Schleiermachers von Oktober 1804 bis Ende März 1806, die erste Zeit seiner Professur in Halle an der Saale. Von den insgesamt 343 Briefen dieses Bandes sind 183 an Schleiermacher gerichtet und 160 von ihm selbst geschrieben. 125 der hier dokumentierten Briefe konnten nur erschlossen werden (59 an Schleiermacher und 66 von ihm); von ihnen ist kein Text überliefert. Von den übrigen Briefen waren bisher nur 72 vollständig gedruckt (davon 24 an und 48 von Schleiermacher). 37 Briefe waren bisher im Verhältnis zu den überlieferten Texten bzw. Textzeugen nur gekürzt publiziert (davon 12 an Schleiermacher gerichtete und 25 von Schleiermachers Hand); sie werden hier erstmals entsprechend der Überlieferungslage vollständig ediert. 109 Briefe (88 an Schleiermacher und 21 von ihm) werden im vorliegenden Band V/8 der Kritischen Gesamtausgabe erstmals überhaupt ediert.

I. Historische Einführung

Übersicht zu Leben und Werk Schleiermachers von Oktober 1804 bis März 1806

1804 Oktober 12 Ankunft in Halle um 1 Uhr in der Nacht.[1]

—— Oktober 14 Der Student Adolph Müller berichtet aus Halle: „Schleiermacher ist hier. Er soll ein ganz vorzüglicher Mensch sein, dessen liebevolles, menschliches Herz ihn einzig lenkt."[2]

—— Oktober 18 Schleiermacher berichtet über das Wiedersehen mit Eleonore Grunow in Berlin und darüber, daß er Eleonores Bruder das Verhältnis zu dessen Schwester offenbart habe.[3]

—— Oktober 22 Schleiermacher berichtet Henriette Herz über den Beginn seiner Kollegien und beklagt, daß zu viele Studenten einen Erlaß der Hörergelder wünschten;[4] *Schleiermacher liest Dogmatik*

[1] *Vgl. Brief 1831, 2*
[2] *Adolph Müller: Briefe von der Universität, S. 138.*
[3] *Vgl. Brief 1834, 14–17.35–61*
[4] *Vgl. Brief 1837, 2–12*

und Enzyklopädie vor jeweils 30 und (philosophische) Ethik vor 20 Zuhörern.[5]

— *Anfang November In einem Brief an den Onkel S.E.T. Stubenrauch berichtet Schleiermacher, daß seine Wohnung in Halle feucht sei.*[6]

— *November 4 Schleiermacher beklagt Druckfehler im griechischen Text des zweiten Bandes der Platon-Übersetzung.*[7]

— *November 13 In einem Brief an Gaß äußert sich Schleiermacher selbstkritisch über seinen Kathedervortrag; er sei noch nicht frei und detailliert genug. Die Theologische Enzyklopädie wolle er zu einer stehenden Vorlesung machen.*[8] *Er erklärt, nicht an der von Jena nach Halle verlegten Literaturzeitung mitarbeiten zu wollen.*[9]

— *November 24 Spalding bittet Schleiermacher, die von ihm herausgegebene Lebensgeschichte seines Vaters zu rezensieren.*[10]

— *November Adolph Müller berichtet, er höre „Ethik bei Schleiermacher, den ich zu großer Freude oft bei der Doktorin Niemeyer Gelegenheit habe zu sehen."*[11]

— *Dezember 6 Schleiermacher berichtet, er habe in den Franckeschen Stiftungen im Hausgottesdienst gepredigt und sei dabei an die Herrnhutischen Anstalten erinnert worden.*[12]

— *Dezember 15 In einem Brief an C.G. von Brinckmann schildert Schleiermacher das Verhältnis zu mehreren Hallenser Kollegen; mit Niemeyer habe er sich aufgrund von dessen Vorbehalten gegenüber seinen philosophischen und theologischen Positionen noch nicht richtig verständigen können; F.A. Wolf stoße ihn durch Härte und Einseitigkeit ab, und mit seinem (und Brinckmanns) ehemaligen Lehrer J.A. Eberhard, der vereinsamt zu sein scheine, könne er nur historisch philosophieren, da er Schleiermacher noch immer als einen Atheisten ansehe. Von allen Kollegen stehe ihm Henrich Steffens wissenschaftlich und menschlich am nächsten.*[13]

---

[5] *Vgl. Arndt und Virmond: Schleiermachers Briefwechsel, S. 300; alle Vorlesungen begannen am 22. Oktober; statt der philosophischen Ethik hatte Schleiermacher zunächst die christliche Sittenlehre angekündigt.*

[6] *Vgl. Brief *1843*

[7] *Vgl. Brief 1844, 3–7*

[8] *Vgl. Brief 1851, 35–47*

[9] *Vgl. ebd., Zeilen 89–92*

[10] *Vgl. Brief 1866, 52f*

[11] *Adolph Müller: Briefe von der Universität, S. 150*

[12] *Vgl. Brief 1863, 83–87*

[13] *Vgl. Brief 1880, 24–60*

— *Dezember 17* Schleiermacher teilt seinem Freund J.C. Gaß den Plan zu einem dreijährigen exegetischen Kurs mit, den er im Herbst 1805 eröffnen wolle. Auf ein Semester Hermeneutik solle eine einjährige, kursorische Lektüre des Neuen Testamentes folgen. Im vierten Semester möchte er „ein historisches und ein didaktisches Buch statarisch durchgehn" und dann ein Jahr Übungen anschließen. Zur Vorbereitung bittet Schleiermacher Gaß, ihn über Literatur zur Hermeneutik zu informieren.

In demselben Brief kündigt Schleiermacher an, er wolle nach einer Wiederholung seiner Ethik-Vorlesung einen Grundriß drucken lassen.[14]

— *Dezember 18* Schleiermacher ist in Berlin eingetroffen,[15] wo er für die Zeit der Weihnachtsferien bleiben und vor allem über die Einrichtung des akademischen Gottesdienstes in Halle verhandeln möchte.[16] Hierin, so berichtet er unter dem 6. Januar 1805, habe er nichts ausrichten können, auch habe er Eleonore Grunow nicht gesehen.[17]

— *Dezember 23* Schleiermacher übersendet das Manuskript seiner Zöllner-Rezension für die JALZ an Eichstädt.[18]

1805 *Januar 7* Rückkehr nach Halle[19]

— *Januar 10* Wiederbeginn der Kollegien[20]

— *Januar 29* Reimer teilt mit, daß er die Restauflage der „Reden über die Religion" (168 Exemplare) von Unger aufgekauft habe.[21]

— *Januar* In der JALZ erscheint Schleiermachers Rezension von Johann Joachim Spaldings Lebensbeschreibung, herausgegeben von seinem Sohn Georg Ludwig Spalding.[22]

— *Februar 3* Schleiermacher berichtet an J.C. Gaß, die Verhandlungen mit der Hallenser Domgemeinde über den akademischen Gottesdienst seien vorerst ergebnislos verlaufen. Weiter berichtet er, daß er mit dem Studium der hermeneutischen Lehrbücher begon-

---

14 Vgl. Brief 1881, 34–62

15 Vgl. Brief *1882

16 Vgl. Brief 1878, 6–10

17 Vgl. Brief 1894, 18–35

18 Vgl. Brief 1885, 1–9. – Schleiermachers Rezension von Johann Friedrich Zöllners „Ideen über National-Erziehung" erschien in der JALZ 1805, Nr. 13–15, Sp. 97–114 (KGA I/5, S. 1–25).

19 Vgl. Brief 1898, 2–6

20 Vgl. Brief 1898, 6f

21 Vgl. Brief 1912, 66f

22 Halle 1804; die Rezension erschien in der JALZ 1805, Nr. 18, Sp. 137–144 (KGA I/5, S. 27–38).

nen habe; er wolle zusammen mit Gaß etwas über den Zustand des geistlichen Wesens schreiben und ihm seine Aufzeichnungen zur Ethik-Vorlesung mitteilen.[23]

— *Februar 7 Schleiermacher berichtet, daß unter den Hallenser Studenten die Lektüre der „Monologen" Mode geworden sei.*[24]

— *Februar 10 Adolph Müller berichtet: „Willst Du Schleiermacher in seiner ganzen Liebenswürdigkeit kennen lernen, so lies seine Monologen, eine kleine Broschüre. Ich habe ihn ganz darin wieder gefunden, diesen warmen, geistvollen Mann, der immer an sich baut, immer seine Freunde und die Welt auf's liebenswürdigste bedenkt. Ich will ihn in diesen Tagen besuchen, was ich noch immer versäumt habe, da er mich eingeladen hat, und willkommen bin ich ihm schon deswegen, weil ich ihm viel Freude mit meiner Musik gemacht habe, wenn ich mit der Doktorin [Niemeyer] Duetten spielte."*[25]

— *März 3 Erste öffentliche Predigt Schleiermachers in Halle über Johannes 18, 12–18.*[26]

— *März 10 Schleiermacher hofft, daß Eleonore Grunow in diesen Tagen das Haus ihres Mannes verlassen, zu ihrem Bruder ziehen und die endgültige Trennung von ihrem Mann einleiten werde.*[27]

— *März 16/17 Wanderung mit Henrich Steffens auf den Petersberg bei Halle.*[28]

— *März 17 Schleiermachers hält – nur anderthalb Stunden nach seiner Rückkehr*[29] *– die Gedächtnispredigt für die am 25.2.1805 verstorbene Witwe Friedrich Wilhelms II., Friederike Louise, geb. Prinzessin von Hessen-Darmstadt; Predigttext ist Offenbarung 14, 13.*[30]

---

[23] *Vgl. Brief 1914, 24–35.76–90*

[24] *Vgl. Brief 1921, 19–22*

[25] *Adolph Müller: Briefe von der Universität, S. 170*

[26] *Vgl. Brief 1931, 159–165*

[27] *Vgl. Brief 1931, 43–55*

[28] *Vgl. Brief 1941, 2–6*

[29] *Vgl Brief 1941, 6–9*

[30] *Die Predigt ist nicht überliefert. Vgl. Hermann Hering: Der akademische Gottesdienst, S. 166 f. – Über die Predigt berichtet Adolph Müller: „An dem Tage, wo ich diesen Brief anfing, predigte Schleiermacher, oder redete vielmehr zum Gedächtniß der alten Königin von Preußen, die vor einigen Wochen gestorben ist, mit sehr getheiltem Beifall, und daß dies der Gegenstand gesellschaftlicher Dispüten wurde, versteht sich. Einige meinten, er habe nicht genug moralische Betrachtungen gemacht, er habe seiner Stimme nicht genug Würde gegeben, und was es mehr dergleichen giebt. Mir genügte er sehr, ich fand die höchste Kunst und Einheit bei der größten Popularität darin, und was mir am besten gefiel, war, daß er sichtbar nicht nach der Gunst des Volkes haschte. Er hatte lauter*

— *März 21/22 Fußreise mit Karl Georg von Raumer und Henrich Steffens nach Merseburg und Weißenfels.*[31]

— *März 24 Adolph Müller berichtet über eine Predigt Schleiermachers: „Heute hat Schleiermacher in unserer Kirche gepredigt in seiner klaren, tiefen Art – noch nie habe ich jemand so ruhig und*

Studenten und Honoratioren vor sich, da es eine akademische Gedächtnißfeier sein sollte, aber seine Sprache war weder gelehrter noch blüthenreicher als sonst. Ich erwartete poetische Ansichten über Tod und neues Leben, ich träumte mir schön Aehnliches wie die unsterblichen Hymnen von Novalis, aber weit gefehlt hielt er sich streng an seinen Gegenstand, schilderte Familienglück, sprach von dem Geschichtlichen und Persönlichen der verstorbenen Dame, und verband das Ganze durch den Satz der Offenbarung Johannis: ‚Selig sind die in dem Herrn sterben' etc. Am Freitag war er bei mir zum musikalischen Abend, und war sehr unzufrieden, diese Rede halten zu müssen. Er freute sich unendlich über die schönen Sachen von Mozart und Beethoven. Vorzüglich rührte ihn das Quintett aus G-Moll, von dem ich schon mehreremal geschrieben habe; es zeigt w i e romantisch und sentimental die Musik sein kann. [...] Er brach aber nicht in schöne oder gelehrte Worte aus, sondern war so in die Töne versenkt, daß er gleichsam aufwachte und ganz etwas Einfaches über seine Empfindung redete, wenn wir einen Satz beendigt hatten. Ueberhaupt hat er trotz seiner männlichen, philosophischen Größe eine große Gabe jugendlichen Sinnes, und wie er, der analytische, tiefe Denker, der warme, bedachte Redner ist, ebenso kann er sich im Reiche der Kunst verlieren; Gutes, Wahres und Schönes werden gleich heftig von ihm aufgefaßt. Als ich neulich Vaters Geburtstag feiern wollte, war nur Kayßler unter uns, der nicht das rege Kunstgefühl besitzt, was Schleiermacher; er ist schon zu ruhig, oder hat sich vielleicht zu sehr bloß mit sich und seinem wissenschaftlichen Gegenstande beschäftigt. Schleiermacher schickte mir damals das kleine, hier beifolgende Billet, was eben so zierlich ist, als er dies wenig auf den ersten Blick zu sein scheint, denn er hat einen verwachsenen Körper, und eine ganz eigene, tiefsinnige Miene. Bei ihm habe ich alles Schöne aller Sprachen im litterarischen Fache gefunden. Friedrich Schlegel, schön gemahlt, hängt neben der Thüre, und blickt mit feurigem Auge jeden Hereintretenden an. – Er ist einer der größten Philologen neuerer Zeit – das sagen Wolf und Kayßler – und seine Meisterübersetzung des Platon beweist es, aber seine Hauptsache ist Ethik, die ja schwesterlich mit der Religion zusammen wandelt. So stehen seine Monologen, die Reden über Religion mit der Kritik der Ethik im engsten Verhältniß, und überall schaut man den Vertrauten des Platon durch . – Kürzlich war ich mit ihm bei Niemeyer's; Schmalz, in seiner unterhaltenden Geschwätzigkeit, redete viel von der Nothwendigkeit der Todesstrafen, und wollte sie aus dem abgedroschenen juristischen, gewöhnlich mit philosophischer Miene ausgesprochenen Satze beweisen, daß es in der menschlichen Natur gegründet sei, den der mordete wieder zu morden. Schleiermacher hatte ihn bald hinaus in's höchste Gebiet des Geistes gezogen, wo er ihm bewies, wie schwach die Grundpfeiler seines Naturrechts wären, und als Schmalz viele Quersprünge machen wollte, wurde er ganz eifrig, und in Begeisterung zeigte er die Heiligkeit des Lebens, und schimpfte das mechanische Verfahren der Staatsleute. – Ich will das ganze Gespräch nicht hersetzen, es machte mir damals, wie der ganze Abend, großes Vergnügen. Ich saß bei Schleiermacher, und war mit der Doktorin über denselben Gegenstand in große Kämpfe gerathen. – Wie sich aber nur ein berühmter Schmalz, Loder, Niemeyer, oder wie sie alle heißen, klein fühlen muß in Gegenwart eines solchen Mannes, der sich und die Welt wahrhaft kennt, und nicht wie jene den Kopf hoch aufwärts reckt, und um sich herschaut, als beuge sich alles vor seiner Größe. Aber daß sie angestaunt werden, ist kein Wunder, gerade weil die Menschen nur das äußere Götzenbild, nicht aber das Innere Heilige ehren wollen." (Briefe von der Universität, S. 175–177)

[31] *Vgl. Brief 1938, 28–30*

zugleich so innig sprechen gehört; das Edelste und Göttlichste erschien in der größten Einfalt. Nichts von einer kanzelentweihenden Bigotterie, nichts von der Kanzelkoquetterie, nichts von gesuchter Aufklärungssucht – die ruhigste, reinste Begeisterung. – Künftig wird er auf der Wage auftreten, da ihm die reformirten Prediger – die Ochsen – hier Schwierigkeiten machen.“[32]

— *März 27* Schleiermacher berichtet an Henriette Herz, er hoffe, die Ausarbeitung zur Tugendlehre seiner Ethik noch in der laufenden Woche vollenden und nach Berlin schicken zu können; von der Pflichtenlehre habe er noch gar nichts zu Papier gebracht. Aus dem Brief ist zu schließen, daß eine (nicht überlieferte) Ausarbeitung zur Güterlehre im Zusammenhang mit der Ethik-Vorlesung 1804/05 bereits im Berliner Freundeskreis kursierte.[33]

— *März 30* Eleonore Grunow verläßt das Haus ihres Mannes und begibt sich zu ihrem Bruder Johann Albrecht Krüger; dieser überzeugt sie jedoch davon, daß es besser sei, vorläufig zurückzukehren, während die Scheidung eingeleitet werde.[34]

— *Anfang April* Schleiermacher berichtet seinem Onkel Stubenrauch, er wolle in eine Wohnung in der Großen Märkerstraße ziehen,[35] wo er später im zweiten Obergeschoß eines Hauses wohnte.[36]

— *April 6* Schleiermacher berichtet, daß er sich im Umzung befinde.[37]

— *April 9* Schleiermacher weilt in Barby, um das Osterfest in der Brüdergemeine zu feiern.[38]

— *April 14 (Ostersonntag)* Abreise aus Barby.[39]

— *April 17* C.B. Hering berichtet von einem in Stolp seit 6 Wochen verbreiteten Gerücht, Schleiermacher werde wegen freisinniger Äußerungen auf der Kanzel verfolgt.[40]

— *Mai* Kurzer Besuch in Berlin, wo er Ehrenfried und Henriette von Willich trifft.[41]

---

[32] Adolph Müller: *Briefe von der Universität*, S. 182; vgl. Johannes Bauer: *Schleiermacher als patriotischer Prediger*, S. 14.
[33] Vgl. Brief 1941, 57–60. – Auch eine Ausarbeitung zur Pflichtenlehre ist nicht überliefert; die Tugendlehre ist gedruckt in Schleiermacher: *Werke*, Bd. 2, S. 33–74.
[34] Vgl. Brief 1951, 11–34
[35] Vgl. Brief *1955
[36] Vgl. F. Kattenbusch: *Schleiermachers Wohnung in Halle*
[37] Vgl. Brief 1950, 23f
[38] Vgl. Brief 1951, 83–99
[39] Vgl. Brief 1962, 39–78
[40] Vgl. Brief 1957, 19–30
[41] Vgl. Briefe 1966, 39–42 und 1968, 1–4

— Mai 16 Adolph Müller besucht Schleiermacher: „Ich fand Schleiermacher nach Tisch mit noch einem Freunde in dem Garten, dessen Lage Du schon kennen wirst. Wie war er so natürlich, wie freute er sich an dem schönen Birkengeruche, und eilte auf seine lustige Art umher! Er ist wirklich, je mehr ich ihn betrachte, das genievollste Gemisch von Begriffsbestimmtheit, Ideenfülle und unbewußtem Hingeben in's empirische Leben. So klar er vorher in seinem Zimmer über die abstraktesten Gegenstände der Philosophie redete, so schuldlos sprach er nun seine Empfindungen aus, seine Freude über eine bevorstehende Fußreise war sehr witzig, und kehrte sein veredeltes, praktisches Wesen freundlich heraus. O, sollte er nach Bremen kommen, es würde meine höchste Freude sein, denn jetzt ist er mir als wissenschaftlicher Mann noch zu fern, wenn schon seine Menschheit jedes menschliche Wesen berührt und rührt; - aber ich fürchte - - -“[42]

— Mai 20 Beginn der Vorlesungen[43]

— Ende Mai Schleiermacher berichtet an Gaß, daß der akademische Gottesdienst in der dafür herzurichtenden Schulkirche gehalten werden solle.[44] Weiter berichtet er, die Bekanntschaft von Johann Heinrich Voß gemacht zu haben.[45]

— Juni 9 Besuch in Weißenfels, wo er zwei Brüder des verstorbenen Friedrich von Hardenberg (Novalis) kennenlernt; vielleicht handelte es sich um Georg Anton und Karl von Hardenberg.[46]

— Nach Mitte Juni Reise nach Leipzig[47]

— Juni 22 Beginn der Reise nach Schlesien, um die Halbschwester Nanny nach Halle zu bringen; Schleiermacher wird von Christian Gottlieb Konopak begleitet.[48]

— Juli 2 Schleiermacher reist von Gnadenfrei weiter, wo er die Schwester und auch die Familie von Seidlitz in Habendorf besucht hatte.[49] Zusammen mit der Schwester hatte er auch Fürstenstein, den Sitz der Familie von Hochberg, besucht.[50] Den weiteren Weg unternimmt Schleiermacher mit Konopak als Gebirgswanderung,[51]

---

42 Adolph Müller: Briefe von der Universität, S. 199
43 Vgl. Arndt und Virmond: Schleiermachers Briefwechsel, S. 300
44 Vgl. Brief 1969, 39–41
45 Vgl. Brief 1969, 77–82
46 Vgl. Brief 1975, 77–84
47 Vgl. Briefe 1980 und 1981
48 Vgl. Brief 1982, 3–27
49 Vgl. Brief 1991, 1–11.20–38
50 Vgl. Brief 2005, 1–3
51 Vgl. Brief 1999, 23–26

obwohl er mit einer Erkrankung zu kämpfen hat.[52] *In Schmiedeberg trifft Schleiermacher den Bruder Karl und dessen Frau sowie die Schwester Charlotte und die Halbschwester Nanny.*[53]

— *Um den 20. Juli Rückkehr nach Halle.*[54]

— *Juli 20 Gaß berichtet über die Lektüre der (nicht überlieferten) Aufzeichnungen Schleiermachers aufgrund der ersten Ethik-Vorlesung 1804/05; er und Georg Wilhelm Bartholdy hätten sich Abschriften des Textes gemacht.*[55]

— *Nach dem 20. Juli Schleiermacher macht Goethes Bekanntschaft.*[56]

— *Juli 24 Schleiermacher trägt Distichen in das Stammbuch August von Goethes ein.*[57]

— *August 11 Schleiermacher hält eine Predigt, in der er kritisch auf Galls Schädellehre Bezug nimmt.*[58]

— *August 13 Schleiermacher ist mit Goethe zu einem Diner bei F. A. Wolf geladen.*[59]

— *August 26 Ein weiteres Treffen mit Goethe bei Wolf.*[60]

— *September 6 Schleiermacher berichtet an J.C. Gaß, daß er im Wintersemester nur Ethik und Dogmatik lesen und dem eigentlich geplanten exegetischen Kursus eine öffentliche Vorlesung über den Galaterbrief vorausschicken wolle.*[61]

— *September 9 Schleiermacher plant, bis zur Ostermesse 1807 zwei weitere Bände der Platon-Übersetzung fertigzustellen und seine erste Sammlung Predigten sowie die „Reden über die Religion" in Zweitauflagen herauszugeben.*[62]

— *September 20 Eleonore Grunow verabredet mit Jösting, ihren Mann zu verlassen.*[63]
Schleiermacher beschließt die Kollegien des Sommersemesters.[64]

---

[52] *Vgl. Brief 2001, 18–30*
[53] *Vgl. Brief 2007, 53–78*
[54] *Vgl. Brief 2007, 6–8*
[55] *Vgl. Brief 1994, 77–98*
[56] *Vgl. Brief 2014, 2–4*
[57] *Vgl. Patsch: Alle Menschen sind Künstler, S. 163 f.226*
[58] *Vgl. Briefe 2014, 13–16 und 2026, 43–50*
[59] *Vgl. Briefe 2014, 4–11 und 2018*
[60] *Vgl. Brief 2021*
[61] *Vgl. Brief 2026, 53–60*
[62] *Vgl. Brief 2031, 87–91*
[63] *Vgl. Brief 2040, 1–4*
[64] *Vgl. Arndt und Virmond: Schleiermachers Briefwechsel, S. 300*

— *September 23* *Schleiermacher erhält die Nachricht von der bevorstehenden Trennung Eleonores von ihrem Mann und beschließt, unverzüglich nach Berlin zu reisen. Er schließt sich K. G. von Raumer an, der am folgenden Tag mit dem Wagen nach Dessau reist, um von dort zu Fuß nach Berlin zu gehen.*[65]

— *September 24* *Eleonore Grunow wird von Jösting aus der ehelichen Wohnung im Invalidenhaus abgeholt und in ihre vorübergehende Wohnung gebracht, von wo aus sie ihren Bruder J. A. Krüger brieflich vom Stand der Dinge unterrichtet und ihren Mann mit einem Brief von der Trennung in Kenntnis setzt.*[66] *– Schleiermacher reist mittags mit K.G. von Raumer von Halle ab und trifft abends in Dessau ein, wo er sich entschließt, mit Friedrich von Raumer am folgenden Tag nach Potsdam zu reiten.*[67]

— *September 25* *Eleonore Grunow teilt ihrem Bruder die neue Adresse mit; Krüger holt sie zu sich und erklärt sich bereit, die Scheidung einzuleiten.*[68] *– Schleiermacher reitet mit Friedrich von Raumer bis in die Nähe von Brandenburg/Havel.*[69]

— *September 26* *Schleiermacher reitet bis Potsdam und begibt sich von da aus unverzüglich zu Fuß nach Berlin, erhält jedoch unverhofft eine Mitfahrgelegenheit. Durch das ungewohnte Reiten hat er sich eine Entzündung zugezogen. Er trifft Eleonore noch am selben Tage.*[70]

— *Oktober 3* *Auf der Rückreise trifft Schleiermacher in Dessau ein.*[71]

Henriette Herz berichtet an Ehrenfried und Henriette von Willich über Eleonore Grunows Fortgehen von ihrem Mann: „Nun, meine Lieben, will ich Euch ein wenig das Detail erzählen von Leonorens Fortgehen und ihrer jezigen Lage. Der treue wackere Jösting betrieb seit einiger Zeit die Sache mit ungemeinem Eifer und drang so lang in Leonore, bis sie ihm fest den Tag bestimmte, an welchem sie das ihr unwerthe Haus verlassen wollte. Sie bestimmte ihm Tag und Stunde, in welcher er sie am Thore erwarten solle. – Er fehlte nicht und führte sie am Dienstag vor 8 Tagen in eine reinliche, freundliche, von ihm vorher gemiethete Wohnung. – Ich eilte zu ihr und

---

[65] *Vgl. Brief 2040, 25–32*
[66] *Vgl. Brief 2040, 4–9*
[67] *Vgl. Brief 2040, 32–35*
[68] *Vgl. Brief 2040, 9–24*
[69] *Vgl. Brief 2040, 35f*
[70] *Vgl. Brief 2040, 36–43*
[71] *Vgl. Brief 2041, 4–6*

fand sie ruhig – doch aber auf einer Weise, wie man es nur ist, wenn man nicht an sich und andere denkt; es war also mehr Betäubung als Ruhe. Sie schrieb sogleich ihrem Bruder, daß sie sich frei gemacht und Grunows Haus verlassen habe – an Grunow selbst legte sie ein Zettelchen bei, in welchem sie ihm mit kurzen Worten sagte, daß sie nie wieder zu ihm kommen würde. Ich blieb mit Jösting bis spät Abends bei ihr. Den andern Morgen kam sie früh zu mir und blieb bis um 5 Uhr Nachmittags bei mir, dann ging sie nach Hause mit klopfendem Herzen einer Unterredung mit ihrem Bruder entgegen, welcher um diese Stunde zu ihr kommen wollte. Die gestrige Ruhe war verschwunden. Sie war bange und geängstigt und bebte den ganzen Tag wie eine Verbrecherin, die vor ihren Richtern erscheinen soll. Mit einem heiteren freien Gesicht kam sie ganz früh am folgenden Morgen zu mir und erzählte mir, wie glücklich jene gefürchtete Unterredung sich für sie geendigt habe. Grunow war den Morgen wie ein Wüthender zum Bruder gelaufen, dieser nahm ihn mit seiner gewöhnlichen Kälte und Ruhe auf, fragte ihn, ob er vernünftig sein wolle oder nicht und im lezten Falle ihn mit seinen Besuchen zu verschonen. Leonore bat er, sogleich ihre einsame Wohnung zu verlassen und mit ihm zu gehen, sie war aber wirklich zu angegriffen dazu, blieb die Nacht also dort, und von mir eilte sie bald fort, um ihre Schwester zu erwarten, die sie abholen wollte. So wohnt sie denn jezt in Ruhe und Friede bei ihrem Bruder, der sich ihrer sehr ernstlich annimmt. Grunow bestürmte ihn, sie und die Schwester mit Briefen, ja, er war sogar einen Morgen, da er Krüger nicht zu Hause wußte, bei ihr und quälte sie mit Gutem und Bösem mehrere Stunden. Dem Versprechen des Bruders gemäß wird die Klage morgen eingereicht werden. Giebt sich Grunow willig, so kann die Sache in 8 Tagen geendet sein, wenn nicht, so dauert sie freilich länger, und er sezt sich dem Scandal aus, daß bekandt werde, was Leonore verbergen will – daß er sie um all das Ihre brachte, und daß er sie nicht ernähren konnte. Jezt ist fast alles gethan; was bleibt, ergiebt sich von selbst. Ihr ein Trost erschien plötzlich Schleier auf einige Tage, der so wohl und heiter ist, wie ich ihn noch nie gekandt habe. Ihr werdet es begreifen und fühlen, wie glücklich Leonore und Schleier waren, wenn sie sich sahen, was binnen den 4 Tagen, die Schleier hier war, fast täglich geschah. Wie verklärt waren beide. Wahrscheinlich wird er in den Osterferien sie holen – es sind dann schon Monate drüber hingegangen und die Menschen haben aufgehört zu reden. Die schöne Feier auf Stubbenkammer werden wir also wohl nicht haben, aber die Menschen doch, denn sie kommen gewiß nach Rügen. Im Hafen wäre unser geliebter Freund nun bald, und dann sehe ich ihn so glücklich wie euch, meine theuere Geschwister. Ob aber ihm und Leonore noch das Glück werden wird, was euch jezt bevorsteht – oder was Ihr wohl gar schon genießt, das steht dahin." [72]

— *Oktober 7* Schleiermacher bittet den Kaufmann und Reeder C.B. Hering in Stolp um einen Kredit für seinen Bruder Karl, der sich selbständig machen möchte.[73]

— *Oktober 18* Schleiermacher erfährt, daß Eleonore Grunow kurz vor dem Scheidungstermin zu ihrem Mann zurückgekehrt sei und jeden Kontakt mit Schleiermacher abbrechen wolle.[74]

— *Oktober 20* Schleiermacher beginnt die Vorlesungen des Wintersemesters.[75]

— *Oktober 25* Schleiermacher plant für 1806 eine zweite Predigtsammlung und einen Abriß der theologischen Enzyklopädie; für 1807 stellt er eine Dogmatik in Aussicht.[76]

— *November 5* Schleiermacher bestätigt den Empfang seiner Exemplare des Bandes 2, 1 der Platon-Übersetzung, der nicht mehr rechtzeitig zur Michaelismesse erscheinen konnte.[77]

— *November 16* Schleiermacher schickt das Manuskript seiner Vorlesung zur theologischen Enzyklopädie an J.C.Gaß. Er bekräftigt dabei seinen Vorsatz, demnächst ein Kompendium zu dieser Vorlesung auszuarbeiten.[78]

— *November 25* Schleiermacher predigt.[79]

— *Dezember 1* Schleiermacher berichtet, daß die Schulkirche für den akademischen Gottesdienst wieder hergerichtet und die – noch reperaturbedürftige – Orgel eingetroffen sei; vor dem Frühjahr rechne er jedoch nicht mit der Eröffnung des Gottesdienstes.[80]

— *Dezember 3* Konzert des blinden Flötenvirtuosen Friedrich Ludwig Dulon im Hallenser Ratskeller; im Anschluß an das Konzert faßt Schleiermacher den Entschluß zur Niederschrift der „Weih-

---

[72] *Henriette Herz: Schleiermacher und seine Lieben, S. 96–98*
[73] *Vgl. Brief *2044*
[74] *Vgl. Brief *2053; siehe auch Brief 2072, 137–158*
[75] *Vgl. Arndt und Virmond: Schleiermachers Briefwechsel, S. 301*
[76] *Vgl. Brief 2061, 16–19*
[77] *Vgl. Brief 2071, 2–6*
[78] *Vgl. Brief 2072, 77–88*
[79] *Vgl. Brief 2081, 19–26*
[80] *Vgl. Brief 2081, 71–73*

nachtsfeier"; das Manuskript sei knapp drei Wochen später vollendet worden.[81]

— *Dezember 12 K.H.L. Giesebrecht fragt bei Schleiermacher offiziell an, ob dieser bereit sei, eine Predigerstelle in Bremen anzunehmen.*[82]

— *Dezember 21 Gegenüber Reimer bekräftigt Schleiermacher, daß er zur Michaelismesse 1806 mit einem „theologischen Compendi-*

---

[81] *Vgl. KGA I/5, S. XLIV und Brief 2142, 52–56*

[82] *Vgl. Brief *2092. – Über die Verhandlungen berichtet Adolph Müller: „Wie ich zuerst zu Schleiermacher kam, und meinen Auftrag ohne Umschweife vorbrachte, erhielt ich, was ich schon erwartet hatte, ein Nein zur Antwort; indessen sagte er, möchte er die Sache wohl bei sich überlegen. Am Abend wurde Musik gemacht bei Harscher, er war auch dort, sagte mir aber keinen näheren Entschluß. Am Montag ging ich zu ihm, und sagte ihm, daß ich eine zweite Anfrage aus Bremen bekommen hätte, woraus er ersehen möchte, daß man doch nicht ganz gleichgültig gegen ihn sein könnte, und daß man mich dränge, einen Bericht zu machen. Er erwiederte, er habe selbst Nachricht von Bremen, ich solle indessen berichten: er sei gar nicht ungeneigt zu kommen. – Es wird also von ihm selbst eben so früh Nachricht da sein, als diese. – Soll ich mich nun darüber freuen oder nicht? Ich kann es kaum glauben, daß er sich einem Kreise von Menschen entzieht, wo ihn so viele liebten und mancher von ihm ein Verständniß hatte; ja – wo einige seiner Freunde wohl recht in die wissenschaftliche Seite seines Geistes eingegangen sein mochten. Er arbeitet an einer Ethik, und die Arbeit wird wahrscheinlich noch viele Jahre dauern, damit sie so erscheine, wie wohl noch nie etwas der Art erschienen sein mag. Auf Universitäten hatte er aber Gelegenheit, sie vorläufig in freier Form der Rede zu geben, und sprechend darüber zu denken; und nie habe ich mir vorgestellt, daß man die menschlichen Verhältnisse alle so verbunden und auseinander sich entwickelnd betrachten könnte. Dieser weckende Geist wird nun den jungen Leuten entzogen, von denen doch mancher ihn mit rechter Heiligkeit verehrt hat, denn auf der anderen ist seine Betrachtung der Bibel und des Christenthums wohl eben so unübertrefflich, als seine übrigen von dem Alterthum, den gesammten Lebensverhältnissen u. s. w. – Meinetwegen besonders kann ich mich darüber nicht recht freuen, daß ich in Zukunft mit ihm zusammen sein werde, wenigstens nicht mehr, als daß er überhaupt unter Menschen existirt, und auch auf mich allgemein einfließen wird; denn wo er ist und handelt, da handelt und ist er ganz, und kann nur Vortreffliches schaffen, doch auf seinen nahen Umgang muß ich wohl Verzicht thun, da ich nicht wüßte, ihm jemals nur etwas wieder zu geben, wenn er von seinem Reichthum verschenkt. Es kommt mir immer vor, als wenn er durchaus alles wüßte, über alles nachgedacht hätte, und kein Gefühl vermißte. Also meinetwegen oder durch mich muß er nicht nach Bremen gekommen sein, auch keines anderen Einzelnen wegen, die Gemeinde muß ihn angezogen haben, und er muß sich von ihr geliebt fühlen, und sie wieder lieben. Zu Euch kommen muß er aber nun, da es so weit eingeleitet ist, und somit wünsche ich nur, daß sich ein Sinn für den wahrhaft göttlichen Mann in Allen regen mag; dann wird er vieles schaffen und unwandeln können, nicht etwa plötzlich im Sturm und lärmend, sondern so ganz unmerklich, wie ein kleiner Keim, der nachmals zur gewaltigen Pflanze heransproßt, und noch für ferne Geschlechter goldne Früchte bringt. – Ihr werdet Euch unendlich erfreuen an seiner herrlichen Art zu reden. Mir fällt immer, wenn ich mir ihn redend vorstelle, ein, was der Odysseus sagt: / ‚Ein anderer Mann ist unansehnlicher Bildung, / Aber es krönt ein Gott die Worte mit Reiz, daß ihn alle / Innig erfreut anschaun: denn mit Nachdruck redet er treffend / Voll anmuthiger Scheu und ragt in des Volkes Versammlung, / Und durchgeht er die Stadt, wie ein Gott rings wird er betrachtet.'" (Briefe von der Universität, S. 272 f.)*

um" – der theologischen Enzyklopädie – hervortreten wolle.[83] *Weiterhin schreibt er, daß er den Ruf nach Bremen benutzen wolle, um die baldige Einrichtung des akademischen Gottesdienstes zu bewirken und seine Aufnahme als Ordinarius in die Fakultät durchzusetzen.*[84]

— *Dezember 24 Schleiermacher verbringt den Weihnachtsabend mit Steffens bei Reichardts in Giebichenstein.*[85]

1806 *Januar Erscheinen der „Weihnachtsfeier" bei Schimmelpfennig in Halle;*[86] *das Buch konnte nicht mehr zu Weihnachten fertiggestellt werden. Ein Teil der Auflage erschien ohne Verfasserangabe, da Schleiermacher die Schrift in Halle und Berlin anonym ausgeben wollte; eine Verlagsanzeige erschien daher auch erst im März 1806.*[87]

— *Januar 5 Schleiermacher berichtet, daß die Schulkirche wieder zum Magazin gemacht worden sei.*[88]

— *Januar 12 Bürgermeister und Rat der Stadt Bremen berufen Schleiermacher zum Prediger an die Kirche Unser Lieben Frauen.*[89]

---

[83] *Vgl. Brief 2099, 44–46*

[84] *Vgl. Brief 2099, 53–59*

[85] *Vgl. Brief 2128, 8–10*

[86] *Vgl. KGA I/5, S. XLII.*

[87] *Ebd., S. XLIII.*

[88] *Vgl. Brief 2111, 57–59*

[89] *Vgl. Brief 2115. – Ebenfalls am 12. Januar berichtet Adolph Müller an seine Schwester Elise: „Also, wenn ich's Dir auch nicht ganz deutlich machen kann, da es eine weitläufige Nachweisung in der nothwendigen Entwickelung der Geschichte erfordert, so ist Dir doch wohl klar, daß Euch zukommt, recht christlich und fromm zu sein; was Du auch wohl vollkommen würdest, wenn Du sähest wie ein christlicher Mann mit aller Lebendigkeit und heiliger Begeisterung sein Innerstes vor der Versammlung aufschließt; wenn Du schautest, wie der größte Mann seiner Zeit (ich meine Schleiermacher – in Wahrheit weiß ich ihm niemand an die Seite zu stellen) nicht durch schlaue auf den Effekt berechnete Worte, sondern durch die Rede, die frei und unwillkürlich aus der ersten hohen und klaren Idee fließt, seine Zuhörer, die Andächtigen, in seinen Himmel, in dem er immer lebt, trägt und leitet. Aber ich fürchte, das wird Dir nicht; denn mir ist es unwahrscheinlich, daß er zu Euch kommt. Ich bin dreimal mit ihm zusammen gewesen, einmal einen langen Abend bei ihm, einmal auf einem Bergball am Sylvesterabend, und einmal bei Reichardt's einen Mittag, wo auch Steffens da war, und ein Herr von Arnim, ehemals Physiker, jetzt der Poesie zugewandt, (neulich hat er mit Brentano sehr schöne alte Gedichte herausgegeben unter dem Titel: ‚Des Knaben Wunderhorn'), und keinmal hat er mit mir von Bremen angefangen." (Briefe von der Universität, S. 278). – Einen Tag später schreibt Adolph Müller an seinen Vater: „Ob Schleiermacher kommt, muß sich nun wohl entscheiden. Er bliebe wahrscheinlich hier, wenn er ordentlicher Professor wäre, und als akademischer Lehrer in die Welt der Jünglinge wirken könnte; da er aber Universitätsprediger ist, darf er nur privatim doziren, ja man sagt, die theologische Fakultät, die wohl schon manchmal sein Uebergewicht gefühlt haben mag, wollte ihm sogar verbieten, Dogmatik zu lehren. Der Minister Massow, wohl der dummste Ochse, der jemals über die*

—— *Mitte Januar* *In Schreiben an den Kabinettsrat von Beyme und den Minister von Massow verlangt Schleiermacher die baldige Einrichtung des akademischen Gottesdienstes und seine Aufnahme in die Fakultät; andernfalls werde er den Ruf nach Bremen annehmen.*[90]

—— *Januar 17* *Schleiermacher berichtet, daß von Beyme sich für die Erfüllung seiner Wünsche einsetzen wolle.*[91]

—— *Januar 20* *Adolph Müller berichtet seinem Vater aus Halle: „Schleiermacher wird Dir jetzt wohl geantwortet haben; er kam neulich auf einem Balle an mich heran, und fragte mich, wie Deine Addresse wäre; wie ich ihm die sagte, so fragte er, ob denn die Schullehrer nicht den Professortitel hätten, das konnte ich zu jetziger Zeit wirklich nicht einmal von meinem Vater aussagen, und das schien ihn ordentlich zu divertiren. Seitdem bin ich einigemal des Abends bei ihm gewesen, wo viel schöne Sachen verhandelt wurden. Seit seine Schwester bei ihm ist, macht er einen förmlichen Haushalt; man setzt sich um einen eleganten Theetisch; wer von der Gesellschaft will, pflanzt sich neben ihn auf's Sopha, (das möchte wohl einer der herrlichsten Plätze sein von allen, die man in Europa und auf der Erde rühmt). Er schließt sich mit der größten Lebendigkeit auf, und geht so recht in der unterredenden Mittheilung in jeden ein, oder liest vor etc. Es ist keine eigentliche Gesellschaft, und doch die aller geselligste Verbindung, die unter Lehrer und Schülern nur sein mag. Man geht erst nach 7 Uhr hin, kann aber so spät bleiben, wie man nur will, da er sich erst um 2 zur Ruhe begiebt.“*[92]

—— *Februar 4* *Schleiermacher berichtet, daß der Minister von Massow alles tun wolle, um Schleiermachers Wünsche zu erfüllen und schon auf Schleiermachers Mitgliedschaft in der Fakultät angetragen habe.*[93]

—— *Februar 7* *Schleiermacher wird zum ordentlichen Professor ernannt und damit Fakultätsmitglied.*[94]

Einrichtungen der Wissenschaften gesetzt ist, hält es auch nicht mit ihm, und mit keinem Redlichen und Geistvollen, nur mit Leuten, die ihm auf's niedrigste schmeicheln, wie Loder, Niemeyer u.s.w.“ (Ebd., S. 279)

[90] *Vgl. Briefe *2119 und *2120*

[91] *Vgl. Brief *2123*

[92] *Adolph Müller: Briefe von der Universität, S. 288 f.*

[93] *Vgl. Brief *2135*

[94] *Vgl. die Historische Einführung in KGA I/5, S. XIX–XXI*

— *Februar 9 In einem Brief an W.C. Müller deutet Schleiermacher an, daß er unter den jetzigen Umständen den Ruf nach Bremen ablehnen werde, sofern die Fakultät sich nicht dagegen sperrt, ihn als Mitglied aufzunehmen.*[95]

— *Februar 13 W.C. Müller bietet Schleiermacher 100 Reichstaler jährlich als Zulage an, wenn er nach Bremen komme. Er könne aber auch selbst bestimmen, welche Summe er haben wolle.*[96]

— *März 2 Schleiermacher lehnt den Ruf nach Bremen ab.*[97]

— *März 15 G.A. Reimer erbittet Manuskript für eine zweite Auflage der „Reden über die Religion", da die erste fast ausverkauft sei; auch die zweite Auflage der ersten Predigtsammlung müsse in drei Monaten gedruckt sein.*[98]

— *März 18 In seiner Antwort an Reimer erklärt Schleiermacher, daß er die „Reden" für die zweite Auflage erheblich umgestalten müsse; die Predigtsammlung könne dagegen eventuell auch unverändert nachgedruckt werden. – Aufgrund des vom Ministerium festgesetzten Beginns der Vorlesungen am 28. April sieht er keine Aussicht für die geplante Reise nach Rügen; er möchte stattdessen 14 Tage in Berlin zubringen.*[99]

— *März 25 Schleiermacher schließt sein Dogmatik-Kolleg.*[100]

— *März 27 Schleiermacher schließt sein Ethik-Kolleg.*[101]

— *März 28 Schleiermacher beendet seine Vorlesung über den Galaterbrief.*[102] *Er sendet seine Rezension von Daniel Jenisch: Kritik des dogmatischen, idealistischen und hyperidealistischen Religions- und Moral-Systems an H.K.A. Eichstädt und bietet ihm eine Rezension von Fichtes Schrift „Grundzüge des gegenwärtigen Zeitalters" an.*[103]

— *März 30 Adolph Müller berichtet aus Halle: „Am Donnerstag Abend nahm Schleiermacher mich mit zu sich, und gab mir viel Bücher mit nach Hause, am Freitag Abend war ich noch bei ihm zum Thee, wo es bunt herging, da er am Sonnabend früh nach Berlin reist; allerhand Leute nahmen Abschied, gaben Aufträge; seine Schwester packte ein, Geschäfte gab's mit anderem Volk, ein*

---

95 *Vgl. Brief 2140*
96 *Vgl. Brief 2143*
97 *Vgl. Brief 2155*
98 *Vgl. Brief 2165, 41–53*
99 *Vgl. Brief 2167*
100 *Vgl. Arndt und Virmond: Schleiermachers Briefwechsel, S. 301*
101 *Ebd.*
102 *Ebd.*
103 *Vgl. Brief 2171*

Mann bat sich eine Silhouette von ihm aus; um 11 Uhr wurde noch etwas zu Nacht gegessen. Die Musik, die ich sehr vernachlässige, hat er mir noch recht auf die Seele gebunden, wie ich von ihm schied. Ich schwatzte noch dieselbe Nacht mit Harscher bis halb 3 und um 6 Uhr Morgens hörte ich Schleiermacher's Wagen, mit dem auch Steffens reist, vorbeirasseln."[104]

[104] *Adolph Müller: Briefe von der Universität, S. 297*

Zu den einzelnen Briefwechseln

1. Christoph Friedrich von Ammon (1766–1850)

Ammon war aus Bayreuth gebürtig; bereits 1789 wurde er außerordentlicher Professor der Philosophie in Erlangen, 1790 auch der Theologie. 1792 wurde er Mitglied der theologischen Fakultät und Universitätsprediger ebendort. Von 1794 bis 1804 war Ammon Professor der Theologie, Universitätsprediger und Konsistorialrat in Göttingen, bevor er auf einen Lehrstuhl in Erlangen zurückkehrte und zugleich als Konsistorialrat und Superintendent in Ansbach wirkte. 1813 ging er als Oberhofprediger und Konsistorialrat nach Dresden, wo er später auch Mitglied und Vizepräsident des Landeskonsistoriums und 1831 Mitglied des Sächsischen Staatsrates wurde. 1817 kam es zu einer Auseinandersetzung mit Schleiermacher über die Thesen von Claus Harms.[105]

Zwischen Schleiermacher und Ammon bestand eine lockere Korrespondenz; im Schleiermacher-Nachlaß haben sich 7 Briefe Ammons zwischen 1805 und 1829 erhalten; Briefe Schleiermachers an Ammon sind nicht überliefert.

Für den Zeitraum des vorliegenden Bandes ist ein Brief Ammons an Schleiermacher überliefert, der bereits gedruckt war.

2. Ludwig Gottfried Blanc (1781–1861)

Ludwig Gottfried Blanc, aus Berlin gebürtig, war seit 1805 reformierter Prediger in Halle und später 2. Domprediger. 1822 wurde er außerordentlicher und 1833 ordentlicher Professor für romanische Sprachen und Literatur an der Universität Halle; er ist der Begründer der Hallenser Romanistik.

Zwischen Schleiermacher und Blanc scheint sich in Halle eine enge, freundschaftliche Beziehung entwickelt zu haben. Von 1807 bis 1830 bestand eine lebhafte Korrespondenz, von der über 100 Briefe überliefert sind, die an Schleiermacher gerichteten im Schleiermacher-Nachlaß, die

---

[105] *Vgl. Hans-Friedrich Traulsen: Schleiermacher und Claus Harms; dort sind auch die überlieferten Briefe Ammons an Schleiermacher bis auf den letzten von 1829 gedruckt.*

von Schleiermacher in der Jagiellonischen Bibliothek Kraków (Polen) bzw. in Abschriften ebenfalls im Schleiermacher-Nachlaß.[106] *Briefe von Schleiermacher sind erst seit 1813 mit Lücken, seit 1817 in größerem Umfang überliefert. Zahlreiche Briefe von Schleiermachers Hand wurden im vierten Band der Sammlung „Aus Schleiermacher's Leben. In Briefen" publiziert, ein großer Teil der Briefe von Blanc in den Mitteilungen der Berliner „Litteraturarchiv-Gesellschaft".*[107]

Für den Zeitraum des vorliegenden Bandes ist ein Brief Blancs an Schleiermacher überliefert, der bereits gedruckt war.

3. Carl Gustav von Brinckmann (1764–1847)

Schleiermachers Hallenser Studienfreund[108] *war seit 1801 Legationssekretär bei der Schwedischen Gesandtschaft in Berlin. Aufgrund von Verstimmungen zwischen Schweden und Preußen wurde Brinckmann im Juni 1805 zeitweilig vom preußischen Hof abberufen, blieb aber als Beobachter in Norddeutschland.*

Für den Zeitraum des vorliegenden Bandes sind drei Briefe Schleiermachers an Brinckmann und drei Briefe Brinckmanns an Schleiermacher überliefert; während die Briefe von Schleiermacher hier erstmals vollständig gedruckt werden, waren die Briefe von Brinckmann bereits gedruckt.

4. Carl Wilhelm von Bünting (1779–1860)

Carl Wilhelm von Bünting[109] *war der Sohn eines gleichnamigen preußischen Offiziers (1738–1809), der seit 1803 Generalmajor war. Bünting war 1789 in die Stolper Kadettenanstalt eingetreten und später Offizier in Stolp, wo er offenbar zu Schleiermachers Gemeinde gehörte.*

Für den Zeitraum des vorliegenden Bandes sind zwei Briefe Büntings an Schleiermacher überliefert, die hier erstmals gedruckt werden; zwei Briefe Schleiermachers an Bünting waren zu erschließen.

---

[106] *Vgl. Arndt und Virmond: Schleiermachers Briefwechsel, S. 97–100*

[107] *Ludwig Gottfried Blanc: Briefe an Friedrich Schleiermacher, Berlin 1909*

[108] *Vgl. ausführlicher die Historischen Einführungen in KGA V/1, S. XXXVII–XL; KGA V/2, S. XXVIII f.; KGA V/3, S. LXVIII f. und KGA V/5, S. XLI f.*

[109] *Vgl. auch die Historische Einführung zu KGA V/7, S. XXVII f.*

5. Philipp Karl Buttmann (1764–1829)

Buttmann entstammte einer Frankfurter Kaufmannsfamilie und studierte seit 1782 in Göttingen zunächst Theologie, dann Philologie. Seit 1789 war er Hilfsbibliothekar an der Königlichen Bibliothek in Berlin, bevor er 1796 dort eine feste Anstellung als Bibliothekssekretär erhielt. Sein bescheidenes Gehalt besserte er durch das Verfassen von Schullehrbüchern und Grammatiken auf und war auch 9 Jahre im Nebenamt Redakteur der Spenerschen Zeitung. 1800 wurde er Professor der alten Sprachen am Joachimthalschen Gymnasium in Berlin, gab diese Stelle aber 1808 wieder auf. Einen Ruf an die Universität Landshut, den er im selben Jahr erhielt, lehnte er auf ausdrücklichen Wunsch des Königs ab. Buttmann blieb Bibliothekar und wurde auch nicht an die neu gegründete Berliner Universität berufen. Aufgrund seiner zahlreichen gelehrten Publikationen wurde Buttmann 1806 außerordentliches, 1808 ordentliches Mitglied der Preußischen Akademie der Wissenschaften. 1811 wurde er – als Nachfolger Spaldings – zum Sekretar der historisch-philologischen Klasse der Akademie gewählt; er gab das Amt 1826 aus Altersgründen auf.

Schon frühzeitig versammelte Buttmann zahlreiche Mitglieder der Berliner Gesellschaft um sich; er war Gründer und Mittelpunkt der Griechischen Gesellschaft (seit 1804) und der „Gesetzlosen" (= zwanglosen) Gesellschaft, einer noch heute bestehenden geselligen Vereinigung, der er seit der Gründung 1809 bis zu seinem Tode als „Zwingherr" vorstand.[110]

Buttmann wird in Schleiermachers Briefen erstmals gegen Ende 1799 erwähnt;[111] *wann genau beide in nähere Beziehungen zueinander traten, ist ungewiß. Es scheint so, als sei das Verhältnis beider Männer erst nach Schleiermachers endgültiger Übersiedlung von Halle nach Berlin 1808 inniger geworden. Beide waren Ludwig Heindorf freundschaftlich verbunden, den sie nach dessen Tod auch in einer gemeinsamen Schrift gegen Angriffe Friedrich August Wolfs verteidigten.*[112] *Schleiermacher besuchte die Griechische Gesellschaft und war Mitglied der „Gesetzlosen Gesellschaft", deren „Zwingherr" er nach Buttmanns Tod wurde. Für einen Silberpokal der „Gesetzlosen", der Buttmann im Dezember 1817 überreicht wurde, verfaßte Schleiermacher die Widmungsverse: „Witz steht auf dem Becher wenig; / Trink, so findst du drinnen viel: / Und nie fehlt dir Witzbold-König / Unter uns ein würdig Ziel."*[113] *Am 8. Juli 1830 hielt*

[110] *Vgl. Heinrich Schlange-Schöningen: Philipp Buttmann und die „Gesetzlose Gesellschaft"*
[111] *Vgl. das Register zu KGA V/3*
[112] *Buttmann und Schleiermacher über Heindorf und Wolf, Berlin 1816 (KGA I/14, S. 213–221)*
[113] *Patsch: Alle Menschen sind Künstler, S. 227*

Schleiermacher in der Akademie die Gedächtnisrede auf Philipp Buttmann.[114]

Im Schleiermacher-Nachlaß sind drei Briefe Buttmanns an Schleiermacher überliefert, von denen zwei in den Zeitraum des vorliegenden Bandes fallen; sie werden hier überhaupt erstmals ediert.[115] *Ein Brief Schleiermachers an Buttmann war mit Sicherheit zu erschließen.*

6. Charlotte Cummerow

Charlotte (Lotte) Cummerow war die Frau des Postdirektors Bernhard Cummerow (1770–1826), der ein Schulfreund Ernst Moritz Arndts war. Sie gehörte zum weiteren Freundeskreis Schleiermachers im damaligen Schwedisch-Vorpommern, zu dem auch Rügen gehörte. Über das in dem Briefwechsel Erwähnte hinaus ließ sich über Charlotte Cummerow nichts ermitteln; ein Briefwechsel mit Schleiermacher ist nicht überliefert.

Für den Zeitraum des vorliegenden Bandes waren zwei Briefe Charlotte Cummerows an Schleiermacher zu erschließen.

7. Friedrich Carl Gottlieb Duisburg (1768–1825)

Schleiermachers Studienfreund[116] *war lange Jahre als Lehrer an einer reformierten Schule in Danzig beschäftigt und wurde erst 1810 als Hofprediger nach Samrodt in Ostpreußen berufen. Der Briefwechsel kam mehrmals ins Stocken, wurde aber offenbar von Schleiermacher nach seinem Umzug nach Halle wieder aufgenommen.*

Für den Zeitraum des vorliegenden Bandes ist ein Brief Schleiermachers an Duisburg zu erschließen.

8. Lucie Eichmann, geb. Bamberger

Lucie (auch Luzie) Eichmann ist eine Tochter des Potsdamer Hofpredigers Johann Peter Bamberger und war mit dem Kriegsrat Franz Friedrich

---

[114] *KGA I/11, S. 679–695*

[115] *Der bei Arndt und Virmond: Schleiermachers Briefwechsel, S. 109 verzeichnete Brief Schleiermachers an Buttmann vom 13. Februar 1804 existiert nicht; der Eintrag beruht auf einer irrigen Lesung.*

[116] *Zur Biographie und zur Überlieferung des Briefwechsels vgl. ausführlicher die Historischen Einführungen zu KGA V/1, S. XLII–XLIV und zu KGA V/3, S. LXXI.*

Eichmann in Berlin verheiratet; weitere biographische Daten konnten nicht ermittelt werden.[117] *Schleiermacher hatte Frau Eichmann wohl bereits 1796 kennengelernt und stand zu ihr in einem sehr engen und vertrauten Verhältnis.*

Für den Zeitraum des vorliegenden Bandes ist ein Brief Lucie Eichmanns an Schleiermacher überliefert, der hier erstmals gedruckt wird.

9. Heinrich Karl Abraham Eichstädt (1772–1848)

Eichstädt[118] *war seit 1803 ordentlicher Professor der Eloquenz und Poesie in Jena und Redakteur der Jenaischen Allgemeinen Literaturzeitung, die der mit Schütz nach Halle übergesiedelten alten ALZ auf Betreiben Goethes Konkurrenz machen sollte. Schleiermachers Korrespondenz mit Eichstädt ist durch seine Mitarbeit an der JALZ veranlaßt.*

Für den Zeitraum des vorliegenden Bandes sind zwei Briefe Schleiermachers an Eichstädt und zwei Briefe Eichstädts an Schleiermacher überliefert, die bereits gedruckt sind; je zwei Briefe von und an Eichstädt waren darüberhinaus zu erschließen.

10. Johann Erichson (1777–1856)

Erichson war aus Stralsund gebürtig und hatte in Jena (seit 1795) und Greifswald (1799) Theologie und Philosophie studiert. 1804 legte er sein theologisches Examen ab und wurde zum Doktor der Philosophie promoviert. Nach kurzem Aufenthalt in Berlin und Dresden ging er 1805 nach Wien, wo er sich literarischen und ästhetischen Studien widmete. 1814 kehrte er nach Greifswald zurück, wo er zunächst Adjunkt der philosophischen Fakultät für Ästhetik, 1822 außerordentlicher und 1830 ordentlicher Professor für dieses Fach wurde.

Erichson, der mit Schleiermachers Freundeskreis in Schwedisch-Pommern verkehrte, trat 1802/03 in Schleiermachers Blickfeld; Ende Januar 1803 erbittet dieser von seinem Freund Ehrenfried von Willich nähere Nachrichten über Erichson[119] *und läßt am 1. April 1803 Erichson Grüße*

---

[117] *Vgl. ausführlicher, auch zur Überlieferung des Briefwechsels, die Historische Einführung zu KGA V/6, S. XXXIII.*

[118] *Vgl. ausführlicher die Historische Einführung in KGA V/7, S. XXXI sowie Hermann Patsch: Schleiermachers Briefwechsel mit Eichstädt.*

[119] *Brief 1435, 35 f. (KGA V/6)*

übermitteln.[120] *In der Folge äußert er mehrfach den Wunsch, mit Erichson in eine Korrespondenz zu treten, die jedoch erst 1805 von Erichson angeknüpft wurde. Inzwischen schien jedoch Schleiermachers Interesse an Erichson erlahmt zu sein; in einem Brief an Charlotte von Kathen äußert er sich ablehnend gegenüber Erichson und wünscht keine nähere Bekanntschaft mehr.*[121]

Neben dem im vorliegenden Band gedruckten Brief Erichsons, der hier erstmals ediert wird, ist noch ein Brief an Schleiermacher aus dem Jahre 1808 im Schleiermacher-Nachlaß überliefert.

11. Joachim Christian Gaß (1766–1831)

Gaß wurde in Leopoldshagen bei Anklam in Pommern als Sohn eines Pfarrers geboren und studierte von 1785 bis 1789 Theologie in Halle; 1795 wurde er preußischer Feld- und Garnisonsprediger in Stettin. Nach der Auflösung seines Regiments 1806 arbeitete er beim Konsistorium in Stettin, bei dem er zuvor bereits als Assesor angestellt worden war. 1808 wurde er Prediger an St. Marien in Berlin, wo er für kurze Zeit den oft gewünschten persönlichen Umgang mit Schleiermacher pflegen konnte. 1810 wurde Gaß als Konsistorialrat und Mitglied der Kirchen- und Schuldeputation für die Provinz Schlesien nach Breslau berufen. Als 1811 die Viadrina von Frankfurt/Oder nach Breslau verlegt wurde, erhielt er an der Theologischen Fakultät den Lehrstuhl für systematische und praktische Theologie.[122]

Schleiermacher hatte Gaß im Sommer 1804 bei einer Reise nach Stettin kennengelernt und in ihm einen Geistesverwandten gefunden, nämlich „einen Prediger […] dem es Ernst zu sein scheint mit seinem Beruf“.[123] *Es entwickelte sich bald eine lebhafte Korrespondenz, die bis zu Gaß' Tod andauerte und von der die Briefe Gaß' im Schleiermacher-Nachlaß, die Briefe Schleiermachers in der Jagiellonischen Bibliothek Kraków zahlreich überliefert sind. Für Schleiermacher wurde Gaß nach Antritt seiner Hallenser Professur zum Ratgeber in bezug auf die im engeren Sinne fachtheologische Literatur, mit der er bis dahin weniger vertraut war. Umgekehrt schloß sich Gaß, der Schleiermachers Denkweg aufmerksam*

---

[120] *Brief 1468, 87–89 (KGA V/6)*
[121] *Vgl. Brief 2124, 43–63*
[122] *Vgl. die biographische Vorrede des Sohnes Wilhelm Gaß in: Schleiermachers Briefwechsel mit J. C. Gaß, S. XLII–XC.*
[123] *Brief 1781, 7 f. (KGA V/7)*

und kritisch begleitete, Schleiermachers dogmatischen Auffassungen vielfach an. Schleiermacher hat seine 1807 erschienene Schrift „Ueber den sogenannten ersten Brief des Paulos an den Timotheos" als „kritisches Sendschreiben an J.C. Gass, Consistorialassesor und Feldprediger zu Stettin" veröffentlicht und damit auch seine intellektuelle Verbundenheit mit dem Freund zum Ausdruck gebracht.[124]

Für den Zeitraum des vorliegenden Bandes sind acht Briefe Schleiermachers an Gaß und neun Briefe Gaß' an Schleiermacher überliefert. Ein Brief an Gaß wird hier erstmals vollständig ediert, die sieben weiteren waren bereits gedruckt. Von den Briefen an Schleiermacher werden sechs hier überhaupt erstmals und zwei erstmals vollständig gedruckt; lediglich einer war bereits vollständig veröffentlicht.

12. Wilhelmine Gaß, geb. Stavenhagen

Über Wilhelmine, seit 1798 Frau des J.C. Gaß, ist nichts Näheres bekannt. Ihre eigenständige Korrespondenz mit Schleiermacher ist nur bruchstückhaft überliefert; die Briefe an Schleiermacher fehlen ganz, von Schleiermachers Briefen haben sich vier erhalten, die heute in der Jagiellonischen Bibliothek Kraków verwahrt werden.[125]

Für den Zeitraum des vorliegenden Bandes ist ein Brief Schleiermachers an Wilhelmine Gaß überliefert, der bereits gedruckt war; zwei weitere Briefe Schleiermachers an sie und drei von Wilhelmine Gaß an Schleiermacher waren zu erschließen.

13. Gottlieb Benjamin Gerlach (1770–1844)

Gerlach[126] *war seit 1793 Feldprediger in Landsberg an der Warthe und mit Schleiermacher seit dessen Landsberger Adjunktur (April 1794 bis August 1796) bekannt und wohl auch – nicht zuletzt durch gemeinsame philosophische und literarische Interessen – befreundet.*

Für den Zeitraum des vorliegenden Bandes war ein Brief Gerlachs an Schleiermacher zu erschließen.

---

124 *KGA I/5, S. 156*

125 *Vgl. auch die Einleitung von Johannes Bauer zu: Briefe Schleiermachers an Wilhelmine und Joachim Christian Gaß*

126 *Vgl. ausführlicher KGA V/5, S. XLVIII f.*

14. Karl Heinrich Ludwig Giesebrecht (1782–1832)

Giesebrecht besuchte seit 1796 das Joachimsthalsche Gymnasium in Berlin und studierte seit 1800 in Halle Theologie und Philologie. 1802 trat er auf Empfehlung Friedrich August Wolfs in das Seminar für gelehrte Schulen in Berlin ein und unterrichtete am Gymnasium zum Grauen Kloster; 1805 wurde er als Professor der griechischen Sprache an das Bremer Pädagogium berufen. Während seiner Bremer Zeit trat er auch als Lyriker und Dramatiker hervor. 1812 folgte er einem Ruf an das Gymnasium zum Grauen Kloster.

Schleiermacher, dem Giesebrecht kirchlich und auch politisch nahe stand, scheint den Jüngeren vielleicht noch aus seiner Berliner Zeit gekannt zu haben; aus Bremen wandte Giesebrecht sich mit einem (nicht überlieferten) Schreiben an Schleiermacher, um ihn zur Annahme des Rufs an die Kirche Unser Lieben Frauen zu bewegen; Schleiermachers Antwortschreiben, das im vorliegenden Band erstmals gedruckt wird, hat sich in der Universitätsbibliothek Bonn erhalten. Eine weitergehende Korrespondenz ist nicht bekannt.

15. Eleonore Christiane Grunow (1769 oder 1770 bis 1837)

Zu Frau Grunow empfand Schleiermacher seit 1798 eine über die bloße Freundschaft hinausgehende Zuneigung, die 1799 dazu führte, daß er ihr für den Fall der Scheidung von ihrem Mann die Ehe versprach.[127] Das Verhältnis Schleiermachers zu Eleonore blieb über Jahre hindurch schwankend, weil Frau Grunow sich trotz mehrfacher Anläufe zu einer Trennung nicht durchringen konnte. Im Oktober 1805 kam es zur Krise: Eleonore kehrte zu ihrem Mann zurück, nachdem sie dort ausgezogen war und die Scheidung unmittelbar bevorstand. Damit brach auch der Briefwechsel ab; die Korrespondenz wurde später von den Erben vernichtet.

Für den Zeitraum des vorliegenden Bandes sind keine Briefe überliefert, jedoch konnten sechs Briefe Schleiermachers an Eleonore Grunow und ein Brief von ihr erschlossen werden.

---

[127] Vgl. hierzu ausführlicher die Historische Einführung in KGA V/3, S. LXXIV–LXXXII, wo auch über das weitere Schicksal der zwischen Schleiermacher und Frau Grunow gewechselten Briefe berichtet wird.

16. Ludwig Friedrich Heindorf (1774–1816)

Heindorf[128] war aus Berlin gebürtig und hatte in Halle Philologie bei Friedrich August Wolf studiert und dort auch promoviert. 1796 wurde er Lehrer am Gymnasium zum Grauen Kloster in Berlin und 1797 Gymnasialprofessor für klassische Philologie ebendort. 1810 wurde er Professor an der neugegründeten Berliner Universität, jedoch schon 1811 an die Universität Breslau versetzt. Seit 1812 war Heindorf korrespondierendes Mitglied der Preußischen Akademie der Wissenschaften in Berlin. 1816 nahm er einen Ruf an die Universität Halle an, starb dort jedoch am 23. Juni, noch vor Beginn seiner Vorlesungen. – Schleiermacher war mit Heindorf schon während seiner Zeit als Charité-Prediger näher bekannt und trieb mit ihm philologische Studien zu Platon.

Für den Zeitraum des vorliegenden Bandes sind vier Briefe Heindorfs an Schleiermacher überliefert, von denen drei hier überhaupt erstmals ediert werden; ein weiterer Brief wird hier erstmals vollständig gedruckt. Vier Briefe Schleiermachers an Heindorf waren zu erschließen.

17. Christlieb Benjamin Hering (gest. 1827)

Hering, über den sonst nichts Näheres bekannt ist, war Kaufmann und Reeder in Stolp und Mitglied des Kirchenvorstandes von Schleiermachers Gemeinde.[129]

In den Zeitraum des vorliegenden Bandes fallen vier überlieferte Briefe Herings an Schleiermacher, die hier erstmals gedruckt werden. Fünf Briefe Schleiermachers an Hering waren zu erschließen.

18. Henriette Herz (1764–1847)

Henriette Herz gehörte zu den engsten Vertrauten Schleiermachers in Berlin;[130] nach seinem Dienstantritt in Stolp entwickelte sich zwischen ihnen ein reger Briefwechsel, der auch nach der Übersiedlung nach Halle fortgesetzt wurde.

---

128 Vgl. ausführlicher die Historische Einführung in KGA V/6, S. XXXV f.

129 Vgl. die Historische Einführung zu KGA V/7, S. XXXIV

130 Vgl. im einzelnen, auch zum Schicksal des Briefwechsels, die Historische Einführung in KGA V/3, S. LXXXIII–LXXXV.

Für den Zeitraum des vorliegenden Bandes sind 11 Briefe Schleiermachers an Henriette Herz in Abschriften der Adressatin überliefert, die sämtlich bereits gedruckt waren; ein weiterer Brief Schleiermachers an sie sowie 11 Briefe Henriettes an Schleiermacher konnten erschlossen werden.

19. Jösting

Über Jösting ist Näheres nicht bekannt; in der älteren Literatur wird er als Prediger aus Westfalen bezeichnet.[131] Zutreffend ist, daß Jösting aus Westfalen stammte,[132] hingegen hatte er sich, wie aus einem Brief Schleiermachers an Ehrenfried von Willich hervorgeht, wohl schon während des Studiums von der Theologie abgewandt.[133] Wann und unter welchen Umständen Schleiermacher und Jösting zusammenkamen, ist ungewiß, jedoch scheint zwischen beiden ein ausgesprochen freundschaftliches Verhältnis bestanden zu haben. Jösting wurde Schleiermachers Vertrauter, der die Trennung Eleonore Grunows von ihrem Mann in die Hand nehmen sollte. Jösting selbst scheint, wie aus mehreren im vorliegenden Band veröffentlichten Briefen Schleiermachers an Reimer hervorgeht, in ein vergleichbares Verhältnis zu Agnes Niemeyer, der Frau des Hallenser Theologen, verstrickt gewesen zu sein. Auch nachdem Eleonore Grunow die Verbindung zu Schleiermacher aufgehoben hatte, blieb Schleiermacher mit Jösting in Kontakt. Ein Briefwechsel ist nicht überliefert, was wohl darauf zurückzuführen ist, daß die Briefe von Schleiermachers (und vielleicht auch Jöstings) Erben als kompromittierend angesehen und vernichtet wurden.

Für den Zeitraum des vorliegenden Bandes konnten vier Briefe Schleiermachers an Jösting und fünf Briefe Jöstings an Schleiermacher mit Sicherheit erschlossen werden.

20. Charlotte von Kathen (1778–1850)

Charlotte von Kathen, geb. von Mühlenfels, war eine Schwester der Henriette von Willich; sie war mit dem Gutsbesitzer Karl Ludwig Emanuel

---

[131] Vgl. Meisner: Schleiermacher als Mensch, Bde. 1.2; so auch noch in: Bis nächstes Jahr auf Rügen, hg. von Rainer Schmitz, S. 205.
[132] Vgl. die Historische Einführung in KGA V/3, S. LXXXIX f.
[133] Vgl. Brief 1921, 25–38

von Kathen auf Götemitz (Rügen) verheiratet, mit dem sie zahlreiche Kinder hatte. Ihr Haus bildete einen Mittelpunkt des geistigen Lebens auf Rügen; sie war – neben Schleiermacher – u.a. mit Ernst Moritz Arndt und Kosegarten befreundet.[134]

Für den Zeitraum des vorliegenden Bandes sind sechs Briefe Schleiermachers an Frau von Kathen und vier Briefe Charlotte von Kathens an Schleiermacher überliefert. Drei Briefe von Schleiermacher werden hier überhaupt erstmals, drei weitere erstmals vollständig gedruckt. Die überlieferten Briefe an Schleiermacher werden hier erstmals ediert; vier weitere Briefe von und drei an Schleiermacher konnten erschlossen werden.

21. Lehmann

Über den Regimentsquartiermeister Lehmann in Stolp ließ sich nichts Näheres ermitteln[135]*; auch der Anlaß des zu erschließenden Schreibens Schleiermachers an ihn ist ungewiß. Wahrscheinlich war Lehmann Mitglied der reformierten Gemeinde in Stolp.*

22. Philipp Konrad Marheineke (1780–1846)

Marheineke war aus Hildesheim gebürtig und hatte seit 1798 in Göttingen Theologie und Philosophie studiert. 1803 promovierte er in Erlangen zum Doktor der Philosophie und wurde 1804 theologischer Repetent in Göttingen. 1805 wurde er als außerordentlicher Professor der Theologie und Universitätsprediger nach Erlangen berufen. 1807 erhielt er einen Ruf nach Heidelberg, von wo aus er 1811 an die Berliner Universität wechselte. Seit 1820 war Marheineke zugleich (lutherischer) Pfarrer an der Dreifaltigkeitskirche und damit auch im Pfarramt Schleiermachers Kollege. Ursprünglich unter dem Einfluß Schellings stehend, wurde Marheineke in den zwanziger Jahren des 19. Jahrhunderts Anhänger Hegels und galt nach dessen Tod als Haupt der Hegelschen ‚Rechten'.

Im Schleiermacher-Nachlaß sind 14 Briefe Marheinekes an Schleiermacher von 1805 bis 1821 sowie drei Briefe Schleiermachers an Marheineke aus dem Jahre 1821 aufbewahrt; ein weiterer Brief an Marheineke aus dem Jahre 1820 ist bekannt, wurde aber in unbekannten Privatbesitz verkauft und ist nicht zugänglich oder verschollen.

---

134 *Vgl. die Historische Einführung in KGA/7, S. XXXIV f.*

135 *Schleiermacher erwähnt Lehmann bereits im Oktober 1803 (Brief 1575, 37–40; KGA V/7).*

Für den Zeitraum des vorliegenden Bandes ist ein Brief Marheinekes überliefert, mit dem der junge Erlanger Professor den Kontakt aufnimmt; der Brief war bereits in der Sammlung „Aus Schleiermacher's Leben. In Briefen" gedruckt.

23. Wilhelm Christian Müller (1752–1831)

Müller hatte Theologie in Göttingen studiert. 1781 gründete er in Bremen ein privates Erziehungsinstitut; 1784 wurde er dort zum Domkantor berufen, wo er zugleich auch für den Musikunterricht an dem angeschlossenen „Athenäum", einem Lyceum, zuständig war. Müller, der als Pädagoge, Komponist, Musikschriftsteller, Reiseschriftsteller und Dichter hervortrat, war wesentlich an der 1817 vollzogenen Vereinigung der Bremer Gymnasien beteiligt. Seine Kompositionen sind nicht überliefert.

Müller trat mit Schleiermacher Anfang 1806 brieflich in Kontakt, um – obwohl er selbst Lutheraner war – die Bemühungen, Schleiermacher als Prediger an die Kirche „Unser lieben Frauen" in Bremen zu ziehen, zu unterstützen. Hieraus entwickelte sich, wohl auch befördert durch Schleiermachers Verhältnis zu seinem Schüler Adolph Müller, den Sohn W.C. Müllers, eine Korrespondenz, die bis 1830 andauerte und von der 28 Briefe Müllers an Schleiermacher im Schleiermacher-Nachlaß überliefert sind; von den drei bekannten Briefen Schleiermachers an Müller aus den Jahren 1806 und 1811 befinden sich heute zwei in der Jagiellonischen Bibliothek Kraków; einer ist nur durch den Druck überliefert.

Für den Zeitraum des vorliegenden Bandes sind zwei Briefe von Müller überliefert, die hier erstmals ediert werden; ein Brief Schleiermachers an Müller war bereits gedruckt.

24. Adolph Müller (1784–1811)

Der Sohn Wilhelm Christian Müllers studierte seit dem Wintersemester 1803/04 Medizin in Halle und praktizierte seit 1809 als Arzt in Bremen.[136] *Müller wurde ein begeisterter Hörer der Vorlesungen Schleiermachers und blieb mit dem Lehrer auch nach der Auflösung der Hallenser Universität in brieflichem Kontakt. Eine unglückliche Liebe zu Caroline Wucherer, der Tochter eines Hallenser Fabrikbesitzers, die den Ber-*

---

[136] *Vgl. Adolph Müller: Briefe von der Universität*

liner Regierungsrat Schede ehelichte, soll seinen frühen Tod mit herbeigeführt haben.[137]

Für den Zeitraum des vorliegenden Bandes war ein Billet Schleiermachers an Müller zu erschließen.

25. Friedrich Immanuel Niethammer (1766–1848)

Niethammer wurde in Beilstein bei Heilbronn als Sohn eines Pfarrers geboren und studierte Theologie und Philosophie in Jena, wo er sich Reinhold und später Fichte anschloß. 1792 habilitierte er sich für Philosophie und wurde 1793 außerordentlicher Professor der Philosophie an der Universität Jena. 1795, nachdem Fichte zum Nachfolger Reinholds berufen worden war, wechselte Niethammer als Extraordinarius an die Theologische Fakultät. Seit 1795 gab Niethammer das „Philosophische Journal einer Gesellschaft Teutscher Gelehrten" heraus, das innerhalb kurzer Zeit das führende Organ für die Debatten der nachkantischen Philosophie in Deutschland wurde und bei dem 1796 Fichte als Mitherausgeber eintrat. Mit Fichte war Niethammer auch in den Atheismus-Streit involviert. 1803 wurde er als Professor der Theologie an die Universität Würzburg berufen. Nach der Abtretung Würzburgs an das Großherzogtum Toskana 1805 und der damit verbundenen Verschlechterung der Stellung der Protestanten an der Universität wurde Niethammer 1806 Landesdirektionsrat für das Schul- und Kirchenwesen in Bamberg, 1808 Zentralschulrat und Oberkirchenrat in München. In diesen Funktionen wurde Niethammer zum Begründer des Neuhumanismus in Bayern.

Von Niethammer ist ein Brief an Schleiermacher überliefert, der im vorliegenden Band erstmals gedruckt wird. Niethammers offenkundiger Versuch, durch dieses Schreiben in ein näheres Verhältnis zu Schleiermacher zu treten, schien keinen Erfolg gehabt zu haben, denn eine weitergehende Korrespondenz ist nicht bekannt.

26. Adam Gottlob Oehlenschläger (1779–1850)

Oehlenschläger war aus Vesterbro bei Kopenhagen gebürtig und betätigte sich zunächst als Schauspieler, bevor er 1800 ein Jura-Studium in Kopenhagen begann und wenig später auch als Dichter hervortrat. Intellektuell

---

[137] *Vgl. ebd., S. 514–519*

prägend war für ihn die Begegnung mit Henrich Steffens (1802),[138] die auch seine literarischen Produktionen beeinflußte. Mit seinem 1803 veröffentlichten Band „Digte" (Gedichte) wurde Oehlenschläger zum Begründer der literarischen Romantik in Dänemark. Durch ein königliches Stipendium erhielt er die Möglichkeit zu einer Bildungsreise, die er im August 1805 antrat und die ihn zuerst nach Deutschland, dann nach Frankreich, der Schweiz und Italien führte. Auf dieser Reise besuchte er Halle, wobei er wiederum mit Steffens zusammentraf und dabei auch Schleiermacher kennenlernte. Nach seiner Rückkehr nach Dänemark (1809) wurde Oehlenschläger zum Professor der Ästhetik an der Kopenhagener Universität ernannt.

Zwischen Schleiermacher und Oehlenschläger hat sich keine eigentliche Korrespondenz entwickelt. Ein Gedichtbrief Oehlenschlägers an Schleiermacher aus dem Jahre 1805 ist in einer Abschrift Oehlenschlägers überliefert, ferner ein Brief Schleiermachers an Oehlenschläger aus dem Jahre 1829. Beide Briefe sind bereits in der Oehlenschläger-Briefausgabe gedruckt.[139]

Der in den Zeitraum des vorliegenden Bandes fallende Gedichtbrief konnte hier nur nach diesem Druck wiedergegeben werden, da das Original der Abschrift nach Auskunft des Archivs (Bakkehausmuseet Kopenhagen) nicht mehr auffindbar ist.

27. Charlotte Pistorius (1777–1850)

Charlotte Pistorius[140] war die Tochter des Garzer Propstes Friedrich Samuel Theodor Pritzbuer (1731–1819) und mit dem Garzer Pfarrer Johann Philipp Pistorius (1767–1823) verheiratet. Schleiermacher hatte sie bei seinem Besuch auf Rügen 1804 kennengelernt.

Für den Zeitraum des vorliegenden Bandes sind drei Briefe Schleiermachers an Charlotte Pistorius und ein Brief von ihr an Schleiermacher überliefert; ein weiterer Brief an Schleiermacher war zu erschließen. Zwei der Briefe Schleiermachers an Frau Pistorius waren bereits gedruckt, der dritte wird hier erstmals vollständig ediert. Der Brief an Schleiermacher wird im vorliegenden Band erstmals gedruckt.

---

[138] Vgl. Henrich Steffens: Was ich erlebte, Bd. 3, S. 24–30
[139] Breve fra og til Adam Oehlenschläger, Bde. 1 und 3
[140] Vgl. die Historische Einführung zu KGA V/7, S. XXXVIII f.

28. Frau von Proeck

Frau von Proeck war die Gattin des Direktors der Stolper Kadettenanstalt, des Majors von Proeck. Näheres über sie ließ sich nicht ermitteln. Das Ehepaar von Proeck gehörte zu Schleiermachers Gemeinde. Aus den Briefen geht hervor, daß das Verhältnis der Eheleute zueinander zuweilen durch starke Spannungen geprägt war und Schleiermacher Frau von Proeck hierbei seelsorgerlich zur Seite stand. Hieraus hat sich offenbar ein freundschaftliches Verhältnis entwickelt, das auch nach Schleiermachers Weggang von Stolp bestehen blieb. Eine Korrespondenz ist nicht überliefert.

Für den Zeitraum des vorliegenden Bandes war ein Brief der Frau von Proeck an Schleiermacher mit Sicherheit zu erschließen.

29. Karl Georg von Raumer (1783–1865)

Raumer, der jüngere Bruder des Historikers Friedrich von Raumer (1781–1873), wurde in Wörlitz geboren und lebte seit 1798 bei seinem Onkel in Berlin, wo er das Joachimsthalsche Gymnasium besuchte. Seit 1801 studierte er Jura und Kameralistik in Göttingen, seit 1803 in Halle. Hier kam er mit Henrich Steffens und Schleiermacher zusammen, mit denen er sich befreundete und deren Hörer er wurde. Steffens Vorlesungen weckten Raumers naturphilosophische Interessen, so daß er nach dem juristischen Examen 1805 an die Freiberger Bergakademie ging, um dort bei Steffens' ehemaligem Lehrer, dem Mineralogen Abraham Gottlob Werner zu studieren. Durch Werner wurde Raumer mehr und mehr zur Mineralogie gelenkt, jedoch entwickelte der Schüler bald begründete Kritik an einigen Theorien seines Lehrers. Eine Studienreise nach Paris 1808–1809 befestigte Raumer in seinen Ansichten. In Paris studiere er auch die Schriften Pestalozzis, was ihn veranlaßte, dessen Erziehungsanstalten zu besuchen. Er wandte sich aber bald enttäuscht ab und publizierte 1811 seine Schrift „Geognostische Fragmente",[141] in der er seine von Werner abweichenden Theorien darlegte und die ihn in der wissenschaftlichen Welt bekannt machte. Raumer wurde noch 1811 als Bergrat nach Breslau berufen und dort auch Professor für Mineralogie. Nachdem er demagogischer Umtriebe verdächtigt worden war, wurde Raumer 1819 nach Halle zwangsversetzt. 1823 verließ er enttäuscht den preußi-

[141] Nürnberg 1811

schen Staatsdienst und wurde Pädagoge an einem Nürnberger Erziehungsinstitut, wo er auch seine Verbindungen zur Erweckungsbewegung stärkte. 1827 wurde er Professor für Naturgeschichte und Mineralogie in Erlangen, blieb im Dienst der Erweckungsbewegung aber auch weiterhin pädagogisch tätig.

Im Schleiermacher-Nachlaß sind 15 Briefe Raumers an Schleiermacher überliefert, größtenteils aus den Jahren 1805–1808; zwei Briefe sind von 1819 bzw. 1821. Briefe Schleiermachers an Raumer sind nicht überliefert; über ihren Verbleib ließ sich nichts ermitteln. Während Raumer nach dem Zusammenbruch Preußens zunächst dem Schleiermacherschen Patriotismus entschieden widerspricht, nimmt er später aktiv an der antinapoleonischen Bewegung teil. Das Abreißen der Korrespondenz dürfte vermutlich damit zusammenhängen, daß beide sich aufgrund von Raumers Bindungen an die Erweckungsbewegung in kirchlichen und religiösen Fragen voneinander entfernt hatten.

Für den Zeitraum des vorliegenden Bandes sind drei Briefe an Schleiermacher überliefert, die hier sämtlich erstmals gedruckt werden; ein Brief Schleiermachers an Raumer war mit Sicherheit zu erschließen.

30. Johann Friedrich Reichardt (1752–1814)

Reichardt wurde in Königsberg als Sohn des dortigen Stadtmusikus Johann Reichardt geboren, erhielt früh eine musikalische Ausbildung und gab schon als Zehnjähriger Konzerte in Ostpreußen. Er studierte Jura und Philosophie (vor allem bei Kant) in Königsberg und Leipzig. Von 1771 bis 1774 unternahm er eine Virtuosenreise und erhielt nach seiner Rückkehr eine Anstellung als außerordentlicher Kammersekretär im Oberkonsistorium. 1775 wurde er von Friedrich II. zum königlich-preußischen Hofkapellmeister ernannt, zog sich aber nach seiner Heirat mit der Sängerin, Pianistin und Komponistin Juliane Benda (1752–1783) weitgehend auf seine Tätigkeit als Schriftsteller und Komponist zurück. Schon kurz nach dem Tod seiner ersten Frau heiratete Reichardt die Witwe Johanna Hensler, geb. Alberti (geb. 1755). Reichardt unternahm ausgedehnte Reisen nach Italien, Frankreich und England; in Paris begeisterte er sich für die Französische Revolution und wurde daraufhin 1794 aus seinem Amt entlassen. Er ging zunächst nach Hamburg und kaufte dann, noch 1794, ein Gut in Giebichenstein bei Halle, das zu einem Zentrum des geselligen Lebens wurde und wo auch Schleiermacher sich regelmäßig aufhielt. 1796 wurde Reichardt begnadigt und als Salinendi-

rektor in Halle angestellt; er lebte jedoch weiterhin vor allem seiner Musik. Die Enttäuschung über die Französische Revolution ließ Reichardt seit 1803 zu einem Gegner Napoleons und zum preußischen Patrioten werden. Er starb auf seinem Gut Giebichenstein.

Schleiermacher hat Reichardt wohl durch Henrich Steffens, der mit einer Tochter Reichardts verheiratet war, kennen gelernt. Bei seinen häufigen Besuchen in Giebichenstein entwickelten sich aber vor allem engere Beziehungen zu Reichardts Töchtern Friederike (1790–1869) – die später Karl von Raumer heiratete – und Luise (1779–1826), die sich ebenfalls als Komponistin einen Namen machte; mit ihnen unterhielt er auch einen Briefwechsel, während eine Korrespondenz mit Reichardt nicht überliefert ist.

Für den Zeitraum des vorliegenden Bandes war ein Brief Schleiermachers an Johann Friedrich Reichardt und dessen Familie mit Sicherheit zu erschließen.

31. Georg Andreas Reimer (1776–1842)

Georg Andreas Reimer[142] *stammte aus Greifswald – damals Schwedisch-Pommern – und lebte nach einer Buchhändlerlehre seit 1795 als Buchhändler in Berlin. Im Juni 1800 wurde Reimer Leiter der 1749 gegründeten Berliner Realschulbuchhandlung, die er zum 1. Januar 1801 in Erbpacht übernahm und seit 1817 auch unter seinem Namen firmieren ließ.*

Schleiermacher unterhielt seit 1800 eine zunächst rein geschäftliche Beziehung zu Reimer, aus der sich bald eine tiefe und lebenslange Freundschaft entwickelte. Seit 1801 erschienen fast alle selbständigen Schriften Schleiermachers bei Reimer. Aufgrund der räumlichen Trennung seit Schleiermachers Übersiedelung nach Stolp entwickelte sich ein lebhafter Briefwechsel.

Für den Zeitraum des vorliegenden Bandes sind 27 Briefe Schleiermachers an Reimer und 21 Briefe Reimers an Schleiermacher überliefert. Zwölf der Briefe von Schleiermacher werden hier überhaupt erstmals, fünfzehn weitere erstmals vollständig ediert. Die Briefe Reimers an Schleiermacher werden hier sämtlich erstmals gedruckt; drei weitere Briefe von Reimer konnten erschlossen werden.[143]

---

[142] *Vgl. ausführlicher die Historische Einführung zu KGA V/5, S. LVI–LXI*

[143] *Die bei Roger Töpelmann: Romantische Freundschaft und Frömmigkeit, abgedruckten Briefe werden im Textapparat nicht nachgewiesen, da Töpelmann ohne Vergleich mit den*

32. Johann August Rienäcker (1779–1859)

Rienäcker wurde in Günthersberge (Harz) geboren und studierte Theologie in Halle und war nach dem Studium zunächst als Lehrer – nach den im vorliegenden Band veröffentlichten Briefen auch in Berlin – tätig. 1807 wurde er dritter, 1809 zweiter und 1837 erster Domprediger in Halle, 1838 auch Superintendent ebendort. 1830 wurde ihm die philosophische, 1834 auch die theologische Doktorwürde verliehen.

Von Rienäcker sind fünf Briefe an Schleiermacher im Schleiermacher-Nachlaß überliefert; die Gegenbriefe sind nicht erhalten.

In den Zeitraum des vorliegenden Bandes fallen zwei Briefe Rienäkkers an Schleiermacher, die hier erstmals gedruckt werden; ein Brief Schleiermachers an Rienäcker war zu erschließen.

33. Friedrich Karl Bernhard Graf von Sauerma (1778–1853)

Graf Sauerma war Herr auf Zülzendorf in Schlesien unweit Gnadenfrei; aus früheren Briefen Charlotte Schleiermachers geht hervor, daß diese mit der Familie von Sauerma bekannt war, die wohl der Brüdergemeine nahe stand.[144] *Über besondere Beziehungen Schleiermachers zur Familie von Sauerma ist nichts bekannt; ungewiß ist auch, ob Schleiermacher den Grafen überhaupt persönlich oder nur durch die Erzählungen Charlottes kannte. Eine Korrespondenz ist nicht überliefert.*

Der für den Zeitraum des vorliegenden Bandes zu erschließende Brief an den Grafen von Sauerma wurde während Schleiermachers Aufenthalt in Gnadenfrei geschrieben; der Anlaß für diesen Brief bleibt ungewiß.

34. Anne Maria Louise (Nanny) Schleiermacher (1786–1869)

Schleiermachers Halbschwester lebte nach dem Tod des Vaters bei ihrer Mutter Christiane Caroline Schleyermacher in Pleß, wo sie mit dem Kaufmann Fritz Weichart verlobt war. Im Juli 1805 holte Schleiermacher sie zu sich nach Halle, wo sie ihm den Haushalt führte und auch an seinem geselligen Leben teilnahm. Nanny blieb bei Schleiermacher, wobei unklar ist, ob und von wem die Verlobung mit Fritz Weichart aufgelöst wurde.

Originalen nur die ihm zum internen Gebrauch überlassenen Rohtranskriptionen der Schleiermacherforschungsstelle (Stand um 1985) abgedruckt hat.

[144] *Vgl. das Register zu KGA V/2*

Am 17. September 1817 wurde Nanny die zweite Ehefrau von Ernst Moritz Arndt, mit dem sie sechs Söhne und eine Tochter hatte.

Von 1805 bis 1834 ist eine umfangreiche Korrespondenz mit Schleiermacher überliefert;[145] *für den Zeitraum des vorliegenden Bandes ist ein Brief Schleiermachers an die Halbschwester erhalten, der hier erstmals gedruckt wird.*

35. Friederike Charlotte Schleiermacher (1765–1831)

Schleiermachers Korrespondenz mit seiner in der Herrnhuter Brüdergemeine Gnadenfrei lebenden Schwester[146] *kommt dadurch besondere Bedeutung zu, daß in ihr aufgrund des vertrauten geschwisterlichen Verhältnisses auch persönlichste Dinge ausführlich zur Sprache kommen, so wohl auch das Verhältnis Schleiermachers zu Eleonore Grunow. Dies hat den Erben Schleiermachers Veranlassung gegeben, Teile des Briefwechsels aus dieser Zeit zu vernichten, darunter vollständig die Briefe des Bruders an seine Schwester; auch einige Briefe Charlottes sind offenkundig nur bruchstückhaft im Nachlaß erhalten.*

Für den Zeitraum des vorliegenden Bandes sind 16 Briefe der Schwester an Schleiermacher überliefert, die hier sämtlich erstmals gedruckt werden; sieben Briefe von Schleiermacher an die Schwester waren zu erschließen.

36. Johann Carl Schleiermacher (1772–1843)

Schleiermachers Bruder hatte in der Brüdergemeine Apotheker gelernt und hatte nach seinem Austritt aus der Gemeine (1794) als Apotheker u.a. in Berlin und Stettin gearbeitet, bevor er 1800 in seine schlesische Heimat zurückkehrte und in Breslau und dann als Bleicher in Schmiedeberg tätig war. Nach seiner Heirat mit Friederike Müller (1804) versuchte er, sich mit Hilfe des Bruders selbständig zu machen.

Der Briefwechsel Schleiermachers mit seinem Bruder ist nicht überliefert; für den Zeitraum des vorliegenden Bandes waren zwei Briefe Carl Schleiermachers an den Bruder und ein Brief Schleiermachers an Carl zu erschließen.

---

145 *Vgl. Arndt und Virmond: Schleiermachers Briefwechsel, S. 86–88*

146 *Vgl. ausführlicher die Historischen Einführungen in KGA V/2, S. XL–XLII und KGA V/3, S. CII f.*

37. Georg Ludwig Spalding (1762–1811)

Spalding[147] war der jüngste Sohn des Aufklärungstheologen Johann Joachim Spalding. Er hatte in Göttingen und Halle Theologie und Philologie studiert und wurde 1787 als Professor der griechischen und hebräischen Sprache am Gymnasium zum Grauen Kloster in Berlin angestellt. 1792 promovierte Spalding in Halle und begann daraufhin mit der Arbeit an seiner Quintilian-Edition, deren erster Band 1798 erschien. Aufgrund seiner philologischen Arbeiten wurde er im August 1803 zu außerordentlichen, drei Jahre später zum ordentlichen Mitglied der Preußischen Akademie der Wissenschaften zu Berlin ernannt.

Schleiermacher kannte Spalding wohl bereits aus der Zeit seines ersten Berliner Aufenthalts 1793/94.[148] Die anfängliche Distanz, die in Spaldings Abneigung gegen Schleiermachers frühromantischen Freundeskreis ihren Grund hatte, verwandelte sich mit der Zeit in ein freundschaftliches Verhältnis. Im Mittelpunkt der umfänglichen Korrespondenz der Stolper und Hallenser Zeit steht die Platon-Übersetzung.

Für den Zeitraum des vorliegenden Bandes sind vier Briefe Spaldings an Schleiermacher überliefert, die hier erstmals vollständig ediert werden; vier Briefe Schleiermachers an Spalding waren zu erschließen.

38. Samuel Ernst Timotheus Stubenrauch (1738–1807)

Für den Zeitraum des vorliegenden Bandes umfaßt die Korrespondenz Schleiermachers mit seinem Onkel[149] insgesamt achtzehn Briefe, davon neun von Schleiermacher und neun von Stubenrauch. Während die Briefe Schleiermachers nur erschlossen werden konnten, haben sich die Briefe Stubenrauchs im Schleiermacher-Nachlaß erhalten; sie waren bisher sämtlich noch nicht publiziert.

39. Henriette Stützke

Henriette Stützke war mit Schleiermacher aus der Stolper Zeit bekannt und gehörte wohl zu seiner Gemeinde; Näheres ließ sich nicht ermitteln.

---

[147] *Vgl. ausführlicher die Historische Einführung zu KGA V/6, S. XLIV–XLVI*
[148] *Vgl. Brief 271, 67 (KGA V/1)*
[149] *Zu Stubenrauch und seinem Briefwechsel mit Schleiermacher vgl. ausführlich die Historische Einführung in KGA V/1, S. LIII–LV.*

Von Frau Stützke sind zwei Briefe überliefert, die im vorliegenden Band erstmals gedruckt werden; ein Brief Schleiermachers an sie war mit Sicherheit zu erschließen.

40. Johann Wilhelm Süvern (1775–1829)

Süvern wurde als Sohn eines Predigers in Detmold geboren und studierte seit 1793 Theologie und Philologie in Jena. 1796 wurde er Schulamtskandidat am Seminar für gelehrte Schulen in Berlin und trat in der Folge auch mit wissenschaftlichen Arbeiten hervor. 1800 wurde er Rektor des Gymnasiums in Thorn, wo er 1802 Marie Klugmann heiratete. 1803 wurde Süvern Direktor des Gymnasiums in Elbing, an dem er als Reformer im neuhumanistischen Sinne tätig war. 1806 erhielt er einen Ruf als Professor der alten Literatur an die Universität Königsberg, dem er im Frühjahr 1807 folgte. Seine im Winter 1807/08 vorgetragenen Vorlesungen über die politische Geschichte Europas verschafften Süvern die Aufmerksamkeit und das Wohlwollen des preußischen Hofes und Förderung durch die Reformpartei. Seit 1808 arbeitete Süvern in der preußischen Unterrichtsverwaltung, wo er zunächst die Reform der Elementarschule nach Grundsätzen der Pestalozzischen Pädagogik betrieb. Seine weitere Tätigkeit ging auf eine Reorganisation des gesamten Schulwesens, wobei er auch mit der Neugründung der Universitäten in Berlin und Breslau befaßt war. Seit 1817 Staatsrat im Kultusministerium, legte Süvern 1819 den Entwurf eines allgemeinen Gesetzes für die Verfassung des Schulwesens in Preußen vor, das jedoch nach der Zurückdrängung der Reformpartei und dem Beginn der Demagogenverfolgungen nicht verwirklicht werden konnte. 1815 wurde Süvern ordentliches Mitglied der Preußischen Akademie der Wissenschaften zu Berlin.

Schleiermacher kannte Süvern wohl schon in seiner Zeit als Charité-Prediger; daß ein Briefwechsel mit ihm nicht zustandekam, dürfte in Süverns Abneigung gegen das Briefeschreiben überhaupt begründet sein.[150] *Von Süvern ist ein Brief an Schleiermacher überliefert, der im vorliegenden Band erstmals gedruckt wird.*

41. Taubenheim

Über Taubenheim ließ sich Näheres nicht ermitteln; offenbar handelte es sich um eine Vertrauensperson Eleonore Grunows, die ihr bei der Tren-

[150] *Vgl. Brief 1992, 2–5*

nung von ihrem Mann und der beabsichtigten Scheidung zur Seite stehen sollte.

In den Zeitraum des vorliegenden Bandes fällt ein Brief Schleiermachers an Taubenheim, der sich zufällig unter den Briefen an Reimer erhalten hat; dieser Brief wird hier erstmals gedruckt.

42. Karl Thiel

Über Karl Thiel ist Näheres nicht bekannt. Er war einer der ältesten Schüler Schleiermachers in Halle und ihm auch später freundschaftlich verbunden; offenbar war er um 1810 Prediger[151] *und veröffentlichte nach Schleiermachers Tod anonym „Friedrich Schleiermacher, die Darstellung der Idee eines sittlichen Ganzen im Menschenleben anstrebend; eine Rede an seine ältesten Schüler aus den Jahren 1804–1806 zu Halle von einem der ältesten unter ihnen".*[152] *Eine ausgedehnte Korrespondenz bestand wohl nicht; von Thiel ist nur ein Billet an Schleiermacher im Schleiermacher-Nachlaß überliefert, obwohl weitere Briefe vorgelegen haben müssen;*[153] *ein Brief Schleiermachers an Thiel aus 1806 wird heute in der Jagiellonischen Bibliothek Kraków verwahrt, ein weiterer Brief aus 1810 ist gedruckt überliefert.*

Das in den Zeitraum des vorliegenden Bandes gehörige Billet Thiels an Schleiermacher wird hier erstmals veröffentlicht.

43. Johann Christoph Wedeke (1755–1815)

Schleiermacher hatte Wedeke,[154] *der Prediger in Hermsdorf in Ostpreußen war, während seiner Zeit als Hauslehrer (1790–1793) des Grafen Dohna im benachbarten Schlobitten kennengelernt. Die offenbar intensive Korrespondenz ist nicht überliefert.*

Für den Zeitraum des vorliegenden Bandes war ein Brief Wedekes an Schleiermacher mit Sicherheit zu erschließen.

---

[151] *Vgl. Br 4, S. 177 f.*
[152] *Berlin 1835*
[153] *Vgl. Br 4, S. 176*
[154] *Vgl. die Historische Einführung zu KGA V/5, S. LXXIII*

44. Fritz Weichart

Über Fritz (Friedrich) Weichart ist Näheres nicht bekannt. Er war Kaufmann oder Kaufmannsgehilfe in Pleß und dort mit Schleiermachers Halbschwester Nanny verlobt. Die Korrespondenz, die Weichart nach der Übersiedlung Nannys nach Halle im Juli 1805 auch mit Schleiermacher begonnen hatte, bricht im Februar 1806 ab; über die Gründe hierfür ist nichts bekannt.

Alle fünf überlieferten Briefe Weicharts an Schleiermacher, die bereits gedruckt waren, werden im vorliegenden Band ediert; zwei Briefe Schleiermachers an Weichart waren zu erschließen.

45. Heinrich Christoph von Willich (1759–1827)

Der ältere Bruder Ehrenfried von Willichs war Pfarrer in Sagard auf Rügen, wo er 1795 zusammen mit seinem Halbbruder, dem Arzt Moritz von Willich, die Sagarder Brunnen-, Bade- und Vergnügungsanstalt (Brunnenaue) gegründet hatte.[155]

Schleiermacher hatte Willich bei seiner Reise nach Rügen 1804 persönlich kennengelernt und stand mit ihm und später auch mit seiner dritten Frau Dorothea, geb. Bokelmann, in einem Briefwechsel, der sich bis 1820 erstreckte. 24 Briefe von Willichs und seiner Frau an Schleiermacher haben sich im Schleiermacher-Nachlaß erhalten; von den Gegenbriefen ist nur einer bekannt.

Für den Zeitraum des vorliegenden Bandes ist ein Brief Heinrich Christoph von Willichs an Schleiermacher überliefert, der hier erstmals gedruckt wird.

46. Johann Ehrenfried Theodor von Willich (1777 bis 1807)

Ehrenfried von Willich[156] *war seit Frühjahr 1803 schwedischer Feldprediger in Stralsund und hatte am 5. September 1804 Henriette von Mühlenfels geheiratet. Schleiermacher hatte Ehrenfried von Willich im Mai 1801 kennengelernt und sich sofort mit ihm angefreundet.*[157] *Bereits kurz*

---

[155] *Vgl. den Sachapparat zu Brief 1782, 15 (KGA V/7)*

[156] *Vgl. ausführlicher die Historische Einführung zu KGA V/2, S. LXXIV–LXXVI*

[157] *Über diese Reise und besonders die Begegnung mit Ehrenfried von Willich berichtet Schleiermacher ausführlich der Schwester Charlotte in Brief 1072, 351–422 (KGA V/5).*

darauf setzte ein intensiver Briefwechsel ein, der auch anhielt, als Schleiermacher in Stolp bzw. Halle und Willich in Stralsund in neue Wirkungskreise traten. Mit Schleiermachers Reise nach Rügen im Sommer 1804, auf der er die Verwandten und den Freundeskreis Willichs kennenlernte, wurde das Verhältnis zwischen den Freunden nach enger.

Für den Zeitraum des vorliegenden Bandes sind drei Briefe Schleiermachers an Ehrenfried von Willich überliefert, die sämtlich bereits gedruckt waren; auffällig ist, daß die Briefe des Freundes an Schleiermacher nicht überliefert sind. Hier konnten 11 Briefe mit Sicherheit erschlossen werden.

Hinzu kommen 13 Briefe, die von oder an Henriette und Ehrenfried von Willich gemeinsam geschrieben wurden; hierbei sind neun Briefe von Schleiermachers Hand überliefert, die sämtlich bereits gedruckt waren; zusätzlich konnte ein Brief von Schleiermacher an die Freunde erschlossen werden. Von den Briefen Henriette und Ehrenfried von Willichs an Schleiermacher sind vier überliefert, die hier erstmals vollständig ediert werden; zwei weitere Briefe an Schleiermacher konnten erschlossen werden.

47. Henriette Charlotte Sophie von Willich, geb. von Mühlenfels (1788–1840)

Henriette von Mühlenfels[158] *wurde als Tochter des Gutsbesitzers und Offiziers Friedrich Gottlieb von Mühlenfels und seiner Frau Pauline, geb. von Campagne (gest. 1797) in Sissow auf Rügen geboren. Früh verwaist, fand sie Aufnahme bei ihrer Schwester Charlotte von Kathen und heiratete am 5. September 1804, gerade sechzehnjährig, Ehrenfried von Willich. Aus dieser Ehe gingen zwei Kinder hervor: Henriette (geb. am 6. Oktober 1805) und Ehrenfried (geb. am 27. März 1807). Kurz vor der Geburt des Sohnes, am 2. Februar 1807, war Henriettes Mann einer Infektion erlegen. Die Witwe fand Zuflucht bei ihren Verwandten auf Rügen, wo sie sich im Juli 1808 mit Schleiermacher verlobte, den sie am 18. Mai 1809 heiratete.*

Für den Zeitraum des vorliegenden Bandes sind fünf Briefe Schleiermachers an Henriette von Willich und zehn Briefe von ihr an Schleiermacher überliefert, die sämtlich bereits gedruckt waren; zwei weitere Briefe an Schleiermacher konnten erschlossen werden. – Zu den Briefen,

---

[158] *Vgl. die Historische Einleitung zu KGA V/7, S. XXXVI.*

die von oder an Henriette und Ehrenfried von Willich gemeinsam geschrieben wurden, vgl. unter Ehrenfried von Willich.

48. *Luise von Willich (1767–1849)*

Luise von Willich[159] *war die jüngste Schwester Ehrenfried von Willichs. Schleiermacher hatte sie auf seiner Reise nach Rügen 1804 in Sagard kennengelernt, wo sie ihre offenbar gemütskranke Mutter pflegte. Unmittelbar im Anschluß an das persönliche Kennenlernen entwickelte sich eine lebhafte Korrespondenz, die wenigstens bis 1828 überliefert ist.*[160]

Für den Zeitraum des vorliegenden Bandes sind neun Briefe Schleiermachers an Luise von Willich überliefert, von denen einer hier überhaupt erstmals ediert wird, während die anderen bereits gedruckt waren. Weiter sind acht Briefe Luise von Willichs an Schleiermacher überliefert, die hier sämtlich überhaupt erstmals gedruckt werden. Drei Briefe Schleiermachers an Luise von Willich und vier von ihr an Schleiermacher waren zu erschließen.

49. *Amtlicher Schriftwechsel*

Ein amtlicher Schriftwechsel Schleiermachers ist in dem Zeitraum des vorliegenden Bandes nur spärlich zu verzeichnen und noch spärlicher überliefert. Dies liegt vor allem daran, daß Schleiermacher erst am 7. Februar 1806 als ordentlicher Professor in die Theologische Fakultät aufgenommen wurde und deshalb vorher nicht an den Verhandlungen beteiligt war.

Überliefert ist ein Schreiben der Fakultät an den König vom November 1804 wegen der Einrichtung des akademischen Gottesdienstes, das Schleiermacher als der designierte Universitätsprediger mit unterschreiben durfte; dieser Brief, der bereits gedruckt war, wird hier nur als Regest geboten.

Die übrigen amtlichen Schreiben stehen im Zusammenhang mit Schleiermachers Berufung nach Bremen. Überliefert sind das Berufungsschreiben vom 12. Januar 1806 und Schleiermachers Absage vom 2. März 1806; beide Briefe werden hier erstmals gedruckt.

---

159 *Vgl. Petrich: Schleiermacher und Luise von Willich*
160 *Vgl. Arndt und Virmond: Schleiermachers Briefwechsel, S. 272–275*

Nicht erhalten sind hingegen die Briefwechsel mit Friedrich Karl von Beyme und dem Minister von Massow in denen es um Schleiermachers Forderung ging, bei einer Ablehnung des Rufes zum Ordinarius befördert zu werden und den akademischen Gottesdienst einzurichten. Hier waren je ein Brief Schleiermachers an Beyme und Massow und jeweils ein Antwortschreiben an Schleiermacher mit Sicherheit zu erschließen.

II. Editorischer Bericht

Die editorischen Grundsätze für die V. Abteilung (Briefwechsel und biographische Dokumente) sind im 1. Band dieser Abteilung abgedruckt[161]*; besonders ist auf folgende Grundsätze zu verweisen: Die Brieftexte werden (nach den Anfangsdaten) in zeitlicher Folge und – soweit möglich – vollständig und in Schreibweise und Zeichensetzung unverändert nach den Handschriften oder (falls diese fehlen) nach den besten Abschriften oder Drucken wiedergegeben. Hervorhebungen (Unterstreichung etc.) erscheinen als Sperrung. Abkürzungen werden kursiv ergänzt, Chiffren (wie ô = nicht) kursiv aufgelöst, Fehlendes in [ ] kursiv eingefügt. – Autorkorrekturen (Entstehungsvarianten) sowie die notwendigen Herausgeberkorrekturen werden im Textapparat nachgewiesen, der auch die jeweils zugrunde gelegten Quellen nennt.*

Wir danken allen Personen und Insitutionen, die uns bei Recherchen sowie in Einzelfragen der Kommentierung unterstützt bzw. die Edition der in ihrem Besitz befindlichen Manuskripte gestattet haben. Zu danken ist unseren Kolleginnen und Kollegen an der BBAW, Frau Renate Heinrich, Frau Dr. Monika Meier, Frau Claudia Sedlarz, Herrn Christian-Friedrich Collatz, Herrn Dr. Manfred Ringmacher, Herrn Dr. Franz Risch und Herrn Dr. Ingo Schwarz, die uns in Einzelfragen der Kommentierung geholfen haben. Ein besonderer Dank gilt Dr. Wolfgang Virmond, der an den Vorarbeiten zu dem vorliegenden Band wesentlichen Anteil hatte, und wiederum der Sekretärin der Forschungsstelle, Frau Isabelle Lüke, welche die Fertigstellung des Bandes in der gewohnten Weise unterstützt hat.

Berlin, im Februar 2008

Andreas Arndt
Simon Gerber

---

[161] *Vgl. KGA V/1, S. XVIII–XXIII*

Verzeichnis der einzelnen Briefwechsel

*Das * vor der Briefnummer bezeichnet erschlossene Briefe.*

2048 Von *Christoph Friedrich von Ammon.*
Erlangen, Freitag, 11.10.1805 338

2105 Von *Ludwig Gottfried Blanc.*
Berlin, Dienstag, 31.12.1805 413

1880 **An** *Carl Gustav von Brinckmann.*
Halle, Sonnabend, 15.12.1804 64

1968 **An** *C.G. von Brinckmann.*
Halle, Donnerstag, 30.5.1805 213

2020 Von *C.G. von Brinckmann.*
Giewitz, Sonntag, 25.8.1805 296

2113 Von *C.G. von Brinckmann. Berlin, Dienstag, 7.1.1806* ... 426

2139 Von *C.G. von Brinckmann.*
Berlin, Sonnabend, 8.2.1806 460

2146 **An** *C.G. von Brinckmann. Halle, Dienstag, 18.2.1806* .. 470

*1868 **An** *Carl Wilhelm von Bünting. Vor dem 26.11.1804* 51

1869 Von *C.W. von Bünting.*
Stolp, Montag, 26.11. bis Mittwoch, 28.11.1804 52

*1918 **An** *C.W. von Bünting. Vor dem 7.2.1805* 131

1922 Von *C.W. von Bünting.*
Stolp, Donnerstag, 7.2. bis Donnerstag, 14.2.1805 .. 134

*1964 **An** *Philipp Karl Buttmann. Vor dem 14.5.1805* 202

1965 Von *Ph.K. Buttmann, mit Zusätzen von L.F. Heindorf.*
Berlin, Dienstag, 14.5.1805 202

1967 Von *Ph.K. Buttmann. Berlin, Dienstag, 28.5.1805* 212

*1942 Von *Charlotte Cummerow.*
Donnerstag, 28.3.1805 oder früher 173

*1978 Von Ch. Cummerow. Vor dem 13.6.1805 233

*1890 **An** Friedrich Carl Gottlieb Duisburg. Wohl 1804/05 79

2016 Von Lucie Eichmann.
Heiligenstadt/Eichsfeld, Freitag, 16.8. bis Sonnabend, 31.8.1805 290

*1847 **An** Heinrich Karl Abraham Eichstädt.
Halle, Freitag, 9.11.1804 20
*1879 Von H.K.A. Eichstädt. Jena, vor dem 15.12.1804 63
1885 **An** H.K.A. Eichstädt. Berlin, Sonntag, 23.12.1804 73
1888 Von H.K.A. Eichstädt. Jena, Freitag, 28.12.1804 78
*1944 **An** H.K.A. Eichstädt. Halle, vor dem 29.3.1805 174
1945 Von H.K.A. Eichstädt. Jena, Freitag, 29.3.1805 174
*2156 Von H.K.A. Eichstädt. Jena, Februar/März 1806 484
2171 **An** H.K.A. Eichstädt. Halle, Donnerstag, 28.3.1806 505

2035 Von Johann Erichson. Bobbin, Montag, 16.9.1805 316

1832 Von Joachim Christian Gaß.
Potsdam, Dienstag, 16.10.1804 3
1851 **An** J.C.Gaß. Halle, Dienstag, 13.11.1804 23
1859 Von J.C.Gaß. Stettin, Dienstag, 20.11.1804 37
1881 **An** J.C.Gaß. Halle, Montag, 17.12.1804 66
1887 Von J.C.Gaß. Stettin, Donnerstag, 27.12.1804 77
1908 Von J.C.Gaß. Stettin, Freitag, 25.1.1805 107
1914 **An** J.C.Gaß. Halle, Sonntag, 3.2.1805 124
1933 Von J.C.Gaß. Stettin, Sonnabend, 2.3.1805 154
1969 **An** J.C.Gaß. Halle, Ende Mai 1805 215
1994 Von J.C.Gaß. Stettin, Sonnabend, 20.7.1805 252
2024 Von J.C.Gaß. Sonntag, Sonntag, 1.9.1805 299
2026 **An** J.C.Gaß.
Halle, Freitag, 6.9.1805 bis Freitag, 13.9.1805 303
2042 Von J.C.Gaß. Stettin, Sonnabend, 28.9.1805 328
2072 **An** J.C.Gaß. Halle, Sonnabend, 16.11.1805 363
2091 Von J.C.Gaß. Stettin, Donnerstag, 12.12.1805 389
2111 **An** J.C.Gaß. Halle, Sonntag, 5.1.1806 420
2136 **An** J.C.Gaß. Halle, Dienstag, 4.2.1806 456

*1850 **An** *Wilhelmine Gaß. Vor dem 13.11.1804* 22
*1858 Von *W. Gaß. Wohl Dienstag, 20.11.1804* 37
*1932 **An** *W. Gaß. Vor dem 2.3.1805* 154
*1934 Von *W. Gaß. Sonnabend, 2.3.1805 oder später* 160
*1973 Von *W. Gaß. Vor dem 4.6.1805* 222
1974 **An** *W. Gaß. Halle, Dienstag, 4.6.1805* 225

*1998 Von *Gottlieb Benjamin Gerlach.*
Landsberg, vor dem 25.7.1805 259

*2092 Von *Karl Heinrich Ludwig Giesebrecht.*
Bremen, Donnerstag, 12.12.1805 390
2095 **An** *K.H.L. Giesebrecht. Halle, Dienstag, 17.12.1805* ... 393

*1875 Von *Eleonore Grunow. Vor dem 6.12.1804* 58
*1882 **An** *E. Grunow. 18.12.1804 oder früher* 70
*1895 **An** *E. Grunow. Berlin, vor dem 7.1.1805* 91
*1923 **An** *E. Grunow. 19.2.1805 oder früher* 141
*1929 **An** *E. Grunow. Vor März 1805* 149
*1930 **An** *E. Grunow. Vor März 1805* 149
*2030 **An** *E. Grunow. Montag, 9.9.1805* 311

1939 Von *Ludwig Friedrich Heindorf.*
Berlin, Sonnabend, 23.3.1805 163
*1960 **An** *L.F. Heindorf. Ende April/Anfang Mai 1805* 194
1963 Von *L.F. Heindorf. Berlin, wohl erste Maihälfte 1805* 199
*2002 **An** *L.F. Heindorf. Vor dem 29.7.1805* 264
2010 Von *L.F. Heindorf. Berlin, August 1805* 279
*2051 **An** *L.F. Heindorf. Wohl Mitte Oktober 1805* 340
*2103 **An** *L.F. Heindorf. Vor dem 28.12.1805* 406
2104 Von *L.F. Heindorf. Berlin, Sonnabend, 28.12.1805* 407

*1846 **An** *Christlieb Benjamin Hering.*
Halle, Mittwoch, 7.11.1804 20
1853 Von *C.B. Hering. Stolp, Mittwoch, 14.11.1804* 28
*1900 **An** *C.B. Hering. Halle, Dienstag, 15.1.1805* 95
1957 Von *C.B. Hering. Stolp, Mittwoch, 17.4.1805* 187
*2044 **An** *C.B. Hering. Montag, 7.10.1805* 330
2052 Von *C.B. Hering. Stolp, Mittwoch, 16.10.1805* 340

*2068 **An** C.B. Hering. Freitag, 8.11.1805 361
*2094 **An** C.B. Hering. Halle, Mittwoch, 13.12.1805 393
2100 Von C.B. Hering. Stolp, Sonnabend, 21.12.1805 399

1837 **An** Henriette Herz. Halle, Montag, 22.10.1804 11
1854 **An** H. Herz. Halle, Donnerstag, 15.11.1804 32
*1860 Von H. Herz. Vor dem 21.11.1804 40
1864 **An** H. Herz. Halle, Mittwoch, 21.11.1804 44
*1874 Von H. Herz. Vor dem 6.12.1804 58
*1917 Von H. Herz. Vor dem 7.2.1805 131
1941 **An** H. Herz. Halle, Mittwoch, 27.3.1805 171
*1953 Von H. Herz. Vor dem 10.4.1805 185
1954 **An** H. Herz. Halle, Mittwoch, 10.4.1805 185
*2000 Von H. Herz. Vor dem 27.7.1805 262
2001 **An** H. Herz. Halle, Sonnabend, 27.7.1805 263
2014 **An** H. Herz. Halle, Donnerstag, 15.8.1805 286
2018 **An** H. Herz. Halle, Freitag, 23.8.1805 294
2021 **An** H. Herz. Halle, Montag, 26.8.1805 298
*2029 Von H. Herz. Dresden, vor dem 9.9.1805 311
*2054 Von H. Herz. Vor dem 18.10.1805 342
*2118 Von H. Herz. Berlin, Mitte Januar 1806 432
*2138 **An** H. Herz. Vor dem 8.2.1806 460
*2144 Von H. Herz. Vor dem 17.2.1806 468
2145 **An** H. Herz. Halle, Montag, 17.2.1806 468
*2163 Von H. Herz. Vor dem 14.3.1806 496
2164 **An** H. Herz. Halle, 14.3.1806 496

*2028 **An** Jösting. Vor dem 9.9.1805 311
*2032 **An** Jösting. Wohl Sonnabend, 14.9.1805 314
*2038 Von Jösting. Berlin, vor dem 23.9.1805 323
*2053 Von Jösting. Berlin, vor dem 18.10.1805 342
*2070 **An** Jösting. Vor dem 9.11.1805 361
*2078 Von Jösting. Sonnabend, 23.11.1805 373
*2098 Von Jösting. Vor dem 21.12.1805 397
*2141 Von Jösting. Vor dem 10.2.1806 464
*2147 **An** Jösting. Vor dem 21.2.1806 472

*1920 **An** Charlotte von Kathen.
Donnerstag, 7.2.1805 oder früher 132

1947 Von Ch. von Kathen. Wohl März 1805 176
1962 **An** Ch. von Kathen. Halle, Sonntag, 5.5.1805 197
1970 Von Ch. von Kathen. Wohl Mai 1805 218
1982 **An** Ch. von Kathen. Halle, Freitag, 21.6.1805 237
*2022 **An** Ch. von Kathen. Wohl August 1805 299
2037 Von Ch. von Kathen.
Mittwoch, 18.9.bis nach dem 6.10.1805 321
*2083 Von Ch. von Kathen. Vor Dezember 1805 379
2084 **An** Ch. von Kathen. Halle, Montag, 2.12.1805 379
*2116 Von Ch. von Kathen. Vor Mitte Januar 1806 432
*2117 Von Ch. von Kathen. Vor Mitte Januar 1806 432
2124 **An** Ch.von Kathen. Halle, Freitag, 17.1.1806 436
*2153 **An** Ch. von Kathen. Halle, wohl Februar 1806 483
2157 Von Ch. von Kathen. Wohl Februar/März 1806 484
*2166 **An** Ch. von Kathen. Vor dem 18.3.1806 498
2168 **An** Ch. von Kathen. Halle, Freitag, 21.3.1806 500
2172 **An** Ch. von Kathen. Halle, Ende März 1806 506

*1919 **An** den Regimentsquartiermeister Lehmann in Stolp.
Vor dem 7.2.1805 132

2012 Von Philipp Konrad Marheineke.
Erlangen, Freitag, 9.8.1805 285

*1936 **An** Adolph Müller. Halle, um den 7.3.1805 160

2114 Von Wilhelm Christian Müller.
Bremen, Donnerstag, 9.1.1806 429
2140 **An** W.C. Müller. Halle, Sonntag, 9.2.1806 462
2143 Von W.C. Müller. Bremen, Donnerstag, 13.2.1806 467

1904 Von Friedrich Immanuel Niethammer.
Würzburg, Sonntag, 20.1.1805 100

2109 Von Adam Gottlob Oehlenschläger.
Halle, Ende 1805/Anfang Januar 1806 418

1877 **An** Charlotte Pistorius. Halle, Donnerstag, 6.12.1804 ... 60
*1972 Von Ch. Pistorius. Anfang Juni 1805 oder früher 222

1975 **An** *Ch. Pistorius.*
Halle, vor Montag, 10.6. bis
Donnerstag, 13.6.1805 .... *227*
2019 Von *Ch. Pistorius. Garz, Sonntag, 25.8.1805* *295*
2152 **An** *Ch. Pistorius. Halle, wohl Februar 1806* *481*

**1906* Von *Frau von Pröck. Stolp, Dienstag, 22.1.1805* *103*

2056 Von *Karl Georg von Raumer.*
Freiberg, Sonnabend, 19.10.1805 .... *343*
2088* **An *K.G. von Raumer. Vor dem 7.12.1805* *383*
2089 Von *K.G. von Raumer.*
Freiberg, Sonnabend, 7.12.1805 .... *383*
2102 Von *K.G. von Raumer. Freiberg, Dienstag, 24.12.1805* .. *402*

1987* **An *Johann Friedrich Reichardt und Familie.*
Gnadenfrei, vor dem 2.7.1805 .... *241*

1831 **An** *Georg Andreas Reimer.*
Halle, Sonnabend, 13.10.1804 .... *3*
1835 Von *G.A. Reimer. Berlin, Sonnabend, 20.10.1804* *9*
1840 Von *G.A. Reimer. Berlin, Dienstag, 30.10.1804* *12*
1844 **An** *G.A. Reimer. Halle, Sonntag, 4.11.1804* *16*
1848 **An** *G.A. Reimer. Halle, Sonntag, 11.11.1804* *20*
1852 Von *G.A. Reimer. Berlin, Dienstag, 13.11.1804* *26*
1857 Von *G.A. Reimer. Berlin, Sonnabend, 17.11.1804* *36*
1870 Von *G.A. Reimer. Berlin, Mittwoch, 28.11.1804* *55*
1876 **An** *G.A. Reimer. Halle, Donnerstag, 6.12.1804* *58*
1878 **An** *G.A. Reimer.*
Halle, vor Mitte Dezember bis Sonnabend,
15.12.1804 .... *62*
1883 Von *G.A. Reimer. Berlin, Dienstag, 18.12.1804* *70*
1898 **An** *G.A. Reimer. Halle, Montag, 14.1.1805* *92*
1912 Von *G.A. Reimer. Berlin, Dienstag, 29.1.1805* *118*
1927 **An** *G.A. Reimer. Halle, Februar 1805* *147*
1938 **An** *G.A. Reimer. Halle, Donnerstag, 21.3.1805* *162*
1946 **An** *G.A. Reimer. Halle, wohl März 1805* *175*
**1948* Von *G.A. Reimer. März/April 1805* *178*
1949 **An** *G.A. Reimer. Halle, März/April 1805* *178*

1950 **An** G.A. Reimer. Halle, Sonnabend, 6.4.1805 180
1956 Von G.A. Reimer. Berlin, Mittwoch, 17.4.1805 186
1980 Von G.A. Reimer. Berlin, Sonnabend, 15.6.1805 236
1981 **An** G.A. Reimer. Leipzig, um den 18.6.1805 236
*2003 Von G.A. Reimer. Vor dem 29.7.1805 264
2004 **An** G.A. Reimer. Halle, Montag, 29.7.1805 265
2009 Von G.A. Reimer. Berlin, Anfang August 1805 278
2011 **An** G.A. Reimer. Halle, August 1805 283
*2023 Von G.A. Reimer. Vor September 1805 299
2027 Von G.A. Reimer. Berlin, Sonnabend, 7.9.1805 309
2031 **An** G.A. Reimer.Halle, Montag, 9.9.1805 311
2033 **An** G.A. Reimer. Halle, Sonnabend, 14.9.1805 314
2036 Von G.A. Reimer. Berlin, Mittwoch, 18.9.1805 319
2039 **An** G.A. Reimer. Halle, wohl Montag, 23.9.1805 323
2040 **An** G.A. Reimer,
mit Jösting. Berlin, wohl Freitag, 27.9.1805 325
2043 Von G.A. Reimer.
Berlin, Anfang Oktober 1805 oder früher 330
2045 **An** G.A. Reimer. Halle, Dienstag, 8.10.1805 331
2047 Von G.A. Reimer.
Kloster Berge bei Magdeburg, Donnerstag,
10.10.1805 336
2061 **An** G.A. Reimer. Halle, Freitag, 25.10.1805 347
2064 Von G.A. Reimer. Berlin, Mittwoch, 30.10.1805 352
2071 **An** G.A. Reimer. Halle, Sonnabend, 9.11.1805 361
2079 Von G.A. Reimer. Berlin, Sonnabend, 23.11.1805 373
2082 Von G.A. Reimer. Berlin, Dienstag, 26.11.1805 378
2099 **An** G.A. Reimer. Halle, Sonnabend, 21.12.1805 397
2110 Von G.A. Reimer. Berlin, Sonnabend, 4.1.1806 419
2125 Von G.A. Reimer. Berlin, Sonnabend, 18.1.1806 439
2127 **An** G.A. Reimer. Halle, Freitag, 24.1.1806 442
2137 Von G.A. Reimer. Berlin, Dienstag, 4.2.1806 458
2142 **An** G.A. Reimer. Halle, Dienstag, 10.2.1806 465
2148 **An** G.A. Reimer. Halle, Freitag, 21.2.1806 472
2161 **An** G.A. Reimer. Halle, wohl vor Mitte März 1806 493
2165 Von G.A. Reimer. Berlin, Sonnabend, 15.3.1806 496
2167 **An** G.A. Reimer. Halle, Dienstag, 18.3.1806 498

1976 Von Johann August Rienäcker.
Berlin, Montag, 10.6.1805 230

*1977 **An** J.A. Rienäcker. Halle, nach dem 10.6.1805 231
1983 Von J.A. Rienäcker. Berlin, Sommer 1805 239

*1988 **An** Friedrich Karl Bernhard Graf von Sauerma.
Gnadenfrei, vor dem 2.7.1805 241

2041 **An** Anne Maria Louise Schleiermacher.
Berlin, Sonnabend, 28.9.1805 327

*1849 Von Carl Schleiermacher. Vor dem 13.11.1804 22
*1896 Von Carl Schleiermacher. Vor dem 14.1.1805 91
*1897 **An** Carl Schleiermacher.
Montag, 14.1.1805 oder früher 92

*1836 **An** Charlotte Schleiermacher.
Wohl vor dem 21.10.1804 10
1891 Von Ch. Schleiermacher. Gnadenfrei, Ende 1804 81
1893 Von Ch. Schleiermacher.
Gnadenfrei, Dienstag, 1.1. bis Mittwoch, 6.2.1805 .. 83
1925 Von Ch. Schleiermacher.
Gnadenfrei, wohl Dienstag, 26.2. bis Dienstag,
5.3.1805 142
*1928 **An** Ch. Schleiermacher. Ende Februar 1805 148
1940 Von Ch. Schleiermacher.
Gnadenfrei, Dienstag, 26.3. bis Donnerstag,
2.5.1805 168
*1952 **An** Ch. Schleiermacher.
Dienstag, 9.4. bis vor dem 23.4.1805 184
*1959 **An** Ch. Schleiermacher. Vor dem 1.5.1805 194
1961 Von Ch. Schleiermacher.
Gnadenfrei, Freitag, 3.5. bis Mittwoch, 19.6.1805 .. 194
1989 Von Ch. Schleiermacher.
Gnadenfrei, Dienstag, 2.7.1805 241
1990 Von Ch. Schleiermacher.
Gnadenfrei, wohl Anfang Juli 1805 242
1991 Von Ch. Schleiermacher.
Gnadenfrei, wohl Dienstag, 9. Juli bis Sonntag,
21.7.1805 244
2005 Von Ch. Schleiermacher.
Gnadenfrei, vor Mittwoch, 31.7. bis Montag,
12.8.1805 266

*2006 **An** *Ch. Schleiermacher. Vor dem 3.8.1805* 269
2025 Von *Ch. Schleiermacher.*
Gnadenfrei, wohl Ende August/Anfang September 1805 301
2067 Von *Ch. Schleiermacher.*
Gnadenfrei, vor dem 3.11. bis Sonntag, 3.11.1805 .. 360
*2080 **An** *Ch. Schleiermacher. Vor dem 25.11.1805* 375
2085 Von *Ch. Schleiermacher.*
Gnadenfrei, Montag, 2.12.1805 381
2108 Von *Ch. Schleiermacher.*
Gnadenfrei, Ende Dezember 1805/Anfang Januar 1806 417
2122 Von *Ch. Schleiermacher.*
Gnadenfrei, vor dem 17.1.1806 433
2126 Von *Ch. Schleiermacher.*
Gnadenfrei, Sonntag, 19.1. bis Mittwoch, 29.1.1806 440
*2132 **An** *Ch. Schleiermacher. Vor dem 30.1.1806* 452
2134 Von *Ch. Schleiermacher.*
Gnadenfrei, Sonnabend, 1.2.1806 452

*1865 **An** *Georg Ludwig Spalding,*
Halle, vor dem 24.11.1804 46
1866 Von *G.L. Spalding. Berlin, Sonnabend, 24.11.1804* 46
*1915 **An** *G.L. Spalding. Vor dem 5.2.1805* 127
1916 Von *G.L. Spalding. Berlin, Dienstag, 5.2.1805* 128
*2057 **An** *G.L. Spalding. Vor dem 22.10.1805* 344
2058 Von *G.L. Spalding. Berlin, Dienstag, 22.10.1805* 346
*2158 **An** *G.L. Spalding. Halle, vor dem 8.3.1806* 486
2159 Von *G.L. Spalding.*
Berlin, Sonnabend, 8.3. bis Sonnabend, 15.3.1806 .. 487

*1843 **An** *Samuel Ernst Timotheus Stubenrauch.*
Halle, vor dem 4.11.1804 16
1845 Von *S.E.T. Stubenrauch.*
Landsberg, Sonntag, 4.11. bis Montag, 5.11.1804 ... 18
1901 Von *S.E.T. Stubenrauch.*
Landsberg, Donnerstag, 17.1. bis Montag, 21.1.1805 95

*1903 **An** *S. E. T. Stubenrauch. Halle, vor dem 20.1.1805* 100
*1955 **An** *S. E. T. Stubenrauch. Halle, vor dem 11.4.1805* 186
1958 Von *S. E. T. Stubenrauch. Landsberg, vor Donnerstag, 18.4. bis Freitag, 19.4.1805* 190
*1997 **An** *S. E. T. Stubenrauch. Vor dem 25.7.1805* 259
1999 Von *S. E. T. Stubenrauch. Landsberg, vor Donnerstag, 25.7.1805 bis Freitag, 2.8.1805* 260
2074 Von *S. E. T. Stubenrauch. Landsberg, Mittwoch, 20.11. bis Donnerstag, 5.12.1805* 369
*2101 **An** *S. E. T. Stubenrauch. Vor dem 23.12.1805* 402
2112 Von *S. E. T. Stubenrauch. Landsberg, Montag, 6.1. bis Montag, 3.2.1806* 424

*1905 **An** *Henriette Stützke. Halle, vor dem 22.1.1805* 103
1907 Von *H. Stützke. Stolp, Dienstag, 22.1.1805* 103
2087 Von *H. Stützke. Stolp, Freitag, 6.12.1805* 382

1992 Von *Johann Wilhelm Süvern. Elbing, Donnerstag, 11.7.1805* 246

1924 **An** *Taubenheim. Halle, Dienstag, 19.2.1805* 141

1971 Von *Karl Thiel. Halle, um Mai 1805* 222

*2069 Von *Johann Cristoph Wedeke. Vor dem 9.11.1805* 361

1993 Von *Fritz Weichart. Pless, Montag, 15.7.1805* 250
*2013 **An** *F. Weichart. Vor dem 15.8.1805* 286
2015 Von *F. Weichart. Pless, Donnerstag, 15.8.1805* 288
2090 Von *F. Weichart. Pless, Montag, 9.12.1805* 386
*2130 **An** *F. Weichart. Vor dem 29.1.1806* 450
2131 Von *F. Weichart. Pless, Mittwoch, 29.1.1806* 450
2149 Von *F. Weichart. Pless, Freitag, 21.2.1806* 474

*1842 **An** *Heinrich Christoph von Willich. Halle, Ende Oktober/Anfang November 1804* 16

1913 Von *H.Ch. von Willich. Plön, Donnerstag, 31.1.1805* ... 120

1841 **An** *Henriette und Johann Ehrenfried Theodor von Willich. Halle, Dienstag, 30.10.1804* ... 14
*1861 Von *J.E.Th. und H. von Willich. Vor dem 21.11.1804* ... 40
1863 **An** *J.E.Th. und H. von Willich. Halle, Mittwoch, 21.11. bis Donnerstag, 6.12.1804* ... 41
*1873 Von *J.E.Th. und H. von Willich. Anfang Dezember 1804* ... 57
1894 **An** *J.E.Th. und H. von Willich. Berlin, Sonntag, 6.1.1805* ... 89
*1909 **An** *J.E.Th. und H. von Willich. Vor dem 27.1.1805* ... 112
1910 Von *H. von Willich, mit einem Zusatz von E. von Willich. Sagard und Stralsund, Sonntag, 27.1. bis Sonnabend, 2.2.1805* ... 112
1921 **An** *J.E.Th. und H. von Willich. Halle, Donnerstag, 7.2. bis Freitag, 8.2.1805* ... 132
1931 **An** *H. und J.E.Th. von Willich. Halle, Freitag, 1.3. bis Dienstag, 12.3.1805* ... 149
1935 Von *J.E.Th. und H. von Willich. Donnerstag, 7.3.1805* .. 160
1966 Von *H. und J.E.Th. von Willich. Stralsund, Donnerstag, 16.5.1805* ... 210
1979 **An** *J.E.Th. und H. von Willich. Halle, Donnerstag, 13.6.1805* ... 233
2007 **An** *H. und J.E.Th. von Willich. Halle, Sonntag, 4.8. bis Dienstag, 6.8.1805* ... 269
2065 Von *H. von Willich; mit einem Zusatz von J.E.Th. von Willich. Stralsund, Ende Oktober/Anfang November 1805* ... 356
2081 **An** *J.E.Th. und H. von Willich. Halle, Dienstag, 26.11. bis Montag, 2.12.1805* ... 375
2170 **An** *J.E.Th. und H. von Willich. Halle, Montag, 24.3.1806* ... 502
*1937 Von *J.E.Th. von Willich. Vor dem 12.3.1805* ... 162
*1995 Von *J.E.Th. von Willich. Wohl Dienstag, 23.7.1805* ... 258
*2034 Von *J.E.Th. von Willich. Mitte September 1805 oder früher* ... 316
*2050 Von *J.E.Th. von Willich. Wohl Mitte Oktober 1805* ... 340

*2059 Von *J.E.Th. von Willich. Vor dem 25.10.1805* 347
*2060 **An** *J.E.Th. von Willich. Halle, 25.10.1805* 347
2062 **An** *J.E.Th. von Willich. Halle, Montag, 28.10.1805* 349
*2073 Von *J.E.Th. von Willich. Mittwoch, 20.11.1805* 368
*2096 Von *J.E.Th. von Willich. Dezember 1805* 396
*2107 Von *J.E.Th. von Willich. Ende Dezember 1805* 417
2150 **An** *J.E.Th. von Willich.*
Halle, wohl vor dem 28.2.1806 476
*2154 Von *J.E.Th. von Willich. Wohl Anfang März 1806* 483
2162 **An** *J.E.Th. von Willich. Halle, vor Mitte März 1806* 494
*2169 Von *J.E.Th. von Willich. Vor dem 24.3.1806* 502
1867 Von H. von Willich.
Stralsund, Sonntag, 25.11. bis
Mittwoch, 28.11.1804 49
1884 **An** H. von Willich. *Berlin, Dezember 1804* 71
1886 Von H. von Willich. *Stralsund, Mittwoch, 26.12.1804* ... 74
1926 Von H. von Willich. *Stralsund, Donnerstag, 28.2.1805* ... 145
1943 Von H. von Willich. *Stralsund, Donnerstag, 28.3.1805* ... 173
1951 **An** H. von Willich. *Halle, Sonnabend, 6.4.1805* 181
1996 Von H. von Willich.
Stralsund, Dienstag, 23.7. bis Donnerstag,
25.7.1805 258
2008 Von H. von Willich.
Poseritz und Stralsund, Sonntag, 4.8. bis September
1805 273
2046 **An** H. von Willich.
Halle, Mittwoch, 9.10. bis Freitag, 18.10.1805 333
2055 Von H. von Willich. *Nach Mitte Oktober 1805* 342
*2075 Von H. von Willich. *Wohl Mittwoch, 20.11.1805* 371
2097 Von H. von Willich. *Dezember 1805* 396
*2121 Von H. von Willich. *Mitte Januar 1806* 433
2128 **An** H. von Willich. *Halle, wohl 2. Januarhälfte 1806* 445
2129 Von H. von Willich. *Stralsund, Dienstag, 21.1.1806* 447
2151 **An** H. von Willich.
Halle, vor dem 28.2. bis Freitag, 28.2.1806 478
2160 Von H. von Willich. *Donnerstag, 13.3.1806* 492

*1833 Von Luise von Willich. *Vor dem 18.10.1804* 5
1834 **An** L. von Willich.
Halle, Donnerstag, 18.10. bis
Sonntag, 21.10.1804 7

*1838 Von L. von Willich. Vor dem 26.10.1804 11
1839 **An** L. von Willich. Halle, Freitag, 26.10.1804 11
1856 **An** L. von Willich. Halle, Sonnabend, 17.11.1804 34
1862 **An** L. von Willich. Halle, Mittwoch, 21.11.1804 40
*1871 Von L. von Willich. Vor dem 3.12.1804 56
1872 **An** L. von Willich. Halle, Montag, 3.12.1804 56
*1889 Von L. von Willich. Ende Dezember 1804 79
1892 Von L. von Willich. Sagard, Dienstag, 1.1.1805 82
1899 **An** L. von Willich. Halle, wohl vor Mitte Januar 1805 .. 94
1902 **An** L. von Willich, Halle, Freitag, 18.1.1805 99
1911 Von L. von Willich.
Sagard, Sonntag, 27.1. bis Dienstag, 19.2.1805 115
*1984 **An** L. von Willich. Juni 1805 240
2017 **An** L. von Willich. Halle, Sonntag, 18.8.1805 293
2049 Von L. von Willich. Montag, 14.10.1805 340
2063 Von L. von Willich. Ende Oktober 1805 351
2066 Von L. von Willich. Stralsund, Sonnabend, 2.11.1805 358
*2076 **An** L. von Willich. Vor dem 21.11.1805 371
2077 Von L. von Willich. Donnerstag, 21.11.1805 371
*2086 **An** L. von Willich. Anfang Dezember 1805 382
2093 Von L. von Willich.
Vor dem 13.12. bis Freitag, 13.12.1805 391
2106 Von L. von Willich. Dienstag, 31.12.1805 414
2133 **An** L. von Willich. Halle, wohl Januar 1806 452

*1985 Von Unbekannt. Wohl Juni 1805 240
*1986 Von Unbekannt. Wohl Juni 1805 241
*1993a Von Unbekannt. Um Mitte Juli 1805 252

Amtlicher Schriftwechsel

1855 **An** Friedrich Wilhelm III., mit der Theologischen Fakultät.
Halle, Freitag, 16.11.1804 34

2115 Vom Bürgermeister und Rat der Stadt Bremen.
Bremen, Sonntag, 12.1.1806 431
2155 **An** Bürgermeister und Rat der Stadt Bremen.
Halle, Sonntag, 2.3.1806 483

*2119 **An** *Friedrich Karl von Beyme.*
Halle, Mitte Januar 1806 432
*2123 Von *K.F. von Beyme. Berlin, vor dem 17.1.1806* 435

*2120 **An** *Julius Eberhard Wilhelm Ernst von Massow.*
Halle, Mitte Januar 1806 433
*2135 Von *J.E.W.E. von Massow. Vor dem 4.2.1806* 456

Briefwechsel
Oktober 1804 bis Ende März 1806

1831. An Georg Andreas Reimer. Halle, Sonnabend, 13. 10. 1804

Halle d 13t. Oct. 4.

Glüklich bin ich angekommen aber spät; erst Gestern um Ein Uhr. Alles komt mir freundlich genug entgegen[.] Aber Montag über acht Tage muß ich mit Allen andern anfangen zu lesen und bis dahin noch welche Noth bei meiner großen Unbeholfenheit zumal!

Dein Brief ist schon besorgt. Ich fürchte aber daß ich einige Papiere habe liegen lassen. Du besinnst Dich, daß in dem Paket welches meine Vocation enthielt einige versiegelte u*nd* auch zwei ofne Schreiben an die Universität befindlich waren, die wir gleich lasen. Diese lezten nun fehlen mir gänzlich und ich bitte Dich inständig sie wo möglich herbei zu schaffen. Geöfnet wurde das Paket am Fenster der grünen Stube. Grüße Minna Ludchen u*nd* den Jungen p worin auch Manon sehr stark begriffen ist und schreibe mir bald.

Schl.

1832. Von Joachim Christian Gaß. Potsdam, Dienstag, 16. 10. 1804

Potsdam, d. 16t. Octbr. 4.

Nach meinen herzlichsten Wünschen für Ihre glükliche Ankunft, für einen willkommnen Empfang u*nd* für das fröhlige Gedeihen Ihres zu beginnenden großen Werkes, eile ich Ihnen, mein geliebter, theuerster Freund, den Fortgang u*nd* das wahrscheinliche Resultat meiner Angelegenheiten mitzutheilen.

1831. Überlieferung: H: BBAW, SN 761, Bl. 1 f.; D: Br 4, S. 104 (gekürzt). 5 bei] *folgt* ⟨all⟩

1832. Überlieferung: H: BBAW, SN 287, Bl. 1 f. 5 Freund,] *folgt* ⟨eile ich, Ihnen⟩

1831. Adresse (Bl. 2): Herrn Buchhändler Reimer Berlin Fried*rich*Stra*ße* No 189
6 *Wohl ein Brief, den Schleiermacher zur Besorgung aus Berlin mitgenommen hatte.*
11 f *Wilhelmine Reimer, ihre Schwester Ludovica Reinhardt und Karl Reimer*

Schon wenige Stunden nach Ihrer Abreise hatte ich meine erste Zusammenkunft mit Beyme u*nd* er eröfnete mir mit allen Merkmahlen des Wohlmeinens, daß es nicht anders sein könne, als daß Zöllners Stelle dem Ribbeck ertheilt werde. Ich könne dieß als keine Zurüksetzung ansehen, meinte er, u*nd* er gäbe mir zu bedenken, ob es nicht beßer u*nd* mir selbst lieber sei, ich würde almählig in den Geschäftsgang eingeführt, als daß man mir einen Posten von solchem Umfange mit einem Mahl über den Hals werfe. Seine Idee sei daher, daß mich der Minister zuerst u*nd* etwa auf ein Jahr als Asseßor beim Consistorio in Stettin anstelle u*nd* wenn hiernächst der alte Teller sterben, oder seine freiwillige Zustimmung zu einer Adjunktion geben | mögte, so würde der König es gewiß genehmigen, daß ich in diese Stelle rükke u*nd* er selbst es gerne befördere. – Ich kann nicht bergen, der Mann hat recht u*nd* es ward mir nach dieser Unterredung wirklich leicht ums Herz. Dekretirt u*nd* an den Minister erlaßen ist die Sache erst gestern Morgen, nachdem ich vorgestern gepredigt hatte. Der König ist sehr zufrieden gewesen, wie Beyme, Delbrük u*nd* Reichel, die alle zugegen waren, mir bezeugt haben. Ich hoffe nun, der Minister, der ohnehin eben diesen Gedanken gehabt hat, wird sofort meine Anstellung verfügen; das übrige, denke ich wird sich finden.

Sehen Sie, mein lieber Schleier: so scheint mir der Weg zu meiner Beförderung gut gebahnt zu sein u*nd* ich danke es der Vorsehung von ganzem Herzen, daß sie, wie bisher, auch künftig allen Sprung im Gange meiner Begegniße vermeiden will. Aber ich danke es auch Ihnen, daß Sie so freundschaftlich dazu geholfen haben. Sie sind mir nun, wo möglich noch werther, da ich Sie als ein Werkzeug der Vor|sehung ehren muß, die meinem Leben eine neue Richtung geben will.

Uebrigens habe ich bei Beyme zwei recht vergnügte Abende verlebt u*nd* ich muß gestehen, der Mann hat mir sehr gefallen. Natürlich sprachen wir auch viel von Ihnen, u*nd* nebst vielen Grüßen, hat er mir aufgetragen, Ihnen zu sagen, Sie mögten es mit der Anordnung des Universit*äts*Gottesdienstes machen, wie Sie wollten, vor allen Dingen über nichts anfragen, u*nd* besonders den Klingbeutel ganz weglaßen, damit darüber kein Streit mit dem Dom entstehe. Auch wünscht er, Sie mögten an der Hall*ischen* Liter*atur* Zeit*ung* arbeiten. Er sezt großes Zutrauen in Sie u*nd* erwartet viel von Ihnen für die gute Sache. – Auch habe ich die

---

9 Wohlmeinens] Wohlmeines   37 Sie] sie   41 viel] *folgt* ⟨fu⟩

1832. **9f** *Johann Friedrich Zöllner, seit 1788 Propst an St. Nikolai in Berlin, war am 12.9.1804 verstorben; sein Nachfolger wurde 1805 Konrad Gottlieb Ribbeck.* **14** *Minister Massow* **15–17** *Wilhelm Abraham Teller war Propst an St. Petri in Berlin; er starb am 9.12.1804. Sein Nachfolger wurde Gottfried Hanstein.* **38** *Nebenform zu Klingelbeutel*

Bekanntschaft des Hofpr*edigers* P*ischon* gemacht u*nd* muß frei bekennen, der Mann hat mir gar nicht gefallen. Er weiß gewiß nicht, was er eigentlich will u*nd* hat schwerlich einen Charakter. Es that mir leid, daß B*eyme* etwas aus ihm zu machen scheint. Auch glaube ich, daß Hanstein, der nur vor Kurzem hier gewesen noch im Hinterhalt steht u*nd* vorgeschoben wird, wenn Ribbeck die Stelle ausschlägt. Irre ich über P*ischon* so vergeben Sie es mir. Sie kennen ihn länger u*nd* beßer. Sein Be|tragen gegen mich schien mir etwas gezwungen u*nd* es kam mir vor, als sehe er mich nicht gerne hier. Dieß mag mich etwas in meinem Urtheil irre leiten u*nd* dann nehme ich es gerne zurück.

Von unserm Bartholdy habe ich auch einen Brief gehabt. Er läßt Sie grüßen. Seine Miene ist erst jetzt fieberfrei u*nd* außer Gefahr. Aber unsern Freund Rhades sehen wir nicht wieder. Er ist den 9*ten* d*ieses* am Nervenfieber gestorben. Dieß hat mich sehr traurig gemacht zu einer Zeit, wo ich wohl der heitern Simmung bedurfte. Von Wilhelmine habe ich sehr gute Nachricht u*nd* freue mich herzlich, sie nun früher wieder zu sehen, als ich glaubte. Auch sie läßt grüßen.

Nun leben Sie wohl, mein theurer mir unvergeßlicher Freund. Es ist mir doch gar sehr, als ob wir uns bald wiedersehen u*nd* noch ein mahl mit einander leben werden. Und wäre es auch nicht, so schweben Sie mir ewig vor. Laßen Sie mich bald etwas von Ihnen hören, auch ich schreibe Ihnen aus B*erlin* das fernere u*nd* vor allen Dingen, daß ich Sie brüderlich liebe.

Gaß.

**1833. Von Luise von Willich. Vor dem 18. 10. 1804*

Bittet um Nachricht über das Wiedersehen mit Eleonore Grunow; über Schleiermachers Predigt in Sagard

---

57 sie] *korr. aus* Sie 60 bald] *mit Einfügungszeichen über der Zeile*

56 *Wilhelmine Gaß*

*1833. *Vgl. Brief 1834, 35–37.63–65*

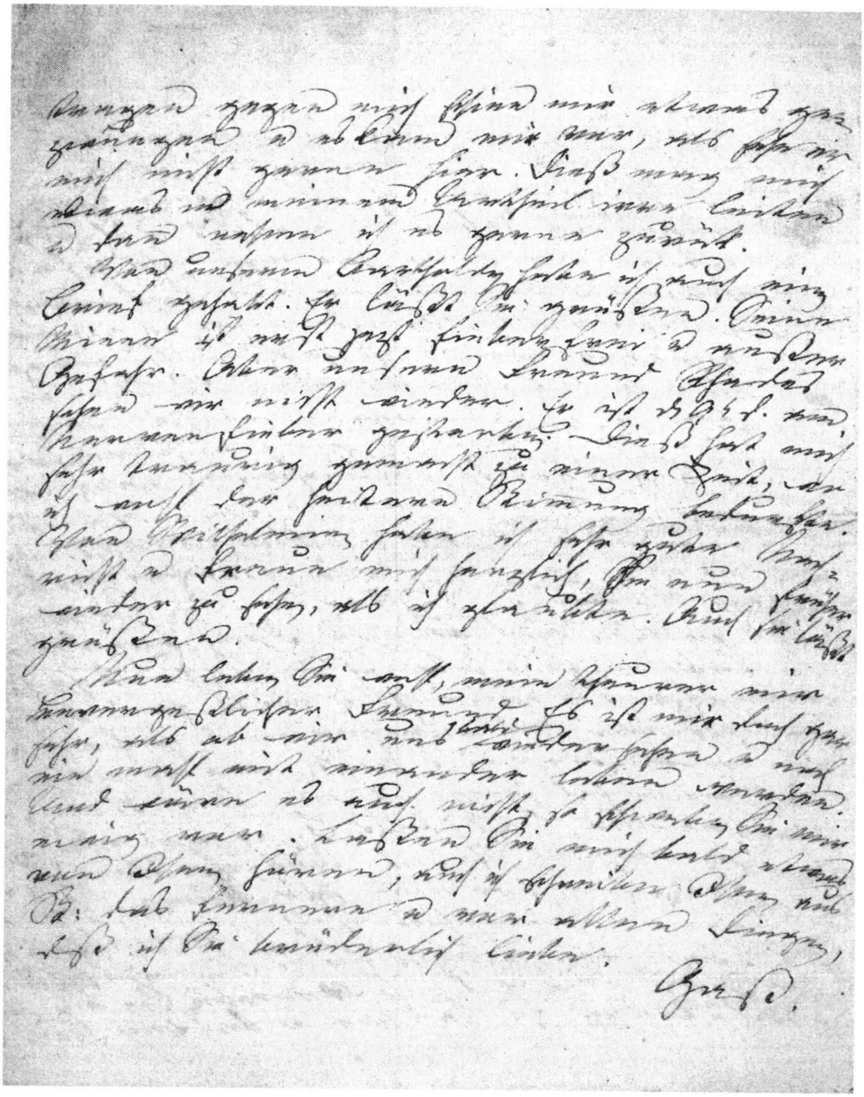
Denen gegen mich schien mir etwas ge-
zwungen u. überhaupt wie wenn, als habe er
mich nicht gerne hier. Daß man mich
[illegible] meinem Verhältniß immer leichter
u. besser nehmen [illegible] es gerne zurück.
Von unserm Bartholdy habe ich auch nur
Briefe gehabt. Er läßt Sie grüßen. Seine
Mutter ist [illegible] u. außer
Gefahr. Von unserm Freund Schadow
hören wir nichts wieder. Er ist [illegible] von
[illegible] gegangen. Dieß hat mich
sehr traurig gemacht zu einer Zeit, da
ich auch der sanften Stimmung bedurfte.
Von Wilhelmine habe ich sehr guten [illegible]
nicht u. freue mich herzlich, Sie [illegible]
wieder zu sehn, als ich glaubte. Auch sie läßt
grüßen.
Nun leben Sie wohl, mein theurer mir
immer geliebter Freund. Es ist mir doch gar
sehr, als ob wir uns lange nicht gesehen u.
wir recht viel miteinander leben [illegible]
und [illegible] es auch nicht, so schreiben Sie mir
wenig mehr. Lassen Sie mich bald einmal
von Ihnen hören, doch ich schreibe Ihnen [illegible]
[illegible] immer u. von allen Dingen,
daß ich Sie unendlich liebe.
[illegible]

1834. *An L. von Willich.* *Halle, Donnerstag, 18. 10. bis Sonntag, 21. 10. 1804*

d 18 Oct. 1804

Wenn mir das Bild meiner Vereinigung [*mit*] Eleonore sich in die Ferne zurückzieht, wenn mir manchmal ihre ganze Gestalt verschwindet, so weiß ich mir nichts Schöners als das Leben in Ehrenfrieds u*nd* Jettchens Ehe, u*nd* der Gedanke stört mich gar nicht, daß sie beide sollen was ihnen über Alles geht ohne mich [*haben*] u*nd* er muß Sie auch nicht stören, meine gute Schwester. Jeder Mensch ohne rechte Ehe muß dis als einen Mangel fühlen; aber nicht sich spüren lassen. Ehe ich noch Eleonoren gefunden hatte u*nd* als ich noch gar nicht recht hoffte, die rechte zu finden, da[,] ich dachte schon eben wie jezt über alle diese Dinge; da sezte ich mir einmal zu meinem Troste ein garçon hat die ganze Welt zur Braut. – Was mich nun betrifft u*nd* meinen Tausch zwischen der Welt u*nd* Eleonoren, so habe ich freilich Hoffnung, daß er auch der Welt noch vor Augen kommen wird. Ein erster Schritt u*nd* es ist freilich nur ein kleiner aber doch der, den Eleonore fast am meisten scheute, nemlich die Eröffnung an ihren Bruder ist durch mich geschehen und mit grosser Leichtigkeit und da sie hernach auch schon selbst mit ihm gesprochen hat muß ich ja denken, daß die übrigen Schritte diesem folgen werden. Ich habe d*ie*se herrlich*e* Hofnung u*nd* Vertrauen ich kann mir nichts Bestimmtes denken was ich fürchten müßte; aber es ist doch keine solche Freude in mir wie sie sein müßte, wenn Jemand nach solchen Stürmen in einen wunderschönen Hafen einläuft, sondern solche Ruhe u*nd* Hingebung, daß ich an die bessere Zukunft wenig denke u*nd* ihr Bild nur so wie etwas Fremdes betrachte. Darüber kann ich mich nicht genug wundern u*nd* weiß es mir kaum anders zu erklären, als daß der Gedanke im Hintergrunde liegt, daß wenn nichts Andres, doch der Tod unsere Vereinigung hindern werde. Irgend einen Grund hat dieser Gedanke gar nicht, denn ich habe Eleonoren gesünder gefunden als ich nach allen unnennbaren Leiden u*nd* Qualen erwarten durfte u*nd* ich bin ja auch ganz ohne Tadel. | Aber es ist nur so u*nd* ich freue mich gewissermaßen, daß mir so ist, denn ich weiß nun gewiß, daß es mir weniger um den äusseren Besitz u*nd*

1834. *Überlieferung: h: BBAW, Nachlaß Dilthey 116/1 (Blatt zweispaltig beschrieben)* **2** Eleonore] Elenore **9** recht] *mit Einfügungszeichen über der Zeile* **10** eben] *korr. aus* Eben **11** die] *folgt* ⟨⟨die⟩⟩ **20** doch] *mit Einfügungszeichen über der Zeile*

1834. **16** *Johann Albrecht Krüger*

um mein eigenes oder unser beider Glück zu thun ist, sondern daß mein eifriges Trachten darauf geht, das Nothwendige zu vollbringen u*nd* die unselige Ehe zu trennen. Und so denkt Eleonore auch zu mein*er* großen Freude. Wie mir zu Muthe war … [*er wurde unterbrochen*] Sie wollten wissen, wie mir zu Muthe war, als ich Eleonore zum ersten Mal wiedersah? Recht ruhig und schön als ob gar nichts zwischen unserm letzten Abschied und jezt gewesen wäre. Ich war eben mit grosser Jette an Brenna's Bett; es war aber Besuch gekommen u*nd* Eleonore ward also in ein andres Zimmer geführt u*nd* ich herausgerufen. Da sah sie und erwartete mich an einer ganz ähnlichen Stelle, als wo sie in Ehrenfrieds Gegenwart ihre Zustimmung gegeben zu meinem Gehen nach Stolpe. Mir war nur als müsste ich alle Thränen troknen, welche die Arme seitdem geweint u*nd* so waren wir gleich wie sonst ohne etwas Heftiges oder Stürmisches. „Du armes Herz, was hast du gelitten", waren glaube ich, meine ersten Worte von einigen heiligen Küssen u*nd* Thränen unterbrochen. Dann sprachen wir über ihre gegenwärtige Überzeugung und Entschließung u*nd* was sie damals so bestürmt, u*nd* sie wußte, daß ich sie vollkommen verstand. Sie gab mir noch einmal ihren Auftrag, mit ihrem Bruder zu reden u*nd* so gingen wir, nachdem der Besuch fort war herüber u*nd* waren munter u*nd* froh. Das ist eben so herrlich, liebe Luise, daß solche Ruhe u*nd* Einheit unter uns war. Ich weiß gar nicht, die ersten Tage abgerechnet von der Zeit, in der wir uns vollkommen fanden, daß wir uns über etwas nicht verstanden oder daß es irgend einer Erklärung unter uns bedurft hätte. Und die größte unbedingte Zuversicht, mit welcher Eleonore immer noch ebenso gut als sich selbst ihre Überzeugung aufgeopfert, ist die nicht etwas herrliches? Nachher habe ich sie noch zwei Mal allein gesehen; einmal bei sich draussen u*nd* zuletzt bei Niemeiers. Es ist ihr auch so wie mir, daß sie kein bestimmtes Gefühl von unser*er* Vereinigung hat; sie meint aber nur es wäre weil sie sich ganz entwöhnt hätte zu hoffen.

D*en* 21ten Das ist jezt der vierte Sonntag l*iebe* L*uise*, an dem ich nicht gepr*edigt* habe, u*nd* es wird mir ordentl*ich* bange danach. Wie können Sie aber nur glauben, ich könne irgend etwas vergessen haben was sich auf meine Sagardsche Predigt bezieht. Die Predigt selbst habe ich freilich

34 Eleonore] Eleneonore 35 [*er … unterbrochen*]] *Regest des Abschreibers* 37 nichts] nicht 38 war] ist 39 Eleonore] *folgt* ⟨⟨u*nd* Eleonore⟩⟩ 56 Eleonore] *folgt* ⟨⟨mit welcher Eleonore⟩⟩ 59 mir,] *folgt* ⟨sie⟩ 60 es] *korr. aus* wie

35 f *Siehe Brief *1833* 38 f *Henriette Herz und ihre Schwester Brenna de Lemos* 65 *Die Predigt am 1. Juli 1804; vgl. Brief 1772, 84–86 (KGA V/7)*

dann vergessen u*nd* ich glaube auch das Zettelchen verloren, welches mein Gedächtniss wieder auffrischen könnte: aber nichts von dem, was ich von ihren Wirkungen wahrgenommen habe. Die haben ja der Erinnerung meines Lebens, die mir unter Euch geworden ist, das Siegel aufgedrückt. Sie dürfen auch nun nicht mehr fürchten, daß ich nuzbar leben möchte: aber nach unserm Zusammenleben streben Sie nur auch nicht. Komme ich noch mit Eleonore zusammen so würde ich es für unrecht halten, wenn wir nicht gern da stehen wollten, wo wir am meisten wirken können u*nd* wo der uns zu Hülfe gekommen ist u*nd* dem wir beide angehören uns hinstellte. Des Salzes muß auch nicht so viel auf einem Fleck liegen, wenn es seine Wirkung im Ganzen thun soll; u*nd* es bliebe uns denn wohl nichts andres übrig als fleißig zu einander zu wallfahrten. Erlange ich Jenes aber nicht, u*nd* geht mein Schicksal mit mir aus dem ordentlichen Wege hinaus, dann bin ich auch wohl gleich berechtigt u*nd* suche mir ein Leben da wo ich am besten in eine Familie eingewöhnen kann. Meine Sehnsucht würde dann gewiß vorzüglich zu Ehrenfrieds mich treiben; aber auch dann kann ich mir doch Gründe denken die mich bei Reimers zurückhielten.

Hier in Halle würde ich, wie mir's bis jezt vorkommt, mit Eleonoren ein recht schönes Leben führen können. Luft u*nd* Gegend würden ihr wohl thun u*nd* ein Paar Freunde habe ich schon gefunden, die mir sehr lieb sind u*nd* die es ihr auch sein würden; auch ein Paar recht angenehme Familienkreise u*nd* gewiß würden sich auch einige Studenten finden, die es lohnte näher an uns zu ziehen. Denn | solche sind mir wirklich schon aufgestoßen. Übrigens ist der Zulauf zu meinen Vorlesungen gar nicht groß u*nd* das ist mir recht lieb. Ich will lieber langsam anfangen u*nd* durch eigne Kraft in meinen Wirkungen zunehmen als daß ein schneller Beifall mir entgegenkommt, der wieder verwischt weil er nur Vorurtheil oder Neugierde war.

1835. Von G. A. Reimer. Berlin, Sonnabend, 20. 10. 1804

Berlin d. 20n Octbr. 1804

Ich habe Deinen Brief nicht umgehend beantwortet, weil ich Dir gerne mit den vielen zurückgelassenen Büchern auch die letzten Aushängebogen

---

84 ich,] *folgt* ⟨⟨würde ich⟩⟩

1835. Überlieferung: H: BBAW, SN 358, Bl. 59; Textverlust am rechten Rand 3 letzten] *mit Einfügungszeichen über der Zeile*

1835. Mit einem Brief an Steffens (Zeile 14) und „Nebst 1 Päckgen Bücher in Packlein"
2 *Brief 1831*

des Plato übersenden wollte; auch wußte ich Dir wegen der Papiere wenig tröstliches zu sagen, denn sie haben sich trotz alles Nachsuchens nicht gefunden und ich setze meine Hofnung darauf, daß Du nur v e r m u t h e s t sie vergessen zu haben; wahrscheinlich finden sie sich noch bei Dir. Der große Kober stand halb gepackt mit den Büchern im Gange. Aber wie meine Frau gejammert hat, kannst Du Dir vorstellen, da sie bemerkte der EßKober sei zurück geblieben; vergeblich lief das Mädchen damit auch fast bis zum Thore nach.

Ich kann Dir heute nichts zusammenhängendes schreiben. Gaß wird morgen früh abreisen; er grüßt Dich noch sehr.

Den Brief an Steffens gieb doch ab mit dem zweiten Bande von Plato. Das Velin-Exempl*ar* soll nicht lange mehr aussenbleiben; auch werde ich dann die übrigen Com*[missionen]* befriedigen. Die bestellten Bücher wird Dir die *[Gleditschische]* Buchhandl*ung* aus Leipzig senden; ich weiß sie liegen schon *[bei]* ihr und geschieht es daher nicht bald so fodere nur deshalb an bei ihr. Den Nösselt hast Du wohl in Empfang genommen?

Sollten die Papiere, was ich nicht fürchte, verloren seyn, so mache mir nur Anzeige wie es anzufangen um solche wieder zu ersetzen.

Wir grüßen Dich insgesammt. Bald mehr!

Süvern hat mir vor einigen Tagen geschrieben und einige Ausstellungen an Deiner Uebersetzung des Pl*ato* gemacht. Er schreibt Dir wohl selbst deshalb, wie er sagt.

**1836. An Charlotte Schleiermacher. Wohl vor dem 21. 10. 1804*

Mit Geld für die Schwester. Über G. W. Bartholdy, Gaß und Henriette von Willich.

---

20 so] *folgt* ⟨g⟩

4–7 *Vgl. Brief 1831, 6–11* **7 f** *„Kober, […] ein von Baste, gespaltenen Ruthen oder Spänen geflochtenes hohes, länglich vierecktes Behältniß mit einem Deckel, welcher einem Schachteldeckel gleicht, und gemeiniglich an einem Stricke auf dem Rücken getragen wird; besonders auf dem Lande, wo es am üblichsten ist." (Adelung: Wörterbuch, Bd. 2, Sp. 1677)*
19 *Wohl Johann August Nösselt: Anweisung zur Bildung angehender Theologen, 3 Bde., Halle ^{2}1791* **24 f** *Brief 1992*

**1836.* *Vgl. Brief 1827, 67–90 (KGA V/7)*

1837. An Henriette Herz. Halle, Montag, 22. 10. 1804

Halle den 22ten October 1804.

[...] Mein Amt habe ich nun angetreten, und zwar gleich alle drei | Collegia angefangen. Ich bin ziemlich zufrieden mit mir, besser als ich dachte; was die Studenten sind weiß ich nicht. Von Zulauf ist übrigens gar nicht die Rede, gemeldet haben sich nur sehr wenige; aber freilich waren weit mehr als die gemeldeten heute drin, von denen indessen viele nur als Neugierige anzusehen sind, die sich wieder verlieren. Du weißt daß ich den anfänglichen Beifall, mehr fürchtete, als wünschte, und so bin ich mit dieser Lage der Sachen ziemlich zufrieden. Nur mit dem Gelde steht es gar zu schlecht, ich glaube nicht daß ich dieß halbe Jahr 30 r. einnehme, so bitten sich alle Menschen die Collegia frei. Wenn ich nicht lerne etwas härter sein wird es doch schlecht werden in Zukunft. Wann ich anfangen werde zu predigen, das läßt sich noch gar nicht absehen; es ist mir auch eben recht; theils damit sich die aufgerührten Erwartungen der Leute erst wieder etwas setzen, theils weil mir doch die Collegia, wenn ich tiefer in die Sachen hinein komme, noch viel Zeit kosten werden. [...]

Besorgnisse in bezug auf Eleonores Standhaftigkeit.

„Wäre die Welt nicht so, müßten wir alle auf Rügen leben"

**1838. Von L. von Willich. Vor dem 26. 10. 1804*

Bezweifelt Schleiermachers Selbstbild

1839. An L. von Willich. Halle, Freitag, 26. 10. 1804

Halle den 26. Okt. 1804.

Von mir selbst rede ich auch nächstens noch mehr mit Ihnen, da Sie mir nicht glauben wollen über mich selbst. Sie sollen aber doch; denn ich

---

1837. Überlieferung: h: BBAW, SN 751, Bl. 61 f.; D1: Br 2, S. 7 (gekürzt); D2: Schleiermacher als Mensch, Bd. 2, S. 21

1839. Überlieferung: D: Petrich: Schleiermacher und Luise von Willich, S. 162 f.

1837. 17 *Vgl. Brief 1840, 17–19* 18 *Schleiermacher und seine Lieben, S. 84 (Brief der Henriette Herz vom 4. 11. 1804)*

**1838. Vgl. Brief 1839, 2 f.*

1839. 2 f *Siehe Brief *1838*

habe eine gar zu genaue Kenntniß von meinem Gewesen- und Gewordensein, als daß ich mich irren könnte; und die sollen Sie auch haben und so darüber schalten können, als ob Sie sie als Schwester durch | eigenes Anschauen erworben hätten. Und ich will wohl sehen, ob Ihnen nicht mit der Zeit ganz schwesterlich zu Muthe wird.

1840. Von G. A. Reimer. Berlin, Dienstag, 30. 10. 1804

Berlin am 30n Octbr. 1804.

Durch die Herz weiß ich, daß meine Sendung richtig in Deine Hände gekommen ist, und da Du der verloren geglaubten Papiere nicht weiter gedenkst, so hoffe ich sie haben sich bei Dir wiedergefunden. Auch bist Du fortdauernd zufrieden mit dem Benehmen der Leute gegen Dich; so auch mit Deinem eigenen Benehmen gegen die Leute (ich meine Deine Zuhörer) und gegen Dein Amt; wie denn dies alles jeder andere der Dich kannte, ausser Du selbst, vorhersehen konnte und mußte; und wenn Dir vielleicht zuerst Deine Vorlesungen zu wenig besucht scheinen, so hast Du wohl nicht genug darauf Rücksicht genommen, daß in der ersten Zeit noch ein großer Theil der Studirenden nicht zur Universität zurückgekehrt ist, wie denn z.B. der junge Mann, der Dir diesen Brief übergiebt, gewiß zu Deinen fleißigsten und aufmerksamsten Schülern gehören wird; am Ende aber ist es auch mit einigen, ja selbst mit einem hinreichend genug. In ökonomischer Hinsicht freilich ist das wohl nicht gleichgültig; aber es wird so eng auch nicht seyn, wie Du fürchtest. |

Das möchte nun alles wohl gut seyn, und manches sich wohl noch besser fügen: allein Du bist wieder besorgt um Leonorens willen, und fürchtest sie möchte nicht beharren in ihrem Entschluß, und das wäre freilich das schlimmste was sich nur immer ereignen könnte; so weit geht nun meine Furcht wohl in keine Wege, allein damit nicht wieder ein Rückfall entsteht, oder auf daß auch nur jede Verzögerung vermieden werde, bitte ich Dich sehr, mein geliebter Freund, Dein Verbot wieder aufzuheben, daß ich Taubenheim nicht sehen soll. Es hebt sich jetzt so ja

---

1840. *Überlieferung: H: BBAW, SN 358, Bl. 60 f.* **8** ausser] *davor* ⟨⟨(⟩⟩ **10** Rücksicht] *korr. aus* [g] **11** ein] *mit Einfügungszeichen über* ⟨der⟩ **14** es] *folgt* ⟨ ja ⟩ **19** ihrem] *korr. aus* Ihrem **22** entsteht] *mit Einfügungszeichen über der Zeile*

1840. **2–22** *Vgl. Brief 1837*

fast von selbst und wird überflüssig, da Grunow weiß, daß ich ihn kenne. Giebst Du mir diese Freiheit, so will ich gewiß Deine Sache mit solchem Eifer führen, wie es dem Freunde geziemt, und auf jeden Fall alles dadurch früher zur Entscheidung führen. Gieb Dich immer hin in meine Hände, mein theurer Freund, Du sollst es gewiß nie bedauern in sie gefallen zu seyn, das kann ich zuversichtlich versprechen. Gott, wenn endlich auch diese Ruhe und dieser Friede Dir zu Theil würden, Du wärest gewiß der glückseligsten Menschen einer! |

Süvern hat mir kürzlich etwas über Deinen Platon geschrieben; ich will Dir seine Worte wiedergeben: „er habe Lust gehabt Deine Uebersetzung in Verbindung mit Heindorfs Ausgabe anzuzeigen[,] es fehle ihm aber an Zeit dazu; er halte die Uebersetzung für ein trefliches Werk, aber bei weitem für das beste die allgemeine Einleitung. Dann meint er aber ferner man stieße in der Uebersetzung zuweilen auf Stellen, worin Platon nicht recht sichtbar wäre, und auf einzelne die den Sinn verfehlten. Gegen die Anmerkungen, deren einzelne sehr scharfsinnig wären, ließen sich öfter Exceptionen machen. Er wäre Willens gewesen eine kurze Kritik der Uebersetzung zum Gegenstand eines Programms zu machen, allein die Veranlassung zu dem letztern hätte ihm dies untersagt. Sein Endurtheil wäre indeß daß deutsche Leser den Plato aus dieser Uebersetzung könnten kennen lernen. Er wolle Dir nun vielleicht privatim seine Bemerkungen mittheilen, wenn Du es nicht ungerne sähest“. So weit geht der Sinn seiner Worte; dabei hat er mir aufgetragen Dich von ganzem Herzen zu grüßen. Ich habe ihn in Deinem Namen zur Mittheilung seiner Bemerkungen aufgefodert.

Indem ich so von Süvern rede und an ihn denke, wie er eigentlich in seiner gegenwärtigen Lage so verkümmert, kann ich nicht umhin Dich aufzufodern, daß Du Dich doch seiner annehmen mögest; Dein Einfluß ist ge|genwärtig nicht so geringe mehr, wie Du aus dem Ereigniß mit Gaß, wenn es auch nicht ganz nach Absicht und Wunsch damit gelingen sollte, ersehen kannst, und wie ich ausserdem noch aus den Reden dieser und jener abnehmen kann. Und wahrlich doch wenn irgend einer solcher Verwendung werth ist, so wäre es doch wohl Süvern; auch weiß ich gewiß er würde unter andern Verhältnissen von neuem aufleben, statt daß er jetzt unter lauter Bestrebungen sich frei zu machen, zu Grunde geht. Zwar will

---

30 das] *davor* ⟨des⟩ 31 Theil] *folgt* ⟨ge⟩ 32 glückseligsten] *korr. aus* glückl 34 gehabt] *folgt* ⟨ihn⟩ 43 hätte] *folgt* ⟨⟨es⟩⟩ 43–45 Sein … lernen.] *mit Einfügungszeichen am linken Rand* 54 damit] *mit Einfügungszeichen über der Zeile* 56 irgend] *mit Einfügungszeichen über der Zeile*

52–55 *Vgl. Brief 1832, 29–32*

ich ihn eben nicht los sprechen hierin von aller Schuld; allein einer so edlen Natur muß man, trotz ihrer Fehler, auf alle mögliche Weise zu Hülfe kommen; und Du läßt ihn gewiß nicht hülflos, wenn ihm zu helfen anders in Deinen Kräften steht.

Es ist mir recht wunderbar vorgekommen, daß einige Zeit nach Deiner Abreise ich mitten unter meinen Papieren das kleine Lied am Meere zu singen abschriftlich und componirt fand; doch muß es wohl von Dir herrühren, da niemand von uns etwas davon weiß. Manon ist jetzt krank: sobald sie wieder so weit hergestellt ist um ausgehen zu können, soll sie es uns spielen und singen, und wir wollen Deiner gewiß alle dabei gedenken, wie wir Dir denn alle immerdar mit treuer Liebe zugethan sind.

1841. An Henriette und Johann Ehrenfried Theodor von Willich. Halle, Dienstag, 30. 10. 1804

Halle d*en* 30t. Octob. 4.

Ja wohl wußte ich das meine liebe liebe Tochter als ich Sie tröstete, ja wohl sah ich die schöne Zeit im Geiste, die Euch nun aufgegangen ist. Und wenn Ihr recht glüklich seid so denkt nur, daß das nicht in euren Mauern eingeschlossen ist, sondern daß es bis hieher reicht und auch mich glüklich macht. Wenn Sie einmal Zeit haben liebe süße Jette so beschreiben Sie mir doch einmal Euer ganzes Leben wie Ihr es führt in der Regel, wie Sie Sich fühlen als Hausfrau und wie Sie es handhaben und auch wie Ihr mit andern Menschen lebt. Denn isoliren müßt Ihr Euch nicht von Anfang an. Wenn Ihr Euch auch genug seid, darauf kommt nichts an. Jede Familie und zumal eine solche wie Ihr muß von Anfang an das Missionswesen treiben und sehen wo sie einen an sich ziehn kann oder retten aus der rohen Wüste. Und so denke ich mir auch jede Familie als ein niedliches trauliches Kabinet in dem großen Pallast Gottes als ein liebes sinniges Ruhepläzchen in seinem Garten von wo aus man das Ganze übersehn aber doch auch sich recht vertiefen kann in das enge be-

---

60 los] *korr. aus* frei **64** wunderbar] *korr. aus* s daß] *folgt – mit Einfügungszeichen über der Zeile –* ⟨sich⟩ **66** singen] *folgt* ⟨sich⟩

1841. *Überlieferung: H: BBAW, SN 776, Bl. 25 f.; D1: Br 2, S. 7–9 (gekürzt); D2: Schleiermacher: Briefe an Ehrenfried und Henriette von Willich, S. 102–104*

64–67 *Wohl Schleiermacher: An der See (Patsch: Alle Menschen sind Künstler, S. 181)*

1841. **2 f** *Vgl. Brief 1828, 17–22 (KGA V/7)*

schränkte trauliche. Da müssen also die Thüren nicht verschlossen sein sondern es muß hinein können wer Bescheid weiß, wer den magischen Schlüssel hat oder weiß wie er die | Aeste wegbiegen muß um den Eingang zu finden. Giebt es keine Menschen in Eurer Nähe die bei Euch anklopfen und gern ein wenig mit Euch leben möchten? Ihr glaubt nicht was für Drang und Eile ich mit Euch habe; ich möchte nun auch gern schon wissen daß Ihr Euer Licht leuchten lasset. Und es scheint mir immer ein großer Vorzug des Predigers, daß er als zum zurükgezogenen Leben berechtigt sich von den lästigen Conventionsverbindungen frei halten kann und daß ihm dagegen so leicht aus den schönen Wirkungen seines Berufs auch die wahren Zöglinge und Freunde seines Hauswesens hervorgehn denen er zu treuer Sittlichkeit und einfachem sinnigen Lebensgenuß vorleuchtet. Wie herzlich habe ich mich mit Dir gefreut mein theurer Ehrenfried daß auch Dein Amt so gesegnet ist. Gewiß es ist auf dem Wege im Einzelnen viel zu machen und ich überzeuge mich immer mehr daß er auch für die Welt der einzige ist, wie denn der wahre auch der einzige sein muß. Lege man nur immer den Gemüthern, die durch das thörichte Streiten über den Buchstaben und durch die dialektische Frechheit des leeren Raisonnirens irre geworden sind die Idee ans Herz so wäre es wunderbar wenn man dem Christenthum nicht Freunde gewinnen könnte. Noch kann ich Dir nichts ähnliches sagen von mir in meinem neuen Beruf aber es soll mir an Treue und Beharrlichkeit nicht fehlen, und wenn ich nur erst in dem Maaß als ich in Ordnung komme mit | meinem neuen Geschäft auch die rechte Freiheit und Sicherheit des Vortrags gewinne so denke ich wird mein Lehren ja auch nicht ohne Wirkung sein. Seit dem 22*ten* habe ich nun gelesen. Ganz zufrieden kann ich nun mit diesem ersten Anfang unmöglich sein aber ich gewinne doch die Zuversicht daß es überhaupt geht. Du kannst denken daß ich auch nur die Hauptsäze notire, und übrigens frei rede, und dabei werde ich auch bleiben. Freilich übergehe ich noch bisweilen etwas Einzelnes, was ich hatte sagen wollen oder finde wenn ich aus dem Collegium komme wie die ganze Darstellung hätte klarer sein können. Aber das wird ja alles besser werden. Meine philosophische Moral scheint ein gutes Ganze zu werden, und das wird freilich auf diesem Wege durch das immer wiederholte Bearbeiten eher und besser werden als sonst. So auch meine Einleitung in das theo*logische* Studium. Das über die Fundamentallehren leidet etwas unter den übrigen und wird sehr fragmentarisch. Aber seinen Endzwek daß es die

---

23 *Anspielung auf Matthäus 5, 16* **41 f** *Im Wintersemester las Schleiermacher Dogmatik, theologische Enzyklopädie und philosophische Ethik (angekündigt war christliche Sittenlehre); alle Vorlesungen begannen am 22. Oktober.*

Leute lehre unter den Begriffen die Idee aufsuchen soll es doch wol erreichen. Mein Predigtamt hat immer noch nicht angefangen. Ein kleiner Verzug thut mir nicht leid, ich wäre sonst wirklich zu sehr überhäuft zum Anfang. | Hie und da kann ich nun doch ein wenig an den dritten Band des Platon denken. An unsere liebe Pistorius kann ich nun heute unmöglich schreiben wie ich denn überhaupt abbrechen muß um die Post nicht zu versäumen. Grüßt sie nur herzlich und gesteht ihr eine Sünde.

Da war Julius Beyer bei mir; eine liebe Erscheinung die mir das schöne Leben recht vergegenwärtigte. Nur um recht bekannt mit ihm zu werden war die Zeit zu kurz. Recht verständig haben wir mit einander gesprochen aber auch nur verständig. Adieu lieben lieben Freunde. Gott segne Euch ferner.

Schl.

**1842. An Heinrich Christoph von Willich. Halle, Ende Oktober/Anfang November 1804*

Über Eleonore Grunow und seine Geschäfte in Halle

**1843. An Samuel Ernst Timotheus Stubenrauch. Halle, vor dem 4. 11. 1804*

Über seine Aufnahme in Halle, den Beginn der Vorlesungen am 22. 10. und seine feuchte Wohnung; erwartet den baldigen Tod des Dompredigers Johann Friedrich Stötzer. Über Pischon und seinen Einfluß auf die Berufung der Konsistorialräte Ribbeck und Hanstein

1844. An G. A. Reimer. Halle, Sonntag, 4. 11. 1804

Halle d 4t. Novemb. 4

Deine Sendung lieber Freund ist richtig eingegangen, auch mein Exemplar bereits gebunden und durchschossen. Hat denn aber Heindorf wirklich

1844. *Überlieferung: H: BBAW, SN 761, Bl. 5 f.; D: Br 4, S. 104 f. (gekürzt)*

61 *Julius Beier*

***1842.** *Vgl. Brief 1913, 6 f. 12 f. 72 f.*

***1843.** *Vgl. Briefe 1845, 7 f. 24–36. 42 f. und 1901, 33–36*

1844. **2** *Die in Brief 1835, 16–19 angekündigte Büchersendung.* *Das Exemplar des zweiten Bandes der Platon-Übersetzung; vgl. Brief 1835, 14 f.*

die Correctur der Anmerkungen besorgt? Es sind Drukfehler in den griechischen Worten stehn geblieben die ganz abscheulich aussehn und die keine Schreibfehler von mir sein können, und zwar in ziemlich großer Menge, das ist nicht wenig Schade!

Mit den Papieren ist es nichts. Sie haben sich bei mir nicht gefunden; und da ich alle meine Papiere in einem einzigen Carton hatte, hätte ich sie nicht vermissen können. Auch erinnere ich mich noch daß ich sie ziemlich eilig vom Fenster aufraffte und da kann es leicht sein daß ich nicht alles mit gefaßt habe. Finden sie sich übrigens bei Dir nicht so ist an kein Ersezen zu denken da die Rescripte vom Minister unterschrieben waren. Mein einziger Trost ist daß hier die Leute nicht so accurat sind und daß sie sie nicht sonderlich vermissen werden.

Den Nösselt habe ich in Empfang genommen aber von der Gleditschischen Buchhandlung noch nichts erhalten. Da ich nun leider nicht mehr genau weiß was ich Dir aufgeschrieben so kann ich auch keine Anfrage | machen wenn nicht Confusion entstehn soll. Ich möchte Dich aber gleich noch um folgende Bücher ersuchen

Storr vom Zwek des Evangel*iums* u*nd* der Briefe Johannis.
Storr doctrina christiana e sacris litteris repetita
Henke lineamenta institutionum fidei christianae
Eichhorns Kritische Schriften.

Biblische Moral des N*euen* Test*aments* von Bauer und ein neues Buch dessen Titel ich nicht genau weiß und welches eine Darstellung des Lehrbegriffs Pauli enthält. Metger wird es Dir genauer sagen können. Doch halte mir die andern Bücher nicht um dieses einen willen auf wenn Du nicht bald Gelegenheit hast ihn zu sehn.

Vergessen habe ich noch „das Choralbuch der Brüdergemeine“. Diese Sachen pflegen bei Kummer od*er* Sommer in Commission zu sein.

---

30 f Vergessen … sein.] *am Rand*

---

8 *Vgl. Brief 1831, 6–11* **12 f** *Vgl. Brief 1835, 20 f.* **13** *Minister von Massow* **16 f** *Vgl. Brief 1835, 16–19* **21–27** *Gottlob Christian Storr: Über den Zweck der evangelischen Geschichte und Briefe Johannis, Tübingen 1786; ders.: Doctrinae christianae pars theoretica e sacris literis repetita, Stuttgart 1793; Heinrich Philipp Konrad Henke: Lineamenta institutionum fidei christianae historico-criticarum, Helmstedt 1795; Johann Gottfried Eichhorn: Kritische Schriften, Bd. 1–3 (Einleitung in das Alte Testament), Leipzig [3]1803, Bd. 4 (Einleitung in die apokryphischen Schriften des Alten Testaments), Leipzig 1795, Bd. 5 (Einleitung in das Neue Testament, Bd. 1), Leipzig 1804; Georg Lorenz Bauer: Biblische Moral des Neuen Testaments. Theil 1: Sittenlehre Jesu nach den Evangelisten, Leipzig 1804; für 1805 war ferner angekündigt: Georg Lorenz Bauer: Biblische Moral des Neuen Testaments. Theil 2: Sittenlehre Pauli, Petri und Judä, Jacobi und des Briefs an die Hebräer, Leipzig 1805.*
30 *Liturgische Gesänge der evangelischen Brüdergemeinen, aufs neue revidiert und vermehrt, Barby 1791.*

Ich arbeite bisweilen schon ein wenig für den 3ten Band des Plato, aber freilich noch will es nicht viel sagen. Wenn Süvern Dir seine Ausstellungen bestimmt bezeichnet hat so theile sie mir doch mit denn es ist schwer zu hoffen daß er mir selbst schreibt

Noch bin ich, wie Du leicht denken kannst, in jeder Hinsicht ausser Athem, sonst aber geht es mir gut. Die Ethik macht mir schon Freude, und wenn ich sie noch einmal gelesen habe wird sie schon recht gut werden. Das allein war für mich schon der Mühe werth | nach Halle zu gehn denn ich würde ohne das weit später daran gekommen sein. Auch die theolog*ische* Encyclop*ädie* ist mir wichtig und ich denke fast sie zu einem stehenden Collegio zu machen. Vielleicht ist auch die das erste worüber ich etwas drukken lasse. Denn ein oder das andere aphoristische Compendium möchte ich doch schreiben, es ist eine hübsche Gattung.

Steffens fängt an mir recht gut zu behagen, und obschon ich zweifle, daß er mich für einen Philosophen passiren läßt so scheint er doch auch einige Zuneigung zu mir zu fassen.

Von Eleonoren habe ich zu meiner Betrübniß noch keine Zeile Nachricht. Wäre irgend ein Schritt geschehen so wüßte ich es doch schon. Es ist recht gut daß ich eigentlich keine lebhafte und feste Hofnung habe.

Von dem Honorar des 2*ten* Bandes ziehe doch vor allen Dingen die jährigen Zinsen ab und mein laufendes Bücher Conto. Ob dann noch lohnen wird etwas auf das Kapital abzurechnen darüber berichtest Du mir dann wol gelegentlich.

Grüße Alles u*nd* laß mich bald Gutes von Dir hören. Julius Beyer ist auch recht wie es sich gehört in den Jungen verliebt.

1845. Von S. E. T. Stubenrauch. Landsberg, Sonntag, 4. 11. bis Montag, 5. 11. 1804

den 4ten Novemb.

So sehr ich auch schon seit einigen Posttagen nach *einem* Brief von Ihnen, theuerster Neffe, mich gesehnt; so kam uns doch das niedliche Kästchen mit den lieblichen Lärchen diesen Morgen ganz unerwartet. Beym Visi-

---

1845. *Überlieferung: H: BBAW, SN 397, Bl. 179 f.*

33 f *Vgl. Brief 1840, 33–49* **51** *des zweiten Bandes der Platon-Übersetzung* **56** *Reimers Sohn Karl August*

1845. **4–7** *Lerche: „Auf ihrem Herbstzug wird sie in großer Zahl gefangen und als Lekkerbissen auf den Markt gebracht. Holland und andre Küstenländer liefern nach London jährlich gegen 3 Mill. Lerchen. Früher wurde sie auch in Mitteldeutschland zahlreich gefangen (Leipziger Lerchen), doch ist dieser Unfug jetzt unterdrückt.“ (Meyers Konversations-Lexikon, 5. Aufl., Bd. 11, S. 249)*

tiren haben die schmucken Lärchen, die so niedlich gepackt waren, große Aufmerksamkeit u*nd* Erstaunen erregt, da diese Geschöpfe hier so selten sind. Sie erhalten hiemit uns*eren* herzlichen Dank beydes für Lärchen u*nd* Brief; aber seyen Sie auch versichert, daß wir schon vor empfangenen Lärchen oft, ja täglich an Sie gedacht u*nd* von Ihnen gesprochen haben. Die von Ihnen ausgesuchten wenigen Bücher sind jetzt vermuthlich schon in Berlin. H*err* Mayer, den ich in Ihrem Namen mit ersucht hatte, uns bald möglichst *einen* Schiffer zuzuschicken, bedauerte sehr, daß eher nicht als vor 8 Tagen sein Wunsch erfüllt werden konnte; aber nun fand ich mich in e*iner* neuen Verlegenheit da ich, wie ich in meinem letzten Br*ief* den Sie in Berlin von mir erhalten haben, schon schrieb, den Namen des Inhabers d*er* Realschulbuchhandl*un*g ohnerachtet wir in den paar Tagen Ihres hiesigen Aufenthalts oft v*on* ihm gesprochen, doch wieder vergessen hatte. Indeß faßte ich bald den Entschluß an H*errn* Vetter Reinhard zu schreiben mit e*iner* Einlage an H*errn* Vetter R** Inhaber d*er* Realschulbuchhandlung. Und da ich auf den Frachtzettel, den ich dem Schiffer mitgab, anzeigte, daß er e*ine* Kiste mit Büchern, bestimmt für den H*err*n Pred*iger* u*nd* Professor Schleiermacher in Halle pp so zweifle gar nicht, daß die Kiste richtig abgegeben seyn wird |

Daß Sie bey mehreren in Halle freundschaft*lich* würden aufgenommen we*r*den, hatten wir immer vermuthet, freuen uns, daß uns*ere* Vermuthungen, besonders auch von H*errn* Niemeyer richtig eingetroffen sind. Auf H*errn* Knapp hatte ich auch nicht sehr gerechnet[.] Auch die Nachricht war mir sehr lieb, daß die Colleg*ia* erst den 22ten angefangen sind, ich hatte im Berl*iner* Int*elligenz*bl*att* e*in* LectionsCatalog gefunden, worin d*er* Anfang schon auf den 15ten gesetzt war; da ich nun unter den aus Berlin auspassirten, Sie den 11ten Octob*er* erst fand; so waren wir sehr besorgt, daß Sie kaum einigen Anfang zu Ihrer ersten Einrichtung würden haben machen können. Nun s*in*d wir auch darüber wieder berichtiget u*nd* wünschen v*on* Herzen, daß Sie nun bald auch e*ine* bessere Wohnung auftreiben mögen, da ihre gegenwärtige Ihrer Gesundheit, wegen d*er* Feuchtigkeit leicht nachtheilig seyn dürfte

den 5ten Da wir gestern N*ach*M*ittag* u*nd* Abend bey Hofr*ath* Mehls eingeladen waren und ich N*ach*M*ittag* zu predigen hatte: so konnte ich gestern nicht weiter schreiben und Sie werden diesmal mit diesem kurzen Briefe schon Vorlieb nehmen. Von Besetzung der durch Conr*ads* Tod er-

---

8 *Brief *1843* **15–20** *Georg Andreas Reimer war mit Wilhelmine Reinhardt verheiratet.* **40–43** *Karl Ludwig Conrad, seit 1778 Hof- und Domprediger in Berlin, war am 11. 9. 1804 gestorben, sein Nachfolger wurde Karl Georg Heinrich Michaelis. – Karl Daniel Küster war Konsistorialrat und Prediger in Magdeburg; Arnold Wilhelm Rindfleisch war Prediger in Schlodien und Inspektor des reformierten Kirchendirektoriums in Elbing. – Der Hallische Domprediger Johann Friedrich Stötzer starb noch 1804.*

ledigten Hofpr*ediger*stelle habe ich noch keine Nachricht, d*er* alte Küster in Magdeburg ist nun auch todt u*nd* Rindfleisch in Preußen, u*nd* wie Sie schreiben, sieht m*an* auch bey ihnen H*err*n Stötzers Tode entgegen – das ist ja unter den reform*irten* Pred*igern* anjetzt e*in* rechtes Sterben.

Wir erwarten Ihrem V*er*sprechen zufolge bald wieder Nachricht vo*n* Ihnen – schreiben Sie uns doch auch ob Fr*au* Hofpr*ediger* Ursinus noch lebt |

Nun empfangen Sie nochmals für die niedlichen Lärchen uns*eren* herzlichen Dank! Mama grüßet vielmals, wünschet Ihnen nebst mir fernere gute Gesundheit, und ich bitte, daß Sie sich doch für allzugroße Anstrengung ja hüten mögen. Mit Ihrem Plato sind Sie doch wohl bald fertig

Leben Sie recht wohl. ich bin u*nd* bleibe Ihr
aufrichtig treuer Oheim

Stubenrauch

**1846. An Christlieb Benjamin Hering. Halle, Mittwoch, 7. 11. 1804*

**1847. An Heinrich Karl Abraham Eichstädt. Halle, Freitag, 9. 11. 1804*

„Bedauert, dass der 2. Teil seiner Plato-Übersetzung nicht fertig geworden ist.“

1848. An G. A. Reimer. Halle, Sonntag, 11. 11. 1804

Halle d. 11t. Nov. 4.

Ich habe mir einmal vorgenommen Dir heute zu schreiben, und so sei es auch ohnerachtet ich izt nur noch sehr wenig Zeit dazu habe.

1848. *Überlieferung: H: BBAW, SN 761, Bl. 7 f.; D: Br 4, S. 105 f. (gekürzt)*

****1846.*** *Vgl. Brief 1853, 2 f.*

****1847.*** *Vgl Heinrici 75, Nr. 1037: „Eigh. Brief m. U. Halle 9. Nov. (180)4. 3 ½ Seiten. 8°. An Hofrat Eichstädt in Jena, kurz nach seiner Übersiedlung von Stolpe nach Jena.“ [gemeint ist Halle]*

Süverns Aeußerungen über den Plato sind etwas stark, zumal wenn ich bedenke daß dergleichen gewöhnlich milder gesagt wird als man es meint. Am meisten hat mich das erschrekt von Stellen „in denen Platon nicht sichtbar wäre" und ich bin neugierig auf den Beweis, so wie auch auf die Exception gegen diejenigen Anmerkungen die ich selbst als etwas sicheres aufgestellt habe. In einem Programm eine Kritik zu finden wäre mir ganz recht gewesen weniger hätte mich eine Recension in Verbindung mit den Heindorfschen Dialogen befriedigen können, da hier wahrscheinlich von der ganzen | Idee in meinem Werke nur wenig die Rede sein könnte. Da nun aber beides nicht geschehen ist so ermuntere ihn doch ja mir seine Ausstellungen privatim mitzutheilen welches ja so formlos geschehn kann daß er nur wenig Zeit darauf zu wenden braucht wenn er sich doch einmal alles was ihm anstößig ist gemerkt hat.

Uebrigens weiß ich nicht auf welche Art ich Süvern nüzl*ich* sein könnte da er bei seinen unmittelbaren Oberen im besten Kredit steht und sich auch aller mögl*iche*n Unterstüzungen von ihnen zu erfreuen hat. Mit meinem Einfluß scherzest Du wol ein wenig; wenn nicht Beyme schon von Gass gewußt hätte würde meine Erwähnung soviel nicht gefruchtet haben. Man sagt jezt hier Hanstein würde an den Dom gesezt werden; das wäre nun etwas aus den Gutachten und würde mich der Idee wegen sehr freuen.

Was Leonoren betrifft so hat Dir vielleicht die Herz schon gesagt wie sehr ich zufrieden bin wenn Du irgend einen thätigen | Antheil an der Sache nehmen willst und kannst. Wie es jezt steht weiß ich gar nicht mehr was für ein Nachtheil daraus erwachsen könnte wenn Du zu Taubenheim gehst. Nimm Dich also meiner an theurer Freund ich wüßte nicht wem ich mich lieber überließe. Auf jeden Fall wirst Du mir bald einige Nachricht geben können ob etwas geschehn ist oder nicht; es ist fast grausam von El*eonore* u*nd* Taub*enheim* daß sie mir noch gar nichts gesagt haben.

Von der Gled*itschischen* Buchh*andlung* habe ich den Ekermann, den Ammon u*nd* den Henke erhalten von welchem leztren ich nicht wußte, daß ich ihn schon notirt hatte.

---

25 gesagt] *folgt* ⟨daß⟩ 28 daraus] *korr. aus* Dir

1848. **4–16** *Vgl. Brief 1840, 33–49* **10 f** *Heindorfs Platon-Edition* **17–22** *Vgl. Brief 1840, 50–59* **22–24** *Gottfried August Ludwig Hanstein war derzeit (lutherischer) Superintendent und Domprediger in Brandenburg; er wurde nicht an den (reformierten) Berliner Dom berufen, sondern an St. Petri in Berlin. In dem ersten Gutachten seiner Schrift „Zwei unvorgreifliche Gutachten in Sachen des protestantischen Kirchenwesens" (Berlin 1804) hatte Schleiermacher geschrieben, es müsse möglich sein, Lutheraner auf reformierte Stellen zu setzen und vice versa (S. 69–82; KGA I/4, S. 402–408).* **27–29** *Vgl. Brief 1840, 21–28* **33–35** *Vgl. Brief 1835, 16–19. – Jakob Christoph Rudolf Eckermann: Handbuch für das systematische Studium der christlichen Glaubenslehre, 4 Bde., Altona 1801–1803; Christoph Friedrich Ammon: Summa theologiae Christianae, Göttingen 1803; Heinrich Philipp Konrad Henke: Lineamenta institutionum fidei Christianae historico-criticarum, Helmstedt 1795*

Wie Du zu dem Liede am Meere gekommen bist begreife ich nicht; ich wüßte gar nicht es bei mir gehabt zu haben, es muß wol von Jette herrühren.

Bitte diese doch recht sehr mir aber aufs baldigste einen lakirten Theekessel mit Lampe herzuschaffen, oder laß es mir selbst besorgen wenn Dir das bequemer ist. Aber es ist mir daran gelegen daß er mit der Post welche d*en* 18ten abgeht seine Reise hieher | antritt. Ich will an meinem Geburtstag der kleinen Niemeier einen Thee geben und ermangle dazu des ordentlichen Geräthes.

Steffens läßt Dir sagen der Druk des Compendiums habe angefangen und er lasse alle Wochen einen Bogen drukken. Diese kräftige Natur die von so vielen Verschrobenheiten der jungen philosophischen Welt frei ist gefällt mir je länger je besser; und ohnerachtet ich weiß daß ich in kein ganz enges Verhältniß mit ihm kommen kann so freue ich mich doch des Grades von Annäherung den ich zwischen uns voraus sehe.

Grüße Dein ganzes Haus herzlich.

Schl.

**1849. Von Carl Schleiermacher. Vor dem 13. 11. 1804*

Macht Hoffnung, daß Nanny Schleiermacher noch vor dem Winter nach Halle kommen könne.

**1850. An Wilhelmine Gaß. Vor dem 13. 11. 1804*

Über die Aussichten ihres Mannes auf eine Stelle in Berlin.

36–38 *Vgl. Brief 1840, 64–66; in den überlieferten Abschriften der Henriette Herz findet sich dieses Lied nicht.* 45 *Henrich Steffens: Grundzüge der philosophischen Naturwissenschaft, Berlin 1806*

*1849. *Vgl. Brief 1851, 104 f.*

*1850. *Vgl. Brief 1851, 5 f.*

1851. An J. C. Gaß. Halle, Dienstag, 13. 11. 1804

Halle d 13t. Nov. 4.

Hoffentlich lieber Freund dünkt es auch Ihnen lange daß Sie noch nichts ordentliches von hier aus von mir gehört haben; mir wenigstens erscheint es so, und darum soll nun auch nicht länger gewartet werden.

Ueber Ihre Angelegenheit so wie sie damals stand habe ich an Wilhelmine geschrieben, und wiederhole mich hierüber nicht. Es freut mich daß Sie selbst die Tellersche Adjunction für angemessener halten als die Zöllnersche Stelle, und ich hoffe Sie werden fortdauernd dieser Meinung sein. Daß Beyme ehrlich ist und daß Ihnen Hanstein hiebei nicht wird vorgeschoben werden davon glaube ich können wir uns ganz überzeugt halten sobald nur Ihre Anstellung beim Consistorio verfügt ist. Denn auch bei dem mindesten Vertrauen auf B*eyme*s Charakter ist wenigstens darauf Verlaß daß er sich selbst kein Dementi giebt. Dieses also wünsche ich nur recht bald von Ihnen zu erfahren ehe ich es etwa in den Berliner Zeitungen lese. Von Hanstein hat sich hier ein Gerücht verbreitet, er sei zur fünften Hofpredigerstelle am Dom bestimmt. Das wäre ja wieder etwas aus den Gutachten, und würde mich um der Idee willen sehr freun. Auch wäre Hanstein | da wol eben so gut als irgend ein reformirter Prediger den ich aufzufinden gewußt hätte. Wenn das so fortgeht so kann ich am Ende noch wenn ich den Ribbek überlebe Probst zu St. Nicolai und in solcher Gestalt Ihr College werden. Das wäre so recht mein Lachs! Die Nachricht kommt von Wagnitz der sie wahrscheinlich von Pischon hat und so kann sie ziemlich zuverlässig sein. Ueber Pischon dächte ich hätten wir so viel gesprochen daß Sie wissen können was ich von ihm halte. Ich kenne ihn wenig mehr als Sie und nur von ferne, ex sociis, aus kleinen Zügen, und aus seiner öffentlichen Art und Weise; und aus allem insgesammt ist er mir ohngefähr eben so erschienen wie Ihnen. Daß Beyme soviel aus ihm macht, in der That weit mehr als nur etwas hat mir immer leid gethan und mir auf eine schwache Seite gedeutet. Sonach ist es wol möglich daß P*ischon* Sie nicht gern gesehen hat, denn er liebt sehr daß Vieles im

---

1851. *Überlieferung: H: Kraukau; D: Schleiermacher: Briefwechsel mit Gaß, S. 1–5*
24 Sie] *korr. aus* wir halte] *korr. aus* halten **30** gern] *folgt* ⟨sieht⟩

1851. **5 f** *Brief *1850* **6–8** *Vgl. Brief 1832, 14–20* **15–21** *Hanstein war Lutheraner, der Berliner Dom aber eine reformierte Kirche; die Stelle des Propstes an St. Nikolai war lutherisch. In dem ersten Gutachten seiner Schrift „Zwei unvorgreifliche Gutachten in Sachen des protestantischen Kirchenwesens" (Berlin 1804) hatte Schleiermacher geschrieben, es müsse möglich sein, Lutheraner auf reformierte Stellen zu setzen und vice versa (S. 69–82; KGA I/4, S. 402–408).* **21** *„Lachs" hatte auch die Bedeutung „Geld", „Gewinn", „Vorteil".*

geist*liche*n Fache durch ihn und alles mit seinem Wissen geschehe. Demohnerachtet lasse ich mich vielleicht herab nächstens an ihn zu schreiben; aber nur um Beyme dem ich nicht unmittelbar schreiben will mancherlei zu sagen.

Collegia lese ich nun seit dem 22*ten* die drei Ihnen schon bekannten, und bin mit dem Geist | und Gehalte derselben leidlich zufrieden mit dem Vortrage weit weniger. Ich finde ihn indem ich spreche nicht fliessend genug, und wenn er vorbei ist imer noch zu wenig detaillirt. Dem lezten suche ich abzuhelfen indem ich z E vor der Enyclop*ädie* allemal etwas aus unseres ehrlichen Nösselts Anweisung oder Planks nicht minder geschwäziger Einleitung lese; allein es hilft wenig, aus fremder Art und Weise kommt einmal nichts in meine hinein. Indeß hoffe ich es soll auf meine eigene mit der Zeit besser werden, und freue mich daher immer schon auf die erste Wiederholung des Collegii. Die Encyclop*ädie* denke ich fast zu einer stehenden Vorlesung zu machen, so lange ich das aushalten kann, weil es mir sehr nothwendig dünkt daß die theologischen Ankömmlinge jedesmal eine solche Einleitung hören können. Bange ist mir aber, jedoch nur für diesmal, daß ich mit meiner zu wenig detaillirten Art das halbe Jahr nicht damit ausfülle. Das Fundamentale hat mir anfangs am wenigsten genügt, jezt lese ich mich besser hinein; und wenn ich es auch in dieser Gestalt nicht so bald wiederhole, so enthält es doch die Keime theils eines größeren kritischen Collegiums über die Dogmatik theils manches exegetischen was ich doch gewiß in der Zukunft lesen werde. Meinen ganzen Plan des theologischen Lehrens werde ich wol erst nach Nösselts Tode wenn ich in die Facultät einrükke all|mählig realisiren. Dann denke ich in mancher Hinsicht in eine Coalition mit Vater zu treten der über Vieles und besonders über den exegetischen Cursus ziemlich einerlei Ideen mit mir hat und wir werden dann auch Niemeyer so weit es seine Geschäfte zulassen in unser Interesse der Umgestaltung des gewöhn*liche*n Schlendrians hineinziehn. Bis dahin ist meine Anstellung hier in mancher Hinsicht ein Kiks weil ich nemlich mit dem Seminario in gar keinen Zusammenhang gekommen bin; und wenn man mir, wie sich B*eyme* merken ließ nach Nösselts Tode die Direction überträgt so wird

---

49 Fundamentale] *korr. aus* f

---

35 *Schleiermacher las im Wintersemester 1804/05 über Dogmatik, Enzyklopädie und Ethik.* **40 f** *Johann August Nösselt: Anweisung zur Bildung angehender Theologen, 3 Bde., Halle* ^{2}*1791; Gottlieb Jakob Planck: Einleitung in die theologischen Wissenschaften, 2 Bde., Leipzig 1794/95* **49 f** *Die Dogmatik-Vorlesung hatte Schleiermacher unter dem Titel „Die Haupt- und Fundamentallehren des theologischen Systems“ angekündigt.* **61** *Ein Kicks ist ein Fehlstoß beim Billiard; im übertragenen Sinne etwas Mißlungenes.*

das fürchte ich den guten Vater verdrießen der schon ziemlich darauf zu rechnen scheint. So hat eben alles Ding seinen schlimmen Haken. Der akadem*ische* Gottesdienst ist auch noch nicht eingerichtet, und B*eyme* hat gut sagen ich soll alles machen wie ich will, da ja die Facultät vom Min*isterium* den Auftrag hat den Plan zu entwerfen. Nun war zwar die Facultät so artig mich zu ihrem Convent zuzuziehen, das beste aber was ich thun konnte war nur dafür zu sorgen daß möglichst wenig festgesezt wurde. Gern hätte ich es gesezlich gemacht daß der Gottesdienst in den Ferien ausfiele damit ich desto ungenirter reisen könnte, davon wollten die H*erren* aber nichts wissen. Manches sogar was im Convent festgesezt wurde haben sie hernach in den schrift*liche*n Deliberationen wieder verworfen; wie kann ich mich also unter solchen Umständen mit irgend etwas einlassen was nicht ganz streng vor mein forum gehört? | An einen Klingebeutel hat Gott sei Dank Niemand gedacht.

Meine Ethik ist alles wol überlegt philosophisch geworden, und ich bin mit dem Fortgang derselben bis jezt noch am meisten zufrieden. Ich glaube wenn ich sie einigemale werde gelesen haben werde ich wol im Stande sein mein System aufzustellen. Gar sehr aber wünschte ich ehe sie zum zweitenmal dran kommt sie Ihnen und Bartholdy vorzulegen: denn es giebt wie Sie leicht denken können doch noch mancherlei Nüsse darin zu knakken, und auch manches ganz ungezweifelte wobei es doch Bedenklichkeiten wegen der Stellung und des Ausdrukkes giebt. Die Behandlung nach der Idee des höchsten Gutes habe ich an die Spize gestellt, und denke mit dieser die mich am meisten interessirt vor Weihnachten fertig zu werden.

An der hies*igen* L*iteraturZeitung* werde ich nicht arbeiten, und will ganz ignoriren daß Beyme dies gesagt hat. Schüz sprach auch davon im Vorbeigehn bei meinem ersten Besuch, aber ich glaube es war ihm selbst auch nicht Ernst. Vielmehr bin ich dabei Wagners Philoso*phie* der ErziehungsKunst u*nd* Zöllners Ideen zu lesen um sie für die Jenaer zu recensiren. Wenn Zeit und Geld es zulassen will ich auch in den Weihnachtsferien nach Jena reisen. Apropos vom Geld. Die Rechnung habe ich etwas ohne den Wirth gemacht. Die Studenten bitten sich fast alle frei, und ich bin gar nicht dazu gemacht mit ihnen zu han|deln. Ich habe in der Ethik vielleicht 8 in der Encyclo*pädie* 6 welche zu bezahlen v e r s p r o c h e n haben. Wenn das so fortgeht und ich nicht härter werde muß ich

---

82 vorzulegen] *korr. aus* vorzules **90** Beyme] *über* ⟨Schüz⟩

---

78 *Die Ethik hatte Schleiermacher ursprünglich als christliche Sittenlehre angekündigt.* **92–94** *Vgl. Brief 1885, 1–10*

bald um eine Zulage einkommen denn mit 800 r. kann ich doch wenn mein Schiksal sich ändert hier nicht auskommen.

Von dieser Aenderung weiß ich Ihnen noch nichts zu sagen; ich habe noch gar keine Nachricht von Eleonoren und quäle mich mit Besorgnissen über dieses Stillschweigen. Dagegen macht mir mein Bruder Hofnung daß meine Schwester vielleicht noch vor Winter ankommt.

Meine herz*liche*n Grüße an Wilhelmine, und sie möchte mir doch bald einmal schreiben, es würde mir große Freude sein. So auch an Bartholdy. Fragen Sie ihn doch auch ob es ihm Ernst wäre [inactué] mit mir auf ein Loos, so wollte ich nun wenn die neue Lotterie angeht eins hier besorgen. Hoffent*lich* ist nun alles bei ihm gesund, und bei Ihnen auch. Ich von mir kann es nicht rühmen; ich muß viel Medicin nehmen weil sich allerlei alte Uebel wieder einstellen Adieu behalten Sie mich lieb und daß ja einer von Euch beiden (oder Beide) recht bald schreibt!

Schl.

1852. Von G. A. Reimer. Berlin, Dienstag, 13. 11. 1804

B. d. 13n Novbr. 1804

Ich hätte Deinen Brief schon am vorigen Posttage beantwortet, lieber Freund, wenn ich nicht im Vertrauen auf das Versprechen der großen Jette mir einen Brief zum Beischluß zu senden, so lange gewartet hätte, bis es auch für mich zu spät zum Schreiben wurde.

In Betreff der Incorrectheit der Anmerkungen zum Plato und besonders des Griechischen darin bin ich ganz ausser Schuld. Ich verwies den Buchdrucker gleich beym ersten Bogen an Heindorf; allein da dieser wieder einen Rückfall der Krankheit bekommen hat, so entschuldigte er sich damit, und mir blieb nichts weiter übrig als zu Herrn Giesebrecht abermals meine Zuflucht zu nehmen den ich des Griechischen hinreichend mächtig glaubte um darin wenigstens keinen Fehler stehen zu lassen. Auch habe ich mich dabei nicht allein begnügt, sondern ich habe Gaß bei zwei oder gar drei Bogen mir zur Hülfe erbeten, so daß diese in Hinsicht

---

107 Bartholdy] *korr. aus* Bartholdys 108 Sie] *korr. aus* sie

1852. *Überlieferung: H: BBAW, SN 358, Bl. 62 f.* 4 Jette] *folgt* ⟨solange⟩ 6 Incorrectheit] *korr.* 11 zu] *mit Einfügungszeichen über der Zeile*

---

104 *Karl Schleiermacher; vgl. Brief *1849* 105 *Nanny Schleiermacher*

1852. 3 f *Henriette Herz* 6–18 *Brief 1844, 3–7*

auf das Griechische zweimal revidirt worden sind. Es thut mir indeß leid, daß trotz dem dennoch so viel Fehler entstanden sind; es bleibt nun wohl nichts weiter übrig als solche beym nächsten Bande am Schlusse mit anzuzeigen. |

Die Papiere mußt Du wohl nothwendig wieder haben, da es mir scheint, daß sie gleichsam die Bedingungen des Vertrages enthalten welchen Du mit der Universität geschlossen hast, und daß die Abschrift davon Dir zugetheilt worden ist, damit Du darnach Deine Obliegenheiten und Gerechtsame gleichmäßig in Obacht nehmen mögest. Allein sie sind auch sehr leicht wieder ersetzt: ich habe deshalb schon mit Nolte gesprochen, der mir die Versicherung gegeben hat, daß sie sogleich von neuem ausgefertiget und Dir zugestellt werden sollten, sobald Du nur deshalb Dich meldetest; vielleicht bedarf es dabei auch nicht einmal der sonst nöthigen Förmlichkeit, vielleicht kann ich es sogar mündlich mit Nolte abmachen und ich will es nächstens noch einmal versuchen.

Die erste Lieferung von Büchern wird durch die Gleditschische Buchhandlung hoffentlich schon in Deine Hände gelangt seyn, und die neuerlich bestellten werden gewiß über 8 Tage nicht aussenbleiben. | Süvern wird Dir gewiß des Plato wegen schreiben, und ich werde ihn noch einmal dazu auffodern; übrigens habe ich Dir alles bis aufs Wort wiedergegeben, was er mir in Beziehung auf den Plato geschrieben hat.

Es freut mich sehr daß es Dir mit Deinen Arbeiten fortdauernd so wohl gelingt, und Dir so viel Freude daraus erwächst. Die Idee mit den Compendien laß nicht wieder fahren; ausser daß dies Dir beym Vortrage viel Erleichterung verschaffen muß und eine für immer vorgethane Arbeit abgiebt, ist es auch in ökonomischer Hinsicht gewiß das, was sich am besten rentirt, und woraus Dir beträchtlicherer Gewinn zufließen müsste wie aus andern literar*ischen* Arbeiten; dies ist wenigstens eine Nebenansicht die ich Dir eröfnen will.

Herzlich lieb ist es mir auch daß Du mit Steffens Dich so einigst; ich hoffe es wird immer besser und besser gehen, und ihr müßt auf das Vertrauteste mit einander umgehen können. Sage doch Steffens es wäre mir sehr unangenehm gewesen, daß ich seinem Wunsche nicht hätte nachkommen können und die Zahlung an Thielemann | übernehmen; denn

---

20 sie] *korr. aus* Sie **21** die] *korr. aus* sie **34** bis aufs] *folgt* ⟨l l⟩ **40** ist] *folgt* ⟨das⟩ **48** denn] *über* ⟨aber⟩

---

19 *Vgl. Brief 1844, 8–15* **23** *Gerechtsame, „die in einem Rechte oder Gesetze gegründete Befugniß“ (Adelung: Grammatisch-kritisches Wörterbuch, Bd. 2, S. 582)* **30 f** *Vgl. Brief 1848, 33–35* **31 f** *Vgl. Brief 1844, 21–27* **32–35** *Vgl. Brief 1840, 33–49* **36–38** *Vgl. Brief 1844, 36–44*

meine Casse ist gegenwärtig ganz erschöpft, und der Mensch wollte sich auch nicht den allerkürzesten Aufschub der Zahlung gefallen lassen.

Die Herz hat mir Nachricht von der mir ertheilten Erlaubniß gegeben, in Deinen Angelegenheiten und Leonorens nach meiner besten Einsicht zu verfahren, und ich hoffe Dir recht bald Nachricht von dem Gott gebe glücklichen Erfolge meiner Bemühungen zu geben.

Die Uebersicht vom Stande unserer Finanzangelegenheiten denke ich Dir wieder zu Neujahr zu geben; diesmal jedoch nicht den Termin so zu verlängern, wie im vorigen Jahre. Du bevortheilst Dich wieder gewaltig mit der Meinung daß Du nach Abzug der kleinen Bücherrechnung nicht noch einen ziemlichen Ueberschuß am Honorar des 2n B*an*des behalten solltest, selbst wenn wir den vom ersten Bande mir noch bleibenden Ueberschuß mit in Anrechnung brächten.

Bei Deiner Abreise hast Du uns allen etwas von Deinen Dir anhaftenden Uebeln zurückgelassen; der Herz und meiner Frau den Husten (letztere ist jedoch davon schon befreit, die arme Herz aber nicht) Ludchen und mir das Zahnweh, wovon ich mich auch schon durch das Ausreissen eines Zahns befreit habe Ludchen aber leidet noch zuweilen daran; doch nur wenig. Sonst sind wir alle wohl und grüßen Dich herzlich, der Junge mit eingeschlossen

1853. Von C. B. Hering. Stolp, Mittwoch, 14. 11. 1804

Mein hochgeschätzter Freund!

Ihr lieber Brief vom 7 *currentis* hat mir und Allen meinigen viel Vergnügen gemachet. Sehr weit bin ich davon entfernt gewesen, Ihr langes Stillschweigen, für erkaltende Freundschaft, die sich wohl ofte in der Abwesenheit zu ereignen pfleget, auszudeuten, denn ich konnte es mir gar wohl erklären, daß der Arbeiten sehr viele waren, die Ihrer warteten, und

50 den] *korr. aus* die allerkürzesten] *korr. aus* allerkürst 51 Nachricht] *korr. aus* d 53 dem] *korr. aus* einem Gott] *korr. aus* E 55 Uebersicht] *über* ⟨Berechnung⟩ 56 geben] *über* ⟨machen⟩ nicht] *folgt* ⟨noch so⟩ 58 Du] *folgt* ⟨glaubst⟩ 59 f behalten solltest] *korr. aus* zu behalten

1853. Überlieferung: H: BBAW, SN 303, Bl. 3–6

51–53 Es ist ungewiß, ob dies in einem Brief Schleiermachers an Henriette Herz stand oder auf anderem Wege (z.B. über Taubenheim) nach Berlin übermittelt wurde. 55–60 *Vgl. Brief 1844, 51–54* 64 *Ludovica Reinhardt*

1853. 2 *Brief *1846*

die neue Carriere so sie betraten mit mancherley Schwierigkeiten verknüpft waren, welche überstiegen werden musten. Jetzt, da sie sich durchgearbeitet haben, werden sie auch mehr zu Athem kommen, und öfter an Ihre sie schätzenden Freunde denken können. Es freuet mich hertzlich, daß sie mit Ihrer neuen Lage zufrieden sind, und noch mehr, daß Ihre Perspective für die Zukunft nach denen ungeheuchelten Beweisen Ihrer Obern in Berlin die vollkomenste Erfüllung Ihrer Wünsche, hoffen läßet. Meine Gesinnungen, und wie sehr ich Ihnen Alles gute gönne, sind Ihnen bekanndt möchte der Himmel Ihnen nur eine recht dauerhafte Gesundheit schenken um das viele und mancherley Gute, so Ihrer wartet, lange Zeit genießen zu können.

Es pflegt im gemeinen Leben gewöhnlich der Fall zu sein, daß wir verdienstvolle Männer, oder auch Freunde dann erst recht schätzen wenn sie Uns durch ein oder andern Zufall entrißen werden, und dies mein teurer Freund ist, ohne Ihnen schmeicheln zu wollen (denn in | unserm gegenseitigen Verhältniß ist dazu kein Grund vorhanden) gantz der Fall mit Ihnen; der gröste Teil des gebildeten Publicums bemerkt mit Bedauren den großen Abstand Ihrer Vorträge mit denen Ihres Nachfolgers, und was mir und die meinigen angehet, so mag ich von den Empfindungen, welche sich Uns öffters bey dem Mangel Ihrer uns fast zum Bedürfniß gewordenen Geselschaft und angenehmen Unterhaltung, aufdrängen, lieber gar nichts erwehnen. Es konnte aber nicht anders sein, und also muß man sich darin finden.

Zur Strafe dafür, daß sie so geheimnißvoll in Betref Ihres Nachfolgers waren (da sie Ihn doch gewis so genau wie ein Steknadel kannten) sollen sie für jezt auch nicht viel von mir erfahren. Auch kenne ich Ihn, wiewohl er bereits 5–6 Wochen hier ist, noch wenig. Für die untern Classen soll er sehr erbauend sein, und so viel ich an Ihm bemerke, hält er aufs Bücherschreiben und auf die neuen Philosophen gar nichts, indem seiner Meinung nach schon alles beschrieben ist, und nichts neues mehr unter der Sonne vorgehet.

Für Ihre Teilnahme an mich und den Meinigen danke ich Ihnen hertzlich. Wir sind noch alle in der alten Lage, und leider, meine | gute Frau auch. Obzwar Ihr Eßen und Trinken sehr gut schmekt auch gut schlafen kann, und heiterer Laune ist, so ist es mit Ihrem Fußwerk doch immer beim alten, und ich habe auch die Hofnung aufgegeben, daß sie sich je

---

23 mit] *folgt* ⟨[B]⟩ **33** 5–6 Wochen] 5–6/w

24–36 *Schleiermachers Nachfolger als Hofprediger in Stolp war 1804–1806 Christian David Henning.* **36 f** *Prediger Salomo 1, 9*

des Gebrauchs Ihrer Füße wird erfreuen können; ein Schiksahl, dem man sich der eisernen Nothwendigkeit wegen, unterwerfen muß. In Zezenow ist so wie bei Arnoldts alles munter, und letztere erwartet auf Neujahr Ihre Niederkunft; der Himmel gebe, daß es glücklich ablaufen möge.

Im Cadetten Hause ist eine große Revolution vorgegangen indem ein großer Teil der Gouverneurs Versorgung erhalten. Mahlendorf der das Praedicat als Professor erhalten, bleibt demohnerachtet nicht, sondern hat den Ruf als Kämmerer nach Treptow an der Tollense angenomen, und wird jetzt die Dem*oiselle* Schaefer heiraten, so bereits schon declarirt ist. Sapel wird auf Pension gesetzet, und Korn wird in deßen Stelle RegimentsQuart*ier*M*ei*ster. Stieber und Krell sind auch versorgt, ersterer bekomt eine Pfarre bei Stettin, und letzterer einen CivilPosten in den neuen Provintzen. Dem Major Proeck wird es Mühe kosten, diese Stellen alle wieder zu remplaciren, indem es sehr an Candidaten fehlen soll.

Sonst ist es hier ziemlich alles beim alten, die 14tägigen Assemblées | haben wieder Ihren Anfang genommen, so wie auch die Wöchentlichen Concerts nächste Woche angehen werden.

Mit meiner diesjärigen Schiffart geht es bis jetzt noch so ziemlich, die 4 nach Archangel gesandten Schiffe, sind bis auf die Dorothé Charlotte glüklich in Amsterdam, von der ich aber mit morgender Post auch Ankunft Berichte zu erhalten hoffe. Die gute Frau Dorothé, welche seit 6 Wochen in Dantzig gelegen, muß noch eine Spatzierfart nach London machen, der Himmel gebe, daß sie sich auf dieser Reise recht wohl befinden möge. Auch gehet übrigens der Schifsbau gut von statten, wiewohl die jetzigen kurtzen Tage die Kosten sehr vermehren.

Die Sterblichkeit ist hier in Stolpe wärend diesem Monath fast größer, als in Mallaga, nur mit dem Unterschiede, daß es dort Menschen sind, die am gelben Fieber, der Pest, Hungers Noth und durch Erdbeben umkommen, und hier sind es gut gemästete Gänse, die ohne alle Barmhertzigkeit abgeschlachtet werden; es ist ein Geschrei in allen Häusern zum Erbarmen, und fast sollte es einen jammern, ob der Grausamkeit, die der Mensch ohne Alles Gefühl, auszuüben, sich für berechtigt glaubt. Aber warum | sind es auch Gänse! Sie sind übrigens gut fett geworden und meine Frau wird sich das Vergnügen machen, über etwa 3 Wochen etliche Brüste zu überschiken, und bittet zum voraus, sich solche als ein Zeichen eines freundschaftlichen Andenkens gut schmeken zu laßen.

Mein Heinrich ist in Dantzig gantz munter, aber, obzwar er in seiner moralischen Führung sich keines Tadels zu schulden kommen läßet, auch

---

63 f 6 Wochen] 6/w **66** der] *folgt* ⟨neue⟩ **76** 3 Wochen] 3/w

keiner Art von Ausschweifungen sich ergiebet, so bin ich doch mit Ihm nicht zufrieden, denn er hat mit einer Dem*oiselle* Boyert (eine Kaufmanns Tochter, und übrigens ein Mädchen von unbescholtenen Rufe) Verbindungen eingegangen, die mir aus dem Grunde nicht gefallen, weil er noch viel zu jung, und seiner gantzen Carriere eine andere Richtung geben. Ich habe so viel als möglich darwider gestritten, aber ohne allen Erfolg, und muß der Sache Ihren Lauf laßen. Zwar hält Ihn diese Neigung bei seinem lebhaften temperament vieleicht von manchen Ausschweifungen zurük, aber es wäre doch beßer, wenn es nicht so wäre. Daran darf ich auch nicht denken, daß er sich zum Kaufmann bilde, und meine Stelle, dereinst bekleiden und fortsetzen wird, denn dazu hat er nun einmahl gar keine Neigung, sondern zur Landwirtschafft. Mag er also in Gottes | Nahmen, und wer weiß (mit Freund Gevatter Lange zu sprechen) wozu es gut ist! Denn aus einem Kaufmann, der nicht mit Leib und Seele seinen Geschäfften zugethan ist, wird selten was kluges.

Meine Albertine, die immer der alte frohe, lustige Windbeutel ist bedauret hertzlich, daß sie nun nie mehr das Vergnügen haben wird, mit Ihnen taroc zu spielen. Sie hat mir vorzüglich aufgetragen, Sie Ihrer Hochachtung, und hertzlichen Wünsche für Ihr Wohl zu versichern, Ach! sagte sie, wie gantz Anders wars bei Schleiermacher im Examen, da durfte nur unser Verstand und eigenes Nachdenken arbeiten, jetzt aber müßen wir Sprüche lernen, die kein Mensch behalten kann, wie z.E. Matth*äus* 10. *vers* 2 bis 4. und Apost*el*Gesch*ichte* 1. *vers* 13. Wozu in aller Welt kann es mir nutzen, ob ich die kauderwelschen Nahmens Auswendig weiß oder nicht! ich sage Ihr zwar daß das sehr nothwendig ist, aber das närrische Mädchen wills nicht glauben.

Nun mein teurer Freund! habe ich Ihnen mit so viel Kleinigkeiten | unterhalten, die ich nicht niedergeschrieben haben würde, wenn ich nicht fest überzeugt wäre, daß Ihnen Alles, was meinem Hause angehet, interessiret, nehmen Sie diesen etwas langen Brief, Aus dem Gesichtspunkt von Freundschaft und Zuneigung, die bei Schreibung deßelben bei mir zum Grunde gelegen, gefälligst entgegen, und geben Sie mir recht bald wieder Nachrichten von Ihrer Lage, und Wohlbefinden, welche mich immer sehr interessiren. Alle guten Freunde, so wie der Sen. Nogier haben mir Aufgetragen Sie von Ihrer Hochachtung zu versichern. Mein Hauß aber, das Arnoldsche und Zekenosche versichern Ihnen einer beständigen

---

114 Sen.] *Abk. wohl für Senator oder Senior*

---

116 *lies: Zezenowsche*

Freundschaft und Zuneigung, und schmeicheln Uns der Fortdauer der Ihrigen. Leben Sie denn so wohl und vergnügt, wie mein Hertz es Ihnen wünschet.

Ihr treuer Freund & Diener

Christ. Benj. Hering

Stolpe d 14 Nov. 1804.

Fried*ri*ch Jaehns hat seine Laufbahn hier in Stolpe beendiget, und bei Nacht und Nebel davon gegangen.

1854. An H. Herz. Halle, Donnerstag, 15. 11. 1804

Halle den 15ten November 1804.

[...] Ich kann Dich nicht herzlich und wiederholt genug bitten meine einzige Jette, doch nicht so viel in die Zukunft hineinzusehen. Du mußt es Dir ja bewußt sein mit Deiner Kraft, d*aß* Du jeden Moment für sich sehr gut ertragen und beherrschen könntest, wenn Dich nicht der Blick auf die künftigen [*Momente*] niederdrückte. Dein Leiden entsteht also bloß dadurch d*aß* Du Dir die Schwierigkeiten condensirst. Man kann durch eine Fensterscheibe sehr gut durchsehen, aber durch zehn hintereinander nicht mehr. Ist deßwegen jede einzelne undurchsichtig? oder hat man je durch mehr als eine auf einmal zu sehen? Doppelte macht man sich ja nur um sich zu wärmen! So ist es mit dem Leben gerade! Man hat ja nur einen Moment zu leben. Isolire Dir den immer, so wirst Du vortrefflich hindurchsehen, und wenn Du Dir doppelte machst willkührlich, so sei es nur um Dich zu wärmen an sonnigen Aussichten auf Rügen. – D*aß* Dir | das Herz immerfort dahin hängt ist mir schon recht. So sehe ich doch zu meinem Trost einen Ruhepunkt für Dich gerade wie ich ihn Dir wünsche und wie Du ihn brauchst, auch wenn ich Dir keinen geben kann. Richte nur Deinen ganzen Lebensplan recht ernstlich darauf hin. Dein leeres Leben in Berlin kann Dir als Mittelpunkt Deiner Existenz unmöglich auf lange Zeit wohl thun, Du mußt Dich an ein häusliches Leben geliebter Menschen anschließen, frei aber auch nahe und unmittelbar. Wie gern eröffnete ich mir selbst auch eine solche Aussicht. Das scheint aber doch nicht zu gehen, bis mich etwa mein Leben und Streben hier selbst von dem Gedanken curirt, als könne ich mit Kraft und Erfolg genug in den

---

118 wie] *folgt* ⟨es⟩

1854. *Überlieferung: h: BBAW, SN 751, Bl. 62; D1: Br 2, S. 9 f. (gekürzt); D2: Schleiermacher als Mensch, Bd. 2, S. 23*

6

zurückgehalten, die ich nicht niedergeschrieben haben würde, wenn
ich nicht fest überzeugt wäre, daß Ihnen alles, was meine
Schule angeht, interessirt, nehmen Sie diesen Abriß langen
Brief, aus dem Gesichtspunkt der Freundschaft und Zuneigung, die
bei Abfassung desselben bei mir zum Grunde gelegen, gefälligst
entgegen, und geben Sie mir recht bald wieder Nachrichten von
Ihrer Lage und Wohlbefinden, welche mich immer sehr interessiren.
Alle hiesigen Freunde, so wie der Hr. Nogier haben mir aufgetragen,
Sie von Ihrer Hochachtung zu versichern. Mein Schulz aber,
die Arnoldt und Zitzewitz versichern Ihnen ihrer beständigen
Freundschaft und Zuneigung, und schmeicheln sich der Fortdauer
der Ihrigen. Leben Sie denn so wohl und vergnügt, wie
es mein Herz Ihnen wünschet.

Ihr treuer Freund und Verehrer

Stolpe d. 14 Nov. 1804.

Christn Benj: [illegible]

Friedr. Jahns hat seine Laufbahn hier in Stolpe
beendigt, und ist bei Nacht und Nebel davon gegangen.

größeren Gang der Bildung eingreifen. [...]

[...] Zu thun habe ich freilich unmenschlich viel, um so mehr da ich noch nicht recht in die Art und in die zweckmäßigste Eintheilung der Zeit hinein bin. Habe ich die erst gefunden, dann wird es beßer gehn. Und künftiges halbes Jahr will ich sehr wenig lesen um recht viel vorbereiten zu können. – [...]

[...] Alle meine Freunde mögen gern manchmal ein Bischen Rath haben; aber so *daß* ich ihnen zum Trost gereichen kann, das mag ich recht gern. Wenn ich in meiner eignen [*Lage*] auch keinen von Euch verlange, so gebt Ihr mir ihn eben schon dadurch *daß* Ihr mein seid.

1855. An Friedrich Wilhelm III., mit der Theologischen Fakultät. Halle, Freitag, 16. 11. 1804

Entwurf eines Reglements für den akademischen Gottesdienst und Stellungnahme zu der Eingabe des Presbyteriums der Domkirchengemeine an das reformierte Kirchendirektorium vom 17. 9. 1804; unterzeichnet von Noesselt, Knapp, Niemeyer, Vater (als Dekan) und Schleiermacher

1856. An L. von Willich. Halle, Sonnabend, 17. 11. 1804

Halle d. 17. Nov. 4.

Kolik schon seit 14 Tagen

Eleonore hat mich seit ich hier bin aus Berlin noch kein Wort von sich oder von dem Fortgang ihrer Sache wissen lassen u*nd* so kann ich ja nicht anders denken, als daß sich entweder noch gar nichts ereignet hat oder etwas was sie sich scheut, mir zu sagen. Welches Schweigen auch unsern gemeinschaftl*ichen* Freund dort festhält begreife ich gar nicht. Erfahre ich

---

30 [...]] *davor* ⟨Alle meine⟩

1855. *Überlieferung: H: Universitätsarchiv Halle, Rep. 27, Nr. 1004, Bl. 7–10 (Konzept); D: Hering: Der akademische Gottesdienst, Bd. 2, S. 70–75*

1856. *Überlieferung: h: BBAW, Nachlaß Dilthey 116/1; D: Petrich: Schleiermacher und Luise von Willich, S. 168 f. Textgrundlage: Zeilen 1–13 und 71–74 h, Zeilen 14–70 D*
5 entweder] *folgt* ⟨g⟩

1855. *Der Text der Eingabe bei Hering: Der akademische Gottesdienst, Bd. 2, S. 64–69.*

1856. 6 f *Taubenheim*

vor meinem Geburtstag nichts von ihr, so werde ich ihr recht aus dem zerrissenen Herzen heraus schreiben u*nd* ihr rathen, wie ich es tief aus meinem Inneren fühle, wenn sie nicht das Herz hat, sich zu befreien, soll sie das Herz haben zu sterben.

Mutter von Luise in Brunnenaue schwermüthig, Tochter hofft immer noch Genesung

[...] und ich kann Ihnen doch keinen anderen Trost geben als den, welchen Sie so wehmüthig von sich weisen. Es ist doch nicht anders, der Kreislauf, in welchem das Leben Ihrer guten Mutter sich dreht, wird wol nur durch den Tod unterbrochen werden, und Ihre Liebe zu ihr sollte diesen Gedanken nicht bitter finden, sondern mit stiller Geduld diesem einzigen Ende entgegensehen. Liebe Luise, glauben Sie mir, Es gibt kein anderes Fundament alles Trostes als die Klarheit, und Sie sind immer noch nicht recht klar über den Zustand Ihrer Mutter. Sie müssen sich von dem Worte „wohl“ in Beziehung auf sie ganz los machen. Mir war bange, als Sie in der schönen Zeit, die Sie in Poseritz und Stralsund gelebt haben, von dem Wohlsein Ihrer Mutter sprachen, und ich wollte schon ausdrücklich dagegen protestiren, und es thut mir leid, daß ich es nicht gethan habe, wiewol ich doch damit zu spät gekommen wäre. Es ist nur, daß dieser Gedanke eine vergebliche Freude in Ihnen erregt, von der Sie hernach gewaltsam wieder heruntergerissen werden; sondern die Thätigkeit Ihrer Mutter, die doch auch nur krankhaft ist, trügt Sie durch den Schein von Besonnenheit und Freiheit, daß Sie glauben, nun habe die Mutter sich selbst in ihrer Gewalt, und es erscheine wirklich Ihr Gemüth. Daher nun Ihr Bestreben auf sie zu wirken, wodurch Sie sich nur Eindrücke bereiten, die umso schmerzlicher sein müssen, je mehr Sie von dem Gedanken ausgingen, nun sei wirklich Freiheit in Ihrer Mutter. Die ist gewiß dann am wenigsten in ihr, und eher wollte ich glauben, daß ihr Gemüth noch erscheinen könnte in dem Zustande, wo ihre körperlichen Kräfte deprimirt sind und die Aengstlichkeit noch nicht eingetreten, wenn es ihr dann nur nicht an Kraft gebräche, um es erscheinen zu lassen. Als wir zusammen in der Brunnenaue gingen, schien Ihnen das klar zu sein; aber es muß Ihnen doch noch nicht recht klar geworden sein, sonst würden Sie wol gleich in die Ansicht gekommen sein, die ich davon habe. Nämlich sehen Sie nur, wenn eines Menschen Gemüth nicht mehr erscheint, so ist er doch für die anderen alle wirklich todt, und so sollten Sie auch Ihre Mutter ansehen; dann würde auch das unendlich schmerzliche sich mindern, was in der Art liegt, wie Sie doch nothwendig auf ihren letzten äußerlichen Tod hinsehen müssen. Selbst Ihre Liebe durften Sie an nichts anknüpfen, was Ihre Mutter thut, wenn Ihnen auch einzelnes noch so schön und liebenswürdig erscheint; denn dieses einzelne ist doch nur zufällig, darum widerspricht ihm dann wieder anderes einzelne und verwundert Sie. Beides sollte eigentlich nicht sein; denn keins von beiden ist Ihrer Mutter zuzurechnen als eigenes Handeln. Das Bild, woran Sie Ihre Liebe knüpfen, müssen Sie blos in der Vergangenheit suchen, und wenn Ihnen die zu fern liegt, in sich selbst und in Ihren Geschwistern, in denen müssen Sie den wahren Geist Ihrer Mutter finden, und Ihren Dienst bei ihr müssen Sie ansehen wie einen Dienst bei einer Leiche. Das klingt schrecklich, liebe Luise, und sehr untröstlich, aber es ist doch die | wahre Ansicht und also auch die einzige, aus der wahrer Trost kommen kann, und das Schreckliche liegt doch nur in dem äußeren Schein. Lassen Sie sich erzählen von der mir sehr lieben Familie des sel*igen* Spalding, eines sehr verehrungswürdigen Menschen. Der hat sich auch um drei Jahre beinahe ganz überlebt, in denen sein Geist fast völlig erloschen war. Die Seinigen aber faßten gleich diese Ansicht, pflegten ihn mit der kindlichsten Treue, sahen aber seiner Auflösung so entgegen wie der eines Menschen, der lange physisch stirbt und in dem geistigen Sinne schon gestorben ist. Freilich erleichterten jenen die äußeren Erscheinungen diese Ansicht und Ihnen erschweren sie sie. Aber setzen Sie sich über das Aeußere hinweg, so werden Sie finden, die Sache ist selbst ganz dieselbe. Arme Luise! daß ich Ihnen keinen besseren Trost geben kann. Aber setzen Sie sich nur in diesem recht fest. Mein Glaube ist unerschütterlich der, daß man sich bei der Wahrheit immer am besten befindet.

Darum sehe ich auch so klar in meine Angelegenheit hinein. Ich weiß was Eleonorens Eigenthümlichkeit herbeiführen kann u*nd* nichts kann mir einen Strich ändern an dem heiligen u*nd* schönen Bilde von ihr, das in meiner Seele lebt.

1857. Von G. A. Reimer. Berlin, Sonnabend, 17. 11. 1804

Berlin am 17n Novbr. 1804

Die Beantwortung Deines letzten Briefes, liebster Freund, bleibt mir heute versagt, und ich muß mich darauf beschränken Dir diese Zeilen als Frachtbrief zu der Theemaschiene zu übersenden. Die Anschaffung der-

---

1857. *Überlieferung: H: BBAW, SN 358, Bl. 65* **1** am] *folgt* ⟨16n⟩

1857. *„hiebei eine Kiste in Wachslein“* **2–4** *Vgl. Brief 1848, 39–44*

selben hat meiner Frau viel Umstände verursacht, indem sie wohl zu vier bis sechs verschiedenen Personen, die mit dergleichen Dingen handeln, umher gelaufen ist. Ich sage dies nur um zu entschuldigen, daß dasjenige, welches Du gegenwärtig erhältst nicht besser ist; es war unter allen die sie an den besagten Orten fand das beste, wenigstens unter denjenigen, die mit einer Lampe versehen waren, worauf Du doch gerade zu bestandest.

Meinen Brief der kaum eine halbe Stunde vor dem Eingange des Deinigen abgegangen war, wirst Du hoffentlich erhalten haben.

Wir grüßen Dich alle herzlich. Nächstens ausführlicher

G. R.

**1858. Von W. Gaß. Wohl Dienstag, 20. 11. 1804*

1859. Von J. C. Gaß. Stettin, Dienstag, 20. 11. 1804

Stettin, den 20ten Novbr. 1804

Es war hohe Zeit, liebster *Schleiermacher* daß Ihr lieber Brief ankam. Schon lange hatte ich darnach ausgesehen u*nd* eine, der Himmel weiß, woher kommende Nachricht, in Halle sei das gelbe Fieber, machte uns sehr besorgt, jedoch mich weniger, als meine Frau, die zwar nicht an die Gefahr dachte, die der Gelahrsamkeit drohte, wohl aber an das Unglük, das sie um ihren lieben Freund bringen könnte. Um so mehr haben wir uns gefreut, als Ihr lieber Brief ankam. Ich eile daher, ihn so gleich zu beantworten, wobei Sie mir erlauben müßen, von mir selbst anzuheben. Denn im Consistorio kömt die Weisheit immer von unten u*nd* der jüngste spricht zu erst.

Ja, lieber *Schleiermacher* ich bin nun wirklicher bereits vereideter u*nd* introduzirter Aßeßor beim hiesigen Consistorio. Der Minister, der 14 Tage hier gewesen, hat die Sache emsig betrieben u*nd* mir überall bewie-

---

5 sie] *korr. aus* Sie

1859. Überlieferung: H: BBAW, SN 287, Bl. 3–5

---

11 *Vgl. Brief 1852*

**1858. Vgl. Brief 1859, 90*

1859. 2 *Brief 1851* 13 *Massow*

sen, daß er Zutrauen zu mir habe. In dem deßfals an das Collegium erlaßenen Hofreskript heißt es, daß ich zu allen Verhandlungen zugelaßen u*nd* an allen Arbeiten selbst an den examinibus selbstthätigen | Antheil erhalten solle, um in Inspektorats- u*nd* Consistorialgeschäften routinirt zu werden. Ferner heißt es in meiner Bestallung, meine Anstellung sei einstweilen verfügt, auch sind mir 200 rthlr Gehalt ausgemittelt. Das alles klingt nun, wie Sie sehen recht hübsch u*nd* Jedermann muß es für eine Vorbereitung auf etwas beßeres halten. Auch glaube ich das selbst, wenn ich es ganz ruhig überlege, ob es aber zu dem Ziele führen wird, das Sie u*nd* ich wohl wünschen, muß ich doch bezweifeln. Denn nachdem Ribbek die eben vakante Stelle angenommen, so ist's mir sehr wahrscheinlich, daß Hanstein die Tellersche bekömt, welches auch in Berlin schon verlauten will. Was Sie mir daher schreiben, ist wohl eine Verwechselung des Hanstein mit Wilmsen, von dem es schon bei meiner Abreise von Berlin hieß, er werde zum Dom hinaufrükken. So ist's wenigstens natürlicher, denn beide sind Pischons Schwäger u*nd* der liebe Mann mus für alle sorgen. Einen Schein wird man dieser Verfügung auch immer geben können. Denn Teller braucht | täglich einen Substituten u*nd* da meine Formirung zu so etwas erst anhebt, so wird man mir immer noch den Mangel an Qualifikation vorwerfen. Sie sollen sehen, es komt so; Pischon giebt seinen Plan gewiß nicht auf u*nd* die Candidatenwahl wird schon das ihrige thun, dafür aber dann auch mit einer neuen Schöpfung beglükt werden. Laßen wir das aber geschehen, bester *Schleiermacher*[,] die Möglichkeit, wenn auch nicht jezt, doch künftig ein mahl nach Berlin zu kommen, hört ja damit nicht auf; erzwingen mag ich ungerne etwas im Lauf meines äußeren Lebens, sondern will mich auch hierbei in der Gesinnung befestigen, daß uns alles zum Besten dienen muß. Ich bin jezt wirklich zufrieden u*nd* sollte denn doch auch meinen, daß bei der jezzigen Lage der Dinge künftig für mich etwas geschehen werde.

Was Sie mir von Ihren Arbeiten schreiben, hat mir große Freude gemacht. Wie gerne wäre ich noch Ihr Schüler, oder beßer Ihr Zuhörer, denn ersteres bin ich immer. Die Zeit wird mir aber doch lang werden, ehe ich etwas von Ihnen lese, denn | so bald werden Sie noch wohl nicht daran gehen können, etwa einen Grundriß der Ethik drukken zu laßen. Und dafür, muß ich gestehen, gäbe ich die Fabrikation einer ganzen Meße

---

23 das] daß

24–27 *Brief 1832, 9–17* 27–30 *Brief 1851, 15 f. Friedrich Wilmsen war Prediger an der Parochialkirche und blieb das auch bis an sein Lebensende 1831. Johann Pischons Frau Wilhelmine Karoline und Gottfried August Ludwig Hansteins Frau Antonie Sophie Emilie waren Schwestern Wilmsens.* 44 f *Vgl. Brief 1851, 35–90*

hin. Die Sache liegt mir sehr am Herzen u*nd* ob mir gleich schon etwas darüber aufdämmert, so wünschte ich mir doch Ihre hülfreiche Hand um so mehr, da es mir zu Betrachtungen dieser Art wirklich zu sehr an Ruhe fehlt. Auch muß ich zum Behuf des Examinirens die eigentliche Theologie wieder zur Hand nehmen, welches ich nicht als den geringsten Vortheil bei dieser Sache ansehe. Könnten Sie uns daher recht bald eine kurze Idee Ihrer Ethik überschikken, so würde ich Ihnen recht herzlich dafür danken.

Wie es mit dem akadem*ischen* Gottesdienst Schwürigkeiten haben kann, begreife ich wirklich nicht. Denn wenn Zeit u*nd* Ort dazu ausgemittelt sind, so dächte ich, ließe sich das übrige in weniger als einer Stunde verabreden. Thun Sie mir aber den einzigen Gefallen u*nd* schreiben Sie nicht an P*ischon* ich kann Ihnen diese Herablassung warlich | nicht gut heißen. Der Mann hat so schon Dünkel genug, warum wollen Sie ihn vermehren. Schreiben Sie lieber an B*eyme* Sie gelten wirklich viel bei ihm u*nd* er wird Ihr Zutrauen gerne sehen. HErr P*ischon* hat noch eine unverheiratete Schwägerin, schade, daß wir beide keinen Gebrauch davon machen können, dann würde sich alles herrlich fügen u*nd* das ganze B*erliner* Consist*orium* bald mit seiner Sipschaft angefüllt werden.

Was Bartholdys machen, wird Ihnen Wilhelmine schreiben. Barth*oldy* hat sich gar sehr des Ministers Gunst erworben durch die Anwendung von Pästalozzis Methode beim Arithmet*ischen* Unterricht, wobei er grade sein Zuhörer gewesen u*nd* dieser Zufall ist die Veranlaßung geworden, daß Maßow von der Idee des Schweizers nicht nur etwas mehr begriffen, sondern sie auch eben dadurch mehr achten gelernt hat als bisher. Er lobte B*artholdy* sehr u*nd* hat (unter uns gesagt) die Idee, ihn gleichfalls als Aßeßor hier anzustellen, um besonders im Schulfach zu arbeiten. Dieß ist mir gar sehr lieb, dann erhalte ich mehr Beistand u*nd* es bildet sich so etwas von Opposition im Collegio, das nie ohne Nutzen ist. | Die Hochwürdigen Herren werden dieß freilich etwas übel vermerken, da sie schon meine Anstellung nicht haben begreiffen könen, aber sie müßen doch eine Gute Miene zu*m* Spiel machen.

Maßow hat uns seinen vorläuffigen Schulplan hiergelaßen, der manches Gute enthält, aber schon als etwas vorläuffiges einen dikken Aktenstoß bildet; wie korpulent wird erst das ganze nicht sein! Sputen Sie sich nur mit Ihrer Rezension des Zöllner u*nd* finden Sie ihn nicht zu kurz

---

83 schon] *folgt* ⟨in seiner⟩

74–76 *Bartholdy blieb in Stettin, wo er später Schulrat und Direktor des pädagogischen Seminars wurde.* 84–86 *Vgl. Brief 1851, 93 f.*

ab. – Wegen des Lottospiels habe ich Bartho*ldy* nicht fragen können, oder lieber es vergeßen. Nehmen Sie aber immer ein ganzes Loos, wir können es hier unter uns theilen, wenn er es nicht ganz behalten will.

Ich muß abbrechen. Sie erhalten ohnehin ein ganzes Convolut, denn meine Miene ist, wie ich sehe, nach Art der Frauen sehr redselig gewesen u*nd* hat oben drein noch Lust zu einem Epilog gehabt. Sorgen Sie ja für Ihre Gesundheit u*nd* versäumen Sie auch nichts in der Angelegenheit Ihres Herzens. Sie bedürfen der inneren Ruhe u*nd* sind werth des Glüks, das eheliche Liebe u*nd* Freundschaft allein geben kann. Bartho*ldys* grüßen, leben Sie wohl u*nd* behalten Sie uns alle lieb.

Gaß.

**1860. Von H. Herz. Vor dem 21. 11. 1804*

Über Tugend

**1861. Von J. E. Th. und H. von Willich. Vor dem 21. 11. 1804*

Über Eleonore Grunow

1862. An L. von Willich. Halle, Mittwoch, 21. 11. 1804

Halle d. 21. Nov. 4.

Ich grüße Sie heute, liebe Luise, und hoffe, daß Sie meiner gedenken, und daß Sie heute anfangen werden, sich an Geburtstagsbehalten und -feiern zu gewöhnen. Sehen Sie, es ist doch gar schön zu wissen, daß an einem solchen Tage bestimmt alle, die ich liebe und die mir näher verbunden

---

92 auch] *korr. aus* gar

1862. *Überlieferung: h: BBAW, Nachlaß Dilthey 116/1; D: Petrich: Schleiermacher und Luise von Willich, S. 163; Textgrundlage: Zeilen 1 und 13–22 h, Zeilen 2–12 D*

---

90 *Brief *1858*

**1860.* *Vgl. Brief 1864, 42–58*

**1861.* *Vgl. Brief 1872, 2 f.*

sind, mich in ihrem Herzen haben, und zwar inniger noch und weniger vorübergehend als sonst wol. Auch habe ich mir heute Vormittag einen rechten Feiertag gemacht zum Genuß. Collegia zu lesen, habe ich ohnedies heute nicht eher als um zwei Uhr, und zu diesem einen bedarf es keiner Vorbereitung weiter. Daher lasse ich nun alle Arbeit diesen Vormittag ruhen, gebe mich bloß meinen Gedanken und Gefühlen hin und will womöglich allen unseren Lieben ein paar Worte sagen.

An alle Freunde will er zu seinem Geburtstag schreiben.

Nur Leonoren kann ich es nicht. Mir unerklärlich bin ich noch immer ganz ohne Nachricht von ihr, denn was auch vorgegangen wäre, so müßte sie es mir doch sagen. Ich denke aber immer, vielleicht will sie eben so gut unmittelbar nach als unmittelbar vor meinem Geburtstage mir wieder ein Zeichen ihres Andenkens u*nd* Lebens geben; u*nd* so will ich ihr wenigstens heute nicht sagen, wie sie allein mich drückt und trübt u*nd* sie dann mahnen, wie sie mir Hoffnung machte, meinen Geburtstag mit unsren Berlinischen Freunden zu begehen. Die Arme, wieviel Schweres steht ihr noch bevor, welchen Weg sie auch wandeln möge.

1863. An J. E. Th. und H. von Willich.
Halle, Mittwoch, 21. 11. bis Donnerstag, 6. 12. 1804

Halle d. 21t. Nov. 4.

Wie gern möchte ich heute Allen die ich liebe etwas sagen! Allen dasselbe, daß ich es fühle wie sie heute besonders meiner gedenken, daß eben ihre Liebe mein schönstes Gut ist, ohne welches weder die Welt noch etwas in ihr einen Werth für mich haben würde. Euch besonders, ihr geliebten beide sage ich es. Ihr wißt wie mein Herz an Euch hängt, wie ich in Euch das Schönste, das ich kenne, auf eine in meinem ganzen Kreise einzige Art verwirklicht sehe, und bei der Unsicherheit und Unvollständigkeit eigner Aussichten immer wieder beruhigt auf Euch blikke. In dem heut beginnenden Jahre meines Lebens nicht, aber doch im nächsten rechne ich darauf, Euch zu sehn, wie es auch um mich selbst alsdann stehen möge.

---

13 *An*] *davor* ⟨Von Eleonore⟩

1863. *Überlieferung: H: BBAW, SN 776, Bl. 27 f.; D1: Br 2, S. 10 (Auszug); D2: Schleiermacher: Briefe an Ehrenfried und Henriette von Willich, S. 104–108*

1863. *Mit einer Einlage; es ist ungewiß, ob es sich um einen Brief Schleiermachers handelt (Zeile 94)*

Für mich mache ich mir keine feste Hofnungen auf dieses Jahr; sondern sehe allem was Eleonore thun oder nicht thun mag nur ruhig entgegen. Ihr seht ich seze ohnerachtet dieser Ungewißheit mein Leben weiter hinaus; der schöne Sommer hat es mir wieder werth gemacht, ich habe in Euch Allen gesehn wie doch die lebendige Mittheilung wirkt was auch das innigste Andenken allein nicht so frisch und erfreuend wirken könnte; und mein neuer Berufskreis, der doch wirklich einer ist, hält mich mit noch andern Banden fest. Es sei also gelebt, mit Euch in Euch für Euch und alle unsere Lieben, und die Welt nehme dann von dem was | mir auf dem unmittelbaren Wege meines Berufs zu thun vorkomt was sie kann.

D*en* 6t*en* Dec*ember* Es währt mir zu lange lieben Kinder ich muß nur anklopfen in Klein Jasmund und fragen wie es Euch geht. Ganz vortreflich gewiß; aber wollt Ihr Euch nicht nach gerade auch nach andern Menschen umsehn? Hättet Ihr nur wenigstens unterdeß der armen großen Jette recht viel geschrieben; die ist ganz krank gewesen, und dabei höchst mißmuthig voll trauriger Bilder der Zukunft, und ist immer noch nicht recht viel besser. Ich habe sie nach Vermögen getröstet und aufgerichtet: aber wie ich überall gleich auf die Klarheit gehe, so habe ich ihr auch mehr als je einleuchtend zu machen gesucht daß ihr ganzes Leben in Berlin viel zu leer ist, und daß ihre Verstimmung am meisten daher rührt weil sie dort unmittelbar die Liebe die in ihr ist nicht recht gebrauchen kann. Denn Brenna ist ihr zwar ungemein werth, aber der Weg der beiden geht doch immer mehr auseinander, und wenn Brenna nicht grade krank ist, worin doch wieder ein anderes Unglük liegt, kann ihr Jette wenig leisten und wenig von ihr haben. Wäre nur Brennas Schiksal erst soweit entschieden daß Jette einen ernstlichen Entwurf machen könnte sich zwischen Euch und mir zu theilen, und – wäre ich auch nur bald so weit, daß ich auf einen ordentlichen Theil bei dieser Theilung Anspruch machen könnte, was doch ohne Eleonoren nicht angeht. Viel tröstliches kann ich Euch noch nicht sagen. Ausführlich mit ihrem Bruder hat sie gesprochen, das schrieb sie mir ein Paar Tage nach meinem Geburtstage, und ihm ihren festen Entschluß kund gethan. Er, | seiner Seits hat auch nicht zurükgezogen, und so ist zu erwarten wie bald er etwas in der Sache thun wird. Leider nur hat sich Grunow immer noch auf dieselbe Art gegen El*eonoren* erklärt, daß er alles mögliche thun würde um ihre Trennung und noch mehr unsere Vereinigung zu hindern; und so steht der Armen

44 und] *davor* ⟨sondern⟩

15–19 *Schleiermacher war im Juni/Juli 1804 auf Rügen.* 25 f *Henriette Herz* 28–33 *Vgl. Brief 1854* 33 *Brenna de Lemos* 41 *Wohl der Stadtgerichtsassesor Johann Albrecht Krüger in Berlin*

auf jeden Fall noch viel widriges und schweres bevor. Am 15*ten* dieses Monats ist ihr Geburtstag; denkt ihrer doch.

Außer meiner Einsamkeit ist mein größtes Leiden hier immer noch, daß es mir nicht gelingt mehr als für meine Collegia zu arbeiten, so daß ich nicht begreife wie es im Sommer mit dem Platon gehen soll. Ich denke zwar eines von meinen jezigen Collegien (die Encyclop*ädie*) zu repetiren und dann nur noch Ein neues zu lesen; aber auch das wird schwerlich genug helfen. Sonst geht es gut lieber Ehrenfried, nicht nur die Ethik macht mir Freude, sondern auch in das theologische komme ich immer besser hinein, und ich kann mir schon recht gut denken, wie ich exegetische und dogmatische Vorlesungen halten werde. Nachgerade kommt immer mehreres in den Plan hinein den ich mir entwerfe, so daß ich wegen meiner übrigen nicht akademischen Entwürfe erschrekken müßte wenn ich nicht voraussezen müßte, daß auch meine Leichtigkeit zu arbeiten mit der Zeit zunehmen wird.

Für meinen Genuß bin ich vorzüglich mit ein Paar Frauen umgeben, deren Umgang mir sehr wohl thut. Mit der einen, der Doctor Niemeier habe ich es schon ziemlich weit gebracht; sie ist mir von Anfang an mit einer herrlichen Offenheit entgegengekommen und ich kann recht aus dem Herzen mit ihr reden. Die andere, die Geheimeräthin Loder (vielleicht kennst Du sie gar aus Jena) macht es mir nicht ganz so leicht und ich ahnde noch eigentlich nur wie weit wir | uns einander nähern können. Unter mehreren Menschen ist sie sehr zurükgezogen, seitdem ich aber einmal allein mit ihr war hege ich weit bestimmtere Hofnungen[.] Beide kennen und lieben die Monologen und schon das ist eine nicht zu verwerfende Bürgschaft, die Niemeier hat aber überhaupt schon eine ziemlich treue Anschauung von meinem ganzen Wesen. Auch bei Steffens und mit ihm in der Reichardtschen Familie bin ich recht gern; doch bildet das schon eine zweite Klasse[.] Ich bin freilich für Steffens in mancher Hinsicht hier der einzige; aber doch kaum werde ich ganz in ihn, noch er ganz in mich hineingehn. Einige ganz gute Studentennaturen sind mir nun auch aufgestoßen, und sobald ich nur eine eigene Oekonomie habe, sei es nun mit Eleonoren oder auch nur mit meiner Schwester will ich auch ein Privatleben mit ihnen anfangen.

---

67 ihr] *korr. aus* ihrer   80 will] *davor* ⟨so⟩

52–55 *Tatsächlich wiederholte Schleiermacher seine Vorlesung über theologische Enzyklopädie und Methodologie im Sommersemester 1805; daneben las er Hermeneutik und die Fortsetzung der Dogmatik („Fundamental-Lehren des Christentums“); vgl. Arndt und Virmond: Schleiermachers Briefwechsel, S. 300.*   80 *Nanny Schleiermacher*

Mit meinem Predigen ist es noch in weitem Felde denn es ist noch nicht entschieden in welcher Kirche[.] Indeß habe ich einmal für Niemeier den Hausgottesdienst im Pädagogio gehalten wobei mir recht wie in der Herrnhutischen Erziehungsanstalt zu Muthe war. Ich mag aber auch leicht in dieser Täuschung nicht ganz so geredet haben, wie es den jungen Leuten angemessen gewesen wäre.

Lebt wol Kinder und schreibt bald damit ich Euch womöglich noch vor Weihnachten antworten kann. Ich gedenke in den Ferien ein wenig zu verreisen, weiß aber noch nicht ob zu meinen alten Freunden den Herrnhutern nach Barby oder zu meinen neuen Freunden nach Jena und Weimar. Denn bis Berlin wird Zeit und Geld schwerlich reichen.

Minna Reimer hat glüklich und leicht einen zweiten Knaben geboren.

Die Einlage empfehle ich zum Nicht-vergessen. Grüßt herzlichst unsere theure Kathen; ich denke nächstens Luisen und ihr zu schreiben.

Was machen die beiden Freundinnen in Stralsund? Grüße sie mir doch

1864. An H. Herz. Halle, Mittwoch, 21. 11. 1804

Halle den 21ten November 1804.

Als ich gestern gar kein Briefchen von Dir bekam, liebe Jette, machte ich mir die Hoffnung Du hättest vielleicht einige Zeilen an Louis eingelegt mit dem Auftrag sie mir heute zukommen zu lassen. Darauf habe ich nun den ganzen Vormittag vergeblich gewartet. Wüßte ich nur wenigstens, wie es Dir ginge Du Ärmste; doch ich werde mich schon gedulden bis Freitag. Du kannst Dir denken, d*aß* mein | Geburtstag nicht sonderlich froh ist. Gar keine Briefe gestern als ein Paar Geschäftszeilen von Reimer; Du krank und trübe; der Moment also von keiner Seite schön, und die Aussichten doch auch sehr zweideutig. Was auch komme, liebe Jette, laß mich glauben, d*aß* Du mir heute aufs neue die Hand reichst, d*aß* Du eben so lebendig als ich fühlst wie innig wir uns angehören, wie nichts uns trennen kann, sondern wie die Zukunft uns nur immer näher verbinden

---

96 Was … doch] *am linken Rand*

1864. *Überlieferung: h: BBAW, SN 751, Bl. 62 f.; D: Meisner: Schleiermacher als Mensch, Bd. 2, S. 26 f.*

---

84 *Das Pädagogium oder die Franckeschen Stiftungen* 91 f *Gemeint ist der Kreis um die JALZ mit Eichstädt.* 93 *Ernst Georg Reimer wurde am 25. 11. 1804 geboren.* 95 *Luise von Willich* 96 *Vielleicht Friederike Israel und Johanna Erichson, geb. Israel*

1864. 3 *Ludwig (Louis) Graf Dohna* 8 *Brief 1857*

muß. Auch wenn […] nicht die meinige wird, auch wenn ich nicht nach Berlin versetzt werde; es muß doch, dünkt mich Rath werden, d*a*ß wir recht viel zusammen leben und zwar bald. Bei den Rüganern freilich könnte ich Dich ruhig lassen auch ohne mich mit vollster Zuversicht; aber eins von beiden muß sein, und Du mußt gern das Leben unter dem Gewühl der Menschen, wo Du doch wenig mehr lernen und erfahren kannst, gegen ein beschränkteres aber innigeres aufgeben. Brenna selbst, die doch, je mehr sie ihrer Kunst lebt um so weniger Dir sein kann, darf Dich, so bald ihre Gesundheit auf einen leidlichen Fuß gestellt ist, weder hindern noch aufhalten. Es muß das einzige große Werk, Deines Anordnungsvermögens sein, einen Lebensplan zu erfinden der alles möglichst vereinigt. Und auch mir muß etwas ordentliches ausgesetzt werden darin. Die Welt ist wahrlich so schlimm nicht, d*a*ß nicht eine Art sollte auszudenken sein, wie wir so gut als zusammen sollten wohnen können und wir dürfen uns ja nachgerade auch schon immer mehr erlauben. Ach liebe Jette, es ist die beste Hoffnung, die ich in das neue Jahr mit hinüber nehme. Ein Paar Zeilen habe ich an Ehrenfried und an Luisen geschrieben ich dachte noch mehr Briefe zu schreiben, bin aber doch nicht dazu | gekommen. Ich dachte zum ersten Mal heute der Niemeier einen Thee zu geben, das ging aber auch nicht und ich werde bei Steffens sein, wo ich mir recht gut gefalle. Ist sie nicht eine verschönerte und degagirte Christel Dohna? Sage doch ja, liebe Jette. Überhaupt ist im Reichardtschen Hause, (wo ich seit seiner Abwesenheit alle Sonntage gewesen bin) etwas Dohnaartiges. […]

[…] Reil hat wohl eine große Dosis von einer Art Geist; aber gewiß noch mehr vom rectificirtesten Egoismus. D*a*ß Louis (Börne) gern mit mir ist freut mich; ich mag ihn auch sehr wohl leiden und denke ihm noch nützlich zu werden, wenn wir recht zusammen kommen. […]

[…] Ich sehe liebe Jette, Du kommst immermehr auf meine Gedanken und das muß mich ja freuen trotz der traurigen Veranlassung. Freilich kann man sich keine einzelne zumal fremde Tugend zum Vorbild nehmen sondern nur s e i n e e i g n e. Aber wenn Du die nur immer im Auge hast,

---

14 […]] *Kj* Eleonore **29** das] *folgt* ⟨best⟩ **38** aber] *davor* ⟨aber gewiß noch mehr⟩⟨⟨;⟩⟩

---

20 *Brenna de Lemos* **30** *Vgl. Briefe 1863 und 1862* **34** *degagiert, frei, ungezwungen* **34f** *Christiane Gräfin zu Dohna-Schlobitten* **39–41** *Ludwig Börne war 1802/03 als Sechzehnjähriger Pensionär im Hause Herz, um sich bei Markus Herz auf das Medizinstudium vorzubreiten. Er verliebte sich in Henriette Herz und unternahm sogar einen Selbstmordversuch, weil seine Neigung nicht erwidert wurde. Nach dem Tod ihres Mannes (1803) veranlaßte Henriette Herz Börnes Übersiedlung nach Halle, wo er von Johann Christian Reil weiter ausgebildet wurde. Vgl. „Briefwechsel des jungen Börne und der Henriette Herz", hg. v. Ludwig Geiger, Oldenburg und Leipzig 1905.*

so können Dich ja die üblen Ereignisse und die zufälligen momentanen Dunkelheiten der Zukunft unmöglich dauernd herunterstimmen. Denn Deine Tugend ist ja besonders die große Besonnenheit und Leichtigkeit im Anordnen des Lebens. Du kannst ja gewisser als jemand wissen, d*aß* wie es auch kommt Du es Dir wirst anzueignen und zu unterwerfen wissen. Dieses Nicht im Auge haben Deiner eignen Tugend liegt auch Deiner Empfindlichkeit zum Grunde. Denn die Empfindlichkeit läuft immer der klaren Ansicht deßen was gethan worden ist voran; wie könntest Du also empfindlich sein aufs ungewisse, wenn Du Dir immer bewußt wärest, d*aß* wie die Sache auch sei Du sie doch wirst zu beherrschen wissen. Darum glaube ich auch nicht d*aß* die Empfindlichkeit in Dir aus einerlei Princip kommt mit der Regsamkeit und Empfänglichkeit da sie offenbar nur aus dem Unbewußtsein eines anderen Vorzuges entsteht. –

**1865. An Georg Ludwig Spalding, Halle, vor dem 24.11.1804*

Über seine neue Lage in Halle, besonders sein Verhältnis zu Steffens.

1866. Von G.L. Spalding. Berlin, Sonnabend, 24.11.1804

Berlin 24 9br 4.

Ich hätte kein Herz, jemand um Briefschuld zu schelten; aber Danken, wenn sie aufhört, das kann ich. Ihr Brief hat mir, und uns, grosse Freude gemacht. Etwas von Ihnen hatte mir Buttmann erzählt. Nun geben Sie selbst so viel Mehreres und Besseres. Ihre Zufriedenheit mit den Menschen um Sie her, freut mich herzlich. Ach es wird doch ein ganz anderes Leben sein, als in Stolpe. Der Druk der Arbeit wird gewiss erträglicher sein, als der Druk im Menschenleeren Raum unter der Hinterpommerschen Luftpumpe. Den alten Nösselt haben Sie gewiss doch noch in gewissem Grade kennen gelernt. Zum Niemeierschen Hause

---

56 einerlei] *korr. aus* einer

1866. *Überlieferung: H: BBAW, SN 394, Bl. 64 f.; D: Br 4, S. 106 (Auszug)*

***1865.** *Vgl. Brief 1866, 3–14*

1866. 3 *Brief *1865*

gratulire ich. Vater gefällt mir noch mehr | als schon sonst durch sein Verdienst um die Aristotelische Rhetorik, wenn er Eifer hat für die Einrichtung eines Universitäts-Gottesdienstes. Dass Steffens Ihnen Geistesgenuss giebt, mag noch nicht darauf deuten, dass er liebenswürdig ist, was wir (ich hoffe dis wir ist keine meiner Teuschungen) liebenswürdig nennen d.h. liebend. Wäre er es aber, so suchen Sie über kurz oder lang zu erfahren und zu bekehren, was mir von ihm ist referirt worden (durch die Gräfin Luise Stolberg, die Nicht-Katholikin auf Windebye): dass er Kristus und die Chemie zusammenbringt. Zu bekehren verlange ich sollen Sie's suchen; nicht bloss zu erfahren! Ich höre jezt, seit drei Sontagen, durch eine EinladungsKarte mit meinem Namen veranlasst, Fichte's filosofische An|sicht des Zeitalters. Ich wundre mich, ob ich morgen schon aufhören werde, zu hören. Wenn nicht morgen, doch bald, das weiss ich. Ein sanfter, aber ein guter: Ferd*inand* Delbrük (auf Verschwiegenheit rechne ich) sagte beim lezten Herausgehen: So ist es, wenn populär, gemein; wenn nicht gemein, unverständlich. Ein gewaltiges Auditorium: Zelter schreit Zeter über die herrliche Sprache, worin das vorgetragen werde. Ich selbst war in der zweiten Stunde κηλούμενος, weil etwas vom selbstbewussten, zukünftigen Leben vorkam, und von einem selbstbewussten Pantheismus. So bin ich nun; die Resultate lokken mich oder schrekken. Aber gemein, gemein (das weiss ich besser als irgend einer) ist der Ton von Gewissheit, von Paradoxie, der diesem Protagoras aus dem ungeründeten Maule geht. So sehr Ferd*inand* Delbr*ück* (wie fern [*er*] die lactea ubertas lassen | kann) den Protagoras hasst, so tief sizt Ferd*inand* Delbr*ück* zu eben dess Füssen. Auch Fr*au* v*on* Berg, Fr*au* von Knoblauch, Graf Baudissin, Brinkm*ann*: und ich werde noch einen harten Stand haben, bis ich das Lob, das ich ihm für jene zweite Stunde vor den Bewunderern gezollt, wieder abgebüsst und mich wieder gewaschen mit dem Wasser meiner Unwissenheit, und mit dem ehrlichen Geständnis, dass ich dergleichen nicht geniessen kann. Burke würde ludum imprudentiae zu schliessen befehlen, und Sak hätte wol auch nicht übel Lust. – Giebichenstein mag sehr angenehm sein, während eines Winters, indem auf dem Berl*iner* Operntheater Reichardts Rosamunde gespielt

---

16 er] *korr. aus* es **20** sollen] *korr. aus* sollens **33** fern] *korr. aus* w **40** Burke] *korr. aus* B[ ]

---

11 f *Johann Severin Vater: Animadversiones et lectiones ad Aristotelis libros tres rheticorum, Leipzig 1794* **21 f** *Die Vorlesungen wurden von Fichte später veröffentlicht unter dem Titel: Grundzüge des gegenwärtigen Zeitalters, Berlin 1806.* **28–30** *In der späteren Veröffentlichung finden sich die von Spalding referierten Äußerungen nicht; Hörernachschriften sind nicht bekannt.* **43 f** *Johann Friedrich Reichardts 1801 entstandene Oper „Rosmonda" (Rosamunde)*

sicht desgleichen. Ich wundre mich, ob ich morgen schon aufhören werde, zu hören. Wenn nicht morgen, doch bald, das weiß ich. Ein sanfter, aber ein guter; Ferd. Delbrück (auf Verschwiegenheit rechne ich) sagte beim letzten Herausgehen: So ist es, wenn populär, gemein; wenn nicht gemein, unverständlich. Ein gewaltiges Räd= [illegible] [illegible] schwatzt [illegible] über [illegible] [illegible] Sprache, worin er [illegible] [illegible] en werde. Ich selbst war in der zweiten Stunde κηλούμενος, weil etwas vom selbstbewußten zukünftigen Leben vorkam, und von einem selbstbewußten Pantheismus. So bin ich nun; die Resultate lokken mich oder schrekken. Aber gemein, gemein (das weiß ich besser als irgend einer) ist der Ton von Gewißheit von Paradoxie, der diesem Protagoras aus dem ungegründeten Munde geht. So sehr Ferd. Delbr. Ciceri spern die *lactea ubertas* lassen wird. Berlin ist es nicht ganz so sehr; doch bis jezt ist in meinem Hause noch nicht gespielt worden.

Mein Bruder isset (wohnt noch nicht) bei uns. Wir lesen selb drei Müllers Schweizergeschichte. Ich will kein zweites Blatt nehmen. Neulich im Konzert des Minister Schrötter sagte mir Biester mit Entschiedenheit: Sie kämen hieher an Conrad's Stelle. Ich ergebe mich, wiederhole meine schwergeglaubte Neuigkeit vor Graf Carmer; er sagt, es müsse seit dem Tage erst beschlossen sein. Ich stelle B*iester* zur Rede, so habe der Hofpr*ediger* Stosch gesagt. – Wie lieb wäre es mir, wenn Sie die Autobiografie rezensirten! Grüssen Sie Niemeiers und versäumen Sie ja nicht Wolf. Es muss nicht erkalten zwischen Ihnen.

GL Sp.

„die Schwierigkeiten, die es hat, irgend einen Andern als den Gleichgesinnten auf dem Gebiete der Philosophie gründlich zu verstehen" mögen den polemischen Theil dieses Briefleins entschuldigen.

Mit Hanstein ist es gewiss.

1867. Von H. von Willich. Stralsund, Sonntag, 25. 11. bis Mittwoch, 28. 11. 1804

Klein Jasmund den 25 Nov.

Sonntag Morgen

Erst heute schreibe ich Ihnen wircklich, und doch war meine Seele in der langen Zwischenzeit so oft bei Ihnen und beantworte Ihre theuren Briefe. Auch fügt es sich heute wieder so daß ich an meinem lieben Sonntag Morgen an Sie schreiben kann. Aus alter Zeit her ist mir der heutige

---

56–58 „die … entschuldigen.] *am linken Rand von Bl. 64*^{r} 59 Mit … gewiss.] *am linken Rand von Bl. 65*^{v}

1867. *Überlieferung: H: BBAW, SN 423, Bl. 6; D1: Br 2, S. 11 f. (gekürzt); D2: Schleiermacher: Briefwechsel mit seiner Braut, S. 24 f.*

---

47 *Johannes von Müller: Die Geschichten Schweizerischer Eidgenossenschaft, Leipzig 1786 ff.; bis 1804 waren drei Bände erschienen.* **49** *Der Hof- und Domprediger Karl Ludwig Conrad war am 11. 9. 1804 gestorben.* **52 f** *Schleiermachers Rezension von Johann Joachim Spaldings Lebensbeschreibung erschien in der JALZ 1805, Bd. 1, Nr. 18, Sp. 137–144 (KGA I/5, S. 27–38).* **56 f** *Der Ausspruch – möglicherweise ein Zitat – ließ sich nicht nachweisen.* **59** *Gottfried August Ludwig Hanstein wurde 1805 Propst an St. Petri in Berlin.*

1867. 1 *Klein-Jasmund steht bei Henriette und Ehrenfried von Willich hier für ihren Wohnort Stralsund.* **4 f** *Briefe 1841 und 1828 (KGA V/7)*

Morgen so lieb; wie ich noch in Greifswald lebte, hatte ich nur allein diesen Morgen für mich u*nd* für meine liebsten Beschäftigungen. Ich feierte ihn immer so still u*nd* ganz unbemerckt, ich war dann allein in der Schulstube wo der Orgelgesang der sehr nahgelegnen Kirche hineintönte, und das Singen der Menschen in der Kirche. Unter den vielen Büchern um mich her hatte ich mir einige ausgewählt in denen ich dann las, es waren alte Geistliche – ich kann Ihnen nicht sagen wie mir zu Muthe war, wie unaussprechlich wohl u*nd* wie trübe, und wie dise wenigen Stunden stiller Andacht mich hoben u*nd* mir einen Ernst gaben der mich während all dem geräuschvollen Leben der ganzen Woche, begleitete. Jezt erkenne ich recht was dise Stunden mir waren, sie | erscheinen mir als die VorbereitungsZeit zu dem gegenwärtigen Leben. Jezt bin ich des Sonntags oft mit Ehrenfried in der Kirche u*nd* nachher sprechen wir dann über die Predigt, ich sage ihm was am meisten bei mir angeklungen, u*nd* er mir auch wo er zufrieden mit sich gewesen u*nd* wo nicht. Das ist dann noch eine Nachfeier.

Mittwoch Nachmittag.

Eine recht lange Pause habe ich machen müßen, ich weiß gar nicht wie es recht mit unserer Zeit geht. Uns ist beiden nie wohler als wenn wir ganz allein sind u*nd* doch kommen wir selten einen Tag dazu u*nd* dann haben wir so viel mit einander zu plaudern zu lesen zu schreiben daß uns dünckt der Tag ist recht im Fluge dahin gegangen u*nd* wir müssen uns recht sehnen nach einer stillen Stunde für unsere Freunde. Mir kommt dies selbst wunderlich vor, was kann ich große Geschäffte haben? ich weiß es nicht aber ich führe nie das Alles aus was ich mir vorgesezt hatte. So gut ich kann will ich Ihnen unser Leben beschreiben u*nd* so ausführlich als ich es schon Jetten in Berlin gethan habe. – Unser Vorsatz ist Morgens um 5 aufzustehn bis jezt ist es uns nur selten gelungen, nicht daß uns das Aufstehen selbst so schwer werden sollte, aber da ist so manches, es ist dunkel, das Mädchen kann nicht gut aufwachen um uns Licht zu bringen, wir bedürfen selbst des Weckens u*nd* wie das so geht. Wir w o l l e n aber nun fest | u*nd* es wird schon gehen, wir fühlen uns gar zu wohl dabei. Wenn wir Licht erhalten haben u*nd* aufgestanden sind gehen wir nach unserm Wohnzimmer wo wir Feuer im Ofen u*nd* den Kaffetisch bereit

9 feierte] *folgt* ⟨⟨ich⟩⟩ 25 wohler] wohller 29 Mir] *folgt* ⟨selbst⟩ 34 bis] *folgt* ⟨ist⟩ 39 haben] *mit Einfügungszeichen über der Zeile*

33 *Henriette Herz* 36 *Gemeint ist wohl das Dienstmädchen.*

finden. Ehrenfried lieset dann einige Capitel aus der Bibel, u*nd* dann etwas andres recht ernstes, jezt haben wir den Plato vor, die Reden über Religion haben wir beendet u*nd* dazwischen auch ein schönes Buch, Ergiessungen eines Kunstliebenden Klosterbruders von Wackenro*der* u*nd* Tieck, gelesen. Sie können denken wie werth mir diese Stunden sind u*nd* die Verbindung mit Ihnen während dem Lesen. Ihnen wird der Gedanke auch lieb sein daß wir Ihre Schriften zu unserer wahren Erquickung u*nd* Erbauung erwählt haben, u*nd* uns so sehr wohl dabei fühlen. Der frühe Morgen ist an sich so schön, die Ruhe u*nd* Dunkelheit Allenthalben u*nd* des Menschen Geist so wach und neu belebt. Wenn es Tag wird gehe ich an meine kleine Wirthschaft besorge so viel sich thun läßt, aber sehe zu daß ich um 9 Uhr fertig bin, denn dann komt Borck u*nd* ich bin gern zugegen bei dem Unterricht. Sie fragen wie ich mich als Hausfrau fühle u*nd* wie ich es handhabe? Das Gefühl der H a u s f r a u die für das Ganze sorgt u*nd* Alles nach ihrer Idee u*nd* Willen einrichten kann, ist wohl immer recht wohlthätig, u*nd* mir auch recht lieb u*nd* als eine eigne Würde | die einzelnen Geschäfte die es in der Wirthschaft giebt machen mir keine besondre Freude, aber auch gar nicht das Gegentheil. Noch ist es mir nicht recht gelungen solche Ordnung in der Eintheilung der Zeit u*nd* der Geschäffte zu erhalten wie ich es wünsche aber ich hoffe es wird schon werden.

Ich bin noch nicht halb fertig mit meinem Briefe aber unmöglich kann ich die Post wieder abgehen lassen. Sie müssen von uns wissen –

Ihre Henriette.

Ich setze recht bald meinen Brief fort, ich habe Ihnen noch viel zu sagen. Ich habe Sie noch nicht eins meinen lieben lieben Vater genant

Leben Sie wohl mein lieber Vater, ach werden Sie doch glücklich.

Die Kahten ist r e c h t w o h l u*nd* grüßt

**1868. An Carl Wilhelm von Bünting. Vor dem 26. 11. 1804*

---

53 wie] *folgt* ⟨es⟩ 56 auch] *folgt* ⟨auch⟩ 57 die] *davor* ⟨u*nd*⟩

---

42 *Schleiermachers Platon-Übersetzung* 43–45 *Die „Herzensergießungen eines kunstliebenden Klosterbruders“ waren 1797 anonym bei Unger in Berlin erschienen.* 53 f *Vgl. Brief 1841, 6–9*

*1868. *Vgl. Brief 1869, 104*

1869. Von C. W. von Bünting. Stolp, Montag, 26. 11. bis Mittwoch, 28. 11. 1804

Stolpe, den 26sten Novbr 4.

Ich habe Dich in Gedanken mit keinem Menschen in der Welt in eine Klasse gesetzt; sondern ich habe Dich, damit Du es wißest vielmehr als eine neue Ordnung in den Claßificationen der Menschen für mich ansehen zu müßen geglaubt, der ich vornemlich alles zutrauen dürfe, was es lobsames nur in den menschlichen Verhältnißen gebe, und darum links und rechts gegen das verwundernde Aeußern über Dein Stillschweigen, vor Ankunft Deines ersten Briefes an H–, die Verdollmetschung mit den Worten übernommen,: daß ich mich keinen Augenblick darüber wundere, wenn Du nicht schriebest, da ich zu gewiß wüßte, daß Du Dich am meisten darüber wundern würdest, wenn Du zu schreiben unterließt, sobald Du es vermöchtest.

Dein Nachfolger hat Dir in dem Herzen Deiner Bekannten hiesigen Orts | durch seine unglückliche Individualität, die Crone des Wohlwollens ohne sein Ahnen aufgesetzt. Wie denn insbesondere? Du sagtest hier Jedermann, der Dich nach ihm fragte,: ich kenne ihn nicht, oder wenig. Er kennt Dich aber zur Genüge u*nd* Du ihn, und Jedermann abstrahirt sich daher den schönen Zug, daß Du damit jeder nachtheiligen Schilderung von ihm habest überhoben seyn wollen. Wirklich, es ist ein sonderbarer Heiliger: mein Major drückte sich auf dem Rückwege aus seiner Antrittspredigt, sehr gelinde und wahr in der Art aus: daß es schwer sey, nach einem Fritz zu regieren; allein ich kann mich fast mit dieser Lindigkeit des Urtheils nicht genügen. Der Mann hat zu wenig Geist, zu wenig Klugheit, um ihn strenge zu tadeln, aber darum bleibt es doch wahr, daß Deine Stelle nicht trauriger ersetzt werden konnte, u*nd* diese Bemerkung hier Jedermann mit negativer Ueberraschung erfüllt. |

Daß die Wurzel Deines Glücks in Deinem Herzen, in dem zukünftigen Besitz Eleonorens, neues Leben gewinnt, ist mir eine erfreuliche Bothschaft. Ich gönne Dir so höchlich ein gutes Weib; Du würdest verstehen, glücklich zu b l e i b e n (um welche Kunst es heutzutage ärmlich aussieht), wenn Du es einmal wärst; und hoffentlich würde ich da so Manches von

---

1869. *Überlieferung: H: BBAW, SN 261, Bl. 3–6* **11** darüber] *folgt* ⟨zu⟩ **30** welche] welcher aussieht] aussieth

---

1869. **8** *Hering; Brief *1846* **13** *Nachfolger Schleiermachers in Stolp war Christian David Henning.* **20** *Major von Pröck* **21 f** *Anspielung auf den preußischen König Friedrich II. („der alte Fritz")*

Dir zu lernen wünschen. Denn hélàs! mein Wurf ist mir gelungen; ich glaube ein treues Weib nicht nur, ein herrliches Geschöpf, ein sanftes reinherzliches, völlig ausgebildetes Mädchen gefunden zu haben, die mich liebt auf meine Weise. Erinnerst Du Dir noch, wie ich einst unzufrieden zu Dir kam, von Täuschung viel, noch mehr von meinem Sehnen nach einem geliebten Weibe sprach? Die Ereigniße, die damals mich von Antonie trennten, waren die schönsten Resultate ihres Seelenadels, welche Gewaltthätigkeiten ihres Vaters, durch Mißverständniße getrieben, herbey leiteten, wo sie ihre Liebe den traurigen Pflichten einer Tochter unterord|nete, wo sie sich selbst überwand, und im Glauben einer höheren Gerechtigkeit die Pflicht übte. Ohne ihrer, ohne meine Ahnung entwickelten sich durch kleine Begebenheiten die Mißverständniße, und – sie wird nun die meine. In einigen Tagen reise ich zur Verlobung, von der hier Niemand etwas ahnet.

---

den 27sten. Ich will Dir treulich sagen, wie ich mich fühle, und Du magst daraus den Staab der Voraussicht meines ehelichen Glücks oder Unglücks neu umwinden mit Zuverläßigkeit. Siehe, das Hauptgefühl in dieser Angelegenheit ist eine friedliche Ruhe, mein Gemüth ist allseitig zufrieden gestellt, und der Genius in mir spielt gleich froh mit den tausend Bildern der Zukunft bis ins Innerste fort. Das Andenken an die liebliche Gestalt spannt mich nicht, versagt auch nie das rosenfarbige freundliche Antlitz, und wenn große Lebhaftigkeit mich beseelt, so ist es nur, um mich tief zu bewegen ob der Güte des Allerhöchsten. Antonie | v*on* Bork heißt sie, zu Cölpin bey Reetz wohnhaft, und Freund, fühlst Du mein Recht an sie, wenn ich Dir sage, daß die Welt sie mir nicht neidet? Sie zählet meine Jahre, ist schlank, blond, wohl gewachsen und besitzt kein schönes aber ein keusches, sanftes, liebliches Antlitz, mit einem klaren Auge und einem kleinen freundlichen Munde. – Zur Stunde ist es so, darum ich eben auch nicht weiß, ob ich sie mehr liebe als ehre; sie ist die Wahl meines Geistes mit Zustimmung des Herzens und die Sinne haben zur Zeit noch kein Wort darin zu reden gehabt. Ich denke aber, daß dies auch bis zum Augenblick der innigsten Verbindung nicht nöthig ist, da ich, so weit ich mich leider von dieser Seite kenne, hierin nie viele Reitze nöthig gehabt, um die Batterien der thierischen Triebe zu lösen. Sage mir offen, welche Vorbedeutung Dir diese Haltung meines Wesens eingibt.

38 waren] *folgt* ⟨das⟩ 50 in mir] *mit Einfügungszeichen über der Zeile* 55 fühlst] fühltst

39 *Gemeint ist wohl der Stiefvater.* 65 *Batterie, „eine Anzahl sogenannter Leidner Flaschen, die durch Draht an ihren Knöpfen verbunden, geladen, und dann auf einmahl entladen werden können, wodurch ein heftiger, sogar tödtender Schlag hervorgebracht werden kann.“ (Campe: Wörterbuch, Bd. 6, S. 147)*

Der Tod meines einzigen Bruders hat mich erschüttert. Er war ein edler, geschickter junger Mann, dessen Leben mir nie eine traurige Besorgniß abgedrungen hat, der mich liebte und in einer möglichst glücklichen Carrière stand, wo er schnell hätte zu einem großen Wirkungskreise gelangen können. Sein Eifer für die | Wißenschaften, seine nichts scheuende Thätigkeit brachte ihm in dem Augenblick den Tod, wo er im Begrif stand, die entsprechendsten Resultate davon einzuärndten. Er war gesünder als ich von Natur, lebte ohnweit nüchterner und endete so früh! Die Ansicht der Gebrechlichkeit unsers Lebens u*nd* sein Verlust, drangen mir tief in die Seele. Ich habe ihm heilige Gelübde mit in die Gruft gegeben u*nd* suche einen Trost darin, sie zu üben; die Zeit hat meine Gefühle gemildert, u*nd* der baldige Besitz meiner Antonie wird sie noch mehr erheitern.

Abends. Hier ist eben weiter nichts Neues vorgefallen. Der Cadettenlehrer Mahlendorff hat als solcher die Erlaubniß erhalten, heyrathen zu dürfen und sich mit der Dem*oiselle* Schaeffer verlobt; zugleich ist ihm der Tittel als Professor zugelegt worden. Lehmann hat seine Frau hier, und wird schon waidlich von ihr regiert, was ihm im Ganzen genommen sehr dienlich ist. Ich denke, Freund, unsere Frauen werden die vernünftige Einsicht haben, daß die Wahrheit regiere, und nun ein Jeder an | seinem Theile trachte, ihr Raum zu geben und somit das Ganze der kleinen Welt in schönster Form zu unterstützen. Die anmaaßliche Leitung von irgend einem Theile ist etwas Gemeines darunter sich beide degradieren, und ziemt denn hintennach im Nothfalle am meisten dem Manne.

Unsere Concerts sind glücklich wieder zu Stande gekommen, wir haben uns neue Musicalien und Instrumente verschrieben und liefern dies Jahr mehr Taugliches als vorigen Winter.

---

den 28sten. Die großen Soupé's sind eine wahre Plage für mich. Es ist dabey des Essens so viel u*nd* so spät, daß ich trotz aller leistenden Nüchternheit schlaflose Nächte und was sonst in die Rubrique gehört, davon habe, u*nd* mithin die Freuden, welche oft sehr spärlich sind, theuer be-

81 Mahlendorff] *mit Einfügungszeichen über der Zeile*

67 *Maximilian von Bünting (1780–1804)* 74 ohnweit *im Sinne von „weitaus"; vgl. Grimm: Deutsches Wörterbuch s.v. unweit, Sp. 2183* 84 *waidlich oder weidlich*

zahle. Ueberhaupt zeichnet sich St. Pommern darin aus, daß die geselligen Verkehre überladen an Fressereien u*nd* mager an | Geistesspeise sind: eine Wahrheit, wovon ich wünschte, daß sie meinem Vaterlande nicht lange weiter zur Last gelegt werden möchte.

Die Maj*orin* v*on* Pr*öck* empfiehlt sich Dir auf das freundschaftlichste; sie nimmt sichtbaren Antheil an Dein Wohl, weshalb ich es der Mühe werth hielt, ihr einiges aus Deinem Briefe mitzutheilen.

Lebe wohl, Lieber, habe Freude an Deiner Stelle, die ohnweit geschickter für Deine Bedürfniße zu seyn scheint, als hier, wo Du es auch meistens seyn konntest. Dein nächster Brief begrüßt mich hoffentlich als Verlobter; ich komme gegen den 20sten von Cölpin hieher zurück, u*nd* erzähle Dir dann weiter von meiner Antonie, welches alles Du schon geduldig vernehmen wirst.

Freude, Friede sey das Resultat unsers Treibens, Liebe aber das Band unserer Gemeinschaft.

Bünting.

1870. Von G. A. Reimer. Berlin, Mittwoch, 28. 11. 1804

Berlin am 28n Novbr 1804

Du mußt heute wieder mit der Nachricht vorlieb nehmen, liebster Freund, daß meine Frau am Sonntage (25n) glücklich entbunden worden ist. Sie hat mir abermals einen Knaben gebohren. Minchen und das Kind sind sehr wohl, und überhaupt ist alles sehr glücklich und schnell von statten gegangen.

Ich wollte Dir, trotz der Unruhe in welcher ich mich finde, dennoch heute ausführlicher schreiben, allein die Herz hat mich zu sich entboten, um mir gute Nachrichten von Dir zu ertheilen, und ich will lieber von Dir etwas hören, als Dir von mir zu wissen thun. Wenn ich aber von ihr zurück komme ist zu spät für die Post.

1870. *Überlieferung: H: BBAW, SN 358, Bl. 66* **3** (25n)] *über der Zeile* **4** Sie] *davor* ⟨St⟩ **10** von ihr] *über der Zeile*

---

104 *Brief *1868*

1870. **2–6** *Georg Ernst Reimer*

Dein Onkel Stubenrauch hat gestern zu Schiffe eine Kiste mit Büchern für Dich gesandt, die ich Dir nächstens weiter spediren werde.

Leb recht wohl. Wir grüßen Dich alle

**1871. Von L. von Willich. Vor dem 3. 12. 1804*

Erklärt, daß sie Schleiermachers Geburtstag irrtümlich für den 20. November angenommen hatte.

1872. An L. von Willich. Halle, Montag, 3. 12. 1804

Halle d. 3. Dec. 1804.

Einige Tage nach Geburtstag über Eleonore nur das gehört was in Brief von Ehrenfrieds. Will Weihnachten nach Berlin, weniger um Eleonoren's willen, von der er noch nicht einmal weiß, ob er sie wird sehen, als um Jettens willen, die er nach mancherlei Malheurs trösten will.

Sie können denken, daß es mir in diesem Zustande von Ungewißheit gegen das Wichtigste unmöglich wohler gehen kann als es mir aber immer gehen muß. Daneben ist mir meine einsame Ökonomie hier weit unangenehmer als in Stolpe, weil sie mich an vielem hindert, was ich gern thun möchte u*nd* weil ich überdies noch zu gar keiner rechten Ordnung kommen kann.

Die Niemeier gefällt ihm besser, nur ist er ängstlich, daß er mit dem Manne ⌊*auf*⌋ *kein rechtes Verhältniß kommen kann. Kommt selten Nachts vor 2 Uhr zu Bett.*

Mit meiner Hoffnung daß Sie an meinem Geburtstage an mich denken würden, wäre es mir also schlecht gegangen, wenn Sie ihn recht gewußt hätten. Aber da Sie glaubten, er wäre den 20., so haben Sie gewiß den 21. daran gedacht, daß Sie es vergessen hätten, und das ist mir doch eine

---

1872. *Überlieferung: h: BBAW, Nachlaß Dilthey 116/1; D: Petrich: Schleiermacher und Luise von Willich, S. 163 (unter dem Datum 13. 12.); Textgrundlage: Zeilen 1–14 und 22–36 h; Zeilen 15–21 D* 5 die] *folgt* ⟨der⟩ 8 ist] *folgt* ⟨⟨ist⟩⟩

---

12 f *Vgl. Brief 1845, 10–23*

***1871.** *Vgl. Brief 1872, 15–20*

1872. **2 f** *Brief *1861* **5** *Henriette Herz* **17** *Siehe Brief *1871*

kleine Satisfaktion. Es ist mir ganz spaßhaft, daß Sie gar keinen Sinn für Geburtstage haben, und ich will es recht geduldig abwarten, ob er Ihnen gar nicht kommen wird; verzweifeln kann ich noch gar nicht daran.

Schwägerin Luisens in Sagard ihm so still erschienen, daß ihm das Leben um sie etwas öde erschienen. Er hat Antheil daran, daß sie immer stärker wird und weniger an die Zukunft denkt.

Wissen Sie auch recht, wie mich das freut? und wie gern ich das höre u*nd* glaube, daß ich Ihnen auch etwas dazu beitrage? Ich denke, Sie wissen, liebe Luise, wie es mir wahrhaft von Herzen geht, Sie auch oben [*zu*] sehen, [wo] ich Ihnen oft, wohl gar mit halb gemachter Toilette aus Ehrenfrieds Stube in den Wurf kam, u*nd* daß ich es wirklich bin, den Sie sahen u*nd* der Ihnen zuruft, daß Sie stark sein möchten. Ja Liebe, wenn man nicht so Geister sehen könnte möchte ich nicht leben. „Die Liebsten sehnten sich wohl auch und sandten | nur der Sehnsucht Hauch." Das ist oft das schönste, in mir fast das tiefste Gefühl was ich habe. Und wenn ich wieder nach Rügen komme, so komme ich immer nur um das Geistersehen aufzufrischen. Denn auch in der schönen Wirklichkeit bleibt das doch immer das Beste was man im Geiste sieht.

*1873. *Von J. E. Th. und H. von Willich. Anfang Dezember 1804*

Über die Erkrankung der Mutter; teilt mit, daß sie nach Sagard reisen. Mit einem Brief Charlotte von Kathens.

---

21 daran.] *Petrich schließt hier unmittelbar die Zeilen 30–36 an (mit Varianten zu h).* 26 denke] denken 27 wie] *davor* ⟨⟨[in]⟩⟩ 30 Liebe] *fehlt D* 31 Liebsten] *folgt* ⟨sandten⟩ 32 Hauch."] Hauch. *folgt* ⟨„Die liebsten sehn⟩ 33 in … tiefste] immer fast das wahrste *D* 34 komme,] *D folgt* Gott wird ja helfen, 35 schönen Wirklichkeit] schönsten Gegenwart *D*

---

22 *Wohl Charlotte von Willich, die zweite Frau des Sagarder Pfarrers Heinrich Christoph von Willich* 29 *„Einem in den Wurf kommen, in diese Richtung kommen, so daß man von der geworfenen Sache getroffen wird. Figürlich ist, einem in den Wurf kommen, ihm von ungefähr begegnen." (Adelung: Grammatisch-kritisches Wörterbuch, Bd. 4, S. 1627)* 31 f *Novalis: Sehnsucht nach dem Tode, Schriften, Bd. 1, S. 156*

**1873. Vgl. Brief 1886, 4–6*

**1874. Von H. Herz. Vor dem 6. 12. 1804*

Über die Geburt von Georg Ernst Reimer: Möge er werden wie der erste

**1875. Von Eleonore Grunow. Vor dem 6. 12. 1804*

Über den Stand der beabsichtigten Trennung von ihrem Mann

1876. An G. A. Reimer. Halle, Donnerstag, 6. 12. 1804

Halle d 6t. Dec. 4.

Wie gern, lieber Freund, hätte ich Dir schon eher meine herzliche Freude geäußert über das glükliche Ereigniß in Deinem Hause. „Möge er werden wie der erste“ schrieb mir Jette, und ich stimme mit ein wenn das wie cum grano salis verstanden wird. Und warum sollte er es nicht in diesem eben so frei eine Individualität entwikkelnd der man Raum läßt sich zu entfalten. Du weißt daß mir der Umgang mit dem Jungen gar nicht das Unwichtigste gewesen ist bei meinem Leben in Deinem Hause, und welche Freude ich gehabt habe an Deiner und Minnas Art mit ihm umzugehn. Bei dieser Treue gegen die Natur muß ja jedes eurer Kinder gedeihen wenn nur ein guter Genius über die organischen Kräfte wacht. Auch für diese ist mir schon die glükliche Entbindung der Mutter eine gute Vorbedeutung, und ich lebe der Hofnung von ihr und dem Kinde noch weiter recht gute Nachricht zu hören.

Was Dir die Herz von mir mitgetheilt kann doch nichts anderes gewesen sein als was mir Eleonore geschrieben. Es ist gut insofern nun der Anfang gemacht ist; weiteres habe ich | seitdem noch nicht gehört und vermuthe daß Krüger doch irgend eine eclatante Scene die ihm zu Ohren kommt abwarten will, damit die Sache doch auch für die Erscheinung

---

1876. *Überlieferung: H: BBAW, SN 761, Bl. 3 f.* 3 geäußert] *korr. aus* |b| 18 vermuthe] *über* ⟨erwarte⟩

**1874.* *Vgl. Brief 1876, 3 f.*

**1875.* *Vgl. Brief 1876, 16*

1876. 3 *Vgl. Brief 1870, 2–6* 3 f *Brief *1874* 9 *Wilhelmine (Minna) Reimer* 15 f *Vgl. Briefe 1870, 8 f. und *1875* 18 *Der Bruder der Eleonore Grunow*

einen gesunden Anfang habe. Es möchte nun wol nicht gut sein ihn hierin stören zu wollen und darum müssen wir schon eine Weile ruhig erwarten was geschehen wird. Was ich aber von Deiner Liebe vorzüglich wünsche mein Freund ist dieses zuerst daß Du Dich bisweilen erkundigst bei Taubenheim wie die Sache steht damit ich durch Dich früher als es durch Eleonoren, welche so lange sie bei Grunow wohnt so unendlich beschränkt ist, geschehen kann erfahre was irgend bedeutendes erfolgt. Ist nun etwas darunter wobei Du glaubst je eher je lieber mit oder gegenwirken zu müssen: so weißt Du wie ich glaube daß Alles was Du thust aus meiner Seele gethan sein wird wenn Du nur Bedacht darauf nimmst den Bruder in sein*em* Verhältniß mit Leonoren möglichst zu schonen, worüber Dir Taubenheim immer am sichersten die nähere Kentniß geben kann. Besonders aber nehme ich Dich lieber Freund in Anspruch für den bei Krügers strenger Denkungsart gar nicht unmöglichen Fall, daß er, wenn Grunow irgend ein unangenehmes Aufsehen von unserm Verhältniß zu machen drohte, von Leonore als Bedingung ihrer Befreiung | eine vorläufige freiwillige Entsagung meiner fordern sollte, eine Bedingung unter welcher freilich der rachsüchtige Gr*unow* sich auch die Scheidung weit leichter würde gefallen lassen. In diesem Falle ist es nothwendig daß Eleonore wisse, sie kann sich augenbliklich aus des Bruders Armen in die Deinigen werfen, um durch Dich die Sache ohne solche Bedingung betreiben zu lassen. Das wird ihr Muth geben den sie braucht, und es ist gar nicht zu zweifeln daß sie auf jeden Fall bei gehöriger Beharrlichkeit die unbedingte Trennung erreichen wird. Der Fall ist gar nicht unmöglich und Du bist dann der einzige auf den ich mich verlassen kann. Du denkst Dir gewiß selbst daß eine solche Entsagung mir unter allem unerträglichen das unerträglichste sein würde.

Steffens ist an einer Bräune ziemlich bedenklich krank gewesen, ist aber nun ganz hergestellt und fängt in d*iese*n Tagen wieder an zu lesen.

Wegen der Kiste hatte ich Dich vorher benachrichtigen wollen, es aber rein vergessen. Von Gleditsch habe ich in einer zweiten Sendung Eichhorns Krit*ische* Schr*ifte*n, Bauers Moral u*nd* das Choralbuch erhalten.

48 wieder] *über der Zeile*

47 *Bräune: „Eine Krankheit des Halses bey Menschen und Thieren, welche sich durch die Entzündung der Theile der Luftröhre und des Magenschlundes äußert, und diese Theile braunroth färbet; die Kehlsucht, Halssucht“ (Adelung: Wörterbuch, Bd. 1, Sp. 1165)*
49 f *Vgl. Brief 1870, 12 f.* 50 f *Vgl. Brief 1844, 21–30*

Ich möchte Dich bitten noch Henke Kirchengeschichte u*nd* J. E. C. Schmidts in Giessen Handbuch der Kirchengeschichte auch Münschers Dogmengeschichte, falls | ich die nicht schon aufgeschrieben habe, ferner Ernesti institutio interpretis die ja wol in Leipzig nur wieder gedrukt wird und Morus Hermeneutica herausgegeb*en von* Eichstaedt hinzuzufügen. Doch hat das alles keine Eile.

Hast Du keine Kunde wie es zugegangen sein mag, daß Hanstein nun doch Tellern adjungirt worden ist? Des Pischons Nepotismus ist doch ohne Grenzen.

Wie steht es eigentlich mit Jettens Gesundheit? Tröste sie doch soviel Du kannst.

Herzliche Grüße an Minna u*nd* alle Andern.

1877. An Charlotte Pistorius. Halle, Donnerstag, 6. 12. 1804

An Lotte Pistorius

Halle, d 6t. Decemb. 4.

Ich rufe Sie, liebe Lotte. Mich verlangt etwas recht ordentliches von Ihnen zu wissen; sezen Sie immer Willichs Hochverrath fort und schreiben Sie mir einmal, recht wie ihm, was man einen Brief nennt, damit ich erfahre wie es Ihnen geht seit der lieben langen Zeit, was Ihren klaren Verstand angesprochen, und was Ihr liebes Herz bewegt hat. Noch oft sehe ich uns umher wandeln in Ihrem Garten und fühle wie uns die wenigen Worte recht von Herz zu Herz gingen, und wie ich Sie liebe vornemlich seit dieser Stunde; denn da wurden Sie mir doch erst recht klar in Ihrem eigenen Wesen. Und wenn ich das so fühle kann ich mich immer nicht darin finden, daß von Halle bis Garz soviel weiter sein soll als bis Sagard

---

1877. *Überlieferung: H: BBAW, SN 759, Bl. 2 f.; D: Meisner: Schleiermacher als Mensch, Bd. 2, S. 27 f. (Unterschrift fehlt)*

52–57 *Heinrich Philipp Konrad Henke: Allgemeine Geschichte der christlichen Kirche nach der Zeitfolge, Bd. 1–6, Braunschweig 1.–4. Auflage 1799–1804; Johann Ernst Christian Schmidt: Handbuch der christlichen Kirchengeschichte, Bd. 1–3, Gießen 1801; Wilhelm Münscher: Handbuch der christlichen Dogmengeschichte, Bd. 1–3, Marburg 1797–1802; Johann August Ernesti: Institutio interpretis Novi Testamenti, Leipzig* [4]*1792; Samuel Friedrich Nathanael Morus: Super Hermeneutica Novi Testamenti acroases Academicae, 2 Bde., Leipzig 1797–1802* 59 *Wilhelm Abraham Teller war Propst an St. Petri in Berlin; 1805 wurde Hanstein an eben diese Kirche berufen; Johann Karl Pischon war reformierter Prediger an der Potsdamer Garnisonkirche. Hansteins und Pischons Frauen waren Schwestern.* 61 *Henriette Herz* 63 *Wilhelmine (Minna) Reimer*

oder Klein Jasmund. Könnte ich Ihnen nur recht sagen wie bestimmt ich fühle was mir abgeht für mein Leben wenn Sie kein besseres Herz zu unserer Gemeinschaft fassen! Aber sollten Sie es nicht selbst eben so gewiß wissen als Sie um Ihre Eigenthümlichkeit wissen?

Wie es mir so äußerlich ergangen ist, seit Sie Ihre lieben Zeilen schrieben – nicht seitdem ich sie erhielt; denn das ist noch gar nicht lange her, wie Ihnen Willich, der selige, beichten kann – und auch noch manches mehr als das Aeußerliche wissen Sie wol aus Sagard oder | Götemiz oder von Ehrenfrieds. Aber warum giebt es doch so Vieles was man gar nicht sagen kann? Wie gern möcht ich Ihnen beschreiben wie mir zu Muthe war in den schönen Tagen von unseres Freundes neuem Leben, und als ich seine und meiner süßen Tochter süße und selige Worte meiner Freundin vorlas. Gerade Ihnen sagte ich es so gern, weil ich nicht weiß ob Sie es so an mir kennen. Es ist gar nicht allein meine Liebe zu den beiden, wiewohl auch vielleicht kein Vater so gefühlt hätte, eben weil er ein wirklicher Vater wäre; es ist meine geliebteste Vision daß die wahre heilige Ehe das Paradies ist, in welchem der Baum des Lebens gepflanzt wird, und alle Saaten für ein besseres Zeitalter; und noch nie seit sie mir erschienen ist geleitete ich zwei geliebte Menschen mit so lebendigem Glauben hinein.

Noch ein Unsagbares sagte ich Ihnen gern: wie mir zu Muthe war als ich Leonoren zuerst wieder sah. Niemals frage ich vorher wie etwas sein wird oder wie ich dabei sein werde; so erhält man alle großen Momente des Lebens am reinsten. Es war gar kein Gedränge in meiner Seele, Ein ganz gleichartiges Gefühl von süßer Wemuth; und als ich nach dem ersten stillen Anblik die große Thräne die ich kenne in ihren Augen sich bilden sah | war mir wie wenn die Sonne die Erde zuerst anblikt, die eine schwere Nacht durchwacht hat und nun bei ihrem ersten Anblik der lezte Nebel zerfließt und aus den schönsten Blumen der Sonne zum Thautropfen veredelt entgegenglänzt. Sie nehmen Sie auch für keinen Stolz diese Sonne es war nur das väterliche Gefühl daß meine Nähe die Arme Verlassene erwärmte, und daß ich ihr leuchten muß auf dem Wege den sie noch gehn will. Aber wir sind seitdem noch immer in den bezogenen Morgenstunden wo noch nicht entschieden ist, wie der Tag sein wird.

1877. **17** *Wohl Brief 1813 vom 28. 8. 1804 (KGA V/7)* **22–25** *Ehrenfried und Henriette von Willich hatten am 5. 9. 1804 geheiratet; vgl. Briefe 1819 und 1828 (KGA V/7). Die Freundin ist wohl Eleonore Grunow.* **29** *1. Mose 2, 9*

Wie ich mir nun hier in meinem neuen Beruf vorkomme, das ist ganz kurz und demüthig zu sagen. Ich lerne noch immer mehr als ich lehre, und mag arg genug an Kosegartens hier noch schädlicherer Maxime leiden, der mehr für sich predigt als für seine Zuhörer. Ich wollte nur ich stände nicht noch immer nur auf dem Katheder, sondern auch wieder auf der Kanzel um das Gefühl und das Gemüth der Jünglinge anzuregen und nicht nur worauf sich doch der Professor beschränken muß, ihr Raisonnement und ihre Vernunft. Und wenn ich ein Paar Posttage keine Briefe gehabt habe von andern Freunden so will es gar nicht gehn mit meinem Geschäft. Wer mir diese also | vorenthält aus Respect für meine Zeit, der lässt mich Hunger leiden und verringert selbst den Werth meiner Zeit. Wollen Sie sich nicht bekehren, liebe Lotte? aber recht gründlich? ich hoffe vielleicht im Winter finden Sie auch eher ein ordentliches Stündchen für mich

Adieu liebe Lotte

Schl.

1878. An G. A. Reimer.
Halle, vor Mitte Dezember bis Sonnabend, 15. 12. 1804

Die Kiste und in ihr der Velin Plato sind glüklich angekommen; und lezterer hat mir nun wieder große Sehnsucht nach dem dritten Theil gegeben. Wenn nur Süvern seine Ausstellungen zum Besten gäbe und man sonst etwas von gründlichen Kritiken zu Gesicht bekäme ehe die rechte Arbeit wieder angeht, was denke ich bald nach Neujahr geschehen soll.

Was meinst Du denn zu der Idee die ich habe in den Weihnachtsferien einige Tage in Berlin zuzubringen? Hauptsäch*lich* wünsche ich es weil sich neue Weitläuftigkeiten über den akademischen Gottesdienst erheben und ich glaube durch Sprechen weit eher etwas wesentliches auszurichten, zumal Beyme auch in Berlin ist. Nun sage mir aber nur mit zwei Worten recht ehrlich ob es unter den gegenwärtigen häuslichen Umständen bei Dir schon möglich ist | daß ich bei Dir wohnen kann, NB ohne H*errn* [Ziegler] wieder zu delogiren. Daß es mir das liebste wäre kannst

---

49 leiden] *über* ⟨arbeiten⟩

1878. Überlieferung: H: BBAW, SN 761, Bl. 9 f.

1878. 1 *Vgl. Brief 1870, 12 f. Exemplare des zweiten Bandes der Platon-Übersetzung auf Velinpapier.* 3 *Vgl. Brief 1840, 33–49*

Du Dir leicht vorstellen aber es muß auch Minchen gar nicht geniren. Ich mache mir sonst leicht eine andere Wohnung und sehe Euch doch möglichst oft.

Eigentlich hatte ich früher bei Dir anfragen sollen: denn falls ich schon Mittwoch reise kannst Du mir kaum antworten. Die ganze Sache hängt aber noch von Massows Erlaubniß ab, die ich doch wol weil es das erste Mal ist wirklich abwarten muß.

Sei doch so gut ein Exempl*ar* Predigten recht passend einbinden zu lassen und es für Luisen, der ich es versprochen an Willich zu schikken. Ich hatte eigentlich mit der Herz einen großen Julklap für die Rügener im Sinn, das hat sich nun aber alles verspätet und zerschlagen zu meinem großen Leidwesen.

Alles Andere mündlich; ich hoffe Minchen und der Knabe sind wohl.

Dein Schl. |

d*en* 15t*en*. Sie haben mir Gestern den Brief zur Reitpost nicht mehr angenommen und ich kann nun, wenn ich noch Mittwoch reise nicht einmal mehr Antwort von Dir bekommen. Doch dies wird mir immer unwahrscheinlicher da ich doch wol erst Massows Antwort abwarten muß.

Eichstädt klagt mir, er wüßte nicht wem er den Plato zur Recension geben soll. Die Grundlinien soll ja, wenn mich die Leute recht berichten, Jean Paul recht ordentlich herausgestrichen haben.

Schl.

**1879. Von H. K. A. Eichstädt. Jena, vor dem 15. 12. 1804*

Zustimmung zu der Anordnung von Schleiermachers pädagogischen Rezensionen; klagt, er wisse nicht, wem er Schleiermachers Platon-Übersetzung zur Rezension geben solle

---

23 hatte] *mit Einfügungszeichen über der Zeile*

14 *Wilhelmine Reimer* **22** *Luise von Willich* **26** *Der jüngstgeborene Sohn Georg Ernst Reimer* **33 f** *Vgl. Brief *1879* **34 f** *Vgl. Brief 2020, 30 f.*

**1879. Vgl. Briefe 1888, 5–10 und 1878, 33 f.*

1880. An Carl Gustav von Brinckmann. Halle, Sonnabend, 15. 12. 1804

Halle d 15t. Dec. 4.

Wenn ich auch gewiß wüßte, was für jezt nur noch eine Idee ist mit der ich mich trage, daß ich in den Weihnachtsferien auf einige Tage nach Berlin gehe so würde ich Dir doch nun schreiben, liebster Freund; denn wer weiß wieviel wir uns in den wenigen Tagen sehn werden zumal jezt die Winterlustbarkeiten Deine Zeit Steuer gewiß beträchtlich erhöhen, und mir verbieten einzuholen was ich zulezt unter dem Zusammentreffen Deines Auszuges und der Anwesenheit der Frau v*on* Helwig verlieren mußte.

Daß ich seitdem soviel Zeit gebraucht habe um mich in meinen Verhältnissen gründlich zu orientiren ist ein neuer Beweis von der Langsamkeit meines Ingenii. Ich war um so ruhiger dabei, da ich unterdeß von Dir mehr als von irgend einem meiner Freunde und recht nach meinem Sinn und aus dem Herzen sprechen konnte. Du findest es gewiß natürlich daß zwei so treue Freunde von Dir wie die Niemeier und ich, selten | zusammen sein können ohne daß die Rede von Dir wäre, und ich sehe sie, wie Du auch natürlich finden wirst gar nicht selten. Es giebt hier keine intressantere weibliche Bekanntschaft; ihre frische jugendliche Gesinnung, ihre große Unbefangenheit, ihr wirklich seltene Liberalität und eine Tiefe des Gemüths die man grade bei diesen Eigenschaften nicht leicht voraussezt, dies zusammen hat einen ganz eignen Reiz nicht nur, sondern gewährt auch mir wenigstens eine Befriedigung bei der mir für diese Seite meiner Bedürfnisse wenig zu wünschen übrig bleiben würde wenn ich sie nur recht frei genießen könnte. Dazu kann ich aber mit Niemeier immer nicht in das rechte Verhältniß kommen. Eifersüchtig ist er wol nicht; aber er berechnet doch, wie mir scheint, die Zeit die man ihm und ihr widmet, und ich kann ihm nicht recht viele widmen theils aus absolutem Mangel, theils weil ich glaube er muß meinen Gang erst eine Weile mit angesehen haben ehe wir auf einen recht gesprächigen Fuß kommen können. Schon oft habe ich mir besonders in Be|ziehung auf ihn Deine Kunst die Menschen zu behandeln gewünscht. Vor der Hand kann sich seine Toleranz gegen mich wol nur auf Spaldings u*nd* Deine Liebe zu mir, der ich gewiß

1880. Überlieferung: H: Trolle-Ljungby; D: Br 4, S. 107–110 (gekürzt) 22 der mir] *mit Einfügungszeichen über der Zeile* 23 wenig] *korr. aus* b

1880. 32 *Gemeint ist Georg Ludwig Spalding.*

auch viel von dem Zutrauen der liebenswürdigen Kleinen zu danken habe, gründen. Denn meine Philosophie, wenn es so etwas giebt, fällt ihm doch in die verhaßte Zone der idealistischen und meine Frömmigkeit hat wieder den fatalen Anstrich von Herrnhutianism der ihm auch herzlich zuwider ist. So kann er also aus sich selbst gar nichts für mich haben als Glauben an meinen guten Willen, der sich nun erst in Schauen verwandeln muß ehe wir uns beträchtlich nähern können. Unter den akademischen Männern ist mir daher unmittelbar Steffens bei weitem der liebste. Ich halte ihn für den tiefsten aus der ganzen Schule, und bei dem sich die Philosophie am wenigsten einseitig gebildet hat, in welcher Hinsicht ich ihn sogar Schellingen weit vorziehe. Dabei verabscheut er zu meiner großen Freude die Grobheit, ist ein liebenswürdiger gutmüthiger Mensch, und auf keine Weise mit der menschlichen | Societät und ihren wohlhergebrachten Rechten und Gebräuchen brouillirt, so daß er ganz unanstößig ist; wie er denn auch seinen literärischen Ruf unbeflekt zu erhalten strebt. Auch ist er eines seltenen Grades von Unpartheilichkeit fähig der ihn Dir gewiß auch noch besonders lieb machen würde. Wolf stößt mich doch durch seine Härte und Einseitigkeit so ab, daß nur die Ehrfurcht vor seinem Genie und seiner Virtuosität dem einigermaßen das Gegengewicht halten kann, und daß ich doch kaum das Herz haben werde ihn so wie es sein könnte und sollte für meinen Plato zu benuzen. Unser redlicher Eberhard scheint ganz verlassen zu sein von der Welt. Philosophiren mag ich nun freilich auch nicht gern mit ihm außer historisch; aber über die alte philosophische Literatur und über die Sprache ist doch viel mit ihm zu reden und von ihm zu lernen. Daher hoffe ich indem ich ihn weniger verlasse als Andere mit der Zeit seinen Glauben an meinen Atheismus wo nicht auszurotten doch wenigstens zu besiegen. Auch er erinnert sich Deiner mit vieler Liebe.

Von meiner Professur ist wol das Beste was ich davon zu sagen weiß, daß ich | gewiß viel dabei lernen [*werde*], und daß nun wol in ein Paar Jahren meine Ethik zu Stande kommen wird, mit der es sonst noch weit länger gedauert hätte. Uebrigens bin ich als Professor vor der Hand gewiß nur sehr mittelmäßig, und kann es, wunderlich genug, auf dem Katheder noch bei weitem nicht zu der Gewalt über die Sprache bringen, die ich doch auf der Kanzel ausübe. Darum sehne ich mich ordentlich danach ein Collegium zum zweitenmale zu lesen, um alsdann mehr für den Vortrag thun zu können als mir für jezt möglich ist. Das Predigen will noch gar

---

57–59 *Vgl. Brief 1789, Zeilen 117–120 (KGA V/7); demnach hatte Eberhard Schleiermachers Berufung nach Halle mit den Worten kommentiert: „So weit ist es nun gekommen: Einen offenbaren Atheïsten ruft man nach Halle zum Theologen und Prediger.“*

nicht zu Stande kommen und wenn ich nach Berlin reise so geschieht es zum Theil mit um diese Sache wo möglich zu beschleunigen.

Den zweiten Band des Platon hast Du nun hoffentlich erhalten; es dauert mit den Velin Exempl*aren* immer länger als mit den andern. Ich finde besonders in den Einleitungen zu den lezten kleinen Gesprächen Vieles theils zu ändern theils besser auszuführen. Es ist ein Schicksal dem ich wohl nie entgehen werde daß jede meiner Arbeiten, so wie sie an die Luft kommt auch eine Rinde von Reue ansezt. |

In der Literatur komme ich hier fast eben so sehr zurük als in Hinterpommern, weil ich mich im Uebermaaß von Arbeit noch gar nicht über die unmittelbare Nothdurft hinauswagen darf, und Alles was Du mir sagen kannst wird mir neu sein. Nichts aber so lieb als wenn ich höre daß Deine Rhapsodien sich der Publication nähern.

Sehr erfreulich ist mir das Bewußtsein daß ich bei weitem nicht so eitel und egoistisch bin als dieser Brief der nur von mir handelt. Du muß ihn aber als einen ersten Missionsbericht ansehen der auch gewöhnlich nur von den Gnadenbeweisen des Heilandes an den Brüdern selbst handelt.

Wenn ich nicht nach Berlin komme so gehe ich doch um meinem Herzen einen Segen zuzuwenden in den Festtagen entweder zu Br*uder* Zembsch nach Barby oder zu Br*uder* Goethe nach Weimar.

Lebe wol lieber Freund und strafe mich ja nicht mit gleicher Verzögerung. Du kannst höchstens die hoffentlich glücklich vorübergegangene Furcht vor einem neuen Amt, und die scherzhafte Noth Deines Königs zur Entschuldigung anführen.

Wenn Du Tacitus siehst, so empfiehl mich ihm.

Schl.

1881. An J. C. Gaß. Halle, Montag, 17. 12. 1804

Halle d 17t. Dec. 4

Sie haben mir mit Ihrer gleichmüthigen Stimmung ein gutes Beispiel gegeben lieber Freund. Bei der Ankunft Ihres Briefes verlautete es auch hier

---

1881. *Überlieferung: H: Krakau; D: Schleiermacher: Briefwechsel mit Gaß, S. 5–9*

79 *im pommerschen Stolp* **81 f** *Brinckmann: Filosofische Ansichten. Erster Theil, Berlin 1806* **94** *Der Schweizer Historiker Johannes von Müller, der den Beinamen „Schweizer Tacitus" hatte, war 1804 an den Berliner Hof und die dortige Akademie berufen worden.*

1881. 3 *Brief 1859*

schon sehr daß Hanstein in Tellers Stelle rükken sollte, und nun sagt man ja ist es entschieden. Mir, ich gestehe es gern, war doch die Schwäche sehr verdrießlich die Beyme dadurch beweist, daß er sich von dem Pischon so hat herumbringen lassen. Alles zusammengenommen kann ich mich freilich wohl auch darüber trösten, was Sie betrifft. Ein schwerer Stand wäre es immer gewesen von zwei so plözlich erscheinenden neuen Pröbsten der eine zu sein. Jedermann schreit jezt über Hansteins Erhebung; der eine Grund P*ischon*s Nepotismus wäre freilich bei Ihnen weggefallen, aber der andere, das wunderliche Vorurtheil vom literarischem Ruf hätte sich auch bei Ihnen geltend gemacht. Darum war es mir so sehr lieb daß das Publicum auf Ihre Erscheinung erst sollte vorbereitet werden. Nun Teller so plözlich gestorben ist tröste ich mich noch leichter, zumal nach Ihrer wirklich geschehenen Einführung. | Denn in der rechten Laufbahn sind Sie doch nun und es ist, wie Sie sagen, gewiß weit besser allmählich als durch einen raschen Sprung ans Ziel zu gelangen.

Es freut mich daß Sie auch gern und mit Interesse die eigentliche Theologie wieder hervorsuchen. Ich bin darin ganz in gleichem Falle mit Ihnen, und wünsche daß wir uns recht fleißig über diesen Gegenstand unterhalten mögen. Vorläufig habe ich mir nun einen Plan zu meinen Arbeiten im theologischen Theil meines Amtes gemacht. Lassen Sie ihn Sich vorlegen und stehn Sie mir mit Ihrem Rathe und Ihren Bemerkungen bei. Auf Kirchengeschichte werde ich mich vor der Hand gar nicht einlassen, sondern nur auf Exegese, praktische Theologie und kritische Behandlung der Dogmatik. Besonders was die Exegese betrifft möchte ich gern Ihre Meinung über meine Ansicht hören. Sie kennen den 2jährigen Cursus wie ihn Nösselt u*nd* Knapp hier lesen. Meine Ueberzeugung ist daß die Leute auf diese Art nicht zu Interpreten können gebildet werden. Auch hat die Länge des Cursus schon den Nachtheil daß sie bei der Dogmatik über die dicta probantia Alles aufs Wort glauben müssen, und so wie die besonderen Collegia über diese jezt gelesen werden machen sie das Uebel nicht gut. Ich habe daher die Idee zu einem andern exeget*ischen* Cursus gefaßt, auch in meinen encyclopaedischen Vorlesungen schon | darauf angespielt und denke ihn Michaelis 1805 zu eröffnen. Den Anfang will ich mit der Hermeneutica sacra machen, die hier so gut als gar nicht gelehrt wird. Hierauf eine ganz cursorische Lection des N*euen* T*estaments* in einem Jahre zu vollenden lieber noch thäte ich es mit 2 täglichen Stunden in

---

4 rükken sollte] *korr. aus* gerükt ist   37 sacra] *mit Einfügungszeichen über der Zeile*

---

4 f *Wilhelm Abraham Teller war Propst an St. Petri in Berlin; er starb am 9.12.1804. Sein Nachfolger wurde Gottfried Hanstein.*

einem Semester; aber dazu werden die Leute nicht zu bringen sein. Hier würde ich nun alle WortKritik weglassen, vorzüglich auf die Anwendung der großen hermeneutischen Regeln sehn, und die Zuhörer an das Achtgeben auf den Zusammenhang im Ganzen, an das eigentliche Nachconstruiren des Buches zu gewöhnen suchen. Dann würde ich im nächsten halben Jahre ein historisches u*nd* ein didaktisches Buch statarisch durchgehn, und dann im lezten sie selbst exegetische Uebungen anstellen lassen. Daß ich auch bei der cursorischen Lection jedem Buch eine Einleitung voranschikte versteht sich von selbst. – So dächte ich müßte sich, wer irgend das Zeug dazu hat, weit leichter zum selbstständigen Interpreten bilden. Was sagen Sie zu diesem Entwurf lieber Freund? Doch Sie kommen mit dieser Frage allein nicht davon ich bitte Sie ausdrüklich mir aus Ihrem literarischen Schaz der gewiß größer ist als meiner mitzutheilen was Sie über die Hermeneutik kennen. Gern möchte ich doch im Sommer die nöthigen Vorarbeiten dazu machen, ich meine nur die vorläufigen Studien und den allgemeinen Entwurf denn mehr wird mir die Arbeit am Plato doch nicht er|lauben. – Widerspruch bei den hiesigen Collegen wird dieser Plan finden; sie werden mir die kleinliche Absicht unterlegen ihnen durch die schnellere Absolution des cursorischen Cursus die Zuhörer wegzukapern. Aber ich muß mir das gefallen lassen und meiner Ueberzeugung folgen

Von der Ethik denke ich wenn ich sie erst noch einmal gelesen habe vor dem dritten Mal einen kleinen Grundriß drukken zu lassen. Gar zu gern aber möchte ich Ihnen und Bartoldy so bald als irgend möglich mittheilen was ich zu Stande bringe und Ihre Meinung darüber vernehmen. Allein das Schreiben wird, fürchte ich, sehr weitläuftig, und ich spräche am liebsten. Auch ist meine Skizze nicht fertig genug um nicht zu erfordern daß ich sie mündlich ergänzte. Wie königlich schön wäre es wenn Sie, wie ich, in den Weihnachtsferien in Berlin sein könnten. Dann brächte ich den ersten Theil mit, und gäbe mündlich wenigstens den allgemeinen Plan der beiden folgenden. – Ich reise vorzüglich nur nach Berlin um mit Beyme u*nd* Massow über den akademischen Gottesdienst zu sprechen und die Sache, die sehr schläfrig geht, möglichst zu beschleunigen. In der Domkirche werden Einschränkungen erfordert, die mir nie gefielen, und die auch dem Minister nicht gefallen wollen. Die Fakultät hier ist auch in ihrem Schreiben sehr langsam und etwas confus. Sonst

---

56 Widerspruch] *korr. aus* [ ] 57 die] *korr. aus* den 67 Wie] *korr. aus* K

---

74 *Minister von Massow*

komme ich recht gut mit ihr aus. Mit Niemeier harmonire ich am meisten in dem Gefühl der Nothwendigkeit einen religiösen Sinn zu gründen; mit Vater am meisten in den Ansichten über die Einrichtung des akademischen Stu|diums. Mit Noesselt und Knapp hänge ich noch gar nicht zusammen; eben so wenig aber ist auch irgend etwas störendes zwischen uns.

An den Zöllner habe ich erst in diesen Tagen mit Ernst gehen können und bin nun fast fertig damit. Ach wüßten Sie was für ein mühsames Werk für mich eine jede Recension ist, Sie bedauerten mich um jede. Ich thue es aber aus Grundsaz bisweilen weil ich immer viel dabei lerne. Zu kurz werden Sie sie gewiß nicht finden. Nun liegen mir aber noch so viele auf dem Halse und Eichstädt mit wie vieler Geduld er mich auch treibt wird doch am Ende böse werden.

Steffens der fast mit mir zugleich hier ankam ist ein sehr lieber Mensch, und bei weitem der gediegenste an Geist und Charakter unter der ganzen Naturphilosophischen Schule. Wir leben ziemlich viel zusammen und philosophiren auch bisweilen. Mit einem andern D. Kayßler der auch, ich weiß nicht mit welchem Recht, zu dieser Schule gezählt wird kann ich mich aber nicht sonderlich verständigen und Steffens eben so wenig. Dennoch thun uns die Leute die Ehre uns als ein trifolium (wahrscheinlich mit noch irgend einem Epitheton) anzusehn. Ich besuche aber auch den alten, jezt sehr verlassenen Eberhard bisweilen und kann mich über Sprache und alte Philosophie | recht sehr gut mit ihm unterhalten. Soviel wird mir aber an Noesselt und ihm klar, daß ich mein möglichstes thun muß um nach dem 45*sten* Jahr, wenn ich es überlebe, baldigst aus der Professur heraus, und in das ruhige PredigerAmt zu kommen. Alt muß man in diesem Amte nicht werden.

Gott befohlen lieber Freund. Wenn ich mir Schelte holen wollte brauchte ich Ihnen nur zu sagen es wäre 3/4 auf 3 Uhr Morgens; aber ich will mich wol hüten. Lassen Sie mich recht bald von Sich hören und gehen Sie recht auf meine theologischen Fragen ein. Ich habe noch einen ganzen Sak voll vorräthig.

Schl.

Reimern hat seine Frau sehr leicht und glüklich einen zweiten Knaben geboren.

---

76 harmonire] *korr. aus* harmonis

---

82 *Vgl. Brief 1851, 93 f.* 92–95 *Adalbert Bartholomaeus Kayssler hatte sich 1804 in Halle für das Fach Philosophie habilitiert.*

**1882. An E. Grunow. 18. 12. 1804 oder früher*

1883. Von G. A. Reimer. Berlin, Dienstag, 18. 12. 1804

d. 18n Decbr. 4

Ich schreibe Dir diese wenigen Zeilen bei Jetten, wo ich Leonoren sprechen und ihr Deinen Brief übergeben sollte; leider habe ich sie aber verfehlt, und bin zweimal vergeblich hier gewesen. Doch darüber mündlich mehr. Am meisten wünsche ich ohnehin, daß dies Dich gar nicht mehr treffen möge, und schreibe Dir nur fast einzig und allein deshalb, daß falls es nicht schon geschehen sei, Du ungesäumt Dich aufmachen mögest herzukommen, und daß Du nur nicht Jettens bösen Eingebungen Gehör gäbest. Es ist wohl löblich und gut daß Du herkommst, und damit Du ausser unserer Freude an Dir, auch noch eine andere allgemeinere haben mögest, will ich Dir nur sagen daß es Dir vorbehalten ist unser Kind zwiefach zu segnen, einmal als Taufzeuge, wozu wir Dich schon von Anfang an bestimmt hatten, und dann noch als taufender Priester. | Du wolltest zu Willichs Hochzeitfeier reisen um ihre Verbindung zu segnen, so kannst Du Dich auch wohl unseres Kindes annehmen und durch eine s o l c h e Aufnahme in den großen Bund ihm die beste Vorbedeutung für sein ganzes künftiges Seyn bereiten.

Laß uns nicht vergeblich bitten: denn jetzt dürfen unsere Bitten schon laut werden, da Du selbst die erste Veranlassung ihnen geboten hast.

Ich will Dir kein Lebewohl sagen, da ich Dich eher zu bewillkomnen denke ehe Du dies Lebewohl empfängst.

G. R.

1883. Überlieferung: H: BBAW, SN 358, Bl. 67 6 möge] *mit Einfügungszeichen über der Zeile* schreibe] *folgt* ⟨|es|⟩ 14 ihre] *davor* Ihre 16 den] *korr. aus* die

---

**1882. Vgl. Brief 1883, 2 f.*

1883. 2 *Henriette Herz* 3 *Brief *1882* 11–13 *Reimers zweiter Sohn Georg Ernst war am 25. 11. 1804 geboren worden.*

1884. An H. von Willich. Berlin, Dezember 1804

An Jettchen

Lassen Sie Sich in GroßJasmund begrüssen, meine gute liebe Tochter wo Sie hoffentlich noch sein und nach allen trüben Tagen unserer guten Luise recht zur tröstenden Aufheiterung gereichen werden. Zu meiner großen Freude weiß ich durch unsere Jette die spätere Briefe hat daß die Gefahr in Götemiz auch völlig überstanden ist. Doch fürchte ich noch daß unserer theuern Charlotte Gesundheit durch Sorgen und Anstrengungen zumal in dieser unfreundlichen Jahreszeit sehr angegriffen sein wird und wünschte recht bald etwas beruhigendes darüber zu hören. Wohl hat Ehrenfried recht, daß dies der tiefere Kummer war, und ich bin recht viel mit liebender und mitleidender Sorge im Geist in Götemiz gewesen. Ich habe das schon oft mit inniger Bewunderung gesehn an Müttern, daß die, welche während der Gefahr die ängstlichsten waren, bis zum Vergessen alles übrigen in das Eine Gefühl versenkt und doch wieder mitten im Schmerz für ihre Sorge besonnen, hernach den Tod eines geliebten Kindes mit muthiger Ergebung trugen. So dachte ich mir auch unsere Charlotte deren frommer Sinn sich | in die höhere Schikkung wenn sie erst entschieden gewesen wäre duldend und mit einem schönen heiligen Schmerz würde gefügt haben. Aber in ihr Leiden während des gefährlichen Zustandes mußt ich mich immer tiefer hineinfühlen. Wie froh wollen wir Alle sein daß es so geendet hat

Es wäre doch schön liebes Jettchen wenn unsere Luise recht bald ordentlich bei Euch wohnen könnte; es wird ihr doch nirgend anders so wohl sein, und Ihr könnt gewiß in ihre ganze Stimmung weit besser eingehn und sie weit liebender pflegen als die GroßSagarder. Vielleicht läßt sie sich auf eine Zeitlang auch eine Entbehrung bei Euch gefallen, und lange werden Sie doch nicht umhin können KleinJasmund anders wohin zu verlegen. Wir können uns wol sagen daß es recht gut ist, daß das nicht zu lebende Leben der guten Mutter Willich sich so schön aufgelöst hat. Das hindert ja nicht den ersten Schmerz mit unserer Schwester die

---

1884. *Überlieferung: H: BBAW, SN 776, Bl. 31 f.; D: Schleiermacher: Briefe an Ehrenfried und Henriette von Willich, S. 111–113* 28 es] *korr. aus* r

---

1884. *Nach D bildet dieser Brief mit Brief 1894 eine Einheit; zur Datierung: der Brief setzt voraus, daß Schleiermacher Henriette von Willichs eigenen Bericht (Brief 1886) von dem Tod der Mutter am 6.12.1804 noch nicht erhalten hat.* 4 *Luise von Willich, welche die verstorbene Mutter Marianne Regina von Willich gepflegt hatte.* 4–6 *Henriette Herz; in Götemitz wohnte Charlotte von Kathen.* 25 *Die* GroßSagarder *sind der dortige Pfarrer Heinrich Christoph von Willich und seine Frau Charlotte.*

doch eigentlich der Mittelpunkt desselben ist tief zu fühlen und uns doch zu freuen, daß sie nun in einen heitreren und belohnenderen Berufskreis eintreten kann. Wie werde ich Euch nur Alle finden wenn ich Euch | wiedersehe! Ach mich verlangt recht danach liebe gute Tochter Ihr schönes stilles Leben recht ruhig mit zu genießen. Leider sehe ich nur täglich deutlicher wie sehr mein Beruf, den ich so herzlich liebe mich beschränkt und wie wenig ich darauf rechnen kann alle Jahre nur einige Wochen mein eigner Herr zu sein, wenn es mir nicht gelingt Veränderungen zu bewirken die allgemein nüzlich wären, deren Werth aber noch die wenigsten begreifen wollen. Und nun habe ich noch einen verstärkten Zug nach Schlesien durch die Ehe meines Bruders auf die ich auch mit rechtem Wohlgefallen hinsehn kann.

Von Leonoren weiß ich noch immer nichts entscheidendes; aber ihr Wille ist noch immer fest, und sie kann gegenwärtig nichts thun, als von Zeit zu Zeit in ihren Bruder dringen, weshalb ich nun wieder jezt, da dieser in einem Gewühl von Sorgen wegen seiner andern Geschwister ist, nicht recht in sie dringen kann. Aber recht herzlich würde ich mich freuen wenn Ehrenfried einmal wieder brüderlich an sie schriebe. Lassen Sie Sich danken mit einem herzlichen Kuß daß Sie ihn daran gemahnt haben, und legen Sie es ihm nahe bis ers wirklich thut. Daß es ihr eben so große Freude machen | wird verbürge ich ihm. Aber wie kann er nur daran zweifeln! Die Arme kommt kaum dazu alle Vierteljahr einmal mir zu schreiben, kann es kaum erreichen unsere Jette zu besuchen und so dächte ich sollte Ehrenfried ihr wol ihr Schweigen verzeihen ohne solche Schlüsse. Sie hat es recht nöthig von Zeit zu Zeit zu erfahren daß meine Freunde sie noch lieben, und noch immer gewiß sind daß sie die Einzige ist mit der mich mein Leben vereinigen kann.

Grüssen Sie Ehrenfried dem ich nächstens schreibe, und dann auch unsrer Charlotte. Ach ich komme gar nicht so recht zum Schreiben wie ich wünsche, und thue doch auch sonst gar nicht alles was ich sollte und möchte, kurz ich bin noch nicht vollkommen im Geschik meiner neuen Lage.

Sie Gute arbeiten auch für mich! Nun es soll recht Weihnachten sein wenn Ihr Geschenk kommt; ich will mir meinen ganzen Schaz von Lie-

---

42 kann] *nachgetragen* 56 Freunde] *korr. aus* Freuden

41 *Karl Schleiermacher heiratete Friederike Müller.* 45 *Johann Albrecht Krüger* 53 *Henriette Herz* 59 *Charlotte von Kathen*

besAndenken zusammenstellen und mich daran weiden, und recht dankbar sein daß Ihr mich Alle so liebt.

Schleier.

ich weiß doch daß Sie ein Paar Worte darunter schreiben wenn Ehrenfried an Eleonoren schreibt.

1885. An H.K.A. Eichstädt. Berlin, Sonntag, 23.12.1804

Es thut mir nun fast leid, werthester Herr Hofrath daß es mir so zwekmäßig geschienen mehrere Pädagogische Recensionen in Ein Ganzes zu verarbeiten und gerade mit der politischen den Anfang zu machen. Zumal Sie mir nun schon den Wagner, der mir dabei in mancher Hinsicht unentbehrlich war vor weg genommen haben. Genehmigen Sie es, daß ich seiner noch soviel mir nöthig ist erwähne: so knüpfe ich die verbundenen Recensionen des Johannsen Wagner und Schwarz an diese des Zöllner durch einen kurzen Uebergang an, und Sie sollen sie dann sehr bald erhalten. In diesem Falle würde dann die Unterzeichnung unter dieser Recens*ion* wol wegfallen.

Unser vortrefflicher Steffens ist sehr verlegen darüber durch seine Krankheit mit seiner umfassenden Recension der Schellingschen Werke in Rükstand gerathen zu sein; indeß giebt er es doch noch nicht auf den Jahrgang zu eröfnen, und gewiß können Sie bei ihm, wenn Sie nur den Anfang haben sich auf die rasche Fortsezung ver|lassen. Neuerlich hat

---

68 f ich … schreibt.] *am linken Rand auf Bl. 32ʳ*

1885. *Überlieferung: H: SBB, Slg. Darmstädter; D: Patsch: Schleiermachers Briefwechsel mit Eichstädt, S. 273–275* **6** nöthig] *von Eichstädt unterstichen und am Rand mit „Ja!“ annotiert* **9 f** In … wegfallen.] *zwischen den Zeilen nachgetragen* **11** darüber] *folgt* ⟨⟨daß er⟩⟩

1885. *Beantwortungsvermerk am oberen Rand: „Beantwortet den 29 Dec. 4. Eichstädt“* **1–9** *Schleiermachers Rezension von Johann Friedrich Zöllners „Ideen über National-Erziehung“ erschien in der JALZ 1805, Nr. 13–15, Sp. 97–114 (KGA I/5, S. 1–25); die geplante Fortsetzung mit den Rezensionen von Friedrich Johannsen („Über das Bedürfniß und die Möglichkeit einer Wissenschaft der Pädagogik“, Jena 1803) und Heinrich Christian Schwarz („Erziehungslehre. Bd. 1: Die Bestimmung des Menschen“, Leipzig 1802) kam nicht zustande, obwohl Schleiermacher daran noch im Februar 1805 arbeitete (vgl. Brief 1914, 99–101). Die geplante Rezension von Johann Jakob Wagners „Philosophie der Erziehungskunst“ (Leipzig 1803), die Schleiermacher zusammen mit der der anderen pädagogischen Schriften in Brief 1587, Zeile 22 (KGA V/7) aufgetragen worden war, hatte zwischenzeitlich Friedrich Heinrich Christian Schwarz ausgeführt (JALZ 1804, Nr. 297, Sp. 497–503).* **11–15** *In der JALZ 1805, Nr. 103 (1.5.), Sp. 209–217, und Nr. 137 (10.6.), Sp. 481–489, würdigte Steffens Schellings Naturphilosophie vor dem Hintergrund der Mathematik, Physik und Philosophie seit Pascal, Francis Bacon und Descartes; die Rezension hat keine bestimmte Schrift Schellings zum Gegenstand. Die angekündigte weitere Fortsetzung erschien nicht mehr.* **15–17** *Johann Jacob Wagner: Von der Natur der Dinge in drey Büchern, Leipzig 1803; Rezension von Johann Adam Schmidt: JALZ 1804, Nr. 294–296 (8.–11.12.), Sp. 473–496. Schmidt sieht in Wagners Werk den insgesamt mißglückten Versuch einer Naturphilosophie auf Schellingscher Grundlage.*

mir besonders die Rec*ension* von Wagners Natur der Dinge viel Freude gemacht, wie ich denn überhaupt die Fortschritte und den immer mehr sich entfaltenden Charakter unsers Instituts mit großer Zuneigung verfolge. Vor einiger Zeit erfuhr ich daß H*err* Süvern eine Anzeige des Plato habe machen wollen aber durch Zeitmangel daran verhindert worden. Ich glaubte daher, er hätte den Auftrag dazu von Ihnen, scheine mich aber geirrt zu haben.

Werden Sie die ungebeten sich einstellende Anzeige von Spaldings Lebensbeschr*eibung* wenn Sie nicht schon Jemand beauftragt haben gütig aufnehmen? ich glaubte unserm Freunde in Berlin dadurch ein Vergnügen zu machen.

Wegen der Kritik der Religionssysteme (wie ich jezt erst sehe von Jenisch) habe ich von Anfang an um Zusendung gebeten, die noch nicht erfolgt ist.

Es thut mir leid daß ein dringendes Geschäft das mich nach Berlin ruft mich des Vergnügens beraubt jezt einige Tage in Jena zuzubringen. | Sie verzeihen auch die eilfertige Verwirrung dem Zustande eines Menschen der sich eben auf den Wagen sezen will.

d 23t Dec 4.

Schleiermacher

1886. Von H. von Willich. Stralsund, Mittwoch, 26. 12. 1804

Klein Jasmund 26 Decemb. zweiter Weinachtstag

Lieber guter Vater, wie geht es Ihnen? ich hoffe wohl – wir haben trübe Tage gehabt u*nd* ich habe Ihnen manches zu sagen das Ihnen vielleicht ganz unerwartet ist. Ehrenfried glaube ich schrieb an Sie an dem Morgen

---

1886. *Überlieferung: H: BBAW, SN 423, Bl. 8 f.; D1: Br 2, S. 12 f. (Auszug); D2: Schleiermacher: Briefwechsel mit seiner Braut, S. 26 f. (gekürzt)* 3 das] daß

23–26 *Schleiermachers Rezension von Johann Joachim Spaldings Lebensbeschreibung, herausgegeben von seinem Sohn Georg Ludwig Spalding (Halle 1804) erschien in der JALZ 1805, Nr. 18, Sp. 137–144 (KGA I/5, S. 27–38). Ob die Anzeige dem Brief beilag, ist ungewiß. – Der Freund ist G. L. Spalding.* **27–29** *Schleiermachers Rezension von Daniel Jenischs Schrift „Kritik des dogmatischen, idealistischen und hyperidealistischen Religions- und Moral-Systems" (Leipzig 1804) erschien in der JALZ 1806, Nr. 101, Sp. 193–200 (KGA I/5, S. 101–117).* **30–33** *Am 23. Dezember befand sich Schleiermacher in Berlin. Es ist anzunehmen, daß der Brief noch kurz vor der Abreise in Halle am 17. oder 18. Dezember geschrieben und erst in Berlin datiert und zur Post gegeben wurde.*

1886. **1** *Klein-Jasmund steht bei Henriette von Willich für ihren Wohnort Stralsund.* **4** *Brief *1873*

wie wir eilig nach Sagard reiseten weil wir die Nachricht erhalten hatten daß Ehrenfrieds Mutter gefährlich krank sei. In Bergen in des Leibmedicus Hause erfuhren wir schon daß unsere gute alte Mutter nicht mehr lebe – wir eileten nach Sagard u*nd* wie wir es da fanden können Sie sich vorstellen. Von Allen war Louise am meisten erschüttert, der Verlust hat sie auch am nächsten getroffen, er reißt sie ganz aus ihrer bisherigen Thätigkeit und das Gefühl daß ihr Leben jezt leer sei drückte sie lange unbeschreiblich, jezt soll es besser sein da sie in ihres Bruders Hause auch Geschäffte gefunden u*nd* sie mit frischem Leben ergriffen hat. Recht schön ist es daß die Mutter während ihrer lezten Kranckheit immer so sanft u*nd* gut u*nd* liebevoll gegen ihre Kinder gewesen ist u*nd* so danckbar gegen Louise für ihre treue Pflege daß sie nicht in solchem Zustande von uns gerissen ist | wenn ihre natürliche Güte so durch Kranckheit verdunkelt war u*nd* heftige Angst sie in so gewaltsamen Zustand versezte. So ruhig u*nd* still ist sie gestorben am 6ten December, von ihren Töchtern u*nd* Tante Baier umgeben. Den zweiten Tag darauf kamen wir in Sagard [*an*] u*nd* blieben 8 Tage, wir logirten auf der kleinen Stube oben, wo Sie oft am Parmenides gearbeitet haben. Die Bobbiner waren fast alle Tage da u*nd* Tante Baier fortwährend so lange wir da waren, sie hatte auch alle Besorgungen bei der Leiche u*nd* am Begräbnißtage übernommen. Wir wollten Louise so gerne mit uns haben nach Stralsund, sie konnte sich aber noch nicht von Sagard u*nd* von ihrer Schwester Mariane trennen, die auch des Trostes so sehr bedarf u*nd* nicht so heftig als Louise aber recht tief erschüttert ist: sie wollen bald beide zu uns kommen sobald die Kinder, die den Keichhusten haben, wieder besser sind.

Lieber Schleier Sie werden sich nun recht vorstellen können wie es in Sagard zustand – jezt ist es viel besser, aber recht trübe Tage waren es die wir da zubrachten, und dabei die dunkeln trüben Wintertage – Ich glaube gewiß daß Louise sich ein mahl auf immer an uns anschließt, und ihre Wohnung von Groß-Jasmund | nach Klein-Jasmund versezt, wie wir sie mit Freude und Liebe aufnehmen werden, das wissen Sie, u*nd* ich hoffe es auch gewiß daß Louisen wohl bei uns sein wird. Ich möchte sie so gerne schon recht bald bei uns sehen und da ist ein Hinderniß was gewiß für Louise nicht leicht ist zu bekämpfen, es ist, daß wir kein Zimmer übrig

11 daß] das 20 kamen] *über* ⟨waren⟩ 21 Sie] *korr. aus* sie 33 Louise] *folgt* ⟨daß⟩ 34 Jasmund] *korr. aus* G Klein] Kein 36 sein] *folgt* ⟨würde⟩ 38 daß] das

7 Dr. Moritz von Willich *9 Luise von Willich* *12 Heinrich Christoph von Willich in Sagard* *19 Marianne Dreist, geb. von Willich, und Luise von Willich* *22 In Bobbin wohnte die Familie Beier (Baier).* *29 „Keichhusten“ ist die damals geläufige Schreibweise; vgl. Adelung: Wörterbuch s.v.*

haben und keins mehr zu bekommen können für Louise, und sie also in unserm Wohnzimmer schlafen u*nd* immer mit uns ein müßte, u*nd* sie hat es mir öfter gesagt daß sie es nicht entbehren könne, ein eignes kleines Zimmer wo sie nach ihrem Gefallen allein sein könne – mir geht das recht im Kopfe herum. – Wir waren kaum wieder in Stralsund angekommen u*nd* verlangten recht mit unsern Lieben auch wieder einen frohen Tag zu verleben, in Götemitz wurden wir eingeladen zum heilgen Abend u*nd* der Kinder Fest mit zu feiern u*nd* recht froh zu sein, es waren schon lange allerlei Vorbereitungen dazu gemacht u*nd* Mina Baier hatte Alles hübsch einrichten helfen, das war mir eine frohe Aussicht – aber wie fanden wir es in Götemitz als wir mit freudigen Erwartungen ankamen – Unsere theure Lotte in Thränen zerfliessend an der Wiege ihres kranken Kindes, unser kleiner Pathe lag heftig krank am Brustfieber, es war sehr ein sehr trüber, trüber Tag – | der Arzt giebt Hoffnung aber unsichere zur Genesung des Kindes, ach lieber Schleier wenn das Kind stürbe, auf wie lange würde das unsere Kahten wieder traurig machen. Ich habe wohl noch Hoffnung aber sie kann mich doch nicht ruhig machen. Sobald etwas entscheidendes geschieht sollen Sie es wissen, theurer Vater, das verspreche ich Ihnen. Schon lange arbeite ich an einem kleinen Geschenk für Sie u*nd* hatte mir die Freude ausgerechnet daß es um Weinachten bei Ihnen eintreffen sollte, nun sind so manche Stöhrungen gekommen, u*nd* ich bin nicht fertig geworden da wollte ich es Ihnen doch sagen. Wenn ich wieder schreibe denke ich wirds fertig sein – ach es macht mir viele Freude für Sie zu arbeiten. – Wie lieb war mir Ihr Brief mein Vater, wie erkenne wie fühle ich Ihre Liebe, wäre mir nur nicht oft so als könnte ich schon viel weiter sein bei all dem Schönen das mir geworden ist, als glaubten Sie auch daß ich schneller wachse im Guten wie es ist – Wie oft wünsche ich es so sehnlichst daß Sie einmahl bei uns wären, so still mit uns lebten, daß Sie mein großes, unverdientes Glück sähen, ach lieber Schleier, wie groß ist es, wie könnte ichs je verdienen, – danken u*nd* Gott lieben von ganzer Seele u*nd* ganzem Gemüth das will ich.

Henriette

---

43 Stralsund] Stralsu *folgt* ⟨gere⟩ 45 zum] *über* ⟨den⟩ Abend] *folgt* ⟨da zu sein⟩ 50 kranken] krankes 58 Weinachten] *folgt* ⟨⟨aus⟩⟩

---

45 *In Götemitz wohnte Charlotte von Kathen.* 47 *Wohl Dorothea Wilhelmina Charlotte Baier (geb. 1785), eine Tochter der „Tante" Margarethe Amalia Baier.* 50 *Charlotte von Kathen* 50–54 *Gottlieb von Kathen (geb. 22.5.1804)* 62 *Brief 1884* 68 f *Matthäus 22, 37*

1887. Von J. C. Gaß. Stettin, Donnerstag, 27. 12. 1804

Stettin, den 27ten Dezbr. 4.

Wie gerne, bester Schl*eiermacher* erfüllten wir Ihren Wunsch, uns in Berlin zu sehen! Warlich Sie haben mir durch Ihre Aufforderung dazu das Herz recht groß gemacht; aber die lieben Festarbeiten u*nd* andre nicht ganz angenehme Dinge laßen gar keinen Gedanken zu einer solchen Reise in mir aufkommen. Darum will ich Ihnen schreiben, um nicht blos im Geiste, sondern auch mit einem Worte bei Ihnen zu sein. Die eigentliche Beantwortung Ihres lieben Briefes, vorzüglich seines theolog*ischen* Inhalts, sollen Sie im Neuen Jahr in Halle erhalten. Jezt noch etwas von dem, was geschehen ist, aber auch zum lezten mahl davon.

Sie haben sehr recht, mein redlicher theurer Freund, ich kann sehr zufrieden sein, daß mir der Kelch vorübergegangen ist u*nd* ich bin es auch. Nie würde ich mir in einem solchen Posten selbst genügt haben u*nd* ich bin | sehr dankbar gegen mein Schiksal, daß es mir ein so peinigendes Gefühl erspart hat. Zweierlei aber geht mir bei dieser Sache nahe. Ein mahl um der großen Angelegenheit willen, daß die Berliner Stellen doch nicht in beßre Hände gekommen sind. Rib*beck* hat nach dem, was ich von ihm gelesen, gar keine eigne Ansicht, u*nd* Hanst*ein* wenigstens eine sehr schiefe. Beiden mangelt auch, so viel ich weiß, eine gründliche theologische Gelehrsamkeit, die doch auch wohl ihren Kenner u*nd* Beförderer im Ob*er*Consistorio haben sollte. Von dieser Seite hat man recht, wenn man einen Mann von litterarischem Ruf fordert. – Dann war es mir ein über alles erfreulicher Gedanke, ein mahl mit Ihnen an einem Orte zu leben, einerlei Zwek zu betreiben, gemeinschaft*lich* zu arbeiten, an ein ander Freude zu haben, einen gemeinschaft*lichen* Familienkreis zu bilden, vielleicht zusammen alt zu werden u*nd* uns des Guten zu freuen, das durch uns gefördert ward. Von diesem Gedanken habe ich mich schwer getrennt, viel leichter | von dem an Ehre u*nd* Würde, den ich auch eigentlich gar nicht gehabt habe. Sollte daher noch einmahl eine Stelle am Dom erledigt werden, so versuche ich es vielleicht, ob Beyme nicht zu bewegen ist, mir dazu zu helfen, wobei ich auch Aßeßor beim Ob*er*Consistorio sein könnte. So etwas würde mir lieber sein, als alles übrige, auch weiß

1887. Überlieferung: H: BBAW, SN 287, Bl. 6 f. 5 angenehme] *korr. aus* an[ ] 23 zu] *mit Einfügungszeichen über der Zeile*

1887. Mit einem Brief von Hanstein an Gaß (Zeile 40–43) 2–4 *Vgl. Brief 1881, 67 f.* 8 *Brief 1881* 12 *Anspielung auf Matthäus 26, 39*

ich jezt warlich nicht, wo man eigentlich mit mir hin will. Was meinen Sie dazu?

Hanst*eins* Beförderung ist mit großer Hitze u*nd* in der Zeit betrieben, als Maßow hier war, der von allem kein Wort gewust hat. So viel ich davon einsehe, ist er eigent*lich* für die andre Stelle bestimt gewesen, denn man hat vermuthet, Rib*beck* würde sie ausschlagen, auch ist dieser eigent*lich* gar nicht gewünscht worden. Dieß schien auch Maßow zu glauben. – Hanst*ein* hat mir bei dieser Gelegenheit einen Brief geschrieben, der zu merkwürdig ist, als daß ich Ihnen denselben nicht mittheilen sollte. Hier ist er; geben | Sie ihn nur an Reimer, der ihn mir zurükbesorgen wird. Ich hatte H*anstein* im Herbst die 2te Aufl*age* der Predigten geschikt u*nd* ihm dabei auf sein Verlangen einige oberflächliche Nachricht von mir u*nd* meinen Verhältnißen gegeben. Darauf ist dieß die Antwort u*nd* – welche Antwort! Es thut mir leid, daß er dabei in meiner Achtung nicht gewinnen kann. Doch aber werde ich ihm sehr höflich antworten.

Und nun genug von der ganzen Geschichte –. Miencheu schreibt Ihnen auch. Leben Sie recht vergnügt mit Ihren Berl*iner* Freunden. Empfelen Sie uns Mad*ame* Herz u*nd* mögte ich auch hinzusezen können Ihrer Eleon*ore*. Betreiben Sie doch auch diese Angelegenheit, mit dem Akadem*ischen* Wesen wird sich's wohl fügen. Noch ein mahl leben Sie wohl u*nd* denken Sie unsrer. Wir lieben Sie von ganzem Herzen.

Gaß.

1888. Von H. K. A. Eichstädt. Jena, Freitag, 28. 12. 1804

Jena 28 Dec.

Ich komme so eben von Weimar zurück, mein theuerster Herr Professor, u*nd* finde Ihren mir sehr angenehmen Brief vor. Um die Post nicht zu versäumen, statte ich Ihnen nur eilig den besten Dank für die gesandten Beyträge ab. Das pädagogische Fach des Neuen Jahrgangs soll mit dieser

---

1888. *Überlieferung: H: BBAW, SN 279, Bl. 5 f; D: Patsch: Schleiermachers Briefwechsel mit Eichstädt, S. 275 f.*

---

43 *J. C. Gaß: Beiträge zur Verbreitung eines religiösen Sinnes, in einigen Predigten, Stettin ²1804* **49 f** *Ob der angekündigte Brief von Wilhelmine Gaß tatsächlich geschrieben wurde und dem Brief beilag, ist ungewiß.* **52 f** *mit dem akademischen Gottesdienst in Halle*

1888. **3** *Brief 1885* **4 f** *Es ist ungewiß, ob die Beiträge (die Zöllner-Rezension und die Rezension von J. J. Spaldings Lebensbeschreibung) mit dem erwähnten Brief übersandt worden waren.* **5 f** *Schleiermachers Rezension von Johann Friedrich Zöllners „Ideen über National-Erziehung" erschien in der JALZ 1805, Nr. 13–15, Sp. 97–114 (KGA I/5, S. 1–25).*

Recension beginnen. Bey der höchst zweckmäßigen Behandlung, die Sie gewählt, ist zu wünschen, daß die übrigen Recensionen bald nach|folgen. Nehmen Sie dabey auf Wagner so viel Rücksicht, als Ihnen nur immer zu frommen scheint, u*nd* betrachten Sie die schon vorhandene Recension als eine solche, die für Sie gar nicht geschrieben worden.

Süvern ist bey unserm Institut nicht engagirt, vielleicht bey dem Hallischen. Ich kenne ihn als Humanisten zu wenig. Bey Schütz aber ist er ehemals Hauslehrer gewesen.

Wissen Sie sonst keinen Platoniker vorzuschlagen, da Heindorf nicht zu bewegen ist? |

Die Recension von Spaldings Leben lasse ich mit Vergnügen abdrucken. Unser Berliner Freund zeigt aber mir allzu deutlich, daß der Prussianismus ihn weiter, als billig ist, von unserm Institut entferne. Auch Voß ist mit dieser Gesinnung nicht wohl zufrieden.

Die Kritik der Relig*ions* Systeme ist, wie ich höre, noch nicht bey der Expedition eingegangen.

χαιρειν.

Eichstädt

**1889. Von L. von Willich. Ende Dezember 1804*

Empfindungen beim Tode ihrer Mutter; denkt an Schleiermachers Worte

**1890. An Friedrich Carl Gottlieb Duisburg. Wohl 1804/05*

Über den Prediger Beck

---

12 als Humanisten] *mit Einfügungszeichen über der Zeile*

8–10 *Vgl. Brief 1885, 1–9* **12** *Gemeint ist die Allgemeine Literatur-Zeitung, deren Herausgeber Schütz war.* **16 f** *Vgl. Brief 1885, 23–26* **17–19** *Der Berliner Freund ist G. L. Spalding.* **20 f** *Vgl. Brief 1885, 27–29*

**1889. Vgl. Brief 1899, 24–26*

**1890. Vgl. Duisburgs Brief vom 16. 6. 1806 (KGA V/9)*

die Bemerkung von Spaldings Leben lasse
ich mit Vergnügen abdrucken. Unser
theuerer Freund zeigt aber mir allzu
deutlich, daß der Professionismus ihn
weiter, als billig ist, von unsern
Gesichtes entfernt. Auch bin ich
mit dieser Gesinnung nicht recht
zufrieden.

Die Kritik der Religionsphilosophie ist,
wie ich höre, noch nicht bey der Expedition
eingegangen.

Adieu.

Eichstädt

1891. Von Ch. Schleiermacher. Gnadenfrei, Ende 1804

Noch bin ich nicht dazu gekommen diese Epistel zu beendigen, in der ich noch so manches vom Herbst nachzuholen habe – ein anhaltender Husten, ein schreklicher Schnupfen bei deßen Erscheinung ich anfänglich sehr froh war weil ich Erleichterung im Kopfe davon erwartete aber das Gegentheil schreklich verspühre – machten mir die Zeit für das Schreiben unmöglich – auch jezt noch wird es schreklich ausfallen, überhaupt ist es mir auf alle Weise ein Rätsel, ob, u*nd* wie Du meine Briefe lesen kanst weil ich so selten irgend auf etwas Antwort oder doch das kleinste Wörtchen drüber lese – doch ich will Dir keine Vorwürfe machen Du hast ohnedies bei manchem angenehmen Gefühl u*nd* Leben in der Rükerinnerung doch auch bitteres u*nd* stechendes also lieber zu meinen Erzählungen – Im Septembre hatte ich 2 angenehme Ausfahrten, eine, als Begleiterin einiger unsrer Fr*äuleins* – zu einem LandPrediger in der Nähe – er war vorher Hofmeister bei einer ihrem Bruder gewesen – so wenig ich die Leutchens kante, denn ich hatte sie vorher, nie gesehen – so wohl war mir bei, ihnen, Beide behagten mir in ihrem Wesen mit den, Kindern, (Eigne haben sie nicht) – u*nd* auch in ihrer eigenthümlichen Bildung – das Wetter war vorzüglich schön – die Ansicht der Gebirge unterwegens erneuerte mir meinen Auffenthalt in Schmiedeberg recht lebhaft – u*nd* das Zurükfahren im Mondschein war mir ein seltner u*nd* ganz eigner Genuß. |

Die andre Spazierfahrt veranlaßte ein Wiedersehn mit M*ademoise*ll*e* Van der Velde aus Lievsland, die mit ihrem Bruder der erst nach meiner Zeit gebohren – u*nd* seiner Braut dies Stadt Directors Schleier aus Frankenstein – mich besuchte – es war ein eignes Ueberraschen – der junge Mann 25 Jahr, alt, wurde mir, als Mensch der sich eigen gebildet – als Bräutigam u*nd* Dichter welches mir s*eine* Schwester erklärte äußerst interreßant – auch die jezige junge Frau 19 Jahr alt – wir waren hier im G*emein*logis gleich wie einander gehörig – ohne daß wir dabei viel Worte wechselten – des andern Tages wurden sie getraut – u*nd* den folgenden – fuhr ich auf Ihre Bitte zu Ihnen fand freilich einige Unbekante, doch gute, unbedeutende – uns nicht stöhrende Menschen wir machten einen Spaziergang – die beiden Lotten giengen zusammen – u*nd* das junge Paar auch – sehr innig waren Sie. Er ist Stadt u*nd* JustizDirector in Winzig –

1891. *Überlieferung: H: BBAW, SN 375/24, Bl. 24 (Fragment)* **24** dies] *Kj* dies die Tochter des

1891. **19** *In Schmiedeberg war der Bruder Karl Schleiermacher ansässig.*

möchte es ihnen doch recht gut gehen! Von der treflichen Aulock weiß ich wieder gar nichts – Ellert hat sich sehr gebeßert seit ich Dir jenes meldete – bei einem sonderbarern Auftritt als alle vorige – sagte ich ihr ei*n*mahl recht herzlich mit aller Sanftmuth die Warheit – die recht gute Wirkung gethan hat wir hatten seitdem manch trauliches Stündgen – Ob ich in diesem Jahre noch schreiben werde daß der Brief noch 1804 abgeht kann ich jezt nicht bestimen

Lotte.

1892. Von L. von Willich. Sagard, Dienstag, 1. 1. 1805

Am NeujahrsMorgen – nein ich will keine Trähnen vergießen, über die Trähnen die noch kommen können – die Sonne scheint so heiter – die Luft ist so rein, u*nd* kräftig – ach lieber Schleier könnt ich nur erst wieder Freude drann haben – ich sehne mich nach frischem Lebensmuth – er wird mir doch wieder kommen? Ob Sie es wohl schon wißen, daß meine Mutter todt ist –? sonst sagte ich oft: meine Mutter erwacht – Mutter ist aufgestanden – ich muß schließen – sie erwacht nun nicht mehr – sie steht nicht auf – ach lieber Schleier – ich brachte ihr immer so gerne den Caffee ich pflegte sie so gerne – o könte ich auf alles mit solcher Ruhe blicken mit so reiner wehmüthiger Sehnsucht –! nun ist dies alles vorbei – könnte ich doch eine Stunde bei Ihnen sein! Ehrenfried und Jettchen waren hier, gleich wie meine Mutter todt war – aber es ist mir diese Zeit fast nur wie ein Traum – wie ein recht ängstlicher Traum – Wie gut sind meine Brüder meine Schwestern – ich bin ja gar nicht unglüklich, nicht verlaßen – ach ich von meiner Mutter – immer höre ichs noch wenn sie so oft sagte, „Du gehst doch nicht von mir?“ „Du läst mich doch nicht allein?“ ich habe sie nie allein gelaßen, u*nd* es | hat mich recht geängstiget, wie ich es nun muste – sie steht nun neben dem Grabe meines Vaters den sie so zärtlich liebte –! meine Brüder sagten es sei so still und ruhig dort, sie begleiteten sie dahin.

---

37 sonderbarern] *korr. aus* sonderbaren

1892. *Überlieferung: H: BBAW, SN 427, Bl. 7* **14 f** ach ich] *Kj* auch nicht **16** „Du] Du **20** dahin.] dahin,

---

36 f *Vgl. Brief 1816, 23–26 (KGA V/7)*

1892. *Mit Gedichten von J. Erichsohn (Zeile 32–35)*

Ich bin seit meine Mutter todt ist, bei meinem Bruder, er tröstet mich mit solcher Liebe! er ist so gut – Ehrenfried u*nd* Jettchen wollten mich gleich auf einige Zeit wenigstens mit sich nehmen. Ich konnte mich nicht von Sagard trennen – es hält mich hier immer so fest –!

Es ist mir recht lieb daß ich nur an Sie geschrieben habe – die erste Zeit half es mir nicht ein mal wenn ich an Sie dachte, ich glaube es hätte mir nicht ein mal geholfen wenn Sie auch hier gewesen wären. Bald kommt nun Ehrenfried u*nd* Jettchen – vieleicht auch meine Pistorius. Theodor Schwarz hab ich vorgestern gesprochen, Morgen will er wieder auf ein paar Tage kommen, Heute sind die Bobbiner, u*nd* noch mehr Menschen hier!

Beikommende Blätter hat mir Ehrichson gegeben, er bittet Sie, das erste der Gedichte als einen Gruß an Sie von ihm an zu sehen, das ganze wenn es sein kann Schlegel zu senden, und ihn zu bitten, es im Attänäum auf zu nehmen. Nun schreiben Sie doch wohl mal an E*richson* und besorgen ihm diese Blätter nach seinem Wunsch. Thun Sie es doch, lieber Schleier. Sind Sie Ihrem Glück näher gekommen? wie ist es mit Ihrer Schwester? ich habe sie lieb!

Ihre Luise

Den 5t*en* reisten die Meinigen ab. D*en* 10t*en* komt Ehrenfried u*nd* Jettchen

1893. Von Ch. Schleiermacher. Gnadenfrei, Dienstag, 1. 1. bis Mittwoch, 6. 2. 1805

Schon haben wir eine Stunde und noch länger im Jahr 1805 verlebt. Zuerst habe ich unsre gute Schwägern gegrüst jezt eile ich noch zu Dir mein Lieber – ob auch Du noch wachen magst wahrscheinlich – es ist mir ein ganz eignes behagliches Gefühl mich jezt mit meinen Lieben zu unterhalten, noch süßer würde mirs sein – wen*n* ich noch vor dem Eintritt

29 will] *über* ⟨komt⟩ 40 f Den ... Jettchen] *am linken Rand von Bl. 7*[r]

1893. Überlieferung: H: BBAW, SN 375/21, Bl. 9 f; SN 375/25, Bl. 3

21 *Heinrich Christoph von Willich* 25 *Brief *1889* 28 f *Schwarz war Pfarrer in Wiek auf Rügen.* 30 *Familie Baier aus Bobbin* 37 *Das Glück meint die Verbindung mit Eleonore Grunow.* 37 f *Wohl Charlotte Schleiermacher*

1893. 2 *Friederike Schleiermacher, geb. Müller*

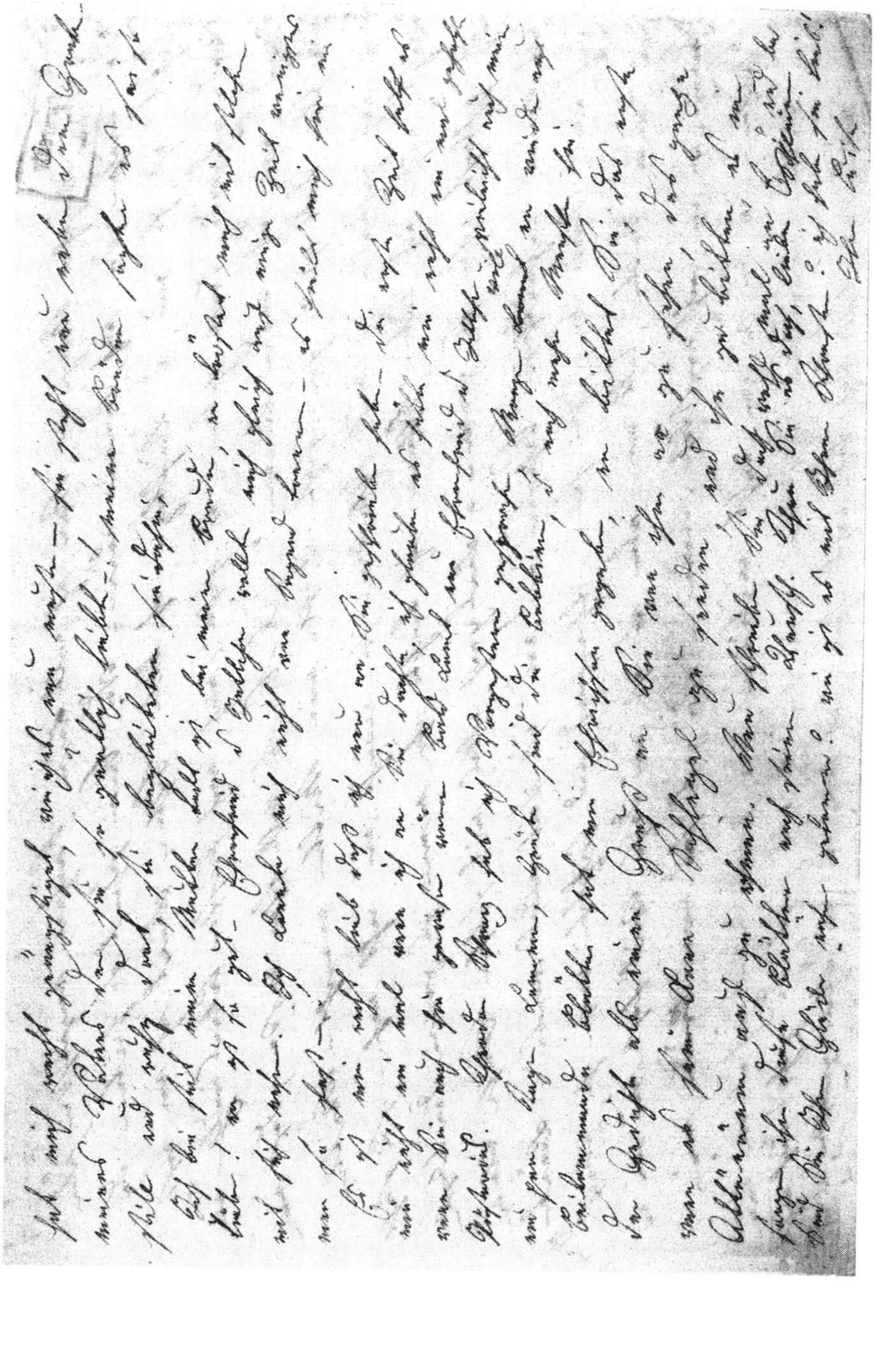

in dieses Jahr Briefe von Dir erhalten hätte – aber werde ich Dich vielleicht auch Andre mit Offenheit beleidigt haben? doch Du bist ja sonst nicht so – auch zieht Deine sehr ofne Mittheilung dergl*eichen* ganz natürlich nach sich – Du lieber Mensch! möchte dieses Jahr doch heiterer freundlicher für Dich sein – solte auch die Warheit vielleicht mit finstrem Ernst voran gehen – der Glanz ihres Feuers blendet nicht aber, erwärmt, u*nd* verzehrt die kleinen Irlichter – schlafe wohl recht wohl! – – Eine ganz ausgezeichnet schöne Predigt hatten wir heute vom Schneider durch welche Du gewiß Dich ganz mit Ihm ausgesöhnt hättest – für Alle, für viele, für jeden einzelnen – auch für seltne Menschen war sie – das will viel sagen! ich dachte an Alle meine Lieben – auch an Jetten von welcher ich gar sehnsuchtsvoll Briefe erwarte. |

de*n* 17 Jan*uar* 1805

Gestern endigte sich wieder für eine ganze Zeit mein sehr angenehmes Leben mit Seidlizes welches fast 3 Wochen gewährt hat dieses mahl war die Mutter nicht hier welche bekantlich in Ellgut bei Gn*aden*feld bei der Pritwiz ist die uns Allen durch ihre glükliche Entbindung mit einer Tochter viel Freude gemacht hat – ohngeachtet es mir recht wohl bei den lieben Menschen war – u*nd* ich manche höchst interressante Stunde in ihrem glüklichen Creise verlebt, im Gefühl ihrer Freuden auch Leiden u*nd* seltnen Spanungen die zuweilen die rechte Würze sind – unterbrach mich doch öfters ein sorgsamer Gedanke wegen Deinem Schweigen – Gestern endlich erhielt ich einige Zeilen von Jetten woraus ich ersehen daß Du in Berlin warst und Charles dort erwarten woltest – hoffentlich wird er die Herz besuchen – in dieser Hinsicht schrieb ich ihr zu Anfang des Jahres u*nd* legte ein Zettelchen an ihn ein – – die Gute hat viel mit ihrer Schwester gelitten, u*nd* leidet noch – auch selbst cörperlich! – –! Es ist ein großes Glück, daß, wir, die wir die mannichfachen kleinen Leiden so stechend fühlen auch eben so die Freuden mit allen ihren anspruchslosen nuançen – die Vielen unbemerkt vorbeistreichen auffaßen u*nd* zu fühlen zu bringen verstehen u*nd* in der Rükerinerung so herrlich noch genießen – was wäre es sonst! Die nächsten 3 Posttage warte ich noch, dan, sollen diese Zeilen Dich an Lotten erinnern – ach es ist mir traurig dieses Schweigen! |

---

19 endigte] *korr. aus* war 27 Schweigen] *korr. aus* Schweigens

---

16 *Henriette Herz* 20–23 *Wohl die Familie des Friedrich Julius von Seidlitz; seine Mutter Sophie Juliane Magdalene von Seidlitz war bei ihrer Tochter Lisette von Prittwitz, geb. von Seidlitz.* 29 *Karl Schleiermacher* 32 *Brenna de Lemos*

d*en* 30t*en* Jan*uar*

Hätten meine ziemlichen Schmerzen im Kopfe mir es eher erlaubt ich würde mich in diesen Tagen schon mit Dir unterhalten haben wen*n* auch dis Blatt erst künftigen Montag versiegelt werden soll – bis dahin hoffe ich noch auf Briefe – vor einigen Jahren fürchtetest Du jede mögliche Spanung mit Lotten – ich weiß noch jezt von keiner – aber Dein längeres Schweigen konte mich fast dergl*eichen* ahnden laßen – u*nd* wahrlich da Du bisher ohne mein Treiben imer das nehmliche Zutrauen und Offenheit behauptetest u*nd* ich a l l e s mit Dir empfunden u*nd* getragen habe, würde Zurükhaltung mich eben so kränken – als es mich verwundet wen*n* einiger vorübergehender Genuß oder ScheinGlück dem Du nachjagest es sei nun unter welcher Einkleidung – Dein beßres Selbst, trüben, wohl auch Deine Gesundheit mindern u*nd* schwächen wie es vor 2 Jahren der Fall war – ach lieber Friz, (warum nent Jette Dich Ernst?) wen*n* Du mein Herz oder alles was mein geistisches ich begreift ausgebreitet vor Dir sähest – Du würdest eilen – mich aus diesem ungewißen Zustand zu reißen.

d*en* 5t*en* Febr*uar* Schon wieder in einer neuen Woche und noch immer nichts von Dir. Doch ich will nicht mehr davon sprechen sondern Dich von dem unterhalten was Du schon lange durch mich wißen köntest – aber wie soll ichs Dir darstellen damit Dich es ergreift wie es gewiß geschähe wen*n* Du mitten unter diesen Menschen lebtest wie ich – 3 verschiedne Familien sind es die seit dem Anfang des Winters, u*nd* jezt noch – gewiß den größten Theil nicht nur derer sie Besuchenden, sondern | des denkenden u*nd* fühlenden Menschen beschäftigen – Die Verheiratung der Dorchen v*on* Seidliz mit Joseph v*on* Tzeschky die keinesweges nur conventionel geschloßen – Nein! und am 28t*en* Jan*uar* volzogen wurde – 2, die guten Tzirch*ky* welche, ihrer Reiselustigkeit ohngeachtet woran es auch im Winter nicht fehlt – sich ganz ruhig in ihrer Wohnung hier in G*na*d*en*f*rei* aufhalten, natürlich an allen diesen Festen keinen Theil haben – doch auch in der Trauung waren – Friz aber natürlich noch in Sachsen, u*nd* wohl nicht hier erscheinen wird – bis daß Zetschwitzes abgereiset sind – 3 Pito in einer kläglichen mehrentheils an

---

44 fürchtetest] fürchtestest 48 behauptetest] behauptestet 56 d*en* … Febr*uar*] *am linken Rand* 59 Dich] *korr. aus* Dir 64 Tzeschky] *korr. aus* Z 65 conventionel] *korr. aus* convenio 69 doch] *über der Zeile* 70 daß] *korr. aus* das

---

64 *Joseph von Zetschwitz; 1803 war eine Liebesheirat zwischen Dorothee Friederike von Seidlitz und Friedrich Julius von Tschirschky daran gescheitert, daß die Losentscheidung ungünstig ausfiel; vgl. Brief 1527, 58–69 (KGA V/6; die dortige Sachanmerkung ist dahin zu korrigieren, daß mit „Dorchen" Dorothee von Seidlitz gemeint ist).* 66–70 *Julius Friedrich von Tschirschky und seine Frau Henriette Charlotte Elisabeth sowie ihr Sohn Friedrich Julius.* 71 *Pito ist K. H. von Peistel.*

Cörper u*nd* Geist äußerst schwachen – doch oftmals ins entgegengesezte übergehenden Laage in welcher er jezt freilich die Verachtung für seine Frau ganz laut bezeugt – wodurch er denen die ihn ohnedies von jeher verkanten, sich nun völlig Preis giebt – ich sahe ihn nicht seit ich Dir von ihm schrieb – natürlich daß er fast gar nicht das Zimmer verläßt – u*nd* auch allen denen Gastereyen nicht beiwohnt – die jezt außerordentlich groß – aber auch schon nach der Verlobung waren – weil der Bräutigam noch hier blieb – die Zeit s*einer* Abwesenheit bis zu seiner WiederErscheinung am 15 Jan*uar* hat auf der Post nicht allein der starken correspondenz – als der vielen paquets bestehend aus Büchern u*nd* Kupferstichen u*nd* dergl*eichen* – eine große epoche gemacht – daß Dorchen auf die Art eben, auch, so als wen*n* sie Friz o h n e L o o s[1] | geheiratet hätte – sich außer der Gemeinde mit ihm aufhalten muß erhellt schon daraus weil Zeschwiz beim Churfürst angestelt ist u*nd* viel in Dresden – vielleicht nur zu besondern Festzeiten in Herrnhut sein kann – sie kaufen sich in der dortigen [*Gegend*] ein artiges Gütchen um das Stadtleben für beständig zu vermeiden – kenst Du diesen Joseph? Er kennt die Herz u*nd* hat bei ihrem Besuch in Dresden mit ihr eine Fahrt auf der Elbe gemacht – aber erst nachher ihren Nahmen erfahren – Er scheint viel Kentniße zu haben – viel angenehmes im Umgang – u*nd* wie ich wünsche u*nd* hoffe die Wärme des Herzens u*nd* Innigkeit die sein äußeres Benehmen auch in Bewegungen verrathen soll – ich sprach ihn erst einmahl er kam bald auf Jean Paul deßen Schriften er mit extase rühmt – vorzüglich das Campaner Thal – er meint es befände sich im 4t*en* Theil des Titan, den ich immer noch nicht gelesen habe – auch die FlegelJahre von denen ich noch nichts gehört sind ihm viel werth – seine SchwiegerMutter ist von der 1t*en* Stunde ihrer jezigen Annäherung[2] – so lebhaft von ihm eingenommen – so ganz mit Joseph zusammenfließend daß man sie gewißermaßen verjüngt findet – denn – die ihr eigenthümliche Lebhaftigkeit schien sich mit dem Hinscheiden des alten Barons ganz verlohren zu haben – so viel für jezt, komt Morgen auch nichts – dann geht diese Epistel ab –

---

73 übergehenden] übergehende

---

75 f *Vgl. Brief 1806, 39–51 (KGA V/7)* **85** *Friedrich August III. von Sachsen, seit 1806 König Friedrich August I.* **93–97** *Jean Paul (Friedrich Richter): Das Kampaner Thal oder über die Unsterblichkeit der Seele, Erfurt 1797; der „Titan" erschien in Berlin 1800–1803 in vier Bänden, die „Flegeljahre" erschienen 1804/05 in Tübingen.* **101** *Karl Christian Siegmund von Seidlitz, der Ortsherr von Gnadenfrei, war 1803 gestorben.*

d*en* 6t*en* Febr*uar*

Abermals nichts von Dir – ich eile daher zum Schluß mit der nochmals recht angelegentlichen Bitte mir nach Empfang dieses recht bald zu schreiben – Charles ist auch wen*n* Weg und Wetter nicht gehindert haben seit 8 Tagen zu Hause wie ich aus der Schwägerin Brief ersehen, die Herr Waldkirch bis Hirschberg ihm entgegen schicken wolte – welches ich wie vorher die Begleitung bis dorthin – als auch während der Zeit – die gute Friederique ins Haus zu sich nehmen recht artig finde, aber auch von einem solchen reichen Mann, nichts andres erwarte ich bin begierig ob er bey Jetten gewesen, und wie es ihm überhaupt in Berlin gegangen ist. Bey so mancherley Unvolkommenheiten u*nd* Schwierigkeiten, die auch meine so sehr gewünschte u*nd* doch nicht völlig erreichte Einsamkeit – täglich umgeben – was durch schriftliche Erklärungen sich nicht so sagen läßt – es muß gesehen sein – – erhellt die Zukunft oder vielmehr die Hofnung eines Wiedersehns der 3 Schleiers wozu die gute Frize nun auch gehört manches trübe der Gegenwart – Wirst Du mein Lieber den Besuch möglich machen können? Gott weiß wie sehr ich es wünsche unser Aller Wiedersehn aber natürlich auch Solos mit J e d e m mit der Schwägern versteht sich! ich war die Zeit her mit mein*em* Geist viel mit Dir – doch davon ein andermahl von Deiner

Lotte

Fühlst Du Dich aufgeregt mir was zu schiken – die Bedürfniße in diesem Winter sind groß und dringend – ich nähme es dankvoll an

[1] Daß dieses durchs Loos gegangen, kanst Du schon glauben – auch hat sie noch vorher einen Andern abgeschlagen – so – daß diese Familie sich keinen | Vorwurf von Aufdringlichkeit zu machen hat – aber ach die Delville! lange – lange noch wird sie diesen Schmerz nachempfinden

[2] sie sahen sich vor einigen Jahren in Dresden – als die Sache mit Friz noch nicht entschieden war – schon – da er sie überall herum führte.

118 Schleiers] Schliers **125 f** Fühlst … dankvoll an] *am Rand* **127–130** Daß … nachempfinden] *am linken Rand von Bl. 10ᵛ und 9ʳ* **131 f** sie … führte.] *ohne Einfügungszeichen am linken Rand*

129 f *Die Delville hatte das Heiratsprojekt zwischen Dorothee Seidlitz und Friedrich Julius von Tschirschky betrieben.*

1894. *An J. E. Th. und H. von Willich. Berlin, Sonntag, 6. 1. 1805*

Berlin, d 6t. Januar 5.

Ich kann doch nicht anders mein gutes Jettchen als von dem anfangen was mir jezt am lebendigsten vorschwebt wenn ich nach Euch hindenke, von dem Tode der guten Mutter. Es ist ihr wohl zu gönnen daß sie eine Welt verlassen durfte, für die sie die Kraft des Eingreifens verloren hatte, und es kommt mir gar schön vor daß sie grade noch das Schönste gesehen hat was ihrem Hause begegnen konnte und nun dahin gegangen ist. Laßt mich doch recht bald wissen ob ihre lezten Augenblikke noch etwas erfreuliches gehabt haben, ob Ihr, Klein-Jasmunder sie noch gefunden habt, und wie Euch Allen zu Muthe gewesen ist. Ihr wißt wie wir schon immer für diesen freilich nicht so bald erwarteten Fall unsere Luise Euch zugedacht haben; und ich hoffe es wird im Ganzen dabei bleiben, wiewol ich nicht einsehe daß es jezt gleich könnte ausgeführt werden[.] Denn in eurer dermaligen Wohnung begreife ich nicht wie Luise immer sollte bei Euch sein könnnen. Ehe dieses geschehen kann wird freilich von ihr und den Sagardern am meisten die Lükke gefühlt werden welche daraus entsteht daß sie den Gegenstand ihrer sorgenden Liebe verloren haben

Ich bin, wie Sie sehen wieder einmal in Berlin gewesen. Theils that es mir Noth mich auf einige Tage aus meinem Arbeiten heraus zu reißen, theils verlangte mich herzlich unserer guten Jette nachdem sie so verschiedenes Uebel größtentheils überstanden eine kleine Freude zu machen theils hoffte ich persönlich etwas mehr für meine Amtsangelegenheiten ausrichten zu können, mit | denen es noch immer nicht recht in Ordnung kommen will. Aus Allem zusammen ist nicht eben viel geworden weil ich die meiste Zeit unwohl gewesen bin so daß mir das Herumwandern von einem Ende der großen Stadt zum andern fast beschwerlich ward, und ich auch sonst nicht so genießbar war als ich wol wünschte. Indeß wenn ich nun nur leicht und bald genug wieder in meine Arbeiten hineinkomme so sollen mir die schönen Stunden die ich zwischendurch hier doch gehabt die doppelten Beschwerden der Reise in dieser ungeheuern Kälte wol werth sein.

1894. Überlieferung: H: BBAW, SN 776, Bl. 29 f.; D1: Br 2, S. 13 (Auszug); D2: Schleiermacher: Briefe an Ehrenfried und Henriette von Willich, S. 108–111 **12** hoffe] *korr. aus* hoffes **14** Euch] *korr. aus* euch **21** kleine] *korr. aus* eine

---

1894. **4** *Marianne Regina von Willich, die von ihrer Tochter Luise gepflegt worden war.* **20** *Henriette Herz*

Eleonoren habe ich diesmal gar nicht gesehen. Hinaus zu ihr wollte ich absichtlich nicht gehn bei der gegenwärtigen Lage der Sachen. Sie war einmal bei Reimer, verfehlte mich aber unglüklicherweise, und das Wiederkommen welches sie versprach ist ihr nicht gelungen.

Bei unserer Jette habe ich auch Ihre Briefe an sie gelesen, und herzliche Freude daran gehabt. Lassen Sie es Sich nur nicht etwa deshalb unlieb sein weil grade über Eleonoren Manches drin steht was mehr für Jette allein als für mich geschrieben war. Dergleichen schadet bei mir gar nicht; aber ich mag doch gern ein Paar Worte mit Ihnen darüber reden. Ich wollte ich hätte die Briefe jezt bei der Hand aber das ist leider nicht. Liebes Jettchen es muß Ihnen recht gut zu Muthe sein wenn Sie an uns Beide denken. Eleonorens Unentschlossenheit habe ich zum Theil verwürkt auf | mehr als eine Art; ich begreife sie vollkommen und ehre sie ohnerachtet des Anscheins von Schwäche der darin liegt so daß ich gar nicht darin thue, sondern sie lediglich ihrer eignen Ueberzeugung überlasse. Diese hat sie nun eigentlich aber das schnelle Handeln hängt nicht von ihr ab da ihr Bruder übernommen hat ihre Trennung zu bewirken und sie sich diesem überlassen muß. Freilich ist dies nur ein entfernter Anfang und es bleibt noch möglich, wiewol höchst unwahrscheinlich daß unsere äußere Vereinigung nie zu Stande kommt. Aber die innere Ehe unter uns ist so vollständig und tadellos, daß ich unmöglich irgend eine andere haben könnte, diese oder keine. Eine Ausnahme hiervon wäre mir in der That nur auf eine höchst wunderbare Weise denkbar. Daß wir uns aber auch unserer inneren Vereinigung so wenig erfreuen, daß Eleonore so wenig Gemeinschaft mit mir halten kann, das ist die Schuld ihrer Lage, und es kann so lange sie von ihrem Gatten noch nicht getrennt ist kaum anders sein. Aber freilich ist gerade dies auch die Ursach warum ich die Beschleunigung dieser Trennung so sehr wünsche: denn eine solche Absonderung zweier so nahe zusammengehöriger Seelen soll freilich nicht Statt finden; dabei muß Eleonore, die von allem andern was den Geist nährt, auch so ganz abgeschnitten ist ganz untergehn wenn es lange dauert, und ich immer auch zum Theil. Dennoch bin ich ruhig so lange ich nur weiß daß Eleonore den Willen hat sich zu befreien. |

Es ist recht schön liebe Tochter daß Sie mich so in Ihr tägliches Leben eingeführt haben: denn es möchte doch noch ein Weilchen darüber hingehen ehe ich nur Augenzeuge davon werde. Daß die Zeit schneller ver-

---

35 versprach] *korr. aus* mir 51 unsere] *korr. aus* d

---

48 *Johann Albrecht Krüger* 65–67 *Vgl. Brief 1867, 25–61*

geht als man denkt, und daß für gewöhnlich nicht alles hinein will was man sich anmuthet das ist allgemein und muß also auch den Hausfrauen begegnen, auch den jüngeren schon. Nur selten und sehr im Einzelnen gelingt es mir meine Vorsäze auszuführen oder zu übertreffen, und seit ich in Halle bin ist mir der Fall glaube ich noch nicht vorgekommen.

Der Plato ist keine rechte Morgenlektüre. Fast nichts ist für Frauen im ganzen Zusammenhange verständlich oder angenehm. Ehrenfried müßte ihn schon für sich gelesen haben, und Ihnen dann nur mit den gehörigen Ergänzungen herauslesen was Sie erfreuen kann. Von Dir aber lieber Ehrenfried wünschte ich Du hättest Dir beim Lesen angestrichen was unverständlich oder ungenau war, oder woran Ihr sonst etwas auszusezen hattet. Es wäre mir sehr willkommen da ich binnen ein Paar Jahren eine verbesserte Auflage dieser ErstlingsSchrift herauszugeben denke.

Lebt wol lieben Freunde. Recht bald schreibe ich Euch von Halle aus mehr, und dann auch unserer theuren Charlotte. Habt mich lieb. Euer treuer Freund

Schl.

Den kleinen Reimer habe ich schon getauft. Ich war aber krank, und mag wol wenig von dem gesagt haben, was mir im Herzen war.

**1895. An E. Grunow. Berlin, vor dem 7. 1. 1805*

**1896. Von Carl Schleiermacher. Vor dem 14. 1. 1805*

Mit Bücherwünschen

---

71 meine] *korr. aus* b **85 f** Den … war.] *am linken Rand*

73 *Vgl. Brief 1867, 41 f.* **76–80** *Gemeint sind die „Reden" „Ueber die Religion"; vgl. Brief 1867, 42 f.* **82** *Charlotte von Kathen* **85** *Georg Ernst Reimer*

***1895.** *Vgl. Brief 1912, 47 f.; die Datierung ergibt sich daraus, daß Schleiermacher am 7. Januar wieder in Halle eintraf.*

***1896.** *Vgl. Brief 1898, 13–16*

**1897. An Carl Schleiermacher. Montag, 14. 1. 1805 oder früher*

1898. An G. A. Reimer. Halle, Montag, 14. 1. 1805

Halle d 14t. Jan 5.

Ich hoffe, lieber Freund, daß es mit Deiner Unpäßlichkeit nichts weiter wird auf sich gehabt haben; wünsche aber doch daß Du mir bald etwas erfreuliches darüber sagen mögest. Ich bin sehr glüklich, und ohne unterwegs auch nur einen Augenblik gefroren zu haben, angekommen, und zwar schon Montag Abend 17 Uhr. Seit Donnerstag habe ich wieder gelesen, mein Hals ist ganz besser, nur den Schnupfen kann ich noch nicht völlig loswerden.

Es verdrießt mich jezt sehr, daß ich nicht für meinen Bruder, auf den Fall daß sich seine Ankunft nur verspätet, einen Brief bei Dir oder der großen Jette zurükgelassen. Ich schikke Dir daher die Einlage mit der Bitte daß wenn von meinem Bruder bei Ankunft derselben sich noch nichts gezeigt, sie baldmöglichst auf der Post weiter zu spediren. Er hatte mich überdies gebeten ihm, da die schlesischen Buchhändler gewöhnlich noch über den Ladenpreis verkaufen, durch Dich einige Bücher zu besorgen; ich kann aber den Brief jezt nicht auffinden und weise ihn daher an Dich selbst. Du bist wol so gut, sie indeß auf meine laufende Rechnung zu sezen, versteht sich auf den Fuß wie eine fremde Bestellung.

Ich hatte Minchen sehr gebeten Dich zu erinnern daß Du mir die Rolle Musikalien von Reichardt mit nächster fahrender Post nachschikken möchtest. Leider ist es nicht geschehn, und da Louise | sehnlich darauf wartet: so bitte ich dringend um ihre schleunigste Absendung. Der Chamissosche Almanach und was ich sonst zurükgelassen kann vielleicht hineingestekt werden

Von Gleditsch fand ich ein Buch vor, von dem ich gar nicht weiß ob ich es bestellt. „Neue Erklärungen des Paulinischen Gegensazes Buch-

---

1898. *Überlieferung: H: BBAW, SN 761, Bl. 11 f.*

***1897.** *Vgl. Brief 1898, 11–13*

1898. *Mit einem Brief für Karl Schleiermacher (Zeile 9–13)* **6** *Am 7. Januar 1805* **10 f** *Henriette Herz* **11** *Brief *1897* **16** *Brief *1896* **19** *Wilhelmine Reimer* **21** *Luise Reichardt* **22 f** *Seit 1804 gab Adalbert von Chamisso gemeinsam mit Karl Augst Varnhagen von Ense bei Fröhlich und Humboldt in Berlin einen „Musenalmanach“ heraus.* **25–28** *Anonym (Christian Friedrich Böhme): Neue Erklärung des höchst wichtigen Paulinischen Gegensatzes Buchstabe und Geist. Zur endlichen Entscheidung der Frage: Worin besteht das Wesen des Christenthums? Jena 1799*

stabe u*nd* Geist.“ Jena Stahl 1799 (V*erfasser* ungenannt.) Ich behalte es indeß weil es auch in meinen Kram schlägt. Wenn ich nur nicht dafür das Paulinische System v*on* Meyer in Göttingen verliere. Ich bitte Dich neben den andern Sachen auch den vierten Band v*on* Paulus Commentar nicht zu vergessen.

Ueber meine Rechnung haben wir gar nicht gesprochen. Sollte ich außer den Zinsen u*nd* dem Vorschuß an Frommann noch etwas zu gut behalten so gieb es der Herz auf Abschlag. Die Arme braucht bei Brenna's Krankheit so viel Geld daß es mich quält noch so sehr in ihrer Schuld zu sein. Fast möchte ich Dich daher bitten falls sonst nichts übrig bliebe noch einen Theil Deines Vorschusses anstehn zu lassen, so daß Du ihr 30 oder 40 r. in meinem Namen zahlen könntest. Doch versteht sich von selbst daß Dir das b e q u e m sein muß.

Von Steffens Compend*ium* ist der 4t*e* Bogen fertig, und der 5t*e* soll es auch noch diese Woche werden; Du kannst glaube ich ganz außer Sorgen darüber sein. |

Zufällig habe ich Dir wol nicht gesagt, daß an der zweiten Heindorfischen Sammlung Platonischer Dialogen die sich Nauk doch nicht hat nehmen lassen schon gedrukt wird. Dies erleichtert mir die Arbeit zum nächsten Band; da 3 große Dialogen dieselben sind, gar sehr, und ich habe nun noch ⌊viel⌋ so große Zuversicht ihn im Sommer fertig zu machen. Kann ich irgend vor Ostern noch etwas liefern: so soll es geschehn, doch zweifle ich hieran da ich auch für das Eine neue Collegium was ich im Sommer lese viel voraus thun muß.

Eichstädt schreibt mir Süvern sei nicht Mitarbeiter an der Jen*aischen* L*iteratur* Z*eitung* also ist auch dort keine Rec*ension* des Plato von ihm zu erwarten, und ich weiß nun warlich gar nicht wen ich dazu vorschlagen will. Die Philologen sind alle keine Philosophen und umgekehrt.

Weißt Du nicht in welchem Band und Stük der A*llgemeinen* D*eutschen* B*ibliothek* die Rec*ension* der Gutachten steht? ich wäre doch neugierig darauf und möchte es mir gern hier geben lassen.

---

27 Geist.“] Geist. 44 Heindorfischen] *korr. aus* S

28–31 *Gottlob Wilhelm Meyer: Entwicklung des paulinischen Lehrbegriffs. Ein Beitrag zur Kritik des christlichen Religionssystems, Altona 1801; Heinrich Eberhard Gottlob Paulus: Philologisch-kritischer und historischer Kommentar über das Neue Testament, Bd. 4, 1, Lübeck 1804* 40 *Henrich Steffens: Grundzüge der philosophischen Naturwissenschaft, Berlin 1806* 43–45 *Platonis Dialogi selecti cura Lud. Frid. Heindorfii, Vol. 2: Dialogi duo: Gorgias et Theaetetus emendavit et annotatione instruxit Lud. Frid. Heindorfius. Accedit auctarium animadversionum Philippi Buttmanni, Berlin 1805* 49 *Im Sommersemester 1805 las Schleiermacher erstmals Hermeneutik.* 51–54 *Vgl. Brief 1888, 11–13* 55–57 *Die von dem Rostocker Theologen Werner Karl Ludwig Ziegler stammende Rezension der Schleiermacherschen Schrift „Zwei unvorgreifliche Gutachten“ (KGA I/4, S. 359–460) war in der NADB 92 (1804), Stück 2, Heft 5, S. 294–298 erschienen; vgl. KGA I/4, S. LXXXII f.*

Laß Dir nochmals die Musikalien empfohlen sein, und laß sie ja nicht auf etwas anderes warten. Auch gute Nachrichten gieb mir bald von Dir und den Deinigen.

Schl.

1899. An L. von Willich. Halle, wohl vor Mitte Januar 1805

Halle, Januar 1805.

Ganz kurz vor meiner Abreise nach Halle schickten mir Ehrenfrieds einen Brief von unserer Kathen, blos mit einem Zettelchen des Inhalts, sie selbst müßten schleunigst nach Jasmund reisen, weil Mutter an einem hitzigen Fieber sehr krank wäre. Und kaum bin ich ein paar Tage hier, so wissen auch W.'s schon, daß sie vollendet hat. Unerwartet war es mir nicht, daß die Krankheit diesen Ausgang nehmen würde, denn sie ist die gewöhnliche Auflösungsart eines solchen Zustandes. Hoffentlich werden Sie auch allmählich sein darauf vorbereitet worden, liebe Luise, und doch hat es Sie gewiß nicht wenig erschüttert, und ich kann mir die tausenderlei Gedanken und Gefühle, die sich in Ihnen gekreuzt haben, gar wol denken. Es pflegen auch manche darunter sich wie halbe Vorwürfe zu gestalten; denn es ist eine natürliche Täuschung der Liebe, daß wir glauben, den Verstorbenen nie genug geleistet zu haben. Wenigstens wird es Ihnen leid thun, daß Sie nicht noch länger mit dem Gefühl einer allmählich erhöhten Kraft um die, welche Ihnen so werth war, geschäftig sein konnten. Uebrigens aber werden Sie, je mehr und länger Sie es ruhig erwägen, gestehen, daß bei so weniger Hoffnung zu einer gründlichen Verbesserung ihres Zustandes ihr selbst wol nichts besseres als eine Abkürzung desselben gewünscht werden konnte. Hätte sie doch nur, wie es sehr oft in ähnlichen Fällen geschieht, mit einem recht klaren, besonnenen, aufflammenden Augenblick geendet! Schön und fromm und liebevoll wären dann diese Augenblicke gewiß gewesen und hätten Ihnen und allen zu großer Beruhigung gereicht. Es freut mich jetzt doppelt, was Sie mir schreiben,

---

1899. *Überlieferung: D: Petrich: Schleiermacher und Luise von Willich, S. 169*

1899. *Die Datierung ergibt sich daraus, daß Schleiermacher am 7. Januar nach Halle zurückkehrte.* **2–5** *Brief *1873; der Brief Charlotte von Kathens war wohl an Ehrenfried von Willich gerichtet. – Der Brief Ehrenfried und Henriette von Willichs wurde vermutlich nach Halle adressiert und dann nach Berlin weitergeleitet, was die lange Laufzeit (gut 4 Wochen) erklären könnte.* **6** *Die Identität der W.'s ist ungewiß; möglicherweise liegt ein Lesefehler Petrichs vor.* **24–26** *Vgl. Brief *1889*

daß auch von meinen Worten einmal etwas Eingang gefunden in ihr Gemüth. So werden Sie, liebe Freundin, aus den schönsten Augenblicken sich einen Kranz von Erinnerungen flechten, der Ihnen den wahren Werth ihres ganzen Lebens darstellt.

**1900. An C. B. Hering. Halle, Dienstag, 15. 1. 1805*

1901. Von S. E. T. Stubenrauch. Landsberg, Donnerstag, 17. 1. bis Montag, 21. 1. 1805

d 17ten Januar

Mein Werthester

Daß wir seit Anfang Novemb*er* von Ihnen keine Nachricht erhalten, hatte uns mit mancherley Kummer erfüllt und bange Sorgen verursacht; besonders waren wir wegen Ihrer Gesundheit besorgt, da Sie in ihrem letzten Schreiben schon anzeigten, daß Ihre Wohnung so feucht sey; überdies setzte mich auch das in große Verlegenheit, daß ich wegen der übersandten Bücher gar keine Nachricht weder von Ihnen, noch aus Berlin erhielt. Herzlich froh waren wir daher, als wir aus den Intelligenzbl*ättern* ersahen, daß Sie in Berlin angekommen – nun erwarteten wir aber auch mit großer Sehnsucht, daß Sie von daher uns schreiben würden, und mit jedem Posttage, da uns*ere* Erwartung immer noch fehl schlug, jammerten wir aufs neue – auch mit aus dem Grunde, weil ich so sehnlichst wünschte, das sonderbare Gerücht, daß Sie gewiß um Ihrer Heirath willen nach Berlin gekommen, entweder möchte berichtigen, oder durchaus widerlegen können

Mama, die vielmals herzlich grüßet, sagt mir soeben, ich möchte Sie doch fragen: Ob Ihnen denn nicht die Ohren geklungen, da wir doch täglich, ja zu mehrenmalen, von Ihnen geredet?

Aus den Int*elligenz*bl*ättern* haben wir auch gesehen, daß ihr lieber Bruder aus Schmiedeberg nach Berlin gekommen, u*nd* im Eichbaum ab-

---

1901. *Überlieferung: H: BBAW, SN 397, Bl. 181 f.* **14** wünschte,] *Kj* wünschte, daß ich

---

***1900.** *Vgl. Brief 1957, 2–4*

1901. *Mit einer Einlage an G. P. Dohlhoff (Zeile 69–71)* **5 f** *Siehe Brief *1843* **7 f** *Vgl. Brief 1845, 10–23*

getreten sey, aber, wie ich fast vermuthen muß, erst nach Ihrer Rückreise, die | ich jedoch in den Int*elligenz*blättern nicht angezeigt gefunden habe ob ich gleich gar nicht zweifle, daß Sie wirklich bereits abgereiset sind. Ein sonderbares Schiksal ist es aber doch in der That, daß Sie sich nicht getroffen, ich hatte schon darauf gerechnet, daß ich Sie ersuchen wollte, ob ihr lieber Bruder auf seiner Rückreise nicht e*inen* kleinen Abstecher zu uns nehmen wollte.

Herzlich wünschen wir, daß Sie gesunder nach Halle mögen zurückgekommen seyn, als Sie in Berlin sich befanden; schlimm war es allerdings, daß Sie die Reise in e*inem* so strengen Winter unternommen haben, od*er* haben unternehmen müssen

Was Sie von des H*err*n Pischon Allgewalt schreiben, finde ich doch etwas bedenklich, ob die 2 neuen Ob*er* Cons*istorial*Räthe sich gut mit einander vertragen werden, ist mir etwas zweifelhaft; hier geht wenigstens die Rede, daß H*err* Ribbeck den andren gar nicht leiden könnte; ob er etwa von seiner Schriftstellerey sollte so eingenommen seyn, denn kürzlich fand ich in d*er* Jen*aer* A*llgemeinen* L*itteratur*Zeitung e*ine* Samlung Predigten v*on* Ribbeck – daß Hanstein Schriftsteller sey, ist mir nicht bewußt[.] In Halle wird H*err* Dohlhoff wohl wahrscheinlich in des v*er*storbenen Stötzer Stelle rücken[.] Von Halle wünschen wir sehr, daß Sie uns doch gelegentlich von ehemaligen Bekannten einige Nachricht ertheilen möchten. Besonders Mama wünscht zu wissen, was die alte Fr*au* Hofpr*ediger* Ursinus mache imgl*eichen* einige Nachrichten von des Athenstädt (mir deucht er ist jetzt Past*or* emeritus) Frau, welche e*ine* geborne Braconnier, u*nd* mit der Mama sehr bekannt gewesen[.] Und mir deucht, ich hätte | schon vor mehr als e*inem* Jahre in e*inem* öffent*lichen* Blatte [*gelesen*], daß die reform*irte* Schule mit d*er* lutherischen sollte vereiniget werden. Laßen Sie mir doch wissen, ob dies wirklich geschehen – Bey d*er* Lutherischen war ehemals e*in* Lehrer Schwellenberg, der bereits vor einigen Jahren gestorben; nur wünscht Mama zu wissen, ob dessen Wittwe noch lebe, desgleichen einige Nachrichten von Pred*iger* Nebe am Waysenhause u*nd* deßen Frau u*nd* Kindern, da wir mit diesen Leutchen in genauerer Verbindung gestanden[;] ferner vom französ*ischen* Prediger

---

33 *Johann Karl Pischon (1764–1805), zuletzt reformierter Hofprediger an der Potsdamer Garnisonkirche. Siehe Brief *1843* **36–39** *Konrad Gottlieb Ribbeck, seit 1805 Propst an Nikolai in Berlin, zugleich Oberkirchenrat; seine „Predigten mit Hinsicht auf den Geist und die Bedürfnisse der Zeit und des Orts. 3. und 6. Theil" (Magdeburg 1804) wurden in der JALZ 1804, Bd. 4, Nr. 302, Sp. 542–544 rezensiert.* **39** *Gottfried August Ludwig Hanstein, seit 1805 Propst an St. Petri in Berlin, zugleich Oberkirchenrat* **40 f** *Georg Peter Dohlhoff, Domprediger in Halle* **44 f** *Der genannte Prediger Athenstädt ließ sich nicht nachweisen.* **46–49** *Vgl. Brief 1969, 70–72*

O'bern[.] Und nun meint Mama Sie würden wohl sagen: Die Frauensleute wollen immer Neuigkeiten wissen; mir deucht aber doch, daß es ganz natürlich, daß m*an* einige Nachrichten von Menschen zu erfahren wünsche, mit denen m*an* vormals in näherer Verbindung gestanden, und deren Andenken uns noch immer interessant ist

d*en* 20ten Auch heute, Mein Theuerster! haben wir viel von Ihnen gesprochen und Fr*au* D. Schulzen, die heute mit ihrer alten Mutter bey uns war, laßen sich beyde Ihrem freundschaftl*ichen* Andenken beßtens empfehlen

Mit Ihrem Plato haben Sie mir ein sehr angenehmes Geschenk gemacht, wofür ich Ihnen v*on* ganzen Herzen danke, kaum hatte ich den 2ten Theil erhalten, so bat mich schon H*err* Gerlach, der Ihnen viele Compl*imente* machen läßt, daß ich ihm solchen auf e*in* paar Tage leihen möchte, welches ich ihm denn auch nicht abschlagen konnte

Damit Sie diesen Br*ief* bald erhalten, will ich ihn morgen abschicken u*nd* ersuche Sie die Einlage an H*errn* Dohlhof, der mich wegen Beyträge zur WittwenCasse erinnert, gefälligst aufs baldigste abzugeben | wir haben diese 6 rth jährl*ichen* Beytrag gewöhnlich, wie Sie vielleicht sich auch noch erinnern mit Kaufleuten die *zur* Messe nach Frankf*urt* kommen besorgt, vorzüglich durch H*errn* Bordeaux u*nd* nach dessen Tode auch noch v*er*schiedentlich durch deßen Wittwe. Und so werden wir auch diesmal mit d*er* Frankf*urter* Reminisc*ere* Meße die 12 r für die beyden Jahre von März 1803–1805 übermachen

Daß nun endlich das Kistchen mit Büchern richtig bey Ihnen eingetroffen, obgleich ziemlich spät, habe ich aus Ihrem Briefe mit Vergnügen ersehen – daß solche erst so spät dort angekomen werden Sie mir wohl nicht zurechnen können

Nochmals wünschen wir herzlich, daß Ihre Gesundheitsumstände jetzt besser seyn mögen, als sie in Berlin waren

Nochmals viele Grüße von Mama. Ich bin u*nd* bleibe Ihr Sie herzlichliebender Oheim

Stubenrauch

Landsb. a d W d 21ten Januar 1805

---

70 Dohlhof] Dohlof

64–68 *Platon: Werke, Bd. 1, 2, Berlin 1805* **79** *Brief *1903*

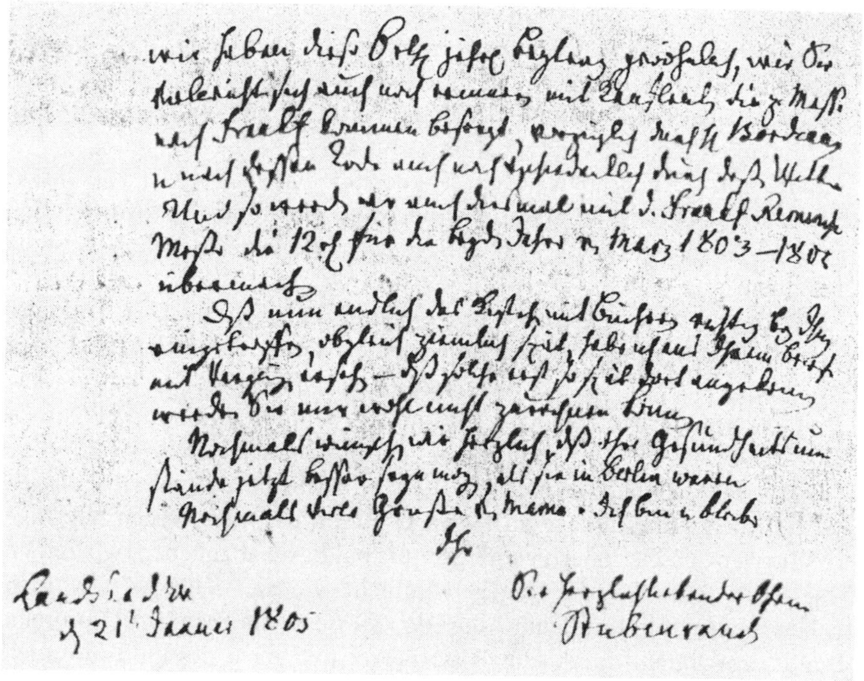
wir haben diese [illegible] jetzt [illegible] [illegible], wie Sie
[illegible] auch noch [illegible] mit [illegible] die 2 Maß
[illegible] Frankf. [illegible] besorgt, vorzüglich macht Bordeaux
u. [illegible] [illegible] Wetter
Und so [illegible] mit d. Frankf. [illegible]
[illegible] die 12 [illegible] für die [illegible] Jahre v. März 1803–1804
übernehmen.

Daß nun endlich das [illegible] mit Büchern richtig bey Ihnen angekommen, obgleich ziemlich spät, habe ich aus Ihrem Brief mit Vergnügen ersehen – ich glaubte erst es hätte [illegible] angehalten werden, [illegible] zurückschicken können.

Nochmals wünsche ich herzlich, daß Ihre Gesundheitsumstände jetzt besser seyn mögen, als sie in Berlin waren.

Nochmals viele Grüße v. Mama. Ich bin u. bleibe

Ihr

[illegible]
d. 21t Jänner 1805

Ihr herzlichliebender Oheim
[illegible]

1902. An L. von Willich, Halle, Freitag, 18. 1. 1805

Halle, den 18. Januar 1805.

Ich glaube es Ihnen, daß Sie Schmerz | haben in Ihrer Freiheit, aber das muß sich doch bald verlieren. Nach einem solchen Beruf wie der, dem Sie sich so lange gewidmet haben, kann man wol etwas feiern; aber der Ferien, die der Tod bringt, können Sie freilich nicht froh werden, und ich kann nicht verlangen, daß Sie es sollen. Aber Sie haben gewiß schon wieder einen Beruf gefunden in dem Hause Ihres Bruders, wo wol keine liebende Thätigkeit leicht zu viel sein kann, wenn er Sie auch nicht immer so ausschließend und so immer in Einer Gestalt an sich zieht. Und nie wird es Ihnen an einem Beruf fehlen. Ihr voriger konnte doch der Natur der Sache nach nur ein schwacher Ersatz sein für das, was der Tod weit besser gethan hat, die leidende Seele Ihrer theueren Mutter zur Ruhe bringen. Ihre theuere Tante hat recht, daß Gott alles wohl gemacht hat; und aus einem Beruf hinweggenommen zu sein, dessen Endzweck nun besser erreicht wird, das soll auch Sie nicht dauerhaft schmerzen. Aber die Wehmuth will ich Ihnen lange nicht nehmen. Nehmen Sie aber auch den Dank aller der Ihrigen an für das, was Sie an der guten Mutter gethan haben, und lassen Sie sich dieses schöne Gefühl zu einer Bürgschaft dienen für den Trost, der in einem festeren Blicke hinüber, als wir nun einmal haben können, für Sie liegen würde. Daß es hiermit nicht anders ist, als es sein kann, darüber wollen wir uns beruhigen. Je mehr dieser Blick unsere Phantasie beruhigen sollte, desto mehr müßte er uns das Jenseits dem Diesseits ähnlich zeigen, und würde dabei unser ganzes Wesen sich besser befinden?

Daß der Tod Ihrer Mutter Ihnen so unerwartet kam, mag wol recht gut für Sie gewesen sein, noch besser aber, daß er so sanft war. Ganz in neuer Ehrwürdigkeit erscheint mir dabei wieder Ihre herrliche Tante, die allein voraussah, was sich bereitete und es so fromm und ruhig behandelte. Mir war gleich bei der ersten Nachricht, die mir Ehrenfrieds von der Krankheit gaben, so zu Muthe, als würde sie das bisherige Hauptverhältniß Ihres Lebens zernichten, welches noch mit angeschaut zu haben mir nun doppelt werth ist. Ihr kindlicher Sinn dabei, Ihre fromme Hingebung im Ganzen, Ihre wenn auch unerfüllbaren, doch aus der rein-

---

1902. *Überlieferung: D: Petrich: Schleiermacher und Luise von Willich, S. 169–171*

1902. 2 *Vgl. Brief 1892, 1–20* 7 *Heinrich Christoph von Willich in Sagard* 13 *Wohl die Tante Baier; es ist ungewiß, auf welchem Wege Schleiermacher von dieser Äußerung Kenntnis bekommen hatte.* 29 f *Brief *1873*

sten Liebe hervorgehenden Wünsche: das mußte ich alles noch sehen, um nun auch Ihre wehmüthige Sehnsucht danach zu verstehen und zu lieben. Aber bei dieser Sehnsucht, liebe Luise, muß Ihnen doch immer klarer werden, wie Gott auch in der Hinsicht alles wohl gemacht hat, daß dieses Verhältniß nun beendet, und es muß Ihnen nicht trübe darüber zu Muthe bleiben. Auch von unserem Beruf und dem, woran wir unsere Kräfte setzen, gilt das schöne Wort, daß wenn etwas dahinten ist, man auch bald wieder nach dem sehen muß, was vorn ist. Sie thun das schon, aber Sie müssen auch bald die rechte Sicherheit darüber finden, die Ihnen von selbst wieder Lebensmuth und ruhige Heiterkeit geben wird. Kein Leben soll ganz dem früheren Geschlecht gewidmet sein, sondern dem gegenwärtigen und künftigen. In dem Hause unseres geliebten Paares wird Ihnen, denke ich, ein schöner Beruf aufblühen. Ich habe Sie im Herzen schon lange dazu eingesegnet und zu dem reinen Lebensgenuß, der daraus hervorgehen wird. Sollte sich das nicht gleich thun lassen, so werden Sie unterdeß auch in Sagard thätig eingreifen; | nur Ihr Sinn, das verlange ich von Ihnen, soll gleich auf Ehrenfrieds gerichtet sein. Jetzt in Sagard werden Sie freilich selbst mit diesen lieben Menschen die Lücke immer fühlen, die Ihnen der Tod gemacht hat. Aber das ist schon recht, und es ist mir viel lieber, als wenn Sie mit nach Holstein gereist wären.

**1903. An S. E. T. Stubenrauch. Halle, vor dem 20. 1. 1805*

Mit Band 1, 2 der Platon-Übersetzung; berichtet vom Eintreffen der Büchersendung aus Landsberg

1904. Von Friedrich Immanuel Niethammer. Würzburg, Sonntag, 20. 1. 1805

Würzburg, den 20sten Jan. 1805.

Was ich Ihnen hier schicke, Hochverehrter Freund, – denn warum sollte ich so nicht geradezu einen Mann anreden, mit dem ich mich in allem,

---

45 Paares] Pares

1904. *Überlieferung: H: BBAW, SN 343 Bl. 1 f.*

---

52 f *In Plön in Holstein wohnte Margarete Dorothea Simon, die Geliebte des Bruders Heinrich Christoph von Willich; vgl. Brief 1913.*

***1903.** *Vgl. Brief 1901, 64–81*

1904. *Mit einer Predigt (Zeilen 2–5)* **2–14** *Friedrich Immanuel Niethammer: Andachtsrede zum Antritt seines Amtes als Oberpfarrers der Protestantischen Gemeinde zu Würzburg geh. 1804, Würzburg und Bamberg 1805; ders.: Ankündigung der Feier des neubeginnenden Kirchenjahres 1804, Würzburg und Bamberg 1805*

Würzburg, den 20sten Jan. 1805.

Was ich Ihnen hier schicke, hochverehrter Freund — denn warum sollte ich so nicht geradezu einen Mann anreden, mit dem ich mich in allem, was ich über die höchsten Angelegenheiten des Menschen von ihm hörte und las, befreundet fühlte! — ist nur eine literarische Kleinigkeit. Aber ich lasse mich dadurch nicht abhalten, durch sie den Eingang zu einer nähern Bekanntschaft mit Ihnen, die ich längst gewünscht habe, zu suchen. Ein Interesse nicht nur das Schriftchen hoffe bei Ihnen finden. Da der Anlaß, der die Veranlassung zu dessen Entstehung gegeben hat, zunächst Ihnen bestimmt gewesen war, so werden Sie sich um so leichter in meine Lage denken, und die auch vermuthen, was Sie in derselben eben so, oder auch anders, und besser gemacht haben würden. Aber ich bilde mir allerdings ein, daß dies nicht die einzige Seite sey, von der Sie einen nähern Antheil an den beiden Abhandlungen nehmen werden. Der Gegenstand beider ist wenigstens wichtig genug, um die Aufmerksamkeit aller mit dem Zeitgeist vertrauteren Theologen zu verdienen, und hat die Ihrige längst auf sich gezogen und beschäftigt. Ob das, was ich darüber gesagt habe, und wie es gesagt ist, Sie befriedigen wird? Ich wünsche es wenigstens, wie ich auch für den einen von

was ich über die höchsten Angelegenheiten des Menschen von ihm höre und lese, befreundet fühle! – ist nur eine literarische Kleinigkeit. Aber ich lasse mich dadurch nicht abhalten, durch Sie den Eingang zu einer näheren Bekanntschaft mit Ihnen, die ich längst gewünscht habe, zu suchen. Ein Interesse muss auch das Schriftchen sicher bei Ihnen finden. Da das Amt, das die Veranlassung zu dessen Entstehung gegeben hat, zunächst Ihnen bestimmt gewesen war, so werden Sie sich um so leichter in meine Lage denken, und darnach ermessen, was Sie in derselben eben so, oder auch anders, und besser gemacht haben würden. Aber ich bilde mir allerdings ein, dass dies nicht die einzige Seite sey, von der Sie einen nähern Antheil an den beiden Abhandlungen nehmen werden. Der Gegenstand beider ist wenigstens wichtig genug, um die Aufmerksamkeit aller mit dem Zeitgeiste vertrauteren Theologen zu verdienen, und hat die Ihrige längst auf sich gezogen und beschäftiget. Ob das, was ich darüber gesagt habe, und wie es gesagt ist, Sie befriedigen wird? Ich wünsche es wenigstens, wie ich auch für den einen wie | für den andern Fall wünsche, Ihr Urtheil darüber öffentlich oder privatim, oder beides zugleich, zu erfahren. An Schütz habe ich die Erklärung geschrieben, dass ich keinen andern Theologen außer Ihnen kenne, den ich als competenten Richter meiner Arbeiten anerkennen könnte: wenn er also irgend eine Anzeige von diesen zwei Abhandlungen machen lassen will, so hoffe ich, dass er Sie dazu auffodern wird, und ich bitte Sie, die Auffoderung anzunehmen. Ich würde diesen Umstand Ihnen nicht ausdrücklich melden, weil sich dieses Melden selbst so leicht auf eine falsche Absicht deuten lässt: aber ich fürchte dies weit weniger als den entgegengesetzten Fall, dass mein Brief, der nur die ausgesprochen freundschaftliche Absicht hat, gerade durch mein Stillschweigen gegen Sie über jenen Punkt, wenn Schütz dessen zufällig gegen Sie erwähnte, einer solchen versteckten Absicht verdächtig erscheinen könnte. Halten Sie nur jene Erklärung nicht für eine Schmeichelei – die ich Ihrer und meiner gleich unwürdig hielte – so ist nicht abzusehen, warum ich sie Ihnen nicht auch geradezu selbst sagen sollte, denn sie sagt nichts mehr und nichts anderes, als was ich auch am Eingang dieses Briefes erklärt habe. |

Ich setze nur noch den Wunsch hinzu, dass mit Sie mit Ihrem neuen Amte dort so zufrieden seyn mögen, als ich es mit dem bin, das Ihnen hier bestimmt war; und schließe mit der Versicherung der entschiedensten Hochachtung.

Niethammer.

---

18 Sie] *korr. aus* sie **38** mit] *mit Einfügungszeichen über der Zeile*

**1905. An Henriette Stützke. Halle, vor dem 22. 1. 1805*

Über die Krankheit ihres Bruders

**1906. Von Frau von Pröck. Stolp, Dienstag, 22. 1. 1805*

Über ein Duell von Büntings

1907. Von H. Stützke. Stolp, Dienstag, 22. 1. 1805

Stolpe d. 22t. Januar 1805

Wenn ich Ihnen gleich für die Schonung, nach welcher Sie uns so lange nichts von sich lesen ließen danken muß, so kann ich Ihnen doch nicht verheelen daß ich, wie auch unsere Freundin, uns recht oft nach Nachricht von Ihnen gesehnt. Wie hertzlich ich mich aber gefreut, als ich den Beweiß Ihres Andenkens, und Ihrer Theilnahme empfing, kann ich Ihnen doch nicht beschreiben; eben so wenig sagen, wie sehr ich Ihnen diese Theilnahme danke, und wie wohlthättig sie auf mich gewürkt. Wenn ich stark fühle fehlen mir gewöhnlich Worte, nur versichern kann ich Ihnen, daß die Erlaubniß Ihnen meine Freude, über die Erhaltung meines Bruders mittheilen zu dürfen, die Freude wo möglich noch erhöht. Er ist von der schreklichen Krankheit ganz befreit geblieben, und glaubt jetzt nichts mehr befürchten zu dürfen, schreibt überhaupt so ruhig, so auf Gott vertrauend, ohne alle Furcht, daß auch ich nachher ganz ruhig zu sein würde geglaubt haben; wenn ein heftiges Brumen im Kopf, mit Brustschmertzen verbunden, mir nicht belehrt, daß es wohl anders sein müße. Der | erste Schreck war nur zu groß; denn ohne etwas zu ahnden erfuhr ich die schrekliche Nachricht durch ein Cirkulair das mich in die Hände fiel, worin den Kauffleuten wegen der in Livorno herschenden Epedemie alle Communication mit dort untersagt ward, und so verlohr ich alle

---

1907. *Überlieferung: H: BBAW, SN 399*

****1905.*** *Vgl. Brief 1907, 5 f. 10 f.*

****1906.*** *Vgl. Brief 1907, 121–126*

1907. *Mit Brief *1906 als Einlage* **4** *Wohl Frau von Pröck* **6** *Brief *1905*

Faßung, hinzu kam noch daß die Stadt mit dem Gerücht angefült war: mein Bruder sey mit der Post gekommen, und von uns im Hause versteckt gehalten, was ich auf mir harte weise durch die Wiesenern erfuhr, zu der ich geflüchtet war um meiner Mutter meinen Anblick zu entziehen. Unsere Verwandten glaubten selbst dem Gerücht, so daß sie schon Pläne gemacht wie sie uns überfallen, und ihn hervorsuchen wolten; und so dachte die Wiesenern denn auch anfänglich die Freude habe mich so angegriffen, und als sie den Grund meines Schmertzens erfuhr, sagte sie froh, nun dein Bruder ist ja hier. Wo, wo! rief ich und zitterte am ganzen Leibe, habt Ihr ihn nicht versteckt? sagte sie ernst werdend, jetzt wurde ich eigentlich Elend. Kaum war ich wieder zu Hause als mein Vater zum Landrath geruffen ward, der ihm befahl zu sagen ob mein Bruder angekommen, mein Vater versicherte er sey weder hier, auch hätten wier keine Hoffnung daß er kommen würde, da sein Prinzipal schon vor Ausbruch der Krankheit nach Hamburg | verreist, ihm die Procura übergeben, und wahrscheinlich unter jetzigen Umständen nicht zurück gehen würde, von meinem Bruder konte ich aber wißen, daß der das Zutrauen seines Herrn wenn nicht anders, auch durch seinen Todt rechtfertigen würde. Dieser Versicherung wurde aber so wenig geglaubt, und erst nachdem Postdirector und Schirmeister bezeugten, er sey nicht mit der Post gekommen, gaben die Herren den Gedanken, uns das Haus mit Militair zu besetzen, auf. Für meine Mutter mußten diese Vorgänge wie auch die in Livorno herrschende Krankheit selbst geheim gehalten werden, oft fürchtete ich zu erliegen: wenn die Mutter mich besorgt fragte was ist Dier?, Du siehst so unglücklich aus? mich dann tadelte daß ich mich so wenig in Gottes Wege zu finden wiße, weil sie meinen Schmertz noch auf den Verlust einer Freundin schob, die ich seit 2 Jahren beweine, und wovon die gute Mutter wohl weiß, daß so lange mier noch Gefühl bleibt, ich nicht vergeßen werde was ich verlohr. Wie oft war ich da im Begrif ihr alles zu sagen, doch es war so beßer, sie hat noch nachher genug empfunden. So mein theurer Freund ist diese Angstvolle Periode vorübergegangen, ohne bezeichnend zu werden, wie nicht alles im Leben vorübergeht, und freudig kann ich Gott danken, der mier den Bruder erhielt, und mier Freunde schenkte, die an meiner | Freude theilnehmen. Wie auch Ihnen mein Hertz diese Theilnahme dankt.

Unsere Freundin wird Ihnen selbst sagen wie es ihr geht, im betref Ihrer kann ich Ihnen heilig versichern, hat sie seit Ihrer Abwesenheit

34 vor] *folgt* ⟨der Kran⟩ 48 Gefühl] *korr. aus* [r] 57 seit Ihrer] Ihrer *korr. aus* ihrer

56 *Frau von Pröck*

durch ihren Mann nichts gelitten, der Major ist überhaupt seit dem recht gütig gegen ihr, und seine Gesundheit ganz wieder hergestelt, könte ich doch hinzusetzen, unsere Freundin glüklich; allein ist da wohl an Glück zu denken, wo der eine Theil nur immer Opfer heischt, und nichts dafür wiedergeben will, nicht einmahl das natürlichste ein offnes Hertz voll Vertrauen und Liebe, wo der Mann alles als Pflicht nimt, und des Hertzens Handeln nicht versteht, da muß selbst die kalte Pflicht schwer werden zu erfüllen, sie ist es aber schon gewohnt nur das Glük andrer im Auge zu haben, an sich zu denken fält ihr nicht mehr ein, mier bluttet das Hertz wenn ich diese Gleichgültigkeit gegen sich selbst sehe. Recht ehrwürdig ist sie mich durch ihr Betragen gegen den ältesten Stiefsohn geworden, der ihr unsäglich viel Kummer macht, mit welcher Güte ist er von ihr behandelt worden, bey so viel Schuld, wie that sie alles um sich sein Vertrauen zu erwerben, und oft würde sie noch mehr gethan haben, wenn ich sie nicht zurückgehalten und | beredt, ihn bey beleidigendem Mißtrauen, das zur Lüge überging, auch die gekränkte beleidigte Mutter zu zeigen, auch scheint die Rinde von seinem Hertzen zu schmeltzen, und ich schmeichel unserer Freundin schon sie habe gesiegt, doch diese Hoffnung ist verschwunden, denn keine Zeile haben die bekümmerten Eltern so lange er wieder in Bilefeld ist, von ihm gelesen, ich fürchte sehr er ist verlohren, da alles was die Mutter hier für ihm that ohne Würkung auf sein Hertz geblieben. Der Major fürchte ich hat ihn ganz von sich entfernt nur gegen die Mutter wurde er offener Vertrauender. Dies ist nun auch vorbey, denn immer noch bleibt jeder Brief unbeantwortet. Dies hatten wier beide nicht erwartet. Es kränkt die gute Pröck tief, sie grämt sich, und mier ist es wahrlich nicht gleichgültig. So wird die gute trefliche Frau wohl immer ihren Kummer haben, doch ist sie jetzt wenigstens ruhig und mit unter auch heiter, besonders wenn uns ein paar einsame Stunden geworden, und wier uns, ausgeplaudert. Gewöhnlich sind Sie unser Freund, die dritte Person in unserer Unterhaltung, und zwar getrent doch unserm Geiste oft nah, unsere Freundin sagt mier wie Sie über dies, und jenes gedacht, und empfunden, oder wier sagen uns | wenigstens wie Sie wohl darüber gedacht und empfunden hätten. So haben wir uns denn auch zusammen Ihrer Zufriedenheit mit Ihren dortigen Verhältnißen gefreut, doch dies konte wohl nicht anders sein, ich habe es wenigstens nicht anders erwartet. Daß Sie aber dort so bald eine Freundin für Ihr Hertz, wie unsere Pröck es war, finden würden, habe ich nicht gehoft, wie

---

59 wieder] *über* ⟨[w]⟩ 68 mich] *korr. aus* mier durch] *folgt* ⟨das⟩ 72 beredt] *davor* ⟨⟨und⟩⟩ 73 das] daß 81 unbeantwortet. Dies] *korr. aus* unbeantwortet, w 84 ruhig] *mit Einfügungszeichen über der Zeile* 91 dortigen] *mit Einfügungszeichen über der Zeile*

sehr freue ich mich der Erfüllung dieses meines Wunsches, und Zuversichtlicher glaube ich, wier werden uns auch bald des häuslichen Glüks unsers edlen Freundes freuen können, möchte dieser sehnliche Wunsch recht bald erfült werden nur dann erst werde ich mit recht frohem Hertzen an Sie denken können. Noch muß ich Ihnen sagen daß wier in der K. G. Lehman eine recht liebe Frau nach Stolpe bekommen, sie ist im Concert zuweilen unsere Nachbarin, und gewiß beßer als sie geschildert wurde, man sagte sie bloß klug, mier scheint sie aber noch mehr Gut. Ob Sie im Concert vermißt werden? will ich nur für mich behalten, und Ihnen nicht sagen. Mein Gott ich erschrekke ordentlich da ich übersehe wie viel ich geplaudert, aber entschuldigen werde ich mich darüber keineswegs, Sie wolten ja wißen wie es Ihren Freundinnen geht, und wenn ich einmahl ins Schreiben komme, höre ich nicht eher auf bies | alles vom Hertzen weg gesprochen, mier ist dan so wohl, und ich danke Gott daß Er mier Freunde schenkte wo ich es darf, aber wünschen will ich nur daß Sie mein theurer Freund was ich geschrieben auch lesen können, das Licht blendt die Federn sind stumpf, dies zu meiner entschuldigung und nun der Wunsch daß Sie recht bald durch frohe Nachricht erfreuen mögen

Ihre wahre Freundin

Henriette Stützke

Meine Eltern denen ich Ihr Wohlfinden sagte versichern Sie durch mich ihrer hertzlichen Theilnahme hieran

Ihre Stelle ist wieder besetzt, aber wahrlich nicht ersetzt; doch ich darf wohl nicht urtheilen, allein schmertzlicher fühlen wier was wier verlohren; mier ist es als hätte ich meinen Glauben verändert, und katolisch geworden

N. S. Eben da ich siegeln will schikt mir unsere Freundin noch ein Blatt für Sie, und überläßt mier ob ich es beilegen will, oder zurük behalten, was ich wahrlich nicht werde. ich freue mich daß unsere Freundin in der mittheilung Freuden findet an denen ihr Leben so arm ist, Sie wissen dieß Vertrauen zu schätzen. Daß Duell von Bünting das unsere Freundin als beigelegt glaubte, ist d. 22ten gewesen. Bünting ist mit einem leichten Hieb übers Gesicht weggekommen, ich danke Gott dafür, ich habe für diesen (nach allem was ich von ihm höre) treflichen Mann gezittert, un-

---

96 Zuversichtlicher] Zufersichtlicher **101** sie] *korr. aus* S **104** ordentlich] *folgt* ⟨da ich⟩ **124** ist] *über der Zeile*

---

100 *Abkürzung vielleicht für KammerGerichts[Räthin]* **117** *Schleiermachers Nachfolger in Stolp war Christian David Henning.* **121** *Brief *1906* **125–130** *Vgl. Brief 1922, 32–65*

seliges Vorurtheil von Ehre und Schande wie viel Elend kann es zuweilen anrichten!

ich habe Ihnen dies zu Ihrer Beruhigung noch sagen müßen, denn daß es beigelegt hätten Sie nicht geglaubt: da Sie Vorurtheile dieses Standes kennen. Jetzt noch ein hertzliches Lebewohl von Ihrer Freundin

H St

1908. Von J. C. Gaß. Stettin, Freitag, 25. 1. 1805

Stettin, den 25ten Jan. 1805.

Sie erweisen mir zu viel Zutrauen – ich sollte wohl sagen, zu viel Ehre, indem Sie meine Meinung über Ihre Ideen, das akadem*ische* Studium des Geistlichen betreffend, wißen wollen. Ich kann mich nur herzlich freuen, liebster Schl*eiermacher* daß man in Ihnen einen Mann gefunden hat, der eine andre Ansicht, als die gewöhnliche, zur Förderung der großen Angelegenheit mitbringt u*nd* dem es auch nicht an Kraft u*nd* Muth fehlt, einen andern Weg zu gehen, als den bisherigen. Doch aber erfülle ich Ihren Willen gerne u*nd* es macht mir ein wahres Vergnügen, Ihre Gedanken über diese Sache weiter zu verfolgen u*nd* hin u*nd* wieder eine eigne Bemerkung einzuschalten.

Was zuerst die hermeneut*ica* sacra betrift, so wißen wir wohl, wie diese längst aus den theolog*ischen* Disziplinen verschwunden u*nd* sehr unverständig wie manches andere in die geistliche Polterkammer geworfen ist. Ihre Stelle glaubte man in der zeitherigen Epoche der beliebten Aufklärung durch die Gemeinplätze von Akkommodation, von jüdischen Vorstellungen u*nd* Zeitbegriffen u*nd* wenns hoch kam, | durch etwas sogenannte Psychologie reichlich ersetzen zu können. Das Alles ließ sich nun sehr gemächlich vorschwatzen u*nd* sehr gemächlich anwenden, unfehlbar mußte es aber die Seichtigkeit des theolog*ischen* Studiums befördern helfen, die uns vor Augen liegt. Gleichwohl sollten die hermeneu*tischen* Grundsätze festgestelt u*nd* die Sache in das rechte Geleis gebracht werden, wenn etwas Vernünftiges herauskommen soll. Da es Ihnen nun

---

129 viel] *mit Einfügungszeichen über der Zeile* **131** Ihnen] *korr. aus* ihnen daß] das

1908. *Überlieferung: H: BBAW, SN 287, Bl. 8–11; D: Schleiermacher: Briefwechsel mit Gaß, S. 9–13* **7** und] *mit Einfügungszeichen über der Zeile* **19** nun sehr gemächlich] gemächlich *korr. aus* [ ]

1908. **2–4** *Vgl. Brief 1881 passim*

alles vom Herzen weg gesprochen, wie ist 4
denn so wohl, und ich danke Gott daß Er mir
Freünde schenkte wie ich es dachte, aber wünschen
will ich nür daß Sie mein theurer Freünd was ich
geschrieben auch lesen können, das Licht blendet die
[illegible] schwach, dies zu meiner Entschuldigung
und nun der Wunsch daß Sie mich bald durch
frohe Nachricht erfreuen mögen

Meine Eltern denen
ich Ihr Wohlbefinden
sagte versichern Sie
durch mich ihrer herzlichen
Theilnahme ferner

Ihre
wahre Freündin
Henriette Lütke

Ihre Tante ist wieder besetzt, aber wahrlich
nicht verletzt, doch ich darf wohl nicht mittheilen,
allein Gemeinschaftlich fühlen wir was wir verlohren, mir ist es als hätte ich meinen Glauben
verändert, und katholisch geworden.

hiermit ein Ernst ist, so werden Sie wohl selbst eine Hermeneutik, wenigstens als Entwurf aufsetzen müßen, u*nd* wer hätte hierzu mehr innern Beruf, als Sie, mein theurer Freund. Machen Sie sich dieß Verdienst um uns. Vorgearbeitet finden Sie freilich nicht viel, denn so viel ich weiß steht es mit dieser Disziplin noch auf demselben Punkt, wo Ernesti u*nd* Semler es gelaßen haben, auch kenne ich nichts von Bedeutung u*nd* Umfang, was seitdem darüber geschrieben wäre, wenn es nicht in einzelnen Abhandlungen von Morus u*nd* Nößelt geschehen ist (in ihren opusculis theologicis) die ich rühmlich erwehnt gefunden, aber nicht selbst gelesen habe. Gehen | Sie also vor allen Dingen zunächst an diesen Entwurf. Ihn drukken zu laßen, würde freilich sehr verdienstlich, Ihnen aber nicht zuzumuthen sein, indem, wenn der Plato Ihnen Zeit übrig läßt, wir noch wohl lieber etwas über die Ethik von Ihnen haben mögten.

Wie die Exegese bisher gelesen ist, kann sie nichts nützen, mir wenigstens ist sie sehr entbehrlich gewesen. Schon ein ununterbrochner Cursus von 2 Jahren ist ermüdend u*nd* wenige halten wohl dabei aus bis an's Ende. Zudem erzeugt die Idee von der Nothwendigkeit, das ganze N*eue* T*estament* auf der Akademie u*nd* zwar nach einer Schnur der Ausführlichkeit, oder Unausführlichkeit zu lesen, so leicht den schädlichen Wahn von einem Fertigsein in dieser Sache, deßen sich die Trägheit hernach so gerne zu einem ruhigen Polster bedient. Ich würde Ihnen daher auch kaum rathen, das N*eue* T*estament* ganz kursorisch durchzugehen, es müßte denn sein, um Geläuffigkeit in der Sprache deßelben zu bewirken, die sich aber auch sonst wohl erwerben läßt. Da aber der Hauptzwek des exeget*ischen* Studiums der ist, den Zuhörer dahin | zu bringen, daß er selbst das Christenthum aus seinen Urkunden konstruiren lerne, so ist wohl die statarische Erklärung die Hauptsache, aber doch unnöthig, daß sie sich über das ganze Test*ament* erstrekke. Fast in jedem Br*iefe* Pauli ist das Christenth*um* ganz enthalten u*nd* wer den an die Römer versteht, dem wird auch der an die Galat*er* klar sein u*nd* eben so verhalten sich auch Ephes*er* Coloss*er* u*nd* Philipp*er* zu einander. Zu einer kursor*ischen* Erklärung scheint es mir, eignen sich vorzüglich die 3 ersten Evangel*ien* zu einer statarischen der Johannes u*nd* einige Br*iefe* Pauli, in denen er

---

36 etwas] davor ⟨et⟩ / 37 sie] *korr. aus* Sie 48 er] *über* ⟨sie⟩ 49 lerne] *korr. aus* lernen 54 Ephes*er*] Epehes

---

28 *Vgl. z.B. Johann August Ernesti: Institutio interpretis Novi Testamenti, Leipzig* [4]*1792; Johann Salomo Semler: Vorbereitung zur theologischen Hermeneutik, 4 Bde., Halle 1760–1769* 30–32 *Vgl. z.B. Samuel Friedrich Nathanael Morus: Svper hermeneutica Novi Testamenti acroases academicae, 2 Bde., Leipzig 1797–1802; Johann August Nösselt: Opuscula ad interpretationem Sacrarum Scriptuarum, 2 Bde., Halle 1785–1787*

seine eigenthümlichen Ideen besonders kräftig heraushebt. Auf diese Weise vermeiden Sie alle Collision mit Knap u*nd* Nößelt u*nd* stiften unendlich mehr Gutes. Die Idee der eignen exeget*ischen* Uebungen der Zuhörer finde ich fürtreflich u*nd* werden Sie dazu gewiß Abschnitte aus solchen Büchern wählen, die Sie nicht erklärt haben, die aber mit den erklärten durch ähnliche Vorstellungen in Verwandschaft stehen. Wegen der ausführlichen Einleitungen, deren Sie erwähnen, wollte ich noch bemerken, ob es nicht vielleicht gut wäre, | diese n i c h t voranzuschikken, sondern am Ende der Erklärung beizufügen. Ich weiß nicht, ob es mehreren so geht, mir wird eine solche Einleitung (zB. die vor Ihren Dialogen des Plato) immer viel verständlicher u*nd* auch viel nüzlicher, wenn ich sie zulezt lese. Endlich hätte ich, was die Sprache betrift, noch wohl einen Wunsch. Da nämlich das A*lte* T*estament* auf Schulen wenig, oder gar nicht mehr gelesen wird, also den jungen Leuten, die jetzt die Akademie beziehen, weit fremder ist, als dieß in älteren Zeiten der Fall war; sollte es nicht gut sein, wenn neben demselben irgend ein Buch der Septuaginta, oder von den Apokryphen kursorisch gelesen würde, oder Abschnitte aus Josephus u*nd* Philo? Ihnen ist dieß auf keine Weise zuzumuthen; aber vielleicht wäre Ihr Freund Vater dazu erbötig. Er könnte ja den Pentateuch, oder die Sprüchwörter u*nd* den Siraziden besonders abdrukken laßen, was schon an sich verdienstlich wäre, da es gewiß nicht wenig Candidaten u*nd* Prediger giebt, die kaum eine Septuag*inta* gesehen haben. Dem Studium des Hebräischen würde dieß auch schwerlich abbruch thun, ja es wohl gar befördern u*nd* auch eine weitere Lektüre des A*lten* T*estaments* erleichtern. |

Mit dem Allen (u*nd* was mich daher an allen Ihren Bemühungen im jezzigen Verhältniß immer am meisten erfreuen wird) kömt nun gewiß auch mehr Ernst u*nd* Wichtigkeit in das theolog*ische* Studium. Hat man doch bisher geglaubt mit etwas Philosophie, verdaut, oder unverdaut, ließe sich über das Christenthum urtheilen u*nd*, wenn es Gott gefiele, daßelbe wohl ersetzen. Lernen nur die jungen Leute erst wieder einsehen, es gehöre auch Fleiß u*nd* ein großer Umfang von Kentnißen zu einem tüchtigen Geistlichen, so werden sie sich auch mehr für die Sache intereßiren, u*nd* dann so viel leichter auf den rechten Gesichtspunkt gehoben werden können. Das ist doch den meisten Menschen allein werth, was ihnen recht schwer gemacht wird u*nd* das Christenthum war eine weit

---

69 A*lte*] *Neue*   Schulen] *korr. aus* s   81 erleichtern.] *über* ⟨befördern.⟩

---

76 *Das apokryphe Buch Jesus Sirach*

größere Angelegenheit, als jezt, da es noch mit Beschwerlichkeiten überladen war. Und scheuchte gar diese größre Anstrengung die Unwürdigen u*nd* Unfehigen von der Theologie ganz zurük; wie sehr müßte man sie den*n* auf alle Weise befördern. In eben dieser Rüksicht ist's mir auch lieb gewesen, daß das Triennium gesezlich | geworden. Dadurch muß doch die Bildung des künftigen Geistlichen unfehlbar an Vielseitigkeit gewinnen u*nd* die Profeßoren werden veranlaßt, wieder manches Nüzliche mit ihren Zuhörern zu treiben, wozu ehedem keine Zeit zu sein schien. So wird sich dann hoffentlich auch von der Akademie aus das Beßre vorbereiten, das wir bedürfen u*nd* worauf alle Guten so sehnlich hoffen. Es ist hohe Zeit, daß mehr Ernst, aber auch mehr Liebe, mehr Geist u*nd* mehr Sinn zu denen komme, die das Heilige fördern u*nd* bilden sollen. Das Herz mögte einem brechen, wenn man auf den größten Theil der Geistlichkeit des Landes hinsieht. Meine ersten Arbeiten im Consist*orium* betrafen Zänkereien zwischen Predigern; Sie können denken, wie mir dabei zu muthe ward. – Schon seit einigen Jahren habe ich es mir zur Pflicht gemacht, wo ich irgend mit einem Candidaten in Berührung kam, ihm etwas Sinn für die große Sache einzuflößen, aber noch habe ich keinen Einzigen gefunden, dem diese Anregung willkommen gewesen, oder der sie verstanden u*nd* überhaupt gewust hätte, was er selbst vor allen | Dingen sein u*nd* was seine Tätigkeit künftig bewirken sollte. Die meisten hielten mich für ein Residuum der alten Orthodoxie u*nd* sahen mich mit großen Augen an. Was ist nun dabei zu thun, mein lieber Schl*eiermacher* u*nd* wie ist der Candidatenwelt pro nunc zu helfen, oder vielmehr, was ist zu thun, daß das Uebel nicht größer werde? Gerne sezte ich meine eignen Gedanken über die Bildung des Geistlichen auf u*nd* schikte sie Ihnen vor dem Druk zur Durchsicht, aber es mögte ein völlig vergebliches Unternehmen sein u*nd* Hanstein gar es für Polemik, oder Correktur seiner Vorschläge halten. Der relig*iöse* Sinn mus hergestelt werden, aber wie ist es möglich, so lange er denen fehlt, die ihn gründen u*nd* ausbreiten sollen. Welche Umzäunung wäre zu machen, die den unheil*igen* Geist von unsern jungen Brüdern abhielte u*nd* welche Stütze anzubringen, damit die Candidatenwelt als eine insula fortunata auf der Flut der Unheiligkeit u*nd* Unlauterkeit oben erhalten würde? – Doch vielleicht ein mahl mehr dar-

96 Weise] *korr. aus* weise **113** was] *korr. aus* [ ] Tätigkeit] *folgt* ⟨vor⟩ **126–128** Doch … *[ ]*] *D:* Doch vielleicht mehr darüber ein andermal. Für heute leben Sie wohl. Mit herzlichen Grüßen Ihr Gaß.

96 f *Eine königliche Konstitution hatte für das Studium die Höchstdauer von drei Jahren festgesetzt, vgl. Johann August Eberhards Vorrede zum Hallenser Catalogus praelectionum des Wintersemesters 1804/05: „Studiis in hac Universitate litterarum Vestris iam publica et regia auctoritate triennii cursum constitutum esse, alio loco a nobis edocti estis, Comilitones."*

über. Ich muß Ihnen u*nd* mir noch etwas Raum u*nd* Zeit zum plaudern über andre Dinge ersparen. | *[ ]*

**1909. An J. E. Th. und H. von Willich. Vor dem 27. 1. 1805*

1910. Von H. von Willich, mit einem Zusatz von E. von Willich. Sagard und Stralsund, Sonntag, 27. 1. bis Sonnabend, 2. 2. 1805

Sagard Sonntag 27 Ja.

Wie sehr große Freude haben mir Ihre beiden lezten Briefe gemacht – mein theurer Vater! wie fühle ich dann immer aufs neue – wie sehr Sie uns lieben u*nd* wie sehr wir Sie lieben. Was sind Sie für ein Freund! – wie treu in Freude und im Schmerz. Es that mir sehr wohl was Sie in Ihrem ersten Briefe über Leonore mir sagten. Lieber Schleier es ist mir auch gar nicht unangenehm daß Sie die Briefe an Jette gelesen haben, ich weiß nicht was über Leo*nore* darin steht, aber ich weiß gewiß daß es kein Zweifel an Leo*noren*s herrliche Seele gewesen ist, es ist vielleicht ein Ausbruch gewesen, daß Sie nicht glücklich sind, daß Leonorens unseeliges Geschick sie immer hinderte, Sie glücklich zu machen. – Ich kann es mit Wahrheit sagen daß ich L*eonoren* geliebt habe seit ich sie kannte, daß mein Herz immer laut für sie sprach wenn ich gleich ihre Schritte nicht alle begriff. Und seit ich einen Brief von ihr an Sie gelesen ist mir als könne ich sie ganz begreifen als sei mir der Zustand ihrer Seele ganz klar. | Ach lieber Schleier ich kann es Ihnen nicht sagen wie Leonorens Brief auf mich gewirkt hat. Wie ich mich in Liebe zu ihr hingezogen fühle, – wie mich jede Zeile ihres Briefes gerührt hat – Welch ein tiefes heiliges Herz wohnt in ihr! wie dringt das Schicksal gewaltig auf dies Herz ein als ob es zerrissen werden sollte. Welche seelige Ruhe wird sie in Ihren Armen finden,

---

1910. *Überlieferung: H: BBAW, SN 423, Bl. 10–12; D1: Br 2, S. 14 f. (Auszug); D2: Schleiermacher: Briefwechsel mit seiner Braut, S. 31–33 (gekürzt)* **12** habe] *mit Einfügungszeichen über der Zeile* **16** auf] auch *Kj* auch auf

---

***1909.** *Vgl. Brief 1910, 2 f.*

1910. *Mit einem Paar selbstgefertigter Handschuhe als Geschenk (Zeile 59–62)* **2** *Briefe 1894 und *1909* **5–7** *Vgl. Brief 1894, 36–64*

wenn sie überwunden hat – Gott wird ihr beistehen, es ist ein schwerer Schritt – ich kann es ganz begreifen wie unsäglich schwer er ist wenn auch jenseits das hellste Leben leuchtet. Grüßen müßen Sie Ihre L*eonore* wenigstens von mir – doch ich sage ihr wohl selbst einen Gruß wenn Ehrenfried schreibt, aber das müßen Sie ihr sagen daß Sie mich lieb haben u*nd* daß ich Ihre Tochter bin. Nächst dem Glück welches mein Ehrenfried mir giebt, worüber könnte ich mich mehr freuen als über Ihre Liebe? –

Stralsund Sonnabend.

Ich dachte es nicht wie ich diesen Brief anfing daß ich ihn erst in Stralsund beenden würde, aber früher als unsere Absicht war mußten wir hierher zurück kehren weil Ehrenfried Amtsgeschäfte riefen. Sein Mitprediger hat plötzlich binnen 8 Tagen Vater Mutter | und Tante verloren, Alle lange kräncklich u*nd* in die 70 hinein. Mariane u*nd* Louise mißen uns ungern um so mehr da Willichs erst um 8 Tage zu Hause kommen werden; sie jezt zu verlassen ging mir nahe, doch freute ich mich auch recht zu Stralsund, gestern den 1ten Febr*uar* sind wir zu Hause gekommen. Sehr gut ist mir zu Muthe – wir sitzen beide an einem kleinen Tisch vor dem Windofen u*nd* schreiben, Ehrenfried an seiner Predigt u*nd* ich an Sie. Ja mein lieber Schleier wir sind ganz so glücklich als Sie sich uns denken. – Ach könnten Sie bald einmahl bei uns sein! mich verlangt zuweilen recht nach Ihnen und Jette, die theure Jette! Wie mag es sein können daß oft eine Zeit hingeht in der ich nicht viel an Sie u*nd* an Jette denke u*nd* nicht so mit Ihnen lebe – Aber dann kommt es so ganz und innig wieder, lebendiges Andenken innige ewige Liebe fühle ich so kräftig. Ich darf auch nicht dafür geweckt werden durch irgend eine Veranlassung, wie höhere Augenblicke so ungerufen komt oft mir die lebendige Empfin|dung für Sie. Sie müssen auch ja nicht glauben lieber Schleier daß ich je einen Augenblick könnte mit Kälte an Sie blos d e n k e n, wenn ich Ihrer denke so habe ich Sie ganz als mein geliebter Vater u*nd* treuster Freund – und das sind mir wohl köstliche Momente – aber ich lebe nicht so in jeder Stunde mit meinen Freunden fort wie ich glaube daß Einige mit ihren Geliebten es gerne thun – ich lebe zu viel in der Gegenwart weil die meine so schön ist – Ich möchte es wohl anders es läßt sich wohl hier eine herrliche Verbindung finden – ich bin ruhig, es muß und wird noch

34 kommen] *korr. aus* gekommen

33–35 *Marianne Dreist, geb. von Willich und Luise von Willich; Willichs sind Heinrich Christoph von Willich und seine Frau Charlotte.*

vieles besser mit mir werden, ich halte mich sehr an Ihre Worte mich nur immer hingehen zu lassen, ich will nichts in mir hervordrängen – Sie werden mich auch nicht in meiner Äußerung mißverstanden haben, was spreche ich davon noch –

Sie erhalten hier die kleine Arbeit die ich mit großer Freude für Sie gemacht habe, tragen Sie nun diese Handschue auch recht zu meinem Andenken u*nd* würdigen Sie sie zuweilen so daß Sie sie in die Kirche anziehen – | ich habe darum die schwarze Farbe gewählt. Sobald Willichs zu Hause sind wird Louise in Marianens Begleitung zu uns kommen, u*nd* bei uns bleiben – Sehr lieb ist es mir daß wir es so einrichten können. Louise wird auch ihr eignes Zimmer bekommen. Sie wird das bewohnen worin Sie mit Ehrenfried geschlafen haben, es ist ganz freundlich, wir werden so lange noch geheitzt wird in dem größten Zimmer das eigentlich Fremdenstube ist, wir im Winter aber wenig gebraucht u*nd* nicht gewöhnlich geheizt haben, schlafen, hernach aber eine Kammer beziehen die Sie wohl nicht kennen.[1] Es geht auf diese Weise recht gut, es ist für uns fast gar keine Entbehrung dabei, obgleich Louise sich hierüber auch wieder unruhige Gedanken macht. Sie werden ihr wohl vergehen wenn sie sieht wie gerne wir sie bei uns haben u*nd* wieviel sie uns überhaupt sein wird. Lieber Schleier wie gut bin ich Ihnen dafür daß Sie uns Louise gleich zugedacht haben, ich bin auch überzeugt daß Ehrenfrieds Umgang u*nd* meine Liebe eine gute Pflege für sie sein werden – |

Heute Nachmittag waren wir eine Stunde bei der Cummerow, sie ist sehr sehr krank gewesen, und hat unbeschreibliche Schmerzen gelitten, diese ziehen den ganzen Körper durch, bald sind sie im Kopf, in der Brust, in den Zähnen, dabei hat sie heftige Krämpfe; kurz sie leidet viel obgleich ich nicht recht weiß was es ist, die einzige Erleichterung geben ihr warme Bäder, Es ist wohl ein unheilbares Uebel – Sehr herzlich nimmt sie alles auf was ich ihr von Ihnen sage und freut sich sehr eines Grußes der von Sie komt – ich glaube es würde ihr eine große Erquickung sein wenn Sie mahl an sie ein paar Worte schrieben – die Arme hat ohnehin wenig Freude auf der Welt – die Freundschaft muß ihr Vieles ersetzen, die Kunst giebt ihr auch viel Genuß wenn ihre Gesundheit nur erträglich ist. Die beiden Freundinnen sind mir recht lieb.

---

60 habe,] *folgt* ⟨trge⟩ 85 Sie] *korr. aus* sie

---

62 f *Vgl. Zeilen 33–35* 88 *Wohl Charlotte Cummerow und Charlotte Pistorius*

Viel Schönes u*nd* liebes schicke ich Ihnen, von Lotte Pistorius von Lotte Kahten – Haben Sie mich immer lieb lieber Vater,

Ihre Tochter.

Ich küsse Ihre Vaterhand.

---

[1] [*Ehrenfried von Willich:*] Zu Deiner Zeit war sie Garderobe.

1911. Von L. von Willich. Sagard, Sonntag, 27. 1. bis Dienstag, 19. 2. 1805

Songt d 27. Januar.

Es war nicht mein Vorsaz Ihnen Heute zu schreiben, aber ein inniges Gefühl zieht mich zu Ihnen hin, und ich folge gerne diesem Gefühl.

Ehrenfried begräbt eben eine Leiche – der Todtengesang unterbricht mich – ach lieber Schleier! wär mir doch erst wieder beßer zu Muthe –! Ehrenfried und Jettchen sind hier, sie geben mir Liebe und Freundlichkeit – nein, die Glocken gehn so dumpf – ich lege das Blatt weg, bis auf ein ander mal –

Sontag d*en* 17t*en* Februar Morgen halb 11 Uhr

Eine lange Zeit ist vergangen, seit ich Ihnen diese trüben Worte sagte, ich könnte sie zurükbehalten, aber sie gehörten ein mal Ihnen und so laße ich sie stehn, was hülfe es mir auch, wenn ich nur diese oder jene Stimmung für Sie herausheben wollte, aus meinem ganzen Wesen – nein, sehen Sie mich wie ich bin, und sehen Sie mich nicht recht, so ist's wohl nicht meine Schuld, denn wahrlich ich könnte Ihrer Freundschaft nicht froh werden wenn ich Ihnen wißentlich je etwas könnte verbergen wollen was in mir vor geht.

Ich habe seit meine Mutter todt ist, nicht so viel geschrieben wie sonst – es wird mir immer so erstaunlich wehmütig, beim schreiben, so daß ich dann immer zuviel weine – Geht es Heute wieder so, so bleibe ich nicht lange bei Ihnen, – bei Ihnen wohl doch, aber ich schreibe nicht lange, und sende Ihnen dies Wenige, um wie ich hoffe bald wieder etwas von Ihnen zu erhalten.

---

90 Kahten] *folgt* ⟨⟨von⟩⟩ ⟨Louisen⟩ **93** Zu … Garderobe.] *mit Einfügungszeichen über der Zeile*

1911. *Überlieferung: H: BBAW, SN 427, Bl. 8 f.* **19** mir] *über der Zeile*

Die Zeit meines Lebens hie in Sagard, neigt sich dem Ende, nur wenige Tage werde ich wohl noch hier sein, wenn anders mein Unwohlsein, was aus Husten und Schnupfen besteht, abziehen will. Nur wenige Tage noch – | dann verlaße ich Sagard, – Jasmund – lieber Schleier! ich weiß es, wohin ich jetzt gehöre, ich weiß was Gutes ich zu erwarten habe. Sie wißen es auch – aber wißen Sie es denn auch, daß ich manchen Schmertz noch zu besiegen habe? manchen s t i l l e n Schmerz, denn recht ist es nicht ihn laut werden zu laßen – und ich will es auch nicht – oder sollten Sie wohl das schmerzliche Gefühl auch kennen, so zu scheiden von dem alten –? – sehn Sie lieber Schleier, mir ist, als wenn ich Ehrenfrieds, als wenn ich überhaupt mein Schiksaal unrecht thue, daß ich d i e s e n Schmerz so fühle – doch hab ich ihn, ich hab ihn wirklich – So lieb war mir mein Jasmund mit seinen Höhen und Tiefen – mit seinen Seen u*nd* Flüßen – mein Sagard – unser Haus – mein Pläzchen am Fenster, wo mir Sontags Morgens oft Ihre Briefe gebracht wurden – die grüne Linde – mein kleiner [Weber] Kreis – es war mir lieb – nicht jezt erst ist mir's lieb geworden, – wenn ich es laßen muß – nein immer sehnte ich mich darnach, wenn ichs eine Weile hatte laßen müß*en*, wenn ichs gerne auf einige Zeit für etwas Andere vertauscht hatte, und wie wohl war mir dann, wenn der alte Fährman mich wieder herüber holte im kleinen Kahn –! ich hatte wohl auch meine Sorgen – ja die hatte [*ich*] – aber sagte ich es Ihnen nicht mein Freund, daß ich nicht an das Ende dieser Sorgen denken mögte? – (Sehn Sie da muß ich schon wieder so viel weinen und werde wohl nicht lange schreiben können) ach es ist vatal |

Ein neuer Zeitpunkt meines Lebens fängt nun an – bald wird mir das frühere als ein Traum erscheinen – Ich habe Kopfweh – ich will mich e*in* bischen niederlegen – die Meinigen sind von ihrer Reise Gestern glücklich heim gekehrt, und ich will Hane bitten mir ein bischen zu erzählen –

Mondtag, Morgens – d*en* 18t*en*

Lieber Schleier! – nur einen Morgengruß will ich Ihnen Heute geben, mir ist zu Muthe als wenn ich ein bischen krank gewesen bin – ich war Gestern da die Bobbiner hier waren in zu großer Bewegung – Tante und Lotte Frank hatten, den guten Herman Baier erst nun die Nachricht von meiner Mutter Tode gegeben, sie zögerten damit, weil ihn diese Nachricht

---

25 ich] *über der Zeile* 29 Schmertz] *korr. aus* Schmertze 43 herüber] *korr. aus* hin

---

1911. 50f *Heinrich Christoph von Willich und seine Frau Charlotte* 55 *In Bobbin wohnte die Familie des verstorbenen Pastors Beier (Baier). Die Tante ist Margarethe Amalia Baier.*

sehr betrüben wird – er hatte meine Mutter sehr lieb, unsre Mütter sind Schwestern, – Sie wollen mir ja meine Wehmuth nicht nehmen – dafür danke ich Ihnen!! Aber wollten Sie es auch, es würde Ihnen nicht helfen. Ich wollte jezt nicht schreiben und nun wird es mir schwer dies Blatt zu laßen – aber immer schreibe ich nur von mir – lieber Schleier! Sie sind so gut u*nd* lieb, darum denke ich weiter nicht daran, wie Sie es auch nehmen, wo sich das Herz gerne öfnet, da findets ja auch ein ofenes Herz! Wüste ich nun nur erst bestimt den Tag da ich abreise, wäre ich nur erst wieder einheimisch geworden. Schleiermacher! Sie verstehen mich doch nicht unrecht! Sie wißen es ja wie ich Ehrenfried und seine Henriette liebe wie gerne ich mein Schiksaal an das ihrige knüpfe? wären nun Sie, und große liebe Jette, erst ein mal bei uns in Stralsund gewesen | die Stadtluft – ach wie wird mirs damit gehn – nein das ists nicht was ich fürchte – ich fürchte wohl nichts, was ich zu erwarten habe – aber nicht behalten können was mir lieb wahr –? Guter Schleier, mögten Sie doch bald ein vollkommnes Glük erlangen, so vollkommen als es sein kann –! ich muß jezt aufhören – doch habe ich Ihnen noch etwas zu sagen, aber nachher. Jetzt gehe ich mit mein Spinrad in die Vorstube, zu den Kindern, u*nd* zu den Großen.

Dienstag Morgens – d*en* 19*ten*

Ich habe eben Theodor angezogen, und den Kleinsten der jezt von der Amme entwöhnt wird, eine Stunde getragen. Übermorgen den 21*ten* reise ich mit Mariane nach Stralsund. Lieber Schleier! wenn der Theodor sich so gerne von mir an und auskleiden läßt, wenn mich das Kind so lieb hat, ich kann Ihnen nicht sagen wie mir das wohl thut – ach in diesen 6 Wochen hab ich immer mit den Kindern gelebt –! wenn ich das Kleinste herrliche süße Kind auf den Arm habe, ein Andrer es nehmen will, und es dann die kleinen Ärmchen um mich schlingt – und mich nicht los laßen will – lieber Schleier ich mögte es in mein Herz legen, – wenn ich nun ein mal zum Besuch komme, kennt mich der kleine Engel nicht mehr – Ich hab es den Kindern nicht gesagt daß ich nicht mehr bei ihnen wohne. Sie wollen nicht mal daß ich ausreisen soll – Theodor sagte Gestern: „ich weiß schon was ich thu, immer wenn Du nach Stralsund reist reise ich mit Dir, ja das thu ich“ ach lieber Schleier –

---

63 nicht] *über der Zeile* **70** wie] *über der Zeile* **72** Sie] *korr. aus* sie **75** die] *korr. aus* der **83** wenn ich] ich *über der Zeile* **84** es nehmen] es *über* ⟨ihn⟩ **86** es] *über der Zeile* **90** immer] *davor* ⟨immer⟩

---

58 f *Daß Marianne Regina von Willich, geb. Schwarz, und Amalie Baier, geb. Behrens, näher miteinander verwandt waren, ist nicht bekannt.* **69** *Henriette Herz* **78 f** *Die Kinder ihres Bruders Heinrich Christoph von Willich* **80** *Marianne Dreist, geb. von Willich, Luises Schwester* **83 f** *Karl Adolf Philipp Simon von Willich*

Die Kinder werden mich nicht lange vermißen, ich werde ihnen fremd werden. Vermißen wird mich am mehrsten u*nd* längsten die gute Hane. Ich habe mit Allen in Liebe gelebt! Des freue ich mich! auch mit Hane, aber wir beide hatten doch wieder noch unser eignes Leben mit ein ander – wir verstanden uns auch da, wo es nichts Algemeines werden konte – u*nd* Willich hab ich so herzlich lieb, sein rasches frisches Leben! – Adieu lieber guter Schleier! zum lezten mal adieu hier aus mein liebes liebe*s* Sagard – Ein neuer, u*nd* wohl der lezte Abschnit meine*s* Lebe*ns* fängt nun an! –

Luise

1912. Von G. A. Reimer. Berlin, Dienstag, 29. 1. 1805

Berlin am 29n Jan. 1805

Schon längst hätte ich schreiben und Deinen Brief beantworten sollen, lieber Freund, allein ich war durch meine Unpäßlichkeit so zurückgesetzt worden, daß so viel ich auch Tags zuvor daran denken mochte zu schreiben, ich doch gewöhnlich am Posttage selbst, durch das Treiben der Geschäfte, meines Vorsatzes vergaß, oder sonst an der Ausführung desselben verhindert wurde.

Dein Bruder war gerade bei mir wie Dein Brief an ihn einging und ich konnte ihm also solchen unmittelbar zu eignen Händen übergeben. Hermbstädt, so vergeßlich und unachtsam er auch sonst seyn mag, hatte unseres Auftrages nicht vergessen und ihn gleich zu mir geschickt. Deine Schwester ist nun leider zu Deinem gewiß großen Mißvergnügen nicht mitgekommen, und Du wirst Dich den Winter nun noch einsam hintreiben müssen. |

Die Noten sind gleich am nächsten Posttage nach Deiner Abreise von hier abgegangen, und ich begreife nicht wie sie an dem Tage, wo Du schriebst, noch nicht in Deinen Händen seyn konnten; auf meine deshalb bei der Post geschehene Anfrage hat man mir zur Antwort gegeben es sei alles richtig abgegangen. Hast Du es nicht erhalten, wie ich nicht fürchten

---

95 unser] *davor* ⟨ei⟩

1912. *Überlieferung: H: BBAW, SN 358, Bl. 68 f.* 6 der] die 15 Die] *folgt* ⟨Bücher⟩

---

97 *Heinrich Christoph von Willich*

1912. *Mit Büchern (Zeile 25 f.)* 2 *Brief 1898* 8 f *Brief *1897; vgl. Brief 1898, 9–13* 11–13 *Nanny Schleiermacher* 15–19 *Vgl. Brief 1898, 19–22*

mag, so gieb mir bald Nachricht, damit ich deshalb einen Laufzettel abgehen lassen kann.

Von Deinen Sachen hat sich auch weiter nichts gefunden, was mir sehr unangenehm ist; aller Verdacht fällt auf Belger und ich muß ihm mehr auf die Finger sehen, und wenn ich ihn ertappe, abschaffen.

Von Büchern erhältst Du heute einige, die sich wider Absicht und Willen hieher verirrt haben; die übrigen werden wohl alle durch Vermittelung der Gleditschischen Buchhandlung in Deine Hände gelangt seyn. |

Zu unserm Abschluß habe ich nicht kommen können, und wer weiß ob ich vor dem Schluß des künftigen Monaths dazu im Stande bin; trotz meinem deshalb gegebenen Versprechen: allein ich habe der Herz die in Deinem Briefe gedachte Summe angeboten, die sie aber unter dem Vorwande ausgeschlagen hat, sie habe schon Geld erhalten, und bedürfe dessen jetzt nicht: willst Du sie nun etwa nicht zu der Annahme bereden? Du erwähnst bei dieser Gelegenheit auch der Zinsen; allein es wäre wunderbar wenn ich in diesem Jahr Dir diese berechnen wollte, da ich das Geld die meiste Zeit selbst in Händen hatte: im nächsten Jahre laß uns davon reden.

Es thut mir leid, daß ich die Platonischen Dialogen des Heindorf nicht drucken soll; ich hätte sie gern übernommen. M*anuscri*pt sende mir doch sobald es Dir erlaubt ist.

Süvern hat mir wahrhaftig geschrieben er wäre aufgefordert worden Theil zu nehmen an der Jen*aischen* Zeit*ung*; ob er aber | nicht zugleich schrieb er habe die Aufforderung abgelehnt weiß ich nicht mehr mit Gewißheit; allein es muß wohl so seyn. Die Anzeige der Gutachten in der A*llgemeinen* D*eutschen* B*ibliothek* muß in einem der letzten zwei oder drei Bände sich finden (ich glaube im 92n)

Deinen Brief an Leonoren habe ich den zweiten Tag nach Deiner Abreise an Taubenheim geschickt und ihn gebeten mir bald Nachrichten von L*eonoren* hören zu lassen, allein er hat meine Bitte nicht erfüllt; und mir war es nicht erlaubt Nachrichten von ihr einzuziehen. Ich ärgere mich öfters daß ich mich so von nichtsnutzigen Dingen muß umher stoßen lassen, und mir keine Zeit bleibt, oder nicht mehr wenigstens, für das

---

25 wider] *korr. aus* wied 28 Zu] *korr. aus* Den *oder* Der 49 hat] *folgt* ⟨kein Wort⟩

---

20 *„Laufschreiben (Laufzettel) werden von den Verkehrs- (Post-, Telegraphen- und Eisenbahn-) Anstalten erlassen, um den Verbleib von Sendungen oder die Ursachen von Verzögerungen in deren Überkunft zu ermitteln. Die L. sind bestimmungsgemäß von Anstalt zu Anstalt zu senden in derselben Reihenfolge, wie die betreffende Sendung sie berührt hat." (Meyers Konversations-Lexikon, 6. Aufl., Bd. 11, S. 73)* 28–37 *Vgl. Brief 1898, 32–39* 38–40 *Vgl. Brief 1898, 43–45* 41–46 *Vgl. Brief 1898, 51–57* 47 *Brief *1895*

emsiger zu wirken was mir am Herzen liegt; ich muß jetzt immer noch zu sehr für meine bürgerliche Existenz kämpfen, um dereinst ruhiger seyn zu können.

Zum Schluß will ich Dir noch zwei frohe Nachrichten ertheilen: ich suchte gestern die Herz auf, die ich nicht fand, traf aber Brenna, zwar im Bette, aber sehr wohl aussehend, zu meiner herzlichen Freude, und auch ihrer eigenen Versicherung nach sehr wohl; und darauf kann man sich verlassen. Dann hat auch Manon gestern und vorgestern schon das Bette verlassen.

Wir sind alle wohl und Dir mit herzlicher Liebe zugethan

Das Exempl*ar* der Predigten, was Du bestellt hast erhältst Du hiebei auch. Hattest Du es für Luise Willich bestimmt, wie mich dünkt, so schreib es mir nur und ich werde ein anderes Exempl*ar* binden lassen und an sie absenden. Die Reden habe ich jetzt gekauft: der Vorrath beträgt 168 Ex*empl*are

1913. Von H. Ch. von Willich. Plön, Donnerstag, 31. 1. 1805

Plön in Holstein d. 31. Jan. 05.

Bis zu einer festlichen Zeit, festlich für Sie und für mich, edler Freund, wollte ich mirs aufsparen teils, Ihnen zu antworten, teils Sie schonen in dem frühen Zeitpunkte, da Sie von Geschäften bedrängt und von unerfüllten Hofnungen gespannt unmöglich von Ihren dankbaren Korrespondenten gejagt werden durften. Es war Anfangs Novembres, da ich Ihr Brieflein erhielt und mit Louise einstimmig diese Aufopferung beschloß – Gerne auch wollte ich zuvor erwünschtere Nachricht über Ihre Eleon*ore* haben; denn, ich gestehe, schwer wäre mirs geworden darüber zu schweigen, schwerer noch vieleicht, etwas eindringendes zu sagen – Ich begnügte mich für Sie zu wünschen und zu hoffen. Dazu forderte mich Ihre Liebe und mein Herz auf; und wie froh bin ich, daß ich Sie, so weit die lezte Nachricht gieng, nun beruhigt und erfreut weiß – so ist es doch noch?

---

53 liegt] *über der Zeile* jetzt] *mit Einfügungszeichen über der Zeile* 63–67 Das … Ex*empl*are] *am linken Rand* 65 lassen] *unter der Zeile*

1913. Überlieferung: H: BBAW, SN 421, Bl. 1 f. 6 Novembres] IXbres ich] *korr. aus* ihr

---

63 *Vgl. Brief 1878, 21 f* 66 f *Die Restexemplare der ersten Auflage der bei Unger in Berlin erschienenen „Reden" „Über die Religion"*

*1913. 7 Brief *1842 Luise von Willich*

und das ist die festliche Zeit, zu der ich es sparte. Sie haben, lieber Schl*eiermacher*, mancherlei Dornen wegräumen müssen, um die Rose zu gewinnen – lange sie in voller Blüthe vor sich und zu Ihnen sich hinneigen gesehen – möge sie, wie offen und entfaltet sie ist, Ihnen nun wenigstens sicher zu Teil werden! Aber das eben erhöhet den Preis des gewonnenen Kleinods und ein Rückblick auf den daran gewagten Kampf sichert es für die Zukunft gegen jede Verminderung seines Werths. So denke ich mir Sie jezt dem Ziele nahe und das ist mir die festliche Zeit in Rücksicht Ihrer, das ist sie denn auch mir dadurch und zugleich durch meinen Besuch, den ich hier, 30 Meilen von der Heimath, einer Freundin gebe, die meinem Herzen sehr nahe ist. Mit meinem behenden Lottchen habe ich die WinterReise gemacht und, das Bedürfnis etwaniger Beschäftigung zu befriedigen, wähle ich die angenehmste dazu aus |

Es ist eine von den zu spät gemachten Bekanntschaften, die ich vor 2 Jahren mit einer jungen Witwe machte, der ich jezt mit Einstimmung meines Lottchens huldige, so gut ich kann – sie kamm aus Spanien nach Sagard und wir waren seit dem ersten Augenblik unsers Zusammentreffens, so zufällig es war, als hätte es so seyn müssen – sie wiederholt ihre Besuche zu uns und dies ist der erste Gegenbesuch – ich muste alle ihre Umgebungen kennen lernen – und es ist eine Vollendung jezt in dem Bilde der Abwesenden, wenn ich heimkehre, die uns keinen Augenblik wird getrennt seyn lassen – Schade daß ich gegen Sie nicht auf dieses mein Verhältnis zu sprechen kamm – es ist die einzige Erfarung meines Lebens, die mir, der ich die 2te Frau habe, für mein Herz genügt und ist ihr, der sie den Mann todt hat, eben so – Beide Frauen lieben sich innigst und sind über das Verständnis zwischen uns durchaus einig, friedlich und froh – Jedes, wie gesagt, hätte gerne mit Ihnen darüber gewechselt. Es ist mir, wie andere, in meiner Jugend gewesen – ich glaubte und hofte lange, die einzige treffen zu müssen, mit der ich das Leben teilte – ich fand sie nicht und es schmerzte mich nicht wenig – aber ich muste für Haus und Körper eine Frau haben, und war glüklich genug, eine, und die jezzige Zweite zu finden, bei der das Herz nicht leer ausgieng – Ich habe in meiner Ehe viel frohe Stunden des häuslichen Glücks gehabt und habe sie noch fortwärend – Welch einen Eindruck aber es auf mich gemacht | nach diesem allem, vor 2 Jahren eigentlich die erste Liebe zu erfaren – wie

---

16 Blüthe] *folgt* ⟨[sie]⟩ **20** seines] *über* ⟨ihres⟩

---

24 *Charlotte von Willich, geb. von Cronhelm* **28** *Margarete Dorothea Simon; vermutlich ist sie identisch mit der in einem Brief von Luise von Willich erwähnten Frau Simon, die im Juli 1804 in Sagard weilte, vgl. Brief 1783, 97.109–111 (KGA V/7).*

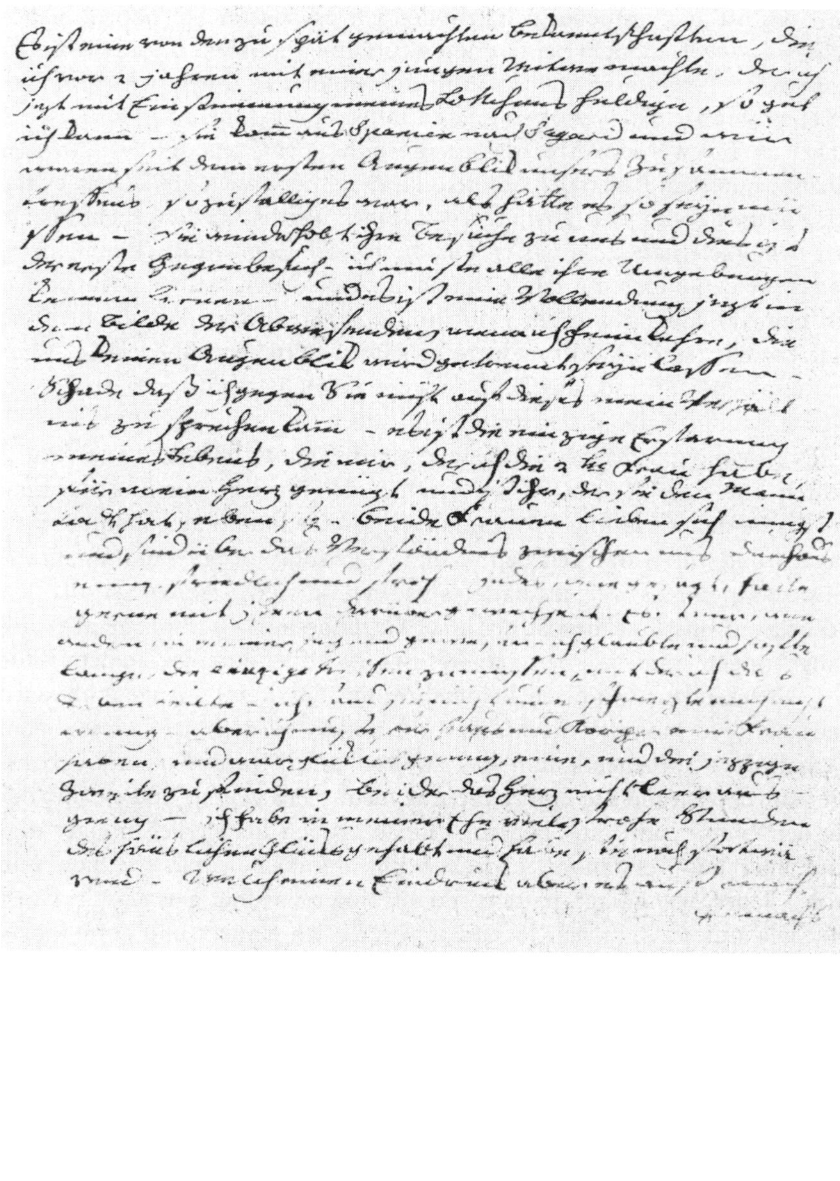

unaussprechlich wohltätig sie auf mich gewürkt hat und fortwärend würkt, da nichts sie stört und hindert, als das Band, das mich nichts weniger als unzufrieden an meine jezzige Frau bindet, die jene viel mehr geleitet und gefördert hat, das läßt sich schriftlich nicht darlegen – Aber folgern müssen Sie daraus, edler Freund, daß sie Ihr Verhältnis zu empfinden weiß und nur, um zu Ihnen über Sie sprechen zu dürfen, spreche ich von mir. Wiewohl meine Doris hier in ihrer Ehe ein ebenso modificirtes Glück genossen, blieb ihr dieselbe Sehnsucht nach einem Unbekannten – und wiewohl sie, hinlänglich im Gewühl der Menschen umhergetrieben, ihn in mir gefunden: so ist doch uns beiden der Gedanke auf eine äusserlich nähere Vereinigung unmöglich. Die Seelengüte und Vortreflichkeit meiner beiden Frauen würde es nicht zulassen, wenn je ein Sturm der Liebe im Stande gewesen wäre, mein Herz über den Verstand hinwegzuschleudern. Anders muß das Verhältnis Ihrer Eleon*ore* seyn zu dem, der sie bis jezt gebunden hat; sonst müste ihr Kampf längst ein Ende gehabt haben – Wie freue ich mich für Sie, wenn er nun geendet und Sie nach langem Hoffen im Genusse ruhen – was ich im Anfange gesagt, wiederhole ich hier – sollte auch die täuschende Sehnsucht nach dem höchsten Ideale nicht ganz befriedigt werden; was Ihnen die Ausharrung gekostet, wird der bei ruhigerer Empfindung kälteren Phantasie zu Gute kommen, und den Werth des errungenen Kleinods erhöhen; auch werden Sie hervorzuziehen und zu heben wissen, was im Schlummer oder gar im Sinken war – So sei es – Amen! |

Mit großem Interesse habe auch gelesen, was Sie mir von Ihren Geschäften sagen. Ich kann es mir vorstellen, daß die Stimmung in der Sie nach Halle kamen Ihnen alles erleichtert und alles erschwert hat – Ihre glükliche Fertigkeit im Verein mit dem Talent hat die Energie der Liebe verdoppelt, und Ihren Mismuth unter gehalten – Nun freilich wird es, wenn Sie Ihre Eleon*ore* erst ganz haben, ein ganz andres Leben werden. Nur eine Sorge habe ich dabei – werden Sie dann auch Ihre bewährte Freundin die H*of*R*äthin* H*erz* versäumen? – gewiß bedarf sie der Haltung an so edlen Freunden, wie Sie es sind und mein Bruder Ehr*enfried* – wie wenig ich mich gerne andringe, ihr liebenswürdiger Charakter ist mir so weit aufgegangen, daß ich das Bedürfnis der Liebe und Herzlichkeit wohl habe daraus hervorleuchten sehen – Wie muß sie doch so manche des andern Geschlechts in sich selbst hereinziehen und wie wenige [*die*] das einsaugen sind im Stande, grade in dem Ton sich mit jenem einzustimmen, der ihnen ein wahrer Balsam für das wunde Herz seyn muß – Wer-

57 hinlänglich] *davor* ⟨ihn⟩ 68 Gute] *korr. aus* H[ ]

den Sie und Ehr*en*fried nicht aufhören, ihr fernerhin alles zu seyn und zu bleiben, was ihr Noth thut und wohl thut? Ich habe sie lieb genug gewonnen, um ihr das mit aller Innigkeit zu wünschen und sie muß bald, entweder in Ihre, oder in Ehr*en*frieds' Nähe ziehen –

Da haben Sie, theurer Freund, mein Herz – wie es sich in diesen Augenblikken vor Ihnen aufschließt – meine Wünsche gehen auf Sie und die Ihrigen, die ich in freudiger Empfindung die meinigen nenne – sie sind herzlich und werden von Ihnen wohl aufgenommen werden –

C v Willich

1914. An J. C. Gaß. Halle, Sonntag, 3. 2. 1805

Halle d 3t. Febr. 5.

Es ist sehr freundlich von Ihnen mein lieber, daß Sie mir wenigstens schriftlich in Berlin erschienen sind, und noch mehr daß Sie ohne auf mich zu warten mich auch hier schon wieder begrüßt haben. Den Hansteinischen Brief habe ich Reimern zurükgelassen, und wenn die Unpäßlichkeit, die ihn am Tage vor meiner Abreise befiel und erst seit kurzem ganz gehoben ist ihn nicht verhindert hat: so ist dieses merkwürdige Stük wol schon wieder in Ihren Händen. Solch erbärmliches Krümmen und Winden und freundliche Heuchelei und haltungsloses Mittelstraßensuchen hatte ich mir doch kaum vorgestellt. Das ist Ihnen aber recht dafür, daß Sie Sich gemein mit ihm gemacht haben. Ja wohl ist es Schade, daß die beiden Stellen in Berlin nicht in bessere Hände gekommen sind! Doch ist mir Ribbek immer hundert mal lieber als dieser. Beide sollen sich übrigens – doch habe ich das nur von einem dritten Orte her – nicht sonderlich leiden können. Beyme den ich, vielleicht deshalb, nur sehr eilig ge|sprochen hat Ihrer mit keinem Worte erwähnt; und in unserm vorigen Gespräch lag für mich nicht die geringste Veranlassung ihn zur Rede zu stellen. Delbrük aber klagte recht aufrichtig über den unerwarteten und unerwünschten Ausgang den die Sache genommen. Manche Particularitäten könnte ich Ihnen noch erzählen; aber wenigstens zum Schreiben

---

88 thut?] *korr. aus* thut –

1914. *Überlieferung: H: Krakau; D: Schleiermacher: Briefwechsel mit Gaß, S. 13–16*
1 5.] *davor* ⟨4⟩

1914. **2 f** *Brief 1887* **3 f** *Brief 1908* **4 f** *Der Brief Hansteins lag Brief 1887 bei.*
12 *Die Propststellen an St. Nikolai und St. Petri, die mit Ribbeck und Hanstein besetzt worden waren.*

lohnt es nicht. Für meine hiesige AmtsAngelegenheit habe ich durch jene Reise eben nicht viel ausgerichtet. Massow läßt sich auf nichts ein wenn er nicht plurima des GeneralConcilii vor sich sieht, und Beyme will doch nicht gern anders als im Nothfall eingreifen. Die Unterhandlungen mit der DomGemeine sind nun abgebrochen, was aber weiter werden wird steht dahin. Auf welche Art es auch sei, vor Pfingsten glaube ich schwerlich daß die Sache zu Stande kommt.

Eine meiner Nebenbeschäftigungen ist jezt mir Ernesti institutio interpretis anzusehn, ob es wol möglich wäre darüber zu lesen. Schwerlich wird es gehn, die Ordnung komt mir gar zu wunderlich vor und Sie werden wol recht haben daß ich mir auch hier einen eignen Leitfaden schaffen muß. Damit aber werde ich wol nur sehr allmählig zu Stande kommen | denn wenn es etwas rechtes werden soll: so müssen doch alle Principien der höheren Kritik, die ganze Kunst des Verstehens, der analytischen Reconstruction hinein gearbeitet werden. Ich bin indeß ziemlich entschlossen im nächsten halben Jahre den Anfang zu machen, der freilich nur etwas sehr unvollkomnes sein wird. Schwerlich werde ich mit dem System gleich zu Stande kommen, und noch mehr wird es mir an einem recht tüchtigen Vorrath passender Beispiele fehlen, worauf doch hiebei so gar viel ankommt, und den ich mir nicht eher erwerben kann, bis ich das System klar vor mir habe und dann bei aller meiner Lectüre Rüksicht darauf nehme.

Was die Exegese selbst betrifft so möchte ich doch noch die ganze cursorische Lection vertheidigen. Erstlich schon als Uebung im cursorischen Lesen, ohne welches doch kein recht statarisches möglich ist. Dann auch um in der Dogmatik sich über die Beweisstellen orientiren zu können. Ferner allerdings um eine vollständige Anschauung von der Neutestamentischen Sprache zu bekommen, die man doch in jeder Sprache nur durch recht vieles u*nd* mannigfaltiges Lesen bekommt. Wolten wir auf die Trägheit sehn so ist ja von d*ie*s*e*r am wenigsten zu erwarten daß sie was nicht im Collegio vorkomt für sich lesen werde und doch muß jeder Theologe mit dem ganzen N*euen* Test*ament* bekannt sein. Auch für die statarische Lectüre scheint mir eine vorgängige | vollständige cursorische nothwendig, eben wegen der Correspondenz einzelner N*eu*T*estamenti*-*sch*en Bücher um mit desto mehr Fug aus dem Einen Erläuterungen für das andere herzunehmen. Endlich glaube ich muß man doch die beiden Ideen fest halten daß jeder Theologe das ganze N*eue* T*estament* kennen

---

21 *Die Amtsangelegenheit meint die Einrichtung des akademischen Gottesdienstes in Halle.* **24–27** *Gemeint sind die Verhandlungen zur Einrichtung des akademischen Gottesdienstes in Halle.* **28–32** *Vgl. Brief 1908, 23–36* **43–62** *Vgl. Brief 1908, 37–81*

muß, und daß zu allem andern Studio das Fundament auf der Akademie muß gelegt werden. Ist nicht von beiden das Resultat die vollständige cursorische Lesung? Gelingt es nun nur die Nothwendigkeit der statarischen Lesung recht einzuschärfen: so muß das Unvollendetbleiben von dieser wol ohne Nachtheil dem Wahne des Fertigseins entgegenarbeiten.

Mit den Einleitungen haben Sie wol großentheils Recht; es bleibt immer etwas prophetisches schwer verständliches darin für den der den Gegenstand nicht kennt. Beim Platon habe ich darauf gerechnet daß man sie vor u*nd* nach dem Gespräche liest. Beim N*euen* Test*ament* würde es wohl am besten sein sie zu theilen. Von Ihrem philologischen Wunsch ist auch schon zwischen Vater u*nd* mir die Rede gewesen; er denkt schon an einen Abdruk des Pentateuchs der *Septuaginta* u*nd* erweitert vielleicht seinen Plan. Auch von einer patristischen Chrestomathie ist schon gesprochen, welcher nach meiner Ueberzeugung Sirach u*nd* Weisheit u*nd* Auszüge aus Epictet u*nd* Arrian müßten vorgesezt werden, gern auch aus Josephus Philo u*nd* Jamblichus oder Plotin um pragmatisch die rechte Ansicht von Verbreitung des Christenthums zu befördern. Ach | man kommt, wenn man erst rührt immer tiefer hinein.

Ueber das gesammte geistliche Wesen, den gegenwärtigen Zustand und die pia desideria hätte ich große Lust einmal etwas mit Ihnen gemeinschaftlich zu schreiben. Es wird uns in unserer Correspondenz von selbst entstehn wenn wir den Gegenstand der uns Beiden so wichtig ist im Auge behalten, und braucht hernach nur weiter ausgeführt und angezogen zu werden; ohnehin ist die Briefform dafür die beste. Um solches Volk wie Hanstein wollen wir uns dann weiter nicht kümmern; sie mögens nehmen wie sie wollen.

Es ist mir recht lieb daß Sie mir meine Skizze über die Ethik abfordern. Ich bin seit Neujahr ganz mit dem Schreiben zurükgeblieben was sich aber leicht nachholen läßt, und werde nun um desto treuer dabei bleiben. Sie sollen sie haben, aber Sie werden etwas sehr unvollkomnes finden, u*nd* müssen sich nur ja selbst bei den Hauptsäzen nicht streng an den Ausdruk halten. Vieles Einzelne ist auch in Gedanken schon umgeändert. – Mein Recensent in der Jenaer L*iteraturZeitung* hat mir auch

---

69 *Septuaginta*] 70   88 nicht] *mit Einfügungszeichen über der Zeile*

---

63 *Vgl. Brief 1908, 62–68*   67 *Vgl. Brief 1908, 68–81*   72 *Flavius Arrianus hatte die mündlich vorgetragene Lehre des Stoikers Epiktet aufgezeichnet und nach dessen Tode veröffentlicht („Diatribai", „Enchiridion").*   76–78 *Vgl. Brief 1908, 102–128*   84 *Vgl. Brief 1908, 33–36*   90–94 *Christoph Andreas Leonhard Creuzers Rezension von Schleiermachers „Grundlinien einer Kritik der bisherigen Sittenlehre" (KGA I/4, S. 27–357) in der JALZ 1805, Nr. 11 f., Sp. 81–92; vgl. KGA I/4, S. LXVI–LXVIII*

nicht viel Freude gemacht. Vor lauter Einzelheiten hat er das Ganze nicht gesehn und deshalb auch das Einzelne nicht recht verstanden. Das Beste was er sagt scheint | mir nur ein Begießen mit meinem eignen, aber verdünnten, Fett. Ich habe mir daher vorgenommen meine Producte einmal recht gründlich selbst zu recensiren wenn ich meine sonstigen kritischen Aufsäze zusammendrukken lasse wozu ich doch in ein Paar Jahren wol Lust hätte. In der Rec*ension* des Zöllner haben mich hier schon ein Paar sehr entgegengesezte Menschen Wolff u*nd* Niemeier, wieder erkannt; zu meinem Verdruß. Ich bin nun dabei die Fortsezung aufs Reine zu bringen; u*nd* nach Jena zu spediren und dann sagen Sie mir auch wol ein Wörtchen über meine Ansicht.

Sein liebes Pommern scheint doch Massow immer noch am besten zu versorgen; das sind ja vortrefliche Nachrichten, die Sie von dort her geben. Wiewol zur Aufhebung des Gymnasii hätte er wol nicht das Herz gehabt wenn es nicht unmittelbar geschehen wäre. Auch das Gymn*asium* selbst hat sich immer sehr dagegen gesezt; und ich glaube Bartholdi wird sich auch über die unmittelbare Verbindung mit Koch nicht sonderlich freuen. Uebrigens aber ist ja was ihn betrifft bei dieser Veränderung sehr erfreulich. Hier ist auch schon lange eine ähnliche Vereinigung der luth*erischen* Stadtschule und des ref*ormirten* Gymnasii im Werk, eigentlich auch schon befohlen, wird aber gewiß nicht zu Stande kommen bis auch über das Wie unmittelbar verfügt wird. Wenn ich nur dabei mit allen Aufträgen und thätigem Antheil verschont bleibe: ich habe warlich vor der Hand genug zu thun und genug Anstoß zu bestehen.

Adieu lieber Freund Papier und Zeit gehen gewaltig zu Ende.

**1915. An G. L. Spalding. Vor dem 5. 2. 1805*

Bittet um Nachrichten von Spaldings Stiefsohn Alberthal. Über seinen Husten und die Schwierigkeiten bei der Einrichtung des akademischen

---

105 unmittelbar] *korr. aus* unwillkürlich

97–101 *Vgl. Brief 1885, 1–10* **102–104** *Schleiermacher bezieht sich wohl auf den nicht überlieferten Teil von Brief 1908.* **107** *G. Fr. Koch war, wie Bartholdy, Pädagoge in Stettin.* **109–112** *Die lange geplante Vereinigung des lutherischen Stadtgymnasiums, des reformierten „Gymnasium Illustre“ und der Lateinschule der Franckeschen Stiftungen wurde erst durch ein Edikt der westfälischen Regierung vom 17. 7. 1808 vollzogen; vgl. Hugo Albertz: Der Dom und die Domgemeinde zu Halle a.S., Halle 1888, S. 304–310; Martin Gabriel: Die reformierten Gemeinden in Mitteldeutschland, Unio et Confessio 5, Witten 1973, S. 139.*

***1915.** *Vgl. Brief 1916, 2 f. 30–44. 47 f.*

Gottesdienstes. Über seine Rezensionen in der JALZ und Wolfs Zurückweisung einer Konjektur.

1916. Von G. L. Spalding. Berlin, Dienstag, 5. 2. 1805

Berlin 5 Febr. 5.

Vor allen Dingen soll ich Ihnen sagen, was für Nachrichten ich von meinem Sohne habe? Am 9 Januar lief ein Brief ein vom 22 Dez*ember* noch aus Venedig. Am 1 Januar wolte er die Wasserstadt verlassen, und „gewiss" so hiess es, am 10 in Rom sein. Wir hätten, unter dieser Voraussezung am vorigen Sontag einen Brief haben können (oder gekonnt) aus Rom, aber so gut ist es uns nicht geworden. Gott gebe, dass nicht Rückfall der Krankheit die Abreise verhindert habe, oder die Reise unterbrochen. Nicht etwa, aus dieser Sorge, sondern früher, durch eine unmittelbare Eingebung, ist ein kühner Gedanke aus meiner Minerva Haupte ganz gewafnet hervorgesprungen, und hat mich, den Wehrlosen, bald gefangen gemacht. Wir reisen beide | in weniger als 14 Tagen, so Gott will, nach Rom. Am 25 Januar, ruhig beide auf dem Sofa unsrer gelben Stube, stieg der Gedanke auf, und nun streben wir, am 25 Merz (Alberthal's Geburtstag) in Rom zu sein. Ich weiss es, dass fast keiner mehr, als Sie, sich freuet über diese Sache, wenn sie gelingt. Meine Freunde und Bekanten (die dadurch etwa leiden, am eifrigsten) reden zu und wünschen Glük. Das Amt wird verwaltet werden, auf meine Kosten, und freundlich wirken die Kollegen mit, besonders Delbrük, der beste unter ihnen, da He*in*dor*f* krank ist. Ein Unwissender und Ungeweihter (das fühle ich innig) betrete ich den heiligen Boden, und jeder Schüler wird mich schaamroth machen können bei der Rükkehr. Aber man reiset nach Rom zu anderen Zwekken, als um gelehrter zurükzukommen. Mein Bruder, eine kurze | Zeit schwankend, ist jezt entschlossen, uns nicht zu begleiten. Nur die Angst, sagt er, die während unserer Abwesenheit sein Antheil sein werde, könne ihn bestimmt haben. Das Land reize ihn zu wenig, und eine weite Reise schrekke ihn. Die beste mütterliche Freundin, mit ihrem Vermächtniss, schikt mich nach Rom, der ich nie ein Stiefvater sein kann, noch werde, wie ich eine Stiefmutter gehabt. Um nicht einzig hie-

---

1916. *Überlieferung: H: BBAW, SN 394, Bl. 66–69; D: Br 4, S. 110 f. (Auszug)* 27 Die] *korr. aus* L *davor* ⟨[Kein]⟩

1916. 2 f *Spaldings Stiefsohn Ludwig Alberthal* 23 *Karl August Wilhelm Spalding* 29 *Spalding hatte zwei Stiefmütter; sein Vater J. J. Spalding war seit 1764 in zweiter Ehe mit Maria Dorothea von Sodenstern verheiratet, nach deren Tod (1774) seit 1775 mit Maria Charlotte Leberkühn.*

von zu sprechen, breche ich mit Gewalt ab. – Dass Ihr Husten immer dauert, und am Tage als Heiserkeit erscheint, das verdriesst uns gewaltig. Thun Sie doch etwas gründliches dagegen. Es ist etwas Leichtsinniges in der Art, wie Sie bezeugen zu hoffen, das werde sich wol ändern. Meine Frau wird auch noch immer gequält, besonders von Schlaflosigkeit. Der Arzt empfielt die Reise sehr. Ausser dem Punkt der Gesundheit, ist das Schlimste in Ihrem Briefe die böse Wendung, die der anzustellende Gottesdienst nehmen soll. Ei so kehren Sie sich doch an niemand, um | dieser Hauptangelegenheit die rechte Wendung zu geben. Und die Rezension der Autobiogr*aphie*, wer könte sie wol geschrieben haben, ausser Ihnen. Nicht ganz verstehe ich sie, aber es geht mir völlig damit, wie die Geh*eime* R*ä*th*in* Meier (Jett*e*-Line Cäsar) von Ihren Schriften sagt, dass sie, ohne sie immer zu verstehen, einen unwiderstehlichen Reiz darin finde. – Also auch der Zöllner wird von Ihnen gemustert? Ich las noch nichts davon. Doch ward ich durch andere aufmerksam gemacht. Denken Sie, es athmet ein Mensch allhier, der meinte (doch ungelesen) sie könne wol von Pappelbaum sein. Vielleicht nenne ich Ihnen einen ganz unbekannten Namen. Sonst lachen Sie gewiss. Dass Wolf sich nicht ergibt in ἐνήνοθε dauert mich. Sein ist wahrhaftig die Schuld, und noch dazu ist es eine moralische. So ziehe ich mich aus der Sache, mit der gewohnten, edlen Intoleranz. Seine Rez*ension* des N*euen* T*estaments* (in welcher ihn auch Delbr*ük* erkante) habe ich noch nicht gelesen. Traurig, dass dieser Profet nur fluchen kann! Aber nichts desto weniger ist er Profet. Ein Segner hat geflucht, und solch ein Fluch ist mir behaglich. Lesen Sie doch (oder Sie haben's wol schon) Delbrük's Anti-Ion in der Halli-

---

51 Delbr*ük*] *folgt* ⟨)⟩

---

36 *Brief *1915* **38 f** *Schleiermachers Rezension von Johann Joachim Spalding: Lebensbeschreibung, von ihm selbst aufgesetzt und herausgegeben mit einem Zusatze von dessen Sohne G. L. Spalding (Halle 1804) war in der JALZ 1805, Bd. 1, Nr. 18, Sp. 137–144 erschienen (KGA I/5, S. 27–38).* **43** *Schleiermachers Rezension von Johann Friedrich Zöllners „Ideen über National-Erziehung" war in der JALZ 1805, Nr. 13–15, Sp. 97–114 (KGA I/5, S. 1–25) erschienen.* **46** *Wohl Georg Gottlieb Pappelbaum, der damals 3. Pfarrer an St. Nikolai in Berlin war.* **47 f** *Die Rede ist vielleicht von einer Konjektur zu Ilias 11, 266 oder Odyssee 17, 270. An der der ersten Stelle lautet der überlieferte Text ἀνήνοθε. An der zweiten ist neben ἀνήνοθε die Lesart ἐνήνοθε überliefert. Sie ist der einzige Beleg für ἐνήνοθε in der griechischen Literatur; das Wort ist sonst (an wenigen Stellen bei Homer) nur in Komposita wie ἐπενήνοθε belegt.* **50 f** *Die Rede ist von der polemischen Rezension über Heinrich Eberhard Gottlob Paulus: Philologisch-kritischer und historischer Commentar über das Neue Testament, Bd. 1, Lübeck ^{2}1804, in: JALZ 1805, Bd. 1, Nr. 1–3 (1.–3. 1.), Sp. 1–24. Rezensent war aber nicht Wolf, wie Spalding vermutet, sondern Eichhorn.* **54 f** *August Wilhelm Schlegel: Ion. Ein Schauspiel, Hamburg 1803, wurde rezensiert in der Allgemeinen Literatur-Zeitung 1805, Nr. 12–13 (14.–15. 1.), Sp. 89–103. Der Rezensent wirft Schlegel vor, seiner Neubearbeitung des von Euripides dramatisierten Stoffes fehle der organische Zusammenhang.*

schen A*llgemeinen* Literatur*Zeitung*. – Sie sind nicht zufrieden, dass nicht literarisches genug sei, in meines Vaters Lebensbeschr*eibung*. Von dem was Sie nennen, ist doch einiges in meinem Zusaz, Lieblingschriftsteller, stehenbleiben u.s.w. Und dann, entschuldigen Sie mich mit der Unwissenheit. Auch mein Vater ist ein Italien, über das man mich schaamroth fragen kann. Er war kein Gelehrter, aber er wusste weit mehr | als ich, und ein wissenderer Sohn hätte, ohne dem Anderen Eintrag zu thun, hierüber mehr befriedigen gekonnt. Wo ich die Persönlichkeit verschwinden lasse, da verlässt sie den Körper, die ausgebrante Kohle. Ihr Verlassen desselben geht doch nicht aufwärts? Es grauset da etwas, in jener Stelle der Rezension. Aber eben weil es grauset, will ich sie wieder und wieder lesen. Da wir uns in der Liebe vereinigen, so können Sie meinem besseren Theile unmöglich Unrecht geben. – Aus Liebe lassen Sie Bekker zu sich kommen (Wolf's Fiskal) und sagen ihm von mir, er möchte nur innerhalb 12 Tagen seine Quitungen von 25 r. und 20 r. an mich schikken, damit ich dieses noch vor meiner Abreise besorge. Wie es aber mit dem Lebuser Stipendium gehen werde, das wisse ich wahrlich nicht. Voriges Jahr habe ich diese 70 r. 20 g. erst im August für Bekker mühsam losgeeiset, statt dass er sie um Ostern erhalten solte. Nun da ich vielleicht im Anfang August nach Hause komme, weiss ich keinen Rath, wem dis Geschäft übertragen. Am herlichsten wäre, wenn Bekker sich gedulden könnte bis zu meiner Rükkunfth, da | er denn die 70 r. 20g. gewiss bald erhalten solte. Wegen der 25 r. [Streitisch] um Johannis darf er nur dreist die Quitung an Doktor Bellermann schikken.

Und werden wir auf der Wallfahrt nichts hören von einander? à Vienne, à remettre chez Mess*ieur*s Ochs Geymüller et Comp. können mir die Briefe nicht entgehen.

Gegen Olaus Wormius habe ich (mit und ohne Bitterkeit) vorigen Donnerstag in der Akademie vorgelesen. Mit der Zeit theile ich den Aufsaz wol mit dem a quo ceu fonte perenni diese ganze Kritik her-

58 dann] *korr. aus* [ ] 60 Er] *korr. aus* e *davor* ⟨A⟩ 79 der] *korr. aus* dem 81 entgehen.] *davor* ⟨et⟩

55–58 *Am Beginn der Rezension heißt es: „wer erführe nicht gern noch mehr von seinen Ansichten der merkwürdigen Erscheinungen unserer Zeit, von seinen Lieblingen unter den Schriftstellern der Nation, von seinem Fortschreiten oder Stehenbleiben in Kunst und Wissenschaft, von seiner besondern Art zu seyn unter den Seinigen?" (Sp. 137; KGA I/5, S. 29). – Zu Spaldings Lieblingsschriftstellern vgl. die „Lebensbeschreibung", S. 178 f.*
62–65 *Vgl. Sp. 142 (KGA I/5, S. 37): „Zieht sich dann auch der Geist selbst immer mehr zurück aus dem Besonderen und Sinnlichen in das Allgemeine und die Ideen: so löset sich das Band des Innern und Äußern von selbst, und der Tod ist nichts anderes, als ein fast selbstthätiges Hinausschwingen aus der einer solchen Erhebung nicht mehr angemessenen Persönlichkeit."* 82 f *Olaf Wurm (Olaus Wormius), dänischer Arzt, Archäologe, Runenforscher und Literaturwissenschaftler; die Akademierede ist nicht gedruckt.* 84 *Ovid: Amores III, 9, V. 25*

fliesst, immer mit der Beisorge, dass meine Zusäze von ihm gestrichen, athetisirt, obelirt und arkebusirt | werden. Johannes Müller, auf den allein alles angelegt war, habe ich nicht überzeugt. – Ihr Rezensent über die Sittenlehre ist mir noch gar nicht vorgekommen. Dass es Ihnen noch nachgetragen wird, wo Sie einmal den ehrlichen Konsul (ich nenne ihn immer den Konsular) geschont haben, das ist doppelt unrecht.

Grüssen Sie Niemeyer, Eberhard, Wolf, Vater, und bitten Sie für mich, nach Gelegenheit um Segen auf die Reise, oder um Nicht-Flüche.

Endlich sei ein Ende des Geschmiers, des durchschlagenden, damit mir die Post nicht entläuft.

GL Sp.

Den 17 Febr*uar* hoffent*lich* reisen wir.

**1917. Von H. Herz. Vor dem 7. 2. 1805*

Berichtet, daß Luise von Willich nach dem Tod der Mutter in das Haus des Bruders Ehrenfried ziehen will.

**1918. An C. W. von Bünting. Vor dem 7. 2. 1805*

Fordert ihn auf, ihm von sich und seiner Verlobten Antonie von Bork zu schreiben.

---

96 Den … wir.] *am linken Rand von Bl. 68r*

86 athetisirt *oder weggenommen* *Mit* obelirt *meint Spalding offenbar „abolirt" (aufgehoben).* arkebusirt *oder erschossen (von Arkebuse, einer langläufigen Handfeuerwaffe seit dem Spätmittelalter)* **87 f** *Christoph Andreas Leonhard Creuzers Rezension von Schleiermachers „Grundlinien einer Kritik der bisherigen Sittenlehre" in der JALZ 1805, Nr. 11 f., Sp. 81–92; vgl. KGA I/4, S. LXVI–LXVIII* **88–90** *Diese Anspielung konnte nicht geklärt werden.*

***1917.** *Vgl. Brief 1921, 4–6*

***1918.** *Vgl. Brief 1922, 2–4.9 f.*

*1919. *An den Regimentsquartiermeister Lehmann in Stolp. Vor dem 7. 2. 1805*

Mit dem Brief einer Freundin aus Rügen

*1920. *An Charlotte von Kathen. Donnerstag, 7. 2. 1805 oder früher*

Über eine neue Freundschaft

1921. *An J. E. Th. und H. von Willich. Halle, Donnerstag, 7. 2. bis Freitag, 8. 2. 1805*

H. d 7t. Febr. 5

Wahrscheinlich habe ich die Zeit versäumt lieben Freunde Euch noch einmal in Sagard zu begrüssen, und will nur lieber nach KleinJasmund adressiren. Wie mag es nur geworden sein mit unserer Luise? Jette die spätere Briefe haben muß schrieb mir neulich, sie würde doch wohl gleich mit Euch gehn. Herzlich gefreut hat mich der Gedanke wiewol ich nicht recht einsehe wie Sie liebes Jettchen aus der Verlegenheit mögen herausgekommen sein welche die gar zu große Beschränkung Ihrer Wohnung verursacht. Recht sehr verlangt mich auch deshalb nach baldigen Nachrichten von Euch; und ich kann mich kaum genug über mich selbst wundern, wie ich so lange nicht mit Euch geplaudert habe. Freilich ein neuer Freund, von dem Ihr in dem Brief an unsere Lotte lesen könnt, und den man nur kurze Zeit hat ist eine zeitspielige Sache, und ich mußte ihm etwas viel von meinen freien Stunden geben wenn wir zum ordentlichen Aussprechen kommen sollten. Das ist wieder ein Besiz den mir vorzüglich

---

1921. *Überlieferung: H: BBAW, SN 776, Bl. 33 f.; D1: Br 2, S. 13 f. (Auszug); D2: Schleiermacher: Briefe an Ehrenfried und Henriette von Willich, S. 113–115*

***1919.** Vgl. Brief 1922, 168–174*

***1920.** Vgl. Brief 1921, 11–13*

1921. **3** *Klein-Jasmund ist Chiffre für den Wohnsitz Ehrenfried und Henriette von Willichs, also für Stralsund.* **4–6** *Brief *1917* **11 f** *Charlotte von Kathen; siehe Brief *1920*

die Monologen geschafft haben. Wieviel habe ich dem glüklichen Instinkt schon zu danken der mir diese Darstellung herauslokte, und | es mehrt sich der Segen noch immer. Nun kommen freilich auch einige Nachwehen; aber ich will sie geduldig ertragen. Das Büchlein ist hier ich weiß nicht wie unter den Studenten eingerissen, und daran kann ich nicht ohne Schmerz denken. Denn sie werden es auf die leere Wortphilosophie und den gehaltlosen Mysticismus ziehn die unter den besseren Köpfen Mode zu werden beginnen, und der ich, was ich kann, aber es verschlägt wenig, entgegen arbeite.

Jösting lieber Ehrenfried ist einer von denen welche durch den Widerspruch ihrer Ueberzeugung mit dem Buchstaben des Kirchenglaubens von der Theologie sind abgezogen worden. Es ist sehr Schade denn er wäre gewiß ein kräftiger Verkündiger des Höheren geworden. Aber in seinem Vaterlande, wo die Gewalt des Buchstabens noch sehr groß ist und bei seinem Charakter, der das Unwahre und Verderbliche etwas ungestüm anfällt, mag er Recht gehabt haben[.] Und die Veränderung welche so rein aus seinem Gewissen hervorging war wol das Einzige was ihn zu seiner Wilhelminen führen konnte. Für Eleonoren ist ihm der Sinn hier recht herrlich aufgegangen, und wie oft hat er ausgerufen in voller Begeisterung Jesus was ist das schön! Wir beide haben doch die göttlichen Weiber auf der Welt. Ihr wißt lieben Freunde wie ich gern Alles in Einen Kreis ziehe, und so habe ich ihn auch Euch und unsere herrliche Lotte recht herzlich lieben gemacht.

Nun vor allen Dingen liebes Jettchen eine rechte Bitte an Sie. Treiben Sie es doch bei dem Ehrenfried, daß er einmal brüderlich an Eleonoren schreibt. So d a r f er gar nicht denken, daß sie nicht gern von ihm hören wird; und empfindlich darf er auch nicht sein über ihr Schweigen. Wie muß die Arme schweigen gegen mich, wie gar nicht kann sie Jette sehn, und wie über alle Begriffe ist sie eingeengt und gefesselt. Recht viel soll jezt in sie gedrungen werden von mir von Reimer von Jösting und so mag Ehrenfried auch ein brüderliches Wort dazu geben. Wie gern hätte ich einen Trost auf die zweijährige Feier ihres traurigen Opfers. Wissen Sie wobei ich jezt immer besonders an Sie denke liebes Jettchen? wenn ich Wilhelminen zuflüstre daß ihr Geliebter sie grüßt. Wissen Sie noch wie fleißig ich das that wenn uns so recht wohl war während Ehrenfrieds Abwesenheit? O die herrliche Zeit. Aber freilich auch die jezige noch schönere, das volle Glük meiner süßen Tochter sähe ich so gern. Nun es

33 *Agnes Wilhelmine Niemeyer* 35 f *Gemeint sind Eleonore Grunow und Jöstings Geliebte Wilhelmine Niemeyer.* 46 f *Ende März 1803 hatte sich Eleonore Grunow entschlossen, Schleiermacher zu entsagen; vgl. Brief 1468, 19–71 (KGA V/6).* 49 *Wilhelmine Niemeyer und Jösting* 52 *Henriette von Willich*

wartet auf mich denn es verliert ja nichts durch die Zeit; und vielleicht begrüße ich es dann auch schöner und bringe Ihnen die Schwester mit. Auf Ihr Geschenk freue ich mich nun schon im Voraus, und das ist auch ein Gewinn. Warum ist doch durch alle die kleinen und großen Zerrüttungen unserer Jette und mir der | schöne Julklap den wir projectirt hatten ganz zerstört worden! Aber es wäre doch auch in diesen trüben Tagen keine rechte Freude gewesen bei Euch Allen. Das Jahr das so schlecht angefangen hat soll uns Allen noch recht viel Schönes bringen denke ich. Bei mir hat es eigentlich seine Schuld schon abgetragen denn wie viel besseres giebt es als einen Freund! Nur die Eine große Hofnung geht weit über Alles.

d*en* 8t*en* Halb und halb hatte ich gehofft heute Briefe von Euch zu bekommen, aber vergeblich und ein Paar Zeilen voll der neubelebten Mutterfreude unserer herrlichen Lotte. Laßt mich nicht lange warten: Ihr müßt nicht gleich aufrechnen mit mir in meinem arbeitvollen und auch äußerlich so viel gestörten Leben, sondern schreiben so oft es Euch ums Herz ist. Bei Euch bin ich recht viel. Ach das wißt Ihr auch, ihr lieben Menschen, die ihr mir das Leben zuerst wieder lieb gemacht habt. Lebt wohl und macht mir bald eine recht schöne Stunde und schreibt recht viel Frohes nach diesen Stürmen

Schleier

1922. Von C. W. von Bünting. Stolp, Donnerstag, 7. 2. bis Donnerstag, 14. 2. 1805

St. den 7ten Febr. 5.

Dein Brief, mein Guter, war mir eine frohe Botschaft. Er trug mir freundliche Abdrücke Deiner freundschaftlichen Erinnerung herbey und fordert traulich zur vollen Erwiederung auf. Beides waren von jeher freudige Gastgebote meines individuellen innern Wesens und vor allem itzt besonders lieb, da ich an Folgen unausweichbarer widriger Ereigniße, unter dem Schutze Aesculaps, meine Gesundheit wieder suche, die zu Deinem

69 das] *korr. aus* daß

1922. *Überlieferung: H: BBAW, SN 261, Bl. 7–13* 6 Ereigniße] *korr. aus* Ereignißen

54 *Wohl Eleonore Grunow, die Schleiermacher auch als Schwester Henriette von Willichs bezeichnet; vgl. Brief 1931, 25–29.* 57 *Henriette Herz* 65 f *Charlotte von Kathen*

und meinem Troste zuvor gesagt, nicht so gefährdet ist, als es nach aller menschlichen Ansicht hätte geschehen sollen. Obgleich Du mich ermahnest, recht viel von dem zu schreiben, was mir das Liebste ist; so höre zuvörderst das garstige Thema ruhig an, welches sich im Laufe des Monats Januar mit seiner giftigen Sauce über mich ausschüttete. Dem Freunde gebührt ja die Mitwißenschaft einer solchen famosen Begebenheit.

Glücklich, froh und vergnügt, steige ich | den 2ten Jan*uar* in den Postwagen, um zu meiner Antonie zu reisen. Um 12 Uhr Nachts treffen wir zu Schlave ein. In Reverien der nächsten u*nd* fernern Zukunft versunken, den Körper durch eine Tasse Warmbier erwärmend, entsteht plötzlich Lärm vor der Thüre. Kurz darauf treten 3 Herren herein u*nd* unter diesen auch der Cornet v*on* Krottenauer unsers Regiments, ein rüder junger Officier, alle 3 aber gewaltig lustig und ungestüm. Der H*err* v*on* *Krottenauer* wundert sich über meine Anwesenheit, stichelt unartig über das Geheime meiner Verlobung, über meine baldige Abschiednehmung. Als ich mich demüthig reterire, wird er empfindlich; wie ich um Schonung bitte, grob, streitsüchtig, beleidigend, und wie ich mich über das Sonderbare seines Benehmens äußere, toll und wild, schimpft, fordert und will mich sogar zum Duell auf der Stelle forciren. Ich rufe die Wache zu Hülfe, aber seine Insolenzen wachsen in Gegenwart aller möglichen Zeugen jeden Augenblick. Der Postillon bläset endlich, ich setze mich in den Wagen, und höre ihn noch hin|ter dem Thore mit Wuth mir dräuend nachschreien. Dies alles von einem Menschen, den ich nie beleidigt, wohl in einem halben Jahre nicht gesehen hatte, ohne alle Veranlaßung, wie ein Raubthier. Nach meiner Zurückkunft theilte ich den Camaraden diesen Exceß mit u*nd* zugleich meinen Vorsatz, ihm erst ein Kriegsrecht über das wilde Haupt zu jagen, u*nd* dann mich mit ihm zu schlagen, weil dieser Artikel als Soldat nicht anders seyn kann. Allgemein rieth man mir aber aus Gründen der Loyalität des Regiments, trotz dem widergesetzlichen Gange der Sache, mich vor der Denunciation zu schlagen. Es kam mir bey dieser lächerlichen Genugthuung auf ein Paar N[arben] nicht an, und ich – folgte dem Rath. Vorsichtig mißtraute ich allen meinen Klingen, weil ich keine dergleichen Feuerproben mit ihnen bestanden hatte, und dies ward mein Unglück. Am 22ten J*anuar* Vormittags geschah die That.

---

17 Körper] *korr. aus* Körpern 21 wundert] *korr. aus* wunderte 30 beleidigt] *korr. aus* bee 32 theilte] *korr. aus* [weihte]

1922. 10 *Büntings Verlobte Antonie von Bork* 19 *Cornet, Kornett: Fähnrich bzw. Fahnenträger der Reiterei* 23 *lies: retirire*

den 14ten Febr*uar*. Der H*err* v*on* Poich brachte mich jenen Abend von der Arbeit ab, so wie er mich schon | seit 4 Tagen heimsuchet, u*nd* ärgerlich die Zeit stiehlt, Du kennst ja den Lästigen. Dazwischen kam weiter ein Schnupfenfieber, das seit 5–6 Tagen mich arg mitgenommen hat. Das Uebel ist gehoben, H*err* v*on* P*oich* nicht da und ich fahre im Faden meiner Erzählung fort. Die Waffe, welche ich so mit ängstlicher Sorgfalt gewählt hatte, taugte, wie gesagt, nichts. Der erste Hieb, welchen ich glücklich parirte, krümmte meine Klinge; ich hieb rasch die innere Quarte nach, allein der gebogene Säbel faßte nicht mehr, fiel flach: da er gar nicht parirt wurde, wäre er im andern Falle tödtlich gewesen. Noch ein Paar Paraden, und ich saß meinem Gegner mit dem Gefäß ins Gesicht, daß er zurück turkelte. Meine zornige Nähe, das Schwanken meines Gegners, den ich blessirt glaubte, ließen mir einen Augenblick ohne Deckung, in welchem der Gegner noch einen Lufthieb machte, ehe er völlig zu Boden stürzte, und dieser traf mit der Spitze mir in den Kopf. Ich glaubte | gesiegt zu haben, und – war der unbegreiflich Ueberwundene, bis die Ansicht meines gebogenen Säbels mir das Räthsel lösete. Die Fehde hatte nun ein Ende. Die Wunde beschrieb ein F übers rechte Auge in umgewandter Figur von der Hälfte der Stirne bis an den Knochenbacken, und ist itzt bereits wieder heil. Er war mit einem blauen Auge davon gekommen, ohnerachtet er auf dem Boden lag. Bereits vor dem Duell hatte ich dem H*errn* v*on* K*rottenauer* versichert, ich möge blessiren oder blessirt werden, so suchte ich meine Satisfaction beim Regiment nach. Dies geschah auch nachgehends. Allein der Maior behandelte die Sache summarisch, blieb bey dem einzelnen Verhör stehen, u*nd* bestrafte d*en* K*rottenauer* mit 4wöchentlicher Hauptwacht-Arrest ohne Bette u*nd* Bequemlichkeiten wegen seiner Unsittlichkeit und mich mit 8tägigen Stuben-Arrest wegen den Duell. Er meinte, daß ein Kriegsrecht zwar den H*errn* v*on* K*rottenauer* cassirt haben, mich aber auch wegen den Duell 2 Monat Festungsarrest zugesprochen haben würde, welches mir | in meinen bräutlichen Verhältnissen beides sehr unangenehm hätte seyn müßen. Und so wurde die Geschichte d*em* H*errn* General, als abgemacht, gemeldet. Hier die Zeichnung einer Begebenheit, welche ich nie vergeßen, u*nd* die mich gewiß noch früher, wie es sonst geschehen wäre, aus einem Stande heraus führen wird, worin man solche schaamlose Beleidigungen mit solchem gefährlichen Spiel der Zufälligkeiten abzuwaschen genöthigt ist. Meine

---

48 Hieb] *korr. aus* Hie[ ]   63 blessiren] *korr. aus* blessirt

---

53 *turkeln oder torkeln*   65 *Major von Pröck*

gezeigt zu haben, und – wie den unbe-
greiflich Unbesonnenen, bis die Aussicht
meines gebogenen Säbels mir das [illegible]
[illegible]. Der Hieb hatte nun ein [illegible]
bis Mund durchschnitten und über das rechte Auge
in ungemeiner Figur von der Hälfte
der Nase bis an den Augenbraunen, und
ist jetzt bereits wieder heil. Er war mit
einem blauen Auge davon gekommen, ohnerachtet er auf dem Boden lag. Bereits
vor dem Duelle hatte ich dem H. K. versichert,
ich möge blessiren oder blessirt werden,
so suchte ich meine Satisfaction beim Regiment nach. Diese geschah auch [illegible].
Allein der Major behandelte die Sache formen-
mäßig, blieb bey dem einzelnen Umstand stehen, u. bestrafte H. K. mit 4 wöchentlicher
[illegible]-Arrest ohne Bette u. [illegible]
[illegible] wegen seiner Unschicklichkeit und
mich mit 8 tägigen Stuben-Arrest wegen
des Duells. Er meinte, daß im Kriegsrecht
zwar den H. K. cassirt haben, mich aber auf
wegen des Duell 2 Monat Festungsarrest
zugesprochen haben würde, welches mir
in

Narbe ist beträchtlich u*nd* mag Jeden erinnern, wie einmal wieder die wilde Zügellosigkeit u*nd* das launige Glück über einen Schuldlosen u*nd* Glücklichen triumphirte.

Es ist ein Zuwachs meines gegenwärtigen erotischen Glücks, daß Du meine Hoffnungen für die Zukunft rechtfertigst. Da Du mir überhaupt vorzüglich als Professor der Freundschaft und Liebe practisch (wie Rambach in seiner Venus Urania kalt theoretisch) erscheinst; so will ich sehen, ob ich Dir die eigenthümliche | Persönlichkeit meiner Antonie näher vors Auge bringen kann. Wie ich Dir vielleicht schon im vorigen Briefe sagte, ist Antonie eine von den glücklichen Seelen, welche in dem Schooße der Natur, unter Begünstigung einer nicht übertrieben reitzfähigen Phantasie, harmonisch glücklichen Geistesanlagen, von einer sehr verständigen geistreichen Gouvernante, einer Dem*oiselle* Wardow, ihre erste und hauptsächlichste Erziehung genoßen hat. Die Gifte der Pensions-Anstalten, des Stadtlebens hat sie nie erfahren. Schon früh gegen eine ältere schönere Schwester zurück gesetzt, lernte sie schon früh, entbehren, sich verleugnen, und – in der Realität ihr Heil suchen. In ihren reifern Jahren vollendete der Tod ihrer Mutter ihre Bildung, denn diese Veränderung ihrer Lage forderte ihr die Pflichten einer Hausfrau in dem Hause ihres Stiefvaters, einer Mutter gegen ihre viel jüngern Stiefgeschwister, einer angenehmen Gesellschafterin für die täglich besuchenden | Fremden u*nd* d*er* gl*eichen* mehr ab. Ihre Grundsätze waren schön, womit sie das Werk begann, u*nd* in weniger Zeit [*war*] sie in dem allen perfectionirt, wie Weiber sind, die das Gute ernstlich wollen. Unschuldig, gut u*nd* froh lebte sie dahin. Bald erscholl die Kunde davon im Lande weit u*nd* breit u*nd* jeder heyrathslustige Herr, jung u*nd* alt, reich u*nd* arm, versuchten am Altar der Liebe u*nd* PseudoLiebe eine Lanze mit ihr zu brechen. Ihr gemäßigtes Temperament, ihre reelle Phantasie und besonders ein von früher Jugend tief eingesogenes Mißtrauen gegen die Männer, sicherten sie gegen alle Anläufe. Sie fühlte sich bewußtvoll glücklich, und wollte nur da dem Rufe ihrer Bestimmung, wo wahre reine Liebe u*nd* Gegenliebe ohne Gewalt, ihr Bürgschaft leisteten, folgen. Unter der Zahl ihrer Verehrer hatte es keiner bis dahin verstanden, ihr mehr als Erkenntlichkeit, höchstens Wohlgefallen, einzuflößen, und treu, wie in allem, blieb sie

---

83 f *Bünting verwechselt Friedrich Eberhard Rambach mit Friedrich Wilhelm Basilius von Ramdohr, dessen „Venus Urania. Ueber die Natur der Liebe, über ihre Veredlung und Verschönerung" 1798 in Leipzig erschienen war.* **86** *Vgl. Brief 1869, 46–66.*

auch hier ihrem Grundsatz, und lehnte muthig jeden Antrag ab. So fand | ich sie im Juny vorigen Jahrs, im 25sten Jahre ihres Lebens, in vollendeter Bildung und völlig reif an Geist u*nd* Herz. Das Verwandte findet sich u*nd* begreift sich schnell. Mein von einer frühern glühenden Liebe, (welche in einem Zeitraum von 6 Jahren alle Stuffen von der wildesten Leidenschaft bis zur reinsten Freundschaft durchgegangen war,) – versuchtes und Bedürfnißvolles Herz, sehnte sich nach einem solchen Wesen der reichen Unschuld und ernsten Einfalt, und beschloß den Kampf meiner Vorgänger zu wagen. Die ersten Versuche gelangen nicht, wie Du weißt, – und doch hatte ich gesiegt, ohne es zu ahnen. Mißverständniße zwischen mir u*nd* dem Vater nahmen diesen gegen mich ein; die Tochter wollte ihr Herz nicht hören, da der Vater schalt u*nd* sie zudem mißtraute, daß meine Jugend wohl zu wenig Bürge meiner Güte sey. Ein Freund, der von ferne die nichtigen Hinderniße bey der ihm allein bekannten Fülle der gegenseitigen | noch unsichtbaren Liebe sah, gab mir Winke. Rasch befolgte ich sie und ankerte glücklich im Hafen meiner Wünsche. Die nähere Bekanntschaft bestätigte nun herrlich, was früher leise Ahnungen verrathen hatten. Antonie besitzt ein reines großliebendes Herz, das nicht plaudert, nicht tändelt, aber frei, tief, schnell und immer gleich fühlt. Ernst ist über ihren ganzen Charackter gegoßen. Sie freuet sich allenthalben der Welt, wie ein Kind, und liebet die Menschen ohne Ausnahme. Leidenschaft kennet sie nicht, und das Gute thun, ist ihr gar nichts Verdienstliches, nur dort, wo sie mit Aufwand von Selbstbeherrschung das Beßere übt, erlaubt sie sich eines Wohlgefallens daran. Ihre Liebe habe ich hauptsächlich durch meine Offenheit gewonnen, und sie ist mir itzt mit einer Lebendigkeit ergeben, die von Stuffenweisen anschaulichen sich selbst berichtigenden Fortschritten freyer Huld zeuget, die nicht schwärmet und mächtig | beglückt. Ihr Urtheil gehet allenthalben auf die Sache, nicht auf Form, das Aeußere ist ihr nichts weiter als die Stelle werth. Und da dies ein so großes Ding in meinen Augen für ein Frauenzimmer ist, so ist mein Zutrauen gränzenlos. Ihre Schwärmereiloose Phantasie und meine abgekühlte Gefühlsweise gefallen sich. Ihre wirkliche allseitige Reinheit und mein aufrichtiger Eifer dafür, freuen sich abermals, ihre Sanftmuth ziemet sich wohl zu meiner Heftigkeit; hauptsächlich sind wir es uns beiden bewußt, wohin wir wollen und unser Ziel ist eins: moralische Freiheit in Vollziehung des Rechts, laut den Geboten der wahrhaft christlichen Religion. Uebrigens stehen wir auf einerley Stuffe der bürgerlichen Verhältniße, unsere Körper genügen uns sammt ihren Geschicklichkeiten und ein gemeinschaftliches Vermögen sichert uns endlich vor jeder Nahrungssorge. Diese Ansicht ist uns beiden gleich deutlich, unser Glaube an des Andern

Werth | gleich stark, und unsere – Liebe gegenseitig gleich mächtig und wirksam, doch immer in einem höchst besonnenen unbefangenen Style.

In dem letzten Briefe Mariens sagt sie: „mit großer Ruhe u*nd* leise u*nd* sinnig gefühlter Freude, übergebe ich Sie in die Hände Antoniens, mögen Sie beide zu einer Liebe gedeihen, die nicht das ihrige sucht, sondern das, was des andern ist. Lust u*nd* Liebe sind Contraria. Liebe ohne Lust u*nd* Begierde ist rein. Dazu muß der Egoismus getödtet werden, u*nd* der geht lange mit; aber die Liebe überwindet alles, – sie ist stärker als der Todt. Adieu, mein Lieber, ich wünsche Ihnen nichts. Viele Jahre meines Lebens waren ein Wunsch für Sie, möge er in Antonie erfüllt seyn."

Euer beiderseitiges Schicksal der Liebe, Deins und Mariens, ist mir von großer Wichtigkeit; beider Entwickelung nahe, und auch so ferne, daß es den Freund spannt. Bist Du im Ende Juny vielleicht in Berlin? O, das wäre köstlich, wir sähen uns u*nd* unsere Lieben, denn 8 Tage | vielleicht wird überhaupt nur meines Hausens dort seyn, aber sie müßten herrlich u*nd* reich seyn.

Das Pröbchen, welches Du mir zur allerpersönlichsten Gemüthsergötzung, von Deiner rügenschen Freundinn über Lehmann hergibst, ist sehr naiv. Die Verfasserinn verräth einen gesunden Geist, der lieblich redet. Ja, es ist eine köstliche Sache mit dieser Correspondenz gebildeter weiblicher Seelen: ihr kommt nichts gleich. Es wehet ein eigenthümlicher Genius über das zarte u*nd* gewandte Gewebe ihrer Geistesproductionen, der unendlich anziehet.

Unser Blumenkohl- Speck- u*nd* Erbsen-Prediger Henning, wie er sich selbst manifestirt hat, bekommt itzt eine jährliche Vermehrung seiner Revenüen von beinahe 300 r. So wird er denn wohl seine Ferkel-Existenz hier seelig beschließen. Es ist zum Weinen.

Hering hat durch einen Brand zu Rügenwalder Münde 10000 r. an Werth verloren, Gützlaff 4000 r. Wohl ihnen, daß | sie es mißen können! Der Probst hat die Dem*oiselle* Schmidts am Markt angesprochen u*nd* sich kürzlich mit ihr verlobt. Im Cadetten-Corps ist eine bösartige Krankheit von einem Nervenfieber eingekehrt, woran schon 6 Kinder gestorben sind u*nd* die übrigen Präservation gebrauchen. Fr*äulein* Below zu Jatz ist mit d*em* H*errn* v*on* Blumenthal vom Reg*imen*t v*on* Bailliodz aus Quakenburg versprochen. Uebrigens alles beim Alten u*nd* wohl. Die Pröken schien diesmal nicht das gewohnte Interesse an Deinen Nachrichten zu nehmen, war aber von Deiner Anwesenheit zu Berlin unterrichtet.

---

154 *Die Identität der Maria ist ungewiß.* **156 f** *1. Korintherbrief 13, 5; Philipperbrief 2, 4* **169** *Vielleicht Charlotte von Kathen Vgl. Brief *1919* **181 f** *Propst in Stolp war Johann Carl Friedrich Freyschmidt; er heiratete in zweiter Ehe Wilhelmine Schmidt.* **184–186** Jatz *meint den Ort Gatz im Kreis Stolp. – Am 17. 2. 1805 heirateten Ludwig von Blumenthal und Friederike, geb. von Below.*

Mein einziger Wunsch für Dich, ist Gesundheit u*nd* die baldige glückliche Entwickelung des Schicksals Deiner E*leonore*.

Lebe glücklich, Freund, und wann Dein Herz Dich an mir mahnet, so folge treu zur Freude Deines Dir ganz ergebenen

Bünting.

6 Spickgänse sind gleich nach Empfang Deines Briefes unter der vorgeschriebenen Addresse nach Berlin abgegangen.

**1923. An E. Grunow. 19. 2. 1805 oder früher*

Einlage zu Brief 1924. Bitte, einen Freund (Jösting?) bei Henriette Herz oder Taubenheim einzuführen.

1924. An Taubenheim. Halle, Dienstag, 19. 2. 1805

Wie ich höre stößt sich meines Freundes Anstellung beim Stadtgericht noch an einigen Formalitäten. Da er nun kaum ohne auf eine ungezwungene Art mit Krüger bekannt gemacht und bei Grunow eingeführt werden könnte: so habe ich Leonoren dringend gebeten ihm baldmöglichst ein Rendezvous bei Ihnen oder bei der Herz zu geben. Dringend ist diese Einlage, die ich Ihnen empfehle, überhaupt. Ich kann es Eleonore nicht länger erlassen Krügern eine entscheidende Erklärung abzufordern. In der That wenn es ihm im geringsten peinlich ist Hand ans Werk zu legen so kann ja Alles ohne ihn geschehen. Freilich hoffe ich daß Grunow sich vielleicht eher gutwillig zum Ziele legt wenn die Sache durch Krüger geht allein ich weiß nicht ob diese doch immer unsichere Hoffnung ein längeres Zögern werth ist. Würden Sie Bedenken tragen, lieber Freund, diese

---

1924. *Überlieferung: H: BBAW, SN 761/2, Bl. 1* **12** Bedenken] bedenken

---

*1923. *Vgl. Brief 1924, 4–6*

1924. *Mit Brief *1923 als Einlage. – Der Fundort im Nachlaß deutet auf Reimer als Empfänger, den Schleiermacher aber schon lange nicht mehr mit „Sie“ anredete; da der Brief offenkundig auch nicht an Jösting gerichtet ist, kommt nur Taubenheim als der Vertraute Eleonores in der Scheidungsangelegenheit in Betracht.* **1** *Die Identität des Freundes ist ungewiß; vielleicht ist Jösting gemeint.* **4** *Vgl. Brief *1923* **10** *„Sich zum Ziele legen, sich nach des andern Absichten bequemen“ (Adelung: Grammatisch-kritisches Wörterbuch, Bd. 2, S. 1971)*

Anfrage an Krüger zu übernehmen wenn unsere Freundin sie Ihnen auftrüge, da er ja doch weiß, daß seine Schwester Sie zum Vertrauten in der Sache gemacht hat? Wenn er sich der unmittelbaren Einwirkung entzieht wozu er tausend Ursachen haben kann gegen die sich gar nichts sagen läßt: so rechne ich recht sehr darauf, daß Eleonore und meine Freunde von Ihrem sachkundigen Rathe wenigstens unter der Hand unterstüzt werden; sowol was die Wahl eines Anwaldes und die erste Einleitung der Sache als auch die Vorsicht betrifft welche Eleonoren während des Prozesses zu empfehlen sein wird. | Besonders wird sie wünschen Grunows Haus gleich von Anfang an verlassen zu können, und dies möchte auch sehr nothwendig sein für ihre Gesundheit für ihre Ruhe und für die Erhaltung ihres Muthes; soviel ich aber weiß ist dies ohne Grunows Einwilligung nicht gesezlich; und diese Schwierigkeit ist was ich wenn die Sache einmal im Gange ist am meisten fürchte denn an einem glüklichen Ausgang wüßte ich gar nicht wie ich zweifeln könnte.

Jösting ist gewiß schon bei Ihnen gewesen und wird gern öfter bei Ihnen anfragen damit er zu rechter Zeit erfahre wenn Eleonore Hofnung geben kann ihn zu sehen.

Da ich schon einmal ein so eklatantes Unglük mit einem entscheidenden Briefe gehabt habe so flehe ich Sie an mit diesem die größte Vorsicht zu beobachten. Verzeihen Sie meine Eile

Schleiermacher

d. 19t. Feb.

1925. Von Ch. Schleiermacher. Gnadenfrei, wohl Dienstag, 26. 2. bis Dienstag, 5. 3. 1805

Endlich habe ich doch durch unsern guten Charles so viel erfahren, daß Dir Deine Reise nach Berlin ein FlußFieber zugezogen – er schrieb mir auch erst 14 Tage nach seiner Zuhausekunft, wie unangenehm es ihm gewesen daß Ihr Euch verfehlt habt – zu gleicher Zeit aber tröstet er Uns Beide, daß Du Deine Schlesische Reise noch nicht aufgegeben[1] – welches doch etwas Aufklärung ist – ich hoffe daß Du wieder hergestelt bist u*nd*

---

25 ich] *mit Einfügungszeichen über der Zeile*

1925. *Überlieferung: H: BBAW, SN 375/7, Bl. 13 f.*

---

19 *„Anwald" ist Nebenform zu „Anwalt".*

1925. *Die Datierung ergibt sich aus Zeile 25 und der Schlußdatierung.*

mir bald eigenhändige Nachricht geben wirst – ich kränkle wieder sehr u*nd* werde wegen meiner zunehmenden Schwäche im Kopfe wohl auch zuweilen muhtlos – ein ausführlicher Brief von Dir ist mir auf jeden Fall, Bedürfniß! in meinem lezten erwähnte ich zulezt ich sei viel mit Deinem Geiste – denn ich war damals schon im Besiz der religioesen Reden – die mir der bibliothecar verschrieben – und noch dazu mit dem Hinzufügen – er wüßte durch einen Theologen daß sie sehr schön wären – ich wolte Dir nichts davon schreiben bis ich sie durchgelesen – Heute vor 3 Wochen bekam ich sie u*nd* Du kanst denken (ich seze voraus daß Du sie selber hast) wie sehr ich überrascht wurde als ich beim ersten aufschlagen S. 180 usw. von dem Geselligen in der Religion – u*nd* Seite 66–76 vom Wesen derselben! eine unwilkührliche Rührung ergrif mich – nicht nur diese Stellen – sondern in jedem Capitel finde ich ausgezeichnete Ideen – in der Apologie – u*nd* den Religionen – ich getraue mir | Dir zu sagen daß ich einige wenige Blätter ausgenommen alles verstehe und gar nicht begreifen kann wie Du dadurch für einen Atheisten ganz erklärt werden [*konntest*] – ich müste den*n* alles mit ungelehrten Augen u*nd* [dumm] betrachten!

Heut vor 8 Tagen hatte ich voriges geschrieben, gestern da ich eben wieder einen außerordentlichen schwachen u*nd* schlimmen Tag hatte – langt endlich Dein Brief an Du Lieber – über deßen Erscheinung ich eine wehmütig süße Freude hatte – da ich mich aller Schwäche ohngeachtet so viel die Zeit her mit Dir beschäftige wenn es so fortgeht werde ich wohl beim Doctor müßen Hülfe suchen – doch will ich noch einige Tage warten – ob HirschHornGeist – u*nd* dergl*eichen* Trank bei der unausstehlichen Hize die in mir wüthet u*nd* natürlich gar zum Nervenfieber werden könte – helfen wird – daneben nehme ich auch den herrlichen extract von Charles in Wein – kurz ich thue alles – nur meine Schulen nicht zu laßen und entbehre so viel ich kann um mir selbst nur nicht Unannehmlichkeiten zu bereiten – auch | habe ich so lange ich einsam wohne keine Caffé oder TheGäste gehabt – außer solos mit den AnstaltsSchw*estern* wen*n* sie ihren GeburtsTag hatten – dis dürfte auch gegen d*en* 31 Merz der Fall sein! ich weiß mein Lieber es ist Dir peinlich wen*n* ich dergl*eichen* Dir vorrechne, u*nd* ich könte wenn ich uns Beide nicht schonen wolte noch manches von diesem theuren Winter sagen da auch wie ich schon erwähnt, die alte v*on* Seidliz gar nicht hier – welches in mancher Absicht

---

9 muhtlos] *korr. aus* muhtslos 36 auch] *korr. aus* mich

---

10 f *Vgl. Brief 1893, 122 f.* **17 f** *Vgl. KGA I/2, S. 268 und 218–222* **20** *In der ersten und in der fünften Rede* **27** *Brief *1928* **38 f** *Am 31. März hatte Charlotte Geburtstag.*

meiner Schwäche wegen recht gut ist – doch nur so viel daß ich das bei der Comt*esse* Posa*dowski* aufgehobne Geld durchaus nicht anrühren oder erwähnen kann – da sie ohnehin wünscht – ich solte mehr dazu thun – das unangenehme was ich darüber hören würde – wirkt auf meine schwache Nerven schreklicher – als alles – Du kenst das nicht mein Bester – man sieht mich gleichsam für hier aufgewachsen an, u*nd* sagt mir deshalb mehr als man sonst in meinem Alter thun würde – wen*n* ich auch von den Zumutungen Dir einiges hingeworfen – wegen | meines Wohnen – was nicht so ausgefallen wie ich es mir ausgemahlt hatte – in dieser Absicht werde ich mich des ScheinGlükes bedient haben – Dir mein Lieber gelten so viel ich weiß – ressignation – schwere Träume, die jedes feinsinige Weib haben muß wo Du Dich anschmiegest usw – Alles andre ist MißVerständniß mag auch von meinem imer schlechteren Schreiben herrühren – jezt bin ich außerordentlich schwach u*nd* kann mich über nichts erklären – als Dich nochmals ersuchen mir doch vielleicht – gegen oder bald nach dem 31 Merz etwas zu schiken. Gott weiß wie schwer mir auch dis wird aber die Liebe duldet alles deket alles u*nd* vermag doch viel – ach ich habe keine Worte es ist mir leid nicht mehr schreiben zu könen der Schmerz im Kopfe ist eben zu wüthend. Vergieb was Du für übertrieben achtest

Deiner

sehr schwachen Lotte

geht d*en* 5 Merz ab

---

[1] Wie sehr erfreulich mir Deine Nachricht hierüber war kanst Du Dir gar nicht denken – Gott gebe nur daß sich dann nicht 1000 Schwierigkeiten | finden – damit wir die große Natur im Gebirge mit ihren 1000fachen kleinen nuanzen recht genießen könen – ach aber so lange muß | ich warten ehe ich unsre Frize sehn und umarmen kan.

---

43 bei] *am Zeilenanfang nachgetragen* **66–70** Wie … kan.] *am linken Rand von Bl. 13*^{r}*.14*
68 ihren] ihrem

---

43 f *Vgl. Brief 1712, 127–129 (KGA V/7)* **59 f** *Anspielung auf 1. Korintherbrief 13, 7*
69 *Friederike, die Frau des Bruders Karl*

1926. *Von H. von Willich. Stralsund, Donnerstag, 28. 2. 1805*

Strals. Febr. 28sten

Ach glauben Sie nur lieber Schleier daß mir sehr so zu Muthe ist: wie ich nur so lange habe warten können ohne mit Ihnen zu plaudern, ohne Ihren lieben Brief zu beantworten. Ihnen kann fast nicht mehr nach Nachricht von uns verlangt haben, als mich verlangte sie Ihnen zu geben. Hören Sie nur was mich wircklich am schreiben verhindert hat, es ist was Gutes. –

Unsere Kahten, unsere Poseritzer, unsere Louise und Mariane, die Wycker, sind Alle in der Zwischenzeit meines lezten Briefes und dieses, bei uns gewesen. Dies war wohl eine angenehme Unterbrechung unsers ruhigen Lebens aber Sie sehen nun doch ein lieber Schleier daß ich wirklich nicht schreiben konnte, denn eine halbe Stunde im Geräusch herausgerißen ist mir selten werth genug für meine liebsten Freunde. Heute ist der erste ruhige Abend wo Ehrenfried u*nd* ich ganz allein sind, Louise ist eigentlich schon bei uns sie ist nur auf ein paar Tage nach Poseritz gereiset.

Mir ist so wohl allein mit meinem Ehrenfried – ich kann es gar nicht aushalten fortwährend | einige Zeit in Gesellschaft zu sein, dagegen das stille Leben thut mir im tiefsten Innern so wohl und meine liebsten Gedanken und Gefühle sind dann um mich so leicht und unbefangen.

– Eben war mein Ehrenfried bei mir und so innig so herzlich so voll Liebe, ach lieber Vater welche Augenblicke haben wir! Wären Sie doch bei uns – wären Sie doch in dieser Stunde bei uns daß ich Ihnen zulispeln könnte was meine Seele so über Alles froh macht – daß ich gleich fühlte wie Sie sich freuen, und Sie Ihre Tochter wieder einsegnen könnten zu einem neuen unaussprechlich großem Glück, daß gröste was ihr auf dieser Welt zu wünschen blieb. – Ach lieber Vater ich darf Ihnen wohl nichts weiter sagen Sie ahnen, Sie wissen wohl was das Herz Ihrer Tochter so freudig hebt was sie entzückt zum Himmel aufblicken läßt – Ja mein Vater ich trage eine große Hoffnung in meinem Herzen – Hoffnung nur, doch ist es mir so süß auch diese mit Ihnen zu theilen. Lieber Vater Sie sind der Erste dem ich hiervon spreche, auch nur seit Kurzem blüht mir diese Hoffnung. | Ich kann mich noch gar nicht in dem Gedanken finden

---

1926. *Überlieferung: H: BBAW, SN 423, Bl. 13 f.; D: Schleiermacher: Briefwechsel mit seiner Braut, S. 33 f.* **18** mir] *folgt* ⟨so⟩ **27** was] *folgt* ⟨es⟩ **28** sie] *folgt* ⟨entzückt⟩

1926. **3 f** *Brief 1921* **7** *In Poseritz lebten Adolf Schlichtekrull und seine Frau Sophie, geb. von Willich. Luise von Willich und Marianne Dreist* **8** *In Wiek auf Rügen lebte die Familie des Propstes und Präpositus Georg Theodor Schwarz, der ein Halbbruder des Vaters Ehrenfried von Willichs war. Brief 1910*

daß meine süßen Phantasien Wircklichkeit werden u*nd* vorzüglich war mir das so wenn ich darüber sprechen wollte, daher wissen die nächsten Freunde auch noch nichts davon und ich werde ihnen nun erst mittheilen was mir immer noch der Möglichkeit einer Täuschung unterworfen schien.

Lieber herrlicher Vater ich weiß es recht wie Sie dies Glück Ihrer Tochter aufnehmen werden! u*nd* Sie wissen es auch gewiß wie Ihre Tochter es aufnehmen wird – mit Danckbarkeit, mit Stolz mit Demuth. Wie freue ich mich nun doppelt dazu daß Sie her kommen, wie schön werden Sie es finden, ach ich denke jezt so viel an Sie u*nd* an Jette und bringe Sie immer in so süße Beziehungen mit dem geliebten Wesen meines Herzens.

Wie herlich ist mein Ehrenfried! wie viel reiner und größer ist doch dies Glück wenn ein geliebter Mann mit heiligem Sinn es mit uns ganz theilt, wenn wir für die fernste Zukunft wissen können daß wir immer miteinander und nie uns entgegen arbeiten werden.

Recht viel will ich Ihnen erzählen von meinen | Phantasien und Ideen, wenn ich erst recht darüber sprechen kann, noch will es nicht gehen. Aber ich weiß es komt die Zeit wo mir das große Freude sein wird. Ich darf Ihnen wohl nicht erst sagen Lieber, daß auch gar keine Besorgniß in mir ist, nichts als Freude, daß ich nichts wissen möchte von dem was schmerzhaft oder beschwerlich ist, auch keine Sorge komt mir ob ich werde fähig sein die junge Seele zu bewahren und das Schöne zu nähren. – o ich fühle wahrlich die Größe und Heiligkeit meines Berufs, aber ich fühle auch meine Liebe u*nd* daß Sie mir Kraft zu Allem geben wird. Ich weiß es so gewiß die süße Blume wird gedeihen, warum sollte sie auch nicht –

Ist nicht auch das schön Lieber Schleier daß ich so gesund und wohl bin, ich bin noch gar nicht kranck und kaum unpäßlich gewesen –

Ich möchte noch lange mit Ihnen plaudern Lieber Vater doch ruft mich auch unsere Jette der ich lange nicht schrieb. Leben Sie wohl theurer geliebter Vater, denken Sie zuweilen an mich u*nd* haben Sie mich auch immer lieb

Ihre treue Henriette.

Einen sehr herzlichen Gruß von Louise.

---

45 wenn] *folgt* ⟨wir es⟩ 52 ist] *mit Einfügungszeichen über der Zeile* 53 komt mir] *mit Einfügungszeichen über der Zeile*

---

42 *Henriette Herz*

1927. An G. A. Reimer. Halle, Februar 1805

Deine Sendung lieber Freund ist richtig bei mir eingegangen, und ich wüßte nicht was ich nun noch von den bestellten Büchern vermißte als nur Henke's Kirchengeschichte die noch immer nicht eingegangen ist. Doch hat es auch mit der grade am wenigsten Eile. Die Predigten, die ich wie Du Dich erinnerst schon bei meiner Abreise gern mitnehmen wollte, hatte ich ganz eigentlich für mich selbst gemeint da ich kein Exemplar habe, für Luise Willich hatte ich Dich aber schon sonst um eins gebeten und wiederhole meine Bitte. Ich werde Dich aber um noch ein Exemplar bitten das ich einer sonstigen fleißigen Zuhörerin und Mitglied meiner wahren kleinen Gemeine in Stolpe schenken muß. Laß es aber doch etwas geschenkhaftig binden und verwahre es ich schike Dir den Brief mit dem es abgehn soll gelegentlich als Einlage zu. Der Verlagsvorrath der Reden ist größer als ich dachte, da Unger die Auflage so sehr klein angegeben hat; mit dieser Arbeit wird es also noch ein Paar Jahre Zeit haben, was mir auch im Grunde bei dem Drang von Arbeiten recht lieb sein kann. |

Manuscript zum Plato werde ich Dir gewiß nicht eher als im künftigen Monat, und zwar auch nicht im Anfang senden können. Ich habe aber ein Project gemacht was hernach der Förderung des Ganzen auch sehr heilsam sein wird. Doch muß ich erst noch Erkundigung einziehn ob ich wol auf das Gelingen rechnen kann. Ich will nemlich meine Reise nach Schlesien in den Julius oder August verlegen da doch während der Osterferien im Gebirge wenig Freude sein würde. Dann kann ich vorher den Plato in einem Strich beseitigen – Heindorfs Druk ist wie ich fürchte Krankheits wegen unterbrochen was mir auch sehr fatal ist da die beiden ersten Dialogen unseres Bandes bei ihm vorkommen. Von Süvern hast Du wol auch noch nichts weiter gehört.

Wenn Jette das Geld brauchte würde sie es wol genommen haben lieber Freund indeß will ich ihr, wenn ich es nicht vergesse noch einmal ein Wort darüber sagen.

Sie hat Dir, wie ich weiß, meine neue Acquisition, den Jösting, schon zugeführt, und ich hoffe die treue tüchtige lebendige Natur wird Dir auch nicht ganz mißfallen haben. Sein Treiben auf Eleonoren, so gewaltsam es

---

1927. Überlieferung: H: BBAW, SN 761, Bl. 14 f. 6 für] *korr. aus* an

1927. 1 *Brief 1912* 3 *Heinrich Philipp Konrad Henke: Allgemeine Geschichte der christlichen Kirche nach der Zeitfolge, Bd. 1–6, Braunschweig 1.–4. Auflage 1799–1804* 4–8 *Vgl. Briefe 1912, 63–66 und 1878, 21 f.* 8–10 *Vgl. Brief 1938, 14–18* 12–14 *Vgl. Brief 1912, 66 f.* 23 *Vgl. Brief 1898, 43–49* 27–29 *Vgl. Brief 1898, 32–39* 27 *Henriette Herz*

sich auch in ihm aussprechen mag theile ich doch eigentlich ganz. Die Geduld lieber Freund | reißt mir über ihrem Zögern das sich nun ganz auf den Bruder verläßt. Ich habe sie gebeten ihm nun endlich bald eine bestimmte Erklärung abzufordern, und wenn diese nicht nach Wunsch ausfällt werde ich Euch Alle in Thätigkeit sezen. Sie muß sich dann ganz Dir und Jösting überlassen. Wenn Lezterem seine Lebhaftigkeit zuläßt das Incognito seines Zusammenhanges mit uns gegen Grunow zu beobachten so kann er am besten unser gemeinschaftliches Organ bei Eleonoren sein um die ersten Schritte, bis sie glüklich aus dem unseligen Hause entfernt ist, mit ihr zu verabreden und einzuleiten.

Auf die Rec*ension* der Gutachten in der A*llgemeinen* D*eutschen* B*ibliothek* bin ich noch nicht gestoßen; die von Schuderoff ist nur ein Auszug ohne eigentl*iche*s Urtheil: außer es wäre alles gar nicht neu (was mir doch neu ist) aber grausam schön.

Die Noten haben sich nur um einen Posttag verspätet und von meinen Sachen fehlt beim Lichte besehen nichts als einige Schnupftücher.

Viel herzliche Grüße an die Deinigen bis auf den kleinen Georg und an Manon deren Wiederherstellung ich mich recht herzlich freue. Mit meiner Gesundheit geht es leidlich. Behaltet mich lieb u*nd* denkt meiner fleißig.

Daß Spalding nach Italien reist ist doch ein garstiger Verlust für den Plato; ich muß mir nun zwei Augen mehr anschaffen.

*1928. An Ch. Schleiermacher. Ende Februar 1805

---

35 *Krüger* 35 f *Vgl. Brief 1924* 43 f *Vgl. Brief 1898, 55–57* 44–46 *In dem von Jonathan Schuderoff herausgegebenen „Journal für Veredlung des Prediger- und Schullehrerstandes, des öffentlichen Religionskultus und des Schulwesens" (Jahrgang 3, Altenburg 1804, Bd. 2, 2. Stück, S. 275–281) war eine Rezension der „Unvorgreiflichen Gutachten" (mit der falschen Titelangabe „Unvergleichliche Gutachten") erschienen, die wohl vom Herausgeber stammte; vgl. KGA I/4, S. LXXXIII.* 47 f *Vgl. Brief 1912, 15–24*

*1928. *Vgl. Brief 1925, 25–28*

**1929. An E. Grunow. Vor März 1805*

**1930. An E. Grunow. Vor März 1805*

1931. An H. und J. E. Th. von Willich. Halle, Freitag, 1. 3. bis Dienstag, 12. 3. 1805

Halle d 1t. März 5.

An Klein Jettchen.

Nun liebes Jettchen ist Ihr vergrößerter Hausstand gewiß schon eingerichtet, und unsere liebe Luise bei Ihnen. Recht gut kenne ich die Kammer, die Sie zum Schlafgemach für Sich und Ehrenfried erheben wollen; es wohnte zu meiner Zeit nichts darin als Ehrenfrieds schwarze Wäsche, wenigstens sah ich nichts andres in der Dunkelheit, wenn gleich er sie jezt etwas stolzer „Garderobe“ nennt, wie einer erst auf kurze Zeit durch eine Mittelstuffe gehen muß wenn er höher steigen soll. Auch kann ich Ihnen gestehen, ich dachte gleich an das Kämmerchen, als Sie mir die Schwierigkeit wegen Luisen klagten, aber ich hatte eine solche Vorstellung von der Finsterniß drin als ob sie gar kein Fenster hätte, und das schrekte mich doch ab ihrer zu erwähnen. Nun freue ich mich, daß ich doch nicht Unrecht gehabt habe, und gewiß auch darin nicht habe, daß mein liebes Töchterchen sie auch mit Wenigem wird zu etwas erfreulichem umzugestalten wissen. Das ist ja euer Talent Ihr lieblichen Wesen. Wie gern wäre ich bald einmal bei Ihnen um das schöne Leben zu sehen! Gute, Liebe! es kann wol kein Vater öfter und herzlicher und mit innigerer Liebe an die liebste Tochter denken und sich selbst verjüngen im fröhlichen Mitgenuß des schönsten Glükkes. | Es war wol sehr natürlich, daß ich es Luisen gleich so zudachte und wünschte, da ich doch für mich selbst so lange ich allein bin nichts schönres wüßte als mit Euch zu sein. Nun wenn das

---

1931. *Überlieferung: H: BBAW, SN 776, Bl. 35–38; D1: Br 2, S. 15–17 (Auszug); D2: Schleiermacher: Briefe an Ehrenfried und Henriette von Willich, S. 116–122*
8 „Garderobe“] „Garderobe

***1929.** *Vgl. Brief 1931, 47 f.*

***1930.** *Vgl. Brief 1931, 47 f.*

1931. *Mit einem Brief von Amalie Hane; vgl. Zeile 96* 4 *Luise von Willich*

nächste Jahr so weit vorgerükt ist als dieses, dann hoffe ich bestimmen zu können wann ich zu Euch komme – ach, Gott gebe nicht allein sondern mit der herrlichen endlich befreiten und errungenen Eleonore. Welche Freude haben Sie mir gemacht und die herrliche Charlotte, mit der tiefen innigen Liebe zu der geliebten Seele die Euch plözlich so schön und klar aufgegangen ist, mit dem anlokkenden zauberischen Zuruf eurer schwesterlichen Freundschaft. Wie reich bin ich durch Euch Alle, Ihr lieben Menschen! und wie freue ich mich diesen ganzen Reichthum Eleonoren zuzubringen und sie gleich einzuführen in diesen Freudenhimmel von Freundschaft und Liebe. Ich allein wäre doch zu wenig für sie. Aber mit diesem Talisman will ich wol ihre Wunden heilen und ihr Leben mit unverwelklichen Blumen bekränzen. Wenn Alles gegangen ist wie es gehn sollte hat sie am Sonnabend Eure Briefe aus der treuen Hand meines Freundes erhalten, und ich hoffe noch heute durch ihn irgend eine vielleicht recht erfreuliche Nachricht von ihr zu hören. Wenn meine dortigen Freunde sie öfters sehen könnten so zweifle ich nicht sie würden ihr sehr zur Stärkung gereichen: allein sie ist bis sie etwas entscheidendes gethan hat immer nur sich selbst überlassen, und darum | auch neue Verzögerungen gar nicht unmöglich. Indeß hoffe ich izt mehr als je, weil ich alles gethan habe um ihr soviel als möglich das eigne Handeln zu ersparen

d*en* 10t*en* An zwei Posttagen hörte ich leider nichts von Eleonoren als daß sie sich zu dem verabredeten Rendezvous nicht eingestellt hatte. Endlich erschien mein Freund selbst den bedenkliche Angelegenheiten hieher trieben und der sich nur verweilt hatte um Eleonoren erst zu sehn. Sie war endlich zu Reimers gekommen, hatte dort von ihm Eure und meine Briefe in Empfang genommen, den Freund in die Arme geschlossen und in seine Hände das Versprechen gethan in spätestens vierzehn Tagen zu dem Bruder, der nur ihrer Ankunft wartete um die Trennung einzuleiten, sich zu begeben, und dann nicht wieder das verhaßte unselige Haus zu betreten. So festen Entschlusses hatte sie sich dem Freunde gezeigt daß er mir eben so feste Zuversicht einflößte, und ich harre nun und zähle die Stunden welche noch vergehen müssen ehe mich die frohe Nachricht erreichen kann. Den Freund habe ich heute auf seiner Rükreise nach Berlin begleitet; auch er kehrt von hier getröstet zurük, und wird nichts angelegneres haben in Berlin, als Eleonoren anzutreiben und aufzuregen im Fall er noch nichts verändert findet, und sie hernach möglichst zu behüten und zu pflegen. Dann wird sie auch gewiß bald Ihnen und Ehrenfried schwesterlich zusprechen und überhaupt sich recht eingewöhnen in den schönen Kreis dem sie künftig angehören soll.

---

26 *Charlotte von Kathen* 35 f *Wohl Jösting* 47 *Briefe *1929 und *1930* 50 *Johann Albrecht Krüger*

Es war den Tag vor Ihrem Geburtstag liebe Henriette als der Freund mit der schönen Nachricht erschien. Sie können also denken daß Ihr Geburtstag mit den ihn umgebenden Tagen eine schöne festliche | Zeit gewesen ist. Noch in der späten Nacht las ich Ehrenfrieds Briefe von vor dem Jahre und Ihre ersten lieben Zeilen an mich, und fand recht viel Aehnlichkeit zwischen dem wie Sie damals zusammen lebten und wie ich jezt. Auch ich war voll schöner Hofnung die mir fester und bestimmter als je aufgegangen ist, und so wie Ehrenfried damals Sie in den Kreis seiner Freunde einführte: so öfnete ich izt die Schäze dem Freunde der diese Tage über bei mir wohnte. Irgend einige Briefe wurden bei jedem Theestündchen gelesen bald von Eleonoren, bald von Jette, bald von Euch. Auch die traurige Zeit vor nun zwei Jahren haben wir noch einmal durchgelebt. Eine ungewohnte Zierde hat auch meine Wohnung in diesen Tagen gehabt, ein Fortepiano nemlich das ich für den Freund, der ohne Musik nicht leben kann herbeischaffen mußte. Dabei bin ich auch wieder an meine alte Liebhaberei Choräle zu spielen gerathen, und mit schönen Tönen und Gesang haben wir die Tage begonnen und geendet – nur eine weibliche Seele und Stimme fehlte uns um unsere Andacht ganz zu verherrlichen

d*en* 12*ten* Als ich neulich predigte trug ich auch Ihre Handschuhe zum erstenmal; ich werde mich nur damit bekleiden wo es etwas schönes gilt, und dies war die erste Gelegenheit die ich ihrer werth achtete. Es ist auch drum recht schön und Sie haben meinen Sinn recht getroffen mit der schwarzen Farbe. Mich verlangt recht darnach erst in meinem eignen Amte wieder von dem Heiligsten öffentlich reden zu können. Die schönste Blüthe des ganzen Geschäftes war freilich für mich die Predigt in Sagard: aber ein schönes Gefühl von erfüllter Bestimmung von geistiger Wirksamkeit giebt es mir doch immer wenn ich nur irgend ahnden kann von Einem oder Zweien verstanden zu sein[.] Und ich denke | wenn ich Eleonoren erst hier habe wird noch ein ganz neuer schönerer Anhauch in meine Vorträge kommen und alle werden sein wie jezt die Besten und gelungensten sind. Ob es unserm Ehrenfried nicht auch so ist, wenn er neben Ihnen an seiner Predigt arbeitet? Es muß ja Alles schöner werden durch die Nähe der Liebe.

---

75 das] *korr. aus* daß

---

62 *Der Geburtstag Henriette von Willichs fiel auf den 6. März.* 66 *Brief 1773 (KGA V/7)* 72 *Henriette Herz* 73 *Vgl. Brief 1921, 46 f.* 75 *Jösting* 81 *Vgl. Brief 1910, 59–62* 87 f *Am 1. Juli 1804, vgl. Brief 1772, 84–86 (KGA V/7)*

Den Brief der Hane schikke ich Ihnen zurük mit herzlichem Dank; sie ist mir dadurch wieder recht lebhaft vor die Seele getreten. Aber von einer neuen Seite habe ich sie nicht kennen gelernt, er ist mir nur eine Bestätigung gewesen von der Art wie ich sie aufgefaßt habe. Das habe ich wol gemerkt daß ihr zurükgehaltenes Wesen nicht reine kalte Verschlossenheit ist, sondern ein gewaltsames in sich hinein arbeiten das dann im rechten Moment innig oder heftig wie es der Gegenstand mit sich bringt auch wieder heraustritt. Zwischen ihr und mir ist es noch nicht recht zum heraustreten gekommen aber es wird gewiß wenn wir uns einmal wiedersehn. Die Arme verliert wol viel durch Luisens Entfernung von Sagard. Aber was macht Schwester Luise? warum mußten Sie sie wieder ausstreichen nachdem Sie mir schon einen Brief von ihr verheißen hatten? warum muß auch unsre theure Jette über ihr Schweigen klagen. Grüßen Sie sie mir herzlich und sie soll uns doch recht bald ein Wörtchen darüber sagen wie wohl ihr bei Ihnen und Ehrenfried ist. Es verlangt mich recht wieder mit ihr zu reden und ich thue es gewiß bald wenn sie auch selbst noch nicht schreiben kann. Dann gebe | ich Ihnen auch ein Paar Zeilen für Lotte Cumerow. Es war gar lange mein Gedanke ihr zu schreiben, schon als Ehrenfried einen Brief von ihr bekam da ich noch in Sagard war der etwas recht freundliches für mich enthielt war es fest bei mir daß ich auch unmittelbar in einiger Verbindung mit ihr bleiben wollte, es ist nur zufällig verzögert, wie leider so Manches. Daß die Arme körperlich so sehr leidet schmerzt mich recht da es ihr an dem schönsten Ersaz fehlt an der Liebe die auch das Leiden verherrlicht und die Freundin ihr doch nicht immer so nahe und hülfreich sein kann als sie wol wünschte. Die Kunst, die schönste Zuflucht der Frauen denen das höchste Glük der Liebe nicht vergönnt ist verlangt auch einen freien Sinn, und verschmäht es sich in das Organ des Kranken einkleiden zu lassen. Ganz frei wird sie von diesem Uebel schwerlich werden; aber von warmen Bädern stärkenden Mitteln und einem warmen Sommer hoffe ich doch viel für sie. Grüßen Sie sie recht freundlich von mir und wenn sie Ihnen danach aussieht es gut aufzunehmen so geben sie ihr einen herzlichen Kuß von mir.

Adieu meine süße Tochter. Ich küsse Sie recht väterlich und sehe Ihnen mit inniger Freude in das klare tiefe Auge. Sie wissen es, Sie und Ehrenfried wie ich im Geiste bei Euch bin.

---

96 *Amalie Hane, die im Sagarder Pfarrhaus lebte* **112 f** *Es ist ungewiß, ob der beabsichtigte Brief auch geschrieben wurde.*

An Ehrenfried

Ist es Dir wirklich Ernst, ein wenig, zwischen dem Scherz daß Du Dich zurükgesezt glaubst? Ja so geht es lieber Freund wenn man ein Weib hat! und ich kann Dir gar nichts thun, weder abbitten noch Besserung versprechen, sondern nur herzlich wünschen, daß die Zeit bald kommen möge wo Du Revenge an mir nehmen kannst. Wenn nicht wieder im entscheidenden Augenblik die arme Eleonore von einer schreklichen Katastrophe zurükgeworfen wird, wovon mir wol die Möglichkeit bisweilen einfällt ohne daß ich es eigentlich fürchtete: so gewinnt es ja das fröliche Ansehn als würden wir einander wirklich bei unserm nächsten Wiedersehn jeder dem andern die Gattin zuführen können. Jösting der immer gleich oben auf ist wenn etwas gut geht spricht schon davon sie hätte unter den gegebenen Umständen nicht nöthig den gesezmäßigen Termin abzuwarten sondern könnte schon im Sommer die meinige werden. Das hat aber doch seine bedenklichen Seiten, und ich werde wol so Schade es auch ist um die Zeit mich in diese lange Geduld fügen müssen. So hat auch ein anderes seine großen Schwierigkeiten und ist so wenig auszuführen daß ich es schon [immer] als ein Bild der Fantasie sezen kann. Ich hätte so gern mir Eleonoren entweder von Wedeke oder von Dir zuführen lassen und das hätte sich auch von selbst gemacht wenn sie sich gegen den Willen ihres Bruders und ihrer Geschwister getrennt hätte, weil sie dann gewiß sehr gern Berlin gleich nach beendigter Sache würde verlassen haben. Und wohin hätte ich sie dann besser | senden können als nach Hermsdorf oder zu euch. Nun ist es aber um so viel besser daß sie den Schmerz widerstrebender Gesinnungen der ihrigen nicht hat. Doch wie weit liegt das Alles noch, und wie sollte ich eigentlich gar nicht davon reden bis ich sagen könte nicht was geschehen ist sondern was geschehen wird.

Vor acht Tagen habe ich zum ersten Male hier eigentlich gepredigt in der Kirche – noch nicht in meinem Amte das ist leider noch in weitem Felde – sondern nur für einen andern. In der reformirten Kirche wird in der Passionszeit über die Leidensgeschichte gepredigt, abwechselnd nach allen Evangelisten. Mich traf der, wenn ich nicht von Petri Verläugnung reden wollte ziemlich sterile Abschnitt Joh*annes* 18, 12–18 ich sprach davon wie im Leiden zugleich auch die Herrlichkeit wäre. Dabei habe ich eine große Freude gehabt an Steffens der es zufällig erfuhr und dann auch

---

139 einfällt] *korr. aus* [mit] **160** Kirche –] *korr. aus* Kirche, **161–165** In … wäre.] *mit Einfügungszeichen am linken Rand*

---

132 f *Vgl. Brief *1937* **159** *Wohl am Sonntag Invocavit (3. März) 1805*

in der Kirche war, wie lebendig er hernach begeistert war und mich glüklich pries um das schöne Geschäft, und bezeugte es wäre doch das Einzige wo man gleich fertig und im Mittelpunkte wäre und ein nothwendiges Correlat der wissenschaft*lich*en Ansicht, die doch immer nur halb vollendet wäre – grade wie ich das Verhältniß in meiner Ethik aufgestellt habe. Dieser so unerschöpflich tiefe Geist der zugleich so ein liebenswürdiges durch alles Gute bewegliches kindliches Wesen hat macht mir fast jedesmal wenn ich einige Stunden mit ihm zubringe neue Freude, auch dadurch daß wo nur Natur und Geschichte sich in ihren Endpunkten berühren wir immer in derselben Ansicht zusammen treffen.

Meine Vorlesungen werden mir fast von Tage zu Tage leichter und gerathen mir klarer in der Zusammenstellung und im Ausdruk bei geringerer Vorbereitung als anfänglich und die Ethik sowol als meine Behandlung der Dogmatik werden denke ich gute Wirkung thun. Doch habe ich noch immer Angst vor jedem neuen Cursus. Im Sommer geht es an die Hermeneutik und diese so recht aus der Tiefe herauszuschöpfen, ist ein großes Unternehmen in welchem ich noch gar nicht bescheid weiß, und doch soll ich ehe zwei Monate hingehen damit anfangen. Dies ist aber auch das einzige neue Collegium das ich im Sommer lesen werde: denn der Plato wird mich scharf drängen. Es freut mich recht daß Du ihn mit Jettchen so ordentlich liest und ich denke nun viel hieran bei der Arbeit. Recht schöne tiefe Blikke und auch recht sinnige Grübeleien wird sie auch im dritten Bande finden

d*en* 12t*en* März

**1932. An W. Gaß. Vor dem 2. 3. 1805*

1933. Von J. C. Gaß. Stettin, Sonnabend, 2. 3. 1805

Stettin, den 2ten März 1805.

Wohl habe ich Ihre Rezension der Zöllnerschen Schrift gelesen u*nd* würde Ihnen darüber geschrieben haben, wenn Sie es auch nicht ausdrük*lich*

---

175 wo] *korr. aus* [ ]

1933. *Überlieferung: H: BBAW, SN 287, Bl. 12–15; D: Schleiermacher: Briefwechsel mit Gaß, S. 16–20 (gekürzt)*

**1932. Vgl. Brief 1933, 150f.*

1933. 2 *Schleiermachers Rezension von Johann Friedrich Zöllners „Ideen über National-Erziehung" erschien in der JALZ 1805, Nr. 13–15, Sp. 97–114 (KGA I/5, S. 1–25).*

wollten. Ich kann auch unmög*lich* so lange damit warten, bis die Fortsetzung erscheint, die Sie unerwartet, aber zu meiner großen Freude hoffen laßen, auch diese wird gewiß wieder etwas unter uns zu besprechen geben. Jezt nur etwas von dem, was bisher erschienen ist. Ich will Sie nicht über diese schöne Arbeit loben, mein theurer, so brüder*lich* von mir geliebter Freund; so etwas würde sonderbar sein aus dem Munde deßen, der Ihnen schon so viel zu verdanken hat u*nd* den Sie nun schon einmahl zum Schüler behalten werden. Auch finde ich es sehr begreiflich, daß man Sie in dem Aufsaz sogleich erkannt hat. Denn es soll Ihnen schwer*lich* gelingen in dem, was Sie mit Liebe arbeiten, Ihren Geist zu verbergen oder sich unkentlich zu machen. Die vorherrschende Idee ist abermahl ein Wort zu seiner Zeit, das aber schwerlich von denen, welchen es eigentlich eine Weisung sein könnte, wird gehört, oder begriffen werden. Schade, daß manches in dem beschränkten Raum nicht weitläuftiger konnte ausgeführt werden. Wozu ich besonders den Gedanken rechne, daß das Lernen des Lernens | u*nd* die Fertigkeit, Fertigkeiten zu erwerben, der Mittelpunkt der ganzen Bearbeitung junger Gemüther sein müße. Wie viel Mißverständniße würden von dieser großen Angelegenheit entfernt werden, wenn man begreifen wollte, daß man nur vor allen Dingen die Kraft im Menschen zu wekken u*nd* zu üben habe, damit er sie künftig selbst gebrauchen lerne. Es ist wirklich so einleuchtend u*nd* doch wißen es nur wenige, es wird also noch oft gesagt werden müßen. Was ferner vom Beispiel vorkam, hat mir sehr gefallen, u*nd* ich bitte Sie, doch gelegentlich mahl etwas über den Mißbrauch zu sagen, der mit dem Beispiel Christi homiletisch getrieben wird. Das thut warlich auch noth. Am meisten jedoch hätte ich etwas mehr Ausführlichkeit dem gewünscht, was Sie bei Gelegenheit der Schulbibel sagen, weil Sie hier leicht können mißverstanden werden. Herrlich ist der Gedanke, unser Streben müße dahin gehen, das *Chri*stenthum unabhängig von seinen Urkunden herzustellen, wie es ursprünglich vor denselben vorhanden gewesen sei u*nd* gerne bekenne ich, der höchste Zwek der Schrifterklärung sei, die Schrift selbst entbehrlich zu machen u*nd* über den Buchstaben zur Idee emporzusteigen. Aber wie lange wird es noch dauern, ehe unsre Relig*ions*Lehrer so weit kom-

---

32 *Chri*stenthum] Xstenthum

---

4 f *Die geplante Fortsetzung mit den Rezensionen von Friedrich Johannsen („Über das Bedürfniß und die Möglichkeit einer Wissenschaft der Pädagogik", Jena 1803) und Heinrich Christian Schwarz („Erziehungslehre. Bd. 1: Die Bestimmung des Menschen", Leipzig 1802) kam nicht zustande.* **11 f** *Vgl. Brief 1914, 97–99* **18–20** *Schleiermacher: Zöllner-Rezension, Sp. 102 (KGA I/5, S. 9)* **25 f** *Schleiermacher: Zöllner-Rezension, Sp. 111 (KGA I/5, S. 20)* **29–33** *Schleiermacher: Zöllner-Rezension, Sp. 109 f. (KGA I/5, S. 19)*

men u*nd* in welche unendl*iche* Perspektive sich die Hofnung | verziehen, so etwas könne je einmahl bei dem großen Haufen unsrer *Chr*isten realisirt werden. So unstatthaft nun auch die Idee einer Schulbibel ist, wenn sie auch noch beßer aufgestuzt würde, als es von Zöll*ner* geschehen, so sehe ich doch nicht ab, wie wir eines religiösen Leitmittels entrathen, oder ein beßres finden mögen, als wir an der Bibel haben, wo man schwerlich das Auge auf irgend eine Seite werfen kann, ohne eine religiöse Ansicht zu finden. Was meinen Sie dazu? Ich kann wohl unrecht haben, aber eben so gewiß können Sie an dieser Stelle Ihrer Recension sehr mißverstanden werden.

Der Beurtheiler Ihrer Grundlinien hat warlich allen guten Willen gehabt u*nd* sein möglichstes gethan. Es ist ihm aber damit gegangen, wie mir; wie es mir aber nicht mehr gehen soll, wenn Sie mir Ihre Moral schikken. Leichter wäre das Verstehen dieses Buchs allerdings, wenn dabei eine leitende Idee vorangeschikt wäre; aber der Rez*ensent* hat gewiß auf der zweiten Seite schon vergeßen, daß eine solche Kritik hier nicht gegeben werden solle, wie solches gleich auf der ersten Seite steht. Belächeln muß man fast, daß er gegen Sie den Plato anführt, oder meint, man könne die Ethik des lezteren ganz juridisch machen, wenn man nach Ihrer Art damit umgehen wolle. In einem Punkte aber hat er recht, darin nämlich, daß Sie | wohl manchmahl mit Kant etwas zu unglimpflich umgehen, was ich glaube Ihnen auch schon mahl gesagt zu haben.

Da wir doch ein mahl bei der Jen*aer* Zeit*ung* sind, so laßen Sie uns noch ein Wort über die Rez*ension* von Paulus Comment*ar* sprechen. Kennen Sie den Verfaßer derselben nicht? Ich mögte fast auf Wolf rathen, weil

---

38 *Chr*isten] Xsten   50 wäre] *über* ⟨ist⟩

---

40 *„Aufstutzen, […] aufputzen, verschönern“ (Adelung: Wörterbuch, Bd. 1, S. 545)* **47 f** *Vgl. Brief 1914, 90–92* **53–58** *Auf Platon verweist der Rezensent (Creuzer) Sp. 87–89. Sp. 89 heißt es: „Wollte man dagegen auf eine ähnliche Art, wie der Vf. gegen Kant gethan hat, die Sittenlehre Platons kritisiren, der nach dem eigenen Ausspruch desselben unter allen Philosophen vor und nach ihm das Ethische am reinsten aufgefaßt und dargestellt hat: so würde es nicht schwer seyn, auch dessen Ethik juridisch zu finden, indem die meisten der S. 84 fg. angeführten Gedanken, welche zum Beweise des juridischen Geistes der Kantischen Tugendlehre dienen sollen, auch Platon angehören.“ – Zu Schleiermachers Kant-Kritik heißt es Sp. 88: „Selbst für seine Hauptanklage, daß die Kantische Sittenlehre eigentlich eine Rechtslehre sey, ist er den Beweis schuldig geblieben. Allein gesetzt, daß diese Anklage nicht ganz ungegründet sey, (inwiefern Kant die Pflichten überall in Beziehung auf ein Reich der Geister anstellt, und bei keiner einzigen den Menschen ganz an und für sich betrachtet): so sind doch die Urtheile des Vf's über denselben viel zu hart, und er hat dabey ganz außer Acht gelassen, daß man Kants Lehre vom Menschen als Selbstzweck nur weiter zu verfolgen braucht, als Kant selbst gethan hat, um ihn von dem Vorwurf, seine Ethik sey mehr juridisch als ethisch, gänzlich frey zu sprechen.“* **59–64** *Heinrich Eberhard Gottlob Paulus: Philologisch-kritischer und historischer Commentar über das Neue Testament, Bd. 1, Lübeck ²1804; Verfasser der Rezension in der JALZ 1805, Bd. 1, Nr. 1–3 (1.–3. 1.), Sp. 1–24 war der Göttinger Alttestamentler Johann Gottfried Eichhorn.*

die philologische Seite so vorzüglich berüksichtiget ist u*nd* er sich auch vor nicht langer Zeit noch mit dem N*euen* T*estament* beschäftigt hat. Es kann aber auch auch Matthäi, oder ein andrer sein. So gut er sich auch stellt, so ist seine Arbeit doch wohl schwerlich aus ganz lauterer Warheitsliebe allein gefloßen u*nd* ein starker Zusaz von Nebenabsichten ist schwerlich zu verken*nen*. Aber doch muß ich aufrichtig gestehen, daß sein Urtheil im Ganzen mir sehr richtig scheint. Ich habe mich mit dem dikleibigen Buche nie recht vertragen können; es ist mir schwer geworden, mich durch einen Band ganz durchzuarbeiten u*nd* so oft ich es nachschlage, finde ich mich fast immer unberathen in dem, was ich eigent*lich* suche. Schon das ganze Vorhaben, das Urchristenthum, historisch, wie hier geschieht, herzustellen ist mir ein vergebliches Beginnen u*nd* soll es ein mahl historisch deduzirt werden, so müßte doch der Standpunkt, von welchem es geschieht, weit höher zu nehmen sein. Ueberdieß erscheint doch *Chri*stus u*nd* seine Lehre, ich mögte sagen, etwas sehr gemein u*nd* alle Hoheit des erstern, wie alle Kraft u*nd* Einfachheit der leztern geht für mich wenigstens | in dieser platten u*nd* wäßrigen Erklärung unter. Lesen Sie doch mahl die Bergpredigt u*nd* einige Gleichnißreden mit dem Commentar u*nd* sagen Sie mir dann, ob ich ganz unrecht habe. Durch das ewige Suchen nach dem Geschichtlichen u*nd* dem strengen Zusammenhange wird dem Leser aller Eindruk des Ganzen verkümmert. Und dieß müßte dem jungen Theologen nie geschehen. Wie das *Chri*stenth*um* in seinen Urkunden vor uns liegt, gehören seine Einfachheit, seine Kraft u*nd* Klarheit zu seinen wesentlichen Vorzügen, u*nd* diese kann am Besten der mündliche Interpret dem Zuhörer darstellen. Von dem schriftlichen verlange ich nichts, als eine rein grammatische Erklärung nach den Grundsätzen einer gesunden Hermeneutik, kurz u*nd* bündig. Das Historische u*nd* zerlegende gehört in die Einleitungen. Daß mir hiernach die Wundererklärungen des Commentars höchst wiederlich sind, darf ich Ihnen wohl nicht erst sagen. Auch diese gehören nicht in das Gebiet des Interpreten. Denn so wenig ich dem Erklärer des Herodot zumuthen kann, mir zu sagen, wie dieser, genetisch oder psychologisch zu dem Märchen vom Ringe des Polykrates gekommen; eben so wenig will ich vom Interpreten der Evangelien verla*n*gen, das Geschichtchen vom Stater im Maule eines Fisches, den Petrus fing, mir noch ein mahl, wie eine eigne Erfahrung

---

66 allein] *mit Einfügungszeichen über der Zeile* **76** *Chri*stus] Xstus **83** *Chri*stenth*um*] Xstenth **86** schriftlichen] *folgt* ⟨Vo⟩ **95** das] *davor* ⟨mir⟩ Geschichtchen] *korr. aus* Geschicht[ ]

---

79 *Matthäus 5–7* **93 f** *Herodot: Historien 3, 40–43* **95 f** *Matthäus 17, 27* **95** *Stater, antike griechische Münze*

vorzumachen. So etwas läuft gewöhnlich auf eine Nothzüchtigung der Sprache hinaus u*nd* verdirbt oder vernichtet alle | grammatische Interpretation, die am Ende doch nur die rechte sein kann.

Schelten Sie doch nicht, bester Schl*eiermacher* über meine Geschwätzigkeit. Sie wißen selbst, daß ich hier keinen habe, mit dem ich über solche Sachen sprechen kann; was bleibt mir übrig, als Ihre Freundschaft in Anspruch zu nehmen, u*nd* Sie um die Berichtigung meiner Ansichten zu bitten. Ich weiß doch, daß Sie mir gut sind u*nd* sich meiner etwas annehmen werden. Ich hatte sehr viel auf dem Herzen, Ihnen dießmahl zu schreiben, sehe aber daß ich gar nicht weit gekommen bin, u*nd* daß ich schon den Raum sparen mus, weil ich den Brief nicht gerne zu schwer machen wollte. Mienchen mus doch auch noch ein Wort mitsprechen u*nd* ich kann mich recht herzlich freuen, daß es ihr so viel Vergnügen macht, Ihnen zu schreiben. Eigentlich wollte ich Ihnen heute über den Zustand der theolog*ischen* Litteratur im allgemeinen, wie er mir erscheint u*nd* was ich davon erwarte, schreiben, will dieß aber versparen. Es soll aber künftig geschehen, denn ich mus auch hierüber Ihre Meinung wißen.

Ueber die kursor*ische* Lektüre des ganzen N*euen* T*estaments* wollen wir nicht streiten. Ihre Gründe d a f ü r sind sehr gültig, auch habe ich den Werth davon nicht leugnen, sondern Ihnen nur Zeit sparen wollen. Haben Sie Eichhorns Einleitung in's N*eue* T*estament* schon gelesen? Ich habe sie eben angefangen. Diese Untersuchungen über den Ursprung unsrer Evangel*ien* gefallen mir, ob ich gleich zweifle, daß man damit viel weiter, als zu einer docta ignorantia kommen werde. Die Chrestom*athia* patristica wird nach Ihrer Idee etwas stark ausfallen, ob es gleich sehr gut wäre. Vom Josephus ist glaube ich, schon eine solche vorhanden. Aus den K*irchen*Vätern nehmen Sie gewiß lauter moral*ische* Abschnitte, wobei gelegentlich die Moral der Väter, die wohl etwas unverdienter Weise in Verspruch gekommen ist, wieder etwas mehr Achtung gewinnen [*wird*]. Wie viel werden Sie noch finden, was noth thut u*nd* wie herzlich freue ich mich darauf!

Daß wir gemeinschaftlich etwas schreiben wollen, ist mir ein gar lieber Gedanke geworden. Es ist sonst kein erfreu*liches* Geschäfte, die Jämmerlichkeit der Gegenwart etwas scharf in's Auge zu faßen, aber in der Gesellschaft eines Freundes stumpft sich die Bitterkeit der Empfindung ab,

---

97 gewöhnlich] *folgt* ⌊abe⌋ **99** die am] *davor* ⟨die⟩ **111** im allgemeinen] *mit Einfügungszeichen über der Zeile* **113** Ihre] ihre

---

108–110 *Brief *1934* **114 f** *Vgl. Brief 1914, 43–62* **120–122** *Vgl. Brief 1914, 70–74* **125** *„versprechen" hat die Nebenbedeutung „lästern", „schmähen".* **128–134** *Vgl. Brief 1914, 76–83*

der man sich dabei doch nicht erwehren kann. Entwerfen Sie nur gelegentlich so etwas von Plan dazu, oder geben Sie die Richtung an, die dabei zu nehmen ist. So etwas muß doch verabredet werden.

Bartholdys grüßen freundlich. Mit seiner Veränderung ist's doch noch nicht, wie ich es wünschte. Man hat ihm die Direktion eines Seminars aufgetragen wozu er selbst den Plan entwerfen soll, | aber noch ist kein Wort von einem Gehalt verlautet. Die Direktion des kombinirten Gymnasiums soll von Koch u*nd* Sell gemeinschaftlich geführt werden, wobei auch nichts gesundes herauskommen kann. Engelkens Stelle geht ganz ein, wenn er mahl stirbt u*nd* seine Gemeine wird mit der Schloßgemeine verbunden. Das Verhältniß der neuen Schulräthe ist auch etwas wunderlich. Sie sollen nur in der Seßion erscheinen, wenn sie Zeit haben, von mündlichen Vorträgen frei sein u*nd* nur schriftlich in Schulsachen referiren welche doch den übrigen geist*lichen* Räthen gleichfals angehören. Sie wißen also bis jezt so eigentlich nicht, was sie sind u*nd* das Ganze ist ein neuer Lappen am alten Kleide. Ehe nicht das ganze Consistorium neu organisirt wird, wird nichts ordent*liches* daraus.

Was wir sonst treiben wird meine Mine wohl berichten. Sie hat mir vor einiger Zeit wieder viel Sorge gemacht; Ihr lieber Brief fand sie noch im Bette u*nd* brachte die ersten frohen Stunden für uns mit. Ich mögte Ihnen wohl täglich schreiben, da ich gewiß täg*lich* etwas mit Ihnen zu überlegen habe u*nd* Ihnen im Geist immer nahe bin. Leben Sie wohl mein guter lieber S*chleiermacher* und laßen Sie mich nicht zu lange auf Antwort warten. Wann werden wir uns mahl wiedersehn? Wann werde ich Ihnen sagen können, wie herzlich ich Sie liebe u*nd* wie viel ich Ihnen verdanke? –

Gass.

---

145 welche] *korr. aus* welches **147** neuer] *davor* ⟨Flikk⟩

135–140 *Schon 1763 hatte Friedrich der Große angeregt, die Stettiner Stadt- und Ratsschule (seit 1793 „Ratslyceum") mit dem Gymnasium academicum Carolinum zu vereinigen. Die Vereinigung beider Schulen zum „Vereinigten Königlichen und Stadt-Gymnasium" wurde am 25. 1. 1805 durch Kabinettsordre vollzogen; zugleich wurde Bartholdi zum Direktor des Königlichen Seminars ernannt. Sell und Koch, die beiden Rektoren der bisherigen Schulen, leiteten das neue Gymnasium bis zu Sells Tod 1816 gemeinsam. Alle drei wurden zu Schulräten und zu Mitgliedern des Provinzial-Schulkollegiums befördert. Vgl. Blätter zur Geschichte und Statistik der höheren Schulen in Pommern besonders in den Jahren 1856–1881, hg. von Ludwig Streit, Kolberg 1881, S. 23. 102.* **140–142** *Durch Kabinettsordre vom 30. 12. 1804 wurden die Stettiner Schloßkirchengemeinde und die Gemeinde St. Marien miteinander vereinigt. Friedrich Ludwig Engelken war seit 1793 Pastor an St. Marien. Vgl. Hans Moderow: Die Evangelischen Geistlichen Pommerns, Bd. 1, Stettin 1903, S. 444.456 f.* **146 f** *Matthäus 9, 16* **150** *Brief *1932*

*1934. Von W. Gaß. Sonnabend, 2. 3. 1805 oder später

1935. Von J. E. Th. und H. von Willich. Donnerstag, 7. 3. 1805

7t. März

[*Ehrenfried:*] Von mir, lieber Schleier erhältst Du heute nichts als einen herzlichen Gruß, mit einem Auftrage von unsrer Kathen. Sie wird im Junius oder Julius 4 Tage in Berlin sein, und will und muß Leonore sehen. Du sollst ihr das Wie und Wo bestimmen. Wie wohl es mir geht, weißt Du von meiner süßen Jette.

Dein

EH v Willich

Über Jösting habe ich mich sehr gefreut. Du mußt ihn von mir grüßen.

[*Henriette:*] Lieber Schleier wie mein Geburtstag der gestern den 6ten war, mir schön gefeiert worden ist in Götemitz wo alle meine Lieben waren, sagte ich Ihnen gerne, ich bin sehr reich durch Liebe – schöne Blumen habe ich erhalten o ich bin so glücklich, ich kann nicht glücklicher sein. Lieber Lieber Schleier leben Sie recht wohl, o meine Wünsche für Sie würden | Sie doch bald erfüllt daß ich Sie auch glücklich wüßte, grüßen Sie Leo*nore*. Schreiben Sie uns bald, mir ist die Zeit sehr kurz

Ihre Tochter

H.

*1936. An Adolph Müller. Halle, um den 7. 3. 1805

Billet

1935. *Überlieferung: H: BBAW, SN 423, Bl. 15; D: Schleiermacher: Briefe an seine Braut, S. 38 (gekürzt)* **11** ist] *mit Einfügungszeichen über der Zeile*

***1934.** *Vgl. Brief 1933, 108–110*

***1936.** *Vgl. Adolph Müller: Briefe von der Universität, S. 176: „Schleiermacher schickte mir damals [bei der Feier des Geburtstages des Vaters W. C. Müller] das kleine, hier beifolgende Billet, was eben so zierlich ist, als er dies wenig auf den ersten Blick zu sein scheint". W. C. Müller hatte am 7. März Geburtstag.*

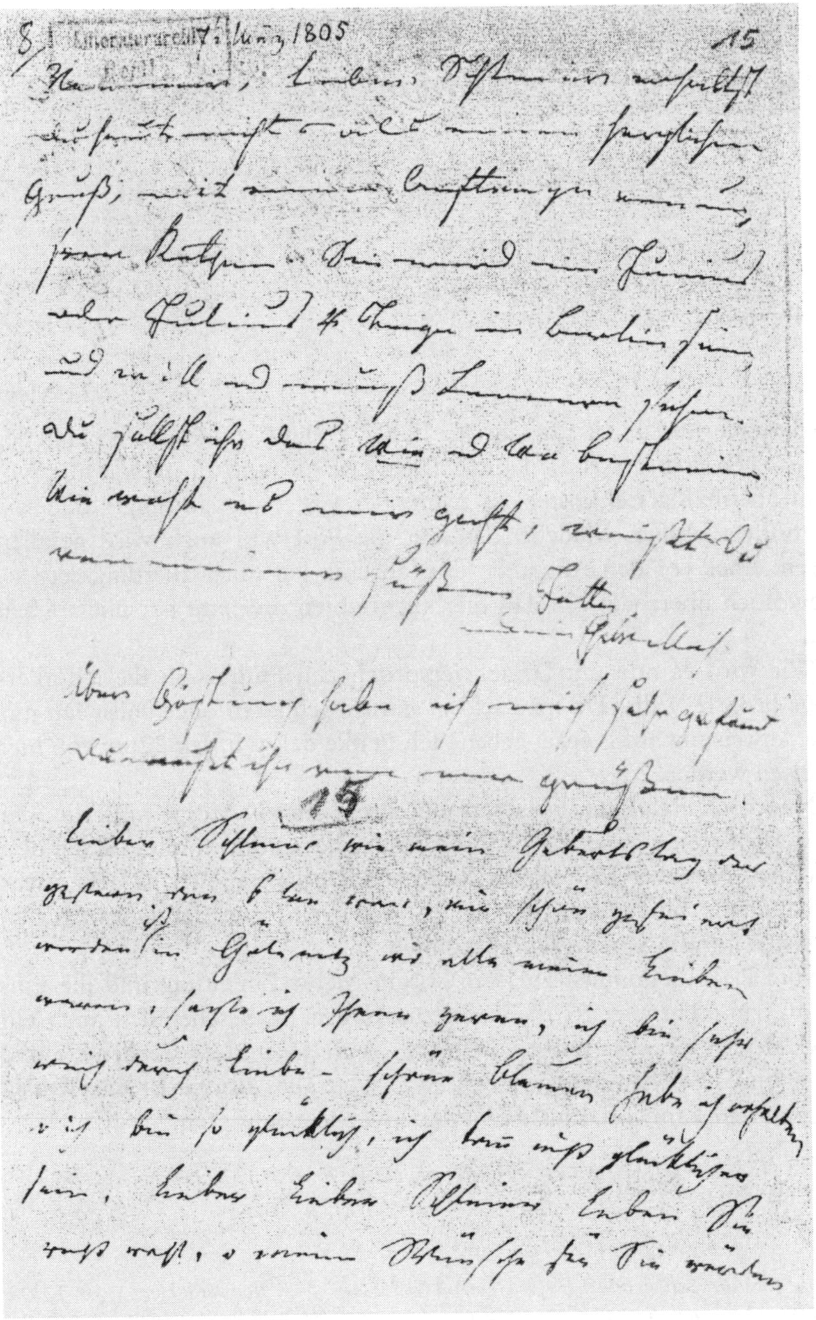

7. März 1805
15

**1937. Von J. E. Th. von Willich. Vor dem 12. 3. 1805*

Beklagt sich, vom Freund gegenüber seiner Frau Henriette zurückgesetzt zu werden

1938. An G. A. Reimer. Halle, Donnerstag, 21. 3. 1805

An Reimer

21 Merz

Ich komme nun nicht über Berlin lieber Freund sondern reise mit der sächsischen Post durch die Lausiz. Die Reise hin und zurük soll nun wol nicht übermäßig viel kosten, da meine Schwester die ein junges und wie ich hoffe tüchtiges Mädchen ist sich die Post wol auch wird gefallen lassen. Aber vor den Ausgaben dort fürchte ich mich allerdings etwas, wiewol ich überzeugt bin daß die Nachrichten die Jette hat übertrieben sind

Wie wird es nun mit Deiner versprochenen Hülfe sein die ich allerdings bedarf? Willst Du mir Geld in natura schikken oder willst Du mir eine Anweisung auf Leipzig geben? Ich denke daß wir d*en* 22t*en* von hier abreisen werden.

Nun noch eine Bitte. Es ist jezt eine Freundin aus Stolpe in Berlin, der ich gern für eine andere gemeinschaftliche Freundin dort ein Exemplar Predigten mitgäbe. Laß also doch so schnell als möglich ist eins etwas cadeaumäßig binden und händige es Jetten ein, von der Du auch den spätesten Termin wirst erfahren können.

Vom Plato bekommst Du den Gorgias nebst Einleitung und die Einleitung zum Theaetet 9–10 Bogen zusammen, wahrscheinlich auch ein Stück des Gespräches selbst vor meiner Abreise, und so werden sie wol auf 4 bis 5 Wochen genug haben. Wie weit alles übrige ist hast Du ja gesehen und kannst daraus die beste Zuversicht schöpfen.

1938. Überlieferung: H: BBAW, SN 761, Bl. 13; D: Br 4, S. 111 (Auszug) 8 wiewol] *davor* ⟨da ich⟩

**1937. Vgl. Brief 1931, 132 f.*

1938. 5 *Nanny Schleiermacher* 7 *Gemeint ist Schlesien* 8 *Henriette Herz* **10–13** *Die Reise nach Schlesien, um die Halbschwester Nanny nach Halle zu bringen, wurde wegen der Witterung auf den Sommer verschoben; vgl. Brief 1982, 3–10.* **14–16** *Vielleicht Frau von Pröck; die Identität der anderen Freundin ist ungewiß.* 17 *cadeaumäßig, geschenkmäßig*

Die Niemeier grüßt Dich. Sie sagte mir Gestern vorläufig daß sie Geld für Jösting, was ihr Bruder in Berlin auszahlen soll an Dich addressiren zu können wünschte, und ich versicherte | vorläufig Du würdest wol nichts dagegen haben. Steffens grüßt. Wir denken schon fleißig wenn wir auf den hiesigen Felsen herum steigen der Harzreise. Heute trete ich mit ihm und Raumer eine kleine Fußwanderung nach Merseburg und Weissenfels p an von der wir Morgen Abend zurük sind. Macht es sich so erzähle ich unterwegens von Eleonoren denn nachgerade quält es mich daß er es nicht weiß. Nirgends schließt man sich doch besser auf als in der freien Natur.

Adieu. Grüße die Deinigen herzlich.

1939. Von Ludwig Friedrich Heindorf. Berlin, Sonnabend, 23. 3. 1805

Wenn Du wüßtest, liebster *Schleiermacher*, wie mir gewöhnlich zu Muthe ist, Du würdest kein Wort zur Entschuldigung meines Schweigens verlangen. Du denkst vielleicht, daß die Zeit auch an mir ihre Wohlthat ausübt. Umgekehrt, ich habe noch Tage u*nd* ganze Wochen, wo mich Gram u*nd* Kummer fast noch mehr foltert, als damals, da die Wunde noch ganz frisch war; ich führe ein höchst elendes Leben, an dem mir so wenig liegt, daß ich es gern noch heute hingeben möchte. Mit dem Körper geht es; es vermehrt meinen Gram nicht wenig, daß sich dieser jetzt standhaft zu erholen scheint u*nd* daß ich die Aussicht habe, dies elende Leben noch eine ganze Weile fortzuschleppen. Was hilft mirs nun, daß ich oft durchaus gesunde Tage habe, wo ich meinen Körper nicht fühle? Große Dinge würde ich in dieser Gemüthslage, die immer trauriger wird, doch auch nicht mehr thun. Kurz, ich fühle mich im höchsten Grade unglücklich; weder die guten Menschen um mich, noch die wieder auflebende Natur, u*nd* selbst das, wofür ich allein noch lebe, kann mich jetzt zur Lebenslust reizen, so stumpf bin ich, u*nd* wenn es denn nur bloße Stumpfheit wäre! Ich kann Dir nicht beschreiben, was ich leide, wie mich oft vom Morgen bis zum Abend immer dieselben Gedanken quälen. In dieser Stimmung, liebster *Schleiermacher*, bin ich sowenig zum Briefschreiben, als zu etwas

---

1939. Überlieferung: H: BBAW, SN 300, Bl. 21–23 **15** wofür] *korr. aus* was jetzt] *korr. aus* [nun]

---

25 *Herr von Köpcken*

anderem aufgelegt u*nd* hätte ich mich nicht durch den Anfang des Drucks zur Arbeit gezwungen, ich hätte in diesen letzten Monaten nichts angerührt, u*nd* wenn dieser Zustand, gegen den bei meiner Dir bekannten Kraftlosigkeit weder innre noch äußre Mittel fruchten, so fortdauert oder zunimmt, so kann ich Dich nicht, wie ehedem, auf bessere Zeiten in Ansehung unsers Briefwechsels vertrösten. Da habe ich nun einen kläglichen Brief angefangen, aber ich kann nicht anders; ich habe ja außer Dir keinen mehr, dem ich mich so mittheilen könnte.

Wäre der Gorgias eher fertig geworden, so hätte ich ihn Dir gewiß schon geschickt. Der Buchdrucker versprach ihn in sechs Wochen zu liefern, u*nd* nun ist über ein Vierteljahr daraus geworden, so daß mit genauer Noth noch der Theätet zur Messe fertig werden kann. Da das Buch so angeschwollen ist, | so würden ohnehin alle 4 Dialogen nicht in einen Band kommen können; ich will daher nach Ostern noch einen Band fertig machen, enthaltend den Cratylus, Euthydem u*nd* Parmenides, in dem ich noch hinter unsern Arbeiten her eine kleine Nachlese gefunden habe. Der Noten können bei dieser nur wenig werden, fast alle kritisch, daher er nicht zuviel Raum einnehmen wird. Nauk will dann den drei Bänden noch den allgemeinen Titel Platonis dialogi selecti vordrucken lassen. Wie Du mit dem Gorgias zufrieden sein wirst, weiß ich nicht; ich finde schon jetzt, daß ich vieles noch genauer hätte erklären sollen. Grobe Versehen wirst Du nicht finden. Davor hat mich Buttmanns liebevolle Theilname bewahrt, nach dessen Erinnrungen ich noch in den Correcturbögen viel geändert habe, so daß mir mancher Bogen (da ich für eine solche umgeänderte Zeile mich übereilterweise zu 4 G*r* anheischig gemacht habe) über 2 Thlr kostet. Da gewiß wenige oder keiner meine Arbeit so prüfen wird, als Du bei der Übersetzung, so wird mir Dein Urtheil darüber instar omnium sein. Der Beispiele sind gewiß hie u*nd* da zu viele, zuweilen auch wohl da welche, wo man sie nicht erwartet; auch hätte ich so manche Lesart einiger Cod*ices* die ich in den Noten gebilligt, in den Text setzen sollen, sowie auch manche Emendazionen, über welche Ängstlichkeit ich mit Buttmann immer Streit gehabt habe. Indessen wenn das Wahre nur irgendwo zu finden ist. Künftige Woche will ich Wolf die

---

21 Arbeit] *folgt* ⟨selbst⟩ 22 wenn] *korr.* 24 Dich] *korr. aus* Dir 33 will] *über* ⟨| |⟩ 41 finden] *korr.* 44 umgeänderte] *davor* ⟨ver⟩ 50 f über ... Ängstlichkeit] *korr. aus* worüber

---

1939. 28–33 *Platonis Dialogi selecti cura Lud. Frid. Heindorfii, Vol. 2: Dialogi duo: Gorgias et Theaetetus emendavit et annotatione instruxit Lud. Frid. Heindorfius. Accedit auctarium animadversionum Philippi Buttmanni, Berlin 1805* 33 f *Platonis Dialogi selecti cura Lud. Frid. Heindorfii, Vol. 3: Dialogi tres: Cratylus, Parmenides, Euthydemus, emendavit et annotatione instruxit Lud. Frid. Heindorfius, Berlin 1806*

Bogen schicken. Wenn Du ihn alsdann sprichst, so stelle ihm recht vor, wie nothwendig für mich eine solche Arbeit jetzt gewesen sei, um nur einigermaßen leben zu können. Er will nun nach seinen Briefen an Nauk rüstig an eine Bearbeitung des g a n z e n Plato gehen, u*nd* hat, wie er schreibt, zu manchem Dialog die Vergleichung von 12 Cod*ices*! Ob ihn das gute in meiner neuen Arbeit bewegen wird, mir davon für künftige Bearbeitungen etwas mitzutheilen, steht dahin; in diesen dial*ogis* habe ich nicht Ursach, mich nach Cod*ices* zu sehnen. Im Gorg*ias* werden neue Cod*ices* wenig Ausbeute mehr geben; im Theätet habe | ich gezeigt, wie viel sich ohne Handschriften ausrichten läßt; den Cratylus habe ich mit Hülfe der einen Handschrift u*nd* der Emendazion so ins Leben gerufen, daß ich denke, es soll wenig mehr darin übrig sein. Im Parmenid*es* können Handschriften doch nichts weiter thun, als unsre Verbesserungen bestätigen. Da ich mich vor einiger Zeit wieder einige Wochen mit dem Parmenides beschäftigte, habe ich Deine Übersetzung als das Non plus ultra einer Übersetzung bewundert. Ich hätte es nicht für möglich gehalten, die Sachen mit dieser gediegenen Kürze, u*nd* doch so lesbar wieder zu geben. Leider bin ich erst bis zur Hälfte mit dem Parm*enides* fertig; die dreimalige Correctur kostet gar zu viel Zeit, u*nd* in der Stimmung, worin ich jetzt wieder bin, ists besser, nichts zu thun. Desto mehr Arbeit sehe ich aber nun im Sommer vor mir, da ich den Cratylus u*nd* Euthydem nach Buttmanns Erinnerungen noch einmal durcharbeiten muß. Gott weiß, wie es mit meinen Stunden nun gehen wird. Anfangen werde ich wieder, freilich nur mit sechsen wöchentlich, u*nd* so wie ich mich körperlich fühle, werde ich wohl nicht gleich wieder gestört werden. Da Spalding nun verreist ist, so ist bei der Misere, die jetzt in der Schule herrschen soll, meine Gegenwart höchst nöthig, so sehr mir auch davor graut, da man jetzt wohl gar nichts mehr ausrichten wird. Dies wird mich wohl abhalten, die projectirte Reise zu unternehmen, zu der ich ohne dies, wenn ich bleibe, wie ich jetzt bin, wenig aufgelegt sein möchte. – Wenn mein Buch fertig ist, will ich es Beimen schicken u*nd* ihm dabei sagen, daß ich noch für den Staat sehr nützlich sein könnte, wenn ich aus dem Schulleben herausgehoben würde. Da jetzt im Oberconsistorium nicht ein einziger sei, der griechisch u*nd* lateinisch verstehe, so könnte man mich vielleicht mit einem kleinen Gehalte dazu anstellen, die Can-

---

56 rüstig] *korr.* 76 sechsen] *korr.* 80 wird.] *folgt* ⟨[fängt]⟩ 82 wenn ich] ich *korr. aus* es 83 mein] *korr.*

---

56 *Rüstig hatte die Nebenbedeutung ‚hurtig, schnell‘.* 67 *Schleiermachers Übersetzung des Parmenides war erschienen in: Platons Werke, Bd. 1, 2, Berlin 1805, S. 85–176.* 83 *Beyme*

didaten in diesen Dingen zu examiniren, so wie auch die Leitung u*nd* Aufsicht über unser Seminarium in Absicht des Theoretischen zu übernehmen. Vielleicht kann ich auch Stützer für diese Idee gewinnen. Was meinst Du hiezu? |

Hast Du von dem Unfug gehört, den Fichtens Streben, in die Akademie zu kommen, dort angerichtet hat? Nach dem, was mir unser wackerer Dellbrück von einem seiner Collegien gesagt hat, habe ich alle Achtung vor ihm verloren; mir kömmt er vor als ein ganz gemeiner Sophist. Es wäre zu weitläuftig, Dir davon etwas ausführliches zu schreiben. Den Menschen drückt es auch, daß er nichts tüchtiges gelernt hat. –

Wolf eifert mit Faust u*nd* Ferse dagegen, die Recension über Paulus sei nicht von ihm. Mir soll er das nicht weiß machen. Ich habe ihn auf der ersten Seite erkannt, wenigstens hat er Theil daran, u*nd* die Rezension überarbeitet. Nicht wahr, lieber S*chleiermacher*, da arbeiten wir ordentlichen Philologen doch besser, als dieser hochgepriesene Theologus? Sei die Rezension, von wem sie wolle, so ist sie doch sehr brav, u*nd* greift einmal wieder kräftig in den Geist des Zeitalters ein. Beim Lesen der Rezension konnte ich mich doch der Freude über meine Platonica nicht erwehren.

Über den Eingang des Gorgias bist Du wohl μερμερος. Sokr*ates* u*nd* Chäreph*on* sagen ja dem Callikles wirklich, daß sie zu ihm gehn wollen, mit den Worten 'Επ αὐτό γε τοι τουτο παρεσμεν; das ὅταν βουλησϑε aber enthält wohl keine Einladung: Nun, wenn ihr zu mir kommen wollt, so könnt ihr ihn hören. (Nun, wenn das so ist, wie ihr sagt, daß ihr zu mir kommen wollt etc.) Du findest selbst die ενδον οντας p. 6. Deiner Hypothese conträr. Ich denke, Du wirst mir noch beitreten. – Ob das ιασομαι sprüchwörtlich sei oder nicht, hat mir den Kopf schon vor Jahren warm genug gemacht. Buttmann meint auch. Ich kann die Noth-

96 ausführliches] *mit Einfügungszeichen über der Zeile* **102** doch] *korr.* **109** βουλησϑε] *korr.*

90 *Wohl August Christian Stützer (1765–1824), damals Professor an der adligen Militärakademie in Berlin* **92 f** *Der Versuch, Fichte zum Mitglied der Berliner Akademie der Wissenschaften zu machen und eine Anstellung dort zu bewirken, scheiterte an dem Widerstand einer Fraktion um Friedrich Nicolai; vgl. J. G. Fichte: Werke, Akademieausgabe 3, 5, S. 286 (Sachapparat zu Brief 683).* **98 f** *Die Rezension zu Heinrich Eberhard Gottlob Paulus: Philologisch-kritischer und historischer Commentar über das Neue Testament, Bd. 1, Lübeck ^{2}1804 war in der JALZ 1805, Bd. 1, Nr. 1–3 (1.–3. 1.), Sp. 1–24 erschienen; sie war nicht namentlich gekennzeichnet und stammte von Johann Gottfried Eichhorn. – Zur Wendung „mit Faust und Ferse“ vgl. Christoph Martin Wieland: Aristipp und einige seiner Zeitgenossen (Erstausgabe: Sämmtliche Werke, Bd. 33–36, Leipzig 1800/01), Bd. 4, Nr. 9. (Eurybates an Aristipp) (Sämmtliche Werke, Bd. 36, S. 269): „Indessen fehlt es unserm Filosofen, der die Welt so gern allein belehren und regieren möchte, auch nicht an Anhängern, die sich mit Faust und Ferse für ihn wehren“.* **107–112** *Gorgias 447 b* **112** *Gorgias 447 c (Platonis dialogi selecti, Bd. 2, S. 6)* **113–117** *Gorgias 447 b*

wendigkeit noch nicht einsehen. Das *και* ist unser schon, ich wills schon wieder gut machen. Aber das ιασθαι hätte ich nach Wesseling. ad Herodoti wegen des höchst ähnlichen ebenso absolute gebrauchten ακεισθαι citiren sollen, wodurch meine ratio noch mehr gewinnt. – Den Artikel p. 10. haben [ja] Cod*ices*. Nach meinem Gefühle ist er hier nothwendig. Es soll eben hier nachdrücklich gesprochen werden. Ich würde sogar hier nicht übel finden ἡ πασων καλλιστη. P. 25. Ich gebe Dir recht, mein ποσου taugt nichts. Es gereut mich bitter, u*nd* da ich sehe, daß man mich sogar lächerlich | damit machen kann, so möchte ich schier ein Cartonsblatt drucken lassen. Was meinst Du? – Bei dem ὡς αν P. 13. stoße ich nicht an. Du wolltest wohl πῶς? Ich denke, es kann beides stehen; ὡς ist die Art wie, την μεθοδον ᾗ, es steht also gewissermaßen als ein pronom*en* relativum. Das ἄν welches hier mit ὑγιαινοιεν ein futurum bildet, ist Dir wohl nicht aufgefallen.

Deine Ethik hoffe ich mehr zu verstehen, als Deine Kritik der Moral, die für mich ärmlichen Sylbenklauber ein verschlossenes Buch ist. Nur wünschte ich, daß Du da Deinen herrlichen Geist auch durch eine einladende schöne Form offenbartest. Vielleicht verträgt das der Stoff u*nd* so merkten dann die Leute, daß ein zweiter Plato unter ihnen herumwandelt. – Wenn irgend noch ein οφελος von mir zu erwarten steht, so wäre es auch im akademischen Leben; weißt Du mir auf irgend eine Art in Halle 400 r. fixum zu verschaffen, so ziehe ich morgen zu Dir. Ich wollte selbst auf dem Pädagogium eine Stelle annehmen, wenn nur nicht zuviel Arbeit dabei wäre, um nur in Halle leben zu können.

Der gute Thiele hat sehr freundschaftlich an mich geschrieben. Du verbindest mich sehr, wenn Du einliegendes an ihn besorgst. Nimm Dich weiter, wie Du thust, des armen Leidenden an, u*nd* flöße ihm etwas Kraft ein, daß er nicht so hinwelkt, wie ich. Die Wolfischen Erinnerungen zu meinem Plato, die er mir mitgetheilt, wollen nicht viel sagen, sie sind zum Theil falsch, zum Theil höchst unbedeutend. Ob Wolf wohl hinter meinem neuen Plato her die Lust zum Ediren nicht etwas vergehen möchte?

---

117 Wesseling.] *korr.* **126** es] *folgt* ⟨[kommt]⟩ **127** gewissermaßen] *folgt* ⟨relative⟩

---

117 f *Peter Wesseling: Dissertatio Herodotea ad T. Hemsterhusium, Utrecht 1758* **119–122** *Vgl. Platonis dialogi selecti, Bd. 2, S. 10, Anm. 6. (zu Gorgias 448 e)* **122 f** *Platonis dialogi selecti, Bd. 2, S. 25, Anm. § 19 (zu Gorgias 453 c)* **125** *Ein Karton ist ein neugedrucktes und zur Korrektur statt des fehlerhaften Blattes eingeklebtes Blatt.* **125–129** *Platonis dialogi selecti, Bd. 2, S. 13; Gorgias 449 e* **135** *Nutzen* **140** *Wohl Schleiermachers Schüler Karl Thiel*

Nun leb wohl, du guter, lieber. Habe Geduld mit Deinem armen Freund u*nd* bleib ihm, was Du bist.

Dein Heindorf.

d. 23 März 5.

1940. Von Ch. Schleiermacher.
Gnadenfrei, Dienstag, 26. 3. bis Donnerstag, 2. 5. 1805

Gdfr d 26 Merz 1805

Ob Du nach Leesung meines lezten Briefes lachen oder zürnen wirst – weis ich freilich nicht – aber wohl daß es recht unartig war so in Dich zu dringen und Dir Deine Geschenke gleichsam abzufordern – 1000 Vorwürfe habe ich mir schon deshalb gemacht – Nichts kan mich bei Dir entschuldigen als mein gereiztes NervenSistem – welches mir namenlose Arten von Schmerzen die Zeit her gemacht – und ich nun schon die 4te Gattung medicin brauche – ohne bettlägerig zu sein habe ich doch viel gelitten – Seit einigen Tagen kann ich doch wieder ohne große Schmerzen im Magen usw etwas genießen – fange auch an ordentlich zu schlafen – wofür ich Gott nicht genug danken kann. – Denn beides vor Munterkeit es gar nicht zu könen – oder bey aller Neigung dazu – doch keines ordentlichen – nur so einer Art von Bewustlosigkeit zu liegen die gar nicht stärkt – u*nd* auch des Tages nur im StumpfSin – u*nd* Lähmung Cörperl*ich* u*nd* Geistisch so hinzubringen – alles dies ist recht von mir ausgekostet worden – daß ich dabey meine Schulen noch halten konte ist mir fast selbst ein Wunder! ein andermahl mehr das Schreiben erregt noch imer Anfälle von Schwindel –

D*en* 28t*en*. Seit meinem so zu sagen – neugebohrnen Zustande habe ich auch wieder in Deinen Reden die mir immer mehr behagen recht vernünftig gelesen auch jener Schuhmann von welcher ich schon einmahl erwähnt daraus die 2 mir zuerst aufgefallnen Stellen vorgelesen – – – – Sie die so wenig u*nd* selten spricht aber sich dann auch klar u*nd* bestimt | erklärt – wie mir giengen ihr die Augen über als ich ihr von Seite – 71 –

1940. *Überlieferung: H: BBAW, SN 375/22, Bl. 7 f.* **1** 26] *korr. aus* [24] **13** zu liegen] *über der Zeile*

1940. **2–4** *Vgl. Brief 1925, 56–62* **21 f** *Marie Salome Schumann, Lehrerin in Gnadenfrei* **24–26** *Vgl. KGA I/2, S. 220, 17 bis S. 223, 19*

dieser gänzliche Mißverstand – bis 78 wo sich mit 3 Zeilen diese phrase beendigt vorlas – O! das ist wirklich schön! Freilich wer davon gar nichts auch im kleinsten Grad erfahren oder es doch inigst wünscht versteht den Verfaßer gar nicht – aber von atheismus fand sie eben so wenig als – ich – u*nd* lächelte mit Thränenvollen Augen – das gute zarte Geschöpf – noch fügte sie hinzu: „O Lotte ich kann mich so ganz in Deine Gefühle – die nur Du haben kanst und must, sonst wärst Du nicht Lotte! seine Schwester hinein denken – –“ Dis freut mich bei der Schumann mehr als viele 100 Worte von einer Andern – Schade! daß Zeschwiz nicht mehr da ist – wurde noch geäußert – Vielleicht komt sie in einigen Wochen – wieder u*nd* will mehr hören – Sie liest äußerst wenig u*nd* sehr gewählt – auch die monologen kent sie durch einen interressanten Abend vorigen Winter – „ach Du weist wohl wie mir diese lieb sind – – und wen*n* ich mir auch 3 mahl eine schöne Stelle lesen laße – so ists um, ganz, hinein zu dringen“ – ich sehe es ihr dann an den Augen an wen*n* sie die Wiederholung wünscht – und dann ein höchst liebliches „ja ja – das ist genießbar“ hinauskomt – aber solche Scenen komen vielleicht in einem Virteljahr – 2mahl vor – so selten sind ihre Besuche bei mir – Gestern Abend sagte sie wohl – Nein Lotte jezt habe ich wieder aufs neue im Sinn, öftrer zu kommen – – Genug für heute – ich muß meinen Tisch für 6 Personen zur AbendSchocolade zurecht machen ich mache meine Feste vor dem 31ten – |

d*en* 9*ten* Aprill

Heute hat meine Lisette Pritzwiz ihren Geburtstag – die Alte Mama ist noch dort um ihn dadurch recht feierlich zu machen – für diese meine Lisette regt sich freilich ein ganz besondres zärtliches halb mütterliches Gefühl

d*en* 23*ten* Aprill Heute vor 14 Tagen schrieb ich vorige 3 Zeilen – Seitdem war das Leben mit Seidlizes – am 18*ten* kam ganz unerwartet die Alte hier an, die nach unsrer Rechnung d*en* 19*ten* ihren Geburtstag noch in Ellgut feiern solte – Morgen ist Examen zu dem ich imer außerordentlich viel zu thun habe, sonst hätte ich das Blatt in den verfloßnen Tagen

26 vorlas] *über der Zeile* 30 „O] O 31 die] *korr. aus* Du 37 „ach] ach 40 f genießbar“ hinauskomt] genießbar hinauskomt“ 44 für heute] für *korr. aus* führ 45 f ich … 31ten –] *am linken Rand*

33 *Dorothee von Seidlitz hatte Joseph von Zetschwitz geheiratet und mit ihm Gnadenfrei verlassen.* 45 f *Charlottes Geburtstag am 31. März* 48 *Sophie Juliane Magdalene von Seidlitz* 53 f *Sophie Juliane Magdalene von Seidlitz*

geendigt u*nd* gleich nach Empfang Deiner lieben Zeilen abgesendet – ich ersah aus dem dato daß Du auch am 9*ten* Aprill geschrieben, u*nd* Tages darauf nach Barby reistest – um dort das Fest zu feyern – mir überaus lieblich doch auch seltsam! wie viel ich an jenen Tagen – besonders bei dem solo u*nd* Duets an Dich dachte – kann ich Dir gar nicht sagen – besonders Donnerstag – als Thraene sang: Bleibet in mir! – in Barby mag wohl Niemand seyn den Du von alten Zeiten kenst außer der alte Zembsch und Hüeffel! gute Nacht

D*en* 2*ten* May So weit – als ich Gestern Deinen lieben Brief erhielt – in eine große Geselschaft wo ich bei der alten Seidliz serviren muste – hatte ich mir ihn hinzubringen bestelt – ich entschlüpfte so bald ich konte – um diesen so sehnlich erwarteten – u*nd* mich so lieblich erschütternden zu beherzigen es ist jezt alles leicht zu viel für meinen sehr schwachen | Kopf – aber diese Ueberraschung aus Barby Nachricht von Dir[1] und die sanften Gefühle die mich dabei durchgiengen haben mich keinesweges zu stark angegriffen – O! Gott, wie sehr öfters habe ich in diesen wirklich sehr schmerzhaft leidenden perioden um schnelle Verkürzung meiner Tage hiernieden einigemahl recht ernstlich gefleht u*nd* – nun noch solche Mitgefühle der reinsten Freuden mit Dir Du Lieber! doch ich muß jezt aufhören – ach das Schreiben fällt mir sehr schwer –

Da mir die Seidliz echapirt ist u*nd* ich also ein Stündchen übrig habe ändre ich meinen Entschluß – dieses über, unser, Fest liegen zu laßen und endige ihn jezt – habe aber noch so viel in petto – daß ich am 5ten noch einen Brief anfange – Nur jezt das nötigste – jenes Geld habe ich richtig empfangen u*nd* sage Dir den zärtlichsten [*Dank*], ich kam aber vorher in solche Noth – daß ich mir von Seidlizes 15 rthr von meinen 100 auszahlen lies – die ich leider jezt nicht hinzu thun kann – Deiner freundlichen Gabe unbeschadet – da die Alte viel in Habendorf residiren wird – u*nd* ich also was zu leben haben muß – auch noch viel zu zahlen habe – mündlich mehr davon – Wie ich mich auf Deinen Besuch freue kann ich Dir nicht genug sagen. Gott schencke mir nur Kraft alles auch – Gutes zu ertragen ich muste jezt wieder medicin nehmen. Das examen hat mich sehr angestrengt von diesem und dem vorjährigen habe ich den kleinen promemoria expres aufgehoben weil ich weiß wie Dich das alles inter-

71 dabei] *korr. aus* davon 75 Mitgefühle] Mittgefühle

57 *Brief *1952* 62 *Es ist ungewiß, welche Vertonung des Textes Johannes 15, 4 vorgetragen wurde.* 65 *Brief *1959* 73 f *Anspielung auf Matthäus 24, 22* 77 *echapirt, entschlüpft*

ressirt – auch die Zöglinge samt den Schwestern wirst Du Dir wohl ansehen denn seit den 3 Jahren hat sich alles sehr vergrößert – –

---

[1] hätte ich dis länger vorher gewußt – hätte ich einen Brief an jene Schwester Dir geschikt bei welcher ich mit dem Selgen Donamar gewohnt habe

1941. An H. Herz. Halle, Mittwoch, 27. 3. 1805

Halle den 27ten Merz 1805.

Vor einigen Tagen hätte ich gar zu gern an Dich und an alle meine Lieben geschrieben recht in der ersten Wärme der Begeisterung als ich von einer Parthie auf den Petersberg mit Steffens und zwei seiner vertrauten Freunde zurück kam. Es war eigentlich von meiner Seite eine kleine Tollheit denn wir gingen Sonnabend und kamen erst Sonntag Morgen zurück nur anderthalb Stunden ehe ich die Kanzel besteigen mußte um die Gedächtnißrede auf die Königin zu halten bei der ich einen großen Theil der Akademie gegenwärtig glauben mußte. Aber ich danke meinem Instinkt, der mich manchmal gerade zu solchen Tollheiten am stärksten treibt, denn ich habe lange nicht einen solchen Genuß gehabt. Ich habe Dir wohl lange nicht von Steffens gesprochen und habe ihn seitdem erst recht näher kennen gelernt, so d*aß* ich Dir jetzt ganz anders von ihm reden kann. Und wie? Du weißt, liebe Freundinn ich bin eben so wenig hochmüthig als bescheiden: aber nie habe ich einen Mann so aus vollem Herzen und in jeder Hinsicht über mich gestellt wie diesen, den ich anbeten mögte wenn das Mann gegen Mann ziemte. Zuerst seine Ehe ist eine rechte Ehe im ganzen Sinn. Man sieht äußerlich nicht viel davon, aber es ist innerlich die schönste Wahrheit. Mit welchem Enthusiasmus ergießt er sich über sein Verhältniß mit ihr, mit welcher Kindlichkeit giebt er den vertrauteren Freunden kleine Züge von ihrer Tiefe, von ihrer Religiosität von ihrer

---

93 f hätte ... habe] *ohne Einfügungszeichen am linken Rand*

1941. Überlieferung: h: BBAW, SN 751, Bl. 65 f.; D1: Br 2, S. 17–19 (gekürzt); D2: Meisner: Schleiermacher als Mensch, Bd. 2, S. 32–34 **19** welchem] welchen

---

94 Donamar *war Charlottes Freundin Anna Maria Rücker (auch Rieker).*

1941. **7 f** *Schleiermachers hatte am 17. 3. 1805 die Gedächtnispredigt für die am 25. 2. 1805 verstorbene Witwe Friedrich Wilhelms II., Friederike Louise, geb. Prinzessin von Hessen-Darmstadt, gehalten; die Predigt über Offenbarung 14, 13 ist nicht überliefert. Vgl. Hermann Hering: Der akademische Gottesdienst, Bd. 1, S. 166 f.*

Eigenthümlichkeit immer mit den schönsten Thränen in den Augen. Und dann, der ganze Mensch ist über alle Beschreibung herrlich. So tief, so frei, so witzig als Friedrich Schlegel nur immer sein kann, im Philosophiren mit einer viel größeren Lebendigkeit noch mit einer glühenden Beredsamkeit selbst in unser ihm eigentlich fremden Sprache, ist er nicht nur durchaus rechtlich und von aller Partheisucht entfernt, sondern durch und durch heilig und in dem Sinn in welchem ich es ehren und lieben muß milde, das schönste Beispiel | das ich aus unserm Geschlecht anzuführen weiß zu meinem alten Satz daß man nicht darf die Unschuld bewahrt haben um heilig zu sein; denn er hat tüchtig und lustig ausgeschweift in der unbesonnenen Jugend. Kannst Du Dir denken, wie der erste Naturphilosoph bis zu hellen Thränen gerührt von einem köstlichen Sonnenuntergang scheidet den wir oben hatten? aber dieser ist auch ein wahrer Priester der Natur. Es war seit er verheirathet ist, das heißt, seit beinahe zwei Jahren das erste Mal d*aß* er vier und zwanzig Stunden von seiner Frau getrennt war. Du kannst Dir denken wie voll er von ihr war, und nun das Leben unter den alten Felsen und die herrliche Aussicht oben und die Lust, die uns die frische Luft gab und die Freiheit! Der heiligste Ernst, und die lustigste Tollheit gingen so durch einander und machten ein so schönes Ganze wie man es nur selten in diesem Leben findet. Und so waren wir Sonntag noch den ganzen Tag, Mittag bei Steffens, Abends in Giebichenstein. Es ist auch zwischen Steffens und mir eine wunderbare Harmonie, die mir große Freude macht und mir gleichsam eine neue Bürgschaft giebt für mich selbst. Wenn er im Gespräch sittliche Ideen äußert so sind es immer die meinigen, und was ich von der Natur verstehe, und von mir gebe fällt immer in sein System. Auch unsre Zuhörer bemerken es wie wir uns von ganz verschiedenen Seiten ausgehend, also daß es nichts anders sein kann, als die reine innere Harmonie, immer im Mittelpunkt vereinigen und einander in die Hände arbeiten. – Dabei fällt mir, um doch endlich von Steffens aufzuhören, wie wohl ich noch lange fortfahren könnte, meine Ethik ein. Wie seid Ihr denn auf das Abschreiben gerathen, Du und Jösting? Das ist doch eigentlich verlorene Zeit zumal alles im Einzelnen noch so unfertig ist. In derselben Zeit da Ihr es copirt könntet Ihr es ja recht gründlich zusammen lesen. Ich wünsche nur d*aß* Dir dieses Lesen mit Jösting etwas ähnliches werde, als uns beiden

26 ist] *davor* ⟨er⟩ **30** daß] *korr. aus* darf **37** ihr] *korr. aus* dieser **38** Leben] *folgt* ⟨⟨das Leben⟩⟩ **39** uns] und

52–60 *Das Manuskript der Güterlehre der philosophischen Ethik 1804/05 und auch der Pflichtenlehre ist nicht erhalten; die Tugendlehre ist gedruckt in Schleiermacher: Werke, Bd. 2, S. 33–74.* **56 f** *Jean-Antoine Chaptal (1756–1832), französischer Chemiker und Politiker; berühmt waren vor allem seine „Élémens de chimie" (zuerst 1790).*

der Chaptal wurde. Die Tugendlehre, hoffe ich, diese Woche noch fertig zu machen und schicke sie dann gleich. Von der Pflichtlehre habe ich überall kein Wort | aufgeschrieben und es ist mir recht lieb d*aß* Euer Lesen mich gewissermaßen bindet, so d*aß* sie auch aufs Papier kommen muß. Dabei habe ich nun dreifache Arbeit in den Ferien, Recensionen für Jena, Platon und ein neues Collegium von dem ich noch kein Wort weiß und das ich wenigstens en gros in den Ferien arrangieren muß.

*1942. *Von Charlotte Cummerow. Donnerstag, 28. 3. 1805 oder früher*

1943. *Von H. von Willich. Stralsund, Donnerstag, 28. 3. 1805*

Strals. 28sten M.

Mein Lieber Lieber Freund ich sehne mich recht nach Ihrem Briefe, denn gewiß ist schon einer von Ihnen wieder unterwegs – Ich danke Ihnen von ganzem Herzen für Ihren lezten lieben theuren Brief – diesmahl erhalten Sie nur wenige Worte von mir. Lotte Cummerow schickte mir eben einliegenden Brief für Sie u*nd* bat ich möchte ihn einlegen wenn ich schriebe, ich will Ihnen diesen nicht länger vorenthalten, denn er wird Ihnen gewiß lieb sein. Mit welcher Erwartung harre ich der Entscheidung Ihres u*nd* Leonorens Schicksals! Jezt wissen Sie schon wie glücklich ich bin. Könnten Sie mir auch bald Ihr Glück verkündigen[.] Ach Lieber Schleier! Lieber Vater! der Augenblick in welchem Sie mir sagen daß Ihr langes Sehnen u*nd* Hoffen endlich erfüllt ist – er wird mir köstlich sein – Könnten Sie dann selbst kommen – vergeblicher Gedanke, warum müssen so viele Meilen uns trennen – wenn Sie mit Ihrer Leonore | so in unserer Nähe wohnen könnten, ich mag gar nicht daran denken Lieber Schleier so reitzend ist es mir u*nd* so schmerzhaft daß es nicht sein kann.

1943. *Überlieferung: H: BBAW, SN 423, Bl. 1; D: Schleiermacher: Briefe an seine Braut, S. 38* **6** Sie] *korr. aus* sie **7** will Ihnen] will ihr

---

62 f *Im Sommersemester 1805 las Schleiermacher erstmals Hermeneutik.*

***1942.** *Vgl. Brief 1943, 5–8*

1943. *Mit einem Brief von Charlotte Cummerow als Einlage (Zeile 5–8)* **4** *Brief 1931* **5 f** *Brief *1942*

Tausend Grüße von Ehrenfried u*nd* Louise, ich schriebe so gerne noch ein bischen aber es geht nicht
Ihre

Henriette.

*1944. *An H. K. A. Eichstädt. Halle, vor dem 29. 3. 1805*

Entschuldigung und Zusage einer baldigen Rezension; Befremden über die „Baxtersche Dilogie"; Hinweis auf Gerüchte von „Bertuch und Consorten" über den schlechten finanziellen Zustand der JALZ.

1945. *Von H. K. A. Eichstädt. Jena, Freitag, 29. 3. 1805*

Jena d. 29 März 1805.

Ihr lieber Brief, mein verehrter Freund, hat mich recht sehr erfreut, theils für sich, theils als Verkündiger dessen, was Ihre Güte uns nun bald erwarten läßt. Daß Berlin u*nd* die dortigen Geschäfte Ihre literarischen Arbeiten verzögert hatten, konnte ich mir denken: ich sagte Ihnen dieß im letzten Brief, aber wahrlich ohne alle Nebenbeziehungen. In meinen Briefen dürfen meine Freunde am wenigsten eine Baxtersche Dilogie suchen, die ich auch sonst nicht liebe, weder als Philolog noch als Mensch.

Daß Bertuch u*nd* Consorten unser Institut durch falsche Gerüchte verdächtig zu machen suchen, nachdem die g e h e i m e n Unterhandlungen mit den Postämtern u*nd* die ein Jahr lang beobachtete völlige Ignoration desselben in ö f f e n t l i c h e n Blättern nicht mehr ausreichen wollen: dieß ist uns hier sehr begreiflich. Sie können aber ganz ruhig seyn, u*nd* dem

---

1945. Überlieferung: H: SN 279, Bl. 7; D: Patsch: Schleiermachers Briefwechsel mit Eichstädt, S. 276 f. 10 verdächtig] *korr. aus* |zu| suchen] *korr. aus* sucht

---

17 *Luise von Willich*

*1944. *Vgl. Brief 1945*

1945. *Mit drei Briefen (Zeile 27)* 2 *Brief *1944* 5 f *Patsch vermutet, es handle sich um die Spitze gegen den „Prussianismus" in Brief 1888, 17 f.* 7 *„Dilogie, der Gebrauch eines Worts, welches eine doppelte Bedeutung hat" (Campe: Wörterbuch, Bd. 6, S. 264). William Baxter hat diesen Begriff in den Erläuterungen zu seiner weit verbreiteten Edition der Eklogen des Horaz vielfach verwendet.* 9 f *Über falsche Gerüchte, die Friedrich Justin Bertuch, Gründer der mit der JALZ konkurrierenden ALZ, verbreitete, ist nichts bekannt.*

Gerücht fest und sicher wi|dersprechen. Unser Institut hebt sich, gegen alles Erwarten, auch in merkantilischer Hinsicht: gesetzt aber auch, es hätte Verlust, so würde gewiß Weimar ich weiß nicht welches Opfer bringen, ehe es eine Anstalt sinken ließe, welche der Universität, zumal jetzt, so wichtig zu seyn scheint. Einer der ersten Entreprenneurs ist, aus guten Ursachen, von fürst*licher* Regierung entfernt worden: seitdem ist der fonds von unserem Herzoge selbst gewährt worden.

Sie werden alles dieß aus Goethe's Munde hören, sobald Sie uns die Freude machen, uns zu besuchen. Heut vor 8 Tagen war ich bey ihm, dem Genesenden: er fragte auch nach Ihnen angelegentlich.

Theilen Sie unserer Zeitung bald wieder etwas mit, u*nd* erhalten Sie mir Ihr gütiges Wohlwollen!

Eichstädt

Bey*gehende* 3. Briefe empfehle ich Ihrer gütigen Besorgung. J. (der nicht Recensent ist) hatte mir unlängst sein neuestes Buch geschickt. Eben so Knapp.

1946. An G. A. Reimer. Halle, wohl März 1805

Du kannst denken lieber Freund wie auch ich mit den beiden lieben Menschen gelitten habe und noch leide, zumal Wilhelmine immer noch keine andere Hülfe sieht und will als im Tode, wo sie doch jezt nur durch eine schrekliche That durch eine Versündigung gegen die Natur zu finden ist, die aber in Schmerz und Liebe aufgelöst weder sie noch Jösting so sehen wie sie uns erscheinen muß. Ich bitte Dich inständigst, führe doch Jösting recht darauf hin wie verwerflich es für denjenigen ist, der sich der Liebe geweiht hat, zerstören zu wollen, was die heilige Natur durch seine Liebe

---

1946. *Überlieferung: H: BBAW, SN 761, Bl. 22f.*

---

17 *Universität Jena* **18–20** *Eichstädts Mitunternehmer, Kommisionsrat Karl Heun aus Gera, ließ sich 1804/05 zum Ausscheiden aus der JALZ bewegen; vgl. Karl Bulling: Die Rezensenten der Jenaischen Allgemeinen Literaturzeitung im ersten Jahrzehnt ihres Bestehens, S. 14 f.* **27 f** *Vermutlich Ludwig Heinrich Jakob: Grundsätze der National-Oekonomie oder National-Wirthschaftslehre, Halle 1805; Jakob war Professor für Kameralistik an der Universität Halle. Er ist bei Bulling (Die Rezensenten der JALZ) nicht als Rezensent nachgewiesen; Jakobs Buch wurde in der JALZ nicht rezensiert.* **28 f** *Georg Christian Knapp: Scripta varii argumenti maximam partem exegetici atque historici, 2 Bde., Halle 1805; Knapp war Schleiermachers Fakultätskollege.*

1946. *Mit einer Quittung (Zeile 33–35). – Die Datierung ergibt sich aus der auch in Brief 1949, 27–38 erwähnten Krise im Verhältnis von Jösting und Wilhelmine Niemeyer.*
1 f *Agnes Christine Wilhelmine Niemeyer und Jösting*

geschaffen hat. Laß ihn nicht reisen bis Du ihm das klar gemacht hast. Dein Auge Deine Liebe Dein lebendiges Wort werden bessere Fürsprecher der Natur sein als mein todter Buchstabe es sein kann.

Uebrigens verlangt Wilhelmine Jösting soll herkommen um einen Entschluß zu fassen durch gemein|samen Rath. Es hat aber damit keine Eile nach einer freilich auch für mich höchst widerlichen Vorkehrung die wir getroffen haben; und es ist höchst wichtig daß Jösting erst recht besonnen und gefaßt ist ehe er Wilhelminen sieht und zurükgekommen von der Todesschwärmerei die sich seiner bemächtiget hat. Könntest Du ihn doch begleiten, das wäre herrlich. Denn mir bangt vor der wüsten Einsamkeit des Postwagens. Ja wol sind es schrekliche Stürme die über uns aufziehn. Aber wer nur seine Besonnenheit erhält und sich wo alles Andere doch verloren ist nur das heiligste Gefühl rein bewahrt, wird auch den Himmel wieder hell sehn. Und dann möchte ich es, so wenig als meine eignen Schmerzen, nicht missen dies alles mit durch empfunden zu haben. Was ist das Leben wenn man nicht von Allem recht kräftig mitbewegt wird was den besseren Menschen nur immer treffen kann.

Jöstings Eifer meine Sache zu führen ist etwas so rührendes und heiliges jezt daß | ich nichts Schöneres weiß, und Gott gebe ihm Segen. Ihn aber empfehle ich Dir lieber Freund aufs angelegentlichste. Laß Dir zeigen was ihm sein älterer hiesiger Freund schreibt, und glaube sicher, daß N*iemeier* wirklich so ist, wie dieser ihn schildert und daß Alles wirklich so gehn wird. So allein kann doch die Wahrheit gerettet werden und das heilige Recht der Natur

Es ist eilig mit der Post und ich kann nichts hinzusezen. Inliegende Quittung hebe doch bei Könen und bezahle die Liquidation von Thym geg*en* Qu*ittung*[.] Das übrige behalte oder gieb Jetten. Grüße Alles.

O wäre der Sturm erst vorüber.

1947. Von Ch. von Kathen. Wohl März 1805

Abends

Seit 4 Monden war ich krank – bin es noch – doch heute, seit einer Stunde, hebt der erschlafte Geist sich zum erstenmal wieder kraftvoll

25 den] *oder* die

1947. Überlieferung: H: BBAW, SN 313, Bl. 1 f. 1 Abends] *daneben, wohl von fremder Hand:* Merz 1805.

35 *Henriette Herz*

empor. Ich war lange beinahe tod für meine innern Freuden, heute zuerst sprach die Musik wieder ganz in mir an. Das war ein herrlicher himmlischer Genus, es gab Augenblicke wo ich vergaß daß die Töne unter meiner Hand sprachen, ich hörte sie wie einen Ruf aus andern Welten. O! wären Sie doch jetzt hier – jetzt bei mir. Es ist nicht Schwärmerey – es ist das Erwachen natürlicher Gefühle die lange – ach – sehr lange geschlafen – wären Sie hier – an Ihrer Brust würde ich sie aussprechen, die Feder vermag es nicht, die Feder – ach sie ist so wenig – u*nd* doch auch wieder so unendlich viel.

Ich habe oft Ihrer gedacht theurer Freund – laßen Sie mich Sie so nennen, so kommt es mir aus dem Herzen, ich habe mit unsern Willich oft von Ihnen gesprochen, er hat mir auch Grüße von Ihnen gebracht | die ich immer mit inniger Freude aufmache. Jettchen brachte mir Gestern einen herzlichen Kuß von Ihnen, dafür meinen innigsten Dank, oft hab ich unsern W*illich* gesagt „als Schl*eiermacher* ging, war es mir als müsse ich durchaus mit, u*nd* daß ich ihm keinen AbschiedsKus geben durfte kann ich nicht eher vergeßen bis Er wieder da ist“. Sie haben Sich theilnehmend meiner erinnert – haben mit Bedauren von meinem Krankseyn gesprochen, Sie haben mich also nicht vergeßen, u*nd* so darf ich es Ihnen ja offen sagen wie Ihr Bild in meiner Seele lebt – wie innig ich an Ihren Worten hing – wie es mir war als spähte Ihr Auge in die innersten Tiefen meiner Seele, u*nd* ich dennoch ruhig Ihnen gegenüberstand, wie es in mir sprach: dieser edle Mensch erkennt alles aber Er hat Schonung u*nd* Güte.

Ich schreibe Ihnen jetzt weil ich es muß, Jettchen machte mir Hoffnung zu einem Briefe von Ihnen, aber ich kann ihn nicht | erst erwarten, ich weiß Sie nehmen gerne diese Mittheilung von mir an.

Ich litt u*nd* leide noch, sehr viel, u*nd* nicht allein Körperlich, wie könnte es dann auch so anhaltend seyn. Den Sommer soll ich nach Kenz (3 Meilen von hier) in’s Bad, ich reise allein mit meiner Lotte u*nd* hoffe viel von der ländlichen Ruhe, obwohl die Natur gar nichts für den Ort gethan hat. Ruhe mein Freund, gießt ja Freude Frieden u*nd* – Entsagung in unsre Seele. Wenn es nicht zuviel von mir gebeten ist, so geben Sie mir etwas von Sich, das mich in meiner Einsamkeit begleitet. Ich hänge so innig vertrauend an Ihnen, u*nd* diese Bitte ist mir so natürlich. Anfang Juni reise ich.

---

6 ich] *über der Zeile*   daß] das   19 u*nd*] *davor* ⟨d⟩   36 das] daß

1947. 14 *Ehrenfried von Willich*   16 *Henriette von Willich*   32 *Vielleicht Charlotte Cummerow*

Nach meiner Zurückkunft bring ich den Rest des Sommers in der Ihnen bekannten Wohnung bey meiner Friedrike zu. Sie ist mir noch immer die geliebteste Freundin, u*nd* wir sind zu innig vereint als daß es je anders werden könnte. Aber sie ist | sehr schwach. U*nd* der Keim der Zerstöhrung reift schnell in ihrer Brust, ihr Gesang ist schon hin – Gott wenn sie selbst ihm mit dem 30ten Jahre folgte, wie soll ich den Verlust ertragen.

Ein andres Übel liegt in meiner Brust – es ist innerer Krampf, ich leide mehr wie sie, der Trost bleibt mir, aber dennoch geht es langsamer mit mir. Ich wünsche auch den Tod nicht, aber als er mir vor kurzem so nahe trat daß ich die entscheidende Stunde fühlte, da sah ich ihn ruhig als einen Frieden bringenden Freund kommen. Es mag nicht immer so seyn, damals grade litt meine Seele sehr, mehr Ruhe ist mir nun geworden. Ich habe keinen meiner Freunde so viel gesagt wie Ihnen, darum bewahren Sie es n u r i n S i c h, selbst W*illich* weiß nichts davon.

Leben Sie wohl theurer Freund – denken Sie meiner. Die Erinnerung an Sie verläßt mich nie, denn auch die flüchtigste Erscheinung bleibt mir ewig, faße ich sie recht auf.

Lotte K.

**1948. Von G. A. Reimer. März/April 1805*

Über das Verhältnis von Jösting und Frau Niemeyer

1949. An G. A. Reimer. Halle, März/April 1805

Mit Eleonoren, mein theurer Freund, ist ja Alles eigentlich recht gut. Ihr Bruder hat ja nun die Sache förmlich zur schnellen Ausführung übernommen und dies ist die beste Art und Weise die ich mir denken kann. Freilich

---

54 wohl] *über der Zeile*

1949. *Überlieferung: H: BBAW, SN 761, Bl. 20 f.*

---

40 *Friederike Israel*

****1948.*** *Vgl. Brief 1949, 27 f.*

1949. *Die Datierung ergibt sich aus dem Zeile 17–20 erwähnten Vorfall, daß Krüger seine Schwester Eleonore zu ihrem Mann zurückschickte.*

hätte sie die entscheidende Erklärung gegen ihn, daß sie nun nicht länger könne, recht füglich einige Monate früher schon thun können: aber wir werden ja in ruhigen Zeiten genug von ihr hören können was sie zurükgehalten hat; gewiß ist alles von ihrem Mitleid gegen *Grunow* ausgegangen. Jösting der besseres Glük bei seiner Bekanntschaft mit ihr gehabt hat als Du versteht nun schon ihre Natur recht gut, und ich würde Dich auf ihn verweisen wenn ich nicht hoffte daß Du nun recht bald frei und ungestört selbst sie recht und ganz wirst kennen lernen können. Indeß denke ich mir auch jezt noch immer die Möglichkeit des Fehlschlagens meiner Hofnung, nicht von ihrer Seite sondern von Seiten des Schiksals – ohne bestim|ten Grund freilich und wol nur aus Furcht wieder von einer zu sichern Erwartung solcher Glükseligkeit zurükgeworfen zu werden.

Warum ihr Bruder sie ohnerachtet er die Sache ganz vollkommen übernommen noch zu Grunow zurükgeschikt hat weiß ich nicht. Ich traue ihm aber um so mehr gute Gründe zu, da eigentlich ihre Entfernung ohne *Grunows* Einwilligung ein unrechtlicher Schritt ist. Auf möglichst schleunige und stille Abmachung der Sache wird sein ganzes Bestreben gerichtet sein wenn ich ihn anders im geringsten kenne.

Jösting hofft mich schon nächsten Posttag von Einleitung der Sache benachrichtigen zu können. Doch will ich darauf nicht fest vertrauen. Es mag leicht besser sein alles vorläufig erst einzuleiten ehe der erste öffentliche Schritt geschieht.

Wegen Jöstings und Wilhelmines Entwiklung bin ich ganz Deiner Meinung. Wenn auch nicht nothwendig etwas äußerlich zerstörendes hätte erfolgen müssen so konnte doch und sollte die Wahrheit gerettet worden sein. Auch war zu meiner Freude Jösting bei seiner An|kunft hiezu fest entschlossen, und ich selbst hoffte es würde möglich sein es noch in diesen Gang einzuleiten. Wilhelmine wäre mit Freuden in den Tod gegangen, ein Gedanke der mir unter diesen Umständen schauderhaft war – nur ihr Mutterverhältniß und N*iemeiers* ganze Ruhe zu zerstören konnte sie sich nicht entschließen. Ich konnte recht sehn und fühlen wie nur dies sie leitete, und nur deshalb hat sie nichts dadurch bei mir verloren. Auch konnte ihr die Täuschung nicht so widerlich sein als uns da ein so eitler Mensch als Niemeier eigentlich immer nur in Täuschungen lebt.

---

5 früher] *über* ⟨|weiter| hin|aus|⟩ 13 meiner] *davor* ⟨ihrer⟩

17–22 *Vgl. Brief 1931, 43–55* 27 *Agnes Christine Wilhelmine Niemeyer, die Frau August Hermann Niemeyers*

Am Plato arbeite ich izt täglich. Allein ich kann bei d*iese*m Bande kaum anders als zuvor die erste Bearbeitung des Ganzen fertigen ehe ich an die lezte eines einzelnen Dialogs gehe. Auch kann Dir izt wol nichts am Anfang des Druks gelegen sein. Die erste Arbeit des Gorgias u*nd* Theaetets ist fertig, auch fast der halbe Euthydem, nun ist nur noch die Hälfte v*on* d*iese*m und der Menon übrig, u*nd* d*ie*se beiden leztern sind bei weitem die kleinsten. Bald nach der Messe denke ich soll der Druk angehn können.

Steffens u*nd* ich freuen uns gar herzlich drauf Dich hier zu sehn, u*nd* ich denke Du wirst das Wiedervergeltungsrecht gebrauchen u*nd* bei mir wohnen. Desto besser kannst Du dann Leonoren sagen wie sie sich vor der Hand | äußerlich befinden wird. Steffens den ich immer inniger liebgewinne hat Dich auch recht ordentlich lieb was mich herzlich freut. Nicht üble Lust habe ich auch das närrische Gewühl der Buchhändler Messe auf einen oder zwei Tage mit anzusehn, und so sehe ich Dich vielleicht noch früher als hier. Denn ich denke mir Du wirst Halle erst mitnehmen wenn Du von Leipzig nach Magdeburg gehst.

Herzliche Grüße an die Deinigen und große Freude an Manons endlicher, hoffentlich dauerhafter Genesung.

1950. An G. A. Reimer. Halle, Sonnabend, 6. 4. 1805

d 6t. Apr. 5

Verzeihe mir, lieber Freund daß ich Dir in den Unruhen des Ausziehns ein Paar Zeilen nur schreibe in Geschäftssachen. Ich sehe in Jenisch „Kritik der dogmatischen pp Religionssysteme“ einen ganzen Bogen aus meinen Reden angeführt, aber unter einem andern Titel nem*lich* „heilige Reden im Geist des Schellingschen Systems“ es ist aber wörtlich aus den Reden

1950. Überlieferung: H: BBAW, SN 761, Bl. 24 4 Religionssysteme“] Religionssysteme

39 *Band 2, 1 der Platon-Übersetzung*

1950. 3–13 *Daniel Jenisch: Kritik des dogmatischen, idealistischen und hyperidealistischen Religions- und Moralsystems nebst einem Versuch, Religion und Moral von philosophischen Systemen unabhängig zu begründen und zugleich die Theologen aus der Dienstbarkeit zu befreyen, in welche sie sich, seit langer Zeit, an die Philosophen verkauft hatten, Leipzig 1804. Der § 9 des zweiten Abschnittes dieses Werkes, überschrieben mit „Allerneuste, durch die Hyper-idealistische oder Schellingsche Philosophie aufgekommene, Vorstellungsart von der Religion“ (S. 79–88) besteht fast nur aus Zitaten des Schlusses der zweiten „Rede“ „Über die Religion“. Jenisch weist die Zitate nach als „‚Heilige Reden nach Schellingschen Prinzipien.‘ S. 125–133“. Ein Buch mit dem (von Jenisch fingierten) Titel gibt es nicht.*

üb*er* die Rel*igion*. Nun liegt mir daran zu wissen ob es ein Buch unter diesem Titel giebt welches ein so derbes Plagiat an den Reden begangen hat oder ob Jenisch eigenmächtig den Titel fingirt, welches mir unwahrschein*lich* ist weil er auf mich rasend schimpft und auf jene angezogene Stelle auch. Du kannst mir wol da das Buch auf jeden Fall nach den Reden u*nd* vor jenem Jenischischen Produkt herausgekommen ist leicht Auskunft darüber verschaffen.

Noch eines wegen unseres Lotterielooses. Ich habe hier keine Gelegenheit | gefunden eins zur BraunschweigerLotterie zu bekommen glaube aber daß Du auf der Messe leicht Gelegenheit dazu finden wirst. Unsere Abrede war ich sollte hier ein Braunschweiger Loos nehmen u*nd* Du in Berlin ein Berliner. Hoffent*lich* hast Du das lezte wenigstens gethan; wo nicht so thue es doch gleich und wenn es Dir nicht Ernst ist so nimm eins für mich. Denn ich will hier nicht aufs Ungewisse ein zweites nehmen u*nd* ehe ich Antwort von Dir bekäme möchte es hier zu spät sein, da die 4t*e* Klasse schon gezogen ist.

Pumpernikkel kann ich D*eine*r Frau heute nicht schikken, Gott weiß ob er in der alten oder neuen Wohnung ist.

Grüße Jösting u*nd* sage ihm Konopak u*nd* ich hätten die unverdiente Schelte richtig empfangen, heute konnte ich ihm aber unmöglich schreiben. Auch Jette grüße herzlich wenn Du sie siehst. Montag hoffe ich etwas Faktisches über Eleonore zu hören.

Schl.

Nächstens hoffe ich auch über D*eine*n Reiseplan hieher etwas bestimmtes zu hören. Warum bekomme ich Schleusneri Lex*icon* in N*ovum* Test*amentum* u*nd* Storr theologia theoretica e sacris litteris repetita immer noch nicht.

1951. An H. von Willich. Halle, Sonnabend, 6. 4. bis Montag, 8. 4. 1805

Halle d 6t. Apr.

Nein meine liebe gute glükliche Tochter es war noch kein Brief an Sie unterwegens als Ihr lezter abging, sondern er soll nun erst kommen. Gar

30–33 Nächstens ... nicht.] *am linken Rand* 32 Storr] *korr. aus* Sch

1951. Überlieferung: H: BBAW, SN 776, Bl. 39 f.; D1: Br 2, S. 19 f. (Auszug); D2: Schleiermacher: Briefe an Ehrenfried und Henriette von Willich, S. 122–126

25 f *Es ist ungewiß, ob diese „Schelte" in einem Brief an Schleiermacher geäußert wurde.* 27 *Henriette Herz* 31 f *Johann Friedrich Schleusner: Novum lexicon Graeco-Latinum in Novum Testamentum, 2 Bde, Leipzig* ^{2}*1801* 32 *Gottlob Christian Storr: Doctrinae christianae pars theoretica e sacris literis repetita, Stuttgart 1793*

1951. 2 f *Vgl. Brief 1943, 2 f.*

zu gern hätte ich Ihnen in der ersten ach Sie wissen es wol wie großen Freude über Ihre schöne Nachricht gleich geschrieben: aber ich wollte Ihnen eben auch gleich schöne Nachrichten geben von mir und Eleonore die ich damals posttäglich erwartete. Auf die eigentliche warte ich noch, Sie wissen ja wie ich schon gewöhnt bin an das Zögern, aber das Schreiben an Sie kann und soll nun nicht länger warten. Und da ich einmal angefangen habe von Eleonoren: so hören Sie wenigstens gleich wie weit wir sind. Gerade heute vor acht Tagen ging sie an der Hand meines Freundes Jösting aus ihrer Wohnung zu ihrem Bruder in der festen Absicht nie wieder zurükzukehren. Sie erklärte auch dem Bruder sie könne es nun nicht länger aushalten und müsse fort, und sie wäre gesonnen gleich bei ihm zu bleiben, da er ihr schon versprochen hatte sie aufzunehmen. Der Bruder antwortete er habe schon lange auf ihre lezte entscheidende Erklärung gewartet und übernehme nun ihre Trennung baldmöglichst und auf die beste Art zu Stande zu bringen. Er bat sie aber nur noch auf ein Paar Tage wieder hinaus zu gehn damit er erst alles vorläufige einleiten könne, es wäre so besser. Das that sie denn auch. Bis vorgestern, von wo meine lezten Nachrichten datirt sind, ist zwar noch nichts weiter geschehen, aber nur weil Leonore in den lezten Tagen nicht wohl war, und der Bruder | doch von seiner Erklärung an Grunow und ihrer Entfernung aus dem Hause mit Recht eine kleine Alteration besorgte. Es ist recht schön daß er deshalb gewartet hat; wie leicht hätte sie krank werden können und grade das war ihr und mir vor zwei Jahren so gefährlich geworden. Ernst ist es dem Bruder gewiß und zögern ist auch nicht seine Sache: auch hat er einem Freunde erklärt es läge ihm sehr am Herzen die Sache möglichst zu beschleunigen, und er thäte gewiß noch diese Woche den ersten Schritt wenn es Eleonorens Gesundheit nur irgend erlaubte. Und so sehe ich nun wirklich mit jedem Posttage der ersehnten Nachricht entgegen daß sie das unselige Haus endlich verlassen hat und der Rechtsgang eingeleitet ist an dessen schnellen und glüklichen Ausgang ich unter des Bruders Leitung unmöglich zweifeln kann. Wie gern flöge ich sobald sie befreit ist mit ihr zu Euch Ihr lieben Menschen! Wie sehne ich mich danach Leonoren Sie und unsere herrliche Lotte umarmen zu sehn! Wie weiß ich mir eigentlich nichts schöneres zu denken als wenn unser theurer Ehrenfried unser Bruder den Segen über uns spräche! Ginge es auf irgend eine Art zu machen das thäte ich gewiß.

---

10 Sie] *korr. aus* wir

---

5 *Vgl. Brief 1926, 21–37* **12** *Johann Albrecht Krüger* **26 f** *Ende März 1803 hatte sich Eleonore Grunow entschlossen, Schleiermacher zu entsagen; vgl. Brief 1468, 19–71 (KGA V/6).* **36** *Charlotte von Kathen*

Aber nun zu Ihnen liebe süße Tochter, zu Ihrem herrlichen Glükke, das mich so innig noch immer wenn ich es denke zu den süßesten Freudethränen bewegt. Wie habe ich mich schon darauf gefreut vorher wie habe ich mich verlangend danach umgesehn! Nun ist es da, Deine lezte schönste Vollendung, Deine herrlichste Würde Du geliebtes Kind meines Herzens. Was soll ich Ihnen sagen von meiner väterlichen Freude? Jeder Gedanke an Sie ist ein Gebet und ein Segen im Namen der Liebe und der heiligen Natur. | Ich vertiefe mich in Ihr Bild wie das neue Glükk aus Ihren Augen hervorglänzt in Freude, Stolz u*nd* Demuth! und wie rein heilig und natürlich die ersten mütterlichen Gefühle aus Ihrem schönen Herzen hervorgehn. Ach ich danke es Ihnen recht süße Jette daß sie meine Tochter sein wollen! Sie haben eine Freude in mein Leben gebracht der ich nichts gleichen kann, es ist eine ganz eigne wunderschöne und liebliche Blume in dem herrlichen Kranz den mir das gütige Geschikk geflochten hat. Aber es ist auch das nichts gemachtes zwischen uns! ich bin auch so recht und wahr Ihr Vater wie es nur immer Ihr natürlicher sein konnte.

Das ist Recht daß Sie wohl sind und frisch und nichts fürchten. Das ist eben der rechte Stolz auf Ihre Jugend und auf Ihre Treue gegen die Natur, die Ihnen die Natur nun wol wieder vergelten muß. Auch die junge Mutter soll den frischen Muth haben den die liebliche Braut überall zeigte, und nichts wissen wollen von Besorgniß und Weichlichkeit, so wird auch am besten ein frohes frisches Leben unter Ihrem Herzen gedeihen. Ja Sie werden eine recht glükliche Mutter sein in jeder Hinsicht, ich wollte es Ihnen weissagen und meinen ganzen profetischen Geist verpfänden auf die Erfüllung: aber Sie brauchen meine Weissagung nicht denn Sie wissen Selbst daß es nicht anders sein kann. In einer wahren Ehe wie Ihre, bei frohem unbefangenem Sinn und einem reinen Herzen voll Liebe macht sich das Erziehen von selbst. Es geht vom Vertrauen aus daß aus dem Schönen nur Schönes entstehn kann, will nichts sein als leise freie Anregung des edeln Keims der gewiß da ist, und begehrt nicht zu meistern und zu klügeln an jeder kleinen Einzelheit. O liebe süße Jette wir wollen noch recht viel davon sprechen in dieser schönen Zeit und ich weiß gewiß wir werden immer einig sein, und unsere Fantasien über den schönen Gegenstand werden sich auch lieben u*nd* umarmen wie Tochter und Vater. |

d*en* 8t*en* Es ist ein recht lieber Brief den ich von Lotte Cumerow habe und ich weiß es Ihnen Dank daß Sie ihn nicht aufgehalten und ihn noch mit ein Paar freundlichen Zeilen begleitet haben. Nun aber liebes Jettchen sollen Sie mir noch einen Rath geben und das recht bald. Die gute Lotte

---

74 *Brief *1942* 77 *Charlotte von Kathen; vgl. Brief 1947, 31–34*

reist wie Sie wissen Anfang Juni ins Bad und sie hat mich so freundlich gebeten um etwas von mir was die dahin begleiten könnte. Sie müssen was sie von mir hat oder nicht hat und was ihr das liebste wäre besser wissen als ich, und das sollen Sie mir recht bald sagen damit es noch zur rechten Zeit in Stralsund sein kann.

Nun hören Sie noch etwas. Auf den Mittwoch denke ich von hier nach Barby zu gehn, wo jezt die Herrnhutische Schule ist auf welcher ich fast drei meiner schönsten Jugendjahre zugebracht habe, während deren sich mein wissenschaftlicher sowol als mein frommer Sinn zuerst entwikleten. Damals war diese Schule an einem andern Orte, den ich auf der Rükreise aus Schlesien im Sommer zu besuchen denke, und in Barby war damals die herrnhutische Universität auf die ich hernach zog, und wo mein inneres Denken und Leben zu der Freiheit von den Fesseln des Buchstabens gedieh die mich bald wieder aus jener Gemeine heraustrieb in die Welt. An diesem Orte will ich die Feiertage zubringen, will wo möglich dem Abendmahl der Gemeine am grünen Donnerstag wenigstens beiwohnen und den herrlichen Gottesdienst am Charfreitag u*nd* am Ostermorgen wenigstens mit abwarten. Sie können denken was für Erinnerungen und Empfindungen der verschiedensten Art sich da zusammen häufen werden; ich denke es sollen schöne Tage sein. Und ich nehme noch einen recht lieben Mann von viel Sinn mit der noch nie eine Herrnhutische Gemeine gesehen hat. Wenn ich zurükkomme schreibe ich an Ehrenfried an Luise u*nd* an Ihre herrliche Schwester. Sollte ich jedoch mit der morgenden Post noch entscheidende Nachrichten von Eleonore erhalten so schreibe ich wol noch ehe ich die kleine Reise antrete. Grüßen Sie indeß Alles herzlich. Gott sei mit Ihnen liebe Tochter und fahren Sie ja fort recht gesund und frölich zu sein. Ihr treuer Vater

Schl.

**1952. An Ch. Schleiermacher. Dienstag, 9. 4. bis vor dem 23. 4. 1805*

Berichtet unter dem 9. 4. über seinen Besuch in Barby

---

95 wenigstens] *korr. aus* [ ]

83–91 *Schleiermacher besuchte von 1783–1785 das Pädagogium der Brüdergemeine in Niesky, das 1789–1808 nach Barby verlegt wurde. In Barby studierte Schleiermacher von 1785 bis zu seinem Ausscheiden aus der Gemeine (1787) am Seminarium, der Universität der Brüdergemeine, das 1789 nach Niesky verlegt wurde.* **97–100** *Der Begleiter nach Barby ist nicht bekannt. – Die Schwester ist Charlotte von Kathen.*

***1952.** *Vgl. Brief 1940, 57–60*

**1953. Von H. Herz. Vor dem 10. 4. 1805*

Über Ludwig Börne

1954. An H. Herz. Halle, Mittwoch, 10. 4. 1805

Halle den 10ten April 5.

[...] Wegen Louis (Börne) hast Du etwas Recht und er etwas Recht und ich gar nicht Unrecht. Er kam mir ein Paarmal sehr ungelegen wegen J. und W. und das mag es wohl sein was ihm aufgefallen ist. Freundlich bin ich ihm übrigens immer, aber gleichgültig ist er mir sehr. Wie soll man mehr Interesse an einem Menschen nehmen, als er selbst an sich nimmt? Er fängt gar nicht mit sich selbst an, vertändelt seine Zeit, versäumt seine Studien, ruinirt sich durch Faulheit, und sieht das selbst mit der größten Gelassenheit an und sagt nur immer: es wäre ihm nun einmal so, und wenn er sich zu etwas anderem zwingen wollte, so wäre es ja dann doch nicht besser. Wie kann man auf einen Menschen wirken, der sich so den Willen selbst weg raisonnirt? Ich weiß nicht ob er untergehen wird, manche Natur rettet sich aus diesem Zustande; aber in diesem Zustande ist nichts auf ihn zu wirken und kein Theil an ihm zu nehmen. Dabei ziert er sich noch und ist falsch. So hat er sich z.B. gegen mich angestellt als ginge er höchst ungern nach Frankfurt und fürchte sich dort vor der schrecklichsten Langeweile, dagegen versichert mich die Reil er habe sich gefreut darauf wie ein Kind. Wie er klagen kann d*aß* er trübe ist begreife ich wohl, aber nicht wie Du es als Klage aufnehmen kannst. Was hat ein gesunder junger Mensch dem nichts abgeht trübe zu sein? Aller Trübsinn kommt aus seiner Unthätigkeit, die ihn schlaff macht. Du kannst ihm das alles schreiben, ich sage es ihm auch selbst ganz gewiß wenn er wieder kommt. Schade ist es um ihn | wenn er in diesem Gange bleibt aber helfen kann ihm Niemand wenn er sich nicht selbst hilft.

1954. Überlieferung: h: BBAW, SN 751, Bl. 68; D1: Br 2, S. 37 (gekürzt); D2: Meisner: Schleiermacher als Mensch, Bd. 2, S. 60 f. (gekürzt, aber mit Ergänzung) 1 5] 6 *korr. aus* 5 4 mag] *korr. aus* mach

---

**1953. Vgl. Brief 1954, 2 f*

1954. Die nachträgliche Datierung auf 1806 durch Henriette Herz ist deshalb wenig wahrscheinlich, weil Schleiermacher sich damals in Berlin aufhielt. 3 f *„J." ist Jösting, „W." Wilhelmine Niemeyer.*

*1955. An S. E. T. Stubenrauch. Halle, vor dem 11. 4. 1805

Über seine Gesundheit und den beabsichtigten Umzug in die Große Märkerstraße; Nachrichten von Freunden und Bekannten in Halle. Teilt den Tod der Witwe Ursinus mit; über die Berufung Ribbecks und Hansteins nach Berlin und die „traurige Geschichte" des Predigers Erman in Potsdam. Berichtet, daß er in Halle als Bräutigam gelte. Über den Universitätsgottesdienst und seine Predigttätigkeit am Dom. Erklärt sich bereit, die Berichtigung der Beiträge Stubenrauchs zur Prediger-Witwenkasse zu übernehmen.

1956. Von G. A. Reimer. Berlin, Mittwoch, 17. 4. 1805

Berlin am 17n Aprill 5

Seit dem Empfang Deiner letzten Zeilen habe ich mit jedem Posttage Dir schreiben wollen, Du Lieber, um Dich wenigstens der Unruhe wegen des Jenisch zu entziehen, allein ich bin so ganz in der Verwirrung des Umziehens und in den Besorgungen für die bevorstehende Messe befangen gewesen daß ich bis jetzt nicht dazu kommen konnte. Wegen des Jenisch sei Du ganz ruhig: es ist eine von den vielen Harlekinaden, die er in seinem Leben gemacht hat; schlechthin hat er kein andres Buch gemeint wie das Deinige; auch konnte der Natur der Sache nach nicht[*s*] an dem Buche bleiben, selbst nicht einmal der Titel, sobald es in dieses Menschen Hände und Gedanken kam. Das Buch hat i h m nur sein Recht angethan und damit dachte ich hättest Du alle Ursache zufrieden zu seyn |

Das Loos habe ich besorgt; allein wie ich es nahm war die vierte C*lasse* bereits gezogen: es gilt wie verabredet für uns beide. Das No. kann ich Dir nicht sagen, da ich bei Jösting schreibe, und Du wirst es wohl damit auf meine Ehrlichkeit hin wagen. Das Braunschweigische wollen wir, wie Du sagst in Leipzig nehmen. Ich freue mich recht darauf Dich dort zu sehen, und in diesem schrecklichen Gewirr mich durch Deine Gegenwart zu erfrischen. Grüße doch Steffens herzlich, und sage ihm: er möge mich entschuldigen, daß ich ihm weder Antwort noch Geld sende. Das letztere

---

1956. *Überlieferung: H: BBAW, SN 358, Bl. 70 f.* **5 f** befangen … daß] *korr. aus* befangen, das **10 f** Hände und] *folgt* ⟨Gethue⟩ **20** weder] *über* ⟨nicht⟩

***1955.** *Vgl. Brief 1958, 2–4.87–89.17–38.54 f.61–66. 98 f.*

1956. **2** *Brief 1950* **6–9** *Vgl. Brief 1950, 3–13* **13 f** *Vgl. Brief 1950, 14–22*

solle binnen kurzem durch Jösting erfolgen; falls dieser in einigen Tagen reist, sonst durch die Post. Wie freut es mich daß Du und Steffens euch so lieb haltet, und wie froh bin ich bald unter euch seyn zu können. Du hast recht vermuthet daß ich erst nach der | Messe kommen kann. Auch hat Jösting versprochen nach Leipzig zu kommen und von dort mit mir zu euch zu reisen; vielleicht bringt er dann den Carl mit dahin und wir nehmen ihn mit nach Halle. Leonoren habe ich hier leider verfehlt: sie war eine halbe Stunde vor mir weg gegangen; allein am Sonnabend hoffe ich sie sicher zu sehen und von ihr selbst zu hören was mich auch [*aus*] Jöstings Munde zu hören so erfreut hat. Sie ist so fest und sicher, sagt J*östing*, daß bei ihm nicht mehr der geringste Zweifel über die Unwandelbarkeit ihres Entschlusses haftet. Und wie deutlich leuchtet dieser auch aus ihrem lieben Briefe hervor, und wie erfreulich ist es was sie über ihren Bruder schreibt. Glück zu also, Du lieber, lieber Mensch! wie wird euer Leben herrlich seyn und leuchten! |

In Leipzig treffe ich etwa d*en* 6 oder 7n May ein und bleibe dort 14–16 Tage.

Den Schleussner u.s.w hast Du aus dem natür*lichen* Grunde nicht erhalten, weil Du nichts davon bestellt hast; jetzt ist es wahrscheinlich in Deinen Händen

Mein armes Weib hat seit 5 Wochen eine sehr schlimme Brust gehabt. Gestern ist sie endlich offen gekommen und hat ein ungeheure Menge Eiter ausgelassen. Meine Frau ist wenigstens schmerzenfrei, wenn auch die Wunde gleich sobald nicht zuheilen mag.

Kömmst Du zu Willichs so sehen wir Dich recht bald.

1957. Von C. B. Hering. Stolp, Mittwoch, 17. 4. 1805

Stolpe d. 17. April 1805.

Endlich, mein Hochgeschätzter Freund, wäre es wohl einmahl Zeit, Ihr sehr wertes Schreiben vom 15 Jan*uar* welches Uns allen sehr viel Ver-

---

26 er] *folgt* ⟨[mir]⟩ 30 hat] haben 32 ihres] *davor* ⟨Ihr⟩ 36 bleibe] beiben 43 auch] *folgt* ⟨der⟩

1957. Überlieferung: H: BBAW, SN 303, Bl. 7–10

---

26 *Vielleicht Reimers ältester Sohn Karl* 33 *Es ist ungewiß, ob dieser Brief an Schleiermacher gerichtet war.* 34 *Johann Albrecht Krüger* 38–40 *Vgl. Brief 1950, 31–33* 45 *Ehrenfried und Henriette von Willich*

1957. 3 *Brief *1900*

gnügen gemacht hat, zu beantworten. Wenn wir, und ich besonders hertzlichen Anteil an Ihrem Wohlergehen, und der zufriedenen Lage, in der sie sich befinden, nehmen, so bleibet uns doch noch der Wunsch übrig, daß solche durch häusliche Glükseeligkeit an der Seite einer würdigen Gattin vermehret werden möchte; wie sehr würden wir uns freuen, wenn wir bald Ihnen dazu Glük wünschen könnten, denn es bleibt doch immer das schönste Geschenk der gütigen Vorsehung, eine treue Teilnehmerin an Freude und Leid zu haben, ohne welche Alles irdische Glük unvollkommen, und mangelhaft bleibet, ohne zu gedenken des wirklich unbehaglichen Zustandes, in späteren Jahren bei zunehmenden Alter so gantz isolirt da zu stehn, keinen zu haben, dem man sich mitteilen kann, oder von dem man teilnehmende Pflege zu erwarten hat. Also lieber Freund!

nur nicht länger sich besonnen, frisch gewagt, ist halb gewonnen, ist ein Wahlspruch, der sehr auf Ihren Zustand paßet, und ich wünsche, daß sie Ihn behertzigen mögen.

Sie werden vieleicht sich hertzlich divertiren, wenn ich Ihnen auch melde, wie man seit ungefehr 6 Wochen sich hier mit dem Gerüchte | herumtraget, daß Sie wegens zu freier Aeußerungen Auf der Kantzel in Inquisition geraten, und vorläufig suspendiret worden wären? so sehr ich nach der Quelle dieses Gerüchtes geforschet, so habe ich doch weiter nichts erfahren können, als daß es auf dem Posthause durch durchreisende Fremde debitiret worden sein soll. Wiewohl weder ich, noch der gebildete Theil des hiesigen Publicums hiervon etwas glauben, so giebts doch leichtgläubige Menschen genug, welche zweifelhafft sind, und um derentwillen wünschte ich von Sie zu erfahren, ob Sie vieleicht unangenehme Vorfälle gehabt, die zu diesem Gerüchte Veranlaßung gegeben haben. Feinde und Gegner werden sie freilich haben, aber daß sie solche auch recht derbe abführen und beschämen werden, davor ist mir nicht bange. Geben Sie mir hierüber doch bald einige Nachricht.

Daß der Probst Freyschmidt sich mit der Ältesten Dem*oiselle* Schmidt verheiratet, wird Ihnen hoffentlich schon bekand sein, vermuthlich werden sie sich Ihrer wohl noch erinnern, sie ist so etwas lang und troken. Er ist sterblich in Sie verliebt, und läßt sie in allen öffentlichen Gesellschaften nicht von seinem Schoße so denn öfters Stof zu lächerlichen Anmerkungen giebet. |

Der alte Arnold, Vater meines Schwiegersohns ist gestorben, welches für die Familie ein schmertzhaffter Verlust war.

---

16 *Karl Ditters von Dittersdorf: Doktor und Apotheker (ursprünglicher Titel: Der Apotheker und der Doktor, Libretto von Gottlieb Stephanie dem Jüngeren), 2. Akt, 16. Auftritt (Arie des Sichel)* 25 *debitieren, absetzen, ausstreuen (Campe: Wörterbuch, Bd. 6 s.v.)*

Ihr Nachfolger d*er* H*err* Hofprediger Henning lebt seit einiger Zeit sehr eingezogen, weil er sich in Stolpe gantz nicht gefält, hierzu kommt daß er leider eine unglükliche Ehe führet, woran nach meiner Überzeugung beide Teile Schuld sind, so Ihm das Leben sehr verbittert. Sie war vor etlichen Tagen bei mir, und klagte mir Ihr Leid, und, daß Sie geschieden sein wollte. Ich habe Ihr zwar Alles Nachteilige vorgestellt, was sich über solchen unglüklichen Zustand sagen läßet, ich fürchte aber, es wird zu nichts helfen. Er ist ein unzufriedener auffahrender Mann, und sein Benehmen nicht dazu geeignet, sich Freunde zu machen. Der gute Keller muß auch so manches von Ihm dulden. Ein Beispiel mehrerer unter selbigen vorgefallenen Auftritte mag hier einen Platz haben;

Nu Herr Cantor, heute ist NeujahrsPickenik, thun Sie sich einmal was zu Gute, und laßen sie sich von Pitsch auf meine Rechnung zwey Bouteillen Bier geben.

Wie gefällt Ihnen dies Pröbchen? Von ähnlichen Anectoten würde es nicht schwer halten, etliche Seiten anzufüllen. Ich bedaure ihn sehr, indem er hier für die Zukunft eine traurige Rolle spielen wird. | Dem Cantor Keller seine Frau ist wieder bei Ihm, und soll jetzt ziemlich vernünfftig sein, wie lange das aber dauren wird! ist eine Andere Frage. Die Tochter ist auch wieder gesund, und hat Auf den letztern Concerten (welche nun, so wie auch die Assemblées für dies Frühjahr beendigt sind) mit vielem Beifall gesungen. Rohrlachs & Proecks sind alle gesund. Erstere werden nun bald nach Berlin reisen, um die Boehlendorff dem Manne zu überliefern, wahrscheinlich wird sie über Halle reisen, wo sie sie denn gewis sprechen, und alle Veränderungen, welche seit Ihrer Abwesenheit in Stolpe vorgefallen (freilich von geringer Bedeutung) von Ihr erfahren werden.

Mit meiner Frau ist es noch immer beim alten, und obzwar sie dem Körper nach sehr gesund ist, so wollen die Füße doch schlechterdings Ihr die schuldigen Dienste nicht leisten. Gott weiß es, ob sie in Ihrem Leben mit Hülfe der Krüken wird ins gehen kommen. Meine Kinder sind alle gesund und wohl, leben Gottlob zufrieden und vergnügt. Heinrich wird dies Jahr noch bei Kitskats in Dantzig bleiben, und Alsdenn sich der Oeconomie befleißigen, indem er seinem | Plane, als Oeconome getreu bleibt. Übrigens beträgt er sich in Dantzig gantz meinen Wünschen gemäs, und bin ich sowohl in Hinsicht seines Fleißes, als seiner moralischen

---

74 er] *folgt* ⟨|...|⟩

57–59 *Die offenbar psychisch kranke Frau des Kantors war durch Vermittlung Schleiermachers in eine Danziger Anstalt aufgenommen worden (vgl. Brief 1411, 6–29; KGA V/6).*

Führung gantz zufrieden. Das eine Gut Stojentin ist mir nun zugeschlagen, aber Auf den Nahmen von v*on* Zitzvitz in Zezenow. Mit Gohren glaube ich, wird es auch zu stande kommen; wie es aber mit dem Consens werden wird! weiß ich noch nicht. Indeßen wird ja weiterhin auch Rath werden.

Nun mein würdigster Freund! leben Sie recht wohl und vergnügt. Alle die Meinigen, Albertinen mit eingeschloßen versichern Sie fortwärende Freundschafft, und wir alle bitten, um die Fortdauer der Ihrigen, die uns immer sehr schätzbar sein wird. Baldige recht frohe Nachrichten von Sie zu erhalten, wird sehr erfreuen Ihren treu ergeb*enen* Fr*eund* & Diener

Christ. Benj. Hering

Das in Rügenw*alde* erbaute Schif von 300 Last, die Stadt Stolpe genannt ist vor 3 Wochen glücklich vom Stapel gelaßen, und sehr schön geraten. Das in Stolpmünde erbaute, Hazard genannt, wird in 14 Tagen ablaufen. Die Albertine wird eine Reise nach Porto machen, haben Sie von da etwas zu befehlen? etwa 1 Fäßchen Port wäre so sehr gerne zu Diensten.

1958. Von S. E. T. Stubenrauch. Landsberg, vor Donnerstag, 18. 4. bis Freitag, 19. 4. 1805

Theuerster Herr Neveu

Wie froh war ich, wie froh Mama, wie froh waren wir alle, als ich am Donnerstag d*en* 11ten d*ieses* endlich den so lange erwarteten Brief v*on* Ihnen erhielt. Wir waren, bey Ihrem so ungewöhnlich langen Stillschweigen, wegen Ihrer Gesundheit äußerst besorgt, wie Ihnen auch H*err* Pre*diger* Gerlach vermuthlich wohl gesagt haben wird. Gern hätte ich ihm e*inen* Bri*ef* an Sie mitgegeben, allein ich hatte v*on* seiner nahebevorstehenden Abreise gar nichts gewußt, als er eines Dienstags, als ich eben v*on* e*inem* kleinen Besuch von Fr*au* Werkmeistern, die sich auch nach Ihnen erkundigt hatte, zurückkam, unterm Thore auf mich zukam u*nd* mir sagte, daß er noch denselben Abend mit d*er* Post abfahren würde, er begleitete mich bis an uns*ere* Hausthüre, aber hereinkommen wollt' er nicht,

1958. *Überlieferung: H: BBAW, SN 397, Bl. 183 f.*

77 f *1796 hatte Hering das Gut Zezenow als Mitgift für seine Tochter Dorothea-Charlotte dem Kaspar Wilhelm von Zitzewitz übereignet.*

1958. 3 *Brief *1955*

weil er bey den Herren Officiers auf der Parade Abschied nehmen wollte. Er will ja *eine* recht weite Reise machen, sämmtliche Universitäten Deutschlands besuchen, u*nd* dann nach der Schweiz, um mit Pestalozzi sich persönlich zu unterreden.

Herzlich hat uns die Nachricht in Ihrem Briefe erfreuet, daß Ihre Gesundheit doch nicht so schwach, als wir befürchtet hatten: denn wir hatten allerdings besorgt, daß das Angreifen Ihrer Brust bey zwey so beschwerlichen Aemtern Ihrer Gesundheit nachtheilig seyn möchte, und wir wünschen von Herzen, daß bey dem jetzigen angenehmen Frühlingswetter Sie d*en* schlimmen Husten ganz los werden mögen |

Wir sagen Ihnen herzlichen Dank für die mancherley Nachrichten die Sie uns v*on* uns*eren* dortigen Freunden u*nd* Bekannten mitgetheilet haben u*nd* ersuchen Sie, gelegentlich an H*err*n u*nd* Fr*au* Past*or* Nebe freundschaft*liche* Empfehlungen v*on* uns beyderseits so wie an H*errn* Niemeier u*nd* Eberhard v*on* mir zu bestellen, so wie auch an H*errn* Dohlhoff u*nd* Schaeffer

Daß die verwittw*ete* Ursinus schon todt, war uns e*ine* ganz neue u*nd* unerwartete Nachricht, es war uns sehr befremdend, daß der dortige Kaufm*ann* Jansen, ihr Sohn, in keinem öffent*lichen* Blatte davon Nachricht gegeben – oder befindet sich derselbe nicht mehr in Halle

Daß beyde Probststellen in Berlin, des verewigten Spalding u*nd* Teller so bald wieder besetzt, u*nd* H*err* Hanstein bereits s*eine* Antrittspr*edigt* gehalten, war uns allerdings schon bekannt – aber die traurige Geschichte des Pr*ediger* Erman in Potsd*am* deren Sie erwähnen, ist uns gar nicht bekannt, nur haben wir hier gehört, daß er sich mit e*inem* jüdischen Frauenzimmer verheirathet habe – weiter gar nichts. Aber das wunderte uns, daß Sie des traurigen Todesfalls des Referendar*ius* Mursinna gar nicht erwähnen, der, wie ich glaube der einzige Sohn des Ober-Medicinal-Raths Mursinna gewesen. Auch wollte man hier Nachricht haben v*on* e*inem* unglück*lichen* Duell in Halle, welches aber vermuthlich nur e*ine* Verwechselung seyn wird, da in Frankfurt beym Billardspiel e*in* Duell

33–35 *Als Nachfolger von Johann Joachim Spalding war Johann Friedrich Zöllner seit 1788 Propst an St. Nikolai in Berlin; sein Nachfolger wurde 1805 Konrad Gottlieb Ribbeck. Wilhelm Abraham Teller war Propst an St. Petri in Berlin, sein Nachfolger wurde Gottfried Ludwig August Hanstein.* 35–38 *Jean George Erman, 1. Prediger der französisch-reformierten Gemeinde in Potsdam, heiratete am 3. März 1805 in zweiter Ehe Wilhelmine Sello (die Tochter des Hofgärtners von Sanssouci Carl Julius Sello und Schwester des Botanikers Friedrich Sello, seit 1814 Sellow; von einer jüdischen Herkunft ist nichts bekannt). Am 18. März 1805 stürzte Erman sich, wohl in einem Fieberanfall, in die Havel (dies ist wohl die „traurige Geschichte" aus Schleiermachers Brief). Nach seiner Wiederherstellung verfügte Friedrich Wilhelm III., daß Erman wegen des Selbstmordversuchs sein geistliches Amt nicht fortführen dürfe. Die Gemeinde, Kabinettsrat von Beyme u.a. verwendeten sich für Erman, doch der König blieb bei seinem Beschluß. Erman nahm sich am 1. Mai das Leben. Vgl. Wilhelm Erman: Jean Pierre Erman (1735–1814), Berlin 1914, S. 84 f.*

entstanden wobey auch der eine Student geblieben, mir deucht er hat Müller geheißen, doch kann ich das nicht mit Gewißheit sagen, denn mein Gedächtniß wird, Alters halber, v*on* Tage zu Tage schwächer, besonders entfallen mir die Namen sehr bald |

Hier noch e*ine* Frage, ehe ich auch sie vergeße. M*eine* Frau, die vielmals herzlich grüßen läßt, wünscht zu erfahren, ob m*an* denn dort gar keine Nachricht habe, wo d*er* Neveu Mursinna, d*er* Sohn des ehema*ligen* dortigen Prof*essors* Mursinna sich hinbegeben habe, da er doch d*en* Nachlaß seines Vaters an Gelde v*on* dort mitgenommen haben wird. Wenn Sie etwas Zuverläßiges darüb*er* erfahren sollten (woran ich jedoch zweifle) so werden Sie es uns wohl mittheilen. Daß m*an* Sie dort Bräutigam sagt, wundert uns eben nicht; denn gewiß ist m*an* auch dort der Meynung, daß e*in* junger Mann, der so gut sich beliebt machen kann, auch fein bald heyrathen sollte; zumal da Sie dort so allein sind; denn aus dem Entschluß, ihre Stiefschwester *zum* Führen ihrer Wirtschaft zu sich zu nehmen, scheint wohl nichts geworden zu seyn, sonst würden Sie es uns doch wohl geschrieben haben

Mit Ihrem UniversitätsGottesdienst ist es noch nicht in Richtigkeit wie Sie schreiben – aber woran fehlts denn? ist es noch nicht bestimmt in welcher Kirche – od*er* zu welcher Zeit d*er* Gottesdienst zu halten ist?

Sehr gut ist es dann, um das Predigen nicht ganz zu verlernen, daß Sie v*on* Zeit zu Zeit in d*er* Domkirche predigen; u*nd* daß Sie die Gedächtnißpr*edigt* gehalten. Daß Sie gerade den Abend vorher die Promenade nach dem Petersberg machten u*nd* erst am Sonntag Morgen zurückkamen will ich zwar nicht tadeln, da Sie es wahrscheinlich aus Gefälligkeit gegen Ihre Freunde gethan; – aber daß Sie dadurch Aufsehen erregt haben, wundert mich eben nicht. Denn Neugier u*nd* Klätschereyen sind zwar hier, wie ich täglich mehr u*nd* mehr erfahre, eigentlich zu Hause, jedoch wird es dort wohl auch nicht ganz daran fehlen |

d*en* 18t*en* N*achmittags* Ihren Br*ief* glaube ich so ziemlich beantwortet zu haben, doch werde ich nochmals ihn durchlesen, ehe ich diesen abschicke. Von hier kann ich Ihnen keine interessanten Neuigkeiten melden, da wir, wie Sie wissen, wenig in Gesellsch*aft* kommen[.] Benickes laßen vielmals grüßen, v*on* Reppen ebenfalls[.] Dr. Stisser ist seit 14 Tagen nach Stettin wegen e*iner* Erbschaft, s*ein* Onkle ist gestorben. Die

---

50 f *Der Theologe Samuel Mursinna und sein Sohn Friedrich Samuel; Stubenrauch verwechselt den Theologen mit dem Professor der Medizin Christian Ludwig Mursinna.* **58** *Nanny Schleiermacher* **66** *Schleiermachers hatte am 17. 3. 1805 die Gedächtnispredigt für die am 25. 2. 1805 verstorbene Witwe Friedrich Wilhelms II., Friederike Louise, geb. Prinzessin von Hessen-Darmstadt, gehalten; die Predigt über Offenbarung 14, 13 ist nicht überliefert. Vgl. Hermann Hering: Der akademische Gottesdienst, Bd. 1, S. 166 f.* **77** *In Reppen wohnte Stubenrauchs Sohn David mit seiner Familie.*

arme Emilie ist seit 14 Tagen krank an e*inem* Fieber mit heftigen Krämpfen; Sie haben nun Dr. Langen brauchen müssen, der denn doch den Krämpfen abgeholfen, das Wechselfieber hält aber e*inen* Tag um den andern immer noch an – e*in* wahres Glück ists, daß Sie jetzt e*in* gefühlvolles, theilnehmendes Hausmädchen haben, *we*lches sie treulich wartet u*nd* pflegt u*nd* auch des Nachts sie nicht verläßt. Die Mutter ist fast in Verzweiflung, daß Stisser gerade jetzt abwesend ist. Ich hoffe aber, daß er wohl in künftiger Woche zurückkomen werde

Hoffentlich werden Sie nun ihre neue Wohnung in d*er* Märkerstr*aße* schon bezogen haben, *we*lches Ihrer Gesundh*eit* wohl allerdings zuträglich seyn wird. Von uns kann [*ich*] Ihnen die Versicher*ung*, die H*err* Gerlach gegeben, bekräftigen, daß wir uns beyde Gottlob! munter u*nd* gesund befinden[.] Gegen Pfingsten erwarten wir die Reppenschen mit uns*erer* lieben Julie

Ob nun die Vereinigung beyder Gymnas*ien* zu Stande gekommen, davon werden Sie uns vielleicht in ihrem nächsten Br*ief* Nachricht geben können, wünschen aber sehr daß Sie uns nicht wieder so lange vergeblich danach aussehen laßen; wenn Sie nur nicht sich wegen ihrer Sommer-Arbeiten zu sehr anstrengen werden

Daß Sie die Berichtigung uns*erer* Beyträge *zur* dortigen Pred*iger* W*ittwen*Casse gefällig übernehmen wollen, ist uns recht sehr angenehm

Und nun, mein Werthgeschätzter, habe ich nochmals Ihren ganzen Br*ief* mit vieler Theilnehmung wieder durchgelesen u*nd* denke nichts wenigstens nichts wesentliches unbeantwortet gelaßen zu haben – Wenn es Ihnen Ernst werden wird, sich zu verheirathen, so zweifeln wir nicht, daß Sie uns frühzeitig davon Nachricht geben werden, da Sie uns*erer* aufrichtigsten Theilnahme wohl gewiß versichert sind. Von Ihrer lieben Schwester wünschen wir auch Nachricht zu erhalten. Fr*au* Dr. Schulzen, die eben zu meiner Frau gekomen, läßt auch sich vielmals empfehlen. Ich bin und bleibe Ihr

aufrichtig treuer Sie herzlich liebender Oheim

Stubenrauch

Landsberg a d. W d. 19t. April 1805.

---

79 *Emilie Beneke* 93 *Vgl. Brief 1901, 46–49* 105 f *Charlotte Schleiermacher*

**1959. An Ch. Schleiermacher. Vor dem 1. 5. 1805*

Über seinen Besuch in Barby; fragt, ob sie die Geldsendung erhalten habe und kündigt einen Besuch in Gnadenfrei an. Erkundigt sich nach der Aufbewahrung ihr übersandter Briefe Dritter. Über die Schwangerschaft Henriette von Willichs. Über seine „Reden"

**1960. An L. F. Heindorf. Ende April/Anfang Mai 1805*

Mit einem Paket (wohl Manuskripte der Platon-Übersetzung) und einem Auftrag an Buttmann.

1961. Von Ch. Schleiermacher. Gnadenfrei, Freitag, 3. 5. bis Mittwoch, 19. 6. 1805

Gdfr d 3 May Abends nach 9 uhr

Auch Dir mein Lieber noch einige Worte – vor 3 Jahren sahen wir uns noch ein Viertelstündchen nach dem pedilav – Du schriebst noch an Leonoren jenen ganz treflichen Brief den ich mir erst kürzlich wieder gelesen – ob Du wohl heute dran denken magst – u*nd* ob Du jezt noch Briefe mit ihr wechselst? hätte ich Deinen Besuch in Berlin bestimt gewust – gewiß hätte Dich mein Andenken begleitet. Deine mir mitgetheilte Rügen: Briefe habe ich gut aufgehoben, da unser Wiedersehen – so Gott will so nahe – werde ich sie Dir hier wieder geben – Du machst mir eine große Freude wen*n* Du mir den von der Willich mitbringst worin sie Dir die Hofnung zur MutterFreude verkündigt – ich muß aufhören habe schon mit Charles ein Weilchen gesprochen: der mich gar lieblich mit einem Briefe überrascht voll zarter Sorge über mein 5Wöchentl*iches* Schweigen – auch verlangt er was von Dir zu wißen – ich will ihn befriedigen wen*n* nicht unter der Zeit einer von Dir dort anlangt – gute Nacht.

1961. *Überlieferung: H: BBAW, SN 375/25, Bl. 25 f.*

***1959.** *Vgl. Brief 1940, 65–72.80–87 und Brief 1961, 7–11.52–54*

***1960.** *Vgl. Brief 1963, 1 f.62*

1961. **3** *In der Brüdergemeine wurde die Fußwaschung (Johannes 13, 14) rituell gefeiert.* **3–5** *Brief 1224 (KGA V/5)* **7** *Brief *1959* **10 f** *Vgl. Brief 1926, 21–43* **12** *Karl Schleiermacher*

d*en* 7 May Schon in meinem vorigen Brief wolte ich Dir sagen daß ich im Decemb*er* 1804 eine lange Epistel an Wedike direct abgeschikt u*nd* sehr nach Briefen verlange – heute ist er angelangt der längst ersehnte – Der gute liebe Mann, glaubt Du wärst vielleicht schon hier – wünscht sich zu Uns – ach mache mir doch die Freude und bringe mir jenes Heft seiner Briefe wieder mit – ich will ja gern jeden Augenblik dazu benuzen, solche Briefe zu lesen – wen*n* – Du sie mir nicht hier laßen kanst! – Daß die Gräfin v*on* Carvinden meine Episteln liest – ist mir freilich sehr schmeichelhaft – ach! welch eine Vereinigung | mit so viel treflichen Menschen! –! – Heute habe ich seit langer Zeit wieder bey unsrer Baronin recht sehr traulich einige Stunden zugebracht – die Nachrichten von Dir haben ihrem edlen Herzen viel Freude gemacht – sie bedauert nur daß bei Deinem Besuch alhier sie selbst verreist indem sie ihre Zeschwizes besucht – die sich an der Elbe einen kl*einen* Weinberg nebst LandHaus gemiethet – damit sie bei seiner nötigen Anwesenheit in Dresden nicht zu sehr getrent sein dürfen.

d*en* 26 May Heute über 14 Tage kann ich Deinem Kommen schon durch Stunden entgegen harren – Gott! wen*n* nur keine Hinderung dazwischen komt – ich ertrüge es nicht – denn wie ich mich darauf freue – auch auf das Fahren mit Dir, schon in der Stille meine Schulen ordne weil ich dennoch hoffe der Fremde bleibt zurük – es ist finster!!! – Auch die guten Schmiedeberger würden etwas in Angst gerathen – die Schwägerin ist es ohnedis schon Deinetwegen bey aller Liebe u*nd* Hochschäzung – logiren kann sie Dich nicht so gern sie wolte schrieb sie mir – Was endlich seit so langer Zeit geschehen und beinahe ein ZwischenRaum von einem Jahre geworden wäre – ein Ersehen mit der treflichen Aulock, am HimmelfartsTag war sie, mit ihren 4 Töchtern – hier – wie ein schöner genußvoller moment verstrichen uns 3 Stunden | Erzählungen von Dir und Charles, Mittheilung aus Euren Briefen – wen*n* ich es auch nicht sagte – Du weist u*nd* glaubst es ohnedies daß ein Besuch von der Treflichen sehr gewünscht wird – alles wird sie anwenden eine Reise nach OberSchlesien die Erbschaft von ihrem SchwiegerVater zu holen – möglichst aufzuschieben – damit sie Dich nur gewiß dort sieht – welch einen Kuß u*nd* Umarmung erhielt ich für die monologen die ich nicht eher als Ende aprill bekam – u*nd* sie recht eigentlich am 1 May als Andenken jenes Eures ersten Ersehens überschikte – Die meinigen sehen zu schrecklich aus um

---

20 bringe mir] *folgt* ⟨d⟩ 26 einige … zugebracht] *mit Einfügungszeichen am linken Rand*

---

23 *Wohl Amélie Louise Caroline Gräfin zu Dohna-Schlodien-Carwinden* 25 *Baronin Agnes Friederike von Seidlitz* 36 f *In Schmiedeberg lebte Karl Schleiermacher mit seiner Frau Friederike.*

sie irgend Jemand vielweniger der Aulock in die Hände zu geben – natürlich daß sie nun auch die religioesen Reden wünscht – da sie aus Deinem lezten Briefe davon weiß – gute Nacht. Dieses wird wohl nicht abgeschikt – sondern Dir in einer meiner SchulStunden zum Durchlesen gegeben – es möchte Dich nicht mehr treffen!

d*en* 13 Juny Morgen über 8 Tage komst Du hier an mein Lieber hätte ich dis eher gewust – so hätte dieses noch abgehen könen – Gott gebe daß Du zu Deiner Reise – u*nd* Wir Alle so trefliches Wetter zu unsern großen u*nd* kleinen Unternehmungen haben – als es jezt seit 4 Tagen ist. | Es kan nicht schöner sein – bekomen wir aber bald Gewitter dann wird es recht kalt zu unsrer Reise noch habe ich der alten Pflegerin nichts gemeldet – doch hoffen alle meine gütigen Theilnehmer sie wird nichts dagegen haben – das solo fahren mit Dir ist immer recht erwünscht und heimlich – denn sonst werden w i r nicht viel Zeit zu unsern Abhandlungen gewinnen – daß Du meine Seidlizes wieder nicht siehst die mit ihren Kindern ein Theil meines frohen Lebens ausmachen ist mir gar sehr leid – doch wen*n* wir erst d*en* 29 abreisen – so siehst Du doch meinen Liebling den kl*einen* Adolph – der zum KnäbchenFest herkomen soll – vielleicht mit Rumpel der dort conditionirt und gar viel aus Dir macht – was ich von der Aulock denken soll weis ich nicht – seit jenem schönen Wiedersehn habe ich 2mahl geschrieben, u*nd* noch keine Antwort – ist sie schon abgereist dann ists vorbei mit Euren Freuden –

19t*en* Endlich ein paar Zeilen von der Aulock – die sich leider genötigt sieht auf einige Tage nach Glaz zu gehen zwar Sontags wieder zurük sein will – um das nähere Deines Besuchs zu vernehmen – wir müsten dann Montag hin – denn länger wirst Du wohl nicht bleiben – Nun wir werden ja sehen – die Schlößler wirst Du wohl auch besuchen – da hat sich alles geändert – komst Du einige Tage später – findest Du Friz bereits verheiratet

---

79f hat … verheiratet] *am linken Rand*

54 *Brief *1959* **66** *Die Familie des Friedrich Julius von Seidlitz* **78** *Julius Friedrich von Tschirschky, der Herr von Peilau-Schlössel, und seine Frau Henriette Charlotte Elisabeth* **79f** *Friedrich Julius von Tschirschky heiratete Friederike Dorothee von Schubert.*

1962. An Ch. von Kathen. Halle, Sonntag, 5. 5. 1805

Halle d 5t. Mai

An Charlotte Kathen.

Arme Freundin! wie lange müssen Sie trinken an dem bittern Leidenskelch, und immer wieder ansezen wenn Sie glaubten er sei schon geleert. Und der abwesende Freund hat leider in solchen Fällen so gar keine Hülfe und nur wenig Kraft. Aehnliches Leiden aber nicht so anhaltend und nicht so dringend habe ich hier gehabt kurz vor meiner Berliner Reise. Wilhelminens jüngstes Söhnchen bekam die Masern gegen die sie soviel Behutsamkeit angewendet hatte, und es gesellte sich ein heftiges Nervenfieber dazu, so daß wirklich ein Paar Tage nicht ohne gegründete Besorgniß waren. Auch ihr hätte ich gern mehr geleistet: aber ich konnte doch etwas; ich konnte sie auf jedes günstige Zeichen aufmerksam machen, konnte ihre wirklich unangemessene Furcht durch meinen guten Muth mindern, und wenn es übler geworden wäre so würde ich auch die Nachtwachen mit ihr getheilt haben. Aber was kann ich Ihnen nun liebe Charlotte? nichts als mit Ihnen besorgt sein und leiden und noch hintennach das Bitterste fühlen, wovon ich hoffen darf daß es für Sie schon vorüber ist. Wenn es nur eine bleibende gedeihliche Hofnung gewesen ist, womit sich nach so langem Dulden Ihr Geburtstag geschmükt hat! und wenn ich es nur recht bald erführe. Ich bin nach so | vielen Rükfällen noch nicht frei von Besorgniß; mir ist manchmal als müßte ich Sie erinnern wie Sie den kleinen Engel schon in die Hände des Vaters übergeben hatten, und wie Ihnen auch nach seiner ersten Genesung noch war als sei er nur zurük gekehrt um Sie zu trösten und müsse bald wieder gehn. Hart wäre es wenn Sie ihn nach solchen Leiden nicht behielten, recht hart! aber für die Fassung, für die fromme Ergebung meiner Charlotte ist mir nicht bang wenn der Himmel gebietet über das süße Kind. Nur daß Sie Sich nicht zu sehr mit Hofnung nähren vor dem gefürchteten Schlage, damit das Unerwartete nicht zu angreifend und niederdrükkend auf Ihre Natur wirke. Und verlieren Sie auch die Sorge für Sich Selbst nicht ganz aus den Augen? Das leidende Kind ist immer der Mutter das Einzige; und so fürchte ich daß auch Sie nicht genug daran denken, daß Sie Mutter der übrigen sein und Sich pflegen und schonen müssen. Ein Trost ist mir daß Sie doch

---

1962. *Überlieferung: H: BBAW, SN 753, Bl. 9 f.; D: Br 2, S. 21–23 (gekürzt)* 30 Sie] *folgt* ⟨S⟩

1962. 8 *Wohl Hermann Agathon, der jüngste Sohn Wilhelmine Niemeyers* 19 *Charlotte von Kathens Geburtstag fiel auf den 15. April.* 21 f *Gottlieb von Kathen*

schreiben von verschlafenen Tagen nach den verwachten Nächten, und noch ein besserer ist mir Minchen, die gewiß Ihre Pflegerin sein wird in unser aller Namen mit treuer Liebe.

Ich wußte nicht liebe Freundin daß Ihr Geburtstag war am zweiten Ostertage: aber ich habe Ihrer doch ganz besonders viel gedacht auf meinem einsamen Wege. Das Osterfest habe ich nämlich in Barby zugebracht bei der Brüdergemeine; schöne heilige Tage waren es für mich, voll merkwürdiger Erinnerungen, und auch unmittelbaren schönen Genusses. Vormals war in Barby das Seminarium oder die Universität dieser Gemeine, von welcher aus ich Sie verließ um meines eignen Weges weiter zu gehn und mich hieher nach Halle begab, vor nunmehr Achtzehn Jahren. Jezt ist in Barby die | wissenschaftliche Knabenerziehungsanstalt dieser Gemeine die ehedem in der Lausiz war, und der mich mein Vater vor 22 Jahren anvertraute, und wo ich aus wahrem inneren Triebe ein Mitglied dieser Gemeine selbst wurde. So fand ich mich an den Anfang und an das Ende meiner dortigen Laufbahn zugleich auf das lebhafteste erinnert. Auch der alte Rector jener Anstalt, von dem ich zuerst griechisch und hebräisch gelernt, der so lange ich unter seiner Aufsicht war mich als ein zweiter Vater ganz vorzüglich geliebt, lebte noch ein Greis von 77 Jahren, noch munter und thätig, und freute sich aufs herzlichste mich wiederzusehn. Dann die herrlichen Gottesdienste am Charfreitag, das mit schöner sinnvoller Kirchenmusik und wenigen Liederversen unterbrochene Ablesen der Passionsgeschichte ohne alle Rede, nur zulezt in der Todesstunde Christi ein kräftiges Gebet ganz auf die große Idee der Versöhnung gegründet. Am Sonnabend das Liebesmahl am Grabe Christi und am Ostermorgen beim Aufgang der Sonne die Feier der Auferstehung auf dem Kirchhofe. – Wahrlich liebe Charlotte es giebt in der ganzen Christenheit zu unserer Zeit keinen öffentlichen Gottesdienst der ächtchristliche Frömmigkeit würdiger ausdrükte und sicherer erwekte als der der Brüdergemeine! und indem ich mich ganz in himmlischen Glauben und Liebe versenkte mußte ich es recht tief fühlen wie weit wir andren zurük sind, bei denen die armselige Rede Alles ist, und diese noch an ärmliche Formen gebunden allem Wechsel der Zeit sich unterwerfend und so selten von dem rechten lebendigen Geiste beseelt. Es wird mir nun bald obliegen hier einen Gottes|dienst einzurichten der Anregung und Vorbild sein soll für

---

45 die] *folgt* ⟨ehe⟩

---

35 *Minchen (Wilhelmine) ist wohl ein Kindermädchen im Hause von Kathen; vgl. Brief 2124, 38–40.* 45–48 *Das Gymnasium („Pädagogium") der HerrnhuterBrüdergemeine in Niesky* 49 f *Theodor Christian Zembsch war 1770–1805 Inspektor des Pädagogiums in Niesky bzw. Barby.*

viele neue weit verbreitende Generationen von Religionslehrern: aber wie unselig beschränkt bin ich in meinen Mitteln, und wie innig bedaure ich es daß ich nicht das Schönste und Beste von dort mit hinübernehmen kann. Ich könnte noch einen schönen Genuß gehabt haben, wenn ich gewagt hätte ihn zu fordern. Man würde es mir nicht versagt haben mit der Gemeine das Abendmahl zu begehen aber ich wollte nichts verlangen, was eigentlich außer der Ordnung ist. Man feiert kein Abendmahl als nur dort. – Schon am ersten Ostertage machte ich die Hälfte meines Rükweges, mein Alter Vater begleitete mich noch bis weit vor die Stadt hinaus. Am andern Morgen erwachte ich mit einer wunderbar bestimmten Ahndung daß nun Leonore befreit wäre, daß sie diese Nacht schon nicht mehr in dem Hause ihres Jammers geschlafen hätte und die vier Meilen die ich noch ging, im schönsten Wetter recht rasch, den Träger meines Mantelsacks immer keuchend weit hinter mir lassend, vermählten sich aufs schönste die Erinnerungen an die vergangenen Tage mit der liebendsten Sehnsucht nach der theuren Geliebten und nach Euch Allen meine herrlichen Freunde und Freundinnen. Ich tröstete mich gleichsam über mein Verlassensein in der Welt, über mein abgeschnittensein von denen die die wahrste Gemeine Christi ausmachen welche äußerlich existirt, mit der geheimen zerstreuten Kirche der ich angehöre mit unserm gemeinschaftlichen Geist, unserer Frömmigkeit, unserer Liebe. Fühlen Sie es nicht Charlotte wie ich Sie da ganz besonders gefeiert habe, Sie reinste heiligste unter uns?

Mit der Ahndung von Eleonoren war es übrigens so buchstäblich nicht zu nehmen. Indeß brachte mir doch der nächste Posttag die Nachricht, daß sie den ersten und für sie schwersten Schritt wirklich gethan, und|*[ ]*

1963. Von L. F. Heindorf. Berlin, wohl erste Maihälfte 1805

Eben jetzt – erst nach fünf Uhr – lieber *Schleiermacher*, erhalte ich Dein Packet, worauf ich Dir nur gleich ein Paar Zeilen antworten muß, da ich in meiner jetzigen Lage nicht weiß, ob ich in den ersten Wochen zu einem

1963. *Überlieferung: H: BBAW, SN 300, Bl. 24 f.*

77 *Zembsch* 86–89 *In der vierten der „Reden" „Über die Religion" unterscheidet Schleiermacher zwischen der äußeren Religionsgemeinschaft und der unsichtbaren, inneren Gemeinschaft derer, die Religion haben; vgl. KGA I/2, S. 266–292.*

1963. *Die Datierung ergibt sich aus der Zeile 62–65 erwähnten Anfrage Schleiermachers an Buttmann wegen der Erklärung einer Stelle in Platons Menon.*

ausführlichern Briefe aufgelegt sein möchte. Es geht mir nämlich, wie Du schon merkst, so traurig als noch nie; die Schwäche oder Stumpfheit des Geistes, über die ich Dir schon neulich klagte, nimmt so zu, daß ich ganze Tage kaum einen gescheuten Gedanken fassen kann, u*nd* wenn ich über etwas nachdenken will, ein dem Schwindel ähnlicher Zustand eintritt. Das bemerke ich sogar bei dem Unterrichten; wo mir ehemals soviel zuströmte, da ists jetzt so dürre u*nd* trocken, daß ich aus jeder Lection trauriger herausgehe, als ich hineinging. Nun ist freilich dieser Zustand mehr körperlich, u*nd* stände mir nicht die Beendigung der litterarischen Arbeiten bevor, so würde ich mich darüber nicht so sehr beunruhigen. Aber nun soll wenigstens der erste Band fertig werden, mit einer Vorrede u*nd* einigen Add*endis*, u*nd* Gott weiß es, so unglaublich Dirs vorkommen mag, ich bin jetzt, u*nd* wenn man mich prügelte, nicht im Stande, irgend etwas anzurühren. Eine ordentliche lat*einische* Vorrede bringe ich in dieser Stimmung nicht heraus, u*nd* wenn es das Leben kosten sollte. Was nun anfangen? Weinen möchte ich, daß ich nach Beendigung einer solchen Arbeit nicht einmal das hinzufügen kann, was jeder Lump kann. Dieser Gedanke läßt mir keinen Augenblick Ruhe, er ist fast der einzige, den ich vom Morgen bis zum Abend habe, u*nd* er schreckt mich selbst aus dem Schlafe auf. Wie nachtheilig dies auf den Körper wirkt, kannst Du leicht denken. Es wäre seltsam, wenn dies u*nd* die böse Wittrung mich nicht wieder in die alte Misere bringen sollte. Kurz ich fühle mich als den allerunglücklichsten Menschen, dem, wenn es so fortgeht, eine gänzliche Stumpfheit u*nd* Gedankenlosigk*ei*t bevorsteht. Da rathe mir nun, guter lieber *Schleiermacher*. Hätte nicht mein erster Plato schon eine Vorrede von fremder Hand, so würde ich nicht einen Augenblick | anstehen, unsern Buttmann, der sich meiner jetzt mit so herzlicher Theilname annimmt, wie keiner, zum Vorredner zu machen. Aber wird es nicht auffallen, wenn hier wieder ein andrer auftritt? Wird das nicht am Ende ein Gespött geben? Gar keine Vorrede zu machen, hat doch den Schein von Arroganz u*nd* ist bei Büchern dieser Art gar nicht Mode. Nun sage nur nicht, ich soll auf eine gute Stunde warten. In dieser Dummheit u*nd* unablässigen Unruhe u*nd* Angst kann sie nicht kommen. Was soll ich nur machen? Tausend Th*a*l*e*r wollte ich schuldig sein, wenn ich vor dem Druck erst die Vorrede gemacht hätte, da hätte ich noch mehr Kraft gehabt. Nie bin ich in einer solchen απορια gewesen. Sieh, ich komme mir

---

33 hat] *korr.*

---

14 *Vgl. Brief 1939, 28–33* 28 f *Die Vorrede zum ersten Band der von Heindorf herausgegebenen „Platonis Dialogi selecti“ (Berlin 1802) hatte G. L. Spalding verfaßt (S. V–VIII).*

nun als der erbärmlichste Mensch vor, der auf dem Wege ist, eine wahre Erdlast zu werden.

Denn wer steht mir dafür, daß dieser Zustand nicht permanent wird? Wenigstens läßt sich in dieser Lage nichts dagegen thun, da die Stumpfheit die innre Unruhe erzeugt u*nd* diese jene immer vermehrt. – Unter diesen Umständen, liebster *Schleiermacher*, wäre es Tollheit, auf einen größern Wirkungskreis zu denken; ich würde, hätte ich nicht Kinder, weit eher daran denken, schon aus diesem herauszutreten, u*nd* mich für invalide zu erklären, da ich überzeugt bin, daß, sowie ich jetzt mein Amt verwalte, es andre weit besser könnten. Und nun gar hinter Wolf her, oder neben ihm! Wie zufrieden will ich mit meinen gegenwärtigen Verhältnissen sein u*nd* bleiben, wenn es möglich ist, daß ich aus meiner jetzigen Gemüthsstimm*ung* wieder zu einiger Ruhe u*nd* Heiterkeit u*nd* so auch wieder zu einiger Geisteskraft kommen kann.

Tröste mich mit einigen Zeilen, guter, lieber, wenn Du kannst, u*nd* sage mir, ob Dir mehrere Beispiele von einer solchen Stumpfheit bei Hypochondristen vorgekommen sind, die nur momentan gewesen ist. – Zum Theätet soll ich dem Drucker heute das letzte schicken, aber es ist, als lägen Centner auf mir, wenn ich nur etwas an der Arbeit thun soll, daher ich erst in einigen Tagen die letzten Bogen liefern | kann. Dann, hoffe ich, soll der Text u*nd* die Noten in 14. Tagen fertig sein. Bis so lange also gedulde Dich, liebster.

Deine Aufträge an Buttmann werde ich morgen mündlich besorgen. Er las mir vorgestern Deine Erklärung der Menonischen Stelle vor, die mich ebenso wenig, als ihn befriedigte, wiewohl ich sie nicht genauer prüfen konnte. Ich werde mir also Deinen Brief an ihn geben lassen. Du hast doch alle Emendationen von Wolf aus dem Hefte ehemals exerpirt? Leider liegt das Heft bei Spalding, sowie auch das Exemplar, was ich bei seinen Vorlesungen hatte, und in das andre habe ich die Emendat*ionen* nicht eingetragen, so daß ich, als Buttmann etwas über den Meno für Dich verlangte, f*a*st gar nichts habe finden können. Denn was ich nachher gelegentlich in der Bip*ontina* beigeschrieben, hat gewiß Wolf schon weggenommen. – Herzlich danke ich Dir für die Zurechtweisung im Theätet, wo ich das σφαλμα nur durch einen Carton tilgen kann. Die Stelle aus dem Euthyphron schützt das αρκεῖ vollkommen. – Nun lebe

---

44 diese] *folgt* ⟨die⟩ 49 her,] *korr. aus* her! 52 Gemüthsstimm*ung*] *folgt* ⟨heraus⟩ 59 ich,] ich ich, 65 werde] *folgt* ⟨sie⟩ also] *folgt* ⟨geben lassen⟩

---

62 *Brief *1960* 63 *Vgl. Brief 1965, 2–58* 65 *Brief *1964* 73 *den Fehler* 73 f *Vgl. Theaitetos 174 a (Platonis dialogi selecti, Bd. 2, S. 392, Anm.); vgl. auch Euthyphron 293 b*

wohl. Diese Zeilen sollten nur eine kleine Herzenserleichtrung sein in einem Zustande, den Du Dir nicht schrecklich genug denken kannst, u*nd* mit dem Du gewiß das herzlichste Mitleid haben wirst.

Dein

Heindorf

**1964. An Philipp Karl Buttmann. Vor dem 14. 5. 1805*

1965. Von Ph. K. Buttmann, mit Zusätzen von L. F. Heindorf. Berlin, Dienstag, 14. 5. 1805

Berlin d. 14 Mai 05

Schwerlich hätten Sie jemand finden können der, in Rücksicht der berühmten mathematischen Stelle im Meno, Spaldings Stelle so gut vertreten könnte, als ich. Denn so gewiß als Spalding Ihnen auch nicht den mindesten Aufschluß hätte geben können, so gewiß ist dasselbe auch von mir. Nur kan ich noch hinzusetzen daß ich zu verschiednen Epochen mich tapfer damit gequält habe, ohne weiter gekommen zu sein; daß ich sogar schon einmal eine Erklärung ganz fertig auf dem Papier hatte, mich aber von Michelsen u*nd* Gedike darin zu meinem Vortheil unterschied, daß ich sie zerriß als es noch Zeit war. Ihre emendirende Erklärung habe ich zwar wegen Kürze der brieflichen Darstellung nicht ganz durchschauen können, doch glaube ich genug instruirt zu sein um mich bei der von Ihnen selbst geschehenen Aufstellung vierer Schwierigkeiten und deren gegenüberstehenden Lösungen mich auf die Seite der erstern schlage, ohne mich durch Ihre Kriegeslist täuschen zu lassen, da Sie eine 5. Schwierigkeit bloß beibringen ohne sie mit zu numeriren, nehmlich die, daß Sie das rechtwinklige Dreieck aus dem vorhergehenden subintelligirt und, was allenfalls noch apart aufgestellt werden könte, die δοθεῖσα

1965. *Überlieferung: H: BBAW, SN 263, Bl. 1–5* **4** ich] *korr. aus* mich **17** das] *korr. aus* es **18 f** und … erklärt] *mit Einfügungszeichen am unteren Rand*

***1964.** *Vgl. Brief 1963, 65 und Brief 1965*

1965. *Mit einem Blatt von Heindorf an Buttmann, das philologische Notizen zum Menon enthält (Bl. 5).* **2–58** *Vgl. Platon: Menon 86 d–87 c* **9** *Der Mathematiker Johann Andreas Christian Michelsen; gemeint ist wohl der „Versuch in Socratischen Gesprächen über die wichtigsten Gegenstände der ebenen Geometrie" (2 Bde., Berlin 1781/82). Vier Dialogen des Platon, übersetzt von Friedrich Gedike, Berlin 1780, S. 62–66* **18 f** *Menon 87 a*

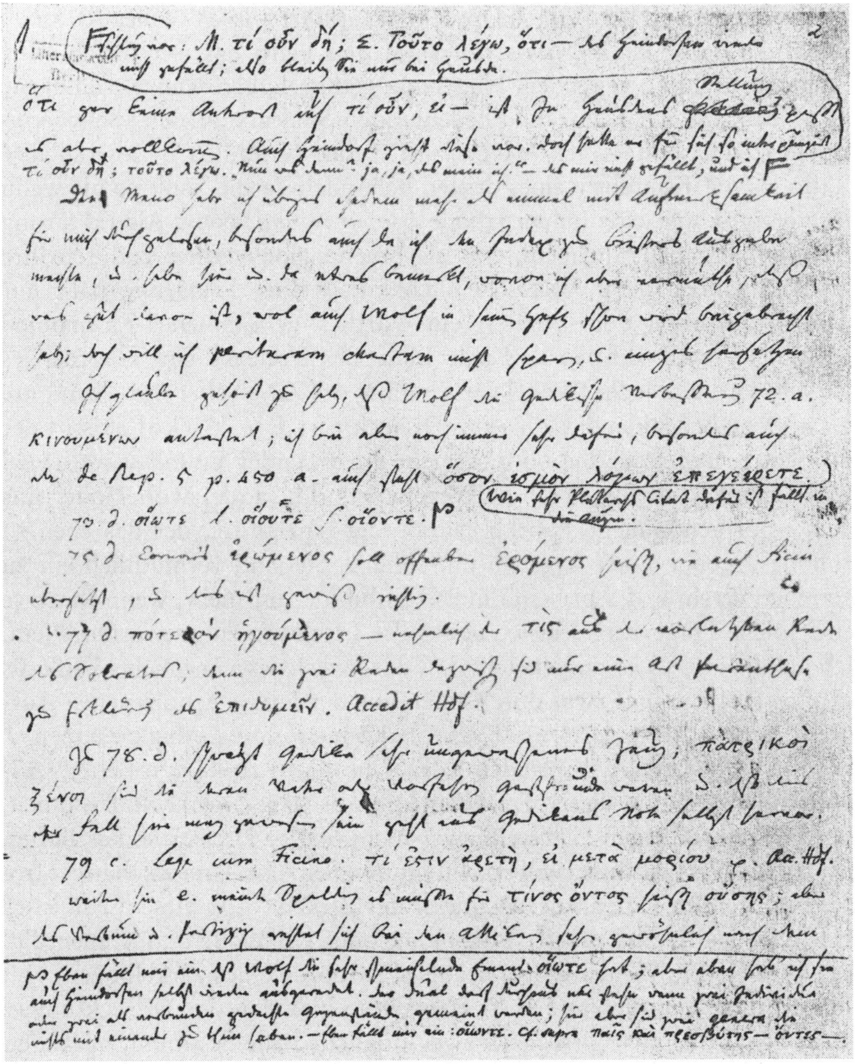

[illegible] M. τί οὖν δή; Σ. Τοῦτο λέγω, ὅτι — [illegible]

ὅτι [illegible] τί οὖν, εἰ — [illegible]

τί οὖν δή; τοῦτο λέγω. [illegible]

[illegible] Wolf [illegible] 72. a. κινουμένων [illegible] de Rep. 5 p. 450 a. [illegible] ὅσον ἑσμὸν λόγων ἐπεγείρετε. [illegible]

70 d. οὐχ ὡς l. οἷοί τε f. οἷόν τε. [illegible]

75 d [illegible] ἐρώμενος [illegible] ἐρόμενος [illegible]

77 d. πότερ' ἂν ἡγούμενος — [illegible] τις [illegible] ἐπιθυμεῖν. Accedit Hdf.

Zu 78. d. [illegible] πατρικοὶ ξένοι [illegible]

79 c. Lege cum Ficino. τί ἐστιν ἀρετή, εἰ μετὰ μορίου [illegible] Acc. Hdf.

[illegible] τίνος ὄντος [illegible] οὔσης; [illegible]

[illegible] Wolf [illegible] οἷόν τε [illegible] οἷόν τε. Cf. supra παῖς καὶ πρεσβύτης — ὄντες —

γραμμὴ für die Grundlinie, Hypotenuse, erklärt wissen wollen, da doch schon ein paar Seiten dazwischen sind, u*nd* Plato das unmöglich ohne einen, so leicht zu gebenden, Fingerzeig gethan haben würde. Damit Sie aber sehn daß ich nicht ohne bedeutenden Sukkurs zu den | Schwierigkeiten stoße, so stelle ich noch 6 u*nd* 7 auf. Nehmlich 6) sowohl Ihre Ratio als die angeführte eines dritten behandeln ja die Stelle so als wenn für τοιοῦτον u*nd* οἷον immer stünde τοσοῦτον u*nd*, ὅσον. Als Erklärung geht dies durchaus nicht an, u*nd* als Emendazion verliert dadurch Ihre Erklärung noch mehr Wahrscheinlichkeit; 7) Ihre Erklärung paßt nur dann wenn unter dem ἐντείνειν ein wörtlich genommenes Einspannen verstanden wird, d.h. so daß jede Linie des Dreiecks eine Chorde des Zirkels wird u*nd* jeder Winkel den Umfang des Zirkels berührt. Nun bitte ich aber zu bedenken daß für jedes Dreieck nur Ein Zirkel existirt der dies leiste, u*nd* frage Sie ob dies nicht ein rasender Einfall wäre, einen Mathematiker zu fragen ob ein gegebener (d.h. anderswoher oder aus dem Kopf genommener) Zirkel gerade der einzige sei, der das eben so zufällig gegebne Dreieck genau umschließe. Sie sind vermuthlich ein zu getreuer Verehrer des principii indiscernibilium um nicht, wenn Ihnen je eine solche Frage vorgelegt werden sollte frischweg zu antworten: Nein. Ich glaube also es ist ausgemacht daß das ἐντείνειν weiter nichts heißt als einschließen, u*nd* zwar durch einen aus der Praxis genommenen Ausdruck „etwas ganz worin ausbreiten können ohne nöthig zu haben es krumm zu machen, wie z.B. den Körper in einem zu kurzen Bette.“ Adaptiren kan ich nun diesen Fall | dem sokratischen Zwecke vollkommen; denn ich würde sagen „ich weiß zwar nicht ob das Dreieck so beschaffen ist; aber als Hypothese wollen wir annehmen das Dreieck hätte eine Seite die größer wäre als der Diameter des Zirkels“ – in diesem Fall ist es klar daß das Dreieck nicht hineinkan; oder wir wollen annehmen daß keine der drei Seiten größer sei als die Chorde eines Zirkelbogens von 120 Graden – in diesem Fall ist es eben so klar daß das Dreieck hinein kan. Hier haben wir also gleich zwei mögliche Fälle bestimmt, mit deren Annahme (des einen oder des andern) auch gleich die Hauptfrage gelöst ist, u*nd* nur in dem Falle daß keines von beiden wäre (sämtliche Seiten =

---

27 noch mehr] *über* ⟨an⟩ **30** wird] *korr. aus* u **32** ein] *korr. aus* eine **35** Dreieck] *folgt* ⟨um⟩ **39** einschließen] *korr. aus* einzu u*nd* zwar] *mit Einfügungszeichen über der Zeile* **41** z.B.] *mit Einfügungszeichen über der Zeile* **42** ich] *folgt* ⟨| |⟩ **45** Zirkels“] Zirkels **47** die] *über* ⟨eine⟩ eines] *über* ⟨des⟩ Zirkelbogens] *korr. aus* Zirkels von] *folgt* ⟨180⟩ **51 f** = Chorden … Bogen] *mit Einfügungszeichen über der Zeile*

---

28 *Menon 87 a*

Chorden von Bogen zwischen 120 u*nd* 180 Grad) muß die Untersuchung fortgesetzt werden. Soviel ich mich itzt wieder in den Meno hineindenken kan wäre dies Gleichnis hier passend; aber wie nun dies oder ähnliches aus Sokrates demonstrazion hervorgehn könnte, weiß ich freilich nicht anzugeben. Ich bin überzeugt ein guter Mathematiker der zugleich ein guter Grieche wäre u*nd* seinen Euklid u*nd* Appolonius durchstudirt hätte, müßte hier gleich wissen wo er dran wäre.

Diesem füge ich gleich eine Bemerkung bei über die nächstfolgenden Worte wo Sie bei εἰ ὁποῖόν τί ἐστι noch hinzusetzen wollen ἢ οὐκ ἔστι. Nach der Art wie ich die Stelle fasse, ist dies nicht nöthig. Ich setze nehmlich nach ἢ οὐ διδακτόν ein Fragezeichen. ὁποῖόν τι ist nehmlich in solcher Verbindung sehr | gewöhnlich für ποῖόν τι; u*nd* diese Art eine doppelte oder mehrfache Hypothese in Eine Frage zu fassen ist dem Plato, wie Sie sich gewiß erinnern werden, sehr geläufig. Nehmlich z.B. wo wir fragen würden: „welches von beiden muß der Mensch thun, wenn er glücklich sein will“ sagt Plato εἰ ὁπότερον πράξειεν, εὐδαίμων ἂν γένοιτο „wenn er welches von beiden? thut, wird er glücklich“[.] Also auch hier: „wenn die Tugend was? ist, läßt sie sich lehren, oder nicht“ d.h. was kan die Tugend sein, wenn sie lehrbar, u*nd* was, wenn sie es nicht sein soll? Nun fährt er fort: „erstlich wenn sie verschieden von ἐπιστήμη ist, ist sie da lehrbar oder nicht?“ u.s.w. Heindorf meint, die Stelle wäre auch wol in Wolfs Heften so gefaßt; dann wäre aber doch wol gewiß die Hinzusetzung des ἢ οὐκ ἔστι nicht gut, wie auch H*eindorf* glaubt. Aus zwei der mir mitgetheilten Emendazionen muß ich schließen daß Sie die zweite Biestersche Ausgabe (1790) nicht vor sich gehabt, oder nicht verglichen haben; denn ἡ ἰσχὺς (Steph. 72. e.) ist in dieser wirklich gedruckt; u*nd* ὑμῖν (95. a) emendirt auch Gedike. Vollkommen bei trete ich Ihrer Verbessrung die auch Heind*orf* schon gemacht hat 75. b. τοῦτο σχῆμα. – Dagegen ist τοῦτον für τούτων (82. e) nicht einleuchtend für mich; weil der Akkusativ der Person hier doch sehr entbehrlich ist u*nd* das τούτων οὐδέν doch kräftiger dem folgenden πάντα entgegengesetzt ist. Daß auch

---

60 bei] *über* ⟨zu⟩ 69 d.h. was] *folgt* ⟨muß⟩ 70 lehrbar] *folgt* ⟨ist⟩ 70 f sein soll?] *über* ⟨ist⟩ 71 er] *folgt* ⟨l | l l⟩ 72–74 Heindorf … glaubt.] *mit Einfügungszeichen am unteren Rand* 73 dann] *korr. aus* u wäre] *über* ⟨ist⟩ 79 die … hat] *mit Einfügungszeichen über der Zeile* 80 weil] *davor* ⟨nicht⟩

59–65 *Menon 87 b.c* 67 f *Das Beispiel ist nicht platonisch, sondern von Buttmann konstruiert.* 75–77 *Johann Erich Biesters Ausgabe „Platonis dialogi IV Meno, Crito, Alcibiades uterque. Cum animadversionibus virorum clarissimorum Gedike, Gottleber, Schneider priorumque editorum, Editio altera“ war 1790 in Berlin erschienen.* 82 f *Platon: Menon 82e, vgl. Opera (Bipontiona) 4, S. 354, wo unter dem griechischen Text die lateinische Übersetzung des Humanisten Marsilius Ficinus steht.*

Ficin ex his hat, will ich nicht als Beweis anführen; eher, daß H*ein*dorf dafür ist. – Die Einschaltung von ἀγαθοί (89. a) hat sehr viel empfehlendes; aber um es mit Zuversicht zu ergreifen fehlt mir Heindorfs genauere Bekantschaft mit Plato's Ausdruck. Ich erinnerte mich an einige ähnliche Emend*azionen* von Heindorf, der sie aber nicht gleich wiederfinden konnte. Hierauf schrieb er mir das beiliegende Billet. – In der Stelle 79 b. scheint mir Ihrer Erklärung doch das entgegen zu sein, daß das folgende | ὅτι gar keine Antwort auf τί οὖν, εἰ – ist. In Heusdens Stellung paßt es aber vollkommen. Auch Heindorf zieht diese vor. Doch hatte er für sich so interpungirt τί οὖν δή; τοῦτο λέγω. „Nun was denn? ja, ja, das mein ich." – das mir nicht gefällt, und ich schlug vor: *Μενων* τί οὖν δή; *Σωκρατης* Τοῦτο λέγω, ὅτι – das Heindorfen wieder nicht gefällt; also bleiben Sie nur bei Heusde.

Den Meno habe ich übrigens ehedem mehr als einmal mit Aufmerksamkeit für mich durchgelesen, besonders auch da ich den Index zu Biesters Ausgabe machte, u*nd* habe hier u*nd* da etwas bemerkt, wovon ich aber vermuthe, daß was gut davon ist, wol auch Wolf in seinen Heften schon wird beigebracht haben; doch will ich perituram chartam nicht sparen, u*nd* einiges hersetzen

Ich glaube gehört zu haben, daß Wolf die Gedikische Verbesserung 72. a. *κινουμένων* antastet; ich bin aber noch immer sehr dafür, besonders auch da de Rep*ublica* 5 p. 450 a. auch steht ὅσον ἑσμὸν λόγων ἐπεγείρετε. Wie sehr Plutarchs Citat dafür ist fällt in die Augen.

73. d. οἵῳτε l*ies* οἵουτε s*ive* οἷοντε. Eben fällt mir ein daß Wolf die sehr schmeichelnde Emend*azion* οἵωτε hat; aber eben hab' ich sie auch Heindorfen selbst wieder ausgeredet. Der Dual darf durchaus nur stehen wenn

83 f eher ... ist.] *mit Einfügungszeichen über der Zeile* **86–88** Ich ... Billet.] *mit Einfügungszeichen am unteren Rand* **90** Stellung] *über* ⟨Erklärung⟩ **92** δή] *korr. aus* δὴ **93–95** schlug ... Heusde.] *mit Einfügungszeichen am oberen Rand* **96** Den] *korr. aus* Denn **104** ἑσμὸν] ἐσμὸν **105** Wie ... Augen.] *mit Einfügungszeichen unter der Zeile* **106** οἵουτε] *korr. aus* οἱούτε **106–111** Eben ... ὄντες –.] *mit Einfügungszeichen am unteren Rand*

88 *Ein Billet an Buttmann; vgl. oben die Sachanmerkung zu diesem Brief.* **90** *Die Rede ist von der Frage τί οὖν δὴ τοῦτο λέγω; (Platon: Menon 79 b). Der niederländische Philologe Philip Willem van Heusde faßte sie als Erster nicht als Zwischenfrage Menons auf, sondern als rhetorische Frage Sokrates' (Specimen criticum in Platonem. Acc. D. Wyttenbachii epistola ad auctorem. Item collationes codicum mss. Platonis cum a D. Ruhnkenio confectae tum aliae, Leiden 1803, S. 87); Schleiermacher legt sie weiter dem Menon in den Mund und fügt hinter dem δὴ noch ein εἰ ein (Platons Werke, Bd. 2, 2, Berlin 1805, S. 355.513 f.). In der Philologie hat sich Heusdes Meinung durchgesetzt.* **97 f** *Vgl. oben Zeile 75 f.* **102–105** *Buttmann plädiert für Gedikes Konjektur für κείμενον in Menon 72a und beruft sich dafür auf Plutarch: De amicorum multitudine (= Moralia 7), 1 (93B), wo es in Anlehnung an die Menon-Stelle heißt: „σμῆνος ἀρετῶν κεκίνηκας". Schleiermacher hat sich dieser Konjektur nicht angeschlossen, vgl. Platons Werke Bd. 2, 1, S. 342 und die dazu gehörige Anmerkung (zu Z. 6) S. 510.*

zwei Individuen oder zwei als verbunden gedachte Gegenstände gemeint werden; hier aber sind zwei genera die nichts mit einander zu thun haben. – Eben fällt mir ein: οἴωντε. Cf. supra παῖς καὶ πρεσβύτης – ὄντες –.

75. d. Cornar's ἐρώμενος soll offenbar ἐρόμενος heißen, wie auch Ficin übersetzt, u*nd* dies ist gewiß richtig.

77. d. πότερον ἡγούμενος – nehmlich der τὶς aus der vorletzten Rede des Sokrates; denn die zwei Reden dazwischen sind nur eine Art Parenthese zu Erklärung des ἐπιθυμεῖν. [*Zusatz Heindorf*:] Accedit H*ein*dorf.

[*Fortsetzung Buttmann*:] Zu 78. d. schwatzt Gedike sehr ungewaschenes Zeug; πατρικοὶ ξένοι sind die deren Väter oder Vorfahren Gastfreunde waren u*nd* daß dies der Fall hier mag gewesen sein geht aus Gedikens Note selbst hervor.

79 c. Lege cum Ficino. τί ἐστιν ἀρετὴ, εἰ μετὰ μορίου p. [*Zusatz Heindorf*:] Acc*edit* H*ein*dorf.

[*Fortsetzung Buttmann*:] Weiter hin e. meinte Spalding es müßte für τίνος ὄντος heißen οὔσης; aber das Verbum u*nd* Partizip richtet sich bei den Attikern sehr gewöhnlich nach dem | Prädikat (hier τίνος) nicht nach dem Subjekt; wie unten οὗτοι φανερά ἐστι λώβη. Vid*e* Heind*orf* ad Hipp*ias* Maj*or* § 43. – Daß in der folgenden Zeile für ἢ geschrieben werden muß ἦ ist kaum der Bemerkung werth.

80. d. das Wort ἅψασθαι behält noch die Anspielung auf den Zitterfisch.

81 in der pindarischen Stelle halte ich ἐκ τᾶν für recht, u*nd* supplire ψυχῶν.

82. c nach ἑνὸς ποδὸς μόνον muß ἦν ἂν τὸ χωρίον, aus dem folgenden, verstanden werden. Dies kam mir ehedem hart vor (daher ich, härter, vorher εἶεν für εἰ ἐν lesen wollte); aber itzt finde ich es dem Sprachgebrauch angemessen.

[*Zusatz Heindorf*:] Accedit H*ein*dorf.

[*Fortsetzung Buttmann*:] 84. d. Es versteht sich daß Cornars Emend*azion* ἄλλο τι richtig ist, die auch keines ἢ bedarf, wie 82. c.

86 a. Für ἆρ' οὖν leg*e* ἆρ' οὐ – Ita et Heind*orf* emendarat.

89. c. Sie lassen doch das Fragezeichen nach ὡμολογήσαμεν weg? Cf. Ficin*us* & Hogeven p. 487 Schütz. Doch möcht' ich ὡμολογήκαμεν lesen, wobei der Sinn bleibt, das Tempus nur schiklicher ist.

126 f Vide … 43.] *mit Einfügungszeichen über der Zeile* **133** χωρίον] *korr. aus* χώριον **137** Accedit Heindorf.] *am linken Rand mit Klammer neben den Zeilen* 129–136 **142** Doch] *folgt* ⟨l l⟩ lesen] *davor* ⟨zu⟩

112 *Platonis … opera … per Ianum Cornarium latina lingua conscripta, Basel 1561* **126** *Menon 91 c* **126 f** *Vgl. Heindorfs Ausgabe „Platonis dialogi quatuor. Lysis, Charmides, Hippias maior, Phaedrus" (= Dialogi selecti, Bd. 1), Berlin 1802, S. 169 (zu Hippias maior 299 a–c).* **140** emendarat *ist Nebenform zu emendaverat.* **142** *Hendrik Hoogeveen: Doctrina Particvlarvm Graecarvm. Recensvit Breviavit Et Avxit Christian. Godofr. Schütz, Dessau und Leipzig 1782*

92. c. οἶδα οἵ εἰσιν *lege* οἷοί. Heindorf beruft sich zwar auf seine Note ad Phaedr*us* 46. aber der Fall kommt mir nicht passend vor

93 extr*ema* [*linea*] τῶν προτέρων. leg*e* τῶν πρώτερον wie 93. b. Heindo*r*f hälts nicht für gewiß.

94. e. für ῥᾴδιον muß gewiß gelesen werden ῥᾷον (PAION ehedem geschrieben). [*Zusatz Heindorf*:] Acc*edit* He*in*dorf.

[*Fortsetzung Buttmann*:] 95. b. ἢ διδακτόν ἀρετήν l*ege* καὶ διδακτόν αρετήν wegen des vorhergehenden τε. [*Zusatz Heindorf*:] Acc*edit* Heindo*r*f.

[*Fortsetzung Buttmann*:] 96. d. scribe: ἑνί γέ τῳ τρόπῳ i. e. ἀμηγέπη . (Dies hat schon He*in*dorf ad Phaedr*um* 42.)

Etwas weiter ist διαφεύγειν gut; der Infinitiv ist parallel mit ὅτι – πράττεται, u*nd* beides hängt ab von ἔλαδε. Die Worte ὡς οὐ – τινὸς sind Erklärung des τοῦτο. Auch dies billigt He*in*do*r*f der sich, mit mir, mehrerer solcher Überspringungen von ὅτι auf die Infinitiv-Konstrukzion erinnert, wenn gleich letztere unmittelbar an das erste Verbum (hier ἔλαδε) gehängt nicht gebräuchlich ist. |

Nehmen Sie vorlieb mit dem Wenigen; ich freue mich auf Ihre Fortsetzungen. Aber darf ich ein minutissimum mit Ihnen besprechen, das wol auch andre schon gegen Sie erwähnt haben? Warum wollen Sie der Logik, der kalten Hure, beistehn gegen das liebe herzliche Weib, die Sprache, u*nd* schreiben: „ich habe es machen gekonnt“? Warum doch unserer Sprache ihre Anomalien rauben, die sie zur originellen Sprache machen? Warum das grade in einer Nachbildung des Plato? der so recht fleißig die attischen Anomalien beibehält; deren Beobachtung Sie doch billig u*nd* freundlich gemacht haben sollte*n* gegen ähnliche Produkte Ihres Vaterlandes.

Von Wolfs Ruf habe ich erst einmal etwas gehört, ungefähr eben so wie Sie es melden. Daß er es gewiß annehmen wird möcht' ich a priori für ausgemacht annehmen. Viel Geld, u*nd* nichts zu thun als was er will! –

---

144 οἵ] *korr. aus* οἷ zwar] *mit Einfügungszeichen über der Zeile* **145** aber … vor] *mit Einfügungszeichen über der Zeile* **146 f** Heindorf … gewiß.] *mit Einfügungszeichen über der Zeile* **148** e.] *davor* ⟨d⟩ **153** i. e.] *korr. aus* s **154** 42.)] *mit Einfügungszeichen über der Zeile* **167** Plato?] *korr. aus* Plato,

---

144 f *Platonis dialogi quatuor. Lysis, Charmides, Hippias maior, Phaedrus (= Dialogi selecti, Bd. 1), Berlin 1802, S. 240 (zu Phaidros 243 d.e)* **153** ἀμηγέπη, *auf irgendeine Weise* **154** *Heindorf: Platonis dialogi quatuor. Lysis, Charmides, Hippias maior, Phaedrus (= Dialogi selecti, Bd. 1), Berlin 1802, S. 236 (Fußtext zu Phaidros 242 b, bei Heindorf § 42) beruft sich für die Einfügung von τῷ nach attischem Sprachgebrauch auf Menon 96 d.* **155–157** *Platon: Menon 96 e* **171** *Wolf hatte 1805 einen Ruf an die Münchener Akademie der Wissenschaften erhalten.*

Die Rezension von meiner Grammatik in der Leipz*iger Literatur Zeitung* ist von Hermann u*nd* mir sehr günstig; denn günstig ist ja auch die Mühe die sich ein Rezensent nimt, viele Seiten hintereinander auch seine Meinungen den unsrigen entgegen zu setzen. Seine Widerlegung des Excurses kan, denk' ich, nichts bewirken bei solchen die nicht schon ein System im Kopfe haben, wie denn zu meiner Freude Wolfs Reden nichts auf Sie gewirkt haben. Was von Wolfs Respekt gegen die alten Grammatiker zu halten ist, darüber, sehe ich wol, | brauche ich Ihnen nichts zu sagen. Schade nur daß dies auch unfehlbar Einfluß auf seinen Homer gehabt haben muß, u*nd* daß, wenn er nicht endlich mit seinen, alles belegenden, Noten herausrückt, der künftige Controleur den ganzen ungeheuren Weg ihm nachmachen muß. Aber sagen Sie davon ja Wolfen nichts, sonst wird gewiß nichts aus seinen Noten, die ohnedas in der Götter Schoos noch liegen.

Mein obiges Geklier bei den Anmerkungen wird Ihnen schon gezeigt haben daß ich mit diesem Briefe bei Heindorf gewesen bin. Der arme Mann ist itzt hypochondrisch, da seine Brust gut ist. Er gibt Stunden aber hat keine rechte Freude dran; u*nd* keine Arbeit will ihm von der Stelle. Leider würde dies auch das größte Hindernis gegen eine akademische Versorgung sein. Er genügt sich nicht, ist ängstlich; u*nd* antiquarische u.a. dergleichen wissenschaftliche Vorträge würde er gewiß gar nicht übernehmen wollen. –

Gegen meine obige Darstellung, was ich allenfalls an der mathematischen Stelle im Meno erwartet hätte, erinnert er mir, daß wenn ἐντείνειν bloß hieße Umschließen, die Frage gar keinen wissenschaftlichen Zweck haben würde. Das mag sein; aber im Praktischen könte sie doch vorkommen. Die Schwierigkeit der Aufgabe wenn es wirklich Einspannen heißt, sieht er aber auch ein u*nd* weiß sie nicht zu heben. Ich setze noch hinzu daß wenn wir auch annehmen, es könte diese Aufgabe in diesem Sinne gemacht werden, so würde sie doch gewiß nicht durch das

---

178 denk' ich] *über* ⟨nach meinem Gefühle⟩ **203** gemacht] *korr. aus* gegeben sie] *korr. aus* S **203** nicht] *am Zeilenende möglicherweise nachgetragen*

174–179 *Philipp Buttmann: Griechische Grammatik, Berlin* ^{3}*1805; die Rezension steht in der Neuen Leipziger Literaturzeitung 1805, 38.–39. Stück (22. 3.), Sp. 593–624. Der erwähnte Exkurs Buttmanns (S. 375–380) handelt von anomalischen Perfekt-Bildungen einiger griechischer Verben (vgl. seine Widerlegung in Sp. 621–624 der Rezension). Der Rezensent nennt Buttmanns Grammatik insgesamt ein „schätzbares Buch" mit „vielen und mannichfaltigen Vorzügen".* **182** *Friedrich August Wolf: Prolegomena ad Homerum sive de operum Homericorum prisca et genuina forma variisque mutationibus et probabili ratione emendandi, Bd. 1, Halle 1795* **196–199** *Vgl. oben Zeilen 2–58*

Wort οἴοντε ausgedrückt werden. Der Ausdruck möglich setzt grade die Möglichkeit voraus u*nd* hier wäre doch offenbar ein Fall der bloß jedesmal unter einer einzigen Voraussetzung wahr sein könnte. Hier müßte die Aufgabe nothwendig so lauten: Ist dies der Zirkel welcher dies Dreieck umspannt? – Doch Sie haben nun der negativen Antworten genug.

Biesters Aufsatz ist noch im M*anuscri*pt, wird aber bald in den Abh*andlungen* der Akad*emie* erscheinen; er hat mir indessen [*versprochen*] mir ihn vorher für Sie mitzutheilen, sobald er noch einiges darin würde geändert haben. Er wollte Anfangs nicht recht dran, weil er sagte, es wäre gar keine Untersuchung die sich in Ihre Tiefen einließe, sond*ern* nur eine Bestreitung der Morgensternischen Behauptung daß Ironie im Meno vorwalte. Auf meine Versicherung aber, daß sobald der Aufsatz so wäre, daß Sie mit ihm nicht recht harmonirten, Sie das ungedruckte auch als ungelesen behandeln würden, war er völlig dazu.

Schreiben Sie mir doch wie's mit Ihrer Predigerstelle geht; u*nd* behalten Sie mich in gutem Andenken.

Buttmann.

1966. Von H. und J. E. Th. von Willich. Stralsund, Donnerstag, 16. 5. 1805

Stralsund den 16ten Mai

Ach lieber Vater wie soll ich Ihnen alle die Freude dancken die Sie meinem Herzen machen – So wie Sie hat keiner meiner Freunde mein Glück gefühlt und getheilt – ach wie liebe ich Sie wieder noch inniger dafür. Wenn mir so wohl ist, sehe ich Ihr himmlisches Auge mit der Vaterliebe auf mich ruhen, fühle Ihren Vaterkuß, ach Lieber, lieber was bin ich doch glücklich! Welch ein Kleinod ist mir Ihr Brief, wie erheben

205 wäre] *über* ⟨ist⟩ **214–218** Tiefen … dazu.] *am linken Rand* **219–221** Schreiben … Buttmann.] *kopfüber am oberen Rand*

1966. *Überlieferung: H: BBAW, SN 423, Bl. 17 f.; D1: Br 2, S. 23 f. (Auszug); D2: Schleiermacher: Briefe an seine Braut, S. 41 f. (gekürzt)*

210–218 *Vgl. Carl Morgenstern: Quid Plato spectaverit in dialogo, qui Meno inscribitur, componendo, Halle 1794, bes. S. 8–21. Biesters Aufsatz ist offenbar nicht erschienen, jedenfalls ist er weder in den Berliner Akademieabhandlungen noch in der von Biester herausgegebenen „Neuen Berlinischen Monatsschrift" nachweisbar.*

1966. **3 f** *Vgl. Brief 1951, 40–73*

Sie mich dadurch daß Sie mich würdig achten Mutter zu sein – es ist so unaussprechlich groß und schön sich Mutter fühlen – Mutter sein – Gott sei hoch gelobt daß ich es fühle und daß es mich so ergriffen hat. Wie freue ich mich daß Sie es so gut wissen und verstehen wie mir zu Muthe ist, ich kann auch nur so wenig darüber sagen. Wüßte mein Vater auch so wie sehr ich ihn liebe, Du guter Vater mein Herz hängt recht an Dir Du bist so innig verbunden mit meinem ganzen Glücke mit jedem Gefühl das in mir ist – Du wirst auch zweiter Vater meines Kindes sein. | Du mußt es sehr lieben, ich laß nicht ab mit Bitten ehe Du mir versprichst daß Du mein Kind mit aufnehmen willst unter Deine Kinderchens und es recht nahe Deinem Herzen legen – ich verspreche Dir auch dafür daß ich nicht will künsteln und erziehen an der jungen Seele, sondern das Kind ehren in seiner eigenthümlichen Natur und in seinen Eigenheiten. Das wird eine recht seelige Zeit für mich werden, die erste Zeit der Hülfslosigkeit des kleinen Geschöpfs ich werde mich von allen andern Sorgen frei machen u*nd* ganz allein Wärterin u*nd* Ernäherin sein – Wenn Sie dann im Sommer mit Ihrer Leonore kommen sind wir Beide nicht mehr schwach sondern recht stark und gesund u*nd* reisen zusammen nach Rügen u*nd* segnen Alle Sie dann ein zu einem eben so seeligen Leben wie wir es haben. Ihre Leonore war recht schön den Morgen als wir bei ihr waren, sie sprach mit so großer Festigkeit daß ich nichts in dieser Hinsicht fürchte – Jette | wird Ihnen geschrieben haben daß es damals noch nicht ausgemacht war mit Grunow – Leonorens Kranckseín hatte wie sie versicherte wenig zu bedeuten, wir fanden sie freilich im Bette doch wollte sie denselben Morgen noch aufstehn. Ihr zu uns kommen war dadurch so gehindert worden daß Grunow Ehren*frieds* Ankunft in Berlin aus den Zeitungen gesehen hatte – Ich muß es Ehrenfried überlassen Ihnen von unserer weitern Reise zu schreiben

Lebe wohl mein geliebter Vater ich küsse Deine Vaterhand u*nd* drücke sie an mein Herz. Lebe wohl u*nd* glücklich –

[*Ehrenfried:*] Wie haben heute Morgen Deinen Brief erhalten lieber Schleier; es ist uns recht oft und immer wieder lebendig geworden, wie herrlich es doch war von Dir, daß Du zu uns kamst nach Berlin; doch ist dies ja nichts besonderes an Dir, so bist Du – ich wußte es auch vorher, Du würdest kommen, wenn es nicht eigentlich unmöglich wäre. Aber wie

---

16 versprichst] *folgt* ⟨es⟩ 19 der] *korr. aus* dem k 39 immer] *korr. aus* wie 41 ja] *korr. aus* d an] *korr. aus* in

---

28 *Henriette Herz* 38 *Brief 1951*

lieb hast Du auch mein süßes Weib, ich kenne diese Liebe in Dir, sie ist innig verwebt mit Deiner Frömmigkeit. – Bisweilen hätte ich wohl eine Anwandlung von Ungenügsamkeit haben mögen, wenn Du so allein | verloren warst in die geliebte Tochter, u*nd* an dem Bruder u*nd* der Schwester u*nd* den Freunden vorbei sahst. Doch Du siehst auch wieder hin zu mir; ja Schleier es freut mich tief in meinem Gemüthe, wenn Du mein theures Weib – die edle Mutter so einseegnest mit Deiner heiligen Liebe wie Du zuerst unsern Bund eingeseegnet hast. Vor mir liegt noch die höhere Entwicklung eines reichen Lebens u*nd* Du wirst noch viel Freude an uns haben.

Deine Leonore war ruhig u*nd* fest, als wir sie sahen.

Dein

Ehrenfried.

1967. Von Ph. K. Buttmann. Berlin, Dienstag, 28. 5. 1805

Heindorf hat mir einen Auftrag von Ihnen gegeben, den habe ich besorgt, wie die Inlage zeigt. – Gern möchte ich Ihnen auch Biesters Aufsatz gleich mittheilen, aber er hat ihn selbst noch nicht aus dem literar*ischen* Archiv der Akademie erhalten können um ihn erst durchzusehn.

Heindorf ist leider noch immer derselbe. Er macht in der Pfingstwoche mit seinem Wirt eine Reise nach Leipzig aber bloß eine physische; er will dort keinen Menschen sprechen. Vieleicht macht dies eine Diversion. Er ist in einem bedaurendswürdigen Zustand, wo man nicht rathen noch helfen kan, weil man nicht weiß wieviel davon Mangel an Entschließung bei ihm ist. Seit 8 Wochen quält er sich damit daß er nicht nur keine Vorrede sond*ern* selbst keine Einleitung zu den addendis statt der Vorrede hervorbringen könne.

Schreiben Sie mir doch ja ob der Geheimerath nun in Halle bleibt.

Buttmann

Berlin d. 28t. Mai 05.

---

44 Frömmigkeit] Frömmig/migkeit 49 einseegnest] *korr. aus* einseg

1967. Überlieferung: H: BBAW, SN 263/1, Bl. 6 2 Inlage] *korr. aus* E 3 Archiv] *folgt* ⟨des⟩ 13 ja] *folgt* ⟨⟨bleibt⟩⟩

1967. Mit einer Einlage (Zeile 2) 2–4 *Vgl. Brief 1965, 210–213* 13 *Friedrich August Wolf; vgl. Brief 1965, 171–173.*

1968. An C. G. von Brinckmann. Halle, Donnerstag, 30. 5. 1805

Hätte ich ahnden können, daß eine so wunderliche Geschichte Dich wieder von uns entfernen würde so würde ich eben so sehr Dich zum Zweck meines lezten sehr kurzen Aufenthaltes in Berlin gemacht haben als meine Stralsunder Freunde Deine quasi Landsleute. Wer hätte sich aber dergleichen auch nur träumen lassen! Nun bin ich leider ein Opfer meiner Consequenz geworden indem ich mich ohne irgend eine Ausnahme nur auf jene Freunde eingeschränkt habe. So unaussprechlich leid es mir nun auch thut, Dich nicht mehr gesehn zu haben: so hoffe ich doch Du wirst mir unter diesen Umständen eben so wenig einen Vorwurf daraus machen, als ich es selbst thue; wenn ich auch annehmen dürfte daß Du eben so viel Lust dazu hättest. Ich kann Dir nicht sagen wie mir seit dieser Nachricht das Abhängigsein von solchen politischen Launen doch fürchterlich vorgekommen ist für einen Mann wie Du; und ich weiß nicht welche Aufopferungen mir zu groß sein dürften wenn ich Dir damit einen festen Siz in Deutschland, und doch immer am liebsten in Berlin, erkaufen könnte. Leider erscheine ich bei dieser Aeußerung wenn wir auf die Zeit seit meiner eigenen | Wiedereinsezung in Deutschland sehen, sehr uneigennüzig, fast mehr als billig; aber sie ist deshalb nicht weniger wahr. Du der in der Kunst die Zeit zu benuzen der größte Meister ist den ich je gesehen kannst freilich schwerlich glauben, wie ganz sie mir an allen Enden fehlt für mich selbst und meine Freunde ohne daß doch für die Welt, wie man sich ausdrükt etwas zu Tage käme. Aber gewiß seit ich Professor bin komme ich gar nicht dazu einen vernünftigen Brief zu schreiben; und es klingt fast lächerlich wenn ich gestehe daß der größte Theil der Zeit für meine Vorlesungen drauf geht. In der ersten Zeit beschäftigt mich der Plan für ein zu sprechendes Ganze von solcher Ausdehnung gewaltig, und je weiter ich dann komme, um desto mehr Studien habe ich zu machen für das Detail. Ueberdies beschäftigt mich oft der Vortrag für eine Stunde länger als eine Stunde, weil ich eben auch für das Katheder nichts was zum Vortrag gehört aufschreiben kann, und doch hier mich in einer ganz neuen Gattung befinde für welche mir meine Kanzelübung so gut als nichts hilft. Dieses Vorarbeitens ohnerachtet lasse ich dann auf dem Katheder meinen Gedanken weit freieren Lauf als auf der Kanzel, und so

---

1968. Überlieferung: H: Trolle-Ljungby; D: Br 4, S. 112–114 (gekürzt)

1968. **1–4** *C. G. von Brinckmann wurde im Juni 1805 aufgrund von Verstimmungen zwischen Schweden und Preußen zeitweilig vom Preußischen Hof abberufen, blieb aber als Beobachter in Norddeutschland.* **3–7** *Henriette und Ehrenfried von Willich*

kommt mir manches dort durch Inspiration was ich dann | des Aufzeichnens für die Zukunft werth achte und woraus mir so noch eine Nacharbeit entsteht. Dann will der Plato auch sein Recht haben, und die hiesige Lebensweise das ihrige – doch genug von mir und meinem Treiben und Thun.

Das Osterfest habe ich in Barby gefeiert und den alten Zembsch rüstig und brav gefunden und von der höchsten Liebe für mich. Auch nach Dir erkundigte er sich mit großer Theilnahme und freute sich Deines Briefes von dem er mir erzählte. Gar zu gern hätte er mich auch in der Schloß Kapelle predigen gehört allein ich konnte nicht lange genug bleiben, und würde auch nicht gern Hüffeln auf diese Probe gestellt haben; denn der war ziemlich störrig und zurükhaltend. Die gelehrten Brüder hielten sich ziemlich zu mir und ein Paar darunter schienen mir nicht ohne Talente zu sein aber freilich kein Gambold und Hartley darunter. Auch gestand Zembsch selbst daß unsere Zeiten doch die brillantesten des Pädagogiums gewesen wären.

Seitdem habe ich kürzlich hier Voß in Giebichenstein kennen gelernt; nur war ich freilich viel zu wenig mit ihm zusammen um über Alles was ich gewünscht hätte mit ihm zu sprechen. Freundlich war er mir sehr, und meinte es sei ihm als hätten wir uns lange gekannt. Einige Winke gab er mir über den Plato und lud mich sehr dringend nach Jena ein, was mir nur leider un|möglich ist. Eben so unmöglich ist es meine Schlesische Reise zu beschleunigen oder bei dieser Gelegenheit auch nur den geringsten Aufenthalt in Berlin zu machen. Demohnerachtet ist mir gar nicht zu Muthe als müßte ich einen langen persönlichen Abschied von Dir nehmen; ich hoffe immer Du gehst nicht nach Stokholm sondern wirst bis Alles wieder im Gleichen ist irgend einen andern Aufenthalt in Deutschland machen. Laß mich doch ja recht bald, so viel bestimmtes als Du selbst weißt, von Deiner nächsten Zukunft wissen. Von Jakobis Anwesenheit in Berlin, die mich so sehr interessirt, sprichst Du wol selbst ungebeten wenn Du mir schreibst. Er hat sich gegen die Herz freundlicher als ich vermuthet hätte über mich geäußert.

Noch Eines lieber Freund. Es kann leicht sein, daß Dir bei dieser Veränderung die Rükzahlung meiner Schuld etwas sehr erwünschtes oder

47 *Johann Gambold (1760–1796) war Lehrer der alten Sprachen und Mathematik am Pädagogium in Niesky und trat auch als Botaniker, Musiker und Komponist hervor; sowohl Schleiermacher als auch Brinckmann hatten bei ihm Unterricht (vgl. Meyer: Schleiermachers und Brinkmanns Gang durch die Brüdergemeine, S. 108). Hartley war ebenfalls Lehrer in Niesky (vgl. ebd.).* 66–71 *In Brief 1212, Zeilen 9–16 (KGA V/5) hatte Schleiermacher den Freund um die Vermittlung eines Kredits von 300–400 Reichstalern auf zwei Jahre gebeten, um die Übersiedlung nach Stolp finanzieren zu können. Nach Brief 1243, Zeile 10 (KGA V/5) hatte Schleiermacher das Geld offenbar von Brinckmann selbst erhalten.*

vielleicht nothwendiges wäre. Ich müßte dann irgend eine Anstalt dazu treffen; allein die Lage meiner Finanzen ist so daß ich dies jezt nicht gern ohne Noth thäte. Ich bitte Dich also hierüber vorzüglich recht bald um ein Wort; es darf auch allenfalls nur ein mündliches an die Herz sein.

Lebe wohl indeß, und sorge daß Du uns bald recht gründlich wiedergegeben werdest.

Schl.

H. d 30t. May. 5.

1969. An J. C. Gaß. Halle, Ende Mai 1805

[ ] Das schlechte ist nun aber eben das Fingiren eines Zusammenhanges wo keiner mehr gegeben ist, wobei man dann wieder aus dem Verständniß herauskommt zumal wenn man noch ein so schlechtes NebenInteresse bei Paulus hat. Leider werde ich doch noch früher etwas tiefer hinein sehen müssen, um mich am Ende meiner hermeneutischen Vorlesungen hierüber gehörig expliciren zu können. Denn ein besseres Exempel als Paulus möchte hiezu schwerlich zu finden sein. Wie Sie aber den mündlichen Interpreten und den schriftlichen unterscheiden wollen, das verstehe ich nicht recht, wenn doch der lezte auch Interpret sein soll. Denn die grammatische Erklärung, wenn ich auch das Wort im weitesten Sinne nehme, bleibt doch immer nur einseitig, nur die eine Hälfte zu welcher noch jene andere hinzukommen muß, die sich zur Kunst der Composition und des Styls grade so verhält wie die erste zur Grammatik. Doch dies geht sehr tief in die Ansicht der Sprache und des Sprechens überhaupt hinein, und ich müßte Ihnen mein ganzes hermeneutisches Collegium in nuce lesen um mich recht deutlich darüber zu machen. Meine cursorische Lectüre denke ich im Winter mit den Paulinischen Briefen anzufangen. Welchen würden Sie mir nun rathen statarisch zu behandeln den an die Römer? oder die beiden an die Galater und Kolosser? Der erste ist unstreitig die größte dogmatische Composition; dagegen haben die beiden lezten den Vorzug Muster zu sein von den beiden entgegengesezten Behandlungsweisen die im Paulus vorkommen. | Uebrigens findet sich aller-

1969. Überlieferung: H: Krakau; D: Schleiermacher: Briefwechsel mit Gaß, S. 21–23

1969. **7–9** *Vgl. Brief 1933, 83–88* **16–22** *Im Wintersemester 1805/06 las Schleiermacher über den Brief an die Galater.*

dings dessen was zu thun ist immer mehr, und ich glaube wenn ich Zehn Jahre hier sein werde, was überhaupt der Termin ist, den ich mir für mein Leben oder wenigstens für mein Hiersein gesezt habe, so bin ich noch nicht herum. Und so ist es ja auch recht. Denn mir wäre nichts schreklicheres als jemals fertige Arbeit zu haben und in den Schlendrian hineinzukommen. – Die Eichhornsche Einleitung habe ich noch nicht durchstudirt; es gehört dazu, weil sich Eichhorn wirklich wunderliche Licenzen nimmt im Gebrauch einzelner Angaben, die möglichst unmittelbare Einsicht der Quellen, womit ich mich izt nicht abgeben kann, und schwerlich jemals abgeben werde wenn ich es nicht für nöthig halten sollte auch einmal eine sogenannte Einleitung ins N*eue* Test*ament* zu lesen. Nach allem aber was ich ahnden kann würde ich ziemlich gleicher Meinung sein mit dem mir unbekannten Rec*ensenten* des Buches in der hies*igen* Lit*eratur* Zeit*ung*, nem*lich* gegen Eichhorn keinesweges aber für die gewöhn*lich*e Meinung von der Ableitung der Evangelien, die mir eben so unbegründet und anmaaßend zu sein scheint.

Ueber den akademischen Gottesdienst ist nun endlich entschieden wo er sein wird, und es wird an der alten Schulkirche reparirt so daß im Herbst wol die Sache angehn wird. Einigemal habe ich doch hier gepredigt, aber nur in der Domkirche; in den lutherischen Stadtkirchen will man den Kezer nicht admittiren, wiewol man bisweilen Noth genug hat. Man lauert mir auch nicht schlecht auf den Dienst[;] wie man sich über meine Gedächtnißpredigt auf die Königin ausgedrükt hat kann Ihnen Bartholdy erzählt haben; neuerlich meinten einige akademische Herren ich ginge auf den Katholizismus aus und beschüze den Aberglauben, weil ich äußerte es schiene mir kein gutes Zeichen zu | sein daß wir uns nach und nach alles bedeutsamen im äußeren Cultus entledigten. Zum Spinozisten Atheisten und Herrnhuter ist nun der Kryptokatholik das passendste vierte Prädicat. Wie weit ich nun beim akadem*ischen* Gottesdienst meine Entwürfe werde realisiren können, das steht dahin; von Einigen werde ich unterstüzt werden, von Andern contrecarrirt; gut ist es eigent*lich* daß die OberAufsicht aus den Händen der theol*ogischen* Facultät in die des GeneralConcilii gekommen ist, das denn wahrscheinlich

---

28 f *Vgl. Brief 1933, 116–120* **33–38** *Johann Gottfried Eichhorn: Einleitung in das Neue Testament, Bd. 1 (= Eichhorns kritische Schriften, Bd. 5), Leipzig 1804, wurde in der Allgemeinen Literatur-Zeitung 1805, Nr. 127–132 (13.–15. 5.), Sp. 345–390 rezensiert. Der Rezensent setzt sich kritisch mit Eichhorns These auseinander, den drei synoptischen Evangelien liege als Grundschrift ein aramäisches Ur-Evangelium zugrunde, das mit dem von den Kirchenvätern gelegentlich erwähnten und zitierten, sonst aber verlorenen Hebräer-Evangelium zu identifizieren sei.* **45** *Schleiermachers hatte am 17. 3. 1805 die Gedächtnispredigt für die am 25. 2. 1805 verstorbene Witwe Friedrich Wilhelms II., Friederike Louise, geb. Prinzessin von Hessen-Darmstadt, gehalten; die Predigt ist nicht überliefert.*

in den ernsten Fällen mein Gutachten erfodern und meinen Vorschlägen beitreten wird. Doch bleibt es mir immer in einiger Hinsicht fatal daß ich noch nicht in der Facultät bin, in anderer wieder angenehm weil noch immer so manche dumme Streiche passiren die ich doch nicht würde hindern können. Was man sich dabei gedacht dem alten Nösselt einen so untheologischen Titel zu geben weiß ich nicht.

Mit Bartoldi habe ich über seine Lage auch kein ausführliches Wort reden können; was Sie davon schreiben ist freilich noch nicht besonders günstig, noch meinen Vorstell*ungen* völlig entsprechend, da ich glaubte er habe auch mit Koch u*nd* Selle Theil an der Direction des Gymnasii selbst. Hat er nun dieses ganz verlassen? oder ist er dort jenen beiden untergeordnet? Beides wäre unangenehm genug. Von seinem Plan zum Seminario hat er mir einiges in Berlin mitgetheilt, was mir besonders gefallen hat, und woraus ich zu meiner Freude ersehen, daß ich die Pestalozzische Idee und ihre eigentliche Geltung grade eben so aufgefaßt wie er. Hier soll nun auch ernstlich zur Combination des luth*erischen* und reformirten Gymnasiums geschritten werden. Ich fürchte es wird noch viel Verdruß und Streit geben, und ich wünsche besonders daß man vergessen möge, wovon bei meiner hieher Berufung die Rede gewesen, mir nach erfolgter Combination einen Antheil an der Inspection zu übertragen. Ich kann doch in der That neue Geschäfte | jetzt eigentlich nicht gebrauchen.

Neulich habe ich hier zu meiner Freude die Bekanntschaft von Voß gemacht. Er war sehr freundlich mit mir und sagte mir es wäre ihm als hätten wir uns schon lange gekannt. Ueber meinen Plato und über die deutsche Prosa überhaupt habe ich viel, und sehr lehrreich für mich mit ihm gesprochen; auch lud er mich recht dringend ein in diesem Pfingstfest nach Jena zu kommen; aber das war nun rein unmöglich. Eher hoffe ich ihn einmal, wenn erst bessere Zeiten sind in Heidelberg besuchen zu können, wo jetzt doch ein tüchtiger Kreis von Menschen zusammenkommt.

Wann wir uns wiedersehn? Wenn Alles glük*lich* geht im Frühjahr. Denn Eleonore und ich haben beschlossen unsere Vereinigung bei unsern Freunden auf Rügen zu feiern.

---

67 wäre] *davor* ⟨ist⟩

---

60 f *Nösselt erhielt 1805 zusammen mit einer beträchtlichen Gehaltszulage den Titel eines königlich preußischen Geheimrats.* **62–67** *Vgl. Brief 1933, 135–140* **70–72** *Die lange geplante Vereinigung des lutherischen Stadtgymnasiums, des reformierten „Gymnasium Illustre" und der Lateinschule der Franckeschen Stiftungen wurde erst durch ein Edikt der westfälischen Regierung vom 17.7.1808 vollzogen; vgl. Hugo Albertz: Der Dom und die Domgemeinde zu Halle a.S., Halle 1888, S. 304–310; Martin Gabriel: Die reformierten Gemeinden in Mitteldeutschland, Unio et Confessio 5, Witten 1973, S. 139.*

Leben Sie wol theurer Freund. Grüßen Sie Bartoldys ich muß eilen um die Post nicht zu versäumen

Schl.

1970. Von Ch. von Kathen. Wohl Mai 1805

Nein, [mein] theurer Freund, noch weiß ich nichts eigentliches von Ihrem Glük u*nd* Ihrer Lenore. Wenig sprachen nur Willichs bisher zu mir davon, u*nd* meine Achtung für jedes zarte Geheimnis, ist zu groß als daß ich nicht, auch bey dem innigsten Wunsch näher unterrichtet zu seyn, schweigend von der Zukunft hätte erwarten sollen, daß sie mir die schöne Ahndung des Glükkes für das Herz, u*nd* den süßen Gefühlen der reinen Liebe meines Freundes, in fester Wirklichkeit umwandle. Nun aber werde u*nd* darf ich Willichs fragen, u*nd* nun, da sie Ihre Lenore selbst kennen, können sie meiner Phantasie ein deutliches Bild Derselben aufstellen. O mein theurer Freund, waß kann ich Ihnen hierüber andres sagen als daß ich mit der innigsten Wärme, deren mein, leider zu glühendes Herz fähig ist, an Ihrem Glük hänge. Mich hat das Schicksal ohne Liebe ins eheliche Leben verflochten, mir fehlte eine sichre Stütze, kein Freund stand mir zur Seite, denn meinen edlen trefflichen Vater, nahm mir der Tod als er eben nur die zarten Keime des Guten in meiner Seele gepflanzt hatte. Meine Mutter hatte damals kein Herz für mich, sie lebte nur in ihren Söhnen, meine Freundinnen achtete ich nicht genug um auf Rath von ihnen zu hoffen. So gab ich mit 17 Jahren meine Hand dem ersten Mann der sie verlangte, u*nd* würde sie jeden gegeben haben. Ein unbegränztes Sehnen u*nd* Streben nach Freiheit war in mir, ich glaubte diese in mancher Hinsicht in der Ehe eher zu finden, u*nd* bedachte nicht daß ich unglücklich seyn u*nd* machen würde. Der falsche Schleyer entsank meinem Auge bald, ich wollte mein Entbehren – die Forderungen des Herzens betäuben, u*nd* stürzte mich im Strudel der großen u*nd* glänzenden Welt. Glänzende Uniformen flatterten nun um mich her, u*nd* meine Eitelkeit trank mit vollen Zügen diesen gefährlichen Becher. Mein natürlicher Hang (damals) zum nekken u*nd* zur Satyre, trieb mich oft an, grade mit den Männern zu | spielen die

1970. Überlieferung: H: BBAW, SN 313, Bl. 6–8 1 [mein]] *verblaßt und überstempelt* 2 sprachen] *korr.* 7 Freundes] Freundens 18 meine] meinen

1970. 8 *Vgl. Brief 1966, 53* 14 *Friedrich Gottlieb von Mühlenfels*

in der galanten Welt als erklärte Lieblinge florirten. Um meinen Ruf – meinen Mann, u*nd* meine bürgerlichen Verhältnisse, kümmerte ich mich wenig. Ich ward Mutter, ich ward es ohne Liebe zum Vater, u*nd* es wirkte wenig auf mich, ich ging bald wieder den alten Weg fort, u*nd* Niemand führte mich darin. C*arl* sah es mit Misfallen, aber er ließ es gehen. Endlich erkrankte meine Schwiegermutter, es ging zum Tode, ich floh alles u*nd* war ihr Kind, ich war es mit Aufopferung meiner eignen Gesundheit, denn es war mir natürlich. Nun erschien mir meine Friedrike, da schlang sich das herrliche Band unsrer Freundschaft, da ging aus mir ein neues Leben hervor, das schöne Erkennen des besseren. Ich sagte meinen vorigten Freunden daß ich nicht länger mit ihnen u*nd* in ihrer Weise fortleben könnte, ich trennte mich offen aber auf einmal u*nd* immer von ihnen. Nun lag eine große Fülle von Entschlüßen Hoffnungen u*nd* Wünschen in mir. Das Gute war mir eher verwandt, ich fühlte jede Nähe desselben auch in fremden Menschen, nur mein Mann blieb immer mir fremd u*nd* ferne. Von meiner Lotte sah ich daß sie nicht war wie andre Kinder, oft kränkte, oft erbitterte es mich, nie aber kam ich dahin ernstlich für das besser werden des Kindes wirken zu wollen. Die ganze Fülle meiner Liebe hatte sich der neuen Freundin zugewandt, der ersten die hier mich verstand, die ich wahrhaft achten durfte. Es war mir nemlich immer Bedürfnis in meiner Nähe etwas für mein Herz zu haben, sonst lebt, u*nd* lebte mir schon seit 6 Jahren, meine edle treffliche Freundin in Bergen, ein zartes herrliches Gesch*öpf*, der das Schicksal so vieles raubte, daß nur ich ihr noch das Liebste geblieben bin. Sie ist alle Stufen | meines Lebens mit mir durchgegangen, u*nd* hat mit immer gleicher Treue an mir gehangen. Ein gänzliches Misverstehen zwischen C*arl* u*nd* mir, u*nd* von meiner Seite auch gänzlicher Mangel an Liebe, entfernte uns immer mehr von einander, u*nd* da auch in der Erziehung unsre Grundsätze ganz verschieden waren, so lag auch in diesem, sonst den edelsten VereinigungsPunkt, noch ein Grund der Trennung. C*arl* wollte mit Gewalt den Verstand des Kindes hervor rufen u*nd* bilden, ich ihre körperlichen Kräfte stärken, u*nd* ihr Gefühl frey wirken laßen, überhaupt, sie gehen laßen, weil daß mit meiner Bequemlichkeit am besten bestand. Frühe gewaltsame Bildung des Verstandes ist mir aber auch immer verhaßt gewesen. Ich hatte oft das drükkende Gefühl der Schaam, wenn ich meine Lotte neben andern Kindern sah, u*nd* dies, statt mich auf besserem Wege zu führen, gab mir

---

32 aber] *folgt* ⟨es⟩ 39 offen] *folgt* ⟨au⟩ 51 f mit mir] mir *korr. aus* mit

---

35 *Friederike Israel*

Bitterkeit gegen sie. So mein Freund, so war es lange mit mir, u*nd* auch noch damals als ich Sie sah. Bald nachdem erhob sich in mir ein neuer Sturm. Immer noch hatte die Liebe in mir geschwiegen, mit Schaudern dachte ich die Möglichkeit daß sie einst noch erwachen könne – u*nd* – o mein theurer Freund – sie erwachte wirklich. Sie haben glaube ich meinen Arzt kennen lernen, oder doch gewiß von Willich viel von ihm gehört, jahrelang hatte er mir nahe gestanden ohne mein Herz zu berühren, endlich aber kam der furchtbare Augenblick, wo es auf einmal schrecklich hell in mir ward. Ewiges Schweigen darüber, ich habe mein Gefühl in mir zusammen gepreßt, daß nicht Er – nicht einer meiner Freunde es merken sollte, u*nd* es gelang mir, doch mein Körper rieb sich auf. O mein Freund ich habe namenlos gelitten. So weit das üble, nun endlich sollen Sie gutes hören, sich über | mich u*nd* mit mir freun. Aus diesem ungeheuren Schmerz ist mir die reine Ansicht des wahren Zwecks meines Lebens hervor gegangen, aus mir selbst hab ich sie aufgefaßt. Meinem Mann will ich angehören u*nd* meinem Kinde, glücklich machen, u*nd* so lange in dieser schönen Überzeugung glücklich seyn, bis es ruhiger in mir wird, u*nd* Friede u*nd* Freude auch in mir sich ausbreitet. Ich faßte diesen Willen vor einigen Wochen, u*nd* reißte mit ihm nach Bergen zu meiner Freundin, u*nd* von dort nach Garz zu Lotte Pistorius. Sie können denken wie schön diese trefflichen Menschen mich hierin bestätigten. Lotte's ganzes Herz schloß sich mir an, sie ist mein seit ich ihr meinen Willen aussprach, denn sie kennt meine Stärke, u*nd* weiß daß ich nun nicht wanken kann. Mein Mann kam mir nach – ich führte ihn hinaus in's Freie, auf der Spitze des grauen Rugards. Hier sprach ich ihn die lebendigen Gefühle meines Herzens aus, u*nd* meinen Willen für die Zukunft. Theurer Freund – u*nd* er verstand mich – es war das erste Berühren unter uns, u*nd* er faßte es auf wie ich's in ihm nie geahndet hätte. Es sind ohngefähr 14 Tage, seitdem ist Friede u*nd* Freude, u*nd* gegenseitige Mittheilung unter uns, u*nd* der brennende Schmerz meines Herzens spricht leiser an, denn W*illich* weiß von C*arln* meinen Willen, er ist ein edler Mensch, er zeigt mir seitdem eine große Achtung, u*nd* hebt dadurch meinen Muth u*nd* mein Streben. In 8 Tagen reise ich nach Kenz, dort nehm ich Lotte mit, u*nd* hoffe viel von der Zeit in der sie mir allein gehören wird. Ich habe einen Versuch mit ihr in der Musik angefangen, u*nd* sie faßt das mechanische derselben mit einem Eifer auf der mich sehr freut, ich habe ihr | eine eigne kleine

---

84 Menschen] *korr.*   90 war] *folgt* ⟨[da s]⟩   98 Musik] *folgt* ⟨ge⟩

---

96 *Ihre Tochter Charlotte*

Harfe machen laßen, u*nd* will nun den Sommer wo sie keinen Lehrer hat, recht fleißig nachhelfen. Ein gewißer Troz der in ihrem ganzen Wesen liegt, macht mir oft recht viel Sorge, u*nd* selbst die Freude über eine, bey Kindern gewiß seltne, Beherrschung, ihres Mismuths u*nd* oft ihrer Thränen, über ein vereiteltes Vergnügen, löscht diese Sorge nicht aus. Auch schmerzt es mich sehr daß ihr Herz nichts von jener zarten Weichheit hat, ich kann sie nie dahin bringen etwas darum zu unterlaßen, weil es mir nahe gehen würde wenn sie es thun wollte, auch hat sie gar keine Empfindlichkeit, u*nd* fühlt es nie wenn ich in Worten die andern Kindern Thränen entlocken, zu ihr spreche. Nur die Furcht vor körperliche Strafe, die *Carl* ⌊nun⌋: wenn ich ihn von der Nothwendigkeit derselben überzeuge, an ihr manchmal ausübt, da ich es nicht vermag, hält sie im Zügel.

Und nun mein theurer Freund meinen innigen herzlichen Dank für Ihren trefflichen Brief, ja ich nehme Sie ganz als meinen Freund, u*nd* werfe mit kindlichen Vertraun mich an Ihre Brust, meine Freuden – meinen Kummer – alles – alles spreche ich Ihnen aus.

Mit meiner Friedrike ist es damals eine Zeit der Krisis gewesen, sie hat sich jetzt ziemlich erholt, die milde Luft, das Leben in der Natur (denn sie wohnt wieder draußen) u*nd* fleißige Bäder, werden sie auf eine Zeitlang stärken. Sonst trägt sie leider ihr unheilbares Übel, ihren frühen Tod, in der Brust.

Sie haben mich so schön misverstanden, daß ich Ihnen vielleicht nicht einmal um meinetwillen das kleine Dunkel aufhellen sollte, doch ist Wahrheit in allen Dingen mir das heiligste Gesetz der Freundschaft. Nur einen Brief wollte ich mir von Ihnen erbitten, | Sie geben mir diesen, u*nd* wollen mir noch mehr von Sich senden? Zwar eigentlich eines Misverstandes halber weil Sie glauben daß ich Sie darum bat, aber Sie werden es auch jetzt thun, wenn ich Sie nur wirklich darum bitte, u*nd* Ihnen sage, daß ich mit Freude u*nd* Dankbarkeit ein Geschenk von Ihnen annehmen werde. Aber ohne Berathung mit irgend Jemand, muß es mir werden, allein von Ihnen mein theurer geliebter Freund. Ich habe nur Ihre Monologen. Wählen Sie nur waß Sie wollen, gleich theuer wird mir alles von Ihnen seyn, u*nd* dann auch sagen Sie mir waß es war daß Sie in Berlin für mich bestimmten, ich ahnde es war Musik, aber nennen Sie es mir, es war die erste freiwillige Gabe von Ihnen, u*nd* als diese wird sie mir immer sehr theuer seyn, u*nd* ich werde mit Freude daran denken. In 8 Tagen reise ich

---

103 ihres] ihren Mismuths] s *ergänzt* **111** ihr] *folgt* ⟨au⟩ **113** Sie] sie **126** weil Sie] *folgt* ⟨h⟩

---

113 *Brief 1962*

nach Kenz, dort hör ich von Ihnen – u*nd* höre bald nicht mehr? Auch weiß ich daß Sie von mir eine kleine Gabe freundlich aufnehmen werden, u*nd* so laße ich aus dieser einsamen Zeit etwas unter meinen Händen für Sie hervor gehn.

Leben Sie wohl theurer Freund, denken Sie mein, in mir stehen Sie fest u*nd* ewig.

Lotte

May. 1805.

1971. Von Karl Thiel. Halle, um Mai 1805

Boekh hat sich heute mit dem mathematischen Satze geirrt: er schickt Herrn Professor das Richtigre durch mich

C. Thiel

**1972. Von Ch. Pistorius. Anfang Juni 1805 oder früher*

Über die Genesung Gottlieb von Kathens

**1973. Von W. Gaß. Vor dem 4. 6. 1805*

Über ihre Pädagogik

1971. *Überlieferung: H: BBAW, SN 514/2, Bl. 2*

1971. *Notiz Schleiermachers unter dem Brief:* Von Mollweide nur aus d*en* Götting*ischen* Anzeig*en* 1805 No 124. Auch rechtwinklige Dreieke. S*eine* Gründe u*nd* S*eine* Erkl*ärung* ist nicht d*ara*us abzunehmen *(Die Rede ist von der Anzeige einer Abhandlung über die unten genannte Stelle in Platos Menon, die Carl Brandan Mollweide, Lehrer der Mathematik am Hallenser Pädagogium, der Göttinger Akademie der Wissenschaften zusandte; vgl. Göttingische gelehrte Anzeigen 1805, 124. Stück [5. 8.], S. 1233–1235.) – Thiels Brief findet sich auf der Rückseite von Bl. 1, dessen Vorderseite mit Bl. 2 in der Handschrift August Boeckhs eine geometrische Problematik in Menon 86 d–87 c erläutert. – Die Erörterung desselben Problems in Brief 1965, 2–58 macht eine Datierung auf etwa denselben Zeitraum wahrscheinlich; Schleiermachers Menon-Übersetzung erschien in Platon: Werke, Bd. 2, 1, Berlin 1805; vgl. dort S. 370 und die dazu gehörige Anmerkung S. 517–520.*

***1972.** *Vgl. Brief 1975, 71 f.*

***1973.** *Vgl. Brief 1974, 43–45*

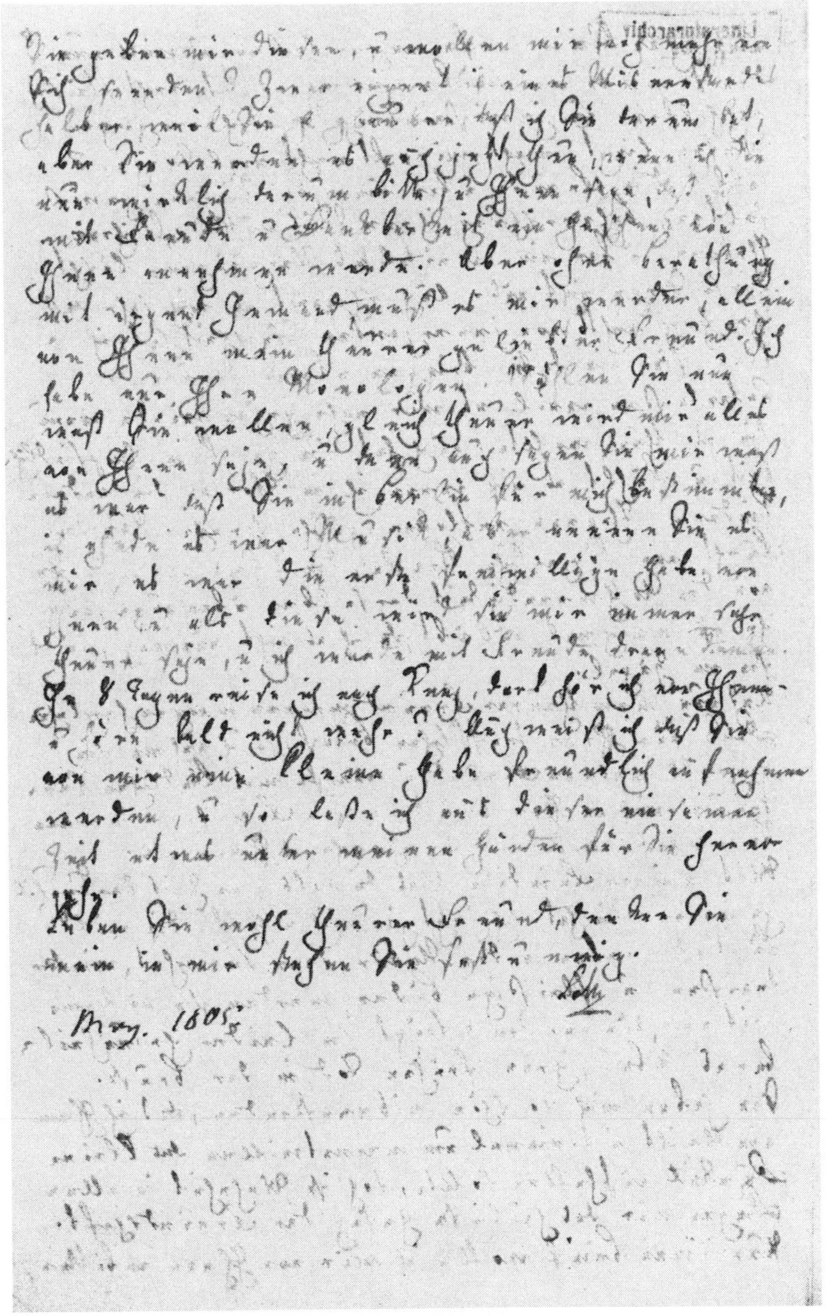

May. 1805.

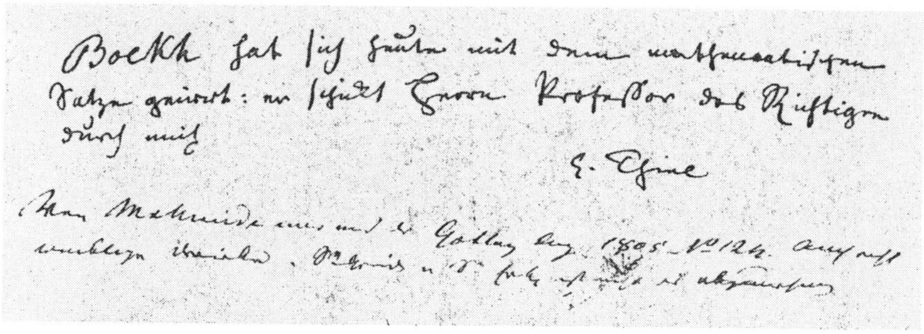

Boeckh hat sich heute mit dem mathematischen Satze gewehrt: er schickt Herrn Professor das Richtigen durch mich

E. Heine

[illegible] 1805–1824 [illegible]

1974. An W. Gaß. Halle, Dienstag, 4. 6. 1805

An Wilhelmine

Sie arme Freundin, daß Sie so krank gewesen sind! so schmerzlich noch dazu daß es Sie troz aller den Frauen einwohnenden Tapferkeit auch zu schmerzlichen Tönen übermannte. Doch das haben Sie nun längst vergessen: Bartoldy versicherte mich in Berlin Sie wären so wohl als es von Ihnen nur zu verlangen wäre, und ich wünsche nur daß Sie Sich dieses Zeugnisses immer mögen würdig erhalten. Nächstdem wünsche ich, daß Sie es ein wenig ungnädig mögen vermerkt haben, daß sich so lange gar nichts vom Schleiermacher hören ließ. Ich habe mich darüber bei Gaß leider triftig genug entschuldigt, und da doch das gelehrte oder gelehrt sein sollende Zeug Sie nicht abhält, Sich meine Briefe an ihn geben zu lassen: so kann ich Sie ja darauf verweisen. Im Vertrauen aber will ich Ihnen sagen, daß jene Entschuldigung doch auch nur für den gelehrten Briefwechsel mit dem gelehrten Mann (Sie sollen das gelehrt nun hören bis es Ihnen weh thut) gut genug ist. Denn freilich wenn man vor anderweitiger Gelehrsamkeit und gelehrtem Thun und Treiben seines gelehrten Hauptes und Kieles gar nicht mächtig ist, kann man auch keinen | gelehrten Brief abfassen – für Sie aber gar nicht; und daß ich Ihnen troz aller Ueberladung mit Geschäften doch würde geschrieben haben, wenn ich nur die Aufmunterung gehabt hätte, Ihnen etwas recht erfreuliches schreiben zu können. Sie sehen den lieben Egoismus, ich meine nämlich etwas erfreuliches von mir und dem was mir das liebste und wichtigste ist. Aber leider stokt noch Alles! Recht boshaft quält uns das Schiksal, indem es seine Gewalt in lauter kleinen Hindernissen zerkrümelt uns vorwirft, die wir dann richtig eins nach dem andern über die Seite bringen müssen. Jezt zum Beispiel ist Eleonorens Gatte eben auf der Wahl zu einer Predigerstelle in Berlin, und sie hält es für billig den Erfolg erst abzuwarten, weil eine Ehescheidung grade während dieser Zeit ihm leicht nachtheilig werden könnte. Auf diesem Punkte stand die Sache schon als ich neulich in Berlin war. Predigerwahlen pflegen sonst beim dortigen Magistrat sehr schnell abgemacht zu sein; nur diese grade geht so langsam als möglich. In einigen Wochen muß das nun endlich entschieden sein: aber ich er-

---

1974. *Überlieferung: H: Krakau; D: Bauer: Briefe Schleiermachers an Wilhelmine und Joachim Christian Gaß, S. 254–257* **11** Sie] *korr. aus* sie

---

1974. **9–12** *Diese Mitteilung stand vielleicht in dem nicht überlieferten Anfang von Brief 1969.* **17** *„Kieles": gemeint ist „Federkieles"* **25** *„über die Seite bringen"* oder beiseite *schaffen, beseitigen* **26–32** *Tatsächlich wurde Grunow 1806 Prediger an der Jerusalems- und Neuen Gemeinde.*

warte nichts gewisser, als daß sich bis dahin wieder etwas von ähnlicher Art ereignet, was nemlich Ursach einer neuen Zögerung wird, vermöge eines Gefühls das ich selbst mit Eleonoren theilen muß. Das heißt recht, was lange währt wird gut! Und wenn wir endlich die lezte Hälfte dieses Sprichwortes vom | Schiksal erobert haben, wird es sich, fürchte ich, unerbittlich auf ein anderes festsezen, nemlich gut, aber kurz. Eleonore ist schon wieder krank, recht krank gewesen, und was ihr noch bevorsteht wird gewiß nicht verfehlen, ihrer Gesundheit einen tüchtigen Stoß zu geben. Doch, ich sehe daß ich sehr schlecht Ihrem guten Beispiel folge, die Sorgen unter das Briefpapier zu schieben!

Ueber Ihre Pädagogik möchte ich aber noch ein Wörtchen mit Ihnen reden, die Sie zu meiner Freude nicht auch unter das BriefPapier geschoben haben, sondern darauf. Sie ist sehr nach meinem Sinne, aber doch noch nicht ganz; nemlich ich bin noch viel unpädagogischer als Sie. Mir würde schon die Sorge nie einfallen daß ich ein Kind nicht gehörig lenkte. Warum soll es denn gelenkt werden? und wie können Sie denn wissen wohin Sie es lenken sollen? Zum Guten, das wissen Sie freilich; aber Sie wissen auch, daß dies grade das ist wohin man durch Lenken nicht kommt. Und eben so ist es mit dem Lenken vom Bösen. Eine Angewöhnung und eine Abgewöhnung ist doch immer nichts Gutes sondern nur der Wille, und der will eben ungelenkt werden wie er nur ungelenkt sein und bestehen kann. Ich will auch Kinder lenken – ja. Das ist aber nur die Dressur, die nicht das Kind betrifft, sondern nur den jungen Hund im Kinde. Auch kenne ich überall nur zwei Objekte für diese Dressur, unter die sich alles Andere subsumiren läßt, daß sie nicht schreien, und daß sie nicht ins Bett p... Ist dies erreicht: so ist meine Erziehung am Ende. Wenn Sie etwa meinen das wäre eine | Denkungsart vor der Ehe, nachher würde es anders kommen: so muß ich schon bitten, daß Sie Sich gedulden, und wünschen, daß ich hernach Gelegenheit haben möge Sie zu überzeugen. Aber eigentlich sind Sie gewiß einig mit mir. Daß Heinrich so gern nachahmt ist unstreitig ein Erbstük von Ihrer satyrischen Natur, denn alles Nachahmen ist doch Satyre. Nun lenken Sie also nur hübsch Sich Selbst in ihm, wenn das mehr hilft als die Ermahnungen bei Ihnen geholfen haben! wir wollen sehen wie weit Sie kommen. Besinnen Sie Sich aber wohl was Sie thun! Die Welt reift von allen Seiten der Satyre gewaltig entgegen, und man sollte in dem künftigen Geschlecht nicht unterdrücken

---

50 wohin] *korr. aus* wozu

43–45 *Brief *1973*

was ihm so Noth thun wird. Auch hat es damit keine Noth. Sie mögen nun den Heinrich lesen lassen was Sie wollen, er wird Ihnen doch alles zur Mimik und zur Satyre verarbeiten. Die Politik kann aber nicht schaden daß Sie ihn jezt noch bei den Thränen zurükhalten. Das sind doch die frühesten Metamorphosen! nur sollten Sie dabei die Satyren gegen den Vater nicht gestatten da ja der Mann die lezte bekannte ist; Heinrich möchte sonst auch früher als gut ist auf die mittlere stoßen, und das wird Ihnen dann die unangenehmste Altklugheit sein meine liebe Wilhelmine. Nun will ich Ihnen noch eine Bitte vortragen, daß Sie nemlich wenn der Geist Sie treibt auf meine Eitelkeit los zu ziehn, es nicht versparen bis Ihre Zeit zu Ende ist (denn den Ausdruk daß das Papier zu Ende ist will ich gar nicht nachschreiben) zumal wenn Sie ihr selbst vorher so viel Nahrung gegeben haben. Adieu liebe Freundin! In 14 Tagen reise ich nach Schlesien und komme am Ende des künftigen Monats zurük; und dann hoffe ich auch einen Brief von Ihnen zu finden.

D. 4t. Juni 5.

Schl.

1975. An Ch. Pistorius. Halle, vor Montag, 10. 6. bis Donnerstag, 13. 6. 1805

An Lotte Pistorius.

Recht lange ist es her, meine Freundin, daß ich Ihnen geschrieben habe. Messe ich die Zeit nach dem was ich seitdem wirklich ausgeführt habe, wie ich sonst wol pflege so ist es wenig: aber es ist mir so vielerlei Angenehmes begegnet was mir die Zeit in lauter kleine liebliche Abschnitte zertheilt hat, daß ich gar nicht begreife wie sie geschwunden ist, und wie sie doch so reich hat sein können, mir der ich seit drei Jahren fast an die einförmigste Dürftigkeit gewöhnt war, die mir nichts übrig ließ, als mit unermüderter Arbeit die Zeit zu treiben. Das Unerwartetste unter allem erfreulichen war mir unserer Willichs Anwesenheit in Berlin und mein sehr kurzer aber doch schöner und genußreicher Besuch dort. Es ist doch etwas ganz besonders herrliches darin Freunde zu haben zu denen man nicht erst so mitten hinein gekommen ist, sondern deren schönes Leben man vom ersten Anfang an mitgelebt hat. Das ist mir doch nur bei

1975. Überlieferung: H: BBAW, SN 759, Bl. 4 f.; D1: Br 2, S. 27–29 (gekürzt); D2: Meisner: Schleiermacher als Mensch, Bd. 2, S. 38–40

Ehrenfrieds so geworden, und darum kann ich Ihnen noch auf eine ganz besondere Weise angehören, und mich so recht in ihr Dasein eingewurzelt fühlen. Ich habe noch einen Freund in Preußen auch einen Prediger zu | meiner Freude, der wie unsere Freunde in einer höchst glükseligen nun schon durch achtzehn Jahre bewährten Ehe lebt, und dessen Frau eben so sehr meine Freundin ist als er mein Freund; ich hänge auch mit vollem Herzen an Beiden: aber in meiner Zärtlichkeit für Ehrenfrieds ist etwas so rührendes, so heiliges daß ich es mit nichts anderm zu vergleichen weiß. Sie, liebe Freundin, können sich die unendlich süße Wemuth denken in die mich das Anschaun ihres schönen Lebens versezt denn ich habe nie Züge gesehen und vorzüglich nie eine Stimme gehört die das Gefühl so tief und so innig ausgesprochen hätte als eben die Ihrige, da ich in Ihrem Hause war. Und das erste schöne Muttergefühl in Jettchen, mit welcher Vaterfreude hat es mich ergriffen. Lassen Sie Sich daran erinnern, daß es in Ihrem Hause war ich weiß die Stelle noch wo das holde Geschöpf sich mir zur Tochter hingab. Es kam so rein und tief aus ihrem Herzen, und es ist so wahr geworden in jedem Sinn und so herrlich. Man kann nicht zärtlicher und glüklicher Vater sein als ich es bin. Luise war noch nicht recht wieder in Ruhe, noch nicht eingewohnt in ihrem neuen Leben, noch nicht hinaus über den Schmerz des vorigen. Und doch hatte es sie so wenig befriedigt, und sie konnte so lange schon das Ende voraus sehn und wissen daß alle ihre Freunde ihr und der Mutter selbst nichts besseres wünschen konnten als was gekommen ist. Wird sie erst ganz gefaßt sein, und liebethätig in den häuslichen Kreis ihrer Geschwister eingreifen | können dann denke ich wird ihr auch neue Ruhe und Heiterkeit aufgehen. Für diesen Genuß nun werde ich unsere Kathen die ich zu sehen Hofnung hatte wol nicht sehen in diesem Jahre. Wenn auch ihre Reise wirklich noch zu Stande kommt so wird sie sich schwerlich so einrichten lassen daß ich nach Berlin kommen könnte. Aber haben Sie schon gehört von unsern Stralsundern was für einen schönen Beschluß wir gefaßt haben? In Sagard oder auf Stubbenkammer soll Ehrenfried mich und Eleonoren einsegnen. Ihr liebliches Vaterland ist mir eine so heilige Stätte geworden, und nirgends als dort kann so abgeschieden von der Welt ein so schöner Kreis von Freunden sich versammeln daß ich gar nicht wüßte das schöne Leben schöner einzuweihen. Wenn mir die Knospe nur noch aufblüht! Es ist immer noch so unfreundliches Wetter was sie zurükhält, und wie sehr ich auch der innern Kraft vertraue, mir ist immer noch bange vor einem Sturm von außen. Und es wäre so hart und unzwekmäßig! denn alle

---

1975. 17–21 *Johann Christoph Wedeke und seine Frau lebten in Hermsdorf in Ostpreußen.* 32 *Luise von Willich*

Schmerzen haben wir doch schon erfahren! auch in Eleonorens Tod bin ich schon so hineingelebt daß Wenige würden die Ruhe begreifen wollen, womit ich ihr die Augen schließen würde. Noch neuerlich hat mich das Bild viel beschäftigt wegen eines ähnlichen Falles. Ein junger Mann aus Berlin den ich recht lieb habe kommt her mit seiner Frau die hier erzogen war, und die er hier kennen und lieben gelernt mit allen seinen Kindern um ihre Pflegeeltern und JugendFreundinnen zu besuchen, und sie stirbt ihm hier an den Folgen einer unzeitigen Entbindung. Ich habe den Schmerz bei ihm in einer recht schönen heiligen Gestalt gesehen, und ich wußte ihm | nichts tröstenderes zu sagen, als daß ich auch so bei seinem Anblik wünschte, ich könnte nur erst verlieren was er verloren hätte. Es ist doch wol dem Manne mehr das Weib seines Herzens zu verlieren, als der Mutter ein Kind! Ein Kind ist doch nur Ein Sprößling aus der ganzen lebendigen Pflanze; aber die Gattin! die ganze Krone, das innerste Herz woraus Alles, was blüht und beschattet und reift im Leben hervortreibt! Dann ist doch Alles hin, und Alles Folgende kann nur Erinnerung sein, Schattenleben. Und doch wünsche ich täglich und recht mit banger Sorge daß unsre Freundin bewahrt bleibe vor dem tiefen Schmerz der ihr so lange so nahe gedroht hat. Wie viel hat die Arme noch gelitten seit Ihrem Briefe in dem Sie hofften das liebliche Kind wäre gerettet! und ich kann mich noch nicht der sichern Hofnung überlassen. Zum ersten Mal ein Kind der Erde wieder zu geben und dem Himmel, die Weissagungen der heiligsten Liebe zu begraben – es muß doch ein tiefer zerreißender Schmerz sein.

D*en* 10t*en* Jun*i*. Gestern war ich in Weissenfels wo ich zwei Brüder von Novalis kennen lernte; der jüngere schien mir ein stilles tiefes heitres Gemüth und gewiß dem Verstorbenen, der uns Beiden so werth ist am ähnlichsten. Der Ältere hat schon Manches geschrieben was den Werken des Bruders nachgebildet ist, ich weiß aber nicht wie eigen es ihm selbst ist er beleidigte mich durch ein absprechendes selbstgenügsames Wesen, das doch wol dem ruhigen Beobachten der Menschen und der Natur wie sie in ihnen und außer ihnen wirkt nicht günstig sein mag. Es freut mich daß Sie den Novalis und zumal die Fragmente so lieben. Vieles ist freilich von so streng wissenschaftlicher Beziehung daß die unmittelbare Bedeutung Ihnen leicht fremd bleiben kann; manches war auch wol zur Mit-

83 Beobachten] *korr. aus* Beobachtung

56–60 *Die Identität dieser Familie konnte nicht ermittelt werden.* 70 *Charlotte von Kathen* 71 f *Brief *1972* 72 *Gottlieb von Kathen* 77 f *Karl von Hardenberg (1776–1813), der schon eigene Werke publiziert hatte, sowie Georg Anton oder Hans Peter von Hardenberg.*

theilung überhaupt noch unreif: aber der Geist des Ganzen, die kindliche Einfalt und dabei der tiefe Blikk, das ist was auch Sie gewiß unendlich lieben müssen. So ist auch wol was Ihnen einzeln in meinen Reden fremder aussieht nur das was sich auf herrschende Meinungen und Ansichten bezieht die Ihnen zum Glükk fremd sind. Noch neuerlich hat mir das Buch eine rechte Freude gemacht, indem jezt erst meine Schwester Lotte es gelesen hat was ich gern verhindern und lieber warten wollen daß sie es mit mir lesen sollte aus Furcht sie möchte sonst manches darin mißverstehen. Aber das fromme Gemüth hat eben die Frömmigkeit darin so rein und schön angesprochen daß mir lange nichts so rührend war als ihre Aeußerungen, und daß sie sich nun alles andere leicht zurechtlegt. Wenn Sie dies lesen liebe Freundin bin ich wahrscheinlich schon auf dem Wege zu ihr. Ohnerachtet ich in fünf Wochen wieder zurükkomme ist mir doch als müßte ich von allen meinen Lieben besonders Abschied nehmen. Zu Ihnen habe ich noch recht viel auf dem Herzen, aber ich muß es mir wahrlich versparen. Denken Sie Sich bisweilen wie ich mich der herrlichen Majestät meiner vaterländischen Gebirge freue, und keine auch gefahrvolle Kühnheit scheue um irgend eines schönen Momentes zu genießen, und wie ich dann noch einige schöne Tage im stillen Gnadenfrei bei meiner Lotte lebe. Leben Sie recht wohl indeß liebe Freundin, und wenn Sie können machen Sie mir die Freude bei meiner Zurükkunft ein freundliches Wort von Ihnen zu finden.

Schleier

D 13t. Junius

1976. Von Johann August Rienäcker. Berlin, Montag, 10. 6. 1805

Lieber Freund

wie ich aus einigen Gerüchten schließe, die mir zu Ohren gekommen sind, hat sich der Professor Wolf in seinem Collegio dahin erklärt, daß ich bei dem vor mehrern Jahren von mir herausgegebnen Handbuche der Griechischen Litteratur, einen widerrechtlichen Gebrauch von seinen Vorlesungen gemacht hätte. – ich kann versichern, daß dieses bei den von

1976. Überlieferung: H: BBAW, SN 359, Bl. 1 3 hat] *davor* ⟨schließe⟩ seinem Collegio] *korr. aus* seinen Vorlesungen 5 f von … Vorlesungen] *mit Einfügungszeichen am linken Rand*

90 *Schleiermachers „Reden" „Über die Religion"* 96–98 *Vgl. Brief 1925, 11–24* 104 *Das Riesengebirge*

1976. 4 f *Johann August Rienäcker: Handbuch der Geschichte der griechischen Litteratur, Berlin 1802*

mir ausgearbeiteten Abschnitten des Buchs nicht der Fall gewesen ist, da ich das Heft, welches ich freilich öfter durchgelesen habe, während der Ausarbeitung nicht einmal bei mir im Hause hatte; ich hatte es nähmlich dem auch in der Vorrede erwähnten Mitarbeiter gegeben, den ich auf Verlangen auch nennen kann, u*nd* welcher die Abschnitte von den Geschichtschreibern, den Rednern, Rhetoren, Epistolographen Mythologen und Sammlern ausgearbeitet hat.

Wenn dieser, wiewohl er das Gegentheil versichert, sich des von Wolf gerügten Unrechts schuldig gemacht hat, so bin ich freilich nicht ganz außer Schuld insofern als ich mich, dergleichen gar nicht ahndend, nicht bei der Ausarbeitung selbst darum bekümmert habe. Die von mir ausgearbeiteten Abschnitte sind aus den in der Vorrede und bei einzelnen Abschnitten erwähnten Hülfsmitteln genommen. – Soll ich nun für jene Sorglosigkeit, wenn Sie von meinem Mitarbeiter so gemißbraucht ist, was er aber auch wie gesagt, leugnet, für mein ganzes Leben unglücklich gemacht werden; ich versichre Sie daß ich seit ich jene Gerüchte erfahren, wiewohl ich nicht weiß, ob das Ganze mehr als Gerücht ist, dennoch wenig ruhige Stunden gehabt habe, u*nd* daß schon der Gedanke an einen solchen | Vorwurf, noch dazu aus dem Munde eines Mannes wie Wolf, mich fast zu Boden drückt. – Sprechen Sie, guter Schleiermacher, mit Wolf, den Sie kennen; hören Sie sein Urtheil und sagen ihm dann, was ich Ihnen gesagt habe; rathen Sie mir dann aber auch, was ich thun, und im Fall W*olf* wirklich jene Meinung hegte, ob ich ihm schreiben, oder, da ich diesen Sommer nach Halle komme, mich mündlich gegen ihn erklären soll. Thun Sie es ja, bester Schleiermacher, wenn Ihnen das Glück meines Lebens etwas gilt. Nur das große Zutrauen, zu Ihrer Güte, läßt mich diese Bitte thun, durch deren Erfüllung Sie die Ruhe wieder schenken werden

Ihrem ergebnen Fr*eund* und Diener

A. Rienäcker

wohnh*aft* in der Brüderstraße Nro. 14.

**1977. An J. A. Rienäcker. Halle, nach dem 10. 6. 1805*

Über das angebliche Plagiat Rienäckers an Wolf; rät Behmer, sich bei Snethlage zu melden.

---

12 Mythologen] *mit Einfügungszeichen über der Zeile* 14 Wolf] *folgt* ⟨geü⟩ 22 daß] *korr. aus* das 32 zu] *davor* ⟨da⟩

**1977. Vgl. Brief 1983, 1–3.22–26*

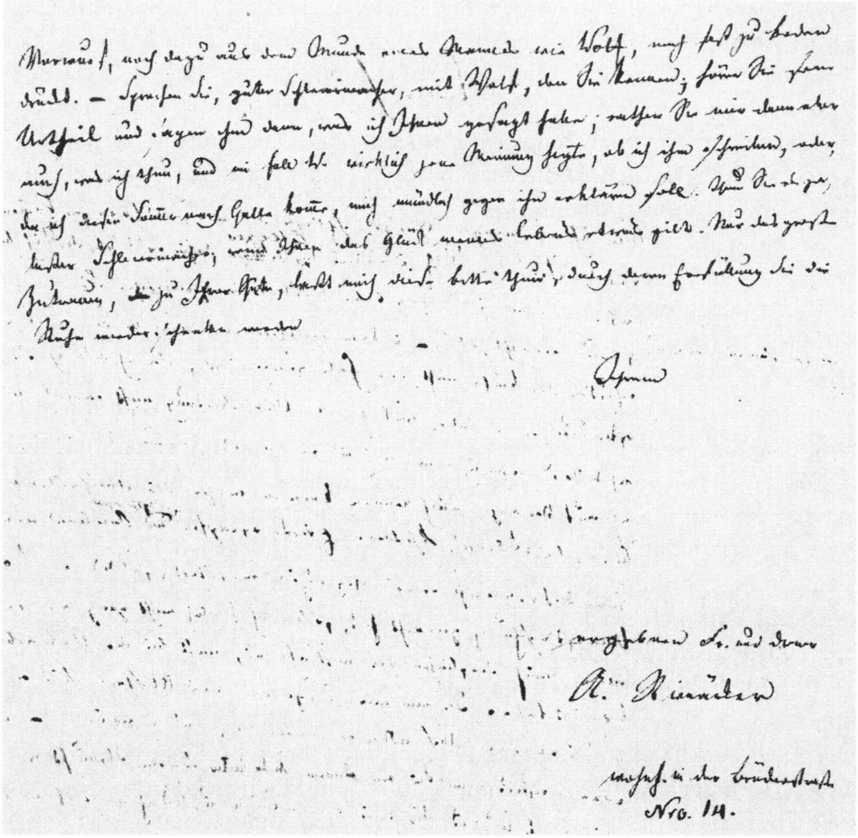
Merconst, auch sagt' mir dem Munde meines Mannes sein Wolf, mich fest zu binden
drückt. — Sprechen Sie, guter Schleiermacher, mit Wolf, den Sie kennen; hören Sie sein
Urtheil und sagen Sie dann, was ich Ihnen gesagt habe; rathen Sie mir dann aber
auch, was ich thun, und ob falls W. wirklich jene Meinung hegte, ob ich ihm schreiben, oder,
da ich diesen Winter nach Halle komme, mich mündlich gegen ihn erklären solle. Wenn Sie es gar,
bester Schleiermacher, wenn Ihnen das Glück meines Lebens etwas gilt. Nur das größte
Zutrauen, die zu Ihrer Güte, treibt mich diesen letzten Schritt, durch dessen Erhaltung Sie die
Ruhe wieder schenken werden

Ihnen

ergebenen Fr. und Diener
A. Rienäcker

wohnh. in der Brüderstraße
No. 14.

**1978. Von Ch. Cummerow. Vor dem 13. 6. 1805*

1979. An J. E. Th. und H. von Willich. Halle, Donnerstag, 13. 6. 1805

Wie sollte auch liebes Jettchen außer unserm Ehrenfried noch Jemand unter den Freunden Dein Glük so fühlen und theilen wie ich? Es ist ja nicht nur so obenhin, daß ich Dein Vater bin Du liebe liebe Tochter, sondern recht aus dem innersten tiefsten Herzen; wie könnte mich also wol etwas stärker und heiliger ergriffen haben als eben dies. Wie versteht sich das auch schon von selbst daß ich das kleine Geschöpf väterlich lieben werde. Ich thue es schon jezt, und ich kann mich freuen wenn ich denke, es wäre möglich daß ich noch einmal etwas unmittelbar dafür thun könnte, in den Jahren wo man es eben auch für recht künstlich hält mit jungen Gemüthern umzugehn, und wo ich glaube daß doch auch das ganze Geheimniß beschlossen ist in Liebe und Wahrheit. Wer dadurch nicht bewahrt bleibt oder selbst zurükgebracht wird wenn sich schon ein Keim des Verderbens entwikkelt hätte, bei dem wäre doch auch alles andere nur verloren. Sieh liebes Jettchen wie ich Dein ganzes MutterLeben mitlebe vom ersten Anfang bis zur Zeit der lezten Sorgen und der schönsten Freudenerndte.

Unser nächstes Wiedersehn ist der schönste Punkt auf dem vor der Hand mein Auge ruht wenn ein gütiges Geschik über uns Allen waltet wie es über Euch gewiß walten wird von so vielen | Seiten her. Dann bringt mir auch die junge Mutter das liebe liebe Kind entgegen und freut sich der Zärtlichkeit mit der ich es mir aneigne, und der festen Zuversicht mit der ich es weissagend schon als Tempel und Organ des höheren Geistes begrüße. Gewiß lieben Freunde wenn alle Ehen so wären wie die eurige so würden auch alle Kinder das Glükk der Eltern sein und der gute Geist der sie von Anbeginn angehaucht würde auch in ihnen selbst fortleben. Wenn ich es mir recht überlege so dünkt mich alles Künsteln in der Erziehung hat seinen Grund nirgend anders als in dem bösen Gewissen, daß man

---

1979. Überlieferung: H: BBAW, SN 776, Bl. 41 f.; D1: Br 2, S. 24–27 (Auszug); D2: Schleiermacher: Briefe an Ehrenfried und Henriette von Willich, S. 126–129

**1978. Vgl. Brief 1979, 94*

1979. 1 f *Vgl. Brief 1966, 3 f.*

den Kindern zeigt und anzuschauen giebt was man nicht sollte. Woher sonst das unruhige Treiben? Ich meine also liebes Jettchen Du brauchst Dir das nicht erst vorzunehmen daß Du nicht künsteln willst. Du kannst ja nicht anders als gut bleiben weil Du es einmal bist, und weil Deine Güte in der schönsten Liebe Grund und Anker gefunden hat, und noch immer schöner wird alles Gute hervortreten je reicher und gesegneter Dein Leben wird: und unser Ehrenfried ist ein fester Mann lange eingewurzelt in Alles was recht und heilig ist und euer ganzes Leben wird immer so schön sein wie es uns Allen von Anbeginn an entgegen gestrahlt hat. Je klarer Dir das ist je lieblicher Dich die schöne Harmonie des Ganzen in Ruhe und Glükseligkeit anspricht, um desto weniger wird Dir gewiß auch einfallen daß Du irgend könntest künsteln wollen mit Eurem Kinde oder daß Du Dich in Acht nehmen müßtest es nicht zu thun, und jede | empfindsame Künstelei mit der Natürlichkeit und einem ausschließlichen isolirenden Mutterleben wird Dir eben so fern bleiben als jede andere.

Lebe wol meine liebe liebe Tochter herzlich väterlich umarmt, ich muß noch mit Deinem Ehrenfried reden, und meine Zeit ist nur leider sehr beschränkt.

Ja lieber Ehrenfried ganz eigen liebe ich Dein süßes Weib, und es ist herrlich daß Du das so verstehst und Dich daran freust. Und wenn ich in ihr verloren war, darfst Du wenigstens nicht klagen daß ich es in ihr allein war denn Ihr seid ja so Eins für mich wie Ihr es für Euch seid, und nichts was ich in Jettchen anschaue läßt sich von Eurer Liebe und Eurem Glükk trennen. Wohl liegt ein reiches Leben vor Dir mein theurer Bruder, was sich immer noch schöner entfalten wird, mit anderer Schönheit noch als die es uns jezt in seiner mehr zusammengehaltenen die Zukunft noch verbergenden Natur darbietet. Und alle Freude und Schönheit soll immer auch die meinige sein, so lange ich unter Euch bin. Alles Andere ist mir noch dunkel aber meine Freude an Euch und an den andren Freunden ist eine Seligkeit die wohl wenige fassen.

Ich wollte Dir einen recht großen Brief schreiben über meine Arbeiten, besonders über meine Vorlesungen und das Interesse was sie mir und meinen Zuhörern einflößen. Ich lese Hermeneutik und suche was bisher nur eine Sammlung von unzusammenhängenden und zum Theil sehr unbefriedigenden Observationen ist zu einer Wissenschaft zu erheben wel-

---

31 f *Anspielung wohl auf das in der Brüdergemeine beliebte Lied von Johann Andreas Rothe: „Ich habe nun den Grund gefunden, / Der meinen Anker ewig hält. / Wo anders als in Jesu Wunden? / Da lag er vor der Zeit der Welt, / Der Grund, der unbeweglich steht, / Wenn Erd' und Himmel untergeht.“* **47–50** *Vgl. Brief 1966, 42–47*

che die ganze Sprache als Anschauung umfaßt und in die innersten Tiefen derselben von außen einzudringen strebt. Natürlich ist der erste Versuch sehr unvollkommen da ich hier so gar nichts vor mir habe, und | besonders fehlt es mir an einer tüchtigen Masse von Beispielen und Belegen, da ich mir nie etwas zu diesem Zwekke notirt habe, und auch nicht eher mit rechtem Erfolg sammeln kann bis ich das ganze System vor mir habe, was sich jezt erst während des Lesens ordnet. In Zukunft aber soll dies immer ein Nebenzwek bei meiner Lectüre sein und da ich künftigen Winter schon eine exegetische Vorlesung zu halten denke, und anderthalb Jahr damit fortzufahren so hoffe ich bis zur nächsten Wiederholung dieses Collegii einen guten Apparat zusammen zu haben. Du siehst ich grabe mich immer tiefer hinein in meinen Beruf und das mit rechter Liebe. Nur wird eben deshalb außer dem Platon wenig zu Stande kommen und wenn mir so oft der Gedanke einleuchtend ist daß ich kaum die Beendigung dieses Werkes überleben werde so kann es mir leid thun, daß so Manches was ich noch vorhatte nicht zu Stande kommen soll.

Ich wünschte es paßte in den Plan Deiner Lectüre daß Du noch bald einmal an meine Predigten kämest. Die neue Ausgabe giebt mir Gelegenheit sie zu verbessern und ich möchte gern daß Du Dir notirtest wo Dir etwas nicht klar genug scheint oder nicht recht geordnet oder Dir sonst nicht genügt. Und wenn Du sie Jettchen vorliest so soll sie hernach mit Dir darüber reden wie über die Deinigen damit ich das auch vernehme und Schwester Luise ihr Wort auch dazu geben.

Grüße mir diese herzlich, und so auch unsere herrliche Kathen. Da Du weder an die Eine noch an die Andere einen Brief findest und ich d*en* 23*ten* zu reisen denke so ist das eine sichere Bürgschaft daß Ihr vor meiner Abreise noch eine Sendung von mir erhaltet. Schreibt mir aber nach Empfang dieses nicht mehr denn ich kann keine Anstalt zum Nachsenden der Briefe treffen. Gegen Ende Julius komme ich zurük und dann hoffe ich recht schöne Nachrichten von Euch Allen vorzufinden.

Dank Dir für die baldige Absendung des Cumerowschen Briefes. Auch ihr schreibe ich noch ehe ich reise. Aber gewöhne Dir das garstige Frankieren nicht an; ich erwidre es nicht, es hält immer nur die Briefe auf. Von

---

70 In] *korr. aus* D

---

71 f *Im Wintersemester 1805/06 las Schleiermacher über den Galaterbrief.* **81 f** *Die zweite Auflage der ersten Sammlung „Predigten“ erschien 1806 in fast unveränderter Gestalt gegenüber der Erstauflage von 1801.* **94** *Brief *1978; es ist ungewiß, ob Ehrenfried von Willich diesen mit einem eigenen Schreiben begleitet hatte.*

Eleonore habe ich leider heute gar keine Nachricht, und nie hat es mich so erschrekkt als heute.

Schl.

d 13t. Jun. 5.

1980. Von G. A. Reimer. Berlin, Sonnabend, 15. 6. 1805

Berlin am 15n Juny 5

Nur wenige Worte in Eile, liebster Freund, weil der Abgang der Post nahe ist: ausführlicher schreibe ich Dir nach Leipzig, wo Du einen Brief von mir und Anweisung bei meinem Commissionair Heinsius oder bei Gleditsch vorfinden wirst. Vorläufig die einliegende kleine Anweisung von 20 R. Dreißig Rthlr wirst Du dann noch wohl in Leipzig vorfinden, aber mehr werde ich leider jetzt schwerlich für Dich aufbringen können, so gerne ich es thäte. Die Messe ist in Betreff des baaren Geldes gar zu schlecht ausgefallen, so daß ich mit genauer Noth mich durchwinden muß.

Am Dienstage also auf Leipzig mehr!

1981. An G. A. Reimer. Leipzig, um den 18. 6. 1805

L*eipzig*

Weder bei Gleditsch noch bei Heinsius habe ich Brief oder Anweisung gefunden; und an lezterem Orte sagte man mir mit der lezten Post wäre in Wittenberg eine Verwechselung vorgegangen daß nem*lich* das Berliner Felleisen nach Berlin zurükgegangen wäre

Leider kann mich dieses in Verlegenheit sezen indem Konopak eben auch keine großen Schäze im Ueberfluß mitgenommen hat. Ich bitte Dich

---

1980. *Überlieferung: H: BBAW, SN 358, Bl. 72*

1981. *Überlieferung: H: BBAW, SN 761/3, Bl. 5*

1980. *Mit einer Anweisung über 20 Reichstaler (Zeile 5 f.)*

1981. *Die Datierung ergibt sich aus Brief 1980 5 Felleisen, „ein Sack von Fellen oder Leder, welcher mit Eisen verwahret ist, allerley Geräthschaften auf der Reise darin zu verwahren; [...] zwey Felleisen aus Holland, zwey reitende Posten, weil die Briefe in Felleisen verwahret werden.“ (Adelung: Grammatisch-kritisches Wörterbuch, Bd. 2, S. 106)*

daher recht sehr wenn Du es irgend zu machen weißt uns eine Anweisung auf Breslau dorthin zu schikken. Solltest Du das nicht mittelbarer Weise können? Du müßtest sie an Konopak Poste restante in Breslau adressiren, wenn sie nur binnen drei Wochen da ist käme sie uns immer noch gelegen Ich wünsche sehr daß Dir dieser kleine Unfall nicht fatal sein mag mir würde er es allerdings sein wenn ich nicht darauf rechnete, daß Du ihn irgendwie würdest zu ersezen wissen.

Noch Eins. Mehrere Menschen haben mir seit kurzem gesagt die Reden üb*er* d*ie* Rel*igion* wären vergriffen und nicht mehr zu haben. Das muß doch an Deinem Comissionär zum Theil liegen. Adieu Grüße Alles herzlich

Schl.

Die Assignate v*on* rth 20 hat Fleisler ausbezahlt

1982. An Ch. von Kathen. Halle, Freitag, 21. 6. 1805

Halle d 21t. Junius 5.

An Charlotte Kathen.

Noch bin ich hier; wir Reisende sowol als meine Geschwister in Schlesien haben des schlechten Frühlinges wegen einen kleinen Aufschub gerathen gefunden. Ich fürchte nur wir haben noch nicht weit genug hinaus gesezt denn bei der Temperatur die wir hier seit einigen Tagen haben kann leicht im Gebirge Schnee gefallen sein. Auch des Elendes wegen das in Schlesien fast an Hungersnoth grenzt und das doch die Erndte vielleicht mildert wäre ich lieber später gereist. Allein meine Geschäfte und manche andere Umstände sind zu sehr dagegen, und Morgen geht es wirklich fort. Wenn das Schiksal mir nicht allzu abhold ist so steht mir viel Freude bevor. Mit einem recht lieben empfänglichen Mann werde ich die Herr-

---

20 Die … ausbezahlt] *am linken Rand*

1982. *Überlieferung: H: BBAW, SN 753, Bl. 11 f.*

15–17 *Reimer hatte die Restauflage der „Reden" von Unger übernommen; vgl. Brief 1912, 66 f.* **20** *Vgl. Brief 1980, 5 f.*

1982. *Zusatz von Luise von Willich am Schluß des Briefes: „Diesen Brief hat mir unser Schl. für Sie zu geschikt liebe Lotte! wenn er doch nur bald in Ihre Hände kann. Herzlich Wilkommen zu Hause. Ihre Luise"* **7 f** *1804/05 war es in Schlesien infolge von Mißernten zu Hungersnöten gekommen.* **12–17** *Der Begleiter war Christan Gottlieb Konopak.*

lichkeiten der Natur bewundern und mit einer höheren Ansicht von der Geschichte der Erde und manchen erst neuerlich erworbenen freilich noch sehr unvollständigen Kentnissen ausgerüstet werde ich sie tiefer und heiliger anschauen als mir in einer früheren Periode möglich gewesen wäre. Ich finde meinen Bruder glüklich verheirathet, die erste | Ehe die mir so unmittelbar durch die Natur mit angehört. Ich sehe meine ältere Schwester noch einmal wieder, was ich seit meinem lezten Besuche oft nicht mehr hoffen durfte, und bringe ihr schöne Hofnungen für mich selbst mit nach deren Erfüllung sie sich so sehr sehnt und ein schwesterliches wehmüthiges Briefchen von meiner theuren Eleonore. Schon bei meinem Bruder in Schmiedeberg hoffe ich meine jüngere Schwester die ich mitnehme zu finden, und mich dort schon recht brüderlich mit ihr einzuleben. Und auf dem Rükwege sehe ich entweder unsere Herz in Dresden oder Leonoren in Berlin, leztere und was ihr indeß begegnet soll mir das erst in Schlesien bestimmen. Viel herrliches: ich lege es Ihrem freundlichen Andenken vor damit Ihnen das Beste vorschwebe was möglich wäre – was mir das Schiksal mit hieran spinnen und weben wird, das sollen Sie hernach erfahren. Ich denke bei diesen Worten recht lebendig an Sie, an Ihre Arbeit für mich, an Ihre Thränen und Schmerzen darin, und an das große bedeutende in den Worten, und wie überall die innerste Gesinnung, das Heilige und die trauernde noch nicht zum Geist erwachte Natur mit ihrer Erscheinung, der Zeit, und ihren körperlichen und geistigen | Ausbrüchen sich ineinander verspinnen und verweben, und wie Alles was uns begegnet sich auflöst in jenen leisen Ton der bei der Zerstörung des natürlichen Zusammenhanges um einen schöneren kunstreichen zu schaffen unter Ihrem bildenden Finger hervorging, und an die lauteren Schläge, und die gewaltsamere Behandlung durch die jezt Ihr Werk vollendet wird. Ihre Thränen sind hineingesponnen und Ihre Schmerzen, theure Charlotte! was für ein werthes Geschenk wird es mir sein! und wenn Alles vorüber ist und das Kind der Sorge wieder blüht und gedeiht! Wie ich Ihrer immer denke und mich Ihrer Hofnungen freue das wissen Sie! und daß Sie schon so bald anfangen das Gute zu bemerken was mit dem Uebel verbunden ist. Ein so frühes Leiden kann ein eigner Segen werden für ein junges Leben. Der Körper wird empfindlicher, ein feineres Organ das gleichsam der berührenden Hand des Geistes weniger Widerstand leistet. Sie brauche ich auch nicht zu bitten daß Sie den Kleinen nicht wenn seine Kräfte erst zunehmen zu weichlich verwahren

---

18 f *Charlotte Schleiermacher* **30–43** *Vgl. Brief 1970, 135–139*

Vor meiner Zurükkunft werde ich nun nichts mehr von Ihnen hören. Es vergeht oft viel mehr Zeit zwischen unsern Briefen als diese, und | doch kommt mir die Zeit, die durch eine Reise ausgefüllt ist immer weit größer vor, und jede Reise wie eine weit größere Entfernung von allen meinen Freunden, auch von denen die mir doch fern sind! –

Ueber unser Wiedersehen liebe Freundin habe ich auch noch keine bestimmte Vorstellung. Reise ich über Berlin zurük und Sie wären dann da, das wäre herrlich. Aber um diese Zeit ist Jette nicht da. Später noch einmal zu reisen, ehe unsere Vorlesungen beendiget sind, würde mir unmöglich sein, nicht einer Beschwerlichkeit wegen sondern weil mein Amt es nicht leidet. Für unsere Herbstferien die aber erst mit Ende September anfangen hat Reimer und ein anderer Freund eine Reise nach dem Brokken vorgeschlagen aber sehr gern würde ich sie in eine Reise nach Berlin verwandeln wenn Sie dann kämen. Nur kann ich mich nicht mit dem Gedanken vertragen daß Sie so spät reisen sollen. Also weiß ich immer nicht recht wie. Nur lassen Sie Sich ja [*durch*] die Ungewißheit mich zu sehen nicht abhalten. Sie finden Schönes und Liebes genug in Berlin[;] Jette aus Dresden zurük und Eleonore wie ich ja hoffen darf so frei daß sie recht viel wird mit Ihnen sein und in Ihr heiliges Auge schauen können. Herzliches Lebewol liebe Charlotte. Grüßen Sie Ihr Haus und wünschen Sie mir eine gute Reise und fröliche Rükkunft.

Schleier

1983. Von J. A. Rienäcker. Berlin, Sommer 1805

Empfangen Sie meinen herzlichen Dank für Ihren Brief voll so freundschaftlicher und milder Gesinnung; er hat allerdings viel dazu beigetragen, mich ruhiger zu machen, obgleich ich nie werde umhin können mit mir selbst unzufrieden zu sein, denn am Ende war es doch kleinliche Eitelkeit die mich immer unbesonnen handeln ließ, gesetzt auch es wäre diese Unbesonnenheit nicht gemißbraucht. Noch manches über diese Angelegenheit spare ich für die mündliche Mittheilung, die freilich nicht so nahe sein wird als ich mir schmeichelte; denn da Spalding erst in 4 Wo-

64 verwandeln] *korr. aus* vert

1983. *Überlieferung: H: BBAW, SN 359, Bl. 2* 7 spare] *davor* ⟨spreche⟩

58 *Henriette Herz*

1983. *Die Datierung ergibt sich aus Zeilen 8–16* 1 *Brief *1977*

chen von seiner Reise nach Italien, Buttmann ebenfalls erst im September von seiner Reise nach Frankfurt am Main zurückkehrt, und ich für beide Stunden übernommen habe, so muß ich meine Reise bis Michaelis verschieben.

Die beiden neuen Konsistorialräthe Hanstein und Ribbeck füllen jetzt unsere Kirchen. Den letzten habe ich verwichenen Sonntag in der Marienkirche, in der er zum erstenmale predigte, gehört, und es thut mir leid sagen zu müssen, daß die Predigt kaum mittelmäßig war. Weder Inhalt noch Diction hatten etwas Anziehendes, und eine Menge Tautologien, welche noch dazu mühsam herbeigesucht schienen, störten die Erbauung. – So möchte denn doch wohl Hanstein wenn anders nicht Ribbecks künftige Predigten besser sind, als die von mir gehörte, den Preis davon tragen, zumal da er schon durch seine Deklamation | mehr zu gefallen scheint. – H*errn* Behmer hatte ich von Snethlages Reise nach Halle benachrichtigt, und ihm gerathen, demselben sein Compliment zu machen. Mit dem Wunsche, daß es Ihnen recht wohl gehen möge empfehle ich mich Ihrer Freundschaft und Gewogenheit indem ich mich nenne Ihren ergebenen

A. Rienäcker

**1984. An L. von Willich. Juni 1805*

Trübe Ahnungen über sein Verhältnis zu Eleonore Grunow

**1985. Von Unbekannt. Wohl Juni 1805*

---

13 *Hanstein und Ribbeck waren seit 1805 in Berlin; seine Magdeburger Abschiedspredigt hatte Ribbeck am 4. Juni 1805 gehalten, sie wurde im selben Jahr gedruckt.*

**1984.* *Vgl. Brief 1996, 7 f.*

**1985.* *Vgl. Brief 1990, 1*

*1986. *Von Unbekannt. Wohl Juni 1805*

*1987. *An Johann Friedrich Reichardt und Familie. Gnadenfrei, vor dem 2. 7. 1805*

*1988. *An Friedrich Karl Bernhard Graf von Sauerma. Gnadenfrei, vor dem 2. 7. 1805*

1989. Von Ch. Schleiermacher. Gnadenfrei, Dienstag, 2. 7. 1805

Eine Stunde nach Deiner Abreise 1805

Die ersten werden die lezten sein usw. so ists mit diesen Zeilen – es hat kaum 8 uhr geschlagen, so size ich schon nach gemachten Spaziergang auf welchem Ellert mir begegnete, und eingenomenen Frühstück – am meinem alten traulichen Tisch der zwar ein andres OberKleid an hat – aber doch immer der alte treue Gefährte bleibt – an welchem ich 22 Jahre so manches angenehme solo mit so mannichfach verschiednen Menschen gehabt – an dem ich schreibend so vielerley Arten von Briefen – und Ausarbeitungen verfertigt – auch mit unter Reime dergleichen viele in dem Schubfach verwahrt liegen – ganz unmöglich wärs mich von diesem Tisch zu trennen – nun ist es doch geschrieben – das Wort welches ich ungern ausspreche – |

Nun noch auf das erste – diese Zeilen erhältst Du aus der Hand der mir sehr interressanten L*ouise* – die mir diese Freiheit nicht übel deuten wird – das was ich später in Begleitung des Coffers zu Papier bringe – erhältst, Du, eher aber nicht allein – ich werde mir wohl die Sache be-

---

1989. *Überlieferung: H: BBAW, SN 375/7, Bl. 17 f.*

1986. *Vgl. Brief 1990, 1*

1987. *Vgl. Brief 1990, 7–9*

1988. *Vgl. Brief 1990, 7–9*

1989. *Adresse auf Bl. 18v:* Pour Monsieur Schleiermacher par faveur a Halle – *Die Datierung ergibt sich aus dem Datum der Abreise aus Gnadenfrei.* 2 *Matthäus 19, 30*

quem zu machen wißen und an die ganze trauliche Gesellschaft eine HerzensErgießung richten – welches ja wohl zu dem Einzigen gehört, was während dem Ersehn der Schleiers – hier und, dort, seltsam genug hervorsticht – Es wird immer heißer – ich bedauere Beide, u*nd* auch den Träger; meine Servante war heute schon recht morne-maussade u*nd* wäre es noch schlimmer – ich will alles ertragen – da mir die Hofnung – dieser Trenung so lieblich u*nd* heiter, winkt |

Wie wird mir die Zeit so lang werden ehe ich Nachricht von Schmiedeberg bekomme u*nd* – erst von Halle – nun ich verlaße mich auf das Treiben, des von mir so gefürchteten Freundes – dem – ich beim Abschied vielleicht kälter schien – als ich es war – doch, er hat mich gewiß ver- standen und das Gefühl von einer wahren Achtung u*nd* Freude an Ihm – ist –, [*der*] platten u*nd* wenigen Worte unbeschadet in sein Inres übertragen worden – auch meine jungen Freundinen, werden sich seiner gern erinnern – Durch den Rudolph werde ich wohl auch etwas erfahren – werde nur wieder ganz gesund, Lieber Einziger Egoiste –! Viel wolte ich noch sagen aber ich bin seltsam zusammengeschnürt empfiehl der holden Ueberbringerin unbekanter Weise

Deine Lotte

1990. Von Ch. Schleiermacher. Gnadenfrei, wohl Anfang Juli 1805

Kaum warst Du Lieber in Silberberg als diese Briefe hier anlangten. Da Du mir alles andre mitgetheilt nahm ich es in keine lange Ueberlegung – auch dieses zu beherzigen – Schuhmännel meinte Du würdest eher unzufrieden sein wen*n* ich es ungeöfnet abschikte – ist es so? Aber erst wieder zusiegeln will ich nicht – noch weiß ich nicht welcher Mensch den Coffer transportirt – für das ⌊groeßeste⌋ – mache ich einen Umschlag mit Oblat drüber. – Mit denen Briefen an Alle Reichards – habe ich der

1990. Überlieferung: H: BBAW, SN 375/7, Bl. 5 f.

21 *Die Identität der „servante" ist ungewiß.* 25 *In Schmiedeberg lebte der Bruder Karl mit seiner Frau Friederike.* 25–31 *Schleiermacher reiste in Begleitung von Konopak.* 31 *Die Identität des „Rudolph" ist ungewiß.*

1990. Mit Briefen (Zeile 1). – Die Datierung geht davon aus, daß Schleiermacher die Schwester vor seiner Gebirgswanderung in Gnadenfrei besucht und ihr dabei Briefe mitgeteilt hatte; offenbar war unklar geblieben, ob Charlotte zu dem Bruder Karl und seiner Frau nach Schmiedeberg nachreisen sollte. 1 *Briefe *1985 und *1986, die offenbar nach Gnadenfrei adressiert waren oder nachgeschickt wurden.* 3 *Marie Salome Schumann* 7 *Oblat meint ein dünnes Papier für ein Prägesiegel; vgl.: „Das Petschaft, [...] ein kleines Handsiegel, welches man auf Siegelwachs oder Oblate drückt. Ingleichen das auf Siegellack oder Oblate abgedruckte Zeichen desselben; das Siegel." (Adelung: Grammatisch-kritisches Wörterbuch, Bd. 3, S. 697)* 7–9 *Offenbar Briefe Schleiermachers an die Genannten aus Gnadenfrei, die Charlotte zur Post geben sollte; vgl. Briefe *1987 und *1988 .*

Schuman viel Freude gemacht den an Sauerma – habe ich Beiden mitgetheilt – Meine Epistel wird | wohl viel Lachen erregen – tant mieux desto weniger ist mir so zu Muthe – Morgen komt meine Alte –! Ach es heuft sich alles recht – eben muste ich meine Zelle verlaßen, um einen großen Besuch etwas zu unterhalten der Bruder der ehrwürd*igen* treflichen Bertram war dabei – er wuste von mir – frug aber doch – ob der Prof*essor* in Halle der sich in der gelehrten Welt so berühmt gemacht hätte – u*nd* so hoch stünde – mein Br*uder* sey – u*nd* ob ich nichts gar nichts von den Schriften läse? sehr wenig ich fürchtete für meinen Kopf u*nd* benante nichts – es machte ihm viel Spaß – war es recht –? ich wuste ja nicht ob Plato, oder, religion, gemeint mir ist vor dem Fallen bange |

Nur bitte ich Dich recht herzlich mir bald recht bestimt zu schreiben – ob Du noch gesonnen bist, Deine Lotte nach Schmiedeberg mitzunehmen – um dort den guten Menschen u*nd* die treflichen Umgebungen zu besuchen ich freue mich eigentlich schon lange darauf denn ohne Deine Güte wird dieses Jahr nichts daraus, u*nd*, ich möchte doch gar zu gern die Schwägern recht herzlich genißen – gedenkst Du aber jenen Freund auch mitzunehmen – dann reise ich nicht mit ich kann mich dazu durchaus nicht entschließen viel zu wenig Genuß wäre mir dann alles – um hier so viel Schwierigkeiten zu überstehen, die ich aber nicht achte, wen*n* wir allein sind – auch kann ich meiner Kränklichkeit wegen die gene nicht ausführen – die schon das Fahren heischt ich melde Dir das voraus mein Lieber deßen gar nicht zu gedenken – was ich ins | ganze dadurch in Deinem Umgang verliehre – Wäre dis alles nicht – so hätte ich die Frage aufgeworfen – ob Du etwa erst nach Schmiedeberg auf einen Tag gehest – und wen*n* Charles nicht abkomen kann, doch die Frize mitbringst – u*nd* wir gleich zusamen – hinfahren – – Wie es überhaupt dort jezt sein wird – da der Bruder Hofnung zu was eignen hat – – Sonst hätte gewiß Waldkirch – der ein sehr artiger Mann ist – diesesmahl Dich logirt um auch Deine Bekantschaft zu machen – es würde Dir behagen – u*nd* ich hätte mich in solchen Stunden mit der Schwägern ausgeplaudert – jezt aber weis man nicht wie die Sachen stehn – bis meine 2te Ep*istel* erscheint mehr davon – – hier will ich schließen, bitte gieb mir so bald Du kanst Auskunft – im Geist umarmt Dich Deine

alte Lotte

---

8 gemacht] *unter der Zeile*

9 *Vielleicht ein Brief Charlottes an Dritte, mit denen auch Schleiermacher in Korrespondenz stand.* 10 *Sophie Juliane Magdalene von Seidlitz* 12 *Der Bruder Rambach* 18 *Die „Reden" „Über die Religion"* 20–24 *In Schmiedeberg wohnte Karl Schleiermacher mit seiner Frau Friederike* 24 *Der Freund, mit dem Schleiermacher die Reise unternahm, ist Konopak.* 28 f *Mit „gene" meint Charlotte wohl Zurückhaltung im Sinne von Alleinsein, Sich-Zurückziehen.* 33 *Karl Schleiermacher* *Friederike Schleiermacher*

1991. Von Ch. Schleiermacher. *Gnadenfrei, wohl Dienstag, 9. Juli bis Sonntag, 21. 7. 1805*

Welch ein langer Zeitraum scheinen mir diese 8 Tage – die, jezt noch nicht einmal um – da ich mit Deinem Begleiter Dich wiedersah – und schneller als ich es glaubte mir die Stunden fortrollten – – so sehr beschäftigt ich auch bin, und in den Zwischenzeiten der, Alten, aufwarte, finden sich doch so große Lücken, überall, die ich diesen Vormittag da ich bis 11 Uhr frei bin ganz besonders verspühren werde – Daß mir ganz wunderlich zu Sinne wird – schreiben könte ich hier weiter an Jetten – u*nd* Wedike – aber – die Seidliz – die Du ja in Habendorf so sonderbar, aber ihnen sehr angenehm überrascht hast – will etwas sehr eilig von mir gestrikt haben – was ich auch gleich wieder vornehmen will – Seit Dienstag früh – nicht geschrieben – heut ist Sontag gleich nach der Predigt wolte ich da kam meine Arnold kündigte mir angekommene Bücher an – nach Deinem Befehl von Goethe – 1) Wert*hers* Leiden habe ich mir nicht erst in die Stube bringen laßen – 2) Goez v*on* Berlich*in*gen Schauspiel was ich noch nie gelesen – 2 Theile von Meisters Lehrjahr ich fragte Schuhmänel, welche sie gelesen, aber sich das Bekentniß einer schönen Seele wiederholen will – Ellert ist es bis auf die daraus genommenen Arien ganz unbekant – also – bleibt es hier – ich kan es auch in erschlichenen halben Stunden noch durchgehen – ich fühle diesmahl die Gefangenschaft bei der Alten ganz außerordentlich – doch nun von Eurem | Besuch in Habendorf – der dort sehr wilkommen u*nd* angenehm war; auch Dein Begleiter hat einen lieblichen Eindruk auf die Weiber und Kinder gemacht – aber die Leute im Hof nebst UnterBedienten – haben die beiden Reisenden, verschiedentlich betrachtet als musicanten wegen Deinem reservoir, welches sie für ein instrument hielten – u*nd* die Jugend besonders hatte sich schon auf einen besondern OhrenKizel gefreut – Andre giengen hierauf aufs Schloß – sprachen von den eleganten HandwerkBurschen die wohl etwas bekommen solten – – und nun da sie die

---

1991. *Überlieferung: H: BBAW, SN 375/27, Bl. 5 f.* **21** wilkommen] *folgt* ⟨| |⟩

1991. *Zur Datierung vgl. Zeilen 10 f. Mit Briefen von Dritten an Schleiermacher (Zeile 42 f)* **2** *Konopak* **4** *Sophie Juliane Magdalene von Seidlitz* **7** *Henriette Herz* **8** *Habendorf war der Sitz des Friedrich Julius von Seidlitz, der mit Helene von Schweinitz verheiratet war.* **10 f** *Wohl Sonntag, der 14. 7. 1805; der Brief wäre demnach am Dienstag, dem 9. Juli begonnen worden und Schleiermachers Abreise aus Gnadenfrei fiele auf Dienstag, den 2. Juli.* **16** *Die Lehrerin Marie Salome Schumann* **16–18** *Die „Bekenntnisse einer schönen Seele" im sechsten Buch von Goethes Roman „Wilhelm Meisters Lehrjahre" (Goethe: Werke. Weimarer Ausgabe, Abt. 1, Bd. 22, S. 259–356). Die Lieder aus dem „Wilhelm Meister" wurden vielfach vertont.* **25** *Reservoir, Behälter* **28–32** *Johann Heinrich Rumpel war ein Studienkamerad Schleiermachers in Barby und danach als Lehrer bzw. Hauslehrer tätig.*

Freude des Rumpels gewahr wurden – war alles ganz anders – Konopack hatte sich entfernt – die Leute brachten neue Botschaft auf der Brücke sei noch einer der zu den Leuten gehörte nun ließ Rumpel den Rudolph stehen – und holte, jenen, die Alte, welche mir immer so viel von Ziererey spricht wolte durchaus nicht daß ich, Dir, diesen HauptSpas [*erzähle*], den mir die junge Frau u*nd* Rumpel recht comisch erzählt haben – nicht aus Furcht vor Dir – sondern die fürchtet Kono*pak* – könne es übel nehmen – das ist mir nun so lächerlich – denn das ist doch Ziererey – Sie achtet ihn so sehr – u*nd* fürchtet dadurch zu verliehren – u*nd* es waren doch die Bedienten, die in dem Wahn standen. |

de*n* 21*ten* July

Ich habe heute die Unterhaltung mit den jungen Mädchens abgesagt um diesen Brief noch vor 6 uhr endigen zu könen, weil ich bis gegen 10 bei der Alten bleibe – u*nd* es muß Morgen fort um die Inlagen die vorigen Posttag erschienen Dir nicht länger vorzuhalten – ich rechnete abermals auf die Erlaubniß lesen zu dürfen – auch wurde es zu dick – u*nd* kostet ohnedis doppelt Postgeld – mehr als 200fach habe ich dieses schon voraus, von Dir erhalten – aber bey meiner jezigen so wenigen Baarschaft die schon auf 3 Thr geschmolzen von denen ich bis Michaely leben soll – bin ich ganz froh – wen*n* diese Auslagen jezt aufhören – ich betrachte ohnedies so mancherley Zetteln über 3 oder 5 Thaler mit Grauen – kränken u*nd* kümmern will ich mich nicht – aber wen*n* Du mir vor Michaely noch was schiken kanst ist mirs gar sehr lieb – nicht wegen dieser Zettel – sondern das alte Holz der Vorstehern zu bezahlen und neues zum Winter anzuschaffen – damit ichs trocken habe – vorm Jahre habe viel nasses gebrant – Wie mag es nur mit Deiner Gesundheit stehen Du Lieber! Das SelterWaßer welches vor einigen Tagen hier eingelaufen thut mir recht gut – Heute am meinem sehr besezten Tage fühle ich wohl einige Schmerzen im Kopfe – |

Zu Ende dieser Woche hoffe ich bestimt Nachricht aus Halle – mir für das erstemahl einerley wer zum Schreiben sich entschließt. Wen*n* Du dieses empfängst ist es das 4*te* schriftliche seit unsrer Trenung – alles andre hast Du wahrscheinlich schon erhalten – ob Du meine Freimütigkeit, Zutrauen, jeder Art, wie man's nennen will, thadeln, oder billigen wirst – erwarte ich – unmöglich konte ich dem Treiben meines Herzens wieder-

34 *Wohl Caroline Charlotte Helene von Seidlitz* **42 f** *Vielleicht Brief 1993 und Brief *1993a* **60** *Briefe 1989, 1990 sowie der vorliegende Brief, wobei Charlotte das unter dem 21. Juli Geschriebene wohl als vierten Brief zählt.*

stehn – sehr erwünscht wäre es mir wen*n* die Pohlin etwas ähnliches für mich verspührte und mir mit einer kl*einen* Reisebeschreibung und Erzählung ihres dortigen Lebens aufwarten wolte sage ihr das mit herzlichen Grüßen u*nd* Küßen – auch den Danziger grüße mir – ich denke seiner öfters – Abends beim Anblick des Mondes und des ersten gewahrenden Sternes werde ich noch lange an s*eine* Mühe mir den Tubum ordentlich zu richten – mich erinnern – Rumpel meinte nach einigen Augenbliken wären sie schon Freunde gewesen – das war mir zu rasch –, freilich, wie man das nimmt, – von Dir war er ganz begeistert – konte aber immer nicht anders herstamlen – als: ja unter 4 Augen löst sich meine Zunge – wahrscheinlich gelang es, ihm, allein mit Dir zu sprechen – ich muste ihm die Reden noch 1mahl mitgeben. Nun mein Bester – ich ende – mein Kopf wüthet zu sehr – Laß mich b a l d was wißen auch von L*eonore* – ich bin nun schon mit Euch Allen in der Spanung – ich umarme Dich

1992. Von Johann Wilhelm Süvern.
Elbing, Donnerstag, 11. 7. 1805

Elbing d. 11t. Jul. 1805.

Stark genug, theurer Freund, habe ich Ihnen nun durch die That bewiesen was ich einmal, als von einem Briefwechsel unter uns die Rede war, äußerte, daß ich weder eine briefschreibende noch eine dialogische Natur bin. Nicht meine Arbeiten allein klage ich deshalb an, sondern oft und viel mit Ihnen beschäftigt fand ich es unmöglich von dieser geistigen Unterhaltung mit Ihnen mich loszureißen. Sehr oft ist es mir so ergangen. Ihre Schriften waren mir offne Briefe, die ich las und wieder las und durch deren Γραμματα εμψυχα και ζωντα ich tiefer und tiefer in Ihr Inneres sah. Aber je lebendiger und freyer diese Anschauung war, desto unfähiger ich selbst mich in die Schranken eines bestimmten Briefes zu werfen und jene einseitige Unterhaltung zu einer correspondirenden durchbrechen zu lassen.

Ihre vortrefliche Uebersetzung des Platon hat mir endlich einen bestimmten Gegenstand gegeben, an welchen ich die Communication mit

---

68 gewahrenden] *Kj: zu gewahrenden*

1992. *Überlieferung: H: BBAW, SN 400* 5 allein] *mit Einfügungszeichen über der Zeile*

---

64 *Die Identität der Polin ist ungewiß.* 67 *Konopak war aus Danzig gebürtig.* 69 *Tubus, Fernrohr*

Ihnen knüpfen kann. Sie haben wohl gethan diese allein zu unternehmen. Denn fast scheint es mir, als ob Schlegel über all seinem vielseitigen und unauf|haltbaren Streben nie zu etwas Bestimmtem gelangen werde, das den Menschen zeigen könnte was er eigentlich ist. Und ich sehe ohnehin nicht, wie Sie Beyde die Arbeit unter sich gut hätten vertheilen können, ohne daß Verschiedenheit in der Behandlung merklich geworden wäre. Wenigstens hätte es Weitläuftigkeit verursacht – und die Zurüstungen zum Anfange haben ja gezeigt wie langsamen Fortgang man sich zu versprechen gehabt hätte.

Die erste Abtheilung Ihrer Uebersetzung las ich gleich nachdem ich sie erhalten mit inniger Liebe zum Autor, der mir in einigen Dialogen noch in frischem Andenken war, mit Zuziehung des Textes an wenigen Stellen. Das Resultat dieser ersten Lectüre war, daß Platons Geist in der Uebersetzung sey, daß ein des Griechischen Unkundiger durch dieselbe in ihn eingeführt werden könne. Aber Ihr Bestreben ist gewiß wie das eines jeden nachdichtenden Uebersetzers – und der ist jeder welcher das Original, auch das prosaische, nachbildet – ein in allen Theilen durchgebildetes Werk zu liefern, in welchem, so viel möglich, auch kein Pünctchen des Platon leer sey. Das Original hat aber seine bestimmten äußern Gränzen, so unendlich der es beseelende Geist ist. Diese scharf begränz|te Form muß auch in der Uebersetzung darzustellen möglich seyn, und zwar so, daß nur eine einzige die wahrste und treffendste Nachbildung des Originals seyn kann.

Wären die Uebersetzer einig über diesen Grundsatz ihrer Kunstlehre, so würden sie gewiß nicht in Uebersetzungsversuchen eines und desselben Werkes sich zerstreuen, die alle vielleicht gleich weit entfernt vom Ziele sind, sondern meinen Gedanken annehmlich finden, ein Verfahren anzuwenden dem der Kritiker ähnlich. Diese nämlich arbeiten mit vereinten Kräften an Wiederherstellung der Fragmente des Alterthums, sie haben alle eine gemeinschaftliche Grundlage ihrer Arbeiten, den und jenen alten Autor, und dessen genuine Form herzustellen liefert jeder seinen Beytrag, ohne daß eben jeder eine neue Recension desselben veranstaltet. So wird aber durch die gemeinschaftlichen Bemühungen Aller das antike Werk seiner ursprünglichen Gestalt immer näher gebracht. So meine ich sollte man auch bey den Uebersetzungen verfahren. Eine den Geist und die Form des Originals am treuesten darstellende sollte man als Grundlage anerkennen und nun arbeiten, die Flecken, die ihr etwa noch | ankleben, abzuwischen, Narben auszumerzen, zu heben wo das Original nicht er-

---

23 zu] *darüber* ⟨hat⟩ 50 den Geist] *korr. aus* der Form 52 ankleben] *korr. aus* anklebten

reicht, nachzuhelfen wo der Sinn nicht getroffen wäre; so würde eine Sammlung von Varianten zu einer solchen Fundamental-Uebersetzung, wie zu einem alten Autor, entstehn, aus welcher es möglich wäre durch neue Recensionen sie dem alten immer näher zu bringen und endlich die ihm einzig entsprechende Nachbildung in ihr hervorzubringen. Mein Urtheil über Ihr Werk glaube ich nicht treffender aussprechen zu können, als wenn ich sage daß es mir der Anerkennung als solche Fundamental-Uebersetzung Platons vollkommen werth scheint. Eben so bin ich aber überzeugt, daß es in nicht wenig Stellen verbessert und dem Originale mehr angebildet werden kann. Von dieser Seite betrachten Sie die Bemerkungen, die ich Ihnen darüber mittheile.

Die Einleitung und die darin entworfene genetische Anordnung der Werke Platons gefällt mir ausnehmend. Aber genauer sie zu prüfen wird erst nach beendigter Lectüre aller Dialogen möglich seyn, zumal auch erst in der Einleitung zu jedem Dialog die Bestätigung und der Beweis des | in jener allgemein Aufgestellten vollständiger gegeben werden kann. Den ganzen Platon habe ich auch noch nicht einmal gelesen. Ihre Uebersetzung aber ist mir Aufforderung es jetzt im Zusammenhange zu thun. Freylich wird mein äußerst mühevolles Amt, das für die Wissenschaften mich fast ganz verlohren macht, es mir nur in Zwischenräumen erlauben; aber meine Hauptlectüre soll diese für lange Zeit seyn, und zwar eine Lectüre, die ich mit möglichster Sorgfalt anstellen werde. Zur Freundschaftspflicht werde ich es mir dann machen Ihnen von Zeit zu Zeit was ich bemerke mitzutheilen.

Für jetzt schicke ich Ihnen, um doch zu zeigen, daß es mir Ernst ist, Einiges über den Phädros, woraus Sie besser, als aus einer Kritik nach allgemeinen Gesichtspuncten, ersehen können, was ich etwa an der Uebersetzung auszustellen habe. Machen Sie von dieser farrago von Bemerkungen welchen Gebrauch Sie wollen, prüfen und sichten Sie dieselben, vielleicht daß doch einige gute Körner darunter sich finden. Am liebsten wird es mir seyn, wenn Sie sie mit Ihren Randw*or*ten begleitet mir wieder zukommen lassen wollen. |

Die nächsten Dialogen habe ich zwar schon gelesen, es wird mir aber an Muße fehlen, in kurzem wieder Bemerkungen Ihnen zu überschicken. Jedes Stündchen indessen, das ich meinen Arbeiten abstehlen kann, werde ich ihnen widmen.

Ueber die Stelle, die Sie dem Phädros anweisen, bin ich mit Ihnen vollkommen einig. Er ist der erste Ausbruch des Feuers, womit Platon das

58 Mein] *davor* ⟨Mich⟩ 89 widmen.] *folgt* ⟨und⟩

Object der Philosophie und die Form des Philosophirens ergriffen hat. Er war mir einst der erste Mittler mit dem Höhern, und die Stimmung, welche im Jünglinge damals erwachte, ist die im Phädros herrschende. Diese Erfahrung giebt mir eine subjective Bestätigung dessen was Sie mit großer dialectischer Kunst entwickeln. Eben so stimme ich Ihnen bey in dem Gesichtspuncte, welchen Sie für die Betrachtung des Phädros aufstellen. Ist es aber richtig, wie es denn allerdings so ist, daß Platon in ihm die Philosophie als Grundlage alles Schönen und Würdigen, und zwar nicht als in sich verschlossen, sondern als | künstlich bildend Andre und in Andern, die Liebe aber als den lebendigen Trieb, der sie bildend macht, und die Dialectik als Kunstwerkzeug, dessen sie sich dabey bedient, (hier besonders weiset der § 110 deutlich auf § 72 und 73 zurück) darstellt, so ist es wohl nicht zu verwundern, wenn mir als Pädagogen aus der unendlichen Fülle von Trieben und Tendenzen, die im Dialog liegen, die pädagogische vor allen hervorleuchtet, und als sein Resultat sich mir ergiebt, daß nur der Päderast (ὁ παιδεραστησας μετα φιλοσοφιας § 60) ächter Pädagog sey. Davon mußte Platon aus der sokratischen Schule noch voll seyn und so schließt der Dialog sich enge an Sokrates an, so daß selbst hierin für die Zeit seiner Entstehung ein Argument zu liegen scheint, das sogar dem Tennemannschen Prinzip nicht zuwider wäre.

So viel für heute von unserm Platon!

Von meinem sonstigen Leben und Treiben werden Sie durch unsern Reimer | Nachricht haben. Auch vielleicht durch den Erzpriester Wedeke, den, als einen Freund von Ihnen, unvermuthet hier zu finden ich mich so gefreuet habe beynah als hätte ich Sie selbst getroffen. Wäre es doch möglich für Sie gewesen, ihn vor Ihrer Abreise aus Pommern zu besuchen! Nichts hätte mich hindern sollen Sie zu sehn. Mir ist es ein großes schwer zu ertragendes Bedürfniß ein geist- und herzvoller Umgang. Dessen Mangel, und so manches andere noch, verleidet mir auch hier den Aufenthalt. Gute brave Menschen habe ich hier wohl gefunden, aber

92 Er] *davor* ⟨Wie ihm⟩ 107 nur] *mit Einfügungszeichen über der Zeile* 117 für Sie] *mit Einfügungszeichen über der Zeile* 118 es] *korr. aus* er

1992. 102–108 *Die Paragraphen beziehen sich auf Heindorfs Edition „Platonis dialogi quatuor" [= dialogi selecti, Bd. 1], Berlin 1802; § 110 entspricht Phaidros 265 e bis 266 a; §§ 72 und 73 entsprechen Phaidros 252 d bis 253 c; das Zitat aus § 60 steht Phaidros 249 a.*
108–111 *Vgl. Wilhelm Gottlieb Tennemann: System der Platonischen Philosophie, Bd. 1, Leipzig 1792, S. 116 f.: „Es ist gewöhnliche Meinung, daß Plato schon zu der Zeit, da er Sokratis Schüler war, einige Dialogen geschrieben habe. Obgleich diese Nachricht weder durch viele noch durch wichtige Zeugnisse bestätiget werden kann, so halte ich sie doch für gegründet, weil innere Wahrscheinlichkeit das ersetzet, was an äußern Gründen abgehet." Im Folgenden bestreitet Tennemann allerdings die Frühdatierung des Phaidros; mit seinen Argumenten setzt sich Schleiermacher im ersten Band seiner Platon-Übersetzung S. 74 f. kritisch auseinander.*

noch keinen wie ich ihn suche. Ach und dann das zweck- und fast erfolglose Arbeiten zu dem ich verdammt bin!

Leben Sie wohl und gedenken meiner mit Freundschaft.

Süvern.

1993. Von Fritz Weichart. Pless, Montag, 15. 7. 1805

Pless den 15n Jul. 1805.

Herr Professor,

so sehr es mein Wunsch war einen Mann kennen zu lernen, der mir in jeder Rüksicht so achtungswerth ist, daß ich es unter die kühnsten Wünsche zähle, durch eine persönliche Bekanntschaft mir einen Grad seiner Freundschaft zu erwerben, so war doch die eiserne Nothwendigkeit meiner Berufspflichten zu strenge um die Erfüllung meines Wunsches abzuwarten; indeß die gütige Aeußerung gegen Annchen (oder wie ich sie lieber nenne Louise) und der Gruß an mich sind mir ein Beweiß daß auch Sie nicht gleichgültig gegen die Verhältnisse mit meiner Louise sind, die mir die Freiheit erlauben Ihnen meine Achtung schriftlich zu erkennen zu geben. – Ich weiß zwar nicht welches Urtheil Sie über mich fällen, indeß fühle ich es doch, daß es gut war wenn Sie mich nicht kennen lernten, da meine Bekanntschaft Sie vielleicht hätte bestimmen können, meine so sehr geliebte Louise einer glänzernden Bestimmung entgegen zu führen als sie es bei meiner Einfachheit für sie vermuthet hätte. Ich gestehe es gern, sie verdiente mehr, mehr als mich, da ich ihr nicht, wenigstens jezt noch nichts als ein feuriges liebendes Herz mitgeben kann, und ich bei weitem ihre Tugenden nicht erreiche, aber eben so gestehe ich Ihnen, daß es mein rastloses Bemühen sein wird, beides zu erreichen. –

Sehr schwer war es mir wohl mich von Louisen zu trennen da ich seit beinahe 4 Jahren keinen andern Umgang kannte als sie; nur meine eigne Ueberzeugung und die Anstalt zu ihrer Reise seit einem Jahre konnten mich an Resignation gewöhnen; ich stellte mir ihre Entfernung nicht so schwer vor, aber ich kannte mich noch nicht genug; ich empfand die

1993. *Überlieferung: H: BBAW, SN 415, Bl. 1; D: Briefe Hülsens, Vermehrens und Weichardts an Schleiermacher, S. 54 f.* **15** einer] *korr. aus* einem glänzernden] *Kj* glänzenderen **16** als sie] sie *korr. aus* Sie **19** daß] *korr. aus* mein **22** nur] *korr. aus* und

1993. 8 f *Anne Maria Louise (Nanny) Schleiermacher*

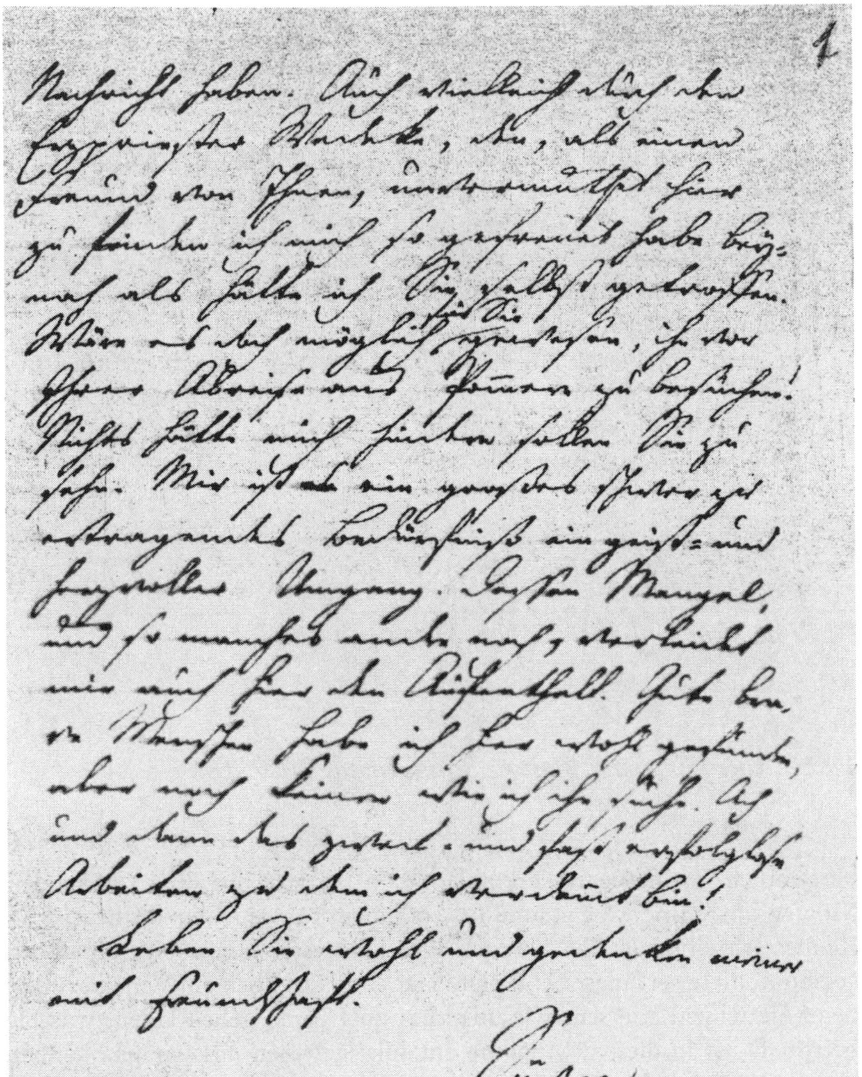
1

Nachricht haben. Auch vielleicht durch den
hochgeehrten Bartels, den, als einen
Freund von Ihnen, unvermuthet hier
zu finden ich mich so gefreuet habe beinah als hätte ich Sie selbst getroffen.
Wäre es doch möglich für Sie gewesen, ich der
Ihrer Abreise aus Bremen zu besuchen!
Nichts hätte mich hindern sollen Sie zu
sehen. Mir ist es ein großes Opfer zu
entbehren bedürfniß ein geist- und
herzvoller Umgang. Dieser Mangel,
und so manches andere noch, verleidet
mir auch hier den Aufenthalt. Gute bra-
ve Menschen habe ich hier wohl gefunden,
aber noch keinen wie ich ihn suche. Ach
und dann das zerstreute - und fast vergebliche
Arbeiten zu dem ich verdammt bin!
Leben Sie wohl und gedenken meiner
mit Freundschaft.

Ihr
Cuvier.

ganze Größe des Verlustes erst dann als ein Hügel sie meinem lezten Blick entzog, dann erst wuste ich welches Opfer ich brachte und was ich – verliehren könnte, noch kann ich mich nicht recht drein | finden, denn ich bin mir hier wieder so fremd, aber Sie ließen mir ja sagen, es gienge Ihnen auch so; und ich sollte mich mit Ihnen trösten. Nun das will ich denn auch, meine Louise wird mir ja gut bleiben, dies hat mir sie so oft versichert, und für sonstige Gefahren wird der gute Bruder wachen. –

Die gute Mutter läßt Sie recht herzlich grüßen, wie hat sie es bedauert ihre Lieben so beisammen nicht gesehen zu haben, sie wünschte dies nur noch einmal; vielleicht wird dieser Wunsch noch erfüllt. –

Es schlägt ein Viertel auf 4 Uhr, bald geht die Post ab, ich darf nur noch meine Bitte um gütige Verzeihung meiner Freiheit hinsetzen, in welcher Erwartung ich mit aller Achtung verharre Ihr

ganz ergebenster Diener

Friz Weichart.

**1993a. Von Unbekannt. Um Mitte Juli 1805*

1994. Von J. C. Gaß. Stettin, Sonnabend, 20. 7. 1805

Stettin, den 20ten Jul 1805.

Hoffentlich, mein theurer Freund, haben Sie jezt Ihre Reise vollendet. Mögten unsre Briefe Sie gesund u*nd* in einem ruhigen Gemüth begrüßen! Reimer schreibt mir, daß Sie Sich Ihre Schwester holen u*nd* wir haben geglaubt, diese sei längst bei Ihnen. Sagen Sie uns doch ein Wort darüber, denn Sie wißen, wie sehr wir uns alles zu Herzen gehen laßen, was Sie betrift. Es ist in diesem Monathe ein Jahr gewesen, als wir uns kennen lernten u*nd* ich habe diese Tage recht eigentlich mit dem Andenken an Sie geheiliget. Wenn auch Tage eines persönlichen Umgangs uns nicht oft

---

27 Opfer] *korr. aus* U

1994. Überlieferung: H: BBAW, SN 287, Bl. 99–102; D: Schleiermacher: Briefwechsel mit Gaß, S. 23–27 (irrig unter dem 13. 7.; gekürzt) 3 gesund] *korr. aus* in gesunden

---

33 *Schleiermachers Stiefmutter Christiane Caroline*

**1993a. Vgl. Brief 1991, 42 f.*

1994. 4 *Die Halbschwester Nanny* 7 f *Vgl. Brief 1781, 7 f. (KGA V/7)*

zurükkehren sollten, wie ich fast fürchte, so wird gewiß unsre Freundschaft immer zu den bedeutendsten Punkten meines innern Lebens gehören.

Dießmahl habe ich wirklich recht lange auf Ihren Brief warten müßen; ich kann aber nichts dazu sagen, vielmehr weiß ich es Ihnen noch Dank, daß Sie die Antwort nicht bis nach der Reise verschoben. Wie freue ich mich Ihrer schönen Tätigkeit! Fahren Sie doch fort, mir immer etwas davon mitzutheilen. Es ist immer eine wahre Stärkung meines Glaubens, daß aus unsrer theolog*ischen* Literatur u*nd* dem theolog*ischen* Studium selbst noch ein mahl wieder etwas werden könne u*nd* ich will Ihnen nicht bergen, wie ich dieß für jezt am meisten von Ihnen u*nd* unserm lieben Schwarz in Heidelberg erwarte. Es thut auch | noth, daß mit Ernst Hand angelegt u*nd* die Sache ein mahl anders werde. Ich habe in das große Lob, das wohl mit unter der theol*ogischen* Literat*ur* ertheilt wird, nie einstimmen können; es ist mir so gar, als ob wir gar keine mehr haben, wenigstens ist die neueste noch immer elender als die neue u*nd* so am Ende die alte noch wohl die beste. Die Maße von Schriften, welche man dazu rechnet, machen ein blaßes Aggregat aus, das nur den gemeinschaft*lichen* Charakter der Charakterlosigkeit hat u*nd* es wäre wohl eine schwere Aufgabe, daraus etwas Ganzes zusammenzusetzen, woran sich eine Systematische Einheit, oder ein eigenthümliches Gepräge wahrnehmen ließe, wie dieß unleugbar bei der ältern Theologie der Fall war. Alles ist so in's Flache u*nd* Breite getreten, daß das Auge kaum Einen Punkt findet, wobei es mit Ruhe u*nd* Wohlgefallen verweilen mag; alle Umgrenzungen sind niedergerißen u*nd* überall hat man Bequemlichkeit zum Uebersteigen u*nd* Durchlaufen. Etwas wirklich Christliches findet sich selten u*nd* bei Wenigen, denn das Christenthum ist selbst um seine schöne Individualität u*nd* Selbstständigkeit gekommen. Man rühmt der theol*ogischen* Lit*eratur* den Frieden u*nd* die Eintracht nach, der in ihr herrscht; aber das ist eben der traurige Beweis, daß aller Ernst u*nd* alle lebendige Theilnahme an der großen Angelegenheit verloren gegangen ist. Mit den einzelnen theolog*ischen* Wissenschaften, die eigent*lich* organische The*i*le | des Ganzen sein sollten, ist's nun eben so u*nd* keine derselben bietet einen erfreulichen Anblik dar. Die Dogmatik will gar einen kritischen Zuschnitt als Elementarlehre u*nd* Methodenlehre erhalten; die Moral ist nichts als sogenannte Philoso*phische* Moral mit Sprüchen der Bibel verbrämt; die Kir-

29 Aufgabe] *folgt* ⟨sein⟩ 40 verloren] *korr. aus* verlohren 43 Zuschnitt] *folgt* ⟨nach⟩

13 *Brief 1969* 45 f *Johann Matthias Schröckh: Christliche Kirchengeschichte, 35 Bde., 1. und 2. Aufl., Leipzig 1772–1803*

chengeschichte hat an Schrök einen sehr braven Bearbeiter, aber es wird nichts mit ihr, da die Teutschen in der wahren Geschichtschreibung noch sehr zurük sind. Es lohnt nicht weiter in's Einzelne zu gehen, auch könnten Sie billig darüber schelten, liebster S*chleiermacher* daß ich mit solchen Dingen das Papir anfülle. Aber ich will Ihnen nicht verhalten, d*aß* ich absichtlich darüber geschrieben habe. Denn erstlich mögte ich Sie fragen, ob meine Ansicht der theolog*ischen* Litterat*ur* wohl die rechte sei u*nd* wie weit sie sich der Ihrigen nähert – aus einem andern Standpunkt nem*lich* als dem, der so genannten Aufklärung. Können Sie mir aus dem lezten Quinquennium nur 5 gelehrte theolog*ische* Werke nennen, auf welche die obige allgem*eine* Charakteristik nicht paßt? zweitens finde ich in diesem kläglichen Zustande der theolo*gischen* Litt*eratur* den Grund, warum sich seit den lezten 20 Jahren, wo jener eigent*lich* anfing, so viel junge u*nd* gute Köpfe von der Theologie weggewendet u*nd* der eigentlichen Philologie zugewendet haben. Dieß hatte freilich das Gute, daß der Schulstand u*nd* das Studium der alten Sprachen dadurch gewann, aber auch das überwiegende Uebel, daß der Predigerstand dadurch verlohr u*nd* ihm fast nur das Schlechtere übrig blieb, welches jedem | nahe gehen mus, der das Ganze mit dem rechten Auge ansieht. – Endlich aber wollte ich Sie nun auch darum, weil alles so schlecht steht, recht herzlich bitten, uns das Gute, das Sie so reichlich finden, nicht alzu lange zurükzuhalten. Sie lehren dort wohl Ihren Zuhörern, aber theilen Sie auch mit τοις εν διασπορα, was Sie geben, wird gewiß wohlthätige Anregung für viele sein, die sich im Stillen nach dem beßern sehnen u*nd* wären es auch revolutionäre Ideen, desto beßer. Ist also der 3te B*and* vom Platon fertig, so dächte ich, gäben Sie uns immer den Leitfaden zur Enzyklop*ädie* um so mehr, da er Ihre Ansicht der Theologie enthält. An der rechten Ansicht fehlt es überall u*nd* ehe diese nicht hergestellt ist, kann die obwaltende Verwirrung sich nicht lösen. Wie dankbar sollten Ihre Zuhörer sein, wenn sie Sinn für das Rechte hätten! Lieber Himmel zu welcher elenden Zeit habe ich Theologie studirt; warlich ich kann nicht ohne Unwillen daran denken.

Ihre Ethik werde ich nächstens wieder nach Berlin schikken, um sie durch Reimer an Sie gelangen zu laßen. Bartholdy u*nd* ich haben dieselbe erst ein mahl zusammen durchgehen können u*nd* gemeinschaftlich mus so etwas geschehen, um sich darüber gegenseitig mittheilen zu können.

---

51 habe] *korr. aus* haben 52 fragen] *über* ⟨bitten⟩ 68 viele] *mit Einfügungszeichen über der Zeile*

---

67 *Anspielung auf Jakobusbrief 1, 1* 77–107 *Das Manuskript der Ethik-Vorlesung 1804/05 ist – bis auf die Tugendlehre – nicht erhalten; vgl. Schleiermacher: Werke, Bd. 2, S. 33–74. Offenbar umfaßte das an Gaß übersandte Manuskript nur die Einleitung und die Güterlehre. Auch die Abschriften sind nicht überliefert.*

Das Ganze hat uns eine sehr klare u*nd* schöne Uebersicht gewährt, so wie wir auch gerne bekennen wollen, im Einzelnen des vortreflichen recht viel in ganzen Abschnitten u*nd* in jedem einzelnen gefunden zu haben; zB. Von der Sprache, der Kunst, dem Staat u*nd* der Kirche. Die transcendentalen Postulate werden sie schwerlich abkürzen können, ich dächte eher erweitern, auf allen Fall aber populärer machen müßen für den münd*lichen* Vortrag nemlich. Barth*oldy* | bemerkte besonders mit Wohlgefallen ihre Abweichung von Schelling, deßen erste Vorlesung über das akad*emische* Stud*ium* wir dabei zur Hand nahmen u*nd* wünscht, daß Sie sich demselben hier nie mehr nähern mögten. Daß wir im Einzelnen auch noch manches dunkel fanden, einigem so gar unsre Zustimmung versagen mußten, will ich nicht erwähnen zB. bei Ihren Aeußerungen über den Tod. Eine zweite Durchsicht u*nd* gemeinschaft*liche* Ueberlegung wird uns hoffentlich noch manches Schwürige lösen u*nd* was dann etwa übrig bleibt, sollen Sie wohl erfahren. Denn daß es uns ein Ernst damit ist mögen Sie daraus sehen, d*aß* ich Ihren Abriß kopirt habe u*nd* B*artholdy* meine Copie jezt abermahls für sich kopiren läßt, damit jeder für sich überlegen kann, ehe es gemeinschaft*lich* geschieht. Auch habe ich Ihre Grundlinien von neuem durchstudirt u*nd* mir ein eignes Repertorium über den Inhalt derselben gemacht, welches mir ungemein nüzlich gewesen ist. Sie haben also an mir einen Schüler, der Ihnen gerne Freude machen will. Geben Sie uns auch nur, wenn Sie Zeit dazu finden, einen Abriß des Pflichtbegriffs. Wie wird es aber mit dem Tugendbegriff, den Sie doch auch am Anfange mit aufgestellt haben. In den Grund*linien* heißt es, eine Darstellung der Ethik sei nach demselben zwar am schwersten, aber doch nicht unmöglich. Werden Sie ihn also im künftigen System auch mit bearbeiten?

Außerdem kann ich nun von meinem PrivatFleiß nicht viel Rühmens machen. Es gelingt mir selten, ohne Stöhrung bei etwas verweilen zu können u*nd* ich muß mich begnügen, nur sporadisch aufzugreifen u*nd* mir anzubilden, wozu sich eben Bedürfniß u*nd* Gelegenheit darbieten. Ach es fehlt mir noch an so vielen Seiten u*nd* wenn mir | der Gedanke daran recht lebhaft wird, so macht er mich sehr niedergeschlagen. Sagen Sie mir nur manchmahl ein Wort des Trostes u*nd* geben Sie mir einen guten Rath für meine Bildung, er soll treu befolgt werden. Am meisten ist's mir zu thun um eine rechte u*nd* umfaßende Ansicht des Christen-

83 jedem] *folgt* ⟨Ein⟩ haben;] haben. 85 transcendentalen] trascendentalen 103 dem] *folgt* ⟨Pfl⟩

94 *„schwürig" ist Nebenform zu „schwierig".* 104–106 *Vgl. Grundlinien, S. 207–231 (KGA I/4, S. 175–190)*

thums u*nd* wenn ich nicht zu sehr gestöhrt werde, so schikke ich Ihnen vielleicht etwas darüber gegen den Winter, um es durchzusehen u*nd* zu berichtigen. Ihren Plato habe ich auch wieder zur Hand genommen u*nd* aufmerksam u*nd* mit dem Text gelesen, wobei mir nun Ihre Uebersetzung sehr befriedigend ist. Hat Ihnen Voß nicht sein Urtheil darüber gesagt? Auch wundre ich mich, d*aß* noch nirgend eine Rezension davon erschienen ist, wenigstens nicht in den Lit*eratur-Zeitungen* von Range.

Von Bartho*ldys* Verhältnißen kann ich Ihnen immer noch nicht so viel Günstiges sagen, als ich wohl mögte. Nach dem Hofreskript ist er eigentlich dem Direktorio der kombinirten Schule unterworfen, jedoch von Sell u*nd* Koch bei der Einrichtung überall zugezogen worden u*nd* steht mit beiden im besten Vernehmen. Er ist eigentlich der erste Profeßor der Anstalt. Dagegen als Direktor des Seminars völlig unabhängig. Mit dieser Einrichtung ist es auch noch keinen Schritt weiter u*nd* auf B*artholdys* Plan u*nd* Vorschläge gar nichts erfolgt. Das Seminar besteht aus Einem – denn weniger kann es nicht füglich sein – der eben so unentgeltlich dient, als der Direktor selbst. Man entzieht auch dem Stift noch die Mittel zur Erhaltung einer solchen Anstalt, denn es muß nun jährlich 500 rthr an das Gymnasium in Neu-Stettin abgeben, so d*aß* ihm für jezt kaum ein Ueberschuß von 100 rthr bleibt. Und was ist das unter so viele! Mit dem | Verhältniß der 3 Schulräthe zum Consistorio steht es um nichts beßer. Sie wißen eigentlich gar nicht, was sie sind, noch was sie sollen u*nd* wo sie noch freiwillig Geschäfte übernehmen u*nd* etwas für das Ganze thun wollen, da will man es ihnen nicht gestatten[.] Ob es mir gleich noch leidlich in diesem nobeln Collegio ergeht, so muß ich doch gestehen, daß wenn alle Consistorien an gleicher Erbärmlichkeit leiden, man sich wundern müßte, daß es nicht noch weit ärger stehe. Es muß aber auch hier noch ein mahl beßer werden, wenigstens wollen wir es hoffen. – In Berlin wird ja nun auch mit allem Ernst an der neuen Liturgie gearbeitet u*nd* wie ich höre, erhält sie durch Hanstein u*nd* Ribbek die lezte Feile. Ich kann nicht sagen, daß ich darauf begierig bin; ich fürchte vielmehr, daß am Ende, wenn dieser Versuch auch nur leidlich ausfällt, dann auch noch ein allgemeiner Catechismus kommen u*nd* so zulezt, wenn auch ein alter

140 ihnen] *davor* ⟨Ihnen⟩ gleich] *mit Einfügungszeichen über der Zeile* **148** dann] *davor* ⟨daß⟩ **149** so] *davor* ⟨ein⟩

121 *Vgl. Brief 1969, 77–81* **124–144** *Vgl. Brief 1933, 135–148* **136** *Johannes 6, 9* **144–146** *Die Rede ist wohl von der 1798 vom König in Auftrag gegebenen neuen, gemeinschaftlichen Agende für Lutheraner und Reformierte, deren ersten Entwurf vom 13. 3. 1804 der König zur weiteren Überarbeitung zurückgehen ließ. Das Projekt kam nicht mehr zum Abschluß (vgl. KGA I/9, S. X–XIII).*

Schlendrian verdrängt, doch ein neuer vorbereitet u*nd* dann auch das Neue, wie das Alte sein wird.

Sie wollen also Ihr Exegetikum diesen Winter schon anfangen; lesen Sie Galater u*nd* Koloßer. Aber was hilft das mir, der ich Ihnen doch meine Ohren nicht einpakken u*nd* zuschikken kann! Indeß will ich diese Briefe auch lesen u*nd* dazu müßen Sie mir dann wenigstgens einige Gedanken über das Verhältniß beider u*nd* über den Hauptzwek ihrer Abfaßung mittheilen. Halten Sie den Brief an die Galat*er* auch für den frühesten von den auf uns gekommnen Aufsätzen des Paulus? Ist wohl eine Zusammenstellung aller seiner vorhandenen Briefe nach ihrem Inhalt möglich, so daß sich daraus gewißermaßen ein Ganzes bilden ließe, oder können sie nicht anders, wie es bisher geschehen ist, nemlich als abgerißne Einzelheiten | angesehen u*nd* behandelt werden? Ich habe Sie darum schon sonst fragen wollen, bin aber davon abgekommen.

Haben Sie mit Schwarz in Heidelberg gar keine schriftliche Mittheilung angeknüpft? Das wäre Schade, denn gewiß würde dabei manches Gute herauskommen. – Wird Wolf nach München gehen? Man sagt hier er könne nicht – Schulden halber. Dies will ich nicht glauben, aber ich besorge, man komt mit ihm in Verlegenheit. Wäre ich ein Gelehrter, nie würde ich nach Beyern gehen.

Ich komme in's Fragen u*nd* das Papir geht zu Ende. Was Ihnen sonst noch von uns zu wißen lieb sein mögte, wird wohl meine Frau schreiben, die immer gewaltig heimlich mit ihren Briefen an Sie thut. Kommen Sie diesen Herbst nach Berlin? Mit uns wird es wohl wieder nichts werden, da Mienchen aus guten Gründen (die sie Ihnen gewiß nicht schreibt) zu Hause bleiben muß u*nd* ich sie auch eben darum nicht verlaßen kann. Halten Sie nur Wort im Frühjahr zu uns zu kommen u*nd* schreiben Sie uns, welche Wendung Ihre Angelegenheiten nehmen, aber schreiben Sie uns endlich ein mahl etwas erfreuliches darüber.

Leben Sie wohl, mein theuerster Freund. Ich will Sie nicht bitten, sich an die Albernheiten nicht zu kehren, woran man es dort nicht gegen Sie fehlen läßt. Ich weiß, wie Sie darüber denken. Aber mich verdrießt es, daß nicht alle Welt Sie so lieb hat, als ich Sie habe.

G.

Wilhelmine liest fleißig den Platon u*nd* findet großes Behagen daran.

---

158 frühesten] *über* ⟨ersten⟩

152f *Vgl. Brief 1969, 16–22* **166–169** *Wolf hatte 1805 einen Ruf an die Münchener Akademie der Wissenschaften erhalten.* **170f** *Es ist ungewiß, ob Wilhelmine Reimer an Schleiermacher geschrieben hatte.* **177** *Das Verhältnis zu Eleonore Grunow*

**1995. Von J. E. Th. von Willich. Wohl Dienstag, 23. 7. 1805*

1996. Von H. von Willich. Stralsund, Dienstag, 23. 7. bis Donnerstag, 25. 7. 1805

Stralsund Dienstag 23sten

Länger mein geliebter Vater kann ich es nicht verschieben wieder zu Ihnen zu reden, wie oft hat Sehnsucht mich dazu gezogen, doch ließ ich mich leichter wieder darin stören da die Zeit ehe mein Brief Sie erreichen konnte, noch so lang war. Wie verlangt mich von Ihnen zu wissen: daß Sie wieder glücklich in Halle angekommen sind – mein geliebter Vater ich kann Ihnen nicht sagen wie die trüben Ahndungen, wenn ich es so nennen darf die in Ihren Brief an Louise ausgesprochen waren, mich ergriffen: sie erzeugten keine in mir ich konnte sie aber doch so mit Ihnen fühlen –

Lieber Vater wie muß Ihnen gewesen sein in Ihren schlesischen Gebirgen, als Sie all das wohlbekannte wieder fanden u*nd* endlich Ihre Lotte sahen, mein Lieber Vater ich hätte gerne wissen mögen den Tag Ihrer Ankunft u*nd* Ihrer Abreise und so mehreres, um Sie immer recht haben begleiten zu können. Ach Sie müssen mir viel erzählen, mir den Genuss gönnen viel nachzuempfinden was in Ihrer Seele | war – mein geliebter Vater ich fühle mich so vertraut mit Ihnen.

Donnerstag Morgen

Gestern haben wir einen schönen Tag in Götemitz gehabt, wir hatten unsere Lotte so lange nicht gesehn, gestern fanden wir sie allein ihr Mann war nach Sagard mit andern Fremden da konnten wir recht ungestört mit ihr leben.

Wie sehr habe ich mich gefreut daß sie Leonore so fest in ihrem Entschluß u*nd* so recht voll Muth gefunden hat. Lotte selbst wird Ihnen darüber wohl schon mehr gesagt haben –

Mein geliebter Vater immer näher rückt nun die schöne Zeit, immer lebendiger fühl ich das süße Leben – und welche seelige Gefühle giebt mir

---

1996. *Überlieferung: H: BBAW, SN 423, Bl. 19 f.; D: Schleiermacher: Briefe an seine Braut, S. 43 f.* **4** mein Brief] *über* ⟨ich es⟩ **13** und] *folgt* ⟨S⟩

***1995.** *Vgl. Brief 2007, 90 f.*

1996. **7 f** *Brief *1984* **11** *Charlotte Schleiermacher* **19** *Charlotte von Kathen*

das schon jetzt ach wie wird es sein! – Ein solches Leben wie ich es diesen Winter führen werde, kann man wohl nicht schöner träumen. In heiliger Stille, von allen geräuschvollen Zerstreuungen entfernt werde ich an der Wiege meines Kindes hangen den geliebten Vater immer so liebend in meiner Nähe u*nd* umgeben von so vielem Schönen, die stillen Abende werden mir viel Zeit geben für meine Lieblingsbeschäftigungen für die Mittheilung mit meinen geliebten Freunden die immer Alle | auch bei mir sein werden. O mein Vater wäre ich in dem Maaße gut als ich glücklich als ich geliebt bin – Deine Liebe mein Vater ist ein eigner Schatz für mich über dessen Werth ich nichts sagen kann, sie zu verlieren ist ein unmöglicher Gedanke für mich – es giebt Eine Freude die ich das höchste Gefühl meiner Seele nennen möchte.

Ich habe Dir so viel noch zu schreiben, zu bitten zu erzählen, und eben kündigt Ehrenfried mir an daß die Post fort geht wenn ich nicht schließe und ich möchte so gerne daß mein geliebter Vater unser Willkommen fände wann er zurück kehrt. Ich schreibe aber eben fort was ich noch auf dem Herzen habe, und schicke es ab sobald Freunde mir Einlagen zusenden.

Adieu mein Vater
Deine Tochter

Henriette.

**1997. An S. E. T. Stubenrauch. Vor dem 25. 7. 1805*

Über seine Reise nach Schlesien mit Konopak, das Befinden seiner Schwester Charlotte und seine Stiefschwester Nanny, die trotz ihrer Verlobung mit Fritz Weichart zu ihm nach Halle gezogen ist. Berichtet, daß F. A. Wolf einen Ruf an die Münchener Akademie ausgeschlagen habe; über Galls Schädellehre.

**1998. Von Gottlieb Benjamin Gerlach. Landsberg, vor dem 25. 7. 1805*

**1997.* *Vgl. Brief 1999, 15–39.54–60*

**1998.* *Vgl. Brief 1999, 10*

1999. Von S. E. T. Stubenrauch. Landsberg, vor Donnerstag, 25. 7. 1805 bis Freitag, 2. 8. 1805

Hochgeehrtester Herr Professor

Sehr werthgeschätzter Neveu

Ihr so lange anhaltendes Stillschweigen hat uns große Unruhe, Aengstlichkeit u*nd* Besorgniß verursacht; wir wissen es uns gar nicht zu erklären, ob Kränklichkeit, oder Verdruß u*nd* üble Laune es veranlaßt habe. Als wir hörten, daß H*err* Gerlach von s*einen* Reisen zurück, hofften wir durch ihn Nachrichten vo*n* Ihnen u*nd* ihrem Befinden zu erhalten. Aber auch diese Hoffnung schlug fehl! Als er zu uns kam, sagte er, daß er bey s*einer* Rükreise nicht hätte über Halle gehen können, wie er versprochen, habe aber schon von hier an Sie geschrieben, u*nd* erwarte auch bald Nachricht von Ihnen, – und so harreten wir wieder, daß auch wir dann e*in* Schreiben von Ihnen, oder doch durch H*errn* Gerl*ach* Nachricht von Ihrem Befinden erhalten würden: Aber leider! war auch diese Erwartu*ng* vergeblich; denn es sind nun 14 Tage, daß G*erlach* abgereiset |

d*en* 25ten Juli   Heil uns! Da bringt d*er* Postbote endlich den lange erwarteten Br*ief*. So rief ich meiner Frau zu, als ich Ihren Br*ief* erhalten u*nd* sie kam gleich herzu, u*nd* ich las ihn ihr vor. Nun Gottlob! daß unsere Besorgniße doch gelöset sind. Herzlichen Dank für ihren ausführlichen Brief üb*er* die glücklich zurückgelegte schlesische Reise – freilich haben wir dabey e*inen* beträchtlichen Verlust erlitten; denn wir hatten immer gehofft, u*nd* Gerlach hatte diese Hoffnung sehr unterstützt, nemlich daß Sie bey ihrer Reise nach Schles*ien* e*inen* kleinen Seitensprung machen u*nd* uns mit Ihrem Besuch erfreuen würden[.] Da Sie aber schon zeitig mit e*inem* dortigen Freunde die Verabredung getroffen, mit ihrer Reise zugleich e*ine* Gebirgsreise zu verbinden, so kann ich es mir ziemlich erklären, daß Sie dann wohl lieber den geradesten Weg nahmen

Daß Ihre liebe Schwester Lotte so kränkelt, schmerzt uns sehr, da Sie doch vermuthlich in e*inem* Briefwechsel mit ihr stehen; so werde ich e*inen* kleinen Brief an sie hierbey legen; wir haben vordem uns ganz fleißig geschrieben; aber schon seit mehreren Jahren ist die Correspondenz ganz ins Stocken gerathen. Wir wünschen von ganzem Herzen, daß der Anfang d*er* wiederhergestellten Gesundheit, worin Sie sie angetroffen, von guter Dauer seyn möge

---

1999. *Überlieferung: H: BBAW, SN 397, Bl. 185*   **11** harreten] *korr. aus* harrt

---

1999. **10** *Brief *1998*   **24** *Christian Gottlieb Konopak*   **28 f** *Der Brief wurde nicht beigelegt; vgl. Zeile 69–71*

Das ist ja recht schön, daß Sie nun an ihrer anderen lieben Schwester, die wir vielmals von uns zu grüßen bitten, e*ine* Unterstützung in ihrer Einsamkeit haben, und Sie haben warlich von Glück zu sagen, daß diese liebe Schwester von e*inem* geliebten Verlobten sich entfernt, um Sie in ihrer Einsamkeit zu unterstützen – das ist doch warlich keine geringe Aufopferung, u*nd* e*in* sicherer Beweis von e*iner* sehr edlen Denkungsart[.] Für dießmal muß ich abbrechen |

d*en* 29ten Mein Vorsatz war zwar, diesen Br*ief* schon mit heutiger Post abzuschicken. Da kamen aber so manche Vorfallenheiten – Besuche, u*nd* dann mußte auf meine gestrige Predigt denken. Wir haben jetzt hier in uns*erem* Hause e*ine* mademoiselle Gondron, die schon in verschiednen vornehmen Häusern als gouvernante in Condition gestanden, u*nd* jetzt sich nach e*iner* anderweiligen Condition sehnet; sollte dort etwa e*ine* französ*ische* Mamsell gesucht werden, so wollten wir recht sehr bitten, diese Person zu empfehlen od*er* in Vorschlag zu bringen. Sie ist nicht mehr ganz jung, an 50 Jahr alt, weiß sehr gut mit Kindern umzugehen, ist d*er* französös*ischen* Sprache mächtig, spricht ab*er* auch sehr gut Deutsch; sieht nicht so sehr auf e*in* großes Gehalt, als auf gute Behandlung, würde auch mit 50 rth schon zufrieden seyn, schickt sich, unseres Erachtens, am beßten für junge Kinder

Daß H*err* Prof*essor* Wolf dort geblieben, ist doch wohl für Halle sehr erwünscht. Nach München, Würzburg, Heidelberg werden ja jetzt recht viele Professoren von protestant*ischen* Universitäten berufen; so las ich noch kürzlich, daß auch H*err* Voß v*on* Jena nach Heidelberg geht

Daß H*err* Gall mit s*einen* Vorlesungen sehr viel Aufsehen mache, u*nd* daß König u*nd* Königin außerordentlich dafür eingenommen sind, ist mir aus öffent*lichen* Blättern bekannt, ich kann mir aber gar keine rechte Vorstellung davon machen, weil ich gar nicht erfahren habe, was er denn in s*einer* Schädellehre eigentlich beweisen od*er* erörtern will. Schon freute ich mich darüber von H*errn* Gerlach nähere Nachricht zu erhalten, der bey seinem letzten Besuche eben davon zu erzählen anfing, als leider! uns*er* H*err* Insp*ector* Ragotzki, der ganz unerwartet mich besuchte, dies Gespräch unterbrach, u*nd* nun so vieles von Strasburg u*nd* den Rheingegenden zu fragen hatte, daß wir auf D. Gall gar nicht zurükkommen konnten |

---

38 unterstützen] *korr. aus* unterstützung

---

34 *Nanny Schleiermacher* 37 *Fritz Weichart* 54 f *Wolf hatte 1805 einen Ruf an die Münchener Akademie der Wissenschaften erhalten.* 56 f *Heinrich Voß ging 1806 von Jena zu seinem Vater nach Heidelberg, wo er 1807 a.o. Professor der Philologie wurde.*

den 31ten Herzlich bedaure ich, daß ich durch so mancherley Abhaltungen u*nd* nicht vorauszusehende Hinderniße auch den Vorsatz an ihre liebe Schwester Lotte zu schreiben, aufgeben muß. Denn wollte ich auch diesen Br*ief* abzuschicken noch e*inen* Posttag aufschieben, wer weiß ob dann nicht wieder neue Hinderniße eintreten. Nun aber will ich auch gewiß, aufs baldigste e*inen* Br*ief* fertig machen, und ich denke, ich werde diesmal wohl nicht wieder so sehr lange, als das letztemal, auf e*inen* Br*ief* von Ihnen harren – das bitte ich im Voraus, daß sobald sie nach Gnadenfrey schreiben, Sie mein Andenken erneuern

Und nun noch eine Bitte: Nehmen Sie Sich doch ja für allzu große Anstrengungen in Acht! ich fürchte, sie dürften Ihrer Gesundheit nachtheilig werden; sie sollten ja doch auch die gute Jahreszeit benutzen – freilich ist solche bis jetzt noch immer sehr abwechselnd, aber eben deshalb muß m*an* soviel es die Berufsgeschäfte nur immer zulaßen, doch auch für die Gesundheit uns*eres* Körpers Sorge tragen

Viele Grüße von Mama, auch von Beneckens u*nd* Dr Stisser[.] Dieser ist vor einigen Wochen auch wieder krank gewesen, u*nd* zwar an den Rötheln, die in diesem Frühjahr u*nd* noch im Anfange des Somers sehr grassirten

Wenn Sie noch mit H*errn* OberCons*istorial*Rath Niemeyer zusamenkommen, so bitte mich ergebenst zu empfehlen. Wie befinden sich denn die Herren dort bey ihren Geh*eim*RathsTiteln? d*er* gute Noesselt u*nd* Eberhard – Auch an H*errn* Hofpr*ediger* Dohlhoff viele Empfehlungen von uns beyden

Nochmals bitte, hüten Sie Sich für allzugroßen Anstrengungen und laßen Sie nicht wieder so lange auf Br*iefe* warten Ihren
aufrichtig treuen Oheim

Stubenrauch

Landsb. a. d. W d 2ten Aug 1805

**2000. Von H. Herz. Vor dem 27. 7. 1805*

Äußert Sorge um Schleiermachers Gesundheit.

**2000.* *Vgl. Brief 2001, 2 f.*

2001. *An H. Herz. Halle, Sonnabend, 27. 7. 1805*

Halle den 27ten Juli 1805.

Liebe einzige! wie hast Du mich gerührt mit Deiner Sorge für meine Gesundheit. Es thut mir wahrlich leid *daß* ich gar nicht ein Bißchen krank bin damit ich Dir nur gleich folgen könnte. Aber ich wüßte wahrlich gar nicht was ich Reil erzählen sollte als alte Geschichten so wohl befinde ich mich. Von meinem Husten merke ich gar nichts; ich lese meine Collegia ohne im Geringsten heiser zu werden was ich seit dem Winter bis zur Reise nicht konnte. Mein Magen hat sich den Krampf abgewöhnt, mein Unterleib ist gut. Doch brauche ich um etwaige Schwäche, die aus den vielen Schmerzen entstanden sein kann zu heben, mein altes immer zusagendes Hauptmittel, ChinaAufguß. Mager bin ich freilich entsetzlich geworden seit ich hier bin. Das ist aber die natürliche Folge einer ununterbrochenen halbjährigen Schleimsecretion, der mein schwacher Ernährungsproceß nicht das Gleichgewicht halten kann, und ich denke da ich nun einmal von Schnupfen und Husten nichts weiß und nicht mehr auf das elende WirthshausEssen gewiesen bin, auch bisweilen Bier trinke, was ich sonst gar nicht vertragen konnte, wird auch das beßer gehen. Aber was ich unterwegs gethan mußt du mir nicht tadeln liebe Jette. Es war gar nicht einmal möglich anders zu handeln. Im Gebirge überfiel es mich und da mußte ich nothwendig weiter und gewiß konnte ich dem Einfluß dieses Wet|ters im Gehen in einem starken Erregungszustande des Körpers besser widerstehen als wenn ich feigherzig heruntergestiegen wäre, Konopak im Stiche gelassen, meinen Plan aufgegeben, meine Geschwister dadurch in größte Angst gesetzt hätte um auf schlechtem Fuhrwerk durchzufrieren und in gänzlicher Passivität hingegeben mich nur desto sicherer zu ruiniren. Überdieß liebste Jette, was man einmal wol überlegt angefangen hat – und der Arzt hatte mir ohnerachtet des Gesundheitszustandes in dem ich mich befand selbst zur Reise gerathen – das ist Beruf und den konnte ich nun an Euch Alle und an das schönste Leben das mir bevorsteht denkend ruhig durchführen. Und ich habe recht gewissenhaft für meine Gesundheit gethan was nur mit der ganzen Lage bestehen

---

2001. *Überlieferung: h: BBAW, SN 751, Bl. 66 f.; D1: Br 2, S. 29 f. (gekürzt); D2: Meisner: Schleiermacher als Mensch, Bd. 2, S. 40 f.* **27** hat –] *korr. aus* hat,

---

2001. **11** *„Die China [...] die Rinde eines Baumes, welcher auch der China-Baum genannt wird, in dem Königreiche Peru in Süd-Amerika bey Lora wächset, und durch die kräftige Wirkung seiner Rinde in dem kalten Fieber bekannt geworden ist, die daher auch Fieberrinde, und der Baum der Fieberrindenbaum genannt wird“* *(Adelung: Grammatisch-kritisches Wörterbuch, Bd. 1, S. 1327).*

konnte. Aber auch alle Bilder die Du mir vorhältst sind mir tausendmal durch das Gemüth gegangen und ich habe immer in ihrer Gegenwart gethan was ich that, muß ich also nicht ein gut Gewissen haben? Und durch die öftere Erscheinung sind sie mir doch zu einer Art von Gewißheit geworden. Freilich wird es so kommen wenn auch jetzt noch nicht und wenn ich auch noch nicht weiß wie. Ihr Alle die ich am meisten liebe, selbst meine gute Lotte, die ich bald zu verlieren fürchtete, werdet mich überleben, und ich fühle mit Euch den Verlust und die Trauer. Aber liebe Jette laßt uns nur recht zusammen halten, recht zusammen leben frisch und fröhlich. Wenn ich mich bisweilen als den Mittelpunkt der schönen Welt ansehe die mich umgiebt, so weiß ich zwar und Ihr müßt es alle wissen, d*aß* nicht meine Persönlichkeit dieser Mittelpunkt ist, sondern der Geist, der in uns allen auf gleiche Art wohnt. Dessen laßt uns nur recht froh werden und uns seiner immer klarer bewußt darin werdet Ihr an | mir nichts verlieren, als wie es recht ist ein Organ, das man freilich immer vermißt, eben weil das gleiche Leben in ihm wohnte, aber durch dessen Verlust doch nicht das Leben selbst zerstört ist. Du weißt ja wie ich das schöne Ganze heilig halte und also auch nicht als Theil und gewiß soll keine Schuld der Zerstörung auf mich fallen. –

**2002. An L. F. Heindorf. Vor dem 29. 7. 1805*

Bittet um Übersendung seiner Edition des Theaitetos für die Platon-Übersetzung

**2003. Von G. A. Reimer. Vor dem 29. 7. 1805*

Erbittet Fertigstellung des Manuskriptes für Band 2, 1 der Platon-Übersetzung in sechs Wochen.

42 zwar] *korr. aus* zwahr müßt] *korr. aus* wißt

*2002. *Vgl. Brief 2004, 27–29*

*2003. *Vgl. Brief 2004, 2–8*

2004. An G.A. Reimer. Halle, Montag, 29.7.1805

d 29t. Jul 5.

Sechs Wochen lieber Freund sind doch eigentlich ein sehr kurzer Termin. Es muß mir außerordentlich glüklich gehn, das heißt der Himmel muß mir recht viele gute Stunden verleihen und mich vor allen Störungen angenehmen und unangenehmen bewahren wenn ich sobald soll fertig werden. Fast würde das mechanische Schreiben soviel Zeit erfordern. Auch glaube ich zu meinem Troste Du schlägst etwas vor denn Michaelis selbst ist ja noch nicht einmal so bald, und die Messe doch immer noch später. Süverns Bemerkungen kann ich mir jezt nicht ins Detail ansehn. Bei dem meisten was die Sprache in der Uebersezung betrifft scheint er mir zu wenig auf das Ganze gesehn zu haben. Ich war oft auf seinen Gedanken und mußte wieder herunter weil mir immer der ganze Platon vor Augen schwebte, den er so ganz nicht einmal kennt. Der Einfluß dieser Betrachtung erstrekt sich nicht etwa nur auf die philos*ophischen* Kunstwörter sondern auch auf die Conversationssprache u*nd* auf Alles. Ich will mich anheischig machen wie ich überseze nicht nur alles in dem Grade von Gleichförmigkeit durchzuführen wie es im Platon selbst | ist und alle Verschiedenheiten anzugeben die bei ihm Statt finden sondern auch andere Dialogisten zu übersezen u*nd* das eigenthümliche ihrer Sphären dabei zu beobachten. Dazu möchte sich Süvern bei seiner Behandlung den Weg schon versperrt haben. Mehr kann ich bis jezt nicht sagen weil ich nur sehr oberflächlich hineinsehen konnte. Auch die Aushängebogen habe ich nur erst flüchtig angesehn u*nd* die Correctur sehr gut gefunden. Nur in der Einleitung giebt es glaube ich einen garstigen Fehler, wo einmal Polos statt Gorgias steht das kann aber auch leicht ein Schreibfehler von mir sein

Wenn Alles gut geht und Heindorf mir seine Arbeit schnell schikt – geschrieben habe ich ihm schon – so hoffe ich Dir in 14 Tagen den Theätet schikken zu können. Wenn mich H*ein*dor*f* warten läßt so muß frei*lich* der Theätet so lange liegen bleiben u*nd* ich indeß an einen andern Dialog gehn. Unlieb wäre es mir denn ich verlöre immer Zeit dabei. Meine Schwester grüßt u*nd* hat zugleich eine Bitte: sie wünscht nemlich für ihre Studien ein recht gutes Kochbuch. Ich kenne nun dieses genre nicht und provocire dabei lediglich auf Dich. Ich aber habe noch außer-

---

2004. *Überlieferung: H: BBAW, SN 761, Bl. 26; D: Br 4, S. 114 f. (gekürzt)* 7 glaube] *korr.*

2004. 2–8 *Siehe Brief *2003* 9 *Vgl. Brief 1992* 28 *Brief *2002* 32 *Nanny*

dem eine recht große und dringende Bitte an Dich[.] Nemlich daß Du doch ja nicht wieder das Ende dieses Jahres überhingehn läßt, ohne mir einen klaren Bericht über meine Bilanz bei Dir zu geben. Mir stehn die Haare zu Berge wenn ich an meine Finanzen denke aber alle Besserung muß doch von der richtigen Einsicht anfangen, u*nd* zu der verhilf mir doch endlich einmal recht ordentlich. Was machen Deine Jungen? Grüße sie mir, wie auch Minna Ludchen u*nd* die liebe Manon

2005. Von Ch. Schleiermacher. Gnadenfrei, vor Mittwoch, 31. 7. bis Montag, 12. 8. 1805

Schon sind es heute 3 Wochen da wir den treflichen Morgen in Fuerstenstein miteinander verlebten – daß ich doch einen NaturGenuß mit Dir hatte – obschon nicht ganz solo – bleibt mir immer viel werth – auch diesen Morgen ist es treflich und um 5 konte ich wegen der Näße nicht – erst um 7 uhr spazieren gehn – der Brunnen thut mir sehr gut – u*nd* immer bleibt der Geschmack mir lieblich und neu – daß Du dieses mineralische Wesen doch versuchtest es würde gewiß recht heilsam wirken – noch mancherley Güter habe nach u*nd* nach aus dem Kasten – warum die Flaschen in Säge-Späne gepackt sind – herausgefischt – eine große Tüte Reis in ihr muscaten Nuß von der zärtlich treuen Frize hineingestampft – – Weineßig von des Br*uders* eigner Zubereitung – die guten Menschen – Sie thun was sie können – der alten Lotte ihre Kräfte zu stählen – es war mir ganz eigen rührend wie ich das alles vorfand – denn ich hole nur täglich eine Flasche aus dem SpäneBerg heraus – o! was habe ich Dir alles zu sagen – was hätte schon in dem vorigen Briefe stehn könen – den Sontag nach unsrer Trenung hielt Dober der Dich noch herzlich grüßt eine Predigt über die Worte – Meister – Du hast recht geredet. wo ich bestimter als jemals an die Mono und religio denken

---

41 sie … Manon] *am linken Rand*

2005. *Überlieferung: H: BBAW, SN 375/27, Bl. 9 f.* **9** gepackt] *korr. aus* gel **17 f** über … geredet.] *mit Einfügungszeichen am unteren Rand*

---

40 f *Karl und Georg Reimer, Wilhelmine (Minna) Reimer und ihre Schwester Ludovica Reinhardt*

2005. *Mit Beilagen, wohl Briefe Dritter an Schleiermacher (Zeile 48 f.)* **1 f** *Da Schleiermacher am 2. Juli von Gnadenfrei abreiste, dürfte der Brief nach Mitte Juli begonnen worden sein.* **5** *Vgl. Brief 1991, 54–56* **10** *Friederike, die Frau Karl Schleiermachers* **17 f** *Markus 12, 32* **18** *Die Monologen und die „Reden" „Über die Religion"*

mußte – schon bei dem Liede – wovon ich Dir einige Verse auf ein Blätchen schreibe – und auch die Seinen – jene Bücher Dir anzeigen werden |

d*en* 31t*en* July

Daß unser künftiger Schwager der erste sein würde, der mich den biedern Charles abgerechnet, von Euch Allen mit etwas schriftlichen erfreuen würde – hätte ich wohl nicht geahndet – so ganz wie ich sein, inres, in jenen interessanten Augenbliken in meiner Zelle mir ausmahlte – nichts was jenen Zeilen in der HampelBaude oder Kurort entspräche – nur, eins, zu viel schmeichelhaftes für mich – Dir hat er ja auch wie mir, das, sehr artig u*nd* billig deuchtet geschrieben – eine Stunde nachher kam der Bote, der mir einen Brief von Halle bringen konte – den ich auch bestimt heute erwartet hatte – und siehe – keines von den 3 hatte sich entschloßen bald nach Eurer Ankunft zu schreiben – von Schmiedeberg habe ich auch nichts – seit mann Euch dort zurückerwartete – natürlich daß ich auf den Gedanken kommen muß daß sich Dein Uebel vermehrt hat – den Sonnabend will ich noch ganz geduldig erwarten – u*nd* jezt Dir noch zu froher Theilnahme Dir melden – daß ich seit 3 Tagen – einzige Bewohnerein meiner Stube bin – ohne die geringste Bitterkeit ist diese für mich so wohltätige Veränderung geschehen – Alle die mir wohl wolten freuen sich drüber ich bin nun ungestörter, unbefangner, und herzlich froh daß auch diese mir so peinliche Prüfung vorbey – |

d*en* 12t*en* Aug*ust*

Am 3 dieses erhielt ich Deinen lieben Brief – Tages vorher hatte ich die Freude meine theure Aulock einige Stunden hier zu sehn[1] – also diesen Somer schon das 2 mahl – ach die Edle freute sich meiner glücklichen Erlösung von der Servante so herzlich – u*nd* bezeugte den Wunsch einige recht trauliche Abende mit mir in meiner Zelle zubringen zu können – so wiederholt – u*nd* mahlte sich alles so lieblich aus daß mir das Andenken von dieser Äußerung jederzeit schön bleiben wird – – 8 Tage nach Abgang meines Briefes an Dich schikte sie mir Deine Schäze nebst Begleitung – wovon hier einiges folgt – das mehrere nächstens. Auch meine alte

19 f Verse … werden] *am linken Rand*

---

19 f *Die Verse sind nicht überliefert; es ist ungewiß, ob Charlotte sie beigelegt hatte.* **22** *Schleiermachers Stiefschwester Nanny war mit Fritz Weichart verlobt.* **26** *Ein Gasthaus unterhalb der Schneekoppe in Schlesien* **27 f** *Brief 1993* **30** *Schleiermacher, Nanny und Konopak* **31** *In Schmiedeberg lebte Karl Schleiermacher.* **41** *Brief *2006* **44** *Die Identität der „Servante" ist ungewiß.* **48** *Wohl Brief 1991*

Freundin Stegmann hat mich 8 Tage vorher sehr angenehm überrascht. Er hatte hier auf einem Vorwerk des Peis*tel* – als es durch einen Brand litt zu revidiren – – es traf eben Dienstags da ich Vormittag keine Schulen habe – – um 3 mußte mich die Arnold vertreten und wir genoßen alles umherlaufen mit Bestellungen abgerechnet – ein trauliches Stündgen solo – nach 4 holte Er, Sie, ab – musten aber wegen eines Gewitters bis gegen 6 uhr verweilen – – Wir waren sehr vergnügt – fühlten wie sehr wir zusammen gehören |

Kaum wird sie es wieder so lange aushalten wie in der verfloßnen periode seit 1796 wo Du mich dort trafest – nicht ordentlich bei ihr zu sein – We*n*n sie nur nicht diesen Herbst schon den Besuch verlangt – ich fürchte es wird wegen meiner schon gemachten Reise schwer halten. Gott! wie wird sich auch diese Gute über die AlleinHerschaft in meiner Stube freuen – – Sie war ganz trostlos über jenes Verhältniß u*nd* Zumuthungen. Von Wenzel u*nd* *seiner* Frau habe ich noch einen Gruß die an ihre Niece hier geschrieben deren sich Konopak unter den Kleinen erinnern wird (grüße diesen nicht von mir wen*n* Er meiner nicht besonders erwähnt, sonst, versichre ihn meiner Achtung u*nd* öftern Andenkens – auch Heute ist es in der geogra*phischen* Schule geschehen) – Da Heute Seidliz zu dem morgenden Fest hier eintreffen – u*nd* wohl einige Tage bleiben – will ich hier schließen – an Nany schreibe ich künftig ausführlich grüße und küße sie recht herzlich gern möchte ich wißen was sie Dir schönes bereitet Ihr Beide habt mir nichts mehr von Schmiedeberg erwähnt es thut mir weh – doch die treue Frize hat einen so verständigen Bericht von jenen mit Euch verlebten Stunden abgestattet – daß ich entschädigt bin – länger wäre dieses abgefaßt – wenn nicht schrekliches Reißen – durch Zug bey der Seidl*i*zen meinen guten Willen gehemt hätte

Lotte

Wie kann Dir auch nur der Gedanke wegen Louisen einfallen – etwas Delicatesse kontest Du mir doch zutrauen – ich wolte Dir blos die | Freude machen – einen Brief aus ihren Händen zu erhalten.

---

[1] den Tag nach ihrem GeburtsTag

78–80 Wie … erhalten.] *am linken Rand von Bl. 10* 81 den … GeburtsTag] *mit Einfügungszeichen, dem kein Zeichen im Text entspricht, am unteren Rand*

---

59 *Schleiermacher hatte seine Schwester am 5. Juni 1796 in Steinau bei Familie v. Stegmann und Stein getroffen; vgl. Brief 389, 10–13 (KGA V/2)* 69 *Die Familie des Friedrich Julius von Seidlitz* 73 *Friederike, die Frau Karl Schleiermachers* 76 *Sophie Juliane Magdalene von Seidlitz* 78 *Vgl. Brief 1989, 13 f. und *2006*

*2006. An Ch. Schleiermacher. Vor dem 3. 8. 1805

Über Louise

2007. An H. und J. E. Th. von Willich. Halle, Sonntag, 4. 8. bis Dienstag, 6. 8. 1805

H d 4t. Aug. 5.

Hättest Du immer der Sehnsucht gefolgt mit dem Vater zu reden, liebe liebe Tochter, und immer fortgesendet mir entgegen die lieben freundlichen Worte: so hätte ich die große Freude gehabt Deine Begrüßung bei meiner Ankunft zu finden. Nun habt Ihr Euch, ich weiß nicht ob durch meine Schuld vielleicht so um Vierzehn Tage verrechnet, denn ich war schon mehrere Tage ehe eure Briefe geschrieben sind in Halle, und wollte schon eben bei Euch anklopfen und mir Euer Willkommen abfordern. Da kam es denn von selbst, und Du weißt es ja, meine liebe süße Tochter, wie innig es mich erfreut hat. – Ja wohl ist ein ganz eigner Schaz in unserer Liebe für einander, für mich eben so gut als für Dich. Das Schönste, woran ich mich schon lange gewöhnt habe zu denken, daß es mir in dem natürlichen Sinne fehlen wird, das habe ich durch Dich im schönsten Sinne so reich und herrlich, und Deine schöne Kindlichkeit wird nicht so vergehn wie viele Frauen sie bald verlieren und Du wirst immer das Kind meines Herzens bleiben. Zu verlieren ist da nichts, die Freude und der Segen wird uns immer bleiben. Deine schönen Hofnungen rükken so ungestört der Erfüllung entgegen, und Du siehst auch in die herrliche Zeit recht mit dem Blikke hinein den meine Tochter haben muß. Nur vor den beschwerlichen Dingen des äußeren Lebens soll Dich das kleine Geschöpf wenn es nun da ist trennen | aber mit Allem was Dir schön und lieb ist in der Welt Dich auch durch sein Dasein immer inniger vereinigen. Wie gern würde ich Dich sehen an seiner Wiege, und es sein keimendes Leben nähren sehen an der zärtlichen Mutterbrust. Wie gern wäre ich da wenn unser Ehrenfried es der größeren geistigen Mutter in ihren Schooß legt,

---

2007. *Überlieferung: H: BBAW, SN 776, Bl. 43–45; D1: Br 2, S. 30 f. (gekürzt); D2: Schleiermacher: Briefe an Ehrenfried und Henriette von Willich, S. 129–134*

---

*2006. *Vgl. Brief 2005, 41 f.78–80*

2007. **2–5** *Vgl. Brief 1996, 2–6* **24 f** *Gemeint ist die Taufe als Übergabe an die geistige Mutter Kirche*

und breitete meine Arme mit aus um es zu empfangen. Freilich kann ich nicht kommen aber ich werde doch da sein, ganz mit meinem Herzen, und Ihr werdet es auch fühlen und wissen. Aber wie Du mich gern begleitet hättest auf meiner Reise und Tag und Stunde gewußt: so möchte ich auch wissen um die Lebensreise des kleinen Wesens. Wann glaubst Du daß Du es dem Lichte übergeben wirst? Wie Du, so sehe ich auch der schönen segensreichen Stunde mit Ruhe und Freude entgegen, ich weiß auch sie wird recht leicht und glüklich sein, und die Freuden weden Dir nur versüßt werden und nicht verbittert. Laß es Dir ganz leise zuflüstern liebes Töchterchen daß es keinen schmerzlinderndern Trank giebt und keine glüklichere Geburtshelferin als ein solches Herz wie Deins, ein solcher heiliger Sinn, eine so freie frohe schöne Natur. Komm laß mich Deine Stirn küssen und Deine junge Mutterbrust an mein väterliches Herz drükken.

Wie ich lauter schöne Ahndungen habe für Dich so hast Du auch wol recht gehabt keine trüben in Dir entstehen zu lassen über mich. Es ist wol in der Ordnung daß ich den Kelch der Entsagung innerlich ganz leere in diesem entschei|denden Zeitpunkt – aber doch scheint mein Schiksal einer glüklichen Lösung entgegen zu gehn. Eleonore ist schon ganz in der Stimmung in welcher sie handeln muß, ganz gefaßt auf Alles was etwa noch schweres kommen kann, und ganz Eins mit sich und uns. So ist auch ihr Bruder bereit, ihr die Hülfe zu leisten die sie braucht, und Alles wartet nur auf den rechten Augenblik der sich doch nun auch nicht mehr länger verzögern kann. Es war recht schön daß unsere Lotte Eleonoren kennen gelernt hat; aber freilich recht auffassen wird sie sie erst später bei längerem ruhigen Zusammensein, und wenn ich mit dabei bin; denn ich glaube ich gehöre ganz nothwendig mit zu Eleonoren.

Von meiner Reise liebes Kind werde ich erst nach und nach mancherlei einzelnes erzählen können. Heute nur in der Kürze das Ganze. Und da muß ich um Dir das Schönste zu sagen gerade das ungünstigste aussprechen. Bei unserer Fußreise durch das Gebirge nemlich hat uns das Wetter im Ganzen gar nicht begünstigt und besonders auf den höchsten Punkten uns am übelsten mitgespielt. Dabei habe ich grade die interessantesten und die stärksten Touren mit dem heftigsten Magenkrampf gemacht aber dennoch nicht nur ausgehalten, ohne daß uns mein Befinden jemals auch nur um eine Stunde zurükgesezt hätte, sondern alle diese Beschwerden und Uebel haben mir auch den Genuß gar nicht verkümmert und verschwinden wie nichts gegen den bleibenden herrlichen Eindruk den mir

29 *Anspielung auf Matthäus 24, 36* **46 f** *Johann Albrecht Krüger* **49** *Charlotte von Kathen*

diese große NaturAnschauung gegeben hat. Und nun erst das Uebrige dazu. Meines Bruders sehr beschränkter und doch recht schöner glüklicher| Hausstand mit einer gar guten liebevollen heitern innerlich recht kräftigen Frau, die neue Bekanntschaft mit dieser, und mit meiner Halbschwester die ich jezt hier habe, und wie ich diese nicht nur sondern auch meine liebe Lotte heitrer und gesünder als ich je hoffen konnte in Schmiedeberg beisammen fand, und wie schön auch die Unbekannten sich in mich eingewöhnten und mich lieb gewannen, denn der freilich nur sehr kurze Aufenthalt bei Lotte in Gnadenfrei, und daß ich nun an meiner jüngeren Schwester ein freundliches Wesen um mich habe u*nd* der gänzlichen Einsamkeit endlich entledigt gewissermaßen einen Vorschmak des schöneren Zustandes genieße der meiner wartet. Das Alles hat mich sehr sehr glüklich gemacht. Und immer wenn es mir wohl ging wünschte ich alle meine Lieben dazu und besonders Ihr lieben Freunde waret mir immer gegenwärtig.

D*en* 6t*en* Ich konnte vorigen Posttag nicht zum Abschikken kommen und auch heute kann ich eben nichts hinzufügen wenn ich die Post nicht wieder versäumen will. Ich muß glauben daß mein Brief Euch auf Rügen findet; aber ich kann ihn doch nur nach Stralsund senden. Möchtet Ihr ihn dennoch bald bekomen und er Euch recht glüklich finden unter den lieben Freunden. An Charlotte habe ich meinen Brief geradezu geschikt: sie wünschte es so. Grüße sie mir herzlich, und unsre Pistorius und ganz Jasmund. Aber warum habe ich kein Wörtchen gefunden von Luise, nicht einmal einen Gruß? war sie etwa nicht bei Euch? Noch einmal laß Dich herzlich umarmen, und sei mir gesegnet und bewahrt und schreibe bald wieder. |

d*en* 6t*en* Aug*ust* 5. Schon lange war ich wieder hier lieber Freund als eure Briefe kamen, mitten in der Arbeit und auch schon, wie das bei mir ziemlich schnell geht ganz eingewohnt in dem schönen Leben das mir die Gegenwart meiner Schwester bildet. Wie wahr auch alles ist was ich Jettchen von meiner schlechten Gesundheit unterwegens gesagt, so befinde ich mich doch jezt so vortreflich als mir auch wirklich Noth thut um mit meinen Arbeiten vorwärts zu rükken

---

65 dazu.] dazu, 72 Aufenthalt] *über* ⟨Besuch⟩ 87 war] *korr. aus* – 94 meiner] *über* ⟨der⟩

---

84 *Charlotte von Kathen; Brief *2022* 86 *Sagard, wo Heinrich Christoph von Willich mit seiner Familie lebte. Luise von Willich* 91 *Briefe 1996 und *1995*

Und Du weißt es doch recht lieber Bruder wie mein ganzes Herz Dein Glükk, Dein schönes neues Vaterglükk mit Dir theilt, und wie Ihr meine große herrliche Freude seid. Und so sehr und zuversichtlich daß es nichts Schönres giebt was ich Euch nicht weissagen möchte. Wie gern bewillkommte ich nun das Kind Eurer Liebe im Reiche des Lichtes, und schaute die Vater und Mutterfreude in ihrem ersten Glanz. Der Wunsch ist von selbst in mir lebendig ohne daß Du mich daran mahnst – aber es muß eben bei der geistigen Gegenwart bleiben. Und wird das volle Glükk für mich kommen, das ich Euch so gern zubrächte bei unserm nächsten Wiedersehn? Welcher Reichthum würde das sein! welche Anzahl glüklicher Menschen, die das Wahre und Schöne in sich tragen und Ein Herz und Eine Seele sind in dem Höchsten! Leider bin ich nun seit zwei Posttagen ohne Nachricht von Eleonore und einen leisen Flor, ich läugne es nicht, zieht mir das schon wieder über meine frohe Hofnung. Ich muß gar | zu sehr für ihre Gesundheit besorgt sein so bald sie mir schweigt.

Habt Ihr Nachrichten von unserer Jette? Der Armen geht es schlecht in Dresden. Das Fieber hat sie überstanden aber sie darf sich noch nicht in die rauhe Luft wagen und ist lediglich auf die Gallerie beschränkt; denn auch die Menschen sind abwesend, die sie in Dresden liebt. Wüßte ich daß ein Brief von Dir sie jezt noch in Dresden träfe – sie wollte nur bis in die lezte Helfte des Monats da bleiben so bäte ich Dich recht dringend ihr freundliche Worte zu sagen.

Gern hätte ich auch an Luisen und an die Pistor*ius* geschrieben, aber ich bin nicht Herr meiner Stunden und oft waltet ein recht störendes Schiksal über denen die ich zum Briefschreiben bestimmt. Sonntag predige ich einmal wieder, und da Gall hier den Leuten den Kopf wild gemacht hat so will ich recht tüchtig über das Unwesen reden.

Lebe wol mein geliebter Bruder. Laß mich recht bald wieder hören. Wie geht es Dir in Deinem Beruf und mit dem neuen Collegen den Du nun wol schon haben wirst. Grüße mir Deine Freunde Beier u*nd* Schwarzes recht herzlich; ich hoffe ich werde sie auch noch einmal die meinigen nennen können. Von dem erstern kann ich es schon bestimmter ahnden als von dem leztern u*nd* sein brüderliches Anschließen an euer Glükk, seine schöne reine WeltAnsicht daran hat mich innig gefreut. So müßt Ihr auch dastehn und Andacht Glaube und Liebe aufregen.

---

101 *„Bewillkommen, verb. reg. act. willkommen heißen. Jemanden bewillkommen, ihn bey seiner Ankunft mit höflichen Worten empfangen." (Adelung: Grammatisch-kritisches Wörterbuch, Bd. 1, S. 970)* **112** *Henriette Herz* **119** *Luise von Willich* **121–123** *Die Predigt ist nicht überliefert.*

2008. Von H. von Willich. Poseritz und Stralsund, Sonntag, 4. 8. bis September 1805

Poseritz 4ten Aug.

Wie verlangt mich nun schon nach Nachricht von Ihnen geliebter Vater! wie freue ich mich auf den Brief der Ihre glückliche Ankunft in Halle uns melden wird, ach daß er doch bald käme! Ich habe recht mit Ihnen gelebt lieber Vater, mein Herz hat oft zu Ihnen geredet u*nd* dann Ihre liebevolle Erwiederung gefühlt – warum ich mir den Genuß nicht gemacht habe auch niederzuschreiben was ich so dachte u*nd* fühlte daß weiß ich selbst nicht – In dieser leztverflossenen Zeit ist besonders vieles in meinem Gemüth gewesen, ich fühle meinen Sinn erweitert u*nd* bereichert, mir ist als sei die Welt mir verständlicher geworden, die unsichtbare u*nd* die sichtbare u*nd* ihr Verein – mir kommen oft plötzlich Gedanken u*nd* Gefühle die ich sonst wohl kannte ich fühle sie aber jezt mehr mein eigen. Es ist eine meiner schönsten Freuden wenn ich [*mich*] mit meinem Ehrenfried über Dinge | auswechseln kann die so heilig, uns nahe u*nd* tief sind, er versteht was ich meine u*nd* doch nicht sagen kann u*nd* bringet Licht in die Verwirrung meiner Gedanken. Oft sehne ich mich nach Ihnen mein innig geliebter Vater, ich will an Sie schreiben doch ist es zu mangelhaft gegen das Leben miteinander, wo es von Gemüth zu Gemüth u*nd* wieder zurück geht. Worüber ich mit Ihnen sprechen möchte ist nicht reif in mir um es zu schreiben, wenn Sie bei uns wären sähe ich Ihr liebes Angesicht das so zuversichtlich macht, ich faßte Ihre liebe Hand – o mein lieber Vater wir müssen uns bald wiedersehn.

Ich will Ihnen was heimlich sagen guter Vater – wenn mein Kind ein Junge ist sollen Sie ihm einen Nahmen geben, welchen Sie am liebsten wollen Ernst oder Friedrich, Sie müssen dies bestimmen. Ach welch ein seeliges Geschöpf bin ich, mir ahndet fast daß es ein freundlich Jüngchen ist. Ehrenfried glaubt es anders meine Freude wird gleich sein, der gute | Gott giebt mir gewiß ein klein liebes gesundes Wesen, es wird wohl Ihr Herz gewinnen. Wenn Sie wieder zu uns kommen dann ruht es nicht mehr im Verborgnen, der Welt hab ichs schon übergeben, aber noch nicht hingegeben ihren Stürmen u*nd* Leiden, ihren Verletzungen. Lange werden meine Mutterarme es bewahren daß es recht lange in der Blumenwelt der

---

2008. *Überlieferung: H: BBAW, SN 423, Bl. 21–26; D1: Br 2, S. 32–35 (gekürzt); D2: Schleiermacher: Briefe an seine Braut, S. 46–51* **19** Worüber] *davor* ⟨Wa⟩

2008. *Mit Briefen von Charlotte Pistorius und Charlotte von Kathen (Zeile 98–101). – Die Datierung des Briefabschlusses auf September ergibt sich aus Zeile 87–89.*

Kindheit lebe u*nd* so viel unschuldige Freuden in sich sauge als die junge Seele nur vermag – es komt wohl nicht darauf an daß man für die Kinder viel herbeischaft u*nd* recht für ihre Unterhaltung besorgt ist – sondern daß man sie das Einfache Wenige nur recht ungestört nach Herzenslust genießen läßt u*nd* ihre Freude daran durch unsere Theilnahme immer wieder belebt. Ach Lieber Vater wie schön träume ich mir Alles, mir kann zuweilen bange werden, ob denn auch Alles so schön sein wird, doch ist dies nur vorübergehend ich weiß das Erste Schönste Ewige wird immer in meinem Leben sein wie ichs träume, u*nd* über das Zufällige | werde ich immer mehr Ruhe erlangen, wie gütig ist Gott auch in dieser Hinsicht bisher gegen uns gewesen, wie ungetrübt durch Disharmonien ist unser jetziges Leben.

Wir sind nun schon ein paar Tage hier in Poseritz u*nd* erquicken uns so an der herrlichen Natur – wir sind freilich auch mit Naturen umgeben die nicht liebenswürdig sind u*nd* in welchen es nicht viel Erfreuliches anzuschauen giebt, doch kümmern wir uns nicht viel um sie u*nd* es wird uns leicht da sie es nicht verlangen – Es sind hier einige Familien aus der Stadt u*nd* mit diesen Frauen weiß ich durchaus keine Berührungspunkte. Ich habe die gute treue Sophie die mir recht lieb ist, Louise ist uns schon lange ungetreu, sie wird in Sagard bleiben bis ich ihrer bedarf u*nd* dann desto treuer bei uns ausharren, bis der Frühling wieder kehrt – Der schöne Frühling wird Viele vereinigen die sich lieben – Werden Sie dann kommen mit der die Ihnen am theuersten ist? werden wir Sie | segnen können zum seeligen Leben u*nd* Freudenthränen mit Ihnen weinen? o Ihr reiches Herz bedarf des Glückes Sonnenschein nicht um immer warm zu schlagen, Ihr tiefes Leben wird immer kräftig fortwircken –

———

Lieber Vater hier fällt eine lange bedeutende Zeit zwischen, als ich Ihnen das Vorige schrieb waren wir im Anfang unserer Rügischen Reise die einen ganzen Monat gedauert hat, und jezt sind wir schon wieder einige Tage in Stralsund. In Sagard waren noch laute Nachklänge von der Brunnenzeit die der Jahreszeit nach hätte vorüber sein müssen wenn das gute Wetter nicht so spät gekommen wäre. Wir erhielten dort Ihren lieben Brief – o mein Vater wie soll ich Ihnen all Ihre Liebe danken, ach wenn ich sie doch so verdiente – Sie haben mir große Freude gemacht – Es war an einem Sonntag Morgen als Ihr Brief ankam, ich war recht weich ge-

58 Ihr] *folgt* ⟨kr⟩ 62 In] *folgt* ⟨Rügen⟩ 66 gemacht – Es] *korr. aus* gemacht; es

64 f *Brief 2007*

stimt, eine erschütternde Nachricht von dem Tode eines Vetters den ich recht gut gekannt habe, der Sohn der Frau v*on* Mühlenfels bei der ich 4 Jahre gelebt habe, erhielt ich als ich grade in die Kirche wollte, zugleich Ihren Brief ich hob mir diesen auf – Sie kennen die schöne Weise des Gottesdienstes da, der tiefe eindringen*de* Ton der Orgel – die Kanzel, Altar u*nd* | Kerzen waren schwarz behangen, Trauer über den Tod der guten alten Mutter – mir war recht weich zu Muthe – Ich mußte auch lebhaft denken wie Sie da vor uns standen vor einem Jahre als Gott-Verkündiger – Ich möchte Sie gerne so wieder vor uns sehen geliebter Vater! ach ob ich Ihnen wohl näher gekommen bin in dem Heiligen? – meine Seele verlangt oft nach dem Gefühl, dem innigen Bewußtsein der Gottes-Nähe – Gott schenckt mir seelige Augenblicke wo ich eine Freudigkeit eine Liebe zu ihm habe, u*nd* Kraft u*nd* Muth zu Allem fühle, ach warum bin ich oft so lange dumpf u*nd* wie gestorben innerlich – u*nd* wenn ich erwache dann verzagt u*nd* dünke mich unwürdig Eurer Liebe u*nd* meines Glückes – mein geliebter o w i e i n n i g geliebter Ehrenfried er richtet mich wieder auf, an seiner Brust wird mir wieder so leicht so wohl, er giebt mir Vertrauen zu mir selbst, ich kann über meine Schmerzen lächeln u*nd* froh u*nd* frisch ins Leben hineinsehen u*nd* hinein wircken

---

Geliebter Vater Du willst wißen wann ich hoffe mein Kind dem Lichte zu geben? Es ist nicht lange mehr wie ich glaube – vielleicht 3 vielleicht 4 Wochen, auch ist es möglich noch früher, | o schreib mir bald Lieber lieber Vater, schreib mir von Leonoren, ich weiß durch Jette daß ein kaltes Fieber sie aufgehalten hat sonst wäre der entscheidende Schritt geschehen – Gott stärcke ihren Muth – Ach wie wollten wir jubeln im Frühling – Du Deine Leonore an der Hand – ich mein Kind im Arm, die Geliebten Alle um uns, welche schöne Bilder – wir Alle so innig vereint –

Lebe wohl geliebter Vater
Deine Tochter

Jette.

---

69 habe] *über der Zeile* 72 Kanzel,] *folgt* ⟨u⟩ 73 Kerzen] *davor* ⟨die⟩ 80 Allem] *folgt* ⟨habe⟩ 82 u*nd*] *folgt* ⟨|mi|⟩ 88 3] *korr. aus* 4

68–70 *Karl Wilhelm Gustav von Mühlenfels (1785–1805), ein preußischer Offizier, war Henriette von Willichs Neffe zweiten Grades. Seine Mutter, eine geborene Köppen, war eine angeheiratete Base zweiten Grades der Henriette von Willich. Vgl. Gothaisches genealogisches Taschenbuch der briefadeligen Häuser 1, 1907, S. 547–551* 73 f *Marianne Regina von Willich war Ende 1804 gestorben.* 87 f *Vgl. Brief 2007, 28–31* 88 f *Henriette von Willich wurde am 6. Oktober 1805 geboren* 90 *Henriette Herz*

Die Post ist schon weg u*nd* mir ist es recht lieb in so fern daß ich nun noch etwas hinzu schreiben kann, obgleich mir das nahe geht daß Du geliebter Vater die Briefe von den guten Lottens u*nd* Nachricht von uns später erhälst. Du glaubst nicht lieber Vater wie wir nun schon rüsten für das kleine süße Kind, sein kleines Bette hat unsere Lotte in Götemitz ihm bereitet, an unserm Hochzeitsmorgen überraschte uns der Anblick der Wiege die so mit einmahl ohne unser Wissen dastand, nicht wenig. Der ganze Tag verging uns sehr schön, mein Ehrenfried war etwas krank doch störte uns das nicht eigentlich, er war | doch vergnügt u*nd* mir war es eine neue noch unbekannte Lust, ihn zu pflegen u*nd* etwas zu verziehen. Der Ungewohnheit wegen war mir auch gar nicht ernsthaft dabei, es kam mir vor als Kranckheit spielen, wie wir es so als Kinder thaten –

Louise, die noch in Sagard, ist bewirthete uns mit einem schönen Geburtstagskringel, unsere Lotte K*athen* kam selbst auf einige Stunden, wir theilten uns gegenseitig Briefe von Ihnen u*nd* Jette mit, den übrigen Tag waren wir ganz allein – unsere Liebe das Gefühl unsers Glückes war unsere Feier –

Lieber Vater, was ich Ihnen vorhin sagte von der Dumpfheit die mich zuweilen befällt war wohl sehr undeutlich, ich muß Ihnen etwas darüber sagen, denn vielleicht haben Sie mich frei davon geglaubt, u*nd* Sie müßen mich nicht beßer halten als ich bin. In dem schönen Leben mit Ehrenfried – im Besitz all der reichen Schätze, sollte ich da wohl nicht immer frei u*nd* kräftig sein u*nd* mit offner Seele aufnehmen, was sich mir Glücklichen vor so vielen andern Schönes darbietet? – und doch Lieber Vater geht oft Vieles ungenossen an mir vorüber – oft ist es körperlich was ich dennoch nicht als körperlich fühle, was mir meine Freiheit raubt, mich häßlichen Verstimmungen hingiebt, dann folgt unmittelbar Unzufriedenheit mit mir selbst, u*nd* denn werde ich traurig u*nd* kann | mich sehr härmen bis mein guter süßer Ehrenfried mich mit mir aussöhnt u*nd* mich zur Geduld gegen mich selbst ermahnt – In jedem Augenblick frei u*nd* frisch l e b e n das muß etwas köstliches sein – Ach lieber Vater wen*n* das Herz sich so sehnt nach dem rechten Vertraut-sein mit den Unsichtbaren, u*nd* wie von oben der Wunsch gewährt wird – und wir uns so erhoben so glücklich fühlen – da ist eine unbeschreibliche Freude aber auch zugleich

98 weg] *mit Einfügungszeichen über der Zeile* 99 geht] *mit Einfügungszeichen über der Zeile* 103 Hochzeitsmorgen] *korr. aus* Hochzeitstage 106 es] *mit Einfügungszeichen über der Zeile* 115 vorhin] *folgt* ⟨über sie⟩ 122 ungenossen] *folgt* ⟨u⟩

100 *Charlotte Pistorius (Brief 2019) und Charlotte von Kathen (Brief 2037)* 102 *Charlotte von Kathen* 103 *Der Hochzeitstag Henriette und Ehrenfried von Willichs fiel auf den 5. September.* 112 *Henriette Herz*

ein Schmerz in der Seele über die verflossene Zeit daß sie nicht reicher war an solcher Stimmung daß dies herrliche Leben, diese Seele alles Lebens wie todt auf lange in uns war. Ich fühle dann so gewiß, einmahl werde ich dahin gelangen in solchem Sinne u*nd* Geiste immer fortzuleben, denn ohne Spannung still u*nd* ruhig innig ist mein Gefühl ich könnte gewiß darin leben. Mit manchen Menschen komt es mir anders vor, ich stelle sie mir so heftig in ihren beßern Momenten vor, so ganz aufgeregt daß ich sie nur in Momenten u*nd* | Aufwallungen solcher Genüsse fähig, mir denken kann.

Lieber Vater ich habe gewiß sehr verwirrt an Sie geschrieben, aber das schadet nicht denn in mir ist auch noch wohl vieles verwirrt. Ich darf ja zu Dir reden als Dein Kind – Du lieber guter Vater –

Wie warten wir auf Nachricht von Leonorens Befreiung – könnten wir sie gleich wenn sie Grunows Haus verlassen hat in unsere Arme aufnehmen bis wir sie Ihnen dann übergäben zum glücklichern Leben – wie gerne möchte ich gleich um sie sein wenn der schwere bange Schritt überstanden ist – Leonore muß noch recht froh wieder werden u*nd* wird es auch – nicht allein glücklich auch froh – was für heilige Momente werden wir hier auf Rügen haben – welch ein Fest! wie wird Freude u*nd* stille Bewegung wechseln u*nd* eines in dem andern enthalten sein.

Ich habe heute morgen eine erfreuliche Nachricht erhalten, Johanna Erichson, | gewesene Israel die Sie hier in Stralsund auch gesehen haben ist gestern Abend von einem gesunden Mädchen entbunden, ich habe mich um so mehr gefreut daß Alles glücklich gegangen ist, da ich besorgt für sie war weil sie viel gelitten während der Schwangerschaft.

Auch die Israel lebt in dieser Erwartung – ach wie traurich ist es aber, daß dies herrliche Glück für sie keins ist, diese süße Hoffnung sie nicht mit Freude sondern mit Wehmuth u*nd* Trauer erfüllt. Sie leidet lange an der Brust ist überhaupt den ganzen Winter kränklich gewesen, hat einige mahl Blut ausgeworfen, das sind wohl wircklich üble Anzeichen, nun

142 mir] *folgt* ⟨l l⟩ **144** warten] *korr. aus* wir **156** der] *folgt* ⟨Schw⟩ **161** Blut] *folgt* ⟨gespien⟩

sieht sie mit trüben Ahndungen auf das junge Leben hin, das nicht gesund aufblühen kann, wie sie glaubt –

Wie sehr dieser Kummer ihr wohl schaden muß, sie hat ihn lange in sich verschlossen niemanden ihren Zustand entdeckt bis sie es nicht mehr verbergen konnte, auch jezt spricht sie fast niemals darüber, ihr Ansehn ist schwach u*nd* kummervoll. Ich kann nicht | sagen wie traurig mir dieser Fall ist ich habe Friedericke auch wircklich lieb –

Mit unserer Lotte Kahten ist es mir so rührend, sie ist so schwach u*nd* ich glaube wohl daß sie immer mehr von ihrer Kraft hingiebt indem ein junges Leben sich in ihr bildet, doch glaube ich gewiß daß sie es gesund der Welt geben kann – und dann giebt sie ihre Kräfte ja hin für das Schönste, Heiligste – ich kann nicht drüber trauren – Mit so schöner Stimmung hat sie selbst es wieder aufgenommen nicht mit solcher lebendigen Freude als sie in mir sein kann, mit stiller ruhiger Ergebung

Mittwoch Abend.

Ich habe heute die Cummerow gesprochen, sie trägt mir auf Ihnen zu sagen daß sie in Kenz einen Geldbeutel für Sie gestrickt habe, sie ist jezt so beschäftiget mit der Erichson mit ihrer Friedericke daß das vielleicht der Grund ist warum sie nicht schon an Sie geschrieben hat.

Ich freue mich lieber Schleier, morgen gehts nach Rügen zu Lotte Kahten wenn das Wetter gut ist, ich will doch zu guter lezt recht ins Feld springen mit den Kindern – die Erndte-Zeit ist mir noch von der Kindheit her so interessant –

Adieu lieber Vater vergiß Deine Tochter nicht.

2009. Von G. A. Reimer. Berlin, Anfang August 1805

Ich wollte Dir heute ausführlicher schreiben, liebster Freund, allein der heutige Posttag gestattet mir keine Frist dazu. Das Erfreuliche (nemlich

---

180 warum] *folgt* ⟨| |⟩ 185 Adieu … nicht.] *am linken Rand*

2009. *Überlieferung: H: BBAW, SN 358, Bl. 148*

---

179 *Friederike Israel oder die Tochter der Johanna Erichson*

2009. *Die Datierung ergibt sich aus Schleiermachers Bestellung des Kochbuches in Brief 2004, 32 f. Mit u.a. einer Teetasse, Aushängebogen der Platon-Übersetzung, einem Kochbuch und einem Brief von Jösting.*

daß *Gaß* die Stelle heute zugesprochen ist) sagt Dir ausführlicher Jöstings Brief (der in dem Kästgen mit der Tasse auf der Unterschaale liegt). Leonore ist bei uns gewesen, wie mir eben Mine sagt, und wir*d* auch morgen Mittag bei uns seyn. Die schöne erwünschte Zeit rückt also immer näher nach den langen Tagen bitteren Schmerzes. Leonore hat versprochen nach ihrer Trennung recht viel bei uns zu seyn.

Ich schicke Dir die Aushängebogen 7. 8. – seit länger als 14 Tagen feiern die Setzer schon. Dem Wunsch Deiner Schwester zu genügen erfolgt das Kochbuch, und auch die Deinigen sollen nicht umsonst gethan seyn, sondern es soll ihrer gedacht werden seiner Zeit

Vom Plato schicke mir wo möglich etwas, wenn auch nur den Anfang des Theätet, damit wir etwas weiter kommen. In Deiner Rechnung wegen der Mich*aelis*M*esse* hast Du wohl gewissermaßen Recht, aber auch großes Unrecht.

Leb wohl, lieber Freund!

2010. Von L. F. Heindorf. Berlin, August 1805

Ich kann Dir etwas froheres, als sonst, liebster *Schleiermacher* von mir schreiben u*nd* endlich einmal etwas tüchtiges schicken, die Vollendung des Theätet. Die grausame Angst, die mich, oft ohne bestimmte Vorstellungen, über zwei Monate Tag u*nd* Nacht gequält hat, daß ich oft mehrere Stunden die Hände ringend in meiner Stube umherlief, ein Zustand, von dem ich sonst trotz aller Hypochondrie nie eine Ahndung gehabt hatte, ist endlich vorüber gegangen, ich bin wieder heiterer u*nd* komme mir nun vor, wie ein Mensch, der ad sanam mentem zurückgekehrt ist. Ich kann wieder arbeiten; die Gedanken, die mir so ausgegangen waren, daß ich einmal an einer Correctur im Plato, wo ich 4 Zeilen ändern

---

3 ausführlicher] *mit Einfügungszeichen über der Zeile* 7 versprochen nach] *folgt* ⟨T⟩ 10 genügen] *folgt* ⟨l l⟩ 12 soll] *korr. aus* sollen

2010. Überlieferung: H: BBAW, SN 300, Bl. 26–28 1 liebster] *korr. aus* |be| 2 Vollendung] *korr. aus* |B|

---

3 f *Es ist ungewiß, ob Jöstings Brief an Schleiermacher gerichtet war.* 5 *Wilhelmine Reimer* 9 *Aushängebogen von Bd. 2, 1 der Platon-Übersetzung* 10 *Nanny Schleiermacher*

2010. Die Datierung ergibt sich einerseits daraus, daß Schleiermacher am 29. Juli Heindorfs Bearbeitung des Theaitetos noch nicht in Händen hielt (vgl. Brief 2004, 27–29), andererseits die Michaelismesse (Ende September) noch nicht unmittelbar bevorstand (vgl. Zeile 67 f.). – Mit seiner Edition des Theaitetos (Zeile 2 f.). 1–3 *Mit Brief *2002 hatte Schleiermacher um die Übersendung der Heindorfschen Edition des Theaitetos gebeten.*

wollte, 4 Stunden zugebracht habe, bis mich die Höllenangst ganz davonjagte, fließen mir wieder mehr, u*nd* neuer Muth u*nd* neue Lust für meinen Plato sind zurückgekehrt. Die Präfationsangst ist denn auch glücklich vorüber. Da ich freilich jetzt keine schöne Präfation stilo Wolfiano od*er* Ruhnkeninano schreiben kann, u*nd* eine andre kann meine Eitelkeit vor dieser Arbeit nicht ertragen, u*nd* da ich weder etwas Nöthiges, noch neues zu sagen habe, so mag die Nachrede von Buttmann den Mangel der Vorrede ersetzen. Dafür will ich der Schulausgabe, an der Du Deine Freude haben wirst, eine kritische Disputatiunkel über die Apologie vorausschicken nebst einigen Worten über die größre Arbeit. Ich suchte den Mangel an Gewandheit in ächtem lat*einischen* Stil in meiner jetzigen Stumpfheit, da ich ihn in dem Mangel an Übung u*nd* einer langen Vernachlässigung der röm*ischen* Litteratur hätte suchen sollen, u*nd* über der Einbildung, ich wäre stumpf, wurde ich es | natürlich eine Zeitlang. Daß ich es auch hierin nicht ganz bin, habe ich bei der Überarbeitung des Buttmannschen Auctarium gesehen. Er hat mir das fatale Geschäft abgenommen (wie er sich denn überhaupt während des schrecklichen Zustandes meiner mit einer Liebe u*nd* Theilname angenommen hat, weswegen Du ihn gewiß noch mehr lieben wirst, den gediegnen u*nd* durchaus edlen Menschen!) die Heusdenschen Einfälle selbst zu widerlegen, die ὑπ' αὐγας besehen fast alle, einige als höchst ungrammatisch u*nd* unlogisch, zerstieben, u*nd* dabei einige sehr brave Bemerkungen eingemischt, worin er zum Theil mit Dir zusammentrifft, auch hat er auf d*a*s, was Du mir neulich schicktest, Rücksicht genommen, u*nd* was uns beiden davon plausibel schien, dankbar erwähnt. Nun setze Du in Deinen Noten zur Übersetzung noch manches hinzu; dann ist für d*a*s Bedürfniß des Lesers genug geschehen. Schade, daß ich Dir nicht auch schon die Fortsetzung des Anfangs, noch einige Bogen, schicken kann. Sieh, so bin ich aus der Noth heraus u*nd* freue mich wieder meiner Arbeit, der nun gleich hinterdrein die drei andern Dial*ogen* folgen sollen, wenn mir da nicht wieder ein Querstrich gemacht wird. In dem Grade nämlich, in dem mein Kopf freier geworden ist, ist der Unterleib wieder krank geworden; das alte Übel ist mit alter Wuth zurückgekehrt u*nd* quält mich unaufhörlich,

---

27 überhaupt] *folgt* ⟨|wegen|⟩ 35 davon] *mit Einfügungszeichen über der Zeile*

18–20 *Platonis Libri quatuor: Georgias, Apologia Socratis, Charmides, Hippias maior, scholarum in usum edidit L. F. Heindorfius. Praefixa est annotatio critica in Apologiam Socratis, Berlin 1805* 26 *Buttmanns Anhang zu dem zweiten Band der „Platonis dialogi selecti", S. 505–548.* 30 *Philip Willem van Heusde: Specimen criticum in Platonem. Acc. D. Wyttenbachii epistola ad auctorem. Item collationes codicum mss. Platonis cum a D. Ruhnkenio confectae tum aliae, Leiden 1803* 33 f *Brief *1960*

was denn eine große Schwäche u*nd* Unbehaglichkeit hervorbringt, so daß mir vor dem Winter wirklich bange wird. Gebrauchen kann ich nichts, sonst komme ich ganz wieder auf den alten Weg, u*nd* da mich das Leiden nicht mehr, wie sonst, für die Zukunft beunruhigt, so nehme ich gern damit fürlieb. Das ist eben der Grund, liebster *Schleiermacher*, warum ich in diesen Ferien, die mit dem heutigen Tage zu Ende gehen, meine heiße Sehnsucht nach Dir u*nd* unsern Wolf nicht habe befriedigen können. Das Fahren auf der Post hätte ich nicht ausgehalten, u*nd* zu einer andern Fuhre fehlte es mir am Gelde, da ich das Honorar für die jetzige Arbeit schon fast ganz verzehrt habe. Als ich nach Leipzig fuhr, war | ich körperlich besser, aber in einem Zustande, in dem ich mich Dir nicht zeigen konnte u*nd* wollte. Da hätte ich Dich, auch wenn Du hier gewesen wärest, geflohen, wie ich Buttmanns Bitte, alle Tage bei ihm zu sein, sehr schlecht benutzt habe. Du weißt, wie drückend es für mich ist, wenn ich andern drückend zu werden mir einbilde. – Über Wolfs veränderten Entschluß wirst Du Dich ebenso sehr, als ich, gefreut haben. Mir wars bei der Nachricht, als lebte ich von neuem auf. Nur Schade, daß man ihm die Zulage, 700 r., wie Becker Nauken gesagt hat, schon bei der nächsten Gelegenheit zugedacht hatte u*nd* ihm freiwillig als Tribut der Verehrung gezahlt haben würde, was man nun hat nothgedrungen thun müssen. Nun fürchte ich nur, er wird das Opfer, das er gebracht hat, lange nicht ganz verschmerzen; das läßt mich besonders sein letzter Brief an Nauk fürchten.

Sollte Dein Plato nicht gerade zur Messe fertig werden, so ists ja auch kein Unglück; Du hast ja die löblichen Beispiele von Wolf u*nd* mir vor Dir; ich bitte Dich um alles – wiewohl mein Bitten hier nichts fruchten wird – schone Dich mehr als Du thust. Du mußt doch endlich fühlen, wer Du bist u*nd* wieviel an Dir in vielfacher Rücksicht gelegen ist, daß Du zu den Wenigen gehörst, die das Salz der Erde sind.

A propos! Wird denn Deine Übersetzung hier gedruckt? Und ich kriege gar nichts davon zu sehen? Nichts zu revidiren oder corrigiren? Du hast mich wohl sonst damit verschonen wollen; aber von nun an werde ich es im eignen Arbeiten sachte angehn lassen, da die Noten zu den 3 Dialo*gen* bis auf die letzte Überarbeitung fertig liegen, u*nd* da könnte ich

---

58 werden] *folgt* ⟨,⟩ 68 von] Von 75 sonst] *korr. aus* ⌊d⌋

---

45 *Gebrauchen: hier Medizin einnehmen* 58–66 *Wolf hatte 1805 einen Ruf an die Münchener Akademie der Wissenschaften erhalten und abgelehnt.* 61 *Wohl Carl Friedrich Becker, der als Privatgelehrter in Berlin lebte und mit Heindorf in Kontakt stand.* 67 *Platon: Werke, Bd. 2, 1, Berlin 1805* 72 *Matthäus 5, 13* 76 f *Platonis dialogi selecti, Bd. 3*

wohl eine Correctur übernehmen, wobei ich vielleicht ein u*nd* das andre für Deine Noten bemerkte. Willst Du das, so gieb gleich Ordre dazu an Reimann. –

Ich werde hier eine böse Zeit auf mehrere Wochen verleben. Spalding bleibt vielleicht bis zum Herbst aus, u*nd* Buttmann ist an den Rhein gereist u*nd* der neue Freund, der Dir diesen Brief zustellt, verreist nun auch auf einen Monat. Ich lernte ihn bei Buttmann u*nd* durch Buttmann kennen, u*nd* ich kann Dir nicht sagen, für welche Wohlthat ich dies erkenne. Er hat mich einige Zeit her wöchentlich zweimal des Abends besucht; herrliche Abende, die mir neue Lebenskraft gege|ben haben. Was er ist u*nd* wie er ist, wirst Du selbst sehen, u*nd* ihn gewiß bald herzlich lieben u*nd* hochachten, u*nd* Dich freuen, daß Dein verlassener H*eindorf* eine solche Natur aufgefunden hat.

Ich habe ein facinus an Dir begangen, liebster S*chleiermacher*. Ich habe an Wolf geschrieben, (freilich ohne Dich zu nenen, aber das ist gleich viel,) ich hätte gehört, er wolle mir einige Vorworte zu meinem Plato schicken, u*nd* ihn dann mit der gebührenden Bescheidenheit darum gebeten. Diese Indiskretion ist mir sehr sauer geworden (gegen Dich, weil ich nicht wußte ob es ein ἀποῤῥητὸν sein sollte u*nd* gegen ihn, weil er vielleicht keine Lust mehr dazu hat u*nd* mir die Zudringlichkeit übel nimmt.) Aber, liebster F*reund*, wenn man sich Monate lange mit etwas so fürchterlich gequält hat, seis auch aus einer Art von παραφροσύνη, u*nd* dann einen solchen Ausweg aus der απορια sieht, einen so herrlichen, bei dem meine ganze Eitelkeit wieder lebendig wurde – denn einen süßern Lohn als diese Auszeichnung kenne ich nicht – dann wird man wohl etwas ungestüm – doch nein, ich will Dich nicht compromittiren, u*nd* lieber den langen Brief an Wolf, so wenig Zeit auch da ist, umschreiben, wenn ich ihn auch erst am folgenden Posttag abschicken kann. Dafür aber bitte ich Dich, unterstütze meine Bitte, die nun απο ταυτοματου kömmt, aufs kräftigste; vielleicht bewegst Du ihn. Denke nur, wie mich das aufmuntern würde.

Meine kleine Tochter, die sonst bei Rosens war, habe ich wegen gewisser Umstände mit Rosens vollkommener Einwilligung, ja selbst auf seine Veranlassung, auf einige Zeit zu mir genommen, u*nd* ich denke, sie immer hier zu behalten, welches für mich u*nd* das Kind ein großer Vortheil ist. Denn hier kann sie moralisch u*nd* physisch gedeihen. Meinen

---

83 Freund, der] *folgt* ⟨diesen⟩ 85 nicht] *mit Einfügungszeichen über der Zeile* 88 bald] *folgt* ⟨|herl |⟩ 92 das] *korr. aus* |e| 100 Ausweg] *korr. aus* Ausgang 102 wird] *über* ⟨|greift|⟩ 113 physisch] physich

---

80 *Gemeint ist Reimer.*

Jungen, ich denke noch immer, Deinen künftigen Pflegesohn, müßtest Du jetzt sehen, um Dich über ein liebes, herrliches Kind innig zu freuen. – Der kranke Becker, der wieder sehr einsank, ist nach Tharau gereist u*nd* lebt dort wieder auf. – Eichstädt hat wieder wegen des Rezensirens an mich geschrieben, u*nd* ich werde es ihm nun rund abschlagen, wenigstens für die ersten zehn Jahre. – Von Herzen Glück zu Deiner häuslichen Verändrung, u*nd* meinen Gruß an die freundliche, die meinen *Schleiermacher* liebevoll pflegen wird. Vale, Vale.

Heindorf.

Unter uns: Schneider schrieb an Buttmann „Haben Sie denn gelesen, was der tugendhafte Räkel Voß über mich geschrieben hat? Es thut mir nur leid, daß er mich mit dem Herrmann in einen Kessel geworfen hat.“ – Weil Schneider ehedem mir ein Buch dedicirt u*nd* zu dem Cratylos die herrliche Collation mitgetheilt hat, so erfodert es die Dankbarkeit, daß ich ihm meinen neuen Band dedicire. Wäre er nur vor der Rezension des Orpheus erschienen! – Ich schicke Dir von den Theätetbogen, was ich noch im Hause habe, hoffentlich hast Du bis dahin alle; wo nicht, so schreibs mir doch gleich mit einer Zeile. – Grüße doch den Thiele, wenn Du ihn siehst von mir u*nd* entschuldige mich wegen meines Nichtschreibens, wie Du willst, u*nd* frage ihn, bis wie weit er meine Bogen bekommen hat.

2011. An G. A. Reimer. Halle, August 1805

Liebster Freund wenn es nicht nach meiner ganzen Art zu arbeiten eine Unmöglichkeit wäre die Einleitung eher als nach gänzlicher Beendigung

124 Räkel] *davor* ⟨[Räkel]⟩ **133** bis] *davor* ⟨wie⟩ Bogen] *korr. aus* ⟨[ ]⟩

2011. *Überlieferung: H: BBAW, SN 761, Bl. 25*

116 *Carl Friedrich Becker starb 1806.* **117–119** *Gemeint sind Rezensionen für die JALZ. Tatsächlich hat Heindorf für die JALZ nicht rezensiert.* **120 f** *Nanny kam nach Halle.* **123–125** *Johann Heinrich Voß' Rezension zu „Orpheos Argonautika. Orphei quae vulgo dicuntur Argonautica. Ex libris scriptis et coniecturis virorum doctorum suisque aucta et emendata interpretatus est Joh. Gottlob Schneider“ (Jena 1803) und „Orphica. Cum notis H. Stephani, A. Chr. Eschenbachii, J. M. Gesneri, Th. Tyrwhitti recensuit Godofredus Hermannus“ (Leipzig 1805) war in der JALZ 1805, Nr. 138–143, Sp. 489–536 erschienen.* **124** *„Ein großer, grober, ungeschickter Mensch, im verächtlichsten Verstande und nur in den niedrigsten Sprecharten, wo auch die Wörter sich rekeln sich auf eine äußerst ungesittete Art ausdehnen, auflegen, Rekeley grobes ungesittetes Betragen, rekelhaft einem Rekel ähnlich u.s.f. bedeuten.“ (Adelung: Grammatisch-kritisches Wörterbuch, Bd. 3, S. 1081)* **126–128** *Johann Gottlob Schneider hatte Heindorf seine Edition von Xenophon: De Cyri disciplina (Leipzig 1800) gewidmet.*

2011. *Die Datierung ergibt sich daraus, daß Schleiermacher am 29. Juli noch Heindorfs Bearbeitung des Theaitetos benötigte, um die Übersetzung des Dialogs zu vollenden (vgl. Brief 2004, 27–29), das Manuskript aber am 7. September schon gesetzt wurde (vgl. Brief 2027, 2–4). – Mit einer Quittung (Zeile 36) und der Übersetzung des Theaitetos.*

der Uebersezung die immer erst beim Mundiren erfolgt fertig zu machen so hättest Du längst etwas vom Theätet erhalten. Nun hast Du ihn ganz, ich habe heute meine Collegia ausgesezt um diese Einleitung halb noch zu entwerfen und ganz zu mundiren und bin fast nicht vom Schreibtisch weggekommen. Lobe mich also immer ein Bischen. Wenn ich nur mit einem Sezer zu thun habe so garantire ich Dir den Menon ehe der Theätet fertig ist; aber zweie sind auch dem Herkules zu viel. Deine Sendung ist richtig eingelaufen: aber lieber Freund die erste enthielt vom Gorgias die Bogen 1–5 die zweite 7 u*nd* 8 und 6 ist mir defect; ich bitte mir ihn ja aus damit mir das Exemplar nicht verloren geht.

Von unserer Reise mögen die Götter wissen ob etwas werden wird. Die Collegia kann ich vor dem 15*ten* Sept*ember* nicht schließen, mit dem Platon bin ich auch schwerlich eher fertig und dann brauche ich die Zeit wol höchst nöthig zur Vorbereitung auf die Wintervorlesungen und habe gar kein Geld gar keins. Schaffst Du mir aber bis dahin einen Lotteriegewinnst (denn ein Loos hast Du doch hoffentlich?) so will ich über die Zeit wol noch wegkommen. Steffens ist glaube ich in beiderlei Nöthen eben so vollkommen als ich.

Von Eleonorens wirklichem Abzug erwarte ich nun bald die erfreuliche Nachricht, dann steht alles herrlich um mich. Leider schien sie nur in ihrem lezten noch nicht bestimmt zu wissen wohin sie gehn wollte, und | eher kann sie doch warlich nicht fort. Volles Vertrauen zum Leben mit ihrem Bruder scheint sie noch nicht zu haben. Wieviel lieber wünschte ich unter solchen Umständen sie Dir übergeben zu können aber weder Du wirst es können denn Dein Haus ist warlich voll genug noch würde er es wahrscheinlich gern sehn wenn sie außer der Familie ihr Asyl suchte.

Reichardt hat mir neulich aufgetragen Dich zu fragen ob Du die Lieder von Luise wovon Dir *Jösting* vorläufig wird gesagt haben übernehmen wolltest. Zwölf sollen es sein; er wünscht sie wie den troubadour gedrukt meint sie würden etwa 5 solche Bogen (zu 4 Seiten) geben und verlangt 12 Fr*iedrichs*d'or dafür. Er wünscht bald Deine Erklärung weil er sie sonst Frölich antragen will. Wenig scheint es mir nicht zu sein; aber gesucht würden sie genug werden.

Inliegende Quittung, bitte ich Dich, bei Könen einzulösen, und wenn mein Bruder dem ich es angeboten nicht darüber disponirt hat, mir das

---

9 *Es ist ungewiß, ob die Sendung mit Korrekturfahnen auch von einem Brief begleitet wurde.* **13 f** *Tatsächlich schloß Schleiermacher seine Vorlesungen erst am 20. 9. 1805.* **25** *Johann Albrecht Krüger* **29–31** *Luise Reichardts „Zwölf deutsche und italienische romantische Gesänge" erschienen 1806 in Berlin in Reimers Realschulbuchhandlung.* **31** *Johann Friedrich Reichardt: Le Troubadour italien, français et allemand, Berlin 1805–1806*

Geld auf irgend eine Art zu schikken, ich brauche vor der Hand jeden Thaler, bis ich ein wenig in meinem neuen Hauswesen vorgeschritten bin.

Adieu lieber Freund.

2012. Von Philipp Konrad Marheineke. Erlangen, Freitag, 9. 8. 1805

Erlangen. Am 9.en Aug. 5.

Es mag wohl keine Gefahr dabey seyn, wenn sich ein dankbarer Mensch einem Andern gern eröffnen möchte und darum bin ich Ihrer Verzeihung gewiß, daß ich es so ohne Weiteres wage, mich Ihnen zu erklären. Ich habe es längst gewünscht, mich Ihnen mit meinem Dank eröffnen zu können u*nd* Ihnen zu sagen, was ich für Sie empfinde und ich konnte daher einen Freund nicht so hinreisen lassen zu Ihnen, ohne ihm etwas mehr als eine blos mündliche Versicherung an Sie mitzugeben.

Seitdem ich Sie gelesen, ist eine starke und ich denke auch sehr wohlthätige Veränderung mit mir vorgegangen. Es war mir längst so, als müsse so etwas, was Sie erst clar gemacht haben, an demjenigen seyn, was man mir als Religion g e g e b e n hatte; der Scholastizismus hatte mir nie in diesem Puncte Genüge geleistet und schon früher hatte die Poesie mir heimlich und dunkel offenbart, was Sie nachher mir so bestimmt und kräftig gesagt haben. Ich glaube fast, daß ich erst da, als ich Sie über die Religion reden hörte, zum erstenmahle in meinem Leben mit voller Besinnung religiös und from gewesen bin; denn es war wahrhaftig etwas mehr, als die Reflexion die ich wahrnahm in meinem Gemüthe, als ich auf diese Weise Ihre Bekantschaft machte. Und wen man in s o l c h e n Stunden als einen Propheten göttlicher Offenbarung kennen gelernt hat – wie sollt' ich es I h n e n nicht sagen dürfen, daß ich Sie von ganzem Herzen liebe?

Der Conflict, worin Sie ohne Zweifel nicht nur als Schriftsteller – denn das sehen wir alle Tage – sondern auch persöhnlich gerathen sind, hat sich auch längstens bey mir gezeigt; denn diese kalte Zeit zeigt immer krampfhafte Zuckungen, wo nur Ihr Name erschallt oder Ihre Lehre. Und das ist | begreiflich. Es muß wohl denen, die mehr als eine Dogmatik

---

2012. *Überlieferung: H: BBAW, SN 324, Bl. 1; D: Br 4, S. 115–117*

2012. 9 *Gemeint ist die Lektüre der „Reden über die Religion".*

geschrieben, sonderbar zu Muthe werden, wenn man ihnen wie ich neulich – sie nennen das unvorsichtig – gethan habe, sagt: daß ich mir eine Dogmatik sehr wohl ohne einen Strahl von Religion denken könne. Ja! das ist wahr, nichts ist in unsern Tagen seltener geworden, als die Frömmigkeit u*nd* wahrhaftige Gottesliebe.

Zu ihren Grundlinien wollen Viele erst noch den Schlüssel haben. Ich möchte wohl wissen, ob wir auch Ihr System der Ethik bald haben dürften.

H*err* Fichte befindet sich bey uns nicht aufs Beste, denn es ist hier so wenig philosophischer Sinn. Er wird im künftigen Monat nach Berlin zurückkehren u*nd* vermuthlich nicht wiederkommen. Ich höre mit mehreren Professoren die Wissenschaftslehre bey ihm in einer Privatvorlesung; der Platon tritt in jeder Stunde unv*e*rkennbar bey ihm hervor. Schelling verkennt er durchaus; er polemisirt sehr heftig gegen ihn; unter dem Abstractum der Blindheit ist immer der Würzburger Philosoph gemeint. –

Ich möchte mich Ihnen kräftig empfehlen – aber hier ist die Sprache zu arm u*nd* ich nenne mich also, wenn Sie es erlauben,

Ihren Freund

Marheinecke.

**2013. An F. Weichart. Vor dem 15. 8. 1805*

2014. An H. Herz. Halle, Donnerstag, 15. 8. 1805

Den 15ten August 1805.

Habe ich Dir denn schon geschrieben, d*aß* ich nun auch Göthe's Bekanntschaft gemacht habe? Gleich nach meiner Rückkunft sah ich ihn noch

---

28 man] *folgt* ⟨Ih⟩ 30 ohne] *folgt* ⟨d⟩

2014. *Überlieferung: h: BBAW, SN 751, Bl. 67; D: Br 2, S. 35*

---

33 *Schleiermachers „Grundlinien einer Kritik der bisherigen Sittenlehre" waren 1803 erschienen.* **36 f** *Im Sommersemester 1805 lehrte Fichte an der damals preußischen Universität Erlangen „Institutiones omnis philosophiae" und „Wissenschaftslehre"; vgl. Fichte: Werke. Akademie-Ausgabe, Bd. 2, 9.* **41–43** *Schelling war zu dieser Zeit Professor in Würzburg.*

***2013.** *Vgl. Brief 2015, 51 f.*

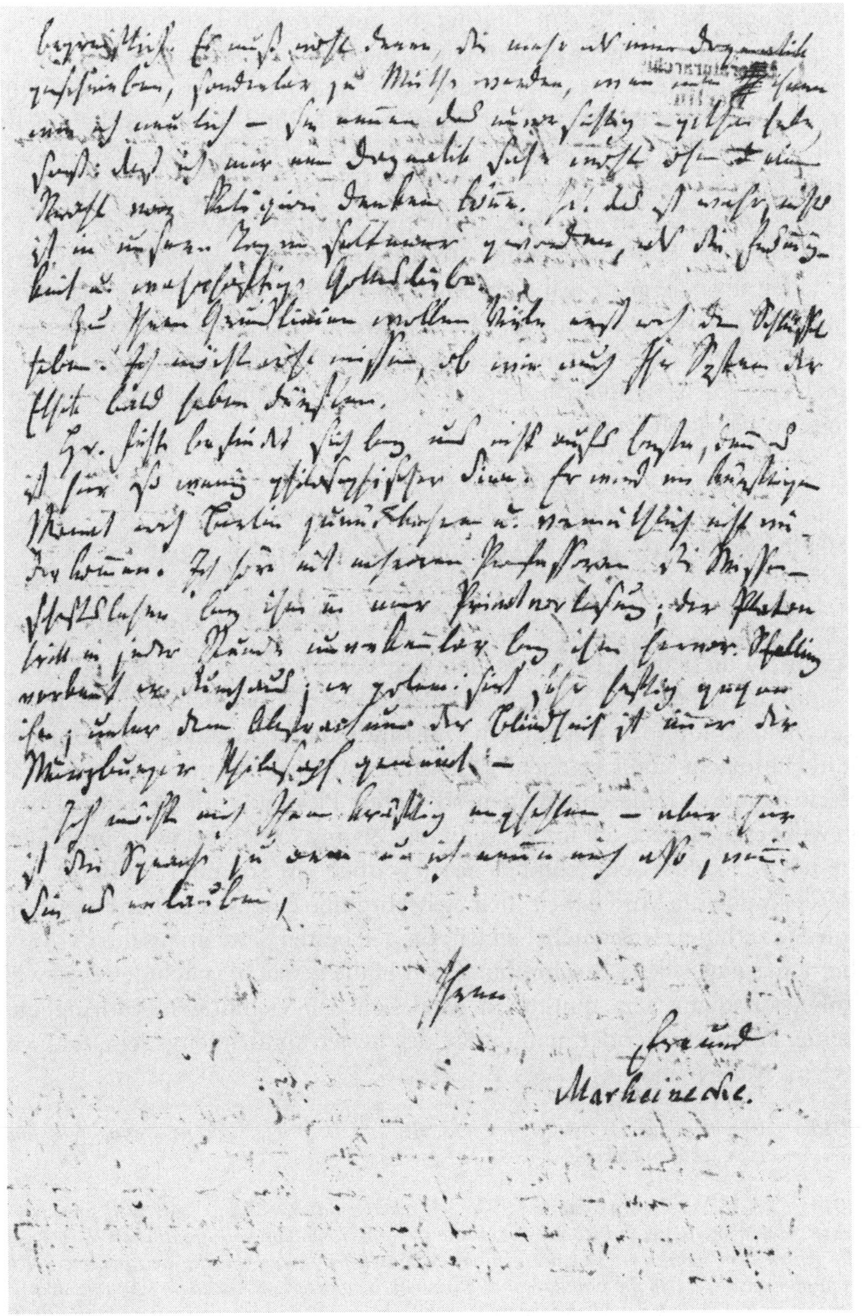
Ihr
Freund
Marheineke.

eine Stunde bei Wolff, den Tag darauf ging er nach Lauchstädt. Vorgestern war ich auf einem großen Diner mit ihm bei Wolff. Gestern haben sie eine kleine Reise zusammen angetreten und nach ihrer Rückkunft will er glaube ich noch 14 Tage hierbleiben, wo ich ihn denn hoffentlich mehr sehen werde. Er war gleich das erste Mal sehr freundlich zu mir; aber freilich ins rechte Sprechen bin ich noch nicht mit ihm gekommen, denn damals war Gall an der Tagesordnung und neulich waren gar zu viel Menschen da. Steffens hat hier drei öffentliche Vorlesungen gegen Gall gehalten über die man wahrscheinlich wunderlich genug in die Welt hinein urtheilen wird. Schreibe mir doch ja, wenn Du in Berlin etwas darüber hörst. Steffens lacht und meint ich würde mit meiner letzten Predigt, die auch eine solche Tendenz hatte, eben so viel Ärgerniß gegeben haben und eben so bekrittelt werden.

2015. Von F. Weichart. Pless, Donnerstag, 15. 8. 1805

Pless den 15n August 1805

Wenn Sie die nähere Bekanntschaft der Verhältniße zu meiner geliebten Nanny hätte bewegen können, Ihren Wunsch Sie bei sich zu haben aufzugeben, so muß ich jezt diesem Umstande danken, indem er Nanny so glüklich macht unter solchen Menschen zu leben, die uns in unsern höfischen und an edleren Freuden so leeren Pless nur Ideale schienen; o gewiß herzlich freue ich mich, wenn mir Nanny schreibt daß sie unter den besten Menschen sehr glüklich lebt; – aber um so mehr muß ich mit Beschämung die Voreiligkeit meiner Besorgniße eingestehen, und es ist an mir Sie zu bitten was geschehen ist von der besten Seite anzusehen. Man hatte uns eine solche Beschreibung von Halle gemacht, nach der es gewiß äußerst risquant sein mußte ein Mädchen den vielfältigen Zudringlichkeiten auszusetzen, oder man mußte des Besten so überzeugt sein, wie wir es von Nanny sind. –

2015. Überlieferung: H: BBAW, SN 415, Bl. 2 f.; D: Briefe Hülsens, Vermehrens und Weichardts an Schleiermacher, S. 55–57

2014. **11–13** *Vgl. Henrich Steffens: Was ich erlebte, Bd. 6, S. 52 f.: „Als Gall seine Vorträge geschlossen hatte, lud ich die gesammten Zuhörer ein, einigen öffentlichen Vorträgen, die ich in dem nämlichen Lokale über die Schädellehre halten würde, beizuwohnen. Ich glaubte keinswegs, daß die populäre und allgemein bewunderte Schädellehre, so wie sie hier dargestellt wurde, von der Wichtigkeit wäre, daß sie irgend eine ernsthafte wissenschaftliche Widerlegung verdiene." Näheres zum Inhalt dieser Vorlesungen wird von Steffens nicht berichtet.* **14 f** *Vgl. Brief 2026, 48–50*

Wenn ich oft Nanny ein solches reizendes Gemälde ihrer zu erwartenden glüklichern Verhältniße zeichnete, u*nd* sie dann frug ob sie mir dennoch treu bleiben, ob ihr nie die Wahl schwer werden würde, wenn sich ihr Aussichten darböten es lebenslänglich zu sein, so unterdrückten ihre schmeichelhaften Versicherungen wohl die entstehenden Besorgniße – aber – wenn sie doch möglich wären, dann müßte ich mich freilich mit Ihrem | TrostSpruche, daß ihre Liebe nicht die rechte gewesen, trösten. Doch dahin wird es nicht kommen, es wäre Thorheit mich bei solchen gütigen Versicherungen Nannys Andenken an mich, oft mit ihren Worten zu begegnen, auch nur mit der geringsten Aengstlichkeit zu beunruhigen. – Nein, die gewiße Hoffnung, daß mir Nanny den Verlust auf einige Zeit, einst doppelt ersezen wird ist mir die schönste Beruhigung die mir so leicht nichts entreißen wird. –

Welche interessante Bekanntschaften Nanny schon gemacht, hat sie mir erzählt, und wäre sie es nicht, so könnte ich die Empfindung Neid nennen, mit der ich jede neue Erzählung von ihr durchlese, die den einzigen Wunsch in mir erregen so ein 8 oder 14 Tagen in dem Zirkel solcher Menschen zu leben. Der Gedanke sezt mich ganz in jene frohen glüklichen Augenblicke wo ich mich mit Nanny von dem Umgange mit solchen Menschen die wir nur aus Büchern kannten, unterhielt, und aus unsrer heitern Phantasie das entbehrende Glük ersezte.

Wie ganz anders ist es jezt; meine Verhältnisse sind mir lästiger, weil sie mich nicht in der Art beschäftigen die meinen Geist befriedigen könnten, und die mich vielmehr zum Sklaven des gemeinen Publicums machen. Der Kaufman en detail ist in jeder Rüksicht wohl ein erbärmlicher Mensch, wenn ihn nicht ein glükliches Phlegma seinen Stand erträglicher macht. Der Geschäftskreiß eines Kaufmann en gros bietet dagegen wohl ein unübersehbares Feld dar, seinen Geist zu üben, aber – moneta nervus rerum est, hörte ich oft meinen Prinzipal sagen, und dieses – fehlt mir ganz – dieses ist es auch, was meinen Blik in die Zukunft düster macht | wenn ich mich nur in die Classe jener mechanischen Abwieger denken darf. Doch vielleicht wird es noch anders, eh ich es selbst vermuthe; der Fürst war so gnädig mich selbst zu einem Posten zu bestimmen, aus dem aber wegen dazwischen eingetretenen Umständen nichts werden konnte. –

---

25 Nanny] *folgt* ⟨einst⟩ 26 einst] *über der Zeile* 33 Augenblicke] *nachgetragen*

2015. 42 f *Seit der Antike vielfach belegte Redensart.* 46 f *Friedrich Ferdinand, Fürst von Anhalt-Köthen-Pleß*

Verzeihen Sie meine Vertraulichkeit mit der ich Ihnen die Verhältniße meiner Lage schildere, aber Ihr so sehr gütiger freundschaftlicher Brief fordert mich auf, nebst meiner ganzen Hochachtung auch das herzlichste Zutrauen zu verbinden, und wenn Sie diese nicht beleidigt, so glauben Sie daß ich in Verbindung der ersten Versicherung immer sein werde

F. Weichart.

2016. Von Lucie Eichmann. Heiligenstadt/Eichsfeld, Freitag, 16. 8. bis Sonnabend, 31. 8. 1805

Heiligenstat am 16t August 1805

Von hier, mein lieber Freund, wo sich mein Herz so lange hinsehnte, wohin ich nie zu kommen glaubte, u*nd* nun wirklich bin, muß ich Ihnen schreiben: es weht hier eine Luft der Erinnrung, der Mittheilung, man sammelt die süßen Augenblicke der freundlichen Genüße: so denckt man auch an alles was einem Werth u*nd* Lieb ist. Eine Unabhängigkeit in meiner Zeit, eine Sehnsucht jedem Freunde zu sagen wie glücklich ich hier bin, bringen mich auch Ihnen näher, u*nd* ich nehme den Faden unsrer Mittheilung wieder auf. – Doch es bedarf ja wohl keiner Entschuldigung daß ich von h i e r Ihnen schreibe. Von h i e r, was ich nie lebhaft dencken konte ohne innig gerührt zu sein, das habe ich nun erreicht – Eine Reise durch den Hartz u*nd* das Eichsfeld, i c h mit meiner Furchtsamkeit, ohne E*ichmann*, mit Franz u*nd* Agnes! Über fast unwegsame Berge, zwischen drohenden Felsmaßen, die Gestalten gewinnen, u*nd* mit diesen Gestalten, ihre furchtbare Eindrücke vermehren; über irdische Paradiese, liebliche Thäler, schweitzer Getöne | von Glocken, klimmenden Kühen, unermeßlich weiten Aussichten, lockenden Fußsteigen; zwischen dem unaufhörlichen Gle Gla Glu der Felsquellen, mitten unter Blumigen Wiesen, dicken Wäldern, kaum weichenden FelsWänden, ich allein – u*nd* es ist leider überstanden –. Körte, den ich einen ganzen Tag in Hallberstadt sah, grüßt Sie mit aller Schwärmerei seines warmen Herzens, sein Sie danckbar gegen seine Anhänglichkeit; er hat sich sehr ver-

---

2016. Überlieferung: H: Preußen-Museum Wesel **10** daß] das **15** ihre] *korr. aus* ihren furchtbare] *korr. aus* furchtbaren irdische] jrdische **18** Glu] Gu

---

51 *Brief *2013*

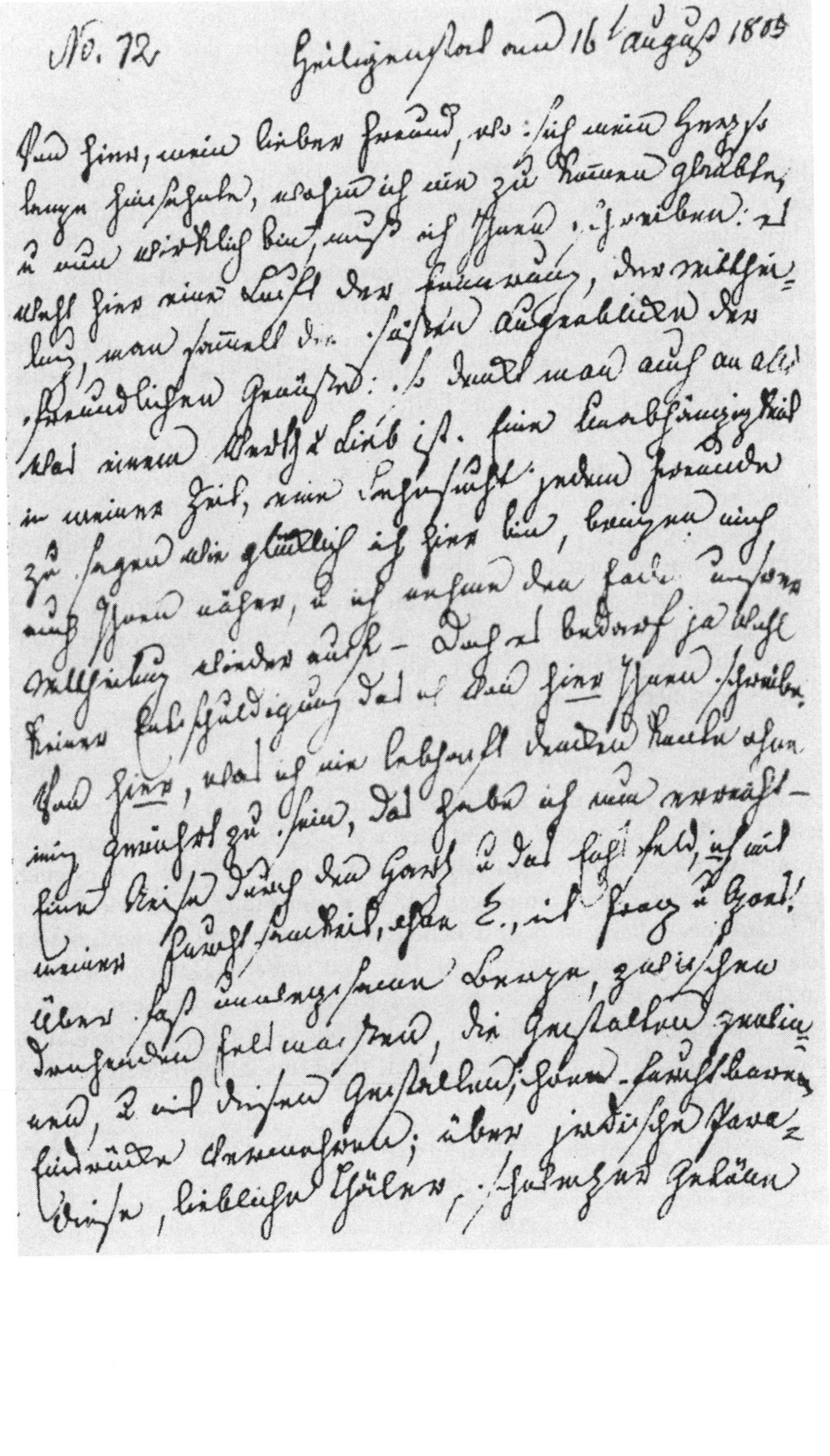
No. 72 Heiligenstadt am 16t August 1803

Seit hier, mein lieber Freund, wo sich mein Herz so
lange hinsehnte, wohin ich nur zu kommen glaubte,
u nun wirklich bin, muss ich Ihnen schreiben: es
weht hier eine Luft der Erinnerung, der mütter=
lichen [illegible], man fühlt die süssen Augenblicke der
freundlichen Genüsse: so denkt man auch an alles
was einem werth u lieb ist. Eine Unabhängigkeit
in meinem Geist, eine Sehnsucht jedem Freunde
zu sagen wie glücklich ich hier bin, bringen mich
auch Ihnen näher, u ich nehme die Feder um Ihnen
mitzutheilen [illegible] – Doch es bedarf ja wohl
keiner Entschuldigung daß ich eben hier Ihnen schreibe.
Und hier, was ich nie lebhaft [illegible]
mir gewünscht zu sein, das habe ich nun erreicht –
eine Reise durch den Harz u das Eichsfeld, ich mit
meinem [illegible], Herr E., mit Herz u Geist!
über [illegible] Berge, zwischen
rauschenden [illegible], die Gestalten [illegible]
[illegible], u mit diesen Gestalten, [illegible]
[illegible]; über [illegible]
[illegible], lieblichen Thälern, [illegible]

vollkomnet, u*nd* ist äußerst interessant: groß u*nd* kräftig in seinen eignen Vorstellungen, kindlich in seinem Glück, ich habe ihn wieder jar lieb gewonnen –

am 25t*en*

Dies hat nach meiner Briefe Weise, geruht; viel Schönes ist mir in der Zeit hier geworden; ob gleich das Wetter als tuht um einen sehr unharmonischen Klang in unsere Empfindungen zu bringen – Nichts als, Regen, Sturm, unbehagliche Kälte – Ich hoffe ganz stark Sie etwa den 10t*en* oder 11t*en* in Halle zu sehn, denn H*err* v*on* Dohm räht mir diesen Rück|weg, Eisenach, Gohta, u*nd* Weimar gehören auch in seinen Plan, ich werde aber wohl dem Docktor Luther unterthänig werden, u*nd* über Eichsleben gehn. Nun will ich nur das Eine hoffen, daß Sie jetzt in Halle sind, u*nd* ich Sie u*nd* Niemeiers sehn werde, grüßen Sie diese im Voraus, u*nd* sagen Sie ihnen meine freudige Hoffnung –. Einen H*errn* v*on* Bölendorf, der ein Freund von Ihnen sein soll, habe ich hier noch kennen zu lernen, er ist mir so angekündigt, u*nd* Dohm meint ich dürfte nicht nach Halle zu Ihnen kommen, ohne ihn gesehn zu haben.

Heute ist ein Göttinger Tag hier, die halbe Universitet wird erwartet, darunter auch 2 interessante Franzosen, ein Sènateur Gregoir, u*nd* Monsieur Villiers – ersterer hat über die Juden geschrieben, u*nd* wünscht Dohms persönliche Bekantschaft – ich freue mich

am 26ten

Es tuht mir sehr leid, daß Sie den Sènateur Gregoir bei seiner Anwesenheit in Halle nicht gesehn haben, dieser ernste, denckende, vielerfahrne Mann hätte Ihnen wohlgethan: ich dencke mir Halle so klein, daß es mich wundert, wie er Ihnen | entgangen ist; er rühmt Halle mehr wie Berlin. M*onsieur* de Villiers, ist höchst liebenswürdig, u*nd* wie Sie wissen sehr gelahrt; H*err* Hofrath Beckmann hat den andern Damen viel von Rußland erzählt ich saß nicht in seiner Region; es war ein sehr interessanter Mittag. – Auf den halben Wege nach Göttingen war ich auch einmal, um die Gleichen zu ersteigen, dazu uns einige Platzregen mit Mühe kommen ließen.

---

28 als] *Kj* alles 34 daß] das 37 hier] *folgt* ⟨z⟩ 45 daß] das 47 daß] das

---

2016. 24 *Berlinerisch für „gar"* 33 *Lies: Eisleben, die Geburts- und Todesstadt Martin Luthers* 42 *Henri B. Grégoire: Essai sur la régénération physique, morale et politique des Juifs. Ouvrage couronné par la Société Royale des Sciences et des Arts de Metz le 23 aout 1788, Metz 1789; Motion en faveur des Juifs, Paris 1789.* 53 *Die Gleichen sind zwei Berggipfel bei dem Ort Gleichen nahe Göttingen.*

am 31*ten* August

Dürfte ich Ihnen wohl einen Auftrag geben? Ich bin mit meinen Muth noch nicht so weit gekommen gern allein, das heißt ohne eine Art Begleiter, Bedienten oder dergl*eichen* zu reisen, habe auch ein solches Wesen bis hieher gehabt, u*nd* werde von hier bis Halle, von Dohms einen mit bekommen; aber von Halle bis Berlin? wie da rath; ist in Ihrem oder Niemeiers Gesichtskreise nicht so ein Geschöpf? dencken Sie doch darauf, bestimmen können Sie aber nichts, bis ich da bin; auch ob es vieleicht wohlfeiler ist mit einen Hallenser Fuhrmann, als mit Extrapost weiter zu reisen, doch wünschte ich mich in Werlitz zu besehn – Es wird wohl der 12t*e* oder 13t*e* werden, noch weiß ich nichts bestimtes, ich werde im Kronprinzen absteigen, u*nd* gleich zu Ihnen schicken – Leben Sie wohl

L E

2017. An L. von Willich. Halle, Sonntag, 18. 8. 1805

Halle, den 18. Aug. 1805.

[...] Ich kann mich recht in Sie hineindenken, wie Ihnen in Sagard ist, wie Sie sich hinsehnen und wie Sie sich wieder mit neuen Schmerzen davontragen müssen. Wiewol ich es aus Erfahrung nicht kenne, mich so an einen Ort zu hängen, und wiewol ich Ihnen gestehe, daß es mir eben deshalb freilich als eine Schwäche erscheint, wenn Sie sich das innere Leben dadurch trüben lassen. Aber haben Sie nur ein wenig Geduld mit sich, das muß man ja oft haben, und besprechen Sie Ihr etwas kränkliches Gefühl mit sanften Worten, so wird das Gleichgewicht schon allmählich zurückkehren. Sie müssen ja doch wissen, daß Ihrer Mutter jetzt wohler ist, als da Sie sie pflegten, und daß der Tod allein die Uebel heilen konnte, die Sie nicht einmal zu lindern vermochten, sondern denen Sie nur dienen konnten. Aber freilich, liebe Luise, das kann ich Ihnen als meine Ueberzeugung wenigstens nicht vorenthalten, ich sehe in nichts anderem Heil für Ihre Stimmung, als wenn Sie sich einen recht bestimmten Wirkungskreis machen, dem Sie mit rechter Liebe anhängen, der Ihnen bestimmte

---

59 mit] *folgt* ⟨k⟩ 63 als] *folgt* ⟨bis⟩ 66 f Ihnen … L E] *kopfüber am oberen Rand*

2017. *Überlieferung: D: Petrich: Schleiermacher und Luise von Willich, S. 171*

---

60 *lies: wie ist da rath zu schaffen* 64 *lies: Wörlitz*

2017. 10 *Marianne Regina von Willich*

Thätigkeiten gibt, denen Sie mit gleicher Treue obliegen, wie Sie Ihre Mutter pflegten; denn es ist nur die Treue und die Sorgfalt, welche einen Gegenstand sucht. Ich habe von Ihrem Leben mit Ehrenfrieds keine rechte Anschauung, und es ist auch wol noch zu früh, um sie zu haben, aber ich bin gewiß, es kann Ihnen nur in dem Maße genügen und die Freudigkeit das Leben wiedergeben, nicht als Sie sich gegenseitig einander lieben, sondern als Ihre freie und freiwillige Thätigkeit in das Ganze des Lebens auf eine Ihnen selbst einleuchtende, heilsame Art eingreift. Haben Sie das erst, dann werden Sie schon ruhig werden und freudig, und die Zeit wird ja nicht mehr fern sein. In den Kindern des geliebten Bruders, in den Enkeln der verschiedenen Mutter wird Ihnen diese selbst wieder aufleben, und die Treue wird wieder ihren alten Gegenstand haben in neuer, schönerer, belohnenderer Gestalt. Das ist meine Hoffnung, und Sie werden sehen, sie wird in Erfüllung gehen, und Sie werden Sagard immer noch lieben, aber es weniger schmerzlich vermissen. [...]

2018. An H. Herz. Halle, Freitag, 23. 8. 1805

Halle den 23ten August 1805

[...] Von Göthe kann ich Dir wahrlich nichts weiter sagen als ich Dir gesagt. Als Mine Wolff herüber ging ihm zu sagen ich wäre da, lag er auf dem Bette und las und sagte: Ei das ist ja ein edler | Freund da muß ich ja gleich kommen, und so kam er denn auch bald und nahm mich wie einen alten Bekannten, und ich auch so, denn man kann das sehr bald. Worüber ich am liebsten mit ihm spräche darauf bin ich noch nicht gekommen; er war eben damals von Gall und Schiller voll und das zweite Mal waren zu viel Leute da als *daß* ich mich hätte besonders an ihn machen sollen. Ich hoffe Dir aber bald mehr zu sagen, wenn ich ihm anders nicht mißfallen habe, er soll gestern mit Wolff zurückgekommen sein. Sein Sohn sieht etwas dümmlich aus, und wird schon gewaltig verzogen. Das letzte habe ich ihm recht prophetisch ehe ich ihn noch gesehen hatte – ins Stammbuch geschrieben. Die welche Göthe früher gekannt haben sagen

---

2018. Überlieferung: h: BBAW, SN 751, Bl. 67; D: Br 2, S. 35 f.

---

26 *Der Bruder ist hier wohl Ehrenfried von Willich*

2018. 8 *Schiller war am 9. Mai 1805 gestorben.* 12–14 *Die Distichen vom 24. 7. 1805 in August von Goethes Stammbuch sind überliefert; vgl. Hermann Patsch: Alle Menschen sind Künstler, S. 226.*

übrigens fast einstimmig, d*aß* er sich sehr zu seinem Nachtheil verändert habe – ohnerachtet in eben dem Sinn wie man das von seinen Werken und seinen Kunstansichten sagen kann. Aber so wie seine Werke immer noch etwas herrliches sind: so ist er doch noch eine der edelsten und liebenswürdigsten Gestalten die man sehen kann. [...]

2019. Von Ch. Pistorius. Garz, Sonntag, 25. 8. 1805

Nicht mit m*einem* Willen haben sich diese Worte verspätet; es trat so manche Zerstreuung ein, der ich mich auch so gern auch willig überließ, da sie mir selten kommt u*nd* notwendig ist. Wie erfreute mich Ihr liebes eng u*nd* voll geschriebenes Blatt! – u*nd* die Heiterkeit, die daraus spricht. Nun haben Sie Ihre Schwester schon zurückgeführt u*nd* Ihrem Leben dadurch einen großen Zuwachs gegeben. Das geschwister*liche* Leben ist mir gar nicht fremd, obgleich mir der Tod Bruder u*nd* Schwester nahm, ehe | ich sie kennen lernte; mit Friederike ist mein Leben schwesterlich gebildet, u*nd* obgleich das eigentliche rechte Vertrauen uns erst später kam, war sie dennoch die einzige Gefährtin meiner Jugend, u*nd* also ein Besitz meiner frohsten Erinnerungen. [...]

Ihr jetziges Leben, teurer Freund! wird ein Vorhof des heiligen Tempels sein, den Sie Sich erbauen. Es ist wohl herrlich, was Sie ausgesonnen haben zur Feier Ihres heiligen Bundes! wie redend diese Stätte ist, den Geist der Gottheit in der Natur auszusprechen, habe ich vor einigen Wochen, in wahrer Begeisterung meines Wesens empfunden. Es war ein köst*licher* heller Tag auf dem weiten blitzenden Meer! [...]

Nächst diesem kräftigen Wechsel von Stilleben ist mir noch eine Reise nach dem ehema*ligen* Wohnsitze m*einer* Eltern bedeutend geworden. Es ist e*in* Dorf in Pommern, das ich im 10. Jahre verließ. Dort habe ich gefühlt, welch e*in* Zauber in der Erinnerung des ersten Erwachens liegt [...] Dort (in der einfachen Kirche) war die Gruft m*einer* Geschwister, u*nd* e*iner* Wohlthäterin, deren Gemahl u*nd* Sohn wir die Befestigung unsres Glückes u*nd* ihr selbst die mütterlichste Liebe verdanken [...]

---

16 ohnerachtet] *Kj* ⟨⟨ohnerachtet⟩⟩

2019. *Überlieferung: h: BBAW, Nachlaß Dilthey 117* 2 ich] *mit Einfügungszeichen über der Zeile*

2019. 3 f *Brief 1975* 5 *Nanny Schleiermacher* 8 *Friederike Israel* 13 f *Vgl. Brief 1975, 43–49* 19 f *Charlotte Pritzbuer, verh. Pistorius, wurde am 5. 11. 1777 in Reinkenhagen bei Stralsund geboren.*

[...] Die Gegend umher flach u*nd* öde – ich hätte dort nicht leben können – Rügen ist viel schöner u*nd* allenthalben ist Heimat, wo Friede wohnt. Ob Luise das auch bald sagen wird? o möchte es sein; sie hat im Frühling einige | Tage mit mir gelebt, da habe ich sie aber nur der leisesten Berührung zugänglich gefunden. Jetzt hat sie mir lange nicht geschr*ieben*. Herrliche Hoffnung ruft auch für sie eine unendliche Welt, aus der sie wie aus der innigen Liebe der ihrigen Ruhe u*nd* Freude schöpfen wird [...]

Mein teurer Pistor*ius* verdiente wohl v*on* Ihnen gekannt zu sein – ich weiß, wie oft ihm seine Stille schadet, allein in ihm ruht e*in* fester Grund, u*nd* im Leben besitzt er e*ine* Sicherheit, die uns sehr beglückt. Im innigsten Verein mit ihm u*nd* im lebensvollen Kranz meiner Freunde, kann ich mich nur glückl*ich* fühlen, was mir mangelt, giebt diesem Glück seine Beimischung von sanfter Wehmut [...]

2020. Von C. G. von Brinckmann. Giewitz, Sonntag, 25. 8. 1805

Giewitz den 25. Aug. 1805.

In den lezten Tagen meines Aufenthalts in B*erlin* erhielt ich Dein Briefchen, dessen Beantwortung, Leider! bis jezt recht gegen meinen Willen verschoben wurde. Aber damals lebte ich in einem so unseligen Wirwarr, daß selbst nothwendige Geschäfte unterbleiben mußten, u*nd* seitdem hätte ich wohl eher Zeit gefunden, aber unwillkührlich ist mir diese doch durch allerlei verkümmert worden, und eine allgemeine Trägheit zum Briefschreiben hat sich überdies noch meiner bemeistert. Im Ganzen bin ich sonst hier fleissig genug, und ich hoffe etwa in 8 Tagen das lezte M*anuscript* zum ersten Th*eil* meiner filosofischen Ansichten nach B*erlin* zu schicken. Es thut mir unendlich Leid, Dich das lezte mal dort nicht gesprochen zu haben, um einige Ideen, die ich hier verarbeitet | habe aufs Reine zu bringen. Du glaubst mirs wahrlich nicht, wie unzufrieden ich jezt schon mit dieser Arbeit bin. Ich entdeke zu meinem Schrecken immer deutlicher, daß ich nicht filosofiren kann, u*nd* doch bilde ich mir troz dem ein, daß ich filosofischen Geist habe. Tantum series junctura*que*

---

30 auch] *folgt* ⟨hier⟩   für sie] sie *korr. aus* Sie

2020. *Überlieferung: H: BBAW, SN 260, Bl. 63 f.; D: Brinckmann: Briefe an Schleiermacher, S. 66–68*   **7 f** und ... hat] *korr. aus* und durch eine allgemeine Trägheit im Briefschreiben noch ganz vorzüglich.

---

27 *Luise von Willich*

2020. **2 f** *Brief 1968*   **9–11** *Brinckmanns „Filosofische Ansichten" erschienen 1806 bei Sander in Berlin.*   **16 f** *Horaz: De arte poetica 242*

pollet. Es ist ja doch zum Verzweifeln, daß ich den Kiesewettern ein Talent zugestehen muß, das ich nicht erreichen kann, während ich in allem, was sie sagen, ihnen gewöhn*lich* die Unfilosofie ihres Geistes abfühle. – Ich zerplage mich hier mit dem Bruno u*nd* mit Schellings Religion u*nd* Filosofie. Wie herrlich ist aber der erstere komponirt u*nd* geschrieben! Ich verehre ihn, viel mehr, als ich ihn verstehe; auch mit der Hauptansicht der zweiten Schrift bin ich ganz einverstanden, aber ich könnte sie nicht gegen Jacobi vertheidigen. Daß der Fichtesche Idealismus mit dem Spinozismus | nicht Eins ist, glaube ich klar einzusehen, aber ob der Schellingsche etwas anders ist, als ein aus den Cartesischen Formen völlig losgebundener, u*nd* spiritualistischer angeschauter Spinozismus, darüber möchte ich gern von Dir, wenn auch nur durch ein par Worte belehrt werden.

– Ich habe mit Freuden in Jean Pauls Ästhetik Dich auf eine so würdige Weise gerühmt gefunden. Hast Du denn dies Buch gelesen, u*nd* findest Du es nicht reich an tref*lichen* Ideen? Über Genie – passive Genialität, – Wiz, Humor u.s.w. spricht er, wie mich dünkt unend*lich* schön u*nd* treffend. Merkel nennt dies Buch: „ein unbedeutendes Machwerk dieses höchst unbedeutenden Querkopfs und talentvollen Narren!“ Ist das nicht klassisch?

---

19 ihnen] *mit Einfügungszeichen über der Zeile* **22** der] *folgt* ⟨An⟩

20–29 *F. W. J. Schelling: Bruno oder über das göttliche und natürliche Princip der Dinge. Ein Gespräch, Berlin 1802; ders.: Philosophie und Religion, Tübingen 1804* **30 f** *Jean Paul: Vorschule der Ästhetik, Bd. 3, S. 687 f.; dort heißt es am Schluß der ersten „Cautel des Herzens“ über Grobianismen: „Mit welchem schönen Muster geht in den Propyläen und im Meister Goethe vor und gibt das sanfte Beispiel von unparteiischer Schätzung jeder Kraft, jedes Strebens, jeder Glanz-Facette der Welt, ohne darum den Blick aufs Höchste preiszugeben! – Dasselbige gilt von den wenigen Werken des scharfen, ironischen, großsinnigen Urur etc.-Enkels Platons, nämlich von Schleiermacher. Aber stets poltert der Schüler und Flügelmann lauter als der Lehrer und Feldherr, so wie im Winde vor uns sich der Zweig nur auf- und nieder wiegt, seine Blätter aber schnell und unaufhörlich flattern.“ Eine dazu gehörige Fußnote lautet: „Seine Kritik der Moralsysteme wird eine neue Epoche der Ethik begründen; ein Werk voll lichter und heißer Brennpuncte, voll antiken Geistes, Gelehrsamkeit und großer Ansicht. Kein Glücksrad zufälliger Kenntnisse wird da von einem Blinden gedreht, sondern ein Feuer- und Schwungrad eines Systems bewegt sich darin, sogar in einem Stile, der des Geistes würdig ist.“* **34 f** *Vgl. dazu Jean Pauls Sämtliche Werke, Bd, 1, 11, S. XXI f.: „Für den damals von Garlieb Merkel geleiteten ‚Freimüthigen‘ hatte anfangs der mit Jacobi eng befreundete Friedrich Köppen eine in Briefform gekleidete Kritik [von Jean Pauls Vorschule der Ästhetik] geliefert, die bei hoher allgemeiner Anerkenung nur Jean Pauls Hinneigung zu der romantischen Philosophie und Poesie bedauerte. Merkel wies aber diese ihm viel zu günstig erscheinende Besprechung ‚mit einem höchst impertinenten Briefe‘ zurück (Anm.: Perthes an Jean Paul, 2. Jan. 1805.) und nahm dafür eine von K. L. H. Reinhardt auf (Anm.: Dezember 1804, Nr. 246–248 [S. 460–462. 466. 469 f.]), nicht ohne sie vorher durch eigene bösartige Änderungen und Einschübe so entstellt zu haben, daß Reinhardt sich genötigt sah, sich öffentlich dagegen zu verwahren (Anm.: Zeitung für die elegante Welt, 5. Jan. 1805, Intelligenzblatt Nr. 1.).“*

– Du denkst vielleicht übrigens, daß ich alleweile hier mehr als glücklich bin. Das ist Leider, nicht der Fall. Ich bin mismütig u*nd* verstimmt über die Lage der Sachen im Allgemeinen, u*nd* ausserdem noch über meine Privatverhältnisse. Ich sehe keine Änderung | zum Bessern vor mir, u*nd* wie ungern ich Deutsch*land* verlasse, kannst Du Dir leicht vorstellen. Dies u*nd* manche andre Dinge lassen mich die sonst schöne Gegenwart nicht ruhig geniessen, zumal ich eigent*lich* vo*n* *eine*m Tag zum andern bloß lebe, u*nd* stündlich anderweitige Befehle erwarte. Wilst Du mir indeß bald schreiben so adressire Deine Briefe nur hieher: Giewiz P*ost* Neu-Streliz abzugeben an den Kammer*herrn* Grafen vo*n* Voß. – Wegen der 200 r. würdest Du mir einen wahren Gefallen thun, wenn Du ohne zu grosse Verlegenheit, sie gegen Ende dieses Jahrs an Fränckel in B*erlin* gegen dessen Quittung köntest auszahlen lassen. Ich size bei ihm so tief in Schulden, daß ich alles zusammenkrazen muß, um ihm nicht am Ende meine g*an*ze Bibliothek verpfänden zu müssen. So lange ich dort war ging das alles recht gut, aber bei einem vielleicht ewigen Abschied, stehen meine Sachen auch in dieser Rücksicht schon schlimmer.

Herz*liche* Grüsse an Niemeyers.

Dein

Br.

2021. An H. Herz. Halle, Montag, 26. 8. 1805

den 26ten

[...] Göthe ist gestern Abend mit Wolff zurückgekommen und heute Mittag bin ich schon hingebeten und zwar ohne andre Gesellschaft, da wird sich also mehr reden lassen, und nächstens sage ich Dir dann auch etwas mehr. Göthe ist übrigens gar nicht so für Gall d*aß* uns das irgend trennen könnte. Du kannst ja auch leicht denken d*aß* ich nicht geradezu gegen Gall auf der Kanzel geredet habe aber wohl gegen die schlechte Gesinnung, die sich durch das Einzelne offenbare; und dieß gelte sowohl von der Menschenkenntniß als von dem Einwirken auf die Menschen, als

---

2021. *Überlieferung: h: BBAW, SN 751, Bl. 67; D1: Br 2, S. 36 (gekürzt); D2: Meisner: Schleiermacher als Mensch, Bd. 2, S. 42 (Ergänzung)* **1** den 26ten] *mit Einfügungszeichen über der Zeile*

---

40 f *Vgl. Brief 1968, 1–4* **46–49** *Vgl. Brief 1968, 66–71*

2021. **6–15** *Vgl. Brief 2026, 48–50*

auch von dem Urtheil über die Menschen. Du siehst vielleicht schon hieraus, d*aß* nicht Einzelnes besonders auf Gall ging, sondern eben in gleichem Sinne die ganze Predigt. Die Leute deuteten aber einzelne Ausdrücke besonders, die eben so gut auf jeden Physiognomiker alten Schlages gehen konnten als auf Gall. Hätte ich Zeit so schriebe ich die ganze Predigt auf so hättet Ihr es gehörig. [...]

**2022. An Ch. von Kathen. Wohl August 1805*

**2023. Von G. A. Reimer. Vor September 1805*

Nachfrage zum Stand der Arbeit an Steffens' „Gründzügen der philosophischen Naturwissenschaft"

2024. Von J. C. Gaß. Sonntag, Sonntag, 1. 9. 1805

Hier, liebster *Schleiermacher* haben Sie endlich Ihre Moral zurük! Außer dem Dank, der unsichtbar mitgeht, finden Sie noch eine Kleinigkeit beigelegt u*nd* hierüber muß ich Sie bitten, Sich noch einiges vortragen zu laßen.

Erstlich besorgen Sie nicht, daß ich die Apologie des *Christenthums* nach diesem vorläuffigen Grundriß frisch weg fürs Publikum schreiben will. Nein, lieber Freund, sie soll ganz zunächst für mich selbst sein, ein zu Papier gebrachtes Nachdenken über einen Gegenstand, an welchem mir, wie Sie wißen, viel gelegen ist; ein Bestreben, mir denselben so weit als möglich klar zu machen; eine würdige Nebenbeschäftigung bei meinem öffent*lichen* Beruf, zu der ich mit Liebe mich wenden u*nd* von der

---

13 Physiognomiker] Physionomiker

2024. *Überlieferung: H: BBAW, SN 287, Bl. 16 f.* 5 *Christenthums*] Xst.

---

*2022. *Vgl. Brief 2007, 84 f.*

*2023. *Vgl. Brief 2027, 23–26*

2024. *Mit einem Manuskript Schleiermachers zur Ethik-Vorlesung 1805/06 und einer Apologie des Christentums von Gaß (Zeilen 1–7)* 1 *Das Manuskript zur ersten Hallenser Ethik-Vorlesung*

ich mit Nutzen zurükkehren kan. Käme dann vielleicht etwas zu Stande, was der guten Sache frommen könnte, so würde ich auch nichts dagegen haben, den Aufsaz drukken zu laßen.

Zweitens darf ich wohl nicht bemerken, daß ich diesen Entwurf noch nicht als befriedigend für mich selbst halte. Er ist, besonders | wenn Sie das Ende ansehen, wie eine vom Weberstuhl genommene Probe, die zur Beurtheilung vorgewiesen werden soll u*nd* an welcher der Aufzug unförmlich u*nd* in Bündeln herabhängt. Ich will Ihnen nicht bergen, daß mir die aufgestellte Idee der Apologie gefällt u*nd* daß ich wohl hoffen mögte, sie beßer zu begründen, als es in dieser bloßen Andeutung geschehen konnte. Womit ich aber durchaus unzufrieden bin, das ist die Anordnung der Abhandlung selbst u*nd* die aphoristische Form steht blos in fugam vacui da, obgleich eine beßer zu wählende zur Zeit noch fast in einem völligen Dunkel liegt, u*nd* ich noch nicht weiß, ob sie mir ganz klar werden wird. Am meisten aber bin ich überzeugt vom Werth einer solchen Arbeit, wenn sie von einer geschikten Hand einigermaßen zur Vollendung gebracht würde.

Endlich kömt nun die Hauptsache u*nd* Sie ahnden gewiß schon, was ich sagen will. Ja, mein theuerster Freund, um Ihren Rath u*nd* um Ihren Beistand muß ich Sie bitten, wenn ich die Idee nicht so gleich soll fallen laßen. Haben Sie also die Liebe für mich, Ihre Bermer|kungen dem Aufsaz am Rande beizufügen u*nd* mir solchen dann zurükzuschikken (denn ich habe keine Copie davon) darneben mir aber zu schreiben, was vor u*nd* neben der Ausarbeitung selbst noch geschehen müßte, wenn etwas daraus werden soll u*nd* besonders welcher Gebrauch dabei von den Urkunden des Christenthums zu machen wäre. Könnten Sie mir auch Winke zu einer beßeren u*nd* systematischen Anordnung des Ganzen geben, wozu hier nur einige Stäbe als Richtung des Weges verlohren hingestekt sind, so würden Sie freilich einen großen Wunsch erfüllen u*nd* es ist fast mehr, als ich bitten mag. Beßer wäre es, Sie schrieben selbst ein solches Buch, allein vor der Beendigung des Platon ist dazu wohl wenig Hofnung.

Ich habe Ihnen mit meinen Bitten viel zugemuthet u*nd* bin vielleicht unbescheiden gewesen. Aber ich bin nun ein mahl durch Ihre Freundschaft verwöhnt u*nd* so mögen Sie sich die Schuld selbst beilegen. Ich will Sie auch gar nicht übereilen, aber Ihnen auch nicht verhelen, daß ich

18 der] *korr. aus* die 23 Anordnung] *korr. aus* Aordnung 35 geschehen] geschen

18 *Aufzug, „bey den Webern, dasjenige Garn, welches in die Länge auf dem Weberstuhle ausgespannet, und sonst auch die Anschere oder Anschüre, das Schergarn, bey den Kattunwebern die Kette, bey den Tuchmachern das Werft oder die Wärfte genannt wird.“ (Adelung: Grammatisch-kritisches Wörterbuch, Bd. 1, S. 556)*

Ihrer | Antwort mit wahrer Sehnsucht entgegensehe. Gehe ich auch mit Ernst an die Ausführung, wird es in meinen jezzigen Verhältnißen doch nur langsam damit fort gehen u*nd* ohnehin ist es in meiner Natur, langsam zu arbeiten. Darüber tröste ich mich wohl, aber weit schlimmer ist, daß ich noch gar zu oft u*nd* zu viel andrer Leitung bedarf. Versagen Sie mir also die Ihrige nicht, da Sie nun doch ein mahl mit meinem innern u*nd* selbst mit meinem äußern Leben in so naher Verbindung stehen. Wollen Sie den Entwurf Ihrer Methodolo*gie* nicht drukken laßen? Ich hoffe darin noch viel für meinen Zwek zu finden. Auch hat Schwarz einen Leitfaden der Apologetik angekündigt, worauf ich begierig bin.

Ich muß hier abbrechen. Wir sind wohl u*nd* grüßen Sie tausend mahl. Ich drükke Sie an mein brüderliches Herz. Leben Sie wohl!

Gaß.

den 1ten Sept. V.

2025. Von Ch. Schleiermacher. Gnadenfrei, wohl Ende August/Anfang September 1805

Mein voriger Brief enthielt die Nachricht von einem Besuch der Aulock! diesen kann ich wieder so anfangen – nur daß ich dort war – ich wolte eigentlich zu Fuß hinwandern – zurük fahren – aber die Seidliz empfahl sich zu spät, u*nd* in, der, ihrer Anwesenheit durfte ichs nicht wagen – auch ließ es meine Schwäche nicht zu – da die Pangler gleich nach der Erndte nach OberSchlesien abreisen u*nd* ich die Familie noch vorher sehen wolte – fuhr ich am Diensttage hin. – Die Vermuthung daß ihre Schwester Lotte mit Mann u*nd* Kindern da sei – hielt mich nicht ab – ganz unerwartet kam ich dort gegen 9 uhr an – fand meine Freundin noch im Nachtkleide – ein trauliches solo bis gegen – 11 – dann erschien die Schwester – die ich seit 9 Jahren nicht gesehn – seitdem – nun im No*vem*ber vorgen | Jahres zum 2*ten* mahl geheirathet – u*nd* von dem

---

47 entgegensehe] engegensehe 48 wird] *davor* ⟨so⟩ 49 langsam] *korr. aus* langsamt

2025. *Überlieferung: H: BBAW, SN 375/28, Bl. 3 f.*

---

55 f *Friedrich Heinrich Christian Schwarz: Das Christenthum in seiner Wahrheit und Göttlichkeit betrachtet, Teil 1: Die Lehre des Evangeliums aus den Urkunden dargestellt, Heidelberg 1808*

2025. *Die Datierung ergibt sich aus dem Todesdatum des Grafen Sandretzky-Sandraschütz (Zeile 17 f.).* **1** *Vgl. Brief 2005, 41 f. (unter dem 12. August)* **3** *Sophie Juliane Magdalene von Seidlitz* **5** *In Pangel wohnte die Familie von Aulock* **7 f** *Die Schwester ließ sich nicht ermitteln.*

verstorbenen Mann[1] 3 allerliebste Kinder hat – auch wir unterhielten uns während, d*ie*, Aulock sich anziehen lies recht verständig – Als denn wurde en familie gespeist – die Herren kamen, natürlich auch – der übrige Nachmittag bis, 5 uhr verging uns auch sehr traulich – die Herren fuhren mit Lina, zu einer Beisezung – des Grafen v*on* Biele der im Carlsbad gestorben, u*nd* nachdem eine Art Balsamirung mit oder an ihm vorgegangen – hierher gebracht worden – –. Die allerkleinste Hermine genant – begegnete mir gleich beim Eintritt ins Haus – ich war außer dem Hofe abgestiegen – sie rief meinen Nahmen so laut aus – als wäre sie ein kleiner Herold – führte mich | gleich zur Mutter – u*nd* jedem Kind was etwa zwischen den LehrStunden herein sah – verkündigte das kleine Wesen mein, Dasein, auf ei*n*mahl fielst, Du, ihr ein als wir gar nicht von Dir – sondern einem Buche sprachen – recht heftig fragte sie mich „denkst Du wohl noch daran, wie Dein Mann mit war – u*nd* wir hernach spazieren giengen?" – Das fiel Uns sehr auf – Die Mutter bat mich Dir es ja zu schreiben – u*nd* zur Schwester sagte, sie, Schade, daß Du den nicht kenst – es ist ein ganz außerordentlicher Mensch – wie man Wenige findet – fast allen Weibern ist er gut u*nd* beschüzt sie – aber man muß, ihm auch wieder recht herzlich gut sein – so viel von Pangel – ich nahm ihr die Valerie französisch mit – viel Freude hatte, sie, über meine Aufmerk|samkeit – den*n* ihretwegen hatte ich sie wieder komen laßen – ich hatte sie durch Ellert gelesen

Solten auch unsre Briefe sich begegnen so kan ich es doch nun nicht länger laßen diese Zeilen abzuschiken – die sich mit Aufträgen endigen werden – die mit Begleitung der van der Schilden abgehen es betrift Charten wir haben zwar eine Menge – d.h. von Deutschland u*nd seinen* Creisen die mehrsten – daß zur Noth 14 auf einmahl suchen könen – aber von manchen – nicht ei*n*mahl 2 – d.h. von Großbrit*annien* France – Türkey von Rußland gar keine – auch der Mark Brand*enburg* nur 2 – Schlesische haben wir – nun solst Du rathen – ob, u*nd* wo mann – einzelne bekomen [*kann*] die man aufkleben läßt – denn 1 Atlas hilft uns wieder nicht – wen*n* Du guten Rath weißt – bitte antworte bald

Lotten

---

25 einem] *folgt* ⟨S⟩ 32–34 samkeit … gelesen] *am unteren Rand* 43 nicht –] *korr. aus* nicht wen

---

17 *Caroline von Aulock* 17 f *Graf Friedrich von Sandreczky (Sandretzky)-Sandraschütz, Herr auf Langenbielau (Biele) war am 11. August 1805 gestorben.* 32 *Der Roman „Valérie ou lettres de Gustave de Linar à Ernest" von Barbara Juliane von Krüdener war in zwei Teilen zuerst Paris 1803 erschienen und erlebte sowohl auf Französisch als auch in deutscher Übersetzung (zuerst Hamburg und Altona 1804 und Leipzig 1804) zahlreiche weitere Auflagen; er galt in der Gattung des empfindsamen Romans als Seitenstück zu Goethes „Werther".*

Galetti – habe ich weiter komen laßen – ist ganz nach meinem Wunsch – fast ausschließlich – kann ich die mitlere Geschichte vorlesen

Soll ich mich dann an Gibon machen – von dem ja immer mehr Theile | herauskommen – – Weist Du was von der Kunst Briefe zu schreiben | ein Buch das im franz*ösischen* u*nd* deutsch*en* herausgekommen –

[1] beides Officiere in Glaz

2026. An J. C. Gaß. Halle, Freitag, 6. 9. 1805 bis Freitag, 13. 9. 1805

Halle d 6t. Sept. 5.

Lieber sollte ich nicht erst das Datum übergeschrieben haben: denn es fehlt viel, daß ich die angenehme Aussicht vor mir haben sollte hübsch in einem Zuge einen tüchtigen Brief an Sie zu vollenden. Der Plato plagt mich noch baß, und dabei giebt es so viel kleine Störungen, auch so manche angenehme Zerstreuungen daß ich zu allem übrigen nur die flüchtigen Augenblikke nehmen muß, sonst komme ich gar nicht dazu. Eben darum bin ich auch so lange nicht dazu gekommen an Sie zu schreiben, weil ich mich gern recht ordentlich und ruhig bei Ihnen niederlassen möchte; denn wenig ist es nicht worüber ich Lust habe mit Ihnen zu plaudern. Nun aber geht es nicht länger, und ich kann nicht einmal die Ferien abwarten, die zwiefache für mich sein werden, weil ich vom Platon nicht minder als von den Collegien zu ruhen denke. In dem ersten sehe ich nach gerade Land zu meinem Trost, und werde ein nicht unbedeutendes Stükk von diesem ungeheuern Meere durchschwommen haben, wenn der dritte Band vollendet ist; daran fehlt nur noch die lezte Hälfte des Euthydemos und die Redaction der Anmerkungen. Ich denke Sie sol-

46 f Galetti … vorlesen] *am linken Rand von Bl. 3^r* **48–50** Soll … herausgekommen –] *am linken Rand von Bl. 3^v–4^v* **51** beides … Glaz] *mit Einfügungszeichen am unteren Rand*

2026. *Überlieferung: H: Krakau; D: Schleiermacher: Briefwechsel mit Gaß, S. 27–33*

46 f *Zu Charlottes Galletti-Lektüre vgl. Briefe 1558, 105 und 1578, 91 f. (KGA V/7); Johann Georg August Galletti war Verfasser zahlreicher historischer Werke.* **48** *Eine Neuausgabe von Edward Gibbon: „Geschichte des Verfalls und Untergangs des Römischen Reichs" in der Übersetzung Karl Gottfried Schreiters erschien von 1805 bis 1807 in 19 Bänden in Leipzig.* **49 f** *C. M. von Servais: Die Kunst, Briefe zu wechseln. L'art de la correspondance, Frankfurt am Main 1805*

2026. 5 *„baß"; damals umgangssprachlich: „sehr"*

len auch Freude haben an dem Stükk Arbeit, zumal am Gorgias und Theätetos; und wenn mich nicht Voreingenommenheit gänzlich verblendet: so hoffe ich ist in den Einleitungen dieses Bandes ein tüchtiger Grund gelegt um meiner Anordnung den Beistand der verständigen Leser zu sichern. Sagen Sie mir doch seiner Zeit auch ein Wort darüber. – Die Collegia neigen sich nun auch zum Ende und in 14 Tagen denke ich beide zu schließen. Die Hermeneutik ist dies mal noch sehr unvollkommen in der Ausführung gewesen; das war auch kaum anders möglich. Aber die Idee und die Construction des Ganzen hat sich mir | immer mehr bestätigt, je tiefer ich hineingekommen bin, und so denke ich wenn ich sie einigemal gelesen und unterdeß bei jeder Lektüre die ich treibe Beispiele gesammelt habe, die mir diesmal noch gar zu sehr fehlten so können die Zuhörer mehr durch diese Vorlesungen als durch irgend etwas anderes in die Tiefe der Philologie eingeführt werden. Eben so hat mich die Wiederholung der encyclopädischen Vorlesungen sehr in meiner ganzen Ansicht bestärkt; und ich werde Sie um Erlaubniß bitten Ihnen was davon, diesmal in einer etwas reiferen Gestalt als im vorigen halben Jahre, zu Papier gekommen ist gelegentlich mitzutheilen. Es kann Ihnen wenigstens die Basis werden um unsere Gedanken über diese Gegenstände etwas ausführlicher und ordentlicher auszutauschen. Denn gedrukkt möchte wol nicht eher etwas davon werden bis ich einmal das Collegium satt bin und die Vorlesungen in extenso drukken lasse. Denn bei Aphorismen würde, wenn sie ins große Publicum kämen Mißverstand fast unvermeidlich sein. – Hier haben Sie ein Resumé von meiner Thätigkeit; es ist nichts weiter dazu zu nehmen – nicht einmal eine Rec*ension* für die Jen*aische* L*iteratur Zeitung* ist fertig geworden – als daß ich ein Paarmal gepredigt habe, und so wenig das sagen will so ist doch eine Merkwürdigkeit darunter, nemlich ich habe einmal ganz förmlich gegen Gall gepredigt. Sie können denken wogegen eigentlich, gegen den irreligiösen und unsittlichen Schwindel der die Leute von dieser Theorie aus zum Materialismus und Fatalismus hinführt, wovon Gall selbst keinesweges freizusprechen ist. So denken Sie auch leicht wie; mein Text war 1 Cor 12, 4–6 und das Ganze schloß sich sehr nahe an eine von meinen gedrukten Predigten an. Ich halte es für Pflicht, wenn etwas was mit Religion genau zusammenhängt, die Menschen so ergreift, ein ordentliches Wort darüber zu sagen, und erklärte mich darüber auch im Eingange ausdrüklich. Meinen Plan für das Winterhalbjahr habe ich in etwas abgeändert um mich nicht zu | sehr zu

---

44–50 *Die Predigt gegen Gall vom 11. 8. 1805 ist nicht überliefert; die bereits gedruckte Predigt ist die über 1. Korintherbrief 12, 31 bis 13, 1 („Daß Vorzüge des Geistes ohne sittliche Gesinnungen keinen Werth haben") in der 1. Sammlung (Berlin 1801, S. 66–89).*

überladen. Ich lese nur Ethik und Dogmatik, und den exegetischen Cursus will ich diesmal nur erst ankündigen durch ein publicum. Bestimmt habe ich dazu den Brief an die Galater, weil sich das charakteristisch Paulinische so schön in der Kürze da findet, und auch manche schöne Schwierigkeit im Einzelnen, so daß er mir recht zu einem Uebungsstükk in der Interpretation gemacht zu sein scheint. Und da habe ich nun eine Bitte an Sie die Sie mir aber recht bald erfüllen müssen wenn Sie können: nemlich daß Sie mir, soviel Sie wissen und Sich erinnern anzeigen was neuerlich (meine Nösseltsche Bücherkenntniß ist von 1790) über den ganzen Brief oder einzelne Stellen bemerkenswerthes herausgekommen denn ich habe mich bisher um dergleichen herzlich wenig bekümmert.

Sie sehen aus diesem Pröbchen lieber Freund, wie wenig ich eigentlich mit der theolog*ischen* Litteratur bekannt bin, und wenn Sie den Mangel in seinem ganzen Umfang kennten würden Sie erschrekken. Er ist aber bei meiner Denkungsart und Lage ganz natürlich. Denn ehe ich hieher kam war ich gar nicht in Verlegenheit um einzelne theologische Kenntnisse, und als Ganzes aus freier Liebe zog mich weniges an und ich ließ mich um Alles gern unbekümmert. Denn es giebt keinen schlechteren Spaß als Bücher ohne Noth und Beruf zu lesen über interessante Gegenstände, wo aber das Rechte überall verfehlt ist, und die keinen andern Genuß gewähren als das πρῶτον Ψεῦδος, das man beim ersten Anblikk findet, sich in tausend verschiedenen Gestalten im Einzelnen offenbaren zu sehn. Daher habe ich von je her wenig theologisches gelesen. Jezt da ich das Einzelne brauche, thäte ich es gern; aber ich habe noch nicht Zeit gehabt nachzuholen und es ist mir also sehr erwünscht mich an einen Freund wenden zu können der mehr litterarische Kenntnisse hat als ich. Wir denken gewiß über die neuere theolog*ische* Litteratur ziemlich gleich. Der Grund des Uebels liegt aber so sehr in der Tiefe daß ich über das Einzelne wenig zu sagen weiß, und daß eben auch wenig zu thun ist, als unmittelbar auf diesem Grund selbst zu arbeiten. Die theologischen Wissenschaften werden | bei weitem größtentheils von solchen betrieben die gar keinen religiösen Sinn haben. Denken Sie hier unter Vieren dreie Nösselt Niemeier Vater denen er absolut fehlt und beim vierten Knapp ist er mir auch noch zweifelhaft. Einige wenige haben diesen; aber durchaus eine falsche Ansicht von dem eigenthümlichen Wesen des Christenthums und von der Natur des sogenannten Positiven in der Re*ligion* überhaupt. Ge-

---

89 dem] *korr. aus* der

---

63 *Johann August Nösselt: Anweisung zur Kenntniß der besten allgemeinern Bücher in allen Theilen der Theologie, Leipzig* [3]*1790; eine vierte, verbesserte Auflage war bereits 1800 erschienen.*

gen das leztere läßt sich nun freilich vielleicht etwas ausrichten à force d'ecrire wiewol auch ein gründliches Erkenntniß ohne die rechte Gesinnung nicht möglich ist. Also ist eine wesentliche Besserung nicht eher zu erwarten bis es dahin kommt, daß einer der keinen religiösen Sinn hat auch gar keinen Bewegungsgrund findet sich mit theologischen Wissenschaften abzugeben, das heißt bis es mit den bürgerlichen Beziehungen unserer kirchlichen Verfassung ganz anders wird. Das Uebel ist übrigens auch nicht so neu, Sie finden es in der ältesten theo*logischen* Litteratur eben so gut. Die allegorisirende und die scholastische Periode waren eben so flach u*nd* breit. Nur in Revolutionszeiten wo ein besserer Geist das Ganze durchschüttelte und hernach in revolutionären Menschen findet sich das rechte. Ueberall aber schließt sich sehr bald in Masse das Falsche u*nd* leere an; es scheint nur immer unter einer andern Gestalt weil es sich nach dem Geist der Zeit richtet.

Ich erschrak ein wenig lieber Freund als ich in Ihrem Briefe die Frage fand wie es denn mit dem Tugendbegriff in Beziehung auf meine Ethik stände? ich habe sie allerdings auch auf diese Weise behandelt und lebte der festen Ueberzeugung daß Ihnen die kurze Skizze die ich davon aufs Papier gebracht auch zugekommen wäre. Es ist, wie ich seitdem erfahren durch ein Mißverständniß nicht geschehen. Da ich meine ethischen Papiere jezt bald wieder haben muß: so müssen Sie Sich nun schon gedulden bis aufs Frühjahr. Sie werden sie dann in einer desto vollkommneren, wenigstens etwas besseren Gestalt erhalten; und so hoffe ich auch über den Pflichtbegriff, mit dem ich mich im vorigen Winter gar sehr ins Kurze fassen mußte etwas mehr sagen und auch Einiges aufzeichnen zu können, was ich hernach | sehr gern auch Ihrer und unseres Bartoldys Beurtheilung vorlegen werde. Sie haben warlich diesem ersten Entwurf zuviel Ehre erwiesen mit dem Kopiren, da es nun aber einmal geschehen ist so berechtiget es mich zu desto größeren Erwartungen einer detaillirten Kritik. Machen Sie nur daß ich sie für meine nächsten Vorlesungen benuzen kann. Besonders bin ich begierig was Sie eigentlich gegen meine Ansicht des Todes einzuwenden haben; sie scheint mir so recht die Blüthe von der ganzen Behandlung der Persönlichkeit zu sein, und diese wiederum so mit der ganzen Ansicht der Sittlichkeit zusammenzuhängen daß ich keins von dem andern zu trennen weiß. Bei dem Beifall, den Sie dem übrigen schenken, kann ich mir also kaum anders denken als daß entweder etwas Ein-

---

117 warlich] *korr. aus* ⌊ ⌋ **121** Sie] *korr. aus* sie

105–110 *Vgl. Brief 1994, 103–107* **121–125** *Vgl. Brief 1994, 90–93; die entsprechende Textstelle ist nicht überliefert.*

zelnes zufälliges ohne gehörige Consequenz sich mit eingeschlichen hat oder daß ich durch den fragmentarischen Ausdrukk irgend ein Mißverständniß veranlaßt habe. Ist Ihnen denn dasselbe dem Sie in dem Heft Ihre Zustimmung versagen mußten auch in der Recens*ion* von Spaldings Lebensbeschreibung aufgefallen? Meiner Abweichung von Schelling konnte Bartoldy auch schon aus der Recension seiner Methodenlehre gewiß sein. In meiner Ansicht von dem Ganzen der Wissenschaft und dessen was sie ausdrükken soll glaube ich nicht daß ich je etwas ändern werde. Denn bis jezt geschieht es mir noch daß Jedes Einzelne worin ich arbeite sich innig daran anschließt und mir correspondirende Blikke in anderes Einzelne gewährt, wie es mir noch diesen Sommer mit der Hermeneutik ergangen ist. Eben so wenig wird sich wol Schelling mir nähern denn der Grund, warum er so und nicht anders sieht, liegt tief in seiner Gesinnung. Dagegen erfreue ich mich immer mehr einer herrlichen Zusammenstimmung mit Steffens; er von der Natur, ich von der Geschichte ausgehend treffen immer überall zusammen, aber eben unsere Gesinnung ist auch so sehr dieselbe wie ich vor seiner Bekanntschaft nie gehofft hätte es bei einem lebenden Philosophen zu finden.

Ich muß noch manches aus Ihrem Briefe unerörtert lassen wenn der meinige nicht noch länger liegen bleiben | soll. Ihre exegetische Frage werde ich nur nach einem nochmaligen Studium der Paulinischen Briefe recht beantworten können. Vorläufig bin ich noch der Meinung zugethan die den ersten Brief an die Thessalonicher für den ältesten hält, ich habe aber so lange nicht diese Gegenstände recht unter Händen gehabt daß ich wirklich jezt nichts sagen kann.

Der akademische Gottesdienst wird dem Himmel sei Dank nun auch bald zu Stande kommen, die Orgel die uns der König schenkt ist angewiesen, die Reparatur der Kirche macht tüchtige Fortschritte und ich hoffe noch immer mit dem Anfang des Winterhalbenjahrs auch die erste Predigt zu halten.

129–131 *Schleiermachers Rezension von Johann Joachim Spaldings Lebensbeschreibung, herausgegeben von seinem Sohn Georg Ludwig Spalding (Halle 1804) erschien in der JALZ 1805, Nr. 18, Sp. 137–144 (KGA I/5, S. 27–38); zum Tod vgl. dort Sp. 142 (KGA I/5, S. 36 f.).* **131–133** *Vgl. Brief 1994, 87–90; Schleiermachers Rezension von Schellings „Vorlesungen über die Methode des akademischen Studiums“ (1803) erschien in der JALZ 1804, Nr. 96 f., Sp. 137–151 (KGA I/4, S. 463–484).* **146–151** *Vgl. Brief 1994, 157–162*

den 13t*en* Sept*ember*

Ehe ich wieder zum Schreiben kommen konnte seit ich neulich abbrechen mußte, haben Sie mich mit Ihrer Sendung sehr angenehm überrascht. Noch ist es mir nicht möglich gewesen in Ihren Aufsaz ordentlich hineinzusehn. Ich will aber auch deshalb das Absenden dieses Briefes nicht verzögern um mir desto ruhiger Zeit zu lassen, wenn Sie erst von dem richtigen Eingang Nachricht haben. Was Sie aber eigentlich von mir verlangen lieber Freund ist etwas das ich schlechterdings nicht leisten kann. Ich will wol über eine jede fertige Arbeit eines Freundes soweit ich sie verstehen kann meine unbefangene Meinung sagen. Aber den Entwurf eines Andern für ihn zu kritisiren oder wol gar Verbesserungsvorschläge zu machen, das ist etwas was ich für schlechterdings unmöglich halte. Die Composition ist ja die Darstellung eines ungetheilten innern Actes in dem sich nichts ändern läßt, und wenn Jemand auch einem Andern ein viel vollkomneres Schema angeben könnte: so könnte es dieser doch nie als sein eigen ausarbeiten. Denn nur so kann man darstellen, wie man angeschaut hat. Es käme auch nichts dabei heraus als daß ich mich blamirte. Denn ist in Ihrer Anordnung etwas was Ihrer Idee nicht vollkommen entspricht so werden Sie es bei der Ausarbeitung schon selbst finden, und ich hätte Ihnen also nur unnüz vorgegriffen. Ist das nicht: so mag ich noch so schöne Gründe angeführt haben Sie widerlegen mich durch die That. Verlassen Sie Sich aber darauf daß es mein erstes in den Ferien, d.h. in der nächsten Woche sein soll mir Ihren Aufsaz recht anzueignen. Aber, lieber Freund, nun wiederhole ich auch meine Gegenbitte, daß Sie mir Ihre u*nd* B*artold*ys Bemerkungen recht bald zukommen lassen über meine Ethik. Es fehlt mir übrigens an dem M*anu*scr*ipt* ein einzelnes Blatt worauf in Aphorismen eine kurze, zum Theil verbesserte Wiederholung der ersten Hälfte enthalten war; ich weiß nun nicht, ist dies bei Ihnen, oder ist es mit der Tugendlehre in Berlin geblieben. – Mit Schwarz habe ich mein altes Verkehr schon immer wieder anknüpfen wollen, bin aber noch nicht dazu gekommen; wer weiß ob es in den Ferien auch geschehen wird. Wenigstens habe ich mir fest vorgenommen nun seine Erziehungslehre end*lich* zu lesen und zu recensiren. – Kennen Sie etwa Stäudlins neuestes

---

165 Arbeit] *über* ⟨Meinung⟩

---

159 *Brief 2024* 188 f *Die geplante Rezension zu Heinrich Christian Schwarz („Erziehungslehre. Bd. 1: Die Bestimmung des Menschen“, Leipzig 1802) kam nicht zustande.* 189–192 *Vgl. Göttingische gelehrte Anzeigen 1805, 135. Stück (24.8.), S. 1337 f. (Rezension zu Carl Friedrich Stäudlin: Philosophische und biblische Moral, Göttingen 1805). Dort heißt es u.a.: „Dieses Lehrbuch unterscheidet sich von den beiden vorhergehenden, welche der Verf. in den Jahren 1798 und 1800 herausgegeben hat, vornehmlich dadurch, [...] daß dem Ganzen zwar eben so, wie in den andern Lehrbüchern, philosophische Moral zum Grunde gelegt, aber darin Vieles ganz neu ausgearbeitet, und besonders auf Schleiermacher's Critik der bisherigen Moralsysteme Rücksicht genommen ist“.*

Compendium der philoso*phisch*en u*nd* theolog*ischen* Moral? ich sehe aus den Göttinger Anzeigen daß dabei viel auf meine Kritik soll Rüksicht genommen sein, und möchte gern wissen in welcher Art dies geschehen ist.

Leben Sie wol; sobald ich Sie studirt habe schreibe ich wieder.

Schl.

2027. Von G. A. Reimer. Berlin, Sonnabend, 7. 9. 1805

Berlin am 7n Septbr. 5

Hier liebster Freund, die Aushängebogen 6 u*nd* 9–13; doch habe ich eben 16 zur Correctur erhalten. Bis zum Schluß des Theätet wird dieser Band 20 Bogen betragen, und der Menon mag etwa noch vier geben; da dann noch ein Dialog folgt und die Anmerkungen so wird dieser Band wohl einige dreißig Bogen stark werden. Einen Transport Aushängebogen sende ich dann noch in 8 Tagen und werde Auftrag geben, daß man Dir die übrigen von Zeit zu Zeit übersende. Sei Du dann aber ja so gut die Anmerkungen, so viel möglich zu fördern; schicke allenfalls den Rest zur reitenden Post. Ohnehin wird der Band spät genug fertig, und ich fürchte daß Russen, Dänen, und Schweden die nicht die unbedeutendsten unter den Abnehmern sind, ihn doch nicht mehr erhalten werden. Dann thut es mir auch leid, daß ich die Correcturen nicht ganz übernehmen, und die Versendung nicht besorgen kann, meiner Reise wegen. Ich reise nemlich am 15 oder 16. 17. 18 (in diesen Tagen) von hier ab. Daß wir die Reise nun noch nach dem Brocken machen werden, daran | ist mir nach den mittelbaren Nachrichten die ich über Deine desfalsige Entschließungen erhalten habe, wenig Hofnung übrig geblieben; auch müßte dann jetzt wohl schon deshalb etwas bestimmt seyn. Schade ist es immer denn wir würden gewiß das herrlichste Wetter gehabt haben. Das Geld soll freilich immer den Hauptqueerstrich machen, und leider bin ich dies Jahr ausser Stand dies Hinderniß zu heben; am wenigsten aber euch beiden (Dir und Steffens) zu helfen. Steffens spielt mir so einen recht argen Streich. Ist

---

2027. *Überlieferung: H: BBAW, SN 358, Bl. 73 f.* **11** die nicht] *davor* ⟨ihn⟩ **16** nach dem] nach *korr. aus* auf d **17** Nachrichten] *davor* ⟨Entschl⟩

2027. *Mit Aushängebögen der Platon-Übersetzung* **5** *In Band 2, 1 der Platon-Übersetzung folgt der Euthydemos.* **23–26** *Vgl. Brief 2039, 34–38; zu Reimers Anfrage siehe Brief *2023.*

denn gar keine Möglichkeit, daß das Buch noch Michaelis fertig werde? Auf meine letzte deshalb an Dich ergangene Anfrage und Bitte ist mir gar keine Antwort geworden. Und da ich nun einmal von Büchern rede, nun noch Folgendes: denkst Du noch im folgenden Jahre den Grundriß der Ethik drucken zu lassen? Du hast einmal vor einiger Zeit auch wegen der Reden angefragt, ob solche nicht auf dem gewöhnlichen Wege des Buchhandels zu beziehen seyen, und meinst die Schuld daß solches schwer | zu erhalten wäre sei meinem Commissionair beizumessen; allein dieser ist schlechthin ausser aller Schuld; da er die Verschreibungen gewiß sofort und richtig besorgt; sie kann allein an den Commissionairs der Besteller liegen. Und nun endlich die große Bitte auf deren Erfüllung ich sehr viel Werth legen würde: ich habe nämlich in einem neulichen Blatte der Je*naischen* Zeit*ung* gelesen Göthe sei gesonnen seine sämmtlichen Schriften herauszugeben; und der Druck derselben ist schon seitdem ich den Buchhandel [*treibe*] mein Gedanke gewesen; auch habe ich vor Jahren schon einmal dazu Göthe durch A. W. Schlegel auffodern lassen. Nun fragt sichs ob Du mir nicht durch Wolf oder lieber noch unmittelbar zum Verlage verhelfen kannst. Ich kann ein bedeutendes Kapital dafür bieten; vielleicht nach Maaßgabe des Umfangs – 8–12000 R.; ja ich will dem Gewinn großen Theils entsagen, wenn ich nur das Geschäft übernehmen kann. Der Auftrag liegt Dir freilich sehr ferne; allein thus mir zu Liebe und mit einigem Eifer. |

Vor 14 Tagen gingen einige Schweden von hier ab die mich um Empfehlungen an Dich besonders baten; allein leider verfehlten sie mich am Tage vor ihrer Abreise; sonst würde ich sie Dir recht dringend empfohlen haben; ich will dies nun nachholen: da es sehr wackere Leute sind, besonders laß Dir den Grenander empfohlen seyn; es wird auch nicht fehlen, daß Du ihn lieb gewinnst, da er im voraus Dich über alles liebt und werth hält. Ich muß hier schließen, ohngeachtet ich Dir heute gern verständigere Dinge gesagt hätte. Immerwährend bin ich abgehalten und zerstreut worden; dazu baut und zimmert hämmert und scheuert alles rund um mich her; denn wir sind jetzt beym Einziehen in die neue Wohnung begriffen.

Nimm also so vorlieb; erwarte jedoch bald einen verständigeren und besseren Brief

Das Geld wirst Du durch Gleditschs Vermittelung erhalten haben?

---

25 mir] *korr.* 27 den] *korr. aus* die 29 ob] *davor* ⟨daß so⟩ 34 liegen. Und] *korr. aus* liegen, und nun] *folgt* ⟨d⟩ 37 seitdem] *folgt* ⟨[ ]⟩ 41 bieten] *davor* ⟨bitt⟩ 48 ihrer] Ihrer 57 erwarte] *davor* ⟨und⟩

28–34 *Vgl. Brief 1981, 15–17* 35–37 *Vgl. Intelligenzblatt der JALZ vom 26. 8. 1805, Nr. 95, Sp. 806 (Goethe: Werke. Weimarer Ausgabe, Abt. 1, Bd. 40, S. 336). – Goethe wurde nicht Autor bei Reimer.*

*2028. An Jösting. Vor dem 9. 9. 1805

Bittet, Reimer an die Übersendung von Aushängebogen zur Platon-Übersetzung zu erinnern.

*2029. Von H. Herz. Dresden, vor dem 9. 9. 1805

Wehmütiger Brief; Reimers und Jösting seien in Berlin die einzigen Menschen, die sie jetzt habe und nach denen sie verlange.

*2030. An E. Grunow. Montag, 9. 9. 1805

2031. An G. A. Reimer. Halle, Montag, 9. 9. 1805

H. d 9t. Sept 05

Wie lange lieber Freund hätte ich Dir gern einmal ein ordentliches Wort geschrieben und bin unglükseliger Weise nicht dazu gekommen. Ich bin überhaupt ein schlechter Briefschreiber gewesen und war froh nur immer das Nöthigste an Eleonore und Jösting mit wenigen Worten schreiben zu können; und so lange ich noch nicht rechtes Licht im Plato sah, konnte ich mich am wenigsten überreden um Dir zu schreiben ihm etwas abzubrechen – denn Versprechen halten ist besser als Briefe schreiben. Nun glaube ich bestimmt abzusehen, daß am Ende des Monats der Druk beendigt sein kann, und bin also hierüber ganz ruhig. Um baldige Aushängebogen vom Gorgias und Theätetos habe ich Dich durch Jösting mahnen lassen; sie thun mir Noth für die Anmerkungen weil ich sonst nicht richtig citiren kann, und ich hoffe sicher deren Uebermorgen zu erhalten.

2031. *Überlieferung: H: BBAW, SN 761, Bl. 27 f.; D: Br 4, S. 117 (Auszug)*

***2028.** *Vgl. Brief 2031, 3–6 und 10–12*

***2029.** *Vgl. Brief 2031, 62–65*

***2030.** *Vgl. Brief 2031, 3–6*

2031. **5 f** *Siehe Briefe *2030 und *2028*

Dienstag über Acht Tage rechne ich Dir den Euthydemos zu schikken und spätestens Acht Tage drauf die Anmerkungen. Ob Du von Heindorfs Anerbieten Gebrauch gemacht hast weiß ich nicht. Von den Anm*erkungen*, besonders denen zum Menon und Euthydemos wäre es mir aber sehr lieb, wenn er sie bei Gelegenheit einer Revision vor dem Drukk sähe, und ich bitte Dich es zu veranstalten wenn es ohne zu großen Aufenthalt geschehen | kann. Ohnedies sind bei den Anmerkungen zum vorigen Bande gar zu fatale Drukfehler im Griechischen stehen geblieben.

Ueber unsere projektirte Brokkenreise haben wir lange nichts zusammen gesprochen. Ich sehe sie deshalb schon eigentlich als aufgegeben an und lasse es mir, wenn es nicht anders sein kann, um so eher gefallen da sie doch nur sehr mangelhaft ausfallen würde. Von unsern Berlinischen Freunden würdest Du wol Niemand mitbringen wie es scheint. Steffens, so gern er reiste, zweifelt doch wenigstens d a r a n, die Reise mit seiner Frau zu machen theils des Geldes wegen, theils vielleicht auch wegen ihrer vorgerükkten Schwangerschaft. Ich könnte sie ohne Gewissenlosigkeit, und wenn ich auch das Gewissen aus dem Spiel lassen wollte ohne in unmittelbare Verlegenheit zu gerathen nicht anders machen als sehr wohlfeil, das heißt zu Fuß, und das kann wieder Steffens nicht, weil er einen Freund aus Dänemark hier hat den er nicht zu Hause lassen könnte, und der ein schlechter Fußgänger ist. Laß uns aber doch etwas aussinnen um mit dieser Reise nicht Alles zu verlieren; Messe und Ferien dürften doch nicht hingehn ohne daß wir uns sähen. Wüßte ich wann und wie Du reisest: so könnte ich Dir gleich bestimmte Vorschläge machen. Der erste und schönste wäre der daß Du auf einige Tage herkämst mit Minna. Ginge das aber nicht so sollten wir uns ein Rendezvous geben an einem recht angenehmen Ort in Wörliz oder Ballenstaedt, und ginge auch das nicht oder zu spät um noch schönes Wetter zu erwarten so könnte ich mich vielleicht auf einen angenehmen train machen u*nd* auf ein Paar Tage | nach Magdeburg kommen. Doch sieh dies als das lezte an was nur im Nothfall übrig bleibt; denn es hat in der That von meiner Seite einige Schwierigkeiten und wir würden uns doch auch so am wenigsten recht ungestört genießen. Doch mit dem recht ungestörten hat es ohnedies sein Bedenken; es würde von meiner Seite nur stattfinden, wenn Eleonores Ehescheidung endlich wirklich eingeleitet wäre. – Wie es mich freut, daß sie jezt öfters bei Dir ist, darüber mach ich Dir nicht erst Worte, noch

---

18 bei] *korr. aus* beim

---

38 *Wilhelmine (Minna) Reimer*

weniger wie ich den schönen Gedanken aufgenommen habe daß Du ihr nach beendigter Sache ein Pläzchen in Deinem Hause gönnen wolltest, Du und Deine freundliche liebe Minna. Gewiß würde ihr nichts so wohlthätig sein als dieses denn bei ihrem Bruder wird sie doch noch zu keiner recht freien Existenz, zu keinem stillen ruhigen Genuß ihrer selbst und ihrer verbesserten Verhältnisse kommen. Und sie bei Dir zu wissen würde mir sein als wäre sie schon bei mir selbst. Wenn es sich nur thun läßt ohne ihr gutes Verhältniß mit dem Bruder zu stören. Ich wünschte auch sehr sie mehr mit unserer guten Jette zu sehn, die auch jezt noch nicht in eine recht heitre Stimmung kommen kann. Es würde für beide sehr gut sein wenn sie recht viel zusammen wären. Nehmt Ihr Euch doch auch der Herz recht an. Sie ist ein so schönes edles Gemüth und leidet jezt unter mancherlei Verhältnissen mehr als recht ist. In einer recht schönen Wemuth schrieb sie mir aus Dresden Ihr, Jösting mit eingeschlossen, wärt doch die einzigen Menschen die sie jezt hätte und nach denen sie verlangte in Berlin. Es liegt mir recht fest im Sinn von lange her, daß sie künftig großen Theils bei mir leben soll; noch sehe ich nicht recht klar über die Art und Weise und das Wann aber bis dahin | will ich sie Dir recht ordentlich vermachen lieber Freund. Ich sehe nun von einem Posttag zum andern der frölichen Nachricht entgegen daß Eleonore endlich das Haus ihres Jammers geräumt hat, und daß ihre Befreiung eingeleitet ist. Wie gern sähe ich sie dann recht bald. Hätte sich die Sache eher thun lassen, dann würde ich Dich gebeten haben darauf zu sinnen, ob es nicht möglich wäre, sie zu dem Rendezvous mitzunehmen das wir vorhaben. Nun sehe ich doch nicht eher Rath als bis nach Neujahr dann denke ich mit meiner Schwester auf einige Tage nach Berlin zu kommen um ihr die Winter-Herrlichkeiten zu zeigen. Es werden nur wenige Tage werden können, und um so weniger kann ich die Hofnung aufgeben Dich und die Deinigen noch eher zu sehn. Ich hoffe Du reisest recht vollständig mit Minna Ludchen und Kindern und des Alles möchte ich gern mit habhaft werden; ich muß mich mit Euch freuen und mit dem herzlichen Antheil den Ihr an mir u*nd* Eleonoren nehmt. Manon die ich recht ordentlich mit zu Euch rechne muß ich mir freilich versparen bis zum Winter. Daß nur das liebe Mädchen dann recht gesund ist.

Ueber unsere Geschäfte für den Winter müssen wir uns auch bald ordentlich verständigen damit ich mich mit meinen Arbeiten danach einrichten kann. Einen neuen Band Plato zur Ostermesse fertig zu machen ist nicht möglich da ich zu wenig erst vorgearbeitet habe. Doch denke ich bis

---

53 *Johann Albrecht Krüger* 58 *Henriette Herz* 62–65 *Brief *2029* 79 *Ludovica Reinhardt* 87–90 *Band 2, 2 der Platon-Übersetzung erschien 1807, Band 2, 3 erst 1809; die „Predigten“ und „Reden“ erschienen 1806 in zweiter Auflage.*

*Oster*Messe 1807 die beiden noch übrigen Bände des zweiten Theils zu beendigen. Wie es aber mit den projektirten neuen Auflagen der Predigten u*nd* Reden werden soll möchte ich gern bald erfahren. Ich rechne sicher darauf daß das Alles, wie es auch werde mündlich geschieht.

Viel viel Grüße an Weib Mädchen u*nd* Kinder.

Auch den Jösting grüße, mit der fahrenden Post würde ich ihm schreiben, und er solle für Eleonoren den warmen Sonnenschein herbeischaffen den Jette lobt; und dann solle er sie gleich ganz herausführen.

S.

**2032. An Jösting. Wohl Sonnabend, 14. 9. 1805*

Mit Brief 2033 an Reimer als Einlage.

2033. An G. A. Reimer. Halle, Sonnabend, 14. 9. 1805

An Reimer

H. d. 14t Sept. 5.

Hier lieber Freund schikke ich Dir den Euthydemos einen Posttag eher als ich ihn Dir versprochen. Die Anmerkungen sollen wie ich zuversichtlich hoffe über acht Tage nachfolgen: denn sie sind schon fast ganz ausgearbeitet. Nach Empfang Deines Briefes berathschlagte ich ob es nicht mög*lich* wäre den Euthyd*emos* wenn der Band so verhältnißmäßig stark werden sollte auf den nächsten zu versparen. Allein dann hätte ich entweder 2 Dialogen trennen müssen die ganz unmittelbar zusammengehören oder den Zweiten Theil in 4 Bände abtheilen müssen die dann doch zum Theil noch kleiner geworden wären, und das schien mir gar

---

2033. *Überlieferung: H: BBAW, SN 761, Bl. 29 f. (Textverlust durch Siegel); D: Br 4, S. 117 (Auszug)* **10** in 4 Bände] *korr. aus* aus 4 Bänden

---

92 *Das Mädchen ist wohl die mehrfach erwähnte Manon.*

***2032.** *Vgl. Brief 2033, 51 f.*

2033. *Zusatz von Jösting auf Bl. 30v: „Da schicke ich Dir den Schleierschen Brief von heute! Kommen kann ich nicht selbst, weil ich ungeheuer beschäftigt bin. Adieu Dein Alter Jösting Grüß die Weiber und den frankfurter Bruder!“* **3–6** *Vgl. Brief 2031, 14 f.* **6** *Brief 2027*

nicht rathsam. Hoffentlich wird die Wahrheit in der Mitte liegen. Ich glaubte bis Ende Theätetos 17 Bogen und die beiden andern Dialogen 6. Die Anmerkungen können höchstens 3 bis 4 Bogen geben. Werde ich bis Freitag fertig so schikke ich sie mit der Reitpost, es macht für den Drukk gewiß zwei volle Tage Unterschied. Die Anmerkungen H*ein*do*r*f vorher mitzutheilen gebe ich auf; es ist auch nicht wesent*lich* da sein Buch immer noch nicht fertig gedrukt ist[.] Wie es mit dem Reisen steht habe ich Dir geschrieben, und hoffe noch irgend einen hübschen Vorschlag von Dir zu hören wenn Du selbst gar nicht herkommen kannst. Dann sprechen wir über alles geschäftliche ausführlich. Künftiges Jahr schon einen Grundriß der Ethik drukken zu lassen davon kann ich kaum etwas erwähnt haben. | Immer wollte ich wenigstens erst dreimal Vorlesungen darüber gehalten haben, und das kann wol nicht eher als 1807 geschehen. Sollte sich mir schon jezt beim zweitenmal alles recht vollkommen ausbilden, so könnte das die Sache wol beschleunigen. Allein ich kann jezt noch gar nichts darüber sagen.

Wegen Deines Auftrages habe ich leider noch nichts thun können, indem ich Wolff schon ein Paar Mal vergeblich gesucht habe; und ich müßte ihn wenigstens vorher sprechen um ihm abzumerken ob [*ich*] wol unmittelbar etwas thun kann u*nd* ob überall noch etwas zu thun ist. Finde ich ihn aber bis Montag nicht: so schreibe ich Dienstag an Riemer. Auf jeden Fall werde ich Dir gleich Nachricht geben, wie die Sache steht, u*nd* was etwa zu erwarten und zu thun ist. Daß ich gleich ganz aus heiler Haut an G*oethe* darüber schreiben sollte, dazu scheint mir doch mein Verhältniß gegen ihn nicht geeignet.

Es thut mir leid daß Deine Empfehlung der Schweden so spät gekommen ist; ich habe sie lediglich wie andere Reisende behandelt, da ich so sehr beschäftigt war, und sie sich auch wenig herausließen. Der Grenander kam mir recht brav vor. Aber um gut zu sprechen sprach er mit einer so ungeheuren Langsamkeit daß mir Angst und bange dabei wurde

Wegen Eleonoren size ich auch wie auf Kohlen, und es macht mir bange daß sie sich bei diesem anhaltend schönen Wetter noch immer nicht genug erholt hat um ihren | Entschluß auszuführen. Hörte ich nur endlich daß sie wirklich fort ist, und die Sache gerichtlich eingeleitet, ich würde wie neugeboren sein.

---

16 Die] *davor* ⟨Wie es mit⟩ 18 fertig] *mit Einfügungszeichen über der Zeile* 24 nicht] *korr.* 31 ob] *folgt* ⟨ich⟩

---

17 *Bd. 2 der Platon-Edition* 18 f *Vgl. Brief 2031, 22–76* 21 f *Vgl. Brief 2027, 26–28* 28–36 *Zu Reimers Absicht, Goethes Werke zu verlegen, vgl. Brief 2027, 34–45.* 37–41 *Vgl. Brief 2027, 46–52*

Ueb*er* Steffens Compend*ium* glaube ich Dir ja geschrieben zu haben, daß nun frei*lich* auf Michaelis nicht darauf zu rechnen ist. Gewiß aber wird er, da er Naturphilosophie liest, mit den Vorlesungen zugleich wieder die Arbeit vornehmen.

Da ich nicht weiß ob Du noch in Berlin bist lege ich den Brief lieber an Jösting ein u*nd* schikke das M*anu*scr*ipt* bloß an die Handl*un*g.

Warum antwortest Du denn gar nichts auf die Frage wegen der Liedersam*lung* vo*n* Luise Reichardt? ich habe Dir doch ganz bestimmt und dringend davon g*[eschrieben.]*

S.

**2034. Von J. E. Th. von Willich. Mitte September 1805 oder früher*

Teilt mit, daß die Geburt des Kindes vom 26. September an erwartet wird.

2035. Von Johann Erichson. Bobbin, Montag, 16. 9. 1805

Bobbien auf Jasmund d. 16. Sept. 1805.

Ich danke Ihnen für die Bemühungen die Sie Sich mit meinen, und meiner Freundin Gedichten geben wollen. Ich glaubte, Luise habe Ihnen geschrieben, daß wir sie nur in einer Zeitschrift, Almanach, u.s.w. worin Sie eine schickliche Wahl treffen würden, bekannt gemacht wünschten. – Es ist wohl wahr, daß selbst fast vollendete Kunstwerke kein entschiedenes Dichtertalent beweisen. Die Jugendkraft für sich wenn das innre Leben zu

---

50 wieder] wider

2035. *Überlieferung: H: BBAW, SN 280, Bl. 1 f.*

47–50 *Vgl. Reimers Brief 2027, 23–26; hierauf hatte Schleiermacher bis dahin noch nicht geantwortet.* **51 f** *Vgl. Brief *2032* **53–55** *Vgl. Brief 2011, 29–35*

***2034.** *Vgl. Brief 2046, 2–4*

2035. *Mit zwei Gedichten (Zeile 33) und einem physiognomischen Blatt (Zeile 52–54)* **2–5** *Die Identität der Freundin ist ungewiß; 1806 erschien in Berlin pseudonym und ohne Nennung eines Verlegers die von Erichson herausgegebene Schrift „Glauben und Poesie zum Frühlinge des Jahres 1806; eine Sammlung von Dichtungen und Bruchstücken in Prosa von mehreren Verf. Hrsg. von Lucian.“* **3** *Vielleicht Luise von Willich*

1

Bobbin auf Jasmund d. 16. Sept.
1805. 1

Ich danke Ihnen für die Bemühungen
die Sie sich mit meinen, und meiner Freundin Gedichten geben wollen: Ich glaubte, Luise habe Ihnen
geschrieben, daß wir sie nur in einer Zeitschrift, Almanach, u. s. w. worin Sie eine schickliche Auswahl treffen würden, bekannt gemacht
wünschten. — Es ist wohl wahr, daß
selbst sehr vollendete Kunstwerke
kein entscheidendes Dichtertalent
beweisen. Die Jugendkraft für sich
wenn das innere Leben zu aller
Liebe, und Sehnsucht für Form u.
Gehalt vereinigt ist, kann sie hervorbringen, aber sie sind dann auch nichts
weiter als ~~was~~ das Leben des In-
dividuums das nach höheren Lehren

aller Liebe, und Sehnsucht für Form u*nd* Gehalt erregt ist, kann sie hervorbringen, aber sie sind dann auch nichts weiter als das Leben des Individuums, das nach solchen hohen | Momenten desto schneller eine andre Gestalt annimmt. In einem gewissen Grade verhält es sich mit der Herrinn auch so; doch möchte ich keine böse Augurin geben, auch sag ich es nicht, um ihr etwas zu rauben: denn ich behalte noch Glauben für sie. Sie hat nach jener Blüthenzeit nichts derart mehr hervorgebracht. Sie giebt das ähnlichste Bild des Sommers u*nd* Winters. Denn ihre späteren Dichtungen sind Versuche ohne Wärme, u*nd* formlos aus Starrheit, u*nd* Leblosigkeit. Doch sind das vielleicht Epochen, die das Menschenleben hat. Ist die Kraft nur z u s a m m e n g e d r ä n g t, und ist nicht wirkliche V e r a r m t h e i t da, so wird sie sich wieder in reicherer | Fülle ergiessen. Die Zeit der Erwartung dieser Göttergnade, könnte, glaub ich, am beßten durch Anschliessung an fremde Meisterwerke, u*nd* Bearbeitung derselben benuzt werden. Milde nährt dies Sinn u*nd* Verstand, u*nd* giebt einen süssen Genuß, indem es das Leben nicht trennt, von dem, was es liebt. –

Was meine Arbeiten betrift, von denen ich Ihnen einige freilich nicht ausgewählte übergeben habe, so haben Sie mich nicht glauben gemacht, daß Sie aus freier Liebe ihre Ausstellung für das Publicum befördern. Doch werd' ich das vielleicht in der Folge noch mehr verdienen. Ich arbeite fast nie für äussere Zwecke – meine Verhältnisse erlauben das nicht – wenn ich gleichwohl meine Arbeiten für äussere Zwecke benutzen will, find' ich sie mangelhaft, und ich könnte nur zur Ueberwindung solcher Bedenklichkeiten durch das | Urtheil von Männern bewogen werden, die sie aus dem Gesichtspunkte ansehen können, was sie für das Publicum sind. Zwei meiner neuern Gedichte habe ich beigefügt. – Leben Sie glücklich

J Erichson.

N. S. Ich habe in dieser Zeit in Ihren Briefen über Lucinde gelesen. Mir scheint, daß das Ganze, so wie d*ie* Lucinde ins Gebiet der K u n s t fällt, u*nd* gar nicht zum L e b e n gehört. Werden aber solche Ansprüche doch gemacht, so sag' ich, daß darin die L i e b e z u m E w i g e n (welche auch ist der Geist der Kunst) den P r i m a t hat, d a m a n d o c h n u r i m E w i g e n s e y n k a n n, i n s o f e r n m a n v o n i h m e r g r i f f e n i s t – („umfangend u m f a n g e n" – u*nd* dieser ganze Moment durch das er-

---

9 als] *folgt* ⟨ein⟩ 12 möchte] *korr. aus* wollte 36 dieser] *davor, wohl durch Fett auf dem Papier nur in verblaßter Tinte:* dieser 39 L i e b e] *doppelte Unterstreichung*

---

42 *Eine Zeile aus Goethes Gedicht „Ganymed" (Werke. Weimarer Ausgabe, Abt. 1, Bd. 2, S. 78)*

griffen seyn, nicht durch das ergreifen –) worin sich dann das Individuum, u*nd* die Liebe von selbst finden. – Uebrigens thun Sie aber wohl recht, daß Sie die Lucinde vergöttern. – Sie sind den Eschenmayerschen Grundsätzen wohl geneigt? – Wie die Empiriker doch um sich greifen (Gall) u*nd* sich Leben u*nd* Einfluß verschaffen. Schelling ist wohl zu stolz, einen Blick auf ihn zu werfen. Um sein Gesicht zu critisiren; da er die Köpfe aller Welt critisiert, so verräth es viel Brutalität (ist wahrscheinlich auch nach dem Kupferstich zu urtheilen, schief) – einen | in Wissenschaftlichkeit untergegangenen Geistesfunken, aber Divination, u*nd* Reichthum. Ich ward durch ihn aufgeregt, ein physiognom*isches* Blatt zu schreiben, das Sie mir beizulegen vergönnen wollen.

2036. Von G. A. Reimer. Berlin, Mittwoch, 18. 9. 1805

Berlin am 18n Decbr 5

Wie herzlich ich mich auch darnach gesehnt habe, lieber, theurer Freund, Dir einen ordentlichen Brief zu schreiben, so hat es mir nicht so gut werden wollen. Heute Nachmittag am Tage (vor meiner Abreise) wo ich Dir eigentlich schreiben wollte, bin ich immerwährend gestört worden, und jetzt bleibt mir kaum noch eine viertel Stunde Zeit um die Post nicht zu versäumen. Dein Vorschlag uns zu sehen ist ganz herrlich, und unter den Auswegen die Du dazu vorschlägst laß uns nur den von Wörliz wählen, doch darüber schreibe ich Dir von Magdeburg ausführlicher. Ich denke etwa am 6–8*te*n Octob*er* von dort abzugehen.

Der Plato-Band wird gewiß 30 Bogen stark und darüber; doch thut das nun | nichts. Die Anmerkungen brauchst Du nicht mit der reitenden Post zu schicken da Du dem Setzer jetzt schon um 8 Bogen voraus bist. (Der hat Hochzeit gemacht, und dies hat mehrere Tage Verzug veranlaßt). Vor

---

43 das] *korr. aus* die 48–51 stolz … einen] *am linken Rand* 51–54 in … wollen.] *am linken Rand von Bl. 2r*

2036. Überlieferung: H: BBAW, SN 358, Bl. 82 f. 12 nichts] *davor* ⟨⟨nun⟩⟩

---

45 f *Es ist unklar, auf welche Grundsätze des Arztes und Naturphilosophen Karl August Eschenmayer Erichson sich hier bezieht.* **46 f** *Die seinerzeit viel diskutierte Schädellehre (Phrenologie) des Arztes Franz Joseph Gall.* **48** *Erst 1807 nahm Schelling in einem kleinen Aufsatz „Einiges über die Schädellehre" kritisch zu Galls Schädellehre Stellung (Morgenblatt für gebildete Stände 1, 1807, Nr. 74, S. 293 f.; Sämmtliche Werke, Bd. 1, 7, S. 542 f.).*

2036. Die Datierung auf September ergibt sich aus Zeile 9 f. **7–9** *Vgl. Brief 2031, 34–46*

LE Dr. FRANC.-JOS. GALL.
Maradan Sculp.

dem 10–12*ten* wird schwerlich der Band fertig. Die Correctur besorgt Heindorf einmal und der kann leicht die Seitenzahlen wegen der Anmerkungen beifügen.

Von Eleonoren kann und mag ich Dir in dieser Zerstreutheit nichts sagen; aber es schmerzt mich daß sie sich jetzt so hin und herwerfen [*läßt*], und noch immer nicht die Gediegenheit und Selbstständigkeit besitzt die jede weibliche Natur, wenn auch sonst nicht, doch wenigstens in der Liebe | besitzen muß, und dadurch schlechthin erlangen sollte. Wäre das herrliche Weib nur erst unter uns, wahrlich sie sollte Dir treu und rein bewahrt bleiben, und nicht wieder abneigen, und des Irdischen gedenken während das Ewige in Rede steht!

Die Lieder von Luise Reichhard druckt' ich recht gerne[,] allein ich habe gar keine Gelegenheit zum Absatz von Musicalien, und keine Routine darin, weshalb ich gewiß sehr zu Schaden kommen würde.

Deinen vorletzen Brief habe ich in dem Trouble welcher mich umgiebt, verlegt, mit mehreren | anderen, und kann Dir darauf nichts sagen.

Leb wohl, lieber herrlicher Freund.

2037. Von Ch. von Kathen. *Mittwoch, 18. 9. bis nach dem 6. 10. 1805*

den 18ten Sep*t*emb.

Warum habe ich Ihnen so lange geschwiegen mein theurer Freund? ich weiß es nicht, ich dachte Ihrer oft, war oft bey Ihnen, u*nd* hatte immer den Willen an Sie zu schreiben. Ich habe für Sie gearbeitet, u*nd* ach – Sie glauben nicht wie lieb mir diese Arbeit war. Nehmen Sie denn nun auch meine kleine Gabe so herz*lich* auf als ich sie bringe, Sie werden es, ich weiß es.

2037. *Überlieferung: H: BBAW, SN 313, Bl. 9 f. (mit einem handgearbeiteten Geschenk, vgl. Zeile 5 f).* 4 ach – Sie] Sie *korr. aus* sie

---

26–28 *Vgl. Brief 2011, 29–35* 29 *Brief 1949*

2037. *Mit einer Handarbeit (Zeilen 2–7). – Die Annahme einer späteren Fortsetzung des Briefes ohne Zwischendatierung ergibt sich aus dem Geburtsdatum der kleinen Henriette von Willich (Zeile 48).*

Seit ich Ihnen schwieg, ist es mir wohl u*nd* wehe ergangen. Die ruhige stille Zeit im Baade hat in mehr als einer Hinsicht zu meiner Genesung beygetragen. Ich bin gesünder am Körper, daß ist viel, doch – ich darf es mit Überzeugung sagen – ich bin auch gesünder an Geist, u*nd* daß ist mehr. Ja mein theurer Freund, ich habe das Ideal in mir bewahrt, u*nd* bis jetzt die Stürme des Herzens, die Gewalt der Umstände muthig besiegt. Mein Mann ist glücklich, g a n z g l ü c k l i c h wie er mir täglich sagt, wie sein ganzes Wesen es ausspricht, wie | Alle meine Freunde es sehen. Meine Lotte ist offner, freier u*nd* natürlicher geworden, ich sehe sie sich in manchem deutlicher entwikkeln. Ihre Fortschritte in der Musik erfreuen mich sehr, ein guter Lehrer giebt ihr täglich 2 Stunden elementar Unterricht. Ich wollte Sie hörten dies Alles aus dem Munde eines Freundes, es wird mir so schwer das Gute von mir selbst zu sagen.

Fragen Sie nicht wie es mit meinem Herzen steht, ein tiefer Eindruck ist immer ein ewiger in mir, ich habe es nicht leicht gehabt in meinem neuen Wege fortzugehen, doch – eben der tiefste Schmerz erhebt mich am mehrsten, u*nd* stärkt meine Kraft u*nd* meinen Muth.

Sie werden mich bedauern wenn ich Ihnen sage daß in meiner Nähe kein verstehendes Wesen lebt. Waß mich am mehrsten bewegt darf ich meiner Friedrike nicht sagen, durchaus nicht, auch ist sie jetzt äußerst schwach. Sie ist schwanger, u*nd* wird bald Mutter werden, ich hänge mit namenloser Liebe | an dem Kinde, ob es gleich noch nicht sichtbar da ist, aber ach – wenn es das zarte Gebäude der Mutter zerstöhrte – theurer Freund – daß wäre zu viel für mich.

Das leise Geflüster des Herzens, u*nd* jene unendliche Sehnsucht nach Mittheilung – ich habe lange – lange sie unbefriedigt in mir getragen. Lotte P*istorius* ist meine Schwester, im strengsten Sinne des Wortes, ich wäre zu ihr gereißt, aber meine Fried*rike* bedarf meiner für diesen Winter, u*nd* ich kann nicht vieles mit mir vornehmen ohne körperlich dafür zu leiden. Ich blieb also, u*nd* mir ward ein schöner Ersatz. Lotte kam, u*nd* blieb drei Tage, sie war bey Willichs. Ich habe lange an ihrem Herzen gelegen. Sie versteht mich ganz, so verschieden wir auch in manchem sind, ich habe sie in meiner Häuslichkeit eingeführt, sie hat mich darin geachtet. Mein C*arl* ist ihr sehr lieb geworden, u*nd* er verdient es, er ist besser – u*nd* besonders reiner geworden, er hat es aufgefaßt waß mich unauflöslich, aber auch nur allein, an ihn halten | kann, u*nd* seine Liebe

---

19 Sie] *korr. aus* sie 38 ihrem] *davor* ⟨diesem⟩

---

16 *Die Tochter Charlotte von Kathen* 27 *Friederike Israel*

die er so treu mir bewahrte, seine natürliche Güte, sein kräftiges Gefühl für das Gute, machen mir vieles leichter, u*nd* helfen das schwerste überwinden. Auch zu Willichs ist er einige male mit mir gegangen, u*nd* es hat ihm dort gefallen. Mein theurer Freund – dort ist das Ideal von Menschenglück u*nd* Harmonie. Welch ein süßes Kind. Ich kann nicht umhin Ihnen zu sagen daß mir aus diesem Kinde eine wunderbare Ähnlichkeit mit Ihnen anspricht. Luise brach in großem Jubel aus als ich dies sagte, denn sie hatte es auch gefunden, wie gerne gönnte ich Willich die gleiche Ansicht, ein schöneres Bild seines Freundes kann ihm wohl nie werden.

So leben Sie denn wohl – u*nd* glücklich, u*nd* denken Sie mein, ich hoffe bald von Ihnen zu hören, es ist so recht deutlich in mir daß Sie immer Antwort für mich haben. Mir ist leichter geworden bey Ihnen, u*nd* ich will nun an mein Instrument, dort nehme ich sie mit – dort liegt die innigste Sprache für meine Freunde.

Lotte.

**2038. Von Jösting. Berlin, vor dem 23. 9. 1805*

Mitteilung über Eleonore Grunows Entschluß, ihren Mann endgültig zu verlassen.

2039. An G. A. Reimer. Halle, wohl Montag, 23. 9. 1805

Ich grüße Dich und die Deinigen in Magdeburg, und möge Euch Allen recht wohl dort sein. Aber lieber Freund ob aus unserm Rendezvous etwas wird weiß Gott. Sieh es zieht mich jezt ganz gewaltig nach Berlin ohnerachtet Du nicht da bist nur auf ein Paar Tage um die arme Eleonore in ihrem neuen Zustande zu grüßen wenn sie wirklich schon darin ist, wo nicht ihr hineinzuhelfen. Du weißt ich kann den bloßen Gelüsten des

---

47 ist] *folgt* ⟨ist⟩ 50 brach] *folgt* ⟨| |⟩

2039. *Überlieferung: H: BBAW, SN 761, Bl. 16 f.; D: Br 4, S. 111 f. (gekürzt)*

---

48 *Henriette von Willich wurde am 6. Oktober 1805 geboren.* 50 *Luise von Willich*

*2038. *Vgl. Brief 2040, 25 f.*

2039. *Die Datierung ergibt sich daraus, daß Schleiermacher am 23. 9. Kenntnis von Eleonores Entschluß erhielt, ihren Mann zu verlassen. Vgl. Brief 2047, 30–36; vgl. auch den Sachapparat zu Zeile 30–32.*

Herzens auch den angenehmsten wohl widerstehen – aber dies ist doch mehr und etwas anderes. Auch will ich mich kasteien, um es auf die wohlfeilste Art auszurichten die mir möglich ist. Aber dann noch eine Lustreise machen auf der man auch etwas fröhlich leben müßte, das werde ich auch bei der größten Sparsamkeit nicht möglich machen können. Wenn KlosterBerge so auf dem Wege nach Berlin läge, dann wäre ich auf dem Rükwege bei Dir. Fatal sind mir diese Geld Miseren jezt zwiefach aber sie werden ja auch vorübergehen, wenn ich | noch ein Paar Jahr überstanden habe.

Ueber Eleonoren schreibe ich Dir nichts. Besprechen wollen wir Alles in wie fern Du Recht hast und auch nicht sie zu tadeln, wenn sie nur erst endlich aus dem Jammer heraus ist. Mit der größten Zuversicht sehe ich dem Morgenden Tage als den ihrer Befreiung an; denn nun scheint mir Alles auf die rechte Art eingeleitet zu sein selbstständig und rasch und ich wüßte nicht wie es fehlen sollte. Wie wirst Du Deine Freude an uns haben lieber lieber Freund. Sonntag vor Acht Tagen war ich mit Steffens wieder auf dem Petersberge da habe ich ihm bei nächtlicher Weile auch von Eleonoren erzählt und er hat sich so rein und herzlich gefreut und wie er sagt nun erst zu Manchem den Schlüssel gefunden in mir. Es war eine von den selten schönen Stunden des Lebens wo sich das Innere gleichsam unmittelbar offenbart. Er sähe Dich auch so gern, und es wäre doch kaum schöner zu machen jezt als wenn Du über Halle reistest – wiewol wir Dich dann freilich nur allein haben.

Die sämmtlichen Anmerkungen sind fertig u*nd* gehn Morgen mit der fahrenden Post ab; es würde schon Sonnabend geschehen sein wenn ich nicht den Tag sehr wäre ab|gehalten worden. Ohne dieses gute Gewissen zu haben könnte ich auch nicht nach Berlin reisen. Wäre nur unser armer Steffens eben so rein gegen Dich in diesem Stükk. An ein fertig werden zu dieser Messe ist freilich nicht zu denken; aber er arbeitet schon jezt stoßweise am Compendium und im Winter liegt es so unmittelbar im Gang seiner Geschäfte daß es ohnfehlbar fertig wird. Deine Nachsicht erkennt er auf eine recht schöne Art an.

---

8 ich] *folgt* ⟨es⟩ **17** Du] Dir *über* sie **19** an] *Kj* entgegen

---

18–21 *Vgl. Brief 2040, 1–4* **30–32** *Vgl. Brief 2033, 4–6 vom 14. 9.; dort war der Versand der Anmerkungen zu Bd. 2, 1 der Platon-Übersetzung in acht Tagen in Aussicht gestellt worden, mit Sonnabend könnte daher der 21. September gemeint sein.* **33–37** *Henrich Steffens „Grundzüge der philosophischen Naturwissenschaft“ erschienen erst 1806 bei Reimer in Berlin.*

Seine Frau, die ich immer mehr liebe je mehr ich sie kenne befindet sich in ihrem hofnungsvollen Zustande recht wohl. So habe ich auch fröliche und schöne Briefe von Willichs. Die kleine Jette erwartet mit recht gutem Muth am Ende dieses Monates ihre Niederkunft.

Herzliche Grüße allen den Deinigen, und möchten wir uns nur bald sehn auf eine oder die andre Art.

Schl.

2040. An G. A. Reimer, mit Jösting. Berlin, wohl Freitag, 27. 9. 1805

Nun lieber Freund ich bin hier, und es ist Alles ganz schön. Gestern vor Acht Tagen wurde zwischen Eleonore und Jösting verabredet daß er ihr eine Stube miethen sollte und daß sie nach ihrem Einzug in diese an Grunow und ihren Bruder schreiben sollte. Am Dienstage hat sie nun Jösting vom Invalidenhause abgeholt, sie hat ihrem Bruder geschrieben sie wäre nun gegangen und fragte ihn nun ob er sich ihrer Sache annehmen wollte oder ob sie ihren Gang allein gehn müßte; ihm schikte sie auch ihren Absagebrief an Grunow ohne daß beide an diesem Tage ihre Wohnung wußten. Am folgenden ließ sie diese den Bruder wissen der sie gleich des Abends zu sich abholte, sehr brüderlich und gut gegen sie war und versprach alles allein zu besorgen. Er hat nun Grunow zur Erklärung aufgefordert ob er in die Scheidung willigen und die Sache also ganz kurz abmachen wollte oder nicht, worauf nun die Antwort heute oder Morgen zu erwarten ist. Vor|her hatte schon Grunow die lamentable Saite aufgezogen, von seiner ewigen Liebe zu seiner Frau gesprochen u*nd* wie herrlich sie leben wollten und wie es des Bruders Pflicht wäre sie ihm wiederzuschaffen. Dann hat er Verzögerungsvorschläge gethan auf welche aber keine Rüksicht genommen worden ist. Von mir und unserm Verhältniss ist noch gar nicht die Rede gewesen, oder wenigstens hat sich der Bruder nichts gegen Eleonoren merken lassen. Giebt nun Gr*unow* seine Zustimmung, was doch sehr zu vermuthen ist, so ist die Sache in 14

2040. Überlieferung: H: BBAW, SN 761, Bl. 18f; D: Br 4, S. 118 (Auszug) 2 Jösting] *folgt* ⟨gesprochen⟩ 18 Rüksicht] *folgt* ⟨⟨ist⟩⟩

2040. Die Datierung ergibt sich aus den genannten Daten der Reise Schleiermachers nach Berlin in Verbindung mit Brief 2041 vom 28. 9. 1805; vgl. auch in der historischen Einführung die Übersicht zu Leben und Werk. 4 *Johann Albrecht Krüger* 5 *August Christian Wilhelm Grunow war Prediger am Invalidenhaus.*

Tagen abgemacht. Krüger hat sich bis zur ausgemachten Sache seine Besuche verbeten[;] nun geht er zu den Schwestern herum und sezt die bestmöglichst in Thränen.

Als ich am Montage die Nachricht von dem genommenen Beschluß erhielt überkam mich die gewaltigste Lust herzugehn um zu sehn wie es geworden wäre und wenn etwa wieder etwas dazwischen gekommen es gewiß zu Stande zu bringen. Raumer wollte den folgenden Tag von Halle abgehn nach Hause und Abends als wir noch zusammen bei Steffens waren be|schloß ich mit ihm zu gehn und dann weiter von Dessau zu Fuße hieher. Am Dienstag gegen Mittag gingen wir ab unter ziemlichem Regen im schlechtesten Wagen. In Dessau fanden wir den KammerAssessor im Begriff am folgenden Tage mit mehreren Pferden für die militairischen Brüder nach Potsdam zu reiten u*nd* sie ließen mir keine Ruhe, ich mußte mich bei d*iese*r Partie enrolliren lassen. Mittwoch Mittag ritten wir dann fort bis Jeseriger Hütten, am folgenden Tage bis Potsdam u*nd* ich machte mich ohne irgend auszuruhn auf den Weg zu Fuße her, den mir aber ein leerer Wagen glüklich ersparte. So kam ich bald nach Neun Uhr bei Jösting an der mir die frohe Botschaft brachte. Gestern war Leonore hier bei uns u*nd* heute sehn wir sie bei der Herz. Ich habe aber einen wunden Hintern[1] davon getragen der bei der fortwährenden Erhizung in Eiterung übergegangen ist u*nd* vielleicht in mehreren Tagen noch nicht heilt. Dennoch denke ich, theils weil ich noch viel zu thun habe in den Ferien, theils weil ich Nanny nicht so lange allein lassen kann entweder Dienstags zu Fuß oder Mittwochs mit der Post abzugehn u*nd* auf jeden Fall also Donnerstag gegen Abend in Dessau zu sein. | Ist das Wetter gut so erwarte ich Steffens dort und wenn Du dann auch hinkommen könntest, das wäre vortrefflich.

Ich war Gestern Abend bei Dir um Nachrichten vom Platon einzuziehn aber schon vor Sechs Uhr war Niemand mehr da als Luise; u*nd* auch [*an*] diesem Morgen habe ich vergeblich auf Belger gewartet. Die Anmerkungen müssen mit mir zugleich angekommen sein; ich bin also in so fern außer Schuld. Jette Eleono*re* u*nd* Jösting grüss*en* auch alle herzlich, so wie ich auch. Hätte ich mir nicht das wahrschein*lich*e Rendezvous in Dessau gegeben: so würde ich schwerlich der Versuchung widerstehen

28 wollte] *über* 〈|ging|〉

23 *Von den Schwestern der Eleonore Grunow sind Caroline Krüger und Frau Schweder bekannt.* 25 *Brief *2038* 28 *Karl Georg von Raumer* 32–34 *Friedrich von Raumer, der spätere Historiker, war zu dieser Zeit Verwaltungsbeamter in Berlin. Die Brüder sind Heinrich, Franz und Gustav von Raumer.* 36 *Jeserig, ein Dorf östlich der Stadt Brandenburg* 50 *Die Identität der Luise ist ungewiß.* 51 f *Vgl. Brief 2039, 30–33* 53 *Henriette Herz*

können über Magdeburg zurükzureisen. Nun bleibt mir nichts übrig als Dich zu bitten jenem Rendezvous beizutreten. Deiner schönen Wohnung habe ich mich gefreut, u*nd* wünsche Dich recht bald ordentlich darin heimsuchen zu können

Warum fehlen alle Deine Artikel im MeßCatalog?

[*Nachschrift von Jösting:*] Siehe lieber Reimer da hast Du nun die Nachricht u*nd* daß alles lustig u*nd* gut zu geht. – Ich sage Euch 1000 schöne Grüße u*nd* versetze Euch allen eben so viele Küsse u*nd* schelte mit Euch allen daß ihr mir nichts geschrieben. Schleier u*nd* wir andre sind lustige*r* Dinge. Nun adieu! aber ich bin Euer alter getreuer Jösting.

Manon u*nd* Ludchen singt u*nd* spielt Ihr auch fleißig? sonst wehe Euch wenn Ihr zurükkommt! Jetzt aber Grüße.

---

[1] was man sonst Wolf zu nennen pflegt; denn er ist geritten. Jösting

2041. An Anne Maria Louise Schleiermacher. Berlin, Sonnabend, 28. 9. 1805

Liebe Nanny: es geht nicht mit dem schnellen Fortkommen von hier. Zwar alles weshalb ich hergekommen bin geht vortrefflich von statten, das sage mir auch Steffens; aber theils halten mich die lieben Menschen zu fest theils hat mich der Weg zu sehr angegriffen. Ich werde nun entweder Donerstags zu Fuß oder Mittwochs mit der Post von hier abreisen und also auf jeden Fall Donnerstag gegen Abend in Dessau [*sein*]. Will Steffens dorthin kommen so kommen wir wol erst Sonnabend nach Halle zurük wo nicht so bin ich Freitag wieder bei Dir. Ich hoffe daß sich vornemlich unsere Giebichensteiner Freundinnen und die Steffens Deiner unterdeß so herzlich annehmen werden wie wir es schon von ihrer Güte gewohnt sein, und daß Dir also nicht gar zu verdrießlich sein wird daß sich meine Abwesenheit noch um ein Paar Tage verlängert. Ich denke | Deiner recht oft und wenn wir nicht so liebe Freundinnen hätten so würde ich es nicht übers Herz gebracht haben Dich so allein zu lassen

---

60 Warum ... MeßCatalog?] *am linken Rand* 65 Euer] *korr. aus* Dein 68 was ... Jösting] *mit Einfügungszeichen am linken Rand*

2041. *Überlieferung: H: BBAW, SN 739/1, Bl. 2*

---

66 *Ludovica Reinhardt*

2041. *Mit einer Einlage an Konopak (Zeile 18)* 9 *Friederike und Luise von Reichardt*

Grüße sie alle und sage ihnen ich hätte Großmutter u*nd* die Alberti Gestern (Freitag) ganz wohl u*nd* munter gesehen. Alberti wurde erwartet. Bei Pistors bin ich noch nicht gewesen.

Die Einlage laß an Konopak abgeben. Sollte er aber etwa verreist sein so behalte sie nur, wenn nicht etwa Mams*ell* [Rabe] Auftrag hat seine Briefe an sich zu nehmen. Hiernach erkundige Dich doch bei ihr u*nd* grüße sie und die Niemeiers herzlich.

Friz

Berlin d 28t. Sept. 5.

2042. Von J. C. Gaß. Stettin, Sonnabend, 28. 9. 1805

Stettin, den 28ten Sept. 5.

Ihr lezter Brief, mein lieber S*chleiermacher* hat uns in ziemlicher Unruhe u*nd* Verwirrung gefunden u*nd* gewiß ist Ihr freundschaftliches Herz schon oft u*nd* viel mit guten Wünschen bei uns gewesen. Ich eile daher Ihnen einige Nachrichten von uns zu geben, darneben Sie aber auch zu bitten um Ihre Meinung u*nd* guten Rath. Unser Regiment gehörte zu den ersten, die mobil gemacht wurden u*nd* Sie können denken, welchen Eindruk die ganz unerwartete Nachricht davon auf uns machen mußte. Ich stehe über 10 J*ahre* in meinem Posten u*nd* bin im 40ten meines Lebens; meine liebe Wilhelmine erwartet in 4 Wochen Mutter zu werden; es schien mir grade jezt immer mehr u*nd* immer beßer zu gelingen mit meinem Weitersautiren u*nd* ich hatte mir dazu noch allerlei Gutes vorgenommen; mein kleiner muntrer Knabe bedarf nun schon meiner zu seinem Unterricht u*nd* wird es noch mehr bedürfen, wenn seine Mutter einen neuen Gegenstand ihrer Fürsorge u*nd* Liebe erhält; zu dem allen gehöre ich schon zur Hälfte dem Civil an u*nd* soll nun noch mit in's Feld ziehen, soll alles verlaßen, was mir lieb ist u*nd* wenn | ich das alles auch nicht achten will, soll einem unsteten u*nd* wie leider die militairische Verfaßung von dieser Seite ist, auch einem unthätigen u*nd* sehr wenig nuzbaren

---

20 Hiernach] *davor* ⟨In diesem Falle⟩

2042. *Überlieferung: H: BBAW, SN 287, Bl. 18 f.*

---

15 *Wohl die Mutter Johann Friedrich Reichardts*

2042. 2 *Brief 2026* 6 f *Der Einmarsch österreichischer Truppen in Bayern am 8. September 1805 hatte den dritten Koalitionskrieg gegen Frankreich zur Folge, in dem Preußen neutral blieb und im Vertrag von Schönbrunn (15. Dezember 1805) einen territorialen Ausgleich mit Frankreich vereinbarte.* 12 *Weitersautiren, Weiterspringen*

Leben nachgehen. Ich muß aufrichtig sagen, so etwas hätte mir zu keiner Zeit meiner Amtsführung ungelegner, als eben jezt kommen können. Zwar gehöre ich noch zu denen, die an der Erhaltung des Friedens für Preußen glauben – denn obwohl die Politik der Engländer u*nd* Consorten rein toll geworden ist; so müßte sie doch in der That toller als toll sein, wenn sie sich einen Feind mehr machen wollte – zwar ist's mir sehr wahrscheinlich, daß, da wir zum Pommerschen Corps gehören, wir auch in der Nähe bleiben, weßhalb auch, so wie aus Rüksicht für meine Verhältniße, das Regiment mir erlaubt hat, den Winter über in der Garnison zu bleiben, um mir wo möglich eine anderweitige Anstellung zu bewirken. Aber wenn dieß alles anders kömt; wenn ich in dieser Frist – wie ich vorhersehe – keinen andern Posten finde; wenn das Regiment vielleicht bald einen andern Chef erhält, der meine Abwesenheit nicht dulden will; wenn die Gefahr größer wird u*nd* wir nach Preußen, oder Böhmen oder wer weiß, wo sonst hingehen; wenn ich es am Ende vor | meinem eignen Gewißen nicht mehr verantworten kann, von meiner eigentlichen u*nd* nächsten Pflicht entfernt zu bleiben; wenn – – doch ich will dieß w e n n nicht weiter häufen; aber Sie sehen die Angelegenheit steht mißlich. Und was meinen Sie nun, liebster Freund, was dabei zu thun sei? Dem Minister sollte ich wohl schreiben, wie es nun in Rüksicht meines Verhältnißes mit dem Consistorio werden soll; aber er ist nicht zu Hause, auch wird es ihn in Verlegenheit u*nd* mich in Gefahr bringen, daß mir am Ende eine Stelle gegeben wird, die ich eben auch nicht sehr wünsche. Mich an Beyme zu wenden, wie er es mir selbst erlaubt hat, dazu sehe ich auch keine Veranlaßung, mag auch so etwas ungern thun. Das beste wird also wohl sein, der Entwikkelung der ganzen Sache ruhig zuzusehen, die dann wohl von selbst erfolgen wird. Indeß habe ich doch an Delbrük geschrieben, jedoch ebenfals nur konsulirend. Vor 8 Tagen erfuhr ich auch, der alte Kletschke sei bedenklich krank, indeß habe ich aber nicht sonderlich darauf geachtet, weil der Feldprobst gleichfals die Garde begleiten muß, wohin sie zieht, wozu ich eben nicht viel Lust habe. |

Sie sehen aus dem allen, liebster *Schleiermacher* daß ich eben nicht muthlos u*nd* verzagt bin. Daßelbe kann ich Ihnen auch von meiner lieben Wilhelmine sagen, ob es gleich sehr möglich ist, daß Pommern ein Theil des Kriegsschauplatzes wird. Aber ich wünschte doch Ihren Rath unter diesen Umständen zu vernehmen, u*nd* habe darum geeilt, Ihnen zu schrei-

---

53 daß] das

---

39 *Massow* 47–50 *Johann Gottfried Kletschke war seit 1779 Feldpropst in Potsdam; er starb am 15. 11. 1806.*

ben. Laßen Sie es also wohl geschehen, daß dieser Brief mit meinen Angelegenheiten angefüllt wird. Ich fürchte nicht, daß dadurch der Faden abreißen soll, an welchen sich sonst unsre gegenseitigen Mittheilungen hinzogen. Wilhelmine hätte Ihnen gerne auch geschrieben, aber Sie müßen sie dießmahl entschuldigen; sie ist heute nicht ganz wohl, auch wird ihr das Sitzen schon sauer.

Im Hause unsers Bartholdy sieht es traurig aus. Sein armes Weib ist schon 10 Wochen elend u*nd* leidet vorzüglich am Husten. Wir fürchten alle einen üblen Ausgang. Leben Sie wohl, liebster *Schleiermacher*. Eben kömt noch Wilhelmine u*nd* bestelt einen freundlichen Gruß.

Gaß.

2043. Von G. A. Reimer.
Berlin, Anfang Oktober 1805 oder früher

Thaers Besuch verhindert mich Dir heute ausführlich zu schreiben. Von Deinen Sachen hat sich nichts gefunden als das zurückgelassene Hemd. Erinnerst Du Dich nicht, wohin Du die Strümpfe gelegt hast? Ich werde doch Nachforschungen deshalb anstellen.

Ich befinde mich in der Besserung, obgleich noch nicht ganz hergestellt.

Wir grüssen Dich alle herzlich

**2044. An C. B. Hering. Montag, 7. 10. 1805*

Bittet, seinen Bruder Carl mit einem Darlehn von 3000 Reichstalern dabei zu unterstützen, sich selbständig zu machen. Über seine erhoffte Verbindung mit Eleonore Grunow.

2043. *Überlieferung: H: BBAW, SN 358, Bl. 64*

2043. *„Nebst ein Päckgen Bücher in Pappe". – Zur Datierung: Der Brief setzt voraus, daß Schleiermacher kürzlich in Berlin war; dies kann sich auf den Besuch im September 1805 beziehen, aber auch auf die Besuche im Mai 1805, zur Jahreswende 1804/05 oder den Besuch auf der Durchreise von Stolp bei der Übersiedlung nach Halle. Nähere Hinweise zur Datierung bietet der Brief nicht.* 1 *Wohl der Pionier der Agrarwissenschaft Albrecht Daniel Thaer, der Autor bei Reimer war.*

***2044.** *Vgl. Brief 2052, 2–6.22–24*

2045. An G. A. Reimer. Halle, Dienstag, 8. 10. 1805

An Reimer

Halle d. 8t. Octob. 5.

Ganz in den Tod habe ich vergessen, lieber Freund, Dir neulich zu schreiben daß ich gleich nach meinem vorlezten Briefe an Dich mit Wolf habe sprechen können wegen Goethe. Er sagte mir schon damals Goethes Unterhandlungen mit Cottan wären schon weit gediehen nahm es aber auf sich Goethe gleich davon zu berichten. Nun sehe ich gleich bei meiner Zurükkunft und ehe mir Wolf noch Antwort gesagt hat, daß Cotta die Sache bereits als abgeschlossen ankündigt, und es wird mir ziemlich klar, daß jene erste Bekanntmachung in den Zeit*ungen* nur noch ein leztes Mittel sein sollte um Cotta noch etwas abzudingen wenn er Concurrenz befürchten müßte. Nachdem was Cotta üb*er* den Inhalt sagt glaube ich auch nicht daß Du Ursach hast Dir die Sache sehr leid thun zu lassen. In einer großen Samlung als vorzügliche Neuigkeit ein angefangenes Gedicht (wie Achilleis erster Gesang.) das scheint mir nichts sehr glänzendes zu sein. Ich bin nun neugierig zu erfahren was ihm Cotta wol giebt, und will mir Mühe geben es Wolf herauszulokken.

Daß aus unserm Rendezvous nichts geword*en* ist, hat mir sehr leid gethan. Der Tag wo ich von Berlin zurük in Dessau ankam und auch | der folgende waren die wahrscheinlich lezten schönen Tage dieses Jahrs und wir hatten noch einen herrlichen Genuß in Wörliz gehabt. Aber Steffens war auch nicht gekommen; so machte ich nur noch mit Raumer einen Spaziergang nach Luisium und ging den folgenden Tag vollends her.

Glaubte ich nicht daß Du bei Lesung dieses schon Jösting gesprochen hättest und wüßtest wie es mit Eleonoren steht so würde ich unstreitig damit angefangen haben. Es geht ja nun alles den rechten gehörigen Gang und ich zweifle auch gar nicht daran daß sich Grunow der sich bis jezt sehr ungebärdig angestellt hat vor Gericht gütlich zur Ruhe legen wird. Dem Himmel sei Dank. Noch eine kurze Zeit so sind wir aller Sorgen von dieser Seite los, und schon das nächste Mal wenn ich Euch wiedersehe hoffe ich Eleonoren als ganz befreit u*nd* froh in den schönen Kreis der

---

2045. *Überlieferung: H: BBAW, SN 761, Bl. 31 f.* **4** vorlezten] *korr. aus* lezten **12** den] *korr. aus* die

---

2045. **3** *Brief 2033* **4** *Brief 2031* **5–12** *Vgl. Brief 2027, 35–41* **14–16** *Goethe: Werke, Bd. 1–13, Tübingen 1806–1808; das Achilleis-Fragment erschien in Bd. 10 (1808), S. 295–322 (Weimarer Ausgabe, Abt. 1, Bd. 50, S. 269–294).* **22** *Karl Georg von Raumer* **23** *Das Haus der Fürstin Luise von Anhalt-Dessau mit dem Park wird „Luisium" genannt.*

Freunde einzuführen. Und in den Osterferien hat sie schon eingewilligt unsere Verbindung zu feiern dann fehlt auch an der gesezmäßigen Frist so wenig daß von keiner besondern Dispensation deshalb die Rede sein darf.

Wie sauer es uns in Berlin geworden ist irgend eine Nachricht vom Platon einzuziehen und [nur] die Aushängebogen zu verschaffen wird Dir Jösting wol auch gesagt haben. Wie weit der Druk war, nemlich noch nicht den Menon zu Ende habe ich von Heindorf erfahren. Indeß da wie er mir sagte täglich ein Bogen abgesezt würde so hoffe ich wird jezt alles beendigt sein. Ein Karton hatte ich noch mit Heindorf verabredet, und eine Anmerkung sollte er hinzufügen, zu welchem Be|huf ihm hoffentlich das M*anu*scr*ipt* wird ausgehändigt worden sein. Was wir nun wegen des künftigen Jahres münd*lich* verabreden wollten wegen der Reden u*nd* Predigten p hoffe ich schriftlich von Dir zu hören. Nur noch Eins hierüber ehe ich es vergesse. Man wird allgemein erwarten, daß ich meine Antrittspredigt, die wahrschein*lich* Anfang November gehalten wird, drukken lasse. Willst Du das übernehmen, oder es lieber einem hiesigen überlassen? Auf jeden Fall würde es doch gut sein daß sie hier gedrukkt würde. – Bei dem aufgeschobenen Drukk von Steffens Compendium scheinen die Sortimentshändler sich gar nicht übel zu befinden. Wenigstens habe ich eine Rechnung gesehn wo das Buch dem Empfänger mit 2 r. netto angesezt war, und Dich bezahlen die Herren nicht. Steffens Vorsäze für diesen Winter sind die Besten, besser als die meinigen denn ich habe mir gar nichts bestimmtes vorgenommen da ich mit meinen Vorlesungen viel werde zu thun haben. Daß ich im Winter nach Berlin kommen werde bezweifle ich nun auch. Ich hatte Nanny versprochen ihr das Karnaval zu zeigen; dieses findet aber nun nicht Statt und so glaube ich wird ihr selbst die Reise im Frühjahr lieber sein.

Zu meiner Verwunderung habe ich im MeßCatalogus ein poetisches Taschenbuch von Fr*iedrich* Schlegel gesehn u*nd* durch Spalding von einer nicht angekündigten Elegie von A*ugust* W*ilhelm* Schlegel gehört. Beides schikke mir doch sobald es fertig ist, hoffentlich werden ja wol die Ver-

---

36 [nur]] *oder* [mir]

---

40 *Karton ist hier entweder als Neutrum gebraucht oder als Akkusativ (Einen Karton) zu lesen.* 43 f *Die erste Predigtsammlung und die „Reden" erschienen 1806 in zweiter Auflage.* 45–49 *Die „Predigt bei Eröffnung des akademischen Gottesdienstes der Friedrichs-Universität. Am Geburtstage des Königes den 3ten August 1806. gesprochen von F. Schleiermacher" erschien 1806 bei Reimer in Berlin.* 49 *Henrich Steffens: Grundzüge der philosophischen Naturwissenschaft, Berlin 1806* 56 *„Carnavál, […] Fasching; sonst auch Fastnachtslustbarkeiten oder Winterlustbarkeiten" (Campe: Wörterbuch, Bd. 6, S. 174).* 59 f *Poetisches Taschenbuch für das Jahr 1805, hg. von Friedrich Schlegel, Berlin 1805* 60 f *Die Mitteilung erfolgte wohl mündlich; August Wilhelm Schlegel: Rom. Elegie, Berlin 1805.*

leger Auftrag haben ein Exemp*lar* für mich abzugeben. Sonst wünschte ich noch J. E. C. Schmidt (in Giessen) Dogmatik und Städlins Dogmatik bald möglichst zu | haben. Ich muß mich jezt ganz in die Dogmatik hineinwerfen; ich wollte noch in den Ferien große Studien dazu machen aber die sind nun wieder so schreklich vergangen daß mit dem Rest wenig wird anzufangen sein.

Deine neue Wohnung habe ich gesehn und mich damit gefreut; sie kommt mir weit geräumiger und besser arrangirt vor als die vorige war. Auch habe ich von Jösting gehört daß Du Heinrich bei Dir hast und mich um so eher darüber beruhigt daß Eleonore nun wol wahrscheinlich bei ihrem Bruder wird wohnen bleiben. Dein Haus würde doch wol zu voll geworden sein. Aber gar zu gern hätte ich sie ganz unter Euch gewußt und sie aus Deinem Hause in das meinige geführt. Doch hoffe ich sie soll so viel mit Dir und unsern andern Freunden sein als die Entfernung nur immer zulassen will. Unsere Herz habe ich über Erwarten wohl gefunden und überhaupt waren die Paar Tage in Berlin recht schön. Laß mich bald hören daß auch Dein Aufenthalt in Magdeburg Dir Freude gemacht hat.

Grüße Alles in Deinem Hause herzlich von mir u*nd* sende mir bald den Rest des Plato zu. Auf die vertheilten Exemplare wirst Du Dich wol besser besinnen als ich.

Schl.

2046. An H. von Willich.
Halle, Mittwoch, 9.10. bis Freitag, 18.10.1805

Halle d 9t. Octob. 5

Wie ist es nur mit Dir meine liebe süße Tochter? Vom 26t*en* an, so schrieb unser Ehrenfried erwartetet Ihr daß der kleine Gast die Wiege beziehen würde. Grade in diesen Tagen, vielleicht weißt Du es schon durch unsere Herz, war ich in Berlin, viel beschäftigt und bewegt für Leonoren und

2046. *Überlieferung: H: BBAW, SN 776, Bl. 46 f.; D1: Br 2, S. 38 (Auszug); D2: Schleiermacher: Briefe an Ehrenfried und Henriette von Willich, S. 134–137*

64–66 *Johann Ernst Christian Schmidt: Lehrbuch der christlichen Dogmatik, Gießen 1800; Carl Friedrich Städlin: Lehrbuch der Dogmatik und Dogmengeschichte, Göttingen ²1801; im Wintersemester 1805/06 las Schleiermacher Glaubenslehre nach Christoph Friedrich Ammon: Summa theologiae christianae, Göttingen 1803 (vgl. Arndt/Virmond: Schleiermachers Briefwechsel, S. 301).* **71** *Heinrich Reinhardt* **73** *Johann Albrecht Krüger*

2046. **2 f** *Brief *2034*

mich; aber immer und immer liebes Jettchen habe ich auch Deiner gedacht und mich Deines und unseres Ehrenfrieds Glükks gefreut, und des kleinen Wesens, das so von seliger Liebe und Freude umgeben und getragen in unsere schöne Welt eintritt. Aber mich verlangt nun auch recht nach der Nachricht daß Du eine glükliche und leichte Stunde gehabt hast. Denn gewiß ist sie schon vorüber und so wie wir es Alle gehofft haben und das kleine Wesen liegt schon auf Deinem Schooße nährt sich an Deiner Brust sucht aus großen klaren Augen das Licht und schreit unvernehmlich in das Chaos hinaus das sich ihm aufdringt. Und wenn es ein Knäblein ist so laß Dir sagen liebes Kind, wenn Du es bei dem Namen rufen willst den ich ihm geben soll so sei es Ernst, es ist ein schöner Name und deutet dem Kinde auf eine Zukunft die es noch lange nicht kennen wird, in der aber alle Lust und Freude der Jugend erst ihre höhere Bedeutung findet. Willst Du es aber bei einem andern Namen rufen, so sei der den ich ihm gebe Friedrich. Der Name mag dann ruhen bis der Knabe einmal als Jüngling oder Mann seine Geliebte findet, die wird ihn dann heraussuchen aus den andern, und in den seligen Augen|blikken traulicher Liebesgespräche wird sie ihn Friedrich rufen wie Eleonore mich Friedrich ruft. Aber Ihr weihet ihn doch nicht eher ein zum Genossen alles Heiligen und Schönen bis ich darum weiß! gar zu gern möchte ich dann ganz besonders mit segnendem Andenken um Euch und das Kind euerer Liebe sein.

Sage mir Jettchen wie ist Dir zu Muth wenn das kleine Wesen auf Deinem Schooße liegt und Du ihm ins Auge siehst? wenn Du nun in ihm gebunden und verkörpert siehst die Liebe und Sorge eines ganzen Lebens, die sich entwikkelt aus der Liebe, mit der Du das Kind empfingst und trugst und aus den Schmerzen mit denen Du es gebarst? Du Liebe? ich bin recht oft bei Dir und schlinge meine Arme um Euch Drei und bin voll eurer Freude und eures Glükkes. Ich habe jezt manche Freude der Art. Meine Freundinn hier ist vor wenigen Tagen entbunden worden, eine Freundin in Stettin erwartet es nächstens – aber so nahe wie Du ist mir doch keine, und so freudenreich für mich keine Gabe als die welche Du der Welt giebst. Aber was für ein schöner Segen ist doch Gesundheit! und wie freue ich mich besonders jezt der Deinigen und traue Deiner leichten kräftigen Natur! Mir ist doch in allen diesen Tagen auch nicht ein einzigesmal im mindesten bange gewesen um Dich, und von dieser Seite er-

11 es] *korr. aus* [ ] **15** wenn] *korr. aus* Wenn **20** Der] *korr. aus* F **31** entwikkelt] *folgt* ⟨hat⟩

35 f *Die Freundin in Stettin ist Wilhelmine Gaß; die Hallenser Freundin ist Agnes Niemeyer; vgl. Brief 2084, 33.*

warte ich mit großer Ruhe die Nachricht die mir Ehrenfried wol bald wird zukommen lassen. Sei nur auch hübsch fromm und nicht zu übermüthig mit Deinem Wolbefinden, und wage nicht zu früh Dich als ganz gesund anzusehen. Bei unserer Jette habe ich auch eure lezten Briefe gelesen; ich bin also ganz zu Hause in Deinen Umgebungen, und habe mich besonders auch des heldenmüthigen Entschlußes gefreut daß Du keine besondere Wärterin annehmen willst für Dein Kind. Etwas stark ist er freilich, allein da Du die treue liebe Luise hast ist es doch möglich daß Du ihn durchsezest, und dann ist es doch schön daß Du einer Miethlingen nicht nöthig hast etwas abzugeben von der zärtlichen Sorge für Dein Erstgebornes. |

Wie es mit Eleonoren steht wißt ihr gewiß schon. Dem Himmel sei Dank daß endlich Alles so weit ist so weit daß es nun nicht anders als schön werden kann. Ich fand als ich nach Berlin kam den ersten Schritt schon gethan. Jösting hat sie mir herausgeführt aus dem traurigen Hause, er hatte ihr eine Stube gemiethet aus der sie aber schon am dritten Tage ihr Bruder herausholte bei dem sie nun wohnt und der die ganze Sache betreibt. Die Klage ist nun beim KriegsConsistorio, unter dem Grunow steht schon eingereicht; aber von seiner Erklärung weiß ich noch nichts. Williget er ein in Gutem so ist die Sache sehr schnell abgemacht und Eleonore kann im Frühjahr die meinige werden. Treibt er aber den Streit so weit es möglich ist: so kann der Prozeß wol ein Vierteljahr dauern und dann muß ich schon bis gegen den Herbst warten wenn ich Eleonores Zartgefühl nicht verlezen will. Ob nun aus dem schönen Gedanken das Fest unserer Vereinigung bei Euch zu feiern und uns zu dem neuen schönen Leben von Ehrenfried einsegnen zu lassen etwas werden wird darüber hängt noch so manche trübe Ungewißheit Krieg und Frieden, Geld und Zeit und vor allem der Wunsch von Eleonorens Bruder.

---

den 18*ten* Octob*er*

Ich kann Euch noch nichts sagen über das Schrekliche was ich in dem Augenblik erfuhr als ich bei obigen Worten die Feder niederlegte. Nur mit wenigen Worten die Sache wenn Ihr sie noch nicht wißt. Eleonore ist plözlich, unmittelbar vor der Bekanntmachung des TrennungsUrtheils

---

57 hatte] *korr. aus* hat

45 *Henriette Herz* 49 *Luise von Willich* 50 *Anspielung auf Johannes 10, 12 f.*
58 *Johann Albrecht Krüger* 71 f *Brief *2053*

von ihren alten Zweifeln und GewissensScrupeln überfallen worden, ist sogleich zu Grunow zurükgegangen und hat jede Gemeinschaft mit mir aufgehoben. Ich weiß nicht ob sich irgend Jemand meinen Zustand denken kann, es ist das tief|ste ungeheuerste Unglük

Bange war mir um Nachrichten von Dir liebe Tochter schon früher, noch mehr seit jener schreklichen Nachricht. Ich meinte nun müßte überall ein tragisches auf das andere folgen und ahndete lauter Unglük in meinem Kreise.

Gottlob unsere Freundin Jette schreibt mir eben von Deiner sehr glüklichen Entbindung. Ich fühle die Freude tief und rein mitten in meinem Unglük: aber ich habe noch keine Worte dafür. Dein schönes Bild mit dem süßen Kinde wird oft zur Erquikkung vor mich treten. Laßt mich nur auch bald freudige Worte unmittelbar von Euch vernehmen.

Schl.

Grüßt Alles. Schreiben ist mir wie in den Tod gehen ich kann es gar nicht.

2047. Von G. A. Reimer. Kloster Berge bei Magdeburg, Donnerstag, 10. 10. 1805

Cl. B. d. 10n Octbr. 1805

Die herrlichen Nachrichten Deines letzten Briefes haben unter uns allen die innigste Freude verbreitet, und um so mehr, mein geliebter Freund, da nach allem Vorhergegangenen dieser Ausgang unerwartet schnell eintrat. Du weist es daß ich kleinmüthig und ungläubig genug war, um an die Erreichung Deines schönen Ziels überhaupt zu zweifeln, und daher hat mich das frohe Ereigniß doppelt erschütternd ergriffen. So segn' Euch Gott, Ihr Herrlichen! und der Geist der Liebe der in verborgenen Tiefen Euer schönes Leben leitete und es erst plötzlich am leuchtenden Ziele offenbar werden ließ, möge ferner mit Euch seyn! Mit welcher Klarheit wird sich in Eurer Vereinigung das trübe Räthsel des Lebens lösen, wenn jeder von Euch erkennen wird, wie zuvor der bessere Theil seines Lebens

---

84 die] *korr. aus* [e]

2047. Überlieferung: H: BBAW, SN 358, B. 75 f. 3 die] *korr. aus* den *folgt* ⟨b⟩ 5 war,] *am Rand nachgetragen* 10 möge] *über* ⟨wird⟩

---

83 *Brief *2054*

2047. 2 *Brief 2040*

schlief, und nun die bangen Ahndungen sich in die schönste Wirklichkeit umgestalten! Wie gerne wäre ich unter Euch gewesen um Eure Freude zu theilen; wie gerne hätte ich Dich wenigstens gesehen, von dem Glanze Deiner schönen Hofnungen verklärt! So gut ist es mir nun nicht geworden, und ich mußte mich nur still freuen in mir selber und mit den Meinen, Eures Lebens und Eurer Liebe, bis ich Dein herrliches Weib selbst | sehen und ihre Lust mit ihr theilen kann: dies ist ein gewaltiger Stachel der mich von hier treibt. – Dein Brief kam zu kurze Zeit vor dem bestimmten Termin an, als daß ich dem Rendezvous in Dessau hätte beitreten können; ohnedies lag die Zeit so in der Mitte von den wenigen übrig bleibenden Tagen meines Hierseyns, daß kaum einer oder zwei dafür geblieben wären; bei alle dem hat es mir innerlich viel Ueberwindung gekostet Dich gegenwärtig nicht sehen zu sollen, und nur in der festen Hofnung Dich um Weihnachten länger zu sehen habe ich dieser Aussicht entsagen mögen. Laß jenes nun auch keine vergebliche seyn! Doch thue ich unrecht zu zweifeln, da Du unmöglich wohl säumen kannst dann zu kommen.

Sehr schön und erfreulich ist es mir auch gewesen, daß Du, der Du früher selbst immer so bange Ahndungen über den Ausgang Deiner Liebe, selbst in solchen Augenblicken hegtest, wo Du nach allen gemachten Versprechungen die beste Entscheidung hoffen durftest, in Deinem vorletzten Briefe mit so froher Gewißheit das glückliche Ereigniß vorherbestimmtest so daß es darnach als bereits geschehen | anzusehen war: so trägt und weiß die Liebe alles!

Daß Du Steffens Dein Geheimniß eröfnet hast, weiß ich Dir Dank: solche Geister wie Ihr dürfen nicht getrennt stehen, und an eine enge Vereinigung wäre doch nicht zu denken gewesen, so lange jenem die eigentliche Lust Deines Lebens und aller Zweck Deines Daseyns verborgen blieb. Wie würde es mir zur höchsten Freude gereicht haben in dieser Stunde unter Euch gewesen zu seyn: das sind die eigentlichen Momente, wo man dem Weltgeist näher ist als sonst wenn zwei Herzen im frohen Erguß die stillen Geheimnisse ihrer Brust und die Entzückungen der heiligen Liebe offenbaren.

---

13 nun] *mit Einfügungszeichen über der Zeile* 15 von] *korr. aus* wie 17 mußte] *mit Einfügungszeichen über der Zeile* nur] *mit Einfügungszeichen über der Zeile* 21 daß] *korr. aus* das 25 nicht] *folgt* ⟨hier⟩ 26 dieser] *korr. aus* der [ ] 28 ich] *folgt* ⟨wohl⟩ 33 die] *davor mit Einfügungszeichen über der Zeile* ⟨nicht⟩ 39 gewesen] *mit Einfügungszeichen über der Zeile* 42 Euch] *folgt* ⟨seyn⟩ 44 ihrer] *davor* ⟨Ih⟩

---

33 f *Brief 1949* 37 *Vgl. Brief 2039, 22–27*

In einer Viertelstunde reise ich von hier ab, und muß daher schließen. Lebe wohl, mein geliebter Freund! Wir grüßen Dich alle herzlich!

2048. Von Christoph Friedrich von Ammon. Erlangen, Freitag, 11. 10. 1805

Hochwürdiger Herr, Verehrtester Herr Professor

Euer Hochwürden sind mir durch Ihre geistvolle Kritik der Sittenlehre in einer Periode der Gährung und der Kepotyrannie des gewaltigen kategorischen Imperativs so mächtig zu Hülfe gekommen, daß ich nur die gewünschte Erscheinung Ihres moralischen Systems selbst habe abwarten wollen, um Ihnen | meine innigste Dankbarkeit für Ihren kräftigen Beistand zu bezeugen. Euer Hochwürden zögern, und so müssen Sie mir schon erlauben, daß die Wärme meines Gefühls Ihrer ruhigen Weisheit einen Schritt abgewinne, um Ihnen bald desto gerührter und dankbarer von Neuem zu folgen.

Mein Verleger wird Euer Hochwürden demnächst den zweiten Band meiner Religionsvorträge im Geiste Jesu, und bald darauf die vierte Ausgabe meiner Moral ehrerbietigst überreichen. | Gestatten Sie ihm geneigtest, mein Andenken bei Ihnen zu erneuern, und gebieten Sie über mich, wenn ich im Stande bin, Ihnen Beweise der freiesten Hochachtung und Verehrung zu geben, mit der sich Ihrer Gewogenheit und Freundschaft bestens empfiehlt

Euer Hochwürden ganz gehorsamster

Ammon.

Erlangen am 11. October 1805.

---

47 Lebe] *korr. aus* Leben geliebter] *korr. aus* t

2048. Überlieferung: H: BBAW, SN 238, Bl. 1 f.; D: Traulsen: Schleiermacher und Claus Harms, S. 281

2048. 2 *Schleiermachers „Grundlinien einer Kritik der bisherigen Sittenlehre“ waren 1803 erschienen.* 3 *Der Epikuräer Apollodor (2. Jahrhundert v. Chr.) hatte den Beinamen ὁ Κηποτύραννος (der Gartentyrann), vgl. Diogenes Laertius: Vitae philosophorum 10, 25.* 11–13 *Ammon: Religionsvorträge im Geiste Jesu für alle Sonn- und Festtage des Jahres, Bd. 2, Göttingen 1806; Christoph Friederich Ammons „Vollständiges Lehrbuch der christlich-religiösen Moral“ war 1806 in einer vierten, verbesserten Ausgabe ebendort erschienen.*

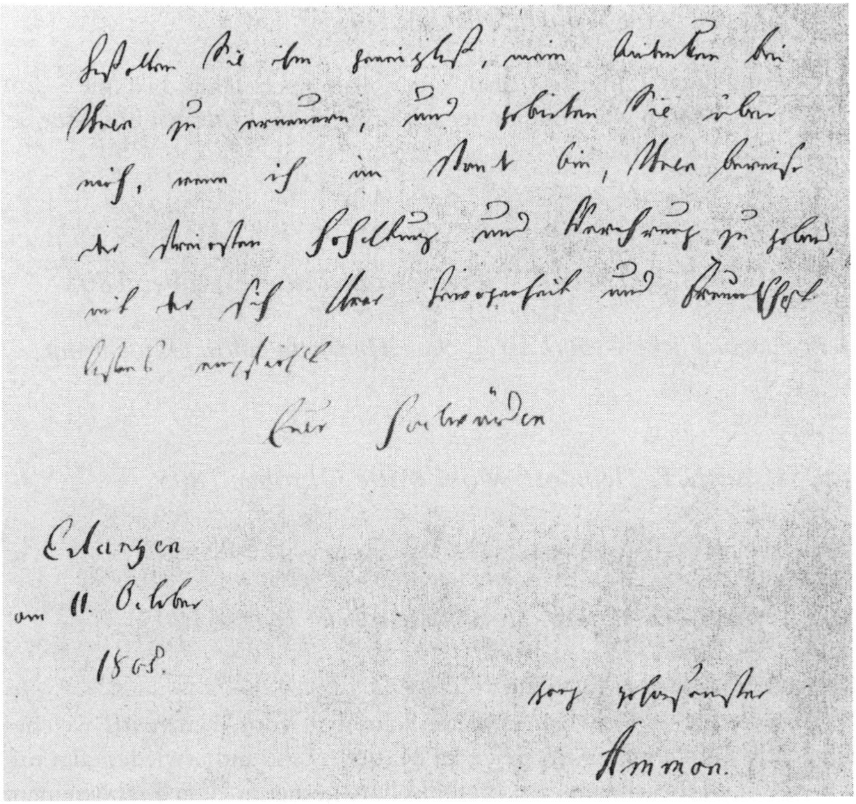

Gestatten Sie ihm gnädigst, mein Andenken bei
Ihnen zu erneuern, und gebieten Sie über
mich, wenn ich im Stande bin, Ihnen Beweise
der reinsten Hochachtung und Verehrung zu geben,
mit der sich Ihrer Gewogenheit und Freundschaft
bestens empfiehlt

Euer Hochwürden

Erlangen
am 11. October
1808.

ganz gehorsamster
Ammon.

2049. Von L. von Willich. Montag, 14.10.1805

Ach wenn doch Ehrenfr*ied* auch einen Ruf nach Halle bekäme – zur Theestunde wären wir dann immer zusammen, entw*eder* b*ei* uns od*er* bei Ihnen od*er* b*ei* Steffens.

**2050. Von J.E.Th. von Willich. Wohl Mitte Oktober 1805*

Teilt die glückliche Geburt der Tochter Henriette am 6. Oktober mit.

**2051. An L.F. Heindorf. Wohl Mitte Oktober 1805*

2052. Von C.B. Hering. Stolp, Mittwoch, 16.10.1805

Sehr wertgeschätzter Freund!

Ich eile, Ihr mir sehr angenehmes Schreiben vom 7 *currentis* welches ich erst gestern erhalten, so gleich zu beantworten; und erwiedere darauf, wie ich aus Hinsicht unserer Freundschaft gerne zu dem Etablissement Ihres Herrn Bruders beitragen will, nur sind 3000 r. für meine jetzige verwikelte Lage zu viel, und würde mir selbst geniren. Ich bin bereit, denselben mit 1000 r. zu unterstützen, und hievor keine andere Sicherheit zu verlangen, als einen von demselben ausgestellten Revers, den Sie als Bürge unterschreiben würden. Es wird demselben auf diese Art leichter werden, Auf das zu acquirirende Hauß die übrigen 2000 r. zur Hypotheke zu erhalten, und gewis machen sie es bei andern Freunden möglich, Ihn mit mäßigen Summen zu unterstützen. Wäre es für mich nicht etwas

2049. *Überlieferung: h: BBAW, Nachlaß Dilthey 100*

2052. *Überlieferung: H: BBAW, SN 303, Bl. 11 f.* 9 Es] es

*2050. *Vgl. Brief 2062, 1 f. – Die Datierung ergibt sich daraus, daß Schleiermacher am 18. Oktober erst durch Henriette Herz Kenntnis von der Entbindung hatte (vgl. Brief 2046, 83 f.).*

*2051. *Vgl. Brief 2104, 149–152. Die Datierung ergibt sich daraus, daß Heindorf um Mitte Oktober seine Wohnung wechselte (vgl. Brief 2058, 27–34).*

2052. 2 *Brief *2044*

weitläuftig, und zu sehr entfernt, so würde ich es wohl möglich machen, Ihm eine kräfftigere Unterstützung angedeihen zu laßen. | Es ist jetzt unter dem handelnden publico eine fatale Crisis, einige sehr bedeutende jüdische und Christliche Banquerots haben unter den Berliner Banquiers, sowie auch bei der Berliner Banque und Seehandlung solche Verwirrung angerichtet, daß alle Cassen geschloßen, und alle fernern Engagements verboten worden. Ich hoffe, es wird nicht lange dauren denn sonst würde das Uebel sehr arg werden.

Das sie jetzt völlig wohl sind, und sich in Ihrer Lage gantz glüklich fühlen, freut mich hertzlich, besonders angenehm ist mir Ihre Anspielung Auf Ihre bevorstehende Veränderung wozu ich vorläufig von hertzen Glük wünsche.

Mit meiner guten Frau ist es leider noch immer beim alten, Auch die Kunst der Berliner Aertzte hat sich an ihr erschöpft, und Ihr Loos, die übrige Zeit Ihres Lebens im Bette zubringen zu müßen, ist wohl so gut als entschieden es ist ein hartes Schiksahl, welches mich sehr vielen Kummer machet.

Meinen Heinrich habe ich seit 14 Tagen zu Hause | genommen, er hat in Danzig ziemlich profitirt, und besonders hat er im sittlichen Betragen sich zu seiner Avantage sehr gebeßert. Ob er nun bei der Handlung bleiben, oder ob ich ihm Auf dem Lande etabliren werde? weiß ich noch nicht; ich werde mich gantz nach seinem Penchant richten. Arnolds sowie die Zetenoschen sind alle gesund und wohl. Bei meiner Schiffart habe zwar dies Jahr kein Malheur gehabt, aber es will doch nicht flaschen, denn die Schiffe machen mehrenteils alle sehr lange Reisen. Das beste Loos hat die Dorothé Charlotte, welche seit 4 Wochen im Rußischen transport fähret, und gut Geld verdient. Die hiesigen Vorfälle sind Ihnen hoffentlich alle bekannt, sowie auch das miserable Verhältniß der Henningschen EheLeute. Ich glaube, dieser Mann wird sich hier nicht lange conserviren.

Verzeihen Sie werter Freund mein Geschmiere, die Zeit pressirt, und es bleibt mir nur noch übrig Ihnen unserer allerseitigen Hochachtung zu | versichern. Ich besonders bitte um die Fortdauer Ihrer werten Freundschaft und bin immer mit der grösten Hochachtung

Ihr
treu ergeb*ener* Fre*und* & Diener

Christ. Benj. Hering

Stolpe d. 16 Oct. 1805.

---

24 wünsche.] wünsche;. 32 Ob] *folgt* ⟨ich⟩ 44 Ihnen] *folgt* ⟨von⟩

22–24 *Gemeint ist die erwartete Verbindung mit Eleonore Grunow.* 35 *Kaspar Wilhelm von Zitzewitz auf Gut Zezenow war mit Dorothea Charlotte Hering verheiratet.* 36 *flaschen, gut vonstatten gehen (Grimm: Wörterbuch s.v.)*

**2053. Von Jösting. Berlin, vor dem 18. 10. 1805*

Teilt mit, daß Eleonore Grunow kurz vor dem Scheidungstermin zu ihrem Mann zurückgekehrt sei und jede Verbindung zu Schleiermacher abbrechen wolle.

**2054. Von H. Herz. Vor dem 18. 10. 1805*

Teilt die glückliche Geburt Henriette von Willichs am 6. Oktober mit.

2055. Von H. von Willich. Nach Mitte Oktober 1805

Sonnabend Abend.

Mein innig geliebter Vater! Wie sehnt sich Deine Tochter an Deine Brust zu sincken u*nd* zu weinen mit Dir geliebter Vater, Dein Schmerz würde sich sanfter lösen wenn Du in unsere Herzen sehen könntest wie sie mit Dir fühlen – wie wir Alle Dich so sehr lieben – Du wirst Deine Tochter nicht zurückweisen die mit ihrer ganzen kindlichen Liebe sich zu Dir neiget u*nd* nun wieder recht empfindet wie sie ihr Lebelang an Dich hängen wird – Ich wäre so gerne jezt um Dich. O Lieber köntest Du zu uns kommen, ist es möglich so weise es nicht von Dir, meine kleine süße Tochter wird Dir Freude machen, wir wollen recht stille um Dich sein, die Liebe, die Theilnahme die Du in unsern Augen liesest, soll Dir Trost zusprechen |

Warum muß Dein herrliches heiliges Herz so schwere Leiden tragen? ach Gott wie schwer sie wohl sind – Deine heilige innige Liebe – Ach wenn Du doch zu uns kämest, gewiß Du würdest Dich an unserm kleinen Töchterchen, an so vielem Guten das Du hier finden solltest, erquicken. Was ich für ein liebes süßes Kind habe müssen Andre Dir sagen, meine Liebe möchte es gar zu sehr ins Licht stellen –

2055. *Überlieferung: H: BBAW, SN 423, Bl. 27; D: Schleiermacher: Briefe an seine Braut, S. 53* **15** gewiß] *davor* ⟨u⟩

***2053.** *Vgl. Brief 2046, 71–77*

***2054.** *Vgl. Brief 2046, 83 f.*

2055. *Die Datierung ergibt sich daraus, daß Henriette von Willich Kenntnis von der Rückkehr Eleonore Grunows zu ihrem Mann hatte, was wohl durch Briefe aus Berlin geschah.*

Ach lieber Vater welche unsägliche Wonne giebt dies Kind. Es schläft jezt so ruhig hier nahe bei mir, ich bin allein mit meinem Ehrenfried diesen Abend, der geliebte Mann wie viel enger bindet uns noch dieses Kind – Täglich bin ich nun schon einige Stunden auf u*nd* recht wohl, wie es nur die Umstände erlauben, dies sind die ersten Worte die ich schrieb – Mein Vater behalte Deine Tochter lieb u*nd* schreib uns ja recht bald, ich werde dann ruhiger sein

2056. Von Karl Georg von Raumer. Freiberg, Sonnabend, 19. 10. 1805

Freiberg d. 19ten 8br. 1805.

Sie können, liebster Schleiermacher, aus meinem Briefe an St*effens* ersehen, was für ein Leben ich seit meiner Trennung von Ihnen geführt habe. Ich bin froh daß diese unruhige Zeit vorüber ist, und ich nun endlich von außen her in den Stand gesetzt bin, ungestört zu arbeiten. Mit der Arbeit selbst, der ernstlichen, findet sich die Stimmung zur Arbeit – und am Ende sollte man doch nur Eine Stimmung haben – die Bestimmung. Die Spartaner giengen nicht bey kriegerischer, feuriger Musik ins Treffen, sondern bey der ruhigsten; ein Zeugniß der herrlichsten tiefsten Gesinnung dieses Volkes, u*nd* der ächten Würde der Musik. –

Ich hoffte hier von Ihnen u*nd* St*effens* Recensionen zu lesen, bis jetzt aber habe ich die Jenaische Liter*atur Zeitung* nicht gesehen. Ich bin gespannt auf die Fortsetzung v*on* St*effens*, um recht gründlich in das Ganze eingehen zu können bitte ich nochmals wenns möglich ist, um die Bogen der Zeitung, in welchen die Rec*ension* enthalten ist. Von Ihnen wünschte ich Windischmanns Tim*äos* kritisirt und in seiner Blöße dargestellt zu sehen. Den pädagogischen Artikel, der mich sehr interessirt, werde ich

---

2056. Überlieferung: H: BBAW, SN 353, Bl. 1

2056. **3** *Raumer hatte seit 1803 bei Steffens in Halle studiert.* **11–15** *Von Steffens waren in der JALZ 1805, Nr. 103 vom 1. Mai, Sp. 209–216 und in Nr. 137 vom 10. Juni, Sp. 481–488 die ersten Teile einer Rezension „Schellingsche Natur-Philosophie" erschienen; die angekündigte Fortsetzung, auf die Raumer wartete, kam nicht zustande.* **15–17** *Platon's Timäos, eine ächte Urkunde wahrer Physik. Aus dem Griechischen übersetzt und erläutert von D. K. J. Windischmann, Hadamar 1804; Schleiermacher hat dieses Werk nicht besprochen.* **17–21** *Schleiermachers Rezension von Johann Friedrich Zöllners „Ideen über National-Erziehung" war in der JALZ 1805, Nr. 13–15, Sp. 97–114 (KGA I/5, S. 1–25) erschienen. – In der JALZ 1804, Nr. 59 f., Sp. 465–474 war von Johann Gottlieb Karl Spazier eine umfassende Abhandlung „Pestalozzi's Lehrsystem, wissenschaftlich dargestellt" erschienen; in Nr. 60 der JALZ, Sp. 475–480 hatte Spazier zudem Pestalozzis Buch „Wie Gertrud ihre Kinder lehrt" (Basel 1801) besprochen.*

ganz zu erhalten suchen. Wären Sie nicht so sehr mit Geschäften überhäuft, so wüßte ich eine tüchtige Aufgabe: eine Würdigung des Pestalozzi. Es erschienen Kritiken in der Jen*aischen* L*iteratur* Z*eitung* allein ich habe sie nicht gelesen. Jetzt fängt der Mann an mich gewaltig zu interessiren. Dieses mathematische Treiben was aus ihm als Talent hervortritt, als Prinzip der Erziehung nur zur Fertigkeit hinzuführen scheint – es hat gewiß einen recht bedeutenden Sinn. Ich habe schon sonst mit St*effens* über ihn gesprochen, daß er sich an die ausgezeichneten Empiriker unserer Zeit anschließe. (Die Empiriker scheinen mir in 2 Dimensionen zu arbeiten, der Philosoph giebt die dritte. Einen ausgezeichneten Empiriker mögte ich den nennen, der eine schöne Figur beschreibt, die potenziirt einen schönen Körper giebt.) |

Nahe bey Werner, muß ich wohl auf eine gehörige Würdigung der Empiriker denken – es muß schon dies recht sehr für St*effens* u*nd* Novalis einnehmen, daß Sie diesen Mann so hoch setzten.

Ich glaube daß Ihre Ansicht, von der wir einen Abend in G*iebichenstein* sprachen ganz aufs Klare führt. Die Empiriker sind die umgekehrten Poeten; u*nd* wenn der Dichter ein leichtes geflügeltes Wesen ist, so muß man sich nicht wundern wenn sie meist schwerfällig u*nd* gerupft erscheinen.

Leider habe ich wirklich u*nd* wahrhaftig so wenig Zeit, daß es mir unmöglich ist, für heute mehr zu schreiben.

Ich bitte Sie nur noch, wie ein armer Mann um eine Gottesgabe bittet, um einen Brief, u*nd* sehen Sie diese Zeilen für nichts als einen Bettelbrief an.

Ihr Raumer.

Darf ich Sie noch bitten um eine Empfehlung an M. M. Alberti, ich habe die Commission ausgerichtet, wiewohl etwas später als ich hoffte.

**2057. An G. L. Spalding. Vor dem 22. 10. 1805*

Über Leonores Entschluß, sich endgültig von ihm loszusagen. Bitte, die Selbständigkeit seines Bruders Karl mit einem Darlehn zu unterstützen

---

22 Talent] *folgt* ⟨, als⟩

22–24 *Vgl. Johann Heinrich Pestalozzi: Anschauungslehre der Zahlenverhältnisse, 3 Hefte, Zürich 1803 f.* 30–32 *Der Mineraloge Abraham Gottlob Werner, der Begründer der Geognosie, lehrte in Freiberg.* 44 *lies: „Monsieur Monsieur" = Messieurs*

*2057. *Vgl. Brief 2058, 2–5*

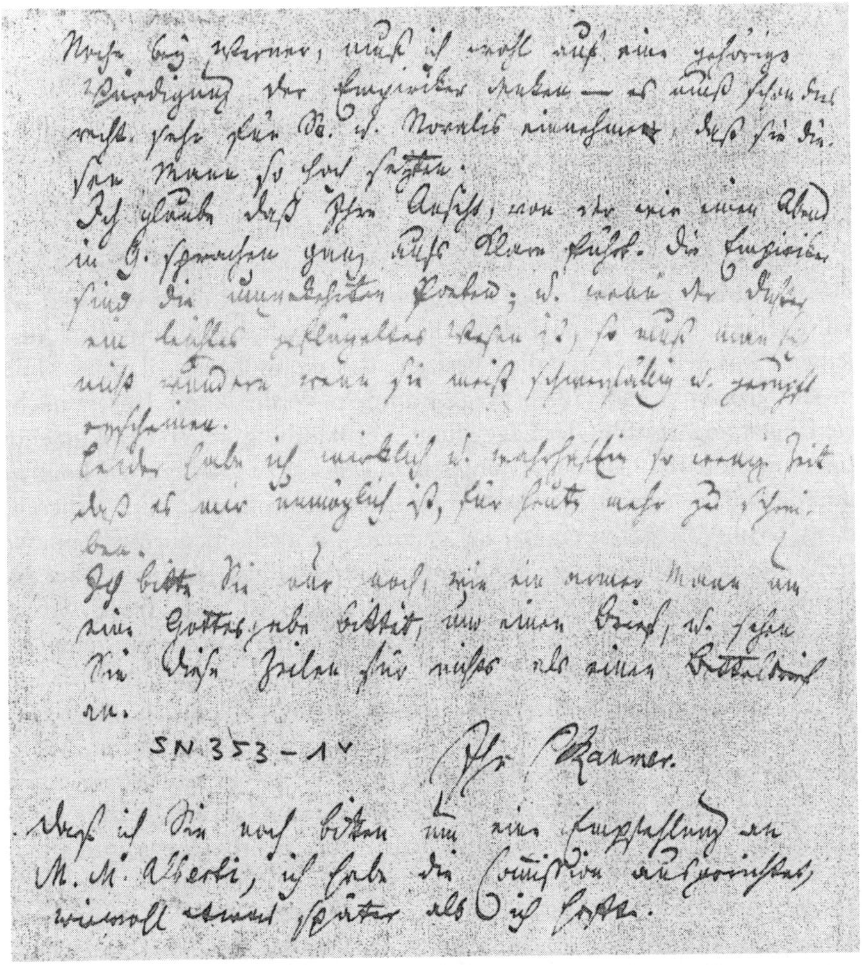

Noch bey Werner, muß ich wohl auf eine gehörige Würdigung der Empiriker rechnen — es muß schon die [illegible] nicht sehr für [illegible] u. Novalis einnehmen, daß sie diesen Mann so hoch schätzten.
Ich glaube daß Ihre Ansicht, von der wir einen Abend in G. sprachen ganz [illegible] klar [illegible]. Die Empiriker sind die [illegible]; u. wenn der Dichter ein leichtes geflügeltes Wesen ist, so muß man sie nicht wundern wenn sie meist schwerfällig u. [illegible] erscheinen.
Leider habe ich wirklich u. wahrhaftig so wenig Zeit daß es mir unmöglich ist, für heute mehr zu schreiben.
Ich bitte Sie nur noch, wie ein armer Mann um eine Gottesgabe bittet, um einen Brief, u. sehen Sie diese Zeilen für nichts als einen Bettelbrief an.

SN 353 - 1v

Ihr Raumer.

Daß ich Sie noch bitten um eine Empfehlung an M. M. Alberti, ich habe die Commission ausgerichtet, wiewohl etwas später als ich hoffte.

2058. Von G. L. Spalding. Berlin, Dienstag, 22. 10. 1805

Berlin 22. 8br. 5.

Welche traurige Empfindung erregt mir das Schreiben mit der wohlbekanten Hand, dass ich so freudig aufriss! Nichts wusste ich bis jezt von der Zertrümmerung, und muss sie nun erfahren, da ich zugleich unvermögend bin, Ihren anderweitigen Wunsch zu erfüllen.

Mein Bester, nur der Reiche, der 3000 r. geradezu übrig hätte, könte diesen Wunsch gewähren. Uns hat unsere Reise so viel mehr gekostet, als wir dachten, dass wir an Abtragen denken müssen, nicht dürfen an Ausleihen. Was wir an Kapitalien besizen, das ist so belegt, dass es ohne unsern grossen Schaden nicht weggenommen werden kann. Unsere nächste Umgebung ist oft in der Lage, durch Verpfändung sicherer Dokumente für unmittelbaren Geldbedarf unterstüzt werden zu müssen; wir können durchaus ohne eigentliche Verwirrung unsrer Umstände nichts verlieren, da wir zum | Ersparen einmal nie gelangen, und die Bedürfnisse immer steigen. Ach es ist fatal, sein Nein so vernünftig herzuartikuliren! Aber Sie glauben es mir, weil ich es Ihnen versichre. Das ist mein Trost. Wo ist derjenige, der hier zugleich könnte und auch wolte? Gewiss mir fehlt das Wollen nicht.

Ich will keine Zeit verlieren, darum antworte ich sogleich, ohne vorher, was ich so sehr wünschte, über Ihren Umsturz der Hofnungen, Nachricht einzuziehn. Ich will auch nicht vergeblich mit diesen Bedaurungen Sie quälen. Aber, ich bitte Sie, sagen Sie nur nicht, Ihr L e b e n habe Schiffbruch gelitten. Sie selbst haben Schiffbruch gelitten, aber hoffentlich noch nicht das Leben. „Verzagen | sei Verrath.“ Doch hievon lässt sich durch Briefe dem Leidenden nicht viel beibringen. Welchen Muth aber haben Sie zu Unternehmungen! Gäbe mir das Glük nur halb so viel Thätigkeit, als Ihnen die Verzweifelung. – Unser Heindorf hat mit seinen Wirthsleuten gebrochen, und zieht in's Kloster; die Kinder giebt er zur Mutter und besucht sie oft. Ich glaube, es ist dadurch, dass er den Weg im Winter nicht zu machen hat, gut für seine Gesundheit gesorgt. Was jenen Strauss betrift, so bin ich froh, Heindorfen nicht, wie ich anfangs glaubte, Unrecht geben zu müssen. Die Leute sind doch zu gemein, und so ist es

---

2058. Überlieferung: H: BBAW, SN 394, Bl. 70 f. D: Br 4, S. 118 f. (Auszug) 8 Abtragen] *korr. aus* a

---

2058. 2 *Brief *2057* 5–7 *Schleiermacher bemühte sich um ein Darlehn für seinen Bruder Karl.* 27–34 *Heindorf zog in das Gymnasium zum Grauen Kloster, an dem er unterrichtete. Zu den Auseinandersetzungen mit seinen Wirtsleuten, den Müllers, vgl. Brief 2104, 112–148.*

gut, dass er heraus kommt. – Die Woh|nung nämlich hat er in Stube und Kämmerlein bei Fischer, nicht in seinem eigenthümlichen Logis.

Sorgen Sie doch, Bester, dass der Boek, den Sie lieben, bald genug an Bellermann schreibe, wegen der Stelle im Seminar.

Heute gehen eine Menge Briefe von Freunden ab, an den Graf Schlaberndorf in Paris, dass er doch endlich zurükkomme. Wenn der hier wäre, solte Ihr Bruder das Geld wol bekommen.

Leben Sie wohl, mein Guter und wollen Sie leben.

GL Spalding.

**2059. Von J. E. Th. von Willich. Vor dem 25. 10. 1805*

Teilt die bevorstehende Taufe der Tochter Henriette mit.

**2060. An J. E. Th. von Willich. Halle, 25. 10. 1805*

2061. An G. A. Reimer. Halle, Freitag, 25. 10. 1805

d 25t. Octob 5

Ich hatte mit großer Gewißheit darauf gerechnet heute das übrige vom Plato zu bekommen denn wie rasch der Drukk ging nach Heindorfs Bericht muß Alles schon seit länger als 14 Tagen fertig sein. Ich habe erst 21 Bogen und wenn auch das Velin noch nicht sollte zu haben sein so bitte ich mir doch baldmöglichst die übrigen Bogen des ordin*airen* Exemplars aus. Es ist mir Noth mich daran zu erfreuen, auch habe ich noch über Manches mit Heindorf zu conversiren. Wo ich irgend dazu kommen kann lese ich schon u*nd* mache Vorarbeiten zum vierten Bande. Das ist auch höchstnöthig wenn wirklich die beiden noch übrigen Bände des zweiten

---

2061. *Überlieferung: H: BBAW, SN 761, Bl. 33 f.; D: Br* 2^2*, S. 69 f. (irrig mit der Jahreszahl 1806; gekürzt)*

---

35 f *Im Herbst 1806 trat Boeckh in Gedikes Seminar für gelehrte Schulen in Berlin ein.*

***2059.** *Vgl. Brief 2062, 2–4*

***2060.** *Vgl. Brief 2062, 1*

2061. **10–12** *Tatsächlich erschienen diese Bände 1807 und 1809.*

Theils bis Ostern 1807 fertig werden sollen, was ich mir fest vorgenommen habe. Mein ganzes Arbeitssystem habe ich aber nun geändert. Die größte Mannigfaltigkeit und das möglichste Gedränge von Geschäften ist mein höchstes Bedürfniß, und ich muß nun noch neben dem Platon mancherlei anderes fertig machen. Freilich nicht meinen Dialogen oder sonst irgend ein großes Ganzes aber vielerlei Kleinigkeiten. Den zweiten Band der Predigten und ein sehr kleines Handbuch zu meinen Vorlesungen üb*er* theolog*ische* Encyclopädie arbeite ich gewiß noch im folgenden Jahre aus, und vielleicht schon im nächsten darauf eine Dogmatik. Dabei will ich soviel neue Collegia lesen als nur irgend mit Vernunft geschehen kann. Daß ich jezt zwei neue zugleich angeschlagen habe war ein gesegneter | Gedanke. Mit ziemlicher Aufmunterung lese ich dies halbe Jahr wenn ich dem Anfang trauen darf. Die Dogmatik ist zwar nur schwach besezt aber das kann auch kaum anders sein. Dagegen habe ich in der Ethik 50–60 Zuhörer, was dermalen viel ist in einem philosophischen Collegio, u*nd* in einem Publicum was ich heute anfing, und wo ich etwa auf ein Duzend gerechnet hatte war das Auditorium ganz gedrängt voll das wenigstens 80–90 Menschen faßt. Ich gefalle mir auch recht gut in den Vorles*ungen* zumal die Ethik macht sich ganz los von dem steifen formelmäßigen Wesen das sie doch beim ersten Vortrag an sich hatte. Nun wünsche ich nur, daß es mir mit dem Predigen, das nun endlich auch im nächsten Monat seinen Anfang nehmen soll, auch so gut gehn möge. Demnächst aber daß ich von Euch die ich liebe immer recht viel Gutes und Schönes hören möge. Denn der Beruf und die Freunde, das sind die beiden Angel*n* um die sich mein Leben dreht, seine Bedeutung für sich hat es unwi*e*derbringlich verloren. Nun, es ist gut. Warum soll ich auch grade auf der höchsten Stuffe des Daseins stehn, wohin nur so wenige gelangen. Nur freilich weil ich doch darauf gestanden habe: so habe ich nun keine Freude mehr an mir selbst, wüßte auch nicht wie sie mir je wiederkommen sollte. So habe ich mich aufgegeben. Thut ihr es auch. Begrabt mich und laßt mich nur in Euch leben. Wem nicht zu helfen ist, den muß man auch weiter nicht bedauern.

In einem neulichen Briefe habe ich Dir auch wieder | ein Paar Bücherwünsche geäußert. Es waren Schmidt (in Giessen) Dogmatik u*nd* Stäud-

27 war] *korr. aus* waren

21–28 *Im Wintersemester las Schleiermacher neben der Ethik Dogmatik und ein Kolleg über den Galaterbrief; das* Publicum *über den Galaterbrief hatte offiziell 50–60 Hörer, die Dogmatik 16 und die Ethik 45 (Arndt/Virmond: Schleiermachers Briefwechsel, S. 301). Nur über Ethik hatte Schleiermacher zuvor gelesen, allerdings im vorigen Wintersemester 1804/05 auch über die „Haupt- und Fundamentallehren des theologischen Systems“.* **43–46** *Brief 2045, 63–65*

lins Dogmatik *und* Dogmengeschichte. Diese hätte ich gern sobald als möglich. Außerdem füge ich noch, womit es aber weniger eilt Hänleins Einleitung ins N*eue* Test*ament* hinzu. Auch sind mir beim Blättern im Meßkatalog einige Fortsezungen aufgefallen. Der VIIIt*e* Th*eil* v*on* Buhles Lehrbuch; zwei Theile vom Athenäus, es war noch mehr dessen ich mich nicht erinnere. Lieber sollte ich freilich gar keine Bücher nehmen denn ich komme immer tiefer in Deine Schuld anstatt herauszukommen. Doch das soll auch werden. Vor der Hand thue mir nur den Gefallen noch ein Loos für mich zu nehmen wenn Du es nicht in Compagnie willst. Ich hoffe etwas für meinen Bruder zu gewinnen der zu seinem Etablissement 3000 r. braucht, und dem ich erst 1000 verschafft habe. Und dann vergiß nicht mir eine Bilanz auszuziehn damit ich wenigstens die schrekliche Situation einmal bestimmt denken kann. Sage mir doch auch wie der Plato geht und ob die Grundlinien noch nicht ganz eingeschlafen sind. Mir ist immer bange ich führe Dich in die Tinte. Von den lezten habe ich neulich gelesen Stäudlin habe in der neuen Ausgabe seiner Moral große Rüksicht darauf genommen. Auch Ammon hat mir aus heiler Haut einen danksagenden Brief darüber geschrieben – doch das will nicht viel bedeuten.

Es ist recht schade daß wir uns nicht noch gesehen haben in dieser Zeit. Ich wollte wol Du hättest mich noch glüklich gesehn. Jezt bin ich recht froh daß ich weder Zeit noch Geld haben werde im Winter nach Berlin zu kommen, sonst triebe mich das | Verlangen nach Euch Allen doch wol hin. Lebt mir recht schön und froh und laßt es mich in der Ferne mit genießen. Was machen die beiden Jungen? Hast Du Ludchen mit gebracht? Lebt Manon noch fleißig mit Euch? Antworte immer noch mehr als ich fragen kann.

Lebe wol lieber Freund und grüße alles herzlich von mir.

Schl.

2062. An J. E. Th. von Willich. Halle, Montag, 28. 10. 1805

Ein Paar Stunden, nachdem ich meinen lezten Brief an Dich abgeschikkt erhielt ich Deine erste eigne erfreuliche Nachricht. Auch Deine zweite

2062. *Überlieferung: H: BBAW, SN 776, Bl. 48 f.; D1: Br 2, S. 38 f. (gekürzt); D2: Schleiermacher: Briefe an Ehrenfried und Henriette von Willich, S. 137–139* 2 Nachricht] *davor* ⟨Klage⟩

46–49 *Heinrich Karl Alexander Hänlein: Handbuch der Einleitung in die Schriften des Neuen Testamentes, Bd. 1–2, Erlangen* [2]*1801–1802 (ein dritter Band erschien 1809); Johann Gottlieb Buhle: Lehrbuch der Geschichte der Philosophie und einer kritischen Literatur derselben, Bd. 8, Göttingen 1804; Johannes Schweighäuser: Animadversationes in Athenaei Deipnosophistas, Bd. 7, Straßburg 1805; Athenaei Naucratitae deipnosophistarum libri Quindecim. Ed. Johannes Schweighäuser, Bd. 5, Straßburg 1805* **55** *Vgl. Brief 2052, 3–9* **59–61** *Vgl. Brief 2026, 189–192* **61 f** *Brief 2048* **68** *Ludovica Reinhardt*

2062. **1** *Brief *2060* **2** *Brief *2050* **2 f** *Brief *2059*

kam leider zu spät; ich erhielt sie erst am 25*ten* und habe mich also nicht förmlich bei Euch einstellen können an dem feierlichen Tage. Bei Euch bin ich aber gewiß gewesen denn ich bin es alle Tage recht viel. Wie herrliche Freude habe ich gehabt an der Tapferkeit meiner lieben Tochter. Aber wie schön ist auch Alles gegangen meinen sichern Hofnungen gemäß. Nur der Verlauf meines eignen Schiksals konnte mich in einzelnen Augenbliken bange machen ich war aber doch immer klar überzeugt es könne nicht anders als schön gehen.

Meine innigste väterliche Liebe ruht auf dem kleinen Wesen. Laß sie einen Theil sein von den schönen Segnungen die ihm von allen Seiten entgegenkommen bei seinem Eintritt in die Welt. Wann ich es sehen und Eure vereinten Züge aus ihm herausmerken werde und es mit meinen Freudenthränen segnen das weiß Gott. Ich fürchte mich nicht vor | Euch zu erscheinen. Ich denke nicht, daß mein Anblikk Euch gar zu traurig machen soll, und ich bedürfte es gar sehr Alle zu sehen die ich liebe – aber diese traurigen Zeiten die Jeden äußerlich bedrängen werden, und das Bedürfniß meine Geschäfte an die ich mich doch vorzüglich lehnen muß wenn ich aufrecht stehen soll recht pünktlich und heilig zu halten – damit weiß ich noch nicht wie es sich machen wird. Bestätige mir nur recht bald und gründlich die gute Nachricht daß Du nicht nöthig haben wirst Mutter und Kind zu verlassen um dem Heere zu folgen. Möchtet Ihr nur euer neues Glükk recht ungestört genießen können. Du hast mir nicht ausdrüklich gesagt ob Jettchen selbst nährt; ich seze es aber voraus

---

Seit Acht Tagen sind die Vorlesungen wieder angegangen. Ich lese die Ethik meinem Gefühl nach weit freier und klarer als zum ersten Mal vor einem ziemlichen Auditorio. In der Dogmatik habe ich nur Wenige aber es sind empfängliche Zuhörer und ich denke recht viel Gutes zu sagen und zu wirken, und so werden sich wenn ich sie einmal wieder lese schon Mehrere finden. Öffentlich lese ich ein | Exegeticum über den Brief an die Galater, das ich vor mehr als 100 Zuhörern eröfnet habe. Wenn sich auch nur die Hälfte von ihnen halten so will ich zufrieden sein. Daß mir diese beiden Vorlesungen soviel zu thun geben, daß nun endlich auch der aka-

32 das] *korr. aus* den

21–23 *Schweden war Mitglied der 3. Koalition gegen Frankreich, war jedoch an Kampfhandlungen nicht beteiligt.* **26–33** *In seiner Vorlesung über philosophische Ethik, die am 20. Oktober begann, hatte Schleiermacher 45 Hörer, in der Dogmatik 16 und in der exegetischen Vorlesung 50–60; vgl. Arndt und Virmond: Schleiermachers Briefwechsel, S. 301.*

demische Gottesdienst bald angehn wird, daß ich meine Nanny hier habe das ist ein großes Glükk.

Ich kann heute weiter Niemand schreiben ich grüße aber alles herzlich durch Dich. Noch Eins fällt mir ein. Das liebe Geschenk, das mir unsere theure Charlotte zugedacht hat, und womit sie mich an meinem Geburtstage erfreuen wollte darf gar nicht bei uns einpassieren weil alle fremde Leinewand total verboten ist. Bitte sie also, es gar nicht hieher zu adressiren, sondern

An den Kaufmann H*errn* Winter zu Passendorf bei Halle und dann auf dem Couvert irgendwo die Buchstaben A. B. C. zu notiren

---

Schreibe mir nur recht bald wieder lieber Bruder recht viel schönes von | unserer theuren Jette, und von dem lieben kleinen Wesen wie es in die Welt hinein sieht und wie es sich befindet.

Luisen sage doch sie müsse die Harrien bitten sich zu gedulden; ich muß mir Zeit nehmen die Papiere zu suchen. Sie hat doch gewiß Kopieen davon und kann sich also daran begnügen vor der Hand, daß sie gewiß in keine andern Hände kommen. Sobald sie aufgefunden sind schikke ich sie zurük.

Grüßt Alles und seid recht recht glüklich in der schönen Fülle von Gottes Segen.

Schl.

d 28t. Oct. 5.

2063. Von L. von Willich. Ende Oktober 1805

Sonnabends

Ich kenne Ihre Monologen! S i e haben sie ja geschrieben – dies ist mein Trost! – ach lieber guter Schleier! ich kann Ihnen nichts sagen – ich habe Zuversicht zu Ihren Stärken – ach ich kannte auch Ihre Hofnungen! – und fühle Ihren Schmerz! Ehrenfried wird Ihnen schreiben, was ich Ihnen

---

51 Sobald sie] *folgt* ⟨zurük⟩

2063. *Überlieferung: H: BBAW, SN 427, Bl. 13*

38 f *Charlotte von Kathen* 46 *Henriette von Willich* 48 *Luise von Willich Wilhelmine Harrien (um 1780–1843) war Lehrerin in Stralsund.*

sage hilft Ihnen nichts – Es war mir in dem ersten Augenblik, als könne ich Ihnen gar nicht schreiben, ach mir ist jezt anders, aber es kann Ihnen nichts helfen – nicht helfen die Liebe Ihrer Freunde? – – o mein Gott! Könnte Ihnen doch die Liebe Ihrer treuen Freunde helfen – könnte nur Ehrenfried zu Ihnen kommen – o Sie guter guter Schleier, könnten Sie zu uns kommen – Sehen Sie! das Kind was neu hier bei uns ist, sollte Sie trösten, wie es mich getröstet hat – ein Kind guter Schleier tröstet unglaublich – Ehrenfried wird Ihnen mehr sagen. Schleiermacher! Sie wollen doch nicht sterben? – o bleiben Sie gerne bei uns –! wir lieben Sie so herzlich! Wir können Sie nicht von uns laßen!!!

L.

Es ist Sontag, Ehrenfried ist mit Tante in die Kirche gegangen, Jettchen schläft, das süße Kind auch. Ich habe Ehrenfrieds, und Jettchens Worte an Sie gelesen – Ja wenn Sie kommen könnten! ach guter lieber Schleier! wenn Sie es könnten! Sie haben ja Ehrenfried und Jettchen so sehr lieb, sanfte Linderung Ihres Schmerzens würden Sie vieleicht fühlen, bei diesen Glüklichen. Weinen würden Sie wohl – o das müßen Sie ja, Sie Guter Mann! Immer sehe ich in Ihr Aug – lesen mögt [*ich*] darin – aber es ist so voll Trauer voll Schmerz! – armer Schleier! ach sagen Sie uns bald ein beruhigendes Wort!

2064. Von G. A. Reimer. Berlin, Mittwoch, 30. 10. 1805

Berlin am 30n Octbr. 5

Kaum hatte ich gestern die Aushängebogen zur Post geschickt, wie ich Deinen Brief vom 25 empfing (der sehr lange unterweges war). Die Aushängebogen konntest Du früher nicht gut erhalten, wie ich sie sandte, da ich sie nur durch Hinschicken erhielt und doch für den vorigen Posttag (Sonnabend) um einige Stunden zu spät. Der Band ist stark geworden, wie Du sehen wirst, und der Abdruck der letzten Bogen zögert immer so etwas.

---

14 Sie so] Sie *über der Zeile* 19 ach] *davor* ⟨s⟩ 22 Guter] *korr. aus* g

2064. Überlieferung: H: BBAW, SN 358, Bl. 77 f. 5 durch] *folgt* ⟨Schicken⟩

2063. 11 *Ehrenfrieds Tochter Henriette von Willich* 17 *Vielleicht die Tante Margarethe Amalia Baier* 18 f *Briefe *2050 und 2055*

2064. 2 *Aushängebogen zur Platon-Übersetzung* 3 *Brief 2061*

Daß die Aeusserungen Deines Briefes, so wie aller Deiner Briefe, seit dem unglücklichen Ereigniß so ruhig und gefaßt sind, wie erfreut es uns, die Deinen, alle! – Aber wie konnt' es auch anders seyn! Sehr bald mußtest Du ja gewahr [*werden*], daß ein Herz in welchem die Flamme der Liebe so treu und brünstig sich entzündet hatte, unmöglich allein zu stehen bereitet war. Liebe ohne Gegenliebe ist ein Unding im Himmel und auf Erden, und darum ist ein treues liebendes Herz irgend wie einiger Erwiederung dereinst gewiß. Wie wunderbar und scheinbar irrig daher auch die Wege führen mögen, und welche Er|eignisse sich auch ergeben möchten; so wird doch die Schlacke des Irrthums zu Boden fallen, und dort wenigstens, wo es kein Scheinbares mehr giebt, wird treue Liebe ihren höchsten Triumph feiern. Lug und Trug wird zunichte werden, und die Herzen die unbewußt vielleicht sich entgegen brannten werden treueinig an einander fallen und selig seyn immerdar. Daß Dir aber solches bereitet sei, in höchster Herrlichkeit, wirst Du Dir selbst nicht verleugnen können noch wollen, theurer Freund, wenn Du selbstbeschauend in die Tiefen Deines liebenden Herzens hinabsteigst; langmüthig und duldsam bist und treu und alles zum Besten kehrend; nicht achtend daß man das Scheinbare dem Wahren vorziehe und kleinmüthig rückfalle, sich mit geringfügiger Gewissenhaftigkeit entschuldigend. Welches Fehlers aber kann sich wohl Liebe, das Element alles Lebens, und worin alles zusammenfällt, anders zeihen als der Untreue und Unwahrheit? und wie nichtig und eitel erscheint jedes andere? Nur dem treuliebenden Herzen allein, das alles trägt und duldet, kann es anders seyn, da es demüthig genug ist | den Grund der Uebel in sich selbst zu suchen und nur sich straffällig zu glauben. Mag es nun immer so seyn und bleiben; Lade nur die Schuld auf die der halben Welt: desto herrlicher wird Dein Loos aufgehen; denn wer sich selbst erniedriget, soll erhöhet werden!

Daß ich Dich nicht sahe in den Tagen Deines Wohls geht mir sehr nahe. Trunken vor Wonne seyst Du gewesen, und verklärt in Liebe, ein ganz anderer Mensch! oder hätte ich nur mit Dir theilen können, den Schmerz der verlornen Liebe! Doch will ich nicht lange säumen und wenn nicht alles zuwider ist, hoffe ich, Jösting um Neujahr begleiten zu können; ich mag es nicht länger aufschieben Dich zu sehen, und der stille Schmerz in welchem ich Dich weiß, treibt mich mehr zu Dir fast, wie die Freude. Ich möchte Dir mein Innerstes aufschließen und Dir zeigen, wie

---

9 aller] *mit Einfügungszeichen über der Zeile* 20 höchsten] *korr. aus* höchstens 27 vorziehe] *korr. aus* vorziehen 32 da] *davor* ⟨und⟩ 36 erniedriget] *über* ⟨erhöhet⟩

35 f *Lukas 14, 11*

den Grund des Uebels in sich selbst zu suchen
und nur sich straffällig zu glauben. Mag es
wie immer geschehen und bleiben. Laß nur
die Schuld auf die der falschen Welt: diese
feindlichen wird dem Sohne [illegible]. Das
man sich selbst vorzuwerfen hat, soll [illegible] werden!
Daß ich dich nicht sehe in den Tagen deines Elends
geht mir sehr nahe. Zweiten wir Beide
suchst du zu gewinnen, und verklärt in Liebe,
ein ganz anderer Mensch! oder sollte ich
nur mit dir theilen können oder Schmerz
der verlorenen Liebe! doch will ich
nicht lange säumen und wenn bereits
etwas geschehen ist, hoffe ich Gestattung
zu Manches begleiten zu können; ich
mag es nicht länger aufschieben dich zu
sehen, und deinen stillen Kummer zu vertheilen;
ich dich weiß, treibt mich mehr zu dir
fort, wie die Freunde. Ich möchte dir
mein Innerstes aufschließen und
dir zeigen, wie gestaltet, treu dein
eigen ist und wie dein Schmerz in
meinem Herzen wiederhallt, aber
auch die freudige Gewißheit des Vertrauens
für die treue Liebe ohne Wandel,
wie du sie bewahrst.

Viel

Uns geht es im ganzen wohl, und Geist
und Gemüth sind frisch, aber am Körper
sind wir fast alle krank (Ludchen, Schin-
[illegible] die beiden Knaben, Manon) auch
[illegible] folgten allem [illegible],
und ich selbst werde sehr nahe daran
mich wieder zu erholen. Die Jungen
sind nämlich in der Besserung; und
der übrige ist [illegible] beim alten;
und es ist nicht keine große Gefahr.
Doch kommt bei uns wohl, und [illegible]
[illegible] Magistrat seine [illegible]
Karriere anfangen will, [illegible]
nicht zu [illegible]. Ich wünschte ihm
nur etwas mehr Muth und Vertrauen zu sich selbst; im Mangel
hieran ist er oft sehr niedergeschlagen. Sonst ist er recht brav und gut.
Der Küster ([illegible]) ist mehrere
Tage bei uns gewesen, und hat
uns durch sein freundliches, liebevolles
Gemüth alle recht erfreut. [illegible]
[illegible] aber ist bei
stiller Verschlossenheit voll Zartheit
und glühender Liebe.
Nun lebe wohl, geliebter Freund;
wir alle sind dir unwandelbar mit treuer
Liebe ergeben

so alles treu Dein eigen ist, und wie Dein Schmerz in meinen Eingeweiden wohnt, aber auch die freudige Gewißheit des Seegens für die treue Liebe ohne Wandel, wie Du sie bewahrst. |

Uns geht es innerlich wohl, und Herz und Gemüth sind frisch, aber am Körper sind wir fast alle krank (Ludchen, Heinrich[,] die beiden Knaben, Manon) mich und Minchen folglich allein ausgenommen; und ich selbst war sehr nahe daran mich jenen zu zu gesellen. Die Jungen sind ziemlich in der Besserung; mit den übrigen ist es noch beim alten; indeß ist wohl keine große Gefahr. Daß Heinrich bei uns wohnt, und beym hiesigen Magistrat seine juristische Carriere anfangen will, scheinst Du nicht zu wissen. Ich wünschte ihm nur etwas mehr Muth und Vertrauen zu sich selbst; aus Mangel hieran ist er oft sehr niedergeschlagen. Sonst ist er recht brav und gut. Der Russe (Samson) ist mehrere Tage bei uns gewesen, und hat uns durch sein freundliches, liebevolles Gemüth alle recht erfreut. Ich weiß nicht ob Du ihn so kennst aber [*er*] ist bei stiller Verschlossenheit voll Inbrunst und glühender Liebe.

Nun leb wohl, geliebter Freund; wir alle sind Dir unwandelbar mit treuer Liebe ergeben

Deine Geschäftsanfragen pp will ich nächstens beantworten. Heute nur zu Deiner Beruhigung daß ich nicht nur alle Klassen der gegenwärtigen Lotterie durchsiebt habe, sondern auch wieder ein Loos nehmen werde. Das jetzige ist 16223. Möge es besser gehn wies erstemal

2065. Von H. von Willich; mit einem Zusatz von J. E. Th. von Willich. Stralsund, Ende Oktober/Anfang November 1805

Strals.

Das wußte ich geliebter Vater daß Du auch mitten in Deinem Schmerz Dich über mein Glück freuen würdest und an mich denken u*nd* an das unschuldige Kind – Mich verlangte seit ich die traurige Begebenheit wuß-

---

51 war] wahr **63–66** Deine … erstemal] *am linken Rand*

2065. *Überlieferung: H: BBAW, SN 423, Bl. 28 f.; D1: Br 2, S. 40 (Auszug); D2: Schleiermacher: Briefe an seine Braut, S. 54 f. (gekürzt)*

---

49 *Ludovica und Heinrich Reinhardt*

2065. *Die relativ späte Datierung wird dadurch nahegelegt, daß Schleiermacher noch in Brief 2062, 24 f. danach fragt, ob Henriette ihr Kind selbst stillt.* **2–4** *Vgl. Brief 2046, 71–87*

te sehr nach Deinen ersten Worten obgleich ich nicht hoffte daß sie mir eine mildere Idee von Deinem Zustande geben würden, ach lieber Vater! ich kenne solche Schmerzen nicht, doch kann ich so gut begreifen wie schrecklich wie tief Deine sind – daß wir die wir Dich so lieb haben Dir gar keine Linderung geben können, ach das ist recht traurig! Wie schön ist es von Dir daß Dein Herz für unsere Liebe u*nd* unsere Freuden offen bleibt, kämst Du nur selbst zu uns – Wie mir zu Muthe ist lieber Vater wenn ich mein Töchterchen auf dem Schooße u*nd* an der Brust habe? das wirst Du nicht von mir verlangen daß ich es Dir ordentlich sagen soll wie könnte ich das? es ist so eine stille in sich versinkende Liebe in der innersten Tiefe der Brust, ein sehnsüchtiges Verlangen das kleine Wesen von Leiden u*nd* Schmerzen frei zu sehn u*nd* Alles auf mich zu nehmen, jeder Klageton dringt durchs Herz u*nd* jede Miene komt mir so unbeschreiblich | rührend vor. Eines Abends ich kann es nicht sagen wie mir da zu Muthe war. Ich war noch etwas schwach noch im Bette, Hermann Baier spielte so schön so sanft das Clavier – mir war als müste ich aufgelöset werden u*nd* mein Wesen zugleich dem Kinde u*nd* dem Himmel zuströmen – ich war sehr seelig dabei – Unser klein Mädchen wird bei meinem Nahmen genannt, mir ist dies sehr süß, ich wollte daß es auch Dir lieb sei, außerdem hat sie die Nahmen von unsern seeligen Müttern Pauline, Mariane, beschreiben sollte ich Dir ihr Äußeres auch wohl: sie hat große dunkle blaue Augen, langes braunes Haar, ist klein u*nd* behende ohne schwächliches Ansehn, vielmehr sieht sie recht gesund u*nd* frisch aus; die übrigen Züge sind noch zu unbestimmt als daß sich etwas davon sagen ließe. Schreien kann sie recht gewaltig, eigentlich scheint sie mir eine ruhige sanfte Natur zu haben, doch bisweilen äußert sie eine Heftigkeit u*nd* Ungeduld die gar nicht von Uebelbefinden herzurühren scheint – Mit ihrem kleinen Magen ist sie seit sie auf der Welt ist noch immer nicht recht in Ordnung, das hat uns mehrere unruhige Nächte u*nd* Tage gemacht, wo das kleine Wesen | wircklich viel Schmerzen litt, ach lieber Schleier dabei litt ich auch viel. Dazu kam noch eignes Uebelbefinden, ich hatte heftige Schmerzen in der Brust u*nd* Fieber, die schlaflosen Nächte spannten mich ab, ich hatte sehr mit trüben Stimmungen zu kämpfen. Jezt bin ich recht wohl u*nd* mit der Kleinen neigt es sich auch immer mehr zum völligen gesund werden.

---

5 ersten] *mit Einfügungszeichen über der Zeile* 27 gesund] *folgt* ⟨aus⟩ 32 Magen] *davor* ⟨Maeg⟩

---

24 f *Pauline von Mühlenfels, geb. von Campagne und Marianne von Willich, geb. Schwarz*

Mit dem Stillen geht es mir auch gut, ich habe Nahrung genug u*nd* bin von dem empfindlichen Schmerz den wunde Brüste geben, so ziemlich frei geblieben, recht wehe thut es immer auch ohnedas, doch was macht das gegen die Freude, u*nd* lange wird das nicht mehr währen.

Da habe ich Dir auch recht umständlichen Bericht von unserm körperlichen Zustande gegeben. –

[*Ehrenfried:*] Das kleine Mädchen hat meine Jette gehindert, Dir mehr zu schreiben, wie sie es sonst gerne wollte – sie grüßt Dich herzlich u*nd* ist Deine liebe Tochter.

2066. Von L. von Willich. Stralsund, Sonnabend, 2. 11. 1805

Stralsund d 2t Nov. 1805

Es ist mir Heute den ganzen Tag so wehmüthig gewesen, lieber Freund! ich habe oft an Sie gedacht. Und dann wieder an den Krieg, an den Erschreklichen –! ich habe ein par mal still in meinem kleinen Zimmer weinen müßen dahin gehe ich dann immer wenn mir so zu Muthe ist lieber Schleier, damit Jettchen und Ehrenfried es nicht sehn – und es ihnen nicht an geht und hier in Stralsund ist auch niemand, bei dem ich meine Wehmuth nieder legen mögte.

Ist Ihre Schwester Musicalisch? Singt sie nicht? ach thut sie es: so laßen Sie Sich doch wenn es recht still um Ihnen ist den Gesang vor spielen und singen: „Was Gott thut das ist wohl gethan“ und den lieber Schleier: „In allen meinen Thaten laß ich den Höchsten rathen der alles kann und hat“

Haben Sie auch viel geweint Sie Guter? o könnten Sie es doch, könnte sich doch jechlicher Schmerz in stille fromme Wehmuth auflösen –! nicht wahr? Der Ihrige | wird es: Sie sind ja gut und fromm

Wollen Sie auch gern in der Welt bleiben? oder sehnen Sie sich hinauf?

Lieber Schleier! denken Sie oft an Ihre Freunde? und tröstet es Sie? – Wir haben Sie alle so lieb, gerne wollten wir Sie trösten –!

Sie bekommen in diesen Tagen viele Briefe, von Jettchen, Ehrenfried und der Kathen, von mir nicht – ach ich konnte Ihnen nicht schreiben –

2066. *Überlieferung: BBAW, SN 427, Bl. 14 f.* **3** habe] *über der Zeile* **6 f** und ... geht] *mit Einfügungszeichen am linken Rand* **14** Wehmuth] wehmuth

---

2066. **9** *Nanny Schleiermacher* **11 f** *Die Texte dieser Choräle stammen von Samuel Rodigast und Paul Flemming.* **20** *Gemeint ist wohl, daß Luise seit Brief 2063 den in der Zwischenzeit geschriebenen Briefen keine eigenen Zeilen beigelegt hatte.*

Sehen Sie guter Schleier, es war mir als könne ich es gar nicht – ich hätte die Worte suchen müßen, das that ich nie wenn ich an Sie schrieb, und mit Ihnen sprach – denken konnte ich ja ohne Worte an Sie das werden Sie wohl auch gewust haben – hätten Sie es nicht gewust, so halfen ja die Worte auch wenig –

Ich habe wohl an Sie gedacht, und denke wohl an Sie! und wünsche Ihnen Ruhe, und stille Wehmuth! |

Ob es noch wohl lange währt bis ich einen Brief von Ihnen bekomme? –

Von der lieben Herz hab ich öfter Briefe – ach sie hat eine so liebende Sprache für mich, guter Schleier, wobei meinem Herzen so recht wohl wird, wie liebe ich sie auch doch so innig! o wäre nicht Berlin so fern –

Von mir sage ich Ihnen jezt nichts als daß ich nicht unglüklich bin. Glüklich werde ich sein, wenn meine Sehnsucht aufhört nach dem lieben gewohnten Briefe –

Wehmuth werde ich behalten, und dabei glüklich sein können kan ich es doch oft, u*nd* bin es jezt, ich werde es wieder sein, das fühle ich, oft wenn ich am frohsten war, war sie in mir – lieber Schleier es ist mir dies oft sonderbar – aber wie meine Kindheit nicht ohne sie war – wie sie mir oft wirkte bei Spiel und Tanz, so wird sie es wohl auch bleiben in meinem Allen, und liebend wird sie mich zur Ruhe führen – |

Morgen ist es Sontag, dann geht die Berliner Post, ob ich Ihnen dies Blatt sende? wenn ichs thue guter Schleier! ach dann nehmen Sie mich gerne auf, ich bitte Sie recht herzlich, ich meine es sehr gut, wenn ich Ihnen auch nur wenig geben kann –

Ich will Ehrenfried u*nd* Jettchen fragen ob sie nicht ein bischen beilegen wollen.

Obgleich ich weiß daß Sie und Jette nicht kommen werden jezt – so denke ich mirs doch oft – und wünsche es, gerne wollte ich mein warmes Stübchen räumen

Ich werde gerufen weil eine Fremde Dame da ist – Eine F r e m d e ist mir nicht lieb – es ist schon ganz finster schon 7 Uhr

Wißen Sie wer es war? Das kleinste Jettchen kam mir entgegen auf ihres Vaters Arm, sie wollte zu Eßen von mir haben, es ist mein Amt, ihr zweimal des Tags ihr Eßen zu kochen, und Morgens ihr Bad zu bereiten – ob mir das süße Kind wohl lieb haben wird? wenn sie erst lieb haben

---

23 das] *korr. aus* daß   27 Ihnen] *über der Zeile*   32 sie] *über der Zeile*   36 f kan … fühle ich] *mit Einfügungszeichen am linken Rand*   48 Sie] *davor* ⟨[für]⟩   55 Bad] *davor* ⟨Bad⟩

---

48 *Henriette Herz*

kann – ich habe sie schon sehr lieb, wißen Sie daß sie auch meine kleine Pätin ist? sie soll auch gewiß nichts Böses von mir lernen – Adieu lieber guter Schleier! Wären Sie hier! –

Luise

2067. Von Ch. Schleiermacher. Gnadenfrei, vor dem 3. 11. bis Sonntag, 3. 11. 1805

Bitte Inlage bald zu besorgen.

Die höchst unangenehme tief erschütternde Begebenheit – die eine ganze Kette Deiner Leiden u*nd* Freuden – auf eine so sonderbar einzige Art von allen ihren Fäden – nun zerschneidet – habe ich durch die treue Jette – Gestern 8 Tage erfahren – da sie aber damals, ohngeachtet sie den Brief noch einen Posttag aufhob, noch keine Nachricht hatte, was dieses alles auf Deinen schwächlichen Cörper gewirkt – und wie das Inre Deines Wesens dabei sich befindet – bin ich bei der Menge wechselnder Gefühle in der peinlichsten Ungewißheit – Morgen schreibe ich an die Trefliche Herz – noch einen Posttag harre ich auf einige Zeilen von Dir Du Lieber – dann geht dieses an Dich ab; vor einer halben Stunde kamen wir aus der Predigt – in welcher ich nicht allein unter einem Strohm von Thränen, sondern mit dem inigsten Flehen meines Dich liebenden Herzens begleitet folgende Zeilen in Deine Seele gleichsam hineinsang: laß gänzlich versinken den sehnenden Geist ins Meer Deiner Liebe. Wahrscheinlich werdet Ihr am 12ten dieses oder vielleicht erst am 14ten den am 8ten an Nany abgegangnen Brief erhalten haben | es war daraus zu ersehen – mit welcher schmerzlichen Theilnahme ich von dem Hinscheiden des guten Seidliz ergriffen um wie vielmehr, muste jene Nachricht mein ganzes Wesen erschüttern u*nd* meine schwachen Nerven schreklich angreifen – daraus ist leicht zu schließen wie sehr ich für Deine Gesundheit fürchte mein Einziger!

D*en* 3t*en* Es ist mir nicht möglich irgend noch etwas andres zu sprechen – als von meiner Besorgniß – Theilnahme u*nd* von GeldNoth – die mich außerordentlich drükt ohngeachtet ich mir vor 14 Tagen 10 Thlr

---

2067. Überlieferung: H: BBAW, SN 375/7, Bl. 19 **5** da sie] sie *über der Zeile*

2067. Mit einer Einlage (Zeile 1) **5** *Henriette Herz* **14 f** *Die Verse sind aus der 5. Strophe des Liedes „O Ursprung des Lebens“ von Christian Jakob Koitsch.* **18 f** *Friedrich Julius von Seidlitz war 1805 gestorben.*

von meinem kl*einen* Capital geben ließ so daß es ansehnlich geschmolzen u*nd* nur noch 75 ist – – nach meinen Auszahlungen habe ich nun nichts mehr; – u*nd* Kluge hat mich schon 2 mahl gemahnt – auch bin ich der Vorstehern 10 Thr für Holz, schuldig – Verzeihe Du Lieber – alle meine Klagen – wenn es möglich so hilf!, wenn Du kanst; – mein guter väterlicher Freund! Gott schüze u*nd* stärke Dich das flehet für Dich

Lotte

Gruß u*nd* Kuß ann Nanny

**2068. An C. B. Hering. Freitag, 8. 11. 1805*

**2069. Von Johann Cristoph Wedeke. Vor dem 9. 11. 1805*

Klagt, Band 1, 2 der Schleiermacherschen Platon-Übersetzung noch nicht erhalten zu haben.

**2070. An Jösting. Vor dem 9. 11. 1805*

Erklärt, nicht nach Berlin kommen zu können.

2071. An G. A. Reimer. Halle, Sonnabend, 9. 11. 1805

H. d 9t. Nov. 5.

Der Plato ist glüklich angelangt. Leider aber sehe ich nun daß er gewiß nicht mehr zur Messe gekommen ist. Ich möchte gern meine Hände des-

---

29 Holz,] *folgt* ⟨nötig;⟩

2071. *Überlieferung: H: BBAW, SN 761, Bl. 35; D: Br* 2^2*, S. 38 (gekürzt)*

***2068.** *Vgl. Brief 2100, 3–6*

***2069.** *Vgl. Brief 2071, 60 f.*

***2070.** *Vgl. Brief 2071, 34 f.*

2071. *Mit einer Quittung (Zeile 20 f.)* **2** *Band 2, 1 der Platon-Übersetzung* **3 f** *Matthäus 27, 24*

halb in Unschuld waschen da doch Ende Septemb*er* alles Manuscript da war, und wenn man fortdauernd, wie Heindorf damals sagte, täglich einen Bogen gedrukt hätte: so hätte er noch recht gut ankommen müssen. Stärker ist er allerdings geworden als ich dachte. Aber lieber Freund die noch übrigen beiden des zweiten Theils werden leicht eben so stark werden: und es geht doch nicht gut anders an. Denn für drei wäre es wieder zu wenig und drei würden auch gewiß später fertig werden als zwei. Im nächsten Bande kann ich die Einleitungen größtentheils ziemlich kurz machen[,] im folgenden aber geht es vielleicht weniger. Gern arbeitete ich schon jezt wieder etwas vorläufiges, wie es denn auch Noth thäte; es ist nur zu verführerisch auf Heindorf zu warten der grade am nächsten Dialog drukken läßt. Schikt er mir aber nicht bald Fortsezung so entschließe ich mich kurz und nehme unterdeß ein anderes Gespräch vor.

A*ugust* W*ilhelm* Schlegels Nänie u*nd* Fr*iedrich* Schlegels Taschenbuch habe ich erhalten: aber groß Verlangen trage ich nach den Büchern um die ich Dich gebeten zumal den dogmatischen. Sie thun mir bald recht Noth für meine Vorlesungen. Hier schikke ich Dir auch wieder eine Quittung bei Könen zu heben. Sei so gut 2 r. 12 g. davon an die Herz zu geben der ich eine Commission geben werde und die übrigen 10 r. mir zu assigniren oder zu schikken. Denke auch nur darauf mir einmal wieder eine Bilanz zu machen. Troz des starken PlatoBandes werde ich doch gewiß noch weit tiefer in Deine Schuld gerathen sein. Es ist mir schlecht zu Muth bei meinen FinanzUmständen aber ich sehe keine Möglichkeit jezt auch nur in dieser Hinsicht irgend zu prosperiren.

Frommann ist einige Zeit hier gewesen und ich auch öfters mit ihm zusammen; er hat mir nicht sonderlich gefallen aber seine Frau recht gut. Er klagte auch sehr über die Messe und sprach so vom Buchhandel daß mir die Haare fast zu Berge standen wenn ich bedachte daß Du auch darin begriffen bist. Indeß ist es | vielleicht doch so arg nicht.

Jösting wird wahrscheinlich nicht kommen; seine Geliebte will es nicht. Wie ich keine Möglichkeit sahe nach Berlin zu kommen habe ich ihm geschrieben. Werde ich darüber nun auch den Trost missen Dich zu sehen? ich fürchte es fast, und will mich im Voraus drein ergeben so sehr es mir auch erquikkend sein würde. Ich habe nun ein großes überstanden, daß nemlich Alle die ich liebe – Steffens allein ausgenommen, ich habe ihn seitdem noch nicht allein gehabt – von dem harten Schiksal unterrich-

---

32 bist] *über* ⟨warst⟩

17–19 *Vgl. Brief 2045, 59–65* 33 *Agnes Wilhelmine Niemeyer* 34 f *Brief *2070*

tet sind. Nun wäre ich eben recht fähig den Trost zu genießen einen Freund wie Du bist um mich zu haben. Ich sage Dir nichts weiter über mich. Mein Zustand ist unverändert derselbe. Nach außen ist wenig davon zu sehn und wer es nicht weiß soll nicht merken daß mir überall etwas begegnet ist. Auch das ist von selbst so, ich suche es nicht. Aber die Augenblikke wo ich es nicht länger halten kann und einmal wieder recht hinein schaue in den Abgrund der Verwirrung und in ihr Elend und meines, die kann ich Dir nicht beschreiben wenn ich auch wollte.

Samson kenne ich recht gut und weiß wol was für ein Schaz von Liebe in ihm ist. Ich wünschte wol er dürfte unter uns geblieben sein denn wie er sich dort allein halten und ausbilden wird ist mir doch nicht recht klar. Ich habe ihm vielleicht weniger meine Liebe gezeigt als ich sonst pflege weil so etwas von Verehrung in ihm war das mich immer zurükdrängt. Mir ist nur recht wohl bei einer Liebe die sich mir ganz frei und auf gleichen Fuß hingiebt. Es ist mir recht erfreulich daß Ihr ihn so liebgewonnen und so recht gestärkt habt zu dem schweren Losreißen aus der Welt in der er bisher gelebt hat. Hoffentlich giebst Du mir nächstens recht gute Nachricht von euer aller Gesundheit. Grüße die Deinigen alle herzlich, Manon das liebe Mädchen rechne ich immer mit dazu. Herzliches Lebewol

Wedeke klagt daß er noch immer den zweiten Band des Plato nicht erhalten hat. Hast Du ihn vergessen bei der Vertheilung? oder durch einen Buchhändler geschikt der ihn nicht abgegeben hat? Hilf doch diesem Uebel ab und sorge daß er und mein Oheim Stubenrauch den dritten Band ordentlich erhalten.

2072. An J. C. Gaß. Halle, Sonnabend, 16. 11. 1805

Wenn ich mich nicht darauf verließe lieber Freund daß Sie mich besser kennten so müßte ich wirklich mit einer großen und ernsten Entschuldigung anfangen. Denn einen Brief mit Angelegenheiten, die Ihnen wichtig sind, und Sie bewegen angefüllt, worin Sie mir noch überdies meine Ansicht abfordern, den so lange liegen zu lassen unerwiedert, wie ich sonst

---

2072. *Überlieferung: H: Krakau; D: Schleiermacher: Briefwechsel mit Gaß, S. 34–39*

---

48 *Vgl. Brief 2064, 57–60* 60 *Brief *2069*

2072. *Mit Manuskript zur theologischen Enzyklopädie (Zeilen 77 f.)* 3–6 *Brief 2042*

gar nicht pflege das ist warlich arg. Lassen Sie mich aber meine Entschuldigung sparen bis zulezt. Beruhigen könnte ich mich immer dabei daß Sie das rechte schon gefunden hätten, und daß die Umstände zu sehr gewechselt haben unterdessen, und ich zu wenig davon unterrichtet gewesen bin, um Ihnen etwas besonderes zu sagen. Sie konnten doch wirklich nichts thun als abwarten, und ohne den ruhigen Gang der Dinge zu unterbrechen Ihrem Beruf so lange er es blieb folgen.

Gestraft haben Sie mich übrigens wie es scheint, schon für mein Stillschweigen dadurch daß ich noch nichts von Wilhelminens Niederkunft weiß. Manche Besorgniß habe ich mir seit dem Zeitpunkt den Sie mir bezeichneten wegen ihrer doch nur schwächlichen Gesundheit gemacht aber zum Schreiben bin ich nicht eher gekommen. |

Ihre Skizze hatte ich mir verspart bis auf die Ruhe der Ferien, die aber freilich keine sonderliche Ruhe für mich gewesen ist. Ich berufe mich noch einmal auf meine vorige Protestation weshalb ich Ihnen nicht viel darüber zu sagen weiß. Der erste Entwurf, die Idee ist ja das innerste eines Werkes, hängt am unmittelbarsten mit dem Verfasser selbst zusammen, und ein Anderer kann unmöglich daran rühren wollen. Ich kann nur in Beziehung auf meine eigne Erfahrung vermuthen, daß Ihnen die Ausführung noch manche kleine Aenderung in Ihrem Entwurf abnöthigen wird. Eigentlich ist es unnüz Ihnen auch diese nur anzudeuten; denn nur wenn sie sich von selbst während Ihrer Arbeit finden werde ich Recht gehabt haben; und wenn Sie viel auf meine Andeutungen geben könnte Sie das nur irre machen. Nur in der Zuversicht daß Sie das nicht thun werden kann ich Ihnen also meine Zweifel äußern, ob sich wol die äußeren Gegenstände so werden sondern lassen wie Sie sie aufgestellt haben. Wird sich die Darstellung des Mysticismus von der Idee des Christenthums, und die Mythologie von dem Exoterischen trennen lassen? Sollte sich also nicht von selbst eine Vertheilung des 4*ten* Abschn*itts* unter den zweiten u*nd* dritten ergeben? Ferner wollen Sie die Idee des Kultus nicht auf das Christenthum in seiner Totalität sondern auf die Spaltungen | desselben beziehen, daß Sie sie erst auf diese folgen lassen? und wird Ihnen nicht vielmehr Kirche und Cultus auf das genaueste zusammenhängen. Doch wie gesagt das sind Fragen worauf Sie nur keine andere Antwort geben müssen als das griechische αὐτὸ δείξει. Verfolgen Sie Ihre Arbeit ja nach Ihrem eignen Plan; was an demselben in die Einheit mit der

22 eines] *korr. aus* ein[er] 25 kleine] *über der Zeile* 32 sich] *korr. aus* [ ]

18 *Vgl. Brief 2024, 29–42* 20 *Vgl. Brief 2026, 160–178*

Ausführung – die wol nur der vollkomnere Schriftsteller gleich anfangs ganz richtig auffaßt – nicht hineinwill das wird sich von selbst offenbaren. Eher könnte ich über die Einleitung die mehr ausgeführt ist etwas sagen. Allein wenn es Ihnen geht wie mir, so ist auch das unnöthig. Sehr selten kann ich die erste Ausführung der Einleitungen, wenn ich sie wirklich zuerst ausgeführt habe beibehalten auch hier entdekke ich das richtige Verhältniß zum Ganzen erst später. So wie Ihre Einleitung jezt ist habe ich zweierlei dabei zu bemerken. Aus lauter Bescheidenheit hat es an ein Paar Stellen das Ansehen gewonnen als wollten Sie nur auf eine neue Art versuchen, und der Leser bekommt nicht recht die Ueberzeugung daß Sie wissen Sie gehen einen sichern, in der Natur der Sache gegründeten Gang. Gewiß will ich Sie nicht zur Anmaßung, nicht zu einem entschiedeneren Verwerfen des Bisherigen verführen[.] Aber ich wünschte Sie hätten überhaupt nicht bei der Vergleichung angefangen, wodurch zu stark eine auf ein bestimtes Resultat gerichtete Absicht hervortritt. Hätten Sie | hievon abstrahirt und dem Leser nur jene Ueberzeugung geben wollen, so würde Ihre Einleitung wahrscheinlich die Natur der positiven Religion überhaupt aus einander gesezt haben, und für das Werk selbst die reine Darstellung der [Intentionalität] des Christenthums übrig geblieben sein. Und vielleicht wollen Sie jenes lieber in Ihren ersten Abschnitt verweben und die Einleitung noch exoterischer nehmen. Nur scheint mir daß alsdenn auch das Verhältniß des Christenthums zur Philosophie gar nicht hätte berührt werden müssen. Und dies war eben meine zweite Erinnerung, daß dies entweder strenger und tiefer ausgeführt werden mußte oder übergangen. – Doch Sie sehen bei jedem Versuch, den ich mache, wie wenig es möglich ist für den Dritten, etwas zu sagen ehe er das Ganze oder wenigstens eine gleichmäßig ausgeführte Skizze des Ganzen vor sich hat. Darum lieber Freund lassen Sie nur ja die erste Lust und Liebe nicht verfliegen, sondern schreiten Sie sobald Sie äußere Ruhe genug haben zur Ausführung: Sie werden gewiß über den wichtigen Gegenstand etwas Klares und Tüchtiges hervorbringen, da Ihre Ansicht davon es ja ist und diese sich gewiß rein und hell in Ihrer Darstellung abspiegeln wird wenn Sie Sich nur recht treu bleiben und unbefangen die Sache vor Augen behalten. Daß Sie denn etwas sehr Gutes und heilsames thun wissen Sie wol und bedürfen also keiner Aufmunterung weiter.

Da es Ihnen Vergnügen zu machen scheint so schikke ich Ihnen zugleich meine Encyklopädie | soviel davon vorhanden ist. Leider werden Sie

70–75 *Gaß hat sein Projekt nicht realisiert.* 77f *Das Manuskript der Hallenser Vorlesungen zur theologischen Enzyklopädie ist nicht überliefert.*

gleich sehn, daß der erste Theil nicht vollendet ist, der zweite gänzlich fehlt und vom dritten nur die erste Hälfte vorhanden ist. Wahrscheinlich würde Sie der zweite Theil auch wegen des Zusammenhanges mit Ihrer Arbeit am meisten interessiren und grade von diesem können Sie Sich nur die allgemeinste Idee aus der Einleitung herausnehmen. Mir ist nun vorzüglich daran gelegen zu wissen ob Sie die in der allgemeinen Einleitung gegebene Darstellung des Ganzen und die Anordnung und Gliederung des historischen Theils billigen. Ziemlich fest bin ich entschlossen wenn ich künftigen Winter das Collegium wieder lese eine ganz kleine Uebersicht in Paragraphen drukken zu lassen. Weniger bei diesem Collegio um der Zuhörer willen, als um die ganze Ansicht auf eine recht unschuldige Art ins Publicum zu bringen, und die akademischen Theologen gewissermassen zu nöthigen daß Sie einige Rüksicht darauf nehmen wenn auch keine andere, als daß sie den hingeworfenen Handschuh im Namen ihres alten Schlendrians (der noch bei uns in einer officiellen Anweisung für die angehenden Theologen gewaltig spukt) ritterlich aufnehmen. Daß ich ohnerachtet dieses Entschlusses im lezten Semester nicht das Ganze regelmäßiger zu Papier gebracht habe, daran war theils die Hermeneutik, theils der Platon Schuld. Was ich in diesem halben Jahre lese wissen Sie schon. In der Dogmatik habe ich nur etwa eine Mandel Zuhörer. Sie trauen noch nicht recht, ob meine kezerische (ich | meine hier bloß das reformirte, wiewol auch von ihr als von einer Schellingianischen gesprochen worden ist) Dogmatik, die noch dazu nur ein halbes Jahr dauert auch passiren wird in den testimoniis und vor dem Consistorio. Wenn sie nur das erleben so denke ich werden sie künftig schon besser kommen. In der Ethik habe ich nun schon über 50 Zuhörer und darunter, was man lange nicht erlebt hat mehrere Juristen u*nd* Mediciner. Und in dem publico üb*er* die Gal*ater* hat mein Fiskal bis jezt immer 120 gezählt wie viele sich von diesen halten werden steht dahin. Indeß mache ich doch schon fast den günstigen Schluß daß ich nicht ohne Succeß künftigen Sommer in den exegetischen Cursus eintreten werde. Die Ethik erfährt was die Darstellung betrifft eine ziemliche Umarbeitung, so daß sie mir auch diesmal noch viel Zeit kostet. Allein die Mühe bleibt, wie es mir scheint, auch nicht ohne Erfolg. Weniger steif und hart, freier und lebendiger erscheint

---

88 Paragraphen] §n

---

98 *Eine Mandel sind 15 Stück; tatsächlich hatte Schleiermacher 16 Zuhörer (vgl. Arndt und Virmond: Schleiermachers Briefwechsel, S. 301).* **103 f** *Offiziell hatte Schleiermacher 45 Zuhörer (vgl. Arndt und Virmond: Schleiermachers Briefwechsel, S. 301).*

105–107 *Offiziell hatte Schleiermacher 50–60 Zuhörer (vgl. Arndt und Virmond: Schleiermachers Briefwechsel, S. 301).*

mir das Ganze, und ich gehe fast in jeder Stunde mit großer Liebe und Lust auf das Katheder.

Massow ist jezt hier. Ich habe ihn noch nicht gesehen; aber ich glaube diesen Mittag bei Niemeier mit ihm zusammen zu sein. Er soll schon angeordnet haben, daß der akademische Gottesdienst beginnen soll ohne die Aufrichtung der Orgel abzuwarten mit der es sich wie man sagt noch bis Fastnacht verziehen könnte. Mir ist es recht lieb ohnerachtet freilich die Inauguration dadurch an Feierlichkeit verliert. Wahrscheinlich werde ich meine Antrittspredigt | einzeln drukken lassen, und Sie sollen sie dann sogleich erhalten. Mir ist eigentlich etwas bange davor; ich liebe gar nicht Gelegenheitsreden zu halten. Das besondere Talent was dazu gehört fehlt mir ganz, und man findet gewöhnlich daß ich sie zu kalt behandle. Es kommt daher weil ich mich fürchte mich der Wärme zu überlassen, indem sich dann ein gar zu weites Feld aufthut und der repräsentative Charakter ganz verloren geht. Die Antrittspredigten der Berliner Herrn habe ich nicht gelesen: aber ich habe Hanstein in Berlin gehört und muß leider gestehen daß mir lange nichts so ganz schiefes und verschrobenes vorgekommen ist, es machte mir ordentlich Schmerzen der Rede bis zu Ende zu folgen und im ersten Verdruß hatte ich große Lust einen Brief an ihn darüber drukken zu lassen. Allein er steht nun einmal da, was kann es helfen ihn in seiner Blöße darzustellen? Sein Organ habe ich ihm beneidet, das ist vortrefflich, und wenn er einen rechtschaffenen Gebrauch davon machte ohne Koketterie und Ziererei so könnte er große Dinge damit ausrichten.

Mit meinen persönlichen Angelegenheiten, damit ich doch einmal zum Ende komme mit dieser Epistel – hat es unterdeß vortreflich gestanden. Gegen Ende Sept*ember* verließ Eleonore das Haus ihres Mannes; ihr Bruder erfuhr es kaum als er sie zu sich einlud und ihre Ehescheidung selbst übernahm. Ich sah sie wenige Tage darauf ganz fest und entschlossen, Briefe und Unterredungen mit ihrem Gatten machten sie nicht wankend. Gleich nach meiner Abreise wurde die Klage eingereicht, ihr Gatte erklärte sich in die Scheidung einzuwilligen, der Decernent hatte schon auf Tren|nung der Ehe ohne weiteres decretirt und so sollte die Sache in der

---

120–122 *Die „Predigt bei Eröffnung des akademischen Gottesdienstes der Friedrichs-Universität. Am Geburtstage des Königes den 3ten August 1806. gesprochen von F. Schleiermacher“ erschien 1806 bei Reimer in Berlin.* **127 f** *Die „Predigten bey der Einführung und dem Amtsantritte des Königlichen Oberconsistorial- und Oberschulrathes, Propstes zu Berlin und ersten Predigers an der Nicolai- und Marien-Kirche, Conrad Gottlieb Ribbeck und Gottfried August Ludwig Hanstein“ waren 1805 bei Maurer in Berlin erschienen.* **139 f** *Johann Albrecht Krüger*

nächsten Session zum Vortrag kommen. Aber am Tage vorher, Eleonore hatte schon den Stand der Sache erfahren, ergriff sie auf einmal ihre alte ängstliche Gewissenhaftigkeit so heftig daß sie nach einigen Stunden fürchterlicher innerer Unruhe von selbst sich wieder aufmachte zu ihrem Manne und sich aufs neue mit ihm vereinigte. Mir hat sie unmittelbar darauf was sie von mir hatte zurükgeschikt und weiter habe ich nichts von ihr erfahren. Die Unglükselige warum mußte sie so lange sich selbst und mich täuschen. Wol mir daß ich mir das Zeugniß geben kann ich habe nie gesucht ihre Ueberzeugung über diesen Punkt zu bestechen. Daß sie nun alle Gemeinschaft zwischen uns aufhebt, daran thut sie vollkommen recht. Es ist nothwendig wenn sie auf ihrem Entschluß beharren will. Wie hofnungslos mein Leben ist, und wie zerstört mein ganzes Inneres davon können Sie Sich kaum eine Vorstellung machen. Nur die Arbeit, die Liebe zu meinem Beruf, die Freude an meinen Freunden kann mich aufrecht halten – und daß ich meine Schwester bei mir habe ist ein Glükk das ich gar nicht genug zu schäzen weiß

Adieu. Lassen Sie mich nichts weiter sagen. Grüßen Sie Wilhelmine u*nd* Bartholdys und geben Sie mir bald gute Nachricht von der glüklichen Entbindung der ersteren und wo möglich von der guten Gesundheit der lezteren.

Sie bleiben gewiß den Winter ruhig in Stettin und was im Frühjahr werden wird, θεων εν γουνασι κειται. Wenn der Feldprobst so ohne Hofnung krank läge wie Pischon: so schikkte ich Sie gleich nach Potsdam.

Schl.

H. d. 16t. Nov. 1805

**2073. Von J. E. Th. von Willich. Mittwoch, 20. 11. 1805*

Geburtstagsbrief; über sein Pfarramt.

---

146 am] *korr. aus* den **156** nothwendig] nöthig wendig **161** genug] *mit Einfügungszeichen über der Zeile*

---

160 *Nanny Schleiermacher* **167** *Homer: Ilias 17, 514* **167 f** *Der Feldpropst Kletschke in Potsdam (vgl. Brief 2042, 47–50); Johann Pischon war Hofprediger an der Potsdamer Garnisonkirche, er starb am 16. 11. 1805.*

***2073.** *Vgl. Brief 2081, 41–52; zur Datierung vgl. Brief 2077, 5 f.*

2074. *Von S. E. T. Stubenrauch. Landsberg, Mittwoch, 20. 11. bis Donnerstag, 5. 12. 1805*

Landsb. a. d. W. d 20ten Novemb

Wir wissen warlich nicht, was wir von Ihnen denken sollen, lieber Neveu! es scheint fast, als ob Sie unser ganz vergessen u*nd* gar nicht mehr nach Landsberg denken. Vier Monat sind schon v*er*floßen, ohne die geringste Nachricht von Ihnen zu erhalten. Vor einiger Zeit schon fürchtete ich, daß Sie krank seyen; allein da traf ich eines Mittags bey B*eniken*'s H*err*n Meyer, der mir e*inen* Gruß von Ihnen brachte u*nd* sagte, daß er Sie in Berlin angetroffen; seinem Urtheile nach hätten Sie kränkelnd ausgesehen; allein wenige Tage darauf erhielt ich von H*errn* Hofpr*ediger* Sack e*inen* Brief, der mir schrieb, daß Sie sehr munter gewesen – also sind vermuthlich ihre vielen – schriftst*ellerischen* od*er* Collegien-Arbeiten Schuld Ihres uns unbegreif*lichen* Stillschweigens

Wir denken oft u*nd* viel an Sie und an die uns so werthen Hallenser obgleich die mehresten mit denen wir vertraulicher bekannt waren, schon gestorben sind. Aus dem LectionsV*er*zeichniß *we*lches ich letzt vom gegenwärtigen Winterhalbjahre in d*er* A*llgemeinen* L*iteratur*Z*eitung* fand, sehe ich, daß so manche von den dortigen Prof*essores* als Noesselt, Eberhard den Geh*eim*RathsTitel haben. Auch fand ich Gedichte von e*inem* jungen Niemeyer – ist das etwa schon d*er* Sohn von H*errn* Ob*er*Cons*istorial*R*ath* od*er* sonst e*in* Verwandter von ihm

Vor 14 Tagen schrieb mir H*err* Arend, daß d*er* Pred*iger* Klingebeil von Brandenburg seines Schadens wegen in Halle sehr krank liege. Ich kann nicht recht verstehen, was er damit sagen will: Ob H*err* Klingeb*eil* nach Halle etwa zum Besuch gereiset, u*nd* dort krank geworden, – oder ob er eines Schadens wegen nach Halle gereiset, um sich dort curiren zu laßen – Sie werden mir darüber wohl die beßte Auskunft geben können, und vielleicht wird dies e*in* Antrieb, daß Sie uns desto eher einmal wieder mit e*inem* Schreiben erfreuen! |

Schon sind wieder 2 Posttage verstrichen, u*nd* wir harren immer noch vergebens auf Nachrichten von Ihnen; wir wissen uns das gar nicht zu erklären! Sollen wir etwa gar noch bis zu den Weynachtsferien harren?

2074. *Überlieferung: H: BBAW, SN 397, Bl. 187 f.*

2074. **18 f** *Gottlieb Anton Christian Niemeyer; wohl: „Gedichte von Anton Niemeyer und Karl August Döring" (Halle 1803).* **21 f** *Christian Friedrich Wilhelm Klingebeil war seit 1800 1. Prediger an Johannis in Brandenburg.*

Noch erwarte ich auf so manche Anfragen in meinem letzten Br*ief* Antwort; aber wer weiß, ob Sie nicht wieder, seitdem Sie ihre Schwester bey sich haben, e*in* anderes Logis bezogen, und dann möchten wohl manche Briefe verloren oder doch verkramt worden seyn. Ueberhaupt zeichnen sich die Hallenser recht dadurch aus, daß sie wenig von sich hören laßen: So habe ich in den Zeitungen in langer Zeit gar keinen Artikel von Halle gefunden. Nur in d*er* A*llgemeinen* L*iteratur*Z*eitung* habe ich denn doch kürzlich Nachricht von ihren Wintervorlesungen angetroffen. In Ansehung des Krieges lebt m*an* dort wahrscheinlich auch in großer Ruhe[.] Hier sind gestern russische Husaren angekommen, die Nachtquartier hier gehabt, da denn gestern Abend mehrere Officiere bey Conrectors auf der Ressource gewesen, wo auch bis in die Nacht getanzt worden. Heute sind preußische Husaren hier durch gegangen

Daß hier von uns*eren* alten Freunden einer nach d*em* andern hinstirbt, wie Hofr*ath* Mehls, der d*em* Kamerpr*äsidenten* Stenigke binnen 8 Tagen folgte, habe Ihnen letzthin schon angezeigt[.] In Drossen ist Fr*au* Insp*ector* Lachmann von ihrem langen Krankenlager endlich auch erlöset

Daß in Potsd*am* d*er* würdige Pischon in so frühen Jahren verstorben, werden Sie gewiß schon wissen. Als H*err* Wilmsen uns die Besoldung zuschickte, schrieb er mir schon dessen Krankheit, u*nd* daß m*an* besorge er werde wohl nicht davon kommen – und da ich in meinem Anwortschreiben ihm noch Muth zusprechen wollte, fand ich leider! in d*er* Zeitung schon die Anzeige von seinem Absterben[.] Nun sind wir sehr neugierig zu erfahren: Ob Sie Hoffnung haben, diese Stelle zu erhalten? Da wären Sie doch nicht mehr so weit von uns entfernt, u*nd* wir dürften dann wohl etwas öfter Nachrichten von Ihnen erhalten! |

Damit Sie sehen, wie Ihre ehemal*igen* Bekannt*en* u*nd* Jugendfreunde noch oft an Sie denken und Nachrichten von Ihnen zu erhalten wünschen so kann ich Ihnen auch anzeigen, daß Fr*au* Rosemann, die ehemal*ige* Mamsell Fraiss, gegenwärtig in Wohlau in einem letzthin von ihr erhaltenen Schreiben sich sehr nach Ihnen erkundigt und Sie vielmals zu grüßen, mir aufgetragen hat

Nun noch e*ine* kleine Frage: Wissen Sie nicht wer an des 1801 v*er*storbenen Hofpr*ediger* Scholz in Spandau Stelle gekomen ist, oder wie

55 Sie] *korr. aus* s

32 *Brief 1999* 33 *Nanny Schleiermacher* 47 *Stubenrauch hatte hierüber nicht berichtet.* 49 *Johann Karl Pischon, Hofprediger an der Garnisonkirche in Potsdam, starb am 16. 11. 1805 im Alter von 41 Jahren.* 64–70 *Karl Friedrich Scholtz war erst am 9. 1. 1802 verstorben, nachdem er 1800 emeritiert worden war; sein Nachfolger an St. Johannis in Spandau war Johann Leberecht Bientz.*

d*er* jetzt dort stehende reform*irte* Prediger heiße. Ich las heute eine Nachricht in d*er* Berl*inischen* Zeitung von *einem* am 21ten Nov*ember* gefeierten AmtsJubiläo des dortigen dirigir*enden* Bürgerm*ei*ster, Justizrath Lemke, auf *we*lchem auch d*er* dortige reform*irte* Prediger H*err* Bienz gewesen. Dieser Mensch ist mir, so wie d*er* Name selbst völlig unbekannt – ich weiß nicht, ob ich falsch gelesen, oder ob es etwa *ein* Druckfehler[.] Sie werden mir vielleicht darüber Auskunft geben können

Nun leben Sie recht wohl. Viele Grüße an Ihre liebe Schwester von uns beyderseits. Von B*eniken*'s kann ich Ihnen nichts schreiben, da ich, wider meine Gewohnheit, wohl in drey Wochen nicht hingekomen, indem ich bey dem jetzigen Wetter fast gar nicht ausgehe

Ich bin u*nd* bleibe Ihr
aufrichtig treuer Oheim

Stubenrauch

Landsb. a. d. W. d 5ten Decb 1805

**2075. Von H. von Willich. Wohl Mittwoch, 20. 11. 1805*

Geburtstagsbrief

**2076. An L. von Willich. Vor dem 21. 11. 1805*

Befürchtet, die Stralsunder Freunde würden ihn in seinem jetzigen Zustand nicht sehen wollen.

2077. Von L. von Willich. Donnerstag, 21. 11. 1805

O nein, wir fürchten uns nicht Sie zu sehen – wohl können wir uns darnach sehnen Sie zu sehen, sowie Sie sind – lieber Schleier! Sie sind

2077. *Überlieferung: H: BBAW, SN 427, Bl. 16 f.*

*2075. *Vgl. Brief 2081, 41 f.*

*2076. *Vgl. Brief 2077, 1 f.*

noch nicht aufgestanden denn es ist noch dunkel, aber Sie wachen schon, und haben schon lange daran gedacht daß Heute Ihr Geburtstag ist –!

Wir auch schon lange – schon seit ein par Tagen – Ehrenfried hat Ihnen Gestern schon geschrieben, ich bin Heute früh erwacht und dachte gleich an Sie! ich glaube ich habe schon oft für Sie gebetet, o Sie Guter –! und wenn ich es that war mir unbeschreiblich wohl! – ich habe wohl geweint dabei, aber doch wahr mir wohl, und recht voll Zuversicht – ja recht voll Zuversicht lieber teurer Freund!! Es wird Ihnen noch recht gut gehen! Sie können noch glüklich werden, gewiß Sie können es –!

Heute vor ein Jahr schrieben Sie mir, o wie trösteten Sie mich –!

Welch eine Wohlthat Ihr lezter Brief | an Ehrenfried, an mich bewiesen hat, kann ich Ihnen kaum sagen – es ist mir in diesem ganzen langen trüben Jahr so nicht gewesen wie mir seit ich den Brief gelesen habe gewesen ist –! Schleier! lieber Schleier! Sie werden noch viel wohlthun und für eine Ewigkeit –!

Mine Harien fragte mich ein mal „glaubst Du daß es nur e i n e n Mittler giebt“?

Ich ward hie abgerufen lieber Schleier weil die kleine Henriette gebadet sein wollte, nachher tranken wir Caffe, und es fanden sich einige kleine wirtschaftliche Besorgungen, damit gingen ein par Stunden hin, mit ihnen der Morgen, nun ist es bald Zeit zur Post –

Gestern vormittag, schien die Sonne so freundlich, so erquickend in mein Zimmer, ich saß mit meiner Arbeit auf dem kleinen Sofa, der gegen meinen Secretair über steht – es war mir so still und gut zu Muthe, da dacht ich an Sie | ich war so lebhaft mit einem mal, oder nach und nach bei Ihnen, das weiß ich selbst nicht recht, eigentlich waren Sie bei mir denn ich dachte mir Sie hier bei uns, wie ich Ihnen so gerne mein freundliches Stübchen abtreten würde, gerne meinen Secretair einräumen zu Ihren Arbeiten, und so dachte ich mir Sie arbeitend daran – und ob es Sie auch wohl stöhren würde, wenn ich hinter Ihnen, ganz still mit meiner Arbeit sizen bliebe – Morgens bin ich wenn ich nicht in der kleinen Wirtschaft zu thun habe, in meinem Zimmer Nachmittags immer bei Jette u*nd* Ehrenfried. Lieber Schleier es wird nun immer beßer mit mir! und wenn mich nun das kleine Kind erst lieb hat –! wie freue ich mich darauf –

---

4 daß] das 27 an] *über der Zeile* 31 so] *über der Zeile*

2077. 5 f *Brief *2073* 12 *Brief 1862* 13 *Brief 2062* 18 *Wilhelmine Harrien (um 1780–1843) war Lehrerin in Stralsund.* 18 f *Anspielung wohl auf die fünfte der „Reden über die Religion“, wo von Jesus Christus gesagt wird: „Aber nie hat er behauptet das einzige Objekt der Anwendung seiner Idee, der einzige Mittler zu sein“. (S. 304, KGA I/2, S. 322)*

Mein Bruder aus Sagard schrieb mir neulich wenn mir ein mal trübe zu Muthe sey sagt er mir, „so denke an Schleiermacher wie er schön und sicher da steht –! Grüß ihn von mir, und versichert ihm meine ganze Achtung, u*nd* Liebe, u*nd* Theilnahme.“

Heute haben Sie wohl nicht an mich geschrieben | vieleicht gar nicht – armer guter Schleier. Die Hand mögt ich Ihnen so gerne nur ein mal geben können, wenn ich es so könte, als Sie sie mir gaben da meine Mutter krank war – Adieu! Der Gott den Sie im Herzen tragen wird Sie heben über jeglichen Schmerz! und Ihre Freunde werden Ihnen folgen!

Luise Willich

**2078. Von Jösting. Sonnabend, 23.11.1805*

2079. Von G.A. Reimer. Berlin, Sonnabend, 23.11.1805

Berlin am 23n Novbr 5

Hier, liebster Freund, erhältst Du den neuen Band vom Athenaeus und Schmidts Lehrbuch. Ersteren hatte ich nach alter Weise bereits zum Buchbinder gesandt, wie es mir einfiel, daß es jetzt nicht mehr nöthig sei, doch nur durch die Saumseligkeit des Buchbinders erhältst Du ihn ungebunden.

Du bist immer besorgt wegen des Stands unserer Rechnung: aber ganz ohne Noth, da ich im Grunde schon in Deiner Schuld bin, wenn ich das Dir gut rechne, was Dir künftig für die Bücher die jetzt schon von Dir erschienen sind zu gut kommen muß; indeß sollst Du versprochnermaßen zu Deiner Beruhigung auch Neujahr den Abschluß erhalten. Auch um den Absatz bist Du besorgt. Der Plato geht nicht reißend ab, aber sicher, und so auch die Critik, die keinesweges, wie Du meinst ganz ruht. Das einzige was in Absicht des Absatzes wirklich sehr schwächlich ist | sind die

---

38 denke] *korr. aus* s **40** Theilnahme.“] Theilnahme. **42** Ihnen] *über der Zeile*

2079. *Überlieferung: H: BBAW, SN 358, Bl. 79 f.* **11** den] *korr. aus* die

---

**2078. Vgl. Brief 2079, 45–47*

2079. *Mit einer Büchersendung (Zeile 2 f.) und einer Einlage an Steffens (Zeile 50)*
2 f *Vgl. Brief 2061, 49 und Brief 2045, 64* **7** *Vgl. Brief 2071, 23–27* **13** *Vgl. Brief 2061, 58*

Gutachten. Der Absatz davon ist über Erwarten gering gewesen, und hat bestimmt nicht die Druckkosten vergütet; indeß ist der Schade so gering daß er gar nicht gegen alles übrige in Betracht kommen kann.

Deine Anweisung habe ich eingezogen und die $2^1/_2$ R. bezahlt; die zehn rückständigen Thaler wird Dir wohl Schwetschke hoffentlich nach Abgabe der Einlage zustellen. Ich habe zwar so eigentlich *zur Zeit* nichts an ihn zu fodern, allein er ist gewiß gefällig genug mir meine Bitte zu erfüllen.

In dein Urtheil über Frommann stimme ich ganz ein: es ist ein Mensch der sich immerfort aufbläst, und der daher auch nichts andres enthält, wie ein leerer Schlauch – nemlich Wind. Die Klagen dieser Leute über schlechte Zeiten deuten übrigens auf nichts anderes als auf ihre eigene Schlechtigkeit, denn sie nehmen ihren eignen Standpunkt für den allgemeinen.

Daß ich Dich nicht sehen soll thut mir in aller Hinsicht von ganzem | Herzen leid, allein wenn Jösting nicht reist, weiß ich's fast nicht zu machen, besonders da die Zeit jetzt auch etwas mich einengt, und meine viel verwickelten Verhältnisse meine Abwesenheit fast gar nicht gestatten.

Auf das, was ich Dir über die erfreulichen u*nd* tröstlichen Ansichten Deines Lebens sagte hast Du mit Fleiß vermieden irgend einzugehen. Ich will es Dir noch einmal vorsagen und in herrlichern kräftigeren Tönen und Bildern, wie ich sie auszusprechen und zu schaffen vermöchte. „Einst, sagt der herrliche Novalis, kommt die Zeit, wo jeder Eingeweihte der bessern Welt, wie Pygmalion, seine um sich geschaffene und versammelte Welt, mit der Glorie einer höhern Morgenröthe erwachen, und seine lange Treue und Liebe erwiedern sieht". – Die Stelle steht in den Fragmenten pag 357. und auch das kurz Vorhergehende ist ähnlicher tiefer und freundlicher Bedeutung voll. Laß doch die beruhigende Stimme des verwandten Geistes Frieden | und Freude in Deine bekümmerte Brust gießen!

Manon u*nd* Jösting sind hier und wir begrüßen Dich alle herzlich. Jösting trägt mir noch auf Dir zu sagen, er habe Dir heute zur reitenden Post geschrieben, damit Du nachfragen könnest falls der Brief nicht schon bei Dir wäre.

Leb wohl, liebster Freund. Der nahe Abgang der Post nöthigt mich zu schließen.

Die Einlage an Steffens besorgst Du auch wohl!

---

25 Leute] *folgt* ⟨gehn⟩ **33** Auf] *korr.* **35** herrlichern] *korr. aus* herrlichen

15 *Schleiermacher: Zwei unvorgreifliche Gutachten, Berlin 1804* **18** *Vgl. Brief 2071, 20–23* **23** *Vgl. Brief 2071, 28 f.* **29 f** *Vgl. Brief 2071, 33–36* **33 f** *Vgl. Brief 2064, 11–36* **36–42** *Novalis' Schriften, Bd. 2, Berlin 1802 (vgl. Novalis: Schriften, Bd. 3, 3. Aufl., S. 398)* **45 f** *Brief *2078*

*2080. An Ch. Schleiermacher. Vor dem 25.11.1805

Über Eleonore Grunow. Teilnahme an dem Tod des Friedrich Julius von Seidlitz.

2081. An J. E. Th. und H. von Willich. Halle, Dienstag, 26.11. bis Montag, 2.12.1805

d 26t. Nov. 5

Freilich erschrekke ich lieber Freund, wenn ich bedenke daß ich Euch fast seit einem Monate nicht geschrieben habe. Aber es ist so natürlich daß ich fast sagen möchte es ist gut gewesen. Den ganzen Tag glimmt das schmerzliche Gefühl in mir ich beschütte es immer wieder mit neuer Arbeit und wenn ich schreiben wollte würde ich es gar nicht dämpfen können und mich auf den ganzen Tag zerstören. Abends bricht es dann doch aus und wenn ich auch noch so spät und müde erst das Bett suche, vor dem ich mich immer wieder fürchte, so ist der Schmerz doch nicht mit schläfrig geworden und der Kummer will sich nicht mit in Dunkelheit hüllen lassen wenn ich das Licht auslösche. Sieh lieber Freund wenn ich leben will muß ich mich auch schonen in diesem Zustande. Wollte ich nun noch vorher den Stachel schärfen: so würde ich gar keinen Schlaf finden, den ich doch nur wenig kenne, und würde Morgens noch länger zu kämpfen haben ehe ich in die Fassung käme mich selbst ganz zu vergessen und mich in die Arbeit zu werfen. Ja könnte ich an Euch schreiben ohne an mich zu denken, wieviel Briefe hättet Ihr dann schon Ihr lieben Freunde. Aber dazu bin ich noch immer zu schwach gewesen, ich gestehe es es wird aber kommen, denke ich. Jezt laß Dir von einer schönen Stunde erzählen die ich gestern gehabt habe. Ich habe gepredigt, nach langer Zeit einmal wieder, hernach waren wir bei Steffens zusammen mit Reichharts ich hatte noch | Briefe zu expediren und ging nach Tische zu Hause. Steffens folgte mir und wir waren kaum allein als er mir so herzlich und gerührt für die Predigt dankte, wie stärkend sie auf ihn und seine herrliche Frau gewirkt hatte, daß ich im Innersten bewegt und wemüthig glük-

---

2081. *Überlieferung: H: BBAW, SN 776, Bl. 50–52; D1: Br 2, S. 41–45 (gekürzt); D2: Schleiermacher: Briefe an Ehrenfried und Henriette von Willich, S. 139–143*

***2080.** *Vgl. Brief 2085, 2–5.12*

lich wurde. Er redete dann von meinem hellen reinen Gemüth das nichts verwirren könnte. Da trat ich auch heraus und klagte ihm mein Unglük und meine inere Zerstörung ich hatte ihn die Zeit her zu wenig allein gesehen und nie so daß es der rechte Moment gewesen wäre. Es war eine schöne Stunde, unter einem durchsichtigen Flor umarmten sich in mir der tiefste Schmerz und die reinste Freude. Ja lieber Bruder ich fühle es recht tief wie ich selbst eigentlich nichts mehr bin; aber ich bin das Organ so manches Schönen und Heiligen, der Brennpunkt aus dem alle Freuden und Leiden meiner geliebten Freunde zurükstrahlen und das achte ich in mir, und deshalb lebe ich. Darum muß ich auch darnach trachten daß der zwiefache Beruf dem ich angehöre nicht zerstört wird durch die Gefühle die noch aus dem eignen Leben herüberreichen und es betrauern. Darum möchte ich Dir auch gern recht viel von meinen Arbeiten sagen; aber es ist doch eben nichts als das einfache, daß sie werden und wachsen und mir Freude machen.

d*en* 29t*en* Da erhalte ich eben indem ich mich hinsezen wollte an Euch zu schreiben Eure lieben Briefe von meinem Geburtstage. Ich kann Dir gar nicht sagen wie sie mir wohlthun lieber Bruder. Die Liebe meiner geliebten Freunde ist der beste Trost für mich, ihre Mittheilungen die stärkendste Arzenei. Reicht sie mir nur recht fleißig und mit rechtem Ver|trauen, Ihr erfrischt mich dadurch und thut mir viel Gutes. Auch aus noch einer Ursach ist es mir besonders lieb fleißig von Dir zu hören lieber Ehrenfried; denn mir wird doch von Zeit zu Zeit noch bange ob Du nicht MarschOrdre bekommen wirst. Dein Brief schweigt so ganz darüber, daß ich mich nun wol völlig beruhigen werde.

d*en* 1t*en* Dec*ember* Es ist recht schön, daß Du mir auch von Deinem Amt erzählst und daß Du weißt ich vergesse über dem herzlichen Antheil an Deinen schönsten Freuden nicht Deines Amtes und der Freude an seinem Segen. Die jezige Vermehrung Deiner Geschäfte kann Dir wol nicht die erfreulichste sein[.] Durch einzelne Handlungen die man so zu verrichten hat unter Menschen denen man weiter nicht näher tritt kann wenig gestiftet werden. Aber das immer mehr der Gemeine die uns anvertraut ist angehören, das ist das rechte. Du hast dazu eine schöne Gabe und ich bin gewiß daß auch die wenigen Gebildeten sich immer mehr in Dich einverstehen werden. Ich meines Theils sehe wol ein daß ich mit keiner Gemeine so Eins werden kann als mit einer akademischen aber

---

51 d*en* ... Dec*ember*] *ohne Absatz mit Einfügungszeichen über der Zeile*

2081. 42 *Briefe *2073 und *2075*

freilich muß ich sie mir erst bilden und sie wird immer nur aus Wenigen bestehn. Zugleich vom Katheder herab aus wissenschaftlichen Principien lehren und von der Kanzel mich ganz in die Sphäre der Ungebildeten zu versezen – ausgenommen Landleute, mit denen würde ich es können – das würde mir sehr schwer werden. Das kann ich aber recht lebendig hoffen durch das Verhältniß meiner Kanzelvorträge zu meinen Vorlesungen den Studirenden das Zusammentreffen der Spekulation und der Frömmigkeit recht anschaulich zu machen, und sie so von beiden | Orten zugleich zu erleuchten und zu erwärmen. Hofnung ist es aber leider nur noch. Noch ist der akadem*ische* Gottesdienst nicht eingerichtet. Die Kirche ist seit kurzem im Stande aber die Orgel ist eben erst angekommen und das Frühjahr kann herankommen ehe sie reparirt und hergestellt ist. Nun hat zwar unser Minister der vor kurzem hier war, gesagt, man sollte darauf nicht warten; allein noch sehe ich keine Folgen von seinem Worte.

Die Sittenlehre trage ich diesmal, so scheint es mir wenigstens schon weit lebendiger und leichter vor als das erste Mal. Wäre ich bei Dir wenn sie geendigt ist so wollten wir sie zusammen lesen; so einzelnes weiß ich Dir aber doch nichts weiter daraus oder darüber zu sagen. Durch die Dogmatik komme ich immer mehr auch für das Einzelne aufs Reine mit meiner Ansicht des Christenthums; aber ich bin überzeugt wenn ich nun in ein Paar Jahren ein kleines Handbuch drukken lasse so wird es den Juden ein Aergerniß sein und den Griechen eine Thorheit. Durch das kleine exegetische Collegium habe ich schon vieles in der Philologie des N*euen* T*estaments* profitirt, und da es fortwährend sehr zahlreich besucht wird so darf ich hoffen wenn ich im nächsten halben Jahr einen ordentlichen Cursus anfange auch Zuhörer zu bekommen. Aber viel Mühe machen mir diese beiden Collegien auch; und wahr ist es doch daß ich jezt zu allem zwei Stunden brauche was ich sonst in einer halben schaffte. Und nun muß ich abbrechen, es ist spät in der Nacht. Morgen früh schreibe ich noch einige Worte an Jettchen und an die Kathen.

Schl.

Sage mir doch ob Brinkmann ordentlich in Stralsund wohnt, und was es bedeutet daß er Regierungsrath geworden ist. |

---

67 das] *folgt* ⟨Zusammen⟩ **69** Orten] *oder* Arten

74 *Massow* **76–87** *Vgl. Brief 2062, 26–32* **82 f** *1. Korintherbrief 1, 23* **91** *Brief 2084*

d 2t. Dec. 5.

Liebes süßes Jettchen wenn Du nur recht wüßtest wie sehr Du mein Trost bist, und wie wohlthätig Dein liebes Bild mich anblikt aus jedem mütterlich frohen und jedem kindlich theilnehmenden Worte. Ich sehe Dich immer dabei in Deiner ganzen Innigkeit und Deinem lieblichen Wesen nun noch verklärt durch das liebe Kind vor Dir. Ja mit einer solchen Tochter und solchen Freunden wie Ihr mir Alle seid ist es wol nicht möglich daß man irgend einem Schmerz unterliegen sollte. Er muß wol der Freude Raum lassen. Freilich verdrängt sie ihn nicht; sondern beide gehn über das ganze Wesen und ich weiß recht gut daß die Freude nur von Euch ausgeht und von allem Schönen was aus der Welt auf mich herstrahlt und daß ich durch mich allein sie nicht frisch und lebend erhalten könnte[;] aber ich will auch recht gern durch Euch und in Euch leben. Dein mütterliches Glükk steht recht lebendig vor mir; ich beuge mich so oft segnend und gerührt über Euch beide wenn es an Deiner Brust liegt oder neben Dir in der kleinen Wiege ruht daß ich meine ich müßte Euch plözlich sichtbar werden und mitten unter Euch stehn – aber das liegt leider sehr ferne. |

Dein kleinstes Jettchen muß ja wol recht lieblich sein, wie könte es wol anders! aus einem so schönen Boden hervorgegangen, unter einem so milden heitern Himmel aufwachsend. Wenn Du das lebendig gewordene Glükk darin erblikst kannst Du ja nichts schöneres sehen als die Wahrheit. Ich suche mir oft vorzustellen wie es Dir und auch zugleich Ehrenfried ähnlich sehen kann und so muß wol etwas wahres an dem Bilde sein das ich mir von ihr entwerfe. Wann ich Euch so sehen werde in Eurem vollen Glükk, das weiß Gott. Aber laßt es mich recht fleißig mitgenießen bis dahin. Liebes Jettchen Deine Worte thun mir so wol und Deine schöne Liebe zu mir. Ich bin so gerührt daß ich aufhören muß. Laß Dich umarmen mit Thränen in denen alle Freude und aller Schmerz meines Lebens hinströmt. Küsse Dein süßes Kind von mir und Deinen theuern Ehrenfried mit dem herzlichsten Bruderkuß.

2082. Von G. A. Reimer. Berlin, Dienstag, 26. 11. 1805

B. d. 26n Novbr. 5

Heute erhalte ich den Stäudlin und Buhle, und da Dir an dem Empfange beider gelegen zu seyn scheint, so übersende ich sie Dir hiemit. Zwar habe

---

2082. *Überlieferung: H: BBAW, SN 358, Bl. 81* 3 sie] *korr. aus* Sie

---

2082. *Mit Büchern (Zeile 2 f.; „Nebst 1 Päckgen Bücher in Packlein")* 2 *Vgl. Brief 2045, 64 und Brief 2061, 48 f.*

ich auch eben den feinen Platon vom Glätter erhalten, allein diesen mag ich dem schlimmen Wetter nicht aussetzen, und er muß daher auf bessere Zeiten warten, nach Art der meisten heutigen Menschen.

Leb wohl, liebster Freund. Ich bin heute vielen Störungen ausgesetzt gewesen, und in einer viertel Stunde muß ich zur Herz. Minchen und der Kleine sind etwas unpaß und bleiben daher leider zu Hause.

**2083. Von Ch. von Kathen. Vor Dezember 1805*

Mit einer Handarbeit. Über Eleonore Grunow, die Krankheit ihres Sohnes Gottlieb und ihre erneute Schwangerschaft.

2084. An Ch. von Kathen. Halle, Montag, 2. 12. 1805

D 2t. Dec. 5.

So lange meine gute liebe Charlotte habe ich schon Ihren lieben Brief aus dem mich Ihr Geist so freundlich und fromm wie aus den holden Augen selbst anblikt, und Ihr liebes Geschenk auf das ich mich so oft schon gefreut habe, und habe Ihnen noch kein Wort seitdem gesagt. Aber es geht mir eben so daß ich selten zu Worten kommen kann. Es drängt sich Alles zurük, der Schmerz fürchtet sich schon bei den ersten Versuchen zu reden vor seinen eignen Tönen und mag sich lieber mit dem leisesten Ausdrukk begnügen. Wenn ich Ihre Hand ergreifen könnte, liebe Freundin, und Sie an das übervolle Herz drükken! Ach ich thue es auch in der Ferne, und Sie stärken mich so schön! auf das lieblichste weisen Sie mich hin worüber wir uns beide freuen und weisen mir eine heilige Stelle an. Ja liebe Freundin ich will auch alles Schöne festhalten was mich so liebend an sich zieht und nur liebend thätig schaffend was und wie ich kann will ich mich allmählich verzehren.

2084. *Überlieferung: H: BBAW, SN 753, Bl. 13 f.; D: Br 2, S. 45 f. (gekürzt)*

8 f *Wilhelmine und Georg Ernst Reimer* **9** *unpaß ist Nebenform zu unpäßlich*

***2083.** *Vgl. Brief 2084, 2–22*

2084. **2–5** *Vielleicht Brief *2083*

Ja wohl in Schmerzen und unter Thränen | ist das Werk Ihrer Hände für mich entstanden und beendigt. Gottlob daß Ihre mütterlichen Schmerzen so schön überstanden sind, und daß Sie den kleinen Liebling nun unter den schönsten Hofnungen an Ihr Herz drükken. Wenn es Ihnen nur nicht zuviel wird, theure Charlotte, daß nun gleich wieder neue mütterliche Freuden an Ihrem Leben zehren sollen. Schreiben Sie mir nur recht bald von Ihrem Befinden, ich hoffe etwas Beruhigendes. Mich können Ihre Ahndungen aus Ihrer lezten Erwartungszeit so schmerzlich ergreifen[.] Nein Charlotte wir dürfen Sie jezt nicht verlieren. Sie müssen Sich Selbst auch wieder mitbringen wenn Sie uns die schöne Gabe Ihres Lebens darreichen. Wollen Sie mich sehen wie ich lebe? So daß ich dachte es sollte Niemand merken was für einen Stoß mein Leben gelitten hat. Mit den Männern ginge es auch; aber die Frauen haben doch einen zu feinen Sinn für jeden Ausdrukk des Gemüths. Eben an dem Tag als ich die schmerzliche Nachricht erhielt war eine Freundin aus Berlin hier. Sie war den Abend zuvor bei mir und ich sprach ihr mit der schönsten Zuversicht von dem künftigen Leben. Wenige Stunden nach der Ankunft des Briefes geleitete ich sie zur Niemeier die erst seit Acht Tagen entbunden | war, und die mich gleich mit besorgter Miene fragte wie es mir ginge, und es mag wol ein schmerzliches Lächeln gewesen sein womit ich das unwahre „gut" begleitete. Jener Freundin öfnete ich mich zuerst am folgenden Tage als ich ihr das Geleit gab mehrere Meilen weit auf dem Wege nach Berlin. Ich ging ihn hernach zu Fuß zurük wie ich ihn vor Vierzehn Tagen auch zurük gegangen war – aber wie anders. Mit meiner guten Schwester rede ich nie ein Wort über das traurige Ereigniß, eben weil ich sie täglich sehe. Zum Glükk brauchte ich es ihr auch nicht zu erzählen, sie erfuhr es von einem Freunde der die Nachricht von Jösting mit mir zugleich erhielt. Selten rede ich auch mit diesem ein Wort davon. Steffens, der liebenswürdige herrliche Mensch war der Einzige hier dem ich es sagen mußte. Seine Frau hatte auch gefunden wie er mir sagte daß seit einiger Zeit mein Gesicht so verzogen wäre von Schmerz. Ich arbeite viel und bringe wenig zu Stande; schwer wird mir die Arbeit am Schreibtisch herzlich, aber auf dem Katheder und der Kanzel bin ich ganz frei; an den heiligen Stätten die dem Beruf für das Ganze unmittelbar geweiht sind hat der Schmerz der nur das einzelne Leben trifft kein Anrecht, sie sind wahre Freistätten.

29 an dem Tag] *mit Einfügungszeichen über der Zeile*

16–21 *Die lebensbedrohenden Krankheiten des am 22. Mai 1804 geborenen Sohnes Gottlieb Ferdinand Ehrenfried waren im Spätsommer 1805 überstanden; die Tochter Friederike wurde am 4. März 1806 geboren.* **30** *Die Identität der Freundin aus Berlin ist ungewiß.* **39** *Die Halbschwester Nanny.* **42** *Die Identität des Freundes ist ungewiß.*

Und erquikkend und stärkend sind mir alle Worte von meinen Freunden | die Klein Jasmunder haben rechte Verdienste um mich, und Sie liebe Charlotte sind mir auch mit jedem Wort ein stärkender Engel. Erscheinen Sie mir bald wieder, und scheuen Sie es nicht mit Ihrem himmlischen Auge in mein wehmüthiges umflortes hineinzublikken.

Schl.

2085. Von Ch. Schleiermacher. Gnadenfrei, Montag, 2. 12. 1805

d 2t Dcbr 1805

Endlich ein Brief von Dir, Du Lieber, schon seit 8 Tagen in meinen Händen – aber – es ist mir so wehe darüber, daß es mir noch nicht möglich war zu schreiben – Gott wie hat mich der Inhalt Leonorens wegen so tief erschüttert – wie groß ist noch Dein Glaube an diese – nach allen ihren Äußerungen die mann Dir doch wahrscheinlich auch treulich geschrieben oder hat Sie's vielleicht selbst gethan! wie viel denke ich dabei der Monologen, und in wie vieler Absicht aber auch ich kann u*nd* will nicht darüber sprechen – ich weis und fühle schon – daß wir hierüber verschieden dencken u*nd* dis auch ganz natürlich – freilich ist es mir Deinetwegen auch doppelt leid – daß es so ist.

Deine Theilnahme an den Seidlizes ist ihnen sehr wohlthuend noch ist nichts entschieden – daß sie mit den Kindern in Habendorf bleibt versteht sich – es sey daß sie selbst oder Andre es pachten da kurz vorher der Herr vo*n* Hermsdorf starb, deßen Witwe die Schwester meiner alten Seidliz – sich wegen ihrer Wirtschaftsangeleg*en*hei*t*en, auf Seidliz verlies – u*nd* nun diese Stüze weg hat sie ihre Güter – denen jungen Pritwiz | käuflich übergeben – die auf Weinachten von OberSchlesien herziehen – dabei doch Ellgut auch behalten – ihre kleine Tochter ist schon bei den GroßEltern – auch Moriz der wahrscheinlich mit Eduard Seidliz, einerley Erziehung bekomen wird. In diesen Familien ist nichts als Jammer, vielleicht weist

---

2085. *Überlieferung: H: BBAW, SN 375/7, Bl. 20*

52 *Auf Jasmund hatten sich Ehrenfried und Henriette von Willich vermählt; der Name Klein-Jasmund steht bei Schleiermacher seither für das Ehepaar selbst, das inzwischen in Stralsund lebte.* 53 *Lukas 22, 43*

2085. 2 *Brief *2080* 12 *Vgl. Brief 2067, 15–20* 14–18 *Die alte Seidlitz ist wohl Sophie Juliane Magdalene von Seidlitz, die Mutter der Lisette von Prittwitz. Die Identität des Herrn von Hennersdorf und seiner Frau (offenbar einer geborenen von der Heyde) ließ sich nicht ermitteln.* 15 *Charlotte meint Hennersdorf* 19 *Die Großeltern sind Christian Wilhelm und Sophie Beate Christiane von Prittwitz.*

Du es aus den Zeitungen daß die liebenswürdige Tochter, der Fr*au* Baronin – die den Zeschwiz geheiratet – schon am 13*ten* vorigen Monats verschied – 8 Tage vorher wurde sie von einer todten Tochter entbunden litt dabei an Geist u*nd* Cörper unbeschreiblich – ein NervenFieber beschleunigte ihr schönes Sterben – die Briefe an ihre Freunde die den Mangel eines eigenhändigen Lebenslaufes ersezten waren ganz vortreflich – den jungen Mann auch nur von weiten zu sehn – ist Mitleidenswerth. In welche Verlegenheit Du auch mit Deiner zögernden Hülfe gesezt – geht über alle Beschreibung –

Gott gebe daß Du mir vor Ostern 20 thr schiken kanst – leider ist dies nur die Hälfte, was ich brauche um meine Schulden zu bezahlen – da ist noch an kein WiederErstatten meines Capitals zu dencken schreibe mir ja, bald, auch ohne Geld – o Gott in Unwißenheit Deinetwegen zu sein – ist das peinlichste für

Lotten

*2086. An L. von Willich. Anfang Dezember 1805

Sie solle die kleine Henriette in seinem Namen herzen und küssen

2087. Von H. Stützke. Stolp, Freitag, 6. 12. 1805

Stolpe d. 6. December

Verehrungswürdiger Freund! Nehmen Sie meinen innig herzlichen Dank für Ihr Geschenk, dessen Werth gewiß niemand mehr zu fühlen und schätzen weiß als ich; besonders jetzt, da es mir versagt ist, Belehrung an

---

2087. *Überlieferung: h: BBAW, Nachlaß Dilthey 113/1* 2 innig herzlichen] *korr. aus* innigen

---

22 f *Dorothee (Dorchen) Friederike von Zetschwitz, geb. von Seidlitz, die Tochter der Agnes Friederike von Seidlitz, der Ortsherrin von Gnadenfrei.* **26 f** *Der (eigenhändige) Lebenslauf verstorbener Gemeinemitglieder wurde bei Beerdigungen vorgelesen und in den (damals handschriftlich verbreiteten) „Nachrichten aus der Brüdergemeine“ veröffentlicht.* **28–30** *Charlotte meint wohl ihre finanzielle Verlegenheit, der der Bruder abhelfen sollte.*

***2086.** *Vgl. Brief 2093, 76–78*

2087. Hinweis in h: „Henriette (wohl eine Stolperin) an Schleiermacher“. Die Datierung auf 1805 ergibt sich aus der Anspielung auf Eleonores endgültige Trennung von Schleiermacher. 3 *Es ist ungewiß, um was für ein Geschenk es sich handelt; vielleicht um ein Exemplar der „Predigten“.*

heiliger Stätte zu suchen, woher ich, als wir Sie noch in unserer Mitte sahen, nie ohne Trost und Freudigkeit zurückkehrte; und nur die Hoffnung, Sie dort wo ein Ihren Kräften angemessener Wirkungskreis Sie erwartete, Sie auch glücklicher zu wissen, machte unsern Verlust damalen weniger schmerzlich [...] ich traure mit der guten Pröck um Sie, denke aber auch mit ihr gleich und glaube daß so wie es jetzt ist, es auch am besten sei. Ihr reger schöner Eifer zu wirken, Ihr lebhafter Anteil an Ihren Freunden wird Sie nie ersterben lassen, diese Ueberzeugung ist in mir fest.

Folgt Bericht über den Besuch ihres Bruders.

Möchten wir bald bessere Nachricht von Ihrem Leben erhalten, dies ist mein innigster Wunsch.

Henriette.

**2088. An K. G. von Raumer. Vor dem 7. 12. 1805*

Über die Trennung Eleonore Grunows von ihm; erklärt, keine Rezension der Schriften Pestalozzis unternehmen zu können. Über Windischmanns Timaios-Übersetzung.

2089. Von K. G. von Raumer. Freiberg, Sonnabend, 7. 12. 1805

Freiberg d 7ten Xbr. 1805.

Bester Schleiermacher, der Anfang Ihres lieben Briefes ließ mich gar nicht ahnden mit welcher Nachricht er schließen würde. Lassen Sie mich schweigen, ich liebe Sie so sehr, daß es mir nicht möglich wäre ein unnützes Wort zu sagen, u*nd* was ich sagen mögte, kann ich jetzt nicht sagen. –

Ich schicke heute an Steffens einen Theil von dem, was ich hier gearbeitet, alles ist für Sie wie für ihn bestimmt, u*nd* ich bitte Sie recht sehr um eine Beurtheilung. Es ist freilich noch roh, gar nicht ins Einzelne

8 Sie] *korr. aus* F

2089. Überlieferung: H: BBAW, SN 353, Bl. 2 f.

**2088. Vgl. Brief 2089, 2–6.60 f. und Brief 2102, 80–82*

2089. 2 *Brief *2088* 3 *Wohl die Nachricht, daß sich Eleonore Grunow endgültig von ihm getrennt habe.*

durchgebildet, sondern fragmentarisch in Aufstellung der Ansicht, wie in Ausführung.

Wenn ich mit der Geschichte Asiens, wo weit mirs ohne Sprachkenntniß einzudringen erlaubt ist, fertig bin, so wende ich mich zu den Griechen, u*nd* zuerst zu den Musikern. Ich weiß nicht, wie es mir mit ihnen ergehen wird, nur das weiß ich: entweder es wird mir alles ganz klar, o*der* es bleibt alles ganz dunkel. Wenn ich einige Hoffnung habe so gründet sie sich darauf, daß ich bey allen meinen Lehrern in der Mathematik nichts gelernt habe.

Ich hatte immer den Glauben, daß der Pythagoreismus ein oriens graeciscans sey. In meinem Briefe an Steffens habe ich diesen Punkt berührt, mehr im Allgemeinen, allein ich denke auch empirisch allmählig dies begründen zu können. Im Clemens Alexandrinus fand ich sehr viele citata, welche darauf hinführen, allein man will nicht gern diese spätere Autorität einräumen. Die Neu Platoniker, soviel ich aus Citaten weiß, gehen auch darauf hinaus |

In Montucla histoire des mathém*atiques* Tom*e* II. Livre I. fand ich einen Beweis, daß die arabischen Zahlen aus Indien stammen. Er führt an

1) daß sich in vielen Bibliotheken arabische M*anu*skr*i*pte fänden, betitelt: Art zu rechnen, nach den Indern, o*der* indischer Calcul. Auf vielen arab*ischen* astronom*ischen* Tafeln ist angemerkt, daß man sich dieses Calculs zur Berechnung bedient habe.

2) Alsephadi ein Araber in einem Commentar sagt, daß sich das indische Volk 3er Dinge rühme, worunter die Erfindung des Decimalsystems (dessen sie sich nach W. Jones noch jetzt rühmen)

3) Von Maximus Planudes hat man das M*anu*skr*i*pt: λογιστικη Ινδικη *sive* ψηφοφορια κατα Ινδους. Er sagt die 9 Charaktere seyen indisch. Man habe einen 10ten genannt τζιφρα, den sie durch 0 ausdrückten, u*nd* der nichts bey ihnen bedeute.

---

19 der] *über* ⟨im⟩ 35 Von] *mit Einfügungszeichen über der Zeile*

22f *Vgl. z.B. Clemens von Alexandrien: Stromateis I, 15, § 62,2–72,3; VI, 6, § 57,3*
26–47 *Jean-Etienne Montucla: Histoire des mathématiques, Bd. 1, Paris 1758, S. 360–363; William Jones: Dissertations and Miscellaneous Pieces relating to the History and Antiquities, the Arts, Sciences, and Literature, of Asia, Bd. 1, London 1792, S. 114 f. Die Rede ist vom Kommentar des al-Safadi zum Gedicht „Lamiyyat al-Adjan" des al-Tugrai, von Maximus Planudes: Psephophoria, Introductio (ed. André Allard, Löwen 1981, S. 27), vom Algorismus oder Algorithmus des Johannes de Sacrobosco (die Verse über den indischen Ursprung der zehn Ziffern zitiert Montucla nach John Wallis: Algebra, cap. III, Opera mathematica, Bd. 2, Oxford 1693, S. 10; in Curtzes Ausgabe des Algorismus stehen sie nicht, vgl. Maximilian Curtze: Petri Philomeni de Dacia in Algorismum vulgarem Johannis de Sacrobosco commentarius. Una cum Algorismo ipso, Kopenhagen 1897, S. 1–3) und von Boethius: De institutione arithmetica 1, 1.*

4) Johann v*on* Bosco fängt seine Arithmetik (im 13ten Saeculo geschrieben) so an:

Haec Algorithmus, ars praesens dicitur in quâ
Talibus Indorum fruimur bis quinque figuris.

Nun berichtet Boethius zu Montuclas Leidwesen: die Pythagoräer haben sich, nicht wie die übrigen Griechen der Buchstaben, sondern 9 Charaktere (apices s*ive* characteres) zur Bezeichnung der Zahlen bedient. Einige M*anu*s*kri*pte haben diese Charaktere | selbst abgebildet, u*nd* sie sehen denen aus dem 13ten Saeculo ganz ähnlich. – Finden Sie nicht hierin einen Beleg, der mit mehreren zusammentretend, recht gewichtig seyn mögte.

Ein 2tes Datum fand ich in einem mémoire von de Guignes im 8ten Bande der mémoires de l'Ac*adémie* des inscriptions. Dieser handelt von der chinesischen Lehre von 8 Elementen, 4 männlichen u*nd* 4 weiblichen. Diese wurden sorgfältig so aufgezählt, daß das männliche auf eine männliche, das weibliche auf eine weibliche Zahl fiel. Er zeigt daß die Chinesen die pythagoreische Tetraktys 36 kannten, u*nd* sie tsê: Kunstwerk des Himmels genannt. Er zeigt ferner daß sie mit den Pythagoräern gleichen Tönen gleiche Zahlen beygelegt – u*nd* noch mehreres, was ich nicht alles hersetzen mag. Ich werde die Nomenclatur in Meursii denarius pythagoricus hiermit vergleichen.

Freilich kann ich von Ihnen bey so vielen Geschäften, keine Würdigung des Pestalozzi verlangen. Ich werde mich über kurz o*der* lang mit ihm u*nd* Olivier etwas näher bekanntmachen. Die Fertigkeit im Figurenzeichnen müßte wohl zu einer Tanzkunst der Hände ausgebildet werden. Die Phantasie kann freilich leiden, o*der* auch gewinnen, je nachdem die Methode

---

43 Boethius] *folgt* ⟨:⟩ **47** Sie] *korr. aus* sie **58** werde] *folgt* ⟨selbst⟩ **59** hiermit] hier *mit Einfügungszeichen über der Zeile*

50–58 *Joseph de Guignes: Observations sur quelques points concernant la Religion et la Philosophie des Egyptiens et des Chinois, in: Mémoires de litterature, tirés des registres de l'Académie Royale des Inscriptions et Belles-Lettres, Bd. 77, Paris 1781, S. 302–345, bes. 306–331. – Der gelehrte Orientalist de Guignes meinte, beweisen zu können, u.a. anhand der Verwandtschaft zwischen den Hieroglyphen und den chinesischen Schriftzeichen, daß das alte China eine ägyptische Kolonie gewesen sei.* **58 f** *Johannes van Meurs (Joannes Meursius): Denarius Pythagoricus sive de numerorum usque ad denarium, qualitate ac nominibus secundum Pythagoricos, Leiden 1631* **60 f** *Vgl. Brief 2056, 18 f* **62** *Ludwig Heinrich Ferdinand Olivier, aus der Schweiz gebürtig, war Lehrer am Dessauer Philanthropin und Erfinder einer neuen Lernmethode für Lesen und Rechtschreibung.* **62–74** *Ein Zentralbegriff der Pestalozzischen Pädagogik ist die Anschauung, verstanden als Einheit von Zahl und Form; zur Erziehung gehörte daher das Zeichnen von Elementarfiguren, um die sinnliche Anschauung strukturieren zu können. – Der griechische Meeresgott Proteus konnte nach Belieben seine Gestalt verändern.*

ist. Behandelt er die Kinder wie | Auflösungen, u*nd* die Erziehung wie ein Abdampfen, damit die mannigfaltigen Krystalle anschießen können, dann ists freilich übel. Gienge er aber mit der Überzeugung ans Werk, daß in den Kindern die herrlichen lebendigen Gestalten der Erde schlummern, u*nd* nur den Reitz des weckenden Sonnenlichts erwarten, dann wäre es gut. Das Erstere ist wohl der Fall – da wäre es den Kindern besser als Bienen gebohren zu seyn, so bauten sie die Cellen ohne Anweisung. Der Reichthum an Figuren ist nur ein Magazin anorgischer Produkte, erzeugt durch nebeneinander existirende mannichfache Instinkte, wenn nicht ein tiefer begründestes P r o t e u s Princip anerkannt wird.

Ich bin Ihnen recht vielen Dank für die gütige Verwendung schuldig, u*nd* schicke die Zettel mit. Ich bitte nur die Bücher an meinen Cousin Gerlach (im Klügelschen Hause) zu schicken.

Grüßen Sie Rike ganz heimlich von mir, u*nd* danken Sie für den Dank. Die allgemeinen Grüße verhallen so.

Wie gern mögte ich Weyhnachten kommen, wenn einige schöne Wintertage einfielen. Aber da liegt es eben, daß mich der wehmüthige Gedanke eines lügenden Frühlings quälen würde –

Bester Schleiermacher, der Himmel gebe Ihnen auch seinen Frieden.

Raumer.

2090. Von F. Weichart. Pless, Montag, 9. 12. 1805

Pless den 9n. Decbr 1805

Dem Schauplaz des Krieges so nahe eile ich Ihnen die neuesten Begebenheiten der Tage zu melden, so eben sind die Posten aus Bieliz u*nd* Rattibor gekommen. Mit den freitägigen Posten erhielten wir die Nachricht von einer schreklichen Schlacht die ohnweit Brünn zwischen den

---

2090. *Überlieferung: H: BBAW, SN 415, Bl. 4; D: Briefe Hülsens, Vermehrens und Weichardts an Schleiermacher, S. 57 f.* 5 zwischen] *korr. aus* [ ]

75–77 *Es handelte sich um Bücherbestellzettel für die Hallenser Universitätsbibliothek, die erst mit dem nächsten Brief überschickt wurden (vgl. auch Brief 2102, 4 f.).* 78 *Friederike Reichardt, die spätere Frau Karl von Raumers.*

2090. 4–6 *Die sogenannte „Dreikaiserschlacht" von Austerlitz am 2. 12. 1805.*

Franzosen, Rußen und Oestreicher vorgefallen ist. Den Nachrichten zu Folge sollen 50000 Mann von beiden Theilen geblieben sein; Kaiser Napoleon u*nd* wie man sagt General Kosciusko haben die Franzosen, die Rußen u*nd* Oestreicher aber, der Kaiser Alexander, Grosfürst Constantin u*nd* General Kutusow commandirt, lezteren zählt man unter den Todten, die Schlacht dauerte vom 29*ten* bis 2*ten* Abends. Schon wichen die Franzosen aber ein unerwartetes Hülfscorps kam den siegenden Rußen in die Flanke, u*nd* dadurch entschied sich der Sieg für Frankreich. Dem Kaiser Alex*ander* soll ein Pferd unter ihm erschoßen worden sein. Beim Angreifen warfen die Oestreicher das Gewehr weg. – In Bieliz ist ein immer währender Zug von Flüchtigen, selbst die Kaiserin ist Vorgestern mit 7 Kindern nach Cracau geflüchtet, die Rußen ziehen sich zurük. – Nach heutigen Nachrichten haben 13 Regimenter Oestreicher das Gewehr weggeworfen, darüber ist der RußenKaiser, der selbst verwundet ist, so aufgebracht, daß er einen Waffenstillstand nachgesucht, und keine Hand mehr an den Degen legen will. |

Von Troppau ist alles auf der Flucht nach Rattibor, Leobschüz & anderen Preuß*isch*en Städten; hunderte von Wagen liegen in dem Wege u*nd* können kaum fort, auch hier her ist eine Gräfin Wimpfen geflüchtet u*nd* die Kostbarkeiten des Fürsten sollen nach Cosel geschaft werden. Flüchtige Cosacken und Rußen haben sich hier schon sehen laßen; der Rußische Kaiser soll heute durch Bieliz nach Petersbourg gehen. – Alle Russen ziehen sich nach Gallizien zurük. Die Franzosen sind in Troppau, wir werden wohl in dem Winkel nicht viel abkriegen, und überall fürchtet man die freundlichen Rußen mehr als die feindlichen Franzosen.

Die Ungarn haben sich neutral erklärt, ja wie man sagt, haben sie sogar Bonaparte zum König gewählt; die Pohlen freuen sich auf Kosciusko. Oestreich hat bereits 70. Regimenter verlohren. –

So viel in der grösten Eile, denn die Posten trafen sehr spät ein, u*nd* diese geht bald fort. Verzeihen Sie meine Flüchtigkeit, mit der ich es Ihnen zugleich versichere daß ich bin Ihr ergebenster Diener

FW.

Ollmüz ist noch in den Händen der Oestreicher. Ich hoffe bald Friedensunterhandlungen zu melden.

---

8 *Der polnische General Tadeusz Kościuszko, der 1794 die aufständischen Polen gegen Preußen und Rußland befehligt hatte, war an der Schlacht von Austerlitz nicht beteiligt.*
9 *Ein Bruder des Zaren* 10 *Der russische Generalfeldmarschall Michail Illarionowitsch Kutusow starb erst 1813 als Befehlshaber der preußisch-russischen Truppen.* 16 *Maria Theresia von Neapel-Sizilien, deutsche Kaiserin, später Kaiserin von Österreich*
25 *Friedrich Ferdinand, Fürst von Anhalt-Köthen-Pleß*

3 Pless, 9. Decbr 1805 4

Dem Schauplatz des Krieges so nahe als ich [illegible],
[illegible] Neuigkeiten [illegible] den Krieg zu erfahren; so [illegible]
kaum sind die Russen aus Bielitz & Ratibor gekommen.
Mit der heutigen Post erhielt ich die
Nachricht von einer schrecklichen Schlacht die ohnweit Brünn zwischen den Armeen der Russen
& Oestreicher vorgefallen ist. Der Nachricht
zufolge sollen 30000 Mann von beiden
Theilen geblieben sein. Kaiser Napoleon & mit
ihm [illegible] General Kosciusko haben die
Franzosen, die Russen & Oestreicher aber, der
Kaiser Alexander, Großfürst Constantin &
General Kutusow commandirt. Letzterer soll
verwundet sein. [illegible], die Schlacht dauerte
einen Tag u. Abend. [illegible] die Franzosen
aber [illegible] Hülfberg. [illegible]
[illegible]
[illegible] Dem Kaiser Alex. [illegible]
[illegible]
Augenblick [illegible] die Oestreicher [illegible]
[illegible] In Bielitz ist [illegible]
[illegible] selbst [illegible]
[illegible] nach Cracau geflüchtet, die
Russen ziehen zurück. — Nach heutiger Nachricht
haben 13 Regimenter Oestreicher [illegible]
[illegible] ist der Russische Kaiser, der
selbst [illegible] ist [illegible]
[illegible] und kann
[illegible] an den Tag legen will.

2091. Von J. C. Gaß. Stettin, Donnerstag, 12. 12. 1805

Stettin, den 12ten Decbr. 5.

Endlich, mein inniggelieber Freund, kann ich Ihrem treuen u*nd* theilnehmenden Herzen die frohe Botschaft wenigstens aus meinem Hause bringen, der Sie, wie ich weiß, schon lange sehnlich entgegengesehen haben. In der Nacht vom 5ten zum 6ten ist mein liebes Weib glüklich von einer gesunden Tochter entbunden. Die entscheidende Stunde hatte sich viel länger verzögert, als wir glaubten, u*nd* auch ich war schon sehr besorgt um die theure Gefärtin meines Lebens; diese selbst hat auch vor u*nd* bei der Entbindung mehr gelitten, als in den beiden frühern Geburten. Um so größer ist nun auch unsre Freude, da die Gefahr so glüklich überstanden u*nd* bis jezt auch das Befinden der Mutter u*nd* des Kindes so wohl ist, als wir es unter diesen Umständen nur wünschen können. Daß ich mir eine Tochter vorzüglich gewünscht hätte, kann ich nicht sagen, denn gerne erhalte ich in solchen Fällen mein Herz von bestimmten Wünschen frei. Aber bergen will ich es Ihnen nicht, daß dieß kleine so wohl gebildete u*nd* | gesunde Geschöpf mit recht herzlichem Dank gegen Gott von mir entgegen genommen ist u*nd* ihr erster Anblik mich zu Freudenträhnen gerührt hat. Möge sie uns auch erhalten werden, da die leergewordne Stelle in meiner kleinen häußlichen Schere durch sie wieder ausgefüllt ist; gewiß wird sie dann an der Hand u*nd* nach dem Beispiel ihrer guten Mutter gedeihen u*nd* uns in ihr eine gebildete u*nd* fromme Tochter des Hauses erwachsen! Wäre es ein Sohn geworden; er hätte Friedrich heißen sollen, wie mein ferner theurer Freund, ob wohl es einer solchen Erinnerung nicht bedarf, an Sie zu denken. Wir wollen es uns aber aufheben, denn es ist möglich, daß mit diesem Mädchen noch nicht der Beschluß gemacht wird.

Von unserm Bartholdy kann ich Ihnen leider so gute Nachricht nicht geben. Sein gutes Weib hat ihn verlaßen u*nd* das jüngste Kind folgte ihr am Tage darauf! B*artholdy* hat viel während der langen Krankheit gelitten u*nd* wir alle mit ihm. Es wurde mir daher wirklich leichter, als die große Last von seinen Schultern genommen war u*nd* er sich seit dem | auch schon ziemlich erholt, wozu hoffentlich auch seine bevorstehende Reise nach Berlin beitragen soll. Vielleicht ist er im Weinachtsfest da; Sie aber wird er jezt wohl nicht dort sehen. Wie sehr wir es bedauern, daß Sie

---

2091. *Überlieferung: H: BBAW, SN 287, Bl. 20*

2091. **19** *„Schere" wurde auch in der Bedeutung von „Schar" benutzt.* **34–42** *Vgl. Brief 2072, 137–156*

eine so bittre Erfahrung machen, darf ich Ihnen wohl nicht sagen. Mein gutes Miennchen wollte sich gar nicht beruhigen, als sie Ihren Brief laß. Wir hatten schon so viel davon gesprochen, wie glüklich Sie sich im ehelichen u*nd* häußlichen Verhältniß finden u*nd* wie es wohl anzufangen wäre, daß wir uns so ein mahl bei einander fänden u*nd* d*er*gl*eichen*. Es hat nicht sein sollen u*nd* wie nun der unglükliche Gemüthszustand Eleonorens war, so müßen Sie es noch als ein Glük ansehen, daß dieser gewaltsame Ausbruch ihrer Unruhe nicht später erfolgt ist. Wer mögte es Ihnen verbürgen, daß nicht selbst noch nach Ihrer vollzogenen Verbindung neue Rükfälle in die alte Aengstlichkeit kommen konnten u*nd* wie viel würde Ihr Herz dadurch, zusammengenommen mit der Kränklichkeit u*nd* dem schwächlichen Körper Eleonorens, gelitten haben. Ob Ihnen dadurch eine Last des Lebens erspart, oder eine Veranlaßung zur | Aeußerung u*nd* Stärkung irgend einer Kraft hat gegeben werden sollen; wer mag darüber entscheiden. So weit ich aber mit dem Gange Ihres Lebens bekannt bin: so sehe ich darin überall eine weise u*nd* wohlthätige Fügung, daß Sie das werden mußten, was Sie für die große Angelegenheit der Religion u*nd* der Wissenschaft sind u*nd* gewiß noch immer mehr werden. Diesen gehören Sie an, ich mögte mit dem Göttlichen sagen, es sind allein Ihre Verwandten u*nd* ihnen soll Ihr inneres Heiligthum ungetheilt geweihet bleiben. So habe ich auch in diesen stürmischen Zeiten recht viel daran gedacht, wie gut es doch ist, daß Sie nicht nach Würzburg gehen durften u*nd* wie ich glaube, daß Sie auf dem rechten Plaz stehen, so denke ich auch wiederfährt Ihnen überall das beste. Ich weiß, mein theurer Freund, Sie nehmen das Wort, was mein Herz hier auf das Papir fallen läßt, von der rechten Seite. O, wie würde ich mit Ihren übrigen Freunden mich gefreut haben, Sie auch als Gatte u*nd* Vater wirksam u*nd* glüklich zu wißen! Es scheint nun für jezt nicht sein zu sollen u*nd* wir müßen daher die Sache von einer andern Seite beschauen.

**2092. Von Karl Heinrich Ludwig Giesebrecht. Bremen, Donnerstag, 12. 12. 1805*

Anfrage, ob er bereit sei, einen Ruf nach Bremen anzunehmen. Über die Gründe seines Weggangs von Berlin

36 wollte] *korr. aus Komma* sie] *korr. aus* Sie 63 beschauen.] *Es ist unklar, ob es eine Fortsetzung des Briefes auf einem anderen Blatt gab.*

53–55 *Es ist unklar, worauf Gass hier anspielt.*

*2092. *Vgl. Brief 2095, 1–4.50–53*

2093. Von L. von Willich. Vor dem 13.12. bis Freitag, 13.12.1805

Oft mag ein Schatten den niedergeschlagnen Geist zu wecken. Es begeistert nicht allein der Sonne Glanz, sondern auch, des Waldes dunkler Schatten.

Am Tage ist der Himmel nur blau, des Nachts zeigt er uns Millionen Sterne. Die Fröhlichkeit lacht, die Heiterkeit lächelt, aber die Sprache der höchsten Freude sind Thränen.

Wenn die Nachtigall klagt, wer hört auch auf die schwirrende Lerche? Wenn der Schatten der Nacht nicht die Blumen erfrischte, würden alle in einem Tage verwelken –

Diese einfachen Worte lieber Schleier fand ich unter ein eben so einfaches Gemälde, was ich diesen Sommer an einen sehr schönen Morgen, unter der großen Linde in Bobbin sah. Kosegarten hatte es da, und zeigte es der Geselschaft. Es war ein dunkles Nachtstück, nichts Melancolisches lag dabei. Eine stille Gegend – schwach vom Monde erleuchtet | Waßer – Berge – Eine Männliche Figur lehnte am Stam eines Baums, die Arme in einander geschlungen – Ruhiges Hofen stilles Erwarten – heitre Stille, war der Haupteindruk – So zog es mich innig an! ich schrieb mir die Worte, die von dem Künstler selbst darunter geschrieben war*en*, ab: und hatte so das schöne Gemälde für immer.

Wie lange däucht es mir daß wir keine Briefe von Ihnen haben, lieber Freund! Sie werden doch nicht krank sein?

Gestern Abend beim The sprachen wir viel von Ihnen! von unserm Wunsch, Sie doch recht bald hier zu haben, und was wohl am mehrsten zu wünschen sey, j e z t oder später bei einer schönern Jahreszeit – und ob Sie auch wohl Ökonomische Hinderniße haben könnten – ich, die nun ganz entschieden jetzt in der stillren Jahreszeit gerne mögte daß Sie hier wären – mag den lezten Grund gar nicht gelten laßen – denn – sehn Sie lieber Schleier, Sie können ja nun nur ein bischen sparsam leben, und | was dann übrig ist zur Reise anwenden lieber guter Schleier! und wenn Sie dann hier wären! ach Sie sollten nur sehen ohne daß wir uns Mühe drum gäben sollte es Ihnen wohl sein bei uns – recht wohl! – ach – –! aber still und liebend – Sie guter Mann –!

2093. *Überlieferung: H: BBAW, SN 427, Bl. 18–20* **14** Eine] *folgt* ⟨S⟩

2093. *Die Datierung ergibt sich aus Zeile 74 und dem Bezug auf Schleiermachers Brief 2081.*

Adieu lieber Schleier, ich will das Mittag besorgen, wenn Sie hier wären besorgte ich es auch für Sie! ach das wäre recht schön!

In den Augenblick da ich Ihren Brief las –

Ja, ich will sie sehen Ihre Thränen des Schmerzes – und auch fühlen, armer Freund – o glauben Sie es nur daß ich sie fühlen kann – denn kennte ich auch diese Thränen nicht aus eignem Erfahren – Trähnen kannte ich doch auch – o Schleier! ja wenn Sie hier stürben, ich glaube ich könnte es aushalten

Einige Tage später –

Nein lieber Schleier nicht sterben! wenn Sie uns nicht mit nehmen können, ach nein, sonst nicht –

Es ist ein heitrer Sontag Morgen unsre kleine Henriette, ist eben gebadet und ich habe ein halbes Stündchen frei, | dann muß ich hinaus in die Küche –

Und soll ich nur dieses Blatt ohne Begleitung von Ehrenfried und Jettchen abgehen laßen? Ehrenfried meint ja, ich meine es auch, und will es also.

Ihre lieben Briefe, haben uns sehr wohl gethan, wir erhielten sie, wie uns eben Lotte Pistorius die ein par Tage bei uns war verlaßen hatte, sie grüst Sie sehr herzlich, auch schreiben wollte sie Ihnen mit mir zusammen, aber es ging nicht – die Markt Geschäfte zerstreuten sie –

Nun ists bald Weihnachten, o wie waren wir dann immer froh in Sagard, wie viele kleine Freuden wurden bereitet – wie war ich immer dabei in Bewegung – wie glücklich waren die Kinder, wie hatte immer Einer Geheimniß vor den Andern – sie haben mich gebeten auch zu kommen, aber mir ist als wenn ich Jettchen nicht verlaßen kann –

Lieber Schleier – mir ist als wenn ich in Hinsicht des Geldes wohl wüste wie es mit Ihrer Reise zu machen wäre – aber Ehrenfried sagt: es geht nicht, Sie thun es nicht – mir deucht nun es ginge recht gut – ach Sie glauben nicht wie wenig man gebraucht – wenn man für nichts als für Kleidung zu sorgen hat – wie lange man mit ein katunes Kleid auskommen kann – nein ich will | es doch nun lieber nicht sagen.

---

37 sie] *über der Zeile* 55 ich] *folgt* ⟨⟨ich⟩⟩ 57 Einer] *korr. aus* Eines 59 wohl] *davor* ⟨wohl⟩ 61 ach Sie] Sie *korr. aus* sie

---

35 f *Brief 2081, 122–124* 44 *Henriette von Willich* 50 *Briefe 2082 und *2087*

Schleiermacher! nun verstehe ich, wohl den Erlkönig – Sie haben es mich gelehrt o Gott –!

Aber, nein ich erschrecke nicht davon, laßen Sie mir sie nur öfter hören diese Thöne des Schmerzes, haben sie doch eine fromme Melodie – ja nun weiß ich wohl, wie man sein kann, in tiefem Schmerz –! aber kann es ein jeder?

Ich sehe Ihnen ins Auge, Sie geben mir die Hand, und ich g l a u b e: ja auch ich werde das Ziel erreichen, was ich mir vor gestekt habe, in Glaube, Liebe u*nd* Hoffnung.

Morgen, d*en* 14t*en* komt die Kathen dann erhält sie Ihren Brief, dann lesen wir Ihre Briefe gemeinschaftlich

Ihren Auftrag an unsre kleine Jette hab ich ausgerichtet, nun muß Jettchen mir sie herzen u*nd* küßen laßen wenn ich will, denn ich sage immer dabei daß es von Ihnen kömt. |

Mit wem das kleine Mädchen Ähnlichkeit hat, darüber wird viel hin und her gesprochen ich finde mit Ihnen, damit lacht mir Ehrenfried und Jettchen aus – bis neulich da wir Geselschaft hatten, und die Kumro, ganz von selbst, es auch fand, da war ich doch gerechtfertigt –

Nein lieber Schleier nun ists vorbei – es kömt so vielerlei –

Ehrenfried und Jettchen grüßen Sie herzl*ich*

Ihre Luise

**2094. An C. B. Hering. Halle, Mittwoch, 13. 12. 1805*

Mit einer Obligation von Karl Schleiermacher über 1000 Reichstaler

2095. An K. H. L. Giesebrecht. Halle, Dienstag, 17. 12. 1805

Schon einige Tage ehe ich Ihr freundliches Schreiben vom 12t*en* d*ieses* erhielt war von einer andern Seite her dieselbe Anfrage mündlich an mich

---

71 Ihnen] *korr. aus* Sie

2095. Überlieferung: H: Universitätsbibliothek Bonn

---

65 Goethes Ballade „Erlkönig" war Bestandteil seines Singspiels „Die Fischerinn" (Weimar 1782; Werke. Weimarer Ausgabe, Abt. 1, Bd. 12, S. 89 f.). 72 f *Anspielung auf 1. Korintherbrief 13, 13* 76 *Siehe Brief *2086* 77 *Die Mutter, Henriette von Willich* 81 *Charlotte Cumerow*

**2094. Vgl. Brief 2100, 3–6.23–25*

2095. Adresse: Herrn Giesebrecht Lehrer am Pädagogium zu Bremen Katharinenstraße beim Buchbinder Jaeger 1 *Brief *2092*

ergangen, und ich bin um so eher im Stande Ihnen, wie Sie es wünschen recht bald soviel darüber zu sagen als ich für jezt kann.

Die Zuneigung Ihrer neuen Mitbürger freut mich herzlich; ihr Bestreben Männer zu sich zu ziehen, denen es offenbar mit der Religiosität Jedem auf seine Weise Ernst ist, läßt mich glauben, daß sie auch mich aus diesem Gesichtspunkt ansehn und dies giebt immer schon die Aussicht auf eine erfreuliche Wirksamkeit. Ueberdies gewinnt Bremen noch einen eignen Reiz für mich durch die neueren Vorgänge, die mit einem meiner Lieblingsgedanken in so genauer Verbindung stehen. Auf der andern Seite liebe ich meinen hiesigen Beruf sehr ich habe ihn sehr freudig übernommen und er gewinnt noch täglich für mich an Interesse. Freilich sehe ich eine Zeit kommen, wo es mir nicht möglich sein wird dem Katheder und der Kanzel zugleich gewachsen zu sein, und wo ich mich gern wieder auf | leztere allein zurükziehn werde. Allein diese ist noch nicht da und so würde ich nichts thun können als der Gemeine in Bremen und denen welche mich dorthin wünschen besonders für das Wohlmeinen danken welches sie mir bewiesen – wenn in meinen hiesigen Verhältnissen alles wäre wie es sein sollte. Nun aber bin ich mit dem einen Theile meines Berufes noch immer nicht in Wirksamkeit gesezt, und in dem andern noch auf mancherlei Weise beschränkt; und da ich sehr weit hinaus sehen kann ohne eine Abhülfe zu finden: so kann ich den Antrag der mir gemacht wird gar nicht von der Hand weisen; und wenn ich nur Hofnung geben soll ob ich den Ruf annehmen würde, wenn die Wahl auf mich fiele, so sage ich unbedenklich ja. Ich bin gewohnt dergleichen Angelegenheiten mit der größten Offenheit und ohne allen Rükhalt zu behandeln also füge ich ausdrüklich hinzu, daß ich jezt noch keine vollkomne Gewißheit geben kann. Die Sache ist diese. Ich kann jezt aus einer bloßen Privatverhandlung der Regierung noch keine Nachricht von der Sache geben, muß es aber thun wenn der Ruf an mich gelangt. Hält man es dann der Mühe werth nach den Ursachen zu fragen warum ich einen Beruf den ich mit so entschiedener Vorliebe angenommen so bald verlassen will und findet man Mittel meinen Beschwerden abzuhelfen: so hätte

---

9–11 *In der Reichsstadt Bremen herrschte seit 1580 das reformierte Bekenntnis, doch durch Zuwanderung war die Mehrheit der Bürger um 1800 lutherisch. Die Bremer Pfarrkirchen waren sämtlich reformiert; der lutherische Gottesdienst hatte seinen Ort im Dom, der nicht dem Bremer Rat unterstand, sondern dem kurhannoverischen lutherischen Konsistorium in Stade; doch hatten die Domprediger keine Pfarrechte. Durch den Reichsdeputationshauptschluß (1803) fiel die Domgemeinde an die Stadt, konnte aber ihr lutherisches Bekenntnis behaupten. An den reformierten Gemeinden wurden seit 1804 lutherische Pfarrstellen eingerichtet. Mit seinem „Lieblingsgedanken" meint Schleiermacher offenbar die Einrichtung, daß an einer Gemeinde Geistliche beider Konfessionen wirken und die Gemeindeglieder selbst entscheiden können, an wen sie sich halten, vgl. Zwei unvorgreifliche Gutachten in Sachen des protestantischen Kirchenwesens, Berlin 1804, bes. S. 75–82 (KGA I/4, S. 405–408).*

ich dann keine Ursach mehr Halle zu verlassen, und könnte es fast ohne Undankbarkeit und Gewissenlosigkeit nicht thun allein ich gestehe daß mir dies unter den gegenwärtigen Conjuncturen nicht wahrscheinlich ist. Wollen nun diejenigen die mich zu sich | wünschen mich auf diese Ungewißheit hin zur Wahl bringen so wird es mir große Freude machen. Uebrigens verlasse ich mich auf die Richtigkeit Ihrer ökonomischen Angabe; ich würde sonst für jezt und für die Zukunft bei dem Tausch verlieren, und das darf man leider bei jezigen Zeiten nicht. Man hat mir hier einen schriftlichen Aufsaz gezeigt der nicht ganz damit übereinstimmte, das Totale war etwas geringer und besonders des ungewissen, was ich nicht habe, weit mehr. Ich habe jezt hier 800 R. fixum und rechne jezt etwa 200 r. auf Collegia. Wenn ich in die Facultaet einrükke, was nach dem Ableben des D. Noesselt unfehlbar geschieht, kann mir ein neues Gehalt von wenigstens 300 r. nicht entstehen, und wie leicht meine Collegia mir bald 4–500 r. einbringen können ermessen Sie selbst.

Ohne zu ahnden daß auch etwas Inneres Sie aus Berlin hinwegtrieb habe ich mich gefreut Sie in einer bestimmten Laufbahn zu wissen; und ich werde mich noch mehr freuen wenn Sie mir bald sagen können und wollen daß sie Ihnen lieb und werth ist. Und wer dem Wahren und Guten ernstlich leben will und sich beim Einschlagen seines Lebensweges nur nicht im Großen vergriffen hat dem fehlt das nicht leicht. Was Sie mir über mich sagen erfreut mich in dem Sinn worin ich es immer gern annehme. Ich weiß daß meinen Worten keine höhere Kraft einwohnen kann, als nur die[,] deren Natur sich zu derselben Ansicht der Wahrheit [neigt][,] vielleicht schneller und leichter zur vollen Selbstverständigung zu bringen, und wo ich das höre | muß ich mich freuen weil ich einen Gleichgesinnten darin erkenne. Als ein solcher sein Sie mir denn herzlich und freundlich gegrüßt und meiner Liebe und Freundschaft aufrichtig versichert.

Schleiermacher

Halle d. 17t. Decemb. 5.

---

52 bald] *mit Einfügungszeichen über der Zeile* 59 [neigt]] *korr.*

---

48 *Entstehen, „mangeln, fehlen, mit der dritten Endung der Person. Das kann mir nicht entstehen. Was entstehet dir?“ (Adelung: Grammatisch-kritisches Wörterbuch, Bd. 1, S. 1837)*

**2096. Von J. E. Th. von Willich. Dezember 1805*

2097. Von H. von Willich. Dezember 1805

Sonnabend Abend.

Ich kann doch Ehrenfrieds Brief an Dich geliebter Vater nicht abgehen laßen ohne ein paar Worte mit einzulegen. Ich habe viel u*nd* oft in meinen Gedanken mit Dir geredet, recht vertraulich, aber meine Zeit ist mir so beschränkt gewesen u*nd* ich sehe hierin auch keine Veränderung voraus, daß ich die Freude des Schreibens nur selten genießen kann. Wäre nicht mein Kindchen die gröste Abhaltung so würde ich mich schwer darin finden – Ich kann Dir nicht sagen wie sehr es mich freut daß Du meine Briefe gerne hast, ich habe Dich auch so herzlich lieb! Deine lezten Worte haben mich unbeschreiblich freundlich u*nd* trübe angeblickt – Wie schön ist Dein Herz! all die Liebe in all dem Schmerz – wie groß bist Du, ich weiß nicht wie Du mich so zu Dir heben kannst u*nd* wie ich immer so sicheren Vertrauens u*nd* so dreist zu Dir komme. Ach Gott wärst Du doch glücklich! wie möchte ich immer zu Dir flehen es doch zu sein als wenn es in Deiner Macht stände. Lieber Vater ach gieb Dich doch nicht zu sehr dem Schmerz hin u*nd* gieb die Freude nicht auf für Dein Leben – Lieber Lieber! mir ist als müste einmahl | ein guter Engel zu Dir kommen, die Freude u*nd* die Hoffnung zum Glücklichsein in Deine Brust senken, Deine Schmerzen nicht auf einmahl wegnehmen, aber sie sanft verbinden.

Wenn wirst Du zu uns kommen! o wie ist mir zu Muthe wenn ich mir den Augenblick denke, wenn ich Dir zuerst wieder um den Hals fallen kann mein Kind auf Deine Arme legen u*nd* Deine segnenden Blicke auf ihm ruhen sehen kann

---

Mein lieber Vater ruhe sanft, ich muß Dir gute Nacht sagen, ich darf nicht länger aufbleiben so sehr mein Herz mich bei Deinem Andenken festhält.

2097. Überlieferung: H: BBAW, SN 423, Bl. 30; D1: Br 2, S. 40 f. (Auszug); D2: Schleiermacher: Briefe an seine Braut, S. 55 **9** hast,] *folgt* ⟨das⟩ **15** wenn] *folgt* ⟨Du⟩ **21** denke,] *folgt* ⟨wenn⟩

**2096. Vgl. Brief 2097, 2*

2097. 2 *Brief *2096* **8–11** *Vgl. Brief 2081, 121–124*

**2098. Von Jösting. Vor dem 21.12.1805*

Stellt ein Wiedersehen Schleiermachers mit Reimer in Aussicht.

2099. An G.A. Reimer. Halle, Sonnabend, 21.12.1805

d 21t. Dec. 5.

Es ist unendlich lange, lieber Freund, daß ich Dir nicht geschrieben habe. Ich habe schon oft eine rechte Sehnsucht danach gehabt ohne dazu kommen zu können. Nun regt mich noch besonders Jöstings lezter Brief dazu auf, der mir Hofnung macht Dich zu sehen. Das wäre herrlich. Dann wollen wir uns auch über alles recht ausreden. Es war wol gewiß nur ein Mißverstand wenn es Dir schien als wollte ich in Deine Tröstungen nicht eingehn oder wenn es mir schien als wolltest Du mir einen Trost geben der nicht für mich wäre. Ich bin gewiß ganz mit Dir einig darin daß es keine Liebe giebt ohne Gegenliebe. Aber ich glaube auch eben so gewiß an Eleonorens Gegenliebe als an meine Liebe; ja meine Liebe ist eben diese Gegenliebe und so umgekehrt. Darum verstehe ich nur keinen Trost von einer andern Liebe in irgend einer andern Zeit die mir diese Liebe ersezen sollte. Mir schien fast als wolltest Du mir einen solchen geben; und das ganze Schiksal lag zu schwer auf mir um noch in eine Ansicht darüber | einzugehn die mir wehthat. Aber in den Trost den Du meintest bin ich immer eingegangen und er hat mir nicht gefehlt von Anfang an. Und sehr wahr finde ich ihn ausgedrükt in dem schönen Fragment von Novalis das man aber doch ganz lesen muß, auch die vorige Seite mit. Ja in der Natur, die geistige mit eingeschlossen, in dem ganzen Gebiet der Liebe und ihrem ewigen Objekt, in dem auch meine Liebe zu Eleonore eingewurzelt ist, da schaue ich auch die ewige Gegenliebe an, und sie kommt mir in tausend Zügen auch im Einzelnen entgegen. Was ich aber aufgeben müßte: so wie Leonore es aufgab, die Ehe, das Bilden eines

---

2099. *Überlieferung: H: BBAW, SN 761, Bl. 36f.; D1: Br 2^2, S. 47f. (gekürzt); D2: Meisner: Schleiermacher als Mensch, Bd. 2, S. 49f. (gekürzt, aber mit Ergänzungen zu D1).*

***2098.** *Vgl. Brief 2099, 4f.*

2099. 4 *Brief *2098* **6–19** *Vgl. Brief 2079, 33–43; vor der dort von Reimer zitierten Stelle heißt es u.a.: „Wer unglücklich in der jetzigen Welt ist, wer nicht findet, was er sucht – der gehe in die Bücher und Künstlerwelt – in die Natur – diese ewige* A n t i k e *und* M o d e r n e *zugleich – und lebe in dieser Ecclesia pressa der bessern Welt. Eine Geliebte und einen Freund – Ein Vaterland, und einen Gott findet er hier gewiß". (Novalis: Werke, Bd. 3, S. 398)*

ganzen unzerstükten Lebens, das muß ich auch noch aufgeben, und wenn mir je so etwas würde könnte es immer nur etwas untergeordnetes sein. Ich muß also immer noch sagen daß mir vor meinem Leben schaudert wie vor einer ofnen unheilbaren Wunde – aber Friede ist in meiner Brust, lieber Freund, ganz reiner Friede, der ja auch wo er wirklich ist seiner Natur nach ewig ist und nicht weichen kann. Und das ist eben das tragische daß er in Eleonore nie gewesen ist | weil solcher Zwiespalt nicht hätte in ihr ausbrechen können. Das liegt aber nicht in ihrer Gesinnung in der ist nichts unklar; die Arme ist ein Opfer der verwikkelten Verhältnisse der Welt, die ja immer den reinsten und tiefsten Gemüthern auch die tiefsten Wunden schlagen können.

Komm nur, lieber Freund, wenn es Dir irgend möglich zu machen ist. Ich will nur in den Ferien recht viel vorarbeiten, damit ich Euch desto ungestörter genießen kann. Schade nur, daß uns Jöstings incognito manches verderben oder wenigstens beschränken wird; und doch kann es diesmal wol kaum anders sein.

Am Platon wirst Du noch wenig gethan finden. Ich wartete lang auf Heindorf. Indeß da er gar nicht fortfährt habe ich mich an einen entfernteren Dialog gemacht, und der wird wenigstens vorläufig fertig sein wenn Du kommst. Es ist um desto nöthiger fleißig zu sein da ich zur Michaelismesse zugleich auch mit einem kleinen theologischen Compendium aufzutreten gedenke und also den Sommer auch nicht ausschließend dem Platon widmen kann.

Leider hast Du das gute Wetter vorbeigehn lassen ohne mir das schöne Exemplar zu schikken | nach dem mich doch verlangt. Wahrscheinlich wirst Du mir ihn selbst mitbringen

Grüße Deinen Georg zu seinem Geburts und Tauftage. Hoffentlich ist Alles bei Dir ganz wieder hergestellt; ich grüße alles

Ehe ichs vergesse laß Dir noch erzählen daß ich sehr ernstlich sondirt worden bin ob ich wol einen Ruf nach Bremen annehmen würde. Wenn die Leute auf das was ich ihnen sehr ehrlich gesagt habe näher eingehn und mich wirklich wählen so hoffe ich dadurch hier in den Besiz meines immer noch nicht eingetretenen Predigtamtes zu kommen, und vielleicht auch gleich in die Facultät. Dies sind die Bedingungen die ich mir machen werde.

Lebe wol lieber Freund und gieb mir bald eine sichere Nachricht über Dein Kommen.

---

45 f *Schleiermachers bereits in Halle geplante „Kurze Darstellung des theologischen Studiums" erschien erst 1811 bei Reimer in Berlin.* **48 f** *Vgl. Brief 2082, 3–6* **51** *Der Geburtstag Georg Ernst Reimers fiel auf den 25. November.*

2100. Von C. B. Hering. Stolp, Sonnabend, 21. 12. 1805

Stolpe d. 21 Xbre. 1805.

Sehr wertgeschätzter Freund!

Ihre beiden geschätzten Briefe vom 8 Nov*embre* & 13 dieses habe ich zu erhalten das Vergnügen gehabt. Hertzlichen Dank sage ich Ihnen für Ihre freundschaftliche Teilnahme an meinem und der Meinigen Wohlergehen, und da ich überzeugt bin, daß es nicht leerer Wortschall sondern aufrichtige freundschafftliche Zuneigung ist, so ist mir solche überaus schätzbahr. Ich bin mit meiner gantzen Familie, und zwar mit Zitzvitzens, Arnolds, meinem Heinrich und Albertinen fast wärend des gantzen Novembre Monats in Berlin gewesen. Wir haben Uns alle daselbst sehr divertiret, auch alles bemerkenswerte sowohl in Berlin, als Potsdam gesehen; die Witterung hat Uns wieder die gewöhnliche Natur des Nov*embre* Monats sehr favorisiret nur Schade war es, daß die Tage so sehr kurtz waren; in Hinsicht aber, daß ein jeder von Uns den gantzen Sommer hindurch seine vollen Beschäfftigungen hat, und eine solche Reise alsdenn nicht statt finden kann, so mußten wir schon diese Jahreszeit wählen. Daß wir Uns hertzlich gefreut haben würden, Ihnen da zu sehen, und in Ihrer Gesellschaft unsern dasigen Aufenthalt zuzubringen, das werden sie ohne meine Versicherung überzeugt sein, aber daß es auch nicht gut | Ihrer vielen Geschäffte wegen, möglich war, war mir auch sehr erklärbar, und Aus dieser Uhrsache habe ich Ihnen von dieser unserer Reise auch keine Nachricht geben mögen.

Die mir mit Ihrem letztern Briefe übersandte Obligation von 1000 r. Ihres Herrn Bruders, dem ich zu seinem Etablissement in Schmiedeberg von Hertzen Glük wünsche, habe ich wohl erhalten. Da ich auf keine andere Art demselben dieses Geld zugehend machen kann, als per Weksel auf Berlin, so übermache ich einliegend einen Primaweksel von 1000 rthr vom 21 *currentis* 2 Mo*na*th dato auf H*errn* F. Fetschow & Sohn, den Ihr Herr Bruder wohl in Breslau oder auch in Schmiedeberg ins Geld zu setzen Gelegenheit haben wird, wahrscheinlich wird er aber, da derselbe auf 2 Monath gezogen (welches mir für diese Zeit, da der Landschafftliche Weinachts Termin mir diesmal ziemlich den Beutel feget, nicht anders Conveniret) 1 P % verliehren müßte, so ich Ihm aber dadurch wieder

---

2100. *Überlieferung: H: BBAW, SN 303, Bl. 13–16* **23** von 1000 r.] *mit Einfügungszeichen über der Zeile*

2100. *Mit einem Wechsel (Zeile 27 f.); Adresse auf Bl. 16:* Sein*er* Wohlgeboren den Professor der Philosophie Herrn Schleiermacher in Halle. 3 *Briefe *2068 und *2094*

vergütige, daß er nähmlich für dies Jahr bis zum 27 Nov*embre* 1806. nur 4 P % Zinsen zu bezahlen haben soll. Ich werde mich hertzlich freuen wenn Ihr Herr Bruder eine erwünschte Carriere machet, woran | nach denen mir angezeigten Details gar nicht zu zweifeln ist.

Meinen Heinrich habe ich jetzt zu hause, er hat in Danzig ziemlich profitirt, und auch besonders hat er sich in seinem moralischen Betragen sehr zu seinem Vorteil geändert. Nachdem ich ihm in meinen Schiffen ein Intresse gegeben, ist er fleißig, und scheint zur Handlung mehr Neigung und Lust zu haben. Er hat wie sie wißen eine Inclination in Dantzig, ein gutes Braves Mädchen wogegen ich nichts einzuwenden, als daß er noch etliche Jahre gewartet, und die Welt mehr kennen gelernt hätte. Aber was nicht zu ändern ist, dem muß man sich schon fügen, und um Ihn zu etabliren, werde ich ihm wahrscheinlich das Bluchertsche oder jetzige Kutschersche Hauß in meiner Nachbarschaft kaufen, und auf künftigen Herbst die Wünsche der jungen Leute erfüllen. Meine Frau sitzet nun täglich 6 bis 8 stunden auf ihrem Lehnstuhl ob sie noch wieder an den Krüken wird ins Gehen kommen, wird sich bald ausweisen müßen. Sie ist übrigens sehr gesund, und heitern Temperaments, welches ein außerordentliches Glük für uns Alle ist.

Meine Schiffe habe ich bis auf die Albertine so ich von Porto mit jedem Tag erwarte, alle auf einem Flek im Danziger Hafen liegen, und zwar 9 stük an der Zahl, die übrigen 3, davor der Schwager Gutzlaff die Correspondenten führt, liegen in Frankreich. | 2 neue stehen in Stolpmünde auf dem Stapel, jedes von ungefähr 160 Last groß. Der Himmel gebe, daß die Flottmachung glüklich von statten gehen möge. Mit dem diesjärigen Verdienst ist es, da ich GottLob ohne bedeutende Havarie weggekommen, so ziemlich angegangen, besonders wird die Dorothé Charlotte mit die Cosacken Pferde, Artillerie &c. gute Rechnung abliefern, wenn nur erst die Rußen die Fracht bezahlt hätten woran ich indeßen nicht zweifeln will.

Hoffentlich haben Sie den Vorlesungen des Doctor Galls über die SchädelLehre auch beigewohnt! Was halten Sie denn davon? Gantz zu

---

56 Correspondenten] *Kj* Correspondenzen

---

41 *Interesse oder Zinsen* 57 *„Der innere körperliche Raum eines Schiffes wird nach Lasten bestimmt, und da ist eine Last so viel als zwölf Tonnen. Ein Schiff von 150 Last. In Niedersachsen, besonders in den Seestädten, wird besonders das Getreide sehr häufig nach Lasten berechnet. So hält eine Last Getreide in Hamburg 3 Wispel, 30 Scheffel, 60 Faß oder 120 Himten; in Bremen 4 Quart, 40 Scheffel, 160 Viertel oder 640 Spint; in Lübeck 8 Drömt, 24 Tonnen, 96 Scheffel oder 384 Faß; in Stralsund 8 Drömt, 32 Tonnen, 96 Scheffel oder 384 Viertel; in Danzig* $3\frac{3}{4}$ *Malter, oder 60 Scheffel“ (Adelung: Grammatisch-kritisches Wörterbuch, Bd. 2, S. 1918).*

verwerfen möchte sie wohl nicht sein, da er unter den mehresten Gelehrten so viele Anhänger und VerEhrer findet, ob diese Entdekung Aber nützlich in seinen Folgen sein wird! das ist eine andere Frage. Wenn sie Gelegenheit hätten, mir einen Gipskopf nebst Beschreibung davon zu übersenden, würde mir der Curiosité wegen, lieb sein. Im freimütigen in N*umer*o 187. werden dergl*eichen* von Veith angekündiget. Die Kosten werde Ihnen dankbarlichst vergütigen.

Es freut Uns allen hertzlich, daß es Ihnen dort je länger je beßer gefällt, der Himmel schenke Ihnen nur Gesundheit, dann wird sich bei Ihrem ansehnlichen Auditorio, und Ihrem unermüdeten | Fleiß Ihr Finantz Zustand auch gut befinden. Nur wünschte, daß da sie mit Ihren Augen wieder eine Attaque gehabt sie sich nicht zu sehr angriffen, denn das Studiren bei Licht kann für die Folge schlechterdings Ihren Augen nicht zuträglich sein.

Ich hätte Ihnen noch wohl manches, und besonders von der Henningschen scandaleusen Geschichte zu sagen, aber diese Leutchens sind unter aller Critique, und in ihrem gegenseitigen Benehmen sehr gemein. Seine Frau ist fort, wohin? ist nicht bekand. Wahrscheinlich wird die Scheidung vor sich gehen.

Auch ist der arme Keller seines Hauskreutzes entledigt, und von seiner Frau geschieden.

Nun liebster Freund, leben sie so wohl als wir es Ihnen von gantzem Hertzen wünschen. Alle die Meinigen, Arnolds, Albertine mein Sohn grüßen Ihnen, und empfehlen sich nebst mir Ihres Andenkens, und Ihrer

---

77 gehabt] *korr. aus* gemacht

70 f *Der Freimüthige oder Ernst und Scherz, 1805, Nr. 187 (19. 9.), S. 229 f.: „Veiths Landschaften, – und Gypsköpfe zu Dr. Gall's Schädellehre. […] In eben diesem Kunstverlage [Heinrich Ritter in Dresden] werden jetzt Gypsköpfe zur Erläuterung von Gall's Organen- und Schädellehre verkauft, welche unter mehrern ähnlichen Versuchen, die in Berlin und Leipzig gemacht worden sind, wohl nicht die letzte Stelle einnehmen dürften. Nach einem höchst vollkommnen Menschenschädel, den der Gen. Stabschirurgus Hedenus dem Verleger zukommen ließ, wurde die Form dazu gegossen und in diese sind nach einem vom Dr. Gall eigenhändig bezeichneten Schädel […] die Begränzungen der Organe mit gewissenhaftester Treue gravirt worden. […] Man ist also sicher, hier die echte Tradition, wie sie Gall während seinen Vorlesungen in Dresden ertheilte, unverfälscht zu erhalten, und kann vermittelst eines solchen Schädels sich die anschaulichste Vorstellung von der ganzen Sache verschaffen. Der Gypsschädel hat durch weiße Farbe und reinliche Nettigkeit alles Abschreckende verloren, und kann mit dem kleinen Postament, auf welchem er befestigt ist, in jedem Zimmer ohne alle Unschicklichkeit aufgestellt werden.“* 85 f *Die Frau des reformierten Stolper Kantors Keller war gemütskrank.*

Freundschaft. Schreiben Sie mir bald wieder. Ich bin mit unveränderter und immerwärender Hochschätzung

Ihr treuer Freund & Dien*er*

Hering.

Meine Frau wird Ihnen nächstens etliche Gänse und Würste schiken in Eil.

**2101. An S. E. T. Stubenrauch. Vor dem 23. 12. 1805*

Über seine Gesundheit, seine Arbeiten und die Übernahme der Vormittagspredigt im Dom. Berichtet über die Verzögerungen bei der Einrichtung des akademischen Gottesdienstes und über Truppenbewegungen.

2102. Von K. G. von Raumer. Freiberg, Dienstag, 24. 12. 1805

Freiberg d. 24sten Xbr. 1805.

Bester Schleiermacher,

Meine üble Angewohnheit das Schreiben bis auf den letzten Moment aufzuschieben, ist schuld, daß ich in aller Eil vergessen habe, Zettel für die Bibliothek mitzuschicken. Eigentlich vergas ich noch vieles aus dem gleichen Grunde, u*nd* so bitte ich Sie diesen Brief als einen kleinen Epilogus anzusehen.

Wie gern hätte ich mündlich den Epilogus gegeben, u*nd* wirklich würden mich die vortrefflichsten gründlichsten raisonnements für mein Bleiben, nicht zurückgehalten haben, wenn nicht das entsetzlichste Schneegestöber, was geradezu das Gehen unmöglich machte, für sie entschieden hätte.

Aber ists nicht etwas erbärmliches mit diesen raisonnements?

Wir mögten fein der Schonung Linie halten

2102. *Überlieferung: H: BBAW, SN 353, Bl. 4 f.*

***2101.** *Vgl. Brief 2112, 3–11.35–39.61 f.*

2102. *Mit Zetteln für die Bibliothek (Zeile 3–7)* **14–16** *Friedrich Schlegel: Die Verhältnisse (Sonett), 2. Strophe. Das Gedicht wurde zuerst gedruckt in: Musen-Almanach für das Jahr 1803, hg. v. Bernhard Vermehren, Jena, S. 252 (Kritische Friedrich-Schlegel-Ausgabe, Bd. 2, S. 169).*

Der Liebe Leben künstlich klug verwalten
Verständig u*nd* mit Anstand uns erdrücken.

Diese Feinheit, Klugheit, Verstand, Anstand die peinigen u*nd* lassen es nicht zum freudigen muthigen Leben kommen, denn wo die muthige Freudigkeit zum Ziele läuft, da stehen sie wie Popänze in der Mitte der Bahn u*nd* machen scheu u*nd* irre. Wes das Herz voll ist pp heißt es nicht mehr, sondern nach der Comödiantenredensart: das Herz ist so voll daß man keine Worte finden kann. – Warum müssen wir doch Worte suchen, Phrasen zusammenstümpern, wo wir reden mögten, warum so thörichterweise lieber die armseligste Rolle spielen, wenn wir ein reiches herrliches Leben führen könnten. –

Ich bin etwas unmuthig über mich selbst – Sehen Sie wie unbeholfen ich bin. Ich wollte so gern an die Steffens schreiben, aber es war mir nicht möglich, es blieb beym guten Willen, weil der Wille zu gut war. Schelten Sie mich nicht einen Pedanten. Ich bin noch ein Neuling in der Welt, u*nd* lebe nur so gerade vor mir hin, soll ich links und rechts sehen, so werde ich verwirrt. Wenn ich schreiben soll, muß mir keiner auf die Finger sehen, lieber werfe ich die Feder weg u*nd* ergebe mich schweigend auf Gnade und Ungnade. – |

Ich bitte Sie, bester S*chleiermacher* ist die St*effens* mir etwa böse, und sollte sie mein Schweigen falsch deuten? Seyn Sie auf irgend eine Art mein Fürsprecher.

Ich denke nicht ohne Rührung an diese herrliche Frau. Ich sah sie einige mal im Traum, sehr niedergeschlagen u*nd* weinend. Einmal hatte sie ein Kind an der Hand, kleiner als Fritz, aber diesem sehr ähnlich. Es fiel mir sehr aufs Herz daß Rike mir einen ganz ähnlichen Traum erzählt, den Jule gehabt, als St*effens* kleine Tochter gestorben war. Ich bin recht besorgt. –

Es ist in meinem jetzigen Leben solch ein Zwiespalt, daß ich nicht weiß was ich davon sagen soll. Ich fühle mich ruhiger u*nd* muthiger in dem Grade als die Erkenntniß meines Berufs mir klarer u*nd* mein Handeln bestimmter wird. Die Sorge für das, was ich wohl leisten mögte hat mich eben nie gedrückt; ist doch jeder sein eigenes Maas, wer kann seiner Länge Eine Elle zusetzen – u*nd* wie kann es ein Misverhältniß von Wollen und Vollbringen geben, da Einer wirket beydes Wollen u*nd* Vollbringen.

---

40 Rike mir] *folgt* ⟨einmal⟩ 43 jetzigen] *mit Einfügungszeichen über der Zeile* 49 beydes] *mit Einfügungszeichen über der Zeile*

20 *Matthäus 12, 34* 39 *Die nähere Identität dieses Kindes ist unbekannt.* 40 *Friederike Reichardt* 41 *Die Identität der Jule ist ungewiß.* 47 f *Matthäus 6, 27* 49 *Philipperbrief 2, 13*

Bis auf einen gewissen Punkt ist die Bildung nur ein Stimmen. Eine Zahl Töne die mit ein u*nd* derselben Nummer bezogen worden bestimmt ein Zeitalter, wer nicht eigenthümliche Spannung hat ist überflüßig; diese scharf, bey dem gemeinsamen Prinzip, auszusondern, ist schwierig.

Das ist aber das Höchste rein gestimmt sich selbst freywillig der großen Harmonie zu opfern – das eigene Leben ruhig in den großen Calcul einzurechnen, wie ein fremdes. – Ich bin Ihr Schüler; habe ich den Sinn der Monologen richtig gefaßt? –

Aber ich will es Ihnen nicht verhehlen, die Sonne scheint nicht immer. Doch bleibt sie sich selbst gleich auch hinter den Wolken; diese kommen u*nd* ziehen. Oft ergreift mich Wehmuth und Sehnsucht so übermäßig, daß ich mich nicht zu retten weiß, und das Leben mir wie ein Ton erscheint, der in weiter weiter einsamer Wüste verhallt. „Wo keine Götter sind, walten Gespenster" |

Meine hiesige äußere Lage scheint ein für allemal fixirt. Die kleine Zahl Menschen unter welchen man zu wählen hat ist bald durchstudirt, wählt man, so bleibt es bey der Wahl. Engelhardts Bekanntschaft ist mir sehr lieb, u*nd* wird mir noch lieber werden. Mein Verhältniß mit Werner muß Steffens genau wissen, ohne daß ich weiter davon schreibe.

Letzthin gab mir W*erner* sein ganzes Glaubensbekenntniß über neue Philosophie, Mysticismus, Religion. Er erzählte mir von allen die ihn mit der neuen Philosophie bekannt machen wollen, u*nd* gab St*effens* zu meiner Freude den Vorrang unter tüchtigen Concurrenten. Den Franz Bader habe er nicht verstanden, Hardenberg sey mehr aufs Reine gewesen, Steffens am meisten, nur gar zu heftig. Schon früher hatte ihn Gren zum Kantianer bilden wollen, zu allerletzt hatte ihn Weiß in Leipzig in die Lehre genommen. Er versicherte mir auch daß er sich immer sehr bestimmt gegen die ungründlichen spottenden Gegner erklärt, u*nd* sie „faule Teufel" genannt habe.

Leider fiel mir mancher ungründliche faule Teufel unter den Neueren aufs Herz. Es ist doch zu arg daß der Windischmann, wie Sie mir schrei-

80 Sie] *korr. aus* sie

62 f *Novalis: Die Christenheit oder Europa (geschrieben 1799, zuerst vollständig 1826 in der vierten Auflage der „Schriften" Novalis' publiziert); der zitierte Satz war in der ersten Auflage der „Schriften" Novalis' in Bd. 2 (Berlin 1802) gegen Ende der „Fragmente vermischten Inhalts" als selbständiges Fragment gedruckt worden (Fragment 533; Novalis: Schriften, Bd. 5, Darmstadt 1988, S. 275).* **66** *Der spätere Dorpater Mineraloge Moritz von Engelhardt studierte seit 1805 bei Werner in Freiberg und war dort eng mit Karl von Raumer befreundet.* **73** *Friedrich von Hardenberg (Novalis)* **74–76** *Friedrich Albrecht Carl Gren; Christian Weiß war von 1801 bis 1805 Professor der Philosophie in Leipzig; vielleicht meint Raumer aber auch Werners Lieblingsschüler, den Mineralogen Christian Samuel Weiß, der von 1803 bis 1810 Privatdozent bzw. Professor der Physik in Leipzig war.* **80–82** *Vgl. Briefe 2056, 15–17 und *2088*

ben es wagt ohne die gemeinsten geometrischen Kenntnisse den Timäus zu übersetzen. Wagner, Schallhammer u.a. sind von eben dem Gelichter, Menschen die man füglich profanirende Scribenten nennen könnte, da sie frech Ansprüche machen nicht Profanscribenten zu seyn. Gegen solche Scheinheiligen müßte die allerstrengste Gerechtigkeit geübt werden, u*nd* ich würde mich recht freuen, wenn Sie an Windischm*anns* Timäus ein Exempel statuirten. Ich habe wieder in diesen Tagen einen von dem Schlage kennen lernen, der mit großem Pathos u*nd* heuchlerischer Hierophantenmaske Unsinn auskramt. Es ist mir eine recht widrige unangenehme Empfindung, gerade als wenn ich ein sehr liebes Gesicht in Wachs poussirt sähe.

Haben Sie F. Schlegels Almanach schon gesehen. Ich habe | die Briefe gelesen, welche großentheils Variationen auf Göthes „Straßburger Münster" sind. Einiges ist ächt F. schlegelisch, gediegen u*nd* kräftig, u*nd* doch mit durchscheinender Melancholie, auch einzelne vortreffl*iche* Anregungen fand ich. Soll aber die Briefform das Recht geben unstät u*nd* unklassisch zu seyn, (vorzüglich Briefe auf Reisen geschrieben) alles en passant zu betrachten? – Unter den Gedichten sind ganz erbärmliche, ein Sonett an Novalis ist nur Paraphrase eines tiekschen. –

Oelenschlägers Gedichte stehen leider noch bey mir wie ein Buch mit 7 Siegeln, aber es wird schon Rath werden über kurz o*der* lang. Ist die Tragoedie fertig?

Steffens hat mir leider kein Wort von seinen Arbeiten geschrieben. Ich habe immer eine heimliche Furcht daß ihm die äußeren Sorgen alle innere Ruhe rauben – Könnte ich doch mit rechter Freude an sie alle denken! –

---

93 großentheils] *mit Einfügungszeichen über der Zeile*

82–84 *Der Philosoph Johann Jakob Wagner und vielleicht Franz Ludwig von Schallhammer, der 1803 in Salzburg „Süddeutschlands Pragmatische Annalen der Literatur und Kultur" in zwei Bänden herausgegeben hatte; ein anderer Autor dieses Namens ist zu dieser Zeit nicht nachweisbar.* **91** *poussieren, treiben* **92–98** *Friedrich Schlegel: Poetisches Taschenbuch für das Jahr 1806, Berlin 1806, S. 257–390: „Briefe auf einer Reise durch die Niederlande, Rheingegenden, die Schweiz, und einen Theil von Frankreich" (Kritische Friedrich-Schlegel-Ausgabe, Bd. 4, S. 153–204); Raumer vergleicht sie mit Goethes Abhandlung „Von deutscher Baukunst", Frankfurt/Main 1772 (Werke. Weimarer Ausgabe, Abt. 1, Bd. 37, S. 139–151).* **98 f** *Friedrich Schlegel: Poetisches Taschenbuch für das Jahr 1806, Berlin 1806, S. 391–432: „Vermischte Gedichte", darunter S. 431 f. „An Novalis" (Kritische Friedrich-Schlegel-Ausgabe, Bd. 5, S. 311 f.). Raumer vergleicht es offenbar mit dem zweiten der beiden Sonette auf Novalis' Tod, die Ludwig Tieck 1802 veröffentlichte (Musen-Almanach für das Jahr 1802, hg. von August Wilhelm Schlegel und Ludwig Tieck, Tübingen 1802, S. 188; Ludwig Tieck: Gedichte, Bd. 2, Dresden 1821, S. 97).* **100–102** *Gedichte Adam Oehlenschlägers waren zu diesem Zeitpunkt auf deutsch noch nicht erschienen; ein Band „Digte" (Gedichte) war 1803 in Kopenhagen erschienen, 2 Bde. „Poetiske Skrifter" (mit dramatischen Gedichten) ebendort 1805. Oehlenschlägers erstes Trauerspiel „Hakon Jarl" wurde deutsch Tübingen 1809 publiziert (dänisch 1807).*

Ein Paar Melodien, die ich mir auf dem Klavier spiele, haben mich oft getröstet u*nd* beruhigt – das Chor aus der Geisterinsel: Wolken verschweben, u*nd* cor mundum –

O wie ich mich sehne nach dem neuen Frühling, auf das junge Grün mich freue, auf Blumen u*nd* Waldhörner und vor allem auf den himmlischen Gesang. Ich habe in diesem Jahre gelebt wie ein gehorsames Kind der Natur; ich habe den Frühling gefeiert, da sich mein Leben liebend entfaltete, und jetzt hat sich winterlich Leben u*nd* Liebe in mein Inneres zurückgezogen, ruhet in Gott, und hofft eine fröhliche Auferstehung.

Ich grüße alle, jeden Tag. Das alte Jahr nimmt ein trauriges Ende, der Himmel tröste Sie u*nd* beruhige Sie; – der unwandelbare Muth, der in den Monologen lebt, hat mich oft aufgerichtet –

daß zu dem der Lilienstab sich neigte
der Lust u*nd* Leben kranken Herzen brachte –
Novalis

Wenn ich doch die Steffens erst außer Gefahr wüßte. Ich weiß nicht, mir ist angst um Steffens – ich bin ein Grillenfänger. – Grüßen Sie gelegentlich Riken, u*nd* schreiben Sie mir vom Leben in Giebichenstein, ich bitte Sie recht sehr darum.

Haben Sie keine Nachrichten von Bartholin? – Sollte er nach H*alle* kommen, so schicken Sie ihn ja nach Freiberg – Wenn Sie Muße haben, bitte ich Sie recht sehr mich mit einer Antwort zu erfreuen.

Raumer.

2103. An L. F. Heindorf. Vor dem 28. 12. 1805

---

116 beruhige Sie;] *folgt* ⟨wenn Sie [ ], was sollen wir [ ]⟩ **117** aufgerichtet –] *folgt* ⟨eins [ ] ich Ihnen [ ]⟩ **118–120** daß ... Novalis] *nachgetragen* **125–128** Haben ... Raumer.] *am linken Rand* **126** Wenn Sie] *folgt* ⟨[ ]⟩ haben,] *folgt* ⟨so⟩

106–108 *„Die Geisterinsel. Ein Singspiel in drey Akten" nach Shakespeares „Sturm" mit der Musik von Johann Friedrich Reichardt (Libretto: Friedrich Wilhelm Gotter) war 1798 in Berlin uraufgeführt worden; das Lied des Geisterchores im 1. Auftritt des 1. Aktes.* **108** *Der Text nach Vulgata, Psalm 50 (51), 12 war mehrfach vertont worden.* **118–120** *Novalis: An Karl von Hardenberg (Sonett), 4. Strophe. Das Gedicht wurde in Bd. 2 der Ausgabe von „Novalis Schriften" (Berlin 1802) als zweites in der Rubrik „Vermischte Gedichte" veröffentlicht (Novalis: Schriften, Bd. 1, S. 420 f.).* **123** *Friederike Reichardt*

***2103.** Vgl. Brief 2104, 1*

2104. Von L. F. Heindorf. Berlin, Sonnabend, 28. 12. 1805

Da Du mir gleich im Anfang Deines Briefes so freundlich Vergebung meiner Sünde ankündigst, so mag ich auch nicht auf Dich schelten, lieber Fr*eund*, daß Du mich in meiner süßen Hoffnung, die ich mir nun einmal fest in den Kopf gesetzt hatte, so grausam getäuscht hast. Ich glaubte gewiß, in diesen Ferien Dich hier zu sehen, u*nd* ich müßte mich sehr irren, wenn Du es nicht in unsrer letzten Unterredung versprochen hättest. Das wäre nun ein wahres Fest für mich gewesen, da sich unser Beisammensein jetzt nicht, wie sonst, auf einige Stunden beschränkt, sondern ich Dich ad taedium usque auf jeden Tritt u*nd* Schritt verfolgt haben würde. Ich bin nämlich seit Ausgang des Sommers, wo die schreckliche Hypochondrie u*nd* Geisteslähmung glücklich abzog, ein complet gesunder Mensch geworden, so gesund, als ich es von Kindesbeinen an nie gewesen bin. Die kränkliche Reizbarkeit des Geistes u*nd* Körpers ist bis auf die letzte Spur verschwunden, die Wittrung hat nicht den geringsten Einfluß auf mich, das Stundengeben (seit Michaelis gebe ich wöchentlich 12) ist mir eine wahre Freude u*nd* Erholung, kurz, es ist eine so totale Verändrung meiner ganzen Natur vorgegangen, daß ich gar nicht daran zweifle, ein recht hohes Alter zu erreichen. Nun wirst Du es um so schlechter finden, daß ich so faul im Briefschreiben bin; aber einmal habe ich Dir von dieser Untugend schon soviele specimina truculenta gegeben, daß Du schon daran gewöhnt sein mußt, u*nd* dann hatte ich auch einen Grund, womit ich mein böses Gewissen beruhigen konnte. Ich hoffte nämlich, Dir den vollständigen Cratylus, wovon der Buchdrucker nach der Messe wöchentlich zwei Bogen zu liefern versprach, binnen vier Wochen schicken zu können, weil Du sonst doch nichts damit anfangen konntest. Denn schon nach den Bogen A u*nd* B (soviel, denke ich, hast Du schon) wird Dir wohl alle Lust vergangen sein, ohne die [ ]iana auch nur einige Seiten darin zu lesen. Nun ist er trotz meines ewigen Treibens doch noch nicht fertig, u*nd* es ist recht gut, daß Du mich durch Dein Briefchen aus meiner Lethargie geweckt hast, | da ich sonst vielleicht noch vier Wochen stumm geblieben wäre. Ich bin begierig auf Dein Urtheil über dieses Stück Arbeit, ob Du es auch für das beste erkennen wirst, das ich bisher geliefert habe, das sich kecklich allem, was bisher in der Philologie Treffliches erschienen ist, an

---

2104. Überlieferung: H: BBAW, SN 300, Bl. 29–31; D: Br 4, S. 119 (gekürzt)
20 truculenta] triculenta 23 wöchentlich] *davor* ⟨wohen⟩ 25 Du] *folgt* ⟨mit⟩

2104. 1 *Brief *2103* 22 f *Vgl. Brief 1939, 33 f.*

die Seite stellen kann. Denn nenne mir nur einen Editor, der aus einem Codex u*nd* seinem ingenium soviel geleistet hätte, als hier geschehen ist. Es ist übel, daß Du die Sachen nicht vorher im M*anuScript* hast durchlesen können. Ich bin also auf eine Nachlese von Dir gefaßt; u*nd* werde Dir wohl wieder, wie im Gorgias u*nd* Theätet, das letzte Wort in Deinen Anmerkungen lassen müssen. Da ich die Drucksachen zum Parmenides u*nd* Euthydem schon ganz fertig hatte, so habe ich den Phädon tüchtig durchstudirt, u*nd* mir auf die Dir bekannte Art einen Commentar dazu angelegt. Die von Fischer beigebrachten Varianten aus dem Cod*ex* Aug*ustanus* u*nd* Tub*igensis* müssen fast alle in den Text, der schon dadurch eine ganz neue Gestalt gewinnen wird; außerdem aber habe ich schon eine gute Parthie recht schöner Sachen, die mich allein schon zum Ediren berechtigen; daher ich denn in der Stille über diesen Dialog fortarbeiten werde, ungeachtet ihn Wolf zu seinem Eigenthum gewählt hat, u*nd*, wenn ich eine tüchtige Annotatio zusammengebracht habe, ihn im 4t*en* Bande nebst dem Sophista u*nd* Protagoras ediren. Ich habe mich nämlich nach dem Phädon auf den Sophista geworfen, und bin jetzt mitten drin. Dabei kommen mir nun Deine ehemals übersandten Notulae sehr zu Statten, sowie auch die von Heusde mitgetheilte Collation aus dem Cod*ex* Reg*iomontanus*, so daß ich gleich bei der ersten Bearbeitung über 100 Fehler herauszuschaffen denke. Spätestens in 4 Wochen bin ich damit fertig, u*nd* dann wird mich schon mein eigner animus antreiben, Dir Deine ἑρμαια nebst den meinigen zurückzuschicken. Denn wenn ich solchen Stoff habe, dann findet sichs auch mit der Lust zum Schreiben, aber vor einem leeren Briefe habe ich eine unüberwindliche Scheu. Um Dir einen Vorschmack von meinen repertis zu geben, heute nur drei Stellen. P. 209. Bip*ontina* v. 2. a fin*e* Lies ohne das alberne οὖ: Νυν αρα της ασπαλιευτικης περι συ τε καγω συνωμολογηκαμεν ου μονον etc. P. 211. v. 3. statt Τινα τουτον l*ies* Τίνα τοῦ; das τον hat sich aus dem folgenden angehängt. P. 219. v. 2. Lies Και | τί τις αν αυ ειπων etc. Außer diesen drei Dialog*en* werde ich mir nun gleich Noten zur Republik anlegen, was

---

51 Dabei] *korr.* 59 geben,] *folgt* ⟨f⟩ 62 3.] *folgt* ⟨Lies⟩

---

42 f *Platonis dialogi qvatvor Evthyphro, Apologia Socratis, Crito, Phaedo, Graece itervm edidit recensvit varietatem lectionis animadversionesqve breves adiecit Ioh. Frider. Fischervs, Leipzig 1770* **48 f** *Platonis Dialogi selecti, vol. 4: Platonis Dialogi Tres: Phaedo, Sophistes, Protagoras, emendavit et annotatione instruxit Lud. Frid. Heindorfius, Berlin 1810* **52 f** *Philip Willem van Heusde: Specimen criticum in Platonem. Acc. D. Wyttenbachii epistola ad auctorem. Item collationes codicum mss. Platonis cum a D. Ruhnkenio confectae tum aliae, Leiden 1803* **56** *glückliche Funde* **59** *Funde* **60 f** *Sophistes 221 a.b; Bipontina vol. 2, S. 209* **61–63** *Sophistes 221 d; Bipontina vol. 2, S. 211* **63** *Sophistes 225 e; Bipontina vol. 2, S. 219*

freilich ohne den Münchner Cod*ex* gar nicht möglich ist. Das beste, lieber Fr*eund*, ist, ich schreibe, sobald nur der Cratylus fertig ist, an Wolf, u*nd* versuche, ob ihn diese Arbeit bewegt, mir auf meine offne Bitte nicht nur die Collation dieses Cod*ex*, sondern auch den ächten Ficin auf einige Zeit mitzutheilen. Will er nicht, so werde ich ihm gleich vorläufig erklären, daß mir der Weg, beides zu bekommen, auch offen stehe. Dann wende ich mich nämlich unmittelbar an den Graf Thürheim, schicke ihm ein schönes Exemplar meiner Platonica, u*nd* bitte Spalding, daß er sich für mich bei Jakobi verwendete[.] Wenn Wolf diese Alternative sieht, so muß er αεκοντι γε θυμῳ den Schatz herausgeben, wiewohl ich mir noch nicht einbilden kann, daß er nicht von selbst dazu aufgelegt sein sollte, da er doch wohl anerkennen wird, daß ich mich des Plato mehr bemächtigt habe, als er selbst. Ich lebe jetzt der festen Hofnung, daß ich wohl schon in den 10 ersten Jahren den ganzen Plato so stückweise fertig kriegen werde. Denke Dir nur, wie wenig Zeit ich in allem auf das bisher geleistete habe wenden können, wie unterbrochen u*nd* verstohlen ich daran gearbeitet habe, u*nd* wie ich jetzt fortarbeiten kann. Leider fühle ich freilich, daß die Lust nicht in gleichem Grade mit der Kraft wächst, u*nd* ich muß Dir gestehen, daß ich mir jetzt in Rücksicht auf die Kraft u*nd* Muße, die ich habe, als eine recht faule Bestie vorkomme, u*nd* gar viel Zeit unnütz verschludere. Indessen fehlt es nicht an guten Vorsätzen, u*nd* bin ich nur mit dem ersten Durcharbeiten der neuen Stücke fertig, daß ich alles im Kopfe habe, dann wird mir das neue Lesen des Plato u*nd* der übrigen Griechen eine wahre Wollust sein, u*nd* der Stoff zu den Noten wunderbar schnell anwachsen. Unter der Zeit wird sich denn wohl noch manche Gelegenh*eit* zu Handschriften finden, so daß ich vielleicht zwischen dem vierzigsten u*nd* sechzigsten Jahre eine vollständige Ausgabe des Plato uno tenore in Quart liefern kann. Sieh, von solchen Dingen ist mir jetzt der Kopf voll! Dann glänzen unser beider Namen in alle Ewigkeit wie das Dioscurengestirn am philologischen u*nd* philosophischen Himmel! |

---

77 selbst.] *korr. aus* selbst, u 79 werde.] *folgt* ⟨*(1)* Denn was habe ich *(2)* Denn auf das bisher geleistete habe ich in allen Dingen kaum ein Jahr ununterbrochen ver⟩ 88 Noten] *folgt* ⟨wird⟩ 91 dem] *folgt* ⟨| |⟩ 92 von] *korr. aus* s 94 das] korr.

---

68 *Heindorf meint wohl die ursprüngliche lateinische Platon-Ausgabe des Marsilius Ficinus statt der in der Bipontina nach Ficin beigegebenen lateinischen Übersetzung.* 73 *Friedrich Heinrich Jacobi; vielleicht aber auch die latinisierte Form für Jacobs; der Philologe Friedrich Jacobs war zu dieser Zeit Leiter der herzoglichen Bibliothek zu Gotha.* 74 *gegen seinen Willen; Homer: Ilias IV, 43* 92 *Heindorfs ‚kleine' Plato-Ausgabe ist in Oktav gedruckt; die geplante Quart-Ausgabe sollte entsprechend aufwendiger werden.*

Daß ich jetzt nicht bloß so gesund, sondern auch so heiter bin, dazu trägt das meiste der genaue Umgang mit dem herrlichen Buttmann bei, in dessen Hause ich fast ebenso viel lebe als auf meiner Stube. Er hat nämlich, freue Dich, meinen Jungen zu sich genommen, ihn mit seinen Kindern zu erziehen, u*nd* ich kann Dir die mütterliche Liebe u*nd* Pflege nicht beschreiben, die ihm das treffliche, liebenswürdige Weib angedeihen läßt. Das allein würde mich schon oft hinziehen, wenn ich auch weiter keinen Trieb dazu hätte. Aber – Du kannst mich wohl einmal beneiden – wir lesen wenigstens dreimal wöchentlich von 6 Uhr an bis Nachts um 12 Uhr zusammen, Sonntag die Historias von Tacitus, Sonnabend den Homer, u*nd* Mittewoch mit Spalding gemeinschaftlich den Pindar. Dabei lerne ich den Buttmann immer mehr bewundern, u*nd* immer mehr die zum Theil falschen Notizen u*nd* Ideen abstreifen, die ich so bisher auf Treue u*nd* Glauben fest gehalten hatte. Wenn das so fort geht, so kann noch etwas aus mir werden. Mit Spalding glaubte ich ebenfalls in einen genauern Umgang zu kommen, aber das will nicht gehen. Darüber müßten wir mündlich sprechen. – Schon dies allein würde mir alles reichlich ersetzen, was ich durch die Trennung von der Müllerschen Familie verloren habe, wenn ich auch nicht sonst soviel dadurch gewonnen hätte. Ich lebe jetzt als ein freier honetter Mensch, entweder allein oder in lauter Umgebungen, die meiner würdig sind. Die drückende Abhängigkeit, in die ich nach und nach gerathen war, bei dem gänzlichen Mangel an delikater Behandlung, wurde unerträglich. Ich habe mit der innigsten Liebe u*nd* Dankbarkeit an diesen Leuten gehangen, solange es möglich war, ich habe mich, selbst als ich meine Verblendung anfing zu merken, solange ich nur konnte, in der Täuschung erhalten; aber da mir ein Beweis nach dem andern in die Hand kam, daß nichts als Eigennutz von Seiten der Müllerin die uns alle schrecklich getäuscht hat, bei unserm Verhältniß obwaltete, wovon es ekelhaft wäre Dir einzelne Data hier zu geben, daß mein Junge durchaus verzärtelt u*nd* verhätschelt, mein Julchen dagegen zurückgesetzt u*nd* unfreundlich behandelt wurde, so wurde ichs endlich müde, mich beständig anschnauzen u*nd* immer als einen Unmündigen behandeln zu lassen. | Bei einer Veranlassung nöthigte sie mich, ihr meine lange verhaltne Unzufriedenheit über einige Sachen zu äußern, namentlich über den Kaffee, den ich so stark mit Cichorien vermischt trinken mußte, ungeachtet sie mir bei jeder Gelegenheit das Gegentheil davon

---

101 das] *korr. aus* die Weib] *korr. aus* F **121** mir ein] *korr. aus* ich einen **123** hat] *mit Einfügungszeichen über der Zeile* **124** wovon] *korr. aus* u

106 *„Mittewoch" ist eine zeittypische Nebenform zu „Mittwoch".*

vorlog, daß mir oft übel davon wurde, u*nd* über das heimliche Einheizen mit Torf, dessen Dunst mir unausstehlich war. Da mischte er sich hinein u*nd* behandelte mich wie ein gewesener Kartenmachergeselle. Das that ihm freilich nachher leid u*nd* sie wollte in Thränen zerfließen, aber es war nun unmöglich, noch acht Tage in diesen Umgebungen zu bleiben. Zum Glück hatte Fischer einige Stuben leer stehen, wo ich eine gute Aufwartung u*nd* eine Beköstigung in der Nähe gefunden habe, daß ich von dieser Seite entschädigt bin. Meine Mutter hat mit Rosens Einwilligung Julchen zu sich genommen, so ist alles gut untergebracht. Übrigens habe ich bei diesem Vorfall erst recht erkennen gelernt, wie viel ich ertragen kann; der dabei unvermeidliche Verdruß u*nd* die Unruhe hat mich körperlich nicht im mindesten afficirt, u*nd* von Seiten des Gemüths kam mir die Sache, sobald ich nur erst ein Unterkommen wußte, wie Spaß vor, da ich mir nicht das geringste vorzuwerfen hatte, im Gegentheil es mir selbst wunderbar vorkam, wie ich es so lange hatte aushalten können. Sprechen wir uns wieder u*nd* es ist uns beiden nicht ekelhaft, so sage ich Dir mehr davon.

Ich hebe alle Deine Briefe auf, aber unglücklicherweise habe ich den letzten, den ich gerade bekam, als ich auszog, verlegt, u*nd* kann ihn durchaus nicht finden, muß Dich also noch einmal mit der Bitte behelligen, mir zu sagen, wieviel B*ekker* u*nd* T*hiele* Bogen meines Plato haben. Thue das, sobald Du kannst; für das Warten will ich beiden die neuen Cratylen schicken. Grüße mir besonders Becker herzlich, von dem ich uns große Dinge verspreche. Wegen Boehk bin ich eben bei Bellermann gewesen, der ihm sagen läßt, er möchte ihm verzeihen, daß er wegen vieler Amtsgeschäfte ihm noch nicht geantwortet habe; eine Stelle im Seminar sei für ihn offen, so daß er jetzt gleich eintreten könne; wollte er aber bis Ostern in H*alle* bleiben, so würde er ihm die Stelle dadurch offen erhalten, daß er bis dahin seine Stunden unter die andern Seminaristen vertheilen würde, weil er sehr viel von ihm erwarte.

Der Formalität wegen möchte er ihm gelegentlich ein kurzes lat*einisches* curriculum vitae u*nd* einen lat*einischen* Aufsatz über irgend etwas zuschicken, was ad acta kommen müßte. – Sage Boehk ich freute mich sehr auf ihn; er würde, wenn nur sonst für seine Subsistenz gesorgt wäre, im Seminarium ein völlig | freies Leben führen, da sich um das Treiben u*nd* Thun der Seminaristen kein Mensch mehr bekümmere. Die lat*eini-*

---

144 erst] *korr.* wie] *folgt* ⟨ein⟩ **165** ihn;] ihn,;

149 f *Brief *2051* **155** *Gemeint ist Boeckh*

schen Sessionen sind nämlich ganz eingegangen, u*nd* deutsche Vorlesungen werden auch oft in mehrern Monaten nicht gehalten; u*nd* in die Lectionen kömmt Bellermann wenig oder gar nicht. Das einzige Uebel in dieser Lage sind die Privatstunden, die die jungen Männer nebenbei der Subsistenz wegen geben müssen. Darauf mache doch Boekh aufmerksam.

Ich bitte Dich, die Druckfehler, die Du in dem Cratylus finden wirst, sorgfältig anzumerken; im dritten oder vierten Bogen ist eine ganze Zeile versetzt, die ein Carton nöthig macht. Ebenso schreib mir doch, wenn Du etwas ganz falsches findest, wo ich u*nd* Buttmann eingeschlafen sind, oder wenn Du selbst eine palmaria findest, die ein ornamentum der Arbeit werden könnte; denn wo erst ein Carton ist, da können mehrere sein. Bist Du im Ganzen mit meiner Revision der Übersetzung zufrieden oder habe ich viel errata stehen lassen? Es ging zuletzt gar zu rasch. Aber Du Teufel hast mich recht gehetzt. Gegen das Ende der Noten hattest Du da, wo ich die Seitenzahlen hinzufügen mußte, oft andre Worte gesetzt, als in der gedruckten Übersetzung standen, u*nd* einigemal wo die Note [*für*] etwas ganz allgemeines galt, habe ich alle mein bischen iudicium u*nd* Divination zusammennehmen müssen, um die richtige Seiten- u*nd* Zeilenzahl zu treffen. Das ist nur ein Monitum für die Zukunft. – Ich glaube nicht, daß Du zur künftigen Michaelismesse einen neuen Band fertig kriegst, zumal wenn du so in die heilige Exegese hineinreitest, u*nd* das ist mir auch recht lieb, daß ich nicht so sehr nachhinke. Aber lieber F*reund*, willst Du Dich denn nicht erbarmen, u*nd* es bei dieser Exegese gleich auf etwas öffentliches anlegen, damit doch endlich die Sache in den richtigen Gesichtspunkt kömmt, u*nd* Dinge mit ein Paar Worten abgemacht werden, über die bis jetzt des Radotirens kein Ende ist. Ich dächte, wenn einmal einer, wie Du, über die Sachen käme, so müßte das Exegesiren ein Ende haben; Du könntest doch den Theologen für die ersten Jahrhunderte eben das werden, was ihnen bis jetzt Grotius gewesen ist. Ein Antipaulinischer Commentar wäre wohl etwas Deiner würdiges, u*nd* Du bist dazu verpflichtet, weil ihn außer Dir keiner so zu Stande bringen kann. – Ich wollte noch über mancherlei plaudern, aber es ist zu spät. Ehrenberg wird Domprediger, das weißt Du wohl schon. Boots läßt Dich herzlich grüßen. Lebe wohl, u*nd* erwarte eine Sendung über den Sophista von Deinem

Heindorf

d. 28 Dez. 5.

---

173 dem] *folgt* ⟨neuen⟩ **182** in] *folgt* ⟨Deiner ged⟩ **186** für] *folgt* ⟨ein andr⟩

---

177 *eine res palmaria, eine preiswürdige Sache (palmarius ist Nebenform zu palmaris)* **179** *Schleiermachers Platon-Übersetzung* **193** *Radotieren (franz.), albern reden, faseln* **200** *Friedrich Ehrenberg wurde 1806 5. Prediger am Berliner Dom.*

2105. Von Ludwig Gottfried Blanc. Berlin, Dienstag, 31. 12. 1805

Werthgeschätzter Herr Professor,

Vermuthlich werden Sie schon wissen wie günstig die Wahl der französischen Gemeinde für mich ausgefallen ist, wie groß aber meine Freude darüber, mögen Sie aus der Lebhaftigkeit schliessen womit ich es damals wünschte als ich das Vergnügen hatte Sie in Halle zu sprechen. Wie sehr freue ich mich Sie nun bald dort wiederzusehen, denn, warum sollte ich es Ihnen nicht sagen, da selbst die alten Jungfern der Colonie in Halle es längst tadelten, in Ihrer und Wolfs Nähe zu seyn, Sie zu sehen, ihn zu hören war es ja vorzüglich warum ich so sehr eben nach Halle zu komen wünschte. So sehr ich nun aber auch Ursach habe mit dem Gange meiner Angelegenheiten zufrieden zu seyn, so bleibt mir doch noch etwas zu wünschen übrig welches mich in eine viel angenehmere Lage setzen könnte, als die einzige Predigerstelle es vermag: Dies ist Lector der französischen Sprache bey der Universität zu werden. Sie wissen wie gering der Gehalt unsrer Stellen ist, 200 rth mehr sind also für mich von der größten Wichtigkeit. Schon | neulich als ich in Halle war versuchte ich einige Schritte um diese Stelle zu erlangen, allein bey der großen Ungewisheit ob die Colonie mich wählen würde, konnte ich nicht viel mehr thun als meinen Nahmen beim Prorector Maaß aufschreiben lassen. Jetzt denke ich zum Minister von Massow mit einem tüchtigen testimonium vom französischen Gymnasium zu gehen. Ein zweites Exemplar dieses Zeugnisses schicke ich mit heutiger Post an die Universität. Alles kömmt also darauf an die Stimmen des Consilii Academici zu erhalten: können Sie dazu etwas beytragen und glauben Sie es verantworten zu können mich zu empfehlen, so weis ich, ich habe Ihnen hiemit schon alles gesagt was es bey Ihnen bedarf. Wundern Sie sich nicht daß vermuthlich die Hofräthin und Jösting Sie mit derselben Sache belästigen werden oder es vielleicht schon gethan haben. Nicht Zweifel an der Bereitwilligkeit jener mit Ihnen davon zu sprechen treibt mich an an Sie zu schreiben, es fiel mir nur ein daß sie, wenig von der Lage der Sache unterrichtet, sich undeutlich darüber ausdrücken, oder mehr von Ihnen verlangen könnten als in Ihrer Gewalt stehen mag. Vorzüglich aber wollte ich mir das Vergnügen nicht

---

2105. *Überlieferung: H: BBAW, SN 253, Bl. 1; D: Blanc: Briefe an Schleiermacher, S. 1 f.*

2105. 2–5 *Blanc wurde 1806 Prediger bei der reformierten Gemeinde in Halle.* **13–19** *Während Schleiermachers Wirksamkeit in Halle wurde Blanc nicht Lektor; 1822 wurde er a.o., ab 1833 ordentlicher Professor für romanische Sprachen und Literatur an der Universität Halle.* **26** *Wohl Henriette Herz*

rauben lassen Ihnen so schnell als möglich die Freude mitzutheilen welche mir Ihr baldiges Wiedersehen verursacht.

Ich habe die Ehre mit tiefster Hochachtung zu seyn
Ihr ergebenster Diener

L. Blanc
Verbi Divini Magister

Berlin den 31 Xber 1805.

2106. Von L. von Willich. Dienstag, 31. 12. 1805

Abends vor Neujahr 1805

„Vieleicht" sagt Ehrenfried, „schreib ich Donnerstag an ihn" auf die Frage, wann schreibst Du Schleier? und wenn es denn auch nicht währ ich kann ja doch zu Ihnen gehn und Ihnen guten Abend sagen, und Ihnen die Hand reichen beim Schluß des Jahrs! Lieber Schleier! ach wie Ihnen wohl zu Muthe ist – ja ich weiß es wohl, weh, recht weh – doch from und gut und still! Schleiermacher, o Sie sind ein sehr edler Mensch, und Gott weiß es daß Sie es sind!

Lieber Schleier! ach soll ich's Ihnen nun ein Mal recht von Herzen klagen, daß ich lange nicht so gut bin wie Sie? o könnte ich mit ganzer Ruhe auf die Vergangenheit zurük blicken – mit stiller Wehmuth auf das Verlohrne hinsehen, dann wär ich fromm und gut – aber welch einen Schmerz fühle ich oft noch, der mir das Süße der Wehmuth nimt welch eine Sehnsucht – u*nd* wenn ich mich recht bedenke – ach so ist es das Verlangen daß alles doch noch so sein mögte | wie es war, und dann wollte ich so gut sein, so fromm, und still duldend und anhalten wollt ich, und nicht müde werden; ach wie nicht müde werden – ach Schleier! So wollte ich immer auch so gerne wie Mutter noch lebte – doch werd ich es immer werden – und nun ist sie tod, und ich hab sie nicht mehr – und alles ist vorbei – – In Ihrem ersten Briefe den Sie mir nach meiner guten Mutter Tode schrieben sagten Sie „manches pflegt sich auch als Vorwürfe zu stellen" – – ach ich hatte nicht das Herz Ihnen darauf zu antworten, still verschloß ich diesen Schmerz – ich konnte es nicht aushalten ihn

---

2106. *Überlieferung: H: BBAW, SN 427, Bl. 5 f.* **2** „Vieleicht"] Vieleicht" **13** welch] *korr. aus* weh **21** sagten Sie] *korr. aus* sagte sie

---

2106. **18** *Marianne Regina von Willich* **20–22** *Brief 1899, 12–14*

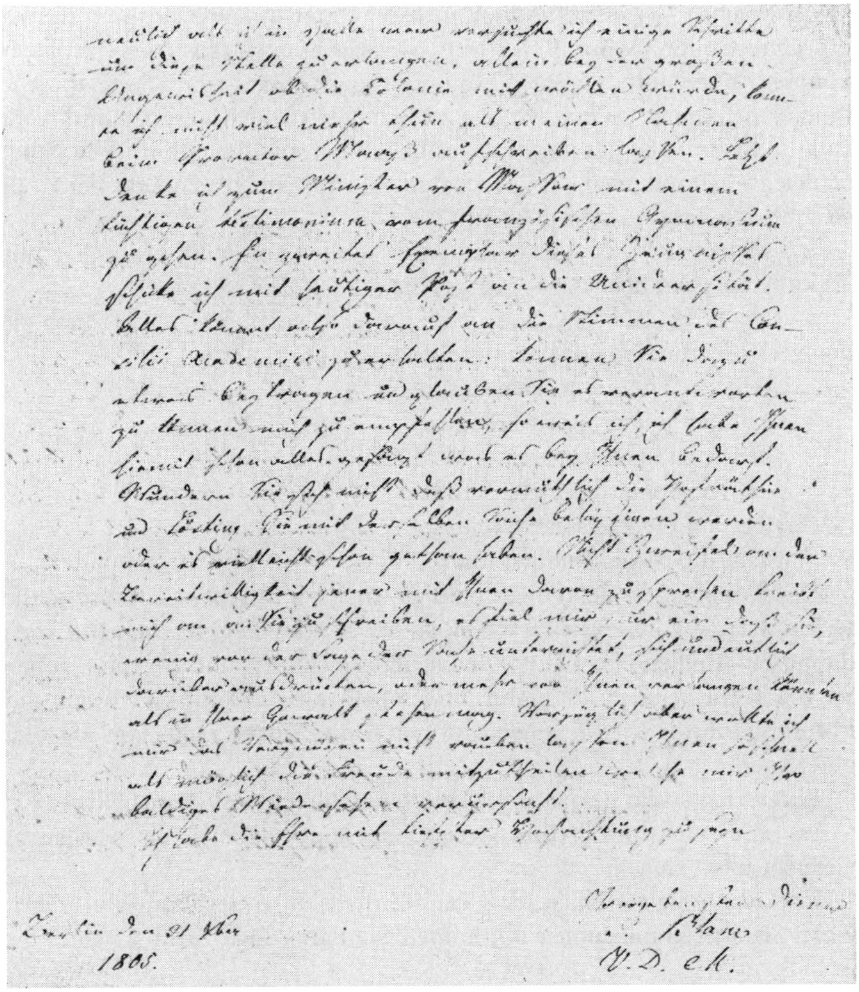
nämlich als ich in [illegible] war versuchte ich einige Schritte
um diese Stelle zu erlangen, allein bey der großen
Ungewißheit ob die [illegible] mit [illegible] würden, könne ich nicht viel mehr thun als meinen Nahmen
beim Senator Wenzel aufschreiben lassen. Letzthin ist zum Minister von Massow mit einem
künftigen Collaborateur vom französischen Gymnasium
zu gehen. Ein gewisses Schreiben dieses Inhalts
schicke ich mit heutiger Post an die [illegible].
Alles kömmt also darauf an die Stimmen des Con-
silii Academici zu erhalten: können Sie dazu
etwas beytragen und glauben Sie es verantworten
zu können mich zu empfehlen, so weiß ich, ich habe Ihnen
hiermit schon alles gesagt und es bey Ihnen erlangt.
Wundern Sie sich nicht daß vermuthlich die [illegible]
und [illegible] Sie mit derselben Sache belästigen werden
oder es vielleicht schon gethan haben. Nicht Zweifel an der
Bereitwilligkeit ferner mit Ihnen davon zu sprechen [illegible]
mich an Sie zu schreiben, es fiel mir nur ein daß Sie,
wenn von der Lage der Sache unterrichtet, sich [illegible]
darüber ausdrücken, oder mehr von Ihnen verlangen könnten
als in Ihrer Gewalt gestanden. Vorzüglich aber wollte ich
mir das Vergnügen nicht rauben lassen Ihnen so schnell
als möglich die Freude mitzutheilen welche mir Ihre
baldigst Wiedergenesung verursacht.
Ich habe die Ehre mich [illegible] Hochachtung zu sagen

Ihr ergebenster Diener
[illegible]
V. D. [illegible]

Berlin den 21 Xber
1805.

auszusprechen – – o wüste doch meine Mutter nur wie gern ich immer das Gute wollte – wüste Sie es jetzt, sie würde mich trösten wenn Sie es könnte – bitte Gott, Sie guter Mann daß er es thut – und ich verspreche Ihnen, auch immer recht | geduldig zu sein, gegen alle Menschen und recht still, und from, und gut mein ganzes Leben lang! Ich muß aufhören lieber Schleier – ach und bleibe doch gern noch – aber mich schmerzt der Kopf so sehr! ich habe zu sehr geweint –

Ich will ein bischen lesen u*nd* dann wieder kommen, Hane hat mir Tieks Phantasien über die Kunst geschenkt – adieu so lange.

– „Die Töne sagen uns von ihnen, wir fühlen es innigst wie auch sie uns vermißen und wie es keine Trennung giebt.

Weht ein Thon vom Feld herüber
Grüß ich immer einen Freund,
Spricht zu mir: was weinst Du Lieber
Sieh wie Sonn, die Liebe scheint:
Herz am Herzen stets vereint
Gehn die bösen Stunden über –“

Und kommen Sie denn nicht bald zu uns? wir mögten es nun so gerne wißen w a n n wohl, es ist so schön, so etwas zu wißen, davon gehn auch die bösen Stunden über! Gute Nacht lieber Schleier | und Morgen, geben Sie mir recht herzlich die Hand, und sehen mich an und so will ich mit Ehrenfried in die Kirche gehen und beten und singen recht von Herzen. gute Nacht.

Ehrenfried schikt seinen Brief Heute ab soll ich dies Blatt beilegen?

Sie sind sehr traurig, Ihre Gesundheit leidet dabei – Sie werden es vieleicht nicht tragen –

Und wenn Sie es fühlen, daß der Schmerz, Ihre Gesundheit verzehrt, wenn Sie sich krank fühlen o kommen Sie dann doch zu uns – thun Sie es –

Ich wollte Ihnen noch manches erzählen aber nun kann ich es nicht, die Herz schreibt: Sie grämen sich so sehr, daß wohl kaum Ihr Körper es tragen wird –

Haben Sie Gestern wohl gepredigt? Ich war in die Kirche, ich wollte Sie hätten Ehrenfrieds Predigt gehört – ich habe oft an Sie gedacht, für Sie gebetet – ach Sie grämen Sich so sehr, daß Sie vieleicht krank werden vieleicht sterben – – o Schleier nein!

---

54 daß] das

---

31 *Amalie Hane* 32–40 *[Wilhelm Heinrich Wackenroder:] Phantasien über die Kunst, für Freunde der Kunst. Herausgegeben von Ludwig Tieck, Hamburg 1799, S. 245 (Wackenroder: Sämtliche Werke und Briefe, Bd. 1, S. 237 f.)* 47 *Brief *2107*

Es ist das Leben der Freundschaft eine schöne Folge von Akkorden, der, wenn der Freund die Welt verläßt der gemeinschaftliche Grundthon abstirbt!

L

**2107. Von J. E. Th. von Willich. Ende Dezember 1805*

2108. Von Ch. Schleiermacher. Gnadenfrei, Ende Dezember 1805/Anfang Januar 1806

Da man schon lange damit umgeht noch eine Wohnstube in der Anstalt einzurichten, u*nd* keine mehr vorhanden als die meinige – u*nd* die sich meldenden Kinder immer mehr werden, so hätte ich ohnedies – gegen Johany – spät*es*tens Michaely mich empfehlen müßen – nicht selbst Aufseherin werden – das nehme ich nur im Fall einer noch dabei eignen Stube ann – dis fällt weg – ich müste ins SchwesternHaus – wieder in eine volle Stube – leere giebt es dort nicht – die alte Seidliz, welche mich ohnehin sehr gefangen hält – würde mir leicht einen Plaz bei sich angewiesen haben, mir aber auch alles so zur Gnade gemacht daß ich diese Ketten ziemlich eisern auf mir gefühlt hätte – überhaupt sind die Erfahrungen die ich theils selbst – auch nur als Zuschauerin hier in dieser Familie mache von eigner Art – man könte schon viele Biographien mit bittren recensionen darüber schreiben – doch weiter – |

Ob ich in meinem lezten – worinn ich Dir den Todt der liebenswürdigen von Zeschwiz meldete, auch davon geschrieben – was meine Lisette Pritwiz betrift – weis ich nicht, genug – das Hinscheiden eines Oncles v*on* Hermsdorf, und das ihres Bruders, dem die T a n t e einstweilen die Oberverwaltung über ihre Güter anvertraut – hat veranlaßt daß d i e s e, die nach ihrem Tode ihr zufallenden Güter schon jezt Lisetten übergeben – also seit dem neuen Jahre – wohnen sie in Hermsdorf 2 Meilen von

2108. *Überlieferung: H: BBAW, SN 375/26, Bl. 12 (wohl Fragment)*

60–62 *Schleiermacher: Monologen, S. 127 (KGA I/3, S. 51)*

***2107.** *Vgl. Brief 2106*

2108. **14–19** *Vgl. Brief 2085, 12–28* **14 f** *Dorothee Friederike, geb. von Seidlitz* **17** *Gemeint ist Hennersdorf* *Friedrich Julius von Seidlitz*

hier – diesen mir so lieben Umgang bei mancher Beschwerlichkeit meines künftigen Postens genießen zu könen und der liebliche Gedanke – die kleine Agnes Lisettens Tochter erst ein Jahr alt – wenn ich noch einige Zeit leben solte, auch unter meine Aufsicht zu bekommen – erhellt die dunklen Gemählde – Du hast der Seidlizen Kinder gesehen – Emilie u*nd* Adolph werden für die nächsten Jahre meine Zöglinge sein – auch die kleine Bertha werde ich öfters um mich haben – Eduard komt in die Anstalt nach Sachsen. Für diesesmahl genug – Gruß u*nd* Kuß an Nanny von

Lotten

Wolte ich das nun alles von meinem k*leinen* Capital bestreiten so würden grade 20 rthr übrig bleiben das würde einen großen Lärm verursachen u*nd* Schmähworte auf mich regnen – ich bitte Dich daher | im Voraus wenn es eine Möglichkeit – soltest Du es dis einzige mahl selbst borgen – mir vor Johany – suma sumarum, 40 rth zukomen zu laßen – da meine Laage sich wegen dem oeconomicum so vortheilhaft ändert – werde ich wenn ann sich der Gehalt auch mit 50 rthr nicht groß doch da ich alles | frei habe – nicht leicht in dergl*eichen* Noth kommen wenn es möglich so hilf mir vor dieser neuen periode

2109. Von Adam Gottlob Oehlenschläger. Halle, Ende 1805/Anfang Januar 1806

Ad velamfacientem.
Habe doch o vortreflicher Mann die freundliche Güte
Flegeljahre Jean Pauls, oder besser: von Friedrich Richter
Die ich gestern Abend vergass, mit Eile zu senden;

31–39 Wolte ... periode] *am linken und unteren Rand; zum Schluß Wechsel von Bl. 12ᵛ zum unteren Rand von Bl. 12ʳ*

2109. *Überlieferung: D: Breve fra og til Adam Oehlenschläger, Abt. 1: 1789–1809, Bd. 1, S. 225; von Oehlenschläger zitiert in einem Brief an Kamma Rahbek vom 29. 1. 1806. Das vormals im Bakkehausmuseet Kopenhagen befindliche Manuskript ist dort nach Auskunft des Archivs nicht mehr auffindbar.*

2109. *Oehlenschläger ging Anfang 1806 nach Berlin; in seinem Brief heißt es: „Den sidste Dag jeg var i Halle skrev jeg Professor Schleiermacher fölgende Epistel til, hvilket ikke maa udelades, for at gióre Samlingen complet af mine Opera omnia teutonica" („Am letzten Tag, den ich in Halle war, schrieb ich Professor Schleiermacher folgende Epistel, die nicht ausgelassen werden darf, um die Sammlung meiner sämtlichen deutschen Werke vollständig zu machen").*

Denn ich sehne mich innig danach, was er weiter geflegelt.
Noch eins, o du Vortreflicher! hier erfleh ich in Demut
Eilig hier, wen's nicht die grausamen Parzen verhindern,
Komm', und mein Koffer beseh', damit ich baldigst erfahre
Ob der Schloss und der Boden sind gut, vorzüglicher Arbeit,
Oder ob nicht aushaltend das stöhrende Reisegeschaukel
Besser und weisser ich thu', wenn ich mit Bretter und Riegel
Klug ihn hurtig versah, dass er nicht laut krachend im Falle
Bärst' und stürtz' ins Drek, und ich der Berliner ein Spot wird.
Diesses, erhabener Freund! o du weissester Schleiermacher!
Thu zu Gefallen mir, und komm' wo möglich um elf Uhr.
Oder auch gegen zwölf, wo nicht, was schlimmer ist, gar nicht.

Oleumverberans.

2110. Von G. A. Reimer. Berlin, Sonnabend, 4. 1. 1806

Berl d. 4n Jan 6.

Auch ich war im Begrif Dir zu schreiben, liebster Freund, wie ich Deinen Brief vom 21*ten* Decem*ber* erhielt, und würde Dir gleich geschrieben haben nach dem Empfang desselben, wenn nicht die Herz die gerade an dem Tage bei uns war, um die Mittheilung ersucht, und ihn mir erst vor einigen Tagen wieder zugestellt hätte.

Wenn ich auch gleich nicht früher in Rede oder That zu Dir kann, so warst Du und Dein liebenswerthes Leben doch immer der Vorwurf meiner Gedanken und ich umfaßte Dich mit treuem Gemüth; und kann ich denn je anders da ich mich so eins fühle mit Dir, und jede Betrachtung Deines Lebens und Wirkens neues und herrliches bisher verborgenes vor mir entfaltet. Wahrlich wie mich auch andre und fremde Individualitäten anders und mannichfaltig berühren, so wie Deine erfüllt mich keine mit Liebe und Lust, keine erscheint so klar, gediegen und vollendet vor mir und bildet so herrlich die Sehnsucht unendlicher Liebe zur Wahrheit und Wirklichkeit um. Aber wie ich es Dir aussprechen will versagt mir die Sprache und ich fühle mich aufge|löst in Wehmuth.

2110. *Überlieferung: H: BBAW, SN 358, Bl. 90 f.* 5 um] *davor* ⟨[mit]⟩ die] *mit Einfügungszeichen über der Zeile* 17 ich ... mich] *korr. aus* löst sich aufge|löst] aufge|gelöst

---

2110. 2 f *Brief 2099*

Das heilige Vertrauen was Du in Leonorens Liebe zu Dir setzest kann freilich nicht nichtig seyn, und kann nicht bestehen ohne sie, da solches nur das gemeinsame Produkt unendlicher Liebe seyn kann; aber das muß Deinen Geist eben freudig erheben, und in dieser Einsicht muß es Dir ansprechen, daß aus dem Mittelpunkt dieser Vereinigung in Liebe das Herrlichste und Schönste sich erzeugen werde, wenn auch dem irdischen Auge unsichtbar. Darum ist es mir auch nicht verständlich warum Du die Ehe aufgiebst, die im Herzen geschlossen ewig dauern muß, und der äusseren Bekräftigung so wenig nothwendig, als des äussern Zusammenseyns und der äussern gemeinschaftlichen Wirksamkeit bedarf. Wie kann denn das was Liebe gestaltet je anders als den Liebenden ersprießlich seyn, wie fremdartig auch die Erscheinungen nicht bloß dem sinnlichen Auge sondern auch selbst dem geistigen dünken mögen? | In der unendlichen Tiefe der Liebe und in dem unversiegbaren Vertrauen auf ihren Triumph muß der Liebende und Geliebte den Schmerz erträglich finden lernen, den das Menschliche in ihm erduldet, und so wird er den Schmerz anlächeln den er für dies Leben zu tragen bestimmt ist, und sein Martyrerthum wird seine Lust seyn.

Ich freue mich unaussprechlich Dich wieder zu sehen und in diesem frohen Gefühl hoffe ich auch alle Schwierigkeiten zu überwinden, die sich mir entgegen stellen. In der Gewißheit dieser Aussicht stelle ich auch alle Sendungen bei Seite, so wie das Besprechen von Geschäftssachen.

Wir sind alle wohl und die Knaben wachsen und gedeihen. Alle grüßen Dich mit dem Gruß treuer Liebe.

2111. An J. C. Gaß. Halle, Sonntag, 5. 1. 1806

d 5t. Jan. 6.

Wenn ich Ihnen mein theurer Freund noch in den Weihnachtsferien schreiben will so muß ich mich wol dazu halten denn leider ist heute der lezte Tag. Weiß Gott wie mir diese Ferien, es waren doch schöne 14 Tage[,] vergangen sind! Gethan habe ich von Allem, was ich mir vorge-

19 sie] *über* ⟨sich [ ]⟩ 20 kann] *mit Einfügungszeichen über der Zeile* 22 Mittelpunkt] *korr. aus* Zen 24 Darum] *korr. aus* [ ] 32 finden] *korr. aus* den das

2111. *Überlieferung: H: Krakau; D: Schleiermacher: Briefwechsel mit Gaß, S. 39–41 (gekürzt)* 1 6.] *korr. aus* 5.

18–35 *Vgl. Brief 2099, 10–35*

nommen hatte, gar nichts, und so wäre es beinahe auch mit dem Briefe an Sie gegangen. Der Ihrige hat mich in der That aus nicht geringer Angst erlöset, die ich um Wilhelmine gehabt habe. Sehen Sie das entsteht aus den allzulangen Pausen. Sie haben daher auch gewiß das Recht zu sagen, daß mit diesem Mädchen ⌊nicht⌋ der Beschluß sollte gemacht werden. Denn die Frau muß allerdings etwas in Uebung kommen damit sie richtiger rechnen lerne. Doch es ist schön daß sie nun alles bedenkliche glüklich hinter sich hat. Worüber Sie mir gar nichts gesagt haben ist ob Wilhelmine das Kind selbst nährt oder nicht. Ich vermuthe das lezte und | hoffe, daß sie sich, wenn auch nicht gern hat überzeugen lassen daß dies Geschäft sie zu sehr angreifen würde. Nun entsteht aber eine zweite mir sehr interessante Frage ob Sie eine Amme gewählt haben oder das Kind mit Speisen aufziehen wollen? In der That ich muß sie anklagen daß Sie meine Theilnahme an Ihren häuslichen Ereignissen für sehr oberflächlich halten da Sie über alles dieses kein Wort sagen. Ich gestehe Ihnen gern daß ich gegen alles Ammenwesen eine unüberwindliche Abneigung habe und daß ich nur ungern Wilhelminens Tochter an einer fremden Brust denken würde. Lieber die freilich große Mühe und Beschwerde des Auffütterns mit dem man aber doch auch jezt schon besser Bescheid weiß als sonst.

Um unsern armen Bartholdy hat es mir recht leid gethan; indeß kann ich mir gern denken daß Sie der alles vorige Leiden mit gesehen und getheilt hatte den Tod mit rechter Zufriedenheit kommen sahen, um es zu endigen. Aber was wird unser guter Freund nun beginnen? Er wird doch seine Kinder die ihrer so sehr bedürfen nicht ohne mütterliche Pflege lassen können, und das scheint mir das härteste daß er sich nun in der Noth|wendigkeit einer zweiten Wahl befindet. Möge es ihm nur hiebei so gut gehen, als er es verdient.

Was Sie mir sagen über mein Schiksal ist fast aus demselb*en* Ton mit allen meinen Freunden gesprochen. Meine Ueberzeugung ist nun freilich eine etwas andre. Hätte ich sie nur erst gehabt ich hätte den Dämon wol beschwichtiget und gebannt der uns beide so unglüklich gemacht hat. Ich war auf solche Rükfälle gefaßt und hatte das ganze Bild ihres Kommens und Gehens vor mir; ich hatte mich ordentlich darauf so wie auf Eleonorens Kränklichkeit als Bestandtheile unseres Lebens eingerichtet. Jezt bleibt mir freilich nichts übrig als mich auf meinen Beruf zu verweisen.

Wissen Sie aber wol, lieber Freund daß es leicht kommen kann daß ich von meinem Plaz den ich übrigens auch für den besten halte dennoch

---

2111. 7 *Vgl. Brief 2091* **26** *Vgl. Brief 2091, 27–29* **34** *Vgl. Brief 2091, 35–63*

hinweggehe? Nicht nach Potsdam, davon ist zu meiner großen Freude noch gar nicht die Rede gewesen, und ich bin auch ziemlich sicher, daß man auf diesen Gedanken nicht kommen wird. Aber ich habe einen Antrag nach Bremen an die Kirche U*nserer* L*ieben* F*rauen*. Es ist nur erst ein Antrag; ich bin nämlich gefragt worden ob ich Hofnung gäbe die Stelle anzunehmen wenn die Wahl auf mich fiele; diese Hofnung habe ich gegeben und es ist große Wahrscheinlichkeit daß die Wahl auf mich fallen | wird. Ich gestehe Ihnen wenn ich gehe werde ich sehr ungern gehn und es wird mir schwer werden das Katheder zu verlassen auf dem ich mich wohlbefinde und wo ich auch mit der Zeit immer mehr Gutes stiften würde, wie ich zuversichtlich hoffe. Dennoch habe ich mir einen sehr bestimmten Plan über die Sache gemacht und es kann leicht sein daß ich wirklich gehe. Der akademische Gottesdienst ist noch immer nicht eingerichtet. Man hat jezt die Kirche zum Magazin gemacht und dadurch ist die Aussicht auf seine Eröfnung die wirklich schon sehr nahe war wieder weit hinausgerükt. Das ist mir sehr verdrüßlich. Ueberdieß finde ich meine akademische Wirksamkeit auf mancherlei Weise dadurch beschränkt daß ich nicht in der Fakultät, was ich Ihnen vielleicht ein andermal wenn Sie es begehren weitläuftiger detaillire. Dies sind also die beiden Punkte die ich mir ausbedingen werde daß das Korn aus der Kirche genommen wird und daß man mich gleich in die Fakultät sezte, mit wieviel oder wenig Gehalt will ich ganz anheimstellen. Gesteht man mir dieses zu: so bleibe ich. Denn dann sehe ich daß es ernstlich gemeint ist mit meiner Anstellung. Wo nicht, so gehe ich ganz bestimmt denn ich hätte dann doch auf keine ungestörte Wirksamkeit auch in der Zukunft zu rechnen. In Bremen zu bleiben würde dann freilich nicht mein Wunsch sein aber ich würde darauf rechnen einmal nach Heidelberg berufen zu werden. Es ist möglich daß man | meine Bedingungen ausschlägt, weil man wie ich weiß Beyme die Meinung beigebracht hat ich hätte keine Zuhörer und keinen Beifall. Lassen Sie aber die ganze Sache unter uns bleiben da sie ehe ich den Ruf wirklich habe sich gar nicht zur Bekanntwerdung eignet. In einigen Wochen wird sich etwas bestimmteres darüber sagen lassen.

Die politischen Conjuncturen haben bis jezt wunderlich genug ausgesehen; nun aber hoffe ich daß nach dem Separatfrieden den Oestreich wirklich geschlossen hat an keinen Krieg zu denken sein wird, und Sie also ruhig die Rükkehr Ihres Regiments werden erwarten können. Sind

---

58 seine] *korr. aus* sein

77f *Nach der Schlacht von Austerlitz (5.12.1805) schloß Österreich am 26.12.1805 in Preßburg einen Separatfrieden mit Frankreich und schied aus der Koalition mit Rußland und Großbritannien aus.*

Sie hierüber beruhigt so werden Sie auch wol bald wieder ernstlicher an Ihre schriftstellerische Arbeit gehen. Uebertreiben Sie es nur nicht mit der Langsamkeit. Zwar will ich Sie nicht zu dem Leichtsinn verführen mit dem ich arbeite, der ich aufs bestimteste fühle daß allen meinen Arbeiten bei ihrer ersten Erscheinung die lezte Hand fehlt und immer gleich an eine zweite Auflage wenn auch nur zu meinem Privatgebrauch denken muß. Meinestheils arbeite ich eigentlich jezt außer dem Plato nichts als meine Vorlesungen ja auch am Plato selbst thue ich sehr wenig. Nur eine Kleinigkeit habe ich | eben gemacht, die ich aber mehr als irgend etwas der Unfertigkeit zeihen muß. Die Idee dazu kam mir sehr schnell, und ich wollte sie auch eben so schnell ausführen habe aber doch den Zeitpunkt den ich mir vorgesezt hatte nicht erreicht. Ich wollte erst die strengste Anonymität dabei beobachten der Verleger aber hat mich zum Gegentheil überredet, und ich will mir nun nur mit meinen hiesigen und Berliner Freunden den Scherz machen zu sehen ob sie mich errathen werden. Außer dem unmittelbaren Zwekk sollte es mir auch eine Vorübung sein auf mancherlei anderes was ich im Sinne habe, woran ich aber so bald wol noch nicht kommen werde. In Bremen würde ich freilich als Schriftsteller fleißiger sein können, und damit will ich mich auch trösten wenn das Schiksal wirklich will daß ich hingehe. – Gegen die Jen*aer* L*iteraturZeitung* bin ich ein arger Schuldner aber doch habe ich mich ihr keinesweges entzogen und denke recht bald wieder etwas zu geben.

Nun lieber Freund ich muß für diesmal abbrechen[.] Geben Sie mir recht bald wieder viele Nachrichten von Wilhelmine und der Kleinen. – Morgen gehn die Vorlesungen wieder an; ich bin noch gar nicht dazu angeschikt aber ich hoffe daß mit ihnen auch mein Fleiß wieder kommen soll. In 14 Tagen erwarte ich Reimer auf ein Paar Tage und freue mich sehr darauf.

Schl.

---

101 entzogen] *korr. aus* [ ]

87–99 *Schleiermachers „Weihnachtsfeier“ erschien im Januar 1806.* **92** *Schimmelpfennig*

2112. Von S. E. T. Stubenrauch. Landsberg, Montag, 6. 1. bis Montag, 3. 2. 1806

d 6ten Januar. 1806

Mein lieber Neveu

Das war ein rechter Feiertag für uns, als wir 2 Tage vor Weynachten – endlich nach langem Harren! e*inen* Br*ief* von Ihnen erhielten, und ich sage Ihnen herzlichen Dank, daß Sie meinen letztren Brief so bald beantwo*rtet* u*nd* dadurch uns auch von der Besorgniß befreyet haben, daß etwa e*ine* Krankheit Sie zurückgehalten. Also waren es allein Ihre vielfache Arbeiten, wodurch Sie gehindert waren, eher an mich zu schreiben. Nur wünschen wir aufrichtig, daß nicht Ihre Gesundheit durch die zu große Anstrengung Gefahr leide, zumal da Sie nun auch für H*errn* Schäffer die Vormittagspred*igt* übernommen haben.

Was macht denn der dortige Rect*or* H*err* Athenstädt? Könnte der nicht auch einige Predigten übernehmen? Sollten Sie einmal in Gesellschaft mit ihm sich finden, so würden wir ersuchen, ihn u*nd* seine Frau vo*n* uns vielmal zu grüßen. Lebt d*er* H*err* Pred*iger* Neve am dortigen Waysenhause noch? Dieser und seine Frau waren auch uns*ere* guten Freunde. Sollten Sie irgend mit diesen sich zusammentreffen, so würden wir ersuchen, ihnen u*nd* ihrem Andenken uns beßtens zu empfehlen – u*nd* könnten Sie uns von Nevens u*nd* ihrer Familie einige Nachrichten ertheilen, so würden Sie uns dadurch einen großen Gefallen erzeigen. Noch weiter läßt M*ama* fragen, ob H*err* Leveaux noch die Ressource hat, u*nd* ob Sie dieselbe fleißig besuchen – u*nd* ob Sie auch oft (im Frühling u*nd* Sommer wenigstens) nach Giebichenstein u*nd* nach dem Petersberg, od*er* wo sonst ihre gewöhnlichen Spaziergänge sind? |

d*en* 23ten An meinem guten Willen, Ihren Brief zeitig zu beantworten hat es nicht gelegen; da ich diesen bereits vor 4 Wochen angefangen, aber da kamen so mancherley Abhaltungen, da ich *zum* Theil Kranke besuchen mußte theils durch die Katechisationen u*nd* Unterrichtsstunden gehindert ward u*nd* Abends bey Licht wegen meines schwachen Gesichts mich nicht ans Schreiben wagen darf[.] Auch muß ich Ihnen klagen, mein Beßter, daß ich ihren Brief kaum habe lesen können wegen der schrecklich blassen Tinte, ob solche so blaß schon gewesen als Sie den

2112. *Überlieferung: H: BBAW, SN 397, Bl. 189 f.*

2112. *Mit einer Einlage an den Prediger O'Bern (Zeile 74 f)* **4** *Brief *2101* **5** *Brief 2074* **15** *recte: Nebe*

Brief geschrieben oder ob sie auf der so weiten Reise verblaßt sey – mag ich nicht bestimmen

Daß es mit Ihren akademischen Gottesverehrungen immer noch nicht recht im Gange ist, bedaure ich gar sehr[.] Ob die Kirche, von der Sie schreiben, daß sie nun in Stand gesetzt sey u*nd* daß die Orgel zu Neujahr auch wohl aufgestellt werden dürfte – die Schul- oder die Stadtkirche ist, kann ich nicht lesen, wünschte auch einige Nachricht üb*er* die eigentliche Einrichtung, ob Sie als Universitätsprediger – mit den andern Predigern wechseln? oder zu einer besonders bestimmten Stunde Ihre Predigt an jedem Sonntage halten? Wäre dies letztere d*er* Fall, so würde es Ihnen ja doppelt beschwerlich seyn, daß Sie noch für H*errn* Pred*iger* Schäfer dessen Vormittagspredigten übernommen haben; würde nicht ihre Brust dabey zu sehr angegriffen werden? |

So eben erinnert mich M*ama* daß ich Sie fragen soll: Ob Sie in d*er* Lotterie schon e*in* großes Loos gewonnen, indem Sie versprochen, daß Sie dann meine Büchersammlung kaufen wollten. Wir sehen im nächsten Sommer e*inem* großen Bau in uns*erer* Wohnung entgegen, indem durch die feuchte Witterung, die wir fast das ganze vorige Jahr hindurch gehabt dies Haus, so wie auch manche andre gar sehr gelitten und einer Haupt-Reparatur gar sehr benöthiget ist; da würde denn die gegen d*ie* Stadtmauer gelegene Seite, *we*lche täglich den Einsturz drohet, von Grund aus erneuert werden müssen, wie auch d*er* Anschlag bereits nach Berlin eingesandt worden; ich würde dann meine Bücher, davon d*er* größte Theil, wie Sie Sich wohl erinnern werden, von dort weg – d*er* Himmel weiß, in welchen Winkel – fortschaffen müssen. Könnt' ich solche dann gleich einpacken, so wäre uns das allerdings am liebsten. Wenn Sie noch bey Ihrem Entschluß bleiben, so will Ihnen e*in* Verzeichniß übersenden, damit Sie diejen*i*gen aussuchen können, die Sie am liebsten haben möchten

Da ich Ihren Br*ief* noch einmal durchstudiere, treffe ich eben auf die Nachricht, daß auch dort alles in kriegerischen Bewegungen war; auch haben wir häufige Durchmärsche von Reg*imen*tern aus Pommern u*nd* Preußen gehabt; nun ab*er* heißt es, daß bald wieder Durchzüge *zum* Rückmarsch kommen werden. Was dünkt Ihnen denn zu dem nun geendigten Kriege? u*nd* zu der gänz*lichen* Umstaltung des Deutschen Reichs, da wir nun zwey neue Könige haben, die in ihren neu ihnen

35 Ihren] Ihrem 53 *we*lche ... drohet] *Kj* welcher täglich der Einsturz drohet

38 Es handelte sich um die Schulkirche. **65–69** *Mit dem Frieden von Preßburg, der am 26. 12. 1805 unterzeichnet wurde, ging der 3. Koalitionskrieg zu Ende; zu den Vertragsbedingungen gehörte die Anerkennung der neuerhobenen Königreiche Bayern und Württemberg durch Österreich.* **66** *„Umstaltung" ist eine seltene Nebenform zu „Umgestaltung".*

zugetheilten Reichen mit der Souveränität herrschen sollen, als d*er* Kayse*r* von Oestr*eich* u*nd* der Kön*ig* von Preußen |

Nun, Liebster! muß ich diesen Br*ief* schließen, damit er nicht noch länger liegen bleibe[.] Mama grüßt vielmals, wie auch beyde Fr*auen* Doct*ores* u*nd* Benickens – auch viele Grüße an Ihre liebe Schwester. Von d*er* ältesten aus Gnadenfrey wünsche ich auch einige Nachricht

Laßen Sie uns ja nicht wieder so lange wie letzt warten. Einlage bitte gefälligst H*err*n Pr*ediger* Obern zuzustellen, u*nd* wenn Sie etwa ihn sprechen sollten, so könnten Sie ihm wohl sagen, daß er seine Antwort Ihnen nur z*ur* weiteren Besorgung zustellen dürfe

Leben Sie recht wohl, gesund u*nd* vergnügt; ich bin u*nd* bleibe Ihr ganz ergebenster Oheim u*nd* Freund

Stubenrauch

Landsb. a.d.W. den 3ten Febr. 1806

2113. Von C. G. von Brinckmann. Berlin, Dienstag, 7. 1. 1806

Berlin den 7. Januar 1806.

Endlich, mein Lieber! u*nd* viel später, als ich hofte, sende ich Dir, meine filosofischen Ansichten, u*nd* zwar nicht ohne den eigennüzigen Wunsch, daß Du dem Durchlesen derselben einige Stunden widmen mögest. Den Rezensenten vom gewöhn*lich*en Schlage gebe ich mich gern Preis. Aber ein Urtheil von Dir, wie streng oder schonend es ausfallen möchte, würde mir unendlich viel werth sein. Dies Büchelchen enthält lauter Fragmente, aber ich schmeichle mir, daß der denkende Leser sich dessen ungeachtet überzeugen wird, daß der Geist ihres Verfassers doch kein bloßes Fragment sei. Von einem System ist nicht die Rede, aber von ursprünglicher Einheit der Denk- u*nd* Empfindungsweise desjenigen, der hier bald von dem intellektuellen, bald von dem sittlichen Standpunkte das Leben anschaute. |

Am Ende sind es nur Materialien zu einem Buche, das ich mir wohl denken, aber selbst nicht schreiben kann. Ich fühle immer mehr, daß

2113. *Überlieferung: H: BBAW, SN 260 Bl. 65 f.; D: Brinckmann: Briefe an Schleiermacher, S. 68–70* **11** ursprünglicher] *mit Einfügungszeichen über der Zeile* Einheit der] der *korr. aus* des **14** Buche,] *folgt* ⟨daß⟩

---

71 f *Frau Schulze und Tochter* **72 f** *Nanny und Charlotte Schleiermacher*

2113. *Mit einem Exemplar der „Filosofischen Ansichten"*

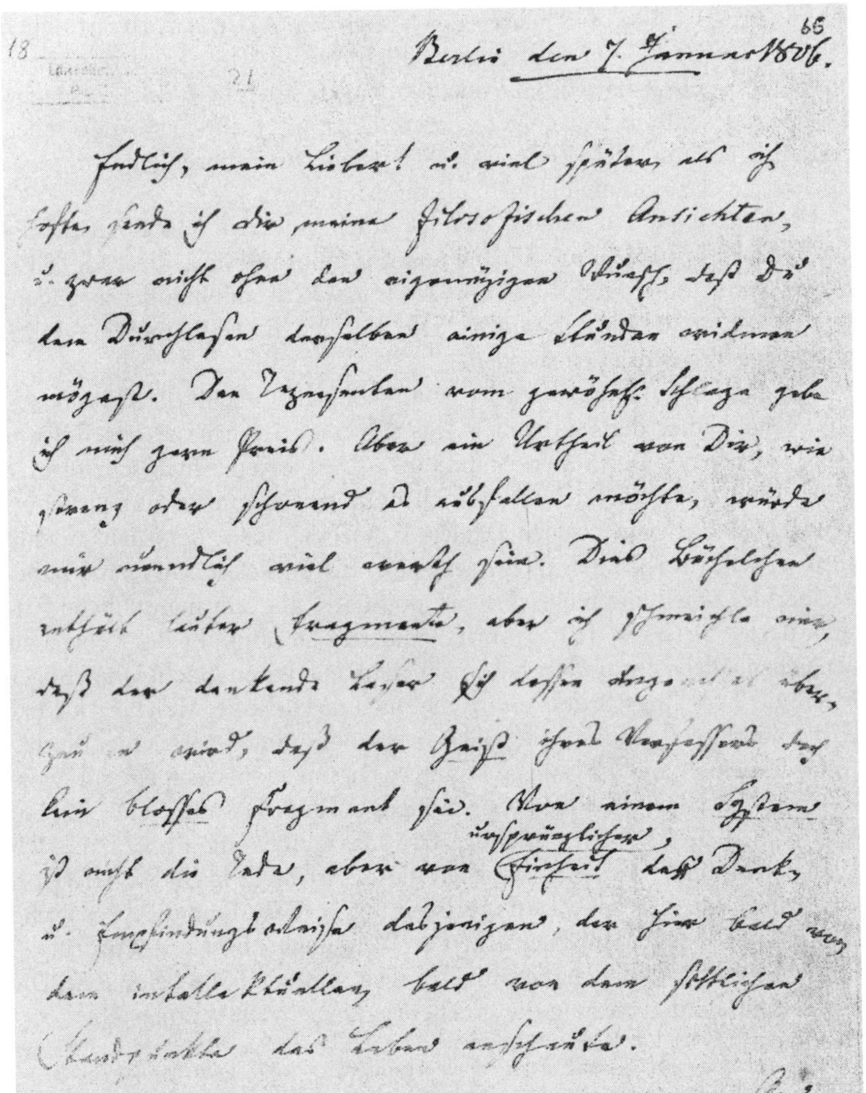

18 21 65

Berlin den 7. Jänner 1806.

Endlich, mein Lieber! u. viel später als ich hoffte, sende ich dir meine filosofischen Ansichten, u. zwar nicht ohne den eigennützigen Wunsch, daß du dem Durchlesen derselben einige Stunden widmen mögest. Den Schmeichlern vom gewöhnl. Schlage gebe ich mich gern Preis. Aber ein Urtheil von Dir, wie streng oder schonend es ausfallen möchte, würde mir unendlich viel werth sein. Dieß Büchelchen enthält leider Fragmente, aber ich zweifle nicht, daß der denkende Leser sich dessen ungeachtet überzeugen wird, daß der Geist ihres Verfassers doch kein blosses Fragment sei. Von einem System ist nicht die Rede, aber von ursprünglicher Einheit des Denk- u. Empfindungskreises desjenigen, der hier bald von dem intellektuellen bald von dem sittlichen Standpunkte das Leben anschaute.

Ein

ich als Prosaist u*nd* als Dichter gleich kurzen Athem habe; folglich würde ich bei grösserer Anstrengung doch nur keichen u*nd* vor Erreichung des Ziels ermatten. Hat doch Labrüyere auch kein Buch gemacht, u*nd* wird deshalb nicht weniger gelesen. Doch um nicht so stolz zu scheinen, will ich nur Klingers lezte Rhapsodieen anführen, die offenbar noch weniger zusammenhängen, als die Meinigen.

Übrigens wirst Du finden, daß ich doch eine Art von Folge in die Materien zu bringen gesucht habe; u*nd* das amüsanteste schien mir selbst bisweilen auf Einer Seite 3 oder 4 Säze mussivisch an einander zu fügen, wovon der erste den nehm*liche*n Tag, der 2te u*nd* 3te mehrere Jahre vorher niedergeschrieben worden. |

Am zusammenhängendsten ist wohl – obgleich eben so entstanden – das Kapitel über die Religion. – Das Christenthum ist aus Einem Guß; so auch VI. Der höhere Standpunkt. Dies leztere Stück scheint mir selbst am besten geschrieben, u*nd* ich habe es con amore ausgearbeitet. Würdige es doch ein bischen Deiner Aufmerksamkeit, denn ich möchte gern wissen, ob ich mich nicht vielleicht sehr unfilosofisch verfizt habe. Meine Idee war, eine nicht so wohl populäre, als rein menschliche Ansicht des religiösen Idealismus von dem Standpunkt des Lebens zu versuchen. Vielleicht findest Du so gar manchen leisen Nachklang einiger Ideen aus Schellings Bruno u*nd* Religion u*nd* Filosofie, welche ich kurz vorher anhaltend studirt, wiewohl nur unvollkommen verstanden hatte.

Über meinen Styl im Ganzen könntest Du mir wohl auch ein par Worte sagen. Ich habe allerdings einigen Fleiß darauf verwandt, aber ich bin nicht sicher, ob ich nicht unrichtige Grundsäze über | die Prosa habe. Ich glaube nehmlich, daß sie in Schriften dieser Art nicht leicht zu bildlich sein kann, wenn sie nur keusch bleibt, d.h. bestimmt die prosaische Dezenz beobachtet in Rücksicht der Wendungen u*nd* der Ausdrücke; simplex munditiis – Doch dies führt zu weit, u*nd* ich habe keine Zeit, Dir mit der Auseinandersezung dieser Theorie lange Weile zu machen.

---

34 von] *davor* ⟨aus⟩ des] *am Rand nachgetragen* **37** studirt,] *folgt* ⟨hatte⟩ **40** unrichtige] *korr. aus* ein unrichtiges P **41** nicht] *folgt* ⟨|gl|⟩ **42** bestimmt] *folgt* ⟨beobachtet⟩ **45** Auseinandersezung] Ausseinandersezung

---

17 *keichen oder keuchen* **18 f** *Jean de La Bruyère (1645–1696), französischer Schriftsteller; er wurde vor allem bekannt durch sein Bändchen „Les Caractères de Théophraste, traduits du grec, avec les caractères ou les mœurs de ce siècle“ (1688), das zu seinen Lebzeiten zahlreiche Auflagen erlebte.* **19–21** *Friedrich Maximilian Klinger: Betrachtungen und Gedanken über verschiedene Gegenstände der Welt und der Litteratur nebst Bruchstücken aus einer Handschrift, 3 Bde., Köln 1803–1805* **24** *musivisch, mosaikartig* **27–29** *Carl Gustav von Brinckmann: Filosofische Ansichten, Erster Theil, Berlin 1806; darin II. Religion (S. 65–145), III. Das Christenthum (S. 146–176), VI. Der höhere Standpunkt (S. 261–297)* **32** *verfizen, verwirren* **36 f** *Vgl. Brief 2020, 20–24* **44** *Horaz: Carmina 1, 5,5*

Zum Atheisten à la Schleiermacher kann man mich immer machen, wenn man Lust dazu hat, u*nd* gleich darauf wieder zum Hernhuter – kürzer – worauf ich stolz bin – zu einem Schüler von Dir.

Ich bin auf einige Zeit – aber unbestimmt – in Privatangelegenheiten hier, u*nd* erwarte mit Sehnsucht einen Brief von Dir.

Aus Furcht, daß Du mir, den Zeitumständen zum Troz, einen diplomatischen Titel geben möchtest, schreibe ich Dir meinen wirklichen hieher: À Mr. de Br*inckmann* Conseiller de Régence de S*a* M*ajesté* le Roi de Suède présentement à Berlin.

Dein

Br.

2114. Von Wilhelm Christian Müller. Bremen, Donnerstag, 9. 1. 1806

Bremen den 9. Jan. 6.

Wohlgebohrner, Hochgeehrtester Herr Profeßor,

So eben habe ich von H*errn* Giesebrecht erfahren, daß er den Auftrag, Ihnen in Absicht der 10 Jahre Berichtigung zu ertheilen, vergessen. Diese Berichtigung besteht darin, daß die 10. Jahre nur eine Förmlichkeit ist, und nichts bedeutet, weil diese zehn Jahre immer prolongirt werden, und blos in Rücksicht der Einziehung der 3ten Pred*iger*Stelle festgesetzt worden. Da diese aber gewiß nicht besezt wird, so ist diese Begrenzung keine Begrenzung. |

Sie erlauben, hochgeschätzter Freund meines einzigen Sohns, daß ich noch einige offene herz*liche* Worte dieser Gelegenheit, an Sie zu schreiben, beigeselle. Die Liebe meines Sohns, die ihn in jedem Brief von Ihnen enthusiastisch schreiben heißt, bürgt mir Ihre Verzeihung. Meine Seeligkeit ist es, Gutes befördern zu hoffen. Dieser unendliche Trieb brachte die Nothwendigkeit, Sie zu wählen, in Bewegung. Dies ist der Grund, warum es mich unendlich betrüben würde, wenn Sie nicht zu uns kämen. – Nur die Gemeinschaft der Geister regt mein Interesse. Ich bin nicht in Ihrer

---

54 Suède] *folgt* ⟨⟨.⟩⟩ ⟨B[ ]⟩

2114. *Überlieferung: H: BBAW, SN 339, Bl. 1 f.*

---

46 *Vgl. Brief 1880, 57–59*

2114. 10 *Adolph Müller*

künftigen Gemeine – ja mich trennt sogar der elende Buchstabe – daß ich Lehrer an dem lutherischen Lyceum bin.

Sie erlauben daher dem freieren Mann, seine Gründe hier niederzulegen, warum er Sie bereden möchte, sich durch nichts von diesem Ruf abhalten zu laßen. | Ich bin ein Fremder, kenne die wichtigsten Städte vom halben Deutschland; nirgends hat mir der Nationalcharakter beßer gefallen. Ehrlichkeit, Gutmüthigkeit, Bescheidenheit, Arbeitsamkeit, sind die Grundzüge. Der Gute findet zwar überall Gute, u*nd* wird leicht gefunden. – Aber, trotz aller Liebe, die Sie von Einzelnen genießen, ist Ihre Lage nach Ihrem Brief u*nd* Giesebrechts Kommentar dazu, nicht angenehm. Das bornirte Leben auf Universitäten kenne ich durch einen siebenjährigen Aufenthalt in Kiel und Göttingen. Der helle Kopf wird bald beneidet. Das warme Herz findet selten Nahrung. Der freie Theologe hat die Buchstabenmenschen wie die Alleserklärer gegen sich. Der Profeßor hängt vom launigen Studentenhaufen ab – Hier ruft alles, mache, daß Er kommt!!!

Kommen Sie lieber Mann, in unser noch freies Bremen, | wo jeder in Freiheit sich durch unbeschränktes Wirken sein Gebiet bis ins Unendliche erweitern kan, so viel es seine eigenthüm*liche* Kraft verstattet. Ihnen will sich hier ein schöner Horizont eröffnen. Mitten stehend werden Sie sich durch Ihre Aussaat blühende Gefilde bereiten. Es giebt viele des Edleren Bedürftige hier, die seit Häfeli's u*nd* Ewald Abgang hungern. Ihnen stehen viele hunderte reine Gemüther der Jugend offen, denn die Prediger lehren allein Rel*igion* u*nd* die jungen Leute besonders Frauenzimmer gehn bis ins 18te Jahr zum christ*lichen* Unterricht. Sie werden in kurzem Profeßor, mit einer kleinen Besoldung, wo Sie nichts zu thun haben, aber eine kleine Zulage und Einfluß ins Schulwesen. Sie werden mit Aufseher über die Kirchspielsschulen. Sie können, wenn Sie wollen, über allerlei Beliebiges, wie Häf*eli* u*nd* Ew*ald* Vorlesung halten u*nd* jähr*lich* einige 100. Rth. gewinnen. – Wenn Sie dies alles nicht wollen, so können Sie bei weniger Arbeit schriftstellern – u*nd* so gewinnen, u*nd* Gutes im großen Publikum wirken. – Es giebt viele gute junge Frauenzimmer hier – mir ahndet Erfüllung Ihres schönen Traums in den Monologen. – Sie werden auch mehr als ich, mehrere vortreffliche Freunde hier finden unter denen ich mich glücklich schätzen werde, nicht der lezte zu heißen – Ew. Wohlgebohren Liebevoller Freund und herzlicher Diener

W. C. Müller.

---

43 Sie] *korr. aus* s

27 *Brief 2095* 50 *Vgl. Schleiermacher: Monologen, S. 114–119 (KGA I/3, S. 47 f.)*

2115. Vom Bürgermeister und Rat der Stadt Bremen. Bremen, Sonntag, 12. 1. 1806

Vocatoriae an d*en* H*errn* Professor Schleyermacher in Halle.

WohlEhrwürdiger Hochgelahrter Insonders Hochgeehrter Herr Professor!

Um den durch das erfolgte frühe Ableben des weiland HochEhrwürdigen und Hochgelahrten Herrn Gottfried Wagner, der H*eiligen* Gottesgelahrtheit Doctors und zweyten Predigers an der Gemeine zu Unser Lieben Frauen, diese betroffenen ihr umso schmerzhaftern Verlust, als jener Biedere durch Treue in seinem Berufe und durch Menschenliebe während seiner fünfzehnjährigen Amtsführung sich gleich rühmlich und vortheilhaft ausgezeichnet habende Biedere Achtungs- und Liebenswerthe Mann sein Andencken unvergeßlich gemacht hat wiederum zu ersetzen, ist besagte Gemeine bewogen worden, am 2t. d*es* M*onats* zu | der Wahl eines zweyten Predigers zu schreiten und ist solche durch eine ansehnliche StimmenMehrheit auf Ew. p. gefallen.

Solche hiemit zu bestätigen machen wir uns um so mehr zum wahren Vergnügen als uns dasjenige bereits geworden ist, von Ihrer gründlichen vielumfassenden Gelehrsamkeit und treflichen Canzel-Gaben die rühmlichsten Zeugnisse zu erhalten, daher dann wir fest vertrauen dürfen, es werde ein Vortrag der aus dem Herzen kommt gewiß auch zum Herzen dringen und diesem tief und bleibend sich einprägen.

Wie nun Wir Ew p. zum zweyten Prediger an vorgedachter Kirche zu Unser Lieben Frauen förmlich hiemit berufen; so legen, in der angenehmen Hofnung, Sie werden den hiedurch | an Sie ergehenden Ruf anzunehmen geneigt seyn, wir den Hier üblichen von jedem Prediger statt des sonst zu leistenden BürgerEides zu unterschreibenden HomagialRevers hierbey welchen Ew p. unterschreiben und besiegeln, demnächst solchen bey der Antwort auf gegenwärtiges VocationsSchreiben uns zurücksenden wollen, und dagegen der hiesigen Bürgerschaft mit allen derselben eigenen Vorzügen Sich zu erfreuen haben werden.

2115. *Überlieferung: h: StA Bremen (Konzept)* **1** Professor] *über* ⟨Prediger⟩ **4** den] *folgt* ⟨S⟩ **8** und durch] durch *mit Einfügungszeichen über der Zeile* Menschenliebe] *folgt* ⟨se⟩ **9** gleich] *folgt* ⟨vortheilhaft⟩ **10** Biedere] *folgt* ⟨Li⟩ **12** am] *davor* ⟨zu⟩ **18** wir] *am linken Rand nachgetragen* **21** Prediger] *mit Einfügungszeichen über der Zeile* **28** hiesigen] *folgt* ⟨großen⟩

2115. *Am Rand der ersten Seite: „exped. d. 12. Janr. 1806." Darunter: „Lect. in Pleno d. 15. Jan. 1806. C[onclusio] mit Dank approbirt."* **25** *Huldigungsrevers; Loyalitätserklärung zum Erwerb des Bürgerrechts*

Dem aufrichtigsten Wunsche, daß der Allgütige auf Ew p möglichst bald anzutretenden Reise hieher, Sie sicher geleiten und für allen und jeden Unfall in Gnaden bewahren wolle, fügen wir noch den nicht minder herzlichen hinzu, daß das Wort des Evangeliums welches Sie als treuer Diener | desselben auch treu gewiß verkünden werden, bey keinem Ihrer Zuhörer auf die Erde fallen möge, und Sie nach späten hier glücklich durchlebten Jahren dort den herrlichsten Lohn Ihrer Gott gebe Seegenvollen Arbeiten, in dem frohen ewig daurenden Mitgenuß der Seeligkeit von Tausenden empfangen mögen, die Sie zu solcher führten.

Schließlich bitten wir Gott, daß er uns sämtlich in seine mächtige Obhut nehmen wolle p

**2116. Von Ch. von Kathen. Vor Mitte Januar 1806*

**2117. Von Ch. von Kathen. Vor Mitte Januar 1806*

**2118. Von H. Herz. Berlin, Mitte Januar 1806*

Berichtet, daß G. A. Reimer nicht zusammen mit Jösting nach Halle reisen werde.

**2119. An Friedrich Karl von Beyme. Halle, Mitte Januar 1806*

Er würde den erhaltenen Ruf nach Bremen, so sehr er sich auch im Ganzen hier gefiele, gewiß annehmen, wenn man ihm nicht Sicherheit gäbe für die baldmöglichste Hinwegräumung aller Hindernisse gegen den aka-

---

32 den] *folgt* ⟨| |⟩ 37 frohen] *folgt* ⟨M⟩

***2116.** *Vgl. Brief 2124, 2 f.*

***2117.** *Vgl. Brief 2124, 2 f.*

***2118.** *Vgl. Brief 2127, 2 f.*

***2119.** *Vgl. Brief 2150, 22–27; die Datierung ergibt sich aus Brief 2124, 73–76 vom 17. Januar.*

demischen Gottesdienst, und wenn man ihn nicht gleich als Professor ordinarius in die theologische Facultät setzte.

**2120. An Julius Eberhard Wilhelm Ernst von Massow. Halle, Mitte Januar 1806*

*Wie Brief *2119*

**2121. Von H. von Willich. Mitte Januar 1806*

Berichtet, daß Schleiermacher ihr im Traum erschienen sei.

2122. Von Ch. Schleiermacher. Gnadenfrei, vor dem 17. 1. 1806

Dieser Bogen war schon zurecht gelegt – Dir mein Einziger mit der morgenden Post zu schreiben – u*nd* Dich da ich die Neuerungen mit dem Gelde in den Zeitungen las inständigst zu bitten mir nicht etwa Papiere zu schiken – da man es im Laden wo meine längste größte Schuld ist – grade das was ich von Dir erbeten – gewiß nicht nehmen würde – lache oder schmolle; es ist nun heraus – Du kenst ja meine Uebertriebenheit – und auch die Ungeschiklichkeit mich nicht recht auszudrüken – ich meinte wohl, daß es wie mit Anhalt u*nd* Pleß man in einem Tage hin u*nd* her könte – (nehmlich die Entfernung meines WohnOrts zur Br*üder*Gemeine) übrigens bin ich es wohl völlig überzeugt daß mein wahres Wohlergehn Dir mehr am Herzen liegt als jedes gutgemeinte noch so bequeme Leben was Du mir am ersten verschaffen köntest ich danke Dir hierdurch recht herzlich für die liebevolle DurchHülfe in meiner äußerst bedrängten

---

2122. *Überlieferung: H: BBAW, SN 375/8, Bl. 1 f.*

***2120.** *Vgl. Brief 2150, 22–27; zur Datierung vgl. Brief *2119*

***2121.** *Vgl. Brief 2128, 1 f.*

2122. *Beantwortungsvermerk:* Beantw. d. 17t. Jan. 6. mit 20 R*th*. **2–4** *Freiherr vom Stein als Leiter des Akzisen- und Fabrikendepartements hatte seit 1804 die Einführung von Papiergeld in Form von Tresorscheinen vorangetrieben; mit königlicher Verordnung vom 4. Februar 1806 wurde das Papiergeld allgemein eingeführt.*

Laage – ja zugleich für alles und jedes was Du mir seit geraumer Zeit zufließen ließest – künftig (ich wiederhole vielleicht den*n* ich vergeße gar sehr was ich von einer Zeit zur andern schreibe) sey es Deiner Großmuth überlaßen mir irgend | etwas zur Ergänzung meines kl*einen* Capitals welches gar sehr geschmolzen – gütigst beizutragen – wen*n* Du alles in jener schreklichen Epistel lesen kontest – so weist Du daß ich 50 thr bekomme – alle meine moeublen mitnehme samt allen kl*einen* Zubehör wie mir alle meine Göner rathen weil man nicht weiß wie geschwind sich alles ändern kann. Schon in dem ZwischenRaum meines vorigen u*nd* dieses – da Emilie die 7jährige Tochter an einem schreklichen NervenFieber dem Tode nahe war – ahndete ich daß der plan bei ihrem wirklichen Verlust geändert werden dürfte welches mir auch (so sehr die Alte mich bey der Äußerung auslachte) die junge Witwe ganz offen sagte – daß alsdenn Eduard nicht in die Anstalt – sondern für beide Knaben ein Hauslehrer genomen würde – – und die Berta doch noch zu klein um auf, sie, Rüksicht zu nehmen und was dann? Da auf Johany meine Zelle zur 6ten AnstaltsStube eingerichtet wird – wieder ins SchwesternHaus in die volle Stube – oder was noch peinlicher für mich zur alten Dame die mir aus lauter | Huld ein Räumlein bei sich angewiesen, und ich dagegen in den Zwischenzeiten meiner mir sehr lieben aber doch sehr gedrängten Geschäfte noch mehr als jezt jeden meiner freien Augenblike, ihr, aufopfern müste – mit lauter un*n*üzen Kleinlichkeiten rapporten, u*nd* nicht zu beschreibenden Auseinandersezungen –, so, daß jeder auch noch so kalte Zuhörer mich öfters die Zeit her bedauerte – Sie war sehr krank – Comtesse P*osadowsky*[1] die Trefliche deren immer mehr augenbliklicher angenehmer Umgang, mir sehr fehlen wird – hofte mit mir auf ihr seeliges Ende – aber – Sie ist wieder beßer – die junge Seidliz kränkelt außerordentlich – ist so schwach daß mir bange ist – o Gott durch ihr Hinscheiden würde eine große Lücke in meinem innern werden – meinen äußern Zustand ganz zu geschweigen – wie vielerley Erfahrungen dieser Art habe ich schon gemacht – O mein Lieber tiefe Wehmuth ergreift mich – wen*n* ich die große Möglichkeit – die nahe Wahrscheinlichkeit – diesen u*nd* | der Comtesse P*osadowsky* – die überall Spuren der Vernichtung ihrer Hülle gewahr wird – Verlust – mir denke – und doch könte ich mich, auch wenn ich beides gewiß wäre, daß es in diesem Jahre geschähe, nicht entschließen – zu Dir zu gehen – Du siehst daraus mehr als aus

---

38 deren] *folgt* ⟨mich⟩

18–20 *Vgl. Brief 2108, 35–38* **23** *Emilie Eva Charlotte von Seidlitz* **25** *Sophie Juliane Magdalene von Seidlitz* **26** *Caroline Charlotte Helene von Seidlitz* **40 f** *Caroline Charlotte Helene von Seidlitz*

andern Erläuterungen schon – wie wehe die kleine Trenung mir thut – Peistel den ich in seinem jezigen Tumel nur selten sehe meinte lezt da, er, allein mich sprach – bei Dir würde ich das unabhängigste Leben haben – erklärte mir das so en detail daß ich fast ungeduldig, wurde, unter andern wen*n* ich nichts als gelé eßen wolte stünde mir auch dis frey – wen*n* ich das Leben hier oder in Habendorf als ein großes Opfer oder Casteyung ansähe – wozu ich ihm niemals Anlaß gab – wäre es gut, u*nd* eigentlich eine Pflicht Dein Anerbieten anzunehmen – zulezt wurde ich ärgerlich. Von Deiner Reise nach Ruegen wuste ich nichts – u*nd* weiß auch jezt nicht ob Jette mit geht – Möchte Dir dort alles recht lieblich und erheiternd seyn – umarme Deine süße Tochter u*nd* ihr Kind, es lebt doch wohl? von

Deiner

Lotte

Da Rumpel der Unertregliche als Hauslehrer nach Liefland geht – werde ich wahrscheinlich meinen Einzug in Habendorf schon vorher halten | solte ich was bestimtes erfahren – melde ich Dir es bald – ich hoffe Du verstehst Dich in mich, u*nd* auch in die Lücken die ich überall wegen meiner mannichfachen Geschäfte – dort fühlen werde wen*n* | Du nehmlich einen volkomnen Begrif – von meinem Schulwesen hast.

---

[1] indem Sie mich als Erzieherin sehr bedauert, mit ihrem dazwischen treten, u*nd* Nekereyen mit meiner Gelehrsamkeit – und, ich d a r f e s s a g e n es mir zu verstehen giebt – daß mann wegen der Anstalt mich sehr vermißen wird

**2123. Von K. F. von Beyme. Berlin, vor dem 17. 1. 1806*

Versichert, daß Schleiermachers Wünsche für ein Bleiben in Halle erfüllt werden sollen.

64–69 Da … hast.] *am linken und unteren Rand von Bl. 1 und 2*ʳ 70–72 indem … wird] *mit Anmerkungszeichen am linken Rand*

51 *„Tumel" steht mittelhochdeutsch und jiddisch für „Lärm", „Getümmel".* 59 *Henriette Herz* 60 *Henriette von Willich und ihre Tochter Henriette*

*2123. *Vgl. Brief 2124, 110–112*

2124. An Ch. von Kathen. Halle, Freitag, 17. 1. 1806

Halle d 17t. Jan 6.

Es ist mir recht lieb gewesen beste Charlotte daß Ihr zweiter Brief kam ehe ich dazu gekommen war Ihnen über den ersten zu schreiben. Mir war gar zu wemüthig daß Sie immer sollten traurige Weihnachten haben. Schmerz u*nd* Noth grade an dem schönen Fest der Freude. Nun weiß ich daß es vorüber ist und freue mich herzlich damit. Ja liebe Charlotte ich gönne Ihnen Ihren ganzen Reichthum soviel Gott nur geben mag wenn er Ihnen nur immer Reichthum ist! Ich meine nicht diese vorübergehenden Uebel die sich immer finden müssen bei einem zahlreichen Kinderhäufchen. Aber es gilt wol hier wie anderwärts daß man des Guten zu viel haben kann um es recht zu verwalten oder auch nur recht zu genießen. Ich weiß wol daß von der Liebe keinem etwas abgezogen wird durch einen neuen Zuwachs; aber wenn die Aufmerksamkeit auf zu viele vertheilt wird kommt soviel Unruhe in den schönen stillen Genuß, und auch im erziehenden Umgang mit den Kindern, so scheint es mir kann nicht alles mehr gehn wie man es gern hätte. Indeß glaube ich Ihnen daß dabei mehr Schein ist als Wahrheit und daß sich das wieder auf andere Weise ersezt schon durch das mehre und freiere Leben der Kinder unter sich. Und so will ich mich ganz ungestört freuen wenn | Sie mir nur gesund bleiben. Aber dafür sorgen Sie mir ja liebe theure Freundin! ich fühle es recht wieviel schwerer ich jezt alles ertragen würde was mir in meinen Freunden übles begegnete.

Haben Sie mir denn wirklich im Ernst den Auftrag geben wollen Ihnen einen Lehrer zu senden für Ihre Kinder? Nein dazu kann ich mir keinen Muth fassen, und Sie müssen hiebei gar nicht auf mich rechnen. Ich wüßte auch unter den jungen Leuten die ich hier kenne nur einen der mir kindlich und unbefangen genug dazu wäre, und der ist erst in der Hälfte seiner Studien. Also könnte ich nicht einmal wenn ich auch wollte. Allein ich möchte Ihnen überhaupt lieber rathen sich zu diesem Zwekke nach einem Landsmann umzusehn. Ich habe in Rügen und Schwedisch Pommern noch einen eigenthümlichen LokalCharakter gefunden, den ich ungern in Ihren Kindern möchte gestört wissen, und der könnte doch nur von einem der ihn selbst hat unbewußt recht gepflegt werden. Lassen Sie

2124. *Überlieferung: H: BBAW, SN 753, Bl. 15–17; D1: Br 2, S. 46–48 (gekürzt); D2: Schleiermacher als Mensch, Bd. 2, S. 51 f. (gekürzt)*

2124. 2 *Brief *2117* 3 *Brief *2116*

also lieber Ehrenfried sich umsehn unter den jungen Leuten. Sie finden immer dort eher was Ihnen recht zusagen kann. Ein schwereres Unternehmen ist es immer so lange sich bei den Kindern das Lehren vom Erziehen noch nicht trennen läßt ein fremdes Element zu diesem Behuf in die | Familie zu bringen, und zumal ein männliches! Minchen hatte sich gewiß so eingelebt mit Ihnen daß sie nichts Ihnen und Ihrer Weise entgegen that. Aber wo wollen Sie einen solchen jungen Mann finden? Glauben Sie mir, ich theile die Sorge recht dringend mit Ihnen, aber ich weiß ihr nicht abzuhelfen.

Daß Erichson keinesweges hier gewesen ist werden Sie nun auch schon wissen. Auch weiß ich noch immer nicht was er in Berlin will und was für einen Lebensplan er sich entworfen hat. Mir hat er nur einmal einige flüchtige Worte geschrieben um etwas von mir zu erbitten was ich ihm auch nicht geben konnte, Beiträge für einen Almanach oder so etwas. Er findet wol auch keinen großen Beruf sich näher an mich anzuschließen, und ich gestehe Ihnen daß mir das recht lieb ist, weil auch ich gar keinen Beruf habe mich ihm zu nähern. Mir erscheint er als ein ohne Rettung verlorener Mensch von einem recht tiefen Verderben ergriffen, was grade am widrigsten ist anzusehen, von Unnatur. Ein junger Mann von so krankhafter Empfindlichkeit von so übertriebener Scheu vor der Welt und jedem näheren Verhältniß mit ihr, wie sie kaum ein Kind vor der Arzenei hat; der in Idee und Speculation leben will und es doch nicht herzhaft angreift in Geschichte und Natur hineinzusehn und tüchtig zu lernen, sondern mit verschlossenen Augen Alles in sich und aus sich ergrübeln will, der als Künstler auftreten will aber gar nicht recht danach trachtet zu wissen was andere Menschen machen und ge|macht haben und dabei noch jede mechanische Fertigkeit verschmäht als ob sie gar nicht dazu gehörte das ist alles in meinen Augen ein grundverdorbenes Wesen und so ist mir Erichson erschienen. Geben Sie Acht, er wird nie zu einem innerlich gesunden und äußerlich tauglichen und tüchtigen Leben kommen.

Wann wir uns sehen werden liebe Freundin, darüber kann ich leider wenig sagen. Ich hatte gerechnet grade wie Sie es wünschen in den Osterferien; aber es ist noch so vieles dazwischen. Und nun gar ist meine äußere Existenz wieder in einer Krisis. Ich habe einen Ruf nach Bremen erhalten auf den ich freilich unter andern Umständen keine Rüksicht würde genommen haben. Allein der Unmuth hatte mich eben recht ergriffen

---

36 Lehren] *korr. aus* Ler   64 Wann] *oder* Wenn

38–40 *Wohl ein Kindermädchen im Hause von Kathen.*   45–47 *Brief 2035*

darüber daß ich in mein hiesiges Predigtamt noch immer nicht eingesezt bin, und daß die Herren hier überhaupt so wenig Interesse für die Sache zeigen. Nun hat man gar die Universitätskirche zum Magazin gemacht so daß es wieder sehr weit hinausgesezt ist. Da schrieb ich an die Regierung in einem ziemlich verdrießlichen Tone wenn man mir nicht bald zu dem Amt das ich bekleiden soll wirklich verhülfe so würde ich jenen Ruf ohnerachtet eben gar keine Verbesserung dabei wäre annehmen. Ich erwarte nun wie man das aufnehmen wird. Ist man auch übler Laune und antwortet wieder verdrießlich so kann ich | kaum zurüktreten und gehe dann in Gottes Namen nach Bremen – freilich in mehr als einer Hinsicht ziemlich ungern. Denn das Lehren vom Katheder ist eine herrliche Sache zumal ich täglich einheimischer darauf werde und sich doch einzeln immer einige junge Leute finden von denen ich hoffen darf daß sie gründlich auffassen was ich ihnen darbiete. Indeß legt man in Berlin keinen Werth darauf mich zu halten so hängt das damit zusammen, daß ich den meisten meiner hiesigen Mitarbeiter ein Dorn im Auge bin weil sie von einem ganz andern Geiste getrieben werden. Und ist man so etwas einmal klar und handgreiflich inne geworden so ist doch auch die Existenz verdorben. Fast posttäglich sehe ich einer Antwort aus Berlin entgegen, und wenn nicht gleich die erste entscheidet daß ich gehe, so wird sich die Sache wahrscheinlich zum Hierbleiben neigen. Wenn ich an unsere Freunde in Stralsund schreibe was ich leider heute nicht kann so bin ich vielleicht im Stande schon etwas entscheidendes zu sagen. Gehe ich nach Bremen, was ich doch auch erst nach geendigten Vorlesungen kann, so mache ich den Umweg über Rügen. Bleibe ich aber und man eilt mit Einrichtung des akademischen Gottesdienstes so kann es leicht sein daß es mir nicht möglich ist um diese Zeit einen langen Urlaub zu nehmen, und dann muß ich mich gedulden bis in den Herbst. Das sollte mir recht leid thun, denn Sie glauben nicht was für ein Verlangen ich nach Ihnen und Jettchen u*nd* Ehrenfried | und nach dem ganzen schönen Kreise habe. Auch unsere Herz wünschte ich nirgends lieber als dort zu sehen, die auch mit rechter Sehnsucht an dieser Reise hängt.

Noch Eins, wissen Sie wol daß Sie noch eine recht liebe liebe Freundin von mir in Ihre Verwandschaft bekommen? Ein Fräu*lein* v*on* Proeck aus Stolpe heirathet einen Bruder der Lehmann. Die Mutter, aber nicht leibliche, dieser Braut ist nun meine Freundin, eine Frau von gar herrlicher

---

103 bekommen] *korr. aus* bekommt

---

90 f *Henriette und Ehrenfried von Willich*

Gesinnung, reinem klaren Verstand, von dem liebevollsten Herzen und der größten Resignation die sie leider auch in reichem Maaße üben muß. Ich mache Sie im voraus aufmerksam auf sie wenn sie etwa gleich bei dieser Gelegenheit oder späterhin einmal nach Rügen kommt.

So eben bekomme ich noch schöne liebe Briefe aus Stralsund, und auch einen von dem geh*eimen* Cab*inets*Rath Beyme der mich versichert daß alle meine geäußerten Wünsche sollten in Erfüllung gehn. Also kann ich vor der Hand nicht glauben daß ich nach Bremen gehe.

Leben Sie recht wohl[,] recht wohl liebe Charlotte und bald schreibe ich Ihnen wieder.

Schleier

2125. Von G. A. Reimer. Berlin, Sonnabend, 18. 1. 1806

Berlin am 18n Januar 1806

Meine Freude ist im eigentlichen Sinn zu Wasser geworden, liebster Freund; denn bei der schlechten Witterung ist an die Ausführung unseres Vorhabens fast nicht weiter zu denken. Ueberdies hatte auch Heinrich alle Lust verloren; kaum da Jösting von uns war; und dies ging so weit, daß er so gar zu behaupten keck genug war er habe nie ernstlich die Absicht gehabt mitzugehen. Wollte ich nun aber auch für mich allein die Post wählen, so könnte ich vor Mittwochs (d*en* 22*te*n) nicht von hier reisen, da am vorhergehenden Posttage (d*en* 19*te*n) gerade Minchens Geburts-Tag fällt, wessentwegen allein ich fast verhindert war mit Jösting zu reisen. Ueberhaupt hat sich meinen ernsten Vorsätzen zu reisen, und meiner Sehnsucht Dich zu sehen, so viel entgegen gesetzt, daß es fast nicht zu überwinden stand, und die Verhältnisse haben sich fast wie mit Absicht mir widerwärtig gekartet. | Unglücklich genug hat Dir Jösting auch nicht

---

2125. Überlieferung: H: BBAW, SN 358, Bl. 84

110 *Brief *2121* 110–112 *Brief *2123*

2125. 3 f *Ein beabsichtigtes Treffen mit Schleiermacher* 4 *Heinrich Reinhardt* 9 *Wilhelmine Reimer* 14 *„Karten, verb. reg. act. welches nur noch für drehen, wenden, besonders im figürlichen Verstande üblich ist. Er wußte die Sache so zu karten, daß es niemand erfuhr, es so einzurichten, ihr eine solche Wendung zu geben.“ (Adelung: Grammatisch-kritisches Wörterbuch, Bd. 2, S. 1507)*

einmal den Athenaeus- u*nd* Platons-Band überbracht. Mein Hausknecht dem ich die Besorgung Nachmittags übergab, hatte geglaubt es habe nicht Eile mit der Bestellung und hatte sich erst des andern Morgens zu *Jösting* Bemüht, wo dieser schon längst über alle Berge war.

Grüße den alten Jösting, und durch ihn [Röschen] u*nd* Konopack. Auch dem Steffens sage unter freundlicher Begrüssung einen herzlichen Glückwunsch zur Geburt seines Kindes; allein sage ihm doch auch zugleich er möge über der Freude an der neugebohrnen Tochter nicht der Söhne seines Geistes vergessen.

Wir grüßen Euch alle von ganzem Herzen

2126. Von Ch. Schleiermacher.
Gnadenfrei, Sonntag, 19. 1. bis Mittwoch, 29. 1. 1806

Gdfr d 19t Jan 1806

Das Bedürfniß mich mit Dir mein guter Einziger nach alter Art ordentlich zu unterhalten ist so groß und die Gegenstände die mich wunderbar ergreifen so verschiedner Art, daß ich nicht weis wo, u*nd* mit welchem ich anfangen soll. Zuerst immer wieder die alte Klage – wie Schade es ist, daß jene Briefe aus Preußen im heftigen Krampf – deren ich seitdem weit stärkere hatte ein Opfer des Feuers geworden –! Nun besize ich nichts als Bruchstücke – jene hiengen alle an einer Kette u*nd* würden mir jezt von doppelten Werth in verschiedner Rük u*nd* Hinsicht sein[1] – Seit Deiner Wanderung nach Stolpe – ist mir alles nur zu kurzes – oft auch zu tragisches Fragment – – doch ich will Deine Wunden nicht aufreißen – ob es jezt beßer werden – ob Du mein Lieber, so manchen Schimmer, den Deine Erscheinung zwar kränkelnd aber mir doch sehr lieb – mir über Dein Inneres hinwarf – durch Briefe mehr erhellen wirst – Gott weiß

20 unter] *korr.* freundlicher] *korr. aus* freundlichen 24 von] *korr. aus* mit

2126. *Überlieferung: H: BBAW, SN 375/21, Bl. 11 f.* 4 welchem] *korr. aus* welchen

15 *Zu Athenaeus vgl. Brief 2061, 49; mit dem* Platons-Band *ist das Velinexemplar von Band 2, 1 der Übersetzung gemeint (vgl. Brief 2082, 4).* 19 *Die Identität dieser Person ist ungewiß.* 20–23 *Steffens' Tochter Clara wurde im Januar 1806 geboren; das „geistige Kind" ist eine Anspielung auf das erwartete Kompendium („Grundzüge der philosophischen Naturwissenschaft").*

2126. 5–7 *Ein großer Teil der Briefe Schleiermachers an die Schwester war im August 1792 beim Brand des Schwesternhauses in Gnadenfrei vernichtet worden; offenbar hatte Charlotte später aber auch selbst Briefe Schleiermachers dem Feuer übergeben (vgl. Charlottes Brief vom 30. 8. 1806; KGA V/9).*

es –! Du verstehst mich ohn daß ich Dirs | durch eine schöne Stelle eines beliebigen SchriftStellers erläutre – den*n* Du hast ja nicht gern angeklebte oder auswendig gelernte Dinge aber eigne Worte habe ich nicht – – kurz der wenige Zusammenhang zwischen Uns – ist mir nicht etwa dunkel – aber schmerzhaft – bei meinen jezigen trüben Empfindungen – stehe ich ohnedies sehr einsam, da, – ein andermahl weiter jezt ein heilsames ZwischenSpiel – welches auch ganz figürlich von einer kleinen Breslauern geschieht – die sich auf dem Instrument in meiner Zelle exercirt – Seit einigen Tagen habe ich den 1ten Theil von Trinkbald – eigentlich Sternbalds Wanderungen es wird hoffentlich der andre mit dem nächsten transport erscheinen nicht so wie Florentins 2*ter* ausbleiben; es sind recht zarte Tinten u*nd* Nuanzen darin – oder IdeenVerbindungen – u*nd* doch dabei auch viel Energie oder Kraftgefühl – ich weis nicht ob es, so, recht ist – |

d*en* 29ten

Und er erschien nicht mit dem vorigen transport – – das ist gewöhnlich bei dem sehr unzuverleßigen Bibliothecar daß mann sehr lange auf die Fortsezung eines Buches warten muß – wären die andern Theile verliehen so schikte ich sicher den 1ten nicht in die Ferne zu Jemanden so Barbarisches als ich bin –

Daß es so ist, muß er doch wohl inne haben – ja – ohngeachtet meine Tages Stunden außerordentlich eingetheilt – und ich manchen von 8 bis, 6 uhr, keine außer der Mittags frei habe – u*nd* jezt den ganzen Abend bei der Alten Seidliz sein muß – so bin ich doch mit solchen Büchern die nicht ins wißenschaftliche Fach gehören sehr schnell fertig – wen*n* ich sie nicht Jemand vorlese – – 9 uhr gehe ich dort weg – dan*n* lese ich gern noch ein Stündchen – schon einigemahl wie ich auch Dir schon geschrieben wolte ich den ganzen Kram aufgeben – aber ich kann nicht und sehe auch nicht recht ein – warum ich diesem Vergnügen – was gewißermaßen zur Aufrechthaltung meines innern Lebens gehört – entsagen soll |

Vor einiger Zeit las ich die TempelBrüder dramatisirt – ich glaubte es von Schiller – Jette die mir ach nach langem Warten, endlich geschrieben,

---

16 angeklebte] *korr. aus* au

22–25 *„Franz Sternbalds Wanderungen. Eine altdeutsche Geschichte herausgegeben von Ludwig Tieck" war 1798 in zwei Teilbänden in Berlin bei Unger erschienen; der Name Trinkbald ist ein Versehen Charlottes; von Dorothea Veits anonym publiziertem Roman „Florentin" war 1801 der erste Band erschienen, eine Fortsetzung blieb aus.*
46–48 *Zacharias Werner: Die Söhne des Thales. Ein dramatisches Gedicht, Berlin 1803/04; die zwei Teile heißen „Die Templer auf Cypern" und „Die Kreuzesbrüder".* 47 *Henriette Herz*

hat mich anders belehrt. Daß mir Galettis Weltgeschichte sehr wohl behagt habe ich Dir schon gemeldet – ich beherzigte eben die periode der KreuzFahrer – als ich auch das befreite Jerusalem erhielt – wohl nur ein Ungefähr – komt nicht auf Rechnung des Herrn Kluge der sich gemeiniglich sehr unklug benimt – leider ist auch nur erst der 1te Theil heraus – nehmlich das von Manso – jenes von Gries übersezt hat mir nicht so behagt. Die Darstellungen der Entdekungen des 18*ten* Jahrh*underts* von Zimerman – sind für mich und meine jungen Leute so nüzlich als angenehm – durch Herrn v*on* Schweiniz der kürzlich in Habendorf zur Unterstüzung seiner guten Schwester angelangt ist, habe ich den 6*ten* Theil geliehen bekommen

[1] Noch in andrer Hinsicht ist es Schade darum – schon viele recht angenehme Stellen hätte ich in meinen BriefSchulen davon benuzen können – jezt habe ich nur einen solchen gefunden | eine partie nach Potsdam mit Saks u*nd* Spaldings – die meinen großen Eleven sehr angenehm, ist, sie bestehen darauf es sei an mich geschrieben – ob ich gleich eine Couisinage daraus gemacht, ahndeten sie, Dich, denn hatten die ZwischenGespräche u*nd* mienen kein Ende.

2127. An G. A. Reimer. Halle, Freitag, 24. 1. 1806

H. d 24t. Jan. 6.

Ich wußte schon vor Jöstings Ankunft durch die Herz daß Du nicht mitkämst und auf das Reisen zu Fuße konnte ich wol bei diesem Wetter und

54 der Entdekungen] *mit Einfügungszeichen am linken Rand* **59–64** Noch ... Ende.] *am linken und unteren Rand von Bl. 11ʳ und 12ʳ*

2127. *Überlieferung: H: BBAW, SN 761, Bl. 38 f.; D1: Br 2², S. 52 (Auszug); D2: Meisner: Schleiermacher als Mensch, Bd. 2, S. 53 f. (gekürzt)*

48–50 *Zu Charlottes Galletti-Lektüre vgl. Briefe 1558, 105 und 1578, 91 f. (KGA V/7); Johann Georg August Galletti war Verfasser zahlreicher historischer Werke, die Charlotte offenbar als Teilbände einer umfassenden Weltgeschichte versteht. Hier ist wohl die „Geschichte des türkischen Reiches" (Gotha 1801) gemeint.* **50–54** *Versepos von Torquato Tasso, übersetzt von Johann Caspar Friedrich Manso, Bd. 1, Leipzig 1791; Übersetzung von Johann Diederich Gries in 4 Teilen, Jena 1800–1803.* **54–58** *Eberhard August Wilhelm von Zimmermann: Taschenbuch der Reisen, oder unterhaltende Darstellung der Entdeckungen des 18ten Jahrhunderts in Rücksicht der Länder-, Menschen- und Productenkunde für jede Klasse von Lesern; der Almanach erschien seit 1802 bei Fleischer in Leipzig. Bd. 6 über Entdeckungen in Peru erschien erst 1807.* **56–58** *Ludwig oder Moritz von Schweinitz, die Brüder der Karoline Charlotte Helene von Seidlitz* **61** *Vgl. Brief 473, 147–327 (KGA V/2)* **63** *Couisinage, Verwandtschaft*

2127. 2 *Vgl. Brief *2118*

Wege unmöglich großes Vertrauen sezen. Indessen rechne ich sehr darauf daß Du noch vor Ostern einmal kommst und das wird mir dann noch lieber sein als wenn Du mit Jösting zusammen wärest dessen Incognito uns doch besonders auch wegen Steffens genirt hätte. Mit diesem können wir dann auch mehr leben wenn seine Frau erst wieder ganz genesen ist. Nimm Dir nur eine Zeit wahr ehe Dir die herannahende Messe zuviel zu schaffen macht, damit wir einige Tage ordentlich mit einander leben können; sonst möchte es wirklich sehr lange dauern

Daß Du mir die Bücher nicht wenigstens mit der fahrenden Post geschikt hast thut mir recht leid; ich hätte gar zu gern den schönen Plato gehabt. Außer diesem erwähnst Du aber nur eines Bandes vom | Athenäus, und es scheint also daß Hänleins Einleitung und der 5te Band von Tennemanns Geschichte der Philosophie noch nicht eingelaufen sind. Ich würde Dich gleich noch um einige Bücher bitten die mir zu meinen nächsten Vorlesungen unentbehrlich sind wenn ich nicht zuvor die gänzliche Entscheidung meiner Bremischen Angelegenheit abwarten wollte. Beyme zwar hat mir geschrieben er würde alles mögliche thun um meine Wünsche in Erfüllung zu bringen; von Massow aber habe ich noch gar keine Antwort, und weiß auch noch nicht wie man sich hier in der Sache benehmen wird. Hast Du etwa Gelegenheit Nolte zu sehen so sage ihm doch wenn ich nicht bald Resolution vom Minister erhielte würde ich ihn mahnen müssen denn ich müßte den Leuten in Bremen antworten

Jösting sagt mir, lieber Freund, Du habest Dich geneigt erklärt, meine Schuld an Brinkmann zu übernehmen. Ich habe gar nicht daran gedacht Dir auch nur davon zu erwähnen, weil ich weiß wie schlechte Geschäfte Du in Absicht des baaren Geldes im vorigen Jahre gemacht hast, und wieviel ich | doch ohnedies von Dir bekommen habe. Wenn ich geglaubt hätte, daß Du es ohne Beschwerde thun könntest so würde ich Dich gewiß selbst darum gebeten haben, und so bitte ich Dich auch jezt, wenn Du es kannst und willst, es doch ja recht nach Deiner Bequemlichkeit einzurichten. Brinkmann an den ich nächstens schreiben will soll sich das ja wol gefallen lassen. Auch hat mir Jösting allerlei von Friedrich Schlegel erzählt; aber ich möchte Dich wol um eine etwas genauere Relation

---

8 leben] *folgt* ⟨als⟩

12 *Vgl. Brief 2125, 14–18* **15 f** *Vgl. Brief 2061, 46–49; Schleiermacher hatte Buhle: Lehrbuch der Geschichte der Philosophie und einer kritischen Literatur derselben, Bd. 8, Göttingen 1804 erbeten; von Wilhelm Gottlieb Tennemann war der fünfte Band seiner „Geschichte der Philosophie" 1805 in Leipzig erschienen.* **19–21** *Brief *2123* **24** *Minister von Massow* **26 f** *Vgl. Brief 1692, 82–88 (KGA V/7)*

bitten als er sie mir geben konnte, sowol von ihm selbst als von den Additamenten zur neuen Ausgabe des Novalis, auch wie er von mir schreibt und ob er seine wunderliche Ansicht von unserer lezten Correspondenz hat fahren lassen. Wüßte ich daß Du ihm bald einmal schriebest: so schikte ich Dir eine kleine Einlage. Laß Dir auch nochmals den Oehlenschläger empfohlen sein. Er ist gar blöde und etwas linkisch in der Gesellschaft u*nd* bedarf der Aufmunterung und eines freundlichen Entgegenkommens um so mehr da dies seine erste Ausflucht aus der Heimath ist u*nd* er sich sehr isolirt finden wird in Berlin. Habe doch auch die Liebe ihn zur Herz zu bringen an die ich ihm keinen Brief mitgeben konnte; geschrieben habe ich ihr schon vorläufig von ihm.

Bei Steffens befindet sich alles sehr wohl u*nd* grüßt herzlich. Er hat in den lezten Wochen auch eine alte Schuld abgearbeitet, eine kleine | geognostische Schrift von der Hofmann schon lange Besizer war, und nun ist er ganz über der Naturphilosophie von deren wiederangefangenem Drukk Du gewiß in den nächsten Tagen hören wirst. Bleibt nun seine Gesundheit nur in leidlichem Stande so wird ihn gewiß nichts davon abziehn. Wenn wir ihm nur in seinen Oeconomicis gründlich helfen könnten, damit er innerlich recht frei würde: denn die äußren Umstände drükken ihn bisweilen nicht wenig. Mir ist schon eingefallen ob wir nicht dazu Deine nähere Bekanntschaft mit Bartoldy benuzen könnten. Es kommt nemlich nur darauf an daß ihm Jemand ein Capital von etwa 3500 r. liehe zu mäßigen Zinsen u*nd* mit der Bedingung einer allmähligen Abbezahlung, so daß er jähr*lich* 600 r. von seinem Gehalt dazu assignirte, so wäre er aus aller Noth und der Darleiher riskirte nichts als auf den höchst unwahrschein*lichen* Fall daß St*effens* in den ersten 6–8 Jahren stürbe.

---

37 bitten] *folgt* ⟨sowol⟩

37–40 *Für den zweiten Band der zweite Auflage von „Novalis' Schriften" (Berlin 1805) hatte Friedrich Schlegel die von ihm ausgewählten und in der ersten Auflage von Ludwig Tieck nach Sachgruppen geordneten Fragmente in drei Abteilungen neu geordnet: Philosophie und Physik; Aesthetik und Literatur; Moralische Ansichten (S. 141–397). Vgl. Novalis: Schriften, Bd. 5, S. 159–168. – Mit Friedrich Schlegel hatte es Verstimmungen wegen der zeitlichen Anordnung der Dialoge in der Platon-Übersetzung gegeben, die dieser als sein geistiges Eigentum reklamiert hatte (vgl. Brief 1829, KGA V/7); der Briefwechsel war daraufhin zum Erliegen gekommen und in Halle noch nicht wieder angeknüpft worden.* **42** *Blödigkeit, „Schüchternheit, unzeitige Scham im gesellschaftlichen Umgange" (Adelung: Grammatisch-kritisches Wörterbuch, Bd. 1, S. 1082)* **47** *Möglicherweise erfolgte diese Mitteilung in Brief 2145* **48–50** *Henrich Steffens: Geognostisch-geologische Aufsätze als Vorbereitung einer innern Naturgeschichte der Erde; diese Schrift erschien erst 1810 bei Hoffmann in Hamburg. Nach Steffens' Erinnerungen war das Manuskript „einige Jahre lang in der Hand des Verlegers" (Was ich erlebte, Bd. 5, S. 66 f.).* **51 f** *Steffens: Grundzüge der philosophischen Naturwissenschaft, Berlin 1806* **61** *„Einem eine Summe Geldes darleihen, oder darlehnen. […] Daher die Darleihung oder Darlehnung, ingleichen der Darleiher, der einem andern etwas leihet." (Adelung: Grammatisch-kritisches Wörterbuch, Bd. 1, S. 1398)*

Hältst Du wol den Bartoldy einer solchen liberalen Handl*ung* fähig und seine Umstände dazu angethan? Arnim dem wir auch davon gesprochen haben ist leider gar nicht Herr seines Vermögens.

Jösting grüßt euch alle u*nd* dasselbe thue ich. Er wird d*en* 29*ten* von hier abreisen u*nd* ist wie Du leicht denken kannst in allen Himmeln Nanny u*nd* ich aber mit seinem dummen Incognito nicht wenig geplagt.

Schl.

2128. An H. von Willich. Halle, wohl 2. Januarhälfte 1806

Es wundert mich gar nicht liebes Jettchen daß ich Dir im Traume erschienen bin. Denn wenn ich immer viel an Euch denke so ist es doch an der schönen Zeit um Weihnachten und Neujahr noch auf ganz besondere Weise geschehen. So lebendig bin ich um Euch gewesen und habe das schöne Fest der Kinder ganz eigen mit Deinem kleinen Liebchen gefeiert. Ich wäre so gern mit einer kleinen Freude sichtbar Euch erschienen allein um es auf eine hübsche Weise zu machen hätte es doch mehr vorbereitet werden müssen als mir gegeben ist zu thun. Auch ich habe den Weihnachtsabend recht schön zugebracht bei Reichardts in Giebichenstein mit Steffens habe geschenkt und mir schenken lassen. Aber wir Männer bleiben doch bei solchen Gelegenheiten immer in Rükstand: denn womit lassen sich die lieblichen Kleinigkeiten von euren eignen Händen gearbeitet wol aufwiegen? Izt habe ich nun auch hier den Mitgenuß einer neuen Mutterfreude. Die Steffens hat auch ein kleines Mädchen geboren auch recht leicht und glüklich. Sie erwartete es erst acht Tage später und hatte sich noch | auf den Abend wo sie entbunden ward einen Besuch vorgenommen. Aber Nachmittags ließ sich der kleine Gast melden. Ihr Mann wollte ihn auch mit empfangen helfen wie der Deinige sie schikte ihn aber weg und versprach ihm wenn es Zeit wäre ihn rufen zu lassen und so wurde es sehr schnell in seiner Abwesenheit geboren. Sie sind beide so glüklich und so oft ich sie sehe denke ich auch an Euch.

2128. *Überlieferung: H: BBAW, SN 776, Bl. 53 f. D: Schleiermacher: Briefe an Ehrenfried und Henriette von Willich, S. 143–145*

---

64 *Vielleicht Achim von Arnim*

2128. **9** *Der Weihnachtsabend, „der Tag vor dem Weihnachtsfeste, und besonders der Abend desselben; der Christabend" (Adelung: Grammatisch-kritisches Wörterbuch, Bd. 4, S. 1453).*

Liebe liebe Tochter laß Dir nicht bange sein um mich und glaube nicht daß mich das Schiksal zu tief darnieder beugt oder mich überhaupt anders als Du es selbst wünschen mußt ergreift. Die Wahrheit meiner Liebe und meiner Zuversicht kann sich ja nur im Schmerz bewähren und ich fühle ja in ihm nur meine eigne innere Natur. Freilich fühle ich mich noch hie und da gehemmt weil eben in alle meine Thätigkeit schon die Empfindung des Glükks und des Besizes so tief eingewurzelt war, allein diese Art von Herrschaft über den Schmerz ist ein Werk der Zeit und ich hoffe dazu zu gelangen. Glüklich bin ich auch dabei und werde es | immer sein durch Dich Du liebe süße Tochter und durch alle meine lieben lieben Freunde und durch die junge Welt die aus ihrem Kreise um mich her aufwächst. Wenn ich eure und Steffens Kinder heranwachsen und gedeihen sehe, bisweilen ein gegenwärtiger Zeuge und immer ein herzlicher Theilnehmer eures Glükkes bin: wenn meine Geschäfte mir gedeihen und im Einzelnen wenigstens Frucht bringen – wie sollte ich mir daran nicht genügen lassen, und erkennen, daß es mehr ist, als den meisten auch unter den besseren Menschen zu Theil wird.

Ich nähre noch immer die Hofnung Euch Ostern zu sehen und recht schöne Tage mit Euch auf Klein und Groß Jasmund zu leben. Sie sollen den vorigen nichts nachgeben. Damals lebten wir Alle in Hofnungen und wenn die eine ganz zurükgetreten und zerstört ist so sind die andern desto schöner erfüllt.

Es ist mir wol noch nicht so gegangen daß Briefe an Euch so lange gelegen haben ohne abzugehen. Großentheils ist Jösting davon Ursach mit dem ich eben doch, wenn ich auch nicht schreibe viel von Euch sprechen konnte. Besonders hat er mir noch Charlottens lezte Anwesenheit in Berlin vergegenwärtigt. Täglich denke ich auch jezt schon meiner Reise zu Euch. Wenn wir nur ein schönes Frühjahr | bekommen daß unsere große Jette mit recht unbesorgten Muth mitreisen könnte. Meine Zeit ist ihr eigentlich zu früh allein ich kann doch nicht anders, und wie Schade wäre es wenn wir nicht zusammen bei Euch wären. Liebes Jettchen rede ihr nur auch recht zu und stelle ihr vor wie wir doch auch im schlechten Wetter mit einander glüklich sein können und wie sich doch gewiß in drei Wochen – denn so lange hoffe ich bei Euch zu sein – einige schöne Tage finden wo wir Alles recht genießen können. Sie ist jezt vielleicht etwas zu ängstlich besorgt für ihre Gesundheit. Aber wenn sie sich wol befindet bis dahin und der erste Frühling lacht soll sie sich wol entschließen hoffe ich.

---

41 *Gemeint sind Stralsund und Sagard.* **42** *Schleiermachers Aufenthalt auf Rügen im Sommer 1804* **48** *Charlotte von Kathen* **50 f** *Henriette Herz*

Wüßte ich es doch auszudenken wie sie hier in meiner Nähe leben könnte, es wäre uns beiden so heilsam. Aber das ist uns wol nicht beschieden. Lebe wol meine süße Tochter. Küsse Dein kleines Jettchen recht zärtlich von mir und schikke mir bald wieder liebe freundliche Worte herüber. Deine Erscheinung ist mir jedesmal so wohlthuend und tröstlich, ich ruhe so gerne an Dir und Deinem theuern Gatten. Schnell verfliegen ein Paar Monat und dann thue ich es Auge in Auge.

2129. Von H. von Willich. Stralsund, Dienstag, 21. 1. 1806

Stralsund 21sten Januar

Heute Morgen war ich mir so sicher einen Brief von Dir geliebter Vater [*zu*] vermuthen, mit Herzklopfen hörte ich jemand die Treppe rasch herauf kommen, ich glaubte es sei der Briefträger der uns Deine Briefe bringt – es war kein Brief da – – Du mußt uns nun nicht lange mehr auf diese Freude warten lassen.

Ich muß Dir gleich etwas frohes mittheilen was mich nahe angeht u*nd* Dir auch Freude machen wird. Die Israel ist gestern Morgen glücklich von einem gesunden Mädchen entbunden – sie hat viel während ihrer ganzen Schwangerschaft gelitten u*nd* mit Besorgniß sahen ihre Freunde diesen schweren Zeitpunkt sich nahen den sie nun glücklich überstanden hat. Sie hat den sehnlichen Wunsch ihr Kind selbst zu stillen, u*nd* hat sich gegen Verbot des Arztes u*nd* Abrathen ihrer Freunde entschloßen einen Versuch zu wagen. Wie innig wünsche ich ihr dies Glück! wie unbeschreiblich schmerzhaft muß es sein Mutter sein u*nd* nicht diese heilige natürliche Pflicht erfüllen zu können, eine Andre dem geliebten Kinde das | geben zu lassen was sein erstes Dasein ihm versüßt seine Liebe anzieht u*nd* gewiß auch auf die junge Seele Einfluß hat! Wie glücklich bin ich lieber Vater daß die Natur mich im Besitz aller meiner Rechte gesezt hat! ach Gott ich kann nicht dankbar genug sein!

Ich möchte Dir gerne recht viel von meiner Henriette erzählen, Du solltest sie gerne kennen noch ehe Du sie siehest, aber das ist wohl schwer –

Lebhaft glaube ich wird sie, wenigstens arbeitet sie mit den kleinen Füßen u*nd* Armen unaufhörlich u*nd* läßt mitunter ihre Stimme so laut

---

2129. Überlieferung: H: BBAW, SN 423, Bl. 31–33; D1: Br 2, S. 49 f. (gekürzt); D2: Schleiermacher: Briefe an seine Braut, S. 58–60

erschallen daß Einem ganz bange werden kann. Ihre Augen fallen von einem Gegenstand auf den andern doch am meisten heften sie sich auf menschliche Gesichter, sie hat ein großes braunes Auge u*nd* wird darin wohl Ehrenfried gleichen. Sehr süß sehr lieblich ist das Lächeln das man ihr durch freundliches Zureden abgewinnt, aber sie ist sparsam damit gewöhnlich sieht sie ernst sehr ernst u*nd* wohl gar finster. Erinnerst Du Dir die Runzeln die Ehrenf*ried* zwischen den Augen gewöhnlich hat. Grade so hat sie es auch. Fest besteht sie auf ihr Köpfchen u*nd* so gute Vorsätze ich anfangs hatte, habe ich doch nicht umhin können ihr manches anzugewöhnen | was im Allgemeinen getadelt wird. So schläft sie z.B. nicht anders ein als an der Brust oder auf dem Arme, es ist als ob sie sich in der Wiege so isolirt vorkomt, wenn sie darin erwacht weint sie bis sie sich wieder an einer Menschenbrust fühlt, dann ist sie im Augenblick getröstet. Du begreifst gewiß lieber Vater wie ich es nicht habe lassen können ihr hierin nachzugeben u*nd* wie süß dies ist, ist auch etwas Verwöhnung mit darin. Ich werde darum getadelt, aber mir ist recht so als wenn das Kind, wie eines jeden eignen Menschen Lage sich eigen nach ihm bildet, so auch seine eigne Behandlung verlange u*nd* erhalte u*nd* nicht in jede Gewöhnung sich hinein schmiegen lasse, wenn man es natürlich nimt.

---

später

Jetzt schläft sie wieder so sanft! ich sitze neben ihrer Wiege u*nd* schreibe an Dich, wie wohl ist mir dabei! Ich habe eben in Valerie einem französischen Roman gelesen, die zarten Bilder deren es so viele darin giebt u*nd* die so einfach hingestellt sind wirken recht lebhaft auf mich, so eins davon das mir recht lieb war komt mir immer wieder vor die Phantasie. | Ja lieber Vater mein Leben ist sehr schön, immer erfüllt von Liebe u*nd* Sorge für mein Kind gehört ihr auch fast ganz meine äußere Thätigkeit an, aber wenn sie im süßen Schlummer Ruhe gefunden hat gehen auch meine Sorgen zur Ruhe, u*nd* mit ganz freier Seele gebe ich mich dann dem hin was mir so lieb ist als dem schreiben, dem lesen, auch arbeiten, ich habe aber keine Stätigkeit keine Ruhe dazu wenn die Kleine wacht, immer

---

29 ist das] das *über* ⟨ihr⟩ **36** anders] *folgt* ⟨an⟩

2129. **48–51** *Der Roman „Valérie ou lettres de Gustave de Linar à Ernest“ von Barbara Juliane von Krüdener war in zwei Teilen zuerst Paris 1803 erschienen und erlebte sowohl auf Französisch als auch in deutscher Übersetzung zahlreiche weitere Auflagen; er galt in der Gattung des empfindsamen Romans als Seitenstück zu Goethes „Werther“.*

sehen meine Augen auf sie hin u*nd* der Wunsch u*nd* die süsse Einbildung daß ihr bei mir wohler sein möchte führen mich immer wieder zu ihr, sie komt daher nur wenig von meinem Arm so gerne Ehrenfried u*nd* Louise sie auch tragen u*nd* so sehr ich mich auch darüber freue.

Ach lieber Vater ich muß es Dir ordentlich klagen wie schlimm es in mir ist daß ich nun bei dem süßen Kinde so viel Anlage zur Eifersucht in meinem Herzen entdecke. Bei Ehrenfried habe ich sie nicht gefühlt – er war ganz mein – bei meinen Freunden auch fast gar nicht weil die Würdigung Andrer u*nd* meiner selbst mich oft in meinem eignen Urtheil zurückstellte, u*nd* weil ich bei ihnen | immer in Hoffnung lebe u*nd* im Streben ihnen innerlich näher zu stehen. – Aber bei meinen süßen Kinde lieber Vater neige ich mich so sehr dahin, der Gedanke daß sie Louise, die ja auch immer mit ihr leben u*nd* sie zu sich ziehen wird, mehr lieben könnte als mich oder bei irgend jemand, meinen Ehrenfried ganz ausgenommen, sich wohler fühlen – kann mir ordentlich die Brust pressen. Ach lieber Vater es könte Bitterkeit in mein Herz bringen! – Vielleicht aber komt diese Empfindung nur daher weil ich bei meiner innigen Liebe zu dem Kinde solche Sehnsucht habe ein Zeichen ihrer Zärtlichkeit ihrer Gegenliebe ihrer mich besonders auszeichnenden Liebe zu haben, u*nd* die kleine Unschuld uns noch immer Alle mit gleichen Augen ansieht und der verlangenden Mutter noch nichts anders zu geben versteht als sie Jedem giebt der sie gut u*nd* sanft trägt. Vielleicht werde ich jene Empfindung gar nicht haben wenn das Kindchen erst versteht mir seine kleinen Arme entgegen zu strecken u*nd* mir den süßen Nahmen Mutter zu geben. Mein Lieber Vater ich habe Dir recht aufrichtig geschrieben wie mir zu Muthe ist. |

Ich habe heute Friedericke I*srael* wieder gesehn, sie u*nd* ihr Kind befinden sich sehr wohl nach den Umständen u*nd* mit dem Stillen geht es bis jezt gut. Sie hat bei den beiden ersten Kindern Ammen gehabt bei diesem Kinde ergreift sie nun die schöne Pflicht mit solcher Liebe daß es ihr wohl gelingen muß. Friedericke ist mir in vieler Hinsicht recht werth, sie ist mir näher als die Cummerow, sie ist viel zarter u*nd* in Wahrheit fühlbar.

---

59 wohler] wohller 67 ihnen] Ihnen 72 wohler] wohller 89 Wahrheit] *folgt* ⟨ganz⟩

---

60 *Luise von Willich*

*2130. An F. Weichart. Vor dem 29. 1. 1806

Dankt, daß er von Weichart als Erstem von der Schlacht bei Austerlitz erfahren habe.

2131. Von F. Weichart. Pless, Mittwoch, 29. 1. 1806

Pless den 29n. Janr. 6.

Sehr angenehm war es mir daß meine Nachricht die erste war die Ihnen das Resultat jener merkwürdigen Schlacht bei Austerliz brachte. Was nun seit dieser Zeit vorgefallen sind Sie gewiß beßer unterrichtet als ich, da ich eigentlich mich wenig um politische Händel bekümmere, und mit meinen eigenen Angelegenheiten mich oft in ziemliche Debatten mit mir selbst verwickelt sehe. Es ist Friede, das ist es was mich interessirt weil mit ihm für Alle die FrühlingsSonne der Hoffnung auf beßere Zeiten aufgeht. Man traut jedoch diesem Frieden keine feste Dauer zu, wenigstens im Oesterreichischen. Ich überlaße es indeß der Zeit die mir wohl die noch in den Cabinetten verschloßenen Geheimniße aufhellen wird. – Ein trauriger Ueberrest des Krieges sind bösartige Krankheiten die im Oestreichischen eine Menge Menschen wegraffen[,] die Rußen brachten sie schon bei ihrem Anmarsch mit ihren Lazarethen mit, und hinterließen auch bei uns in einem Dorfe ein solches Andenken, mehrere Häuser mußten versperrt werden. Jezt haben sie die vielen Deserteurs, die zum Theil noch nicht ganz hergestellt und hier aufs neue krank geworden noch mehr verbreitet und es ist alle Vorsicht nöthig um das Uebel nicht größer werden zu laßen. Es ist eine Art von Nervenfieber. Alle Krankenhäuser im Kayserlichen sind voll, doch sterben jezt nicht mehr so Viele. – Nach Cosel müßen noch immer ansehnliche Lieferungen abgeführt werden. In Breslau arbeitet man aufs thätigste an den FestungsWerken. Es ist dort schreklich theuer, in der Gegend befinden sich noch Rußen. –

Bei dieser Gelegenheit mache ich mir das Vergnügen Ihnen einige Proben des Kunstfleißes unsers Oberschlesiens zu überschicken; vielleicht

---

2131. *Überlieferung: H: BBAW, SN 415, Bl. 5; D: Briefe Hülsens, Vermehrens und Weichardts an Schleiermacher, S. 58–60*

***2130.** *Vgl. Brief 2131, 2 f*

2131. *Mit Eisengußproben (Zeile 24–31) und einem Exemplar der Wochenzeitung „Der Beobachter an der Weichsel" (Zeile 38 f)* 7 *Mit dem Frieden von Preßburg am 26. 12. 1805 wurde der dritte Koalitionskrieg beendet.*

sind diese Arbeiten dort nicht sehr bekannt, ich würde mich sehr freuen wenn es dadurch einigen Werth erhielt. Es ist zu bewundern wie weit man es in der Eisengießerey in Gleiwiz gebracht hat. Die schönsten niedlichsten Sachen werden verfertigt, UhrenGehäuse die äußerst geschmakvoll sind, und dabei nicht sehr theuer. Von den medaillen sind selbst nach England Versendungen gemacht worden. – Auch von Pleß muß ich Ihnen etwas merkwürdiges sagen, wir haben eine – | Druckerey. Alle Freitage giebt sie einen Bogen heraus der Beobachter an der Weichsel; der Redacteur ist ein H*err* Richter der Sie in Berlin kennen gelernt hat. Er ist eigentlich PrivatLehrer beim OberForstmeister v*on* Schüz hat aber noch mehrere junge Leute der besten Häuser und des benachbarten Adels im Unterricht. – Es ist daher auch für den literarischen Kunstfleiß gesorgt und ich bin so frey Ihnen so weit derselbe gediehen einige Bogen zu übermachen. Die Weichsel tritt oft aus ihren Ufern, ich fürchte daher daß wenn sich der H*err* Beobachter einmal zu sehr in seinen Beobachtungen vertieft, ihn die Fluth leicht erwischen und ihn mit fortschwemmen könnte dann wäre es [*um*] unsern Beobachter geschehen. Unser Fürst und Doctor Pfaff sind nun endlich wieder da. Der Fürst ist bereits wieder zu seine Esquadron nach Kl*ein*Glogau abgereist. – Mütterchen ist recht gesund und grüßt Sie, sowie Lina recht herzlich. –

Daß Sie Nanny mit jedem Tage mehr liebgewinnen freut mich von ganzem Herzen, und wie sehr sie dies empfindet beweist es, daß sie mir es oft versichert wie glüklich sie sich fühlt einen solchen Bruder zu haben: dies erregt in mir den heißen Wunsch Sie auch bald möglichst kennen zu lernen und Ihnen mündlich zu versichern, wie sehr ich mit aller Achtung bin

Ihr ergebenster

Weichart.

---

35 hat] *korr. aus* [ ]   49 Sie] *korr. aus* wie

28 *Die königliche Eisengießerei Gleiwitz war die älteste in Preußen und wurde Ende des 18. Jahrhunderts eingerichtet; sie war bekannt für ihren Kunstguß.*   33 *„Der Beobachter an der Weichsel, eine Wochenschrift zum Nutzen und Vergnügen" erschien von Januar bis Dezember 1806 bei Feistel in Pleß.*   42 *Friedrich Ferdinand, seit 1797 Herzog von Anhalt-Pleß, war preußischer General.*   44 f *Wohl Schleiermachers Stiefmutter Christiane Caroline und deren Tochter Sophia Caroline (Line)*

**2132. An Ch. Schleiermacher. Vor dem 30. 1. 1806*

Über seinen Ruf nach Bremen; verspricht die Übersendung von Geld.

2133. An L. von Willich. Halle, wohl Januar 1806

[…] Das Jahr ist um, das Ihnen die gute Mutter geraubt hat, und da kehrt die Erinnerung der ehemaligen Zeit und die Wehmuth verstärkt zurück. Das finde ich ganz in der Ordnung und beruhige mich darüber. Aber es muß nun auch wirklich so sein, liebe Luise, und ich muß mich nicht irren. Nicht wahr? Und in einen so wunden, stechenden Schmerz, wie er aus Ihrem Briefe spricht, muß Ihre Wehmuth nicht ausarten. Und was von Vorwürfen in Ihnen ist, das müssen Sie besänftigen. Sie wissen es ja selbst, daß Ihre Mutter Sie trösten würde; was können Sie also lieberes ihr thun, als daß Sie ihre Stelle bei sich vertreten. Ja, trösten Sie sich, liebe Luise, im Namen Ihrer Mutter und ver|hehlen Sie es sich nicht, wie schwer, wie sehr schwer es gewesen, immer ganz das Beste zu treffen und zu wählen an Ihrer Stelle. […] Ich weiß keinen besseren Trost als alles Thun und Begegnen so im ganzen anzusehen in seiner Beziehung auf einander. Denn was uns verwirrt in uns selbst, ist immer nur das Einzelne herausgerissen […]

2134. Von Ch. Schleiermacher. Gnadenfrei, Sonnabend, 1. 2. 1806

den 1t Fbr 1806

Seit vorgestern bin ich im Besiz Deines Briefes, der mich fast überrasch-te – da ich nach so langem vergeblichen Warten fast ganz ressignirte je was von Dir zu hören. Nur zu kurz – zu kurz ist immer alles – diese

---

2133. *Überlieferung: D: Petrich: Schleiermacher und Luise von Willich, S. 171 f.*

2134. *Überlieferung: H: BBAW, SN 375/21, Bl. 13 f.*

***2132.** *Vgl. Brief 2134, 2.16.34*

2133. 1 *Marianne Regina von Willich war im Dezember 1804 gestorben.* 6 *Brief 2106*

2134. 2 *Brief *2132*

Epistel wird ziemlich lang – aber ein wahres Allerley – Du nimst vorlieb um so mehr wenn Du wüßtest wie sehr meine Stunden ich möchte sagen Viertelst*unden* eingetheilt sind – erschleichen muß ich mir alles was nicht mit der Anstalt – oder der Seidlizen Bezug haben soll – auch fühle ich mich in diesen Tagen ganz besonders erschöpft. Diese niederdrüken-den Empfindungen machen mich oft unmuthig – denn – meiner Auflösung bringen sie mich zwar näher jedoch nur sehr langsam u*nd* peinigend dieses tumultarische Wesen in meinem ganzen Cörper kan freilich nur immer bis auf einen gewißen Grad steigen – wie, alles, was mann Drangsaale nennt. Leider fühlt man nur alles viel zarter und auch stechender – und trägt dieses gar leicht auf Andre über, das ist denn das jämmerlichste.

Also wieder einen neuen Ruf! unter welcher | Regierung würdest Du dort nach den neuen Vertheilungen stehen? bitte schreibe mir doch so bald die Sache gewiß – es wäre mir auch leid um Nany wen*n* sie noch ei*n*mahl sich einrichten müste – Das gute Mädchen hat diesen Monat ihren Geburtstag – den Tag weis ich aber nicht – sonst hätte ich, ihr zu, oder an Demselben, geschrieben – hast Du an diesem Tag ein kleines Fest mit ihr – oder hast Du zu Weinachten sie mit Allerley Kleinigkeiten erfreut? Viel habe ich damals an Euch gedacht – auch an Deinem GeburtsTag, aber, zum schreiben hatte ich keinen Muth – eine schriftliche Unterhaltung habe ich wohl begonnen – mit Conopack – die wird aber hier behalten bis er mir schreibt vielleicht gar zerrißen – es ist ein ganzer Bogen voll schon öfters hatte ich beim durchlesen desselben ein unangenehmes Gefühl – zürnte über sein Schweigen – glaubte mein Brief schiene ihm so unter aller Critik daß er aller Fortsezung entsagte – verbitte mir aber jede Mittheilung dieser Äußerung – es muß alles, aus, ihm, kommen – sehr viel denke ich Sein – auch bei meiner lecture – Er hat sich wohl auch mit Joesting recht gelabt! Bei Dir aber war dieses Wiedersehn wohl mit gar manchem BitterSüß vermischt – könte es anders sein? |

Daß Du mir Hofnung machst bald Geld zu bekommen ist mir weil ichs sehr bedarf – aber auch um andrer Leute willen lieb – – demungeachtet muß ich doch von meinem kl*einen* Capital dieses Frühjahr noch nehmen Gott gebe daß die alte Pflegern meine schlechten GeldUmstände nie recht erfährt – ich glaube sie legte mir noch eine Zucht auf – leider binn ich schon genug gestraft! – Bey Leesung dieses sehe ich Dich lächeln und das

5 Epistel] Epitel

8 *Sophie Juliane Magdalene von Seidlitz* 16 *Der Ruf nach Bremen* 19 f *Schleiermachers Halbschwester Nanny hatte am 18. Februar Geburtstag.* 32 f *Charlotte spielt darauf an, daß Jösting Eleonores Scheidung betreiben sollte.* 37 *Friederike Elisabeth Beate Louise Gräfin von Posadowsky war Oberaufseherin der Mädchenanstalt in Gnadenfrei.*

recht einzig mit dem Bedeuten daß ich Dein Anerbieten um so eher annehmen solte – auf keinen Fall mein Bester habe ich es ja gemeint, als wen*n* die Entfernung von der Gemeine nicht mehr als, eine, Tagereise betrüge – der Schritt, der mir noch diesen Sommer bevorsteht wird mich ohnehin genug Auffopferung kosten – nur der augenscheinliche Beweis daß alles sich, so, zusammentreffen – alles grade so kommen muste – kann mich einigermaßen beruhigen – und die trüben prospecte – den mühevollen Weg mir etwas erleichtern – und erhellen – Ja mein Lieber als ich nach Seidlizes Todt, zum erstenmahl die Witwe sah – warf sie sich an meinen Hals – sagte mit einer Stimme die noch oft mir tönt – O Lotte! Nun habe ich nur den Wunsch mit Ihnen meine Tage zu verleben Seidliz wünschte sie zu den Kindern – Sie haben ihn von Jugend an gekant | mit Ihnen, kan ich von Ihm reden – in den Kindern wollen wir den Vater wieder aufblühen sehen – Wir verstehen Uns – Ach wäre nur alle Schwierigkeiten erst überstanden |

Dis war schon am 12*ten* Oct*ob*er; ich sah dis nur als im Drang ihres Schmerzgefühls gesagt ann – glaubte hofte – sie würde durch meine Kränklichkeit – durch verschiedne recht dringende Vorstellungen von meiner Seite – vielleicht auch durch OhrenBläserey Anderer sich abhalten laßen – Nein weder mündliches noch schriftlich – wolte fruchten – Sie bleibt dabey aber wozu dann dieses wiederstreben! höre ich Dich fragen ist es denn nicht auch Dir eine liebliche idée immer gewesen? – ja wohl – nur fürchte ich die gute alte Frau, die täglich sonderbarer und wiedersprechender wird – welcher Seidliz wohl einen Damm aufzuwerfen wuste – aber diese Arme Verlaßne – O Gott wen*n* mann das nur einige Tage mit ansieht, auch die Behandlung mit den Kindern die sie entweder durch übertriebne Güte verdirbt oder durch kaltes zurükstoßen schüchtern macht, und zur Verstellung reizt – dann die große Eigenliebe oder was es ist, daß die junge Frau durchaus in keiner Vertraulichkeit mit mir stehen soll! –

Da hast Du nun viel auf einmahl was in mir schon lange wühlt und ich schon 100mahl durchgearbeitet habe – und nun die Erklärung – auf einem 3ten Blatt – das alles so zusamentreffen muste

Es ist wohl sehr nötig daß ich bis Johany hier alles richtig mache, damit ich künftig weis was ich habe

---

49–54 O Lotte ... überstanden] *am linken Rand von Bl. 14ʳ und 13ʳ* **73 f** Es ... habe] *am linken Rand*

41–54 *Charlotte sollte als Erzieherin zu Caroline Charlotte Helene von Seidlitz nach Habendorf übersiedeln, nachdem Friedrich Julius von Seidlitz gestorben war.* **62 f** *Sophie Juliane Magdalene von Seidlitz* **63** *Friedrich Julius von Seidlitz*

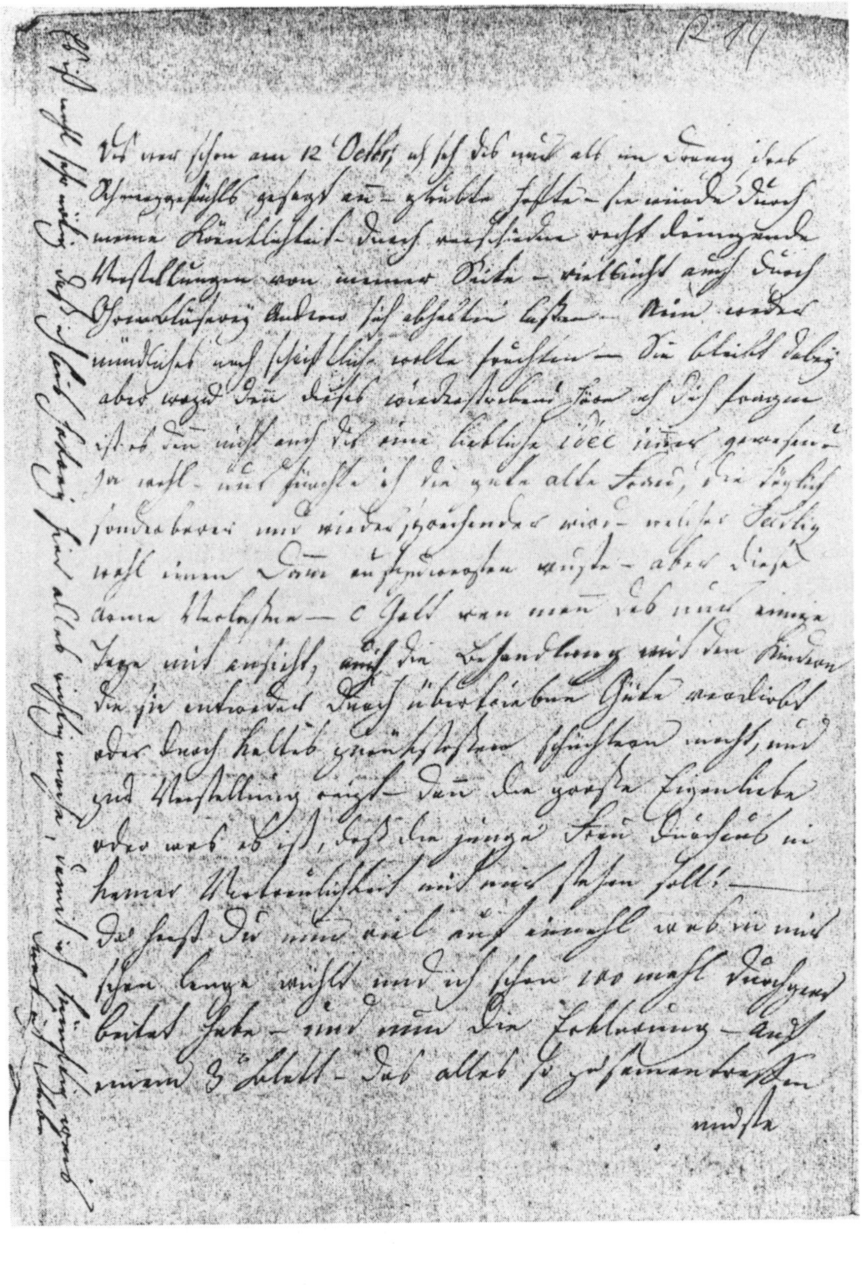

R 19

Ich war schon am 12 Octbr. als ich dies nur all im drang des
Schmerzgefühls gesagt an — glaubte hofte — sie würde durch
meine Kränklichkeit — durch mehrere recht dringende
Vorstellungen von meiner Seite — vielleicht auch durch
Schonungs[illegible] Andres sich abhalten lassen — Nein weder
mündlich noch schriftliche wollte fruchten — Du bleibst dabei
aber wozu denn dieses wiederstreben? höre ich dich fragen
ists denn nicht auch dir eine liebliche idee immer gewesen
sie nahe? — nun freilich ist die gute alte Idee, die täglich
sonderbarer mir wiederstrebender wird — welche [illegible]
nach einem [illegible] aufzusuchen würde — aber diese
[illegible] — o [illegible] wenn man das nur einige
Tage mit ansieht, auch die Behandlung mit den Kindern
die sie entweder durch übertriebene Güte verdirbt
oder durch kaltes grämliches (?) schimpfen macht, und
jede Vorstellung [illegible] — denn die grosse Eigenliebe
oder was es ist, daß die junge Frau durchaus in
keiner Wesentlichkeit mit nach stehen soll! —
Da hast du nun viel auf einmahl was [illegible] mir
schon lange wühlt und ich schon 100 mahl durchgearbeitet hatte — und nun die Erklärung — auch
einem 3 Blatt — das alles so zusammentragen
mußte

Ich muß sehr eilig [illegible] schließen [illegible] alles [illegible] [illegible] [illegible]

**2135. Von J. E. W.E. von Massow. Vor dem 4. 2. 1806*

Versichert, auf Schleiermachers Wünsche eingehen zu wollen und äußert seine Zuversicht, daß Schleiermacher in Halle bleibe. Er habe bereits auf Schleiermachers Einrücken in die Fakultät angetragen.

2136. An J. C. Gaß. Halle, Dienstag, 4. 2. 1806

H. d 4t. Febr. 6.

Hier lieber Freund, erhalten Sie die Kleinigkeit von der ich Ihnen neulich sagte. Ich möchte wol wissen was Sie zu der Form und zu der ganzen Behandlung sagen werden. Als ich sie fertig hatte war ich sehr übel zufrieden damit und hätte sie gern wieder zurük gehabt; jezt nachdem ich sie zum ersten Mal gedrukt wieder gelesen gefällt sie mir wieder leidlich nur finde ich die erste Hälfte etwas zu lose gearbeitet gegen die zweite. Indeß ist es der erste Versuch in dieser Art, und ich verspreche Ihnen wenn ich wieder so etwas mache soll es schon besser gerathen.

Eine eigne Maaßregel habe ich damit getroffen. Eigentlich hatte ich mir eine gänzliche Anonymität bedungen allein dem Verleger schien das doch sehr zuwider zu sein und weil er sich so sehr artig und freundlich dabei betrug, und meine ganze Absicht mit der Anonymität doch mehr scherzhaft als ernsthaft war so konnte ich es nicht übers Herz bringen ihn wenn auch nur in der Einbildung darunter leiden zu lassen. Also habe ich ihm erlaubt auf | alle Exemplare meinen Namen zu sezen mit Ausnahme derer, die hier u*nd* in Berlin ausgegeben werden. Ich schikke Ihnen ein solches anonymes der Seltenheit wegen. Hätte ich es irgend anzustellen gewußt so hätte ich Ihnen auch nichts davon gesagt sondern es Ihnen in die Hände gespielt u*nd* abgewartet ob Sie den Verfasser errathen würden oder nicht. Mit meinen Berliner Freunden habe ich es nun so vor. Hier habe ich es mit Steffens so gemacht der hat es aber fast auf den ersten Blikk gefunden. Fast thut es mir leid daß ich es nicht gleich auf eine Collection über alle Feste u*nd* über die Sacramente angelegt; denn einzeln sind doch solche Kleinigkeiten nichts sondern nur in Masse – und nun die

---

2136. *Überlieferung: H: Krakau; D: Schleiermacher: Briefwechsel mit Gaß, S. 42 f.*
5 gehabt] *korr. aus* gehalt

***2135.** *Vgl. Briefe 2150, 89 f. und 2136, 35–40*

2136. *Mit einem Exemplar der „Weihnachtsfeier“ (Zeile 2 f.)* **2 f** *Die „Weihnachtsfeier“; vgl. Brief 2111, 87–99*

anderen auch einzeln nachzuschikken wäre doch etwas ärmlich. Allein der Gedanke kam mir so plözlich kaum drei Wochen vor Weihnachten u*nd* die Idee lachte mich sehr an, es noch vor dem Fest fertig zu machen. Daraus ist nun doch nichts geworden theils durch meine theils durch des Drukkers Schuld; und doch war auch dies die Ursach, warum ich es nicht unserm Reimer gab.

Sie werden nun auch wissen wollen wie es mit Bremen steht. Gewiß weiß ich es nicht; indeß ist die größte Wahrscheinlichkeit daß ich hier bleibe. Beyme schrieb mir | gleich er würde alles mögliche thun um meine sehr billigen Wünsche zu erfüllen. Massow hat sich etwas länger Zeit gelassen u*nd* mir dann geantwortet auf eine ordinäre Professur für mich hätte er angetragen. Wegen des akademischen Gottesdienstes wären meine Wünsche auch die seinigen, und er würde gewiß sobald nur die gebieterischen Umstände nachgelassen hätten alles thun was in seinen Kräften stände. – Hieraus schließe ich fast daß er wegen dieses Punktes keinen Antrag ins Cabinet gemacht, was mich sehr verdrießt; und ich warte wirklich mit meinem definitiven Entschluß noch auf einen versprochenen zweiten Brief von Beyme. Unser guter Schmalz hier wollte auch noch eine unmittelbare Vorstellung von Seiten der Universität zu bewirken suchen – allein er verspricht immer viel u*nd* hält wenig. Uebrigens thut es mir fast leid um die Bremer. Sie glauben nicht mit wieviel Liebe mir die Leute entgegen kommen, und wie die Hofnungen die sie sich von mir machen so ganz auf das Rechte und Gute gerichtet sind. Es müssen recht viel Menschen von gutem Geiste da sein, das leuchtet mir aus allen Verhandlungen in dieser Sache recht hervor. Noch kann ich keine entschieden abschlägige Antwort geben aber ich muß doch anfangen, in Privatschreiben | ihnen die Hofnung etwas zu benehmen.

Sonst lieber Freund weiß ich Ihnen von mir nichts weiter zu erzählen als daß ich seit der Weihnachtsfeier außer meinen Vorlesungen gar nichts gethan habe, zum großen Nachtheil des Plato. In jene aber arbeite ich mich immer mehr hinein, u*nd* ich läugne Ihnen nicht daß ich ziemlich zufrieden damit bin. Zumal arbeite ich mich recht in den Apostel Paulus hinein, und finde soviel Schönes u*nd* Eignes in ihm auch schriftstellerisch als ich nie erwartet u*nd* auch sonst nicht gesehen habe. Das macht mir großen Muth zu dem exegetischen Cursus, wiewol ich vor der Arbeit erschrekke. Uebrigens kann ich Ihnen ankündigen, daß wenn ich nur

---

38 meine] *korr. aus* seine

34 f *Brief *2123* 35–40 *Brief *2135*

irgend das Geld dazu auftreiben kann ich in den Osterferien nach Rügen reise u*nd* also auch ein Paar Tage – denn vielmehr wird es wol nicht werden – in Stettin zubringe. Sie können denken daß ich mich nicht wenig dazu freue zumal auch Wilhelmine die ich herzlich grüße mit ihrem kleinen Mädchen zu sehn. Lassen Sie mich indeß bald einmal von sich hören recht viel Gutes u*nd* Schönes. Und nun leben Sie wohl und grüßen Sie Bartholdy herzlich.

Schl.

2137. Von G. A. Reimer. Berlin, Dienstag, 4. 2. 1806

Berlin am 4n Febr. 6

Hiebei, lieber Freund, erhältst Du endlich den längst erwarteten Platon, so wie den Band vom Athenaeus. Ich will dem unsichern Wetter einmal vertrauen, da ich es bisher nicht gedurft habe, bei dem immerwährenden Wechsel, der statt hatte, trotz Deiner anders lautenden Versicherungen. Bei dem besten Anschein schicke ich es dennoch nicht ohne Besorgniß, und nur auf Deine Gefahr, doch von dem Wunsch eines guten Empfanges begleitet. Daß ich nicht zu Dir gekonnt habe ist mir sehr[,] recht sehr nahe gegangen; ob ich aber jetzt vor Deiner Herkunft noch den Abstecher machen darf steht sehr dahin, und scheint mir bei Deiner nahen Ankunft (innerhalb 6 Wochen sagt Jösting) fast unräthlich; um so mehr da ich Dich lieber wenn Du mehrere Wochen vor der Messe hier einträfest auf Deiner Reise nach Rügen zu begleiten Lust hätte, welchem Vorschlage auch Jösting seinerseits beizutreten nicht abgeneigt ist. Sage nun was Du dazu meinst, und wie und wann Du einzutreffen, und auf welche Weise Du die Reise zu machen denkst; damit ich darnach mit meiner Zeit zu Rathe gehen kann, indem ich mich nothwendig | so einrichten muß, daß ich vor der Mitte des Aprills wieder zurück und hier bin, da die Messe den 26 oder 27*ten* anfängt.

Was Du von den Büchern schreibst, nemlich vom Hänlein u*nd* Tennemann, darauf erwiedre ich, daß ich Auftrag gegeben hatte Dir solche gleich von Leipzig aus zu senden, und daß ich das erstere schon längst bei

---

64 werden –] werden

2137. Überlieferung: H: BBAW, SN 358, Bl. 85 f. 4 es] *folgt* ⟨bedurft⟩ 6 nicht] *folgt* ⟨und⟩

2137. 2 f *Vgl. Brief 2125, 14–18* 20–25 *Vgl. Brief 2127, 15–19*

Dir vermuthete; das letztere hingegen zwar nicht, denn Du hast es in Deinem letztern Briefe erstlich bestellt. Der Bestellung der andern Bücher, deren Du erwähnst sehe ich entgegen. Die Angelegenheit mit Brinkmann laß uns bei Deinem Hierseyn in Ordnung bringen. Wollte Gott ich könnte eben so gut die Angelegenheit von Steffens operiren, wie ich diese Kleinigkeit zu arrangiren gewiß bin; allein dazu, liebster Freund, ist wenig Hoffnung. Wo es auf das Entäussern vom Mammon ankommt, da klopft man vergeblich an die Thüren. Bartholdy hat sich zwar gegen mich in diesem Jahre sehr zuvorkommend in Geldangelegenheiten bewiesen, allein doch nicht ganz ohne Entsagung aller Sicherheit; zudem waren auch die Summen nicht von so großer Bedeutung. |

Ich weiß jetzt keinen andern Rath für Steffens als den mit seinen Gläubigern einen Accord (gerichtlich oder nicht) zu treffen, den jene sich gefallen [*lassen*] müssen, und wobei er nachher vor ihrem Zudringen gesichert, und auch das Geld nicht zu verzinsen braucht. Vielleicht treten in Jahr und Tag günstigere Verhältnisse bei meinem Geschäft ein, was ich wohl hoffen darf, und ich bin sodann selbst im Stande etwas für Steffens zu thun, was mir das erfreulichste wäre. Auf andere zu rechnen, glaube ich, ist vergeblich.

Ueber Fr*iedrich* Schlegel spreche ich Dir auch lieber mündlich, und theile Dir seine eignen Briefe mit. Er scheint sehr milde geworden zu seyn, fast zu sehr – so daß mit der aufgelösten Rohheit auch die Kraft die sie erzeugte zerronnen zu seyn scheint. Ich schreibe ihm jetzt öfters.

Den Oelenschläger habe ich noch fast gar nicht gesehen, ungeachtet ich ihn zu mir geladen hatte. Reichardt hat ihn ganz an sich genommen, und läßt ihn nirgend hin als unter seiner Obhut. Nun hat zwar R*eichardt* auch zu kommen versprochen, allein es scheint damit kein Ernst zu seyn. |

Heute Abend sehe ich sie beide bei der Herz, die viel Leute, auf Humbold, das Wunderthier, geladen hat. Dies ist auch Ursache warum ich schließen muß, obgleich ich Dir gern noch manches über Dein kleines freundliches Buch sagen wollte. Ich habe den ersten Genuß desselben, durch Jöstings etwas linkische Art der Vorbereitung, unter den aller ungünstigsten Umständen und in der widerwärtigsten Gemüthsstimmung

42 spreche] *über* ⟨schreib⟩ **48** seiner] *korr.* **55** in] *mit Einfügungszeichen über* ⟨unter⟩

25 f *Vgl. Brief 2127, 26–35* **26–33** *Vgl. Brief 2127, 54–65* **27** *operieren oder bewirken; vgl. Campe: Wörterbuch, Bd. 5, S. 447* **35–37** *„Wer mit seinen Gläubigern accordirt, der setzt sich mit ihnen, oder trifft mit ihnen einen Vergleich, eine Übereinkunft“. (Campe: Wörterbuch, Bd. 6, S. 80)* **42–45** *Vgl. Brief 2127, 35–41* **46 f** *Vgl. Brief 2127, 41–45* **50 f** *Alexander von Humboldt hielt sich nach der Rückkehr von seiner amerikanischen Forschungsreise (1799–1804) seit November 1805 in Berlin auf.* **52–61** *Schleiermachers „Weihnachtsfeier“*

gehabt; dennoch war der Eindruck den es mir zurückließ der tiefste, dessen ich mich, so lange ich denken kann, zu erinnern vermag; vielleicht um so tiefer des Contrastes wegen. Ich habe gestern die Lesung desselben bei geringerer Spannung aber mit grösserer Rührung und Erbauung wiederholt. Bis nach abermaliger Lesung behalte ich es mir vor, Dir etwas darüber zu sagen.

Gieb mir bald Nachricht über alles was Dein Herkommen und Deine Reise betrifft.

**2138. An H. Herz. Vor dem 8. 2. 1806*

Erklärt, noch nicht zur Lektüre von Brinckmanns Schrift „Filosofische Ansichten" gekommen zu sein.

2139. Von C. G. von Brinckmann. Berlin, Sonnabend, 8. 2. 1806

B. den 8t. Febr. 1806.

Mit der lezten Post erhielt ich einen Brief von Eberhard, der ein ganz eigenes Urtheil über meine Ansichten enthielt, u*nd* mir einen Vorwurf machte, der mir völlig unerwartet war – „ich zürne nehm*lich* gegen die Spekulazion! u*nd* wolle alle Filosofie aufs Gefühl zurückführen!" – Ich weiß nicht, ob die Zueignung an Jakobi

– manet alta mente repostum
judicium Paridis spretaeque injuria formae –

oder was sonst meinen alten Freund u*nd* Lehrer in Harnisch gebracht hat, aber ganz billig scheint mir, in obiger Hinsicht, seine Kritik nicht, u*nd* ich hätte mich weniger gewundert, wenn ich ihm als ein heimlicher Idealist aus der neuesten Schule, anstössig geschienen | hätte.

---

60 Bis nach] *mit Einfügungszeichen über* Nach 62 alles] *korr. aus* das

2139. Überlieferung: H: BBAW, SN 260, Bl. 6 f.; D: Brinckmann: Briefe an Schleiermacher, S. 70 f. 11 ein] *folgt* ⟨zu verdächt⟩

**2138. Vgl. Brief 2139, 34 f.*

2139. Mit einem Brief an Johann August Eberhard (Zeile 18) und einem Brief von Eberhard an Brinckmann (Zeile 21). 6 *Brinckmanns „Filosofische Ansichten" tragen die Widmung „An Friedrich Heinrich Jacobi", der ein fünfseitiges Widmungsgedicht folgt.*
7 f *Vergil: Aeneis 1, 26 f.*

Indessen habe ich nicht geglaubt gegen e*inen* Mann wie E*berhard* ein vornehmes oder empfindliches Stillschweigen beobachten zu dürfen, u*nd* ich wünsche, daß Du meine Antwort eben so bündig, wie bescheiden finden mögest. Ich schicke Dir beides, weil ich niemanden lieber als Dich zum Richter in diesem Streite wünsche.

Versiegle nachher den Brief an E*berhard* u*nd* laß mich gelegent*lich* wissen, was er dazu sagt; denn repliziren wird er wohl kaum. Um so lieber wäre es mir, wenn Du Zeit hättest, ihm selbst meine Apologie zu überreichen. Den E*berhard* Brief schicke mir ja wieder.

Auf das, was er gegen ein Bild sagt, das ich von der kleinen Unzelman entlehnt, antworte ich nichts, weil ich seinen Einwurf nicht eigentlich verstehe, er auch mich dabei falsch ver|standen zu haben scheint. Wer wird auch ein einzelnes Bild vertheidigen? ob es gleich eins von denen ist, die Jacobin vorzüg*lich* gefallen.

Komisch genug, daß Fichte mir schrieb, „er sei mit meinen Ansichten beinah durchgängig einverstanden; mit dem höhern Standpunkt durchaus, nur begreife er nicht recht, wie ich noch einen andern für mög*lich* zu halten schiene." – Gerade ihm hätte ich durch meine Poesie eher anstößig zu werden geglaubt, als Eberharden.

Ist es aber nicht artig, daß ich E*berhards* Schriften so gut zitire, ob ich gleich die meisten derselben seit Halle nicht gelesen habe?

Ich weiß durch die H*erz* daß Du noch nicht Zeit gehabt, meine Ansichten durchzublättern. Ich will Dich auch | keinesweges treiben; überzeugt, daß Du mir späterhin mit der strengsten Aufrichtigkeit Dein Urtheil sagst. Streiche an u*nd* aus, wie es Dir der Genius gebietet; der meinige wird dem Ausspruch des Deinigen willig huldigen.

Ich bin seit 8 Tagen sehr glück*lich* denn Bernstorff ist hier – wie Du Dich erinnerst, schon aus meinen Gedichten – einer meiner ältesten u*nd* vertrautesten Freunde. Dabei Humboldt, Vossens u*nd* Frau v*on* Berg, nebst ein par andern Freundinnen. Das Alles lebt in Einer Kotterie – auch mit Spalding zum Theile – Also!

Ewig u*nd* unveränder*lich* Dein

Br.

---

14 Stillschweigen] *folgt* ⟨zei⟩ **22** gegen ein] *über* ⟨von einem⟩ **23** entlehnt,] *folgt* ⟨| |⟩

22–26 *Es ist unklar, welches Bild von Friederike Unzelmann (geb. Flittner, 1760–1815, Schauspielerin und Sängerin in Berlin, seit 1803 Bethmann-Unzelmann) entlehnt war.* **27–30** *Fichtes Brief ist nicht überliefert; vgl. Fichte: Akademieausgabe, Bd. 3, 5, S. 328, Nr. 701. 1.* **32 f** *Brinckmanns „Filosofische Ansichten" zitieren Eberhard nicht ausdrücklich.* **34** *Vgl. Brief *2138* **40** *Vgl. in Brinckmanns Gedichten (Erstes Bändchen, Berlin 1804) Elegien, 2. Buch, Nr. 6 (S. 73–77) und 3. Buch, Nr. 9 (S. 142–145), die an Bernstorff gerichtet sind.* **41** *Alexander von Humboldt August Ernst Graf von Voß und seine Frau Luise, geb. von Berg* **42** *Koterie, Verein oder Gruppe*

2140. An W. C. Müller. Halle, Sonntag, 9. 2. 1806

Halle d 9t. Febr. 6.

Wenn ich doch wüßte über alle die Liebe, die mir von Bremen aus entgegenkommt, meine Freude recht zu erkennen zu geben. Gewiß war es mir vorzüglich werth auch den Vater eines jungen Mannes der so sehr unter unsere vorzüglicheren gehört und den ich recht herzlich lieb habe, unter denen zu wissen die sich für den an mich ergangenen Ruf interessiren. Sie werden es mir auch glauben daß ich nicht ohne Wehmuth die Wahrscheinlichkeit zu Ihnen zu kommen verschwinden sehe. Denn was könnte ich mir lieberes wünschen als an einem Orte zu leben und für meinen höchsten Zwekk wirksam zu sein wo ich soviel Liebe und Vertrauen schon vorfinde und ein so lebendiges Interesse für das Wahre und Gute! Verschwinden sehe ich diese Wahrscheinlichkeit, indeß ist doch auch mein Hierbleiben nicht entschieden, sondern ich bin noch in Erwartung der officiellen Antwort von Berlin aus. Sie haben so offen über diese ganze Angelegenheit mit mir geredet und ich | denke mich durch Ihren Herrn Sohn schon in einem näheren Verhältniß mit Ihnen so daß ich Ihnen auch ganz offen meine ganze Ansicht und Handlungsweise darlegen möchte. Ich weiß nicht wie H*err* Giesebrecht meine Aeußerungen commentirt hat, aber er muß gewiß auf einer unrechten Spur gewesen sein wenn Sie daraus den Schluß gezogen haben daß meine Lage hier unangenehm wäre. Ueber Niemand habe ich mich zu beklagen; gewiß sind meine Ansichten sehr abweichend von denen der übrigen hiesigen Professoren der Theologie, und so müssen sie wol, wenn ihnen ihre Ueberzeugung lieb ist, wünschen, daß unsere Jugend sich nicht allzustark an mich anschließen möchte: allein nie hat dies irgend einen Schritt veranlaßt der mir unangenehm sein konnte. Auch bin ich äußerlich in einer solchen Lage daß ich nicht nöthig habe auf irgend eine Art auf den Beifall Jagd zu machen sondern ruhig abwarten kann wie meine Lehrart allmählig Eingang fiinden wird. Unsere Regierung hat mich auf eine ausgezeichnete Art hieher berufen. Ich erhielt als Prediger bei einer kleinen Gemeine in einer entlegenen Provinz einen Ruf nach Würzburg; ich nahm ihn an weil ich gar nicht glaubte daß man mich würde halten wollen und suchte meinen Abschied. Der König wünschte in einer Cabinetsordre an den Minister, daß ich bleiben möchte und ließ mir Anerbietungen machen

---

2140. *Überlieferung: H: Krakau; D: Adolph Müller: Briefe von der Universität, S. 280–282*

2140. 18 f *Vgl. Brief 2114, 26–28*

von denen er vermuthen konnte, daß sie mir die liebsten sein würden. Ich antwortete, es thäte mir leid mein Wort schon gegeben zu haben aber ich hätte es gegeben, und könnte nun nicht anders zurüktreten als wenn mir der König meinen Abschied geradezu verweigerte – etwas was auf dem Gebiete des öffentlichen Unterrichtes sonst nie zu geschehen pflegt. Man that es dennoch. Sie sehen nach einer solchen Behandlung, nur eben zwei | Jahre später, wäre es verächtlich und undankbar gewesen, wenn ich den Ruf nach Bremen, wie lieb er mir auch ist, wieder geradezu angenommen hätte, ohne vorher Anzeige davon zu machen und die Gründe anzugeben die mich geneigt machten von hier weg zu gehen. Nehmen Sie dazu, daß mein Ruf hieher fast meine eigne Wahl war, daß er der Anfang war Vorschläge zu realisiren die ich selbst gemacht hatte, und daß ich freiwillig die zwiefache Wirksamkeit hier auf dem Katheder und in der akademischen Kirche einem Ruf an die Domkirche in Berlin – denn ich hatte die Wahl zwischen beiden – vorzog: so können Sie denken daß mir mein hiesiger Wirkungskreis sehr lieb ist. Auch würde ich gewiß den Gedanken gar nicht haben aufkommen lassen einen anderweitigen Ruf anzunehmen wenn nicht die akademische Kirche grade um diese Zeit ehe sie noch eingerichtet war zum Magazin wäre gemacht worden u*nd* ich zugleich seit kurzem die Erfahrung gemacht hätte daß das Vertrauen eines großen Theils der Studierenden sich daran stieß daß ich nicht den anderen gleich in der Facultät war. Hier entstand mir nun die Ueberlegung daß wenn nicht Energie genug da wäre um diese Hindernisse aus dem Wege zu räumen, mein hiesiges Leben doch immer kränkeln würde, und daß es dann besser wäre gleich zu gehen. Deshalb schrieb ich wenn nicht sogleich Anstalt gemacht würde den akademischen Gottesdienst wirklich einzurichten und wenn ich nicht gleich einen Plaz in der Facultät erhielte so wäre ich entschieden mein Amt in dessen vollen Besiz ich nicht hätte gelangen können aufzugeben. Allein der Minister sowol als das Cabinet zeigten gleich die ernsteste Bereitwilligkeit; es wurden ohnerachtet damals der Friede wol noch nicht entschieden war sogleich | Befehle gegeben die Evacuation der Kirche möglich zu machen und ich kann kaum anders als eine unbedingte Gewährung erwarten, die mir dann nicht den geringsten Grund übrig ließe einen Wirkungskreis in dem mir so sehr wohl ist zu verlassen. Sollte indeß die theologische Facultät auch nur die mindeste Einwendung machen – was ihr doch so sehr zu verzeihen wäre da die

---

48 einem] *korr. aus* dem

59 *Briefe *2119 und *2120* 63 *Massow*

Aufnahme eines Reformirten ein unerhörtes Beispiel ist – so komme ich dennoch gewiß zu Ihnen. Sie sehen, daß ich wol Recht hatte an Giesebrecht zu schreiben ich konnte kaum glauben daß man unter den gegenwärtigen Umständen meine Forderungen erfüllen würde. Eben so können Sie Sich leicht denken daß wenn ich nur den ernsten Willen sehe mein Hiersein äußerlich geltend zu machen ich nicht leicht einen schöneren Beruf finden kann. Nicht nur ist es grade die Art wie ich selbst vorgeschlagen habe eine Vereinigung der beiden protestantischen Confessionen allmählig herbeizuführen; sondern es muß mir auch eben bei meinen religiösen Ansichten und Ueberzeugungen vorzüglich werth sein von der Kanzel her besonders auf die künftigen Religionslehrer Einfluß zu gewinnen. Aber mächtig das gestehe ich eben so gern hat mich die Liebe die man mir bewies und die Vorstellung die ich von den dort herrschenden Gesinnungen bekam, nach Bremen hingezogen so daß ich diese ganze Zeit über im Streite war was für einen Ausgang ich eigentlich wünschen sollte. In einer Woche etwa hoffe ich nun das Bestimmteste sagen zu können und wenn dann auch die Umstände für mein Hierbleiben entscheiden so wird doch immer dieser Antrag mit allen seinen Folgen zu dem Schönen und Erfreulichen meines Lebens gehören und ich hoffe auch die welche mich dort lieben und vornemlich Sie würdiger Mann werden eingestehen daß mir nicht vergönnt war anders zu handeln als ich gethan habe.

Ganz der Ihrige

Schleiermacher

**2141. Von Jösting. Vor dem 10. 2. 1806*

Über das Vorlesen der „Weihnachtsfeier“ in Berlin

---

81 besonders] *über* ⟨vorzüglich⟩ 82 gern] *korr. aus* |zu|

72–74 *Vgl. Brief 2095, 29–37* 77–79 *Vgl. Schleiermacher: Zwei unvorgreifliche Gutachten, erstes Gutachten (KGA I/4, S. 367–408)*

*2141. *Vgl. Brief 2142, 60–62*

2142. An G. A. Reimer. Halle, Dienstag, 10. 2. 1806

H. d. 10t Febr. 6

Solltest du wirklich nicht herkommen können lieber Freund so wäre Deine Begleitung nach Rügen ein herrlicher Einfall, und in irgend einem Sinne läßt er sich gewiß ausführen. Ich will Dir darum gleich sagen was ich von meiner Reise wissen kann. Eher als Ende März kann ich die Vorlesungen nicht schließen und also auch nicht eher abreisen. Ich wollte dann damit anfangen einige Tage in Berlin zu bleiben; allein wenn Ihr mitreiset so verspare ich das auf den Rükweg. Demnächst kommt es darauf an ob die Herz mitreiset. Dann wollten wir den graden Weg nach Stralsund genommen haben. Wollt Ihr nun bestimmt mitreisen so sind wir ja unserer genug um uns aus Prenzlau od*er* Brandenburg oder wo es her ist einen Holsteiner Wagen zu bestellen, u*nd* so kann sich die Herz um so leichter entschließen.

Eigentlich war aber mein Plan, wenn die Herz nicht mit mir reiste, mit Nanny über Stettin zu reisen wo ich auch ein Paar Tage bei Gass u*nd* Bartoldy zubringen möchte. Doch würde ich es lieber | auf den Rükweg lassen. Wäre ich mit Nanny allein gereist so würde ich wol von Berlin aus ordinäre Post genommen haben wenn das Wetter irgend leidlich gewesen wäre. Sind wir aber 4 od*er* 5 so kann jede Gelegenheit ohnedies nicht viel theurer kommen. Mehr weiß ich nun vor der Hand nicht zu sagen, außer daß die ganze Reise noch sehr ungewiß ist, weil ich noch gar kein Geld dazu absehe.

Der Plato ist ohne sonderlichen Schaden angekommen, nur einige Schmuzflekke hat er, die er nothwendig aber vor dem Einpakken muß gehabt haben. Hättest Du mir ihn aber brochirt geschikt so hätte ich mich noch mehr gefreut. Den Tennemann glaubte ich kaum erst bestellen zu dürfen ich dachte Du würdest ihn von selbst bekommen als Fortsezung. Leider werde ich wol, wenn ich erst gewiß weiß was ich im Sommer lese noch mehrere Bücher haben müssen, deren Besorgung ich Dich dann aber sehr bitten werde etwas zu beschleunigen damit ich mir noch mancherlei vorarbeiten kann. Ammon hat mir den zweiten Theil seiner Religions|vorträge im Geiste Jesu geschikt, dazu muß ich nun doch auch den

2142. *Überlieferung: H: BBAW, SN 761, Bl. 40 f.; D: Br 4, S. 122 (Auszug)*

2142. 12 *Ein leichter Reisewagen* **23–26** *Vgl. Brief 2137, 2–8* **26 f** *Vgl. Brief 2137, 20–24* **31–34** *Christoph Friedrich Ammon: Religionsvorträge im Geiste Jesu für alle Sonn- und Festtage des Jahres zur Erbauung gebildeter Familien und zur Vorbereitung angehender Kanzelredner aus allen christlichen Partheien, 2 Bde., Göttingen 1804–1806; ein dritter Band erschien 1809. – Vgl. Brief 2048.*

ersten haben. Doch das hat keine Eile und kann ganz gelegent*lich* geschehen.

Daß Jösting seinen Auftrag wegen der Weihnachtsfeier nicht auf das geschikteste und säuberlichste besorgen würde konnte ich wol denken. Er soll mir noch genauere Relation darüber geben, ob er es Dich hat errathen lassen, oder ob das nicht gegangen ist. Und Du wirst mir große Freude machen wenn Du mir noch etwas mehreres darüber sagst wie es Dir im Ganzen vorgekommen ist. Da das Büchlein doch zu Weihnachten nicht fertig geworden ist, hat es mir schon viel leid gethan daß ich es Dir nicht übertragen habe wie Alles Andere. Allein ich dachte es mir so hübsch noch am Weihnachts Abend Freude damit zu haben, und zu machen, und da das doch nur auf diese Weise sein konnte: so kam es mir auch ganz anmuthig vor, Dich selbst einmal mit einem anonymen Product zu überraschen. Spuren seiner sehr schnellen Ausarbeitung muß es wol viele an sich tragen. Ich habe es aber erst einmal gelesen und da sind sie mir noch nicht sehr aufgefallen. Lieber wäre es mir izt ich | hätte es gar nicht allein herausgegeben sondern mit mehreren ähnlichen. Auch habe ich dabei die Bemerkung gemacht, wie es mir bisweilen fast periodisch ganz plözlich ankommt etwas Kleines zu produciren. So die Lucindenbriefe die Monologen und nun die Weihnachtsfeier. Ganz wunderbar kam mir der Gedanke plözlich des Abends am Ofen da wir eben aus Dülons FlötenConcert kamen, und nicht drei Wochen nach dieser ersten Empfängniß, von der ich doch erst nach einigen Tagen wußte daß es wirklich eine wäre, war es auch fertig[.] Und es hat doch wirklich etwas einem Kunstwerk ähnliches und könnte zu einer Art von Vollendung gebracht werden; wenigstens mir scheinen die Gestalten hiezu bestimmt genug zu sein.

Eben bekomme ich auch Jöstings Brief der die Geschichte seiner ersten Vorlesung enthält und bin in viele Seufzer dabei ausgebrochen. Wie hat er mich nur können mit Theremin und der Sander unter die Leute bringen. Ich werde ihm nächstens recht eigen schreiben.

---

39 wie] *über* ⟨daß⟩

35–40 *Vgl. Brief 2137, 51–61* 54 *Das Konzert des blinden Flötenvirtuosen Friedrich Ludwig Dulon hatte am 3. Dezember 1805 stattgefunden; vgl. KGA I/5, S. XLIV ff.* 60 *Brief *2141* 60 f *Die Vorlesung der „Weihnachtsfeier"* 62 *Franz Theremin und die Frau des Buchhändlers Sander, des Besitzers der Voßischen Buchhandlung in Berlin*

2143. Von W. C. Müller. Bremen, Donnerstag, 13. 2. 1806

Bremen den 13. Febr. 6.

Wohlgebohrener Hochgeschätzter Herr Professor,

Voll Freude beim Empfang Ihres erharrten Briefs, und voll Trauer nach Lesung desselben, eilte ich zu einigen H*erren* Diaconen Ihrer hoffnungsvollen Gemeine, und verdarb ihnen, wie sie sagten, den ganzen Abend. Einer, dem ich die Nachricht im Concert gab, und der als Liebhaber der erste Violoncellist ist, machte zum Erstaunen des Conc*ert*Meisters eine Menge Fehler – er hörte und sah nichts mehr, und eilte bald mit dem Briefe weg. Um zehn Uhr kam noch H*err* Bagelmann zu mir und sagte, wir müssen den Schl*eiermacher* haben, es mag kosten, was will.

Sie müssen wissen, hochgeschätzter Freund, daß die aufgeklärten Kaufleute, so wie auch die meisten Rathsherren, die hauptsächl*ich* in der Liebenfr*auen*Gemeine wohnen – einen gleich großen Plan, wie Sie | in Halle haben, nehmlich durch einen aufgeklärten gewichtigen, exemplarischen Prediger, der an kein reform*irtes* u*nd* kein lutherisches System gebunden ist, eine Vereinigung beider Confessionen zu bewirken – wozu sich schlechterdings kein hiesiger Prediger paßte. Solche große Aussichten zur inneren Ruhe und zum Segen des hiesigen Staats hatte man sich durch Sie gemacht.

Man trug mir deswegen auf, Ihnen sogleich zu schreiben, daß wenn Ihnen die geringsten Schwierigkeiten gemacht werden sollten, so möchten Sie auf einige hundert R*eichsthaler* Zulage zu der fixen Besoldung – bis Sie das Primariat erhielten – welches 1800 r. u*nd* freie Wohnung beträgt – rechnen, die man sogleich ausmitteln wolle.

Ich erfülle diesen Auftrag, wünsche der theo*logischen* Fakultät – was ich in meinem Leben noch nie gewünscht sondern tausendmal verflucht habe – die herzlich aufrichtigste Intoleranz – und bin, meinen | Adolf grüssend – dem Sie so ein schönes uns erbauliches Zeugniß beilegen – voll Achtung und Liebe

Ihr herzlichster Freund u*nd* Diener

W. C. Müller

2143. *Überlieferung: H: BBAW, SN 339, Bl. 3 f.* **13** einen] *davor* ⟨haben⟩ **14** nehmlich] *korr. aus* nähmlich **18** sich] *mit Einfügungszeichen über der Zeile* **20** mir] *korr.* **25** Auftrag] *korr. aus* Auftrage

---

2143. 3 *Brief 2140* **28** *Vgl. Brief 2140, 3–7*

N. S. So eben kömt H*err* Diaco*n* Wilhelmi und bringt mir Ihren Brief wieder, um mir noch vor Ablauf meines Br*iefes* zu sagen, das Interesse für Sie, wäre so allgemein, daß allen Gemeinen daran gelegen sey, Sie müßten kommen, es möchte kosten, was es wolle – Sie möchten es nur selbst bestimmen – die Stadt müsse es geben – man wende ja so viele tausende auf Lappalien – das wichtigste und heiligste fodern die höhren Pflichten – denen man alles aufopfern müsse –

**2144. Von H. Herz. Vor dem 17. 2. 1806*

Über Schleiermachers „Weihnachtsfeier“

2145. An H. Herz. Halle, Montag, 17. 2. 1806

Halle den 17ten Februar 1806.

[...] Über die Weihnachtsfeier hast Du mir noch so allerlei geschrieben, worüber ich Dir auch etwas sagen mögte. Wenn das Kind altklug ist, so ist das sehr gegen meinen Willen und aus reiner Ungeschicktheit. Denn wie es vor mir stand in der Fantasie hatte es dergleichen nichts an sich sondern war nur rein kindisch. In der Replik an Anton wollte ich nichts darstellen als das Verhältniß von zwei Kindern die gewohnt sind sich zu necken; Anton sollte aber da etwas altklug sein, wie überall. Von den Erzählungen sagt Steffens, d*aß* sie ihn am meisten überrascht hätten weil er noch nichts d*ergleichen* von mir gekannt hätte. Auch sind es allerdings die ersten und ich schöpfe etwas Hoffung draus, d*aß* ich die Novellen, die ich im Sinne habe wohl würde schreiben können wenn ich dazu käme. Platonischen Geist kann ich der ersten Rede gar nicht zugestehen, da sie

---

33 das] daß

2145. *Überlieferung: h: BBAW, SN 751, Bl. 68 f.; D1: Br 2, S. 48 f. (gekürzt); D2: Meisner: Schleiermacher als Mensch, Bd. 2, S. 50 f.*

***2144.** *Vgl. Brief 2145, 2 f.*

2145. 2 *Brief *2144* **3–6** *Das* Kind *ist Sofie; vgl. Schleiermacher: Die Weihnachtsfeier, S. 57 ff. (KGA I/5, S. 67 f.).* **6–8** *Vgl. Schleiermacher: Die Weihnachtsfeier, S. 6 (KGA I/5, S. 44)* **8–18** *Vgl. Schleiermacher: Die Weihnachtsfeier, S. 70–96 (KGA I/5, S. 72–82); die erste Rede ist die von Leonhardt (S. 99–110; KGA I/5, S. 83–88), die zweite die von Ernst (S. 112–121; KGA I/5, S. 89–93), die dritte die von Eduard (S. 123–131; KGA I/5, S. 93–97).*

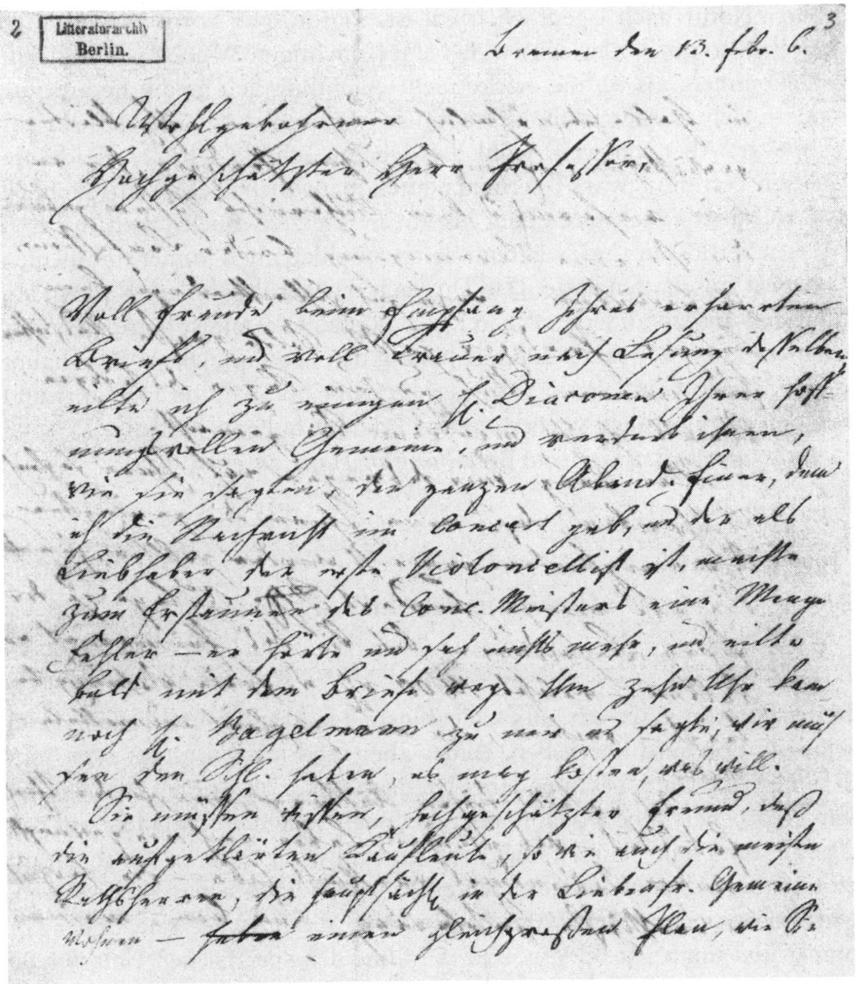

2

Bremen den 13. febr. 6. 3

Wohlgeborner
Hochgeschätzter Herr Professor,

Voll Freude beim Empfang Ihres geehrten Briefs, und voll Trauer nach Lesung desselben eilte ich zu unserm H. Diaconus Ihren hoch-[illegible] Gemeine, und wandte ihm, [illegible], den ganzen Abend [illegible], denn ich die Nachricht im Concert gab, und der als Liebhaber der erste Violoncellist ist, machte zum Erstaunen des Conc.-Meisters eine Menge Fehler — er hörte und sah nichts mehr, und eilte bald mit dem Briefe weg. Um zehn Uhr kam noch H. Vagelmann zu mir und fragte, ob er auch [illegible] den Pfl. haben, ob [illegible].

Sie müssen wissen, hochgeschätzter Freund, daß die aufgeklärten Kaufleute, so wie auch die meisten Rathsherren, die hauptsächlich in der Liebfr. Gemeine wohnen — ~~haben~~ einen gleichgesinnten Plan, wie Sie ja ihrer Natur nach eigentlich frivol ist. Platonische Form wohl, die ist aber eben so gut in der dritten. Bei einer flüchtigen Wiederlesung ist mir vorgekommen, als ob die zweite nicht eigenthümlich genug heraustäte sondern sich zu sehr in die dritte hinein verlöre, was meine Absicht gar nicht war. Aber ich weiß wohl d*aß* ich, als ich sie schrieb gerade am übelsten gestimmt war. Überhaupt muß man doch viel darauf rechnen d*aß* von dem ersten Gedanken bis zu dem letzten Buchstaben nur drei Wochen verflossen sind, während deren ich doch auch immer mit meinen Collegien zu schaffen hatte. Daß Du mich nicht früher an der Kathen, am Churchill und an andern solchen Kleinigkeiten erkanntest hätte mich fast wundern können. Schade d*aß* mir Jösting den Spaß mit | Berlin überhaupt so ganz verdorben hat; ich hätte gern gewußt ob Spalding Heindorf und Brinkmann mich auch wieder am Styl erkannt haben würden.

Bitte, durch Reimer seine Bestallung in Halle zu ermitteln.

2146. An C. G. von Brinckmann. Halle, Dienstag, 18. 2. 1806

H. d. 18t. Febr. 6.

Deinen Auftrag habe ich aufs schleunigste ausgerichtet und Deinen Brief selbst an Eberhard übergeben. Leider aber fand ich ihn nicht allein sondern mehrere Leute bei ihm; daher ich denn über den Brief noch nicht mit ihm gesprochen habe wol aber über das Buch. Allein er kam nicht auf den eigentlichen Punkt seines Tadels, und ich traute mir nicht zu ihn so darauf zu bringen, daß er nicht hätte merken sollen ich habe seinen Brief gelesen. Mir äußerte er nur den Wunsch es möchte didaktischer sein und nicht immer u*nd* immer in Bildern, und er könne den specifischen Unterschied nicht finden zwischen den Ansichten und Arabesken, der doch sein müsse zwischen Poesie und Philosophie. Darf ich etwas darüber sagen ohne es

---

26 haben] *korr. aus* hätten

2146. *Überlieferung: H: Trolle-Ljungby; D: Br 4, S. 122–124 (gekürzt)*

22–24 *Die Episode vom todkranken Kind und seiner Mutter (S. 88–96; KGA I/5, S. 79–82) bezieht sich auf das Schicksal Charlotte von Kathens und ihres Sohnes Gottlieb. Zu Churchill vgl. S. 81 (KGA I/5, S. 76); es handelt sich offenbar um den Dichter und Satiriker Charles Churchill.* **24–26** *Jösting hatte Schleiermacher als Verfasser der „Weihnachtsfeier" namhaft gemacht, die in Berlin in einer anonymisierten Fassung ausgegeben worden war; vgl. Brief an Ch. von Kathen, um den 6.–20. 6. 1806 (KGA V/9).* **27** *Vgl. Brief 2148, 48 f.*

2146. **2 f** *Vgl. Brief 2139, 18–21* **5** *Brinckmann: Filosofische Ansichten, Berlin 1806* **5–7** *Vgl. Brief 2139, 2–17*

ordentlich studirt zu haben – zum Durchblättern hätte ich längst Zeit gehabt wenn ich das gewollt hätte – | so hätte ich freilich gewünscht eine Masse von mehr lakonischen und unbildlichen Fragmenten zwischen diesen ausgestreut zu finden. Ich glaube das Buch hätte dadurch eine höhere Haltung und ein imposanteres Ansehn gewonnen. Du hast ein beneidenswerthes unerschöpfliches Talent im Erfinden und, was noch seltner ist, im Fortsezen und Aneinanderreihen der Bilder. Auch glaube ich, daß grade dies mehr in die Prosa gehört als in die Poesie: (wie auch die Geschichte der Sprache bewährt indem die Prosa alle solche Elemente allmählich der Poesie entzieht und für diese unbrauchbar macht) allein schwer wird Deine Prosa dadurch, wie mir scheint, und Du wirst wenig Leser finden, die die fortgesezten Bilder richtig nachconstruiren werden. Dies mag eben selbst dem guten Eberhard wie mir aus einigem deutlich wird, nicht recht gelungen sein, und darum verzeihe ich ihm seinen Wunsch – er hegt ihn nemlich gewiß innerlich – daß | Deine Bildersprache so bestimt sein möge wie auch die gewöhnliche erst, nicht ohne bedeutenden Verlust an Lebenskraft, durch ein synonymisches Wörterbuch werden kann. Sonst haben wir einerlei Gedanken gehabt. Denn als ich zuerst von Niemeier hörte, daß Eberhard Dir bedenklich über die Ansichten geschrieben, glaubte ich auch nichts anderes als er werde Idealismus gewittert haben. Bei den Idealisten aber wirst Du es dadurch verderben daß wol Wenige sich aus Deinem Gebrauch des Wortes V e r n u n f t herausfinden werden welches bei ihnen das reine nicht nur sondern auch das wahre und ganze Erkennen bedeutet mit welchem auch das lebendige Gefühl Eins ist, dagegen sie was Du tadelst, größtentheils Verstand nennen. Doch wer Deinen Sprachgebrauch nicht aus dem Zusammenhang entdekt verdient auch nicht Dich zu verstehen.

Sobald ich das Buch von Niemeier wieder habe werde ich mich ernstlich daran begeben und Dir dann gewiß | noch manches sagen besonders über mein HauptDepartement, das Christenthum. Den dritten Band des Plato wirst Du hoffentlich von Reimer erhalten haben, wo nicht so will ich ihn erinnern lassen. Ich wünsche daß keine Hexameter drin sein mögen, weder schlechte noch gute, wo sie nicht hingehören. Leider habe ich schon beim flüchtigen Durchsehn einige sehr böse Drukfehler gefunden und meinen Greuel gehabt an der Interpunction. Wann werde ich die wenigstens 5 Bände los werden, die ich noch vor mir habe.

Wegen meiner Schuld bei Dir ist mir doch jede andere Maaßregel fehlgeschlagen als die sie Reimern zu übertragen; ich weiß nicht gewiß, ob er

32 Wenige] *korr. aus* wenige

48 *Vgl. Brief 2020, 46–49*

sie schon hat auszahlen können, wo nicht so wird es gewiß bald geschehen. Du bleibst doch nun hoffe ich ganz in Berlin bis sich Deine diplomatische Carriere wieder aufthut. Dann sehe ich Dich in einigen Wochen, wenn ich anders wie ich wünsche um Ostern auf einige Tage nach Berlin komme.

Schl.

**2147. An Jösting. Vor dem 21. 2. 1806*

Bittet, durch Reimer seine Bestallung in Halle ermitteln zu lassen.

2148. An G. A. Reimer. Halle, Freitag, 21. 2. 1806

Lieber Freund ich habe etwas gethan worin Du gewissermaßen mit verflochten bist und was ich Dir also doch sagen muß. Steffens hat mit mir einen recht gründlichen Rath über seine Angelegenheiten gepflogen und er hat einen Plan gefunden um den mit einigen seiner Gläubiger schon bestandenen allmähligen Abzahlungsvertrag allgemein zu machen und mit Hülfe eines Systems ökonomischer Einschränkungen sich in einigen Jahren von diesen fatalen Sorgen und Verlegenheiten frei zu machen. Dazu war aber unumgäng*lich* nöthig daß er gleich eine kleine Summe in der Hand haben mußte – der Zusammenhang ist etwas weitläuftig und uninteressant zu erzählen aber es ist so. – Diese habe ich nun auf meinen Namen hier aufgenommen, und weil ich im Leihen war auch noch etwas für mich geliehen um die Rügensche Reise machen zu können. Und dieses Alles habe ich versprochen nach der Ostermesse 1807 zurükzuzahlen. Hiebei ist darauf gerechnet daß ich bis dahin zwei Bände Plato u*nd* ein kleines Compendium zur theolo*gischen* Encyclopädie | fertig mache; und Du bist nun in so weit mit verflochten darin, daß ich Dich werde bitten das Honorar dafür nicht zur Bezahlung meiner Schuld an Dich zurük-

---

51 ganz] *über* ⟨gewiß⟩

2148. *Überlieferung: H: BBAW, SN 761, Bl. 42 f.*

---

51 f *Vgl. Brief 1968, 1–4*

***2147.** *Vgl. Brief 2148, 48 f.*

2148. *Am Schluß des Briefes von Reimers Hand: „wegen Reden und Predigten / Süverns Bemerkungen"*

zuhalten sondern es mit dieser noch anstehn zu lassen. Es war in der That keine Wahl, dieses mußte für Steffens geschehen, und eben so widerstrebte es mir sehr bestimmt, mich auf einen längeren Termin zu verpflichten. So werde ich freilich nicht sobald aufhören Dein Schuldner zu sein, und ich wünsche nur, daß es Dich nicht in Verlegenheit bringen möge. Wie sehr ich Dein Schuldner bin, weiß ich nun freilich nicht, denn die zu Neujahr versprochene Bilanz ist nicht eingelaufen; ich stelle es mir aber arg genug vor, u*nd* kann manchmal recht besorgt darum sein. Demohnerachtet muß ich Dich meiner bevorstehenden Collegien wegen noch um einige Bücher bitten und je eher ich sie erhalte desto lieber wird es mir sein damit ich mir vor u*nd* in den Ferien noch möglichst vorarbeiten kann. Es sind

Bauer Moral des N*euen* Test*aments* 2*te*r Th*eil* (als Fortsezung)
Schmidt hist*orisch* krit*ische* Einleitung in das N*eue* Test*ament* Giessen 1804.
Ziegler theologische Abhandlungen
Storr Opuscula
Krause Pauli Epist. ad Corinth graeca perpetua annot. illustrata Francof. 1792. |
Fuchs Der Brief an die Römer über*setzt* u*nd* erläutert. Stendal 1789.
Noesselt Exercitationes supra interpretationem N. T.

Ich fange nemlich im nächsten halben Jahr einen Cursus üb*er* das N*eue* T*estament* an und dazu werde ich noch vielerlei brauchen.

Wie wird es nur mit meiner Reise werden? Denkt Ihr noch ans Begleiten Du u*nd* Jösting? Es wäre recht schön denn in Berlin werden wir uns doch nicht sehr viel haben können. Ich weiß nicht wie viel oder wenig Du die Herz siehst aber rede ihr doch vernünftig zu daß sie mitreisen soll. Sie verdirbt sonst sowol den Rügenern als mir die beste Hälfte der Freude; auf ein schönes und zeitiges Frühjahr (wenn wir auch noch etwas Frost im Merz bekommen) können wir mit großer Sicherheit rechnen.

Hoffentlich haben die Herz u*nd* Jösting meine Bitte wegen meiner Bestallung an Dich ausgerichtet. Ich möchte vorzüglich gern baldmög-

---

28 damit] *korr. aus* da

23 f *Vgl. Brief 2079, 7–11* **30–38** *Georg Lorenz Bauer: Biblische Moral des Neuen Testaments, Bd. 2, Leipzig 1805 (Bd. 1 1804); Johann Ernst Christian Schmidt: Historisch-kritische Einleitung ins Neue Testament, Gießen 1804; Werner Karl Ludwig Ziegler: Theologische Abhandlungen, 2 Bde., Göttingen 1791–1804; Gottlob Christian Storr: Opuscula academica ad interpretationem librorum sacrorum, 3 Bde., Tübingen 1796–1803; Friedrich August Wilhelm Krause: Pauli ad Corinthios Epistolae Graece, perpetua annotatione illustratae, Frankfurt am Main 1792; Adolf Friedrich Fuchs: Der Brief Pauli an die Römer, Stendhal 1789; Johann August Nösselt: Exercitationes ad Sacrarum Scripturarum interpretationem, Halle 1803*

lichst wissen ob darin von einem Gehalt die Rede ist oder nicht. Sehr stark vermuthe ich das lezte und muß doch zeitig Maaßregeln deshalb ergreifen damit die Sache vor Beendigung des EtatsJahres ins Klare kommt. – Auch habe ich die Herz wegen einer Zahlung welche die Niemeier an sie zu machen hat im Nothfall an|Dich gewiesen. Da Steffens nun an den Grundzügen drukken läßt: so kann ich vielleicht die Summe für Deine Rechnung hier bezahlen, wo nicht so bringe ich sie Dir mit.

Grüße Alles schönstens was zu Deinem Hause gehört, u*nd* sage mir noch ehe ich komme ein ordentliches Wort von Dir und den Deinigen

d 21t. Febr 6.

Schl.

2149. Von F. Weichart. Pless, Freitag, 21. 2. 1806

Pless den 21n. Febr 806

Der H*err* Doctor Pfaff äußerte vor einigen Tagen den Wunsch wenn ich nach Halle schriebe durch Ihre Güte eine kleine Einlage an seinen ehemaligen Lehrer dem H*errn* Ob*er*R*ath* Reil den er sehr verehrt zu befördern: ich erfülle diesen Wunsch um so lieber weil er mir Gelegenheit giebt zugleich einige andere Aufträge an Sie auszurichten. Es war auf einem Balle, wo mich der Reg*ierungs*Rath Hausleutner frug ob ich lange keine Briefe aus Halle bekommen hätte, dabei erinnerte er sich Ihrer als seinen besten Schulfreund; und wie Sie sein Vorgesezter als Primus waren. Es war ihm eine sehr frohe Erinnerung und wenn ich mich seiner Worte bedienen darf, so trug er mir einen Gruß mit diesen Worten auf. – Wenn Sie nach Halle schreiben, so grüßen Sie meinen alten Friz Schleiermacher recht herzlich, es würde mich sehr freuen, wenn er eben so oft und so gern unserer JugendFreundschaft sich erinnerte. – Auch H*err* Pastor Richter von Anhalt war auf dem Balle, u*nd* trug mir Viele Grüße an Sie auf. – Ich wünsche nun daß die Erinnerung dieser alten Bekannten Ihnen eben so angenehm sein möge als es mir Vergnügen macht der Beförderer dieser Grüße zu sein, und daß es auch in Pless einige Männer giebt die Sie lieben u*nd* schätzen. –

2149. *Überlieferung: H: BBAW, SN 415, Bl. 6; D: Briefe Hülsens, Vermehrens und Weichardts an Schleiermacher, S. 60–62* **16** Ihnen] *mit Einfügungszeichen über der Zeile*

---

55 *Steffens: Grundzüge der philosophischen Naturwissenschaft, Berlin 1806*

2149. *Mit einer Einlage des Dr. Pfaff an Johann Christian Reil (Zeile 2–5)*

Herr D*octor* Pfaff empfiehlt sich Ihnen noch besonders, u*nd* bittet Sie, ihm die Freiheit zu verzeihen, womit er Sie ersucht den Brief an d*en* H*err* Ob*er*R*ath* Reil abgeben zu laßen. Er ist voll Dankbarkeit für diesen großen Mann durchdrungen und nur seinen weisen Lehren dankt er es das Leben unsers guten Fürsten in Bukarest erhalten zu haben, der sehr nahe war, in der Türkei begraben zu werden. – Zugleich erinnerte er sich einiger andern Freunde, die Sie kennen, Moeckel, Dufourd u*nd* D*octor* Brunn: Es würde ihn sehr freuen, wenn er von ihnen, besonders vom leztern eine Nachricht erhielte, er würde ihm dann auch recht viel von dem MedicinalWesen in der Türkey Nachricht geben. –

Unsere liebe Nanny ist krank gewesen; es hätte mich sehr in Angst gesezt, wenn ich nicht in demselben Briefe die Versicherung gelesen hätte daß sie wieder gesund ist. – In unserer Nachbarschaft wüthet leider die bösartige Krankheit noch immer fort, auch bei uns liegen Viele danieder doch sind nur wenige gestorben: Von unsern Lieben ist, bis auf Tante Dorchen Alles gesund; Mütterchen u*nd* Lina grüßen Sie, erstere wird Ihnen nächstens schreiben. – Nany kapitelt mich tüchtig ab, daß ich – nicht ordentlich schreibe, ich sehe Sie gern ein bischen böse. Denn es steht ihr gar zu hübsch, wenn sie ihr lautes Stimmchen erhebt u*nd* zankt, ich muß aber doch wohl folgen und Alle | Freitage ein Briefchen abschicken, sonst könnte sie wohl im Ernst böse werden; – Wenn das schöne Halle nur nicht so weit wäre, da wäre ich schon einmal da gewesen, und hätte mein Compliment gemacht; – das Gute liebe Mädchen ich denke Alle Tage, ich könnte sagen Alle Stunden an sie; – Aber da erinnert mich eben die Uhr daß die Post bald fort wird; ich muß daher eilen, denn je länger hier desto später dort, ich wünschte schon ihr ein schnelleres Räderwerk anzuschaffen, – ich habe schon fliegende Boten abrichten wollen, – sie sind auch weggeflogen, sollen aber auch bis jezt noch mit einer Antwort kommen. –

Ihrer gütigen Freundschaft empfehle ich mich, und bin mit wahrer Hochachtung Ihr ergebenster Freund u*nd* Diener

F Weichart.

---

47 sollen] *korr. aus* sollt

23–25 *Friedrich Ferdinand von Anhalt-Köthen-Pleß* 30–32 *Es ist ungewiß, ob es sich um einen Brief Nannys oder Schleiermachers handelt.* 35 *Vgl. Brief 2131, 44 f.* 36 *„Einem den Text, den Leviten, das Kapitel lesen, ihm einen derben Verweis geben" (Adelung: Grammatisch-kritisches Wörterbuch, Bd. 2, S. 2033)*

2150. *An J. E. Th. von Willich. Halle, wohl vor dem 28. 2. 1806*

Ich hätte Dir gern schon eher wieder geschrieben, lieber Ehrenfried, wenn ich nicht die Entscheidung wegen Bremen erst hätte abwarten wollen, die ich Dir aber nun doch nicht recht geben kann. Voraussezen darf ich daß Du etwas von der Sache weißt durch unsere Kathen[;] laß Dir nun nur erzählen wie ich die Sache von Anfang an genommen habe. Du weißt der akademische Gottesdienst war immer noch nicht eingerichtet der Reparatur und der Orgel wegen. Im Novemb*er* war der Minister hier und sprach noch viel von der Beschleunigung desselben, und dann im December verwandelt uns die Kammer die kaum eingerichtete Kirche in ein Kornmagazin. Gegen Ende des Jahres kam der Antrag an mich. Die erste vorläufige Frage wies ich ganz von der Hand allein sie wurde mir von so vielen Seiten und so dringend wiederholt; ich hörte soviel Gutes von Bremen von der Religiosität der Einwohner von ihrer Gutartigkeit, ihrer großen Liebe u*nd* Achtung für die Prediger, das Leben in und mit einer eigentlichen Gemeine lachte mich an; hier sah ich meinen Wirkungskreis von der Kanzel bei den kriegerischen Aussichten auf eine unbestimmte Zeit ganz zerstört; ich überlegte wie bei mehreren Interesse für die Sache von Seiten der Universität man dem Uebel leicht hätte abhelfen können, und wie sich doch auch meiner akademischen Wirksamkeit allerlei Kleinigkeiten und Kritteleien in den Weg stellten | dann auch wie schwer und langsam mir doch das Arbeiten izt von der Hand geht, und so nahm ich eine entschlossene Partie. Ich schrieb dem Minister sowohl als dem Cab*inets*Rath Beyme, ich würde den erhaltenen Ruf, so sehr ich mir auch im Ganzen hier gefiele, gewiß annehmen, wenn man mir nicht Sicherheit gäbe für die baldmöglichste Hinwegräumung aller Hindernisse gegen den akademischen Gottesdienst, und wenn man mich nicht gleich als Professor ordinarius in die theolog*ische* Facultät sezte. Aus der Art wie man sich hierüber erklärt muß offenbar hervorgehn ob es mit dem Endzwekk meiner Anstellung hier so weit Ernst ist daß man auch etwas angreifen u*nd* durchsezen will deshalb. Ist nun das nicht der Fall so ist es ja besser je eher je lieber wegzugehn, so wie im Gegentheil ich, wenn alles ist wie es sein sollte, nie einen andern Wirkungskreis wünschen kann als meinen gegenwärtigen. Das Kabinet hat sich nun erklärt alles mögliche zu thun

---

2150. *Überlieferung: H: BBAW, SN 776, Bl. 57 f.; D1: Br 2, S. 53–55 (gekürzt); D2: Schleiermacher: Briefe an Ehrenfried und Henriette von Willich, S. 148–151* 8 dann] *über der Zeile*

2150. *Die Datierung ergibt sich daraus, daß der Brief wohl zusammen mit Brief 2151 verschickt wurde.* 4 *Vgl. Brief 2124, 66–90* 7 *Massow* 22–27 *Briefe *2119 und *2120*

um meine Foderungen zu erfüllen, und sie für sehr billig anerkannt. Vom Minister u*nd* der Universität weiß ich noch nichts, u*nd* bin eben deshalb noch gewissermassen unentschieden. Uebrigens sagt man jezt daß Bremen preußisch werden solle, und dadurch würde das Schöne des dortigen Verhältnisses gewiß nicht wenig leiden. Auch würde ich sehr ungern das Katheder verlassen insofern ich doch noch Hofnung hegen kann meine vorige Tüchtigkeit im Arbeiten wieder zu finden – Kurz ich wünsche recht sehr hier zu bleiben; aber doch nur unter der Bedingung wenn ich recht bald in meinen ganzen Wirkungs|kreis wirklich eingesezt zu werden [*annehmen kann*]. – Ob ich auch ökonomisch wenn man mich hier behält etwas dabei gewinnen werde steht dahin. Gefordert habe ich kein Geld weil das gegen meine Natur ist: aber es wäre wol in der Ordnung, daß man mir, wenn ich in die Facultät komme, ein Gehalt gäbe da ich als Professor bisher noch gar keins gehabt habe. Unser Wiedersehn hängt einiger maßen auch hievon ab. Gehe ich noch nach Bremen: so kann ich doch nicht eher als nach geendigten Collegien von hier abgehen, und es kann dann auf ein Paar Wochen nicht ankommen, die der Umweg über Stralsund u*nd* Rügen kosten kann. Bleibe ich hier so war es ohnedies schon mein fester Vorsaz, wenn ich es nur irgend mit dem Gelde zu machen wüßte in den Osterferien zu Euch zu kommen. Nächst dem Gelde könnte nun aber doch noch das Hinderniß eintreten, daß vielleicht der akademische Gottesdienst grade zu Ostern sollte eröfnet werden, und dann könnte ich freilich nicht unmittelbar nach der Eröfnung einen langen Urlaub nehmen. Allein ich hoffe man wird nur nicht eher es so weit bringen können als mit dem Anfang des neuen halben Jahres. Also wird das Geld immer das schlimmste bleiben; allein damit, lieber Freund, steht es auch sehr schlimm. Die Schlesische Reise stekt mir noch in den Gliedern und die zu Euch dürfte auch eben nicht wohlfeiler werden. Indeß hoffe ich, und noch hat mich von etwas, das mir so lieb und werth ist das Geld nicht abgehalten. Die große Jette hat eigentlich nicht Lust Ostern zu reisen, sie fürchtet die rauhe Witterung. Redet ihr aber nur auch recht zu; denn es wäre doch nicht halb so schön wenn wir nicht zusammen bei Euch wären. |

In meinen Collegien habe ich ein gut Theil recht fleißige Zuhörer; ich weiß von mehreren in der Ethik, die zur rechten Wiederholung u*nd* gemeinschaft*liche*n Besprechung einer einzelnen Vorlesung drei bis vier

---

37 solle] *korr. aus* sollt 68 in] *korr. aus* die

63 *Henriette Herz*

Stunden anzuwenden nicht scheuen, u*nd* die sich freuen immer mehr ins Klare zu kommen. So auch in der Dogmatik sind Manche, die sich recht zu meiner Zufriedenheit darüber geäußert haben wie sie nun erst die Bedeutung des Christenthums recht verständen. Das ist freilich sehr aufmunternd; zumal ist es mir jeder Beweis daß ich verständlicher bin als ich selbst glaubte. Dagegen würde allerdings der arme Plato besser fahren in Bremen. Für diesen und alle andern schriftstellerischen Arbeiten sind die Aussichten hier traurig, zumal wenn ich mich in das exegetische Fach hineinbegebe wie ich doch muß u*nd* auch will: so sehe ich in den ersten drei Jahren eine Last von Arbeit, bei der ich kaum zu etwas anderem werde kommen können.

Nimm Du mit dieser Relation vorlieb, lieber Freund. Anderes denke ich noch Morgen an Jettchen u*nd* Luise zu schreiben. Jösting ist seit Acht Tagen hier und bleibt noch bis in die Mitte der künftigen Woche. Reimer wollte auch mitkommen es ist ihm aber nicht möglich gewesen. Du kannst denken daß mir *Jösting* zu einer großen sehr großen Aufmunterung gereichte. Auch Nanny ist sehr bald mit ihm bekannt geworden und steht auf einem recht lustigen Fuß mit ihm.

Die Briefe sind lange liegen geblieben Jösting ist vorgestern abgereiset; ich habe auch Antwort vom Minister, er will ebenfalls Alles thun was er kann u*nd* es ist so gut als gewiß, daß ich hier bleibe.

2151. An H. von Willich. Halle, vor dem 28.2. bis Freitag, 28.2.1806

An Jettchen.

Bedaure mich immer ein wenig darum liebes Jettchen, daß ich gar nicht dazu kommen kann Dir und Euch Allen so viel zu schreiben als ich wol möchte, und als mir, Ihr glaubt gar nicht wie sehr wohlthätig sein würde. Aber so ist es, keine Freude geht allein, sie nimmt andere mit sich fort, viel weniger die größte und schönste des Lebens. Es liegt wirklich fast ganz darin. Theils fühle ich oft daß es besser ist ich schweige auch Euch theils geht der Schmerz durch alles durch was ich zu durchdenken

---

2151. Überlieferung: H: BBAW, SN 776, Bl. 55 f.; D1: Br 2, S. 51 f. (gekürzt); D2: Schleiermacher: Briefe an Ehrenfried und Henriette von Willich, S. 146 f. 3 als ich] *korr.* 8 Euch] *Kj* Euch gegenüber

---

82 *Brief 2151 an Henriette von Willich. Ein Brief an Luise von Willich aus dieser Zeit ist nicht überliefert; es muß offen bleiben, ob er überhaupt geschrieben wurde.* 89 *Brief *2135*

und zu verarbeiten habe und hält alles zurük. Besonders ist mir seit ein Paar Wochen wieder so vorzüglich weh und zerrissen, daß ich es Dir nicht beschreiben kann. Der Schmerz ist ein eigenes besonderes Leben was in sich wogt und Ebbe und Fluth hat. Denn ich weiß gar nichts Aeußeres was ihn besonders aufgeregt hätte. Ich müßte denn sagen es waren die Nachwehen der Zeit da Jösting hier war und ich mich wirklich leichter fühlte und ergriffen wurde vom Anschauen seiner frischen Natur und seines schönen Glükkes wenn es gleich auch ein sehr getrübtes ist. Nur so und noch viel reiner will ich mich stärken | bei Euch. Und laßt Euch nicht bange sein um die Nachwehen denn wenn ich von Euch zurükkehre komme ich in meine neuen Vorlesungen hinein, in ein sehr arbeitsames Leben das mich ganz und innig beschäftigt und wovon zumal auch das erste Gelingen jedes Mal sehr vortheilhaft auf mich wirkt. Liebes Kind, sei nur nicht zu wehmüthig wenn Du mich siehst. Laß Dichs nicht ergreifen. Vergiß daß Du keinen glüklichen Vater hast, damit mir das schöne Bild der glüklichen Tochter nicht getrübt wird und glaube ich will recht froh, recht im Herzen selig sein in und mit Euch Allen. Vor allen Dingen aber erbitte noch unsere Jette recht daß sie ja mitreiset, es ginge uns ja sonst so sehr viel Schönes verloren und sie hat wirklich ökonomische Bedenklichkeiten. Ich will sie auch noch recht bitten sie zu unterdrükken.

Aber wie wird es denn sein Jettchen? wirst Du auch auf mich eifersüchtig werden wenn ich mich recht in Dein Töchterchen hinein lebe, und wenn sie mir recht freundlich und zuthunlich ist? Es ist wirklich gefährlich, Kind, denn sie soll mir ja gar ähnlich sehn wie Luise sagt, das muß doch etwas wirken. – Und überdies weißt Du ja wol daß es im|mer ein ganz besonders zärtliches Wesen ist zwischen Großeltern und Enkeln! Du wunderliches Mütterchen! sei doch nicht mißtrauisch gegen die Natur, die Dich so reich und herrlich ausgestattet hat. Du bleibst ihr ja so schön treu in allem: so wird sie Dir ja Dein schönstes Recht gewiß nicht vorenthalten. Gewiß deshalb brauchst Du das kleine Ding nicht zu verwöhnen. Ich meines Theils rechne Dir das aber gar nicht als Verwöhnung an was Du mir erzählst, und ich gebe Dir ganz Recht daß Du dem kleinsten Jettchen folgst. Laß sie immer an Deiner Brust einschlafen; es ist ja noch gar nicht so lange her daß sie unter Deinem Herzen schlief, wie sollte sie so geschwinde entwöhnt sein. Man muß ja zufrieden sein – und ich kann mich nicht genug darüber freuen – daß sie sich wachend schon so wohl

---

13 Ich] *korr. aus* [Denn] 31 mir] *korr. aus* mich

2151. **26** *Henriette Herz* **29–33** *Vgl. Brief 2129, 62–81* **32** *Vgl. Brief 2093, 79–81* **38–43** *Vgl. Brief 2129, 33–45*

auf der Erde befindet und vor dem großen Luftmeer nicht erschrikt. Es scheint mir als ob sie sich sehr schnell in die Welt fände, und ich glaube sie wird schon große Fortschritte gemacht haben wenn ich sie kennen lerne. Ach Kind ich freue mich ganz unmenschlich auf beide Jettchen. Ich habe hier auch ein Kind an dem ich großen Antheil nehmen werde, meines lieben Steffens kleine Klara – so soll sie heißen, getauft ist sie noch nicht. Nur jezt beschränkt sich die Freude noch darauf daß sie gesund ist u*nd* munter und mit den großen Augen das Licht sucht und wächst und | zunimmt. Sie ist aber auch ein Vierteljahr jünger als Jettchen.

Leider sind die Briefe den lezten Posttag nicht abgegangen; nun bekommst Du wahrscheinlich meinen väterlichen Gruß und Segen erst nach Deinem Geburtstag. Geliebte glükliche Tochter in deren Anschauen und Liebe ich mich so innig erfreue, die Gott so schön und reichlich gesegnet hat. Was ist Dir wol zu wünschen als daß Dir nur bleibe was Du hast! Bleiben was Du bist wirst Du, und darin liegt auch daß Du immer mehr wirst, Dich immer schöner und selbstständiger ausbildest und so auch wieder bildend zurükwirkst auf die welche die Natur Dir gegeben hat. Mich rechne ich mit dazu. Denn wie Dein Töchterchen Dich bilden hilft und Du das fühlen mußt, so auch Du mich. Ich danke Gott daß er mich Dich finden ließ ehe er mir soviel nahm und daß Du Dich mir so schön und frei gegeben hast als Tochter. Ich bin doch Vater wenn ich auch nicht Gatte bin, die reinste schönste Liebe meines Herzens strömt auf Dich aus, und ich fühle es auch, daß ich Dir bin was der Vater der Tochter sein kann die Gattin und Mutter ist wie Du. O bleibe immer meine Freude, und mein Stolz liebes süßes Kind, und fühle es wie ich lebe in Dir und Ehrenfried und eurer schönen Vereinigung. Bald hoffe ich Euch zu sehn troz aller Schwierigkeiten aber ich höre doch indeß noch einmal von Euch wie ich hoffe. Ich drükke Dich innig an mein Herz geliebtes Kind.

d 28t. Febr. 6.

---

58 hat] hast

---

55 f *Der Geburtstag Henriette von Willichs fiel auf den 6. März.*

2152. An Ch. Pistorius. Halle, wohl Februar 1806

An Lotte Pistorius.

So lange habe ich nicht mit Ihnen geredet liebe Lotte und möchte es so gern wieder. Aber Sie müssen mir erlauben nichts von mir zu reden, ich möchte nur schweigend an Ihnen ruhen und Ihnen eine theilnehmende Thräne wegküssen die Sie für mich im Auge haben. Es geht mir sonst auch recht gut, ich bin glaube ich übermäßig gesund, ich habe ziemliches, nur etwas beschwerliches Gelingen in meinen Arbeiten, und viel recht viel Freude an meinen Freunden. Die meiste und reinste freilich wol an unsern Willichs aber die machen mir auch so oft ich an sie denke, so oft ich von ihnen höre das Herz recht lebendig und froh. Ich weiß Sie sind kürzlich einige Tage bei ihnen gewesen und haben sie in ihrem neuen Besiz gesehen der nun ihr Glükk ganz vollendet. Und Jettchen ist auch als Mutter eine so reine Tochter der Natur. Finden Sie denn auch wie die Cumerow u*nd* Luise daß die Kleine mir ähnlich sieht? ich wollte recht es wäre wahr: ich wüßte nicht wo ich lieber ein | Ebenbild von mir sehen möchte als in dem Erstling dieser lieben Freunde, in der Tochter meiner süßen Tochter. Ihre Anwesenheit in Stralsund ist ein herrlicher Punkt gewesen für unsere Freunde, und auch für die gute trefliche Cumerow. Diese Frau liebe und achte ich auf eine ganz eigenthümliche Art. Es war der erste Eindruk den sie auf mich machte daß ich fühlte sie könnte etwas großes ausrichten, etwas recht weiblich großes. Wir hatten uns indeß ja kaum kennen gelernt. Aber sie ist mir in der Entfernung mit einem so schönen Vertrauen entgegen gekommen, welches mir auch groß schien; ich kenne sie nun ganz und danke es ihr herzlich, und folge ihr mit der innigsten Theilnahme und wollte nur ich könnte ihr etwas recht schönes erwerben und ihr mehr sein als nur daß sie meine Freude und meine Theilnahme sieht.

Was Sie mir schreiben daß Sie den Ort Ihrer Geburt und Ihrer ersten Kindheit wieder gesehn, das ist mir im vorigen Sommer auf meiner großen Reise durch Schlesien doch nicht geworden. Ich konnte nicht einige

---

2152. *Überlieferung: H: BBAW, SN 759, Bl. 6 f.; D: Meisner: Schleiermacher als Mensch, Bd. 2, S. 59 f. (gekürzt)* **6** auch] *korr. aus* r **11** ihnen] *korr. aus* Ihnen **23** entgegen] *korr. aus* entgegnet **29** konnte nicht] nicht *korr. aus* [ ]

2152. *Notiz am Schluß des Briefes: „Gelesen habe ich den Brief nicht liebe Lotte! und kann nur einen Gruß beifügen, und einen h e r z l i c h e n Dank für Deinen letzten Brief – Deine Luise". – Die Datierung ergibt sich aus dem Bezug auf einen Brief vom 13. 12. 1805 in Zeile 10 f und daraus, daß die Reise nach Rügen in einigen Wochen in Aussicht genommen ist (Zeile 50–52).* **10 f** *Vgl. Brief 2093, 51–53* **13 f** *Vgl. Brief 2093, 79–82* **14** *Luise von Willich* **27 f** *Vgl. Brief 2019, 18–26*

Tage abmüßigen um sie in Breslau zuzubringen. Aber ich hatte auch keinen großen Zug danach. Es | ist ein ganz anderes damit in einer Stadt. Meine Eltern wohnten immer in gemietheten Wohnungen die sie öfters wechselten; ich glaube kaum daß ich eine davon bestimmt wieder erkennen würde. Nirgend sonst würde ich Spuren ihres Lebens und Erinnerungen aus meiner Kindheit wieder finden, es müßte das alte Schulgebäude sein nach dem ich tägl*ich* hinwanderte. Aber in meinem eilften Jahre zogen meine Eltern in Oberschlesien auf das Land. Da wäre ich gern gewesen da ist ein Haus, das mein Vater zuerst bewohnt, ein Garten den er zuerst eingerichtet hat; und den ich mit schaffen half. Da regte sich mir zuerst Frömmigkeit und es ist der weiteste Punkt zu dem ich mein inneres Leben zurük verfolgen kann. Aber das sollte auch nicht sein. Diese Reise aber wird immer ein sehr ausgezeichneter Punkt meines Lebens sein. Es war das erstemal daß ich so in der Nähe und mit einem etwas verständigen Auge das Gebirge schaute, das alte schöpferische Bilden der Natur in der Urzeit der Erde und so viele schöne Erscheinungen aus der sittlichen Welt verknüpften sich damit daß ich lange daran zu genießen und zu verarbeiten habe. Aber auch so schöne Hofnungen befestigte mein Herz an jeden herrlichen Anblik, w i e, wie noch ganz anders und schöner ich ihn bald wieder genießen wollte. – Doch still

Sie wissen doch, liebe Freundin, daß ich nach Rügen zu kommen gedenke? ja ich hoffe es gewiß | in einigen Wochen, und wünsche nur, daß uns der Himmel ein holdes Frühjahr gebe und daß jeder unangenehme Zufall der unser Beisammensein etwa stören könnte sich lieber auf eine andere Zeit hinaus schieben möge, und daß unsre theure Charlotte in Götemiz, wenn sie mich anders berichtet hat über ihre bevorstehende Niederkunft schon wieder leidlich erholt sein möge daß wir sie nicht nur in der Stube sondern auch in der freien herrlichen Natur haben können. Und daß Sie auch nicht allzu sparsam sein mögen. Ja ich möchte einen jeden einzelnen bitten mich doch recht reichlich zu bedenken mit freundlichen Gaben

Ich wollte ich müßte nicht abbrechen, ich habe, ohnerachtet der schmeichelnden Nähe des Wiedersehns, Ihnen soviel zu sagen: und es kann sein wenn mir die Zeit nicht genug eilt daß ich doch einmal noch ein Wörtchen mit Ihnen rede.

Schl.

---

36 f *Im Juli 1778 siedelte Familie Schleyermacher nach Pleß über, im Sommer 1779 nach Anhalt in Oberschlesien (Fürstentum Anhalt-Pleß).* **54** *Charlotte von Kathen*

**2153. An Ch. von Kathen. Halle, wohl Februar 1806*

Mit Noten. Fragt, welchen Eindruck sie von Frau von Pröck habe. Über seine geplante Reise nach Rügen.

**2154. Von J. E. Th. von Willich. Wohl Anfang März 1806*

Über Schleiermachers geplante Reise nach Rügen und seine Lektüre der Platon-Übersetzung. Charlotte von Kathen hofft, durch Ernst Moritz Arndt einen Lehrer zu bekommen.

2155. An Bürgermeister und Rat der Stadt Bremen. Halle, Sonntag, 2. 3. 1806

Hochwohlgeborne Wohlgeborne Hochweise Hochgelehrte Herren Bürgermeistern und Rath der Kaiserlichen Freien Reichsstadt Bremen

Den gegenwärtigen Zeitumständen, welche den Gang aller einzelnen Angelegenheiten unvermeidlich verzögern mußten, ist es zuzuschreiben, daß ich nicht ehe im Stande gewesen bin, auf den von Einem Hochedeln und Hochweisen Rath mir zugefertigten durch das Vertrauen Desselben und jener angesehenen Gemeine so sehr ehrenvollen Berufsbrief zum zweiten Prediger an | der Gemeine zu Unserer Lieben Frauen daselbst, eine entscheidende Antwort zu ertheilen.

Wiewol ich nun glaubte, daß die Lage der Dinge meine Entfernung von hier ehe begünstigen würde: so haben doch auf meine gemachte Anzeige die diesseitigen Behörden solche Vorkehrungen getroffen, daß mir keine Ursache übrig gelassen ist, meinen bisherigen Wirkungskreis gegen einen andern vertauschen zu wollen.

Es bleibt mir also kein anderer Entschluß zu fassen als, indem ich für Eines Hochedeln und Hochweisen Rathes geneigte Bestätigung der auf

---

2155. *Überlieferung: H: StA Bremen*

***2153.** *Vgl. Briefe 2157 und 2168, 19 f.*

***2154.** *Vgl. Brief 2162, 1 f. 39 und Brief 2168, 44 f.*

2155. 11 *„ehe" ist Nebenform zu „eher".*

mich gefallenen Wahl meine herzliche Dankbarkeit bezeige, die mir dadurch zugedachte Stelle unter den Dienern der Religion in Ihrer Stadt nicht ohne schmerzliche Empfindungen zu verbitten, mit der Versicherung, daß mir das bewiesene Wohlwollen in lebhafter Erinnerung beständig gegenwärtig sein wird, und daß ich immer, auch ohne in jenes nähere Verhältniß treten zu können, ein aufrichtiger und angelegentlicher Theilnehmer an jedem zumal dem kirchlichen | Wohlergehen und Fortschreiten Ihrer Stadt und jener Gemeine sein werde, und mit dem besonderen Wunsch daß die mir zugedacht gewesene Lehrerstelle durch einen Mann von größeren Gaben nicht nur als die meinigen sondern auch von gleich aufrichtigem Interesse für die größte Angelegenheit des Menschen möge bekleidet werden.

Mit diesen Gesinnungen, und den Versicherungen der vollkommensten Verehrung verharre ich

Meiner Hochwohlgebornen, Wohlgebornen Sämmtlich Hochzuverehrenden Herren

ganz ergebenster

Schleiermacher

Halle d 2t. Merz 1806.

**2156. Von H. K. A. Eichstädt. Jena, Februar/März 1806*

Anfrage seitens der Expediton der JALZ wegen einer Rezension von Feßler: Ansichten von Religion und Kirchentum.

2157. Von Ch. von Kathen. Wohl Februar/März 1806

Einen Brief kann ich Ihnen heute nicht schreiben lieber Freund, nur wenige Zeilen u*nd* in diesen meinen herzl*ichen* Dank für die gesanndten Lieder. Sie sind alle sehr schön, nur die von Federici sind zu schwer, sie

---

2157. Überlieferung: H: BBAW, SN 313, Bl. 26

**2156. Vgl. Brief 2171, 11 f.*

2157. Die Datierung geht davon aus, daß die Zeile 19 erwähnte Freundin die in Brief 2124, 102–109 erwähnte Frau von Pröck ist und die für Ostern geplante Reise nach Rügen von Schleiermacher noch nicht definitiv abgesagt worden war.

Wohlergehen und Fortschreiten Ihrer Stadt und jener
Gemeine sein werde, und mit dem besondern Wunsch
daß die mir zugedacht gewesene Lehrerstelle durch einen
Mann von größeren Gaben nicht nur als die meinigen
sondern auch von gleich aufrichtigem Interesse für die
größte Angelegenheit des Menschen möge bekleidet werden.

Mit diesen Gesinnungen, und den Versicherungen
der vollkommensten Verehrung verharre ich

Meiner Hochzuehrenden Wohlgeboren
Sämmtlich Hochzuverehrenden Herren

Halle d 2t Merz 1806.

ganz ergebenster
Schleiermacher

erfordern eine gebildete biegsame Stimme wenn sie Eindruck machen sollen. Sagen Sie mir doch lieber Freund wie hoch meine Schuld bey Ihnen ist, ich verstehe mich nicht auf die verschiednen Münzsorten u*nd* habe gar die Lieder an meine Freundin abgegeben ohne nach dem Preiß zu sehen. Nun will ich auch die Börse für Sie zu arbeiten anfangen lieber Freund, meine Freundin für welche Sie die Lieder mir besorgt, u*nd* der ich alles erzählbare von Ihnen erzählt, hat die Seide dazu ausgewählt um auch einen Antheil daran zu haben. Meine gute Friedrike grüßt Sie herz*lich*, sie ist jetzt wieder recht schwach u*nd* leidet viel an ihre Brust. Wenn Sie mir nichts für Harfe schicken wollen, so muß ich es mir ja wohl gefallen lassen, Sie böser Mensch warten Sie nur ich will mich schon auch einmal mit meiner süßen Harfe in Ihrem Herzen einschmeicheln. Wann kommen wir denn einmal wieder zusammen? Die H*erz* giebt mir nur schwache Hoffnung Sie zu sehen, o kommen Sie doch ich bitte Sie, es soll Ihnen schon wohl seyn hier. Sie fragen mich nach dem Eindruck den Ihre Freundin auf mich gemacht? Aufrichtig, sie hat mehr meinen G e i s t als mein | H e r z gefesselt u*nd* ich glaube daß ich, selbst bey näherer Bekanntschaft, sie immer mehr a c h t e n als l i e b e n werde. So ganz offen u*nd* so ganz von Herzen wie Ihnen mein theurer Freund, werde ich ihr wohl nie gehören, aber sehr – sehr achtungswerth wird sie mir gewiß u*nd* ist es schon in vieler Hinsicht, im Markt soll ich sie sehen. Und wann denn Sie mein guter lieber Schleier? Schicken Sie mir auch ja die versprochenen Lieder sobald Sie sie haben, u*nd* schreiben mir hübsch einige Worte von Ihrer lieben Hand darauf. Ich habe nun ordentlich Unterricht im Singen u*nd* wenn Sie kommen will ich Ihnen auch ein Lied singen.

Tausend Lebewohl.

Ihre Lotte

**2158. An G. L. Spalding. Halle, vor dem 8. 3. 1806*

Über die Ablehnung des Rufes nach Bremen, seine Aufnahme in die Fakultät und den akademischen Gottesdienst

---

7 Freundin] *folgt* ⟨abgeb⟩

---

7 *Die Identität dieser Freundin ist ungewiß.* **11** *Friederike Israel*

**2158. Vgl. Brief 2159, 47*

2159. Von G. L. Spalding. Berlin, Sonnabend, 8. 3. bis Sonnabend, 15. 3. 1806

Berlin 8 und 15 Merz 6.

Nun will ich mir einen angenehmen Tag machen, und an Sie schreiben, lieber Schleiermacher; und zwar, wie gewöhnlich, ehe ich meine Pflicht erfüllt, an die Gräfin Luise Stolberg zu schreiben. Ich habe zu dem lezteren eine doppelte Auffoderung, da seit ihrem lezten Briefe ich ihren Neffen hier gesehen, den dänischen Kabinetsminister Bernstorf. Dieser, wie Sie wissen, war ehemals dänischer Gesandter bei uns. Brinkmann vielleicht hat Sie durch Erzählungen mit ihm bekant gemacht; ich erinnere mich nicht, es gethan zu haben. Dieser Bernstorf ist ein glänzendes Beispiel, unglänzender Vortreflichkeit. Die reinste und edelste Seele in adelichen Gliedern, ohne so viel ich weiss, irgend ein hervorstechendes Talent; bescheiden, wie ein Kind, und imponirend wie ein Graf. Dass ich Ölenschläger nicht habe bereden gekont (?), hier zu ihm zu gehen, verdriesst mich, um mit Engel zu reden, auf den Dichter. Was B*ernstorf* hier solte, ist nie mal rein ausgesprochen worden. Man erzählt sich, um französischen Durchmarsch zu verhindern, der bis zum Sunde dringen will, zur Verhinderung englischer und russischer Schiffe vom Lande aus. Unverrichteter Sachen soll er abgereiset sein. Ich kann noch nicht aufgeben, dass die jezigen Heirathen Mésalliancen sind. Wenn eine Nazion, gezwungen oder freiwillig, irgend jemand ihren Kaiser nennt, so ist das ein Faktum, welches ihr selbst zu Gute komt oder zu Schande; und wegen der Anerkennung keinen Krieg führen wollen, kann vielleicht recht sein. Ob auch vernünftig, zu vermuthen, es werde deswegen ein Krieg angefangen werden, ist eine andre Frage. Vornehm ist die Familie nicht, wenn wir den Sprachgebrauch irgend | respektiren. Noch neulich habe ich mit dem Ölenschl*äger* mich herumzanken müssen (nicht gemusst. Ich will auch einmal meinen Willen haben, da es meiner Muttersprache Willen ist.), der mir den Napoleon zum grossen Mann aufbürden will. Was komt heraus, als dass ich, ohne alle falsche Scham, es nur gerade heraus gestehe, die Güte gehört zur Grösse? Und was ist die Güte? Da treiben Sie mich in die Enge, und fragen mich, ob denn also, sorgen, dass recht viele Leute lustig essen und trinken, ob denn also das die Güte sei, die Krone

---

2159. Überlieferung: H: BBAW, SN 394, Bl. 72–74; D: Br 4, 124 f. (Auszug)
26–28 (nicht … ist.)] *ohne Klammern mit Einfügungszeichen am linken Rand*

2159. **14** *Johann Jakob Engel; die Anspielung ist unklar.* **20** *Napoleon krönte sich 1804 zum Kaiser.*

der Menschheit? Wenigstens die Grösse, sei die Konsequenz. Ich bin ein jämmerlicher Naturalist in philosophicis, und die Definizionen mag ich wol ungefähr so gut machen als Jenisch die Hexameter. Sie sehen, dass Ölenschl*äger* bei mir eine grosse Rolle spielt. Man kann zuförderst nicht so sehr hübsch, wol gar schön, sein, ohne mir zu gefallen. Auch seine Verse reizen mich, jenachdem ich sie kennen lerne, dänisch studirend das mit ihm selbst. Er hat mich recht gewonnen für die Terzinen. Aber für den Hexameter muss ich ihn erst gewinnen. Seine Lebhaftigkeit ist echt und erfreulich; er geniesst das Leben sorglos und nicht ohne Liebe. Nicolaï habe ich gehört klagen über ihn. In einer Gesellschaft hat er gar verächtlich über Ossian abgesprochen; und bei Nennung irgend einer Universität, schnöde hingeworfen, es sei da nichts zu holen, als empirisches Zeug. Morgen will ich ihn mit dem weit besseren Exemplar der Nicolaïschen Schule, mit Biester, zusammen bringen. – Nun aber von Ihnen. Dass Sie bleiben, und unter diesen Bedingungen, ist schön. Dass Sie nicht nach Berlin gekommen, bleibt ewig Schade. Hier scheint es nichts werden zu sollen mit dem Gottesdienste. Neulich hörte ich Theremin, der, als entschiedener, wie es heisst, Anhänger der neuen Schule, mir ein ganz anderes Fach der Kanzelrede versprach, als Ancillon. Diesen, beiläufig, hatte ich, seit meiner Rükkunft, einmal gehört, und in seiner schlechtesten Art erfunden. Also gerade das Gegentheil: Eben so prunkvoll, vielleicht ein Paar Allegorieen und profane Eleganzen weniger, aber dagegen aufgeklebte Alttesta|mentlichkeit, kurz alles, quod incredulus odi. Ich muss nach gerade auf den Ribbek mich beschränken. Er erscheint mir, wo ich ihn so sehe und das ist selten genug, ohne dass ich's eben häufiger wünschte, als ein gar rechtlicher, ernsthafter Mann, der Leiden und Liebe wol mag gefühlt haben. Also frage ich das Alltägliche aus seinem Munde. Der andere ist mir gar zu gemein als Umgang. Jener hat auch einen Sohn in unserem Gymnasium, der mir für ihn spricht. Mit dem Ehrenberg erwarte ich am Ende auch nicht viel, doch will ich's abwarten. Beyme sagte einmal: Der soll den Dom wol vollpredigen. Aber freilich, auch die Petrikirche wird voll gepredigt. – Sie haben wol Freunde, die Sie bloss von der Kanzel her erworben, und die sind auch etwas werth. Ein Mädchen, das Sie hier gehört, und ein musikalischer Dilettant von Geschäftsmann, der in Halle, sprachen neulich mit rechtem Enthu-

37 gar] *nachgetragen*

43 *Gemeint sind die „Fragments of Ancient Poetry", die James Macpherson gedichtet und unter der Bezeichnung „Gesänge Ossians" als alte schottische Volkslieder ausgegeben hatte.* **55 f** *Horaz: Ars poetica, 188* **60** *Wohl Hanstein* **63 f** *An der Petrikirche war Gottfried August Ludwig Hanstein seit 1805 erster Prediger.*

siasmus. – Nun in der Fakultät denn und als Universitätsprediger können Sie allerdings wirken, und das muss ich mir gefallen lassen. Auch muss ich mir gefallen lassen, dass ich die Weihnachtsfeier nur in den Aussenwerken lieblich finde, und im Inneren nicht verstehe. Einmal spricht der Leonhardt so, dass ich's nicht allein verstehe, sondern sogar es selber sage. Ich möchte immer so recht gemein und φορτικῶς hineinfragen: Glauben die Leute das alles so? Das Thörichtste bei dem allen von meiner Seite scheint mir, wenn ich mich peinigen wolte, in ein fremdes Denksistem einzugehn. Und dennoch kann es mich kümmern, abstimmend zu fühlen, von denen, die ich schäze, ja die mir mehr sind, als die meisten derer, welche mir gleich urtheilen. Ein gewisser Tobler, Sohn des Bibel-Ehrers, der früher in unserer Literatur von sich reden machte, hat | mir ein schönes Gedicht ins Stambuch geschrieben, von ihm selbst verfasst, wo die Zeilen mich oft warnen und erschüttern, „dass ich nicht durch fremdes hinweggedrängt Weiche von meiner stillen Natur"! Wer eine bestimten Ton angebende Natur hat, das ist der σπουδαῖος, und gewiss auch der toleranteste, weil er nicht sich beständig des fremden Einflusses zu erwehren hat. Da dieses mein Fall nicht ist, so geht es bei den etwas ängstlichen Grenzvertheidigungen ohne einige Bitterkeit nicht immer ab. – Hier will man behaupten, der Verfasser der Söhne des Thales, dünke sich tief eingedrungen in Ihr Sistem und hange demselben an mit grossem Eifer. Ich habe dieses viel besprochene Werk nun auch – zwar mühsam, aber doch durchgelesen. Die ungezogene Inkorrekzion des Äusserlichen an demselben, ist mir ein Greuel, und verstimmt mich ohne Zweifel gegen manches was auch Gebildete darin schäzen. Nur kann ich schwerlich so weit mich unterwerfen, zu erkennen, dass dieses Werk eingezeichnet werde in die Liste derer, die der Nazion Ehre machen. Die rendez-vous, die Po-a-tu, die schwache Ohnmacht, und was dergleichen Herlichkeiten mehr, schliesst meines Erachtens, aus von der guten Gesellschaft der Schriftsteller. Die Geheimnisskrämerei, die schauerlichen Aufnahmen, pithagorischen Zahlen, sind nur für den Viergroschenplaz. Dieses Herrn Werners, dritte, oder vierte, Frau, scheidet sich (wie die vorigen, die alle leben, wie ich höre) und heirathet den Geh*eimrath* Kunth, Exhofmeister der Humbolte. Solte, wie Leute meinen, H*err* Werner sich vorzüglich als Eines Sinnes bewähren mit meinem

---

84 er] *über* ⟨ich⟩ **102** Eines] *korr. aus* e

---

79 *Johann Tobler (gest. 1808) schrieb „Anmerkungen zur Ehre der Bibel" (Halle 1771–1785)* **87 f** *Zacharias Werners „Die Söhne des Thales. Ein dramatisches Gedicht" erschien 1803/04 in 2 Bänden bei Sander in Berlin.* **99–101** *Werners dritte Frau heiratete 1806 Kunth.*

Schleier|macher durch die Stelle Th. 2. S. 305. 6. „vielleicht – ich hab' es, Alter! Die krüpplichte Unsterblichkeit – nicht wahr? – Die unser eignes jämmerliches Ich So dünn und kläglich – so mit allem Unrath Nur fortspinnt ins Unendliche – nicht wahr? – Auch sie muss sterben? – unser schales Selbst – Wir sind in Ewigkeit nicht d'ran genagelt? – Wir können es, wir müssen es verlieren, Um einst in Aller Kraft zu schwelgen! –" So würde ich doch hierüber viel lieber mit meinem Schleiermacher sprechen, als mit Herrn Werner. – Humbolt wird hier, wie natürlich, sehr bewundert. Aber ich wehre mich, mit Erfolg, an dieser allgemeinen Bewunderung, nicht meine besondere zu verlieren. Er ist ein biederer Aufsucher und Beförderer des Guten. Er hat neulich durch eine Vorstellung an den König, die auch einige andere von uns unterschreiben mussten, unter Andern Heindorf, bewirkt, dass ein Gebot geschehen wird auf Villoison's M*anuskripte* zu seinem grossen Werk über Griechenland. 15 Volumina (wie grosse? nicht bekannt) sollen da sein. Erhält man's, so hat der König bestimmt, dass das Werk soll Buttmann übergeben werden, zur Vollendung und Herausgabe. Er übt sich vor zu den unzähligen darin gesammelten gr*iechischen* Steinschriften, und hat seit kurzem viele aus Pokoke und Chandler, die ganz verrottet aussehen, hervorgerettet. Sie sind besser, als die der Spanische Gesandte neu macht S*iehe* Ungersche Zeitung. Eins unter andern:

---

111 wehre] *über* ⟨hüte⟩ mich] *korr. aus* mit

103–108 *Werner: Die Söhne des Thales, Teil 2: Die Kreuzesbrüder, 5. Akt, 1. Szene (kurz vor Schluß)* **110–119** *Alexander von Humboldt hielt sich nach der Rückkehr von seiner amerikanischen Forschungsreise (1799–1804) seit November 1805 in Berlin auf. Die Rede ist weiter von dem großen französischen Gelehrten Jean-Baptiste-Gaspard d'Ansse de Villoison (1750–1805) und seinen nachgelassenen Aufzeichnungen von seiner Reise nach Griechenland 1785–88. Die französische Regierung kaufte die Manuskripte, 20 Bände und sechs Kartons; seit April 1806 liegen sie in der Handschriftenabteilung der Pariser Bibliothèque nationale (vgl. Catalogue des manuscrits grecs, Teil 3: Le supplément grec, Bd. 3, Paris 1960, S. 60, Nr. 990; Etienne Famerie: J.-B.-G. d'Ansse de Villoison, De l'Hellade à la Grèce, Alterumswissenschaftliche Texte und Studien 40, Hildesheim 2006, S. 11 f.). Der Plan, die Manuskripte für Preußen zu erwerben, kam also nicht zur Durchführung.* **119–121** *Richard Pococke: Inscriptionum antiquarum Graecarum et Latinarum liber, London 1752; Richard Chandler: Inscriptiones antiquae, pleraeque nondum editae, in Asia minori et Graecia, praesertim Athenis collecta, Oxford 1774.* **121–123** *Vossische Zeitung 1806, 31. Stück (13. 3.). Dort wird ein griechisches Epigramm aus zwei Distichen abgedruckt, das Don Benito Pardo de Figueroa, Generalmajor und neuer spanischer Gesandter in Berlin, auf die bei Trafalgar gefallenen Spanier und die ihnen gewidmete Ode des Don Juan de Arriaza gedichtet hatte.* **123–127** *Richard Pococke: Inscriptionum antiquarum Graecarum et Latinarum liber, London 1752, S. 30 (Corpus Inscriptionum Graecarum, Bd. 2, ed. August Boeckh, Berlin 1843, S. 947, Nr. 3715; Inschriften griechischer Städte aus Kleinasien, Bd. 32, hg. von Thomas Corsten, Bonn 1987, S. 38 f.). Es handelt sich um eine Grabinschrift aus Apamea in Bithynien, die dem achtzehnjährig verstorbenen Nonius von seinen Eltern Caius und Kleopatra gewidmet wurde. Aus Pocockes buchstäblicher Abschrift (nur Majuskeln ohne Zwischenräumen zwischen den Wörtern, die Buchstabenfolge z. T. unverständlich) mußte der Bearbeiter, auch durch Konjekturen, erst ein sinnvolles Gedicht aus zwei Distichen rekonstruieren.*

ἄρτι γενειάζοντά μ' ὁ βάσκανος ἥρπασε δαίμων,
Ὀκτωκαιδεκέτης εἴσικον εἰς Ἀΐδην.
Μῆτερ ἐμὴ θρήνων ἀποπαύεο, λῆξον ὀδυρμῶν
Καὶ κοπέτων· Ἀΐδης οἶκτον ἀποστρέφεται.

Ich habe darüber folgendes an ihn gemacht:

Was ein Gemüth tiefsinnig und zart dem Steine vertraut hat,
Schlägt dein Meissel, o Freund, wieder aus Steinen hervor.

Aber nicht besser sind diese gr*iechischen* Epigramme, als eins neulich in der Spener|schen Zeitung von Varnhagen über einen verstorbenen Ad*olf* v*on* Uthmann. Wie kann ein solcher Verfasser schreiben blieb' für die Andern? Scribe ocyus: bliebe den Andern. – Im Lesen des Gorgias rükke ich vor nach und nach. Diesem zufolge sage ich Ihnen, dass der Ton der Übersezung mir in Gefahr scheint, etwas zurükzuweichen von der erstangegebenen Veredelung der Sprache. Ungewaschen (p. 467.b) sagt der Platonische Polos wol nicht, und darf es wol nicht sagen. ὑπερφυῆ sind ungeheure Dinge. – In dem ehrlichen Eberhard, glaube ich selbst, muss man nach gerade einen Filosofen ehren, der vor Alter Geh*eim*Rath geworden ist. Wie kann man doch irgend ein Billigen des Geschehenden, des durch Menschen Geschehenden, für fromm halten! Wie kann man in die Handlungen der Menschen die Vorsehung einmischen? Da gefällt mir doch der Klinger, von dem ich diesen Winter drei Romane gelesen (Faust, Aquillas, Giafar). Alle Abscheulichkeiten der Menschen, mit allen ihren fisischen Folgen, sollen der Menschheit erb- und eigenthümlich verbleiben, und Gott auch nicht mit Einem Worte darüber entschuldigt, oder gar gepriesen, werden. – Ihre Reise nach Rügen ist doch auch gar sonderbar anberaumt, um Ostern. Da kann man wol nach Italien reisen, aber nicht nach Rügen. Ich strebe auch nach Rügen u*nd* Pommern, dieses Jahr. Auch mich schrekket das Geld. – So habe ich nun auch diesen Brief vollgeplaudert, ohne recht etwas Rechtsbeständiges zu sagen. Solte ich aber das, so bliebe der Brief noch immer liegen. – In der Jen*aischen* A*llgemeinen* L*iteratur* Z*eitung*

148 Einem] *korr. aus* einem

128 *Buttmann* **131–134** *Das Epigramm an Adolf von Uthmann in der Spenerschen Zeitung Nr. 29 vom 8. 3. 1806: „Ad. v Uthmann. / Reich an Wissen und Kunst, gereift in den Armen der Freundschaft, / Flammend in heiliger Glut, offen nur suchendem Sinn, / Sollt' in den Armen der Braut nun erblühn sein innerstes Leben / Rings mit erfrischendem Duft, siehe! da rafft' ihn der Tod. / Ach! und er läßt kein Werk, das ein Denkmal blieb' für die Andern, / Weh uns, keinem Gesang hat er das Leben vertraut! / K. A. Varnhagen."* **138 f** *Platons Werke, Bd. 2, 1, Berlin 1805, S. 59* **144 f** *Friedrich Maximilian Klinger: Fausts Leben, Thaten und Höllenfahrt in fünf Büchern, St. Petersburg 1791; ders.: Geschichte Raphaels de Aquillas in fünf Büchern, St. Petersburg 1793; ders.: Geschichte Giafars des Barmeciden, St. Petersburg 1792* **154–156** *Goethes Rezension zu „Bildnisse jetztlebender Berliner Gelehrten mit ihren Selbstbiographien, hg. von S. M. Lowe" (Berlin 1806), worin der Historiker Johannes Müller seine Autobiographie publizierte, erschien in der JALZ 1806, Nr. 48, Sp. 377–380 (Werke. Weimarer Ausgabe I, 40, S. 360–366).*

steht eine Anzeige der schönen Müllerschen Selbstbiografie, die Göthe gemacht hat. Es ist jezt in Göthe ein Antheilnehmen zu merken an dem deutschen Gemeinwesen, das mich innig erfreut und auf eine schöne Seele deutet. O dass wir die Franzosen als Krieger unter uns sähen, wie als Künstler und Wisser!

Leben Sie wohl herzlich gegrüsst von den Meinigen.

GL Spalding.

2160. Von H. von Willich. Donnerstag, 13. 3. 1806

Den 13ten März

Es war grade am Morgen meines Geburtstages als Deine lieben lieben Worte zu mir kamen mein geliebter Vater! ach wie soll ich Dir danken für alles Schöne was Du mir durch Deine Liebe giebst! Wenn ich immer so wäre wie Du mich liebst o wie wollte ich mich dann ungetrübt laben an dem Genuße Deiner väterlichen Liebe – nun dünkt es mich aber immer zu viel – Früher als Deine Briefe kamen hatte mein Kindchen mir schöne Blumen gebracht u*nd* andre liebe Geschenke von den Meinen. Durch die Freude an meiner Lotte Wohlbefinden mit ihrem Kinde war meine Heiterkeit an diesem Tage noch erhöht, wenn das Wetter nicht zu rauh gewesen wäre hätten wir Lotte in Götemitz überrascht, ich habe große Sehnsucht nach ihr, noch habe ich sie nicht gesehen – Lieber Vater wenn es mir recht lebendig wird daß Du herkommst u*nd* Jette freue ich mich auch ganz unmenschlich – o wie schön wird es sein! bleibe auch recht lange – ich denke immer schon an die Zeit – lieber lieber Schleier | wie freue ich mich! Lieber Vater ich muß Dir aufrichtig über etwas sprechen, Du weißt wie aus meinem Herzen das vertrauliche Du mir in die Feder geflossen ist u*nd* wenn ich recht aus dem Gefühl rede daß Du mein Vater bist kann ich auch nicht anders – Wenn Du aber hier bist werde ich Dich nicht immer so nennen können wie ich Dich auch nicht immer Vater rufen werde – damit mir aber beides recht natürlich bleibe will ich auch in meinen Briefen Dich nennen wie mirs komt, Du bist ja auch mein Freund nicht wahr? lieber Schleier – lachen Sie nicht über mich, ich wür-

---

2160. Überlieferung: H: BBAW, SN 423, Bl. 34; D1: Br 2, S. 56 (gekürzt); D2: Schleiermacher: Briefe an seine Braut, S. 62 f. 4 was] *folgt* ⟨| |⟩ 13 Du] *folgt* ⟨u Jette⟩ 22 Briefen] *mit Einfügungszeichen über der Zeile*

2160. 2 f *Brief 2151* 9 *Charlotte von Kathen* 13 *Henriette Herz*

de wircklich sehr verlegen sein wenn ich mich mahl verspräche in Gegenwart eines Fremden dann würde mir einfallen Sie der große Schriftsteller, berühmter Professor – u*nd* ich – die kleine Pastorin wie man mich öfters nennt.

Deine Dich sehr sehr innig liebende Tochter

Henriette.

2161. An G. A. Reimer. Halle, wohl vor Mitte März 1806

Inliegende Quittung wollte ich Dir mitgeben mit der Bitte sie bei Könen heben zu lassen, und den Betrag an Jette zu geben; sie folgt nun nach. Dein Schnupftuch habe ich auch vergessen, und Du ein Paar Nankinghosen. Das alles bringe ich mit. Bestärke ⌊mir⌋ die Herz ja in dem guten Vorsaz die Reise mitzumachen. Es wird ihr auch sehr wohlthätig sein, und mir nun nicht mehr halb so viel Freude machen wenn sie zurückträte.

Hoffentlich hast Du zu Hause Alles wohl gefunden und läßt bald von Dir hören. Der Reise wegen werde ich mich wirklich an Dein Versprechen halten müssen mir auszuhelfen; ich komme sonst kaum hin, und habe noch viel weniger irgend einen Pfennig bis zum nächsten Quartal. Kannst Du mir 100 r. geben, desto besser; was ich | nicht brauche gebe ich Dir gleich zurük.

Wie steht es mit unserm Lotterieloose? Schwerlich ist irgend etwas daraus geworden. Es bleibt aber doch dabei daß wir wieder eins nehmen.

Grüße Alles herzlich, ich muß eilen auf die Post zu schikken. Ich mußte noch heraus zur Kleinen um Jösting einen Brief zu holen.

Schl.

Auch die Einlage zur Nachricht. Willst Du so will ich es kommen lassen u*nd* mitbringen

---

2161. *Überlieferung: H: BBAW, SN 761/3, Bl. 7* **4** Nankinghosen] Nankinhosen ⌊mir⌋] *oder* ⌊nur⌋

2161. *Mit einer Quittung (Zeile 1) und einer Einlage (Zeile 19). – Die Datierung ergibt sich daraus, daß einerseits die Rügen-Reise im Frühjahr noch geplant war, andererseits Reimer Schleiermacher in Halle besucht hatte, was nach Brief 2150, 83 f. am 28. Februar noch nicht der Fall war.* **2** *Henriette Herz* **3 f** *Hosen aus Nankingstoff* **17** *Frau Niemeyer*

2162. *An J. E. Th. von Willich. Halle, vor Mitte März 1806*

Ueber die Reise, lieber Freund, glaube ich Dir neulich Alles geschrieben zu haben, wie es sich verhält. Nur dies füge ich noch hinzu, daß es mir völlig unmöglich ist, auch nur im geringsten längere als die gesezmäßigen Ferien zu machen. Du wirst das selbst einsehn. Nach den Ferien geht das neue Semester an. Nun habe ich zwar meine künftigen Vorlesungen schon für den Catalogus eingegeben; allein die Stunden kann ich nicht eher bestimmen bis ich weiß wann diejenigen meiner Collegen lesen nach denen ich mich richten muß, u*nd* das kann ich vor Anfang der Ferien nicht erfahren. Also konnte ich auch meine Maaßregeln nicht nehmen, die Studenten müßten ihre Collegien annehmen ohne auf die meinigen Rüksicht zu nehmen und ich hätte den ganzen Sommer keine Zuhörer. Darum muß ich ganz nothwendig schon einige Tage vor Anfang der Vorlesungen wieder hier sein. Dieser fällt Mitte May; also muß ich Anfang May, oder wenn ich meinen Aufenthalt in Stettin nicht auf dem Hinwege gemacht habe noch früher, Euch wieder verlassen. Wenn sich nur unsere Jette erst glüklich entschlossen hätte mitzureisen; sie macht noch immer ökonomische Schwierigkeiten und diätetische, allein ich hoffe wenn wir uns vereinigen[,] werden wir Beide besiegen. Gewiß würden wir Alle immer durch die Sehnsucht nach ihr gestört werden wenn sie nicht unter uns wäre, und schon deshalb müßte sie mitreisen. – Wieviel ich Dir von der Bremischen Angelegenheit geschrieben oder [*habe*] schreiben können weiß ich warlich nicht. Aus den ersten Antworten die ich von Berlin erhielt wurde schon sehr wahrscheinlich, daß man was ich verlangt hatte eingestehen würde, und es hat sich bald darauf völlig entschieden. Indeß haben die Bremer es so ernstlich gemeint, und von allen Seiten her mir soviel Liebe und Vertrauen gezeigt, daß mir ordentlich das Herz schwer geworden ist es ihnen abzuschreiben, ja noch neuerlich haben sie mir große Anerbietungen von mehreren hundert Thalern Zulage gemacht. Ich habe in Berlin gar kein Geld bestimmt gefodert weil ich unmöglich des Geldes wegen meinen Wirkungskreis verändern kann, und so wird mich dies also auch nicht lokken. Indeß hoffte ich man wird mir, wenn auch nicht unmittelbar doch bald in Berlin eine Gehaltsvermehrung zugestehn, und in dieser Hofnung habe ich mich nicht gescheut zum Behuf meiner

---

2162. *Überlieferung: H: BBAW, SN 776, Bl. 59 f.; D1: Br 2, S. 55 f. (Auszug); D2: Schleiermacher: Briefe an Ehrenfried und Henriette von Willich, S. 151–153*
32 zugestehn] *korr. aus* ein

2162. **1 f** *Vgl. Brief 2150, 47–66* **11–13** *Tatsächlich begannen die Kollegien bereits am 5. Mai.* **15** *Henriette Herz* **20–24** *Vgl. Brief 2150, 1–90*

Reise zu Euch noch eine kleine Schuld zu machen. Leider habe ich mich nur nicht genug vorgesehn, sondern mir zu wenig geben lassen, und weiß also noch nicht recht, wie es um meinen Beutel aussehn wird. Doch das findet sich irgendwie; das Geld hat mich ja noch nie in solchem Falle in Stich gelassen.

In dem Bande des Platon den Du jezt liest stellt sich freilich das Ganze schon weit deutlicher hin und auch meine Ansicht muß nun immer klarer | werden. Der Theätet vorzüglich ist ein Werk voll der hellsten Anschauung und der tiefsten philosophischen Kunst. Ich darf an die Gespräche die ich im Kopf habe und die meiner Ethik zur Vorbereitung dienen sollten gar nicht denken wenn mir dieses herrliche Werk vorschwebt. Aber ich werde doch geben müssen was ich kann, und sobald die nächsten beiden Bände des Plato fertig sein [*werden*], was ich mir bis Ostern übers Jahr vorgenommen habe: so will ich wieder mit Ernst an eigne Arbeiten denken. Würde nur der Geist mehr durch das Gemüth unterstüzt; aber hier muß ich noch immer sehr über mich und gegen mich klagen. Ich überseze jezt das Gastmahl aber das schwere darin will mir noch gar nicht gerathen und ich verliere oft den Muth fortzufahren; und doch ist dies bei weitem noch nicht das ärgste was mir in dem nächsten Bande bevorsteht. Doch was soll ich Dir noch von meinen Arbeiten reden, das geschieht besser mündlich. Auch wirst Du wol etwas davon sehen müssen denn ich muß doch ein Platonisches Gespräch und einen Paulinischen Brief mitnehmen. Ich werde doch frühere Morgenstunden haben als ihr anderen und die dürfen nicht verloren gehn. Schreibe mir nur recht bald noch einmal wie alles sein soll. Ich sehe schon Jette Nanny und mich da am Markt wohnen wo wir zuerst abstiegen u*nd* alle Morgen so früh als möglich zu Euch nach der Badenstraße wandern. Wenn ich nur auch Schwarz u*nd* Bajer recht ordentlich kennen lerne, dafür mußt Du ja sorgen. |

Lieber Freund ich darf nun nur noch einen Gruß hinzufügen.

Sorge daß ich noch einmal von Euch höre. Aber später als Mitte März dürfen eure Briefe nicht abgehn sonst bin ich vielleicht schon in Berlin wenn sie hier ankommen.

---

55 ein] *korr. aus* einen

39–45 *Band 2, 1 der Platon-Übersetzung* **42–44** *Schleiermacher hatte eine Reihe philosophischer Dialoge im platonischen Stil geplant.* **50** *Das Symposion erschien 1807 in Band 2, 2 der Platon-Übersetzung.* **59 f** *Gemeint ist Stralsund.* **61** *Hermann Christoph Baier*

**2163. Von H. Herz. Vor dem 14. 3. 1806*

Über Johannes Müllers Äußerungen zur „Weihnachtsfeier"

2164. An H. Herz. Halle, 14. 3. 1806

Den 14ten Merz 1806.

Was Johannes Müller über die Weihnachtsfeier gesagt hat macht mir wenig Spaß, denn es sieht immer ganz so aus als hätte er es darauf berechnet d*aß* ich es wohl wieder erfahren könnte. Der Plato ist wahrlich zu viel Ehre für das kleine Büchlein. Damit mag er warten bis zu meinen philosophischen Dialogen. Was er aber meint vom Verwandeln der Geschichte in Allegorie ist mir ein sehr unliebes Mißverständniß, woran ich aber doch rein unschuldig zu sein hoffe. Spalding hat sich auch mit einer ganz wunderlichen Ansicht vernehmen lassen aber recht nach seiner Art; ich will ihm nächstens schreiben darüber. An den Rügenern sieht man doch übrigens, d*aß* es nicht jeder würde errathen haben.

2165. Von G. A. Reimer. Berlin, Sonnabend, 15. 3. 1806

Berlin am 15n März 6

Es ist geraume Zeit, daß ich Dir nicht geschrieben habe, mein theurer Freund, und ich verschob es überhaupt, weil ich gerne mein Versprechen erfüllen, und Dir einige Bemerkungen über Dein kleines freundliches Büchlein mittheilen wollte. Allein es ist diese Zwischenzeit wieder so unruhig und verwirrt für mich verstrichen, daß ich keinen Augenblick zu der erforderlichen Sammlung gelangen konnte. Und so mag es denn nun auch damit anstehen bis wir bei einander sind, und gemeinschaftlich noch

---

2164. *Überlieferung: h: BBAW, SN 751, Bl. 69; D: Br 2, S. 57 (gekürzt)*

2165. *Überlieferung: H: BBAW, SN 358, Bl. 87 f.* **1** 15n] *korr. aus* 14n **2** habe] haben

---

***2163.** *Vgl. Brief 2164*

2164. **8–10** *Vgl. Brief 2159, 69–74; es ist ungewiß, ob Schleiermacher Spalding hierauf geantwortet hat.* **10 f** *Die Rügener Freunde Schleiermachers hatten anonymisierte Exemplare der „Weihnachtsfeier" erhalten.*

2165. **3–5** *Zur „Weihnachtsfeier" vgl. Brief 2137, 52–61*

einmal die Lesung vornehmen, und dann davon reden mögen. Es ist eine geraume Zeit, seit ich Dich nicht sah, und ich freue mich über alles auf unser Zusammenseyn. Dabei hoffe ich auch Du wirst Deinem Vorsatz untreu werden und nicht Nanny allein bei uns wohnen lassen, sondern auch selbst zu uns herziehen; wir bitten Dich alle inständigst darum.

Da Du so spät erst Dein Collegium schließen willst, und also wohl schwerlich vor dem 5. 6n April hier eintreffen kannst, so sieht es | fast betrübt um mein Mitreisen aus. In solchem Fall würde ich höchstens ein bis 2 Tage auf Rügen bleiben können, und dann eine einsame traurige Rückreise haben, da Jösting schon entschlossen ist – die Ursachen werden Dir auch nicht unbekannt seyn – nicht mitzureisen. Indeß will ich's noch immer nicht ganz aufgeben; vielleicht kann ich euch doch – wenn alles bricht – eine Strecke begleiten. Dann habe ich auch noch ein anderes Projekt: gegen den Herbst nach Dresden zu reisen, es wäre herrlich, wenn Du dem beitreten wolltest! Aber wirst Du nicht lachen, daß ich schon wieder neue Pläne mache, während ich zwei längst entworfene kurz nach einander habe aufgeben müssen und so das nächste fahren lasse, und die freundliche Aussicht in die weite Ferne hinausrücke! Laß uns aber dies mündlich abthun, und verwirf wenigstens meinen Vorschlag nicht anfänglich gleich.

Die Herz hat Dir wohl selbst wegen ihrer Mitreise geschrieben, die hiesigen Fuhrleute sind unglaublich unbillig in ihren Forderungen und einem halb offenen Wagen glaubt sie sich bei dieser Witte|rung nicht anvertrauen zu dürfen. Bartholdi war einige Wochen hier, und ist etwa vor 8 Tagen wieder abgereist; er erwartet Dich sicher.

Von den bestellten Büchern hast Du nun wohl schon mehrere durch die Gleditschische Handlung erhalten, und ich denke diesen sollten die übrigen bald folgen.

Das mit der Geldnegoce hast Du recht gemacht, und zu meiner Zufriedenheit; zu der genannten Frist werde ich die Summe ohne Schwierigkeit abtragen können. Du schreibst mir zwar nicht wie viel es sei; allein das thut auch nichts, da ich Dir bis dahin wohl einen großen Haufen schuldig seyn werde. Ich will Dir nemlich nur sagen, daß ich s o g l e i c h,

---

19 will] *korr. aus* wills **21** Strecke] *folgt* ⟨l l⟩ **23 f** schon … neue] *mit Einfügungszeichen über* ⟨neue⟩ **25** müssen] *folgt* ⟨;⟩ lasse] *korr. aus* lassen **30** sind] *korr. aus* Sind unbillig] *korr. aus* unbillige **34 f** durch die] die *korr. aus* G

---

14 *Schleiermacher las im Wintersemester 1805/06 bis Ende März.* **34** *Vgl. Brief 2148, 30–38* **37–41** *Vgl. Brief 2148, 1–25* **41–47** *Manuskript zur zweiten Auflage der „Reden" „Über die Religion"; die noch vorhandenen Exemplare der ersten Auflage hatte Reimer von Unger übernommen.*

oder wenigstens bei Deiner Herkunft das M*anuscri*pt zu den Reden erhalten muß; da ich zu meinem Schreck vor einigen Tagen erfahre, daß fast kein einziges Exemplar mehr vorräthig sei; es muß beim Umziehen, oder wie sonst, ein Päckgen mit 50–60 Exempl*aren* verloren gegangen seyn; doch das thut auch nichts; nur macht es den ungesäumten und schnellen Abdruck erforderlich. Ueber die | äussere Einrichtung, in wiefern sie bleiben, oder geändert werden soll, wollen wir hier noch sprechen; nur laß mich das M*anuscri*pt unfehlbar zu Deinem Hierseyn haben.

Eben so steht es mit den Predigten und diese müssen auch in 3 Monaten gedruckt fertig seyn. Kannst Du mir nun dazu noch, wie Du versprochen hast, ein zweites Bändchen im Laufe des Jahres geben, so siehst Du wohl zu wie großen Ansprüchen an mich Du berechtigt bist.

Mit Nolte habe ich auch neulich wegen Deiner Angelegenheit ge- sprochen – darüber mündlich.

Steffens grüße bestens – Ich hoffe Du wirst mir eine rechte Anzahl Aushängebogen, und die Gewißheit mitbringen, daß das Buch zu Ostern fertig seyn werde. Ob St*effens* noch viel Honorar zu erwarten haben wird, mag die Stärke des Buchs bestimmen: fast 300 Th hat er schon erhalten.

Süvern hat auch seine Bemerkungen über den Plato, wiederholt zurück verlangt; vergiß ja nicht sie mitzubringen.

Leb wohl. Wir grüßen Dich herzlich

**2166. An Ch. von Kathen. Vor dem 18. 3. 1806*

2167. An G. A. Reimer. Halle, Dienstag, 18. 3. 1806

d 18t. Merz 6

Bist Du ganz des Teufels lieber Freund, mir so etwas zuzumuthen? Nicht etwa daß ich nebst Nanny bei Dir wohnen soll – doch davon hernach –

50 diese] *korr. aus* diesen 52 ein] *davor* ⟨das⟩

2167. *Überlieferung: H: BBAW, SN 761, Bl. 45 f.; D: Br 4, S. 125 (Auszug)*

50 f *Die zweite Auflage der ersten Sammlung der „Predigten" erschien 1806.* **54 f** *Vgl. Brief 2127, 23–25* **56–58** *Grundzüge der philosophischen Naturwissenschaft* **61** *Vgl. Brief 1992*

***2166.** *Vgl. Brief 2168, 3–6*

2167. *Mit einer Anlage zu Bücherlieferungen (Zeile 54 f.)* **2–6** *Vgl. Brief 2165, 11–13 und 41–43*

sondern daß ich in nicht einmal 14 Tagen denn ich denke schon Montag üb*er* Acht Tage in Berlin zu sein die Reden durchstudiren und durcharbeiten soll an denen ich gar nicht wenig zu ändern gedenke. Denn es muß manche Confusion klar gemacht und mancher Auswüchsling weggeschnitten werden, wenn sie eine gediegene Darstellung werden sollen welche einen zweiten Abdruk wirklich verdient. Indeß habe ich sie schon an die Tagesordnung gelegt und Morgen will ich den Anfang machen. Ganz kann ich sie Dir unmöglich fertig bringen aber vielleicht kann ich sie in Berlin vollenden. Kurz ich will gern mein mögliches thun. Vielleicht hast Du schon von der Herz gehört daß ich schwankte wegen Rügen. Nun muß ich leider mit großer Gewißheit sagen daß ich es ganz aufgegeben | habe. Theils fehlt es mir ganz absolut an Gelde, und ich bin dem Bankerutt nahe genug ohne Reise, höchst kläglich bestellt. Theils habe ich erst neulich erfahren, daß uns Massow in seinem verrükten Amtseifer durch ein besonderes Rescript die Ferien so ausnehmend kurz zugeschnitten hat daß die Collegia schon d*en* 28t*en* Apr*il* wieder angehn sollen. Nun werden sich zwar die wenigsten danach richten; allein länger als Acht Tage wird doch kein rechtlicher zugeben und wenn ich auch wirklich zugeben wollte, so darf ich doch in meiner Lage nicht versäumen vor dem gesezlichen Anfange der Collegien hier zu sein, ja ich muß schon 8 Tage vorher zurük sein, der Sicherheit wegen. Dies macht eine Reise nach Rügen ganz unmöglich und ich werde nun nichts besseres thun können als ordentliche 14 Tage in Berlin zu bleiben. Wenn Du dies geahndet hättest würdest Du mir vielleicht den Vorschlag mit Nanny bei Dir zu wohnen gar nicht gethan haben. Ueberlege es recht gut ob Dir nicht auch Einer von uns beiden für so lange schon zu viel | Unbequemlichkeit macht und sage es recht ehrlich denn Du weißt daß Nanny recht gut bei Jette wohnen kann und ich bei Jösting. Lezteres kann ich auch ohnehin nicht ganz aufgeben theils weil ich es Jösting versprochen theils weil ich den doch am eigentlichen Tage nicht so genießen kann als in den eigent*lich*en Morgenstunden, welche bei Dir – sonst wenigstens – ziemlich unruhig zu sein pflegen. Der Abend ist bei Euch die beste Zeit und die wollen wir doch recht fleißig zusammen sein. Auf der andern Seite lebte ich auch wieder gern so recht häuslich bei Euch und auch um Nannys willen wäre es mir lieb die doch etwas schüchtern ist und aufgemunterter sein würde wenn sie mich bei Sich hätte. Ich will also zusehn und wenn ich finde daß

---

39 wenn] *korr. aus* ich

---

12 f *Eine solche Äußerung stand vielleicht in Brief 2164.* **16** *Bankerutt ist Nebenform zu Bankrott; vgl. Adelung: Grammatisch-kritisches Wörterbuch, Bd. 3, S. 341 s.v. „muthwillig“.*
30 *Henriette Herz*

es vernünftiger Weise eine Möglichkeit ist wohne ich wenigstens ein Paar Tage bei Dir wenn es Dir grade am liebsten ist. Ich denke d*en* 29t*en* von hier bis Dessau zu reisen d*en* 30t*en* bis Potsdam u*nd* d*en* 31t*en* Ab*en*ds oder d*en* 1t*en* Apr*il* Mittags in Berlin zu sein

Mit den Predigten wird es weniger Schwierigkeit haben; es ist auch weniger an ihnen zu | ändern. Nur hätte ich fast Lust – wenn Du glaubst daß dies nicht Unrecht gegen die Besizer der ersten Auflage ist – die Bußtags u*nd* Charfreitagspredigt – als Festpredigten – in den künftigen zweiten Theil zu versezen u*nd* statt ihrer ein Paar Andere in d*ie*s*en* Theil zu geben. Wenn Du aber die mindeste Bedenklichkeit dabei hast kann es auch eben so gut so bleiben. Das sage ich Dir aber lieber Freund ich gehe nicht eher von der Stelle bis Du mir unsre Balance formirt hast. Es geht nicht länger so[,] wir handeln sonst zu Deinem u*nd* meinem Verderb in den Tag hinein.

Von Gleditsch habe ich erhalten was Du aus der Anlage ersehen kannst aber noch keinen Hänlein u*nd* keinen Ziegler.

Der Drukk der Grundzüge geht vorwärts soviel ich weiß.

Adieu. Grüße alles herzlich u*nd* theile was meine Reise betrifft Jösting u*nd* Jetten mit an die ich beide heute nicht schreiben kann.

2168. An Ch. von Kathen. Halle, Freitag, 21. 3. 1806

D 21t. Merz 6

Den herzlichsten Dank liebe Freundin daß Sie mich so bald haben von dem freudigen Ereigniß benachrichtigen lassen. Also habe ich doch recht geahnet daß mein lezter Brief das kleine Wesen schon auf Ihrem Schooß finden würde, und auch daß es ein kleines Mädchen sein würde habe ich getroffen. Dem Himmel sei Dank daß Sie wohl sind liebste Charlotte. Bleiben Sie nun auch dabei und lassen Sie die Kleine Ihr rechtes Ebenbild werden, zu unser aller Freude und sein Sie ja nicht lange ohne mir ein gutes Wörtchen von Ihrem Befinden zu sagen. Der Himmel segnet mich recht mit kleinen Wesen an denen mein Herz besonderen Theil nimmt.

2168. *Überlieferung: H: BBAW, SN 753, Bl. 18 f.*

44–49 *Vgl. Brief 2165, 50 f.; die Anordnung der Predigten blieb in der zweiten Auflage unverändert.* **55** *Vgl. Brief 2061, 46 f. und Brief 2148, 33* **56** *Steffens: Grundzüge der philosophischen Naturwissenschaft*

2168. 2 f *Vgl. Brief 2160, 9; es ist ungewiß, ob und ggf. in welchem anderen Brief Schleiermacher Nachricht erhielt.* **3–6** *Vgl. Brief *2166; Friederike von Kathen wurde am 18. März 1806 geboren.*

Seit der traurigen Katastrofe meines Lebens ist Ihr Töchterchen das vierte Kind meines Herzens. Könnte ich doch an allen mich nicht nur erfreuen sondern auch selbst in ihr Leben wolthätig eingreifen.

Wie gern wäre ich nun bei Ihnen in der Stunde der feierlichen Einweihung | der Kleinen zum schönsten Leben aus der göttlichen Quelle alles Heils! wenn ich Sie auch nur wieder in der Stube sehn sollte und bei einem zaghaften Gang durch den Garten. Aber ich muß Ihre schöne Nachricht durch eine gar nicht erfreuliche erwiedern. Meine ganze Reise nach Rügen ist mir für dies Jahr zerstört. Sie wissen wie sicher ich noch Ihnen und Ehrenfrieds darüber schrieb. Aber bald darauf fing die Sache an mir ungewiß zu werden, theils wegen der unruhigen Zeiten, und weil man eine preußische Occupation vermuthet, deren ersten verwirrenden Eindruk ich nicht gern theilen möchte; theils sah ich immer deutlicher daß ich es ohne eine große Zerrüttung meiner Oekonomie nicht würde möglich machen können. Nun endlich erfahre ich daß unsere Ferien diesmal, ich weiß nicht weshalb um vieles kürzer sind als gewöhnlich; so daß ich die Reise gar nicht machen könnte, ohne den Anfang der Vorlesungen zu versäumen, was ich aus vielen Ursachen diesmal grade gar nicht kann. Das hat also entschieden, und ich beruhige mich nun wirklich viel leichter. | Freilich konnte ich mir noch eine Hofnung machen im Herbste die Vorlesungen vielleicht eher zu schließen und dann zu reisen: allein auf dieses höchst ungewisse kann ich unsre Jette nicht abhalten zur schönsten Zeit zu reisen und ohne sie will es mir noch gar nicht in den Sinn, weil ich mich so sehr auf unser aller Zusammensein gefreut habe. Also kann ich nur wünschen daß es im künftigen Jahre besser gehn möge. Froher werde ich es dann auch genießen können, weil mich jezt doch keinen Augenblik der Gedanke an die Last von Arbeit verläßt, die ich mir aufgelegt habe, und die mich warlich sehr drükkt. Statt der schönen Reise nach Rügen werde ich nun nur auf vierzehn Tage höchstens mit meiner Schwester nach Berlin reisen. Ich weiß noch nicht wie mir da sein wird, halb freue ich mich halb erschrekke ich. Hier komme ich gar nicht dazu viel an mich zu denken; es sind nur einzelne Augenblikke wo sich mir mein ganzer Zustand aufthut – aber dort! Und wenn ich sie nun da zufällig sähe

Ehrenfried schreibt mir, Sie hätten Hofnung durch Arndt einen Lehrer zu erhalten. Ich freue mich herzlich darüber, nur um so mehr weil ich nie das Herz gehabt | hätte ihnen einen zu schikken. Das muß ihnen die Aussicht auf Ihre unmittelbare Zukunft sehr erleichtert haben, und auch

---

11 *Seit der Trennung Eleonore Grunows von ihm.* **19 f** *Vgl. Briefe *2153 und 2150, 47–66* **25–28** *Im Sommersemester 1806 begann Schleiermacher seine Vorlesungen schon am 5. Mai, 14 Tage früher als im Sommersemester 1805.* **32** *Henriette Herz* **39** *Halbschwester Nanny* **44 f** *Vgl. Brief *2154*

Minchen die Trennung von Ihnen die ihr gewiß nicht leicht wird, wenn sie auch Rükkehr zu den ihrigen ist.

Ich reiße mich recht mit schwerem Herzen von Ihnen los liebe Charlotte weil ich so gewiß gehofft hatte Ihnen bald in das herrliche Auge zu sehn und mich an Ihrer Nähe zu erquikken. Es ist mir aber manchmal als ob alle schönen Entwürfe für das Leben mit dem Einen großen gescheitert wären. Sagen Sie mir dafür bald, so bald Sie können ein Paar freundliche Worte, trösten Sie mich über meinen Unstern – am besten dadurch, daß Sie mich versichern Ihnen sei recht wol, Sie seien recht selig. Gott segne Sie liebe theure Freundin unter der lieben Schar Ihrer Kinder. Wenn ich Sie mir recht vor Augen stelle ist mein Herz so voll, daß ich gar wenig sagen kann. Küssen Sie das kleine Frühlingskind von mir, und wenn Sie mütterlich darauf ruhen wissen Sie daß meine Hofnungen und Wünsche mit den Ihrigen sind

Schl

Vom 1t*en* bis 16t*en* April denke ich in Berlin zu sein

*2169. *Von J. E. Th. von Willich. Vor dem 24. 3. 1806*

Bedenken gegen den Termin der geplanten Reise nach Stralsund und Rügen

2170. *An J. E. Th. und H. von Willich. Halle, Montag, 24. 3. 1806*

d 24t. Merz. 6.

Es thut mir recht leid in meinem lezten Briefe so bestimmt von der Reise gesprochen zu haben daß Euch gewiß gar kein Zweifel an meinem Kommen geblieben ist – und nun muß ich Euch doch was Ihr vielleicht schon

---

2170. Überlieferung: H: BBAW, SN 776, Bl. 61–63; D: Schleiermacher: Briefe an Ehrenfried und Henriette von Willich, S. 154–157

48 *Minchen (Wilhelmine) ist wohl ein Kindermädchen im Hause von Kathen; vgl. Brief 2124, 38–40.* 59 *Friederike von Kathen*

**2169. Vgl. Brief 2170, 35–39*

2170. 2 *Brief 2162* 4–6 *Vgl. Brief 2168, 25–30*

durch die Kathen wißt aufs unwiderruflichste bestätigen daß ich nicht komme. Ich konnte schon immer nicht dahinter kommen wie es gehen würde mit dem Gelde. Indeß glaube ich da hätte wol noch irgend eine Anstalt müssen möglich sein denn es giebt ja doch noch andere Leute die Geld haben, und um deswillen hätte ich meinen Entschluß schwerlich aufgegeben. Viel verdrießlicher wurde mir hernach das Gerücht von der preußischen Occupation, und ich gestehe Dir wenn ich gewiß gewußt hätte daß sie um dieselbe Zeit erfolgen würde so hätte ich Dir gleich abgeschrieben. Doch jezt hört man gar nicht mehr so bestimmt von dieser Begebenheit reden, also würde mich das auch nicht abgehalten haben. Allein unser Minister hat gegen alle Gewohnheit und ohne alle erdenkliche Ursach unsere Ferien um drei Wochen für diesmal beschnitten so daß die Collegia auf d*en* 28t*en* April wieder angekündigt sind da sie sonst nur etwa d*en* 20t*en* May anzugehen pflegen. Wahrscheinlich werden sich die wenigsten danach richten; oder wenn sie auch wirklich anfangen so lesen sie ein Paar | Stunden und sezen dann wieder auf 14 Tage aus. Allein das hilft mir leider nichts; die jungen Leute kommen doch großentheils zurük und arrangiren ihre Collegia, und ich könnte es in meiner Lage nicht ohne den größten Nachtheil (nicht nur für dies halbe Jahr, das wäre zu verschmerzen, sondern für zwei Jahr) wagen am gesezlichen Anfang der Vorlesungen nicht da zu sein. Ich muß sogar, weil ich unmöglich anders kann, als wenn ich angefangen habe auch fortzulesen bedeutend eher zurük sein, weil ich noch große Vorbereitungen zu meinen Vorlesungen zu machen habe, an die ich jezt nicht denken kann. Ich werde also statt alles andern am Anfang der künftigen Woche mit Nanny nach Berlin gehen u*nd* mich etwa 14 Tage mit unsern dortigen Freunden so gut es gehen will ergözen. Ich könnte mir wol Hofnung machen im Herbst zu komen ich müßte dann die Collegia früher schließen was auch wol, wenn ich gleich anfange, recht gut gehen müßte – allein das kommt mir doch viel zu unsicher vor als daß ich irgend etwas darüber sagen möchte.

Dein lezter Brief lieber Freund würde für mich nicht ein Körnchen in die verneinende Wagschale gelegt haben. Rügen ist wo ihr seid, und ich dachte es mir | schon ohnedies gar nicht anders, als daß wir den größten Theil der Zeit in Stralsund sein würden. Daß es nicht grün sein kann auf Rügen wußte ich auch – das muß ich mir gefallen lassen denn ich sehe doch auch für künftige Jahre keine andre Zeit vor mir als die Osterferien.

---

20 Stunden] *über* ⟨Wochen⟩ 26 fortzulesen] fortlesen

15 *Massow* 35 *Brief *2169*

Treffen die auch einmal 14 Tage später ein das macht doch wenig Unterschied. – Ich sage Dir nichts darüber wie leid es mir thut. Denkt meiner nur besonders fleißig in der Zeit wo ich gehofft hatte bei Euch zu ein. Mit Zeit und Geld könnte ich es vielleicht erzwingen auf ein Paar Tage nach Stettin zu gehen um meine dortigen Freunde zu sehen aber das werde ich wol schwerlich übers Herz bringen den halben Weg zu Euch hin zu machen da ich mir die andere Hälfte versagen muß.

Allerdings, lieber Freund würde ich Dir sehr rathen auf den Fall einer Regierungsveränderung dich bei Zeiten vorzusehen. Ist noch einige Wahrscheinlichkeit dafür so würde ich auch gewiß mit unserm geistlichen Minister davon sprechen. Davon kann gar nicht die Frage sein daß Du nicht das bestimteste Recht auf eine Versorgung in Deiner Provinz erhältst, sondern nur von der augenbliklichen Lage in die Du gerathen könntest. | Denn es ist wol nicht im Preußischen Geist fremdes Militair sich so gradezu einzuverleiben, und gewiß, wenn das Regiment mit überginge würde es untergestekt oder ganz umgeformt.

Ich hätte Dir so gern von meinen akademischen Arbeiten etwas mitgebracht. Meiner Ethik hat der zweite Vortrag zum großen Vortheil gereicht und die Dogmatik ist mir gleich aufs erste Mal so gut gerathen, daß Kleinigkeiten in der Anordnung abgerechnet wol wenig zu ändern sein möchte. Nun fange ich Ostern einen Cursus üb*er* das ganze N*eue* Test*ament* an, den ich aber gewiß nur Einmal so en suite lesen will und hernach immer nur einzelne Bücher. Dieser wird leider den größten Theil meiner Zeit im Sommer wegnehmen. Auch hat Reimer jezt ganz plöz*lich*, weil der lezte Rest Exempl*are* unglüklicher Weise verloren gegangen, eine neue Auflage der Reden verlangt, u*nd* für Michaelismesse auch eine der Predigten. Wäre jenes nicht so plözlich gekommen so hätte ich Dich u*nd* andere Freunde um Bemerkungen über einzelne Stellen gebeten. Die erste Rede habe ich eben durchgearbeitet und nur Eine Stelle bedeutend geändert, aber sehr viele kleine Aenderungen fallen mir unter die Hände was doch das unangenehmste ist. In großen Aenderungen werde ich überhaupt sehr bedenk*lich* sein damit das Buch ja nichts von seinem Charakter verliere – Meinen Namen seze ich wieder nicht darauf; es kommt mir vor als ob die Anonymität ordentlich zum Stil des Buches gehörte. Wer namentlich auftritt kann so gar nicht reden. |

---

42 Dir] *korr. aus* n

---

45 *Familien Gaß und Bartholdy*

Liebes einziges Jettchen ich will gar nicht erst anfangen über die schöne vereitelte Hofnung zu jammern. Wie hatte ich mich gefreut auf Euch Alle, auf Dich und Dein süßes Kindlein. Es ist recht recht hart für mich, und ich könnte wol klagen. Aber ich lerne Alles ertragen; und sobald ich von Berlin zurükkomme will ich mich tiefer als je in die Arbeit stürzen, das bleibt doch das Einzige.

Schreibt mir nur ja recht fleißig. Auch Du liebe Herzenstochter. Ich werde mich wol nicht enthalten können im Geiste immer bei Euch zu sein in der Zeit die schon eine so schöne Bestimmung hatte. Unsere große Jette kommt aber gewiß späterhin zu Euch. Euch ist das ein Trost und mir soll er es auch sein.

Aus Berlin schreibe ich Euch gewiß | wieder. Die herzlichsten Grüße unterdeß an Luise und sie soll nur nicht böse sein

Adieu mein liebes gutes Kind küsse mir die Kleinere Jettchen und beklage mich, es geht mir doch recht schlecht.

2171. An H. K. A. Eichstädt. Halle, Donnerstag, 28. 3. 1806

Mein theuerster Herr Hofrath ich wollte nicht mit leeren Händen vor Ihnen erscheinen, und habe leider bei dem besten Willen und dem fortdauernden Interesse an unserer ALZ nicht dazu kommen können Ihnen etwas darzubringen. Außer dieser Kleinigkeit liegt nun noch eine Pädagogische Recens*ion* fertig bei mir, der ich aber erst eine andere beifügen will um doch einigermaßen dem mir vorgesezten Cyclus zu genügen. Geschäfte nöthigen mich jezt auf 14 Tage nach Berlin. Sobald ich zurükkomme soll dies meine erste Arbeit sein.

Bei der Expedition bin ich noch besonders in Schuld. Zuerst wegen nicht gesendeter Quittung allein die gedrukte lag nicht bei[;] ich füge also eine geschriebene | hinzu. Dann wegen nicht beantworteter Anfrage ob ich Feßlers Kirchenthum recensiren möchte. Ohnerachtet Nachrichten die ich

---

89 Kleinere] *korr. aus* Kleine

2171. *Überlieferung: H: SBB, Slg. Darmstädter; D: Patsch: Schleiermachers Briefwechsel mit Eichstädt, S. 278 f.*

---

84 f *Henriette Herz* **88** *Luise von Willich*

2171. *Beantwortungsvermerk: „Beantwortet* 18. April 1806 Ei*chstädt"; mit einer Rezension (Zeile 4)* **4** *Die Rezension von Jenisch: Kritik des dogmatischen ... Religions- und Moral-Systems (JALZ Nr. 101 vom 29. 4. 1804, Sp. 193–200; KGA I/5, S. 101–117)* **4–6** *Zu der geplanten Fortsetzung der Zöllner-Rezension vgl. Brief 1885, 1–10.* **11** *Brief *2156* **11–14** *Dazu die Notiz: „Von neuem um diese Rec[ension] gebeten".* **12–14** *Ignaz Aurelius Feßler: Ansichten von Religion und Kirchenthum, 3 Bde., Berlin: Sander 1805; Schleiermacher irrte hinsichtlich der Zahl der Bände.*

darüber erhalten mich interessiren, schrekken mich doch die 4 Bände und ich antworte lieber Nein. Was ich aber wol beurtheilen möchte u*nd* auch gewiß nicht lange warten lassen werde sind Fichte Grundzüge des gegenwärtigen Zeitalters.

Der hies*igen* A. L. Z. mag es leid genug thun daß sie meine Vorlesungen ins I*ntelligenz* Bl*att* sezen muß; meinen erhaltenen und abgelehnten Ruf nach Bremen und mein Einrükken in die theolog*ische* Facultät scheint sie ganz ignoriren zu wollen.

Der Rec*ension* des Jenisch habe ich mein gewöhnl*iches* Zeichen nicht beigefügt damit es nicht officiell verrathen wäre. Sollten Sie etwa nöthig finden meinen Namen darunter zu sezen so habe ich nichts dagegen. |

Haben Sie noch keinen Recensenten für den Deutschen Plato gefunden?

Hochachtungsvoll und in der Hofnung Sie bald zu sehn

Ihr ergebener

Schleiermacher

H. d 28t. Merz 1806.

2172. An Ch. von Kathen. Halle, Ende März 1806

Liebe einzige Charlotte. Sie wissen es nun wol schon daß ich nicht komme, und ich muß es Ihnen leider bestätigen. Das Hinderniß liegt so in meinem Beruf daß ich es nicht übersteigen kann. Aber meinen Plaz unter den ersten Freunden Ihrer Kleinen lassen Sie mir doch? Bevollmächtigen Sie doch Jemand um ihn zu vertreten; ich schlüge Ihnen gern Herrmann Beier dazu vor wenn es Ihnen päßlich wäre. Und sehen Sie wegen des Namens habe ich Sie schon bitten wollen, ohne daß ich an mich gedacht hätte Sie möchten sie Friederike nennen oder Sophie weil ich zwei Kinder

---

2172. *Überlieferung: H: BBAW, SN 753, Bl. 41* 8 sie] Sie

---

15 f *Dazu die Notiz: „Ja, wenn er sie* b a l d *liefert." – Schleiermachers Fichte-Rezension erschien in der JALZ 1807, Nr. 18–20, Sp. 137–160 (KGA I/5, S. 119–152).* 17–20 *Die ursprünglich in Jena erscheinende „Allgemeine Literatur-Zeitung", die im Streit mit Fichte, Schelling und den Frühromantikern lag, erschien seit 1804 in Halle. Unter dem Einfluß Goethes war die JALZ in Jena unter Eichstädts Redaktion als Konkurrenzorgan gegründet worden.* 21–23 *Die Jenisch-Rezension wurde tatsächlich mit „Schleiermacher" unterzeichnet, nicht mit dem sonst verwendeten Kürzel „P–p–s" (griech.: Peplopoios, Schleiermacher).*

2172. *Die Datierung ergibt sich daraus, daß die erwähnte Reise nach Berlin wohl Anfang April angetreten wurde (vgl. Brief 2168, 63).* 1–6 *Friederike von Kathen wurde am 14. April getauft; Paten waren u.a. Schleiermacher und Charlotte Pistorius.*

des Namens kenne die ich sehr liebe. Die eine ist sogar gewissermaßen das Ur|bild der Sophie in der Weihnachtsfeier.

Grüssen Sie mir Ihren braven Kathen recht herzlich und danken Sie ihm für sein Vertrauen – und alle Kinder zumal.

Morgen bin ich auf dem Wege nach Berlin und heute noch überaus beschäftiget und zerstreut.

Wie herzlich freue ich mich daß Sie so wohl sind; bleiben Sie nur dabei.

Schl.

---

11 Ihren] *korr. aus* den

9 f *Sophie Reichardt*

Verzeichnis der Abbildungen

Abkürzungen und editorische Zeichen

Literaturverzeichnis

Register

Verzeichnis der Abbildungen

1. *Von J. C. Gaß, 16. 10. 1804* 6
2. *Von C. B. Hering, 14. 11. 1804* 33
3. *Von G. L. Spalding, 24. 11. 1804* 48
4. *Von H. K. A. Eichstädt, 28. 12. 1804* 80
5. *Von L. von Willich, 1. 1. 1805* 84
6. *Von S. E. T. Stubenrauch, 21. 1. 1805* 98
7. *Von F. I. Niethammer, 20. 1. 1805* 101
8. *Von H. Stützke, 22. 1. 1805* 108
9. *Von H. C. von Willich, 31. 1. 1805* 122
10. *Von C. W. von Bünting, 14. 2. 1805* 137
11. *Von E. und H. von Willich, 7. 3. 1805* 161
12. *Von Ph. K. Buttmann und L. F. Heindorf, 14. 5. 1805* 203
13. *Von Ch. von Kathen, Mai 1805* 223
14. *Von K. Thiel, Mai 1805* 224
15. *Von J. A. Rienäcker, 10. 6. 1805* 232
16. *Von J. W. Süvern, 11. 7. 1805* 251
17. *Von Ph. K. Marheineke, 9. 8. 1805* 287
18. *Von L. Eichmann, 16. 8. 1805* 291
19. *Von J. Erichson, 16. 9. 1805* 317
20. *Franz Joseph Gall, Stich von François Maradan* 320
21. *Von C. F. Ammon, 11. 10. 1805* 339
22. *Von K. G. von Raumer, 19. 10. 1805* 345
23. *Von G. A. Reimer, 30. 10. 1805* .... 354 f.
24. *Von F. Weichart, 9. 12. 1805* 388
25. *Von L. G. Blanc, 31. 12. 1805* 415
26. *Von C. G. von Brinckmann, 7. 1. 1806* 427
27. *Von Ch. Schleiermacher, 1. 2. 1806* 455
28. *Von W. C. Müller, 13. 2. 1806* 469
29. *Schleiermacher an Bürgermeister und Rat der Stadt Bremen* .. 485

Abkürzungen und editorische Zeichen

Im vorliegenden Band finden sich folgende Abkürzungen, die nicht am Ort, im Literaturverzeichnis oder im Duden (Rechtschreibung) aufgelöst sind.

ADB	*Allgemeine Deutsche Bibliothek*
ALZ	*Allgemeine Literatur-Zeitung*
BBAW	*Berlin-Brandenburgische Akademie der Wissenschaften*
Br	*Aus Schleiermacher's Leben. In Briefen*
c	*capitulum*
D	*Den, Doctor, (im textkritischen Apparat:) Druck*
d	*den, dieser usw.*
g., G., gr., Gr.	*Groschen*
ggr., Ggr.	*gute Groschen*
H.	*Herr*
H	*(im textkritischen Apparat:) Handschrift (Original)*
h	*(im textkritischen Apparat:) Abschrift*
JALZ	*Jenaische Allgemeine Literaturzeitung*
KGA	*Schleiermacher: Kritische Gesamtausgabe*
kgl.	*königlich*
Kj.	*Konjektur*
korr.	*korrigiert*
Meisner	*Schleiermacher als Mensch, hg. Meisner*
NADB	*Neue Allgemeine Deutsche Bibliothek*
p	*perge, praedictus, praenominatus*
pp	*perge perge, pergite*
praes.	*praesentatum*
r., R., Rth., rth.	*Reichsthaler*
r	*recto (Vorderseite)*
Rec.	*Recensent*
sg.	*Silbergroschen*
SN	*Schleiermacher-Nachlaß*
SW	*Schleiermacher: Sämmtliche Werke*
Thl., Thlr.	*Thaler*
v	*verso (Rückseite)*
Vf.	*Verfasser*

⌊ ⌉	*unsichere Lesart*
[ ]	*Ergänzung der Bandherausgeber*
[ ]	*im Text: Überlieferungsverlust* *im Sachapparat: Ergänzung der Bandherausgeber*
[...]	*im Text: Auslassung früherer Herausgeber oder Abschreiber*
[...]	*im Sachapparat: Auslassung*
⟨ ⟩	*Streichung des Schreibers oder Abschreibers*
⟨⟨ ⟩⟩	*versehentlich nicht durchgeführte Streichung*
|	*Seitenwechsel in der Vorlage*
/	*Zeilenbruch*
]	*Lemmazeichen*
*	*bei Briefnummern: erschlossener Brief*
Kursivschrift	*Herausgeberrede*

Literaturverzeichnis

Das Literaturverzeichnis führt die (selbständig erschienenen) Druckschriften auf, die in den Brieftexten sowie in den Apparaten und der Einleitung der Bandherausgeber genannt sind. Werke klassischer Autoren (z.B. Platon, Vergil, Shakespeare) sind nur aufgenommen, wenn auf eine bestimmte Ausgabe Bezug genommen wird.

Folgende Grundsätze sind besonders zu beachten:

1. Die Verfassernamen und Ortsnamen werden in der heute gebräuchlichen Form angegeben.

2. Ausführliche Titel können in einer sinnvollen Kurzfassung wiedergegeben werden. die nicht als solche gekennzeichnet wird.

3. Werden zu einem Verfasser mehrere Titel genannt, so bestimmt sich deren Abfolge nach Gesammelten Werken, Teilsammlungen und Einzelwerken. Gesammelte Werke und Teilsammlungen werden chronologisch, Einzelwerke alphabetisch angeordnet.

4. Bei anonym erschienenen Werken wird der Verfasser in eckige Klammern gesetzt.

5. Für die Ordnung der Sachtitel ist die gegebene Wortfolge unter Übergehung eines am Anfang stehenden Artikels maßgebend.

Adelung, Johann Christoph: Grammatisch-kritisches Wörterbuch der Hochdeutschen Mundart, mit beständiger Vergleichung der übrigen Mundarten, besonders aber der Oberdeutschen, 2. Auflage, Bd. 1–4, Leipzig: Breitkopf 1793–1801

Adreß-Kalender der Königlich Preußischen Haupt- und Residenz-Städte Berlin und Potsdam, besonders der daselbst befindlichen hohen und niederen Collegien, Instanzien und Expeditionen. Mit Approbation der Königlich Preußischen Academie der Wissenschaften, Berlin: Unger 1704–1807

Albertz, Hugo: Der Dom und die Domgemeinde zu Halle a.S., Halle: Niemeyer 1888

Allgemeine Literatur-Zeitung, Halle: Schwetschke 1785–1849

Ammon, Christoph Friedrich: Religionsvorträge im Geiste Jesu für alle Sonn- und Festtage des Jahres, Bd. 1–3, Göttingen: Vandenhoek & Ruprecht 1804–1809

—: Summa theologiae Christianae, Göttingen: Dieterich 1803

—: Vollständiges Lehrbuch der christlich-religiösen Moral, 4. Auflage, Göttingen: Vandenhoek & Ruprecht 1806

Arndt, Andreas und Wolfgang Virmond: Schleiermachers Briefwechsel (Verzeichnis) nebst einer Liste seiner Vorlesungen, Berlin, New York: de Gruyter 1992 (Schleiermacher-Archiv, Bd. 11)

Arnim, Achim von und Clemens Brentano: Des Knaben Wunderhorn. Alte deutsche Lieder, Bd. 1–3, Heidelberg: Mohr und Zimmer 1806–1808

Athenaeum. Eine Zeitschrift von August Wilhelm Schlegel und Friedrich Schlegel, Bd. 1–3, Berlin: Vieweg 1798; Berlin: Frölich 1799–1800

Athenaeus Naucratites: Deipnosophistarum libri Quindecim. Ed. Johannes Schweighäuser, Bd. 1–5, Straßburg: Typographia Societatis Bipontinae 1801–1805

Bauer, Georg Lorenz: Biblische Moral des Neuen Testaments, Bd. 1–2, Leipzig: Weygand 1804/05

Bauer, Johannes: Briefe Schleiermachers an Wilhelmine und Joachim Christian Gaß. In: Zeitschrift für Kirchengeschichte 47 (NF 10), 1928, S. 250–278

—: Schleiermacher als patriotischer Prediger, Gießen: Töpelmann 1908

Der Beobachter an der Weichsel. Eine Wochenschrift zum Nutzen und Vergnügen, Pleß: Feistel 1806

Berliner Intelligenzblatt, Berlin: Hayn 1800–1922

Berlinische Monatsschrift, Bd. 1–28, Berlin: Haude und Spener 1783–1796

Berlinische Nachrichten von Staats- und gelehrten Sachen (Spenersche Zeitung), Berlin: Haude und Spener 1740–1872

Bildnisse jetztlebender Berliner Gelehrten mit ihren Selbstbiographien. Hg. S.M. Lowe, Bd. 1–3, Berlin: Quien 1806

Bis nächstes Jahr auf Rügen. Briefe von Friedrich Daniel Ernst Schleiermacher und Henriette Herz an Ehrenfried von Willich 1801–1807. Hg. Rainer Schmitz, Berlin (DDR): Evangelische Verlagsanstalt 1984

Blätter zur Geschichte und Statistik der höheren Schulen in Pommern besonders in den Jahren 1856–1881. Hg. Ludwig Streit, Kolberg: Post 1881

Blanc, Ludwig Gottfried: Briefe an Friedrich Schleiermacher, Berlin: Litteraturarchiv-Gesellschaft 1909 (Mitteilungen aus dem Litteraturarchive in Berlin, NF 2)

[Böhme, Christian Friedrich:] Neue Erklärung des höchst wichtigen Paulinischen Gegensatzes Buchstabe und Geist. Zur endlichen Entscheidung der Frage: Worin besteht das Wesen des Christenthums? Jena: Stahl 1799

Börne, Ludwig: Briefwechsel des jungen Börne und der Henriette Herz. Hg. Ludwig Geiger, Oldenburg, Leipzig: Schulze 1905

Boethius, Anicius Manlius Severinus: De institutione arithmetica et alia. Ed. Gottfried Friedlein, Leipzig: Teubner 1867

Brinckmann, Karl Gustav: Briefe an Friedrich Schleiermacher, Berlin: Litteraturarchiv-Gesellschaft 1912 (Mitteilungen aus dem Litteraturarchive in Berlin, NF 6)

—: *Filosofische Ansichten. Erster Theil, Berlin: Sander 1806*

—: *Gedichte. Erstes Bändchen, Berlin: Sander 1804*

Buhle, Johann Gottlieb: Lehrbuch der Geschichte der Philosophie und einer kritischen Literatur derselben, Bd 1–8, Göttingen: Vandenhoek & Ruprecht 1796–1804

Bulling, Karl: Die Rezensenten der Jenaischen Allgemeinen Literaturzeitung im ersten Jahrzehnt ihres Bestehens 1804–1813, Weimar: Böhlaus Nachfolger 1962 (Claves Jenenses, Bd. 11)

Buttmann, Philipp: Griechische Grammatik, 3. Auflage, Berlin: Mylius 1805

— *und Friedrich Schleiermacher: Buttmann und Schleiermacher über Heindorf und Wolf, Berlin: Realschulbuchhandlung 1816*

Campe, Joachim Heinrich: Wörterbuch der Deutschen Sprache, Bd. 1–5 [nebst] Ergänzungsband, Braunschweig: Schulbuchhandlung 1807–1813 (der Ergänzungsband wird als Bd. 6 zitiert)

Catalogue des manuscrits grecs. Bibliothèque nationale, Département des manuscrits, Paris: Imprimerie nationale 1945 ff.

Catalogus praelectionum in Academia Fridericiana [Halensi] [publice privatimque] instituendarum [oder: habendarum], Halle: Hendel 1773–1808

Chandler, Richard: Inscriptiones antiquae, pleraeque nondum editae, in Asia minori et Graecia, praesertim Athenis collectae, Oxford: Dodsley 1774

Chaptal, Jean Antoine: Élémens de chimie, Bd. 1–3, Montpellier: Picot 1790

Clemens von Alexandrien: Opera. Ed. Otto Stählin, Ludwig Früchtel und Ursula Treu, 1.–4. Auflage, Leipzig: Hinrichs 1936; Berlin (DDR): Akademie-Verlag 1972–1985 (Die Griechischen Christlichen Schriftsteller der ersten Jahrhunderte, Bd. 12. 17. 39. 52)

Corpus Inscriptionum Graecarum. Ed. August Boekh und Ernst Curtius, Bd. 1–4,3, Berlin: Reimer 1828–1877

Curtze, Maximilian: Petri Philomeni de Dacia in Algorismum vulgarem Johannis de Sacrobosco commentarius. Una cum Algorismo ipso, Kopenhagen: Höst 1897

Dilthey, Wilhelm: Leben Schleiermachers, Bd. 1, Berlin: Reimer 1870

—: *Leben Schleiermachers, Bd. 1, 2. Auflage. Hg. Hermann Mulert, Berlin, Leipzig: de Gruyter 1922*

Ditters von Dittersdorf, Karl: Der Apotheker und der Doktor (Textbuch), Riga: Julius Conrad Daniel Müller 1790

Eckermann, Jakob Christoph Rudolf: Handbuch für das systematische Studium der christlichen Glaubenslehre, Bd. 1–4, Altona: Hammerich 1801–1803

Eichhorn, Johann Gottfried: Einleitung in das Alte Testament, Bd. 1–3, 3. Auflage, Leipzig: Weidmann 1803 (Kritische Schriften, Bd. 1–3)

—: *Einleitung in die apokryphischen Schriften des Alten Testaments, Leipzig: Weidmann 1795 (Kritische Schriften, Bd. 4)*
—: *Einleitung in das Neue Testament, Bd. 1–5, Leipzig: Weidmann 1804–1827 (Kritische Schriften, Bd. 5–9)*
Erman, Wilhelm: Jean Pierre Erman (1735–1814), Berlin: Mittler 1914
Ernesti: Johann August: Institutio interpretis Novi Testamenti, 4. Auflage, Leipzig: Weidmann und Reich 1792

Fichte, Johann Gottlieb: Werke, Gesamtausgabe der Bayerischen Akademie der Wissenschaften (Akademieausgabe). Hg. Reinhard Lauth u.a., Stuttgart: Frommann 1962 ff.
—: *Die Grundzüge des gegenwärtigen Zeitalters, Berlin: Realschulbuchhandlung 1806*
Fischer, Otto: Evangelisches Pfarrerbuch für die Mark Brandenburg seit der Reformation, Bd. 1–2, 2, Berlin: Mittler 1941
Der Freimüthige oder Ernst und Scherz. Ein Unterhaltungsblatt. Hg. August von Kotzebue und Garlieb Merkel, Berlin: Matzdorf 1804–1806
Fuchs, Adolf Friedrich: Der Brief Pauli an die Römer übersetzt und durch Anmerkungen erläutert, Stendal: Franzen und Grosse 1789

Gabriel, Martin: Die reformierten Gemeinden in Mitteldeutschland, Witten: Luther-Verlag 1973 (Unio et Confessio, Bd. 5)
Galletti, Johann Georg August: Geschichte des türkischen Reiches, Gotha: Perthes 1801
Gaß, Joachim Christian: Beiträge zur Verbreitung eines religiösen Sinnes, in einigen Predigten, 2. Auflage, Stettin: Leich 1804
Gibbon, Edward: Geschichte des Verfalls und Untergangs des Römischen Reichs, aus dem Englischen übersetzt und mit einigen Anmerkungen begleitet von Karl Gottfried Schreiter, Neue Ausgabe, Bd. 1–19, Leipzig: Hinrichs 1805–1807
Glauben und Poesie zum Frühlinge des Jahres 1806; eine Sammlung von Dichtungen und Bruchstücken in Prosa von mehreren Verfassern. Hg. von Lucian [Johann Erichson], Berlin 1806
Goethe, Johann Wolfgang von: Werke, Bd. 1–13, Tübingen: Cotta 1806–1808
—: *Werke. Hg. im Auftrag der Großherzogin Sophie von Sachsen, Weimar: Böhlau 1887–1894; Weimar: Böhlaus Nachfolger 1895–1919 (Weimarer Ausgabe)*
—: *Die Fischerinn. Ein Singspiel, Weimar: Glüsning 1782*
—: *Die Leiden des jungen Werthers, Bd. 1–2, Leipzig: Weygand 1774*
—: *Von deutscher Baukunst, Frankfurt am Main: Deinet 1772*
—: *Wilhelm Meisters Lehrjahre. Ein Roman, Bd. 1–4, Berlin: Unger 1795–1796*
Göttingische gelehrte Anzeigen, Göttingen: Vandenhoek & Ruprecht 1802 ff.

Gothaisches genealogisches Taschenbuch der briefadeligen Häuser, Bd. 1–13, Gotha: Perthes 1907–1919

Grégoire, Henri Baptiste: Essai sur la régénération physique, morale et politique des Juifs. Ouvrage couronné par la Société Royale des Sciences et des Arts de Metz le 23 aout 1788, Metz: Lamort 1789

—: Motion en faveur des Juifs, Paris: Belin 1789

Grimm, Jacob und Wilhelm: Deutsches Wörterbuch, Bd. 1–16, Leipzig: Hirzel 1854–1954

Hänlein, Heinrich Karl Alexander: Handbuch der Einleitung in die Schriften des Neuen Testamentes, 2. Auflage, Bd. 1–3, Erlangen: Palm 1801–1809

Handbuch über den königlich preußischen Hof und Staat, Berlin: Decker 1794–1918

Heinrici, Karl Ernst: Auktions-Katalog 75. Autographen aus der deutschen und ausländischen Literatur, Berlin 1922

Henke, Heinrich Philipp Konrad: Allgemeine Geschichte der christlichen Kirche nach der Zeitfolge, Bd. 1–9, 1.–5. Auflage, Braunschweig: Schulbuchhandlung 1799–1823

—: Lineamenta institutionum fidei christianae historico-criticarum, Helmstedt: Fleckeisen 1795

Hering, Hermann: Der akademische Gottesdienst und der Kampf um die Schulkirche in Halle a.S., Bd. 1–2, Halle: Niemeyer 1909

Herz: Henriette: Briefwechsel des jungen Börne und der Henriette Herz. Hg. Ludwig Geiger, Oldenburg, Leipzig: Schulze 1905

—: Schleiermacher und seine Lieben nach Originalbriefen der Henriette Herz, Magdeburg: Creutzsche Verlagsbuchhandlung 1910

Heusde, Philip Willem van: Specimen criticum in Platonem. Acc. D. Wyttenbachii epistola ad auctorem. Item collationes codicum mss. Platonis cum a D. Ruhnkenio confectae tum aliae, Leiden: Honkoof 1803

Hoogeveen, Heinrich: Doctrina Particvlarvm Graecarvm. Ed. Christian Gottfried Schütz, Dessau, Leipzig: Societas typographica 1782

Horatius Flaccus, Quintus: Eclogae. Ed. William Baxter, London: Churchill 1701

Inschriften griechischer Städte aus Kleinasien. Hg. von der Kommission für die Archäologische Erforschung Kleinasiens bei der Österreichischen Akademie der Wissenschaften, Bonn: Habelt 1972 ff.

Jakob, Ludwig Heinrich: Grundsätze der National-Oekonomie oder National-Wirthschaftslehre, Halle: Ruff 1805

Jenaische Allgemeine Literatur-Zeitung nebst Intelligenzblatt, Jena, Leipzig: Literaturzeitung 1804–1841

Jenisch, Daniel: Kritik des dogmatischen, idealistischen und hyperidealistischen Religions- und Moral-Systems, nebst einem Versuch, Religion und Moral von philosophischen Systemen unabhängig zu begründen und zugleich die Theo-

logen aus der Dienstbarkeit zu befreyen, in welche sie sich, seit langer Zeit, an die Philosophen verkauft hatten, Leipzig: Rein 1804

Johannsen, Friedrich: *Über das Bedürfniß und die Möglichkeit einer Wissenschaft der Pädagogik als Einleitung in die künftig zu liefernde philosophische Grundlage der Erziehung*, Jena, Leipzig: Gabler 1803

Jones, William: *Dissertations and Miscellaneous Pieces relating to the History and Antiquities, the Arts, Sciences, and Literature, of Asia*, Bd. 1–2, London: Nicol 1792

Journal für Veredlung des Prediger- und Schullehrerstandes, des öffentlichen Religionskultus und des Schulwesens, Altenburg, Leipzig: Barth 1802–1807

Kattenbusch, Ferdinand: *Schleiermachers Wohnung in Halle*. In: *Theologische Studien und Kritiken* 92, 1919, S. 199 f.

Klinger, Friedrich Maximilian: *Betrachtungen und Gedanken über verschiedene Gegenstände der Welt und der Litteratur nebst Bruchstücken aus einer Handschrift*, Bd. 1–3, Köln: Hammer 1803–1805

—: *Fausts Leben, Thaten und Höllenfahrt. In fünf Büchern*, St. Petersburg: Kriele 1791

[—:] *Geschichte Giafars des Barmeciden. Ein Seitenstück zu Fausts Leben, Thaten und Höllenfahrt*, Bd. 1–2, St. Petersburg [ohne Verlagsangabe] 1792–1794

[—:] *Geschichte Raphael de Aquilas. Ein Seitenstück zu Fausts Leben, Thaten und Höllenfahrt*, St. Petersburg [ohne Verlagsangabe] 1793

Knapp, Georg Christian: *Scripta varii argumenti maximam partem exegetici atque historici*, Bd. 1–2, Halle: Waisenhaus 1805

Krause, Friedrich August Wilhelm: *Pauli ad Corinthios Epistolae Graece, perpetua annotatione illustratae*, Frankfurt am Main: Fleischer 1792

[Krüdener, Barbara Juliane von:] *Valérie ou lettres de Gustave de Linar à Ernest*, Bd. 1–2, Paris: Heinrichs, Hamburg: Campe 1804 (tatsächlich 1803)

[—:] *Valerie oder Briefe von Gustav von Linar an Ernest von G* [übersetzt von Heinrich Müller], Bd. 1–2, Hamburg, Altona: Herold jun. 1804

[—:] *Valerie, oder Briefe Gustav's von Linar an Ernst von G**. Ein Gegenstück zur Delphine. Aus dem Französischen* [von Dorothea Schlegel und Helmina von Chézy], Bd. 1–2, Leipzig: Hinrichs 1804

La Bruyère, Jean de: *Les caractères de Theophraste*, Paris: Michallet 1688

Liturgische Gesänge der evangelischen Brüdergemeinen, aufs neue revidiert und vermehrt, Barby 1791

Macpherson, James: *Fragments of Ancient Poetry, collected in the Highlands of Scotland, and translated from the Galic or Erse language*, Edinburgh: Hamilton and Balfour 1760

[—:] *Fragmente der Alten Dichtkunst in den Hochländern von Schotland gesammelt und aus dem Englischen übersetzt*, Bremen: Förster 1766

Meding, Wichmann von: Bibliographie der Schriften Schleiermachers nebst einer Zusammenstellung und Datierung seiner gedruckten Predigten, Berlin, New York: de Gruyter 1992 (Schleiermacher-Archiv, Bd. 9)

Mémoires de Littérature, tirés des registres de l'Académie Royale des Inscriptions et Belles-Lettres, Paris: Panckoucke 1719–1781

Meurs, Johannes van (Joannes Meursius): Denarius Pythagoricus sive de numerorum usque ad denarium, qualitate ac nominibus secundum Pythagoricos, Leiden: Maire 1631

Meyer, E.R.: Schleiermachers und C.G. von Brinkmanns Gang durch die Brüdergemeine, Leipzig: Friedrich Jansa 1905

Meyer, Gottlob Wilhelm: Entwicklung des paulinischen Lehrbegriffs. Ein Beitrag zur Kritik des christlichen Religionssystems, Altona: Hammerich 1801

Meyers Konversations-Lexikon, 6. Auflage, Bd. 1–17, Leipzig, Wien: Bibliographisches Institut 1897

Michelsen, Johann Andreas Christian: Versuch in Socratischen Gesprächen über die wichtigsten Gegenstände der ebenen Geometrie, Bd. 1–2, Berlin: Hesse 1781/82

Moderow, Hans, Ernst Müller und Hellmuth Heyden: Die Evangelischen Geistlichen Pommerns, Bd. 1–3, 4, Stettin: Niekammer 1903; Stettin: Sannier 1912; Greifswald: Panzig 1956–1973

Montucla, Jean-Etienne: Histoire des mathématiques, Bd. 1–2, Paris: Jombert 1758

Morgenblatt für gebildete Stände, Tübingen, Stuttgart: Cotta 1807–1837

Morgenstern, Carl Simon: Quid Plato spectaverit in dialogo, qui Meno inscribitur, componendo, Halle: Hemmerde 1794

Morus, Samuel Friedrich Nathanael: Svper Hermenevtica Novi Testamenti acroases Academicae, Bd. 1–2, Leipzig: Köhler 1797–1802

Müller, Adolph: Briefe von der Universität in die Heimath. Aus dem Nachlaß Varnhagen's hg. von Ludmilla Assing, Leipzig: Brockhaus 1874

Müller, Johannes von und Johann Jakob Hottinger: Die Geschichten Schweizerischer Eidgenossenschaft, Band 1–5, 1, 1.–3. Auflage, Leipzig: Weidmann 1786–1826

Münscher: Wilhelm: Handbuch der christlichen Dogmengeschichte, Bd. 1–4, 1. und 2. Auflage, Marburg: Neue akademische Buchhandlung 1797–1809

Musen-Almanach. Hg. August Wilhelm Schlegel und Ludwig Tieck, Tübingen: Cotta 1796–1802

Musen-Almanach. Hg. Johann Bernhard Vermehren, Jena: Akademische Buchhandlung 1802–1803

Musenalmanach. Hg. Adalbert von Chamisso und Karl Augst Varnhagen von Ense, Berlin: Fröhlich und Humboldt 1804–1806

Neue allgemeine deutsche Bibliothek, Berlin, Stettin: Nicolai 1793–1806

Neue Berlinische Monatsschrift, Bd. 1–26, Berlin, Stettin: Nicolai 1799–1811
Neue Leipziger Literaturzeitung, Leipzig: Literaturzeitung 1803–1811
Niemeyer, Gottlieb Anton Christian und Karl August Döring: Gedichte, Halle: Schimmelpfennig 1803
Niethammer, Friedrich Immanuel: Andachtsrede zum Antritt seines Amtes als Oberpfarrers der Protestantischen Gemeinde zu Würzburg geh. 1804, Würzburg, Bamberg 1805
—: Ankündigung der Feier des neubeginnenden Kirchenjahres 1804, Würzburg, Bamberg 1805
Nösselt, Johann August: Anweisung zur Bildung angehender Theologen, 2. Auflage, Bd. 1–3, Halle: Wittwe 1791
—: Anweisung zur Kenntniß der besten allgemeinern Bücher in allen Theilen der Theologie, 3. Auflage, Leipzig: Weygand 1790
—: Anweisung zur Kenntniß der besten allgemeinern Bücher in allen Theilen der Theologie, 4. Auflage, Leipzig: Weygand 1800
—: Exercitationes ad Sacrarum Scripturarum interpretationem, Halle: Curt 1803
—: Opuscula ad interpretationem Sacrarum Scriptuarum, Bd. 1–2, Halle: Hendel 1785–1787
Novalis (Friedrich von Hardenberg): Novalis' Schriften. Hg. Friedrich Schlegel und Ludwig Tieck, Bd. 1–2, Berlin: Realschulbuchhandlung 1802
—: Novalis' Schriften. Hg. Friedrich Schlegel und Ludwig Tieck, Bd. 1–2, 2. Auflage, Berlin: Realschulbuchhandlung 1805
—: Novalis' Schriften. Hg. Friedrich Schlegel und Ludwig Tieck, Bd. 1–2, 4. Auflage, Berlin: Reimer 1826
—: Schriften. Hg. Paul Kluckhohn, Richard Samuel u.a., 1.–3. Auflage, Stuttgart: Kohlhammer, Darmstadt: Wissenschaftliche Buchgesellschaft 1975 ff.

Oehlenschläger, Adam: Breve fra og til Adam Oehlenschläger. Udgivet af Det Danske Sprog- og Litteraturselskab med understöttelse af Carlsbergsfondet, Kopenhagen: Gyldendal 1945 ff.
—: Digte, Kopenhagen: Seidelin 1803
—: Hakon Jarl hin Rige. Et Sörgespil, Kopenhagen: Seidelin 1807
—: Hakon Jarl. Ein Trauerspiel, Tübingen: Cotta 1809
—: Poetiske Skrifter, Bd. 1–2, Kopenhagen: Schubothe 1805
'Ορφέως 'Αργοναύτικα. Orphei quae vulgo dicuntur Argonautica. Ed. Johann Gottlob Schneider, Jena: Frommann 1803
Orphica. Ed. Gottfried Hermann, Leipzig: Fritsch 1805

Patsch, Hermann: Alle Menschen sind Künstler, Berlin, New York: de Gruyter 1986 (Schleiermacher-Archiv, Bd. 2)
—: (Hg.): Schleiermachers Briefwechsel mit Eichstädt. In: Zeitschrift für neuere Theologiegeschichte 2, 1985, S. 255–302

Paul, Jean (Friedrich Richter): Jean Pauls Sämtliche Werke. Historisch-kritische Ausgabe, Weimar: Böhlaus Nachfolger 1927 ff.; Berlin (DDR): Akademieverlag 1952–1964; Berlin: Akademieverlag 2003 ff.

—: *Flegeljahre, Bd. 1–4, Tübingen: Cotta 1804/05*

—: *Das Kampaner Thal oder über die Unsterblichkeit der Seele, Erfurt: Hennings 1797*

—: *Titan, Bd. 1–4, Berlin: Matzdorff 1800–1803*

—: *Vorschule der Ästhetik nebst einigen Vorlesungen in Leipzig über die Parteien der Zeit, Bd. 1–3, Hamburg: Perthes 1804*

Paulus, Heinrich Eberhard Gottlob: Philologisch-kritischer und historischer Kommentar über das Neue Testament, Bd. 1–4, 1, 1. und 2. Auflage, Lübeck: Bohn 1800–1812

Pestalozzi, Johann Heinrich: Anschauungslehre der Zahlenverhältnisse, Heft 1–3, Zürich und Bern: Geßner, Tübingen: Cotta 1803–1804

—: *Wie Gertrud ihre Kinder lehrt. Ein Versuch den Müttern Anleitung zu geben, ihre Kinder selbst zu unterrichten, in Briefen, Bern: Geßner 1801*

Petrich, Hermann: Schleiermacher und Luise von Willich, nach ungedruckten Briefen. In: Zeitschrift für kirchliche Wisenschaft und kirchliches Leben 3, 1882, S. 157–173

Philosophisches Journal einer Gesellschaft teutscher Gelehrten. Hg. Johann Gottlieb Fichte und Friedrich Immanuel Niethammer, Jena, Leipzig: Gabler 1795–1800

Planck, Gottlieb Jakob: Einleitung in die theologischen Wissenschaften, Bd. 1–2, Leipzig: Crusius 1794/95

Planudes, Maximus: Le grand calcul selon les Indiens. Ed. André Allard, Löwen: Presses Universitaires 1981 (Centre d'histoire des sciences et des techniques. Sources et travaux, Bd. 1 = Travaux de la faculté de philosophie et lettres de l'université catholique de Louvain, Bd. 27)

Platon: Platonis Philosophi Quae Exstant, Vol. 1–11, Zweibrücken: ex Typographia Societatis 1781–1787 (Bipontina)

— *[Teilsammlungen]: Platonis dialogi quatuor Eutyphro, Apologia Socratis, Crito, Phaedo. Ed. Johann Friedrich Fischer, Leipzig: Langenheim 1770*

—: *Platonis Dialogi IV Meno, Crito, Alcibiades uterque. Cum Animadversionibus virorum clarissimorum Gedike, Gottleber, Schneider priorumque editorum. Curavit [Johann Erich] Biester, 2. Auflage, Berlin: Mylius 1790*

—: *Platonis dialogi selecti. Ed. Ludwig Friedrich Heindorf, Bd. 1–4, Berlin: Nauck 1802–1810*

—: *Platonis Libri quatuor: Georgias, Apologia Socratis, Charmides, Hippias maior. Scholarum in usum edidit Ludwig Friedrich Heindorf, Berlin: Nauck 1805*

— *[Übersetzungen]: Platonis Opera omnia a Marsilio Ficino tralata, Bd. 1–5, Lyon: Tournes 1550*

—: *Platonis ... opera quae ad nos extant omnia per Ianum Cornarium latina lingua conscripta; eiusdem Iani Cornarii Eclogae decem breviter et sententiarum et genuinae verborum lectionis, locos selectos complectentes. Additis Marsilii Ficini argumentis et commentariis in singulos dialogos cum indice rerum memorabilium elaboratissimo,* Basel: Frobenius und Episcopius 1561

—: *Platons Werke von F. Schleiermacher,* Teil 1, 1–3, 1, Berlin: Realschulbuchhandlung 1804–1828

—: *Vier Dialogen des Platon. Menon, Kriton und beide Alkibiades. Übersetzt von Friedrich Gedike,* Berlin: Voß 1780

—: *Platon's Timäos, eine ächte Urkunde wahrer Physik. Aus dem Griechischen übersetzt und erläutert von D. Karl Josef Windischmann,* Hadamar: Verlag der Neuen Gelehrten Buchhandlung 1804

Pococke, Richard: *Inscriptionum antiquarum Graecarum et Latinarum liber,* London: Typis Mandati 1752

Poetisches Taschenbuch. Hg. Friedrich Schlegel, Berlin: Unger 1805–1806

Predigten bey der Einführung und dem Amtsantritte des Königlichen Oberconsistorial- und Oberschulrathes, Propstes zu Berlin und ersten Predigers an der Nicolai- und Marien-Kirche, Conrad Gottlieb Ribbeck und Gottfried August Ludwig Hanstein, Berlin: Maurer 1805

Propyläen. Eine periodische Schrift. Hg. Johann Wolfgang von Goethe, Bd. 1–3, Tübingen: Cotta 1798–1800

Quintilian, Marcus Fabius: *De institutione oratoria.* Ed. Georg Ludwig Spalding, Bd. 1–6, Leipzig: Crusius 1798–1834

Ramdohr, Friedrich Wilhelm Basilius von: *Venus Urania. Ueber die Natur der Liebe, über ihre Veredlung und Verschönerung,* Teil 1–3, Leipzig: Göschen 1798

Raumer, Karl Georg von: *Geognostische Fragmente. Mit einer Charte,* Nürnberg: Schrag 1811

Reichardt, Johann Friedrich: *Die Geister-Insel. Ein Singspiel in drei Akten von Friedrich Wilhelm Gotter,* Klavierauszug, Berlin: Neue Berlinische Musikhandlung 1799

—: *Le Troubadour italien, français et allemand,* Heft 1–36, Berlin: Frölich 1805–1806

Reichardt, Luise: *Zwölf deutsche und italienische romantische Gesänge,* Berlin: Realschulbuchhandlung 1806

Reimer, Doris: *Passion und Kalkül. Der Verleger Georg Andreas Reimer (1776–1842),* Berlin, New York: de Gruyter 1999

Ribbeck, Konrad Gottlieb: *Abschiedspredigt in der Kirche zum heiligen Geist in Magdeburg gehalten, am 3n Pfingsttage 1805,* Magdeburg: Heinrichshofen 1805

—: *Predigten mit Hinsicht auf den Geist und die Bedürfnisse der Zeit und des Orts,* Bd. 1–6, 1. und 2. Auflage, Magdeburg: Keil 1797–1804

Rienäcker, Johann August: *Handbuch der Geschichte der griechischen Litteratur,* Berlin: Lagarde 1802

Schelling, Friedrich Wilhelm Joseph: Sämmtliche Werke, Stuttgart: Cotta 1856–1861

—: *Bruno oder über das göttliche und natürliche Princip der Dinge. Ein Gespräch, Berlin: Unger 1802*

—: *Philosophie und Religion, Tübingen: Cotta 1804*

—: *Vorlesungen über die Methode des academischen Studiums, Tübingen: Cotta 1803*

Schlange-Schöningen, Heinrich: Philipp Buttmann und die „Gesetzlose Gesellschaft". In: Altertumswissenschaften in Berlin um 1800 an Akademie, Schule und Universität, Hannover-Laatzen: Wehrhahn 2006, S. 223–246

Schlegel, August Wilhelm: Ion. Ein Schauspiel, Hamburg: Perthes 1803

—: *Rom. Elegie, Berlin: Unger 1805*

Schlegel, Friedrich: Kritische Ausgabe. Hg. Ernst Behler u.a., Paderborn: Schöningh 1958 ff.

Schleiermacher und seine Lieben nach Originalbriefen der Henriette Herz, Magdeburg: Creutzsche Verlagsbuchhandlung 1910

Schleiermacher, Friedrich: Kritische Gesamtausgabe (KGA). Hg. H.-J. Birkner u.a., Berlin, New York: de Gruyter 1980 ff.

—: *Werke. Auswahl in vier Bänden. Hg. Otto Braun und Johannes Bauer, Leipzig: Eckardt 1910–1913 (Philosophische Bibliothek, Bd. 136–139)*

— *[Briefwechsel]: Aus Schleiermachers Leben. In Briefen, Bd. 1–2, Berlin: Reimer 1858*

—: *Aus Schleiermachers Leben. In Briefen, Bd. 1–4 (Bd. 1–2 in 2. Auflage; Bd. 3–4 vorbereitet von Ludwig Jonas, hg. von Wilhelm Dilthey), Berlin: Reimer 1860–1863*

—: *Schleiermacher als Mensch. Sein Werden und Wirken. Familien- und Freundesbriefe. Hg. Heinrich Meisner, Bd. 1–2, Gotha: Perthes 1922/23*

—: *Briefwechsel mit Joachim Christian Gaß. Hg. Wilhelm Gass, Berlin: Reimer 1852*

—: *Briefe August Ludwig Hülsens, Johann Bernhard Vermehrens und Fritz Weicharts an Friedrich Schleiermacher, Berlin: Litteraturarchiv-Gesellschaft 1913 (Mitteilungen aus dem Litteraturarchive in Berlin, NF 8)*

—: *Briefe an Ehrenfried und Henriette von Willich geb. von Mühlenfels 1801–1806, Berlin: Litteraturarchiv-Gesellschaft 1914 (Mitteilungen aus dem Litteraturarchive in Berlin, NF 9)*

—: *Briefwechsel mit seiner Braut. Hg. Heinrich Meisner, Gotha: Perthes 1919*

—: *Schleiermachers Briefwechsel mit Eichstädt. Hg. Hermann Patsch. In: Zeitschrift für neuere Theologiegeschichte 2, 1985, S. 255–302*

— *[Schriften]: Grundlinien einer Kritik der bisherigen Sittenlehre, Berlin: Realschulbuchhandlung 1803*

—: *Kurze Darstellung des theologischen Studiums zum Behuf einleitender Vorlesungen, Berlin: Realschulbuchhandlung 1811*

[—:] Monologen. Eine Neujahrsgabe, Berlin: Spener 1800

— *(Übers.): Platons Werke von F. Schleiermacher, Teil 1, 1–3, 1, Berlin: Realschulbuchhandlung 1804–1828*

—: *Predigten [1. Sammlung], Berlin: Realschulbuchhandlung 1801*

—: *Predigten. 1. Sammlung, 2. Auflage, Berlin: Realschulbuchhandlung 1806*

—: *Predigten. 2. Sammlung, Berlin: Realschulbuchhandlung 1808*

—: *Predigt bei Eröffnung des akademischen Gottesdienstes der Friedrichs-Universität. Am Geburtstage des Königes den 3ten August 1806., Berlin: Reimer 1806*

—: *Über den sogenannten ersten Brief des Paulos an Timotheos. Ein kritisches Sendschreiben an J.C. Gaß, Berlin: Realschulbuchhandlung 1807*

[—:] *Über die Religion. Reden an die Gebildeten unter ihren Verächtern, Berlin: Unger 1799*

—: *Über die Religion. Reden an die Gebildeten unter ihren Verächtern, 2. Auflage, Berlin: Realschulbuchhandlung 1806*

[—:] *Vertraute Briefe über Friedrich Schlegels Lucinde, Lübeck, Leipzig: Bohn 1800*

—: *Die Weihnachtsfeier. Ein Gespräch, Halle: Schimmelpfennig 1806*

[—:] *Zwei unvorgreifliche Gutachten in Sachen des protestantischen Kirchenwesens zunächst in Beziehung auf den Preußischen Staat, Berlin: Realschulbuchhandlung 1804*

Schleusner, Johann Friedrich: Novum lexicon Graeco-Latinum in Novum Testamentum, 2. Aufl., Bd. 1–2, Leipzig: Weidmann 1801

Schmidt: Johann Ernst Christian: Handbuch der christlichen Kirchengeschichte, Bd. 1–7, 1. und 2. Auflage, Gießen, Darmstadt: Heyer 1801–1834

—: *Historisch-kritische Einleitung ins Neue Testament, Gießen: Müller 1804*

—: *Lehrbuch der christlichen Dogmatik, Gießen: Heyer 1800*

Schröckh, Johann Matthias: Christliche Kirchengeschichte, Bd. 1–35, 1. und 2. Auflage, Leipzig: Schwickert 1772–1803

Schwarz, Friedrich Heinrich Christian: Das Christenthum in seiner Wahrheit und Göttlichkeit betrachtet, Teil 1, Heidelberg: Mohr und Zimmer 1808

—: *Erziehungslehre, Bd. 1–4, Leipzig: Goeschen 1802–1813*

Schweighäuser, Johannes: Animadversiones in Athenaei Deipnosophistas post Isaacum Casaubonum, Bd. 1–9, Straßburg: Typographia Societatis Bipontinae 1801–1805

Semler, Johann Salomo: Vorbereitung zur theologischen Hermeneutik, Bd. 1–4, Halle: Schwetschke 1760–1769

Servais, C.M. von: Die Kunst, Briefe zu wechseln. L'art de la correspondance, Frankfurt am Main: Eßlinger 1805

Spalding, Johann Joachim: Lebensbeschreibung von ihm selbst aufgesetzt und herausgegeben mit einem Zusatze von dessen Sohne Georg Ludewig Spalding, Halle: Waisenhaus 1804

Spenersche Zeitung → Berlinische Nachrichten von Staats- und gelehrten Sachen

Stäudlin, Carl Friedrich: Lehrbuch der Dogmatik und Dogmengeschichte, 2. Auflage, Göttingen: Vandenhoek & Ruprecht 1801

—: *Philosophische und biblische Moral. Ein akademisches Lehrbuch, Göttingen: Vandenhoek & Ruprecht 1805*

Steffens, Henrich: Geognostisch-geologische Aufsätze als Vorbereitung einer innern Naturgeschichte der Erde, Hamburg: Hoffmann 1810

—: Grundzüge der philosophischen Naturwissenschaft, Berlin: Reimer 1806

—: Was ich erlebte, Bd. 1–10, Breslau: Max und Kompanie 1840–1844

Storr, Gottlob Christian: Doctrinae christianae pars theoretica e sacris literis repetita, Stuttgart: Metzler 1793

—: Opuscula academica ad interpretationem librorum sacrorum, Bd. 1–3, Tübingen: Cotta 1796–1803

—: Über den Zweck der evangelischen Geschichte und Briefe Johannis, Tübingen: Osiander 1786

Süddeutschlands Pragmatische Annalen der Literatur und Kultur. Hg. Franz Ludwig von Schallhammer, Bd. 1–2, Salzburg 1803

Tasso, Torquato: Das befreyte Jerusalem. Übersetzt von Johann Caspar Friedrich Manso, Bd. 1, Leipzig: Dyk 1791

—: Torquato Tasso's Befreites Jerusalem. Übersetzt von Johann Diederich Gries, Bd. 1–4, Jena: Frommann 1800–1803

Tennemann: Wilhelm Gottlieb: Geschichte der Philosophie, Bd. 1–11, Leipzig: Barth 1798–1819

—: System der Platonischen Philosophie, Bd. 1–4, Leipzig: Barth 1792–1795

Thiel, Karl: Friedrich Schleiermacher, die Darstellung der Idee eines sittlichen Ganzen im Menschenleben anstrebend. Eine Rede an seine ältesten Schüler aus den Jahren 1804–1806 zu Halle von einem der ältesten unter ihnen, Berlin: Müller 1835

Tieck, Ludwig: Franz Sternbalds Wanderungen. Eine altdeutsche Geschichte, herausgegeben von Ludwig Tieck, Bd. 1–2, Berlin: Unger 1798

—: Gedichte, Bd. 1–3, Dresden: Hilscher 1821–1823

Tobler, Johannes: Anmerkungen zur Ehre der Bibel, Bd. 1–8, Halle: Hesse 1771–1785

Töpelmann, Roger: Romantische Freundschaft und Frömmigkeit. Briefe des Beliner Verlegers Georg Andreas Reimer an Friedrich Daniel Ernst Schleiermacher, Hildesheim: Weidmann 1999 (Spolia Berolinensia, Bd. 16)

Traulsen, Hans Friedrich: Schleiermacher und Claus Harms, Berlin, New York: de Gruyter 1989 (Schleiermacher-Archiv, Bd. 7)

Vater, Johann Severin: Animadversiones et lectiones ad Aristotelis libros tres rheticorum, Leipzig: Grieshammer 1794

[Veit, Dorothea:] Florentin. Ein Roman, Bd. 1. Hg. Friedrich Schlegel, Lübeck, Leipzig: Bohn 1801

Wackenroder, Wilhelm Heinrich: Sämtliche Werke und Briefe. Hg. Silvio Vietta und Richard Littlejohns, Bd. 1–2, Heidelberg: Winter 1991

[—:] *Phantasien über die Kunst, für Freunde der Kunst.* Hg. Ludwig Tieck, Hamburg: Perthes 1799

[— und Ludwig Tieck:] *Herzensergießungen eines kunstliebenden Klosterbruders*, Berlin: Unger 1797 (tatsächlich 1796)

Wagner, Johann Jakob: *Philosophie der Erziehungskunst*, Leipzig: Breitkopf 1803

—: *Von der Natur der Dinge in drey Büchern*, Leipzig: Breitkopf 1803

Wallis, John: *Opera mathematica*, Bd. 1–3, Oxford: Theatrum Sheldonianum 1693–1699

Werner, Zacharias: *Die Söhne des Thales. Ein dramatisches Gedicht*, Bd. 1–2, Berlin: Sander 1803–1804

Wesseling, Peter: *Dissertatio Herodotea ad Tiberium Hemsterhusium*, Utrecht: Paddenburg 1758

Wieland, Christoph Martin: *Sämmtliche Werke*, Bd. 1–39 und Supplement Bd. 1–6, Leipzig: Göschen 1794–1811

Wolf, Friedrich August: *Prolegomena ad Homerum sive de operum Homericorum prisca et genuina forma variisque mutationibus et probabili ratione emendandi*, Bd. 1, Halle: Waisenhaus 1795

Xenophon: *Κύρου παιδείας βίβλια ὄκτω. De Cyri disciplina libri octo.* Ed. Johann Gottlob Schneider, Leipzig: Fritsch 1800

Zeitung für die elegante Welt, Intelligenzblatt, Leipzig: Voß 1801–1841

Ziegler, Karl Ludwig: *Theologische Abhandlungen*, Bd. 1–2, Göttingen: Dieterich 1791–1804

Zimmermann, Eberhard August Wilhelm von: *Taschenbuch der Reisen, oder unterhaltende Darstellung der Entdeckungen des 18ten Jahrhunderts in Rücksicht der Länder-, Menschen- und Productenkunde für jede Klasse von Lesern*, Leipzig: Fleischer 1802–1813

Zöllner, Friedrich: *Ideen über National-Erziehung, besonders in Rücksicht auf die Königl. Preussischen Staten. Erster Theil*, Berlin: Realschulbuchhandlung 1804

Register der Namen und Werke

Das Register umfaßt die Personennamen, geographischen Namen und Werke, die in den Brieftexten genannt oder zitiert werden, mit Ausnahme der jeweils in den editorischen Kopfzeilen genannten Namen.

Dasselbe gilt für den Sachapparat und die Einleitung der Bandherausgeber mit folgenden Ausnahmen: Namen von Herausgebern und Übersetzern in Literaturangaben, die Namen der an der vorliegenden Ausgabe Beteiligten, literarisch-poetische Namen (z.B. Werther, Pamele).

Arabische Ziffern verweisen auf Briefnummern und Zeilen, römische Ziffern auf die Seiten der Einleitung der Bandherausgeber. Dabei beziehen sich recte gesetzte arabische Ziffern auf Namen und Werke, die im Brieftext bzw. sowohl im Brieftext als auch im Sachapparat genannt sind; kursive arabische Ziffern beziehen sich auf Namen und Werke, die nur im Sachapparat genannt sind.

Ein ★ bezeichnet Schleiermachers Briefpartner, zu denen sich nähere Erläuterungen in der Historischen Einführung finden und deren Korrespondenz mit Schleiermacher im Verzeichnis der einzelnen Briefwechsel zusammengestellt ist.

Bei mehreren Personen einer Familie werden diese möglichst nach Verwandtschaft und Alter gruppiert.

Ägypten
2089_{50-58}

Alberthal, Ludwig (gest. 1813), Stiefsohn G.L. Spaldings
*1915 1916_{2-15}

Alberti, Familie von → Johann Friedrich Reichardts zweiter Frau in Berlin,
2041_{15f} 2056_{44f}

Albertz, Hugo
– *Der Dom und die Domgemeinde zu Halle*
1969_{70-72}

Allgemeine Deutsche Bibliothek (ADB), → Neue ADB

Allgemeine Literatur-Zeitung (ALZ, Halle)
1832_{39f} 1851_{89-92} 1888_{11f} 1916_{54f} 1969_{33-38} $2074_{15f.38f}$ 2171_{17-20}
XX XXXIX

Amerika
2137_{50f} $2159_{110-119}$

★ *Ammon, Christoph Friedrich von (1766–1849), Professor der Theologie in Erlangen und Göttingen*
2061_{61f}
XXXV
– *Lehrbuch der christlich-religiösen Moral*
2048_{11-13}
– *Religionsvorträge im Geiste Jesu*
2048_{11-13} 2142_{31-34}
– *Summa theologiae Christianae*
1848_{34}
2045_{64-66}

Amsterdam
1853$_{62}$
Ancillon, Johann Peter Friedrich (1767–1837), französisch-reformierter Prediger und Professor der Geschichte an der Kriegsakademie in Berlin
2159$_{51-56}$
Anhalt (Stadt in Anhalt-Köthen-Pleß)
2122$_{8}$ 2149$_{15}$ 2152$_{36f}$
Anhalt-Dessau, Wilhelmine Henriette Luise Fürstin von (1750–1811)
2045$_{23}$
Anhalt-Köthen-Pleß, Fürstentum
2122$_{8}$
Ansbach
XXXV
Apamea in Bithynien (Kleinasien)
2159$_{123-127}$
Apollodor (2. Jh. v. Chr.), Schüler Epikurs
2048$_{3}$
Apollonios von Perge (262–190 v. Chr.), griechischer Mathematiker und Astronom
1965$_{57}$
Arabien
2089$_{29-34}$
Archangelsk, Hafenstadt in Nordrußland
1853$_{61}$
Arend (Arnd), Johann David (1741–1815), 1791–1815 reformierter Superintendent, Konsistorialrat und Hofprediger in Küstrin
2074$_{21-23}$
Arndt, Ernst Moritz (1769–1860), Historiker
*2154 2168$_{44f}$
XXXVIII XLV LIII
Arnim, Achim von (1781–1831), Schriftsteller
2127$_{64f}$ (?)
XXXI
– Des Knaben Wunderhorn (mit Clemens von Brentano)
XXXI
Arnold, Lehrerin in Gnadenfrei
1991$_{12f}$ 2005$_{53}$
Arnold(t), Familie aus oder bei Stolp
1853$_{45f.115-118}$ 1957$_{39f}$ 2052$_{34f}$
2100$_{8-22.88-90}$
Arrianus, Flavius (95–180), Schüler und Herausgeber des → Epiktet, Schriftsteller
1914$_{72}$
Arriaza, Don Juan de (1770–1837), spanischer Marineoffizier, Diplomat und Dichter
2159$_{121-123}$
Asien
2089$_{12}$
Asklepios, Gott der Heilkunst
1922$_{7}$
Athenaeum, Zeitschrift von A. W. und F. Schlegel
1892$_{33-35}$
Athenaios (Athenäus) von Naukratis, um 200, griechischer Schriftsteller → Schweighäuser, Athenäus-Edition
Athene, griechische Göttin (röm. Minerva)
1916$_{10f}$
Athenstädt, Prediger in Halle, und dessen Frau, geb. Braconnier
1901$_{44-46}$ 2112$_{12-15}$
Augsburg
2104$_{43}$
Aulock, Familie des Folgenden
2025$_{5-31}$
Aulock, Carl Friedrich Sigismund von (1728–1805), Herr auf Jamm und Pangel, Schwiegervater der Folgenden
1961$_{46f}$
Aulock, Friederike Eleonore Elisabeth von, geb. von Hirsch (1764–1834), Frau des Carl Friedrich Siegismund von Aulock (1764–1815), auf Pangel bei Nimptsch
1891$_{35f}$ 1961$_{39-54.70-77}$ 2005$_{41-49}$
2025$_{1-34}$
Aulock, von, Töchter der Vorigen
1961$_{42}$

Aulock, Karoline (Lina) von (1789–1818), Tochter der Frau von Aulock, später verheiratet mit Ernst Sylvius von Dobschütz
2025$_{16f}$
Aulock, Hermine Ottilie von (22. 9. 1801 bis 1849), Schwester der Vorigen, später verheiratet mit Wilhelm von Hirsch
2025$_{19-27}$
Austerlitz
2090$_{4-6}$ *2130 2131$_{2f}$
2111$_{77f}$

Baader, Franz Xaver von (1765–1841), Arzt, Bergbauingenieur und Philosoph
2102$_{72f}$
Bacon, Francis (Baco de Verulam, 1561–1626)
1885$_{11-15}$
Bagelmann, Herr in Bremen
2143$_{9f}$
Baier, Familie aus Bobbin (Rügen)
1892$_{30f}$ 1911$_{54-58}$ 2007$_{126-128}$
Baier, Margarethe Amalia, geb. Behrens (1752–1834 oder 1840), Pastorenwitwe in Bobbin auf Rügen
1886$_{19f.22-24}$ 1902$_{13}$ 1911$_{55-58}$
2063$_{17}$
Baier, Hermann Christoph (1775–1822), Sohn der Vorigen, Hauslehrer, später Pfarrer in Altenkirchen
1911$_{56-59}$ 2007$_{128-130}$ 2065$_{19f}$
2162$_{60-62}$ 2172$_{5f}$
Baier, Julius (geb. 1783, 1816 in Südamerika verschollen), Bruder des Vorigen, Jurist, seit 1809 Offizier in spanischen Diensten
1841$_{61-64}$ 1844$_{55f}$
Baier, Dorothea Wilhelmina (geb. 1785), Schwester des Vorigen
1886$_{22-24.47f}$
Ballenstädt, Stadt am östlichen Harzrand
2031$_{40}$
Bamberg
XLVII
Bamberger, Johann Peter (1722–1804), Hofprediger in Potsdam
XXXVIII
Barby, Ort am linken Elbufer nahe der Saalemündung, 1754 bis 1789 Sitz des Seminariums der Brüdergemeine
1863$_{89-92}$ 1880$_{88f}$ 1940$_{59-64}$
1951$_{83-97}$ *1952 *1959 1962$_{39-76}$
1968$_{39-49}$
XXIV
Bartholdi (Bartoldy), Georg Wilhelm (1765–1815), 1790–1797 Lehrer an dem von F. Gedike geleiteten Friedrichswerderschen Gymnasium in Berlin, seit 30. 6. 1797 am Gymnasium in Stettin, Freund Schleiermachers
1832$_{52f}$ *1836 1851$_{81f.107-110}$
1859$_{69-81.86.94}$ 1914$_{105-109}$
1933$_{135-140}$ 1969$_{45f.62-70.88}$ 1974$_{5f}$
1994$_{78-98.124-136}$ 2026$_{116-133.181}$
2042$_{62-64}$ 2072$_{162-165}$ 2091$_{27-34}$
2111$_{26-33}$ 2127$_{56-64}$ 2136$_{67f}$
2137$_{30-33}$ 2142$_{16}$ 2165$_{32f}$
2170$_{45}$
XXVI
Bartholdi (Bartoldy), Mine (Wilhelmine; gest. 1805), Frau des Vorigen
1832$_{53}$ 1859$_{69.94}$ 1933$_{135}$ 1969$_{88}$
2042$_{62-64}$ 2072$_{162-165}$ 2091$_{28-31}$
2111$_{26-33}$
Bartholdi (Bartholdy), Kinder der Vorigen
2111$_{26-33}$
Bartholdi (Bartoldy), das jüngste Kind der Vorigen
2091$_{28-31}$
Bartholin
2102$_{125f}$
Baudissin, Heinrich Friedrich Graf von (1753–1818), dänischer Gesandter in Berlin
1866$_{36}$
Bauer, Georg Lorenz (1755–1806), Philologe, Professor in Altdorf und (seit 1805) in Heidelberg
– *Biblische Moral*
1844$_{25-27}$ 1876$_{51}$ 2148$_{30}$

Baxter, William (1650–1723), englischer Philologe
– Horaz-Edition
*1944 1945$_{7}$
Bayer, Julius → Baier, Julius
Bayern, Staat
1994$_{169}$
2042$_{6f}$ 2112$_{65-69}$
XLVII
Bayreuth
XXXV
Beck, Johann David (geb. 1765), 1790 Feldprediger in Schlesien, 1792 dritter Domprediger in Halle, 1795 reformierter Prediger in Strasburg (Ukkermark), 1800 abgesetzt
*1890
Becker, Carl Friedrich (1777–1806), Historiker, Privatgelehrter in Berlin
2010$_{61.116f}$
Beckmann, Johann (1739–1811), Professor der Philosophie in Göttingen, vorher auch in Rußland tätig
2016$_{50f}$
Behmer, Emanuel Gottlieb Wilhelm, 1804–1805 Erzieher am Kadetteninstitut in Stolp
*1977 1983$_{22-24}$
Beilstein bei Heilbronn
XLVII
Bekker, Immanuel (1785–1871), Altphilologe, Schüler Wolfs und Schleiermachers in Halle
1916$_{67-78}$ 2104$_{152-155}$
Belger, wohl Bedienter Reimers in Berlin
1912$_{23f}$ 2040$_{51}$
Bellermann, Johann Joachim (1754–1842), Kirchenhistoriker, Philosoph und Pädagoge, seit 1804 Direktor des Gymnasiums zum Grauen Kloster in Berlin, seit 1816 a.o. Professor der Theologie an der Berliner Universität
1916$_{78}$ 2058$_{35f}$ 2104$_{155-172}$
Benike, Gottlob Wilhelm (geb. um 1754), Justizbürgermeister und Stadtrichter in Landsberg/Warthe
1958$_{76f.80}$ 1999$_{84}$ 2074$_{6.74f}$ 2112$_{72}$
Benike, Frau des Vorigen, Tochter des Landsberger Predigers J.L. Schumann, Cousine Schleiermachers
1958$_{76f.80-86}$ 1999$_{84}$ 2074$_{6.74f}$ 2112$_{72}$
Benike, Emilie Juliane Friederike Eberhardine (8.12.1786 bis 18.7.1825), Tochter der Vorigen
1958$_{78-84}$
Der Beobachter an der Weichsel (Wochenzeitung in Pleß)
2131$_{31-42}$
Berg, Caroline Friederike von, geb. von Haeseler (1760–1826)
1866$_{35}$ 2139$_{41}$
Bergen, Ort auf Rügen
1886$_{6}$ 1970$_{82}$
Berlin
1832$_{63}$ 1845$_{11.30f}$ *1850 1851$_{14f}$ 1853$_{13}$ 1854$_{19}$ 1856$_{3}$ 1859$_{26.29.39.68}$ 1862$_{21}$ 1863$_{30f.92}$ 1864$_{15}$ 1866$_{44}$ 1867$_{33}$ 1872$_{3}$ 1878$_{6-16}$ 1880$_{2-9.70.87}$ 1881$_{67-73}$ 1885$_{25.30}$ 1887$_{3.16.50}$ 1893$_{29.113}$ 1901$_{8-16.21f.30.83}$ 1914$_{3.12}$ 1922$_{164-167.188.195}$ 1925$_{2}$ 1931$_{55-57}$ 1935$_{4}$ 1938$_{3.14.25}$ 1945$_{4}$ 1950$_{17f}$ *1955 1957$_{63}$ 1958$_{33}$ 1966$_{33.40}$ 1968$_{3.15.57.63}$ 1969$_{68}$ 1970$_{132}$ 1974$_{5.27}$ 1975$_{10f.43.57}$ 1981$_{4f}$ 1982$_{26.57.63.67}$ 1994$_{77.144.173}$ 2012$_{37}$ 2014$_{13}$ 2016$_{48.60}$ 2020$_{2.10.48}$ 2026$_{185}$ *2029 2031$_{25.63-65.74-76}$ 2033$_{51}$ 2039$_{3.12.33}$ 2045$_{19.35.55-57.78}$ 2046$_{5}$ 2052$_{16-19.26}$ 2061$_{66}$ 2066$_{32.42}$ 2071$_{34}$ 2072$_{127f}$ 2074$_{8}$ 2084$_{30.37}$ 2091$_{33}$ *2092 2095$_{50}$ 2100$_{8-22.27}$ 2109$_{13}$ 2111$_{93}$ 2112$_{54}$ 2124$_{44.83.88}$ 2127$_{45}$ 2128$_{49}$ 2131$_{34}$ 2136$_{17.21}$ 2140$_{14}$ 2142$_{6-8.17}$ 2145$_{24}$ 2146$_{51.54}$ 2148$_{42}$ 2162$_{22.29.32.65}$ 2167$_{5.12.26.43}$ 2168$_{40.63}$ 2170$_{28-31.80.87}$ 2171$_{7}$ 2172$_{13}$
1880$_{94}$ 2142$_{62}$
XIX XXI XXIV XXVII XXXI XXXIII XXXV–XXXVII XXXIX XLIIf XLIX LII–LIV
– Akademie der Wissenschaften (Königlich-Preußische Akademie)
1916$_{82f}$ 1939$_{92-97}$ 1965$_{210f}$ 1967$_{3f}$

*2070
1880$_{94}$
XXXVII f XLIII LIV f
– *Bibliothek (Königliche Bibliothek)*
XXXVII
– *Charité*
XLIII LV
– *Dom*
1848$_{22}$ 1851$_{16}$ 1859$_{29}$ 1887$_{29}$
2140$_{48f}$ 2159$_{63}$
2104$_{200}$
– *Dreifaltigkeitskirche*
XLV
– *Französisches Gymnasium*
2105$_{19-22}$
– *Gesetzlose Gesellschaft*
XXXVII
– *Gymnasium zum Grauen Kloster*
2058$_{28}$
XLII f LIV
– *Invalidenhaus*
2040$_{5}$
XXVII
– *Joachimthalsches Gymnasium*
XXXVII XLII XLIX
– *Militärakademie*
1939$_{90}$
– *Oper*
1866$_{43}$
– *Realschulbuchhandlung (Reimersche Buchhandlung)*
1845$_{15-20}$ 2033$_{52}$
– *(Preußische) Seehandlung*
2052$_{17}$
– *Seminar für Gelehrte Schulen (→ Gedike)*
2058$_{36}$
XLII LV
– *St. Marien*
1983$_{15}$
XL
– *St. Nikolai*
1851$_{20}$
– *St. Petri*
2159$_{63f}$
– *Universität*
XXXVII XLIII XLV LV

Berliner Intelligenzblatt
1845$_{29f}$
Berlinische Nachrichten von Staats- und gelehrten Sachen (Spenersche Zeitung)
2159$_{131-134}$ 2074$_{66f}$ (?)
XXXVII
Bernstorff, Christian Günther Graf von (1769–1835), 1789 dänischer Gesandter in Berlin, 1794 in Stockholm, 1800–1810 dänischer Außenminister
2139$_{39-41}$ 2159$_{4-18}$
Bertram, geb. Rambach, Witwe des Stadtphysikus und Professors der Medizin in Halle, August Wilhelm Bertram (1752–1788)
1990$_{12f}$
Bertuch, Friedrich Justin (1747–1822), Verleger und Schriftsteller, Gründer der → Allgemeinen Literaturzeitung (ALZ)
*1944 1945$_{9-14}$
Beyer, Julius → Baier, Julius
★ *Beyme, Karl Friedrich von (1765–1838), preußischer Staatsmann*
1832$_{7-23.33-41.44f}$ 1848$_{20-22}$
1851$_{9-13.27-34.62f.66-68.89f}$ 1859$_{64f}$
1878$_{10}$ 1881$_{5-7.71-74}$ 1887$_{30f}$
1914$_{15-18.23f}$ 1939$_{83-85}$ 2042$_{43f}$
2111$_{71-73}$ 2124$_{110-112}$ 2127$_{19-21}$
2136$_{34f.41-43}$ 2150$_{22-27}$ 2159$_{63}$
1958$_{35-38}$
XXXII LX
Biblia
1867$_{41}$ 1933$_{29-44}$ 1994$_{45}$
XXX
– *Altes Testament*
1908$_{69-81}$ 2159$_{55}$
– *Pentateuch (1.–5. Buch Mose)*
1908$_{76}$ 1914$_{69}$
– *Gen. (1. Mose) 2, 9*
1877$_{29}$
– *Gen. 19, 31–38*
– *Ps. (Psalm) 51, 12*
2102$_{108}$

– *Spr. (Sprüche Salomos)*
1908$_{76}$
– *Pred. (Prediger Salomo)*
1853$_{36}$
– *Apokryphen*
1908$_{73}$
– *Sap. (Weisheit Salomos)*
1914$_{71}$
– *Sir. (Jesus Sirach)*
1908$_{76}$ 1914$_{71}$
– *Neues Testament*
1908$_{40-59}$ 1914$_{43-62.66f}$ 1933$_{63.114}$ 1969$_{33}$ 2081$_{85}$ 2148$_{39f}$ 2170$_{61f}$
– *Mt. (Matthäus) 5–7*
1933$_{78f}$
– *Mt. 5, 13*
2010$_{72}$
– *Mt. 5, 16*
1841$_{23}$
– *Mt. 6, 27*
2102$_{47f}$
– *Mt. 9, 16*
1933$_{146f}$
– *Mt. 10, 2–4*
1853$_{102f}$
– *Mt. 12, 34*
2102$_{20}$
– *Mt. 17, 27*
1933$_{95f}$
– *Mt. 19, 30*
1989$_{2}$
– *Mt. 22, 37*
1886$_{68f}$
– *Mt. 24, 22*
1940$_{73f}$
– *Mt. 24, 36*
2007$_{29}$
– *Mt. 26, 39*
1887$_{12}$
– *Mt. 27, 24*
2071$_{3f}$
– *Mk. (Markus) 12, 32*
2005$_{17f}$
– *Lk. (Lukas) 14, 11*
2064$_{35f}$
– *Joh. (Johannesevangelium)*
1908$_{55f}$
– *Joh. 6, 9*
1994$_{136}$
– *Joh. 10, 12 f.*
2046$_{50}$
– *Joh. 13, 14*
1961$_{3}$
– *Joh. 15, 4*
1940$_{62}$
– *Joh. 18, 12–18*
1931$_{163-165}$
XXII
– *Apg. (Apostelgeschichte) 1, 13*
1853$_{103}$
– *Röm. (Römerbrief)*
1908$_{51-54}$ 1969$_{18-22}$
– *1. Kor. (Korintherbrief) 1, 23*
2081$_{82f}$
– *1. Kor. 12, 2–4*
2026$_{49}$
– *1. Kor. 12, 31 bis 13, 1*
2026$_{44-50}$
– *1. Kor. 13, 5*
1922$_{156f}$
– *1. Kor. 13, 7*
1925$_{59f}$
– *1. Kor. 13, 13*
2093$_{72f}$
– *Gal. (Galaterbrief)*
1908$_{51-54}$ 1969$_{18-22}$ 1994$_{152-163}$ 2026$_{56-65}$
– *Eph. (Epheserbrief)*
1908$_{51-54}$
– *Phil. (Philipperbrief)*
1908$_{51-54}$
– *Phil. 2, 4*
1922$_{156f}$
– *Phil. 2, 13*
2102$_{49}$
– *Kol. (Kolosserbrief)*
1908$_{51-54}$ 1969$_{18-22}$ 1994$_{153-157}$
– *1. Thess. (1. Thessalonicherbrief)*
2026$_{149-151}$
– *Jak. (Jakobusbrief) 1, 1*
1994$_{67}$
– *Offenbarung des Johannes (Apokalypse; Apk.) 14, 13*
1941$_{7f}$ 1958$_{66}$
XXII

Bielefeld
1907_{77}
Bielitz, Stadt in Schlesien
$2090_{3.15f.27}$
Bientz, Johann Leberecht (um 1770 bis 1834), Prediger an St. Johannis in Spandau seit 1801
2074_{64-72}
Biester, Johann Erich (1749–1816), Aufklärer; Bibliothekar und Herausgeber der Neuen Berlinischen Monatsschrift und der Berlinischen Blätter, 1798 Mitglied der Akademie der Wissenschaften in Berlin
1866_{48-52} $1965_{210-218}$ 1967_{2-4} 2159_{45f}
– Platon-Edition
$1965_{74-78.97f}$
★ Blanc, Ludwig Gottfried (1781–1861), Prediger und romanischer Philologe, seit 1822 Professor in Halle
XXXVf
Blumenthal, Ludwig von (1774–1813), Offizier, starb an der bei Dennewitz erlittenen Verwundung
$1922_{184-186}$
Blumenthal, Friederike von, geb. von Below (1783–1853), Frau des Vorigen
$1922_{184-186}$
Bobbin, Ort auf Rügen
1886_{22} 1892_{30} 1911_{55} 2093_{12}
Boeckh, Philipp August (1785–1867), Philologe, Schüler → F. A. Wolfs und Schleiermachers; 1806 am Seminar für gelehrte Schulen in Berlin, seit 1807 Professor in Heidelberg
1971 2058_{35f} $2104_{155-172}$
– Corpus Inscriptionum Graecarum (Hg.)
$2159_{123-127}$
Böhlendorff, Herr
1957_{63f} 2016_{36-39}
Böhlendorff, Frau des Vorigen
1957_{63-67}
Böhme, Christian Friedrich (1766–1844), Theologe und Philosoph, Anhänger Kants
– Neue Erklärung des höchst wichtigen Paulinischen Gegensatzes Buchstabe und Geist (1799)
1898_{25-28}
Böhmen
2042_{33}
Börne, Ludwig (1786–1837), Schriftsteller
1864_{39-41} *1953 1954
Boethius, Anicius Manlius Torquatus Severinus (um 480 bis 524), Philosoph und Kirchenvater
– De institutione arithmetica
2089_{43-45}
Boots, Johann Rudolph, (ca. 1767 bis 1806), 1801–1804 Professor für Kirchengeschichte am reformierten Gymnasium in Halle, danach am Joachimthalschen Gymnasium in Berlin
2104_{200f}
Borck, Person in Stralsund
1867_{52f}
Bordeaux, Kaufmann, und dessen Frau, Bekannte S. E. T. Stubenrauchs
1901_{74f}
Bork, von, Stiefvater der Antonie von Bork
1869_{38f} $1922_{95-99.121-124}$
Bork, von, Frau des Vorigen, Mutter der Antonie von Bork
1922_{94f}
Bork von, ältere Schwester der Folgenden
1922_{92f}
Bork, Antonie von, Verlobte → Carl Wilhelm von Büntings
$1869_{32-66.78.108-110}$ *1918 $1922_{9-15.81-161}$
Bork, von, Stiefgeschwister der Vorigen
1922_{97}
Boyert, Kaufmannstochter aus Danzig; Verlobte des → Heinrich Hering
1853_{82-89}

Brandenburg, Mark Brandenburg
2025_{41}
Brandenburg, Stadt an der Havel
2074_{22} 2142_{11}
XXVII
Braunschweig
1950_{15-17} 1956_{16}
Bremen
2095 2099_{53-59} $2111_{46-51.69.97-99}$
*2119 $2124_{67-80.92f.112f}$ $2127_{19.25}$
*2132 2134_{16-19} $2136_{32-34.45-52}$
2140 $2150_{1-51.75f}$ 2155 *2158
2162_{20-28} 2171_{18f}
2100_{57}
XXV XXX–XXXIII XXX XLII XLVI LIXf
Brentano, Clemens von (1778–1842), Dichter, → Achim von Arnim
XXXI
Breslau, Stadt in Schlesien
1981_{8-10} 2100_{29} 2126_{21} 2131_{21-23} 2152_{29-36}
XL XLIII XLIX LIII LV
★ *Brinckmann (schwed. Brinkman), Carl Gustav von (1764–1847), Dichter und Diplomat*
1866_{36} 2081_{93f} $2127_{26f.34f}$ 2137_{25f} 2145_{25f} 2159_{7f}
XX XXXVI
– *Gedichte (1804)*
2139_{40}
– *Filosofische Ansichten (1806)*
1880_{81f} 2020_{8-16} 2113_{2-45} *2138 $2139_{2-31.34-38}$ 2146_{2-41}
Brocken, Berg im Harz
1982_{62f} 2027_{15f} 2031_{22-76}
Brünn
2090_{5}
Brunn, Dr. Johann Wilhelm (geb. 1779), Arzt
2149_{26-29}
Brunnenaue, Kureinrichtung bei Sagard auf Rügen
$1856_{12.38f}$
LVII
Bünting, Carl Wilhelm von (1738–1809), Preußischer General
XXXVI
★ *Bünting, Carl Wilhelm von (1779–1860), Sohn des Vorigen, Offizier; → Bork, Antonie von*
*1906 $1907_{125-133}$ *1918
XXXVI
Bünting, Maximilian von (1780–1804), Bruder des Vorigen
1869_{67-79}
Buhle, Johann Gottlieb (1763–1821), Professor der Philosophie in Göttingen und (seit 1804) in Moskau
– *Lehrbuch der Geschichte der Philosophie*
2061_{48f} 2082_{2f}
2127_{15f}
Bukarest
2149_{24}
Bulling, Karl
– *Rezensenten der JALZ*
$1945_{18-20.27f}$
Burke, Edmund (1729–1797), englischer politischer Schriftsteller
1866_{40f}
Buttmann, Philipp Karl (1764–1829), seit 1796 Sekretär der Königlichen Bibliothek in Berlin, Mitglied der Berliner Akademie der Wissenschaften seit 1806, 1811–1826 Sekretar der Historisch-philologischen Klasse
1866_{4} $1939_{40-45.50f.73f.113-115}$ *1960 $1963_{29-31.62-70}$ 1983_{9-11} $2010_{17f.25-35.56.82-85.123f}$ $2104_{96-110.176}$ $2159_{117-130}$
XXXVIIf
– *Griechische Grammatik (3. Auflage 1805)*
$1965_{174-179}$
– *Buttmann und Schleiermacher über Heindorf und Wolf (1816)*
XXXVII
Buttmann, geb. Selle, Frau des Vorigen
2104_{100f}
Buttmann, Kinder der Vorigen
2104_{99f}

Carmer, Graf von, Domkirchenrat in Berlin
1866_{49-51}

Chairephon, Begleiter des Sokrates in Platons Gorgias
1939$_{107-111}$
Chandler, Richard (1738–1810), englischer Archäologe
– *Inscriptiones antiquae*
2159$_{120-122}$
Chaptal, Jean-Antoine (1756–1832), französischer Chemiker und Politiker
1941$_{56f}$
– *Élémens de chimie*
1941$_{56f}$
Charles → Karl Schleiermacher
China
2089$_{51-58}$
Churchill, Charles (1731–1764), englischer Dichter
2145$_{22-24}$
Clemens Alexandrinus (gest. vor 215), Kirchenvater, Philosoph
– *Stromateis*
2089$_{22f}$
Conrad, Karl Ludwig (1738–1804), seit 1778 Hof- und Domprediger sowie Kirchenrat in Berlin
1845$_{40f}$ 1866$_{49}$
Cornarius, Janus (1500–1558), Arzt und Philologe
– *lateinische Platon-Übersetzung*
1965$_{112f.138f}$
Corsten, Thomas
– *Inschriften griechischer Städte Kleinasiens, Bd. 32*
2159$_{123-127}$
Cotta von Cottendorf, Johann Friedrich Freiherr von (1764–1832), Verleger
2045$_{8-17}$
Creuzer, Christoph Andreas Leonhard (1768–1844), Professor der Philosophie in Marburg
– *Rezension von Schleiermacher: Grundlinien einer Kritik der bisherigen Sittenlehre (JALZ 1805)*
1914$_{90-94}$ 1916$_{87f}$ 1933$_{47-58}$
Cummerow, Bernhard (1770–1826), Postdirektor in Schwedisch-Vorpommern
XXXVIII
★ *Cummerow, Charlotte, Frau des Vorigen*
1910$_{77-88}$ 1931$_{112-127}$ 1943$_{5f}$ 1947$_{32}$
1951$_{74-76}$ 1979$_{94f}$ 2008$_{177-180}$
2093$_{81f}$ 2129$_{89}$ 2152$_{13f.18-26}$
XXXVIII
Curtze, Maximilian (1837–1903), Mathematiker
– *Petri Philomeni de Dacia in Algorismum vulgarem Johannis de Sacrobosco commentarius*
2089$_{26-47}$

Dänemark
2027$_{11}$ 2031$_{33}$ 2159$_{7}$
XLVIII
Danzig (Stadt)
1853$_{64.79}$ 1957$_{73-76}$ 1991$_{67}$ 2052$_{31}$
2100$_{38-42.54}$
1957$_{57-59}$ 2100$_{57}$
XXXVIII
DD, Frauen in Landsberg an der Warthe, vielleicht Frau D. Schulze und ihre Mutter (→ Schulze)
Delbrück, Johann Friedrich Ferdinand (1772–1848), 1797–1809 Lehrer am Gymnasium zum Grauen Kloster in Berlin, später Professor der Philosophie, schönen Literatur und Beredsamkeit in Königsberg und Bonn
1832$_{22f}$ 1866$_{24-26.33-35}$ 1914$_{18f}$
1916$_{18f.50f.53-55}$ 1939$_{93-96}$ 2042$_{46f}$
Delville, Frau in Gnadenfrei
1893$_{129f}$
Descartes, René (1596–1650), Philosoph und Naturwissenschaftler
2020$_{26f}$
1885$_{11-15}$
Dessau, Stadt, Sitz der Fürsten von Anhalt-Dessau
2040$_{30.32f.46-48.54f}$ 2041$_{6}$ 2045$_{19}$
2047$_{21}$ 2167$_{42}$
2089$_{62}$
XXVII

Detmold
LV
Deutschland
1958$_{15}$ 1968$_{15-17.61}$ 2020$_{41}$ 2025$_{38f}$ 2112$_{66f}$ 2114$_{23}$ 2159$_{157}$
XLVIII
Diogenes Laertius (um 200), Philosophiehistoriker
– Vitae philosophorum
2048$_{3}$
Ditters von Dittersdorf, Karl (1739–1799), österreichischer Komponist
– Doktor und Apotheker (Oper)
1957$_{16}$
Dober, Christian Salomo (geb. 1743), 1801–1812 Prediger in Gnadenfrei
2005$_{16-20}$
Dohlhoff, Georg Peter (1768–1837), Domprediger in Halle
1901$_{40f.70f}$ 1958$_{26-28}$ 1999$_{91f}$
Dohm, Christian Wilhelm von (1751–1820), Schriftsteller und preußischer Staatsmann, lebte 1805 in Heiligenstadt
2016$_{31f.38f.42f.59}$
Dohna-Schlobitten, Familie
1864$_{37}$
LVI
Dohna-Schlobitten, Ludwig (Louis) Moritz Achatius Graf zu (1776–1814)
1864$_{3}$
Dohna-Schlobitten, Christiane Gräfin zu (1780–1835), Schwester des Vorigen
1864$_{34f}$
Dohna-Schlodien-Carwinden, Amélie Louise Caroline Gräfin zu (1753–1828)
1961$_{22-24}$
Dreist, Marianne, geb. von Willich (geb. 1760), Pastorenfrau
1886$_{19f.26-29}$ 1892$_{11-14}$ 1910$_{33-35.62-64}$ 1911$_{79f}$ 1926$_{7-12}$
– Kinder der Vorigen
1886$_{28f}$
Dresden
1893$_{85.89.131}$ 1961$_{30}$ 1982$_{26.68}$ 2007$_{112-118}$ 2031$_{63}$ 2165$_{22f}$
2100$_{70f}$
XXXV XXXIX
Drossen, Stadt in der Neumark
2074$_{47}$
Dufourd
2149$_{26}$
★ Duisburg, Friedrich Carl Gottlieb (um 1765 bis 1822), Sohn von Ch. G. und C. Ch. Duisburg, Studienfreund Schleiermachers in Halle, dritter Lehrer an der reformierten Schule in Danzig, Schriftsteller
XXXVIII
Dulon, Friedrich Ludwig (1769–1826), Flötenvirtuose
2142$_{54}$
XXIX

Eberhard, Johann August (1739–1809), Professor der Philosophie in Halle
1880$_{53-60}$ 1881$_{96-102}$ 1916$_{91}$ 1958$_{26-28}$ 1999$_{89-91}$ 2074$_{17f}$ 2139$_{2-24.30-33}$ 2146$_{2-31}$ 2159$_{139-144}$
XX
– Vorrede zum catalogus praelectionum Halle 1804/05
1908$_{96f}$
Eckermann, Jakob Christoph Rudolf (1754–1837), Professor der Theologie in Kiel
– Handbuch für das systematische Studium der Glaubenslehre
1848$_{33}$
Ehrenberg, Friedrich (1776–1852), seit 1805 Hof- und Domprediger in Berlin
2104$_{200}$ 2159$_{61-63}$
Eichhorn, Johann Gottfried (1752–1827), Philologe, Professor der Philosophie in Göttingen
– Kritische Schriften
1844$_{24}$ 1876$_{50f}$ 1933$_{117-120}$ 1969$_{28-38}$

– *Rezension von Paulus: Kommentar über das Neue Testament*
1916$_{50f}$ 1933$_{59-99}$ 1939$_{98-106}$
★ *Eichmann, Lucie, Tochter des Potsdamer Hofpredigers Bamberger*
XXXVIII*f*
Eichmann, Franz Friedrich, Kriegsrat, Gatte der Vorigen
2016$_{13}$
XXXVIII*f*
Eichmann, Agnes, Tochter des Vorigen und der L. Eichmann
2016$_{13}$
Eichmann, Franz, Bruder der Vorigen
2016$_{13}$
Eichsfeld, Landschaft in Mitteldeutschland
2016$_{12}$
★ *Eichstädt, Heinrich Karl Abraham (1772–1848), Professor der Philosophie in Jena, Herausgeber der → Jenaischen Allgemeinen Literaturzeitung (JALZ)*
1876$_{56f}$ 1878$_{33f}$ 1881$_{87f}$ 1898$_{51-53}$
2010$_{117-119}$
1863$_{91}$
XXI XXXIII XXXIX
Eisenach
2016$_{32}$
Eisleben
2016$_{33}$
Elbe
1893$_{89f}$ 1961$_{28-31}$
Elbing, Stadt in Ostpreußen
LV
Eleonore → Grunow, Eleonore
Ellert, Marie Christina (1781–1809), seit 1803 in Gnadenfrei
1891$_{36-39}$ 1989$_{3f}$ 1991$_{17f}$ 2025$_{34}$
Ellgut(h), Gut im Besitz der Familie von Prittwitz in Schlesien
2085$_{19}$
Engel, Johann Jakob (1741–1802), Philosoph und Aufklärer in Berlin
2159$_{14}$
Engelhardt, Moritz von (1779–1842), Mineraloge, später Professor in Dorpat
2102$_{66f}$
Engelken, Friedrich Ludwig (1749–1826), 1771 Dr. phil. (Frankfurt/Oder), 1789 Archidiakon und 1793 Pastor an St. Marien in Stettin, 1793–1821 auch Propst, 1826 erster evangelischer Bischof von Pommern
1933$_{140-142}$
England
2025$_{40}$ 2042$_{23f}$ 2131$_{31}$ 2159$_{17}$
2111$_{77f}$
L
Epiktet (um 50 bis 130), stoischer Philosoph
1914$_{72}$
★ *Erichson, Johann (1777–1856), Ästhetiker, Schriftsteller*
1892$_{32-37}$ 2124$_{43-63}$
XXXIX*f*
Erichson, Johanna, geb. Israel, Frau des Vorigen
2008$_{152-156.178f}$
1863$_{96}$
Erichson, Friederike (?), Tochter der Vorigen (geb. 1805)
2008$_{152-156}$ 2008$_{179}$ (?)
Erlangen
XXXV XLV L
Erman, Johann Georg (1762–1805), seit 1783 erster französisch-reformierter Prediger in Potsdam
*1955 1958$_{35-38}$
Erman, Wilhelmine, geb. Sello, zweite Frau des Vorigen
1958$_{35-38}$
Erman, Wilhelm
– *Jean Pierre Erman*
1958$_{35-38}$
Ernesti, Johann August (1707–1781), Latinist und Theologe in Leipzig
1908$_{28}$
– *Institutio interpretis Novi Testamenti*
1876$_{55f}$ 1914$_{28-32}$
1908$_{28}$

Eschenmayer, Karl August (1768–1852), Arzt und Philosoph
2035$_{45f}$
Euklid (Eukleides, um 300 v. Chr.)
1965$_{57}$
Europa
XXXII
Ewald, Johann Ludwig (1748–1822), 1796–1805 Prediger und Schulmann in Bremen
2114$_{39.46}$

Famerie, Etienne
– *J.-B.-G. d'Ansse de Villoison*
2159$_{110-119}$
Federici, Vincenzo (1764–1826), italienischer Opernkomponist
2157$_{3-5}$
Feßler, Ignatius Aurelius (1756–1839), Schriftsteller und Begründer der Berliner Mittwochsgesellschaft
– *Ansichten von Religion und Kirchentum*
*2156 2171$_{11-14}$
Fetschow, Heinrich Friedrich Gottlieb (1755–1812), Bankier in Berlin
2100$_{28}$
Fichte, Johann Gottlieb (1762–1814)
1939$_{92-97}$ 2012$_{36-43}$ 2020$_{24-26}$
2139$_{27-31}$
2171$_{17-20}$
XLVII
– *Grundzüge des gegenwärtigen Zeitalters (1806)*
2171$_{14-16}$
– *Grundzüge des gegenwärtigen Zeitalters (Vorlesung, Berlin 1804)*
1866$_{20-42}$
– *Institutiones omnis philosophiae (Vorlesung, Erlangen 1805)*
2012$_{36f}$
– *Wissenschaftslehre (Vorlesung, Erlangen 1805)*
2012$_{38-43}$
Ficinus, Marsilius (1433–1499), italienischer Philosoph an der Platonischen Akademie zu Florenz
– *lateinische Platon-Übersetzung*
1965$_{82f.112f.121.141f}$ 2104$_{68-70}$
Fischer, Ernst Gottfried (1754–1831), Professor der Mathematik und Physik am Gymnasium zum Grauen Kloster in Berlin; 1810 Professor an der Berliner Universität, 1803 außerordentliches, 1808 ordentliches Mitglied der Berliner Akademie der Wissenschaften
2058$_{33f}$ 2104$_{136-139}$
Fischer, Johann Friedrich (1726–1799), Philologe
– *Platon-Edition*
2104$_{42f}$
Fleisler
1981$_{20}$
Flemming, Paul (1609–1640), Dichter und Arzt
2066$_{11f}$
Fränkel, in Berlin
2020$_{48-53}$
Fraisse (Freisse, Fraise), Henriette, Bekannte Schleiermachers und Stubenrauchs aus Halle, später verheiratete Rosemann
2074$_{58-63}$
Frank, Charlotte (1773–1837), älteste Tochter der → Margaretha Amalia Baier, die bei ihrer Mutter lebte
1911$_{56}$
Frankenstein, Stadt in Schlesien
1891$_{25}$
Frankfurt (Main)
1901$_{73}$ 1954$_{15-18}$ 1983$_{10}$
2033
XXXVII
Frankfurt (Oder)
1958$_{43-45}$
XL
Frankreich
2025$_{40}$ 2090$_{6-13.28-30}$ 2100$_{56}$
2159$_{16.158f}$
2042$_{6f}$ *2062*$_{21-23}$ *2111*$_{77f}$
Lf
Freiberg, Stadt in Sachsen
XLIX
Der Freimüthige, Zeitschrift
2100$_{70f}$
2020$_{34f}$
XLVIII

Freyschmidt, Johann Carl Friedrich (1762–1815), seit 1793 Propst in Stolp
1922$_{181f}$ 1957$_{33-38}$

Freyschmidt, Wilhelmine, geb. Schmidt, zweite Frau des Vorigen
1922$_{181f}$ 1957$_{33-38}$

Friedrich Ferdinand, Fürst von Anhalt-Köthen-Pleß (1769–1830)
2015$_{46-49}$ 2090$_{24f}$ 2131$_{42-44}$
2149$_{23-25}$

Frölich (Fröhlich), Heinrich (gest. 1806), Verleger in Berlin
2011$_{33f}$

Frommann, Karl Friedrich Ernst (1765–1837), Verleger und Buchhändler in Jena
1898$_{33}$ 2071$_{28-32}$ 2079$_{23-28}$

Frommann, Johanna Charlotte, geb. Wesselhöft (1765–1830), Frau des Vorigen
2071$_{29}$

Fuchs, Adolf Friedrich (1753–1827), Theologe und Schulmann
– Der Brief Pauli an die Römer
2148$_{37}$

Fürstenstein, Schloß in Schlesien, Sitz der Grafen von Hochberg
2005$_{1f}$
XXV

Gabriel, Martin
– Die reformierten Gemeinden in Mitteldeutschland
1969$_{70-72}$

Galizien
2090$_{28}$

Gall, Franz Joseph (1758–1828), Arzt, Begründer der Phrenologie
*1997 1999$_{58-68}$ 2007$_{122f}$ 2014$_{10-16}$
2018$_{8}$ 2021$_{5-15}$ 2026$_{44-53}$ 2035$_{46-54}$
2100$_{64-72}$
XXVI

Galletti, Johann Georg August (1750–1828), Historiker
2025$_{46f}$ 2126$_{48-50}$

Gambold, Johann (1760–1796), Lehrer in Niesky
1968$_{47}$

Garz, Ort auf Rügen
1877$_{12}$ 1970$_{83}$

★ *Gaß, Joachim Christian (1766–1831), seit 1795 Feld- und Garnisonprediger in Stettin*
1835$_{12f}$ *1836 1840$_{53-55}$ 1848$_{20-22}$
*1850 1852$_{13f}$ 1974$_{9-12}$ 2009$_{2f}$
2142$_{15}$
2170$_{45}$
XX–XXII XXVf XLf
– Predigten, 2. Auflage 1804
1887$_{43-46}$

★ *Gaß, Wilhelmine, geb. Stavenhagen, seit 1798 Frau des Vorigen*
1832$_{56-58}$ 1851$_{5f.106f}$ 1859$_{5-8.69.89-91}$
1887$_{49f}$ 1933$_{108-110.149-151}$
1994$_{170-178.184}$ 2042$_{10-17.52f.59-61.64f}$
2046$_{35f}$ 2072$_{13-17.162-165}$
2091$_{2-26.35-39}$ 2111$_{7-25.102f}$ 2136$_{65f}$
2142$_{15}$
2170$_{45}$
XLI

Gaß, Heinrich, Sohn der Vorigen
1974$_{43-76}$ 2042$_{13-15}$

Gaß, Schwester des Vorigen (geb. 6.12.1805)
2091$_{2-26}$ 2111$_{7-25.102f}$ 2136$_{65f}$

Gatz, Gut und Ort im Kreis Stolp
1922$_{184-186}$

Gedike, Friedrich (1754–1803), Pädagoge und Philologe, Mitglied der Berliner Akademie der Wissenschaften, Gründer des Seminariums für gelehrte Schulen in Berlin
1965$_{78.102f}$
– Platon-Übersetzung (1780)
1965$_{8-10.117-120}$

Geiger, Ludwig
– Briefwechsel des jungen Börne und der Henriette Herz
1864$_{39}$

Gerlach, Vetter → K. G. von Raumers, in Halle
2089$_{76f}$

★ *Gerlach, Gottlieb Benjamin (1770–1844), seit 1793 Feldprediger beim Regiment von Katte in Landsberg an der Warthe*
1901_{66-68} $1958_{5-16.89-91}$ $1999_{6-14.21.62-64}$
XLI

Gibbon, Edward (1737–1794), englischer Historiker
2025_{48-50}

Giebichenstein, Gut, Sitz der Familie Reichardt bei Halle
1866_{42} 1941_{43} 1968_{50} 2056_{33f} 2102_{123} 2112_{22f} 2128_{10}
XXXI Lf

★ *Giesebrecht, Karl Ludwig (1782–1832), Theologe und Altphilologe, 1802–1805 Lehrer am Gymnasium zum Grauen Kloster in Berlin, seit 1805 Professor am Pädagogium in Bremen*
1852_{10-12} $2114_{3f.27}$ $2140_{18-21.72-74}$
XXX XLII

Gießen
2061_{44}

Glatz, Stadt und Grafschaft in Schlesien
1961_{75} 2025_{51}

Glauben und Poesie, hg. von → Johann Erichson (1806)
2035_{2-5}

Gleditsch, Buchhändler in Leipzig
1835_{16-19} 1844_{16f} 1848_{33f} 1852_{30f} 1876_{50f} 1898_{25} 1912_{26f} 1981_{2f} 2027_{59} 2165_{35} 2167_{54f}

Gleichen, Berg und Ort bei Göttingen
2016_{53f}

Gleiwitz
2131_{27-31}

Gnadenfrei, Kolonie der Brüdergemeine in Schlesien, selbständiger Ortsteil von → Peilau
*1959 1975_{106} 1999_{77} 2007_{72} 2112_{73}
XXV LIIf

Götemitz, Ort auf Rügen
1877_{20} $1884_{6.11}$ $1886_{45.48f}$ 1935_{11} 1996_{18} 2008_{102} 2152_{54f} 2160_{11}*
XLV

Goethe, Johann Wolfgang (1749–1832)
1880_{89} 1945_{21-23} 2014_{2-11} 2018 2021_{2-6} 2027_{34-45} 2033_{28-36} 2045_{3-17} $2159_{156-158}$
2020_{30f} 2171_{17-20}
XXVI XXXIX

– *Von deutscher Baukunst (1772)*
2102_{93f}

– *Goetz von Berlichingen (1773)*
1991_{14f}

– *Werther (1774)*
1991_{13f}
2129_{48-51}

– *Die Fischerin (1782)*
2093_{65f}

– *Wilhelm Meisters Lehrjahre (1795/96)*
1991_{15-19}
2020_{30f}

– *Achilleis (Epenfragment)*
2045_{14-16}

– *Ganymed (Gedicht)*
2035_{42}

– *Rezension zu Johannes Müllers Autobiographie (1806)*
$2159_{154-156}$

Goethe, August (1789–1830), Sohn des Vorigen
2018_{11-14}
XXVI

Göttingen
2016_{52} 2114_{29}

– *Akademie der Wissenschaften*
1971

– *Universität*
2016_{40}
XXXV XXXVII XLVf XLIX LIV

Göttingische gelehrte Anzeigen
$2026_{189-193}$
1971

Gohren, Dorf und Gut im Kreis Stolp
1957_{78-81}

Gondron, Gouvernante in Landsberg
1999_{43-53}

Gorgias von Leontinoi (um 480 bis 380 v. Chr.), Sophist
2004_{25}

Gotha
2016$_{32}$
2104$_{73}$
Gotter, Friedrich Wilhelm (1746–1797), Dichter
2102$_{106-108}$
Grégoire, Henri (1750–1831), französischer Priester und Politiker
2016$_{41-43.45-48}$
– *Essai sur la régénération physique, morale et politique des Juifs*
2016$_{42}$
Greifswald
1867$_{7}$
XXXIX
Gren, Friedrich Albrecht Karl (1760–1798), Chemiker
2102$_{74f}$
Grenander, Bekannter Reimers, Schwede
2027$_{49-52}$ 2033$_{37-41}$
Griechenland
2089$_{14.44}$ 2159$_{116}$
Gries, Johann Diederich (1775–1842), Übersetzer
2126$_{53f}$
Grotius, Hugo (1583–1646), Philosoph und Theologe
2104$_{195f}$
Grunow, August Christian Wilhelm (1764–1831), seit 1795 Prediger am Invalidenhaus in Berlin, seit 1806 an der Jerusalems- und Neuen Gemeinde
1840$_{25}$ 1863$_{45-47}$ *1875 1876$_{25-38}$ 1894$_{57-59}$ 1924$_{3f.9f.21-25}$ 1927$_{39}$ 1949$_{7f.17-20}$ 1951$_{23f}$ 1966$_{29-34}$ 1974$_{25-29}$ 2008$_{145}$ *2038 2040$_{3f.8-24}$ 2045$_{27f}$ 2046$_{59-63.75f}$ *2053 2072$_{139-150}$
XXII XXIV XXVI–XXIX XLII XLIV LVf
★ *Grunow, Eleonore Christiane, geb. Krüger (1769 oder 1770 bis 1837), seit 26.6.1796 Frau des Vorigen*
*1833 1834$_{2f.8f.12-61.72-75.84-89}$ 1837$_{17}$ 1840$_{18-32}$ *1842 1844$_{48-50}$ 1848$_{25-32}$ 1851$_{102-104}$ 1852$_{51-54}$ 1856$_{3-11.71-74}$ *1861 1862$_{14-22}$ 1863$_{12f.39-49.79f}$ 1864$_{14-16}$ 1869$_{27-32}$ 1872$_{2-4}$ 1876$_{16-46}$ 1877$_{24f.33-46}$ 1883$_{2-4}$ 1884$_{43-57.68f}$ 1887$_{51f}$ 1894$_{32-35.38-64}$ 1910$_{5-27}$ 1912$_{47-50}$ 1913$_{8-20.62-71.76f}$ 1921$_{33-36.39-47}$ 1922$_{189f}$ 1924$_{4-30}$ 1927$_{32-42}$ 1931$_{24-61.72.90-92.136-158}$ 1935$_{4f.16}$ 1938$_{30-32}$ 1943$_{8-16}$ 1946$_{26f}$ 1949$_{1-26.49f}$ 1950$_{27f}$ 1951$_{5-39.100-102}$ 1956$_{27-35}$ 1961$_{3-7}$ 1962$_{78-84.92-94}$ 1966$_{23-34.53}$ 1969$_{86f}$ 1970$_{1-12}$ 1974$_{25-42}$ 1975$_{43-55}$ 1979$_{96-98}$ 1982$_{21f.26f.68-70}$ *1984 1994$_{176-178}$ 1991$_{76f}$ 1996$_{22-24}$ 2007$_{41-52.108-111}$ 2008$_{89-94.144-151}$ 2009$_{4-8}$ 2011$_{21-28}$ 2019$_{12-17}$ 2031$_{3-6.47-60.68-76.80f.93-95}$ 2033$_{42-46}$ 2036$_{18-25}$ *2038 2039$_{4-6.16-25}$ 2040 2040$_{53f}$ *2044 2045$_{24-34.71-77}$ 2046$_{5.23f.53-82}$ 2047$_{2-20.30-37}$ 2052$_{22-24}$ *2053 *2057 2064$_{9-16}$ 2072$_{137-158}$ *2080 *2083 2085$_{4-11}$ *2088 2089$_{2-6}$ 2091$_{34-49}$ 2099$_{10-35}$ 2110$_{18-24}$ 2111$_{34-41}$
1892$_{37}$ 2134$_{32f}$ 2168$_{11}$
XIX XXIf XXIV XXVI–XXIX XLII XLIV LIII LVf
– *ihre Geschwister → Krüger; → Schweder*
Günthersberge, Ort im Harz
LII
Gützlaff, Kaufmann in Stolp, verschwägert mit → Ch.B. Hering
1922$_{179f}$ 2100$_{55f}$
Guignes, Joseph de (1721–1800), französischer Orientalist
– *Observations sur la Religion et la Philosophie des Egyptiens et des Chinois*
2089$_{50-58}$

Habendorf, Sitz des → Friedrich Julius von Seidlitz
1991$_{8.20-38}$ 2085$_{13}$ 2122$_{55.64-68}$ 2126$_{56}$ 2134$_{41-54}$
XXV

Häfeli, Johann Kaspar (1754–1811), 1793–1805 Prediger und Schulmann in Bremen
2114$_{39.46}$
Hänlein, Heinrich Karl Alexander (1762–1829), seit 1803 Konsistorialrat und Stiftsprediger in Ansbach
– *Handbuch der Einleitungen in die Schriften des Neuen Testamentes*
2061$_{46f}$ 2127$_{15-19}$ 2137$_{20-24}$ 2167$_{55}$
Halberstadt
2016$_{21}$
Halle an der Saale
1845$_{22-25}$ *1849 1859$_{3f}$ 1887$_{9}$ 1894$_{72.81}$ 1901$_{29.40-55}$ 1913$_{74}$ 1939$_{136-139}$ 1956$_{27}$ 1958$_{32.41f}$ 1967$_{13}$ 1976$_{30}$ 1983$_{23}$ 1989$_{25}$ 1990$_{14}$ 1991$_{58}$ 1996$_{6}$ 1999$_{9}$ 2005$_{29}$ 2008$_{3}$ 2015$_{10-13}$ 2016$_{31.34.38.45-48.59f.63}$ 2040$_{28}$ 2049 2074$_{13.24f.35-41}$ 2102$_{125}$ 2104$_{159}$ 2105 *2118 *2123 *2135 2139$_{33}$ 2143$_{14}$ 2149$_{7f.11f.40-42}$ 2159$_{67}$
2010$_{120f}$
XIX–XXXVII XXXIX XXXVIII XLIII XLVIII–LII LIV LVI–LVIII
– *Dom*
1832$_{38f}$ *1855 1881$_{73f}$ 1914$_{24f}$ *1955 1958$_{64f}$ 1969$_{42}$ *2101
XXI XXXV LII
– *Franckesche Stiftungen und Pädagogium*
1863$_{83-87}$ 1939$_{137f}$
1969$_{70-72}$ 1971
XX
– *Hotel Kronprinz*
2016$_{65f}$
– *Schulkirche*
1969$_{40}$ 2026$_{154}$ 2081$_{71-73}$ 2111$_{57-64}$ 2112$_{36-39}$ 2124$_{72}$ 2140$_{52f.65f}$ 2150$_{8-10}$
XXV XXIX XXXI
– *Universität*
1852$_{20f}$ 1941$_{8f}$ 1999$_{54f}$ 2074$_{39}$ 2102$_{4f}$ 2105$_{13-19.21-26}$ 2111$_{59-65}$ *2119 *2135 2136$_{35-37.44}$ 2140$_{53-56.59-72}$ 2143$_{25-27}$ 2150$_{18-20.26f.34-36}$ *2158 2159$_{68f}$ 2171$_{19f}$
2089$_{75-77}$
XXXI–XXXIII XXXIf XXXV XL XLIIf XLVI XLIX LII LIV LIXf
– *Universitätsgottesdienst*
1832$_{36-39}$ 1837$_{12-16}$ 1841$_{55-57}$ 1851$_{65-77}$ *1855 1859$_{58-65}$ 1863$_{82f}$ 1866$_{12f}$ 1877$_{50-54}$ 1878$_{7-10}$ 1880$_{69-71}$ 1881$_{70-74}$ 1887$_{52f}$ 1914$_{24f}$ *1915 1931$_{159-161}$ *1955 1958$_{61-63}$ 1962$_{67-69}$ 1965$_{219}$ 1969$_{39-57}$ 2026$_{152-156}$ 2061$_{30-32}$ 2062$_{34f}$ 2072$_{116-120}$ 2081$_{60-75}$ 2095$_{20f}$ 2099$_{56f}$ *2101 2111$_{56-59}$ 2112$_{35-45}$ *2119 2124$_{69-76.94f}$ 2136$_{37-40}$ 2140$_{47f.52f.59-69}$ 2150$_{5-10.24-26.54f}$ *2158 2159$_{68f}$
XXI XXV XXIX XXXIf LIXf
Hamburg
1907$_{35}$
2100$_{57}$
L
Hampelbaude, Gasthaus im Riesengebirge
2005$_{26}$
Hane, Amalie, lebte im Sagarder Pfarrhaus auf Rügen
1911$_{51.93-97}$ 1931$_{96-105}$ 2106$_{31f}$
Hanstein, Gottfried August Ludwig (1761–1821), Superintendent und Oberdomprediger in Brandenburg, seit 1805 Propst an St. Petri in Berlin
1832$_{45-47}$ *1843 1848$_{22-24}$ 1851$_{9-19}$ 1859$_{25-31}$ 1866$_{59}$ 1876$_{58-60}$ 1881$_{3-13}$ 1887$_{17-21.35-48}$ 1901$_{34-40}$ 1908$_{120f}$ 1914$_{4-21.81f}$ *1955 1958$_{34f}$ 1983$_{13f.19-22}$ 1994$_{144-146}$ 2072$_{127-136}$ 2159$_{60.63f}$
Hanstein, Antonie Sophie Emilie, geb. Wilmsen, Frau des Vorigen
1876$_{58-60}$
1859$_{27}$
Hardenberg → Novalis
Hardenberg, Gottlob Albrecht Karl Freiherr von (1776–1813), Bruder des Novalis
1975$_{77-84}$
XXV

Hardenberg, Georg Anton Freiherr von (1781–1825)
1975_{77-80} (?)
Hardenberg, Hans Peter Freiherr von (1790–1814), Bruder des Novalis
1975_{77-80} (?)
XXV
Harms, Claus (1778–1855), Pfarrer und Theologe, seit 1816 in Kiel
XXXV
Harrien, Wilhelmine (um 1780–1843), Lehrerin in Stralsund
2062_{48} 2077_{18f}
Harscher, Nikolaus (1783–1844), Mediziner, Schüler Schleiermachers in Halle und dort mit → Adolph Müller und Varnhagen befreundet; später Arzt in Basel
XXX XXXIV
Hartley, Lehrer in Niesky
1968_{47}
Harz, Gebirge
1938_{28} 2016_{12}
Hausleutner, Emanuel (1770–1844), Arzt und Landrat in Hirschberg
2149_{6-14}
Havel, Fluß
1958_{35-38}
Hedenus, Johann August Wilhelm (1760–1836), Arzt
2100_{70f}
Hegel, Georg Wilhelm Friedrich (1770–1831)
XLV
Heidelberg
1969_{83} $1994_{21.164}$ 1999_{55-57} 2111_{69f}
XLV
Heindorf, Mutter des Folgenden
2104_{139f}
★ Heindorf, Ludwig Friedrich (1774–1816), Philologe, seit 1796 Subrektor am Köllnischen Gymnasium in Berlin, 1810 Professor für klassische Philologie an der Berliner Universität, später in Breslau und Halle
1844_{3f} 1852_{7-10} 1888_{14f} 1916_{19f} 1927_{23-25} $1967_{1f.5-12}$ 2004_{27-29} 2031_{15-20} 2033_{16-18} 2036_{15-17} 2045_{37-42} 2058_{27-34} $2061_{3f.7f}$ $2071_{5.13-16}$ 2099_{41f} 2145_{25f} 2159_{115}
XXXVII XLIII
– Platon-Edition
1840_{35} 1848_{10f} 1898_{43-45} 1912_{38f} 1927_{23-25} $1939_{28-77.83-85.105.143-146}$ $1963_{14-41.56-74}$ $1965_{126f.144f.154}$ 1967_{10-12} *2002 2004_{27-31} $2010_{1-53.76f.93-95.126-134}$ 2033_{17f} 2071_{13-16} $2104_{22-95.152-154.173-178}$
$1992_{102-108}$
Heindorf, Johanna (Hanne), Frau des Vorigen
2058_{28f}
Heindorf, Kinder der Vorigen
1963_{46} 2058_{28f}
Heindorf, Julia, Tochter des Vorigen
$2010_{109-113}$ $2104_{125f.139f}$
Heindorf, Sohn des Vorigen
$2010_{113-116}$ $2104_{98-103.125}$
Heinsius, Wilhelm (1768–1817), Buchhändler in Leipzig
1981_{2-5}
Helwig (Helvig), Amalie von (1776–1831), Schriftstellerin
1880_{8}
Henke, Heinrich Philipp (1752–1809), Kirchenhistoriker, Professor in Helmstedt
– Allgemeine Geschichte der christlichen Kirche
1876_{52} 1927_{3}
– Lineamenta institutionum fidei christianae
1844_{23} 1848_{34f}
Hennersdorf, Dorf im Kreis Reichenbach in Schlesien
2085_{15} 2108_{16f}
Henning, Christian David (1772–1831), 1804 Hofprediger in Stolp, 1806 Prediger in Neuanspach, 1821 in Züllichau
1853_{18-37} 1869_{13-26} $1907_{117-120}$ $1922_{175-178}$ 1957_{41-57} 2052_{40-42} 2100_{80-84}

Henning, Charlotte Wilhelmine, geb. Gießow, Frau des Vorigen
1957$_{42-48}$ 2052$_{40-42}$ 2100$_{80-84}$

★ *Hering, Christlieb Benjamin (gest. 1827), Kaufmann in Stolp*
1869$_{8}$ 1922$_{179f}$
XXIV XXIX XLIII

Hering, Frau des Vorigen
1853$_{39-44.76-78}$ 1957$_{68-71}$ 2052$_{25-29}$ 2100$_{48-52.94}$

Hering, Heinrich, Sohn der Vorigen
1853$_{79-95}$ 1957$_{71-77}$ 2052$_{30-34}$ 2100$_{8-22.38-48.88-90}$

Hering, Albertine, Schwester des Vorigen
1853$_{96-106}$ 1957$_{71f.82-84}$ 2100$_{8-22.88-90}$

Hering, Hermann
– *Der akademische Gottesdienst*
1941$_{7f}$ 1958$_{66}$

Hermann, Johann Gottfried Jakob (1772–1848), Pädagoge und Philologe
1965$_{174-179}$ 2010$_{123-125}$
– *Orphica-Edition*
2010$_{123-125.128f}$

Hermbstädt, Sigismund Friedrich (1760–1833), Chemiker, Professor am Collegium medico-chirurgicum in Berlin
1912$_{10f}$

Hermsdorf, Ort in Ostpreußen
1931$_{154}$
1975$_{17-21}$
LVI

Herodot (5. Jh. v. Chr.), griechischer Historiker
1939$_{118}$
– *Historien*
1933$_{92-94}$

Herrnhut (Oberlausitz), Zentrum der Brüdergemeinen
1893$_{86}$

Herz, Markus (1747–1803), Arzt und Schriftsteller in Berlin, Freund und Schüler Kants
1864$_{39}$

★ *Herz, Henriette (Jette), geb. de Lemos (1764–1847), seit 1779 Frau des Markus Herz (1747–1803)*
1834$_{38f}$ 1840$_{2f}$ 1848$_{25.37f}$ 1852$_{3f.51-53.62-64}$ 1863$_{25-40}$ 1867$_{32f}$ 1870$_{8-11}$ 1872$_{4f}$ 1876$_{3f.15f.61f}$ 1878$_{23-25}$ 1883$_{2-9}$ 1884$_{5f.53}$ 1887$_{50f}$ 1893$_{16f.27-32.53.88-90.112f}$ 1894$_{20f.36-39}$ 1898$_{11.34-39}$ 1910$_{7.40-43}$ 1911$_{68f}$ 1912$_{30-33.56f}$ 1913$_{78-90}$ 1921$_{4-6.43.56-58}$ 1924$_{5}$ *1923 1926$_{42.61f}$ 1927$_{27-31}$ 1931$_{72}$ 1938$_{8.17f}$ 1946$_{35}$ 1950$_{27}$ 1966$_{28-30}$ 1968$_{64f.71}$ 1982$_{25f.58.68}$ 1991$_{7f}$ 2007$_{112-118}$ 2008$_{90f.112}$ 2031$_{57-68.94f}$ 2040$_{40.53f}$ 2045$_{77}$ 2046$_{4f.45f.83}$ 2066$_{30-32.48f}$ 2067$_{4-10}$ 2071$_{21f}$ 2082$_{8}$ 2105$_{26-28}$ 2106$_{54f}$ 2110$_{4f}$ 2122$_{58f}$ 2124$_{99-101}$ 2126$_{47f}$ 2127$_{2f.45-47}$ 2128$_{50-61}$ 2137$_{50f}$ 2139$_{34f}$ 2142$_{8-14}$ 2148$_{43-49.53f}$ 2150$_{63-66}$ 2151$_{25-28}$ 2157$_{16f}$ 2160$_{13}$ 2161$_{2.4-7}$ 2162$_{15-20.58-60}$ 2165$_{29-32}$ 2167$_{12f.30f.57f}$ 2168$_{31-34}$ 2170$_{84-86}$
XIX XXIV XXVIIf XLIIIf

Heun, Karl Gottlieb Samuel (1771–1854), Kommissionsrat, Mitunternehmer der JALZ
1945$_{18-20}$

Heusde, Philip Willem van (1778–1839), niederländischer Philologe und Philosoph, Professor der Beredsamkeit und Geschichte in Utrecht seit 1804
– *Specimen criticum in Platonem (1803)*
1965$_{90-95}$ 2010$_{30-32}$ 2104$_{52f}$

Hildesheim
XLV

Hirschberg, Stadt in Schlesien
1893$_{109}$

Hochberg auf Fürstenstein, Fürsten von Anhalt-Köthen-Pleß
XXV

Hoffmann, Benjamin Gottlob (1748–1818), Verlagsbuchhändler in Hamburg
2127$_{48-50}$

Holland
1845_{4} 1981_{5}
Holstein
1902_{53}
Homer (8. Jh. v. Chr.)
$2104_{103-106}$
– *Ilias*
2072_{167} 2104_{74}
1916_{47f}
– *Odyssee*
1916_{47f}
XXX
Hoogeveen, Hendrik (1712–1791), niederländischer Philologe
– *Doctrina Paricularum Graecarum*
1965_{142}
Horaz, Quintus Horatius Flaccus (65–8 v. Chr.), Dichter
– *Carmina*
2113_{44}
– *De arte poetica*
2020_{16f} 2159_{55f}
Hüffel, Christian Gottlieb (1762–1842), Leher am Pädagogium der Brüdergemeine, seit 1791 Prediger
1940_{64} 1968_{44f}
Humboldt, Wilhelm von (1767–1835)
2159_{101}
Humboldt, Alexander von (1769–1859), Naturforscher
2137_{50f} 2139_{41} $2159_{101.110-117}$

Indien
2089_{27-42}
Israel, Friederike, geb. Stenzler (1777–1829), Frau des Stralsunder Kaufmanns Johann Heinrich Israel
1947_{39-45} $1970_{35-37.45-52.82.116-120}$ $2008_{157-168}$ 2008_{179} (?) 2019_{8-11} $2037_{26-31.35-37}$ $2129_{8-18.84-90}$ 2157_{11f}
1863_{96}
Israel, die ersten beiden Kinder der Vorigen
2129_{86}
Israel (geb. 20.1.1806), Tochter der Vorigen
$2129_{8-18.84-90}$

Italien
1927_{53} 1983_{9} 2159_{150}
XLVIII L

Jacobi, Friedrich Heinrich (1743–1819), Philosoph und Schriftsteller
1968_{62-65} 2020_{23f} 2104_{72f} (?) $2139_{6-8.25f}$
2020_{34f}
Jacobs (Jakobs), Christian Friedrich Wilhelm (1764–1847), Philologe, Schriftsteller, Bibliothekar und Lehrer in Gotha
2104_{72f} (?)
Jähn, Friedrich, aus Stolp
1853_{123f}
Jakob, Ludwig Heinrich (1759–1827), Professor der Philosophie und Kameralistik in Halle
– *Grundsätze der Nationalökonomie*
1945_{27f}
Jamblichus van Chalkis (um 250 bis um 330), neuplatonischer Philosoph
1914_{73}
Janssen, Kaufmann in Halle, Sohn der → Maria Ursinus aus erster Ehe
1958_{29-32}
Jasmund, Halbinsel auf Rügen
1863_{23} 1867_{1} 1877_{13} 1884_{27} $1886_{1.34}$ 1894_{9} 1884_{2-4} 1886_{34} 1899_{4} 1911_{27} 2084_{52} 2128_{41}
Jean Paul → Paul, Jean
Jena
1851_{95} 1863_{89-92} 1885_{31} 1914_{100} 1968_{54} 1969_{82} 1999_{57}
2171_{17-20}
XX
– *Universität*
1945_{17f}
XXXIX XLVII LV
Jenaische Allgemeine Literatur-Zeitung (JALZ)
1851_{92-94} 1885_{17-19} 1888_{11} 1898_{51f} 1901_{38f} 1912_{41f} 1914_{90} *1915 1933_{59} 1941_{61} *1944 $1945_{9-22.24}$ $2010_{117-119}$ 2026_{42f} 2027_{35-37}

2056_{11f} 2111_{99-101} *2156 $2159_{154-156}$ 2171
XXXIX

Jenisch, Daniel (1762–1804), Pfarrer in Berlin, Schriftsteller
2159_{34f}
– *Kritik des ... Religions- und Moral-Systems (1804)*
1885_{27-29} 1888_{20f} 1950_{3-13} 1956_{3-12} $2171_{4.21-23}$

Jeserig, Dorf östlich der Stadt Brandenburg
2040_{36}

Jesus, Jesus Christus
1866_{19} 1880_{86} 1921_{35} $1933_{27.75-78}$ 1962_{56-58}
2077_{18f}

★ *Jösting, Bekannter Schleiermachers*
$1921_{25-38.45.49}$ *1923 (?) 1924_{1-5} (?) 1924_{28-30} 1927_{30-33} 1931_{35f} (?) $1931_{44-63.75f.141-144}$ 1935_{9} 1938_{24-27} 1941_{53-57} 1946_{1-32} *1948 $1949_{8-11.23-32}$ 1950_{25-27} 1951_{11-13} 1954_{3f} $1956_{15.20-22.24-32}$ 2009_{2-4} 2011_{30} *2029 $2031_{3-6.11f.63-65.93-95}$ 2033_{51f} $2045_{24f.36f.71}$ 2046_{56f} 2064_{41f} 2071_{33-35} $2079_{30.44-47}$ 2084_{42} $2099_{4.38f}$ 2105_{26-28} *2118 $2125_{5.10f.14-19}$ $2127_{2.6f.26f.35-37.66-68}$ 2128_{46-49} 2134_{31-33} $2137_{11-14.54}$ $2142_{35-40.60-63}$ 2145_{24f} $2148_{42.48f}$ 2150_{82-88} 2151_{13-16} 2161_{17} 2165_{18f} $2167_{31f.57f}$
XXVI–XXVIII XLIV

Johannes de Sacrobosco (John of Holywood), um 1230 Mathematiker in Paris
– *Algorismus*
2089_{39-42}

Johannsen, Friedrich
– *Wissenschaft der Pädagogik (1803)*
1885_{6f}
1933_{4f}

Jones, William (1746–1794), britischer Orientalist
– *Dissertations relating to the History and Antiquities, the Arts, Sciences, and Literature, of Asia*
2089_{34}

Josephus, Flavius (37–100), jüdischer Historiker
1908_{74} 1914_{73} 1933_{122}

Journal für Veredlung des Prediger- und Schullehrerstandes, hg. von → Schuderoff
1927_{44-46}

Kallikles, Sophist
$1939_{107-111}$

Kant, Immmanuel (1724–1804)
1933_{56-58} 2102_{75}
1933_{53-58}
L

Kathen, Christiane Theodore von, geb. von Platen, Mutter des Folgenden
1970_{32-35}

Kathen, Karl Ludwig Emanuel von (1767–1842), Gutsbesitzer auf Götemitz/Rügen
$1970_{17-95.109-111}$ 1996_{19f} $2037_{14f.41-47}$ 2172_{11f}
XLIVf

★ *Kathen, Charlotte von, geb. von Mühlenfels (1776–1850), Frau des Vorigen, Schwester der → Henriette von Willich*
1863_{94f} 1867_{68} $1884_{4-21.58f}$ 1886_{49-57} 1894_{82} *1873 1899 1910_{89f} $1921_{11-18.37f.65f}$ $1922_{168-174}$ (?) 1926_{7-12} 1931_{25-29} 1935_{3-5} $1951_{35-37.77-82.99f}$ $1975_{40-43.69-76}$ 1979_{87f} $1996_{18-21.23f}$ $2007_{49-52.84f}$ $2008_{99-103.111f.169-175.181f}$ 2062_{38-44} 2066_{19f} 2081_{91} 2093_{74f} 2128_{48f} 2145_{22-24} 2150_{3f} 2152_{54-57} 2160_{8-12} *2154 2170_{4-6}
1886_{45}
XL XLIVf LVIII
– *ihre Kinder*
1962_{31-33} $1970_{30f.57-64.79}$ 2008_{182f} $2124_{8-10.23f}$ 2168_{56f} 2172_{12}
XLV

Kathen, Charlotte von (geb. 8.1.1798, gest. 8.2.1881), Tochter der Charlotte von Kathen
$1970_{43-45.62-64.96-111}$ 2037_{15-18}

Kathen, Gottlieb von (geb. 22.5.1804, gest. 1854), Bruder der Vorigen
1886$_{50-57}$ 1962$_{21-27}$ *1972 1975$_{72-76}$ 1982$_{42-50}$ *2083 2084$_{16-21}$ *2145$_{22-24}$*

Kathen, Friederike von (geb. 4.3.1806), Schwester des Vorigen
2160$_{9}$ 2168$_{2-17.59-61}$ 2172$_{3-10}$ *2084$_{16-21}$*

Kattenbusch, Ferdinand
– *Schleiermachers Wohnung in Halle*
XXIV

Kayssler, Adalbert Bartholomäus (1769 –1821), Philosoph, 1804 Privatdozent in Halle, seit 1806 Gymnasialprofessor in Breslau
1881$_{92-96}$

Keller, Kantor in Stolp
1957$_{49-54.57-59}$ 2100$_{85f}$

Keller, Frau des Vorigen
1957$_{57-59}$ 2100$_{85f}$

Keller, Tochter der Vorigen
1957$_{59-62}$

Kenz, Kurort bei Barth in Vorpommern
1947$_{31-34}$ 1970$_{96.135f}$ 2008$_{178}$

Kiel
2114$_{29}$

Kiesewetter, Johann Gottfried Karl Christian (1766–1819), seit 1793 Professor der Philosophie an der medizinisch-chirurgischen Pepinière in Berlin, Kantianer
2020$_{17f}$

Kitskats, Firma in Danzig
1957$_{72f}$

Klein Glogau, Stadt in Schlesien
2131$_{44}$

Kletschke, Johann Gottfried (1748–1806), Feldpropst in Potsdam
2042$_{47-50}$ 2072$_{167f}$

Klingebeil, Christian Friedrich Wilhelm (1759–1808), Prediger in Brandenburg/Havel
2074$_{21-26}$

Klinger, Friedrich Maximilian (1752–1833), Dichter
2159$_{144f}$
– *Betrachtungen und Gedanken*
2113$_{19-21}$
– *Fausts Leben, Taten und Höllenfahrt*
2159$_{145}$
– *Geschichte Giafars des Barmeciden*
2159$_{145}$
– *Geschichte Raphaels de Aquillas*
2159$_{145}$

Klosterberge, bei Magdeburg
2039$_{12f}$

Klügel, Georg Simon (1739–1812), Professor der Mathematik in Halle
2089$_{77}$

Kluge, in Gnadenfrei
2067$_{28}$

Knapp, Georg Christian (1753–1825), Professor der Theologie in Halle
1845$_{27}$ *1855 1881$_{28-30.79-81}$ 1908$_{58}$ 2026$_{86-88}$
– *Scripta varii argumenti*
1945$_{28f}$

Knobloch (Knoblauch), von, geb. Freiin von Schrötter (in Berlin)
1866$_{35f}$

Koch, Georg Friedrich, Pädagoge in Stettin
1914$_{106-108}$ 1933$_{138-140}$ 1969$_{65}$ 1994$_{126-128}$

Kölpin bei Reetz, Ort im Kreis Arnswalde (Neumark)
1869$_{55.108}$

Könen, Herr in Berlin
1946$_{33f}$ 2011$_{36}$ 2071$_{21}$ 2161$_{1f}$

Königsberg, Hauptstadt Ostpreußens
2104$_{53}$
L LV

Köpcken, von, Bruder der → Wilhelmine Niemeyer, in Berlin
1938$_{25}$

Köppen, Friedrich (1775–1858), Pfarrer in Bremen, später Professor der Philosophie in Landshut und Erlangen
– *Rezension von Jean Pauls Vorschule der Ästhetik*
2020$_{34f}$

Körte, Friedrich Heinrich Wilhelm (1776–1846), Literaturhistoriker, Neffe und Nachlaßverwalter Gleims in Halberstadt
2016_{20-25}

Koitsch, Christian Jakob (1671–1734), pietistischer Theologe und Dichter
2067_{14f}

Konopak, Christian Gottlieb (1767–1841), Professor der Rechte in Halle
1950_{25f} $1981_{6f.10}$ 1982_{12-17} 1989_{25-31} 1990_{24-26} $1991_{2.22-30.35-37.67-72}$ *1997 1999_{23-25} 2001_{22f} $2005_{30f.65-68}$ 2041_{18-20} 2125_{19} 2134_{24-32}
XXVf

Kopenhagen
XLVIIf

Korn, seit 1804 Regimentsquartiermeister in Stolp
1853_{52f}

Kościuszko, Tadeusz (1746–1817), polnischer General und Freiheitskämpfer
$2090_{8.32f}$

Kosegarten, Gotthard Ludwig Theobul (1758–1818), Pfarrer auf Rügen, Schriftsteller
1877_{49f} 2093_{12f}
XLV

Kosel, Stadt in Oberschlesien
2090_{25} 2131_{20f}

Krakau
2090_{17}

Krause, Friedrich August Wilhelm (1767–1827), Theologe und Pädagoge
– Pauli ad Corinthios Epistolae Graece
2148_{35f}

Krell, Lehrer an der Kadettenanstalt in Stolp, später Verwaltungsbeamter
1853_{53-55}

Krottenauer, von, Kornett in Stolp
$1922_{19-41.47-80}$

Krüdener, Barbara Juliane von (1764–1824), Schriftstellerin, Anhängerin der Reaktion
– Valerie (1803)
2025_{31-34} 2129_{48-51}

Krüger, Caroline, Schwester der → Eleonore Grunow
1884_{44-47} 1931_{150f} 2040_{23f}
XXVIII (?)

Krüger, Johann Albrecht, Stadtgerichtsassesor in Berlin, Bruder der → Eleonore Grunow
$1834_{15-18.49f}$ 1863_{41-45} 1876_{17-41} 1884_{44-47} 1894_{48f} 1924_{2f} 1924 1927_{34-37} $1931_{49-52.150f}$ $1949_{1-5.17-22}$ 1951_{12-34} 1956_{33f} 2007_{46f} 2011_{24f} 2031_{53-57} 2040_{4-23} 2045_{72f} 2046_{57-69} $2072_{139-141}$
XIX XXII XXIV XXVIIf

Küster, Karl Daniel (1727–1804), seit 1759 Prediger in Magdeburg
1845_{41f}

Kummer, Buchhandlung in Leipzig
1844_{30f}

Kunth, Gottlob Johann Christian (1757–1829), Erzieher im Hause Humboldt, preußischer Staatsmann
2159_{99-101}

Kunth, geschiedene Werner, seit 1806 Frau des Vorigen
2159_{99-101}

Kutusow, Michail Illarionowitsch (1745–1813), russischer General
2090_{10}

La Bruyère, Jean de (1645–1696), französischer Moralist
– Les Caractères de Théophraste
2113_{18f}

Lachmann, Juliane, Frau des Inspektors Johann Joachim (um 1731 bis 1800) in Drossen
2074_{47f}

Landsberg an der Warthe (Gorzów Wlkp.)
*1903
XLI

Landshut
XXXVII
Lange, Bekannter → Christlieb Benjamin Herings aus Stolp
1853_{93}
Lange, Arzt in Landsberg/Warthe
1958_{80f}
Lauchstädt, Kurort südlich von Halle
2014_{4}
Lausitz, Landschaft im Südosten Brandenburgs
1938_{4} 1962_{46}
★ *Lehmann, Regimentsquartiermeister aus Stolp*
1869_{83-85}
XLV
Lehmann, Frau des Vorigen
1869_{83-85}
Lehman(n), Frau aus Stolp
1907_{99-102}
Lehmann, Verwandte der Charlotte von Kathen
– *deren Bruder*
2124_{104}
Leipzig
1876_{56} 1938_{12} 1949_{55} $1956_{17-19.25f.36f}$ 1967_{6} 2010_{53} 2102_{75} 2137_{22}
1845_{4}
XXV L
Lemke, Justizrat in Potsdam
2074_{67-69}
Lemos, Brenna de (gest. 1815), jüngste Schwester der Henriette Herz
1834_{38f} 1863_{33-38} 1864_{20-23} 1893_{31f} 1898_{34f} 1912_{57-60}
Leobschütz, Stadt in Schlesien
2090_{22}
Leonore → Grunow, Eleonore
Leopoldshagen bei Anklam, Ort in Pommern
XL
Leveaux, in Halle
2112_{21f}
Liturgische Gesänge der evangelischen Brüdergemeinen
1844_{30} 1876_{51}
Livland, politische Einheit im Baltikum, zu Rußland gehörig
1891_{23} 2122_{64}
Livorno, Hafenstadt in der Toskana, zum Königreich Etrurien gehörig
$1907_{19f.42}$
Loder, Justus Christian (1753–1832), Professor der Medizin in Jena und (seit 1803) in Halle
XXXI*f*
Loder, Frau des Vorigen
1863_{67-74}
London
1853_{64}
1845_{4}
Louise, Bekannte Charlotte Schleiermachers
1989_{13-15} 2005_{78-80} *2006
Lübeck
2100_{57}
Luise, in Berlin
2040_{50}
Luther, Martin (1483–1546)
2016_{32-34}

Maaß, Johann Gebhard Ehreneich (1766–1823), Professor der Philosophie in Halle
2105_{18f}
Macpherson, James (1736–1796), schottischer Schriftsteller und Politiker
– *Fragments of Ancient Poetry (Ossian)*
2159_{42f}
Magdeburg
1949_{55} 2031_{43} 2036_{9f} 2039_{1f} 2040_{56} 2045_{79}
Mahlendorf(f), Lehrer an der Kadettenanstalt in Stolp, später Kämmerer in Treptow an der Tollense
1853_{48-51} 1869_{80-83}
Mahlendorf, geb. Schäf(f)er, Frau des Vorigen
1853_{51} 1869_{82}

Malaga, Stadt in Spanien
1853_{68-71}

Manon, lebte im Hause Reimer
1831_{12} 1840_{67-70} 1912_{60f} 1927_{50} 1949_{56f} 2004_{40f} $2031_{81-83.92}$ 2040_{66f} 2061_{69} 2064_{50} 2071_{58} 2079_{44}

Manso, Caspar Friedrich (1759–1826), Schulmann, Historiker und Philologe
2126_{52f}

★ *Marheineke, Philipp Konrad (1780–1846), Professor der Theologie in Erlangen, seit 1807 in Heidelberg*
XLVf

Maria (Marie), Freundin → Carl von Büntings
$1922_{154-164}$

★ *Massow (Massov), Eberhard Julius Wilhelm Ernst von (1750–1816), seit 1798 preußischer Staatsminister*
$1832_{14f.20f.23-25}$ 1844_{13} $1859_{13-15.69-76.82-84}$ $1878_{18-20.31f}$ 1881_{71-74} 1887_{36-40} $1914_{22f.102-105}$ 2042_{38-42} $2072_{115-119}$ 2081_{74f} 2105_{19-21} $2127_{21f.24f}$ 2136_{35-41} 2140_{63f} $2150_{7f.22-27.34-36.89f}$ 2167_{16-20} 2170_{15f}
XXXIf LX

Matthäi, Christian Friedrich von (1744–1811), Altphilologe, Professor in Wittenberg, seit 1805 in Moskau
1933_{63f}

Mehl(s), Hofrat in Landsberg an der Warthe
1845_{37f} 2074_{45f}

Meier, Henriette Caroline, geb. César, Frau des Geheimrats Meier in Berlin
1916_{40-42}

Mémoires de Littérature (Pariser Akademie)
2089_{50-58}

Merkel, Garlieb Helwig (1769–1850), livländischer Schriftsteller und Publizist, zeitweise in Jena, Weimar und Berlin; wandte sich vorzugsweise gegen die romantische Schule
2020_{34-36}

Merseburg, Stadt in Sachsen
1938_{29}
XXIII

Metger, Friedrich Severin (1775–1834), Schleiermachers Nachfolger als reformierter Prediger an der Charité
1844_{27}

Meurs, Johannes van (1579–1639), niederländischer Philologe
– *Denarius Pythagoricus*
2089_{58f}

Meyer, E. R.
– *Schleiermachers Gang*
1968_{47}

Meyer, Gottlob Wilhelm (1768–1816), Repetent und Universitätsprediger in Göttingen, seit 1805 Professor der Theologie in Altdorf
– *Entwicklung des paulinischen Lehrbegriffs (1801)*
1898_{28f}

Meyer (Mayer), Zollbeamter in Landsberg an der Warthe, Bekannter Schleiermachers
1845_{11-13} 2074_{6-9}

Michaelis, Karl Georg Heinrich (1752–1812), Hof- und Domprediger in Berlin
1845_{40}

Michelsen, Johann Andreas Christian (1749–1797), Mathematiker, Professor am Gymnasium zum Grauen Kloster in Berlin und (seit 1793) Mitglied der Akademie der Wissenschaften
– *Versuch in Sokratischen Gesprächen über Geometrie*
1965_{8-10}

Möckel
2149_{26}

Mollweide, Karl Brandan (1774–1825), Mathematiker und Astronom
1971

Montucla, Jean-Etienne (1725–1799), französischer Mathematiker
– *Histoire des mathématiques*
2089_{26-47}

Morgenstern, Karl von (1770–1852), Philologe in Danzig und seit 1802 in Dorpat
– Quid Plato spectaverit in dialogo Meno
$1965_{214-216}$

Morus, Samuel Friedrich Nathanael (1736–1792), Altphilologe und Theologe in Leipzig
1908_{31}
– Super Hermeneutica Novi Testamenti
1876_{56f}
1908_{30-32}

Mühlenfels, Friedrich Gottlieb von, Offizier, Vater der → Charlotte von Kathen und der → Henriette von Willich
1970_{14f}
LVIII

Mühlenfels, Pauline von, geb. von Campagne (1747–1797), Frau des Vorigen
1970_{15f} 2065_{24f}
LVIII

Mühlenfels, Friedrich von (1778–1852), Sohn der Vorigen, Herr auf Sissow
1970_{16}

Mühlenfels, Henriette von → Willich, Henriette von

Mühlenfels, Karl Friedrich Bernhard von (geb. nach 1788, gest. 1834), Bruder der Vorigen, später Offizier
1970_{16}

Mühlenfels, Frau von, geb. Köppen, verheiratet mit Georg Ludwig Gottlieb Erdmann von Mühlenfels (1740–1801), einem Neffen zweiten Grades des → Friedrich Gottlieb von Mühlenfels
2008_{69f}

Mühlenfels, Karl Wilhelm Gustav von (1785–1805), preußischer Offizier, Sohn der Vorigen
2008_{68-70}

Müller, Wirtsleute → Heindorfs in Berlin
2058_{27-32} $2104_{112-136}$

Müller, Student (gest. 1805)
1958_{44f}

★ Müller, Wilhelm Christian (1752–1831), Musiker, Schriftsteller, Kantor und Pädagoge in Bremen
XXXIIf XXXI XLVI

Müller, Elise (1782–1849), Tochter des Vorigen, Musikerin
XXXI

★ Müller, Adolph Wilhelm (1784–1811), Bruder der Vorigen, Mediziner, Schüler Schleiermachers in Halle
2114_{10-13} $2140_{4f.15f}$ 2143_{27f}
XIXf XXII–XXV XXXII–XXXIV XXXIf XLVIf

Müller, Johannes von (1752–1809), Historiker
1880_{94} 1916_{86f} *2163 2164_{2-8}
– Schweizergeschichte
1866_{47}
– Autobiographie
$2159_{154-156}$

München
1994_{166} 1999_{55} 2104_{65}
XLVII
– Akademie der Wissenschaften
*1997
1965_{171} $1994_{166-169}$ 1999_{54f}
2010_{58-66}

Münscher, Wilhelm (1766–1814), reformierter Theologe, seit 1792 Professor der Theologie in Marburg
– Handbuch der christlichen Dogmengeschichte
1876_{54f}

Mursinna, Samuel (1717–1795), Theologe und Pädagoge, Professor in Halle
$1958_{40f.48-54}$

Mursinna, Friedrich Samuel (1754–1805), Schriftsteller, Sohn des Vorigen, lebte zuletzt in Berlin
$1958_{38-41.48-54}$

Mursinna, Christian Ludwig (1744–1823), Professor am Collegium medico-chirurgicum in Berlin
1958$_{40f}$

Napoleon Bonaparte (Buonaparte; 1769–1821)
2090$_{7f.31f}$ 2159$_{18-28}$
Lf
Nauck, Gottfried Karl, Verleger in Berlin
1898$_{44f}$ 1939$_{37f.55-57}$ 2010$_{61.65}$
Nebe, Prediger am Waisenhaus in Halle, und dessen Familie
1901$_{52-54}$ 1958$_{25f}$ 2112$_{15-20}$
Nebe, Frau des Vorigen
1958$_{25f}$ 2112$_{15-20}$
Neue allgemeine deutsche Bibliothek (NADB)
1898$_{55-57}$ 1912$_{44-46}$ 1927$_{43f}$
Neue Berlinische Monatsschrift, hg. von → Johann Erich Biester
1965$_{210-218}$
Neue Leipziger Literatur-Zeitung
1965$_{174-179}$
Neustettin, Stadt in Pommern
1994$_{135}$
Nicolai (Nikolai), Christoph Friedrich (1733–1811), Verleger und Schriftsteller
2159$_{42-46}$
1939$_{92f}$
Niederlande → Holland
Niedersachsen
2100$_{57}$
Niemeyer (Niemeier), Familie
1834$_{58}$ 1866$_{10f.53}$ 2016$_{35f.61}$ 2020$_{54}$ 2041$_{20f}$
Niemeyer, August Hermann (1754–1828), Pädagoge, Philologe und Dichter, Professor der Theologie in Halle und Direktor der dortigen Franckeschen Stiftungen
1845$_{26}$ 1851$_{58-60}$ 1863$_{83-87}$ 1872$_{12f}$ 1880$_{24-39}$ 1881$_{76f}$ 1914$_{97-99}$ 1916$_{91}$ 1946$_{29-32}$ 1949$_{34-38}$ 1958$_{26-28}$ 1999$_{88-90}$ 2026$_{86-88}$ 2072$_{115f}$ 2074$_{19f}$ 2146$_{29f.39}$
XX XXXIf XLIV
Niemeyer, Agnes Christine Wilhelmine, geb. v. Köpcken (geb. 1769), Frau des Vorigen
1848$_{42f}$ *1855 1863$_{64-74}$ 1864$_{32-35}$ 1872$_{12}$ 1880$_{14-34}$ 1921$_{47-49}$ 1938$_{24-27}$ 1946$_{1-32}$ *1948 1949$_{27-38}$ 1954$_{3f}$ 2046$_{35f}$ 2071$_{33f}$ 2084$_{32-36}$ 2148$_{53f}$ 2161$_{16f}$
XX XXII XLIV
Niemeyer, Hermann Agathon (1802–1851), Theologe und Pädagoge, Sohn der Vorigen
1962$_{8-15}$
Niemeyer, Gottlieb Anton Christian (geb. 1783), Schriftsteller
– *Gedichte von Anton Niemeyer und Karl August Döring (1803)*
2074$_{18-20}$
Niesky (Nisky), Kolonie der Brüdergemeine nordöstlich von Görlitz
1962$_{45-48}$
1951$_{83-91}$ 1968$_{47}$
★ *Niethammer, Friedrich Immanuel (1766–1848), Philosoph und Theologe, seit 1804 Professor der Theologie in Würzburg*
XLVII
– *Predigtdrucke*
1904
Nösselt, Johann August (1734–1807), Professor der Theologie in Halle
1851$_{54f.63}$ *1855 1866$_{9f}$ 1881$_{28-30.79-81.99-101}$ 1908$_{31.58}$ 1969$_{60f}$ 1999$_{89-91}$ 2026$_{86-88}$ 2074$_{17f}$ 2095
– *Anweisung zur Bildung angehender Theologen*
1835$_{19}$ 1844$_{16}$ 1851$_{40}$
– *Anweisung zur Kenntnis der Bücher in allen Teilen der Theologie*
2026$_{63}$
– *Exercitationes ad Sacrarum Scripturarum interpretationem (1803)*
2148$_{38}$

– *Opuscula ad interpretationem Sacrarum Scriptuarum*
1908_{30-32}
Nogier, Mitglied der reformierten Gemeinde in Stolp
1853_{114f}
Nolte, Johann Wilhelm Heinrich (1768–1832), Lehrer und Konsistorialrat in Berlin
1852_{24-29} 2127_{23-25} 2165_{54f}
Novalis (Friedrich von Hardenberg; 1772–1801)
1975_{77-90} 2056_{31f} $2102_{73.99}$
XXV
– *Hymnen an die Nacht (Athenaeum 1800)*
1872_{31f}
– *An Karl von Hardenberg (Sonett; postum)*
$2102_{118-120}$
– *Die Christenheit oder Europa (postum)*
2102_{62f}
– *Schriften, hg. F. Schlegel und L. Tieck*
2127_{37-39}
– *Schriften, Bd. 2 (1802)*
2079_{36-42} 2099_{18f}
$2102_{62f.118-120}$
Nürnberg
L

Obern (O'Bern), Marcus Phillip Ludwig de (1738–1809), seit 1762 französisch-reformierter Prediger in Halle
1901_{54f} 2112_{74-77}
★ Oehlenschläger, Adam Gottlob (1779–1850), dänischer Dichter
$2102_{100-102}$ 2127_{41-45} 2137_{46-48}
$2159_{12-14.25-28.35-46}$
XLVIIf
– *Digte (Gedichte, 1803)*
$2102_{100-102}$
XLVIII
– *Poetiske Skrifter (1805)*
$2102_{100-102}$
– *Hakon Jarl (1807; deutsch 1809)*
$2102_{100-102}$
Österreich
$2090_{6-19.33.38}$ 2111_{77f} 2112_{68f}
2131_{10-13}
2042_{6f}
Österreich, Herrscherhaus
– Maria Theresia von Neapel-Sizilien (1772–1807), Frau des römisch-deutschen und ersten österreichischen Kaisers Franz (1768–1835)
2090_{16f}
Olivier, Ludwig Heinrich Ferdinand (1759–1815), schweizer Pädagoge
2089_{62}
Olmütz
2090_{38}
Ovid (Publius Ovidius Naso, 23 v. Chr. bis 17 n. Chr.)
– *Amores*
1916_{84}

Pangel, Ort nahe Nimptsch (Schlesien), Sitz der Familie von Aulock
$2025_{5.31}$
Pappelbaum, Georg Gottlieb (1745–1826), Pfarrer an St. Nikolai in Berlin
1916_{45f}
Pardo de Figueroa, Benito (1764–1815), spanischer Offizier, Diplomat und Gelehrter
$2159_{121-123}$
Paris
$2159_{110-119}$
XLIXf
Pascal, Blaise (1623–1662), Philosoph und Mathematiker
1885_{11-15}
Passendorf bei Halle
2062_{43}
Patsch, Hermann
– *Alle Menschen sind Künstler*
1840_{64} 2018_{12-14}
XXXVII
– *Schleiermachers Briefwechsel mit Eichstädt*
XXXIX

Paul, Jean (Johann Paul Friedrich Richter, 1763–1825)
1878$_{34f}$ 1893$_{93f}$
– *Das Kampaner Thal (1797)*
1893$_{94f}$
– *Titan (1800–1803)*
1893$_{95f}$
– *Vorschule der Ästhetik*
2020$_{30-36}$
– *Flegeljahre (1804/05)*
1893$_{96f}$ 2109$_{2-5}$
Paulus, Apostel
1969$_{1-7}$ 1994$_{158}$ 2026$_{147}$ 2104$_{196f}$
2136$_{57-59}$ 2162$_{55-57}$
Paulus, Heinrich Eberhard Gottlob (1761–1851), Theologe und Orientalist, 1789–1803 Professor in Jena
1939$_{101f}$
– *Kommentar über das Neue Testament*
1898$_{29-31}$ 1916$_{50f}$ 1933$_{59-99}$ 1939$_{98}$
Peistel, Karl Heinrich Baron von («Pito»; 1762–1809), auf dem Gladishof in Mittelpeilau
1893$_{71-77}$ 2005$_{51}$ 2122$_{50-57}$
Peistel, Sophie Elisabeth von, geb. von Tschirschky (1762–1828), Frau des Vorigen
1893$_{73f}$
Perthes, Friedrich Christoph (1772–1843), Buchhändler und Verleger in Hamburg
2020$_{34f}$
Pestalozzi, Johann Heinrich (1746–1827), Pädagoge
1859$_{70-74}$ 1958$_{15f}$ 1969$_{69f}$ 2056$_{18-26}$
*2088 2089$_{60-74}$
XLIX LV
– *Wie Gertrud ihre Kinder lehrt (1801)*
2056$_{15-17}$
– *Anschauungslehre der Zahlenverhältnisse (1803 f.)*
2056$_{22-24}$
Petersberg bei Halle
1941$_{4}$ 1958$_{66-68}$ 2039$_{23}$ 2112$_{23}$
XXII
Petrus, Jünger Jesu
1931$_{163}$ 1933$_{95f}$
Pfaff, Dr., Arzt in Pleß
2131$_{42f}$ 2149$_{2-5.20-29}$
Philo(n) von Alexandria (um 20 v. bis 54 nach Chr.), jüdisch-hellenistischer Philosoph
1908$_{74}$ 1914$_{73}$
Philosophisches Journal einer Gesellschaft Teutscher Gelehrten
XLVII
Pindar (um 518 bis 442 v. Chr.)
1965$_{131}$ 2104$_{103-106}$
Pischon, Johann Karl (1764–1805), seit 1799 reformierter Garnisonprediger in Potsdam
1832$_{41-45.47-51}$ *1843 1851$_{22-34}$
1859$_{29-37.61-68}$ 1876$_{58-60}$ 1881$_{5-11}$
1901$_{33f}$ 2072$_{167f}$ 2074$_{49-54}$
Pischon, Wilhelmine Karoline, geb. Wilmsen, Frau des Vorigen
1876$_{58-60}$
1859$_{27}$
Pistor, Familie des Karl Philipp Heinrich Pistor (1778–1847), Astronom, Mechaniker und seit 1793 im preußischen Postdienst; verheiratet mit einer Stieftochter des → Johann Friedrich Reichardt
2041$_{17}$
Pistorius, Johann Philipp (1767–1823), Pfarrer in Garz auf Rügen
2019$_{32-37}$
XLVIII
★ *Pistorius, Charlotte, geb. Pritzbuer (1777–1850), Frau des Vorigen*
1841$_{58-60}$ 1892$_{28}$ 1910$_{88f}$ 1970$_{83-86}$
2007$_{85.119}$ 2008$_{100}$ 2037$_{34-41}$
2093$_{50-53}$
2172$_{1-6}$
XLVIII
Pito → Peistel
Pitsch, Gastwirt und/oder Kaufmann in Stolp
1957$_{53f}$
Planck, Gottlieb Jakob (1751–1833), Theologe in Göttingen
– *Einleitung in die theologischen Wissenschaften*
1851$_{40f}$

Planudes, Maximus (um 1260 bis um 1330), byzantinischer Gelehrter
– Psephophoria
2089_{35-38}
Platon (427–347 v. Chr.)
1888_{14} 1933_{54f} 1939_{134f} 1965_{167f} 1968_{53f} 2012_{40} 2089_{24} 2145_{13-15} 2164_{4f}
2020_{30f}
XLIII
– Apologie
2010_{20}
– Euthyphron
1963_{73f}
– Gorgias
$1939_{107-129}$
– Menon
1963_{63-72} $1965_{2-170.196-218}$
1971
– Politeia
1965_{103f}
– Sophistes
$2104_{49-63.201}$
– Theaitetos
1963_{72f} 2162_{41-45}
– Übersetzung von F. Schlegel und F. Schleiermacher siehe dort
– → Biester
– → Cornarius
– → Ficinus
– → Fischer
– → Gedike, Friedrich
– → Heindorf
– → Windischmann
Pleß (Pless), Ort in Anhalt-Köthen-Pleß in Oberschlesien
2131_{31-42} 2152_{36f}
LII LVII
Plotin (um 205 bis um 270), Hauptvertreter des Neuplatonismus
1914_{73}
Plutarch (45 bis um 125), griechischer Schriftsteller
– Moralia
1965_{105}
Pococke, Richard (1704–1765), englischer Geistlicher
– Inscriptionum antiquarum Graecarum et Latinarum liber
$2159_{120-122.123-127}$
Poich, Herr von, in Stolp
1922_{42-47}
Polen
$2090_{32f.8}$
Polos (Polus) von Akragas, Sophist, Schüler des Gorgias
2004_{25}
Polykrates, 538–522 v. Chr., Tyrann auf Samos
1933_{94}
Pommern
1869_{98f} $1914_{102-104}$ 1992_{117} 2019_{19f} $2042_{26.53f}$ 2112_{63} 2159_{151}
– Vor- und Hinterpommern
1866_{9} 1880_{78f}
Porto, Stadt in Portugal
1957_{91} 2100_{53}
Posadowsky, Friederike Elisabeth (Lisette) Beate Louise Gräfin von (1745–1827), Oberaufseherin der Mädchenanstalt in Gnadenfrei (seit 1793)
1925_{43-46} $2122_{37-40.46f}$ 2134_{37f}
Poseritz, Ort auf Rügen
1856_{23} $1926_{7.14}$ 2008_{45f}
Potsdam
*1955 1958_{36} 2040_{36} 2072_{167f} 2074_{49} 2100_{11} 2111_{44-46} 2126_{61} 2167_{42}
2042_{47-50}
XXVII
Prenzlau (Prenzlow), Stadt in der Ukkermark
2142_{11}
Preßburg (Bratislava)
2111_{77f} 2112_{65-69} 2131_{7}
Preußen (Brandenburg-Preußen), Staat
2042_{22f} 2074_{44} 2090_{23} 2112_{69} 2150_{37} 2168_{22} $2170_{11.54}$
1968_{1-4} 2042_{6f} 2090_{8} $2131_{28.42}$ $2159_{110-119}$
XXXVI XLIX–LI LV
Preußen (Brandenburg-Preußen), Herrscherhaus
LV
– Friedrich II. (1712–1786), seit 1740 König in Preußen (seit 1772 von

Preußen)
1869$_{21f}$
1933$_{135-140}$
L
– *Friederike Louise, geb. Prinzessin von Hessen-Darmstadt (1751–1805), verheiratet mit Friedrich Wilhelm II.*
1941$_{7f}$ 1969$_{45}$
1958$_{66}$
XXII
– ★ *Friedrich Wilhelm III. (1770–1840), seit 1797 König von Preußen*
1832$_{17f.22f}$ 1999$_{58-60}$ 2026$_{153}$
2140$_{33-39}$ 2159$_{113-119}$
1958$_{35-38}$ 1994$_{144-146}$
LIX
– *Luise Auguste Wilhelmine Amalie, geb. Herzogin zu Mecklenburg-Strelitz (1776–1810), Frau des Vorigen*
1999$_{58-60}$
Preußen (Ost- und Westpreußen)
1975$_{17}$ 2042$_{33}$ 2112$_{64}$ 2126$_{6}$
L
Prittwitz, Christian Wilhelm von (1739–1807)
2085$_{19}$
Prittwitz, Sophie Beate Christiane von, geb. von Kreckwitz (gest. 1809), Frau des Vorigen
2085$_{19}$
Prittwitz, Karl Christian Gottlob von (1773–1830), Sohn der Vorigen, Landrat
2085$_{17-21}$
Prittwitz, Juliane Elisabeth (Lisette) von, geb. von Seidlitz (1774–1837), Frau des Vorigen
1893$_{21-23}$ 1940$_{48-51}$ 2085$_{17-21}$
2108$_{15-25}$
Prittwitz, Karl Moritz Julius Wilhelm von (28.11.1796 bis 1856), Sohn der Vorigen
2085$_{17-21}$
Prittwitz, Agnes Dorothea Sophie von (5.1.1805 bis 1871), Schwester des Vorigen, später verheiratet mit dem Theologieprofessor Hermann Olshausen
1893$_{22f}$ 2085$_{19}$ 2108$_{22-25}$
Pritzbuer, Friedrich Samuel Theodor (1731–1819), seit 1787 Propst in Garz auf Rügen, vorher Pfarrer in Reinkenhagen
2019$_{19}$
XLVIII
Pritzbuer, frühverstorbene Kinder aus erster und zweiter Ehe
2019$_{6-8}$
Pritzbuer, Helena Dorothea Margarethe, geb. von Hellström, dritte Frau des Vorigen
2019$_{19}$
Proeck, Major von, Direktor der Kadettenanstalt in Stolp
1853$_{55f}$ 1869$_{20-23}$ 1907$_{57-80}$
1922$_{65-72}$ 1957$_{62}$
XLIX
★ *Proeck, von, Frau des Vorigen*
1869$_{102-104}$ 1907$_{4.56-99.121-126}$
1922$_{186-188}$ 1938$_{14-16}$ (?) 1957$_{62}$
2087$_{9-11}$ 2124$_{104-109}$ *2153
2157$_{18-24}$
XLIX
Proeck, von, Stiefsohn der Vorigen
1907$_{67-83}$ 1957$_{62}$
Proeck, von, Stieftochter der Vorigen, heiratet 1806 nach Rügen
2124$_{103f}$
Propyläen, Zeitschrift
2020$_{30f}$
Protagoras (490–411 v. Chr.), griechischer Philosoph, Sophist
1866$_{32.34}$
Proteus, antike mythologische Figur
2089$_{74}$
Pygmalion, antike mythologische Figur
2079$_{38}$
Pythagoras von Samos (um 570 bis nach 510 v. Chr.), Philosoph
2089$_{19.43.55-57}$

Quakenburg, Stadt bei Stolp
1922$_{184-186}$
Quintilianus, M. Fabius (ca. 35–100), römischer Lehrer der Rhetorik
– → *Spalding, Quintilian-Ausgabe*

Rabe (?), Frau in Halle
2041$_{19-21}$

Ragotzky, Christian Ludwig (1761–1822), seit 1800 erster Pfarrer an St. Marien in Landsberg/Warthe
1999_{64-68}

Rambach, Bruder der Witwe → Bertram
1990_{12-18}

Rambach, Friedrich Eberhard (1767–1826), Lehrer in Berlin, seit 1803 Professor in Dorpat, Schriftsteller
1922_{83}

Ramdohr, Friedrich Wilhelm Basilius von (1752–1822), Jurist und Schriftsteller
– *Venus Urania (1798)*
1922_{83f}

Ratibor, Stadt in Schlesien
$2090_{4.22}$

Raumer, Friedrich von (1781–1873), Historiker, seit 1801 in der preußischen Verwaltung tätig
2040_{32-36}
XXVII XLIX

★ *Raumer, Karl Georg von (1783–1865), Bruder des Vorigen, Mineraloge*
1938_{28-30} 2040_{28-35} 2045_{22f}
XXIII XXVII XLIX–LI
– *Geognostische Fragmente (1811)*
XLIX

Raumer, Heinrich von (1786–1868), Bruder des Vorigen, später Kammerrat in Anhalt-Dessau
2040_{33f}

Raumer, Franz Georg Wilhelm von (1788–1865), Bruder des Vorigen, später Herr auf Kaltwasser
2040_{33f}

Raumer, Gustav von (1790–1873), Bruder des Vorigen, später preußischer Forstrat
2040_{33f}

Reichardt, Familie des Johann Friedrich Reichardt
1863_{75} 1864_{35-37} 1990_{7} 2081_{21} 2128_{8-10}
XXXI LI

Reichardt, Johann, Stadtmusikus in Königsberg, Vater des Folgenden
L

Reichardt, Mutter des Folgenden
2041_{15f}

★ *Reichardt, Johann Friedrich (1752–1814), Komponist*
1898_{19-22} 2011_{29-35} 2137_{47-49}
Lf
– *Die Geisterinsel, Singspiel (1798)*
$2102_{106-108}$
– *Rosamunde (Oper, 1801)*
1866_{43}
– *Le troubadour (1805/06)*
2011_{31}

Reichardt, Juliane, geb. Benda (1752–1783), erste Frau des Vorigen, Musikerin
L

Reichardt, Johanna, geb. Alberti, verw. Henseler (geb. 1755), zweite Frau des Vorigen
L

Reichardt, Luise (1779–1826), Tochter des Vorigen aus erster Ehe, Komponistin
1898_{21f} 2041_{8-16}
LI
– *Zwölf romantische Gesänge (1806)*
2011_{29-35} 2033_{53-55} 2036_{26-28}

Reichardt, Friederike (1790–1869), Halbschwester der Vorigen, seit 1811 verheiratet mit → Karl Georg von Raumer
2041_{8-16} 2089_{78} $2102_{40f.122f}$
LI

Reichardt, Sophie (1795–1838), Schwester der Vorigen
2172_{9f}

Reichel, in Berlin
1832_{22f}

Reil, Johann Christian (1759–1813), Anatom, seit 1787 Professor der Medizin in Halle, später in Berlin
1864_{38f} 2001_{4f} $2149_{3f.21-25}$

Reil, Frau des Vorigen
1954$_{17f}$
Reimer, Familie des Folgenden
1834$_{82f}$ 1931$_{47}$
★ Reimer, Georg Andreas (1776–1842), Verleger in Berlin
1845$_{15-20}$ 1864$_{8}$ 1881$_{109f}$ 1887$_{42f}$ 1894$_{33f}$ 1914$_{4-7}$ 1921$_{45}$ 1982$_{61-64}$ 1992$_{113f}$ 1994$_{4.78}$ 2010$_{79f}$ *2028 *2029 *2098 2111$_{106f}$ *2118 2136$_{30f}$ 2146$_{42.48-51}$ 2145$_{27}$ *2147 2150$_{83f}$
XXI XXX XXXIII XLIV LI LVI
Reimer, Wilhelmine, geb. Reinhardt (1784–1864), Frau des Vorigen
1831$_{11}$ 1835$_{8-10}$ 1852$_{62-64}$ 1857$_{4-7}$ 1863$_{93}$ 1870$_{2-6}$ 1876$_{8-14.63}$ 1878$_{14.26}$ 1881$_{109f}$ 1883$_{9-17}$ 1898$_{19-21}$ 1950$_{23}$ 1956$_{41-44}$ 2004$_{40f}$ 2009$_{5}$ 2031$_{38.52f.63-65.78f.92}$ 2064$_{50}$ 2082$_{8f}$ 2125$_{9f}$
1845$_{15}$
Reimer, Karl (1801–1858), Sohn der Vorigen, später Buchhändler
1831$_{12}$ 1844$_{55f}$ 1852$_{67f}$ *1874 1876$_{4-10}$ 1956$_{26f}$ (?) 2004$_{40f}$ 2031$_{78f.92}$ 2061$_{68}$ 2064$_{49.51f}$ 2110$_{40}$
Reimer, Georg Ernst (1804–1885), Bruder des Vorigen
1863$_{93}$ 1870$_{2-6}$ *1874 1876$_{2-7}$ 1878$_{26}$ 1881$_{109f}$ 1883$_{9-17}$ 1894$_{85f}$ 1927$_{49}$ 2004$_{40f}$ 2031$_{78f.92}$ 2061$_{68}$ 2064$_{49.51f}$ 2082$_{8f}$ 2099$_{51}$ 2110$_{40}$
Reinhardt, K. L. H., Rezensent
– Rezension von Jean Pauls Vorschule der Ästhetik
2020$_{34f}$
Reinhardt, Heinrich, Bruder der → Wilhelmine Reimer
2045$_{71}$ 2064$_{49.53-57}$ 2125$_{4-7}$
Reinhardt, Ludovica («Ludchen»), Schwester der → Wilhelmine Reimer
1831$_{12}$ 1852$_{64-67}$ 2004$_{40f}$ 2031$_{78f}$ 2040$_{66f}$ 2061$_{68f}$ 2064$_{49}$
Reinhold, Karl Leonhard (1757–1823), 1787 Professor der Philosophie in Jena, seit 1794 in Kiel
XLVII
Reinkenhagen, Dorf in Vorpommern, bis 1815 zu Schweden gehörig
2019$_{18-26}$
Reppen, Stadt östlich von Frankfurt/Oder
1958$_{77.91}$
Rhades, gest. 1804, Freund Schleiermachers und → J. C. Gaß'
1832$_{53-55}$
Rhein, Fluß
1999$_{67}$
Ribbeck, Konrad Gottlieb (1757–1826), Prediger in Magdeburg, seit 1805 Propst an Nikolai in Berlin
1832$_{9f.47}$ *1843 1851$_{20}$ 1859$_{24f}$ 1887$_{17-21.38-40}$ 1901$_{34-40}$ 1914$_{11-21}$ *1955 1983$_{13-21}$ 1994$_{144-146}$ 2072$_{127f}$ 2159$_{56-60.60f}$
1958$_{33-35}$
Ribbeck, Sohn des Vorigen
2159$_{60f}$
Richter, Lehrer und Redakteur in Pleß
2131$_{33-37}$
Richter, Pfarrer in Anhalt (Anhalt-Köthen-Pleß)
2149$_{14-16}$
Richter, Jean Paul Friedrich → Paul, Jean
Riemer, Friedrich Wilhelm (1774–1845), Theologe und Philologe, Erzieher im Hause Wilhelm von Humboldts
2033$_{32}$
★ Rienäcker, Johann August (1779–1859), Kandidat in Berlin, wird 1808 Domprediger in Halle
LII
– Handbuch der Geschichte der griechischen Literatur (1802)
1976
Riesengebirge
1975$_{104}$
Rindfleisch, Arnold Wilhelm (geb. um 1736, gest. 1804), Prediger in Schlodien (Ostpreußen)
1845$_{42}$

Ritter, Heinrich, Verleger in Dresden
2100$_{70f}$
Rodigast, Samuel (1649–1708), Dichter
2066$_{11f}$
Rohrlach, Familie in Stolp
1957$_{62-64}$
Rom
1916$_{5-7.12-15.22f.28}$
Rosen, Familie in Berlin
2010$_{109-111}$ 2104$_{139}$
Rothe, Johann Andreas (1688–1758), Pfarrer und Liederdichter
– *Ich habe nun den Grund gefunden (Lied)*
1979$_{31f}$
Rudolph, Bekannter Charlotte Schleiermachers
1989$_{31f}$ 1991$_{31f}$
Rücker (Rieker, «Donamar»), Anna Maria (um 1779 bis 1804), Freundin Charlotte Schleiermachers
1940$_{93f}$
Rügen, Ostseeinsel
1854$_{14-18}$ 1864$_{16f}$ 1872$_{34}$ 1878$_{23}$ 1966$_{25}$ 1969$_{87}$ 2007$_{81}$ 2008$_{60.181}$ 2019$_{26}$ 2122$_{58}$ 2124$_{30.94.109}$ 2136$_{61-63}$ 2137$_{12f}$ 2142$_{2f}$ 2148$_{12.45}$ 2150$_{51}$ 2152$_{50-52}$ *2154 2159$_{149-151}$ 2164$_{10}$ 2165$_{16f}$ 2167$_{12f.25}$ 2168$_{19.38}$ *2153 *2169 1837$_{18}$ 2170$_{36-39}$
2128$_{42}$
XXIX XXXIII XXXVIII XLV XLVIII LVII–LIX
Rügenwalde, Stadt in Pommern
1957$_{88}$
Rügenwaldermünde, Ort an der Ostsee in Pommern
1922$_{179}$
Rugard, Berg auf Rügen
1970$_{87f}$
Ruhnken, David (1723–1798), Philologe, seit 1761 Professor in Leiden
2010$_{14f}$
Rumpel, Johann Heinrich (geb. 1765), Studienkamerad Schleiermachers in Barby
1961$_{69f}$ 1991$_{28-34.70-75}$ 2122$_{64}$
Rußland
2016$_{51}$ 2025$_{41}$ 2027$_{11}$ 2052$_{38}$ 2074$_{41}$ 2090$_{6-21.25-30}$ 2100$_{62}$ 2131$_{13-16.23}$ 2159$_{17}$
2111$_{77f}$
Rußland, Herrscherhaus
– *Alexander I. (1777–1825), seit 1801 Zar*
2090$_{9f.13-21.26f}$
– *Konstantin Pawlowitsch Romanow (1779–1831), Bruder des Vorigen, Großfürst*
2090$_{9}$

Sachsen
2108$_{28}$
Sachsen, Herrscherhaus
– *Friedrich August III. (1750–1827), seit 1763 Kurfürst von Sachsen (seit 1806 König Friedrich August I. von Sachsen)*
1893$_{85}$
Sack, Familie des F. S. G. Sack
2126$_{61}$
Sack, Friedrich Samuel Gottlieb (1738–1817), Sohn des Vorigen, seit 1777 Hof- und Domprediger in Berlin, seit 1786 Oberkonsistorialrat, seit 1793 Oberhofprediger
1866$_{41f}$ 2074$_{9f}$
Safadi, al-Din Khalil ibn Aybek al- (1294–1363), arabischer Dichter, Historiker und Philologe
2089$_{32-34}$
Sagard auf Rügen
*1833 1834$_{65}$ 1872$_{22}$ 1877$_{12.20}$ *1873 1884$_{25}$ 1886$_{5.8f.20-22.26.30f}$ 1902$_{48-52}$ 1913$_{30}$ 1921$_{3}$ 1931$_{88.105.114}$ 1975$_{45}$ 1996$_{20}$ 2007$_{85f}$ 2008$_{52.62-65.110}$ 2017$_{2.30}$ 2077$_{37}$ 2093$_{55}$ 2128$_{41}$
LVII LIX
Samrodt, Ort in Ostpreußen
XXXVIII
Samson, Bekannter Reimers, Russe
2064$_{57-60}$ 2071$_{48-56}$

Sander, Frau des Buchhändlers Sander in Berlin
2142$_{61f}$
Sandreczky (Sandretzky)-Sandraschütz, Friedrich Wilhelm Ferdinand Gottlob Graf von (1745–1805), Herr auf Langenbielau (Biele)
2025$_{17-19}$
Sapel, Regimentsquartiermeister in Stolp, 1804 pensioniert
1853$_{52f}$
★ *Sauerma, Friedrich Karl Bernhard Graf von (1778–1853), Herr auf Zülzendorf*
1990$_{8f}$
LII
Schaeffer, Johann Gabriel (1768–1842), 1799 3. Domprediger in Halle, 1805 2. Domprediger, 1808 2. deutsch-reformierter Prediger in Magdeburg
1958$_{26-28}$ 2112$_{10f.42-45}$
Schallhammer, Franz Ludwig von
– *Süddeutschlands Annalen der Kultur (Hg.)*
2102$_{82-84}$
Schede, Karl Wilhelm Ludwig (1774–1833), Regierungsrat in Berlin
XLVIf
Schelling, Friedrich Wilhelm Joseph (1775–1854)
1880$_{42f}$ 1950$_{5f}$ 1994$_{87-90}$ 2012$_{41-43}$ 2020$_{26-29}$ 2026$_{131-140}$ 2035$_{48}$ 2171$_{17-20}$
XLV
– *Bruno (1802)*
2020$_{20-29}$ 2113$_{36f}$
– *Vorlesungen über die Methode des akademischen Studiums (1803)* → *Schleiermacher, Rezension dazu*
1994$_{87-90}$ 2026$_{132}$
– *Philosophie und Religion (1804)*
2020$_{20-29}$ 2113$_{36f}$
– *Einiges über die Schädellehre (1807)*
2035$_{48}$
Schilden, Jacobine Elisabeth van der, Lehrerin in Gnadenfrei
2025$_{37}$
Schiller, Friedrich (1759–1805)
2018$_{8}$ 2126$_{46f}$
Schimmelpfennig, Verlagsbuchhändler in Halle
2111$_{92f}$ 2136$_{10-17}$
XXXI
Schlabrendorf, Gustav Graf von (1750–1824), Schriftsteller, lebte als Sympathisant der Französischen Revolution in Paris
2058$_{37-39}$
Schlange-Schöningen, Heinrich
– *Buttmann und die «Gesetzlose Gesellschaft»*
XXXVII
Schlawe, Stadt in Pommern
1922$_{15f}$
Schlegel, August Wilhelm (1767–1845), Bruder des Friedrich S. (→ Athenaeum)
2027$_{38f}$
– *Ion (1803)*
1916$_{54}$
– *Rom, Elegie (1805)*
2045$_{59-63}$ 2071$_{17}$
Schlegel, Friedrich (1772–1829), Bruder August Wilhelms (→ Athenaeum; → Europa)
1892$_{33-35}$ 1941$_{23f}$ 1992$_{17-24}$ 2127$_{35-41}$ 2137$_{42-45}$
– *Die Verhältnisse (Sonett)*
2102$_{14-16}$
– *Poetisches Taschenbuch für das Jahr 1805 (Hg.)*
2045$_{59-63}$ 2071$_{17}$
– *Poetisches Taschenbuch für das Jahr 1806 (Hg.)*
2102$_{92-99}$
– *Platon-Übersetzung*
1992$_{17-24}$
2127$_{37-40}$
Schleier, Stadtdirektor in Frankenstein
1891$_{24f}$

[Schleiermacher]
- *Schleyermacher, Johann Gottlieb Adolph (1727–1794), Schleiermachers Vater, seit 1760 reformierter Stabsfeldprediger in Schlesien, Mitbegründer der reformierten Kolonie Anhalt und seit 1779 deren erster Prediger, zugleich Hofprediger in Pleß*
  1962$_{46f}$ 2152$_{32-41}$
  LII
- *Schleyermacher, Elisabeth Maria Katharina, geb. Stubenrauch (1736–1783), Frau des Vorigen, Schleiermachers Mutter*
  2152$_{32-37}$
- *Schleyermacher, Christiane Caroline, geb. Kühn (gest. 1828), Tochter des Plesser Hofkonditors, Schleiermachers Stiefmutter*
  1993$_{33-35}$ 2131$_{44f}$ (?) 2149$_{35}$ (?)
  LII
- ★ *Schleiermacher, Friederike Charlotte (Lotte) (1765–1831), Schleiermachers Schwester, lebte seit 1783 in der Brüdergemeine Gnadenfrei, meist als Lehrerin oder Hauslehrerin*
  1892$_{37f}$ 1958$_{105f}$ 1975$_{92-107}$ 1982$_{18-22}$ 1996$_{11f}$ *1997 1999$_{27-33.70f.76f}$ 2001$_{23f.38f}$ 2007$_{68-72}$ 2112$_{72f}$
  XXVf LIIf
- *Schleiermacher, Friedrich Daniel Ernst (1768–1834)*
  - *[Werke]*
    - *Reden über die Religion (1799)*
      1867$_{42f}$ 1894$_{76-80}$ 1912$_{66f}$ 1925$_{11-24}$ 1927$_{12-15}$ 1940$_{19-29}$ 1950$_{4-12}$ *1959 1961$_{52-54}$ 1975$_{90-98}$ 1981$_{15-17}$ 1990$_{18}$ 1991$_{74f}$ 2005$_{18f}$ 2012$_{9-22}$ 2027$_{28-34}$ 2077$_{18f}$ 2165$_{43-45}$ 2167$_{5-12}$ 2170$_{64-66.64-66}$
      1962$_{86-89}$
      XXI XXXIII
    - *Reden über die Religion, 2. Auflage (1806)*
      2031$_{89f}$ 2045$_{42-44}$ 2165$_{41-49}$ 2167$_{5-12}$ 2170$_{64-66.64-66}$
      XXVI XXXIII
    - *Monologen. Eine Neujahrsgabe (1800)*
      1863$_{71-73}$ 1921$_{15-24}$ 1940$_{36-41}$ 1961$_{48-51}$ 1970$_{130f}$ 2005$_{18f}$ 2063$_{2f}$ 2085$_{7f}$ 2102$_{56f.116f}$ 2106$_{60-62}$ 2114$_{50}$ 2142$_{52}$
      XXII
    - *Vertraute Briefe über Friedrich Schlegels Lucinde (1800)*
      2035$_{36-45}$ 2142$_{52}$
    - *Grundlinien einer Kritik der bisherigen Sittenlehre («Kritik der Moral»; 1803)*
      1878$_{34f}$ 1914$_{90-94}$ 1916$_{87f}$ 1933$_{47-58}$ 1939$_{130f}$ 1994$_{98-101.104-106}$ 2012$_{33-35}$ 2026$_{190-193}$ 2048$_{2-7}$ 2061$_{58-62}$ 2079$_{12f}$
      2020$_{30f}$
    - *Zwei unvorgreifliche Gutachten (1804)*
      1848$_{23f}$ 1851$_{16f}$ 1898$_{55-57}$ 1912$_{44-46}$ 1927$_{43-46}$ 2079$_{13-17}$
      2095$_{9-11}$ 2140$_{77-79}$
    - *Rezension von Schelling: Vorlesungen über die Methode (1804)*
      2026$_{131-135}$
    - *Rezension von Zöllner: Ideen über Nationalerziehung (1804) und geplante Fortsetzung*
      1851$_{92-94}$ 1859$_{84-86}$ *1879 1881$_{82-86}$ 1885$_{1-10}$ 1888$_{3-7}$ 1914$_{97-101}$ 1916$_{43-46}$ 1933$_{2-46}$ 2056$_{17f}$ 2171
      XXI
    - *Rezension von Spalding: Lebensbeschreibung (1805)*
      1885$_{23-26}$ 1888$_{3-7.16f}$ 1916$_{38-42.55-66}$ 2026$_{129-131}$
      XXI
    - *Die Weihnachtsfeier (1806)*
      2111$_{87-99}$ 2136$_{2-31.54}$ 2137$_{52-61}$ *2141 2142$_{35-59}$ *2144 2145 2159$_{69-74}$ *2163 2164 2165$_{2-9}$ 2172$_{9f}$
      XXIX–XXXI

– *Rezension von Jenisch: Kritik des ... Religions- und Moral-Systems (1806)*
1885$_{27-29}$ 2171$_{4.21-23}$
XXXIII
– *Rezension von Fichte: Grundzüge des gegenwärtigen Zeitalters (JALZ 1807)*
2171$_{14-16}$
XXXIII
– *Über den sogenannten ersten Brief des Paulos an den Timotheos (1807)*
XLI
– *Kurze Darstellung des theologischen Studiums (1811)*
2061$_{17f}$ 2072$_{86-88}$ 2099$_{44-46}$ 2148$_{14f}$
XXIX–XXXI
– *Buttmann und Schleiermacher über Heindorf und Wolf (1816)*
XXXVII
– *Poetische Versuche*
1840$_{65-67}$ 1848$_{36-38}$
– *Distichen in August von Goethes Stammbuch (24.7.1805)*
2018$_{12-14}$
– *[Übersetzungen]*
– *Platon-Übersetzung*
1835$_{2-4.14f.23-25}$ 1840$_{33-49}$ 1841$_{57f}$ 1844$_{2-7.32-35}$ 1845$_{51}$ *1847 1848$_{4-16}$ 1852$_{6-18.32-35}$ 1863$_{51f}$ 1867$_{42}$ 1878$_{1-5.33f}$ *1879 1880$_{52f.72-77}$ 1881$_{55f}$ 1885$_{19-22}$ 1894$_{73-76}$ 1898$_{45-50.52-54}$ 1901$_{64-68}$ *1903 1908$_{35.66f}$ 1912$_{39f}$ 1914$_{65f}$ 1927$_{16-26.53f}$ 1931$_{185-189}$ 1938$_{19-23}$ 1939$_{45-47}$ 1941$_{62}$ 1949$_{39-46}$ *1960 1968$_{36.53f}$ 1969$_{79-81}$ 1979$_{75-79}$ 1990$_{17f}$ 1992$_{14-112}$ 1994$_{70.119-123.184}$ *2002 *2003 2004$_{2-31}$ 2009$_{9.13f}$ 2010$_{67f.73-80}$ 2011$_{1-12.14f}$ 2024$_{41f}$ 2026$_{4-22}$ 2027$_{2-14}$ *2028 2031$_{6-21.86-89}$ 2033$_{3-18.52}$ 2036$_{11-17}$ 2039$_{30-32}$ 2040$_{49-53}$ 2045$_{35-42.80-82}$ 2061$_{2-16.57}$ 2064$_{2-8}$ *2069 2071$_{2-16.24.60-64}$ 2072$_{96f}$ 2079$_{12}$ 2082$_{3-6}$ 2099$_{41-50}$ 2104$_{179-189}$ 2111$_{86f}$ 2125$_{15}$ 2127$_{12-14}$ 2136$_{55}$ 2137$_{2f}$ 2142$_{23-26}$ 2146$_{41-47}$ 2148$_{14f}$ 2150$_{75-80}$ *2154 2162$_{39-47.50-57}$ 2165$_{61f}$ 2171$_{24}$
2127$_{37-40}$
XX XXVI XXIX LIV
– *Allgemeine Einleitung zur Übersetzung*
1840$_{37}$ 1992$_{65-69}$
– *Euthydemos*
1949$_{43-45}$ 2026$_{16f}$ 2031$_{14f.17}$ 2033$_{3-8}$
2027$_{5}$
– *Gorgias*
1938$_{19f}$ 1949$_{42f}$ 2011$_{10-12}$ 2026$_{18}$ 2031$_{11}$ 2104$_{37-39}$ 2159$_{134-139}$
– *Menon*
1949$_{44f}$ 2027$_{4}$ 2031$_{17}$ 1965$_{162-170}$ 2045$_{37f}$
1965$_{90.102-105}$ *1971*
– *Parmenides*
1886$_{21f}$ 1939$_{66-70}$
– *Phaidros*
1992$_{78-85.90-111}$
– *Symposion*
2162$_{50-53}$
– *Theaitetos*
1938$_{19-21}$ 1949$_{42f}$ 2004$_{27-31}$ 2009$_{13f}$ 2011$_{4-7}$ 2026$_{19}$ 2027$_{3}$ 2031$_{11}$ 2033$_{13}$ 2104$_{37-39}$ 2162$_{41-45}$
– *[Predigten]*
1958$_{64f}$ 1969$_{41-51}$
– *Predigten (Erste Sammlung) (1801)*
1878$_{21f}$ 1912$_{63-66}$ 1927$_{4-10}$ 1938$_{14-17}$ 2026$_{48-50}$ 2167$_{44-50}$
2087$_{3}$
– *Predigten. Erste Sammlung, zweite Auflage (1806)*
1979$_{80-86}$ 2031$_{89f}$ 2045$_{42-44}$ 2165$_{50f}$ 2167$_{44-50}$ 2170$_{66f}$
XXVI XXXIII

- *Predigten. Zweite Sammlung (1808)*
  2061$_{16f}$ 2165$_{51-53}$ 2167$_{45-48}$
  XXIX
- *Predigt am 1.7.1804 in Sagard*
  *1833 1834$_{63-70}$ 1931$_{86-88}$ 2008$_{74-76}$
- *Predigt am 3.3.1805 in Halle über Joh. 18, 12–18*
  1931$_{159-171}$
  XXII
- *Gedächtnispredigt auf die Königinwitwe Friederike Louise am 17.3.1805*
  1941$_{5-9}$ 1958$_{65-72}$ 1969$_{44-46}$
  XXII
- *Predigt am 24.3.1805*
  XXIIIf
- *Predigt am 11.8.1805 in Halle (gegen Gall) über 1. Kor. 12, 4–6*
  2007$_{121-123}$ 2014$_{14-16}$ 2021$_{6-15}$ 2026$_{44-53}$
  XXVI
- *Predigt am 25.11.1805 in Halle*
  2081$_{20-26}$
  XXIX
- *Predigt bei Eröffnung des akademischen Gottesdienstes (1806)*
  2045$_{45-49}$ 2072$_{120-127}$

– *[Vorlesungen]*
1834$_{90-94}$ 1837$_{2-16}$ 1841$_{41-48}$ *1843 1845$_{27-33}$ 1851$_{35-56.95-101}$ 1852$_{36-43}$ 1854$_{28-30}$ 1863$_{51-62}$ 1880$_{61-69}$ 1881$_{25-60}$ 1898$_{6f}$ 1908$_{37-81}$ 1914$_{43-62}$ 1931$_{177-179}$ 1968$_{23-36}$ 1979$_{59-61}$ 2011$_{13-16}$ 2095$_{45-49}$ 2124$_{80-87}$ 2150$_{67}$ 2162$_{4-15}$ 2170$_{16-28}$
XIX–XXI XXVf XXIX XXXIII
- *Ethik (1804/05)*
  1841$_{48-51}$ 1844$_{37-40}$ 1851$_{78-88}$ 1863$_{55f}$ 1880$_{62-64}$ 1881$_{61-70}$ 1908$_{35f}$ 1914$_{84-90}$ 1931$_{171.179f}$ 1939$_{130-135}$ 1941$_{50-60}$ 1994$_{77-98.102-107}$ 2024$_{1-7}$ 2026$_{105-135.179-185}$ 2033$_{21-24}$ *2061$_{21-28}$*
  XX–XXII XXIV XXVI
- *Enzyklopädie und Methodologie (1804/05)*
  1841$_{51f}$ 1844$_{40-44}$ 1851$_{39-49}$ 1863$_{52f}$ 1994$_{70-72}$ 2024$_{54f}$
  XX XXIX
- *Haupt- und Fundamentallehren des theologischen Systems (1804/05)*
  1841$_{52-55}$ 1851$_{49-54}$ 1931$_{179f}$ *2061$_{21-28}$*
- *Enzyklopädie (1805)*
  2026$_{31-40}$ 2072$_{77-97}$
- *Hermeneutik (1805)*
  1881$_{36-55}$ 1898$_{49f}$ 1908$_{12-35}$ 1914$_{28-42}$ 1931$_{181-185}$ 1941$_{62f}$ 1969$_{1-16}$ 1979$_{61-75}$ 2026$_{22-31}$ 2072$_{96f}$
  XXIf
- *Galaterbrief (1805/06)*
  1969$_{16-22}$ 1979$_{71-74}$ 1994$_{152-163}$ 2026$_{55-60}$ 2061$_{25-28}$ 2062$_{31-34}$ 2072$_{105-109}$ 2081$_{83-90}$ 2104$_{188-199}$ 2136$_{55-61}$
  XXVI XXXIII
- *Ethik (1805/06)*
  2026$_{55}$ 2033$_{24-27}$ 2061$_{24f.28-30}$ 2062$_{26-28}$ 2072$_{103-105.109-114}$ 2081$_{76-79}$ 2150$_{67-71}$ 2170$_{58f}$
  XXVI XXXIII
- *Dogmatik (1805/06)*
  2026$_{55}$ 2045$_{65-68}$ 2061$_{21-24}$ 2062$_{28-34}$ 2081$_{79-83}$ 2150$_{71-75}$ 2170$_{59-61}$
  XXVI XXXIII
- *Exegetischer Kurs über Paulinische Briefe (1806)*
  2170$_{61-64}$

– *[Pläne]*
- *Kompendien*
  1852$_{36-43}$ 2027$_{26-28}$ 2033$_{21-27}$
- *Kritische Aufsätze*
  1914$_{94-97}$
- *Dogmatik (Kompendium)*
  2061$_{19}$
  XXIX

– *Dialogen*
2061$_{15}$ 2162$_{42-44}$ 2164$_{5f}$
– *Rezension von Wagner: Erziehungskunst*
1851$_{92-94}$

– ★ *Schleiermacher, Johann Karl (Carl, Charles, 1772–1843), Schleiermachers Bruder. Schulbesuch in Niesky, Apothekerlehre ebenda; verließ 1794 die Brüdergemeine, blieb Apotheker bzw. Chemiker*
1884$_{40-42}$ 1893$_{29-31.107-121}$ 1898$_{9-18}$ 1901$_{20-28}$ 1912$_{8-11}$ 1925$_{1-5.33f}$ 1961$_{11-15.36f.43f}$ 1982$_{3.17f.22-24}$ 1989$_{24f}$ 1990$_{21f.33-39}$ 2001$_{23f}$ 2005$_{11-13.22f.31f.72-75}$ 2007$_{65-71}$ 2011$_{36f}$ *2044 2052$_{3-14}$ *2057 2058$_{6-18.38f}$ 2061$_{53-55}$ *2094 2100$_{23-37}$
1891$_{19}$ 1990
XXVI XXIX LIII

– *Schleiermacher, Friederike, geb. Müller, Frau des Vorigen*
1884$_{40-42}$ 1893$_{2.108-122}$ 1925$_{69f}$ 1961$_{36-39}$ 1982$_{17f}$ 1989$_{24f}$ 1990$_{23f.33-38}$ 2005$_{9-13.31f.72-75}$ 2007$_{65-71}$
1990
XXVI LIII

– ★ *Schleiermacher, Anne (Nanny) Maria Louise (1786–1869), Schleiermachers Halbschwester, heiratet 1817 Ernst Moritz Arndt*
*1849 1851$_{104f}$ 1863$_{79-81}$ 1912$_{11-14}$ 1938$_{5-7}$ 1958$_{57-60}$ 1982$_{3.22-25}$ 1993$_{8-32}$ 1994$_{4-7}$ *1997 1999$_{34-39}$ 2001$_{23f}$ 2004$_{32-34}$ 2005$_{30f.70-73}$ 2007$_{67-75.92f}$ 2009$_{10f}$ 2010$_{119-121}$ 2015$_{2-35}$ 2019$_{5f}$ 2031$_{74-76}$ 2040$_{44}$ 2045$_{56-58}$ 2062$_{35f}$ 2066$_{9-12}$ 2067$_{16f.33}$ 2072$_{160f}$ 2074$_{33f.73f}$ 2084$_{39-42}$ 2108$_{28}$ 2112$_{72}$ 2127$_{67f}$ 2131$_{46-48}$ 2134$_{18-24}$ 2142$_{14f.17}$ 2149$_{30-32.36-43}$ 2150$_{86f}$ 2162$_{58-60}$ 2165$_{11-13}$ 2167$_{2f.26-31.36-39}$ 2168$_{39f}$ 2170$_{28-31}$
XXVf XXXIIf LIIf LVII

– *Schleyermacher, Sophia Caroline (geb. 24.8.1788), Schleiermachers Halbschwester, heiratet 1807 den Musiker Samuel Just*
2131$_{44f}$ (?) 2149$_{35}$ (?)

Schlesien
1884$_{41}$ 1925$_{5}$ 1927$_{21}$ 1938$_{7-9}$ 1951$_{88}$ 1961$_{46}$ 1968$_{55f}$ 1974$_{82}$ 1982$_{3-9.27}$ 1996$_{10}$ *1997 1999$_{19-22}$ 2007$_{56}$ 2025$_{6.41}$ 2085$_{18}$ 2131$_{25}$ 2150$_{60}$ 2152$_{29.36-49}$
2005$_{26}$ 2085$_{14-18}$
XXVf XL LIII

Schleusner, Johann Friedrich (1759–1831), Professor der Theologie in Wittenberg
– *Novum lexicon Graeco-Latinum in Novum Testamentum*
1950$_{31-33}$ 1956$_{38-40}$

Schlichtekrull, Adolf (1761–1835), Präpositus in Poseritz
1926$_{7-12}$

Schlichtekrull, Sophie, geb. von Willich (1766–1829), Frau des Vorigen
1926$_{7-12}$

Schlobitten (Ostpreußen), Sitz der Grafen zu → Dohna-Schlobitten
LVI

Schmalz, Theodor Anton Heinrich (1760–1831), Professor der Rechte in Halle
2136$_{43-45}$

Schmidt, Johann Adam (1759–1809), Professor der Medizin in Wien
– *Rezension von Wagner: Von der Natur der Dinge (JALZ 1804)*
1885$_{15-17}$

Schmidt, Johann Ernst Christian (1772–1831), Professor der Theologie in Gießen
– *Lehrbuch der christlichen Dogmatik (1800)*
2045$_{64}$ 2061$_{43-46}$ 2071$_{17-19}$ 2079$_{3}$
– *Handbuch der christlichen Kirchengeschichte (1801 ff.)*
1876$_{53}$

– Historisch-kritische Einleitung ins Neue Testament (1804)
2148_{31f}

Schmiedeberg, Stadt in Schlesien
1891_{19} 1901_{21} 1982_{23} 1989_{25} $1990_{20.32}$ $2005_{31.72-75}$ 2007_{70} $2100_{24.29}$
1990
XXVI LIII

Schneekoppe
2005_{26}

Schneider, Gottlob Martin (1763–1849), 1797–1809 Prediger in Gnadenfrei
1893_{12-16}

Schneider, Johann Gottlob (1750–1822), Altphilologe, seit 1776 Professor der griechischen Sprache in Frankfurt/Oder, 1811 in Breslau
$2010_{123-128}$
– Edition von Xenophon: De Cyri disciplina (1800)
2010_{126}
– Edition von Orpheos Argonautika
$2010_{123-125.128f}$

Schönbrunn bei Wien
2042_{6f}

Scholz, Karl Friedrich (1723–1802), Prediger an St. Johannis in Spandau
2074_{64-70}

Schottland
2159_{43}

Schröckh, Johann Matthias (1733–1808), Kirchenhistoriker, Professor in Wittenberg
– Christliche Kirchengeschichte
1994_{45f}

Schrötter, Friedrich Leopold Reichsfreiherr von (1743–1815), Minister beim Generaldirektorium in Berlin
1866_{47f}

Schuderoff, Georg Jonathan (1766–1843), Pfarrer in Altenburg, theologischer Schriftsteller
– Rezension von Schleiermacher: Zwei unvorgreifliche Gutachten
1927_{43-46}

Schütz, von, Oberforstmeister in Pleß
2131_{35}

Schütz, Christian Gottfried (1747–1832), Professor der Poesie und Beredsamkeit in Jena und Halle, Redakteur der Allgemeinen Literatur-Zeitung
1851_{90-92} 1888_{11-13} $1904_{21-25.30f}$ 1965_{142}
XXXIX

Schulze (Schulz), Frau D (Dr.?) in Landsberg an der Warthe
1901_{61-63} 1958_{106f} 2112_{71f}

Schulze, Mutter der Vorigen (geb. um 1720)
1901_{61-63} 2112_{71f}

Schumann (Schuhmann), Marie Salome, Lehrerin in Gnadenfrei
1940_{21-44} $1990_{3f.7-9}$ 1991_{15-17}

Schwarz, Friedrich Heinrich Christian (1766–1837), seit 1798 Pfarrer in Münster bei Butzbach (Hessen-Darmstadt), seit 1804 Professor der Theologie und Pädagogik in Heidelberg
$1994_{20f.164-166}$ $2026_{185-187}$
– Erziehungslehre (1802 ff)
1885_{6f} 2026_{188f}
1933_{4f}
– Rezension von Wagner: Philosophie der Erziehungskunst (1804)
1888_{8-10}
1885_{1-9}
– Das Christenthum in seiner Wahrheit und Göttlichkeit betrachtet (1808)
2024_{55f}

Schwarz, Georg Theodor (gest. 1811 oder später), Pfarrer in Wiek auf Rügen, Vater des Folgenden
1926_{7-12}

Schwarz, Adolf Philipp Theodor (1777–1850), Adjunkt, später Pfarrer in Wiek auf Rügen, Neffe der Marianne Regina von Willich
1892_{28-30} 1926_{7-12} $2007_{126-128.129}$ 2162_{60-62}

Schweden (Staat)
2027_{11} 2113_{53f}
1968_{1-4} 2062_{21-23}
XXXVI
Schwedisch-Pommern
2124_{30f}
XXXVIIIf
Schweden (Regenten und Herrscherhaus)
– *Gustav IV. Adolf (1778–1837), 1792–1809 König von Schweden*
1880_{92}
Schweder, geb. Krüger, Schwester der Eleonore Grunow
2040_{23f}
Schweighäuser, Johann (1742–1830), Philologe
– *Athenäus-Edition*
2061_{49} 2079_{2-6} 2125_{15} 2127_{14f}
2137_{2f}
Schweinitz, Ludwig von (1778–1859), Sohn des Moritz von Schweinitz, Herrn auf Arnsdorf in Sachsen
2126_{56-58} (?)
Schweinitz, Moritz von (1781–1849), Bruder des Vorigen, später Archivar der Brüdergemeinde
2126_{56-58} (?)
Schweiz (Schwyz)
1958_{15} 2016_{16}
XLVIII
Schwellenberg, ehemals Lehrer am lutherischen Gymnasium in Halle, und dessen Witwe
1901_{50-52}
Schwetschke, Karl August (1756–1839), Verlagsbuchhändler in Halle
2079_{18-22}
Seidlitz, Karl Christian Siegmund von (1734–1803), seit 1782 Ortsherr von Gnadenfrei
1893_{101}
Seidlitz, Agnes Friederike von, geb. von Wiedebach (1751–1826), Frau des Vorigen
$1893_{97-102.131f}$ 1961_{25-29} 2085_{22f}
Seidlitz, Dorothee Friederike (Dorchen) von (1785–1805), Tochter der Vorigen, heiratet am 28.1.1805 Joseph von Zetschwitz
$1893_{63-66.71.82-88.127-130}$ 1940_{33f}
1961_{28-31} 2085_{21-27} 2108_{14f}
Seidlitz, Sophie Juliane Magdalene von, geb. von der Heyde (1746–1806), Frau des Christian Friedrich von Seidlitz (1739–1806)
1893_{20-22} 1925_{42f} $1940_{48f.53-55.66.77.82-85}$ 1990_{10} $1991_{4.19f.32-38.41f}$ 2005_{76}
2025_{3f} 2085_{15} 2108_{7-13} $2122_{25f.31-40}$
$2134_{8.62-69}$
Seidlitz, Familie des Folgenden
1893_{19-27} 1961_{66-69} 1991_{20-38}
2005_{68-70} 2085_{12}
XXV
Seidlitz, Friedrich Julius von («Tracasseur»; 1769–1805), Justizrat, Sohn der Vorigen, Bruder der → Lisette von Prittwitz
2067_{17-22} *2080 2085_{16f} 2108_{17f}
$2134_{41-54.63f}$
1991_{8}
Seidlitz, Karoline Charlotte Helene von, geb. von Schweinitz (1772–1810), Frau des Vorigen
$1991_{8-10.34}$ 2085_{13f} $2122_{26.40-47}$
2126_{56-58} $2134_{41-54.68f}$
Seidlitz, von, Kinder der Vorigen
2085_{13f} 2134_{41-54}
Seidlitz, Eduard Friedrich Adam von (1798–1817), Sohn der Vorigen
2085_{20f} 2108_{25-28} 2122_{26-28}
Seidlitz, Emilie Eva Charlotte von (geb. 1799), Schwester des Vorigen
2108_{25-28} 2122_{23f}
Seidlitz, Adolph Moritz Julius von (1801–1878), Bruder der Vorigen
1961_{68f} 2108_{25-28} 2122_{26-28}
Seidlitz, Bertha von (3.4.1803 bis 1823), Schwester des Vorigen, später verheiratet mit → Karl Moritz Julius Wilhelm von Prittwitz
2108_{25-28} 2122_{28f}

Sell, Johann Jakob (1754–1816), Gymnasialdirektor in Stettin
$1933_{138-140}$ 1969_{65} $1994_{126-128}$
Sello, Carl Julius, Hofgärtner von Sanssouci
1958_{35-38}
Sello, Friedrich (1789–1831), Botaniker, Sohn des Vorigen, Bruder der → Wilhelmine Erman
1958_{35-38}
Semler, Johann Salomo (1725–1791), Aufklärungstheologe in Halle
1908_{28}
– *Vorbereitung zur theologischen Hermeneutik*
1908_{28}
Servais, C.M. von
– *Die Kunst, Briefe zu wechseln*
2025_{49f}
Silberberg, Ort in Schlesien
1990_{1}
Simon, Margarete Dorothea (Doris), geb. Bokelmann, Witwe in Plön (Holstein), Geliebte und später 3. Ehefrau des → Heinrich Christoph von Willich
1913_{24-62}
1902_{52f}
LVII
Sissow, Ort auf Rügen
LVIII
Snethlage, Bernhard Moritz (1753–1840), seit 1802 Direktor des Joachimthalschen Gymnasiums zu Berlin
*1977 1983_{22-24}
Sokrates (um 470 bis 399 v. Chr.)
$1939_{107-111}$ 1965_{114f} 1992_{108f}
Sommer, Buchhandlung in Leipzig
1844_{30f}
Sophie, Bekannte oder Bediente der → Henriette von Willich
2008_{51}
Spalding, Johann Joachim (1714–1804), lutherischer Pfarrer an der Nikolaikirche und Oberkonsistorialrat in Berlin, Aufklärungstheologe
1856_{58-66} 1916_{59-63} 1958_{33f}
LIV
– *Lebensbeschreibung (postum 1804)*
1885_{23-26} $1916_{39.55-66}$ $2026_{129-131}$
XX
Spalding, Maria Dorothea, geb. von Sodenstern (gest. 1774), seit 1764 zweite Frau des Vorigen
1916_{29}
Spalding, Maria Charlotte, geb. Leberkühn (1749–1804), seit 1775 die dritte Frau des Vorigen, Stiefmutter des G.L. Spalding
1916_{29}
Spalding, Karl August Wilhelm (1760–1830), Kammergerichtssekretär in Berlin, Schriftsteller, Bruder des G.L. Spalding
1866_{46f} 1916_{23-27} 2126_{61}
★ *Spalding, Georg Ludwig (1762–1811), Sohn des → J.J. Spalding, 1787 Lehrer, später Professor für griechische und hebräische Sprache am Gymnasium zum Grauen Kloster in Berlin, Mitglied der Berliner Akademie der Wissenschaften*
1880_{32} 1885_{23-26} 1888_{17-19} 1927_{53f} 1939_{77f} 1963_{66-68} $1965_{2-6.123f}$ 1983_{8-11} 2010_{81f} 2045_{60f} $2104_{72f.106.110-112}$ 2126_{61} 2139_{43} 2145_{25f} 2164_{8-10}
1963_{28f}
XX XXXVII LIV
– *Quintilian-Edition*
LIV
Spalding, Wilhelmine Luise, geb. Müller, verwitwete Alberthal, Frau des Vorigen
$1916_{27f.33-35}$
Spandau
2074_{65}
Spanien
1913_{29}
$2159_{121-123}$
Sparta
2056_{8}
Spazier, Johann Gottlieb Karl (1761–1805), Schriftsteller
– *Pestalozzi-Rezension (JALZ 1804)*
2056_{20f}

Spinoza, Baruch (1632–1677)
1969$_{50}$ 2020$_{25-29}$

St. Petersburg
2090$_{27}$

Stade
2095$_{9-11}$

Städlin, Karl Friedrich (1761–1826), Professor der Theologie in Göttingen
– *Lehrbuch der Dogmatik (2. Auflage 1801)*
2045$_{64}$ 2061$_{43-46}$ 2071$_{17-19}$ 2082$_{2f}$
– *Philosophische und biblischen Moral (1805)*
2026$_{189-193}$ 2061$_{59-61}$

Steffens, Henrich (1773–1845), norwegischer Naturphilosoph
1835$_{14}$ 1844$_{45-47}$ 1848$_{45-50}$ 1852$_{44-50}$ 1863$_{74-78}$ 1864$_{33f}$ *1865 1866$_{13-19}$ 1876$_{47f}$ 1880$_{39-49}$ 1881$_{89-96}$ 1885$_{11-15}$ 1931$_{165-176}$ 1938$_{27-33}$ 1941$_{3-52}$ 1949$_{47.50f}$ 1956$_{19-23}$ 2011$_{19f}$ 2014$_{11-16}$ 2026$_{140-144}$ 2027$_{22-26}$ 2031$_{26-29.32-34}$ 2039$_{22-29}$ 2040$_{29f.46-48}$ 2041$_{3.7-11}$ 2045$_{21f.52f}$ 2047$_{37-45}$ 2049 2056$_{2.24-26.31f}$ 2071$_{38-40}$ 2079$_{50}$ 2081$_{20-31}$ 2084$_{43-46}$ 2089$_{7f.20}$ 2102$_{67f.71f.73f.103-105}$ 2125$_{20-23}$ 2127$_{6-8.48-65}$ 2128$_{8-10.18-22.34-36}$ 2136$_{21-23}$ 2137$_{26-41}$ 2145$_{8-10}$ 2148$_{1-11.18f.54-56}$ 2151$_{48-50}$ 2165$_{56-60}$ XX XXII*f* XXXI XXXIV XXXI XLVII–XLIX LI
– *Schelling-Rezension (JALZ 1805)*
1885$_{11-15}$ 2056$_{11-15}$
– *Grundzüge der philosophischen Naturwissenschaft (1806)*
1848$_{45f}$ 1898$_{40-42}$ *2023 2027$_{23-26}$ 2033$_{47-50}$ 2039$_{33-38}$ 2045$_{49-53}$ 2125$_{22f}$ 2127$_{50-54}$ 2148$_{54f}$ 2165$_{56-60}$ 2167$_{56}$
– *Geognostisch-geologische Aufsätze (1810)*
2127$_{48-50}$
– *Was ich erlebte*
2014$_{11-13}$ 2127$_{48-50}$

Steffens, Johanna, geb. Reichardt (geb. um 1785), Frau des Vorigen
1941$_{17-22.35-37}$ 2031$_{26-29}$ 2039$_{39f}$ 2041$_{8-16}$ 2081$_{24f}$ 2084$_{45f}$ 2102$_{27.34-42.121f}$ 2127$_{8}$ 2128$_{13-22.34-36}$ LI

Steffens, Tochter der Vorigen, frühverstorben
2102$_{41}$

Steffens, Clara (geb. Anfang 1806), Schwester der Vorigen
2125$_{20-23}$ 2128$_{13-22.34-36}$ 2151$_{48-53}$

Stegmann und Stein, Gottlieb Ferdinand von (1759–1840), Herr auf Stein
2005$_{50-56}$

Stegmann und Stein, Karoline Friederike von, geb. Bornagius (1764–1824), Frau des Vorigen, Jugendfreundin Charlotte Schleiermachers
2005$_{49-64}$

Stein, Heinrich Friedrich Karl Reichsfreiherr vom und zum (1757–1831), preußischer Staatsmann
2122$_{2-4}$

Steinau (Stein) im Kreis Nimptsch, Sitz des Herrn von Stegmann und Stein
2005$_{59}$

Stenigke (gest. 1805), Kammerpräsident in Landsberg/Warthe
2074$_{46f}$

Stephanie, Johann Gottlieb (1741–1800), österreichischer Schauspieler und Theaterschriftsteller
1957$_{16}$

Stettin
1832$_{15}$ 1969$_{65f}$ 2046$_{36}$ 2072$_{166}$ 2136$_{63f}$ 2142$_{15}$ 2162$_{14}$ 2170$_{44f}$ XL LIII

Stieber, Lehrer an der Kadettenanstalt in Stolp, später Pfarrer bei Stettin
1853$_{53-55}$

Stisser, Karl Friedrich Benjamin, Dr.med. (1770–1851), Arzt in Landsberg an der Warthe
1958$_{77f.84-86}$ 1999$_{84-87}$

Stockholm
1968$_{59}$
Stötzer, Johann Friedrich (1741–1804), seit 1796 Superintendent und erster (reformierter) Domprediger in Halle
*1843 1845$_{42f}$ 1901$_{40f}$
Stojentin, Dorf und Gut im Kreis Stolp
1957$_{77f}$
Stolberg (Stolberg-Stolberg), Friederike Luise, geb. Gräfin von Reventlow, verw. Gamm (1746–1824)
1866$_{17f}$ 2159$_{3-6}$
Stolp (Stolpe), Stadt in Pommern
1834$_{42}$ 1866$_{7}$ 1872$_{9}$ 1927$_{10}$ 1938$_{14}$ 2126$_{10}$ 2140$_{30f}$
1880$_{79}$ 1968$_{66-71}$
XXIV XXIX XXXVI XLIII XLV XLIX LI LIV LVIII
– *Kadettenanstalt*
1853$_{47-56}$
XXXVI XLIX
Stolpmünde, Stadt an der Ostsee
1957$_{90}$ 2100$_{57}$
Storr, Gottlob Christian (1746–1805), Professor der Theologie in Tübingen
– *Über den Zweck der evangelischen Geschichte und Briefe Johannis*
1844$_{21}$
– *Doctrinae christianae pars theoretica*
1844$_{22}$ 1950$_{31-33}$
– *Opuscula academica ad interpretationem librorum sacrorum*
2148$_{34}$
Stosch, Ferdinand (1750–1821), seit 1793 Hof- und Domprediger in Berlin
1866$_{51f}$
Stralsund
1856$_{23}$ 1863$_{96}$ 1911$_{69f.80}$ 1921$_{3}$ 1951$_{82}$ 1968$_{3-7}$ 1975$_{44}$ 2007$_{82}$ *2076 2081$_{93}$ 2124$_{91}$ 2128$_{41}$ 2142$_{10}$ 2150$_{51}$ 2152$_{17}$ 2162$_{58-60}$ *2169 2170$_{37f}$
2062$_{48}$ 2077$_{18}$ 2084$_{52}$ 2100$_{57}$
XXXIX LVIIf
Straßburg (Elsaß)
1999$_{66}$
Stubbenkammer, Ort an der Nordostküste von Jasmund (Rügen)
1975$_{45}$ 2019$_{14-17}$
XXVIII
★ *Stubenrauch, Samuel Ernst Timotheus (1738–1807), Bruder von Schleiermachers Mutter, Gymnasialprofessor in Halle, seit 1788 reformierter Prediger in Drossen, seit 1796 in Landsberg an der Warthe*
1870$_{12f}$ 2071$_{63f}$
XX XXIV LIV
Stubenrauch, Susanne Judith, geb. Chabanon (um 1745 bis 1810), Frau des Vorigen
1845$_{49f}$ 1901$_{17-19.43-61.84}$ 1958$_{2.26.48-54.106f}$ 1999$_{16f.84.92}$ 2112$_{46f.71}$
Stubenrauch, David Adam Karl (1774–1839), Sohn der Vorigen
1958$_{77.91f}$
Stubenrauch, Wilhelmine Charlotte, geb. Assemus, Frau des Vorigen (geschieden 1809)
1958$_{77.91f}$
Stubenrauch, Juliane (Julie), Tochter der Vorigen (geb. 1802)
1958$_{91f}$
Stützer, August Christian (1765–1824), Professor an der adeligen Militärakademie in Berlin
1939$_{90f}$
★ *Stützke, Henriette, Bekannte Schleiermachers in Stolp*
LIVf
– *ihr Vater*
1907$_{31-34.115f}$
– *ihre Mutter*
1907$_{24.42-50.115f}$
– *ihr Bruder*
*1905 1907$_{7-55}$ 2087$_{13}$
★ *Süvern, Johann Wilhelm (1775–1829), Philologe und Pädagoge, Lehrer in Berlin, Thorn und Elbing, seit 1808 im Preußischen Unterrichtsministerium*
1835$_{23-25}$ 1840$_{33-63}$ 1844$_{33-35}$ 1848$_{4-19}$ 1852$_{32-35}$ 1878$_{3}$ 1885$_{19-22}$

1888_{11-13} 1898_{51-53} 1912_{41-44} 1927_{25f} 2004_{9-22} 2165_{61f}
LV

Süvern, Marie, geb. Klugmann, Frau des Vorigen
LV

Tacitus, Publius Cornelius (geb. ca. 55 n. Chr.), Historiker
– *Historien*
$2104_{103-106}$

Tasso, Torquato (1544–1595), italienischer Dichter
– *Das befreite Jerusalem*
2126_{50-54}

★ *Taubenheim, Vertrauter Eleonore Grunows*
1840_{23-25} 1848_{27-32} 1856_{6f} 1876_{23-32} 1912_{48f} *1923
1852_{51}
LVf

Teller, Wilhelm Abraham (1734–1804), seit 1768 Propst an St. Petri in Berlin
1832_{15-17} 1851_{7} 1859_{26-34} 1876_{58-60} 1881_{4-15} 1958_{33f}

Tennemann, Wilhelm Gottlieb (1761–1819), Philosoph und Philosophiehistoriker, Professor in Marburg
– *System der Platonischen Philosophie (1792)*
1992_{111}
– *Geschichte der Philosophie*
2127_{15f} 2137_{20-24} 2142_{26f}

Thaer, Albrecht Daniel (1752–1828), Agrarwissenschaftler
2043_{1}

Tharau, Dorf in Ostpreußen
2010_{116f}

Theremin, Ludwig Friedrich Franz (1780–1846), wird 1805 dritter (französisch-reformierter) Prediger an der Friedrichswerderschen Kirche in Berlin
2142_{61f} 2159_{49-51}

★ *Thiel(e), Karl, Schüler Schleiermachers in Halle, später Lehrer*
$1939_{140-144}$ $2010_{131-134}$ 2104_{152}
LVI

Thielemann
1852_{46-50}

Thorn, Stadt an der Weichsel
LV

Thraen, Wilhelm G., Kaufmann in Gnadenfrei, Sänger
1940_{62}

Thürheim, Friedrich Karl Graf von (1763–1832), seit 1803 Präsident der Landesdirektionen Bamberg und Würzburg
2104_{70-72}

Thym
1946_{34f}

Tieck, Ludwig (1773–1853), Dichter
– *Franz Sternbalds Wanderungen (1798)*
2126_{22-28}
– *Musenalmanach für 1802 (Hg., mit → A. W. Schlegel)*
2102_{99}

Tobler, Johann (1732–1808), Theologe und Übersetzer
– *Anmerkungen zur Ehre der Bibel*
2159_{79}

Tobler, Sohn des Vorigen
2159_{78-82}

Toskana, Großherzogtum
XLVII

Trafalgar
$2159_{121-123}$

Traulsen, Hans-Friedrich
– *Schleiermacher und Claus Harms*
XXXV

Treptow an der Tollense (heute Altentreptow), Stadt in Vorpommern
1853_{50}

Troppau, Stadt in Österreichisch-Schlesien
$2090_{22.28}$

Tschirschky, Julius Friedrich (1737–1814), Herr von Peilau-Schlössel
1893_{66-69} 1961_{78-80}

Tschirschky, Henriette Charlotte Elisabeth von, geb. Aderkas (1748–1819), Frau des Vorigen
1893_{66-69} 1961_{78-80}

Tschirschky, Friedrich Julius von (geb. 1777–1853), Sohn des Vorigen
$1893_{69-71.83.131f}$ 1961_{78-80}
1893_{64}

Tschirschky, Friederike Dorothee von, geb. von Schubert (1783–1806), seit dem 2.7.1805 Frau des Vorigen
1961_{78-80}

Tübingen
2104_{43}

Türkei
2025_{40} $2149_{25.29}$

Tugrai, Muayyad al-Din Abu Ismail al-Husayn ibn Ali al- (geb. 1061, 1122 hingerichtet), persisch-arabischer Dichter und Alchemist, Beamter im Dienst der Seldschuken
– *Lamiyyat al-Adjan (Gedicht)*
2089_{26-47}

Ungarn
2090_{31f}

Unger, Verlag des Friedrich Gottlieb Unger (1753–1804), Verlagsbuchhändler in Berlin
1981_{15-17} 2165_{41-47}
XXI

Unzelmann, Friederike, geb. Flittner (seit 1803 Bethmann-Unzelmann; 1760–1815), Schauspielerin und Sängerin
2139_{22-26}

Ursinus, Maria, geb. Duchesne, verw. Janssen (gest. 1805), Witwe des Predigers Ursinus in Halle
1845_{46f} 1901_{43f} *1955 1958_{29-32}

Uthmann, Adolf von
2159_{132f}

Varnhagen von Ense, Karl August (1785–1858), Schriftsteller und Diplomat
$2159_{131-134}$

Vater, Johann Severin (1771–1826), Orientalist in Halle
$1851_{56-60.63-65}$ *1855 1866_{11-13} 1881_{77-79} 1908_{75} 1914_{67-74} 1916_{91} 2026_{86-88}
– *Animadversiones et lectiones ad Aristotelis libros tres rhetoricorum*
1866_{11f}

Veit, Dorothea (eigentlich Brendel), geb. Mendelssohn (1764–1839), Frau des Vorigen bis 1799, seit 1804 verheiratet mit Friedrich Schlegel
– *Florentin (1801)*
2126_{25}

Veith, Johann Philipp (1769–1837), Künstler
2100_{71}

Velde, Charlotte van der, Bekannte Charlotte Schleiermachers aus Livland
1891_{22-33}

Velde, van der, der jüngere Bruder der Vorigen
1891_{22-33}

Velde, van der, geb. Schleier, Frau des Vorigen
1891_{22-33}

Venedig
1916_{3f}

Vergil (Publius Vergilius Maro; 70–19 v. Chr.)
– *Aeneis*
2139_{7f}

Vermehren, Johann Bernhard (1774–1803), Philosoph und Dichter
– *Musenalmanach für 1803 (Hg.)*
2102_{14-16}

Vesterbro bei Kopenhagen
XLVII

Villiers, André Jean François Marie Brochant de (1772–1840), französischer Mineraloge
2016_{41f} (?) 2016_{49f}

Villoison, Jean-Baptiste-Gaspard d'Ansse de (1750–1805), französischer Gelehrter
$2159_{115-120}$

Voß, Graf von, Kammerherr in Neustrelitz (Mecklenburg-Strelitz)
2020_{46}

Voß, August Ernst Graf von (1779–1832), preußischer Diplomat
2139_{41}

Voß, Luise Sophie Caroline Gräfin von, geb. von Berg (1780–1865), seit 1800 Frau des Vorigen
2139_{41}

Voß, Johann Heinrich (1751–1826), Dichter und Übersetzer
1888_{18f} 1968_{50-55} 1969_{77-84} 1994_{121}
$2010_{123-125.128f}$
1999_{56f}
XXV

Voß, Heinrich (1779–1822), Philologe, Sohn des Vorigen
1999_{56f}

Vossische Zeitung (bei Unger in Berlin)
$2159_{121-123}$

Wackenroder, Wilhelm Heinrich (1773–1798), Schriftsteller
– *Herzensergießungen eines kunstliebenen Klosterbruders (1796, mit → Ludwig Tieck)*
1867_{43-45}
– *Phantasien über die Kunst*
2106_{32-40}

Wagner, Gottfried (1759–1804), Prediger an der Liebfrauenkirche in Bremen
2115_{4-11}

Wagner, Johann Jakob (1775–1841), Philosoph
2102_{82-84}
– *Philosophie der Erziehungskunst (1803)*
1851_{92-94} $1885_{3-6.6f}$ 1888_{8-10}
– *Von der Natur der Dinge (1803)*
1885_{15-17}

Wagnitz, Bekannter Schleiermachers
1851_{21f}

Waldkirch, Herr in Schmiedeberg, möglicherweise der Besitzer der Bleicherei, in der Karl Schleiermacher arbeitete
$1893_{108-112}$ 1990_{35-37}

Wallis, John (1616–1703), englischer Mathematiker
– *Algebra*
2089_{26-47}

Wardow, Gouvernante im Hause → von Bork
1922_{89-91}

★ *Wedeke (Wedike), Johann Christoph (1755–1815), Pfarrer in Hermsdorf nahe Schlobitten, seit 1806 Oberhofprediger und Konsistorialrat in Königsberg, seit 1807 auch Professor*
$1931_{148-154}$ 1961_{16-22} 1975_{17-21}
$1992_{114-118}$ 1991_{7f} 2071_{60f}
LVI

Wedeke, Frau des Vorigen
1975_{17-21}

★ *Weichart, Fritz, Kaufmann in Pless, Verlobter der → Nanny Schleiermacher*
*1997 1999_{37} 2005_{22-28}
LII LVII

Weichsel, Fluß
2131_{39-42}

Weimar (Sachsen-Weimar-Eisenach), Herzogtum, Herrscherhaus
1945_{16-20}
– *Karl Friedrich (1757–1828), Herzog seit 1775*
1945_{19f}

Weimar, Stadt
1863_{89-92} 1880_{89} 1888_{2} 2016_{32}

Weiß, Christian (1774–1853), Professor der Philosophie in Leipzig
2102_{75f} (?)

Weiß, Christian Samuel (1780–1856), Mineraloge, Privatdozent in Leipzig
2102_{75f} (?)

Weißenfels, Stadt in Sachsen
1938_{29} 1975_{77-84}
XXIII XXV

Wenzel, Jugendfreund Schleiermachers
2005_{64f}
– *seine Nichte in Gnadenfrei*
2005_{64-66}

Wenzel, Frau des Vorigen
2005$_{64f}$
Werkmeister, Frau in Landsberg
1958$_{8-10}$
Werner, Abraham Gottlob (1749–1817), Mineraloge, Professor in Freiberg
2056$_{30-32}$ 2102$_{67-78.66}$
XLIX
Werner, Zacharias (1768–1823), Dichter
2159$_{87-89}$
– Die Söhne des Tales
2126$_{46-48}$ 2159$_{87-110}$
Wesseling, Peter (1692–1764), niederländischer Philologe
– Dissertatio Herodotea
1939$_{117-119}$
Westfalen
XLIV
Wiek, Ort auf Rügen
1926$_{8}$
Wieland, Christoph Martin (1733–1813)
– Aristipp
1939$_{98f}$
Wien
1916$_{79f}$
XXXIX
Wiesener, Frau in Stolp
1907$_{23}$
Wilhelmi, Prediger in Bremen
2143$_{32-38}$
Wilhelmine (Minchen), wohl Kindermädchen im Hause → von Kathen
1962$_{35f}$ 2124$_{38-40}$ 2168
Willich, Philipp Georg von (1720–1787), Pastor in Sagard (Rügen)
1892$_{18}$
1926$_{8}$
Willich, Marianne Regina, geb. Schwarz (gest. 6. 12. 1804), dritte Frau des Vorigen
1856$_{12-70}$ *1873 1884$_{28-30}$ 1886$_{5-24}$ *1889 1892$_{5-21}$ 1894$_{4-17}$ 1899$_{4-28}$ 1902$_{10-53}$ 1911$_{18}$ *1917 1975$_{34-37}$ 2008$_{73f}$ 2017$_{10-13.17f.27}$ 2065$_{24f}$ 2106$_{18-26}$ 2133
LIX
Willich, Moritz von, Sohn des → Philipp Georg von Willich aus einer früheren Ehe, Dr. med, Landarzt auf Rügen
1886$_{6f}$ 1892$_{11-14.19f}$
LVII
★ Willich, Heinrich Christoph von (1759–1827), Halbbruder des Vorigen, Pastor in Sagard auf Rügen
1856$_{53}$ 1884$_{24f}$ 1886$_{12}$ 1892$_{11-14.19-22}$ 1910$_{34f.62-64}$ 1911$_{50f.97}$ 2007$_{85f}$ 2077$_{37-40}$
LVII
Willich, Charlotte, geb. von Cronhelm, zweite Frau des Vorigen
1872$_{22-24}$ 1884$_{24f}$ 1910$_{34f.62-64}$ 1911$_{50f}$ 1913$_{24-62}$ 2007$_{86}$
Willich, Johann Theodor von (1799–1881), Sohn der Vorigen, später Pfarrer
1911$_{78-93}$ 2007$_{85f}$
Willich, Karl Adolf Philipp Simon von (geb. 2. 7. 1804), Bruder des Vorigen
1911$_{83-93}$
Willich, Marianne von, Schwester des Christoph von Willich, → Dreist, Marianne (geb. 1760)
★ Willich, Luise von (1767–1849), Schwester der Vorigen
1863$_{95}$ 1864$_{30}$ 1878$_{21f}$ 1884$_{3f.22-34}$ 1886$_{9-43}$ 1894$_{10-17}$ 1910$_{33-35.63-76}$ 1912$_{64-66}$ 1913$_{7}$ *1917 1921$_{4-10}$ 1926$_{7-15.66}$ 1927$_{7f}$ 1931$_{3f.10f.20f.105-112}$ 1943$_{17}$ 1951$_{99f}$ 1975$_{32-39}$ 1979$_{86-88}$ 1996$_{7f}$ 2007$_{86f.119}$ 2008$_{51-53.110f}$ 2019$_{27-31}$ 2035$_{3-5}$ (?) 2046$_{49}$ 2062$_{48-52}$ 2129$_{60f.69-72}$ 2150$_{82}$ 2151$_{32}$ 2152$_{13f}$ 2170$_{87f}$
1982
LIX
★ Willich, Johann Ehrenfried Theodor von (1777 oder 1773 bis 1807), Bruder der Vorigen, Feldprediger in Stralsund
1834$_{3-6.41f.81f}$ 1856$_{53}$ 1864$_{30}$

1867$_{18-22.33-50}$ 1872$_{2f.28f}$ 1877$_{4f.19-32}$ 1878$_{21f}$ 1883$_{13f}$ 1884$_{10.47-58.68f}$ 1886$_{4-67}$ 1892$_{11-14.11-14.22f.27f.40f}$ 1899$_{2-5}$ 1902$_{6f.29f.45-52}$ 1911$_{4-7.33f.66-68}$ 1913$_{80.86-90}$ *1917 1926$_{16-23.44-47}$ 1943$_{17}$ 1947$_{13-20.53}$ 1951$_{37-39.99f}$ 1956$_{45}$ 1968$_{3-7}$ 1970$_{2-9.69.93f}$ 1975$_{10.14-32.43-46}$ 1996$_{39f}$ 2008$_{12-16.83-86.103-114.118-127}$ 2017$_{19-29}$ 2037$_{38.46-52.50f}$ 2039$_{40-42}$ 2046$_{2-4.7.42-46.66f}$ 2049 2055$_{20-22}$ 2063$_{5.9-22}$ 2066$_{6f.19f.46f.53f}$ 2077$_{5f.13.34f}$ 2084$_{52}$ 2093$_{47-49.60f.80f.84}$ 2097$_{2}$ 2106$_{2f.44-47.56f}$ 2124$_{33f.90f.97-99.110}$ 2128$_{34-36.40-56.64f}$ 2129$_{28f.31-33.60f.64f.71f}$ 2151$_{69-72}$ 2152$_{8-12.14-18}$ 2168$_{19f.44f}$
XXIV XXVII XXXIX XLIV LVII–LIX

★ *Willich, Henriette Charlotte Sophie von, geb. von Mühlenfels, (1788–1840), Frau des Vorigen, seit 1809 Schleiermachers Frau*
1834$_{3-6}$ *1836 1872$_{2f}$ 1877$_{21-32}$ 1883$_{13f}$ 1892$_{11-14.22f.27f.40f}$ 1899$_{2-5}$ 1902$_{29f.45-52}$ 1911$_{6f.33f.66-68}$ 1947$_{16f.27f}$ 1956$_{45}$ *1959 1961$_{9-11}$ 1968$_{3-7}$ 1970$_{2-9}$ 1975$_{10.14-32.43f}$ 2017$_{19-29}$ 2037$_{38.46-52}$ 2039$_{40-42}$ 2062$_{3-25.45f}$ 2063$_{17-22}$ 2066$_{6f.19f.46f}$ 2077$_{34f}$ 2084$_{52}$ 2093$_{47f.76-78.80f.84}$ 2122$_{60f}$ 2124$_{90f.97-99.110}$ 2150$_{82}$ 2152$_{8-13.14-18}$ 2168$_{19f}$
XXIV XXVII XLIV LVII–LIX

Willich, Henriette Pauline Marianne von (1805–1886), Tochter der Vorigen, Stieftochter Schleiermachers, später verh. Goldschmidt
2037$_{46-52}$ 2046$_{83-87}$ *2050 *2054 2055$_{15-22}$ *2059 2062$_{11-25.46f}$ 2063$_{11-13.18}$ 2065$_{3f.11-47}$ 2066$_{51-58}$ 2077$_{20f.35f}$ 2081$_{98-125}$ *2086 2093$_{44f.58.76-82}$ 2097$_{6f.22f}$ 2122$_{60f}$ 2128$_{4-8.34-36.62f}$ 2129$_{21-48.52-55.56-81}$ 2151$_{29-53}$ 2152$_{13-16}$ 2160$_{7f}$ 2170$_{78.89}$
LVIII

Willich, Ehrenfried von (1807–1880), Bruder der Vorigen, Stiefsohn Schleiermachers, wird später Jurist
LVIII

Wilmsen, Friedrich Philipp (1770–1831), seit 1798 Prediger an der Parochialkirche in Berlin
1859$_{27-29}$ 2074$_{50-53}$

Wimpfen, Gräfin von
2090$_{24}$

Windebye, Gut der Grafen Stolberg bei Eckernförde
1866$_{18}$

Windischmann, Karl Joseph Hieronymus (1775–1839), Arzt und Philosoph, Professor für Philosophie und Geschichte in Aschaffenburg
– *Platons Timäos [Übers.]*
2056$_{15-17}$ *2088 2102$_{79-82.84-87}$

Winter, Kaufmann in Passendorf
2062$_{43}$

Winzig, Dorf in Schlesien (nahe Wohlau)
1891$_{34}$

Wittenberg
1981$_{4}$

Wörlitz, Ort und Gartenanlagen bei Dessau
2016$_{64}$ 2031$_{40}$ 2036$_{7-9}$ 2045$_{21-23}$
XLIX

Wohlau, Stadt in Schlesien
2074$_{61}$

Wolf, Christian Wilhelm Friedrich August (1759–1824), Altphilologe, seit 1783 Professor an der Universität Halle
1866$_{53f}$ 1880$_{49-53}$ 1914$_{97-99}$ *1915 1916$_{47-53.68.91}$ 1933$_{61-63}$ 1939$_{52-59.98-101.143-146}$ 1963$_{49f.65-72}$ 1965$_{72f.98-103.106f.171-173.179-187}$ 1967$_{13}$ 1976 *1977 1994$_{166-169}$ *1997 1999$_{54f}$ 2010$_{14f.50.58-66.68f.91-108}$ 2014$_{3f.4-6}$ 2018$_{11}$ 2021$_{2}$ 2027$_{39-41}$ 2033$_{28-32}$ 2045$_{4-9.16f}$ 2104$_{47.66-77}$ 2105$_{8}$
XX XXVI XXXVII XLIIf
– *Prolegomena ad Homerum (1795)*
1965$_{182f}$

Wolf, Wilhelmine, Tochter des Vorigen
2018$_{3}$

Wucherer, Caroline (1784–1834), Tochter eines Hallenser Fabrikanten, heiratete → Karl Wilhelm Ludwig Schede
XLVIf
Württemberg, Staat
2112$_{65-69}$
Würzburg
1999$_{55}$ 2012$_{42}$ 2091$_{57}$ 2140$_{31}$
XLVII
Wurm, Olaf (Wormius, Olaus; 1588–1654), dänischer Archäologe
1916$_{82f}$

Xenophon (um 430 bis nach 355 v. Chr.), Historiker
– *Kyropaideia*
2010$_{126-128}$

Zeitung für die elegante Welt, Intelligenzblatt
2020$_{34f}$
Zelter, Karl Friedrich (1758–1832), Musiker, Leiter der Berliner Singakademie
1866$_{27f}$
Zembsch, Theodor Christian (1728–1806), Inspektor des Pädagogiums der Brüdergemeine in Niesky
1880$_{88f}$ 1940$_{63f}$ 1962$_{49-53.77f}$
1968$_{39-49}$
Ze(t)schwitz, Joseph von, heiratete 1805 → Dorothee (Dorchen) von Seidlitz
1893$_{63-66.71.78-100.131f}$ 1961$_{28-31}$
2085$_{23-28}$
Zezenow, Dorf und Gut im Kreis Stolp
1853$_{44f.115-118}$ 1957$_{77f}$ 2052$_{35}$

Ziegler, Herr, wohnte bei Reimer im Hause
1878$_{12f}$
Ziegler, Werner Karl Ludwig (1763–1809), Professor der Theologie in Rostock
– *Rezension von Schleiermachers Schrift «Zwei unvorgreifliche Gutachten» (NADB 1804)*
1898$_{55-57}$ 1912$_{44-46}$ 1927$_{43-46}$
– *Theologische Abhandlungen*
2148$_{33}$ 2167$_{55}$
Zimmermann, Eberhard August Wilhelm von (1743–1815), Geograph, Biologe und Philosoph
– *Taschenbuch der Reisen*
2126$_{54-58}$
Zitzewitz, Kaspar Wilhelm von, Besitzer des Gutes Zezenow bei Stolp
1957$_{78}$ 2052$_{34f}$ 2100$_{8-22}$
Zitzewitz, Dorothea Charlotte von, geb. Hering, Frau des Vorigen, Tochter des → Christlieb Benjamin Hering
1957$_{78}$ 2052$_{34f}$ 2100$_{8-22}$
Zöllner, Johann Friedrich (1753–1804), seit 1788 Propst an der Nikolaikirche in Berlin
1832$_{9}$ 1851$_{7f}$
1958$_{33-35}$
– *Ideen über Nationalerziehung*
1851$_{92-94}$ 1859$_{84-86}$ 1914$_{97}$ 1916$_{43f}$
1933$_{2}$
Zülzendorf in Schlesien, Sitz des → Grafen Sauerma
LII